GUIDE ROUTARD

POLONIA
REPUBBLICA CECA
SLOVACCHIA

Il Viaggiatore

L'edizione originale delle Guide Routard è stata realizzata da
Hachette Livre (Hachette Tourisme)
Direttore della collana: *Philippe Gloaguen*
Cofondatori: *Philippe Gloaguen* e *Michel Duval*
Capo-redattore: *Pierre Josse*

Realizzazione editoriale per l'edizione italiana:
Studio Aqaba, Milano

Traduzione: *Chiara Monti*

Malgrado lo sforzo di raccogliere le informazioni più aggiornate, non possiamo essere responsabili per esercizi che scompaiono improvvisamente o che mutano le proprie caratteristiche (cambi di gestione, radicali ristrutturazioni edilizie, fallimenti, incendi...). Poiché questo tipo di eventi può capitare in qualsiasi momento, invitiamo i lettori a essere indulgenti. Inoltre un certo numero di esercizi consigliati si rivela più 'fragile' del previsto: sono proprio i locali più alla moda e meno tradizionali che riservano questo tipo di sorprese!

Inviate commenti e suggerimenti a: **routard@touringclub.it**

Layout e videoimpaginazione:
Studio Aqaba, Milano

Prestampa, stampa e legatura:
Rotolito Lombarda, Pioltello (Milano)

Fotografia di copertina:
G. Cralle (Image Bank, Milano)

Codice R0U
ISBN 88 365 2799 X

Finito di stampare nel mese di agosto 2003

Benvenuti nel mondo delle *Guide Routard*

Se le avete scelte, sicuramente non siete 'turisti per caso'. Preferite definirvi «*viaggiatori*» o «*giramondo*»? Noi vi chiameremo a volte in un modo, a volte nell'altro, oppure semplicemente «*routard*».
Perdonateci il francesismo, ma lo spirito del *routard* doc è italiano come francese, congolese o boliviano.
Fino a ieri avete trovato le *Guide Routard* in lingua originale (il francese), oppure tradotte in inglese, tedesco, spagnolo, olandese: ora, finalmente, anche in italiano.
Era il 1973 quando la prima *Guide du Routard* – presto definita la «bibbia dell'autostoppista» – nasceva in Francia dalla penna del suo leggendario ideatore, Philippe Gloaguen, capostipite di diverse generazioni di *routard* 'militanti'. Da quel prototipo all'attuale collana di circa 70 volumi è passato un quarto di secolo. I suoi lettori sono diventati maturi e Philippe si è tagliato i capelli. Gli inviati in giro per il mondo da due sono diventati 80 e i locali consigliati non sono più soltanto quelli per giovani squattrinati. La targa raffigurante il *globetrotter* con lo zaino in spalla fa sempre più spesso la sua apparizione all'ingresso di locali raccomandati. Ma il segreto delle *Guide Routard* è sempre lo stesso: credibilità.

Perciò, complimenti per avere scelto una *Guida Routard*!

Il Viaggiatore

SOMMARIO

COME ARRIVARE IN POLONIA, REPUBBLICA CECA E SLOVACCHIA

POLONIA

SLOVACCHIA

NORD
MARE DEL NORD
GRAN BRETAGNA
Londra
LA MANICA
Amburgo
Brema
Amsterdam
L'Aia
Hannover
Berlin
PAESI BASSI
GERMANIA
Anversa
Düsseldorf
Lille
Bruxelles
Colonia
BELGIO
Lipsia
Bonn
Rouen
Francoforte
Brest
Caen
Lussemburgo
Reims
Metz
Parigi
Norimberga
Nancy
Stoccarda
Orléans
Strasburgo
Nantes
Monaco
Tours
Digione
Salisburg
Basilea
FRANCIA
Innsbruck
Berna
OCEANO ATLANTICO
SVIZZERA
Ginevra
Clermont-Ferrand
Lione
Milano
Grenoble
Vene
Bordeaux
Torino
ITALIA
Bologna
Tolosa
Montpellier
Genova
Nizza
Firenze
Marsiglia
Perpignan
SPAGNA
Barcellona
MAR MEDITERRANEO
Rom
0 100 200 km

L'EUROPA CENTRALE – ITINERARI IN AUTO

COME ARRIVARE IN POLONIA, REPUBBLICA CECA E SLOVACCHIA

IN AUTOMOBILE

Non dimenticate a casa la carta verde, il libretto di circolazione e... la patente, e ricordatevi che in Svizzera, Austria, Repubblica Ceca e Slovacchia è necessaria la «vignette» (a pagamento, con validità annuale) per poter circolare sulle autostrade; la troverete facilmente al confine di ogni paese (in Austria e Repubblica Ceca se ne trovano anche con validità di 10 giorni).
Per progettare i vostri itinerari prima della partenza, consultate • www.viamichelin.it • oppure • www.kwmappe.kataweb.it •

➢ Per arrivare in ***Polonia*** potete scegliere diversi itinerari, anche in base al tempo a vostra disposizione e a cosa volete vedere strada facendo. Noi vi indichiamo gli itinerari di massima possibili a partire dai valichi, dai quali dovrete percorrere circa 1500 km per raggiungere Varsavia.
Attenzione: il passaggio al confine con la Polonia a volte può richiedere un bel po' di tempo (se siete sfortunati, anche alcune ore).
– Da *Tarvisio* entrate in Austria e imboccate la A2 che vi condurrà a Klagenfurt, Graz e Vienna. Da qui potete seguire la E461 fino al confine con la Repubblica Ceca e a Brno, e poi la E462 per Olomouc e il confine polacco (a Cieszyn). Raggiunta la meta, dipende dai vostri programmi: la prima città polacca è Bielsko-Biała da dove la E75 porta a Katowice, Częstochowa, Łódź, Toruń; se volete raggiungere subito Varsavia, a Piotkrów Trybunalski prendete la E67.
Da Vienna avete un'altra possibilità: passare per la Slovacchia; in questo caso imboccate la A4 per Bratislava da dove la E75 porta al confine polacco.
– Dal *Brennero* potete raggiungere Innsbruck, Salisburgo e la Repubblica Ceca (a Dolni Dvořiště, lungo la E55). Dirigetevi poi verso České Budějovice e Praga (sempre con la E55) da dove la E67 vi porterà, dopo il confine, a Wroclaw, Łódź e Varsavia.
Da Innsbruck è possibile anche passare per Monaco, Norimberga (Nürnberg), Dresda, Görlitz da dove si entra in Polonia all'altezza di Legnica (lungo la E40, che prosegue fino a Wrocław).
– Se provenite dal nord-ovest dell'Italia può convenire raggiungere la Svizzera da *Chiasso* e poi, via Zurigo, attraversare il confine tedesco a Singen. In Germania (dove tutte le autostrade sono gratuite) la A81 vi porterà a Stoccarda e Heilbronn. Da qui imboccate la A6 per Norimberga, poi la A9 per Dresda e la A13 per Cottbus oppure la A4 per Görlitz. Superato il confine polacco sarete nei pressi di Bolesławiec e Legnica.

➢ Per raggiungere ***Praga***, seguite l'autostrada per Venezia A4 fino al bivio, poco dopo Desenzano, con la A22-E45 che prenderete in direzione nord. Proseguite sulla E45 e passate il Brennero. Attraversata l'Austria nel suo lembo più corto (lungo la A13 verso Innsbruck), entrate in Germania. Superate Monaco e Norimberga (A9/E45) e il confine con la Repubblica Ceca. La E50 vi porterà a Plzeň e a Praga. Un'altra possilbilità per raggiungere la meta è quella di passare da Tarvisio, da dove la A23 vi condurrà in Austria; a Villach imboccate la A10 fino a Salisburgo, poi la A1 fino a Linz. Da qui la E55 vi porta a Freistadt e al confine ceco. Sempre la E55 prosegue per České Budejovice e Praga. In totale circa 900 km di viaggio.

➢ Per raggiungere la ***Repubblica Slovacca***, da Tarvisio entrate in Austria e imboccate la A2 che vi condurrà a Klagenfurt, Graz e Vienna e poi percorrete la A4 per Bratislava. Da Graz è anche possibile passare da Wiener Neustadt, Eisenstadt e Pandorf per raggiungere il confine slovacco. In tutto dovrete percorrere poco meno di 900 km.

IN TRENO

– *Call Center Trenitalia:* servizio informazioni su orari e prezzi, prenotazioni e vendita. ☎ 89-20-21 (0,05 € alla risposta e 0,022 € al minuto, da tutta Italia).

Per informazioni su orari e coincidenze dei treni europei, da cogliere navigando in Internet:
– *Sito Trenitalia:* • www.trenitalia.it • dove troverete informazioni sugli orari e i link con tutti i siti delle ferrovie di tutto il mondo.
– *Sito delle Deutsche Bahn* (ferrovie tedesche): • reiseauskunft.bahn.de/bin/query.exe/dn • orari di tutto il continente.

Carta Rail Plus è una carta valida per l'acquisto dei biglietti internazionali a prezzo ridotto (25%). Costa 45 € per gli adulti, 25 € per i giovani fino a 26 anni e per i senior da 60 anni in poi.
InterRail è un pass destinato ai giovani fino a 26 anni, che garantisce libera circolazione nella seconda classe dei treni delle ferrovie aderenti alla comunità *InterRail,* limitatamente alle zone acquistate. Per raggiungere la Polonia, la Repubblica Ceca e la Slovacchia si può acquistare la zona D *InterRail* valida nell'area di Polonia, Repubblica Ceca, Slovacchia, Ungheria e Croazia. Per raggiungere quest'area si ha diritto a un biglietto scontato del 50% fino al confine dell'area stessa. Il pass per una zona ha validità di 22 giorni.
Euro Domino (25%) e *Euro Domino Junior* (da 12 a 26 anni) consentono di viaggiare liberamente sui treni delle ferrovie di un particolare paese di cui si acquista il tagliando.

➢ Non ci sono collegamenti diretti tra l'Italia, la ***Polonia*** e la ***Slovacchia***. Per andare a Varsavia e a Bratislava è necessario cambiare treno a Vienna (partenze quotidiane tutto l'anno da Milano e Roma).

➢ In circa 12 ore si raggiunge ***Praga*** con partenze da Milano e Venezia.

IN PULLMAN

In Italia l'unica organizzazione di autolinee regolari internazionali è:

▲ EUROLINES
Leader europeo dei collegamenti internazionali in pullman, *Eurolines Italia srl* collega direttamente più di 70 città straniere in nove nazioni europee, partendo da oltre 30 città italiane.

– *Internet:* • www.eurolines.it •
– *Firenze:* sede centrale di Eurolines Italia, via Mercadante 2/b. ☎ 055-35-71-10. Fax: 055-35-05-65.
– *Aosta:* Savda, strada Ponte Suaz 6. ☎ 0165-36-12-44.
– *Bergamo:* Turisberg, via Camozzi 34-38. ☎ 035-35-62-61.
– *Bologna:* terminal bus, piazza XX Settembre 6. ☎ 051-24-21-50.
– *Brescia:* Brixia Viaggi, piazza della Vittoria 8/B. ☎ 030-28-93-240.
– *Firenze:* Ticket Point Lazzi, piazza Stazione 3/R. ☎ 055-21-51-55.
– *Genova:* Geotravels, piazza della Vittoria 30/R. ☎ 010-58-71-81.
– *La Spezia:* Abracadabra Viaggi, via Roma 69. ☎ 0187-75-18-72.
– *Mestre:* Aliante, viale Stazione 24. ☎ 041-92-67-00.
– *Milano:* Autostradale Viaggi, piazza Freud (stazione Garibaldi). ☎ 02-72-00-13-04.
– *Napoli:* Sonesta Viaggi, via Vittorio Emanuele II 49-50. ☎ 081-55-25-388.
– *Padova:* Siamic Express di Sita Viaggi, piazzale Boschetti. ☎ 049-66-09-44.
– *Roma:* circonvallazione Nomentana 574. ☎ 06-44-04-009.
– *Roma:* Lazzi Express, via Tagliamento 27/B. ☎ 06-88-40-840.
– *Savona:* Ivaldi, via Paleocapa 153/R. ☎ 019-82-05-19.
– *Savona:* Ziggurat, corso Italia 56/R. ☎ 019-82-86-66.
– *Siena:* Biglietteria Sena, sottopassaggio La Lizza – piazza Gramsci. ☎ 0577-24-79-34.
– *Torino:* Sadem Express, corso Siccardi 6. ☎ 011-53-89-67.
– *Venezia:* Atvo, piazzale Roma 479/M. ☎ 041-52-05-530.
– *Verona:* Brec Viaggi, via int. Acquamorta 60 (piazza Isolo 3). ☎ 045-59-44-88.

Eurolines offre anche Eurolines Pass, che dà la possibilità di viaggiare illimitatamente in Europa per 30 o 60 giorni. Sconti per giovani, anziani, gruppi e tariffe speciali in bassa stagione.

Per raggiungere i paesi trattati in questa guida *Eurolines* offre ai viaggiatori diverse possibilità.

➢ ***Polonia:*** Napoli-Roma-Poznan, Genova-Danzica, Napoli-Roma-Varsavia-Suwalki, Genova-Varsavia-Suwalki, Napoli-Roma-Slupsk, Genova-Lebork, Genova-Cracovia. Tutte le tratte sono servite circa tre volte alla settimana.

➢ ***Repubblica Ceca:*** Napoli-Ostrava, Livorno-Brno-Praga, Roma-Brno-Praga e Torino-Milano-Praga-Brno. Tutte le tratte sono servite circa due volte alla settimana.

➢ ***Slovacchia:*** Milano-Bratislava via Klagenfurt-Vienna (1 volta alla settimana), Milano-Bratislava via Trento, Bolzano e Innsbruck (3 volte alla settimana) e Milano-Košice (1 volta alla settimana).

IN AEREO CON VOLI DI LINEA

▲ **ALITALIA** assicura collegamenti con i paesi dell'Europa dell'Est trattati in questa guida.
– *Polonia:* voli plurigiornalieri diretti da Bologna, Milano, Roma, Torino, Trieste e Venezia per Varsavia e da Milano e Roma per Cracovia.
– *Repubblica Ceca:* collegamenti quotidiani da Roma e Milano per Praga; voli in coincidenza dalle maggiori città italiane.
– *Slovacchia:* voli plurigiornalieri fino a Praga, da dove dovrete prendere un volo in coincidenza per Bratislava.

Informazioni e prenotazioni:
– *Roma:* via Bissolati 11, 00187. ☎ 06-65-62-84-41.
– *Milano:* via Albricci 5, 20122. ☎ 02-24-99-27-00; piazzale Cadorna 14, 20123. ☎ 02-24-99-25-00.
Alitalia possiede inoltre i seguenti numeri:
– *Prenotazioni nazionali:* ☎ 8488-65-641 (da Roma o da cellulare: ☎ 06-65-641).
– *Prenotazioni internazionali:* ☎ 8488-65-642 (da Roma o da cellulare: ☎ 06-65-642).
– *Informazioni:* ☎ 8488-65-643 (da Roma o da cellulare: ☎ 06-65-643).
– *Internet:* • www.alitalia.it • (anche per prenotazioni on line).

▲ **LOT** (Polish Airlines), la compagnia aerea polacca, effettua voli plurigiornalieri da Roma e Milano per Varsavia.
Informazioni e prenotazioni:
– *Roma:* via Vittorio Veneto 54. ☎ 06-48-34-48 e 06-48-82-680. Fax: 06-48-15-462.
– *Milano:* via G.B. Pirelli 26, terzo piano. ☎ 02-67-05-385. Fax: 02-67-07-71-99.
Lot possiede inoltre un numero gratuito per informazioni e prenotazioni: ☎ 848-859-300.
– *Internet:* • www.lot.com •

▲ **CSA** (Czech Airlines), la compagnia aerea ceca offre voli quotidiani diretti per Praga da Milano e Roma; voli plurisettimanali diretti anche da Bologna e Venezia.
Informazioni e prenotazioni:
– *Bologna:* ☎ 800-29-69-81
– *Milano:* corso Lodi 18. ☎ 02-54-11-61-90. Fax: 02-54-11-61-24.
– *Roma:* aeroporto di Fiumicino. ☎ 06-65-76-11-20 e 06-65-76-11-21. Fax: 06-65-76-11-27.
– *Venezia:* ☎ 041-54-16-889. Fax: 041-54-16-879.
– *Internet:* • www.czechairlines.it •

▲ **SKY EUROPE AIRLINES** è una recente compagnia aerea low cost con sede a Bratislava. In Italia è rappresentata da *Omega International Tourism Service*, via Sondrio 3, Milano. ☎ 02-66-71-00-79. Fax: 02-66-71-00-94. È l'unica linea aerea diretta dall'Italia per Bratislava e Košice ed effettua voli giornalieri da Orio al Serio.
– *Internet:* • www.skyeurope.com •

GLI ORGANISMI DI VIAGGIO

– Sarà bene dire ancora una volta che un biglietto «charter» non significa che si volerà con una compagnia che gestisce voli charter. Sovente, anche su destinazioni extraeuropee, il biglietto scontato vi farà volare su voli di linea di grandi compagnie aeree. Semplicemente avrete pagato meno di coloro che non si sono rivolti ad agenzie specializzate nelle tariffe particolarmente economiche.
– Non facciamo, nell'elenco che segue, alcuna distinzione tra gli organizzatori di voli charter, i voli di linea a prezzo ridotto, le associazioni per studenti. Le agenzie che indichiamo propongono un po' di tutto per qualsiasi viaggiatore. Tutto ciò non è male, va nel senso della democratizzazione dei viaggi.
– Non crediate che le tariffe scontate dei voli, per una stessa destinazione

e in uno stesso periodo, siano tutte allo stesso prezzo. Niente di più sbagliato. Abbiamo già trovato, per esempio, su uno stesso volo per Lima, venduto da due agenzie diverse, passeggeri che avevano pagato il 40% in più di altri... Verità. Perciò contattate tutte le agenzie e scegliete voi la tariffa migliore.

– L'elenco che segue, in rigoroso ordine alfabetico per evitare gelosie e digrignamento di denti, non è sicuramente esaustivo. In molte città d'Italia troverete i centri *Informagiovani*, che sono colmi di informazioni per viaggiare ai prezzi più economici, per lavorare all'estero e per fare del volontariato. Inoltre le agenzie sotto citate sono spesso tour operator e i loro prodotti sono venduti anche da moltissime altre agenzie, anche nelle piccole cittadine.

– Se siete internauti, navigate alla ricerca di siti dedicati ai viaggi, ce ne sono moltissimi e molti offrono la rubrica «ultimo minuto», tramite la quale potete anche prenotare direttamente l'offerta prima di lasciarvela scappare. Anche le compagnie aeree hanno sovente il loro sito dove è possibile trovare offerte speciali.

▲ AGENZIE VIAGGI TOURING CLUB ITALIANO

– *Alessandria:* via Caniggia 12, 15100. ☎ 0131-32-53-95. Fax: 0131-31-72-46. • tci.alessandria@tiscalinet.it •

– *Bari:* via Melo 233, 70121. ☎ 080-52-42-448. Fax: 080-52-42-308. • negozio.bari@touringclub.it •

– *Bologna:* strada Maggiore 29, 40125. ☎ 051-29-61-476 e 051-29-67-140. Fax: 051-29-67-133. • negozio.bologna@touringclub.it •

– *Brescia:* corso Cavour 35, 25121. ☎ 030-37-56-400. Fax: 030-37-76-542. • tci.brescia@numerica.it •

– *Busto Arsizio:* via Cardinal Tosi 8. ☎ 0331-63-55-37 e 0331-67-03-19. Fax: 0331-65-38-82. • busto@tci.varese.it •

– *Cagliari:* via Dante 72/A, 09128. ☎ 070-65-03-12. Fax: 070-66-83-30. • tci.cagliari@tiscalinet.it •

– *Cosenza:* via Macallè 21/B, traversa di corso Mazzini, 87100. ☎ 0984-79-50-99. Fax: 0984-79-62-52. • tci.cosenza@tin.it •

– *Genova:* Palazzo Ducale, piazza Matteotti 62/Rosso, 16123. ☎ 010-59-55-291 e 010-59-55-299. Fax: 010-59-55-307. • negozio.genova@touringclub.it •

– *Imperia:* via Amendola 46, 18100. ☎ 0183-76-40-42. Fax: 0183-76-40-43. • tci.imperia@tin.it •

– *L'Aquila:* via S. Chiara d'Acquili 25/27/29, 67100. ☎ 0862-40-60-00. Fax: 0862-48-32-86. • tci.laquila@tin.it •

– *Milano:* corso Italia 10, 20122. ☎ 02-85-26-304 e 02-85-26-76. Fax: 02-85-26-493. • negozio.milano@touringclub.it •

– *Monza:* via de Gradi 2, angolo via Vittorio Emanuele II, 20052. ☎ 039-23-26-467 e 039-23-15-241. Fax: 039-39-01-448. • tci.monza@iol.it •

– *Napoli:* via Battisti 11/13, 80134. ☎ 081-42-03-485 e 081-42-03-489. Fax: 081-42-03-477. • negozio.napoli@touringclub.it •

– *Padova:* via Verdi 7, 35139. ☎ 049-87-59-186 e 049-87-54-227. Fax: 049-87-54-722. • negozio.padova@touringclub.it •

– *Palermo:* via Wagner 11/A. ☎ 091-32-57-74.

– *Parma:* strada S. Anna 19/A, 43100. ☎ 0521-50-42-57. Fax: 0521-50-85-19. • tci.parma@tin.it •

– *Roma:* via del Babuino 20, 00187. ☎ 06-36-00-52-81. Fax: 06-336-00-53-42. • negozio.roma@touringclub.it •

– *Savona:* via XX Settembre 22/R. ☎ 019-82-09-01. Fax: 019-81-55-08. • tci.savona@priamarviaggi.com •

– *Torino:* via S. Francesco d'Assisi 3, 10121. ☎ 011-56-27-207 e 011-56-27-070. Fax: 011-56-27-707. • negozio.torino@touringclub.it •

– *Trento:* via Garibaldi 27, 38100. ☎ 0461-22-11-61 e 0461-26-17-41. Fax: 0461-22-11-68. • negozio.trento@touringclub.it •

– *Varese:* piazza Giovine Italia 3, 21100. ☎ 0332-23-67-34 e 0332-23-75-53. Fax: 0332-24-78-76. • tci.varese@tin.it •
– *Venezia Mestre:* piazzale Candiani 7, 30170. ☎ 041-50-60-228. Fax: 041-50-60-232. • negozio.venezia@touringclub.it •
– *Verona:* via Valverde 75, 37122. ☎ 045-59-56-97. Fax: 045-59-75-46. • negozio.verona@touringclub.it •
Sono i punti aperti al pubblico del prestigioso Club, in grado di soddisfare tutte le esigenze legate al turismo e alla cultura del viaggio. Le agenzie Touring svolgono attività di tour operator, con l'offerta di viaggi culturali di gruppo, biglietti aerei a prezzi scontati e pacchetti individuali. Ma sono anche dei veri e propri «poli multifunzionali del turismo», dispongono di fornitissime librerie specializzate in editoria turistica, di viaggio e geografica, anche straniera (il più vasto assortimento di guide, libri illustrati, carte, atlanti, riviste). Inoltre, fungono da centro di raccolta delle associazioni TCI, con tutte le facilitazioni e le convenzioni legate all'associazione.
Il sito Internet • www.touringclub.it • contiene il catalogo delle pubblicazioni Touring, estratti on line di «QuiTouring» (la più diffusa rivista di turismo), un'ampia descrizione dei viaggi Touring e uno spazio di informazione-discussione (il «Forum») per i giovani.

▲ AIG (Associazione Italiana Alberghi per la Gioventù)
– *Roma:* via Cavour 44, 00184. ☎ 06-48-71-152. Fax: 06-48-80-492.
– *Internet:* • www.ostellionline.org •
La AIG (Associazione Italiana Alberghi per la Gioventù) significa più di sessanta Ostelli della Gioventù in Italia e più di 5000 nel mondo tramite l'organizzazione internazionale IYHF (International Youth Hostel Federation, • www.iyhf.org •) con sede a Londra. La AIG organizza anche viaggi turistici, sportivi e di lavoro per i giovani. Domandate la pubblicazione «Vacanze e soggiorni attraverso gli ostelli nel mondo» alla sede nazionale di Roma. Tra le agevolazioni per i soci: AIG-Assistance, copertura assicurativa per tutti i viaggi compiuti da chi è iscritto.

▲ ALERAMO VIAGGI
– *Asti:* galleria Argenta 7, 14100. ☎ 0141-59-57-14. Fax: 0141-59-95-57.
– *Internet:* • www.aleramoviaggi.com •
Tour operator dedicato agli itinerari di scoperta con il motto «Per chi fa del turismo un mezzo di conoscenza, un modo di viaggiare dentro i luoghi e non solo attraverso». Itinerari diversi in ogni continente, soprattutto fuori dall'Europa. Organizza anche viaggi individuali.

▲ ARGONAUTI EXPLORERS
– *Milano:* via L. Zoja 35, 20153. ☎ 02-45-26-826.
– *Internet:* • www.argonauti.net •
Non è un'agenzia viaggi ma un'associazione culturale, un sodalizio di viaggiatori liberi e indipendenti che condividono il desiderio di conoscenza, il rispetto e la difesa di tutte le culture, delle minoranze etniche (con particolare attenzione ai popoli minacciati di estinzione), del patrimonio ambientale, storico e architettonico dell'umanità. Sede a Milano, ma sezioni e collaboratori in altre città d'Italia. Ogni anno organizza un piano di viaggi avventura per i soci, ma è disponibile, su proposta, a progettare viaggi speciali.

▲ BAIANA VIAGGI
– *Firenze:* borgo Albizi 53/55r, 50122. ☎ 055-24-20-20. Fax: 055-23-44-777.
– *Internet:* • www.baiana.com/ •
Viaggi classici in tutti i cinque continenti. In Europa particolarmente specializzata sull'Europa dell'Est e su Praga. Viaggi di gruppo e individuali.

▲ CALIMERO VIAGGI
– *Milano:* via Cesare Correnti 15, 20100. ☎ 02-89-40-52-44. Fax: 02-89-40-45-58.
– *Internet:* • www.calimeroviaggi.com •
Passaggi aerei per tutto il mondo con le migliori tariffe e compagnie aeree, servizi a terra, tour classici o personalizzati. Una particolare attenzione è dedicata alla cultura dei luoghi di visita e ciò significa: uso di strutture locali e corsi di conoscenza della cultura spirituale e materiale dei popoli. Ecoturismo.

▲ CLUPVIAGGI
– *Milano:* via Pascoli 55, 20133. ☎ 02-26-68-75-01. Fax: 02-26-68-73-00.
– *Internet:* • www.clupviaggi.it •
Nata nel 1974 è oggi agenzia e tour operator. Si dedica in maniera esclusiva al turista individuale. Offre tariffe scontate su voli di linea ma anche viaggi su misura per chi non ama pacchetti di gruppo ma vuole evitare le incognite del «fai da te» più estremo.
È specialista nelle mete europee classiche oltre a India, Nepal, Thailandia, Indonesia, Turchia, Grecia, Messico e Guatemala. La sede, giovedì, estende l'orario fino alle 20.30. Progettazione viaggi e prenotazioni anche via Internet.
«La città del viaggio», braccio culturale della Clup, propone l'agenzia viaggi come luogo dove il viaggiatore possa trovare informazioni, notizie su popoli e ambienti dal punto di vista storico e geografico e consulenze sulle proprie mete di viaggio.
Nel sito Internet si può navigare alla ricerca della propria meta preferita o delle offerte «ultimo minuto» più vantaggiose.

▲ COMPAGNIA DELLA NATURA
– *Modena:* viale IV Novembre 10, 41100. ☎ 059-21-28-97. Fax: 059-23-92-50. Numero verde: 800-34-44-67.
– *Internet:* • www.compagniadellanatura.it •
Tour operator che fonde turismo, ambiente, rispetto dell'uomo, sviluppo sostenibile. Trekking, viaggi in bici e sull'acqua, e *Country Travel*, soggiorni a tema con corsi e stage. Programmati anche itinerari enogastronomici.

▲ CTS (Centro Turistico Studentesco e Giovanile)
Il CTS collabora, e in qualche caso è membro rappresentante per l'Italia, con le maggiori organizzazioni che operano a livello internazionale per il turismo giovanile. Tra queste sono l'ISTC (International Student Travel Confederation) che a sua volta comprende l'ISIC (International Student Identity Association) che rilascia la carta dello studente, la SATA (Student Air Travel Confederation) che promuove lo sviluppo del turismo aereo giovanile e l'ISRA (International Student Rail Association) che gestisce la biglietteria ferroviaria. E inoltre l'EYCA (European Youth Card Association) che promuove la Carta Giovani Europa.
CTS ha anche un centro di prenotazione telefonica nazionale, con pagamento mediante carta di credito e consegna a domicilio di biglietti aerei.
– *Da tutta Italia:* ☎ 199-50-11-50 (0,11 € al minuto). Per acquisti telefonici: ☎ 840-50-11-50.
Nel sito Internet • www.cts.it •, di oltre 3000 pagine web con più di 50 000 tariffe, si trovano anche le offerte vantaggiose dell'ultima ora. Importante: vi troverete tutti i link per i siti di volontariato.
CTS è anche l'unica agenzia in Italia che distribuisce il famoso biglietto aereo SATA per i giovani e gli studenti. Il biglietto, a tariffe ridotte, è valido su quasi tutte le compagnie aeree e consente ogni libertà: andata semplice, validità un anno, modificazione delle date di viaggio e dell'itinerario, modificazione degli stop prescelti. I coupon non utilizzati, danneggiati, perduti o

rubati vengono rimborsati. Aiuto e assistenza presso tutte le agenzie che nel mondo rappresentano la ISTC.

▲ ELSY VIAGGI
– *Roma:* via di Torre Argentina 80, 00186. ☎ 06-68-32-096. Fax: 06-68-96-197.
– *Internet:* • www.elsyviaggi.it •
Biglietteria aerea a prezzi speciali e pacchetti turistici per i viaggi individuali.

▲ EXPLORANDO
– *Torino:* via Manzoni 27/B, 10122. ☎ 011-54-05-20. Fax: 011-51-80-805.
– *Internet:* • www.explorando.tlk.it •
Con marcato senso dell'avventura e con organizzazione, Explorando attraversa luoghi di bellezza straordinaria «dove l'uomo vive ancora in armonia con la natura». Le spedizioni di Explorando, tutte con accompagnatore e guide locali, si svolgono con due o tre fuoristrada e un veicolo d'appoggio che trasporta rifornimenti e attrezzature da campo. A richiesta, viaggi individuali e di gruppo con propri mezzi e senza, e le formule «Explorando Essenziale», per chi ama viaggiare nel modo più economico, ed «Explorando in Libertà» per chi preferisce la piena autonomia.

▲ FUORI ROTTA
– *Maranello:* via Nazionale 14/16, 41053. ☎ 0536-94-53-23. Fax: 0536-94-35-79.
– *Internet:* • www.fuorirotta.it •
Divisione «viaggi su misura» di Starlight Tours, animata da dieci professionisti, che si occupano di proporre itinerari superverificati, dare appoggio logistico, creare viaggi con il miglior rapporto qualità-prezzo. Fuori Rotta ha anche una sezione Fuori Rotta Donne con l'ambizione di creare itinerari e viaggi al femminile.

▲ IL TUCANO, Viaggi ricerca di Willy Fassio
– *Torino:* via Bertolotti 2, 10121. ☎ 011-56-17-061. Fax: 011-54-44-19.
– *Internet:* • www.tucanoviaggi.com •
Agenzia in totale simbiosi con il tour operator *I viaggi del Tucano*, specializzato in «viaggi d'autore» e «viaggi ricerca». Undici amplissimi cataloghi di viaggi in tutto il mondo. Tra le iniziative del Tucano c'è la fondazione dell'associazione «Solidarietà per l'uomo»: per ogni passeggero iscritto devolve una quota a un progetto di solidarietà nel paese visitato. Tra i partner culturali del Tucano la Società Geografica Italiana nata a metà dell'Ottocento e il Centro Studi Ricerche Ligabue che promuove ricerche alla scoperta dell'uomo e della sua storia. Collabora anche con l'Associazione Grande Nord di Torino, che raccoglie studiosi, ricercatori ed esploratori delle regioni subpolari.

▲ KEL 12 DUNE
– *Mestre:* piazza XXVII Ottobre 32, 30172. ☎ 041-23-85-711. Fax: 041-23-85-740.
– *Milano:* via Costa 2, 20131. ☎ 02-28-18-111. Fax: 02-26-11-65-81.
– *Internet:* • www.kel12.com •
Viaggi artigianali su misura, anche in capo al mondo, verso culture sconosciute. Nel sito Internet potete scegliere il vostro viaggio in base al luogo geografico e alle date di partenza; e navigare nelle foto di Kel 12, per scoprire nuove mete di viaggio. Viaggi difficili con il massimo comfort.
Kel 12 ha fondato, insieme ad alcuni appassionati di volo, Il Gabbiano Livingston. L'obiettivo è quello di realizzare una linea di viaggi inconsueta, che ha come denominatore comune il volo in piccoli aerei da turismo.

▲ LA FABBRICA DEI SOGNI
– *Roma:* via L'Aquila 14, 00176. ☎ 06-70-30-02-73. Fax: 06-70-30-02-72.
– *Milano:* via Vallazze 91. ☎ 02-70-60-50-88.
– *Verdello:* via IV Novembre 36. ☎ 035-88-21-15.
Biglietteria aerea a prezzi speciali e pacchetti turistici per i viaggi individuali.

▲ LA FIONDA
– *Torino:* corso Vittorio Emanuele II 98/D. ☎ 011-53-32-33. Fax: 011-53-32-36.
– *Internet:* • www.lafionda.it •
Tour operator dedicato in modo particolare all'archeologia e all'arte. Ogni anno viene organizzata una parte del catalogo sulla base delle più importanti mostre d'arte. Tutti i viaggi, organizzati per piccoli gruppi, sono sempre accompagnati da un esperto archeologo o da uno storico dell'arte.
Con il motto «Coloro che sognano di giorno sanno molte cose che sfuggono a chi sogna di notte», preso in prestito da Edgar Allan Poe, gli itinerari proposti (validi anche per 4 persone) si suddividono in viaggi di scoperta, viaggi archeologici e viaggi d'avventura.

▲ LAST MINUTE TOUR
– *Milano:* via Volturno 46, 20124.
– *Internet:* • www.lastminutetour.com •
È un sito Internet che si rivolge sia all'utente finale sia alle agenzie viaggi. Raccoglie dai tour operator e dalle compagnie aeree tutto l'invenduto: poiché andrebbe perso, viene offerto sul mercato a un prezzo superscontato. Le notizie presenti sul sito sono aggiornate quotidianamente e il volo, o il soggiorno, può essere acquistato direttamente da Internet e tolto contemporaneamente dalle disponibilità in rete. Otto punti vendita Last Minute Tour e più di settecento agenzie collegate; per conoscere il loro indirizzo è sufficiente telefonare a Last Minute Tour, ☎ 800-133-331 (numero gratuito).

▲ L'UNA VIAGGI
– *Milano:* via G.G. Mora 5, 20123. ☎ 02-83-72-137. Fax: 02-58-10-07-33.
– *Internet:* • www.lunaviaggi.it •
L'agenzia viaggi, nata nei primi anni ottanta del Novecento, è anche tour operator ed è da sempre specializzata nell'organizzare viaggi attenti, oltre agli aspetti turistici, anche agli aspetti socio-economici e culturali sovente trascurati dai viaggi tradizionali. Mete storiche di L'Una Viaggi: dal Sud-Est asiatico alle grandi praterie americane, dalle superbe lande africane alle terre aborigene dell'Australia. Biglietteria aerea a prezzi scontati e organizzazione di viaggi su misura.
Nel sito Internet, possibilità di sfogliare il catalogo di viaggi e voli ed effettuare on line l'opzione per la meta prescelta e la prenotazione.

▲ MACEDONIA ADVENTURES
– *Terni:* viale VIII Marzo 6/8, 05100. ☎ 0744-27-71-97. Fax: 0744-27-73-84.
– *Internet:* • www.macedoniaadventures.com •
Il loro motto: vieni con noi e ti porteremo sulla buona e sulla cattiva strada. Viaggi di gruppo *on the road* e *off road*. Voli aerei per qualsiasi destinazione, noleggio moto e auto, anche fuoristrada. Sezione «Service» che offre veicoli e camion di assitenza meccanica, sistemi di navigazione satellitare, cucine da campo e tende da 2 a 50 persone.

▲ MALAN VIAGGI
– *Torino:* via Accademia delle Scienze 1, 10123. ☎ 011-53-13-09. Fax: 011-56-24-441.

– *Internet:* • www.malanviaggi.com •
Il tour operator Malan Viaggi ha strutturato una formula modulare nella progettazione delle vacanze. Viaggi individuali per due o quattro persone: hanno come base il volo più gli alberghi, selezionati secondo l'itinerario prescelto. Anche viaggi di gruppo e in pullman. Specializzato su Praga, sulle altre mete dell'Europa orientale e centrale e sulle terre del nord Europa. Particolare la navigazione postale lungo le coste della Norvegia.

▲ MISTRAL TOUR INTERNAZIONALE
– *Torino:* via Villar 2, 10147. ☎ 011-22-93-111. Fax: 011-22-93-102.
– *Internet:* • www.mistral.it •
Agenzia e tour operator (i primi viaggi organizzati sono del 1950), segue con particolare attenzione i viaggi culturali dedicati a chi ama incontrare popoli, tradizioni, culture e ambienti diversi e promette per ogni viaggio un'esperienza di vita. I responsabili della programmazione sono archeologi, indologi, sinologi, cultori della storia dell'uomo e della natura. Dal 1997 è entrata a far parte del gruppo Mistral il tour operator *Patagonia World*. Dal 1999 Mistral Tour e Patagonia World hanno fondato il *Quality Group* in collaborazione con Diamante, Wellington Int. e Brasil World.

▲ OLYMPIA VIAGGI
– *Varese:* piazza Montegrappa 12, 21100. ☎ 0332-83-01-80. Fax: 0332-23-65-79.
– *Internet:* • www.olympia.it •
Tour operator specializzato nelle mete europee e in particolare quelle dell'Europa orientale. Offre week-end e settimane tutto compreso a Praga con un'amplissima scelta di alberghi e formule.

▲ REDAZIONE VIAGGI
– *Napoli:* via dei Mille 61/A, 80121. ☎ 081-40-62-22. Fax: 081-25-20-838.
– *Internet:* • www.redazioneviaggi.com •
Tariffe aeree superscontate e servizio gratuito di biglietteria a domicilio per chi abita nell'area di Napoli.
Nel sito Internet di Redazione Viaggi è possibile consultare le tariffe aeree superscontate, le offerte dell'ultimo minuto ed effettuare direttamente la prenotazione di volo.

▲ TOUR 80
– *Milano:* via Galileo Galilei 13, 20021 Bollate. ☎ 02-38-30-52-21. Fax: 02-38-30-31-92.
– *Internet:* • www.tour80.it •
Tour operator, presente da tempo come organizzatore di viaggi in pullman, apre una nuova sezione: «Liberi di viaggiare», selezione di itinerari inediti, scelti per chi ama viaggiare per il mondo e dentro il mondo, non da turista ma piuttosto da esploratore. Organizza viaggi di gruppo, individuali e su misura.

▲ TURISANDA
– *Milano:* via Poerio 2/A, 20129. ☎ 02-75-20-11. Fax: 02-70-12-45-55.
– *Internet:* • www.turisanda.it •
Tour operator sulla breccia da più di 70 anni, offre viaggi nei cinque continenti: soggiorni, circuiti in auto e in pullman, itinerari in libertà e crociere. In vendita in ogni agenzia viaggi.

▲ TRAVEL R-EVOLUTION
– *Milano:* viale Montenero 7, 20135. ☎ 02-54-11-64-62. Fax: 02-54-11-63-91.
– *Internet:* • www.travelr-evolution.com •

Agenzia viaggi per coloro che amano viaggiare da non-turisti: viaggi avventura, spedizioni, safari su misura, ecoturismo, diving, vacanze a cavallo o in barca, trekking, alpinismo. Estrema personalizzazione del viaggio.

▲ VIAGGIARE

– *Roma:* Via S. Nicola da Tolentino 15, 00187. ☎ 06-42-11-71. Fax: 06-42-11-77-77.
– *Milano:* via Sanzio 16, 20100. ☎ 02-43-98-02-03.
– *Internet:* • www.viaggiare.com •

Biglietteria aerea a prezzi speciali e pacchetti turistici per i viaggi individuali.

▲ VIAGGI NEL MONDO

– *Roma:* largo Grigioni 7, 00152. ☎ 06-53-27-27-72. Fax: 06-53-29-34-40.
– *Internet:* • www.viaggiavventurenelmondo.it •

È la costola operativa dell'associazione di viaggiatori «Avventure nel mondo» nata più di 30 anni fa. Non c'è angolo di mondo che non possa essere esplorato da questa coraggiosa organizzazione il cui motto-monito è «Non siate turisti, siate viaggiatori». Lo zoccolo duro dell'offerta è fatto di viaggi-avventura dichiaratamente scomodi ma che garantiscono di raggiungere mete assolutamente inconsuete: si va dalle esplorazioni estremamente difficili in regioni remote dove il turismo non è mai arrivato, ai viaggi per i giovani, parliamo di quelli proprio squattrinati, alla *linea Baby* per chi non vuole lasciare a casa i figli piccoli, a trekking, rafting e raid in moto e auto. Tutti viaggi di gruppo, con cucina da campo, trasporti locali e cassa comune. È tra i pochi operatori a offrire avventure a prezzi assolutamente competitivi.
Viaggi nel mondo ha un fitto catalogo viaggi pubblicato sulla propria rivista bimestrale che si trova in tutte le librerie Feltrinelli e in molti locali alternativi (disponibile anche nel sito). Oltre all'avventura, Viaggi nel mondo offre tariffe e voli individuali scontatissimi per tutte le mete. Inoltre *Viagginsaldo:* viaggi dei tour operator rimasti invenduti, a condizioni estremamente vantaggiose; e *Fai da Te*, che vi aiuterà a progettare da soli il vostro viaggio, e ve lo realizzerà poi nel modo più economico. Ha la documentazione più completa su qualsiasi meta voi scegliate. Nel sito Internet tutto il catologo aggiornato dei viaggi.

▲ ZIG ZAG VIAGGI

– *Lecco:* piazza Manzoni 11, 23900. ☎ 0341-28-41-54. Fax: 0341-28-30-79.
– *Internet:* • www.zigzag.it •

È tour operator e agenzia e promuove viaggi di particolare interesse legati soprattutto all'archeologia, alla montagna e alla natura. È specializzata in viaggi su misura che attraversano i più importanti siti archeologici. Tutta l'Europa.

POLONIA

Per la cartina della Polonia, vedi inserto a colori.

«Quanto all'azione che sta per cominciare, si svolge in Polonia, come dire in nessun luogo», così scriveva Alfred Jarry nel prologo di *Ubu Re*. Ed è proprio alla scoperta di questo «nessun luogo» che vi invitiamo, di questo paese così vicino eppure ancora così sconosciuto.
Il destino della Polonia, situata a est dell'Ovest e a ovest dell'Est, è legato a due culture, l'Occidente e l'Oriente, che vi si affrontano e si mescolano. Persino il paesaggio, che di solito non manifesta tendenze politiche, sembra qui esitare tra i due mondi. Le distese della Masovia, a est, ricordano la pianura germanica, ma annunciano anche le steppe dell'Ucraina. Nelle grandi cattedrali del gotico tedesco troverete alcune icone della triste madonna di Vilnius, capitale lituana che nel passato fu città polacca. Anche la lingua, dalle sonorità assai slave, ha preso in prestito un po' dal tedesco e un po' dal francese. E il dilemma di questa duplice appartenenza rischia di non trovare una soluzione definitiva; ancora oggi infatti, nonostante il sogno dell'Occidente si realizzi, la nostalgia dell'Oriente è sempre presente.
Ma più che di questo paese dalle frontiere ridisegnate a più riprese nel corso di una storia movimentata, è dei suoi abitanti che conserverete un ricordo indelebile. Prendete un popolo situato nel cuore dell'Europa, con una storia millenaria, cercate di far scomparire il paese per centoquarant'anni, fatelo ritornare sulla scena con uno spirito d'insurrezione permanente, aggiungete un martirio terrificante, mettete il tutto in frigorifero per quarantacinque anni circa, aggiungete all'ultimo momento un po' di peperoncino (il papa) e otterrete... un popolo irresistibilmente attraente, individualista, romantico a oltranza, con una leggendaria capacità di cavarsela e dotato di un meraviglioso senso dell'ospitalità. Impossibile non rendersene conto visto che le porte si apriranno davanti a voi ancora prima che abbiate avuto il tempo di bussare... Provate ad allontanarvi un po' dalle grandi città e vedrete che vi capiterà facilmente di essere invitati a casa di un polacco, di passare serate indimenticabili intorno a un bicchiere di tè bollente o a una *wódka* ghiacciata, impegnati in discussioni interminabili e strampalate. Gli amanti del turismo culturale e di atmosfere particolari saranno soddisfatti e l'emozione degli incontri resterà a lungo nella vostra memoria.

Carta d'identità

- ***Capitale:*** Varsavia (1,9 milioni di abitanti).
- ***Superficie:*** 312 685 km^2.
- ***Popolazione:*** 38 600 000 abitanti.
- ***Moneta:*** złoty (Zl).
- ***Lingua:*** polacco.
- ***Regime:*** democrazia parlamentare.
- ***Capo di stato:*** Aleksander Kwaśniewski, rieletto nell'ottobre del 2000.
- ***Primo ministro:*** Leszek Miller, dall'ottobre del 2001.

INFORMAZIONI GENERALI

Prima della partenza

INDIRIZZI UTILI

i *Ufficio Turistico Polacco:* via Veneto 54, 00187 Roma. ☎ 06-48-27-060. Fax: 06-48-17-569. • www.polonia.it • info@polonia.it •
■ ***Ambasciata della Repubblica di Polonia:*** via P.P. Rubens 20, 00197 Roma. ☎ 06-32-24-455, 06-32-24-597 e 06-32-24-695. Fax: 06-32-17-895. • www.ambasciatapolonia.it • *Ufficio consolare:* ☎ 06-32-33-245 e 06-32-16-073. Fax: 06-32-23-990.
■ ***Consolato Generale della Repubblica di Polonia:*** corso Vercelli 56, 20145 Milano. ☎ 02-48-01-89-78, 02-48-01-90-84 e 02-48-01-93-12. Fax: 02-48-02-03-45. • milanokg@iol.it •
■ ***Istituto culturale polacco:*** *Istituto polacco di Roma*, palazzo Blumenstihl, via Vittorio Colonna 1, 00193 Roma. ☎ 06-85-48-189 e 06-85-41-128. Fax: 06-85-53-391. • www.infopolonia.it • info@infopolonia.it • Mostre, conferenze e una biblioteca di testi in polacco o tradotti dal polacco.
■ ***Ambasciata d'Italia a Varsavia:*** 6 Dąbrowskiego, 00-055. ☎ (0048-22) 82-63-471/72/73. Fax: (0048-22) 82-78-507. • www.italianembassy.pl • ambasciata@italianembassy.pl •

FORMALITÀ

Per i cittadini dell'Unione europea che intendono soggiornare in Polonia per un periodo inferiore a 3 mesi è sufficiente il *passaporto* in corso di validità.

CARTA GIOVANI EURO<26

È una carta dedicata ai giovani europei che hanno meno di 26 anni. È valida per un anno solare in 35 paesi europei e concede sconti, agevolazioni e servizi ai loro possessori. I punti convenzionati in Italia e all'estero, oltre centomila, sono riconoscibili dall'adesivo EURO<26. Il marchio EURO<26 è costituito da un omino nero stilizzato che gioca con le stelle europee su sfondo color magenta.

Come ottenerla in Italia

La tessera costa 11 € ed è in vendita presso tutte le agenzie CTS (vedi «Come arrivare. Gli organismi di viaggio. CTS») e in qualche centro Informagiovani. Si può ottenere gratuitamente iscrivendosi al CTS (quota associativa 26 €).

Per saperne di più

– • www.euro26.org/ • (sito internazionale).
– ***Associazione Carta Giovani***, via Andrea Vesalio 6, 00161 Roma. ☎ 06-44-11-145. Fax: 06-44-11-14-01. • www.cartagiovani.it • euro26@cartagiovani.it •

CARTA INTERNAZIONALE DELLO STUDENTE (ISIC)

La carta ISIC (International Student Identity Card) è l'unica carta dello studente riconosciuta in tutto il mondo. È appoggiata e sostenuta dall'UNE-

SCO. Consente di beneficiare dei vantaggi offerti dallo status di studente nel paese in cui ci si trova. Dà diritto a sconti su trasporti, musei, alloggi ecc. Consente inoltre di fruire della ISIC Emergency Help Line, servizio di assistenza telefonica multilingue disponibile 24 ore su 24. In caso di emergenza si può chiamare gratuitamente da qualsiasi telefono pubblico o privato: ☎ 0044-20-87-62-81-10. Con la ISIC card si può fruire inoltre del servizio ISIConnect che dà la possibilità di effettuare telefonate in tutto il mondo con tariffe agevolate, inviare e ricevere e-mail, fax e messaggi vocali e conservare copia di documenti importanti nella propria cassetta di sicurezza virtuale Telesafe (per esempio copia di documenti di identità o di viaggio, che si può scaricare in caso di smarrimento o furto degli originali).

Come ottenerla in Italia

La quota associativa per aderire all'ISIC Association e ritirare la ISIC card è di 10 €. L'operazione può essere fatta in Italia presso il CTS (Centro Turistico Studentesco). Si può ottenere gratuitamente iscrivendosi al CTS (quota associativa 26 €). Per saperne di più vedi «Come arrivare. Gli organismi di viaggio. CTS».

Per saperne di più

Il sito Internet dell'International Student Travel Confederation vi fornirà ulteriori informazioni sui vantaggi della carta ISIC. • www.istc.org/ • (sito internazionale).

CARTA DEGLI OSTELLI DELLA GIOVENTÙ

Non c'è limite d'età per soggiornare in un Ostello della Gioventù, ma è necessario avere la tessera. La tessera ***AIG*** costa 15,50 € ed è valida, dal 1° dicembre di ogni anno, per 14 mesi. Per aderire all'AIG potete rivolgervi a numerosi centri in Italia. Potrete avere informazioni e fare la tessera in tutti gli Ostelli della Gioventù, anche al momento del vostro arrivo e nei centri Informagiovani, presenti in moltissime città italiane.
Con la tessera è inoltre possibile ottenere tutte le agevolazioni riservate ai soci a livello sia nazionale sia internazionale. Tra queste una delle più importanti è l'***AIG-Assistance***, che garantisce una copertura assicurativa per tutti i viaggi effettuati nel corso del periodo di iscrizione.
L'Associazione propone anche una carta familiare valida per le famiglie composte dai genitori con uno o più figli che abbiano meno di 18 anni. Occorre presentare un certificato di famiglia.
Per quanto riguarda le agevolazioni valide per i soci AIG all'estero, è possibile consultare l'elenco completo collegandosi al sito Internet: • www.iyhf.org •

■ La ***AIG*** (Associazione Italiana Alberghi per la Gioventù) ha sede a Roma, in via Cavour 44. ☎ 06-487-11-52. Fax: 06-488-04-92. • www.ostellionline.org • aig@uni.net •

– *In pratica:* l'*AIG* offre ai suoi soci la possibilità di prenotare direttamente dall'Italia gli Ostelli della Gioventù all'estero grazie al sistema informatizzato *International Booking Network* (*IBN*), che copre più di 30 paesi. Questo servizio (attivo in 8 centri in Italia) costa solo l'equivalente di 2-4 US $ e permette di effettuare la prenotazione per 9 persone massimo, anche con sei mesi di anticipo sulla data di arrivo e con pagamento diretto dell'intera cifra al momento della prenotazione. È possibile anche annullare la prenotazione (ed essere ovviamente, rimborsati) da qualsiasi terminale IBN nel

mondo. Sfruttate questo vantaggio se sapete le date del vostro soggiorno perché spesso gli ostelli sono pieni. Presentando la vostra tessera AIG, potete effettuare una prenotazione IBN nei seguenti centri italiani:
– *Bergamo:* Nuovo Ostello di Bergamo, via Galileo Ferraris 1. ☎ 035-36-17-24. Fax: 035-36-17-24.
– *Bologna:* Comitato Regionale AIG, via dell'Unione 6/a. ☎ e fax: 051-22-49-13.
– *Catania:* Comitato Zonale AIG, via Andrea Costa 34/b. ☎ e fax: 095-53-98-53.
– *Firenze:* Comitato Regionale AIG, viale Augusto Righi 2/4. ☎ 055-60-03-15. Fax: 055-61-03-00.
– *Genova:* Comitato Regionale AIG, viale Salita Salvatore 1. ☎ e fax: 010-58-64-07.
– *Napoli:* Comitato Regionale AIG, salita della Grotta a Piedigrotta 23. ☎ 081-761-23-46. Fax: 081-761-23-91.
– *Palermo:* Comitato Regionale AIG, via Houel 5. ☎ e fax: 091-33-65-95.
– *Roma:* Sede Nazionale AIG, via Cavour 44. ☎ 06-487-11-52. Fax: 06-488-04-92.
– *Venezia:* Comitato Regionale AIG, calle Castelforte San Rocco, San Polo. ☎ 041-520-44-14. Fax: 041-520-40-34. • vehostel@tin.it •

AVVERTENZE

Prima di partire consultate i seguenti siti: • www.viaggiaresicuri.mae.aci.it/ • www.esteri.it/servizi/consigli/index.htm • www.port.venice.it/sanimav/ • www.travelclinic.it • www.cdc.gov/travel/ • dove troverete un sunto degli ultimi avvenimenti nel paese, consigli generali per la sicurezza, le vaccinazioni necessarie e consigliate, informazioni sulle strutture sanitarie, i documenti d'ingresso, le disposizioni valutarie doganali, l'indirizzo di ambasciate e consolati, insomma tutto quello che serve per partire tranquilli. Per maggiori informazioni potete anche chiamare: ☎ 06-49-11-15, numero del Servizio Informazioni Viaggiatori per l'estero istituito dalla Presidenza del Consiglio dei Ministri-Dipartimento del Turismo insieme con il Ministero degli Affari esteri e l'Automobile Club Italiano.

Come arrivare

In aereo

✈ **ALITALIA** effettua voli plurigiornalieri diretti da Bologna, Milano, Roma, Torino, Trieste e Venezia per Varsavia e da Milano e Roma per Cracovia.
Informazioni e prenotazioni:
– *Roma:* via Bissolati 11, 00187. ☎ 06-65-62-84-41.
– *Milano:* via Albricci 5, 20122. ☎ 02-24-99-27-00; piazzale Cadorna 14, 20123. ☎ 02-24-99-25-00.
Alitalia possiede inoltre i seguenti numeri:
– *Prenotazioni nazionali:* ☎ 8488-65-641 (da Roma o da cellulare: ☎ 06-65-641).
– *Prenotazioni internazionali:* ☎ 8488-65-642 (da Roma o da cellulare: ☎ 06-65-642).
– *Informazioni:* ☎ 8488-65-643 (da Roma o da cellulare: ☎ 06-65-643).
– *Internet:* • www.alitalia.it • (anche per prenotazioni on line).

✈ **LOT** (Polish Airlines), la compagnia aerea polacca, effettua voli plurigiornalieri da Roma e Milano per Varsavia.

Informazioni e prenotazioni:
– *Roma:* via Vittorio Veneto 54. ☎ 06-48-34-48 e 06-48-82-680. Fax: 06-48-15-462.
– *Milano:* via G.B. Pirelli 26, terzo piano. ☎ 02-67-05-385. Fax: 02-67-07-71-99.
Lot possiede inoltre un numero gratuito per informazioni e prenotazioni: ☎ 848-859-300.
– *Internet:* • www.lot.com •

In automobile

Il motore a scoppio diventa sopportabile solo quando serve la causa del nomadismo. La macchina può essere un fantastico utensile d'evasione: consente di evitare le strade troppo battute, dà grande libertà e velocità di movimento; se poi è ben attrezzata offre tantissima autonomia (potrete dormire in macchina e anche cucinarvi qualcosa) e la possibilità di tirar su qualche autostoppista.
È evidente che i costi sono un po' più alti, ma provate a dividere la somma per il totale dei passeggeri e vedrete che i conti tornano. Naturalmente, quando arriverete in una grande città cercherete di fare a meno della vostra quattroruote prima possibile.
Per arrivare in Polonia potete scegliere diversi itinerari, anche in base al tempo a vostra disposizione e a cosa volete vedere strada facendo. Noi vi indichiamo gli itinerari di massima possibili a partire dai valichi, dai quali dovrete percorrere circa 1500 km per raggiungere Varsavia.
Non dimenticate a casa la carta verde, il libretto di circolazione e... la patente, e ricordatevi che in Svizzera, Austria, Repubblica Ceca e Slovacchia è necessaria la «vignette» (a pagamento, con validità annuale) per poter circolare sulle autostrade; la troverete facilmente al confine di ogni paese (in Austria e Repubblica Ceca se ne trovano anche con validità di 10 giorni).
Attenzione: il passaggio al confine con la Polonia a volte può richiedere un bel po' di tempo (se siete sfortunati, anche alcune ore).
– Da ***Tarvisio*** entrate in Austria e imboccate la A2 che vi condurrà a Klagenfurt, Graz e Vienna. Da qui potete seguire la E461 fino al confine con la Repubblica Ceca e a Brno, e poi la E462 per Olomouc e il confine polacco (a Cieszyn). Raggiunta la meta, dipende dai vostri programmi: la prima città polacca è Bielsko-Biała da dove la E75 porta a Katowice, Częstochowa, Łódź, Toruń; se volete raggiungere subito Varsavia, a Piotkrów Trybunalski prendete la E67.
Da Vienna avete un'altra possibilità: passare per la Slovacchia; in questo caso imboccate la A4 per Bratislava da dove la E75 porta al confine polacco.
– Dal ***Brennero*** potete raggiungere Innsbruck, Salisburgo e la Repubblica Ceca (a Dolni Dvořistě, lungo la E55). Dirigetevi poi verso České Budějovice e Praga (sempre con la E55) da dove la E67 vi porterà, dopo il confine, a Wroclaw, Łódź e Varsavia.
Da Innsbruck è possibile anche passare per Monaco, Norimberga (Nürnberg), Dresda, Görlitz da dove si entra in Polonia all'altezza di Legnica (lungo la E40, che prosegue fino a Wrocław).
– Se provenite dal nord-ovest dell'Italia può convenire raggiungere la Svizzera da ***Chiasso*** e poi, via Zurigo, attraversare il confine tedesco a Singen. In Germania (dove tutte le autostrade sono gratuite) la A81 vi porterà a Stoccarda e Heilbronn. Da qui imboccate la A6 per Norimberga, poi la A9 per Dresda e la A13 per Cottbus oppure la A4 per Görlitz. Superato il confine polacco sarete nei pressi di Bolesławiec e Legnica.
Per progettare i vostri itinerari prima della partenza, consultate • www.viamichelin.it • oppure • www.kwmappe.kataweb.it •

In pullman

Non c'è solo l'aereo per viaggiare. A patto di avere tempo, si può anche viaggiare in pullman, anche se sa un po' di viaggio organizzato. Dovete ammettere che il pullman consuma meno benzina per passeggero/chilometro di quanto non consumi l'aereo e che in fondo è un modo di viaggiare in Europa da non disprezzare, se avete tempo e non pretendete troppo in tema di comfort.
I pullman europei non sono certo i lussuosi Greyhound americani dove si può perfino fare una doccia a bordo, ma in generale sono abbastanza attrezzati: aria condizionata, poltrone reclinabili; in alcuni paesi il comfort sarà un po' più aleatorio.
In linea di principio, una fermata ogni 3 o 4 ore vi permetterà di non arrivare con la barba lunga fino ai piedi. Non dimenticate che con un tragitto di 6 ore in aereo ci si sposta, in pullman si viaggia. E poi, in pullman la meta si fa veramente desiderare, in aereo vi piomba sulla testa senza avvertire e senza che siate preparati psicologicamente. Prevedete qualche cosa per coprirvi perché di notte è facile che faccia freddo: un thermos da riempire con qualcosa di caldo, o di freddo, a ogni tappa (perché naturalmente non si ha mai sete nel momento in cui potremmo bere) e qualcosa di buono da leggere.
Infine, il pullman è un mezzo di trasporto molto dolce: va a cercare i viaggiatori nelle loro regioni, nelle loro città. Una volta che si è saliti a bordo ci si può completamente abbandonare perché si sa che si arriverà. E non è da disprezzare la possibilità di diventare amici dei compagni di viaggio.
In Italia l'unica organizzazione di autolinee regolari internazionali è:

EUROLINES

Leader europeo dei collegamenti internazionali in pullman, *Eurolines Italia srl* collega direttamente più di 70 città straniere in nove nazioni europee, partendo da oltre 30 città italiane.
Per raggiungere la Polonia, *Eurolines* offre diverse possibilità: Napoli-Roma-Poznan, Genova-Danzica, Napoli-Roma-Varsavia-Suwalki, Genova-Varsavia-Suwalki, Napoli-Roma-Slupsk, Genova-Lebork, Genova-Cracovia. Tutte le tratte sono servite circa tre volte alla settimana.

– *Internet:* • www.eurolines.it •
– *Firenze:* sede centrale di Eurolines Italia, via Mercadante 2/b. ☎ 055-35-71-10. Fax: 055-35-05-65.
– *Aosta:* Savda, strada Ponte Suaz 6. ☎ 0165-36-12-44.
– *Bergamo:* Turisberg, via Camozzi 34-38. ☎ 035-35-62-61.
– *Bologna:* terminal bus, piazza XX Settembre 6. ☎ 051-24-21-50.
– *Brescia:* Brixia Viaggi, piazza della Vittoria 8/B. ☎ 030-28-93-240.
– *Firenze:* Ticket Point Lazzi, piazza Stazione 3/R. ☎ 055-21-51-55.
– *Genova:* Geotravels, piazza della Vittoria 30/R. ☎ 010-58-71-81.
– *La Spezia:* Abracadabra Viaggi, via Roma 69. ☎ 0187-75-18-72.
– *Mestre:* Aliante, viale Stazione 24. ☎ 041-92-67-00.
– *Milano:* Autostradale Viaggi, piazza Freud (stazione Garibaldi). ☎ 02-72-00-13-04.
– *Napoli:* Sonesta Viaggi, via Vittorio Emanuele II 49-50. ☎ 081-55-25-388.
– *Padova:* Siamic Express di Sita Viaggi, piazzale Boschetti. ☎ 049-66-09-44.
– *Roma:* circonvallazione Nomentana 574. ☎ 06-44-04-009.
– *Roma:* Lazzi Express, via Tagliamento 27/B. ☎ 06-88-40-840.
– *Savona:* Ivaldi, via Paleocapa 153/R. ☎ 019-82-05-19.
– *Savona:* Ziggurat, corso Italia 56/R. ☎ 019-82-86-66.
– *Siena:* Biglietteria Sena, sottopassaggio La Lizza – piazza Gramsci. ☎ 0577-24-79-34.
– *Torino:* Sadem Express, corso Siccardi 6. ☎ 011-53-89-67.

– *Venezia:* Atvo, piazzale Roma 479/M. ☎ 041-52-05-530.
– *Verona:* Brec Viaggi, via int. Acquamorta 60 (piazza Isolo 3). ☎ 045-59-44-88.

Eurolines offre anche Eurolines Pass, che dà la possibilità di viaggiare illimitatamente in Europa per 30 o 60 giorni. Sconti per giovani, anziani, gruppi e tariffe speciali in bassa stagione.

In treno

Non ci sono collegamenti diretti tra l'Italia e la Polonia. Per andare a Varsavia è necessario cambiare treno a Vienna (partenze quotidiane tutto l'anno da Milano e Roma).

– *Call Center Trenitalia:* servizio informazioni su orari e prezzi, prenotazioni e vendita. ☎ 89-20-21 (0,05 € alla risposta e 0,022 € al minuto, da tutta Italia).

Per informazioni su orari e coincidenze dei treni europei, da cogliere navigando in Internet:
– *Sito Trenitalia:* • www.trenitalia.it • dove troverete informazioni sugli orari e i link con tutti i siti delle ferrovie di tutto il mondo.
– *Sito delle Deutsche Bahn* (ferrovie tedesche): • reiseauskunft.bahn.de/bin/query.exe/dn • orari di tutto il continente.

Carta Rail Plus è una carta valida per l'acquisto dei biglietti internazionali a prezzo ridotto (25%). Costa 45 € per gli adulti, 25 € per i giovani fino a 26 anni e per i senior da 60 anni in poi.
InterRail è un pass destinato ai giovani fino a 26 anni, che garantisce libera circolazione nella seconda classe dei treni delle ferrovie aderenti alla comunità *InterRail,* limitatamente alle zone acquistate. Per raggiungere la Polonia si può acquistare la zona D *InterRail* valida nell'area di Polonia, Repubblica Ceca, Slovacchia, Ungheria e Croazia. Per raggiungere quest'area si ha diritto a un biglietto scontato del 50% fino al confine dell'area stessa. Il pass per una zona ha validità di 22 giorni.
Euro Domino (25%) e *Euro Domino Junior* (da 12 a 26 anni) consentono di viaggiare liberamente sui treni delle ferrovie di un particolare paese di cui si acquista il tagliando.

Acquisti

Alla fine del vostro soggiorno, lo spettro degli inevitabili regali-souvenir farà la sua apparizione. Non diventate matti... siamo qui per aiutarvi! Ci sono tante belle cose, per niente care. Ecco una piccola selezione.
– Per la fidanzata: un gioiello in argento. Ne troverete di bellissimi nelle gallerie d'arte private.
– Per il fidanzato: un libro d'arte. Ce ne sono di splendidi e veramente economici (talvolta con testi in lingue più accessibili del polacco). Oppure un dolce *makowiec*.
– Per la mamma: una collana o un braccialetto di ambra, nei negozi *Cepelia*, sui porti del mar Baltico o nella regione della Masuria.
– Per il papà: una buona bottiglia di vodka *Żubrowka* fatta con la cosidetta «erba di bisonte» (le dogane «autorizzano» 1 litro per viaggiatore). O ancora la *Siwucha*, un po' più cara ma deliziosa, con un leggero retrogusto di albicocca. La bottiglia è facilmente riconoscibile grazie al tappo di sughero sigillato con ceralacca.

– Per la sorellina: per qualche złoty, sui mercati dell'est del paese, si trovano alcuni graziosi reggiseni a balconcino «supersexy».
– Per la zia: una copia del quadro della Vergine nera. Se invece è comunista, le opere complete di Lenin sono attualmente in vendita a prezzi stracciati, ma dovrete pensare a noleggiare un camioncino per il viaggio di ritorno (Vladimir Il'ič Ul'janov scriveva con molta facilità).
– Per lo zio: una pipa in ciliegio.
– Per la nonna: una scatola di *sliwkiw ozchaladzia*, prugne snocciolate e affogate nel cioccolato.
– Per tutti gli altri: resta ancora il cuoio (borse, guanti, cinture ecc.), i maglioni di lana di pecora (odore garantito), gli oggetti di vetro, la pittura (attenzione, l'esportazione di oggetti fabbricati prima del 1945 è vietata) e numerosi articoli di abbigliamento a prezzi che sfidano ogni concorrenza (insomma, un viaggio in Polonia è ideale prima della ripresa dell'anno scolastico).

Negozi

Generalmente aperti dalle 10 alle 18. Nelle grandi città troverete negozi di alimentari aperti 24 ore su 24 dove è abbastanza frequente fare la coda di sera per comprare una bottiglia di vodka. In Polonia esistono anche diversi negozi di lusso che non hanno nulla da invidiare a quelli dell'Europa occidentale, compresi i prezzi. Ma facendo qualche sforzo riuscirete ad acquistare capi di abbigliamento di buona qualità non troppo cari, così come CD, cassette ecc.

Banche, cambio, valuta e carte di credito

La moneta polacca

La moneta ufficiale è lo ***złoty*** (Zl), che in polacco significa «d'oro». In effetti, nel passato, la moneta polacca aveva il suo equivalente in oro. Ma quest'epoca è definitivamente passata e lo złoty oggi vale molto meno anche se, dal 1° gennaio 1995, una riforma monetaria gli ha fatto perdere ben 4 zeri. Un (nuovo) złoty vale quindi 10 000 vecchi złoty. Conseguenza diretta: l'introduzione dei centesimi (*grosze*); un grosz vale 100 vecchi złoty. Oggi non è più possibile fare confusione visto che in circolazione ci sono solo nuovi złoty. A titolo indicativo, 1 złoty valeva 0,23 € all'inizio del 2003.

Cambio

– ***Gli uffici di cambio*** si sono rivelati un vero affare e sono spuntati come funghi, soprattutto nelle grandi città. A causa della penuria di locali, questi uffici si trovano talvolta in posti assolutamente insoliti: negozi di alimentari, self-service ecc. Si chiamano *kantor*. Le valute sono chiaramente esposte e i tassi di cambio sono generalmente più interessanti che nelle banche (chiuse sabato). Munitevi di banconote perché gli uffici di cambio non accettano le carte di credito e nella maggior parte dei casi rifiutano di cambiare i traveller's cheque.
– Retaggio del passato, il cambio in nero (*konikis* in polacco) è sempre più raro ed è praticamente scomparso nelle grandi città, anche nei luoghi dove era diffusissimo in passato, come le hall dei grandi alberghi. Evitate di cambiare in nero, l'onestà non è sempre all'ordine del giorno!
– Se possibile, non cambiate all'aeroporto e nei grandi alberghi: il tasso di cambio è infatti molto svantaggioso, eccetto che in alcuni casi per i traveller's cheque.

– Non è obbligatorio avere dei dollari, anche se la banconota verde è ancora di gran lunga la più apprezzata. Tutti gli uffici di cambio accettano gli euro.

Carte di credito

Le carte di credito, oggi ampiamente diffuse in Polonia, sono accettate in tutti i grandi alberghi e ristoranti e negli uffici della *Orbis* (agenzia viaggi, ex agenzia turistica di stato, che si occupa anche di trasporti e ricettività). In tutte le grandi città ci sono sportelli automatici. Non esiste una vera e propria logica: a seconda delle regioni, la banca *PKO* accetta solo la carta *Visa* mentre la banca *PBK* la *MasterCard*, ma talvolta succede il contrario. Queste due banche sono presenti su tutto il territorio.
– Per la ***carta Eurocard MasterCard***, in caso di smarrimento o di furto, chiamate in Italia il numero fornito dalla banca emittente.
– In caso di furto o grane per la ***carta American Express*** il cliente in difficoltà può chiamare la sede centrale italiana di Roma, con chiamata a carico del destinatario: ☎ 0039-06-72-900-347.
– Per la ***carta Visa***, nell'eventualità di furto, dalla Polonia fate una chiamata a carico del destinatario (tramite operatore) per contattare il call center negli Stati Uniti: ☎ (001) 410-581-99-94 dalla Polonia (la chiamata può essere fatta a carico del destinatario) oppure dall'Italia ☎ 800-819-014. Entrambi i numeri corrispondono a un call-center americano: chiedete un operatore che parli la vostra lingua.
– Per la carta ***Diners***, in caso di furto chiamate in Italia: ☎ 0039-06-35-75-591 (servizio attivo 24 ore su 24).
– Se la carta di credito appartiene al raggruppamento ***CartaSi***, in caso di furto o smarrimento, chiamate: dall'estero ☎ 0039-02-34-98-00-20; dall'Italia ☎ 800-15-16-16; dagli Stati Uniti ☎ 1-800-47-36-896. Attenzione: se la carta è abilitata anche al servizio Bancomat occorre chiamare l'ufficio blocchi specifico in Italia: ☎ 800-82-20-56.

Traveller's cheque

Non sono veramente raccomandabili per viaggiare in Polonia. In effetti, gli uffici di cambio e le banche dove è possibile cambiarli sono relativamente rari e applicano generalmente un tasso di cambio elevato, talvolta maggiorato da una commissione.
In Polonia potete portare quanti soldi volete, non c'è nessun limite. Alla frontiera dovrete compilare una dichiarazione di valuta il cui unico scopo è di verificare che alla fine non lasciate il paese con una somma superiore a quella che avevate entrandoci (la Polonia è un paese dove tutto è possibile!).

SOS soldi

In caso di necessità urgente di contante (perdita o furto di banconote, biglietto aereo, traveller's cheque, carte di credito), potete risolvere i vostri problemi tramite il sistema mondiale ***Western Union Money Transfer***. La condizione è che abbiate qualcuno che in Italia, o in qualsiasi altro paese, vada in un ufficio Western Union locale e versi denaro contante a vostro favore con accredito in qualsiasi altro ufficio Western Union del paese in cui vi trovate. L'accredito avviene immediatamente e il denaro può essere ritirato presso qualsiasi sportello Western Union. Quattro società finanziarie gestiscono il servizio Western Union in Italia: Angelo Costa spa, ☎ 800-22-00-55; Banca di Sassari spa, ☎ 800-60-16-22; Finint spa, ☎ 800-46-44-64; Omnia Finanziaria srl, ☎ 800-55-77-66. In Polonia: ☎ 0-800-1-202-24 (numero gratuito a Varsavia).

Bevande

Wódka to najlepsze lekarstwo («vudka to nelepché lekarstfo»)

Sì, sì, «la vodka è la medicina migliore». Ma tutti sanno che c'è vodka e vodka... e che questa bevanda alcolica, in origine elaborata da religiosi versati negli esperimenti chimici, non è una bazzecola. In Polonia si contano almeno 80 tipi diversi di vodka, e certo voi conoscete a memoria il ritornello «l'abuso di alcol è pericoloso per la salute», comunque i bei vecchi tempi del periodo comunista, quando una bottiglia di vodka costava come una bottiglia d'acqua, sono definitivamente passati. Coscienti di questo problema, i vari produttori di vodka, come la distilleria di stato di Łancut, hanno deciso di puntare sulla qualità. È sicuramente per queste ragioni che dopo aver degustato l'aroma della vodka nelle terre di Tadeusz Kantor c'è da scommettere che storcerete la bocca davanti ai pallidi succedanei in vendita nei supermercati europei. Monopolio di stato, la produzione di vodka è appannaggio di una manciata di produttori sparsi: la *Biała Dama* a Łańcut, la *Żubrowka* a Białowieża...

- ***Preparazione***

Nella distilleria *Polmos*, a Łańcut, tutto comincia con la raccolta del grano (nel peggiore dei casi, patate o barbabietole da zucchero) nei campi dei contadini dei dintorni. Ma il nodo gordiano della preparazione della vodka, l'elemento sul quale si concentra tutta l'attenzione, è l'acqua utilizzata per il processo di distillazione. Raccolta in un pozzo artesiano che si spinge 150 m sottoterra, l'acqua viene purificata da magnesio e calcio attraverso un sapiente procedimento di osmosi inversa. Più l'acqua è pura, migliore sarà il risultato finale. Una volta ottenuto lo spirito dell'alcol (a 90°-92°, scusate se è poco!) i migliori chimici della distilleria si mettono all'opera per trasformare l'alcol neutro in vodka. Questo «spirito rettificato» viene poi conservato per un mese e mezzo in giganteschi barili a una temperatura che oscilla tra i 5 e i 25 °C. Gli addetti effettuano frequenti controlli per verificare la lenta diminuzione del grado di alcol della bevanda. Per ogni vodka esiste un procedimento particolare. Per esempio, le *Luksusowa* o *Wyborowa* necessitano di un'elaborazione più accurata delle *Żytnia*. Arrivato a 60°, il liquido viene leggermente riscaldato per liberarlo dalle impurità, che vengono trattenute da un filtro. L'operazione può apparire insignificante ma sappiate che anche se le impurità rappresentassero solo l'1%, potrebbero alterare sensibilmente il gusto della bevanda.

- ***«Bere come un drago», jak smok***

Se per caso siete invitati a casa di un polacco, sappiate che è buona norma bere il primo bicchiere di vodka tutto d'un fiato (*do dna* nella lingua di Wałęsa e Wojtyła). In seguito potete fare un po' come volete, ma ricordatevi che il primo bicchiere è sacro. Se questo gesto dovesse provocarvi un violento bruciore alla gola, prendete il grosso cetriolo che troverete sicuramente sulla tavola del vostro ospite e divoratelo senza esitare tra un sorso e l'altro. Pare che calmi il fuoco dell'alcol!
Ma esiste anche la famosa vodka all'erba di bisonte, la *Żubrowka*, prodotta a est di Varsavia nella foresta di Białowieża, o la *Wisent*, prodotta a Łańcut. Per ottenere questo gusto particolare e inimitabile, la vodka viene conservata in botti di rovere. Vengono quindi aggiunte essenze naturali, conservate in giare di ceramica, la cui composizione è un segreto di fabbricazione. La tradizione dice che l'erba sulla quale il bisonte ha fatto... la pipì conferisce un sapore unico e inimitabile alla *Żubrowka* e alla *Wisent*... Ma sembra che in realtà la loro particolarità sia dovuta soprattutto all'aggiunta di caramello...

Amanti delle sensazioni forti, provate la *Śliwowica* (cugina dello *Slibowitz* jugoslavo), liquore kosher di prugna distillato dalla *Polmos*, ex monopolio di stato della vodka. Vi consigliamo di tenere un bicchiere d'acqua a portata di mano, visto che la gradazione alcolica di questa vodka arriva a 70°. Ma c'è anche di peggio: la *Spirytus Rektifikowany*, per esempio, arriva fino a 90°!

Vino

Non esistono vini polacchi. Nei negozi, per lo stesso prezzo, vi conviene acquistare una buona bottiglia di vino bulgaro, slovacco o ungherese piuttosto che una cattiva bottiglia di vino italiano. Sappiate che difficilmente riuscirete a reggere l'alcol come lo reggono i polacchi... che in questo campo hanno una certa pratica.

Birra

Il paese produce soprattutto birra chiara e la scelta è piuttosto vasta: *Lech*, *Żywiec*, *Grolsch*, *Okocim*, *EB*, *10,5*, *Tatras* (eccellente e molto più forte) ecc. Generalmente buone, rinfrescanti e per niente care. Tanto meglio, visto che le birre straniere sono da due a tre volte più care di quelle locali.

Tè e caffè

– Il ***tè***, chiamato *herbata*, è un'istituzione. Ovunque andrete ve lo proporranno.
– Per quanto riguarda il ***caffè***, talvolta viene servito alla turca. Un particolare per chi sta attento ai soldi: il caffè amaro è generalmente meno caro di quello dolce, spesso infatti vi fanno pagare un supplemento per lo zucchero!

Consigli

Per finire, *attenzione alle truffe*. Alcuni intenditori troveranno che il loro whisky preferito ha uno strano gusto. A parte la vodka, inoltre, le altre bevande superalcoliche sono molto care. Nei bar e nei ristoranti, i prezzi esposti si riferiscono a dosi di 50 ml.

Budget

Alberghi

Dalla caduta del muro di Berlino, i prezzi della Polonia si allineano sempre più a quelli dei colleghi europei, e non è facile trovare un buon alloggio per poco. Niente di nuovo sotto il sole (polacco), le città sono più care delle campagne. Cracovia e Varsavia applicano ormai tariffe classiche da capitali europee e i prezzi sono quindi in netta crescita.
– ***Prezzi molto economici:*** meno di 30 Zl (7 € circa) per persona, in particolare negli Ostelli della Gioventù e in dormitorio.
– ***Prezzi economici:*** da 80 a 100 Zl (da 18 a 23 €) per una camera doppia senza la prima colazione.
– ***Prezzi moderati:*** da 100 a 200 Zl (da 23 a 46 €).
– ***Prezzi medi:*** da 200 a 300 Zl (da 46 a 70 €).
– ***Più chic:*** oltre 300 Zl (70 €).

Ristoranti

– ***Prezzi molto economici:*** per un buon pasto ricostituente in un *mleczny* non spenderete mai più di 7 o 8 Zl (da 1,60 a 1,80 €).

- ***Prezzi economici:*** calcolate meno di 15 Zl (3,50 €).
- ***Prezzi medi:*** da 20 a 40 Zl (da 4,50 a 9 €).
- ***Più chic:*** oltre 50 Zl (12 €).

Alcuni prezzi indicativi

- Un litro di benzina: 3,5 Zl (0,80 €).
- Un caffè: da 2 a 4 Zl (da 0,50 a 1 €).
- Un CD nuovo: tra 40 e 50 Zl (tra 9 e 12 €), se è importato.
- Un litro di latte: 1,8 Zl (0,40 €).
- Una birra (50 cl): 5 Zl (1,20 €).
- Un litro di vodka: 20 Zl (4,50 €) in media, ma il prezzo può salire fino a 30 Zl (7 €).
- Un succo di frutta: 5 Zl (1,20 €).

Clima

La Polonia è situata tra due zone climatiche: il clima oceanico dell'Europa occidentale e il clima continentale dell'Europa orientale, la qual cosa giustifica una grande varietà climatica. L'inverno, da dicembre a febbraio, è molto rigido (da –5 °C a –15 °C) e nevoso, soprattutto a est e nelle zone montuose. La primavera è generalmente soleggiata e calda, con un ritorno delle gelate verso metà maggio. L'estate è calda, talvolta molto calda (il termometro può salire fino a 30 °C) e dura da giugno ad agosto. Pioggia e temporali sono frequenti, soprattutto in luglio nelle zone montuose. L'autunno, secco e soleggiato, viene comunemente chiamato «autunno dorato» (settembre e ottobre) ed è particolarmente bello in montagna.

Cucina

I pasti

La prima colazione è consistente e abbondante – uova, salsicce, prosciutto, formaggio –, i polacchi devono infatti resistere per buona parte della giornata visto che lavorano senza interruzioni dalle 7 o le 8 del mattino fino alle 15-16 del pomeriggio. Generalmente verso le 11 fanno una seconda colazione sul lavoro. Il pasto principale viene consumato al rientro, verso le 16, e comprende una minestra, un piatto principale, un dolce e chi più ne ha più ne metta. La cena di solito è meno abbondante: sovente un panino o un piatto riscaldato velocemente. La varietà della cucina polacca è notevole: si contano sino a 1500 diverse ricette. La carne più consumata è il maiale, seguita dal manzo e dal vitello. È sempre ben cotta, mai al sangue, spesso accompagnata da deliziose salse a base di farina e panna. La Polonia è attraversata da diversi corsi d'acqua e i polacchi amano la pesca: due buone premesse per assaggiare pesci di fiume o di stagno come la tinca, la trota, la carpa e l'anguilla (un po' più cara). La patata rimane la star incontestata dei contorni: accompagna quasi tutti i piatti, il più delle volte bollita o sotto forma di patatine fritte. Tra le altre verdure di grande consumo figurano il cavolo, la barbabietola, il cetriolo e l'insalata.

Le minestre

- ***Barszcz:*** zuppa di barbabietole cotte nel brodo, servita sovente con un *pasztecik*, pasticcio di carne avvolto in una pasta sfoglia. Il gusto dolce di questa minestra potrà lasciarvi perplessi.

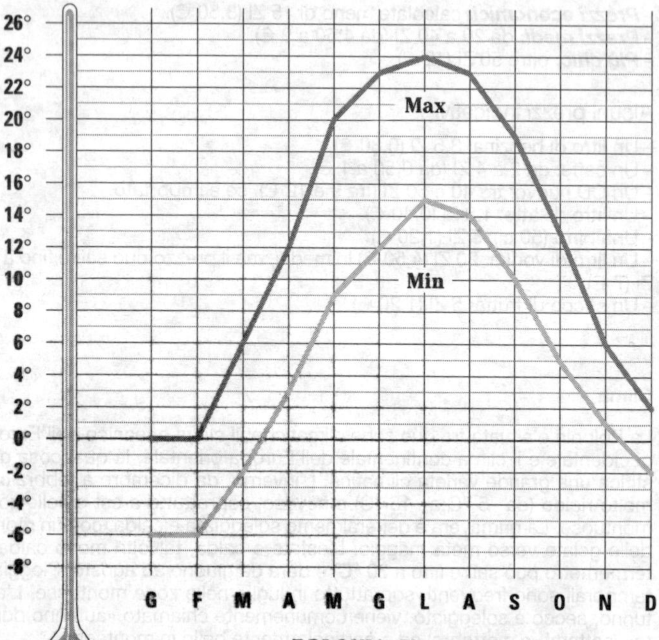

POLONIA (Varsavia):
Media delle temperature

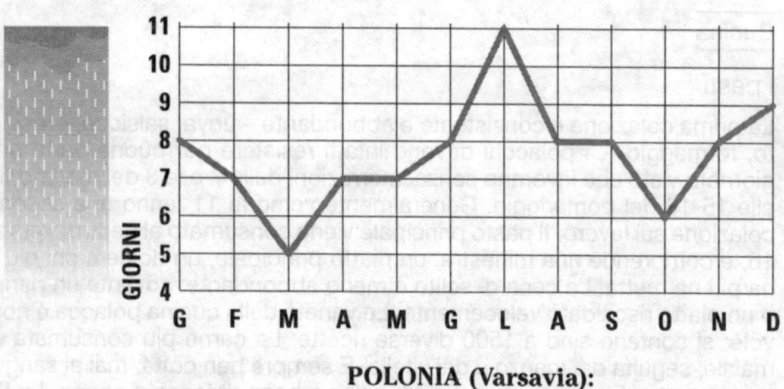

POLONIA (Varsavia):
Numero dei giorni di pioggia

– ***Grochówka:*** minestra di piselli, molto spessa, con dadini di pancetta e pezzi di carne affumicata. Eccellente d'inverno per riscaldarsi.
– ***Żurek:*** minestra di farina di segale, con pezzi di salsiccia e patate. I veri duri la degustano con un uovo sodo.
– ***Flaki:*** minestra a base di trippa, molto nutriente. L'autore di questo testo non ha mai amato la trippa, ma pare che sia molto buona.

Gli antipasti

– ***Śledź:*** aringa marinata, servita a scelta con olio d'oliva, panna, cipolle o pomodori, accompagnata da un bicchierino di vodka ghiacciata che stimola l'appetito. Attenzione, ha un gusto forte e piccante.
– ***Tatar:*** bistecca alla tartara servita con cetriolini salati, un uovo sodo e una cipolla finemente tagliata. Potete condirla come volete. Per gli amanti della carne cruda, è un piatto da evitare durante il periodo estivo (niente è più sicuro della catena del freddo naturale!).
– ***Surówka:*** cavolo rosso e carote grattugiate.

I piatti

– ***Kotlet schabowy:*** cotolette di maiale impanate. Il piatto di carne più popolare in Polonia.
– ***Zraz zawijany:*** carne di manzo battuta e arrotolata con pancetta affumicata e cetriolini salati all'interno. Eccellente, spesso servita con *kasza gryczana* (grano saraceno).
– ***Golonka:*** zampetto di maiale marinato con aromi o alla birra, poi cotto lungamente o bollito in brodo.
– ***Bigos:*** specialità polacca da assaggiare assolutamente. Crauti, carne, un assortimento di salumi, funghi, pomodori e prugne secche.
– ***Kaczka z jabłkami:*** anatra ripiena di mele, spesso servita con *pyzy*, piccoli panini cotti al vapore. Inzuppate alcuni pezzi di *pyzy* nel brodo d'anatra e la degustazione si trasformerà in una delizia indimenticabile.
– ***Karp*** *(carpa)*: esistono mille modi di prepararla: alla polacca, alla giudea, in gelatina…; sempre eccellente.
– ***Pierogi:*** grossi ravioli solitamente ripieni di formaggio (*pierogi ruskie*), cavolo (*pierogi z kapustą*), più raramente carne o… frutti di bosco. Formidabili!
– ***Słonecznik:*** il cuore del girasole. I semi si sgranocchiano anche per strada, aspettando l'autobus alla fermata. Se ne trovano in tutte le piccole drogherie.

I dolci

Gli amanti dei dolci saranno contenti.
– ***Sernik:*** dolci ripieni di ricotta.
– ***Makowiek:*** dolci con semi di papavero; il gusto dei semi neri è esaltato dalla frutta secca: pere, fichi, uvetta.
– ***Jabłecznik:*** chiamata anche (chissà mai perché?) *szarlotka*, è una deliziosa torta di mele e viene servita con la panna.
– ***Nalesniki:*** crêpe ripiena di formaggio fresco, servita con panna montata.
– ***Chrusty:*** da assaggiare soprattutto durante il carnevale. Si tratta di frittelle sottili e croccanti dalle forme strane, cosparse di zucchero. Quando sono più grosse vengono chiamate *faworki*. Il nome deriva dal francese «faveur», che nel passato designava il nastro offerto da una dama al suo cavaliere dopo un torneo vittorioso.

Ristoranti

I buongustai se la godranno visto che qui i ristoranti, anche i più cari, non sono troppo onerosi (fate comunque attenzione quando i prezzi sono indicati all'etto). I ristoranti aprono verso mezzogiorno e fanno servizio senza interruzioni. Di sera, la maggior parte chiude alle 22, eccetto i più cari e i più rinomati. Per essere serviti bisogna arrivare almeno tre quarti d'ora prima della chiusura.
Il menu è raramente esposto fuori, ma potete tranquillamente entrare nel locale per consultare la carta e uscire se i piatti proposti non vi attirano. La

carta è talvolta di una lunghezza sorprendente: come in Italia, infatti, i piatti di carne non sono sempre accompagnati da un contorno, che dovrete quindi scegliere a parte, e questo allunga notevolmente la lista! Un'altra particolarità dei ristoranti polacchi è l'incredibile varietà dei prezzi: nei ristoranti un po' più chic, sulla carta figurano antipasti e pietanze a costi che possono oscillare tra 10 e 80 Zl (tra 2,30 e 18,40 €). Non esitate quindi a entrare in questi ristoranti: con un po' di oculatezza potrete mangiare per una manciata di złoty approfittando nello tempo stesso dell'ambiente curato e della qualità del cibo servito.
In passato, i ristoranti in Polonia erano un lusso riservato unicamente a un'élite ristretta. Oggi l'economia di mercato si fa sentire anche in questo campo. L'apertura di nuovi ristoranti negli alberghi internazionali ha regalato una fresca boccata d'ossigeno al panorama culinario polacco. I nuovi indirizzi si moltiplicano introducendo un po' di diversità sulla scena gastronomica. In alcuni ristoranti avrete l'impressione di partecipare a festini reali, talmente le sale, i tavoli, i piatti (talvolta in argento) sono enormi, e le pietanze abbondanti e ben guarnite. Ma troverete anche alcuni ristorantini più intimi dove viene servita un'eccellente cucina. Attenzione, può succedere che i prezzi di alcuni piatti siano indicati a peso, quindi diffidate davanti a una carpa che costa 3 złoty. La cifra indicata si riferisce a 100 g e una carpa media pesa almeno 600 g!
Bisogna anche dire che le pizzerie e gli snack all'americana cominciano a fare una bella concorrenza ai locali tradizionali, ma ci sono anche tanti piccoli indirizzi originali. Potrete scegliere di mangiare in un ambiente da residenza nobiliare di campagna oppure provare una cucina più inventiva in una sala dalle linee eccentriche, ma è ancora raro trovare una buona combinazione di cucina tradizionale e ambiente moderno.
Peccato che a poco a poco le leggi della concorrenza e del profitto costringano alla chiusura i bar *mlecznys*, le latterie. Questi locali popolari dell'era comunista servivano una cucina semplice a prezzi «politici», per i budget più modesti. Cercando bene se ne trovano ancora in tutte le città e nei villaggi, ma chiudono verso le 18, per l'ultimo pasto.

Diritti umani

«È un paradosso della Storia: la sinistra neocomunista dovrà introdurre la Polonia nell'Unione europea.» Secondo la sociologa e politologa Janina Staniszkis, il risultato delle elezioni legislative del settembre 2001 rappresenta una minaccia, ma non perché le abbiano vinte gli ex comunisti. Il passato sovietico fa ormai parte della storia e i socialdemocratici, chiamati per comodità «neocomunisti» (SLD), si sono ormai adattati all'economia di mercato e ai principi democratici. Oggi, inoltre, la Polonia occupa il primo posto nella lista dei futuri paesi candidati a entrare nell'UE. No, il pericolo inatteso di queste elezioni è costituito dal successo dei piccoli partiti della destra radicale che hanno raccolto complessivamente quasi il 26% dei voti. Leopold Unger si esprime con toni preoccupati sul quotidiano *Gazeta Wyborcza:* «Quando la gente prenderà coscienza del credo antieuropeo di questi partiti, radicalmente clericale, nazionalista, populista e antisemita, la sorpresa, per non dire il trauma, sarà ancora più grande che dopo l'arrivo al potere di Jörg Haider in Austria».
Anche se la nuova Costituzione (legge fondamentale del 1997) prevede la protezione delle minoranze, gli immigrati, gli ebrei e i rom subiscono ancora oggi discriminazioni razziali e religiose (profanazione di cimiteri, aggressioni da parte di gruppi neonazisti…), e questo anche a livello istituzionale. In alcune località sono state istituite scuole sperimentali con classi speciali destinate agli alunni rom. Anche se nel luglio del 2001 il presidente Alek-

sander Kwasniewski ha chiesto ufficialmente «perdono a nome suo e a nome di tutti i polacchi» per il massacro di centinaia di ebrei perpetrato nel 1941 a Jedwabne, i vecchi condizionamenti persistono: il discorso antisemita continua a fare molti adepti in Polonia. Ma nel complesso i pregiudizi razzisti tendono scomparire.

Una prova ulteriore del fatto che la Polonia non ha ancora finito di fare i conti con i suoi vecchi demoni è il processo senza fine al generale Jaruzelski per la repressione violenta di una rivolta operaia nel 1970 (44 morti e diverse centinaia di feriti). Nell'ottobre del 2001, gli ultimi ostacoli giuridici sono stati superati e il vero dibattito è potuto cominciare.

Ma è soprattutto la legge detta di «decomunistizzazione» che sembra turbare la vita politica ed economica del paese. Si tratta di una legge che prevede la verifica del passato degli attuali responsabili politici, e che ha già provocato l'allontanamento dalle loro cariche di diverse personalità. Il presidente Kwasniewski, ex *apparatchik* accusato di collaborazione con la polizia comunista, la SB, è stato invece amnistiato da una corte speciale il 10 agosto 2000.

Il mantenimento del divieto di interruzione di gravidanza dimostra bene quanto il paese natale di Giovanni Paolo II (cattolico al 90%) sia ancora profondamente conservatore. Un decreto che autorizzava parzialmente l'aborto è stato giudicato inammissibile dalla Corte Costituzionale. Nel frattempo, la violenza nei confronti delle donne persiste, con più di 23 000 casi registrati dalla polizia nel 2000. Queste denunce sono il più delle volte considerate dalla giustizia affari minori e non danno luogo ad azioni giudiziarie.

Infine, negli ultimi dieci anni le radicali riforme economiche che i polacchi hanno dovuto affrontare per poter entrare nell'Unione europea hanno generato numerose ineguaglianze e una conseguente riduzione dei diritti economici e sociali, poco rispettati in particolar modo quando si tratta dei lavoratori immigrati provenienti dall'Ucraina e dalla Bielorussia.

Per saperne di più, non esitate a contattare i seguenti organismi.

■ ***Amnesty International (sezione italiana):*** via G.B De Rossi 10, 00161 Roma. ☎ 06-449-01. Fax: 06-449-02-22. • www.amnesty.it • info@amnesty.it •

■ ***Federazione Internazionale dei Diritti dell'Uomo - Lega Italiana (FIDH):*** piazza d'Ara Coeli 12, 00186 Roma. ☎ 06-678-58-14. Fax: 06-699-42-224. • www.fidhlegaitaliana.org • info@fidhlegaitaliana.org •

Economia

«Il motore gira, ma dov'è il pilota?», titolava con un certo umorismo un articolo della stampa specializzata sull'economia polacca. È sicuramente vero che l'instabilità politica non ha ancora finito di nuocere all'economia (valzer di ministri, scandali finanziari, polemiche ideologiche senza fine ecc.). Eppure, dopo aver conosciuto il calo di produzione più severo dell'intera Europa centrale nel 1989 e nel 1991, l'economia più importante e più riformatrice dei paesi dell'Est ha beneficiato di una vera e propria «terapia d'urto» e da allora può vantare tassi di crescita mai raggiunti nei paesi vicini. Tutto ciò stroncando l'inflazione (20% nel 1996) ed evitando una svalutazione brutale della moneta che la riforma monetaria del 1995 mirava a rinforzare.

Nel 1996, due anni e mezzo dopo aver presentato la sua candidatura, la Polonia è stata ammessa nell'OCSE (Organizzazione per la cooperazione e lo sviluppo economico), terzo paese postcomunista a entrare in questa organizzazione dopo l'Ungheria e la Repubblica Ceca.

Ciò non toglie che più del 13% della popolazione viva al di sotto della so-

glia di povertà. Il livello di vita generale resta quindi basso e la liberalizzazione a oltranza in corso dall'inizio degli anni novanta del Novecento è all'origine di numerose ineguaglianze. Eppure, in Polonia, sarete sorpresi dal numero impressionante di macchine di lusso e ville in costruzione. Spesso negli edifici più scalcinati gli appartamenti sono moderni e perfettamente attrezzati. Nel 2001 il tasso di disoccupazione ha raggiunto di nuovo il 17% della popolazione attiva. La Polonia nutre l'ambizione di diventare paese membro dell'Unione europea e deve attualmente mettere in atto riforme a una velocità astronomica. Lo stato disastroso dell'agricoltura (che impiega più di un quarto della popolazione attiva), i cui profitti sono minimi rispetto a quelli prodotti nei paesi occidentali, la caduta dello złoty, la crescita economica mediocre (2%), il degrado delle finanze pubbliche e le difficoltà dei settori sociali non facilitano di certo il cammino verso l'ingresso in Europa sperato per il 2004-2005.
L'Italia è il secondo partner commerciale della Polonia (sia per importazioni sia per esportazioni) dopo la Germania.

Feste e giorni festivi

– *Giorni festivi:* 1° gennaio, lunedì di Pasqua, 1° maggio, 15 agosto (attenzione, quasi tutti i negozi e i musei sono chiusi; ve lo ricordiamo perché diversi lettori se ne sono sorpresi), Corpus Domini o *Boże Cialo* (festa a data variabile), 1° novembre, 11 novembre (festa nazionale che celebra la creazione dello stato polacco nel 1918, dopo 140 anni di asservimento), 25 e 26 dicembre.
– I polacchi offrono tanti piccoli regali (soprattutto fiori, ma anche cioccolatini…) per gli onomastici. E siccome ci sono ben quattro san Andrzej e due sante Agnieszka all'anno, i fioristi sono floridi e fiorenti! In compenso, sappiate che regalare un mazzo di fiori per san Valentino (*Walentynki*) equivale a fare un'autentica dichiarazione d'amore.
– In estate si svolgono diversi tornei a cavallo, piuttosto impressionanti da vedere. I più conosciuti sono quelli di Golub Dobrzyń (vicino a Toruń) in luglio, Sandomierz in agosto, Ujazd in giugno e Gniew in luglio.

Geografia

Con più di 312 000 km² di superficie la Polonia è uno degli stati più grandi d'Europa (quanto la Norvegia e appena un po' meno della Germania). La frontiera più estesa è quella con la Germania. Le coste sul mar Baltico totalizzano 528 km e la vetta più elevata si trova alla frontiera slovacca, nel massiccio degli Alti Tatra, con i 2499 m del monte Rysy. Il 75% del territorio si trova sotto i 200 m d'altitudine. Le montagne del sud, di fronte alla Slovacchia e all'Ucraina, fanno parte del massiccio degli antichi Carpazi mentre a ovest i monti Sudeti delimitano la frontiera con la Repubblica Ceca. La Vistola, il cui corso si trova interamente in Polonia, è lunga 1047 km, passa da Cracovia e Varsavia e bagna le pianure del nord prima di gettarsi nel mar Baltico.

Libri di viaggio

– ***Ferdydurke***, di Witold Gombrowicz (Feltrinelli, 1993). È il capolavoro del noto scrittore e commediografo polacco, che visse 23 anni in Argentina prima di trasferirsi in Francia (dove morì). *Ferdydurke*, pubblicato nel 1938,

non è un romanzo vero e proprio, ma un montaggio di generi letterari, un po' diario, un po' saggio filosofico, un po' rappresentazione surrealista.
– ***Quo Vadis?***, di Henryk Sienkiewicz (A. Mondadori, 2001). Il romanzo storico, reso famoso anche dalla versione cinematografica (USA, 1951), che consacrò la fama internazionale di questo «Tolstoj polacco», vincitore del premio Nobel per la letteratura nel 1905. Ambientato nella Roma di Nerone e delle persecuzioni contro i primi cristiani, il libro narra la drammatica storia d'amore tra un patrizio romano e la figlia cristiana di un re svevo. Fra le righe dell'avvincente «polpettone», i patimenti della cattolicissima Polonia nella quale proprio la religione è stata, nei momenti bui, sinonimo di identità.
– ***Corvo bianco***, di Andrzej Stasiuk (Bompiani, 2002). Autore scomodo dell'ultima generazione, Stasiuk è nato nel 1960 a Varsavia e nei suoi libri caustici e impietosi riversa lo scontento disperato di un intellettuale che rifiuta in ugual modo il comunismo e il Sessantotto, il servizio militare e il mito del denaro.
– ***Alla corte di mio padre***, di Isaac Bashevis Singer (Tea, 1999). Forse il libro autobiografico più riuscito di questo scrittore ebreo-polacco di lingua yiddish, premio Nobel per la letteratura del 1978. Varsavia (dove Singer si è vissuto prima di trasferirsi negli Stati Uniti) e il Beth Din (il tribunale rabbinico presieduto dal padre) sono il palcoscenico sul quale si incontrano i personaggi di un intero mondo, con i loro problemi e le loro passioni. La raccolta ***Nuove storie dalla corte di mio padre***, recentemente tradotta in italiano (Tea, 2003), ne è la continuazione ideale.
– ***Cercatori d'oro***, di Thierry Jonquet (Hobby & Work, 1999). Un giudice dinamico e alcuni poliziotti alla ricerca della verità esplorano i bassifondi parigini frequentati da circoli degli immigrati polacchi (particolarmente numerosi in Francia per lo storico legame tra i due paesi), ma ben presto si ritrovano nei dintorni di Auschwitz e Birkenau. Un romanzo *noir* e una storia d'amore travolgente.
– ***Gente sul ponte*** (Scheiwiller, 1996) e ***Vista con granello di sabbia. Poesie (1957-1993)*** (Adelphi, 1998), entrambi di Wisława Szymborska. Poetessa polacca, premio Nobel per la letteratura nel 1996. Quasi sconosciuta in Italia, la poetessa di Cracovia è stata tradotta in ben 36 lingue, a dimostrazione del carattere universale della sua vena lirica. Ironica, pacata, attenta ai dettagli, ma anche ai paradossi del quotidiano, la Szymborska riesce a unire nella sua poesia il senso di meraviglia per l'universo e la consapevolezza della caducità della vita, la cui amarezza è stemperata dalla partecipazione.
– ***Storia della Polonia***, di Gieyzstor Aleksander (Bompiani). Uno dei pochi testi di storia polacca scritto da un polacco e tradotto in italiano.
– ***Shtetl. Viaggio nel mondo degli ebrei polacchi***, di Eva Hoffman (Einaudi, 2001). Lo shtetl era il villaggio nel quale vivevano cristiani ed ebrei nella Polonia precedente lo sterminio. Fotografia di una società e di una cultura multietniche che non esistono più.

Lingua

Il polacco appartiene alla famiglia delle lingue slave ma utilizza l'alfabeto latino. La lingua è meno complicata di quanto si possa immaginare alla vista delle interminabili serie di consonanti.
– *sz* si pronuncia «*sc*» come nella parola (sc)iarpa.
– *cz:* «*ce*» come (ce)co.
– *dz:* «*z*» come (z)aino.
– *rz* e *ż:* «*j*» come nella parola francese (j)our.
– *ł:* «*uà*», come nel dittongo della parola q(ua).
– *c:* «*z*» come pi(zz)a.

– *ę*: «*en*», pronuncia nasale.
– *ą*: «*an*», pronuncia nasale.
– *y*: «*é*».
– *u* e *ó*: «*u*».
– *j*: «*i*».
– *ch* e *h* si pronunciano come nella parola tedesca *ma(ch)en* (o anche come la «jota» spagnola).
– L'accento sulle consonanti *s*, *c*, *z*, *dz*, *n* le palatalizza; pronunciatele come se fossero seguite da una «i».
– L'accento cade sempre sulla penultima sillaba della parola.

Provate a imparare alcune parole elementari e a utilizzarle nella conversazione. Anche se la pronuncia non è perfetta, è una prova di buona volontà, un modo per stabilire un contatto che darà vita a grandi discussioni con l'aiuto dei gesti e di qualche vodka. In ogni caso, troverete facilmente persone che parlano inglese o tedesco; anche il francese è conosciuto, soprattutto tra le persone più anziane.

Formule di cortesia ed espressioni correnti

Sì	*Tak*
No	*Nie*
Grazie	*Dziękuję* (pronunciate «gencuié»)
Prego, di niente	*Proszę bardzo* («proscé barzo»)
Buongiorno	*Dzien'dobry* («gén dobré»)
Salve	*Cześć* (cecech)
Arriverderci	*Do widzenia*
Ciao	*Pa*
Buonasera	*Dobry wieczór*
Buonanotte	*Dobranoc* («dobranoz»)
Scusi	*Przepraszam* («preprasciam»)
Per favore	*Proszę*
Buon appetito	*Smacznego*
Potrebbe ripetere? (interlocutore maschile/femminile)	*Czy może pani/pan pwtórzyć?* («Cé mojé pani/pań pov' tu jéch»)
Potrebbe compitare la parola? (interlocutore maschile/femminile)	*Czy móze pani/pan przeliterować?* («Cé mojé pani/pan tu pcelité rovach?»)
La prego di scusarmi, ma parlo male la sua bella lingua	*Przepraszam, nie mówię dobrze po polsku*
Non capisco	*Nie rozumiem* («Nié roziu miëm»)
Cosa? Scusi? Come?	*Co? Przepraszam? Jak?*
Può fare in fretta, siamo di corsa	*Proszę szybko, śpieszy się nam*
Faccia presto, non ho neppure una lira in tasca	*Proszę szybko bo nie mam dużo pieniędzy*
Sono italiano	*Jestem wlochem*
Sono italiana	*Jestem wloszka*
Non parlo polacco	*Nie móvie popolsku* («nié muvie popolasku»)
Basta!	*Wystarczy tego!*
Balliamo?	*Zatańczymy?*
D'accordo	*Dobzre, zgoda*
Stasera no	*Nie dzisiaj wieczorem*
Quanto devo?	*Ile?*
Caro	*Drogo*
Non c'è	*Nie ma*

Per orientarsi

A destra	*W prawo*

A sinistra	*W lewo*
Sempre dritto	*Prosto*
Dove si trova?	*Gdzie się znajduje?*
Lontano	*Daleko*
Vicino	*Blisko*
Di fianco	*Obok*
Entrata	*Wejście*
Uscita	*Wyjście*

Tempo

Quando	*Kiedy*
A che ora?	*O której godzinie?*
Giorno	*Dzień*
Settimana	*Tydzień*
Mese	*Miesiąc*
Oggi	*Dzisiaj*
Domani	*Jutro*
Ieri	*Wczoraj*
Momento	*Momencik, chwileczkę*
Mattino	*Rano*
Mezzogiorno	*Południe*
Sera	*Wieczór*
Notte	*Noc*
Lunedì	*Poniedziałek*
Martedì	*Wtorek*
Mercoledì	*Sroda*
Giovedì	*Czwartek*
Venerdì	*Piątek*
Sabato	*Sobota*
Domenica	*Niedziela*

Numeri

1	*jeden*	20	*dwadzieścia*
2	*dwa*	30	*trzydzieści*
3	*trzy*	40	*czterdzieści*
4	*cztery*	50	*pięćdzieści*
5	*pięć*	60	*sześćdziesiąt*
6	*sześć*	70	*siedemdziesiąt*
7	*siedem*	80	*osiemdziesiąt*
8	*osiem*	90	*dziewięćdziesiąt*
9	*dziewięć*	100	*sto*
10	*dziesięć*	1000	*tysiąc*

In viaggio

Buon giorno, ho bisogno di una camera per due persone	*Dzieńdobry, proszę o pokćj dwuoso bowy* («Gen dobré, proscé o pokui dvu-osobové»)
Albergo	*Hotel*
Camera	*Pokój*
Numero	*Numer*
Chiave	*Klucz*
Doccia	*Prysznic*
Bagno	*Łazienka*
Toilette per uomini	*Toaleta męska*
Toilette per donne	*Toaleta damska*
Quanto costa, con o senza colazione?	*Jaka jest cena ze śniadaniem i bez?*

Possiamo accordarci sul prezzo?	*Możemy porozmawiać o cenie jeśli?*
Se resto per molto tempo?	*Zostań dłużej?*
Mah, una settimana	*No, powiedzmy tydzień*
Via	*Ulica*
Castello	*Zamek*
Piazza del mercato	*Rynek*
Municipio	*Ratusz*
Città vecchia	*Stare miasto*
Chiesa	*Kościół*
Farmacia	*Apteka*
Ospedale	*Szpital*
Libreria	*Księgarnia*
Negozio	*Sklep*
Discoteca	*Klub nocny*
Stazione	*Dworzec*
Aeroporto	*Lotnisko*
Aereo	*Samolot*
Volo	*Lot*
Nave	*Statek*
Macchina	*Samochód*
Treno	*Pociąg*
Autobus	*Autobus*
Arrivo	*Przyjazd*
Partenza	*Odjazd*
Bicicletta	*Rower*
Posta	*Poczta*
Francobollo	*Znaczek*
Garage	*Warsztat*
Benzina	*Benzyna*
Fine	*Koniec*
Deviazione	*Objazd*
Cassa, sportello	*Kasa*
Aperto	*Otwarte, czynne*
Chiuso	*Zamknięte, nieczynne*
Biglietto	*Bilet*

Al ristorante

Acqua	*Woda*
Vino	*Wino*
Birra	*Piwo*
Caffè	*Kawa*
Tè	*Herbata*
Latte	*Mleko*
Pane	*Chleb*
Sale	*Sól*
Pepe	*Pieprz*
Zucchero	*Cukier*
Buono	*Dobre*
Cattivo	*Niedobre*
Conto	*Rachunek*
È necessario prenotare?	*Potrzebna jest rezerwacja?*
Avete un piatto del giorno?	*Czy jest danie dnia?*
Non mangio carne di maiale/carne	*Nie jadam wieprzowiny/mie Isa*
Siete aperti mezzogiorno e sera?	*Czy lokal jest otwarty rano i wieczorem?*
Chiudete un giorno alla settimana?	*W który dzień jest zamknięte?*
Dove sono le toilette?	*Gdzie jest toaleta?*

Alla stazione

Autobus	*Autobus* (facile, no?)
Treno espresso	*Pociąg ekspresowy* («Poccionk ekspresové»)
Treno rapido	*Pociąg pośpieszny* («Poccionk pochpiechné»)
Biglietto di seconda classe	*Bilet drugiej klasy* («Bilet drughiei classé»)
Biglietteria	*Kasa*
Vorrei un biglietto per...	*Poproszę bilet do...* («Poproscé bilette do...»)
A che ora parte il treno per...?	*O której odjezdza pociąg do...?* («O kturé-y odiezdza pocciong do...?»)

Shopping

Bianco	*Bialty* («Biawé»)
Nero	*Czarny* («Ciarné»)
Blu	*Niebieski* («Niebieschi»)
Verde	*Zelony*
Arancione	*Pomaranczowy* («Ppoma ranciové»)
Rosso	*Tcherwoné* («Scer voni»)
Negozio	*Sklep*
Vorrei...	*Poproszę o...* («Poproché o...»)
Può farmi un pacchetto?	*Proszę zapakować?* («Proscé zapacovach?»)
Quanto costa?	*Ile to kosztuje?* («Ilé to coshtuyé?»)

Qualche piccolo esercizio scioglilingua

Se avete la fortuna di avere un amico polacco che si chiama Cristoforo, vale a dire Krzysiek, dovrete salutarlo nel seguente modo: *cześć krzyś* («cesici ceisc», cercate di non pronunciare le «i» e palatalizzate le consonanti).
Ecco qualcosa di difficile da dire (anche per i polacchi!):
Chrźszcz brzmi w trzcinie w Szczebrzeszynie i Szczebrzeszyn z tego słynie; la frase significa: «uno scarabeo stride tra le canne della città di Szcz..., e Szcz... è conosciuta per questo»; insomma, potete anche fare a meno di impararla a memoria.

Musei

Tanto vale saperlo subito: in Polonia l'accesso alla cultura costa caro. Al prezzo del biglietto d'entrata ai siti (e sovente al parcheggio), bisogna aggiungere le spese per una guida, che si rivela la maggior parte delle volte indispensabile se non parlate polacco. Può essere utile prenotare la visita guidata con anticipo, ma per ridurre le spese potrebbe convenirvi trovare sul posto altri turisti che parlano la vostra lingua e proporre loro di formare un gruppo per la visita.
Buono a sapersi: la tessera internazionale dello studente dà diritto a tariffe ridotte nella maggior parte dei musei e dei siti.

Patrimonio artistico

La cultura del manifesto

Dal 1945 la Polonia occupa un posto di rilievo nell'arte del manifesto. La scuola polacca del manifesto ha conosciuto il suo apogeo negli anni cin-

quanta e sessanta del Novecento. Le opere di Wojciech Fangor che illustrano i film di Andrzej Wajda (*Cenere e diamanti*, 1958, e *Ingenui perversi*, 1960) fanno ormai scuola. Jerzy Skarzyńki si è fatto conoscere con il manifesto che annunciava il film di Has: *Il manoscritto trovato a Saragozza* (1965). Due nomi si distinguono in particolare: Tadeusz Trepkowski e Henryk Tomaszewski. La metafora surrealista e l'economia dei mezzi del primo, il disegno intimista e pieno di umorismo del secondo hanno conquistato diversi premi e influenzato gruppi di artisti stranieri. Questo periodo si distingue per il ricorso al grottesco e all'umorismo. Lo si nota in particolare in alcune opere di Jan Młodożeniec e Jan Lenica.
Gli anni settanta registrano una battuta d'arresto di questa rigogliosa creatività. Un solo artista domina la scena e impone il suo stile: Franciszek Starowieyski. I suoi manifesti sono pieni di turpitudini barocche e di un erotismo che sfiora l'osceno. Tra i motivi ricorrenti, la danza indiavolata con la morte. I colori utilizzati sono i rossi sporchi, i seppia e i blu cadaverici. Ancora poco tempo fa questo stile era un marchio distintivo della scuola polacca.
Gli anni ottanta rivelano un periodo di crisi: gli epigoni di Starowieyski pullulano, ma anche se copiano con più o meno maestria il suo stile, mancano di personalità. Gli unici a trovare una strada originale sono Andrzej Klinowski e Marcin Mruszczak che rompono con la tradizione consistente nel fare ricorso solo alla pittura e utilizzano con ottimi risultati il collage e la fotografia.
Alcuni critici d'arte constatano con amarezza l'assenza di una nuova generazione di giovani che assicuri la continuità. Restano i grandi nomi, Jan Młodożeniec e Andrzej Tomaszewski, ma si tratta ancora della vecchia guardia. Tomaszewski è nato nel 1914 e sin dalla gioventù si è accaparrato tutti i premi possibili. Nel 1948 ha ricevuto quattro medaglie d'oro all'Esposizione internazionale del manifesto a Vienna. Questo artista è stato uno dei primi a interessarsi alla tipografia e all'inserimento di caratteri alfabetici nell'opera grafico-figurativa. Tra i manifesti che l'hanno reso celebre figura quello del film *Citizen Kane* (1948). I suoi lavori sono riconoscibili a colpo d'occhio: le lettere scritte a mano come in un quaderno di scuola, le forme pure, molta luce, lo sfondo sovente bianco.
Ma dobbiamo citare anche un altro artista, completamente a parte, impossibile da classificare: Roman Cieślewicz. Per molto tempo non fu riconosciuto nel suo paese: i polacchi non gli perdonavano il fatto di essere emigrato in Francia nel 1963 e di aver scelto liberamente (cosa impensabile per un polacco!) di stringere legami con alcuni personaggi della sinistra parigina. Uno dei suoi capolavori più celebri è il manifesto contro la fame nel mondo, realizzato nel 1993. L'artista, recentemente scomparso, ha vinto numerosi premi internazionali e ha esposto i suoi lavori nelle più importanti città del mondo. Nella sua opera si notano le influenze del Bauhaus, ma anche dei costruttivisti russi, in particolare Rodčenko.
Per conoscere meglio l'appassionante storia del manifesto vi consigliamo di fare una visita al museo del Manifesto del palazzo Wilanów, vicino a Varsavia (vedi oltre «Varsavia. Da vedere. Parchi e giardini»). Il museo ospita la biennale del manifesto internazionale (la prossima edizione si svolgerà nel 2004).

Pericoli e seccature

Nelle grandi città, se siete in macchina vi consigliamo vivamente di prendere una precauzione: cercate di trovare un parcheggio custodito. Per il resto, niente di particolare da segnalare oltre alle normali misure di prudenza: niente oggetti lasciati in vista sui sedili ecc.

Personaggi

– ***Fryderyc Chopin:*** nato a Zelazowa Wola nel 1810 e morto di tubercolosi a Parigi nel 1849. Se la sua musica era già venerata dai più grandi artisti del suo tempo, un vero e proprio culto è nato subito dopo la sua morte sia nel pubblico sia tra gli interpreti. La tomba di Chopin al cimitero del Père-Lachaise di Parigi è sempre fiorita. La sua vita è stata romanzata e portata sul grande schermo, in particolare per il suo legame con George Sand. Quando Chopin arriva a Parigi, Alexandre Dumas presenta *Enrico III e la sua corte*, Victor Hugo è all'apogeo del successo, Berlioz comincia a farsi un nome: il romanticismo francese trionfa e Parigi diventa capitale dell'arte. Chopin è salutato come il genio polacco e le sue composizioni, valzer, preludi, polacche, notturni, scherzi e mazurche, fanno la felicità dei romantici. Considerato come il più grande pianista del suo tempo, Chopin ha rivoluzionato la tecnica del pianoforte. Grande inventore di nuove forme, ha creato la ballata strumentale, aprendo le porte a Debussy e Ravel, ma anche al jazz, che si approprierà della sua famosa «nota blu».

– ***Wojciech Jaruzelski:*** più conosciuto con il nome di «generale Jaruzelski», portava sempre grossi occhiali neri. Fu l'ultimo capo di stato polacco del periodo comunista. Instaurò lo stato di guerra nel dicembre del 1981, in risposta a Solidarność, quando gli occhi del mondo si concentrarono sulla Polonia. Fu comunque lui a promuovere l'ingresso della Polonia nell'era della democrazia.

– ***Tadeusz Kantor*** (1915-1990): un altro uomo celebre di Cracovia. Artista e uomo di teatro, direttore del teatro d'avanguardia Cricot 2 i cui happening e «spettacoli della morte» furono un vero e proprio punto di riferimento nel mondo teatrale. Tra le sue migliori creazioni: *La classe morta* (1975) e *Wielopole, Wielepole* (1981).

– ***Krzysztof Kieslowski:*** regista polacco scomparso nel 1996. Comincia la sua carriera girando prima documentari e poi film per la televisione. Alcuni suoi film, troppo critici nei confronti della società polacca, vengono censurati ma il regista acquisisce fama mondiale con *Non uccidere* del 1987. Inizialmente si doveva trattare di una serie di film prodotti per la televisione ma grazie all'enorme successo di critica *Il decalogo*, illustrazione moderna dei «Dieci comandamenti», ha beneficiato di un'importante distribuzione cinematografica. Per molti di noi si tratta di uno dei film più brillanti e intelligenti degli anni ottanta. Kieslowski prosegue la sua carriera in Francia con *La doppia vita di Veronica* e successivamente con la trilogia *Tre colori: Film Blu, Film Bianco, Film Rosso* nel 1994, che hanno fatto di lui uno dei più grandi registi della sua generazione. I film di Kieslowski non si raccontano, vi mozzano il fiato.

– ***Andrzey Wajda:*** orfano a 13 anni nel 1939, comincia a lavorare molto giovane, partecipa alla Resistenza a Londra, prende le distanze dal Partito comunista e crea il gruppo degli Autodidatti, partigiano di una pittura barbara e brutale. Nel 1952 Wajda si avvicina al cinema inaugurando due anni dopo, con il suo primo film, la scuola polacca. La sua opera è dominata dal tema nazionale, dalla volontà di fare in modo che il cinema rappresenti la coscienza della Polonia, intento che lo ha portato a realizzare diversi film politicamente impegnati e poco conosciuti: *Dottor Korczak* (1990), *L'uomo di marmo* (1977), *L'uomo di ferro* (1981)...

– ***Lech Wałęsa:*** nato nel 1943. Elettricista diventato successivamente celebre sindacalista, premio Nobel nel 1983 per la sua lotta con Solidarność, uomo politico e primo presidente della Repubblica polacca nel 1990. Dopo una carriera di questo tipo non è facile trovare un nuovo posto di lavoro!

– ***Karol Wojtyła:*** il nostro papa, Giovanni Paolo II. Nato nel 1920 a Wadowice, nella periferia di Cracovia, è il primo papa non italiano dal 1523.

Personaggio onnipresente sulla scena internazionale dal 1978, ha giocato un ruolo significativo anche dal punto di vista politico.
I polacchi ne vanno ovviamente molto fieri e l'immagine del loro caro Karol troneggia un po' dappertutto. Oltre a essere un grande personaggio religioso, il papa rappresenta anche e soprattutto una rivincita nei confronti dei comunisti dell'epoca.

Ricettività

Ostelli della Gioventù (*Schronisko Młodzieżowe*)

Ce ne sono molti in tutte le città e in campagna. In totale, più di 1100 ostelli ripartiti su tutto il territorio. Per niente cari. Spesso la tessera internazionale degli Ostelli della Gioventù non è necessaria, ma dà diritto a sconti (vedi «Prima della partenza»).
Esistono due tipi di ostelli: quelli *permanenti*, aperti tutto l'anno, e quelli *stagionali*, sistemati nei locali delle scuole in luglio e agosto. Come regola generale, vi consigliamo gli ostelli permanenti. Sono attrezzati molto meglio e dispongono anche di camere doppie o triple, mentre gli altri offrono invariabilmente dieci o quindici letti da campo disposti in una classe. Il regolamento è sovente uguale: dovete liberare i locali tra le 10 e le 17 (potete però lasciare il bagaglio). Di sera la porta chiude alle 22, salvo accordi con la persona responsabile.
Molto spesso c'è una cucina a disposizione, talvolta anche le stoviglie e un frigorifero. Si tratta di alloggi molto conviviali dove è frequente fare incontri e passare intere nottate a discutere. L'età media è piuttosto bassa (gli ostelli sono sovente frequentati da gruppi di alunni delle scuole in viaggio di studio).
In alta stagione non è facile trovare posto. È quindi preferibile prenotare, soprattutto se siete in gruppo. Le prenotazioni si fanno per posta o per telefono, ma non è sempre facile.
Negli uffici del turismo o in qualunque ostello potete consultare la lista degli Ostelli della Gioventù. Prima di partire, prendete nota degli indirizzi per la tappa successiva e telefonate in questo modo eviterete brutte sorprese.

Gli alberghi universitari internazionali

Aperti solo in luglio e agosto, sono alberghi ricavati all'interno di residenze universitarie. Leggermente più cari degli Ostelli della Gioventù, gli alberghi universitari restano comunque abbordabili e offrono il vantaggio di non praticare il coprifuoco. Per i minori di 35 anni, spesso la tessera internazionale degli studenti dà diritto a sconti.
Potete procurarvi la lista aggiornata presso gli uffici della *Orbis* (diffusissime agenzie viaggi) dove sono in vendita anche i *voucher* utilizzabili per dormirci; sappiate comunque che non è obbligatorio procurarseli in anticipo, potete infatti pagare sul posto senza problemi. Sempre in loco, inoltre, potete ottenere la lista degli indirizzi anche presso gli uffici dell'*Almatur*, l'agenzia viaggi studentesca che gestisce queste residenze, oppure all'ufficio del turismo. Camere per 2, 3 o 4 persone, servizi igienici e docce al piano. Ottima atmosfera con tanti routard provenienti da tutti gli angoli dell'Europa. Incontri garantiti. Talvolta ci sono anche una mensa universitaria e un night-club a disposizione degli ospiti.

■ ***Agenzie Almatur in Polonia:***

– *Breslavia (Wrocław):* 34 ul. Kościuszki. ☎ 44-30-03.
– *Cracovia (Kraków):* 2 Grodzka. ☎ 422-46-68.

– *Częstochowa:* 37 ul. NMP. ☎ 24-43-68.
– *Danzica (Gdańsk):* 11 ul. Długi Targ. ☎ 301-29-31.
– *Katowice:* 7 ul. 3 Maja. ☎ 59-88-58 o 59-64-18.
– *Lublino:* 10 ul. Langiewicza. ☎ 533-32-38.
– *Łódź:* 59 ul. Piotrkowska. ☎ 637-11-22.
– *Olsztyn:* 27A ul. Kopernika. ☎ 523-59-64, posto 38.
– *Opole:* 15a ul. Kopernika. ☎ 53-77-36.
– *Rzeszów:* 28 ul. 3 Maja. ☎ 852-07-69.
– *Stettino (Szczecin):* 83 ul. Bohaterów Worszawy. ☎ 84-43-55.
– *Toruń:* 12 Most Pauliński. ☎ 22-1000.
– *Varsavia (Warszawa):* 23 ul. Kopernika. ☎ 826-26-39.

Camere presso privati

In tutte le grandi città c'è un ufficio specializzato per l'affitto di camere presso privati, che da qualche anno si moltiplicano. In alta stagione questi uffici sono aperti generalmente dalle 8 alle 20. Le persone che affittano camere lo fanno per la maggior parte per professione, non contate quindi troppo su una totale spontaneità. L'ospitalità non è regalata, ma comunque costano meno di una camera d'albergo. È piuttosto difficile riuscire a trovarne in pieno centro. Nelle grandi città appena scendete dal treno o arrivate nella piazza principale sarete abbordati da anziane signore o signori che vi propongono, con tanto di foto dimostrative, una camera. Fatevi precisare bene la zona e calcolate il tempo per gli spostamenti. È una soluzione che comporta sovente un buon risparmio, ma anche una certa lontananza dal centro. Se preferite il «fai da te» estremo, cercate i cartelli con la scritta *Nogleci* o *Pokoje*.

Le Case del Turista (*Dom Turysty*)

Una catena di alberghi di proprietà della *PTTK*, uno dei più grandi uffici del turismo polacchi. Meno cari degli altri ma anche meno confortevoli. A parte i dormitori, propongono anche camere di buona qualità. Ultimamente alcune «Case del Turista» sono state trasformate in alberghi di lusso.

Gli alberghi

Cari rispetto al livello generale dei prezzi. I più chic e i più cari sono gli alberghi dell'*Orbis*. È un genere chic «quasi come in Occidente», vale a dire di cattivo gusto, soprattutto per quelli di costruzione più recente. È abbastanza difficile trovare posto, anche fuori stagione, in particolare nelle città turistiche come Varsavia, Cracovia o Danzica; PRENOTATE in anticipo se sapete già le date del vostro soggiorno. Ci sono anche alberghi più piccoli e intimi rispetto a quelli dell'*Orbis*. Sono sempre più numerosi e fanno una grande concorrenza alle catene alberghiere: l'economia di mercato è ormai all'ordine del giorno!

• ***Lettera di prenotazione***

Cognome, nome, indirizzo

Nome e indirizzo dell'albergo
Luogo e data

Uprzejmie proszę o zarezerwowanie pokoju X osobowego z (bez) łazienką w waszym hotelu, na okres od XXXX do XXXX. Proszę o potwierdzenie rezerwacji listownie na powyższy adres. Z góry dziękuję i załą czam wyrazy szacunku.

Firma

Traduzione: «La prego di prenotare una camera da X letti con (senza) bagno dal XXXX al XXXX. La prego inoltre di confermare questa prenotazione all'indirizzo sopraindicato. Ringraziandola in anticipo, cordiali saluti...».

Quando vi rispondono contattate un amico polacco!

I campeggi

Aperti da maggio a settembre, ce ne sono molti in tutte le grandi città e nelle località turistiche. Nella maggior parte dei casi le infrastrutture sono piuttosto rudimentali e i bagni non sempre puliti. In campagna troverete molte aree previste per il campeggio, spesso situate in angoli splendidi. In questo caso una foresta o un lago fungeranno da servizi igienici!

Scambio di appartamenti

Una formula di vacanze originale. Si tratta, per quelli che sono proprietari di un appartamento o di un monolocale, di scambiare il proprio alloggio con quello di un aderente all'organismo del paese scelto. Una formula che offre il vantaggio di passare delle vacanze all'estero a un costo inferiore. Ideale soprattutto per le coppie con bambini.

■ ***Intervac Italia:*** Gaby Zanobetti, via Oreglia 18, 40047 Bologna. ☎ e fax: 051-91-20-28. • www.intervac.it • info@intervac.it •

■ ***Casa Vacanze:*** viale Frassinetti 84, 31046 Oderzo (TV). ☎ 0422-81-55-75. Fax: 0422-81-55-75. • www.homelink.it •

Si tratta di due organizzazioni internazionali, con sede anche in Italia, che forniscono ai soci (su Internet o mediante cataloghi) l'archivio della domanda e dell'offerta disponibili.

Salute

– Gli ***ospedali*** polacchi sono in cattivo stato, ma i medici sono molto preparati e le regole d'igiene vengono generalmente rispettate.
– Se proprio non riuscite a comunicare in polacco ecco i nomi di due ***medici francofoni*** nella capitale: il dottor Sienczewska (☎ 628-38-27) e il dottor Sowinska (☎ 672-02-45).

Repellenti antizanzare

Eccoci di nuovo in lotta con i fastidiosi succhiatori di sangue che ci molestano in vacanza... I prodotti più efficaci per non riempirci di ponfi pruriginosi sono quelli che contengono una sostanza chimica chiamata DEET (Dietiltoluamide). Potrete trovarli in commercio in diverse concentrazioni e in varie formulazioni (lozioni, spray, stick, creme).
– DEET al 10/33,5%. Nome commerciale: *Autan*.
– DEET al 7/15%. Nome commerciale: *Off*. Di efficacia minore ma utilizzabile sui bambini.
Attenzione, però: il DEET è tossico per il sistema nervoso e non va usato sui bambini piccoli.
Se non volete ricorrere alla chimica, procuratevi uno dei molti olii essenziali con effetto repellente: citronella, cedro, menta, geranio, lavanda, pino ecc. Nessuno di questi è però equiparabile al DEET in termini di durata e spettro d'azione.

Ricordatevi di rinnovare l'applicazione ogni 4 ore circa e sappiate che i vestiti larghi e chiari proteggono meglio di quelli stretti e scuri e che le zanzariere, di notte, sono una barriera invalicabile per il nemico.
Uno schermo quasi impenetrabile si ottiene anche combinando l'uso di repellenti a base di DEET (per il corpo) con l'applicazione di prodotti a base di permetrina (sostanza ricavata dal piretro che non deve però entrare in contatto con la cute) sugli indumenti.

Siti Internet

• ***www.polonia.it*** • Sito dell'ufficio turistico della Polonia in Italia. Una miniera di informazioni e link in italiano.
• ***www.istitutopolacco.it*** • Sito dell'Istituto di cultura della Polonia a Roma. Programmazione di eventi culturali, corsi di lingua, biblioteca. Link con siti istituzionali polacchi.
• ***www.HotelsPoland.com*** • Sito in inglese per la prenotazione di camere a prezzi interessanti. Buoni affari.
• ***www.inyourpocket.com*** • Eccellente indirizzo in inglese, pieno di indirizzi e informazioni utili per preparare il vostro viaggio. All'interno del sito potete scegliere le località che volete visitare con più cura.
• ***www.krakow.pl*** • Tantissime informazioni su Cracovia e dintorni, in inglese e polacco.
• ***www.karnet.bci.pl*** • Il programma, in inglese e polacco, di tutti gli eventi culturali a Cracovia.
• ***www.multimania.com/fredchopin*** • Interamente consacrato al genio polacco, questo sito, in francese, è molto completo. Biografia, pezzi scelti, illustrazioni e analisi dell'opera.
• ***www.geocities.com/fredericchopin*** • Ancora per gli amanti di Chopin, un sito inglese sul grande musicista.

Storia

Gli albori

Per capire la storia della Polonia basta guardare una cartina dell'Europa. Stretta tra due potenze (la Germania e la Russia), sprovvista di frontiere naturali, per ben dieci secoli la Polonia ha dovuto battersi per sopravvivere alle continue invasioni. Anche le origini dello stato sono legate a questa fatalità. Minacciato dai cattolici tedeschi e cechi, Mieszko I (sovrano della dinastia dei Piasti) risparmiò al suo paese le guerre di religione convertendosi al cristianesimo nel 966. In seguito, allontanò le sue favorite, certo seducenti ma pagane, per contrarre un matrimonio d'interesse con la devota Dobrawa: questa unione sancì una pace durevole con i vicini cechi.
Il loro figlio, Boleslao I l'Intrepido, fu il primo re di Polonia, incoronato poco prima della morte nel 1025. Egli diede libero corso al suo temperamento focoso e conquistò nuovi territori a est e a ovest. Boleslao II l'Ardito, uno dei suoi successori dal carattere travolgente, provocò invece molti disordini interni, sino a quando, in preda a una furiosa collera, fece assassinare il vescovo di Cracovia, san Stanislao. Fu questa la goccia che fece traboccare il vaso, ed egli dovette infatti scappare dal paese nel 1079, cacciato dai nobili indignati.
Ladislao Herman, che prese il suo posto, era tutto il contrario del fratello. Un tipo dolce e delicato ma assolutamente incapace. Durante il suo regno riuscì a perdere di tutto: la corona, vari territori, l'unità nazionale. Non riuscendo a mettere d'accordo la sua progenie, fu costretto a spezzettare il

territorio in diversi ducati. Cominciò allora un periodo di duecento anni di lotte fratricide, crisi più o meno importanti, invasioni continue... insomma il caos totale.
Il pronipote dell'impulsivo Boleslao, Conrad, duca di Masovia, incapace di piegare i prussiani pagani, fece ricorso all'aiuto straniero. Nel 1226 invitò i cavalieri dell'Ordine teutonico, monaci guerrieri i quali, dopo aver portato a termine le crociate in Terrasanta, erano momentaneamente disoccupati. Questi ultimi, pieni di entusiasmo, oltrepassarono molto velocemente le loro prerogative trasformandosi in ospiti particolarmente ingombranti. Il 14 novembre 1308, durante una giornata nebbiosa, entrarono nella città di Danzica travestiti da onesti mercanti e massacrarono 10 000 abitanti con lo scopo di impossessarsi della «perla del Baltico».
Fu necessario il polso d'acciaio di Ladislao il Breve per mettere fine all'anarchia e riunificare il paese. Superate infatti tutte le difficoltà, si fece incoronare a Cracovia nel 1320. Suo figlio, Casimiro il Grande, era un pacifista: condusse una politica di conciliazione, rinunciò alle incessanti battaglie, si mise seriamente al lavoro. Durante il suo regno si iniziò a battere moneta, fu assicurato il buon funzionamento dello stato e della giustizia e il commercio ricevette un forte impulso. Innamorato della bella Esterka, aprì le frontiere agli ebrei. Secondo un'espressione polacca, Casimiro il Grande trovò la Polonia di legno e la lasciò di mattoni. Purtroppo, essendo molto occupato, non ebbe tempo di fare figli. La dinastia dei *Piasti* s'interruppe con la sua morte. Il posto vacante fu così occupato da un ungherese, nipote tra l'altro del defunto Casimiro. Non avendo neppure lui un erede maschio, egli accordò molti privilegi (soprattutto fiscali) ai nobili con lo scopo di assicurare la corona a sua figlia, la bella Edvige che diventò... regina di Polonia a soli tredici anni. Ecco il prototipo di una campagna elettorale di successo. Edvige, non sapendo bene dove sbattere la testa davanti ai nuovi doveri, sacrificò il suo amore per il tenero duca d'Austria Guglielmo e sposò nel 1386 il granduca di Lituania, ancora pagano (cosa non si fa per la ragion di stato...). Anche se era lei a portare i pantaloni (come si suol dire), il felice eletto, Ladislao Jagellone, cominciò a rimettere ordine. Un anno prima, l'unione di Krewo aveva riunito liberamente lo stato polacco e lo stato lituano sotto l'autorità di un unico re. Nel 1410, egli inflisse una sconfitta decisiva ai cavalieri dell'Ordine teutonico durante la celebre battaglia di Grunwald. Grazie all'unione con la Lituania, la Polonia era ormai diventata una potenza regionale in grado di garantire la pace ai suoi cittadini per oltre 250 anni, mentre paesi vicini come la Germania erano dilaniati da continui conflitti di religione.

Il secolo d'oro

Nel XVI secolo la Polonia conobbe un grande sviluppo. La dinastia degli Jagelloni fece prosperare gli affari. Il territorio nazionale si estese in modo considerevole, i castelli spuntarono come funghi dopo la pioggia, l'arte e la cultura raggiunsero grandi vette. Quest'epoca fu anche segnata dalla crescita dei privilegi della nobiltà, la celebre *szlachta*. Nonostante le immagini che Voltaire e altri storiografi del tempo ci hanno trasmesso, cioè quelle di un paese in preda al caos e sprovvisto di uno stato degno di questo nome, una nuova scuola di storici polacchi, ma anche bielorussi, ucraini e lituani, ha rivalutato la repubblica nobiliare e multietnica che unificò i rispettivi paesi tra il 1569 (unione di Lublino) e il 1795 (spartizione della Polonia). Considerata revisionista e nazionalista durante il periodo comunista, questa unione di regioni aveva in realtà dato vita alla prima federazione europea dotata di un regime a carattere democratico. Un regime antiassolutista, radicalmente opposto a quello della Russia zarista, ma anche a quelli dell'Austria degli Asburgo e della Prussia degli

Hohenzollern, assolutamente unico in Europa, riscoperto oggi nell'Unione dei quindici.

La repubblica dei nobili

La dinastia degli Jagelloni si estinse alla morte di Sigismondo Augusto (1572). Davanti alle pressioni della nobiltà si decise di adottare il principio più democratico dell'elezione del re. A ogni elezione i candidati desiderosi di assicurarsi la vittoria accordavano nuovi privilegi ai nobili. Il primo a vincere la campagna elettorale fu Henri (Enrico) di Valois, figlio di Enrico II. Ma rimase in carica solo sei mesi e scappò via da Cracovia per prendere la corona di Francia. Inseguito dalla Dieta, con la quale aveva lasciato dei conti in sospeso, egli rifiutò ogni possibilità di ritorno in Polonia. Jan Kazimierz (Giovanni Casimiro) tentò di limitare lo scompiglio cercando invano di riformare lo stato. Ma, scoraggiato, diede le dimissioni e si rifugiò in Francia. La nobiltà impose allora il principio del *nihil novi* che vietava al re di stabilire nuove leggi senza l'accordo della Dieta, e quello del *liberum veto* secondo il quale tutte le decisioni della Dieta, per essere vincolanti, dovevano essere votate all'unanimità. L'anarchia aveva raggiunto il culmine. E naturalmente i paesi vicini cominciarono a sfregarsi le mani. Secondo il buon vecchio principio «dividere per regnare», fomentavano i conflitti e sostenevano una fazione contro l'altra allo scopo di indebolire la Polonia e rafforzare in questo modo la loro influenza.

Spartizioni e insurrezioni

L'ultimo re di Polonia, Stanislao-Augusto Poniatowski, amante di Caterina II di Russia, fu eletto grazie all'aiuto di 40 000 baionette russe. Per fortuna era un uomo colto e un patriota, e tentò per l'ultima volta di riformare lo stato e di rafforzare il potere reale. Ma la Russia, la Prussia e l'Austria, che non vedevano di buon occhio la presenza di una Polonia forte, si fecero «garanti delle libertà nazionali», vale a dire delle cause della sua debolezza. Nel 1772 le tre potenze procedettero a una *prima spartizione della Polonia*, amputandole un terzo del territorio. Per i patrioti polacchi fu un campanello d'allarme. La Dieta si riunì per quattro anni e alla fine partorì un pacchetto di leggi e una nuova costituzione, detta del 3 maggio 1791, la seconda costituzione sulla scena mondiale, preceduta di poco da quella degli Stati Uniti. Ma ormai era troppo tardi. Ancora una volta, un gruppo di potenti minacciati nell'esercizio delle loro libertà senza limiti si raggruppò nella *confederazione di Targowica* e ottenne l'aiuto dell'esercito russo per opporsi alle riforme. La *seconda spartizione della Polonia* ebbe luogo nel 1793.

Cominciò allora un lungo periodo (ben centoquaranta anni) di sottomissione, insurrezioni continue seguite da ondate di repressione, condanne ed emigrazioni. La prima rivolta scoppiò nel 1794, condotta da Tadeusz Kościuszko. Il suo fallimento provocò la *terza spartizione* (1795). La Polonia scomparve dalla cartina dell'Europa. Ogni nuova generazione, appena superata l'età del biberon, scendeva nelle cantine per cospirare e preparare una nuova insurrezione suicida. I polacchi impararono in modo approfondito tutte le tecniche di resistenza, lotta armata e opposizione passiva e attiva contro l'invasore. A tal punto che lo spirito ribelle è quasi un aspetto caratteristico di questo popolo che ha saputo sventare tutti i tentativi di annientamento per uscirne ancora più forte e determinato. La Chiesa svolse un ruolo molto importante nel mantenimento della coscienza e della cultura nazionali. Le vittorie di Napoleone nel 1806 ridiedero speranza ai polacchi. Ma qualche anno dopo, con Napoleone in esilio a Sant'Elena, la Polonia ritrovò il regime duro.

Tutti i tentativi di questo popolo, che ebbe sempre più successo nel mobilitarsi per la guerra che nel preservare la pace, restarono vani.

La rifondazione

Alla fine della prima guerra mondiale, il trattato di Versailles rese alla Polonia il suo posto sulla carta d'Europa. Per quasi vent'anni, nonostante gli immensi danni causati dall'occupazione, il paese si sviluppò molto velocemente, superando anche la crisi economica che dilagava allora in Europa. Ma diciannove anni dopo, con la seconda guerra mondiale, lo sviluppo fu all'improvviso interrotto. Nonostante gli sforzi diplomatici della Polonia, i sovietici si lanciarono in una campagna stampa che denunciava i maltrattamenti inflitti a ucraini e bielorussi dai polacchi. Tutti buoni motivi per giustificare l'invasione. Fin dal settembre del 1939 Molotov aveva informato Ribbentrop dell'imminenza di un intervento. I sovietici, adducendo il pretesto di una crisi politica interna del governo polacco, avanzarono immediatamente le loro pretese. Legate da una clausola segreta del patto tedesco-sovietico, l'Unione sovietica e la Germania nazista procedettero alla *quarta spartizione della Polonia* invadendola quasi simultaneamente. Il 1° settembre 1939, la Germania aggredì la Polonia e le due potenze si spartirono il bottino, vale a dire le fertili terre del paese. I fiumi Pissa, Narew, Bug e San furono utilizzati come linee di demarcazione, facendo cadere la Galizia e la Lituania nelle mani dell'Unione sovietica.

La seconda guerra mondiale

Verrà per sempre chiamata *Blitzkrieg*, guerra lampo: una rivelazione per il mondo intero. Un'incursione devastante, tanto improvvisa da impedire che i polacchi potessero fare anche un solo gesto. Fu una guerra atroce. I nazisti erano ben determinati a farla finita una volta per tutte con «questo popolo bastardo dell'Europa», come diceva Hitler, e intrapresero un'azione metodica di annientamento totale della nazione. I sovietici, dal canto loro, cominciarono assassinando 4500 ufficiali e intellettuali, con un colpo di fucile alla testa, a Katyń nel maggio e nel giugno del 1940, e deportando centinaia di migliaia di polacchi in Siberia. Dopodiché procedettero alle elezioni, favorevoli al 100% al «potere popolare». Ciononostante, nel paese non ci fu collaborazionismo e cominciò a organizzarsi una resistenza massiccia. Per poter lottare contro gli invasori nazisti, il governo polacco in esilio a Londra firmò un accordo con l'URSS e un esercito regolare venne organizzato sui territori sovietici.
La fine della guerra fu segnata da un'ennesima tragedia: l'insurrezione di Varsavia, che costò la vita a 300 000 civili e provocò la distruzione quasi totale della capitale. Durante la seconda guerra mondiale morirono 6 milioni di polacchi.

Il «potere popolare»

L'esercito sovietico portò la vittoria ma impose anche un nuovo regime. Gli accordi del dicembre 1944 tra Churchill e Stalin lasciarono la Polonia nella zona d'influenza di quest'ultimo. Nel 1948 i comunisti avevano praticamente annientato l'opposizione. Il vice primo ministro Mikołajczyk, ex membro del governo di Londra, prese rapidamente la via della fuga e il Partito socialista provò un improvviso e irresistibile desiderio di fondersi con il Partito operaio. Diversi arresti seguiti da processi sommari completarono l'opera. Cominciò allora il periodo nero dello stalinismo, tragicamente sottolineato in Polonia dalla repressione nei confronti degli ex resistenti dell'esercito nazionale, un esercito non comunista. Gli eroi della guerra furono ricercati e imprigionati come semplici criminali.
Dopo la morte di Stalin, la morsa cominciò a poco a poco ad allentarsi. Nel 1956, gli operai di Poznań organizzarono una rivolta. Bierut, allora primo segretario del partito, andò a Mosca per le trattative e morì laggiù stroncato da... un'influenza. Gomułka prese il potere e liberalizzò per un breve pe-

riodo il regime. Ci si poteva perfino permettere di raccontare una barzelletta senza correre troppi rischi.
Il 1968 fu segnato da un'ignobile campagna antisemita orchestrata dal partito che fece fuggire dalla Polonia gli ultimi ebrei sopravvissuti alla guerra. Nel 1970 furono gli operai di Danzica a scendere in piazza. La manifestazione fu repressa nel sangue ma Gomułka fu costretto a dare le dimissioni. Un ex minatore, Edward Gierek, diventò primo segretario del partito e aprì il paese all'Occidente sviluppando le relazioni commerciali. Ma nel 1976 si produsse un nuovo incidente: gli operai di Radom che protestavano contro l'aumento dei prezzi vennero malmenati. Venne fondato il *KOR* (comitato di difesa degli operai) per cercare di aiutare gli operai perseguitati. L'opposizione cominciò a strutturarsi e fu fondato il primo sindacato libero.
L'elezione del cardinale Karol Wojtyła, divenuto papa Giovanni Paolo II, e la sua trionfale visita in Polonia furono momenti decisivi nella storia recente del paese. Il potere fu costretto ad autorizzare immense messe-manifestazioni di massa, trasmesse anche in televisione, alle quali partecipavano milioni di polacchi. La gente si sentì subito più forte e unita.
Due anni dopo, gli operai del cantiere navale di Danzica scatenarono lo sciopero che avrebbe dato vita al sindacato *Solidarność* guidato dal leader Lech Wałęsa. Ma le cose belle durano poco. Sedici mesi dopo, il 13 dicembre 1981, il generale Jaruzelski, il saldatore della Polonia all'URSS come lo chiamavano i polacchi, proclamò lo stato di guerra instaurando la legge marziale, sciogliendo Solidarność e facendo incarcerare diverse migliaia di persone. Bisognò aspettare otto anni, la *Perestrojka* in URSS e una situazione economica disastrosa, per vedere i dirigenti cedere a poco a poco il potere. Jaruzelski avviò il dialogo con l'opposizione («tavola rotonda») che sfociò nella proclamanzione di elezioni semilibere. Davanti all'ampiezza della sconfitta, il Partito comunista abdicò. Nel 1990, Lech Wałęsa venne eletto presidente della Repubblica e Tadeusz Mazowiecki divenne il primo ministro non comunista a dirigere un governo in un paese dell'Est dai tempi della seconda guerra mondiale.

Oggi

Per quarant'anni la composizione della società rimase riassumibile in due parole: noi e loro. La cultura politica era stata dimenticata. Oggi l'organizzazione della Polonia in uno stato moderno e il risanamento dell'economia sono in corso di realizzazione.
A poco a poco, sulla scena politica, economisti, giuristi e diplomatici sostituiscono i rivoluzionari di ieri. Come Leszek Balcerowicz, il ministro più controverso e criticato, il quale grazie a una terapia d'urto sta sconvolgendo il sistema economico e provocando un efficace rallentamento dell'inflazione (riportata al 10% circa nel corso del 2000). Mentre gli scambi con gli ex paesi fratelli si costruiscono su nuove basi, la Polonia si sforza di ridurre la distanza che la separa dall'Unione europea.
Il 19 novembre 1995 un'altra epopea è terminata: il premio Nobel per la pace, Lech Wałęsa, l'uomo che incarnò la resistenza al comunismo e il trionfo della democrazia, non è stato rieletto per un secondo mandato presidenziale. Con più del 51% dei voti, Aleksander Kwaśniewski, dirigente del Partito socialdemocratico (ex Partito comunista), è diventato il nuovo presidente della Polonia per un periodo di cinque anni. Il mandato è stato rinnovato nel 2000. Quindici anni dopo la rivoluzione pacifica di Danzica, sei anni dopo le prime elezioni libere dalla guerra, i polacchi hanno democraticamente reso il potere agli eredi di un regime imposto con la forza nel passato. Vittima del logorio del potere, Lech Wałęsa ha dimostrato durante tutto il periodo della campagna elettorale di essere su posizioni arcaiche, tentando di ricostituire a ridosso delle elezioni le vecchie polarizzazio-

ni del 1981 e del 1989. Lanciandosi in una vera e propria crociata contro il ritorno dei comunisti, l'ex presidente non ha preso coscienza del fatto che la Polonia è cambiata più negli ultimi sei anni che nei quindici precedenti. Aleksander Kwaśniewski è riuscito invece a raccogliere il consenso delle vittime della transizione, di quelli che hanno pagato più caro di tutti gli effetti della «terapia d'urto» messa in pratica dal governo di Tadeusz Mazowiecki.

Nell'ottobre del 2001, Leszek Miller forma un governo di allenza costituito dai socialdemocratici dell'SLD e dal Partito contadino tradizionale (PSL). È il ritorno al potere dei postcomunisti. Il programma del nuovo governo, risanamento del deficit e riduzione della spesa pubblica, è un programma duro, veramente molto duro, per una politica di sinistra che deve affrontare il problema della disoccupazione. Il margine di manovra rischia di essere estremamente limitato.

Le difficili relazioni tra polacchi ed ebrei

Quando si evoca la questione ebraica, i polacchi si mettono spesso sulla difensiva. Senza voler generalizzare, l'antisemitismo è profondamente radicato nella cultura polacca a partire dai pogrom (che cominciarono probabilmente nel XIV secolo e proseguirono fino alla Shoah – Luigi I il Grande aveva cacciato gli ebrei dall'Ungheria e represso gli ortodossi in Rutenia), per arrivare alle dubbie dichiarazioni televisive di Lech Wałęsa, premio Nobel per la pace.

Ma è a giusto titolo che i vostri interlocutori metteranno in risalto la secolare tradizione di tolleranza del loro paese. Casimiro il Grande fu il primo a promuovere una legislazione più liberale rispetto agli altri paesi d'Europa (influenzato, a quanto pare, dai suoi sentimenti per la bella ebrea Esterka). Mentre nel resto dell'Europa si combattevano le guerre di religione, in Polonia veniva votata la libertà totale dei culti. Fu per questo che a partire dal XV secolo diverse comunità religiose cacciate dall'Europa trovarono rifugio nelle terre cattoliche della Polonia, dove costituirono l'embrione di una classe media ancora inesistente nel paese. Non potendo coltivare la terra, gli ebrei, raggruppati in villaggi omogenei, prestavano servizio come intendenti sulle terre feudali (rileggetevi i romanzi di Singer!), suscitando la gelosia dei contadini. Anche se l'antisemitismo polacco non può essere negato, non è sempre prevalso: una vecchia massima presenta la Polonia, culla della rinascita hassidim, come il «Paradiso degli ebrei».

Ma le diverse crisi che la Polonia dovette affrontare, fino alle spartizioni del suo territorio tra i potenti vicini, causarono un deterioramento dello statuto degli ebrei parallelo alla lotta della Chiesa per il mantenimento di un sentimento di unità nazionale. Nel 1919, lo stato polacco, tornato a essere sovrano, ricorse alle vecchie politiche di discriminazione per forzare gli ebrei all'emigrazione. Nel 1968 il potere comunista (nella persona del primo segretario Gomułka) si servì degli stessi argomenti di natura economica (e dello stesso slogan «Fuori gli ebrei dalla Polonia!»), per attribuire il fallimento del sistema ai pochi sopravvissuti al genocidio.

Nonostante questa dolorosa storia, bisogna notare che in Polonia è stato identificato il numero più cospicuo di «giusti» che rischiarono la loro vita per salvare gli ebrei durante la seconda guerra mondiale (4900 medaglie sono state distribuite a polacchi dal memoriale di Yad Vashem). Ma come altrove in Europa, tanti, troppi sono rimasti indifferenti, contribuendo a questa indicibile tragedia. Il numero di campi di concentramento ricorda che è qui che ebbero inizio, nello stesso tempo, la politica di conquista del III Reich e l'applicazione massiccia della «soluzione finale al problema ebraico». Solo recentemente è stato finalmente chiarito un episodio sanguinoso delle relazioni tra i due popoli: il 4 luglio 1946, 40 ebrei sopravvissuti all'Olocausto furono massacrati dagli abitanti della cittadina di Kielce.

Un massacro collettivo che né la giustizia né gli storici riescono ancora oggi a spiegare. L'affare fu insabbiato, i dossier sottratti allo sguardo dei ricercatori per più di mezzo secolo. Si è dovuto aspettare fino al gennaio 1996 e alla lettera del capo della diplomazia polacca al Congresso ebraico mondiale affinché la responsabilità dei polacchi venisse finalmente riconosciuta... Nel 2001, 200 corpi sono stati riesumati a Jedwabne, villaggio nell'est del paese dove nel 1941 i polacchi cattolici bruciarono vivi 1600 ebrei sotto lo sguardo impassibile dei soldati tedeschi. I vescovi polacchi hanno espresso nel 2001 il «pentimento» dei cattolici per questo massacro.

Quattordici anni di capitalismo

Sono più di quattordici anni che il muro di Berlino è caduto, più di quattordici anni che la Polonia si è liberata dalla fastidiosa tutela del «grande fratello» russo. Da allora, il cammino percorso sulla strada dell'economia di mercato è impressionante. Il volto della nuova Polonia è ora irriconoscibile. Le tessere di razionamento per il cibo e le code chilometriche davanti ai negozi fanno ormai parte del passato. Il mestiere del *konik*, che letteralmente significa «piccolo cavallo», è scomparso. Quest'attività, sport nazionale dei vecchietti, consisteva nel fare la coda al posto di qualcun altro, passando la notte davanti al negozio per essere ben piazzati la mattina dopo all'apertura. Dimenticata anche l'ossessione di sentirsi sempre rispondere *nie ma* («non ce n'è») quando si voleva comprare un po' di carne, il caffè o semplicemente un rotolo di carta igienica. Le bancarelle, perennemente vuote nel passato, oggi crollano sotto il peso della merce. Attualmente in Polonia si contano ben 130 ipermercati (di cui 15 a Varsavia); alcune grandi catene cominciano ad applicare il metodo delle «promozioni» per attirare nuovi consumatori. Gli abitanti di Varsavia amano andarci la domenica, in famiglia, dopo la messa, e ne escono con il carrello stracolmo.

L'entusiasmo che caratterizza l'ondata di consumo di massa si accompagna, in Polonia, a un'infatuazione particolare per le carte di credito che hanno avuto un successo fulminante, a tal punto da diventare quasi un fenomeno di costume. Sul territorio nazionale circolano circa sei milioni di carte di credito.

Le città, un po' tristi nel passato, si illuminano di luci al neon. La folla grigia nelle strade è diventata multicolore. La Polonia ha resistito bene al trauma della crisi finanziaria russa, e gli indicatori economici sono positivi. L'inflazione, che nel passato poteva raggiungere il 700% all'anno, è stata riportata al 10%. Dopo sette anni consecutivi di crescita del PIL con punte di oltre il 4%, nel 2001-2002 l'economia ha rallentato, anche a causa di una politica monetaria restrittiva adottata per ridurre l'inflazione. La Commissione europea ha espresso un giudizio positivo sull'economia polacca considerandola la più pronta, insieme a quella dell'Ungheria, ad affrontare la sfida del mercato comune dell'Unione europea. Da cinque anni, la Polonia è il primo paese per quanto riguarda gli investimenti stranieri in Europa centrale e orientale e l'Italia è il quinto investitore estero nel paese (Fiat, Unicredito, Ferrero e Montedison).

Ma tutte le medaglie hanno un rovescio e la Polonia non è esattamente un Eldorado. Se la cavano bene soprattutto i giovani tra i 24 e i 32 anni, la generazione *Frugo* (il nome di una bibita gasata molto pubblicizzata). Guadagnano bene, parlano diverse lingue, lavorano per i mass media, nella pubblicità o nel settore privato.

Ma non tutti i polacchi hanno in mano il biglietto d'ingresso nell'eden del capitalismo. Più di due terzi della popolazione guadagna meno di 1500 Zl al mese (405 €), mentre i prezzi di appartamenti, libri, CD ecc. cominciano a poter essere paragonati a quelli praticati nell'Europa occidentale. Il malcontento della folla dei dimenticati dalle riforme si esprime spesso per strada. Varsavia è regolarmente invasa da folle di infermiere, minatori, insegnanti e contadini. In alcuni momenti diventa praticamente impossibile conteggiare le strade bloccate dai dimostranti. Tutto ciò spiega probabilmente l'ascesa al potere dei postcomunisti alla fine del 2001.

Verso l'Unione europea

«Capitalismo»: una parola magica nel 1989, che rimava allora con libertà, speranza ma anche ignoto, visto che all'epoca in Polonia nessuno sapeva precisamente di cosa si trattasse. Più di quattordici anni dopo, i polacchi sono contenti di aver ritrovato la libertà, ma non sono più pronti a pagare qualsiasi prezzo per mantenerla. Ecco perché l'entusiasmo spontaneo e totale nei confronti dell'Europa comincia a smorzarsi. Meno del 50% dei polacchi desidera l'adesione all'Unione europea.
Il degrado delle finanze e il rallentamento della crescita rischiano di frenare il processo d'integrazione della Polonia all'Unione europea, che resta comunque fissata per il 2004.

Telefono

In un passato ancora recente le chiamate telefoniche dalla Polonia rappresentavano un'avventura rocambolesca. Bisognava munirsi di molta pazienza e di una buona dose di eroismo. Oggi telefonare è diventato meno pittoresco e più funzionale. La rete telefonica polacca si sta modernizzando e nelle grandi città ci sono ormai molte cabine telefoniche che funzionano con tessere (da 25, 50 e 100 unità).
– ***Italia → Polonia:*** 00 + 48 + il prefisso della città (senza lo zero) e il numero del destinatario. 0,56 € per il primo minuto di conversazione, poi 0,30 € al minuto.
– ***Polonia → Italia:*** 00 + 39 + il numero del destinatario. Idem per i telefoni cellulari.
– ***In Polonia:*** se chiamate da una città a un'altra dovete comporre lo zero + il prefisso della città e il numero del destinatario.
Per le chiamate a carico del destinatario in Polonia basta comporre il ☎ 00-80-03-31-11-33. L'operatore/trice parla inglese.

Per semplificarvi la vita, prima di partire, potete acquistare diversi tipi di ***schede internazionali*** (negli uffici postali, nei negozi Telecom Italia, nelle edicole e tabaccherie, negli aeroporti, nelle stazioni ferroviarie e a bordo dei voli internazionali Alitalia) oppure una delle ***carte di credito telefoniche Telecom Italia*** (per informazioni in Italia: ☎ 800-156-156, numero gratuito).

- ***Time*** è la ***scheda telefonica internazionale*** di Telecom che consente di chiamare, da qualsiasi telefono e da qualsiasi stato collegato, digitando un codice segreto. È prepagata ed è in vendita in 3 tagli diversi (da 5, 10 e 25 €). Viene addebitato solo il tempo reale di conversazione, senza scatti alla risposta né costi minimi. Tariffe a prezzi vantaggiosi: per esempio telefonare in Europa e negli Stati Uniti costa 0,10 € al minuto. Per informazioni: ☎ 800-874-874 (numero gratuito).
- La ***New Columbus International Phone Card*** è destinata a chi viaggia in Europa e in America del Nord, e permette di telefonare da e verso ognuno dei paesi nei quali il servizio è attivo con un'unica tariffa di 0,15 € al minuto (IVA compresa). È disponibile in due tagli da 5 e da 12 €. Per informazioni: ☎ 800-874-874 (numero gratuito).

• La carta di credito telefonica ***Call It*** si può usare da qualsiasi telefono (anche privato) e da qualsiasi paese collegato; ha un codice segreto di utilizzo. L'attivazione è gratuita e la tariffazione è a tempo e non a scatti. La spesa di traffico telefonico può essere addebitata nella bolletta o sulla carta di credito. Per utilizzarla in Italia occorre comporre ☎ 443; dall'estero dovrete selezionare il numero verde internazionale del paese nel quale vi trovate. Per informazioni: ☎ 800-156-156 (numero gratuito).

– Inoltre ricordate che potete telefonare da qualsiasi telefono a carico del destinatario tramite il servizio ***Italy Direct.*** Questo servizio vi metterà in contatto con un operatore italiano che vi guiderà nell'operazione di chiamata. Dalla Polonia chiamate il ☎ 00800-39-11-139 e digitate infine l'asterisco (*). Alla tariffa dovuta per i minuti di conversazione viene applicata una sovratassa di 4,95 €, se si è assistiti da un operatore, oppure di 0,30 € per ogni conversazione effettuata esclusivamente con l'assistenza automatica. Per informazioni in Italia chiamate da rete fissa Telecom il ☎ 4176.

Trasporti interni

Non dimenticate di procurarvi la tessera internazionale dello studente. In Polonia dà diritto in teoria a sconti del 50% sulle linee della metropolitana, dei tram e degli autobus. In compenso, non dà diritto a nessuno sconto sulle linee ferroviarie interne. Cosa che non sembra per niente logica agli studenti stranieri, almeno secondo alcuni lettori che hanno avuto qualche problema con i controllori… Provate comunque a chiedere, potreste essere fortunati. Sui mezzi di trasporto pubblici polacchi è necessario acquistare un biglietto anche per i bagagli voluminosi. Non dimenticatevelo, altrimenti dovrete pagare una multa!

L'aereo

Esistono poche linee interne. Tutte le grandi città sono collegate a Varsavia tramite un volo quotidiano di andata e ritorno. *Lot* è l'unica compagnia aerea polacca.
Dal 1992 la capitale possiede un nuovo aeroporto internazionale, un complesso moderno molto funzionale. Se il colore troppo rosa degli interni vi disturba, cercate di essere comprensivi! I costruttori volevano zittire una volta per tutte quelli che dicono che la Polonia è un paese grigio. Qui bisogna essere ottimisti e fin dal primo giorno avere una visione «rosea»…

La macchina

La rete stradale è ben sviluppata e le strade sono generalmente in buono stato. Non ci sono praticamente autostrade, eccetto brevi tratti sugli assi est-ovest e nord-sud. Se potete scegliere vi consigliamo di circolare di preferenza dopo le 15 e durante il week-end; durante l'orario di lavoro le strade sono percorse da un numero impressionante di trattori, carretti, biciclette e camion.
– ***Velocità autorizzata:*** fuori dai centri abitati il limite è di 90 km/h; in città, 60 km/h. ATTENZIONE: i controlli radar sono frequenti, soprattutto in uscita dalle città. Come dappertutto, è inutile discutere. C'è molto spirito di corpo tra gli automobilisti e il lampeggiamento di fari per avvertirvi della presenza del controllo funziona ottimamente. Le multe si pagano in posta. Diffidate dai poliziotti che vi chiedono di pagare sul posto. Chiedete loro una ricevuta firmata.

– ***Alcol:*** l'aut aut BERE O GUIDARE è ancora più vero in Polonia che altrove. È assolutamente vietato bere una qualsiasi bevanda alcolica (compresa la birra) e mettersi al volante. I polacchi rispettano scrupolosamente questo divieto. Vedrete quindi i camionisti guidare bevendo succo di pomodoro o limonata. I controlli di polizia con tanto di test d'alcolemia sono molto frequenti, di giorno e di notte. E va benissimo così... dato che la vodka resta ancora oggi la bevanda nazionale. Organizzatevi di conseguenza: se siete invitati a passare una serata a casa di polacchi, ci sono poche probabilità che la vodka sia assente dalla tavola. In questo caso, il ritorno in taxi si rivelerà più che giudizioso.

– ***Guida:*** piuttosto sportiva, per essere sinceri. Le superstrade, anche tra le grandi città, sono rare. Risultato: siccome c'è sempre qualcuno che ha più fretta degli altri, i sorpassi avvengono anche dove non si potrebbe. Esiste inoltre una «regola» non scritta che permette agli automobilisti di viaggiare sulla corsia di emergenza (che in realtà non è proprio una vera corsia d'emergenza, ma pazienza). Al centro della strada, le macchine in sorpasso sfiorano i sorpassati. È necessario che prestiate molta attenzione, anche perché non è raro trovare veicoli parcheggiati sulla corsia di emergenza. Sembra quasi un videogioco! Guidare di notte è molto faticoso sia a causa della scarsa visibilità della segnaletica sia perché le strade sono percorse da carretti e biciclette senza luci né indicatori di direzione.

– ***Carburante:*** la benzina in Polonia (in particolare quella senza piombo) è meno cara che in Italia. Le stazioni di servizio, moderne e ben attrezzate (molte con GPL), si trovano quasi dappertutto e sono spesso aperte 24 ore su 24. I carburanti sono classificati secondo il tasso di ottani, comprese le benzine contenenti piombo. Tutte le stazioni di servizio accettano il pagamento con le principali carte di credito.

– ***Noleggio:*** nelle grandi città e all'aeroporto troverete le principali compagnie di autonoleggio (*Avis*, *Hertz* ecc.). Dovrete avere con voi la patente di guida nazionale e una carta di credito. Attenzione, non esiste un'assicurazione che copra la franchigia (da prevedere). L'autoradio non è assicurata, anche in caso di furto dell'auto. Se è estraibile, mettetela nel cruscotto (chiuso a chiave) ogni volta che fate una sosta in città. I ladruncoli sono pronti a rompere i vetri della macchina (anche in meno di 5 minuti). Se non desiderate avere l'autoradio, ditelo subito quando prendete la macchina a noleggio e controllate che sia specificato nel contratto. Per le autoradio incorporate, non dimenticate di togliere il frontalino che ne assicura il funzionamento.

– ***Sicurezza:*** Star Miejska è una specie di polizia urbana che veglia sul buon funzionamento della città. In caso di sosta vietata sono loro che bloccano la macchina in questione con le solite ganasce gialle! Per recuperarla dovrete pagare una multa da 10 a 500 Zl (in funzione dell'umore dell'agente...) entro 7 giorni. Se vi rifiutate di pagare, sappiate che la multa diventa particolarmente salata nel giro di poco tempo: tra 500 e 5000 Zl. Un consiglio: fate attenzione a dove mettete le ruote...

– ***Rischi di furto:*** è necessario lasciare il veicolo, di giorno e di notte, in un parcheggio custodito (*parking strzeżony*): le targhe straniere sono infatti subito prese di mira... Il rischio di furto è elevato e le probabilità di ritrovare la macchina praticamente inesistenti: le marche straniere vengono immediatamente smontate e i pezzi partono verso i paesi vicini. Se la vostra macchina proprio non interessasse al ladro, avrete forse la fortuna di ritrovarla con i vetri rotti e l'autoradio (o altri oggetti) scomparsi...

Alcuni casi di furto di auto con rapina sono stati segnalati alle frontiere polacche, in particolare sulla strada da/per Francoforte. È possibile che utilizzino diversi «trucchi» come, per esempio, il classico guasto simulato. Se avete un dubbio, evitate di fermarvi. Non è il caso di diventare paranoici, ma fate comunque attenzione!

Principali distanze stradali (in km)

	Breslavia	Cracovia	Częstochowa	Danzica	Katowice	Łódź	Poznań	Stettino	Toruń	Varsavia	Zakopane
Breslavia	–	258	169	442	184	215	171	370	280	348	330
Cracovia	258	–	116	573	81	241	389	627	396	294	104
Częstochowa	169	116	–	450	68	125	288	515	273	217	214
Danzica	442	573	450	–	518	332	303	340	177	343	670
Katowice	184	81	68	518	–	193	325	546	341	285	159
Łódź	215	241	125	332	193	–	201	439	155	133	346
Poznań	171	389	288	303	325	201	–	238	147	303	484
Stettino	370	627	515	340	546	439	238	–	305	516	700
Toruń	280	396	273	177	341	155	147	305	–	211	500
Varsavia	348	294	217	343	285	133	303	516	211	–	398
Zakopane	330	104	214	670	159	346	484	700	500	698	–

Il treno

La rete ferroviaria è molto sviluppata. Il treno è un mezzo di trasporto economico, e per i tragitti lunghi (se ve lo potete permettere) non esitate a prendere un biglietto di prima classe. I treni partono sempre in orario, arrivano talvolta in ritardo, ma la situazione migliora e possiamo dire che le cose funzionano discretamente. Inoltre, nelle grandi stazioni ferroviarie sono state recentemente introdotte le biglietterie automatiche, cosa che ha ridotto notevolmente l'attesa agli sportelli. Gli orari sono consultabili sul sito Internet della compagnia ferroviaria nazionale • www.pkp.com.pl • Fatto molto bene, il sito è in polacco, inglese, tedesco e francese. A partire dalla home page cliccate su *Rozkład jazdy pociógów* e otterrete tutti gli orari, le coincidenze e altre informazioni utili.
Cercate sempre di prendere un treno «accelerato» (*pociąg pośpieszny*) o un espresso (se sulla tabella sono associati al logo «sseau NA» significa che la prenotazione è obbligatoria), perché i treni locali (*pociągs osobowys*) sono veramente molto lenti. Alcuni *Intercity* collegano le grandi città senza fermate intermedie. Quello che collega Varsavia a Cracovia ci mette 2 ore e 35 min. e vi offriranno anche una bevanda e uno spuntino. Sugli altri treni portatevi cibo e bevande perché i vagoni ristorante sono piuttosto rari.
Se arrivate in ritardo alla stazione e non avete tempo per comprare il biglietto, salite sul treno e andate subito a cercare il controllore per avvertirlo (ditegli *nie mam biletu:* non ho il biglietto). Vi farà un biglietto applicando la stessa tariffa, ma bisogna avvertirlo subito per evitare una multa.
Per un uso regolare del treno durante un periodo di 8, 15, 21 giorni o un mese vi consigliamo di fare il *Polrail Pass*, una tessera che dà diritto a un numero illimitato di tragitti; dovrete solo pagare il dovuto per la prenotazione sui treni dove quest'ultima è obbligatoria. Potrete procurarvi la tessera nelle stazioni ferroviarie e nelle agenzie viaggi polacche.

Prenotate in anticipo se non volete rischiare di restare in piedi nel corridoio. Se vi capita di prendere il treno d'inverno fate in modo di portare con voi una tenuta «Siberia» e una tenuta «Sahara» perché il riscaldamento o non funziona per niente o funziona troppo bene. Per finire, sappiate che la stazione «principale» si chiama *główny:* confondere Gdańsk Oliwa e Gdańsk Główny può portarvi davvero fuori strada!
Siate prudenti sui treni notturni: alcuni lettori ci hanno segnalato tentativi di furto (non portate oggetti di valore). I rischi non si limitano allo scompartimento: la circolazione dei treni di notte può rivelarsi pericolosa a causa degli atti di vandalismo commessi lungo la ferrovia, tipo lancio di pietre o sbarre di ferro sui binari. Insomma, sarebbe meglio evitare nella misura del possibile di viaggiare di notte.
Da sapere: nelle stazioni il tabellone degli orari indica a sinistra (parte bianca) gli arrivi, a destra (parte gialla) le partenze. Le cifre romane di fianco alle destinazioni e agli orari indicano il numero del binario (*peron*). Sul biglietto figurano i nomi delle principali stazioni che attraverserete. Quelle il cui nome è seguito da un asterisco (*) sono le stazioni dove potete prendere una coincidenza. Talvolta, ma è piuttosto raro, alcune coincidenze non sono indicate… Se il treno che dovete prendere in coincidenza non è indicato sul biglietto (né la direzione, né l'orario, né il binario), andate a guardare il tabellone bicolore bianco-giallo oppure date un'occhiata in testa ai binari… Non è granché, ma talvolta può essere utile.

L'autostop

L'autostop è una pratica molto diffusa in Polonia. All'uscita delle città vi capiterà spesso di vedere gruppi di persone in attesa di «un'occasione», come dicono loro. La maggior parte delle volte vengono caricati dai camionisti.
I veri autostoppisti sono una razza a parte. Hanno lo zaino, non pagano, ma spesso possiedono il «libretto d'autostop». Potete procurarvelo anche voi negli uffici della *PTTK* (uffici polacchi del turismo) di tutte le grandi città. È una specie di assicurazione per voi e per il conduttore e consente a quest'ultimo di partecipare a un'estrazione a premi grazie ai buoni che staccherete dal libretto e gli consegnerete a fine «passaggio». Per niente caro. Ma pare che questo sistema non sia più molto praticato. Peccato!

L'autobus e il pullman

Nelle città circolano molti autobus (e tram) estremamente pratici. L'unica difficoltà consiste nel capire l'itinerario, non sempre ben segnalato. Generalmente gli itinerari e i numeri degli autobus sono indicati sulle piantine della città.
Potete acquistare i biglietti nelle edicole o nelle stazioni (a Varsavia, in piazza Bankowy, all'entrata del parco). Bagagli a pagamento: bisogna calcolare un biglietto per voi e uno per il bagaglio.
I pullman arrivano dappertutto. Anche il più minuscolo villaggio possiede la sua fermata. Raccomandato per i tragitti brevi. Per le lunghe distanze, invece, è preferibile prendere il treno, molto più confortevole e meno caro. La compagnia di stato *PKS* detiene il monopolio, ma diverse piccole compagnie private cominciano a fargli concorrenza. I biglietti per il pullman si acquistano alla stazione dei pullman *PKS* o direttamente sul mezzo. Come per i treni, quando consultate gli orari cercate di non confondere le partenze (*odjazdys*) con gli arrivi (*przyjazdys*).
Esistono tre categorie di pullman. Sui tabelloni degli orari sono solitamente indicati con tre colori diversi:
– in nero i pullman ordinari (*autobus zwykłys*); molto lenti e talvolta sovraccarichi, fanno servizio a tutte le fermate;

– in verde i pullman semirapidi (*autobus przyśpieszonys*); un po' più veloci dei precedenti, non si fermano dappertutto;
– in rosso i pullman rapidi (*autobus pośpiesznys*) dove si viaggia in modo confortevole. Si fermano solo nelle medie e grandi città.
Fate attenzione anche a tutti i simboli che accompagnano gli orari: spesso indicano i giorni in cui il servizio non funziona (*nie kursuje* in polacco), generalmente durante il week-end e nei giorni festivi.

Il taxi

I taxi fanno la coda per avere un cliente perché i polacchi non possono veramente permetterselo (calcolate da 1,60 a 2 Zl/km, da 0,40 a 0,50 €). È comunque un mezzo pratico per spostarsi a Varsavia e nelle altre grandi città. Le tariffe notturne sono più elevate.
Negli aeroporti e vicino agli alberghi di lusso si è sviluppata una rete di taxi soprannominata «taxi-frega-valuta». Non fanno la coda come tutti gli altri e vi propongono il loro servizio. Ignorateli perché cercheranno sicuramente di approfittare del fatto che non conoscete bene la città e la lingua. Prendete sempre i taxi che stazionano alla fermata segnalata da un cartello. Se potete telefonare vi consigliamo di optare per i *radiotaxi:* ☎ 919; *Taxi Plus:* ☎ 9621; *Super Taxi:* ☎ 9622.

Il kayak

No, non stiamo scherzando. Ovviamente non è possibile percorrere tutta la Polonia con questo mezzo di trasporto, ma potete fare alcune magnifiche escursioni di diverse settimane senza passare mai dallo stesso posto. Nel nord della Polonia ci sono tre regioni (Pojezierze Pomorskie a ovest, Masuria e Pojezierze Suwalskie a est) disseminate di centinaia di laghi collegati tra loro da piccoli corsi d'acqua e canali che potete percorrere facilmente in kayak. Alcune guide specializzate potranno illustrarvi o accompagnarvi lungo i tragitti più spettacolari e meglio attrezzati (vedi anche l'introduzione alla regione della Masuria). Un'esperienza unica!

Usi e costumi

Alcuni regali saranno particolarmente apprezzati dai vostri amici o corrispondenti polacchi, in particolare l'acqua di Colonia, il vino, i cioccolatini e, per gli adolescenti, le cassette o i CD di musica leggera.
Se regalate un mazzo di fiori a una polacca, ricordate di eliminare la carta stagnola e la plastica: pare infatti che un mazzo così confezionato sia considerato di pessimo gusto! Se siete ospiti presso una famiglia polacca non vi faranno pagare assolutamente niente. Starà a voi contraccambiare quando verranno a loro volta in visita a casa vostra.

Donne: le apparenze ingannano

I polacchi sono famosi per la loro galanteria. Rappresentanti del gentil sesso, rallegratevi! Vi aiuteranno a indossare il cappotto, vi apriranno la porta, vi porgeranno il fuoco per accendere la sigaretta, vi serviranno da bere (è mal visto che una donna si serva da sola una bevanda alcolica) e avrete diritto, in alcuni casi, addirittura al baciamano. Allora possiamo dire che la Polonia è un paradiso per le donne? No, la realtà è spesso meno rosea. La Polonia non ha conosciuto nessuna rivoluzione femminista. Prima della guerra, donne come la scrittrice Zofia Nałkowska (1884-1954) e la socialista Irena Krzywicka – che si battevano per l'emancipazione femminile, il

diritto al divorzio, la convivenza, l'aborto o che scandalizzavano la cronaca con le loro storie d'amore – erano veramente molto rare. Dopo la seconda guerra mondiale il paese mancava di manodopera e le donne hanno preso d'assalto il mercato del lavoro. L'ideologia comunista garantiva l'uguaglianza dei sessi. Ma solo nel mondo del lavoro, mentre tra le mura domestiche la ripartizione dei compiti non è mai avvenuta.
Dal 1989 è possibile abortire solo in caso di incesto o di stupro; il 47% dei polacchi è comunque contro la legalizzazione in caso di difficoltà finanziarie della madre e sono sempre più numerosi i giovani contrari all'interruzione di gravidanza.
Sul mercato del lavoro la situazione delle donne è meno brillante di quella degli uomini (cosa peraltro per nulla originale!). Le donne rappresentano il 62% dei disoccupati. In un sondaggio realizzato nell'agosto del 1999 per conto del supplemento della *Gazeta Wyborcza*, il quotidiano di Adam Mnichnik, il 37% delle polacche ha riconosciuto di aver perso qualcosa nella vita per il semplice fatto di appartenere al sesso «debole». Gli stipendi sono in media inferiori del 20% rispetto a quelli degli uomini. Lo scarto è minore nei ruoli direttivi e nelle professioni che richiedono un'elevata specializzazione. Poco numerose sulla scena politica, le polacche hanno più successo nei settori del commercio e della finanza. Le redini della *Banca nazionale polacca* sono nelle mani di una donna, Hanna Gronkiewicz-Walz.
Eppure il governo fa del suo meglio per conquistare il consenso dell'elettorato femminile, ma i progetti di legge in loro favore non trovano unanime consenso in quanto promuovono, almeno secondo alcuni, l'immagine della «madre Polonia», versione slava della mamma italiana. Una visione non proprio moderna della donna... L'approvazione della legge che prolunga il congedo di maternità da 16 a 26 settimane (39 nel caso di gemelli) ha provocato una timida reazione presso le femministe, mentre il 73% della popolazione si dichiara favorevole. Il progetto di legge sulla pari quantità di uomini e donne al Senato e nella Dieta, molto criticato (anche dalle donne), è tornato, alla fine, nel cassetto.
Ma le giovani polacche non hanno perso la speranza: il 57% di loro considera di avere le stesse possibilità di far carriera dei colleghi uomini.

Volontariato

Informazioni e link nel sito • www.aiuto.net/it2o.htm/ • (in italiano).
Moltissime opportunità di volontariato anche nei siti: • www.idealist.org/ • (in inglese) e • www.cts.it/ • (in italiano).

– VARSAVIA E DINTORNI –

VARSAVIA (WARSZAWA) PREF. TEL.: 022

Città poco amata, capitale controversa che forse non vi farà battere il cuore di passione. Eppure la leggenda che racconta le sue origini parla di una storia d'amore tra un certo Wars e una certa Sawa, due bambini usciti dalle acque della Vistola che si unirono per fondare la città di Warszawa. Metropoli europea di quasi 2 milioni di abitanti, con un centro che offre un miscuglio piuttosto singolare di funzionalismo e realismo socialista, Varsavia vanta anche una città «vecchia» interamente distrutta durante la seconda guerra mondiale, e ricostruita fedelmente dai sovietici. La guerra ha modi-

ficato profondamente anche la struttura sociale di Varsavia. Siccome gran parte della popolazione aveva perso la vita, la città è stata ripopolata da nuovi abitanti senza cultura né passato comune. Oggi, come in una scenografia teatrale, ci si lascia sedurre dal fascino di Varsavia anche se si continua ad avere l'impressione che la città non abbia un'anima propria. E quella che si è trovata è innanzitutto votata al dio Denaro. Anche se il livello di vita reale dei polacchi resta basso (nel 2001 lo stipendio medio mensile era di 1500 Zl), Varsavia sembra popolata dagli strati superiori della classe media che consumano a più non posso, sovente a credito: le uscite notturne nei bar o nelle discoteche si trasformano in una sfilata dell'ultima moda milanese, parigina o newyorkese.
Chi dispone di poco tempo lascerà rapidamente Varsavia dopo qualche visita e dopo aver approfittato dei numerosi bar e ristoranti; quelli che invece sono costretti a passarci qualche giorno in più troveranno sempre un'occupazione interessante: una passeggiata, un museo da visitare, uno spettacolo teatrale o un luogo da scoprire.

Un po' di storia

Varsavia divenne relativamente tardi una città importante (intorno al XIII secolo circa), ma la sua posizione geografica vantaggiosa ne favorì lo sviluppo. A partire dal 1569, in seguito all'unione tra il regno di Polonia e il granducato di Lituania in un unico stato, la Dieta si installò a Varsavia. Ufficialmente, Cracovia continuava a essere capitale del regno e Vilnius capitale del granducato, ma Varsavia era al centro di tutti gli avvenimenti più importanti. Alla morte di Sigismondo Augusto, ultimo re della dinastia degli Jagelloni, il trono di Polonia diventò elettivo e tutto il potere legislativo passò nelle mani della Dieta.
Varsavia fu proclamata capitale alla fine del XVI secolo, in seguito a un incendio che distrusse parzialmente il castello reale di Cracovia; il suo castello fu ingrandito e i nobili vi fecero costruire palazzi e grandi dimore. Lo sviluppo della città continuò nonostante le guerre che la devastarono a diverse riprese. Durante il regno di Stanislao Augusto Poniatowski, ultimo re di Polonia, la città conobbe un periodo di grande prosperità. Nel 1787 Varsavia contava 96 000 abitanti. Il re, grande amatore d'arte, fece costruire numerosi edifici: il palazzo Łazienki, una manifattura di porcellana, una zecca... Fece anche costruire il castello reale, decorandolo con moltissime opere d'arte.
Dopo le successive spartizioni della Polonia, la città si trovò sotto l'occupazione russa e a partire da questo momento non cessò di rivoltarsi: già nel 1794 la popolazione, guidata dal calzolaio Jan Kiliński, cacciò le truppe russe fuori dalla città. Ma qualche mese dopo l'esercito dello zar ritornò in forze e massacrò gli abitanti. Le vittorie di Napoleone resero la libertà a Varsavia solo per un breve periodo.
Nel novembre del 1830, in pieno periodo romantico, che in Polonia fu particolarmente vivo, scoppiò una nuova insurrezione nazionale. I combattimenti durarono più di un anno, in particolare nei dintorni di Varsavia. Dopo un'ultima sconfitta dei nazionalisti nei sobborghi della città, a Wola, cominciò un periodo di repressione senza precedenti, condotta dal generale russo Paskiewitch. I giorni trascorrevano al ritmo delle esecuzioni e delle deportazioni in Siberia. L'università fu chiusa, l'uso della lingua polacca nelle amministrazioni fu bandito e diversi monumenti vennero sfregiati. Una grande ondata d'emigrazione fece seguito a questo tragico periodo. Gli insorti di Varsavia, tra cui figurano i poeti Mickiewicz e Słowacki e il compositore Fryderyk Chopin, trovarono rifugio a Parigi.
L'apertura nel 1848 della linea ferroviaria San Pietroburgo-Varsavia-Vienna favorì la rinascita delle attività commerciali e industriali. Ma la relativa pro-

sperità materiale non bastò a placare gli animi feriti. Una nuova generazione riprese a lottare. Le manifestazioni si moltiplicarono soprattutto nella piazza del Castello, e ancora una volta furono represse nel sangue. Nel 1863 la coppa dell'amarezza traboccò, e scoppiò una nuova insurrezione, nonostante l'evidente inferiorità militare. La storia si ripete. La resistenza fu accanita ma alla fine fu sconfitta. Su Varsavia calò una lunga notte di tenebre. Clandestinamente fu proclamato il lutto nazionale. Per lunghi mesi le donne di Varsavia si vestirono solo di nero e i gioielli tradizionali furono sostituiti da braccialetti di filo spinato e collane di catene. Per veder risorgere il giorno della libertà, fu necessario aspettare la fine della prima guerra mondiale, quando la Polonia ritrovò l'indipendenza e Varsavia il suo ruolo di capitale.

Ma la malasorte continuò a perseguitare la città: vent'anni dopo, Varsavia si ritrovò sotto le bombe tedesche. La città si arrese il 28 settembre 1939. Nuovamente occupata, saccheggiata, ferita e straziata dalla repressione nazista, Varsavia non si arrese. La resistenza cominciò a organizzarsi con azioni di sabotaggio, scritte sui muri, insegnamento clandestino (diversi dipartimenti dell'università furono riattivati), stampa e spettacoli teatrali clandestini.

Nella primavera del 1943 il ghetto ebraico si rivoltò. I nazisti reagirono con i carri armati e l'aviazione. Procedendo all'incendio sistematico di tutte le case, una dopo l'altra, sterminarono la popolazione e rasero al suolo l'intera area del ghetto.

Nel 1944 le notizie dal fronte dell'Est e lo sbarco degli Alleati in Normandia fecero rinascere la speranza. Comandato dal governo polacco in esilio a Londra, l'esercito nazionale, principale organizzazione della resistenza, decise di liberare la capitale. Il 1° agosto 1944, alle 17, innocui passanti e giovani seduti nei bar si trasformarono da un momento all'altro in combattenti. Pistole di fabbricazione artigianale e bombe Molotov spuntarono da borsette e giacche. Ebbe inizio allora uno dei più grandi drammi della seconda guerra mondiale. L'Armata Rossa, che si trovava già sull'altra sponda della Vistola, si fermò e attese ben cinque mesi prima di ripartire all'offensiva. L'insurrezione, programmata per una resistenza di una o due settimane, durò 63 giorni. Stalin lasciò fare ai nazisti il lavoro sporco: annientare la futura opposizione politica e indebolire il governo di Londra, per imporre poi un governo comunista. Arrivò fino a rifiutare all'aviazione inglese, che distribuiva armi e medicinali agli insorti, il diritto di atterrare sull'altra sponda della Vistola. Varsavia moriva, con dignità, lentamente, ma inesorabilmente. Alla fine si contarono 300 000 vittime. I tedeschi, dopo aver convogliato i superstiti verso i campi di concentramento, intrapresero un'opera di distruzione metodica della città. Le rovine ancora in piedi furono bombardate. Varsavia doveva scomparire dalla cartina dell'Europa.

Quando il 17 gennaio 1945 l'Armata Rossa liberò ciò che restava della città, fu accolta da una QUINDICINA di superstiti. L'84% delle case, il 90% della città vecchia e il 100% del territorio dell'antico ghetto ebraico erano distrutti.

Fu necessario ricominciare tutto daccapo, ricostruire tutto. Alcune voci si levarono. È veramente necessario farlo? Che senso ha questo accanimento dei polacchi a voler resuscitare dal nulla un'intera città? Basta questo per capire che qui il popolo attinge la sua forza dalle… sconfitte.

Fryderyk Chopin a Varsavia

Fryderyk Chopin nacque il 22 febbraio del 1810 a Zelazowa Wola, a 56 km da Varsavia, nel maniero del conte Skarbek. Suo padre, Nicolas Chopin, di origine lorena, era precettore del giovane conte mentre sua madre, Jusina Krzyzanowska, originaria della Masovia, era la dama di compagnia della contessa. Fryderyk Chopin trascorse vent'anni della sua breve vita a Varsavia, dove ancora oggi numerosi luoghi perpetuano l'eco dei ricordi legati alla sua vita musicale che cominciò all'età di sette anni, quando Chopin compose la sua prima polacca. Più tardi il professore Josef Elsner gli assegnò la menzione: «Attitudini straordinarie. Genio musicale...». Da allora fu ammirato e riconosciuto da tutti i grandi musicisti del suo tempo. Gli abitanti di Varsavia non hanno mai smesso di curare e valorizzare i luoghi che videro nascere e perfezionarsi il loro prodigio...

Nei giardini del *parco Łazienki*, che ospitò il Palazzo sull'Isola, residenza dei re di Polonia, è possibile assistere ad alcuni recital domenicali (da maggio a settembre) in compagnia di migliaia di altri chopinofili, davanti a una magnifica fontana e un'aiuola di rose, sotto lo sguardo di una statua di bronzo di Chopin. La *chiesa delle Carmelitane e delle Visitandine* possiede ancora l'organo che il virtuoso faceva risuonare con forza e maestria.

Fu invece nel *palazzo Zamoyski*, come cantò il poeta Cypryan Nordwid, che il famoso pianoforte di Chopin fu defenestrato dai cosacchi in reazione all'insurrezione antizarista del 1863.

Il *palazzo Ostrogski*, sede dell'Associazione Fryderyk Chopin, ristrutturato come sala da concerti e museo, conserva qualche reliquia... Alcune lettere e partiture, il suo ultimo *Pleyel*, un tovagliolo con il nome ricamato e qualche oggetto della sua tenera infanzia.

Il «Salone Chopin», della terza dimora familiare, situato in un'ala del *palaz-*

Indirizzi utili

1 Dworzec Centralny PKS
2 Dworzec PKS Station
3 Stazione Warszawa Zachodnia
4 Stazione Warszawa Wschodnia
5 Stazione Warszawa Gdańska
7 Istituto Italiano di Cultura
8 American Bookstore
9 Mercato coperto Mirowska
10 Mercato coperto Koszyki
11 Mercato di Różyckiego

Accesso Internet

12 E-net

Dove dormire

20 Motel camping Rapsodia
21 Camping Gromada
22 Camping Astur 123
24 Schronisko Młodzieżowe Agrykola
25 Schronisko Młodzieżowe n. 6
27 Schronisko Młodzieżowe
28 Schronisko Młodzieżowe
29 Akademiki
30 Akademiki
31 Akademiki
32 Akademiki
33 Hotel Na Wodzie
35 Hotel Belfer
36 Hotel Agra
37 Hotel Hera
40 Hotel Cytadela
41 Hotel Powiśle
43 Hotel Maria

Dove mangiare

80 Odeon
81 Qchnia Artystyczna
88 Casa Valdemar
89 Garret
90 Flik
91 Belvédère

Dove fare merenda

93 Słodki Słony
101 Café Bistrot Le Rendez-Vous

Dove bere qualcosa

114 Tonic Café
117 Lolek
118 Elegancki Bolek
122 Rybie Oko

Dove andare a ballare

127 Le Park
131 Riviera Remont
132 Piekarnia

Da vedere

153 Monumento agli Eroi del ghetto
157 Museo della Prigione Pawiak
163 Tomba di padre Popiełuszko
164 Castello e parco di Ujazdów
165 Chiesa ortodossa (Cerkiew Prawosławna)

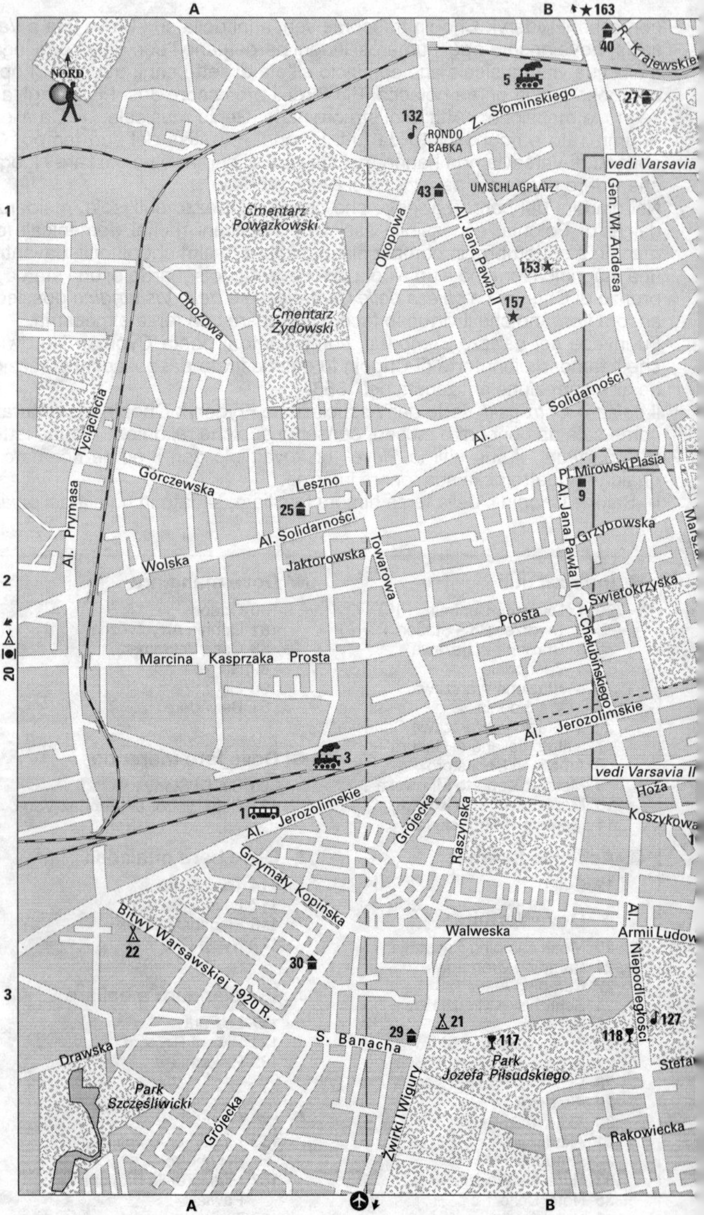

A
B
163
40
R. Krajewskiej
NORD
5
27
Słominskiego
132
RONDO BABKA
Z.
vedi Varsavia
43
UMSCHLAGPLATZ
Gen. Wł. Andersa
1
Cmentarz Powązkowski
Okopowa
Al. Jana Pawła II
153
157
Obozowa
Cmentarz Żydowski
Solidarności
Tysiąclecia
Al.
Pl. Mirowski
Plasia
Górczewska
Leszno
9
Al. Prymasa
25
Al. Solidarności
Grzybowska
Wolska
Jaktorowska
Towarowa
Al. Jana Pawła II
2
Świętokrzyska
Prosta
T. Chałubińskiego
20
Marcina
Kasprzaka
Prosta
Al. Jerozolimskie
3
vedi Varsavia II
Hoża
Grójecka
Raszyńska
1
Al. Jerozolimskie
Koszykowa
Grzymały Kopińska
Bitwy Warsawskiej 1920 R.
Walweska
Al.
Armii Ludowej
22
30
Niepodległości
3
21
127
29
117
118
S. Banacha
Drawska
Park Jozefa Piłsudskiego
Park Szczęśliwicki
Grójecka
Żwirki i Wigury
Rakowiecka
A
B

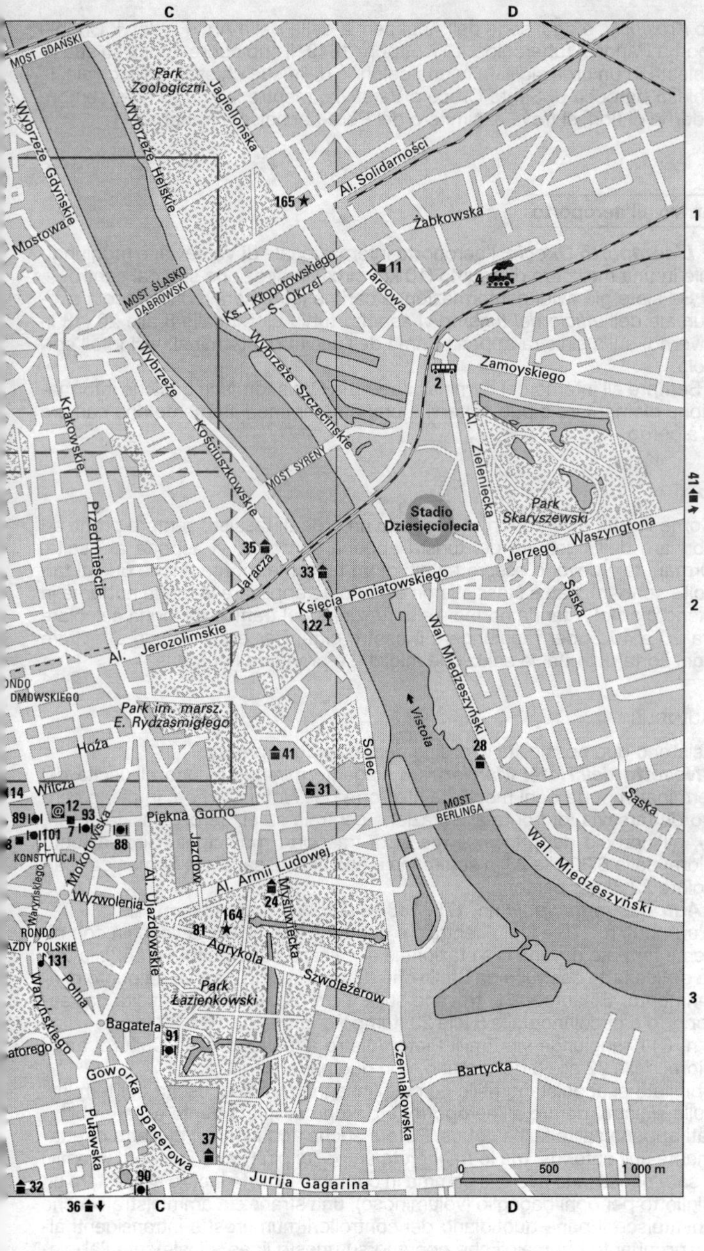

VARSAVIA (WARSZAWA) I

zo *Krosinski*, è oggi sede dell'Accademia delle Belle Arti. Fryderyk Chopin morì a Parigi di tubercolosi il 17 ottobre 1849. Il suo cuore riposa su sua richiesta in un'urna sigillata in una colonna della sua chiesa parrocchiale, la chiesa barocca di Santa Croce a Varsavia, mentre la sua tomba, sempre adorna di fiori, si trova al cimitero del Père-Lachaise a Parigi.

Arrivo all'aeroporto

✈ ***L'aeroporto Okęcie***, l'aeroporto internazionale di Varsavia, è raggiungibile in una mezz'ora di tragitto (10 km circa) in direzione sud dal centro.
ℹ Se siete già avidi d'informazioni e cartine (sommarie), una piccola succursale dell'*ufficio del turismo* vi aspetta tutti i giorni dalle 8 alle 20 (18 in inverno) sulla sinistra appena prima dell'uscita del terminal, vicino all'edicola.
– Sempre all'interno del terminal, l'agenzia *Orbis* fornisce qualche informazione elementare e può aiutarvi a prenotare immediatamente una camera d'albergo.

Taxi

Come in tutti gli aeroporti del mondo un'orda di tassisti, sempre pronti ad abusare dell'ingenuità del turista appena sbarcato, vi aspetta all'uscita. Ormai i taxi devono essere muniti di un tassametro, ma anche questi talvolta sono truccati e i tassisti non esitano ad applicare la tariffa notturna in pieno giorno! A tariffa normale e in funzione del traffico, bisogna calcolare tra 25 e 40 Zl per raggiungere il centro città. Per essere sicuri di evitare ogni sorta di truffa, la soluzione migliore è prendere l'autobus.

Autobus

Esistono due possibilità in ordine decrescente di prezzo:
– ***Navetta dell'Hotel Marriott:*** un elegante minibus bianco all'uscita del terminal vi porta ogni mezz'ora alla torre dell'*Hotel Marriott*, in pieno centro di Varsavia, di fronte alla stazione centrale su al. Jerozolimskie *(II, A3, 4)*, all'incrocio dei principali mezzi di trasporto municipali. Circola tutti i giorni dalle 6.30 alle 23 in settimana e fino alle 22 sabato e domenica. Calcolate 22 Zl per persona.
– ***Autobus municipali:*** nn. 175, 188 e l'autobus notturno n. 611.
L'autobus n. 175 è il più centrale e conduce fino alla città vecchia con diverse fermate davanti alla stazione e al palazzo della Cultura *(II, A2)*, la torre gotica fatta costruire da Stalin che domina la città e serve da punto di riferimento. Gli autobus si trovano sulla terza piattaforma all'uscita dall'aeroporto e circolano dalle 5 alle 23 (tempo d'attesa da 10 a 30 min.).
Il n. 611 raggiunge via Emilii Plater (dietro al palazzo della Cultura) tutti i giorni dalle 22 alle 5 del mattino, con due partenze all'ora.
I biglietti si acquistano nelle edicole (insegna *Ruch*) all'uscita del terminal sulla sinistra, dentro all'aeroporto, e devono assolutamente essere obliterati appena salite sull'autobus. Potete anche acquistare il biglietto direttamente sull'autobus, ma lo pagherete un po' di più (vedi «Trasporti interni») e sarà necessario avere la somma in contanti. Dovete inoltre acquistare un biglietto per ogni bagaglio (voluminoso), una stranezza amministrativa che costituisce il pane quotidiano dei controllori, numerosi e intransigenti almeno quanto i borsaioli che operano su queste linee. Finalmente l'abbiamo detto! Calcolate 2,40 Zl per persona e altrettanti per il bagaglio. Gli studenti in possesso della tessera internazionale hanno diritto a uno sconto del 50%.

Arrivo in treno

La stazione ferroviaria centrale *(Warszawa Główna; II, A3,* ***1****):* la stazione centrale di Varsavia porta bene il suo nome... Si trova infatti nel cuore della città e accoglie la maggior parte dei treni nazionali e internazionali. Ha anche il vantaggio di essere all'incrocio dei principali mezzi di trasporto urbani. I binari sono sotterranei; per raggiungere la hall principale bisogna quindi risalire i piani della galleria commerciale che si nasconde nel sottosuolo.

Nella hall principale si trova un *ufficio del turismo* con tutte le informazioni (guardando gli sportelli sulla sinistra). Aperto tutti i giorni dalle 8 alle 20.

– I biglietti per i mezzi di trasporto pubblici (autobus, tram e metropolitana) si acquistano presso le numerose edicole che portano l'insegna *Ruch* (di colore verde) all'uscita oppure, più pratico, negli autobus rossi riconvertiti in sportelli, sul lato destro della stazione (all'inizio di via Emilii Plater).

– Nella galleria commerciale sotterranea che collega la stazione all'*Hotel Marriott* (di fronte, sull'altro lato di al. Jerozolimskie) c'è un'eccellente *libreria specializzata in piante e cartine*. Aperta tutti i giorni dalle 7 alle 21.

– I *depositi bagagli automatici* si trovano nel seminterrato. Dalla hall princi-

Indirizzi utili

- **1** Stazione ferroviaria centrale (Warszawa Centralna)
- **2** Stazione Warszawa Śródmieście
- **3** Posta centrale (poczta główna)
- **4** Hotel Marriott
- **8** Ambasciata d'Italia
- **9** Alitalia

Accesso Internet

- **5** Arena 1998
- **6** Studio.tpi
- **7** Casablanca Café

Dove dormire

- **23** Schronisko Młodzieżowe n. 2
- **39** Hotel Mazowiecki
- **42** Hotel Warszawa
- **44** Hotel Harenda
- **46** Hotel Gromada Dom Chłopa

Dove mangiare

- **61** Uniwersytecki
- **62** Familijny
- **63** Bar mleczny Szwajcarski
- **64** Bar Bambino
- **65** Mleczny Średnicowy
- **66** Bar Co Tu
- **67** Ex Presso
- **68** Pizzeria Mia
- **69** PG Sandwicz
- **70** Kawiarnia Zakatek
- **71** Tripolis
- **72** Pizzeria Gaga
- **73** Restauracja U Aktorow
- **77** Zgoda Grill Bar
- **78** Stop Klatka
- **86** Adler
- **87** Tsubame

Dove fare merenda

- **94** Caffè A. Blikle
- **98** E. Wedel
- **99** Caffè Nowy Świat
- **100** Hortex

Dove bere qualcosa

- **111** Musa
- **112** Browar Soma
- **113** Szpilka
- **115** Club Giovanni
- **119** Między Nami
- **120** Harenda
- **121** Morgan's
- **123** Krista Pub
- **125** Sherwood Pub

Dove andare a ballare

- **126** Ground Zero
- **128** Klub Muzcyrny
- **129** Labyrint

Da vedere

- **146** Palazzo Staszic
- **147** Palazzo Zamoyski
- **148** Ex sede del Comitato centrale del Partito comunista
- **149** Fotoplastikon
- **150** Sinagoga Nożik
- **151** Teatro ebraico
- **160** Zachęta Gallery
- **161** Museo etnografico
- **162** Chiesa luterana

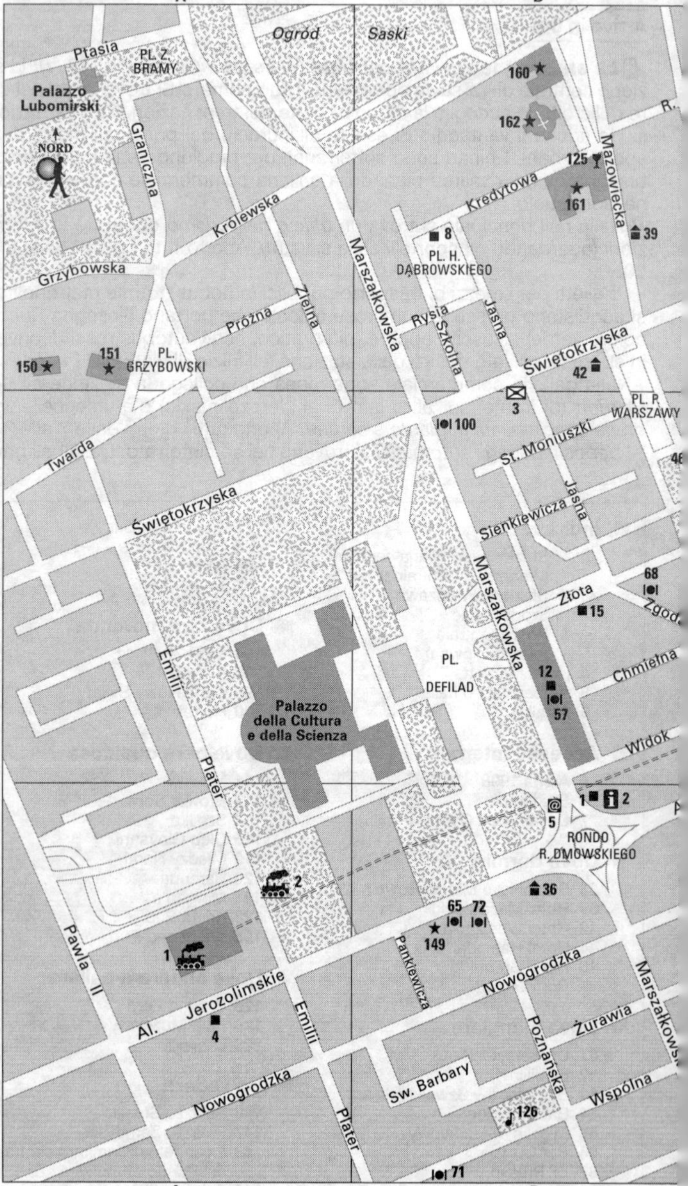
A
B
Ogród
Saski
Ptasia
PL. Z. BRAMY
Palazzo Lubomirski
NORD
Graniczna
Królewska
Marszałkowska
Kredytowa
Mazowiecka
160
162
125
161
39
8
PL. H. DĄBROWSKIEGO
Grzybowska
Próżna
Zielna
Rysia
Szkolna
Jasna
Świętokrzyska
42
150
151
PL. GRZYBOWSKI
3
PL. P. WARSZAWY
100
St. Moniuszki
Twarda
Świętokrzyska
Sienkiewicza
Jasna
1
2
3
68
Złota
15
Zgoda
Chmielna
12
57
PL. DEFILAD
Emilii
Palazzo della Cultura e della Scienza
Plater
Widok
1
2
5
RONDO R. DMOWSKIEGO
36
65
72
149
Pankiewicza
Pawla II
Jerozolimskie
Al.
4
Emilii
Nowogrodzka
Marszałkowska
Poznańska
Żurawia
Sw. Barbary
Wspólna
Nowogrodzka
Plater
126
71
VARSAVIA E DINTORNI

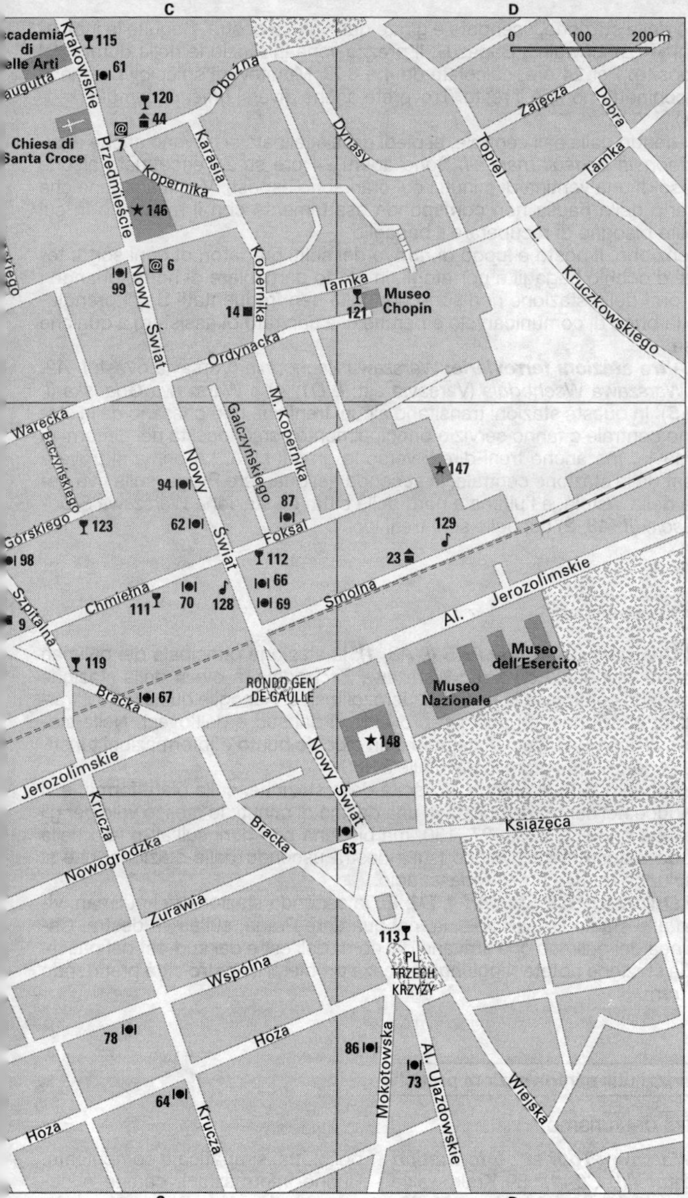

VARSAVIA (WARSZAWA) II

pale della stazione, scendete e girate due volte a destra. Seguite le indicazioni «Przechowalnia Bagazu». Il prezzo varia in funzione della durata del deposito. Per 24 ore, calcolate da 4 a 6 Zl. Munitevi di spiccioli perché la macchinetta non dà il resto. Troverete anche diversi *uffici di cambio (kantors)*.
– Venendo dalla hall centrale, ai piedi della scalinata si trovano anche alcuni *depositi bagagli manuali*. Sono aperti 24 ore su 24 eccettuate alcune pause di una ventina di minuti i cui orari sono esposti. Verificate bene che l'orario della pausa non corrisponda esattamente con il momento in cui avrete bisogno di recuperare il bagaglio.
Attenzione, il posto è luogo di ritrovo dei soliti predatori di ogni sorta: tenete d'occhio bagagli e portafogli, in modo particolare di notte, quando i dintorni della stazione non sono per nulla ben frequentati! Se ci prendiamo la briga di comunicarvelo è perché ci è capitato di assistere a qualche rissa.
Altre stazioni ferroviarie: *Warszawa Zachodnia* (Varsavia ovest; *I, A2,* ***3***), *Warszawa Wschodnia* (Varsavia est; *I, D1,* ***4***) e *Warszawa Gdańska* (*I, B1,* ***5***). In queste stazioni transitano alcuni treni che non passano dalla stazione centrale e fanno servizio principalmente verso località nei dintorni di Varsavia, ma anche treni diretti verso le grandi città. La prima si trova a ovest della stazione centrale, la seconda nel quartiere Praga, sulla riva destra della Vistola, e l'ultima a nord della città. La stazione *Warszawa Śródmieście* (*II, A3,* **2**) accoglie solo treni locali.

Arrivo in pullman

Dworzec Centralny PKS *(I, A3,* ***1****):* la stazione principale dei pullman si trova vicino alla *dworzec Warszawa Zachodnia*, a ovest della stazione ferroviaria centrale, alla fine di al. Jerozolimskie. Accoglie quasi tutto il traffico internazionale e i pullman provenienti dal sud e dall'ovest. Nella stazione ci sono un ufficio di cambio e un piccolo punto d'informazioni turistiche. Aperto tutti i giorni dalle 6 alle 21.30.
L'autobus n. 508 si prende all'uscita della stazione, sulla piattaforma, e vi conduce nel centro della città in una decina di minuti; lo stesso vale per gli autobus nn. 517, 523, 127, 130, ma bisogna prenderli sull'altro lato della strada a scorrimento veloce (sulla destra uscendo dalla stazione) che si raggiunge tramite un sottopassaggio.
Dworzec PKS Stadion *(I, D1,* ***2****):* la seconda stazione dei pullman, vicino allo stadio Dziesięciolecia, nel quartiere Praga, sulla riva destra. Capolinea dei pullman che arrivano dal nord, dall'est e dal sud-est del paese. Dalla stazione potete raggiungere senza problemi il centro città prendendo un tram.

Indirizzi utili e informazioni pratiche

Uffici del turismo

Warsaw Tourist Information Center *(III, C2,* ***1****):* 89 Krakowskie Przedmieście. ☎ 94-31 e 622-69-68. Sulla piazza del castello, tra ul. Miodowa e ul. Podwaia. Aperto tutti i giorni dalle 9 alle 20, fino alle 18 in inverno. È il principale ufficio municipale del turismo. Accoglienza poliglotta, simpatica e competente. Buone informazioni, cartine e documentazione varia su Varsavia. Offre anche un servizio di prenotazione di camere d'albergo e Ostelli della Gioventù. L'ufficio ha 3 succursali: alla stazione centrale, alla stazione dei pullman e all'aeroporto. Potete anche ottenere qualche informazione per telefono, al ☎ 94-31 o consultando il sito internet • www.warsawtour.pl •

Warsaw Tourist Information Center *(III, C2, 2):* 1/13 pl. Zamkowy. ☎ 635-18-81. Sulla piazza del castello, vicino a ul. Piwna. Aperto da lunedì a venerdì dalle 9 alle 18, sabato dalle 10 alle 18, domenica dalle 11 alle 18. Ufficio del turismo privato che fornisce gratuitamente diverse informazioni, fa servizio di prenotazione d'albergo in cambio di una piccola commissione e dispone di indirizzi di camere presso privati.

Agenzie viaggi

■ Le ***agenzie Orbis*** dovrebbero fornirvi lo stesso tipo di informazioni. Ottime anche per acquistare i biglietti del treno evitando le interminabili code agli sportelli della stazione. Principali uffici: 3 ul. Annopol, aperto da lunedì a venerdì dalle 8 alle 17; 16 ul. Bracka, aperto tutti i giorni dalle 8 alle 16, sabato dalle 9 alle 15; 4 piazza Konstrtucji, aperto da lunedì a venerdì dalle 9 alle 19.

■ ***Agenzia Almatur:*** 23 ul. Kopernica. Aperta da lunedì a venerdì dalle 9 alle 18, sabato dalle 10 alle 14. Agenzia specializzata in viaggi per studenti. Propone tutti i servizi classici di prenotazione e vendita di biglietti internazionali per pullman e aerei; rilascia anche la tessera internazionale dello studente che dà diritto a numerosi sconti.

■ ***Agenzia Wasteels:*** 98 ul. Chmielna. ☎ 524-42-20. Di fianco alla stazione. Vendita di biglietti *BIJ* oltre ai classici servizi di un'agenzia viaggi.

Per tutti quelli che desiderano scoprire gli angoli segreti di Varsavia come per esempio il cimitero sovietico, o semplicemente usufruire dei servizi di una guida professionista e poliglotta, ***Trakt, l'associazione delle guide polacche***, è ciò che esiste di meglio nel settore: 6 ul. Kredytowa. ☎ 827-80-68. Fax:

■ Indirizzi utili

- 1 Informator Turystyczny (IT)
- 2 Tourist Information Center
- 3 Banca PKO-BP e Pekao-SA
- 5 Istituto culturale francese

@ Accesso Internet

- 6 Cybercafé mBank
- 7 E-nigm@

Dove dormire

- 26 Schronisko Młodzieżowe Przy Rynku
- 34 Metalowiec Hotel
- 38 Hotel Dom Polonii
- 45 Hotel Dom Literatury
- 47 Hotel Europejski
- 48 Hotel Bristol

Dove mangiare

- 60 Bar Pod Barbakanem
- 74 Pierogi Świata
- 75 Le Petit Trianon
- 76 Fret@Porter
- 79 Pod Samsonem
- 82 Rycerska
- 83 El Popo
- 84 Karczma Gessler e Gessler Pod Krokodylem
- 85 U Fukiera
- 92 Tzarina

Dove fare merenda

- 95 Same Fusy
- 96 Pożegnanie z Afryką
- 97 Belle Époque

Dove bere qualcosa

- 124 John Bull Pub

Dove andare a ballare

- 130 Barbados

★ Da vedere

- 140 Colonna di Sigismondo
- 141 Cattedrale di San Giovanni
- 142 Museo storico della città
- 143 Casa natale di Marie Curie
- 144 Museo della Caricatura
- 145 Università di Varsavia
- 152 Istituto storico ebraico
- 154 Museo Giovanni Paolo II o museo della Pittura europea
- 155 Palazzo Morsztynów
- 159 Palazzo Błękitny

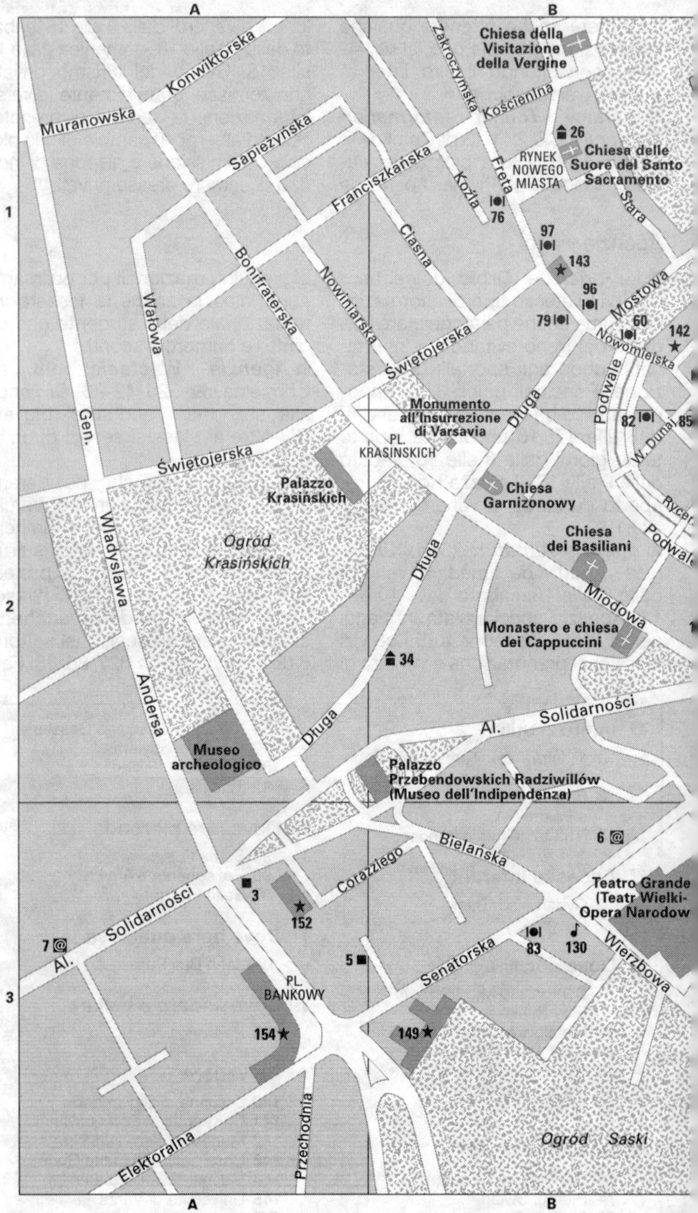
A
B
1
2
3
Chiesa della Visitazione della Vergine
Zakroczymska
Kościelnina
26
Chiesa delle Suore del Santo Sacramento
RYNEK NOWEGO MIASTA
Freta
Stara
Konwiktorska
Muranowska
Sapieżyńska
Franciszkańska
Koźla
76
97
143
96
79
60
142
Mostowa
Nowomiejska
Podwale
82
85
W. Dunaj
Rycer
Bonifraterska
Nowiniarska
Clasna
Wałowa
Świętojerska
Długa
Monumento all'Insurrezione di Varsavia
PL. KRASINSKICH
Gen.
Palazzo Krasińskich
Chiesa Garnizonowy
Chiesa dei Basiliani
Miodowa
Ogród Krasińskich
Władysława
Andersa
Monastero e chiesa dei Cappuccini
34
Al. Solidarności
Museo archeologico
Palazzo Przebendowskich Radziwiłłów (Museo dell'Indipendenza)
6
Bielańska
Corazziego
3
152
Teatro Grande (Teatr Wielki-Opera Narodow
7
83
130
Wierzbowa
5
Senatorska
PL. BANKOWY
154
149
Przechodnia
Elektoralna
Ogród Saski

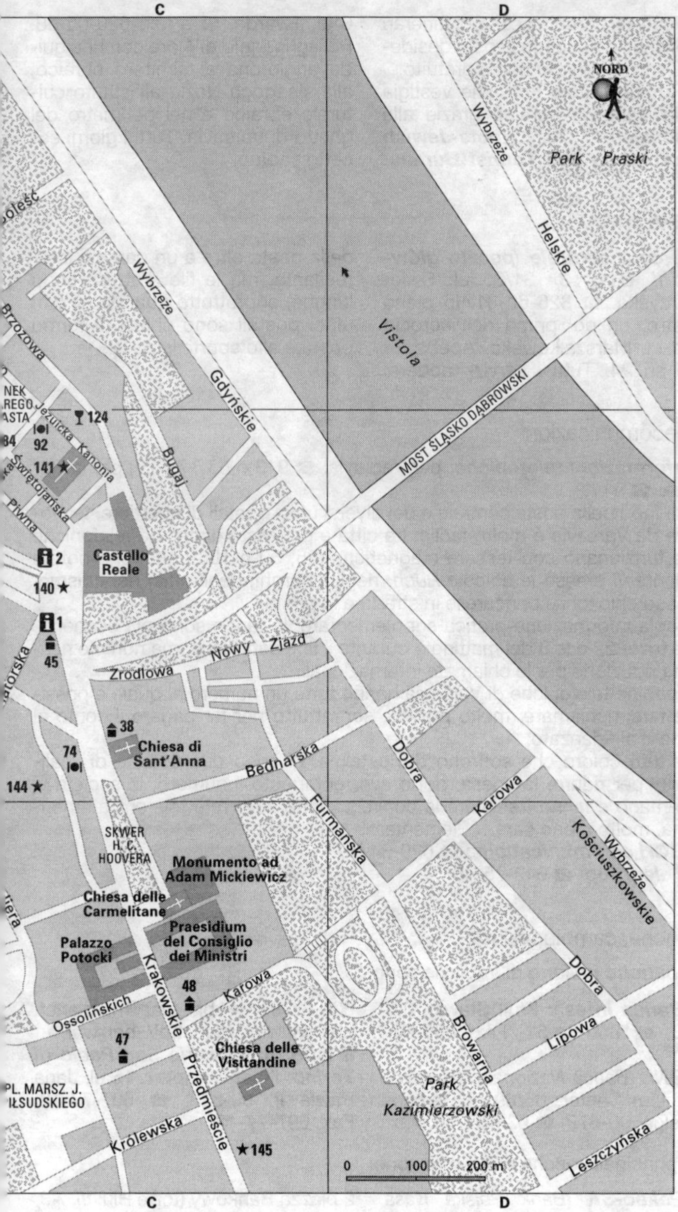

VARSAVIA (WARSZAWA) III

VARSAVIA E DINTORNI

827-66-02. Ampia scelta di itinerari prefissati o secondo i vostri desideri. Certo, il servizio non è gratuito.

■ Potete visitare le ultime vestigia della Varsavia ebraica grazie alla ***fondazione Our Roots-Jewish Information and Tourist Bureau:*** 6 ul. Twarda. ☎ e fax: 620-05-56. Pellegrinaggio di 4 ore con una guida anglofona al cimitero ebraico, alla sinagoga Nożk, all'istituto culturale ebraico e nel perimetro del ghetto di Varsavia. Tutti i giorni eccetto sabato.

Posta

✉ ***Posta centrale (poczta główna;*** *II, B1-2,* ***3****):* 31/33 ul. Świętokrzyska. ☎ 826-60-01. In pieno centro, un po' prima dell'incrocio con ul. Marszałkowska. Aperta 24 ore su 24. Tutti i servizi moderni della posta oltre a un cambio interessante, ma le file d'attesa sono lunghe, soprattutto quando gli altri uffici postali sono chiusi. Il fermo posta è allo sportello n. 12.

Telecomunicazioni

– ***Informazioni telefoniche:*** per Varsavia: ☎ 913 o 637-77-77; per la Polonia: ☎ 911.

Al di fuori della posta centrale e dei diversi uffici postali di quartiere, telefonare da Varsavia è molto facile. La città è provvista di cabine telefoniche che funzionano con tessere magnetiche (25, 50 e 100 unità) che potete procurarvi presso le edicole *Ruch*, negli alberghi, negli uffici del turismo, presso chioschi e bancarelle in strada e in posta.

Piccola informazione pratica supplementare: le tariffe sono più economiche tra le 22 e le 8 del mattino e durante il fine settimana, ma non c'è nessuna riduzione per le chiamate internazionali.

Le cabine telefoniche di Varsavia hanno tutte un numero al quale è possibile farsi richiamare; molto pratico, soprattutto per far pagare il conto al papà o al fidanzato.

Per tutti coloro che soffrono di nostalgia, ci sono due società di «callback» per ridurre la spesa: dopo aver composto il numero, le società vi chiamano e fanno transitare la conversazione sulla rete telefonica americana, molto meno cara... Elementare!

■ ***BCH communications:*** ☎ 629-34-50.

■ ***Telegroup:*** ☎ 642-75-46.

Banche, cambio, valuta

Le ***banche italiane*** di Varsavia sono:

■ ***Banca Intesa:*** 2 ul. Stawki, 00-193. ☎ 860-64-51. Fax: 860-64-55.

■ ***BNL*** *(Banca Nazionale del Lavoro):* Lim Center, 65/69 ul. Jerozolimskie, 00-679. ☎ 630-67-80. Fax: 630-67-81. • bnl_war@medianet.pl • www.medianet.pl/~bnl_war •

■ ***Istituto Bancario San Paolo di Torino:*** Ilmet Complex, 15 ul. Jana Pawła II, 00-828. ☎ 697-77-10. Fax: 697-77-13.

Le principali banche del centro sono:

■ ***Pekao-SA*** *(Bank Polska Kasa Opieki):* 2 piazza Bankowy (torre Blu; *III, A3,* ***3***); 53/57 ul. Grzybowska; 3 ul. Kredytowa; ul. Traugutta.

■ ***PKO-BP*** *(Powszechna Kasa Oszczędności):* aperta dalle 8 alle 16. 2 piazza Bankowy (torre Blu; *III, A3,* ***3***); 15 ul. Puławska; 4 ul. Powstańców Warszawy; 12/14 ul. Sienkiewicza...

■ ***NBP*** *(National Bank of Poland):* 4 piazza Powstańców Warszawy.

– ***Cambio:*** niente di più semplice, dato che con l'afflusso dei turisti Varsavia si è fatta in quattro per facilitarvi l'operazione.
– ***Denaro contante:*** in centro troverete moltissimi uffici di cambio (*kantor*) e avrete solo l'imbarazzo della scelta. Eccetto quelli che si trovano nella città vecchia, questi uffici offrono in generale il migliore tasso di cambio, più interessante di quello proposto da banche, alberghi o agenzie viaggi. La maggior parte dei *kantor* sono aperti da lunedì a venerdì dalle 9 alle 18, sabato dalle 9 alle 13. L'ufficio di cambio che si trova al n. 15/17 di via Świętojańska è aperto da lunedì a giovedì dalle 9.15 alle 20.45, venerdì e sabato dalle 8.45 alle 22.45. È molto centrale e resta aperto fino a tardi (è il suo principale vantaggio), ma applica una commissione più elevata.
I *kantor* della stazione e dell'aeroporto sono aperti 24 ore su 24.
– ***Traveller's cheque:*** per niente interessanti (la commissione è molto elevata e ci sono pochi uffici di cambio). Potete cambiarli in tutte le banche e in alcuni alberghi, ma ecco quello che abbiamo trovato di meglio:

■ ***American Express*** dispone di due indirizzi: 39 ul. Sienna, aperto da lunedì a venerdì dalle 9 alle 18; presso l'*Hotel Marriott*, 65/79 al. Jerozolimskie *(II, A3,* ***4****)*, aperto da lunedì a venerdì dalle 8 alle 20, sabato e domenica dalle 10 alle 18. È il più interessante perché non applica commissioni, naturalmente se si tratta di traveller's emessi dalla *American Express*.
■ ***Orbis:*** la grande agenzia viaggi nazionale si sente in dovere di cambiare tutti i tipi di traveller's cheque, in cambio però di una commissione del 5%! Principali uffici di cambio: 16 ul. Bracka, aperto da lunedì a venerdì dalle 8 alle 19, sabato dalle 9 alle 15; 142 ul. Marszałkowska, aperto da lunedì a venerdì dalle 9 alle 18, sabato dalle 9 alle 13.
■ La banca ***PKO*** *(III, A3,* ***3****)* e le sue succursali offrono lo stesso servizio in cambio di una commissione più umana, solo l'1,5%. Gli uffici si trovano al n. 2 di piazza Bankowy, nella torre Blu. Aperta da lunedì a venerdì dalle 8 alle 16.

VARSAVIA E DINTORNI

– ***Carte di credito:*** gli sportelli bancari automatici, ancora inesistenti poco tempo fa, fanno ormai parte del paesaggio urbano. Nessun problema dunque. Non dimenticate che alcune banche, oltre a trattenere una percentuale sull'operazione, hanno un costo minimo per ogni prelievo. È quindi preferibile prelevare ogni volta somme piuttosto consistenti. Informatevi prima di partire, presso la vostra banca, sulle tariffe generalmente applicate.

– La rete ***Euronet*** che accetta, salvo contrordine, le carte *Visa*, *Cirrus*, *Eurocard MasterCard*, *American Express* è ben rappresentata in centro: *Hotel Marriott*, 65/79 al. Jerozolimskie; nella galleria *Lim* del palazzo della *Lot* allo stesso indirizzo; alla stazione centrale giusto di fronte; vicino al *McDonald's* al n. 56c di al. Jerozolimskie e al n. 50 di ul. Krucza; nella tintoria *Alba*, 26 ul. Chmielna; vicino alla drogheria *Porto Delikatesy*, 30 ul. Świętokrzyska...
– Per le carte di credito *Visa* si trova qualche sportello in più, in particolare presso l'ufficio al n. 55 di ul. Nowy Świat, mentre i possessori di *Eurocard MasterCard* e *Cirrus* avranno a disposizione gli sportelli automatici della *Pekao* nella bella torre Blu, al n. 2 di piazza Bankowy (solo durante le ore di apertura) e presso le altre filiali di questa banca (da non confondere con la *PKO*).

Rappresentanze diplomatiche

■ ***Ambasciata d'Italia*** *(II, B1,* ***8****):* 6 piazza Dąbrowskiego, 00-055. ☎ 826-34-71. Fax: 827-85-07. • www.italianembassy.pl • ambasciata@italianembassi/pl • *Sezione consolare:* 1 Dąbrowskiego, 00-055. ☎ 826-53-08. Fax: 827-89-42.

Stampa, cultura e tempo libero

Vedi «Cultura».

Urgenze

■ ***Commissariato centrale di Varsavia:*** ul. Nowolipie, all'angolo di al. Gal. Wł. Andersa. ☎ 826-55-97.
■ ***Commissariato centrale del quartiere di Śródmieście***, vale a dire il centro, dove andrete per lo più a spasso: 21/23 ul. Wilcza. ☎ 621-89-09. Per la denuncia di furti e aggressioni.
■ ***Polizia:*** ☎ 997 o 826-24-24.
■ ***Pompieri:*** ☎ 998.
■ ***Informazioni AIDS:*** ☎ 628-03-36.
■ ***Urgenze mediche e ambulanze:*** ☎ 999 o 628-24-24.
– Il ***servizio di pronto soccorso*** dell'ospedale che si trova al n. 22 di ul. Poznańska, all'angolo di ul. Hoża, ha una buona reputazione ma in caso di malattia è sovente più indicato rivolgersi a una clinica o a un medico privato.

Presso tutti i numeri indicati sopra, non sperate di trovare un'anima caritatevole che parli inglese. In compenso, è possibile ottenere in inglese gli indirizzi di cliniche private, medici e dentisti telefonando al ☎ 827-89-62; da lunedì a venerdì dalle 8 alle 20; sabato dalle 8 alle 15. Attenzione, a volte risulta più economico prendere un taxi piuttosto che un'ambulanza. Non tutti gli ospedali di Varsavia dispongono di un servizio di pronto soccorso. È quindi preferibile andare alla stazione centrale delle urgenze (all'angolo di ul. Hoża e Poznańska) dove, dopo consultazione, vi trasferiranno in un ospedale specifico in funzione del vostro stato.

Medicina privata

Ecco alcuni centri medici privati:

■ ***Global Care:*** 63 ul. Pileckiego. ☎ 545-61-61. Aperto dalle 8 alle 18, sabato dalle 9 alle 14. Pronto soccorso e ambulanze: ☎ 0602-24-30-24. Un'associazione di medici che apre ambulatori privati in tutta l'Europa dell'Est.
■ ***Medical Center:*** 65/79 al. Jerozolimskie, al terzo piano dell'*Hotel Marriott*. ☎ 630-51-15. Aperto in settimana dalle 7 alle 21, sabato dalle 8 alle 20 e domenica dalle 9 alle 13. Tutti i medici parlano inglese. Servizio di ambulanze e pronto soccorso 24 ore su 24: ☎ 630-30-30.
■ ***Medicover:*** 10 ul. Sapieżńska. ☎ 531-41-41. Aperto dalle 8 alle 20. Chiuso sabato e domenica. Servizio di ambulanze: ☎ 99-76.
■ ***Eurodental:*** 15 al. Gal. Wł. Andersa. ☎ 831-31-61. Aperto dalle 8 alle 20 in settimana e dalle 10 alle 18 sabato e domenica. Un centro che fornisce tutte le cure dentistiche.

Se vi fosse del tutto impossibile comunicare in polacco, provate a contattare l'ambasciata d'Italia o uno dei medici francofoni segnalati in «Informazioni generali. Salute».

Farmacie (*aptekas*)

■ Aperta 24 ore su 24: ***Grabowski***, nella zona recintata attorno alla stazione centrale. ☎ 825-69-86.
■ Aperta 24 ore su 24: ***Beata***, 149 al. Solidarności. ☎ 620-08-18.
■ Aperta 24 ore su 24: 31 ul. Wilcza. ☎ 622-89-71.
■ ***Swiss Pharmacy:*** parlano inglese. 2 al. Róż, all'angolo di al. Ujazdowskie. Aperta dalle 9 alle 19 in settimana e dalle 9 alle 14 sabato. Chiuso domenica.
■ ***Farmacia omeopatica:*** 111a ul. Marszałkowska.

Compagnie aeree

■ ***Aeroflot:*** 29 al. Jerozolimskie. ☎ 628-17-10.
■ ***Air Algérie:*** 1 ul. Żwirki i Wigur. ☎ 650-25-12.
■ ***Air Canada:*** 80 ul. Marzałkowska. ☎ 625-22-71.
■ ***Air France:*** 21 ul. Krucza. ☎ 628-12-81.
■ ***Alitalia*** *(II, C2, **9**):* 8 ul. Moliera, 000-76. ☎ 826-28-01 e 827-40-14. Fax: 827-48-09. *In aeroporto:* ☎ 650-49-37 e 846-78-46. Fax: 650-49-40.
■ ***American Airlines:*** 20 al. Ujazdowskie. ☎ 625-04-67.
■ ***Austrian Airlines:*** 44/46 ul. Złota (*Hotel Holiday Inn*). ☎ 627-52-90.
■ ***British Airways:*** 49 ul. Krucza. ☎ 628-94-31.
■ ***CSA:*** 1 piazza Zawisz (*Hotel Sobieski*). ☎ 695-67-99.
■ ***Eurolot:*** 39 ul. 17 Stcznia. ☎ 606-62-64.
■ ***Lot:*** 65/79 al. Jerozolimskie. ☎ 628-75-80.
■ ***Lufthansa:*** 39 ul. Sienna. ☎ 801-312-312.
■ ***Malev:*** 15 al. Jana Pawła II. ☎ 697-74-72.
■ ***Tunisair:*** 734/36 ul. Świętokrzska. ☎ 652-04-92.

Taxi

■ ***Euro Taxi:*** ☎ 96-62 o 822-22-22.
■ ***Halo Taxi:*** ☎ 96-23.
■ ***Korpo Taxi:*** ☎ 96-24 o 832-22-22.
■ ***Taxi Partner:*** ☎ 96-69 o 862-62-62.
■ ***Taxi Plus:*** ☎ 96-21 o 651-66-11.
■ ***TeleTaxi:*** ☎ 96-27.
■ ***Top Taxi:*** ☎ 96-64.
■ ***Wawa Taxi:*** ☎ 96-44 o 870-50-00.

Autonoleggio

Compagnie internazionali

■ ***Avis:*** *Hotel Marriott*, 65/79 al. Jerozolimskie. ☎ e fax: 630-73-16. Aperto tutti i giorni dalle 8 alle 18. All'aeroporto, 21 Łopuszańska. ☎ e fax: 650-48-72. Aperto tutti i giorni dalle 7 alle 22. • www.avis.pl •
■ ***Budget:*** *Hotel Marriott*, 65/79 al. Jerozolimskie. ☎ 630-72-80. Fax: 630-69-46. Aperto da lunedì a venerdì dalle 8 alle 22. All'aeroporto: ☎ 650-40-62. Fax: 650-40-63. Aperto tutti i giorni dalle 7 alle 22.
■ ***Europcar:*** *Hotel Ibis*, 165 al. Solidarności. ☎ e fax: 520-30-97. Aperto da lunedì a venerdì dalle 9 alle 14. All'aeroporto: ☎ 650-25-64. Aperto tutti giorni dalle 7 alle 22. • www.europcar.com.pl •
■ ***Hertz:*** 27 al. Nowogrodzka. ☎ 621-02-39. Fax: 629-38-75. Aperto in settimana dalle 8 alle 19, sabato e domenica dalle 8 alle 16. All'aeroporto: ☎ 650-28-96. Aperto tutti i giorni dalle 7 alle 22. • www.hertz.com.pl •

Compagnie nazionali (a volte meno care)

■ ***Ann Rent-a-Car Rental:*** *Hotel Marriott*, 65/79 al. Jerozolimskie. ☎ 630-56-83. Aperto da lunedì a venerdì dalle 10 alle 18. All'aeroporto: ☎ 650-32-62. Aperto dalle 7 alle 23. • www.annrentacar.com.pl •
■ ***Five Rent-a-Car:*** *Hotel Marriott*, 65/79 al. Jerozolimskie. ☎ 629-75-15. Aperto dalle 9 alle 14, sabato dalle 10 alle 15. Chiuso domenica.
■ ***Focus Car Rental:*** 25 ul. Łopuszańska. ☎ 868-81-82.
■ ***Intercar:*** 24 ul. Powązckowska. ☎ 838-87-24.
■ ***National Car Rental:*** 6a ul. Słowicza. ☎ 868-75-25. Aperto da lunedì a venerdì dalle 8 alle 16. All'aeroporto: ☎ 606-92-42. Fax: 650-47-33. Aperto dalle 7 alle 22.
■ ***Payless Car Rental:*** all'aeroporto. ☎ 650-14-84. ☎ e fax: 846-03-02. Aperto tutti i giorni dalle 8 alle 20. • www.paylesscarrental.com •

Trasporti urbani

Varsavia ha ereditato dal vecchio regime – poco portato, come si sa, all'automobilismo privato – una solida rete di mezzi pubblici (autobus, tram e dal 1995 anche una metropolitana) che copre in modo efficace tutta la città. Questi mezzi di trasporto ben gestiti, puntuali e abbastanza frequenti sono la soluzione più efficace per visitare la città, eccetto naturalmente durante le ore di punta quando sono particolarmente affollati.
Attenzione, vi ricordiamo di acquistare assolutamente un biglietto supplementare se vi spostate con un bagaglio voluminoso. Non dimenticate che i controlli sono molto frequenti, i controllori assolutamente intransigenti e le multe piuttosto salate. Se decidete di non prendere il biglietto, le probabilità di scamparla sono pochissime...
Per quanto riguarda l'unica linea della metropolitana in funzione dal 1995, è utile soprattutto per raggiungere in solo 11 fermate la periferia sud di Kebaty, con partenza dalla stazione presso il politecnico a sud di piazza Konstitucji. Il prolungamento verso nord passa dal centro, da piazza Bankowy, e fa servizio fino al palazzo della Cultura. Attenzione, dovete timbrare il biglietto da soli utilizzando le obliteratrici rosse che si trovano sui lati della scala mobile. Preparate i contanti per acquistare i biglietti alle macchinette automatiche.

Autobus

Ci sono diverse categorie di autobus, riconoscibili dalla prima cifra: i 100 sono autobus con fermate regolari, i 300 sono quelli per le ore di punta (dalle 6 alle 8 e dalle 15 alle 18) i 400 e 500 sono gli express – che si fermano solo alle fermate principali – (i 400 non circolano nel fine settimana), i 600 sono notturni e i 700 fanno servizio in periferia.
– È meglio evitare di prendere gli autobus con la lettera E, perché fanno pochissime fermate.
– Alle fermate degli autobus e dei tram sono esposti generalmente la descrizione del tragitto e gli orari di passaggio.
– I biglietti si acquistano in tutte le edicole *Ruch*. Potete anche acquistarli direttamente sull'autobus, ma costano un po' di più e bisogna assolutamente disporre della somma in contanti.

Tram

I tram sono ideali per percorrere il centro, mentre gli autobus sono più interessanti per le destinazioni più lontane. Le carrozze hanno perso il colore rosso fiammante del passato, sostituito da un'elegante combinazione di giallo e rosso.

Orari

La metropolitana circola dalle 4.30 del mattino alle 23.30, gli autobus e i tram dalle 4.30 circa alle 23.30. In seguito vengono sostituiti dagli autobus notturni (i 600) che partono da via Emilii Plater, dietro al palazzo della Cultura. Circolano dalle 23.15 alle 4.45 e partono ogni quarto d'ora prima e dopo ogni ora della notte.

Tariffe

Attenzione, le informazioni che seguono potrebbero divenire rapidamente obsolete; la municipalità di Varsavia sta infatti lentamente modernizzando il sistema di distribuzione dei biglietti.
Lo stesso biglietto è valido per autobus, tram e metropolitana. Deve esse-

re OBBLIGATORIAMENTE TIMBRATO (macchinetta metallica) appena salite sul mezzo. Guai a voi se per caso ve ne dimenticate: i controllori sono tanti e la loro ferocia è diventata leggendaria da quando il regolamento accorda loro una percentuale sostanziosa sul «fatturato». Il conto è salato, visto che le multe sono più o meno come da noi.
Un'altra regola da interiorizzare in modo assoluto per viaggiare bene: bisogna comprare e timbrare un altro biglietto PER OGNI BAGAGLIO INGOMBRANTE (valigia, grosso pacco, zaino...) che trasportate! In caso contrario, non contate troppo sull'indulgenza dei soliti controllori specializzati nella caccia al turista: nessuno può infatti ignorare la legge (soprattutto se è così redditizia). Se avete dimenticato il biglietto, sappiate che potete presentarvi nell'arco di 7 giorni presso le autorità competenti e beneficiare di uno sconto del 30% sulla multa.
Per finire, e per essere in regola, dovrete timbrare un nuovo biglietto ogni volta che cambiate mezzo di trasporto.
Fortunatamente ci sono diverse tariffe per addolcire il conto degli spostamenti. Oltre al biglietto *normalny* (2,40 Zl) valido per un tragitto (*bilety*), potete scegliere tra un biglietto valido un giorno (fino a mezzanotte, 7,20 Zl) e una tessera settimanale (26 Zl). Gli studenti in possesso di tessera internazionale hanno diritto a uno sconto del 50%.
Un'altra precisazione: per gli autobus di periferia (i 700) ci vogliono due biglietti, e per quelli notturni (n. 600 e oltre) tre.

Acquisto dei biglietti

Niente di più semplice quando si tratta del banale biglietto per un tragitto unico: potete trovarne in tutte le edicole *Ruch*, presso i rivenditori di strada, negli alberghi, in metropolitana... Le cose si complicano per gli altri biglietti e per tutti i biglietti in generale durante il fine settimana, quando le edicole *Ruch* chiudono a rotazione.
Li troverete sicuramente presso la sede dei trasporti municipali: ***ZTM***, al n. 37 di ul. Senatorska, vicino a piazza Bankowy, aperta da lunedì a venerdì dalle 7.30 alle 15. In questa sede i collezionisti potranno addirittura acquistare le vecchie macchinette per obliterare.
Le edicole *Ruch* intorno alla stazione centrale sono una buona alternativa, in modo particolare gli autobus rossi riconvertiti in sportelli di vendita di biglietti sul lato destro della stazione dopo il labirinto delle baracche, all'altezza di via Emilii Plater. Potete anche provare nelle stazioni della metropolitana o nei chioschi situati ai capolinea degli autobus.

Taxi

Gli habitué dei paesi dell'Est conoscono bene il ritornello: prudenza assoluta! A priori poco onerose per una borsa occidentale, le tariffe possono però rivelarsi astronomiche se cascate tra le grinfie di tassisti truffatori (vedi il testo sui taxi, «Arrivo all'aeroporto»). I tassisti polacchi si sono costruiti una solida reputazione in questo campo e fanno un po' fatica a liberarsene. La municipalità ha fatto qualche sforzo per tentare di mettere fine a queste pratiche fraudolente.
Per ridurre i rischi la soluzione migliore è prenotare un taxi per telefono (servizio gratuito – lo spostamento fino al luogo dell'appuntamento non è conteggiato). Se prendete un taxi per strada, salite preferibilmente su un veicolo che espone chiaramente il nome della compagnia, il numero di telefono e le tariffe sul finestrino. Non esitate a seguire il tragitto su una cartina: è un buon metodo per dissuadere il tassista dalla tentazione di farvi fare quattro volte il giro della città. La maggior parte dei taxi ha una tariffa fissa di base (in generale 5 Zl) e diverse tariffe al chilometro (tra 1,60 e 2 Zl). Verificate sempre che il tassametro sia a zero: alcuni tassisti «distratti»

aggiungono in effetti il prezzo della corsa precedente alla vostra; questa pratica, piuttosto grossolana, diventa per fortuna sempre meno frequente. In compenso, sappiate che esistono diverse tariffe. Una tariffa diurna e una notturna/festiva nel centro città (rispettivamente tariffa 1 e 2); le tariffe 3 e 4 corrispondono a tragitti verso la periferia, rispettivamente diurni e notturni/festivi. Verificate che il tassametro sia correttamente impostato. Abbiamo visto alcuni tassisti applicare al tassametro un autoadesivo per tentare di far credere al cliente che la tariffa applicata fosse quella giusta finendo invece con il moltiplicare per 3 il prezzo della corsa.
Se dovete andare all'aeroporto chiedete alla reception del vostro albergo di chiamarvi un taxi e di contrattare per voi il prezzo della corsa.
Diversamente, per chiamare un taxi consultate la lista dei numeri in «Indirizzi utili e informazioni pratiche».
Un dettaglio: siccome le operatrici delle compagnie parlano raramente inglese, cercate di imparare a pronunciare in polacco il nome della vostra via e il numero di telefono.
Per aiutarvi a comunicare con il tassista, generalmente monolingue, ecco qualche termine dell'esperanto del tassista polacco:

- a sinistra: *w lewo*;
- a destra: *w prawo*;
- sempre dritto: *prosto*;
- si fermi qui: *tutaj*.

Macchina

Vi sconsigliamo di spostarvi in macchina. A partire dalle 23 tutti i semafori si mettono a lampeggiare: la strada più importante ha la precedenza. Di giorno, a semaforo rosso, è «raccomandato» passare quando si deve girare a destra. Attenzione al parcheggio: le vigilesse circolano anche qui e se parcheggiate male la macchina, i mezzi della *straz miejska* (deposito municipale per auto rimosse) si paleseranno all'istante per prendere in mano la situazione.

Cultura

Giornali su Varsavia

Come ogni capitale che si rispetti Varsavia brilla per la sua vita culturale: mostre, concerti, festival, teatri, cinema ecc. Per aiutarvi a trovare quello che fa per voi esistono due giornali con una lista esaustiva delle attività culturali:

- il settimanale ***WIK*** (*Warszawski Informator Kulturalny*), un giornale bilingue inglese/polacco in formato tascabile, ma che non tiene conto dei cinema;
- la formula migliore è sicuramente l'edizione del venerdì della ***Gazeta Wyborcza***, il quotidiano di sinistra di Adam Michnik, ex teorico di Solidarność. Anche se è in polacco, le pagine dedicate ai film e ai concerti sono veramente eccellenti. Date anche un'occhiata al supplemento ***Co jest Grane*** che esce ogni venerdì.

Per quanto riguarda la Varsavia modaiola, vale a dire tutte le novità su bar, discoteche, ristoranti e usi e costumi locali, vi consigliamo di consultare il bimestrale ***Warsaw in our Pocket*** con un sacco di informazioni utili e piccoli consigli. Anche il suo concorrente, il mensile ***Warsaw Insider***, svolge bene il suo compito. Vi segnaliamo inoltre il ***City Magazine*** distribuito in tutti i bar, una pubblicazione che tutti i giovani consultano per programmare al meglio la loro serata. Il giornale è in polacco, ma grazie alle foto pubblicitarie e ai simboli, se ve lo fate spiegare da qualcuno la prima volta ca-

pirete facilmente come funziona la programmazione dei piccoli concerti *underground* per tutti i generi musicali.
I curiosi della vita politica ed economica locale che conoscono l'inglese o il francese potranno dare un'occhiata all'edizione inglese del settimanale ***The City Voice*** o al settimanale ***Courrier de Varsovie***, fondato da un corrispondente del quotidiano francese *Le Monde*, che propone un *best of* dei migliori articoli della stampa polacca: divertente, pieno di informazioni e acuto, un vero successo. 132 ul. Kaniowska. ☎ 869-93-21. In vendita presso la libreria francese *Marianne*. Vedi oltre «Stampa e librerie internazionali».
L'afflusso di turisti ha stimolato la nascita di diverse pubblicazioni in inglese distribuite gratuitamente nei grandi alberghi, negli uffici del turismo e all'aeroporto: ***Varsovie en Bref***, ***The Visitor***, ***Welcome to Warsaw*** e ***Warszawa: What, Where, When***. Molta pubblicità e articoli di costume più che vere e proprie notizie, a parte la lista di informazioni pratiche che però non è sempre aggiornata.

Stampa e librerie internazionali

Per la stampa estera non c'è nulla di più semplice: basta entrare in un qualsiasi grande albergo e dirigersi verso l'edicola per acquistare l'edizione del giorno prima o quella del giorno stesso. Potete anche provare nelle edicole *Ruch* vicino alla città vecchia o presso l'edicola *Relay* della stazione centrale.
La letteratura in francese si trova presso la libreria *Marianne*, le altre librerie sono principalmente consacrate alle pubblicazioni in inglese.

■ ***Libreria Księgarnia Bolesława Prusa:*** 7 ul. Krakowskie Przedmieście. Ben fornita di riviste straniere e letteratura anglosassone tascabile.
■ Per la stampa francese, troverete un'ampia scelta presso la ***libreria Marianne*** all'interno dell'Istituto culturale francese: 38 ul. Senatorska *(III, A3,* ***5****)*. Aperta da lunedì a venerdì dalle 11 alle 18, sabato dalle 10 alle 14. Chiusa domenica. Tantissimi libri in francese e qualche vecchio CD.
■ ***Libreria dell'Hotel Marriott:*** 65/79 al. Jerozolimskie *(II, A3,* ***4****)*. ☎ 630-63-06. Fax: 630-52-39. Di fronte alla stazione centrale. Quotidiani internazionali del giorno prima o, se siete fortunati, del giorno stesso.
■ ***American Bookstore*** *(I, C3,* ***8****):* 55 ul. Koszykowa (all'incrocio con Lwowska). Aperta da lunedì a venerdì dalle 11 alle 19, sabato dalle 10 alle 18. Letteratura americana principalmente.
■ ***CO Liber*** *(III, A3):* 4 piazza Bankowy. Aperta da lunedì a venerdì dalle 10 alle 18, sabato dalle 10 alle 14. Chiusa domenica. Letteratura popolare anglosassone, best-seller, qualche scaffale di opere in francese e tedesco.

Istituti culturali

■ ***Istituto Italiano di Cultura*** *(I, C3,* ***7****):* 72 ul. Marszałkowska, 00-545. ☎ 628-06-10 o 18 e 628-07-32. Fax: 628-10-68. • segreteria@iic.neostrada.pl • www.iic.pl • Aperto da lunedì a giovedì dalle 10 alle 17.30, venerdì fino alle 13. Mostre, concerti, proiezioni, conferenze, corsi di lingua e una biblioteca.
■ ***Istituto culturale francese*** *(III, A3,* ***5****):* 38 ul. Senatorska. ☎ 826-62-71. • ifv@ifv.ikp.pl • L'istituto pubblica un programma culturale trimestrale e ospita i locali della libreria *Marianne*.
■ ***British Council:*** 59 al. Jerozolimskie. ☎ 628-74-01. Aperto da lunedì a venerdì dalle 9.30 alle 19, sabato dalle 9.30 alle 13.
■ ***Goethe Institute*** *(II, A2):* nel palazzo della Cultura, al decimo piano. ☎ 656-65-08.

Aquisti

È finita l'epoca dei negozi vuoti e delle boutique riservate solo agli stranieri provvisti di valuta. Con l'afflusso dei capitali Varsavia, come le altre grandi città polacche, è entrata nella società del consumo. Gli ex negozi di stato cedono progressivamente il posto a fiammanti boutique Paris/New York/Tokyo che distribuiscono grandi marche internazionali a prezzi altrettanto... internazionali! Se queste ultime sono frequentate principalmente dalla nuova classe di imprenditori, i mercati e i bazar mantengono un'economia parallela con un misto di prodotti *made in China*, *Rumania* e simili, che permette anche ai meno abbienti, vale a dire la maggioranza della popolazione, di partecipare alla febbre del consumismo acquistando copie conformi non firmate.

Mercati

– Un ***grande mercato*** si tiene tutti i fine settimana presso il ***mercato coperto Mirowska*** *(I, B2,* ***9****)*, su piazza Mirowski, a ovest del giardino sassone su al. Jana Pawła II. Gli amanti delle atmosfere pittoresche saranno soddisfatti.

– ***Mercato coperto Koszyki*** *(I, B3,* ***10****):* su al. Koszykowa, a sud rispetto a piazza Konstytucji. Aperto da lunedì a venerdì dalle 7 alle 20, sabato dalle 7 alle 17. Un altro mercato dove si ritrova l'atmosfera di un tempo.

– Ma il più rappresentativo della Polonia prima del boom economico è sicuramente il ***mercatino all'aperto*** (frutta, verdura e qualche bancarella di vestiti) di ***Różyckiego*** *(I, D1,* ***11****)*, incastrato tra gli edifici di ul. Żabowska e ul. Targowa nel quartiere Praga, sulla riva destra, non distante dalle cupole della chiesa ortodossa. Si tiene generalmente dalle 6 alle 13. Vista la frequentazione, vi invitiamo a una relativa prudenza.

Abbigliamento

Gli appassionati di buoni affari poco attenti alla qualità avranno a loro disposizione una sorta di enorme «All'onestà»! Sì, sì, ve lo assicuriamo. Si tratta di un mercato all'aperto installato sui lati dello stadio Dziesięciolecia nel quartiere Praga, sulla riva destra della Vistola, vicino al ponte Poniatowskiego. Per arrivare potete prendere i tram nn. 9, 22, 24 o 44. Scendete alla fermata *Rondo Waszyngton*. Più di 3000 venditori hanno occupato con le loro ***bancarelle*** i lati esterni dello stadio per proporre tutto quello che i paesi dell'Est, l'Asia, la Cina, la Mongolia e il Vietnam... producono in materia di prêt-à-porter imitato dalle marche occidentali. È sicuramente il più grande bazar del genere esistente in Europa. Troverete tutto il necessario per vestire la famiglia a prezzi da quarto mondo o quasi. Nonostante un regolamento drastico, alcuni zingari espongono i loro «prodotti» vicino a quelli dei commercianti ufficiali. Contrattazione obbligatoria. Aperto tutti i giorni dalle 7 a mezzogiorno. Sabato e domenica il bazar diventa ancora più grande. Ma ve l'abbiamo già detto, non sperate di trovarci chissà quali meraviglie.

Un ***altro bazar*** di abbigliamento, dischi, scarpe, antenato del precedente, ha eletto domicilio permanente in un dedalo di baracche ai piedi del palazzo della Cultura. La merce è di migliore qualità e i prezzi sono leggermente più elevati. Aperto tutti i giorni dalle 9 alle 17, domenica dalle 11 alle 16. Due grandi mercati coperti che propongono tantissimi prodotti diversi. Ma è previsto che questo mercato sparisca nel giro di poco tempo.

Mercato delle pulci

Ogni domenica il ***Kolo Bazar*** su ul. Obozowa, nel quartiere di Wola, riunisce tutti gli antiquari professionisti o improvvisati della città. Atmosfera alla buona, pochi pezzi rari (non dimenticate che l'esportazione di oggetti antichi deve essere autorizzata) e molti oggetti vecchi e anticaglie. Per arrivarci: tram nn. 1, 13, 20, 24 e autobus nn. 159, 167 e 359.

Manifesti

I poster sono una specialità polacca. La ***galleria Plakatu*** possiede una buona collezione di manifesti antichi e recenti a prezzi ragionevoli: 23 Rynek Starego Miasta. Aperta tutti i giorni in estate dalle 9 alle 21, dalle 10 alle 19 in inverno.

Accesso Internet

@ ***Cybercafé mBank*** *(III, B3,* ***6****):* 18 ul. Senatorska. • www.cafe.mbank.com.pl • Aperto da lunedì a venerdì dalle 9 alle 21. Impossibile trovare un posto più economico visto che qui è gratuito! Ma la connessione è limitata nel tempo, se dopo di voi c'è qualcuno che aspetta (cosa, a dire il vero, piuttosto inevitabile). Si tratta inoltre di un'offerta promozionale e non è detto che duri *ad vitam aeternam*. Verificate comunque.

@ ***E-nigm@*** *(III, A3, 7):* 74 al. Solidarności. Aperto tutti i giorni 24 ore su 24. 1 Zl per 10 min., 5 Zl per un'ora. La terza ora è gratuita. Nella cappella di una chiesa, accesso sulla sinistra. Certo, bisogna ammettere che è un po' distante dal centro, ma è aperto tutta la notte ed è uno dei più economici. E poi, dove lo trovate un altro Internet caffè in una chiesa?

@ ***E-net*** *(I, C3,* ***12****):* 60 ul. Marszałkowska. Aperto tutti i giorni dalle 9 alle 22. 1,50 Zl per 15 min., 5 Zl per un'ora. Computer e web-cam a disposizione. Un po' all'interno nel cortile, una piccola sala piena di informatici e giocatori sfrenati. Di notte chiudono le porte e quelli che restano dentro giocano in rete senza interruzioni per 12 ore in cambio della modica cifra di 25 Zl. Per i fanatici di videogiochi, informatevi perché esistono diversi locali dello stesso genere a Varsavia.

@ ***Arena 1998*** *(II, B3,* ***5****):* nel centro commerciale della metropolitana Marszałkowska; nel sotterraneo, lato ovest, l'entrata si trova all'altezza della rotonda R. Dmowskiego. Aperto tutti i giorni dalle 8 alle 23. 1 Zl per 10 min. e 5 Zl per un'ora.

@ ***Studio.tpi*** *(II, C1,* ***6****):* all'angolo di ul. Świętokrzyska e Nowy Świat. Aperto tutti i giorni dalle 9.30 alle 0.30. 2 Zl per 15 min. e 8 Zl per un'ora. È un po' più caro, ma è in pieno centro, chiude più tardi e offre tutti i servizi di un *business centre*.

@ ***Casablanca Café*** *(II, C1,* ***7****):* 4/6 ul. Krakowskie Przedmieście. Aperto da lunedì a giovedì dalle 9 all'1 di notte, venerdì dalle 9 alle 2 di notte, sabato dalle 10 alle 2 e domenica dalle 10 a mezzanotte. 1,5 Zl per 15 min. Un po' più caro ma è un vero Internet caffè dove potete anche bere una birra e incontrare qualche *traveller*.

Dove dormire

Nonostante la Polonia sia in piena evoluzione, in materia di ricettività Varsavia è in ritardo almeno di una rivoluzione. Vi si trovano principalmente vecchi grandi alberghi idealmente situati in pieno centro ma in attesa di ri-

strutturazioni all'altezza delle loro pretese tariffarie, oppure ex casermoni dal lusso tipicamente socialista. I piccoli e medi budget troveranno ben pochi indirizzi dove alloggiare, e il più delle volte decentrati. In molti casi dovrete scegliere tra dormire in un albergo centrale o risparmiare qualche złoty.
Qualunque sia la vostra scelta, una cosa è certa: Varsavia è una città cara e i prezzi sono in continuo aumento! Spesso del 20% all'anno, talvolta addirittura del 40%. Vi raccomandiamo quindi di fare una telefonata prima per farvi precisare i prezzi al momento del vostro passaggio in città. Infine, in alcuni alberghi, quando non sono loro i primi a proporvelo, è possibile contrattare le tariffe durante il fine settimana e in bassa stagione. Allora, non esitate a tentare la fortuna!

CAMPEGGI

La soluzione più economica per dormire nella capitale. Possono alloggiarvi anche quelli che non hanno né la tenda né la roulotte: quasi tutti i terreni sono infatti attrezzati con bungalow o un piccolo albergo.

Motel camping Rapsodia *(fuori pianta I da A2, **20**):* 22 ul. Fort Wola, 00-961. ☎ e fax: 634-41-65. In una via che parte da corso Wolska, subito dopo il grande cimitero Powstanćów. A ovest, non troppo distante dal centro e facilmente accessibile: autobus nn. 105, 106, 125, 184; tram nn. 10, 26, 27 e 42. Calcolate 33 Zl per una tenda, due persone e una macchina. Piccolo campeggio ben attrezzato con terreno e docce comuni puliti e ben tenuti. C'è anche un piccolo barbecue e una sala TV. Possibilità di alloggiare in bungalow o in albergo (vedi «Dove dormire a prezzi economici»).

Camping Gromada *(I, B3, **21**):* 32 ul. Żuirki i Wiguri. ☎ 825-43-91. Aperto dal 1° maggio al 30 settembre, ma anche oltre a seconda del clima. Non troppo distante dal centro, a sud-ovest. Accessibile con gli autobus nn. 175, 188 e 611 (che collegano l'aeroporto al centro della città). Calcolate 39 Zl. Bel campeggio ben tenuto e abbastanza ombreggiato, vicino a un parco. I servizi igienici meriterebbero di essere rifatti e la prossimità con i grandi assi stradali potrebbe disturbare quelli che hanno il sonno leggero. Ma non lontano da qui, nel parco, troverete qualche buon locale (bar e discoteche) il cui rumore non giungerà fino alle vostre orecchie.

Camping Astur 123 *(I, A3, **22**):* 15/17 ul. Bitwy Warsawskiej, 02-366. ☎ 823-37-48. Fax: 822-91-21. Aperto dal 1° maggio al 30 settembre. Accessibile con gli autobus nn. 127, 130 e 517 e i tram nn. 7, 9 e 25. Calcolate 40 Zl per due persone, una macchina e una tenda. Bungalow a 25 Zl per persona. Un campeggio molto piccolo non particolarmente piacevole. La dozzina di bungalow disposti in una sorta di minivillaggio presentano uno dei migliori rapporti qualità-prezzo della città. Le docce sono pulite e i bungalow sono semplicissimi. Il campeggio si trova vicino a una piscina municipale, presa d'assalto quando fa bello.

OSTELLI DELLA GIOVENTÙ

A Varsavia ci sono 7 Ostelli della Gioventù, di cui uno molto distante dalla città e 4 aperti solo durante il periodo estivo. Vi raccomandiamo quindi di prenotare almeno un giorno prima del vostro arrivo. Fortunatamente, per compensare e soddisfare le orde estive di turisti, esiste anche un sistema di residenze universitarie che appena gli studenti se ne vanno mette i dormitori a disposizione degli stormi dei migratori.

Ostelli della Gioventù aperti tutto l'anno

▲ *Schronisko Młodzieżowe n. 2* *(II, D2,* ***23****):* 30 ul. Smolna. ☎ 827-89-52. In pieno centro città, vicino all'angolo di Nowy Świat e al. Jerozolimskie. L'autobus n. 175 si ferma vicino, così come qualsiasi altro autobus in partenza dalla stazione centrale in direzione di Nowy Świat. Chiuso dalle 23 alle 6 del mattino. Non è possibile soggiornarvi per più di 3 notti consecutive. Calcolate 33 Zl per persona in dormitorio e 40 Zl per persona in una camera doppia con servizi igienici e bagno sul corridoio. Supplemento di 4 Zl per le lenzuola. Al sesto piano di un solido edificio del dopoguerra. 100 posti in dormitori da 10 a 17 letti (maschi e femmine separati). Cucina, servizi igienici, docce. Abbastanza pulito. Tavolo da ping-pong. Accoglienza simpatica.

▲ *Schronisko Młodzieżowe Agrykola* *(I, C3,* ***24****):* 9 ul. Myśliwiecka. ☎ 622-91-10. Fax: 622-91-05. A una decina di minuti a piedi dal centro; l'edificio è un po' in disparte, tra la radio polacca e una pista di atletica; bisogna passare sotto il ponte. 40 Zl per persona. Bell'ostello in un edificio tutto nuovo che funziona anche come albergo. I dormitori si trovano nel sottotetto e sono molto piacevoli. Letti confortevoli, accoglienza eccezionale. L'ostello si trova nel perimetro del parco di Łazienkowski. Insomma, è più caro degli altri ma la qualità è nettamente superiore.

▲ *Schronisko Młodzieżowe n. 6* *(I, A2,* ***25****):* 53a ul. Karolkowa. ☎ 632-88-29. Fax: 632-97-46. Esiliato a ovest del quartiere Wola, in un grande edificio bianco e verde un po' arretrato rispetto al corso. Tram nn. 22 e 24 dalla stazione ferroviaria in direzione di Mirów; scendete all'incrocio con al. Solidarności. Chiuso dalle 23 alle 6 del mattino. Calcolate 35 Zl per persona, più 4 Zl per le lenzuola. La prima colazione è extra. Tutte le risposte alle domande strampalate che potrebbero venirvi in mente sono scritte sui cartelli appesi nell'entrata. Camere da 6 a 10 letti a castello. Ci sono anche alcune camere doppie. Pulito e piacevole. Particolarmente affollato in estate. Cucina a disposizione.

Ostelli della Gioventù aperti solo in estate

▲ *Schronisko Młodzieżowe Przy Rynku* *(III, B1,* ***26****):* 4 Rynek Nowego Miasta. ☎ e fax: 831-50-33. Aperto dal 1° luglio al 30 agosto. Calcolate 45 Zl per persona; a partire da 3 persone è possibile dormire su un piccolo materasso per terra per solo 30 Zl. Quest'ostello, che durante l'anno è sede di un orfanotrofio, si trova a pochi passi dalla città vecchia, in un bell'edificio della piazza del nuovo mercato. Le camere sono semplici e tranquille anche se le pareti non sono molto spesse... Sicuramente l'ostello con più fascino, in un quartiere ideale... ma sappiate che dopo mezzanotte dovrete sborsare 5 Zl per farvi aprire la porta!

▲ *Schronisko Młodzieżowe* *(I, B1,* ***27****):* 4 ul. Międzyparkowa. ☎ e fax: 831-17-66. Aperto dal 1° aprile al 31 ottobre. A nord di Nowe Miasto, non distante dalla stazione per Danzica (Gdańsk). Autobus n. 175 dall'aeroporto e n. 174 dalla stazione ferroviaria centrale; tram nn. 1, 2, 6 e 18. Calcolate 17 Zl per gli studenti su presentazione della tessera internazionale, 34 Zl per tutti gli altri. Ostello molto meno grande degli altri, meno pulito e meno piacevole, ma anche molto meno caro se avete la tessera studentesca. Vicino a un club sportivo con il lusso di campi da tennis in terra battuta. Di fatto, l'ostello consiste in qualche prefabbricato verde e blu immerso in un ambiente bucolico in parte rovinato dalla linea del tram e dalla vicinanza ai grandi assi stradali.

▲ *Schronisko Młodzieżowe* *(I, D2,* ***28****):* 397 Wał Miedzeszyński. ☎ 617-88-51. In capo al mondo, a est, alla periferia del quartiere di Praga Południe. Autobus n. 188

dall'aeroporto; gli autobus nn. 138, 182 e 382 vanno e vengono dal centro. Di notte prendete il n. 608. L'entrata, piuttosto difficile da trovare, è situata all'altezza dello svincolo. Aperto dal 15 aprile al 15 ottobre. 25 Zl per persona – il meno caro in assoluto se si esclude l'indirizzo precedente per gli studenti. Un vero ostello per viaggiatori incalliti, con un unico difetto: la posizione un po' isolata. Descrizione: una serie di capanne di lamiera situate tra lo svincolo e la Vistola con grandi dormitori di una ventina di letti a castello. Insomma è un po' come essere in caserma. Il posto è ben lungi dall'essere perfetto e pulitissimo, ma resta comunque praticabile. La costruzione in muratura ospita un club di vela e canottaggio e se avete un po' di fortuna e una bella parlantina riuscirete forse a utilizzare la vecchia sala d'allenamento. L'ostello è frequentato da molti sportivi polacchi.

RESIDENZE UNIVERSITARIE

Ci sono una buona decina di residenze universitarie, aperte di solito in luglio e agosto, ma che talvolta propongono camere anche durante l'anno. Gli uffici del turismo dispongono di una lista completa degli indirizzi. Ecco le residenze più centrali:

Akademiki *(I, B3, **29**)*: 95/97 e 97/99 ul. Żwirki i Wigury, 02-089. ☎ 668-63-07 o 831-49-78. A ovest del centro. Due residenze universitarie a 30 Zl per persona in camera doppia o tripla. L'indirizzo meno caro, non troppo distante dal centro.

Akademiki *(I, A3, **30**)*: 39 ul. Grójecka, 02-031. ☎ 822-06-96. 33 Zl per persona in camera doppia. 10% di sconto su presentazione della tessera internazionale dello studente.

Akademiki *(I, C2, **31**)*: 14 ul. Górnośląska, 00-443. ☎ 628-42-61. Calcolate 41 Zl in camera doppia o in dormitorio. La residenza più centrale di tutte, da dove potete raggiungere Nowy Świat a piedi.

Akademiki *(I, C3, **32**)*: 31/33 ul. Madalińskiego, 02-544. Calcolate 40 Zl per persona e 30 Zl per gli studenti su presentazione della tessera internazionale. Se la residenza è al completo, sappiate che ce n'è un'altra a qualche decina di metri.

CAMERE PRESSO PRIVATI

Ecco un altro modo per alloggiare a prezzi economici e nello stesso tempo condividere il quotidiano di una famiglia polacca. La scelta di una camera assomiglia molto a un gioco d'azzardo, ma capirete bene che se Varsavia è stata distrutta dalla guerra all'85% circa, le probabilità di ritrovarsi in un casermone popolare sono ben più elevate rispetto a quelle di alloggiare in un palazzo dell'inizio del XX secolo. Visto che Varsavia è una città piuttosto estesa, vi consigliamo di verificare sempre la posizione della casa su una cartina in modo da non ritrovarvi esiliati in una lontana periferia. Un altro consiglio: pagate solo dopo aver visto la camera, soprattutto se non vi siete serviti di un ufficio specializzato per trovare questo tipo di alloggio.

■ ***Agenzia Biuro Kwater Prywtnich «Syrena»***: 17 ul. Krucza. ☎ 628-75-40. Aperta da lunedì a sabato dalle 8 alle 19. I prezzi più bassi partono da 80 Zl per due persone. L'agenzia svolge un servizio di raccolta centralizzata delle principali offerte di camere nella città.

ALBERGHI

Come già annunciato, ci sono pochi alberghi economici, ma esiste comunque un'astuzia per aggirare le difficoltà. Alcuni alberghi dispongono ancora di un piccolo contingente di camere senza bagno. In cambio di questo sacrificio, i prezzi scendono e diventano interessanti per i piccoli budget. Prima di scegliere non esitate a consultare gli indirizzi della lista di alberghi della categoria «Prezzi medi e oltre».

Prezzi economici

☗ ***Hotel Na Wodzie** (I, C2, **33**):* ul. Wybrzeże Kościuszkowskie, 00-390. ☎ e fax: 628-58-83. Aperto dal 1° maggio al 30 novembre. Sulla riva sinistra della Vistola, a sinistra del ponte Poniatowskiego; a piedi vi si accede passando sopra la superstrada tramite le scale sulla vostra destra venendo dal centro città, all'altezza della fermata del tram. La reception è aperta dalle 10 alle 22. Calcolate 100 Zl. Varsavia a fior d'acqua, nientepopodimeno! Si tratta di due imbarcazioni gemelle (*Anita* e *Aldona*) che offrono una decina di camere-cabine con due letti-cuccette uno di fronte all'altro; i servizi igienici e le docce sono puliti. L'insieme, verniciato a smalto color beige, rivela la solida influenza dei cantieri navali socialisti. Un piccolo indirizzo piacevole.

☗ ***Metalowiec Hotel** (III, B2, **34**):* 29 ul. Długa, 00-238. ☎ 831-40-21 o 29. Fax: 635-31-38. Senza la prima colazione, calcolate 93 Zl per una doppia con servizi igienici, 140 Zl per una camera con doccia. A due passi dalla città vecchia, in una via calma e borghese. L'albergo, in un edificio che ospita la Federazione sindacale dei metalmeccanici e nel quale questi ultimi alloggiano quando sono di passaggio a Varsavia, si riconosce grazie a una timida insegna bianca e blu. Nessuna cura per quanto riguarda l'arredamento e comfort minimo, ma l'indirizzo è piacevole e si respira un certo profumo di autenticità.

☗ ***Hotel Rapsodia** (fuori pianta I da A2, **20**):* 22 ul. Fort Wola, 00-961. ☎ e fax: 634-41-65. Per accedervi vedi «Dove dormire. Campeggi». Tariffe un po' complicate ma in ogni caso buon rapporto qualità-prezzo, in modo particolare se siete in gruppo; le tariffe variano in funzione della durata del soggiorno e sono più economiche nel fine settimana. Per una camera doppia con doccia e cucina comune calcolate da 50 a 75 Zl. Diversamente, da 85 a 116 Zl per una doppia. Situate in edifici separati, le camere sono molto pulite e piacevoli. Il terreno è ben tenuto. Un buon indirizzo anche se un po' distante dal centro.

Prezzi moderati

☗ ***Hotel Belfer** (I, C2, **35**):* 31/33 ul. Wybrzeże Kościuszkowskie, 00-379. ☎ e fax: 625-51-85 e 622-89-92. Sulla Vistola o meglio, per essere più precisi, sulla superstrada che costeggia la Vistola. Calcolate 178 Zl per una doppia senza doccia ma con la prima colazione, 230 Zl con la doccia. Interessante; in estate applicano sconti dal 20 al 40%. Telefonate prima per farvi precisare le tariffe in corso. Agli amanti di atmosfere intime e confortevoli consigliamo di astenersi. Questo grosso cubo di cemento tipicamente socialista è stato sede della Federazione dei maestri di scuola. Almeno 400 camere dal comfort quasi monacale. In estate, tra il caldo e la superstrada, dovrete assolutamente prendere una camera sul retro se volete dormire almeno un po'.

☗ ***Hotel Agra** (fuori pianta I da C3, **36**):* 9/11 ul. Falęcka, 02-547. ☎ 849-38-81. Fax: 849-08-25. • ad_agra@alpha.sggw.waw.pl • Calcolate 130 Zl per una doppia. Accessibile con gli autobus nn. 122, 138, 167, 406, 407, 410 e l'autobus notturno n. 611; tram nn. 4, 18, 19 e 35. In mezzo alle torri di cemento, un palazzo stile pensione tedesca che propone camere piacevoli e pulite. Bagno in comune con un'altra camera. Accoglienza molto simpatica. Un po' decentrato, offre un interessante rapporto qualità-prezzo.

☗ ***Hotel Hera*** *(I, C3, **37**):* 26/30 ul. Belwederska, 00-594. ☎ 553-10-04, 851-51-38 o 553-10-03. Fax: 553-10-03. A sud del parco Łazienkowski. Camere doppie da 160 a 232 Zl con lavandino e servizi igienici o bagno; prima colazione compresa. Un tentativo di albergo moderno in un palazzo rotondo che ospita anche una residenza studentesca. Le camere sono semplici ma pulite e offrono tutte un certo comfort. Solo le camere senza bagno sono veramente interessanti, le altre sono un po' troppo care. Docce comuni pulite.

☗ ***Dom Polonii*** *(III, C2, **38**):* 64 ul. Krakowskie Przedmieście, 00-322. ☎ 827-04-40, 826-20-41. Fax: 828-98-82. Idealmente situato a due passi dal castello. Calcolate 206 Zl per una doppia. Bagno sul pianerottolo. Eccellente indirizzo a prezzi che restano ancora ragionevoli, ma per quanto tempo ancora? In un magnifico edificio che ospita anche uffici e accoglie ogni tanto mostre, 4 camere all'ultimo piano. Il mobilio è Ikea, ma la decorazione dell'edificio è sontuosa, con grandi scalinate e un bel parquet. Con un po' di fortuna avrete diritto a una camera con vista sul parco e la Vistola. Prenotate con il massimo possibile di anticipo. Unica nota dolente è l'accoglienza – in polacco – che lascia veramente a desiderare.

☗ ***Hotel Mazowiecki*** *(II, B1, **39**):* 10 ul. Mazowiecka, 00-048. ☎ e fax: 827-23-65 o ☎ 687-91-17. Camere doppie a 198 e 278 Zl con lavandino o bagno; qualche tripla con lavandino a 252 Zl, molto interessante. Grandi camere spaziose e luminose, alcune addirittura con un ampio salone. La pittura bianca sui muri non fa dimenticare che le camere non sono all'altezza della hall d'entrata, ma per Varsavia rappresentano comunque un buon rapporto qualità-prezzo, in particolare quelle senza doccia. Docce comuni impeccabili.

Prezzi medi e oltre

☗ ***Hotel Cytadela*** *(I, B1, **40**):* 3/5 ul. Krajewskiego, 01-520. ☎ 687-77-15. ☎ e fax: 839-10-61. Decentrato a nord di Nowe Miasto, ma accessibile a piedi. Autobus nn. 501, 515, 520 e 524. Calcolate 260 Zl per una camera doppia, prima colazione compresa. A priori, questo quartiere molto tranquillo con piccoli palazzi popolari un po' grigi non possiede nulla di veramente simpatico. Eppure, appena avrete varcato la porta, vi troverete in un interno chiaro e luminoso. Camere moderne ben tenute, con arredamento tipicamente polacco, TV e bagno.

☗ ***Hotel Powiśle*** *(I, C2, **41**):* 10a ul. Szara, 00-420. ☎ 628-00-14. Fax: 621-66-57. Calcolate 250 Zl per una doppia senza la prima colazione, ma solo 180 Zl per il week-end, e potete anche provare a contrattare la prima colazione. Un albergo ben tenuto e molto tranquillo nel più puro stile dell'Europa dell'Est: torre di cemento come contenitore, moquette acrilica stile falso mattone, copriletti a fiori, tutte vestigia degli anni settanta del secolo scorso… Ma alla fine bisogna ammettere che tutto ciò conferisce al luogo un fascino particolare. Accoglienza simpatica, cosa non troppo frequente negli alberghi delle grandi città polacche.

☗ ***Hotel Warszawa*** *(II, B1, **42**):* 9 piazza Powstańców Warszawy, 00-039. ☎ 826-94-21. Fax: 827-18-73. • hotel.warszawa@sirena.pl • Al centro del centro. Calcolate 350 Zl per una doppia con bagno e 250 Zl per una doppia con lavandino; prima colazione compresa. Promozioni nel fine settimana con camere a 315 Zl. Impossibile non notarlo: è il fratello più piccolo del vicino palazzo della Cultura. Un albergo un po' kitsch che voleva essere l'araldo dell'eleganza comunista. Recentemente rinnovato, offre un comfort semplice ma piacevole. Molto pulito, conserva un certo fascino antico. Vista la sua posizione, le camere con lavandino offrono veramente un buon rapporto qualità-prezzo.

🏨 ***Hotel Maria*** *(I, B1, **43**)*: 71 al. Jana Pawła II, 01-038. ☎ 838-40-62. Fax: 838-38-40. • hotmaria@optimus.waw.pl • Calcolate 400 Zl per una camera doppia, ma solo 250 Zl durante il week-end. Prima colazione compresa. L'indirizzo perfetto in pieno centro non esiste. Quelli che desiderano un vero alberghetto turistico, moderno e accogliente, dovranno trasportare i loro bagagli fino a questo grande corso a nord-ovest della città vecchia. Saranno ricompensati da un bell'albergo con camere spaziose relativamente confortevoli. Materassi recenti e bei bagni. Prezzi abbastanza elevati ma giustificati. Unico inconveniente: il rumore del traffico; è quindi meglio prendere una camera in fondo.

🏨 ***Hotel Harenda*** *(II, C1, **44**)*: 4/6 ul. Krakowskie Przedmieście, 00-333. ☎ 826-00-71. Fax: 826-26-25. • hh@hotelharenda.com.pl • In pieno centro, ideale per visitare la città a piedi; l'entrata si trova su via Oboźna. Calcolate 370 Zl per una doppia con prima colazione. Nonostante una reception decisamente scoraggiante, le camerette bianche di questo albergo hanno la semplicità delle residenze universitarie. Non tutte sono state rinnovate, ma sono pulite e piacevoli. Alcuni bagni meriterebbero une bella ripulita. Al pianterreno, vasto negozio di antichità, un internet caffè, una pizzeria e uno dei pub più frequentati della città.

🏨 ***Hotel Dom Literatury*** *(III, C2, **45**)*: 87 ul. Krakowskie Przedmieście, 00-079. ☎ 635-04-04. Fax: 828-39-20. Calcolate 220 Zl per persona, ma solo 120 Zl in bassa stagione e nel fine settimana. Posizione da sogno: il corso reale sulla piazza del castello. Anche l'edificio è da sogno: un palazzo semi-storico scampato alla ricostruzione, che nel passato era una residenza per scrittori polacchi. Sette grandi camere molto semplici con un comfort moderno ridotto al minimo. Alcune hanno una vista superba sul castello. Albergo molto pulito, buona accoglienza in polacco; a proposito, rivolgetevi all'ufficio del Direktor, al secondo piano.

Più chic

🏨 ***Hotel Gromada Dom Chłopa*** *(II, B2, **46**)*: 2 piazza Powstańców Warszawy, 00-030. ☎ 625-15-45. Fax: 625-21-40. Calcolate 460 Zl per una doppia con prima colazione, 390 Zl durante il fine settimana. A parte l'architettura interna della reception l'albergo, che in passato ospitava la Casa dei contadini, non possiede grande originalità. Ha inoltre subito una profonda ristrutturazione secondo lo stile «tutto in uno». Casinò, boutique di souvenir, sala conferenze che non si svuota mai, nozze annaffiate, prostitute disincantate e una reception al top dell'efficienza. Le camere non possiedono un gran fascino ma sono funzionali. Cortile interno molto piacevole quando fa bello.

🏨 ***Hotel Europejski*** *(III, C3, **47**)*: 13 ul. Krakowskie Przedmieście. ☎ 657-80-12. Fax: 857-80-57. Nel centro, sul corso reale, tra la città vecchia e la nuova. Camere doppie a partire da 590 Zl in settimana e 470 Zl durante il week-end. Strano destino quello di questo albergo, l'edificio più elegante in assoluto degli anni folli, che dopo la guerra diventò sede dell'accademia militare polacca prima di tornare all'attività d'origine alla fine degli anni cinquanta del Novecento. Del glorioso passato restano la grande hall, il bar e i maestosi corridoi che presentano tuttora una dominante deliziosamente socialista. Le camere, invece, hanno conservato solo i bei volumi, visto che il mobilio è in un banale stile contemporaneo. Ma pazienza, l'albergo resta sempre un ottimo indirizzo e l'accoglienza è veramente professionale.

Molto più chic

☗ ***Hotel Bristol*** *(III, C3,* ***48****)*: 42/44 ul. Krakowskie Przedmieście. ☎ 625-25-25. Fax: 625-25-77. Di fronte all'*Europejski*, nel cuore del corso reale. Calcolate 1700 Zl per una doppia... Non innervositevi, la Guida Routard non soffre del complesso *Relais & châteaux*! In realtà, in alcuni periodi dell'anno questo albergo propone un «Passaporto promozione» che dimezza il prezzo delle camere. La cosa più semplice è telefonare e verificare se la promozione ha luogo durante il vostro soggiorno. In questo caso potrete beneficiare del grande lusso degli alberghi di questa categoria: *fitness club*, piscina, telefono, fax, accesso internet nelle camere... In un palazzo del 1901 assolutamente sontuoso e con una vera accoglienza da professionisti, cosa che – credeteci – anche in questa categoria non è per niente frequente.

Dove mangiare

Ancora non molto tempo fa, il panorama culinario di Varsavia si riduceva a lussuosi ristoranti per dignitari del Partito o alla sbobba senza fantasia dei ristoranti di stato. Oggi le cose sono veramente cambiate: l'immaginazione, spesso d'ispirazione occidentale, ha ripreso il cammino delle cucine e i ristoranti si moltiplicano, anche se per la maggioranza della popolazione restano un lusso inaccessibile. Una buona occasione per gli architetti e i decoratori d'interni per mettere in mostra il loro talento, spesso con successo.

A Varsavia si può mangiare a tutti i prezzi e sovente a tutte le ore. I polacchi, in effetti, praticano l'orario continuato (dalle 7 alle 15) e non pranzano alle 12 ma alle 16. A mano a mano che la Polonia si avvicinava all'Unione europea, i prezzi sono sensibilmente aumentati e hanno raggiunto quelli praticati oggi nei paesi dell'Europa occidentale. Ma i ristoranti polacchi presentano una differenza fondamentale: i prezzi dei piatti proposti sono molto vari. In alcuni ristoranti, per esempio, potete scegliere tra antipasti da 10 a 90 Zl. Nelle pagine che seguono abbiamo generalmente indicato il prezzo medio di un pasto completo (senza nessun ritegno). Dovete quindi sapere che è spesso facile dividere per 2 se non per 3 il conto. Basta fare attenzione e scegliere tra i piatti meno cari. Non esitate quindi a dare un'occhiata all'elenco dei ristoranti più chic.

Prezzi molto economici (meno di 10 Zl)

I bar ***mlecznys*** (letteralmente «latterie»): registrate bene questo nome. Si tratta di piccole mense self-service con una decorazione e un'atmosfera spartana che sono state per diversi decenni una sorta di ristorante per i poveri della Polonia comunista. Grazie alla prodigalità dello stato, tutti i piatti standard della cucina popolare (eccetto quelli di carne, troppo cari) erano venduti a un prezzo inferiore a quello di costo. Tutta la Polonia, povera e meno povera, ci si era affezionata, visto che la qualità della cucina era paragonabile a quella di casa. Ancora oggi, nonostante il taglio delle sovvenzioni e l'introduzione del principio del profitto, questi locali continuano a proporre i prezzi più bassi di tutto il paese, senza per questo ridurre la qualità. È sicuramente il modo più autentico per iniziarsi alla gastronomia nazionale, folclore compreso. Questi locali, pur ridipinti, modernizzati o ribattezzati, hanno conservato le loro tradizioni: il tabellone dei piatti (dove ormai figura anche la carne) ha le dimensioni di un orario ferroviario, le ristoratrici continuano a ignorare l'amabilità e le stoviglie sono rimaste in alluminio, senza dimenticare l'odore molto forte della minestra di cavolo. Il rituale è sempre lo stesso: si sceglie sul grande tabellone, si or-

dina e si paga alla cassa, che trasmette l'ordinazione alla cucina; dopodiché ci si siede a un tavolo e si aspetta che la ristoratrice annunci il vostro piatto. Anche se alcuni di questi locali si sono dotati oggi di carte in inglese, i piatti sono indicati in polacco. I primi giorni si ha tendenza a ordinare un po' a caso ma molto rapidamente, davanti al vostro sguardo smarrito, gli altri clienti vi aiuteranno a scegliere.
Per un pasto completo si spendono raramente più di 10 Zl. I principali ristoranti di questo tipo situati nel centro sono:

|●| ***Bar Pod Barbakanem*** *(III, B1,* ***60****):* 27/29 ul. Mostowa. All'angolo di Nowomiejska, all'uscita delle mura a nord della città vecchia. Aperto da lunedì a venerdì dalle 8 alle 18, sabato e domenica dalle 9 alle 17. Ideale per una pausa corroborante dopo la visita della città vecchia. Inoltre, la decorazione è simpatica: una graziosa casa d'angolo con una sala rustica. Trovandosi in una zona turistica, il locale ha la carta in inglese e in francese a disposizione dei turisti di passaggio. Chiedetela alla cassiera.

|●| ***Uniwersytecki*** *(II, C1,* ***61****):* 20 ul. Krakowskie Przedmieście. Sul corso reale, a destra dell'università. Aperto da lunedì a venerdì dalle 7 alle 20, sabato e domenica dalle 9 alle 17. Menu disponibile in inglese. In un negozietto di fianco all'università, questo locale è l'antro degli studenti. Buon umore intorno ai tavoli, sotto lo sguardo severo della cassiera. Il locale è sempre affollato, segno di buona qualità.

|●| ***Familijny*** *(II, C2,* ***62****):* 39 ul. Nowy Świat. Aperto da lunedì a venerdì dalle 7 alle 20, sabato e domenica dalle 9 alle 20. A causa della sua posizione su Nowy Świat, la direzione ha deciso di fare qualche investimento nell'arredamento: una sala rivestita di legno, qualche pianta e una sfilza di sgabelli in similpelle che vi aspettano sull'attenti. La scelta dei piatti è un po' più ricca rispetto agli altri locali, e l'ambiente è un po' meno spartano.

|●| ***Bar mleczny Szwajcarski*** *(II, D3,* ***63****):* 5 ul. Nowy Świat. Un filo più distante del precedente, dopo la rotonda Gen.-de-Gaulle. Il bianco è il tema dominante di una ristrutturazione che solo gli habitué degli ospedali potranno apprezzare. Grande mensa che offre una cucina veramente di qualità.

|●| ***Bar Bambino*** *(II, C3,* ***64****):* 21 ul. Krucza. Dietro l'incrocio Marszałkowska-al. Jerozolimskie, quasi di fronte all'*Hotel Grand*. Aperto da lunedì a venerdì dalle 7 alle 20, sabato dalle 9 alle 17. Chiuso domenica. Nonostante il nome italiano, il locale è rimasto fedele alla tradizione: sala banale e piatti abbondanti. Uno dei bar-latteria dove abbiamo maggiormente apprezzato la qualità del cibo.

|●| ***Mleczny Średnicowy*** *(II, B3,* ***65****):* 79 al. Jerozolimskie. Aperto dalle 9 alle 16. Una latteria veramente classica, di fronte al palazzo della Cultura. La solita formula trita e ritrita: grande menu appeso ai muri, prezzi economici e porzioni abbondanti... Unici cambiamenti: una decorazione su toni anni settanta del Novecento e una saletta che accoglie personaggi «famosi» (che forse passano di qui per la vicinanza con la stazione). Principale vantaggio: la certezza di non incontrare turisti...

Prezzi economici (meno di 20 Zl)

|●| ***Bar Co Tu*** *(II, C2,* ***66****):* 26 ul. Nowy Świat. Aperto da lunedì a sabato dalle 10 alle 21, domenica dalle 11 alle 20. Calcolate una decina di złoty per un piatto. In un cortile, leggermente arretrato rispetto a Nowy Świat. Pur non essendo molto polacco, è un eccellente indirizzo. Una minuscola bottega che propone 80 specialità vietnamite a prezzi leggeri. Alternativa ideale alle latterie, mantenendo lo stesso budget. Per i claustrofobi, in estate ci sono alcuni tavolini all'aperto.

|●| ***Ex Presso*** *(II, C2,* ***67****):* 18 ul. Bracka. Aperto da lunedì a sabato

dalle 9 alle 22, domenica dalle 10 alle 22. Primi piatti a 10 Zl circa, calcolate il doppio per un pasto completo. Una caffetteria dall'arredamento semplice e l'accoglienza non proprio eccezionale che propone trenta piatti polacchi. In ogni caso, il successo è garantito per il vostro stomaco (a mezzogiorno, gli impiegati del quartiere si buttano nella mischia come giocatori di rugby). In estate il locale si espande anche sul marciapiede.

|●| ***Pizzeria Mia** (II, B2, **68**):* 37 ul. Poznańska. ☎ 621-61-01. Aperto da martedì a venerdì dalle 10 alle 20, sabato dalle 12 alle 18. Calcolate meno di 30 Zl. Non riusciamo proprio a spiegarci perché questa pizzeria con un'atmosfera da taverna/caverna si ostini a chiudere così presto, visto che è uno dei locali più carini della città. I proprietari hanno non solo buon gusto, ma anche un certo rispetto per i clienti e offrono pizze degne di questo nome. Servite rapidamente su graziosi tavoli da bistrot, circondati da trecce di cipolle, vecchi vasi di marmellata e altri oggetti tipici della campagna italiana.

|●| ***PG Sandwicz** (II, C2, **69**):* ul. Nowy Świat. Aperto da lunedì a venerdì dalle 8 alle 20, sabato e domenica dalle 10 alle 20. Calcolate almeno 15 Zl a testa che possono diventare facilmente 25 Zl se avete un buon appetito. Questo locale postmoderno con muri color pastello, lampade alogene e uno spazio esterno delimitato da una piccola barriera verde, è la mensa dietetica degli impiegati del quartiere. Eliminato il pesante cibo polacco, nel menu troverete un'ampia selezione di insalate appetitose e poco caloriche, succhi di frutta naturali e come dolce... tante belle macedonie!

|●| ***Kawiarnia Zakatek** (II, C2, **70**):* 5 ul. Chmiełna. Aperto dalle 10 alle 22. In un grazioso cortiletto un po' arretrato rispetto alla via pedonale, quindi molto tranquillo. Una piccola sala nel seminterrato con muri imbiancati a calce, colori tabacco e 3 tavoli all'aperto. Angolino placido per mangiare qualcosa velocemente, frequentato dalle persone che lavorano nel quartiere. Nel menu: sandwich, torte salate, bevande fresche, il tutto servito in un ambiente piacevole.

|●| ***Tripolis** (II, B3, **71**):* 65 ul. Wspólna. Calcolate 15 Zl circa per un pasto. Non chiedete informazioni, nessuno conosce questo posto. Si tratta di un'eccellente rosticceria araba dove potete degustare deliziosi piatti tipici (piatti arabi, scusate...) da portare via o da mangiare sul posto nella minuscola sala in fondo. Molto piacevole e a prezzi economici, ma non vale la pena di andarci apposta. Eccellente indirizzo se ci capitate vicino girovagando per il quartiere.

|●| ***Pizzeria Gaga** (II, B3, **72**):* 6 ul. Zgoda. ☎ 827-44-40. In una via dietro l'incrocio di al. Marszałkowska e al. Jerozolimskie. Aperto tutti i giorni dalle 12 alle 21. Meno di 20 Zl per una pizza o un piatto di spaghetti. Una pizzeria che riesce a essere veloce nel servizio almeno quanto lo è la pausa pranzo degli impiegati che la frequentano a mezzogiorno. Di sera, è frequentata da giovani che si concedono una pausa per uno spuntino prima di cominciare il giro dei bar. Il locale propone una trentina di pizze a prezzi economici. In estate, è possibile degustarle all'aperto.

Prezzi moderati (meno di 40 Zl)

|●| ***Restauracja U Aktorow** (II, D3, **73**):* 45 al. Ujazdowskie. ☎ 628-65-50. Aperto tutti i giorni dalle 12 alle 23. Calcolate una sessantina di złoty. Da mezzogiorno alle 17, propone un ottimo menu ridotto a 17 Zl. Molto tempo fa, questo piccolo ristorante chic e raffinato era riservato agli attori, dei quali si ammirano le foto incorniciate, e oggi sfoggia un bel bar di legno al centro della sala. Il ristorante in sé si compone di 2 sale arredate con gusto dove la sera un pianista suona qualche pezzo di jazz. Un buon indirizzo, un filo chic, interessante

soprattutto per il menu del pranzo. Accoglienza molto simpatica.

|●| ***Pierogi Świata*** *(III, C2,* ***74****)*: 53 ul. Krakowskie Przedmieście. ☎ 828-73-52. Menu a 18 Zl a mezzogiorno. Diversamente, calcolate 40 Zl per un pasto alla carta. Ristorantino molto centrale dai colori caldi, gestito e messo in piedi da un francese. Atmosfera tranquilla e un po' chic per una selezione di *pierogi* (i famosi ravioli tradizionali, che non hanno bisogno di presentazioni eccetto per gli ultimi arrivati). I piatti sono abbondanti, la carta è varia, il servizio è un po' lento ma fanno del loro meglio. Carta in francese.

|●| ***Le Petit Trianon*** *(III, B2,* ***75****)*: 42 ul. Piwna. ☎ 831-73-13. Aperto da martedì a domenica dalle 10 alle 22. Calcolate una trentina di złoty. Non fatevi impressionare dai prezzi della carta: con un po' di parlantina e qualche sorriso vi proporranno – anche di sera – la carta del pranzo con i prezzi dimezzati. Un localino di altri tempi, spesso vuoto, con un'atmosfera che potrà sedurre alcuni di voi. In un ambiente finto «alla francese», qualche tavolo e un vecchio bar millantano ancora un passato chic ormai finito. A due passi dalla città vecchia e dai locali pieni di turisti, un posto dove vale la pena di andare.

|●| ***Fret@Porter*** *(III, B1,* ***76****)*: 37 ul. Freta. Sulla piazza del nuovo mercato. ☎ 635-37-54. Aperto tutti i giorni da mezzogiorno a mezzanotte. Calcolate una sessantina di złoty per un vero pasto completo, ma è possibile anche mangiare un sandwich, un'insalata o una zuppa per molto meno. L'arredamento è assolutamente modaiolo, con una punta d'arte contemporanea nella tinteggiatura, ma il risultato è piuttosto simpatico. Servizio giovane e piacevole. Piccolo spazio all'aperto, carta varia e abbastanza accessibile.

|●| ***Zgoda Grill Bar*** *(II, B2,* ***77****)*: 4 ul. Zgoda. ☎ 827-99-34. Aperto da lunedì a sabato dalle 10 alle 21, domenica dalle 12 alle 21. Menu a 30 Zl, calcolate 40 Zl per un pasto alla carta. Bel ristorante-grill polacco con muri dipinti a calce e rivestimenti di pino bianco. Frequentato essenzialmente da giovani durante la settimana, domenica accoglie le famiglie che ci vengono per il pranzo. Buon rapporto qualità-prezzo per il quartiere.

|●| ***Stop Klatka*** *(II, C3,* ***78****)*: 27 ul. Wspólna. ☎ 628-31-83. Aperto tutti i giorni dalle 11 fino all'ultimo cliente. Piccolo bistrot elegante, leggermente appartato rispetto agli altri locali. Vi si gusta una cucina semplice ma molto buona, preparata come a casa. Piacevole spazio esterno sul marciapiedi. Locale apertamente *gay friendly* in un paese dove se ne trovano ben pochi.

Prezzi medi (meno di 60 Zl)

|●| ***Pod Samsonem*** *(III, B1,* ***79****)*: 3/5 ul. Freta. ☎ 831-17-88. Aperto tutti i giorni dalle 10 alle 23. Calcolate una sessantina di złoty, ma è possibile cavarsela con meno. La carta propone specialità ebraiche (non kasher), polacche e vegetariane; i piatti di pesce sono dominanti. L'ambiente, di una sobrietà molto cordiale, è un misto ben riuscito di tradizione e modernità. Sala bianca minimalista da cui emergono qua e là alcuni elementi decorativi: vecchie foto di Varsavia, piccoli buffet, false travi di ferro. Piacevole spazio all'aperto in estate.

|●| ***Odeon*** *(I, C3,* ***80****)*: 55/73 ul. Marszałkowska. ☎ 622-45-94. Vicino a piazza Konstytucji. Aperto da mezzogiorno a mezzanotte. Calcolate meno di 80 Zl per persona. Con l'apparizione di una nuova classe di *yuppies* dagli złoty facili i ristoranti a tema si sono moltiplicati a Varsavia. Questo ha scelto la nostalgia musicale degli anni cinquanta del Novecento in una sala ocra abbastanza grande. Cucina molto contemporanea, ma anche piatti polacchi rivisitati e grigliate. Grande scelta di cocktail preparati dietro un magnifico bar.

|●| ***Qchnia Artystyczna*** *(I, C3,* ***81****)*: zamek (castello) Ujazdowski, 6 al. Ujazdowskie; nel parco Ogród Botaniczny. ☎ 625-76-27. Aperto tutti i

giorni da mezzogiorno a mezzanotte. Calcolate 50 Zl circa. La residenza estiva dei re di Polonia accoglie anche il Centro d'arte contemporanea. Potete degustarvi una «cucina artistica», vale a dire una sorta di «nouvelle cuisine» vegetariana che, diversamente dalla versione originale, non lesina sulle porzioni. L'arredamento (mai definitivo) sedurrà tutti quelli che hanno apprezzato il Centro di cui il ristorante e i tavolini all'aperto sono il logico prolungamento. I camerieri vestiti in stile Armani sembrano fare il possibile per essere sgradevoli e inetti con i clienti non abituali... Ma noi preferiamo immaginare che questo trattamento sia riservato a chi non è accompagnato da belle fanciulle.

|●| ***Rycerska*** *(III, B2, **82**):* 9/11 ul. Szeroki Dunaj. ☎ 831-36-68. Aperto dalle 12 alle 23. Accettano le carte di credito. A partire da 60 Zl. I fieri cavalieri della Polonia medievale sarebbero rimasti sorpresi da questa graziosa casetta che rende loro omaggio su una piccola piazza tranquilla. L'atmosfera delle sale bianche con soffitto a volta è un invito a posare le armi. Lo chef, dal canto suo, ha l'argomento dei piatti alla moda antica: selvaggina, piccione arrosto, caviale, vodka e maiale intero cotto nella birra con grano saraceno. Il ristorante propone anche alcune specialità vegetariane a base di cavolo al 100%. La carta è molto ricca, potrete quindi cavarvela con poco o con molto di più... a seconda del vostro appetito. In estate, tavolini all'aperto vicino alle mura.

|●| ***El Popo*** *(III, B3, **83**):* 27 Senatorska. ☎ 827-23-40. Aperto tutti i giorni dalle 12 a mezzanotte. Calcolate intorno a 60 Zl. La moda *tex-mex* è sbarcata anche a Varsavia. Concetto classico: trasportare l'atmosfera dell'America centrale fin tra le brine varsaviane. La grande sala con il bar-cucina centrale dispone di tutti gli ingredienti del genere per invitarvi a un viaggio in terre lontane: mezzanino western, tavoli con panche e chitarristi *mariachi*, che in realtà sono solidi polacchi. Abbastanza caro per quello che è, l'indirizzo è molto apprezzato dai locali.

Più chic (meno di 80 Zl)

|●| ***Karczma Gessler*** *(III, C2, **84**):* 21/21a Rynek Starego Miasta. ☎ 831-44-27. Aperto tutti i giorni dalle 10 alle 23 o mezzanotte. Calcolate grosso modo 80 Zl e oltre a mano a mano che i bicchieri di vodka sfilano sul tavolo. Nelle cantine labirintiche di questo locale che si trova sotto al ***Gessler Pod Krokodylem***, (vedi «Molto più chic») non troverete un ristorante ma un ecomuseo. L'esplorazione comincia da una cupola di mattoni all'incrocio di un dedalo di cantine ricoperte di listelli di legno, graffiti e oggetti di recupero provenienti dai granai isolati della campagna polacca. La visita si conclude con la cucina che serve la maggior parte delle cantine. Tanto preambolo per invitarvi a degustare una serie di solidi piatti polacchi in un'atmosfera di pietre e legno umidicci. Se la qualità non è sempre all'altezza, l'ambiente sorprendente del locale è un autentico piacere.

|●| ***U Fukiera*** *(III, B2, **85**):* 27 Rynek Starego Miasta. ☎ 831-10-13. Aperto tutti i giorni dalle 12 alle 23 o mezzanotte. Calcolate più di 120 Zl per un vero pasto completo, ma potete anche cavarvela spendendo 70 Zl senza per questo digiunare. Un altro gioiello della famiglia Gessler (vedi sopra), vicino al locale precedente. Questi virtuosi dell'arredamento hanno qui messo in piedi una locanda da racconto di fate. Tutto è coperto dalla patina di una Polonia da sogno. Il parquet esala un odore di cera della nonna, i cui antenati racchiusi in antiche cornici vegliano sui commensali che cenano a lume di candela. E per concludere, la cucina rispetta le stagioni e si concede evasioni verso la Lituania, la Russia e altre terre europee.

|●| ***Adler*** *(II, D3, **86**):* 69 ul. Mokotowska. ☎ 628-73-84. Aperto tutti i giorni dalle 12 a mezzanotte. Cal-

colate 80 Zl, a volte meno in occasione di eventi speciali (esempio: *Oktoberfest*). Una rotonda bianca ai piedi di un brutto edificio dove, appena varcata la soglia, vi troverete in un altro mondo: un fienile-locanda sotto una cupola di solide travi, luce soffusa e fumosa, fastelli di paglia appesi al soffitto e un pavimento rustico che scricchiola sotto i vostri passi. La grande fiera della birra e della gastronomia pesante può cominciare: molti piatti polacchi cucinati in modo tradizionale oltre ad alcune specialità austriache e tedesche (*prosit!*).

l●l ***Tsubame** (II, C2, **87**):* 16 ul. Foksal. ☎ 826-51-27. Aperto tutti i giorni dalle 12 a mezzanotte. Calcolate tra 50 e 80 Zl. Delle due, l'una: o sentite il bisogno di riprendervi dopo un eccesso di *pierogi*, oppure desiderate assolutamente sapere come un polacco pronuncia la parola *sayonara*. In questo ristorante troverete di che essere felici. La sala con luci soffuse e soffitti alti attira tutti gli amanti (benestanti) del *sushi* e della cucina al vapore. Nel seminterrato 2 piccole sale private tradizionali offrono una buona occasione per ritrovarsi soli tra innamorati... Attenzione, cercate comunque di non esagerare...

VARSAVIA E DINTORNI

Molto chic (meno di 100 Zl)

l●l ***Casa Valdemar** (I, C3, **88**):* 7/9 ul. Piękna. ☎ 628-81-40. Sulla piazzetta d'angolo tra Piekna e Mokotowska. Menu a un centinaio di złoty circa, ma alla carta bisogna calcolare il doppio. La «piccola follia» spagnola della signora Gessler (vedi sopra). Sempre secondo la formula che ha fatto il successo del suo arredamento, si tratta anche qui di una immaginaria ricostruzione etnica. La sala è lunga e con soffitti alti. Le tende pesanti creano una luce soffusa e si mangia sotto lo sguardo di ritratti spagnoli. Al centro dell'attività, il grosso forno a legna rotondo di terracotta intona la nota contadina. È lì che vengono cucinati i porcellini e i quarti di montone, specialità della casa insieme alla carne argentina e al pesce. Un'unica nota dolente: i prezzi dei vini sono assolutamente esorbitanti.

l●l ***Garret** (I, C3, **89**):* 55/73 ul. Marszałkowska. ☎ 621-96-75. Aperto tutti i giorni dalle 9 alle 23. Calcolate un centinaio di złoty. I proprietari hanno visitato tutti i mercatini antiquari per trasformare questo banale primo piano in un soppalco campestre veramente autentico. Non c'è un solo angolo che assomigli a un altro: qui un angolo perfetto per amanti su di giri, là un tavolo ideale per concludere trattative d'affari, un po' più distante una grande tavolata per famiglie numerose... Tutto ciò sprigiona un'atmosfera sorprendente tra lo chic e il campestre. Nel piatto ritroverete alcuni classici rivisitati della cucina polacca, ma anche qualche invenzione dello chef.

l●l ***Flik** (I, C3, **90**):* 43 ul. Puławska. ☎ 849-44-34. Aperto tutti i giorni dalle 12.30 alle 23. Calcolate 90 Zl sicuri. Prenotazione raccomandata a causa della solida reputazione del locale. Nel passato questo ristorante era frequentato da numerosi ministri del regime comunista. Ciò non toglie che oggi il locale sia molto alla moda. Per un occhio profano non è altro che una casetta moderna ai bordi di un parco stretto tra tristi costruzioni popolari. Lo spazio aperto tra i boschetti del parco permette di cenare al fresco in estate. Durante la stagione invernale, i commensali apprezzeranno la sala moderna con bei quadri appesi ai muri. Cucina polacca e internazionale, tra cui le patate al caviale cotte nell'alluminio.

Molto più chic (molto più di 100 Zl)

l●l ***Gessler Pod Krokodylem** (III, C2, **84**):* 21/21a Rynek Starego Miasta. ☎ 831-44-27. Aperto tutti i giorni dalle 18 (14 sabato e domenica) alle 23 o mezzanotte. Calcolate 125 Zl come minimo. Il vascello ammiraglio del clan Gessler, i ristoratori più celebri della città. Lo stile è annunciato fin dal portico di questo palazzo storico: elegante, ma davvero. All'interno si moltiplicano le trovate decorative che caratterizzano una successione di saloni diversi. Niente di pomposo né di pacchiano: si tratta invece dell'opera di un vero artista, in questo caso la moglie del padrone di casa che ha saputo trasformare il locale in punto di ritrovo mangereccio delle personalità polacche e internazionali. Cucina «nouvelle» polacca. Al pianterreno un bistrot più modesto e nel seminterrato una sorprendente fattoria (vedi «Più chic», *Karczma Gessler*).

I●I ***Belvédère** (I, C3, **91**):* Park Łazienkowski, Nowa Oranżeria. ☎ 841-22-50 o 841-48-06. Aperto tutti i giorni dalle 12 alle 23. Calcolate più di 250 Zl per un pasto completo, o un minimo di 125 Zl. Nel cuore del più bel parco della capitale, il ristorante superchic di Varsavia. Una follia... ma di qualità. I pavoni vi danno il benvenuto all'esterno, all'interno gli uccelli cinguettano nel verdeggiante giardino d'inverno dove si cena in mezzo alla vegetazione che scende a cascata dalle pareti. La carta fa la spola tra cucina tradizionale polacca e specialità mediterranee. Servizio perfetto e prezzi che ne tengono conto.

I●I ***Tsarina** (III, C2, **92**):* 1/3 ul. Jezuicka. ☎ 635-74-74. Aperto tutti i giorni da mezzogiorno alle 23 o mezzanotte. Calcolate 250 Zl per persona. Meno raffinato rispetto ai due indirizzi precedenti, ma merita comunque una visita (per quelli che ne hanno i mezzi, naturalmente). Una successione di cantine con soffitti di legno dipinto e muri rivestiti di legno con raffigurazioni in trompe l'oeil dove si mangia in solidi piatti d'argento. Un'atmosfera da castello medievale per una cucina polacca tradizionale e una tranquillità propizia a tête-à-tête d'innamorati, cene d'affari o dichiarazioni appassionate.

Dove fare merenda

I●I ***Słodki Słony** (I, C3, **93**):* 45 ul. Mokotowska. Sulla piazzetta d'angolo tra Piekna e Mokotowska. Aperto tutti i giorni dalle 11 a mezzanotte. Un'altra opera della signora Gessler (vedi sopra). Il risultato è una piccola bomboniera campagnola stile «servizio di porcellana», tende a fiori *Laura Ashley* e quadri antichi. Vi si degusta, con il mignolo alzato e il naso inebriato dagli effluvi profumati delle signore, una tazza di tè, un vassoietto di pasticcini della casa e qualche piatto salato che sa farsi rispettare.

I●I ***Caffè A. Blikle** (II, C2, **94**):* 33 ul. Nowy Świat. Nel cuore di Nowy Świat. Aperto da lunedì a sabato dalle 9.30 alle 23, domenica dalle 10.30 alle 23. Dopo essere servito da rifugio letterario agli oppositori durante il periodo comunista, questo grande caffè fondato nel 1869 ha ritrovato la sua prima vocazione: i piaceri della mondanità. Nello spazio all'aperto o nei saloni verdi si degustano numerosi cocktail, i gelati, ma soprattutto i famosi dolci, fiore all'occhiello della casa. Tra l'altro, sappiate che è molto chic andare in visita da amici polacchi con un vassoio della pasticceria *Blikle*.

I●I ***Same Fusy** (III, B1, **95**):* 10 ul. Nowomiejska. Aperto dalle 13 alle 23, talvolta fino a più tardi. Gli amanti del tè e della tranquillità adoreranno questo locale. A due passi dalla vecchia piazza, nelle cantine con soffitto a volta di mattoni rossi arredate in modo intelligente, sarete inevitabilmente sedotti dall'atmosfera zen e dalle decine di tè proposti sulla carta. La calma del posto, i pasticcini, le teiere o bicchieri di vino che si succedono con i Led Zeppelin per sottofondo, invitano alla meditazione, al sogno, ma anche a lunghe conversazioni ben protette dall'agitazione esterna. Il locale è riservato ai non fumatori, ma chi potrà lamentarsene?

|●| ***Pożegnanie z Afryką*** *(III, B1,* ***96****):* 4/6 ul. Freta. Aperto tutti i giorni dalle 11 alle 21. Partita da Cracovia, è diventata una minicatena familiare con locali in tutta la Polonia. *La mia Africa*, il film con Meryl Streep e Robert Redford, ha dato il nome a questa minuscola bottega dedicata ai più grandi caffè. Questi ultimi aspettano il vostro passaggio in caffettiere poste su fornelli a gas. Come un trofeo di caccia, una bella collezione dedicata al nettare nero è esposta nel negozio di fianco. Ma attenzione, ci sono solo cinque tavoli e una minuscola zona all'aperto! Sempre affollato.

|●| ***Belle Epoque*** *(III, B1,* ***97****):* 18 ul. Freta. Aperto tutti i giorni dalle 13 alle 22. Un bel salone da tè-mercatino che fa pensare a una casa di bambole piena di oggetti scompagnati. Potete degustare un buon tè e i pasticcini della casa. Atmosfera tranquilla, profumi d'incenso e di spezie, musica dolce e moderna in sottofondo. Un locale più propizio alle dichiarazioni d'amore che agli incontri occasionali. E se per caso qualche oggetto dell'arredamento vi piace, non esitate: tutto è in vendita.

|●| ***E. Wedel*** *(II, C2,* ***98****):* 8 ul. Szpitalna, all'angolo con Górskiego 11/19. Aperto da lunedì a venerdì dalle 10 alle 19, sabato dalle 10 alle 17 e domenica dalle 11 alle 17. Calcolate una decina di złoty. Bisogna passare attraverso un negozio di dolciumi e dirigersi sulla sinistra oltre due porte a battenti liberi per accedere a due piccoli saloni tranquilli, chic e intimi. In questo luogo di pace lontano dallo stress, con i soffitti particolarmente alti, vi serviranno la migliore cioccolata calda della città.

|●| ***Caffè Nowy Świat*** *(II, C1,* ***99****):* 63 ul. Nowy Świat. Aperto tutti i giorni dalle 9 alle 22, domenica dalle 10 alle 21. Recentemente riaperta, questa grande sala possiede la tranquillità e l'eleganza dei grandi caffè viennesi. Uomini e donne in carriera vengono qui per discutere di affari ma anche per farsi vedere e degustare un pasticcino o un piattino salato. Atmosfera felpata, tenuta elegante di rigore.

|●| ***Hortex*** *(II, B2,* ***100****):* 35 ul. Świętokrzyska. Aperto tutti i giorni dalle 9 alle 21. Appartenenti a un'ex catena di stato, queste pasticcerie operano lentamente una virata di 360° verso gli standard mondiali della ristorazione. Nel triste ambiente da caffetteria di un edificio in cemento, tantissimi pasticcini e piccoli piatti. Assaggiate i succhi di frutta freschi. Terrazza sopraelevata con vista sulla rotonda al riparo dagli sguardi. C'è anche un punto vendita da asporto.

|●| ***Café Bistrot Le Rendez-Vous*** *(I, C3,* ***101****):* 7 piazza Konstytucji. Aperto tutti i giorni dalle 9 alle 22. Cambiamento di nome e di stile, ma non di direzione per questa vecchia insegna *Hortex*. Per essere grande è grande: i soffitti della hall dove si ordinano i dolci sono alti almeno 6 metri, se non di più. Ma non pensate che sia orribile. In questo edificio del dopoguerra l'architetto ha concepito un bellissimo mezzanino sostenuto da eleganti colonne doriche. Un po' caro, un po' chic, nello stille dei grandi caffè viennesi. I pasticcini e i gelati sono pimpanti e appetitosi.

Dove bere qualcosa

Per i bar, stesso discorso che per i ristoranti: Varsavia si è velocemente adattata al mondo capitalista e agli standard internazionali. Si assiste quindi a una proliferazione di locali gli uni più di tendenza degli altri. I giramondo amanti di *roots* e luoghi genuini saranno delusi perché, nel centro di Varsavia, l'atmosfera è più votata alle minigonne, ai cellulari e ai vestiti alla moda. E come tutto ciò che è troppo alla moda, è anche molto volubi-

le: i buoni indirizzi cambiano in continuazione. Due tecniche per essere sicuri di trovarsi nel posto giusto al momento giusto. La prima è di consultare l'eccellente guida in inglese *Warsaw in Your Pocket* che esce ogni due mesi e offre commenti molto pertinenti sulla maggior parte dei locali. La seconda è quella utilizzata dagli stessi abitanti di Varsavia che si affollano ai concerti di piccoli gruppi locali organizzati dalla maggior parte dei bar e recensiti nelle prime pagine del *City Magazine*. D'accordo, il giornale è in polacco, cosa che non facilita di certo la comprensione, ma credeteci, basterà che vi facciate spiegare una volta il funzionamento da un qualsiasi barman anglofono: poi, ve la caverete perfettamente.
Generalmente la decorazione è eccellente, l'atmosfera alla buona, la musica niente male con classici occidentali e piccoli gruppi locali. Le bevande, in compenso, sono diventate un po' care: tra 4,50 e 8 Zl per una pinta di birra o un bicchierino di vodka.
Muniti di questi preziosi consigli – che valgono anche per Cracovia – i più mondani non dovrebbero avere troppe difficoltà a passare una buona serata. Eccovi un elenco per dare inizio ai festeggiamenti...

In estate il luogo di ritrovo ideale e non troppo alla moda si trova sulle ***rive della Vistola***, tra i ponti Most Gdański e Most Śląsko Dąbrowski *(III, C1-2)*. Da maggio a ottobre il lungofiume è invaso dai bar che installano tavolini all'aperto, barbecue e minipalchi per i concerti. La birra è servita in bicchieri di plastica e i clienti si spostano da un locale all'altro in un'atmosfera alla buona, ben determinati a fare festa e divertirsi. Buone serate garantite.

Musa *(II, C2, **111**)*: 9 ul. Chmielna. Aperto dalle 15 alle 4 del mattino in settimana, a partire dalle 18 domenica. Locale in un seminterrato, senza insegna e ben nascosto in una via pedonale. Uno dei luoghi di ritrovo della gioventù modaiola di Varsavia. Per lo stile è uno dei nostri preferiti. La musica è buona e varia, l'atmosfera rilassata, un po' *jazzy*, e il prezzo della vodka resta accessibile. Certo non è molto «routard» ma vi renderete conto velocemente che è la città a imporre queste deroghe. In pieno centro, nelle serate di concerti il locale non si svuota per tutta la notte.

Browar Soma *(II, C2, **112**)*: 19 ul. Foksal. Aperto tutti i giorni dalle 17 alle 3 del mattino. Un po' più caro ma modaiolo quanto gli altri. Birrificio un po' sorprendente con un lungo bar al pianterreno, tavolini alti, qualche divanetto e poltrona club, il tutto sormontato da un piccolo soppalco. Toni bianchi e arancione un filo clinici che creano un'atmosfera particolare. Al primo piano, stesso genere di arredamento per le sale del ristorante/bar, ma con colori cangianti e mobili Ikea che fanno un po' fatica a integrarsi. Frequentato da una clientela di trentenni di cui ci si immagina facilmente la macchina sportiva parcheggiata nella via di fianco. Un indirizzo recente piuttosto apprezzato dai varsaviani.

Szpilka *(II, C3, **113**)*: 18 piazza Trzech Krzyzy. Aperto tutti i giorni da mezzogiorno alle 2 di notte, fino a molto più tardi nel fine settimana. Due bar: a sinistra potete cenare per una cinquantina di złoty, a destra potete bere qualcosa a volte fino alle 7 del mattino. Atmosfera moderna e minimalista, un locale vagamente alla moda ma con tariffe abbordabili per la gioventù di buona famiglia. Un buon indirizzo, un po' chic, ideale per finire la notte. Tanto più che c'è sempre gente e il servizio è piuttosto simpatico.

Tonic Café *(I, C2, **114**)*: 77 ul. Marszałkowska. Aperto da lunedì a giovedì dalle 7.30 alle 2 di notte, venerdì dalle 7.30 alle 4 del mattino, sabato dalle 10 alle 4 e domenica dalle 10 alle 2. Vi ricordate del *Moloko Milk Bar* in *Arancia Meccanica*, il film di Kubrik? Ebbene, questo locale gli assomiglia molto ma in versione XXI secolo. I colori sono meno contrastanti, la musica è techno e l'atmosfera è altrettanto «vellutata». La clientela è un po' giovane, ma i camerieri sapranno sicuramente indicarvi le migliori feste in programma per il week-end. Potete anche mangiare qualcosa per una trentina di złoty.

🍸 ***Club Giovanni*** *(II, C1, **115**):* 24 Krakowskie Przedmieście. Subito a destra dell'università. Aperto tutti i giorni dalle 13 all'1 di notte. Alcune cantine incastrate le une nelle altre, luogo di ritrovo degli adolescenti di Varsavia. Atmosfera tranquilla in questo seminterrato di cui neppure un muro è stato intaccato da scritte o graffiti. In estate l'animazione si sposta nel cortile del palazzo, sulla destra, ed è qui che le cose cambiano in meglio. Nelle serate di luglio e agosto, infatti, ci si affolla fin dalle 8 di sera per concerti o proiezioni di film (v.o. con sottotitoli) all'aperto. Ideale per cominciare la serata.

🍸 ***Nora Bar:*** 20/22 Krakowskie Przedmieście. Vicino al precedente. Aperto tutti i giorni dalle 9 alle 23, a partire dalle 11 sabato e domenica. Nel seminterrato di un palazzo, una sala calma e un po' buia che non si è certo fatta prendere dall'ansia dell'arredamento; qui potete bere una birra in compagnia di studenti. I flipper e le freccette offrono un buon pretesto per fare interessanti incontri. Anche se non è di certo il locale più movimentato di Varsavia, presenta sugli altri il vantaggio di non essere il luogo prediletto di esibizione dell'ultimo modello di cellulare.

🍸 ***Lolek*** *(I, B3, **117**):* 20 ul. Rokitnicka. Aperto tutti i giorni fino alle 3 del mattino. Concerti alcune sere. Nel parco Josef Piłsudskiego, un pub *country music* veramente divertente. Tutto in esterno, ambiente con grandi tavoli di legno chiaro, barbecue e birre a volontà. I camerieri e le cameriere passano con i loro cestini per assicurarsi che il vostro bicchiere sia sempre pieno. Ci sono addirittura delle amache e un fuoco a legna, particolarmente propizi agli incontri. Un po' caro: non per niente è luogo di ritrovo della gioventù benestante.

🍸 ***Elegancki Bolek*** *(I, B3, **118**):* al. Niepodległości. Nel parco Josef Piłsudskiego, abbastanza vicino al precedente. Aperto tutti i giorni fino alle 5 del mattino. Entrata a 10 Zl durante il week-end. La frequentazione è un po' meno chic di quella del locale precedente, ma chi se ne lamenterà? Arredamento stile fattoria polacca, pista da ballo sempre piena di gente, anche in settimana, bicchieri di vodka che si susseguono: ecco gli ingredienti per rilassarsi e passare una bella serata. Consigliato ai più nottamboli.

🍸 ***Między Nami*** *(II, C2, **119**):* 20 ul. Bracka. Aperto da lunedì a giovedì dalle 10 alle 22, venerdì e sabato dalle 10 a mezzanotte, domenica dalle 16 alle 22. L'unica segnaletica esterna è la dama azzurra delle «Gauloises Blondes». I narcisi del look e i giovani intellettuali di Varsavia hanno eletto domicilio in questa sala postmoderna su toni arancio, scossa dai decibel dell'impianto stereo. Per chi è attanagliato dalla fame, il piccolo mezzanino offre l'occasione di una breve pausa per uno spuntino. Qualche pezzo di jazz e piccoli concerti servono a ravvivare (in caso di bisogno) questo localino molto alla moda.

🍸 ***Harenda*** *(II, C1, **120**):* 4/6 ul. Krakowskie Przedmieście; l'entrata si trova in via Obożna, sulla sinistra dopo il *Casablanca Café*. Aperto tutti i giorni dalle 8 alle 3 del mattino. Un grande pub dove i rampanti sulla trentina vengono a esibire discretamente il loro successo sociale. Grande spazio all'aperto che si dà false arie da taverna bavarese campestre. Poi, quando le prime burrasche autunnali costringono al rientro, due grandi sale interne rivestite di legno permettono di continuare a fraternizzare intorno a boccali di birra, a meno che non preferiate scivolare verso il club di jazz del seminterrato.

🍸 ***Morgan's*** *(II, D1, **121**):* 1 ul. Okólnik; l'entrata è al n. 40 di ul. Tamka. In una cantina del museo Chopin. Aperto a partire da mezzogiorno in settimana e dalle 13.30 sabato e domenica; chiusura ufficiale a mezzanotte ma... Una piccola sala con soffitto a volta e un bar che invita alla sedentarizzazione: fin dalla prima bottiglia stappata, l'ora del ritorno si fa incerta, anche a causa della folla di clienti che blocca l'uscita. Il proprietario, un uomo d'esperienza, ha per fortuna previsto la prima colazione in caso di prolungamento mattutino dei festeggiamenti.

Y *Rybie Oko* *(I, C2,* ***122****):* Most Księcia Poniatowskiego. Aperto tutti i giorni dalle 15 a mezzanotte. Animato soprattutto durante il week-end. Finalmente un locale più genuino (ma di poco). Già per la posizione: è ricavato in uno dei piloni del ponte sulla riva sinistra della Vistola. Ci si allontana dai locali modaioli di Varsavia per incontrare in questo vecchio bar di *bikers* alcuni fotografi decisi a divertirsi nel bel mezzo di tante piccole mostre. Una volta che sarete stati adottati le birre e le vodke non smetteranno di succedersi. Abbiamo visto alcune persone reggere più di 3 giorni senza interruzioni… chissà, magari sono ancora lì.

Y *Krista Pub* *(II, C2,* ***123****):* 9 ul. Górskiego. Aperto da lunedì a venerdì dalle 12 a mezzanotte, sabato e domenica a partire dalle 16. Per quanto ne sappiamo è il bar più piccolo di Varsavia. Concepito come una sorta di pub-capanna tra due portoni, realizza con successo l'impresa di alloggiare, nello spazio minimo di una stanza, un mezzanino e qualche sedia. Conseguenza o meno della promiscuità, i muri sono (artisticamente) ricoperti di graffiti e l'atmosfera è assolutamente irlandese. Piccolo spazio anche all'aperto.

Y *John Bull Pub* *(III, C2,* ***124****):* 4 ul. Jezuicka. Aperto tutti i giorni dalle 11 alle 23. A due passi dalla vecchia piazza. Un po' caro. Ideale, in estate, per prendere un aperitivo o bere qualcosa in prima serata. La terrazza, infatti, offre una superba vista sulla Vistola e sulla vegetazione della riva destra. Potete bere qualcosa mangiando uno spuntino cullati dal cinguettio degli uccelli e dal rumore delle macchine che passano in basso. Indirizzo molto piacevole in estate; in inverno la saletta verde e rossa non presenta un grande interesse.

Y *Sherwood Pub* *(II, B1,* ***125****):* 1 ul. Kredytowa. Aperto tutti i giorni da mezzogiorno a mezzanotte. Non è molto frequente che un museo, in questo caso il museo etnografico, trasformi le sue cantine in luogo di smercio di bevande. Locale molto frequentato dagli studenti tra una sessione d'esame e l'altra.

Dove andare a ballare

Alla moda o alternative, le discoteche sono diventate il simbolo della liberalizzazione del paese. Ma non dimenticate – senza per questo diventare paranoici – che la mafia è onnipresente e la prostituzione sfacciata.

♪ *Ground Zero* *(II, B3,* ***126****):* 62 ul. Wspólna. Aperto da mercoledì a sabato a partire dalle 21 fino alle 4 del mattino. Prezzo d'entrata variabile in funzione della serata; calcolate 15 Zl mercoledì e giovedì e 30 Zl nel fine settimana. Miracolo della distensione, il più grande rifugio antiatomico di Varsavia è stato trasformato in una gigantesca discoteca. Tanto vale sottolinearlo subito: si tratta di un locale da non perdere della vita notturna varsaviana. Le ultime tecnologie sono state importate per elettrizzare la folla ammassata sull'arena centrale. Nonostante le nuvole di fumo e gli attacchi al laser, si riesce sempre a raggiungere il lungo nastro del bar che circonda la sala.

♪ *Le Park* *(I, B3,* ***127****):* 196 al. Niepodległości. Aperto dalle 20 alle 3 del mattino da giovedì a lunedì, fino alle 2 di notte martedì e mercoledì, a partire dalle 21 domenica e lunedì. Entrata a pagamento: da 10 a 30 Zl a seconda della serata, ma i prezzi delle consumazioni sono ra-

VARSAVIA E DINTORNI

gionevoli. Impossibile entrare con le scarpe da ginnastica. Non provateci neppure, è l'ultimissimo locale alla moda di Varsavia. Grande discoteca nel cuore di un parco, frequentata soprattutto da giovani. Diverse piste da ballo interne ed esterne. Potete sempre trovare qualcosa da mangiare al barbecue. Ogni sera uno stile di musica diverso, e sempre tantissima gente durante il fine settimana.

♪ ***Klub Muzcyrny*** *(II, C2,* ***128****):* 23/25 ul. Nowy Świat. Aperto venerdì e sabato fino alle 4, mercoledì e giovedì fino alle 3, domenica, lunedì e martedì fino a mezzanotte. Calcolate generalmente da 15 a 20 Zl per l'entrata; prezzi ridotti per gli studenti in settimana. Si accede al seminterrato attraverso un grande cortile sul retro della strada. Due piste e diverse salette intime e accoglienti che invitano alla discussione e agli incontri. Anonimato escluso a causa della fauna del locale e del gomito e gomito nei corridoi. Musica techno e house ma atmosfera alla buona.

♪ ***Labyrint*** *(II, D2,* ***129****):* 12 ul. Smolna. Aperto tutti i giorni a partire dalle 15, fino alle 4 del mattino venerdì e sabato, fino alle 3 martedì, mercoledì e giovedì, fino a mezzanotte domenica e lunedì. Entrata a pagamento nel week-end da 10 a 30 Zl. Una discoteca destinata in apparenza agli studenti, ma che accoglie in realtà una popolazione mista dai 17 ai 50 anni. Su diversi piani, numerose sale a tema. C'è sempre molta gente che balla musica pop-disco con leggere sfumature house. Piccola pista di bowling aperta fino a mezzanotte.

♪ ***Barbados*** *(III, B3,* ***130****):* 9 ul. Wierzbowa. Aperto da mercoledì a domenica dalle 22 alle 4 del mattino e oltre. Entrata a pagamento a 30 Zl circa, gratuito mercoledì. Chic e facoltosa come il ristorante al pianterreno: la gioventù alla moda e scatenata di Varsavia ama ritrovarsi in questa piccola discoteca. Sbarramento sulla base del look e della prestanza, quindi. I respinti si perderanno il *close contact* con il reggimento di fotomodelle e altre piccole star alla ricerca di mecenati...

♪ ***Riviera Remont*** *(I, C3,* ***131****):* 12 ul. Waryńskiego. ☎ 825-74-97. Vicino a piazza Zbawiciela che segue piazza Konstytucji. Tram nn. 2, 4, 15. Aperto tutti i giorni fino alle 4 del mattino. Entrata a 10 Zl. Finalmente una discoteca un po' più *roots* delle altre. Rapper, alternativi e altro convivono pacificamente (la maggior parte del tempo) in uno spazio piuttosto ristretto con soffitto molto basso, cosa che amplifica notevolmente l'audio. Concerti di jazz giovedì. La birra e l'atmosfera aiutano a fare rapidamente incontri interessanti in un ambiente da club di studenti.

♪ ***Piekarnia*** *(I, B1,* ***132****):* 11 ul. Młocińska. Aperto lunedì, venerdì e sabato dalle 22 alle 4. Entrata a pagamento: 25 Zl. Un locale invisibile, nascosto in fondo a una strada senza uscita. La discoteca *select* della gioventù dorata di Varsavia, un posto dove si va per vedere ed essere visti. *Dress code* abbastanza rigido (un certo look è necessario, per sorprendere, insomma... senza esagerare) per passare l'esame dei cerberi e dei fisionomisti piazzati all'entrata. Piccolo palco con qualche *happening* di qualità variabile.

Da vedere

★ ***Castello reale (zamek Królewski****; III, C2):* 4 piazza Zamkowy. ☎ 657-21-70. • www.zamek-krolewski.art.pl • Aperto da martedì a sabato dalle 10 alle 18, domenica e lunedì dalle 11 alle 18. Chiusura delle casse un'ora prima. Il castello è chiuso dal 1° maggio al 14 giugno. Entrata: da 8 a 14 Zl secondo il tipo di visita; da 3 a 7 Zl per gli studenti. Gratuito domenica. Niente visite guidate domenica e durante le vacanze.

Il castello reale rappresenta per tutti i polacchi il simbolo dell'indipendenza

del loro paese. L'antica roccaforte del XIII secolo, modificata a più riprese, parzialmente o completamente distrutta, è sempre stata ricostruita. Dal XVI secolo è residenza reale e sede della Dieta. Mentre in altri paesi europei il XVI e il XVII secolo furono segnati dal rafforzamento del potere assoluto del re, la Polonia era già passata alla repubblica dei nobili. Il re, designato con libere elezioni, non era più il proprietario ereditario del castello ma semplicemente un affittuario a vita. Il castello era gestito dallo *starosta* (il sindaco) di Varsavia. Il grande maresciallo della corona vegliava sull'ordine e la sicurezza *intra muros*, mentre il tesoriere della corona si occupava della cura dei beni dello stato custoditi nel castello. Il re era solo l'usufruttuario di alcuni appartamenti chiamati «camere reali». Il resto delle sale di questo vasto edificio era occupato dalla Dieta, e da uffici, archivi e tribunali. I re si costruivano nei sobborghi di Varsavia i loro palazzi privati, come il castello Ujaézdów e il palazzo Wilanów eretti da Jan III Sobieski o il parco Łazienki che fu residenza del re Stanisław Augusto Poniatowski.
Il castello reale fu completamente distrutto durante la seconda guerra mondiale. A partire dal 1939, su ordine di Hitler, i soldati tedeschi, dopo aver raccolto tutti gli oggetti di valore, fecero diverse migliaia di buchi nei muri per farlo saltare con la dinamite. Nel 1944 l'opera era finita. Fu solo nel 1971 che si decise di ricostruirlo. Grazie a uno sforzo senza precedenti della popolazione, e a diverse migliaia di donazioni provenienti dalla Polonia e dall'estero, il castello è stato inaugurato nel 1984. Gli anziani ricordano ancora l'enorme salvadanaio che troneggiò per diversi anni davanti al cantiere, dove tutti venivano a depositare qualche banconota.
È possibile fare due visite (ognuna di un'ora circa): una ventina di sale tutte riccamente decorate, tra le quali le camere del parlamento e gli appartamenti del principe Stanislao, o gli appartamenti reali con una decina di stanze dove sono esposti numerosi quadri, sculture e bronzi del XVIII secolo. I biglietti danno accesso anche alle mostre permanenti di pittura, oggetti decorativi e numismatica.

★ ***Colonna di Sigismondo III*** *(III, C2,* ***140****)*: sulla piazza del castello. Il monumento più antico di Varsavia, eretto nel 1664 dal re Ladislao IV in memoria del padre. Gli abitanti di Varsavia danno sempre un'occhiata alla colonna visto che il vecchio re, che osserva attentamente la congiuntura dall'alto dei 22 m della colonna, dovrebbe avvertirli sollevando la spada se le cose si mettessero male.

★ *NELLA CITTÀ VECCHIA (STARE MIASTO)*

Prima di iniziare la visita, ricordatevi sempre che quello che potrete ammirare attraverso le viuzze della Varsavia storica non era altro che un cumulo di macerie dopo la guerra. La fedele ricostruzione dei monumenti fu dichiarata opera d'importanza nazionale dal nuovo governo comunista. Questo lavoro titanico mobilitò, come per il castello, tutta la popolazione, e durò dal 1949 al 1963. Provate a immaginare Firenze senza il centro storico, o Parigi senza la cattedrale di Notre-Dame e l'île de la Cité, e potrete farvi un'idea dell'opera compiuta. Quest'atto di orgoglio nazionale fu ricompensato con l'iscrizione della città vecchia nella lista del patrimonio mondiale dell'UNESCO.

★ ***Cattedrale di San Giovanni Battista (katedra Św. Jana;*** *III, C2,* ***141****)*: la chiesa più antica di Varsavia (XIII-XIV secolo) in stile gotico, testimone nel 1309 del contenzioso davanti alla tribuna papale tra i polacchi e i cavalieri dell'Ordine teutonico, luogo di incoronazione di diversi re. Nelle cripte, accessibili ai visitatori, diverse tombe di personalità conosciute, tra cui quella dello scrittore Henryk Sienkiewicz, premio Nobel per la letteratura nel 1905.

VARSAVIA E DINTORNI

★ ***Rynek Starego Miasta** (piazza della città vecchia; III, C1-2):* ricostruita nella sua forma originaria del XVII e XVIII secolo, delimitata da dimore borghesi, alcune delle quali presentano facciate decorate con affreschi, sculture e bassorilievi.

★ Al n. 42, l'entrata del ***Museo storico della città** (**Muzeum historyczne Warszawy**; III, B1, **142**)*. Aperto martedì e giovedì dalle 11 alle 18, mercoledì e venerdì dalle 10 alle 15.30, sabato e domenica dalle 10.30 alle 16.30. Entrata: 5 Zl; entrata gratuita domenica. Buono a sapersi: tutti i giorni della settimana, alle 12, proiezione di un video in inglese su Varsavia durante la seconda guerra mondiale. 60 sale in tutto dove la storia della città è illustrata attraverso modellini di monumenti distrutti, molti ricordi, quadri, incisioni ecc. e un eccellente documentario sulla ricostruzione di Varsavia.

★ Vicino al n. 28, a nord della piazza, comincia *ulica Krzywe Koło* da dove girando a destra si raggiunge una graziosa viuzza, ***Kamienne Schodki***, che scende verso la Vistola.

★ Potete anche proseguire la passeggiata verso la ***città nuova (Nowe Miasto)***. Basta passare sotto il *Barbakan*, ricostruzione delle antiche mura smantellate nel XIX secolo, e seguire le vie Nowomiejska e Freta. La città nuova fu costruita fuori dall'antica cinta all'inizio del XV secolo e beneficiò dello statuto di città indipendente fino al ricongiungimento con Varsavia alla fine del XVIII secolo. Fu solo a partire da quest'epoca che le prime case di pietra sostituirono le povere costruzioni di legno dove viveva una popolazione modesta di operai e artigiani. Oggi, indipendentemente dalla città vecchia, possiede alcuni monumenti interessanti.

★ Al n. 16 di ulica Freta si trova la ***casa natale di Marie Curie** (III, B1, **143**)* che, prima di condividere con il marito Pierre Curie il premio Nobel per la fisica nel 1903, si chiamava Maria Skłodowska. La casa ospita oggi un piccolo *museo* dedicato alla sua memoria costituito da 3 stanze non particolarmente interessanti. Aperto da martedì a sabato dalle 10 alle 16, domenica dalle 10 alle 14. Entrata: 6 Zl; tariffa ridotta: 3 Zl.

★ In Rynek Nowego Miasta (piazza del mercato della città nuova), non perdete la piccola ***chiesa barocca delle Suore del Santo Sacramento** (**kościół Sakramentek**; III, B1)*, commissionata dalla regina Maria Sobieska per celebrare la vittoria del marito Giovanni III sui turchi a Vienna nel 1638. Distrutta durante la guerra, è stata ricostruita in uno stile molto sobrio.

★ Un po' più lontano, la ***chiesa della Visitazione della Vergine** (**kościół Nawiedzenia**; III, B1)* è una delle più antiche di Varsavia, costruita sui bordi della scarpata. Dall'alto, bella vista sulla Vistola e sui parchi della riva destra. Interno abbastanza bello con muri bianchi e ogive di mattonelle rosse.

★ Tornando verso il castello, la ***Via Reale (Trakt Krolewski)*** è composta di tre vie successive che scendono verso sud: ul. Krakowskie Przedmieście, ul. Nowy Świat e al. Ujazdowskie. Veniva chiamata così perche collegava, con un percorso lungo 4 km, il castello reale alla residenza estiva del re situata nel parco Łazienki. Nelle due prime vie si concentra un numero importante di monumenti.

★ ***Chiesa di Sant'Anna** (**kościół Św. Anny**; III, C2):* sulla sinistra. Costruita nel XV secolo, la sua facciata classica nasconde uno splendido interno barocco. È qui che i principi polacchi giuravano fedeltà al re. Distrutta nel

1656 dai cavalieri svedesi, fu ricostruita nell'attuale stile barocco qualche anno dopo. Nel 1983, durante la legge marziale, gli oppositori al regime avevano l'abitudine di riunirsi nei giardini che si intravedono in basso sopra il tunnel stradale.

★ Poco più avanti, al centro di una piccola piazza, trovate il monumento al poeta romantico ***Adam Mickiewicz*** (1789-1855; *III, C3*), ammirato da tutti, compresi i comunisti, come uno dei più grandi cantori dell'indipendenza nazionale.

★ ***La chiesa delle Carmelitane (kościół Karmelitów;*** *III, C3)* si trova subito dopo. Costruita nel XVIII secolo, fu risparmiata dalla guerra. All'interno, magnifico altare barocco del fiammingo Tylman van Gameren. La grossa boccia posta sulla cima ha ispirato il proverbio «avere la testa grossa come la boccia delle carmelitane». Inutile spiegarvelo.

★ Un po' più distante, nell'antico palazzo della famiglia Radziwiłł, il ***presidium del Consiglio dei ministri (pałac Namiestnikowski;*** *III, C3)*. Tra queste mura nel 1955, nel pieno della guerra fredda, fu stipulato il patto di Varsavia. Ironia della storia, una trentina d'anni dopo, nella primavera del 1989, il palazzo accoglieva le prime trattative tra i dirigenti comunisti e i leader del sindacato Solidarność. Capita che sia aperto al pubblico durante il fine settimana (visite dalle 11 alle 15, entrata gratuita ma bisogna presentare un documento d'identità). Provate, non si sa mai.

VARSAVIA E DINTORNI

★ Davanti al palazzo si erge la ***statua del principe Jósef Poniatowski***, unico non francese a essere diventato maresciallo di Francia dopo aver combattutto per Napoleone. La storia di questo monumento riflette bene il passato tormentato dei polacchi. Realizzata dallo scultore danese Thorwaldsen, fusa a Roma nel 1822, la statua fu confiscata e inviata in Russia dopo l'insurrezione del 1830, prima ancora di essere stata eretta. Resa alla Polonia nel 1923, in seguito al trattato di Riga, la statua fu esposta in piazza Saski (attualmente Zwycięstwa). Durante la guerra fu distrutta. Nel 1952, la città di Copenhagen, che ne possedeva un modello in gesso, decise di fonderne una copia e di donarla a Varsavia. Inizialmente assegnata al parco Łazienki, ha trovato una sistemazione definitiva solo nel 1965.

★ Sull'altro lato della strada, il ***palazzo Potocki (pałac Potockic;*** *III, C3)*, bell'edificio barocco del XVIII secolo, oggi sede del ministero della cultura.

★ Prima di proseguire la visita, vi consigliamo di fare una breve scappata sulla sinistra attraverso via Trebacka che incrocia via Kozia dove, al n. 11, si trova un ***museo della Caricatura (muzeum Karykatury;*** *III, C2,* ***144****)*. Aperto da martedì a domenica dalle 11 alle 17, mercoledì dalle 12 alle 18; chiuso lunedì. Entrata: 5 Zl e 3 Zl per gli studenti. Anche la Polonia ha i suoi grandi caricaturisti, in particolare un certo Eryk Lipiński la cui matita non risparmiò nessuno, neppure il papa.

★ Dopo gli alberghi *Europejski* e *Bristol* dall'architettura in stile «pasticcere» tipico degli anni folli, trovate la ***chiesa barocca delle Visitandine (kościół Wizytek;*** *III, C3)* dove Chopin, nei ritagli di tempo, dava concerti al grande organo. Il severo ecclesiastico immortalato in una statua davanti all'edificio è il cardinale Stefan Wyszyński, apostolo dei diritti umani durante il regime comunista.

★ ***Università di Varsavia (uniwersytet Warszawski;*** *III, C3,* ***145****):* complesso di edifici disposti in un parco. Creata nel 1818, l'università fu chiusa già nel 1832 su ordine dello zar per rappresaglia dopo l'insurrezione del 1831. Da allora, la tradizione frondista perdura. I nazisti vietarono i corsi considerando ogni insegnamento come un crimine contro la Germania, punito con la pena di morte. Il grande auditorium fu trasformato, sempre dai nazisti, in scuderia e molti studenti e professori furono fucilati. Ciononostante, i corsi proseguirono in diversi luoghi della città. L'università «volante» rinacque anche a partire dal 1970, durante il regime comunista. Ancora oggi l'università conserva una solida reputazione di radicalismo politico. Gli edifici più interessanti sono il *palazzo Tyszkiewicz* e, in fondo al campus, il *palazzo Kazimierz* (1634) con la grande sala del Consiglio dell'università, un'antica residenza estiva. È molto piacevole passeggiare nel parco o sedersi su una panchina in mezzo agli studenti.

★ Di fronte, l'***Accademia di Belle Arti*** *(II, C1):* installata nell'antico palazzo Czapski dove visse Fryderyc Chopin prima di lasciare la Polonia nel 1830.

★ ***Chiesa di Santa Croce (kościół Św. Krzyża;*** *II, C1):* dopo via Traugutta. Costruita nel XVIII secolo sul modello barocco della chiesa di Sant'Andrea della Valle a Roma. Sulle scalinate che conducono all'entrata notate la statua molto espressiva del Cristo che porta una croce. Il braccio teso con l'indice puntato come in un gesto di rimprovero sembra indicare la sede del Partito comunista, che si trova proprio di fronte. È forse per questo che la chiesa fu teatro delle più violente battaglie di strada tra studenti e polizia del vecchio regime? Quasi una vocazione, visto che aveva già subito l'assalto delle truppe tedesche durante l'insurrezione di Varsavia. All'interno, tra le numerose lastre funerarie, si trova l'urna con il cuore di Fryderyc Chopin (seconda colonna della navata a sinistra).

★ ***Palazzo Staszic (pałac Staszica;*** *II, C1,* ***146****):* costruito nel 1820, chiude la prospettiva di via Krakowskie Przedmieście e ospita la sede dell'Accademia polacca delle Scienze, dopo essere stato per molto tempo utilizzato come scuola elementare per i figli dei soldati sovietici.

★ Davanti al palazzo si trova il ***monumento a Nicolò Copernico***, grande astronomo del Rinascimento. Neppure lui scampò alle orde naziste che lo inviarono come banale ferraglia in Germania dove alla fine fu ritrovato.

★ ***Ulica Nowy Świat:*** letteralmente «Nuovo Mondo», la strada comincia all'altezza del palazzo Staszic. Tracciata alla metà del XVII secolo, diventò fin dalla fine del XIX secolo la grande arteria commerciale della città. Oggi, ricostruita in stile neoclassico dopo aver subito la stessa sorte della città vecchia, ritrova la sua vocazione originaria. Tantissime boutique di lusso, librerie e gallerie d'arte. Tra le celebrità che hanno abitato in questa via, il romanziere Joseph Conrad (nato Jósef Konrad Korzeniowzski) visse al n. 45 prima di trasferirsi in Inghilterra per dedicarsi completamente al mare e alla scrittura. Al n. 35 si trova la celebre pasticceria *Blikle* che contribuisce alla felicità di tutti gli abitanti della città dal 1869. Impossibile passarci davanti senza assaggiare i famosi *pączkis* (frittelle).

★ Dopo aver fatto il pieno di glucosio non vi resta che deviare a sinistra in via Ordynacka per dare un'occhiata al lontano ***palazzo Ostrogski*** *(II, D1)* in un bello stile barocco del XVII secolo. Attualmente ospita il museo Chopin. Aperto tutti i giorni eccetto martedì dalle 10 alle 14. Entrata: 5 Zl; tariffa ridotta: 3 Zl. Appollaiato su un'altura, il museo possiede, oltre a diverse reliquie, l'ultimo pianoforte del maestro. In estate, organizza concerti, come nel parco Łazienki.

★ La discesa di Nowy Świat è un pretesto per fare un'ultima deviazione – questa volta più breve – da via Foksal che termina sul neorinascimentale ***palazzo Zamoyski*** *(II, D2, **147**)*, dove nel 1863 fu assassinato il governatore russo di Varsavia. I cosacchi si vendicarono defenestrando il grande pianoforte di Chopin dalla camera della sorella che viveva nel palazzo. Oggi l'edificio ospita un ristorante e un bar, falsamente francesi e un po' cari. Ecco l'ultima tappa della nostalgia storica. Più oltre comincia un altro mondo: quello della Varsavia moderna, ovvero la versione socialista della ricostruzione del dopoguerra.

★ Un'anticipazione: l'***ex sede del Comitato centrale del Partito comunista*** *(II, D2, **148**)*, soprannominata con scherno la «Casa bianca», si profila alla fine di questo tratto di Nowy Świat, dall'altra parte dell'incrocio, sul lato sinistro di aleja Jerozolimskie. Dopo diverse vicissitudini, oggi ospita la Borsa di Varsavia.

★ *IN CENTRO (ŚRÓDMIEŚCIE)*

La ricostruzione della Varsavia moderna si concluse in dieci anni, e diede luogo a progetti assurdi e strampalati nonostante l'urgenza di fornire rapidamente un alloggio alla popolazione della città rasa al suolo. Gli architetti socialisti avevano ricevuto l'incarico di progettare una città secondo le norme della società comunista recentemente instaurata: funzionale, egualitaria e a misura dell'«uomo nuovo» che stava per nascere. Il risultato è ancora davanti a voi, anche se le nuove costruzioni capitaliste cominciano a rendere più umano il paesaggio cementificato.

★ ***Palazzo della Cultura e della Scienza*** ***(pałac Kultury i Nauki****; II, A2)*: edificio enorme che domina tutto il centro città; alto 242 m, è uno dei 50 grattacieli più alti del globo ed è praticamente impossibile non vederlo.
Nel 1950 Stalin pensò di costruire a Varsavia un monumento alla gloria del socialismo. Avanzò tre proposte: un quartiere residenziale modello, una linea della metropolitana o un palazzo della cultura. Fu scelta la terza proposta. Il palazzo avrebbe dovuto fare concorrenza (si era ancora in piena guerra fredda) ai più alti grattacieli americani, come l'Empire State Building di New York. In un tempo record, dal 1952 al 1955, 6000 membri delle squadre socialiste internazionali costruirono questo colosso, copia dell'università Łomonosow di Mosca. 14 operai russi e 2 bambini persero la vita nel cantiere: le loro tombe nel cimitero ortodosso di Varsavia sono ancora oggi tenute in ordine dall'amministrazione del palazzo. In origine il palazzo fu naturalmente battezzato con il nome di Josef Stalin. Ma quando, dopo la sua morte, egli fu riconosciuto come un vero e proprio tiranno, i martelli ne cancellarono scrupolosamente il nome e distrussero la sua statua. Tutt'intorno, una serie di sculture rappresentano i santi comunisti: il minatore coraggioso, l'operaio d'avanguardia, la donna lavoratrice, il soldato vigile, il giusto milite e, per una ragione ignota, Hans Christian Andersen, l'autore delle celebri *Fiabe*! All'entrata del palazzo, due statue dedicate a Copernico e Mickiewicz, uniche presenze polacche ammesse nel tempio del comunismo.
I numerosi detrattori del palazzo dicono che l'uomo più felice di Varsavia è sicuramente il guardiano in quanto, abitando in cima all'edificio, è l'unico a non vederlo quando apre le finestre al mattino. Un giorno un turista americano gli chiese cosa faceva nel palazzo. Il guardiano rispose che veniva pagato 100 dollari al mese per scrutare all'orizzonte l'arrivo della prosperità. L'americano gli propose 1000 dollari al mese per scrutare l'arrivo della crisi dall'alto dell'Empire State Building. Tentato dalla somma vertiginosa, il guardiano finì però per rifiutare l'incarico perché non voleva un impiego a tempo determinato!

Il palazzo conta più di 3000 stanze, ospita due teatri, tre cinema, una sala di congressi, una piscina, diversi musei e una moltitudine di istituzioni ufficiali. Associato per decenni alla presenza comunista in Polonia, questo edificio ha sempre suscitato sentimenti contraddittori tra gli abitanti di Varsavia. Realizzato durante la ricostruzione della città ridotta a una distesa di macerie, l'inutilità dell'edificio balzava agli occhi di fronte alla penuria di alloggi. La costruzione scatenò una serie di dicerie ancora oggi radicate nella memoria cittadina: che il palazzo si svilupperebbe in profondità con diversi piani sotterranei (in realtà sono solo due), che diverse gallerie segrete correrebbero sotto tutta la città... Nonostante il disamore dei varsaviani, il palazzo è diventato un'attrazione turistica per tutti i visitatori. L'ascensore che fa servizio su ben 30 piani fu per molto tempo considerato un must.
In occasione del cambiamento di regime, il palazzo si è salvato (la gente voleva smantellarlo e venderlo, oppure dipingerlo di rosa) e si è riconvertito con successo diventando sede di società occidentali e ospitando, paradosso supremo, il più grande casinò della città!
– Un ascensore turistico vi conduce alla ***terrazza panoramica*** del trentesimo piano (115 m) da dove si ha una vista a 360° sul grigiore della città. Aperto tutti i giorni dalle 9 alle 17, domenica dalle 9 alle 18. Accesso dalla porta centrale di ul. Marszałkowska, i biglietti si fanno alla cassa nella hall (calcolate 15 Zl). Attenzione, verificate bene che non vi facciano pagare anche l'entrata per la piccola mostra temporanea assolutamente priva d'interesse. Il panorama offre veramente una vista eccezionale sulla città e permette di rendersi conto della sua superficie e dei numerosi parchi. C'è anche un piccolo bar per tutti quelli che desiderano prolungare la pausa.

★ *INTORNO AL PALAZZO DELLA CULTURA*

A SUD

Aleja Jerozolimskie, corso molto trafficato, è dominato dalla torre dell'*Hotel Marriott* e dal pacchiano edificio della *Lot*. Insieme ad aleja Marszałkowska, che prosegue verso piazza Konstytucji, forma il centro commerciale della città: grandi magazzini, boutique, cinema e gallerie commerciali (sotto la rotonda Romana Domowskiego e ai piedi dell'edificio della *Lot* si trova la lussuosa *Lim Gallery*).

★ I fanatici di architettura potranno dare un'occhiata a ***plac Konstytucji*** che con i suoi lampioni monumentali doveva essere il fiore all'occhiello della nuova Varsavia. Le autorità dell'epoca avevano chiesto che la piazza nascondesse la vista della chiesa che si trova in piazza Zabwiciela, subito dietro, sul prolungamento di Marszałkowska. Ma inclinandosi un po' si riesce ancora a vederla! Durante il periodo comunista la nomenklatura frequentava l'*Hotel MDM* dove le prostitute si occupavano dei signori che ufficialmente meritavano particolari riguardi. Di colpo, il nome della piazza fu trasformato: da Costituzione a Prostituzione...

– Aleja Jerozolimskie ospita una curiosità e due musei:

★ Al n. 51, vicino all'*Hotel Marriott*, il **Fotoplastikon** *(II, B3, **149**)*. Aperto da lunedì a venerdì dalle 12 alle 17, sabato dalle 11 alle 14. Entrata: 8 Zl; tariffa ridotta: 5 Zl. Seguite la freccia nel cortile dell'edificio fino al piccolo locale dove si nasconde una meraviglia, ricordo dei tempi eroici dell'invenzione del cinema: vale a dire, signore e signori, davanti agli occhi sgranati e dopo una lunga carriera cominciata all'inizio del XX secolo, l'ultimo rullo per la proiezione di foto stereoscopiche ancora funzionante in Europa!

Si tratta di un grosso tamburo di legno di 3 m di diametro, con lenti incastonate che consentono a 22 persone sedute intorno alla circonferenza di visionare in un'ambiente musicale alcune fotografie in 3D provenienti da una collezione che conta 3500 immagini circa. Due dozzine di programmi di una ventina di minuti l'uno illustrano la storia della Polonia e del mondo dal 1870 a oggi. Due programmi dominano sugli altri: *Tre generazioni a Varsavia dal 1895 al 1965* e *Viaggio ai confini del mondo* che riunisce immagini dell'inizio del secolo scorso provenienti dai quattro angoli del mondo (come giustamente indica il nome...), con una predominanza di ritratti.

★ A est, al n. 3, verso la Vistola, dopo l'incrocio con Nowy Świat, il lugubre casermone del ***Museo nazionale (Muzeum naradowe**; II, D2)*. Aperto martedì, mercoledì e venerdì dalle 10 alle 16, giovedì dalle 12 alle 17, sabato e domenica dalle 10 alle 17. Chiuso lunedì. Entrata per le mostre permanenti: 9 Zl, 5 Zl in tariffa ridotta; accesso gratuito sabato. Non tirate dritto: questi tre padiglioni sopravvissuti alla guerra ospitano, oltre a un ricchissimo dipartimento di antichità copte, una delle più belle collezioni d'arte medievale polacca, un bel campione rappresentativo della pittura polacca dal XVII secolo e alcuni smalti di Limoges.
Priorità alla *sala di pittura religiosa* con i suoi trittici raccolti in tutta la Polonia. Osservateli con attenzione, perché gli autori di questi pannelli di legno policromi, originari di Danzica, della Slesia e delle antiche frontiere polacche, avevano veramente il senso del dettaglio: tutto il martirio di Cristo descritto da un intero campionario di sofferenze.
La *sala dei quadri al primo piano* ispira un senso di pace con i suoi ritratti, paesaggi e quadri storici, tra cui la straordinaria *Battaglia di Grunwald* del pittore Matejko che descrive la sconfitta dei cavalieri dell'Ordine teutonico da parte dell'esercito polacco-lituano. Molti quadri esposti risalgono al XIX secolo. Un'altra sezione è dedicata alla scuola italiana (Botticelli, Tintoretto, Cima da Conegliano), francese (Ingres e Watteau), tedesca (Cranach e Baldung) e olandese.
La *sala delle antichità al pianterreno* presenta, oltre a diversi pezzi etruschi, egizi e romani, gli straordinari reperti rinvenuti nel 1960 da alcuni archeologi polacchi a Faras, città dell'antica Nubia situata nell'attuale Sudan: capitelli, colonne e una sessantina di affreschi cristiani dell'VIII e XII secolo rinvenuti in una cattedrale copta.
Per finire, il museo si è arricchito di una bella *sala dei manifesti* nel più puro stile realsocialista. Le competenze polacche in questo campo non necessitano presentazioni (vedi «Informazioni generali. Patrimonio artistico»).

★ ***Museo dell'Esercito (muzeum Wojska Polskiego**; II, D2):* nello stesso edificio che ospita il Museo nazionale. Aperto da mercoledì a domenica dalle 10 alle 16, dalle 11 alle 17 dal 15 maggio al 30 luglio. Entrata: 2 Zl; tariffa ridotta: 1 Zl; accesso gratuito venerdì. A priori, per un occhio occidentale, l'esistenza di un'istituzione di questo genere può provocare ilarità, soprattutto in riferimento ai cinquant'anni di duro regime comunista. Ma basta rileggere la storia polacca per capire il ruolo fondamentale svolto dall'esercito nella sopravvivenza della nazione polacca, a più riprese ritagliata e cancellata dalla cartina. Fatta questa precisazione, il museo propone un'esposizione cronologica delle diverse armi utilizzate in Polonia dall'alba dei tempi a oggi: armature, caschi, fucili, pistole, uniformi... Il materiale pesante, carri armati, aerei e cannoni del XVII secolo, macchine blindate costruite velocemente durante l'insurrezione di Varsavia ecc. è esposto fuori. Anche i più ferventi antimilitaristi posson ben prevedere una visita, non fosse che per ammirare il magnifico lavoro di oreficeria realizzato sulle numerose sciabole esposte.

A NORD

★ ***Plac Grzybowski*** *(II, A1)*, dietro via Świętokrzyska, può essere un buon punto di partenza per ritrovare le ultime tracce della Varsavia ebraica. È forse necessario ricordare che prima della guerra Varsavia contava più di 380 000 cittadini ebrei, vale a dire quasi un terzo della popolazione? Con la distruzione e la liquidazione del ghetto nel 1943 tutta una cultura pluricentenaria è definitivamente scomparsa dalla faccia della terra, trascinando con sé pezzi della cultura polacca.

★ Ma di questa cultura ebraico-polacca restano ancora alcune tracce come la piccola ***sinagoga Nożyk*** *(II, A1, **150**)* in via Twarda; da non confondere con la chiesa che si trova sulla piazza (ma sì, ve lo assicuriamo, alcuni sono riusciti a sbagliarsi...). Aperta al pubblico tutti i giorni dalle 9 alle 20, eccetto sabato e durante le funzioni. Costruita nel 1900, è l'unica sinagoga sopravvissuta. Durante la guerra fu utilizzata come negozio e guarnigione dai tedeschi, prima di essere resa al culto negli anni sessanta del Novecento dopo una modesta ristrutturazione.

★ Davanti alla sinagoga, al n. 12 di piazza Grzybowski, il cubo di cemento ospita il ***teatro ebraico*** *(II, A1, **151**)* che propone un ampio repertorio di spettacoli in lingua yiddish.

★ Il profumo del tempo passato si respira ancora in alcuni edifici decadenti di ***ulica Próżna***. Questi modesti edifici di mattoni sono gli unici a essere scampati alla distruzione del ghetto prima e alle ruspe della ricostruzione dopo. La fondazione americana *JRF* (*Jewish Renaissance Foundation*), che si occupa della preservazione della memoria ebraica in Polonia, ha deciso di acquistarli per ristrutturarli.

★ Più emozionante, la visione di due pezzi del ***muro del ghetto*** nel cortile degli edifici tra i nn. 55/59 di ul. Sienna e il n. 64 di ul. Złota *(II, B2)*, due vie a est, dietro al palazzo della Cultura. Il primo tratto è visibile nel primo cortile dell'edificio al n. 59 di ul. Sienna, il secondo si trova nel cortile successivo. Su questi resti sono state poste lastre commemorative e una pianta del ghetto. C'è anche un terzo pezzo di muro, all'angolo di via Peveca e via Walicców, ma è meno «conservato» rispetto agli altri due.

★ Gli interessati possono proseguire molto più a nord fino all'***Istituto storico ebraico*** (***Żydowski Instytut Historyczny***; *III, A3, **152***), al n. 3/5 di ul. Tłomackie, dietro a piazza Bankowy. Aperto lunedì, martedì, mercoledì e venerdì dalle 9 alle 16, giovedì dalle 11 alle 18. Entrata: 10 Zl; tariffa ridotta: 5 Zl. Nello stesso tempo museo e biblioteca, l'istituto riunisce documenti, libri e fotografie sulla vita e l'insurrezione del ghetto di Varsavia, ma anche sulla vita della comunità ebraica in Polonia a partire dal XVII secolo.

★ Il pellegrinaggio attraverso la Varsavia ebraica sarebbe incompleto senza una visita al ***monumento agli Eroi del ghetto*** *(I, B1, **153**)*, in piazza Bohaterów Getta, più a nord nel quartiere di Muranów. Dedicato alla memoria dei combattenti che per interi mesi e con mezzi di fortuna tennero in scacco l'esercito tedesco incaricato, dall'aprile del 1943, di liquidare il ghetto. Ironia della storia: il monumento eretto nel 1948 è stato costruito con blocchi di granito ordinati nel 1942 alla Svezia da Hitler in persona per costruire... un monumento in onore del Terzo Reich.

★ A partire da qui comincia un itinerario del ricordo, segnalato da lastre di granito che portano il nome di diverse personalità del ghetto. Passando da via Zamenhofa conduce a nord verso la terribile ***Umschlagplatz*** *(I, B1)*, la piazza da dove partivano i treni per i campi di sterminio. Un monumento di marmo molto semplice, che evoca vagamente la forma di un vagone, mantiene viva la memoria. Sui lati, 400 nomi di ebrei in ricordo delle 300 000 persone che partirono da qui.

★ Poco distante, ai nn. 49/51 di ul. Okopowa, un'altra ironia della storia: il più grande ***cimitero ebraico*** d'Europa ***(cmentarz żydowski;*** *I, B1)*. Aperto tutti i giorni, eccetto venerdì e sabato, dalle 10 alle 15. Chiedete la piantina al guardiano. Intatto! Per una volta, i tedeschi non pensarono di utilizzare le pietre tombali per costruire strade, come fecero nelle altre città polacche. Fondato nel 1806, molto grande (paragonabile al Père-Lachaise parigino), anche se molto degradato (le famiglie dei discendenti sono tutte scomparse nei campi di sterminio), merita una visita per la stravaganza di alcune tombe. Ludwig Zamenhof, geniale inventore dell'esperanto, è sepolto qui. I letterati noteranno il monumento alla memoria di Janusz Korczak, un medico che rivoluzionò la pedagogia creando fin dal 1920 degli orfanotrofi autogestiti dai bambini. È tra l'altro l'autore del libro prediletto di tutti i bambini polacchi: il *Re Mathias*.

A NORD-EST

★ ***Plac Bankowy*** *(III, A3):* la piazza della Banca merita una visita per i magnifici palazzi neoclassici che si trovano sul lato ovest. Costruiti all'inizio del XIX secolo da Antonio Corazzi, al quale la città deve diversi monumenti, furono per la maggior parte ricostruiti nel dopoguerra. Oggi ospitano gli uffici della municipalità di Varsavia, installati qui da quando la sede precedente fu distrutta nel 1944. Unica eccezione, la torre Blu edificata sul sito della più grande sinagoga della città e i cui lavori durarono più di vent'anni. Secondo una leggenda locale, la scelta del sito ha sicuramente influito…

★ A sud della piazza, al n. 3, all'angolo di via Elektoralna, l'imponente edificio dell'ex *Banca di Polonia* ha iniziato una nuova esistenza come ***museo Giovanni Paolo II*** *(III, A3,* ***154****)*, conosciuto anche come ***museo di Pittura europea (muzeum Malarstwa Europejskiego)***. Aperto da martedì a domenica dalle 10 alle 16. Entrata: 8 Zl; tariffa ridotta: 4 Zl.
Il museo, che presenta 450 quadri circa (è quasi troppo…) dal XIV secolo a oggi, è oggetto di un'accesa polemica. Lasciate in eredità alla chiesa polacca da una ricchissima famiglia d'immigrati polacchi, i Caroll-Porczyński, si sospetta che le opere siano dei falsi. Per il momento la battaglia tra esperti è ancora in corso. Detto questo, nulla vi impedisce di immergervi nell'universo delle scuole italiana (atelier di Tiziano e Caravaggio), tedesca (Cranach e Dürer), spagnola (Goya e Velázquez), olandese (Rubens, Rembrandt) e nell'ammirazione di opere più contemporanee: Renoir, Sisley, Van Gogh ecc. Noterete anche alcuni ritratti di Giovanni Paolo II. L'esposizione delle opere è un po' disordinata, ma l'edificio è superbo e offre di che lustrarsi la vista.

★ ***Ulica Długa*** *(III, A-B2-1)*, a nord di piazza Bankowy, dopo l'incrocio con corso Solidarności, risale verso la città nuova (Nowe Miasto) dirigendosi verso il *monumento all'Insurrezione di Varsavia*.

★ All'inizio della via, al n. 52, l'edificio barocco dell'antico arsenale reale del XVII secolo, oggi sede del ***Museo archeologico (Państwowe Muzeum archeologiczne;*** *III, A2)*. Aperto da lunedì a venerdì dalle 9 alle 16, domenica dalle 10 alle 16. Chiuso sabato e la terza domenica del mese.

Esposizione dei tesori del sottosuolo polacco, dal paleolitico all'inizio del Medioevo, con ricostruzione di antichi ambienti. Niente di eccezionale.

★ Quelli che si interessano alla storia polacca possono fare una deviazione fino al piccolo ***palazzo Przebendowskich Radziwillów***, incastrato in corso Solidarności (al n. 62; *III, B2*), sede del ***museo dell'Indipendenza (muzeum Niepodległości)***. Aperto da martedì a venerdì dalle 10 alle 17, sabato e domenica dalle 10 alle 16. Entrata: 5 Zl. Per sapere tutto sull'incessante lotta di questa nazione per il diritto all'esistenza di fronte ai suoi potenti vicini. Sarebbe sicuramente molto più interessante se tutte le spiegazioni non fossero solo in polacco. Sempre su corso Solidarności, il ***monumento agli Eroi di Varsavia***, in ricordo dei circa 850 000 morti della città, vale a dire quasi due terzi della popolazione prima della guerra.

★ Verso la metà di via Długa, all'angolo con ul. Bonifraterska, il ***monumento all'Insurrezione di Varsavia (pomnik Powtsania Warszawskiego***; *III, B1-2)*. Inaugurato alla fine degli anni ottanta del Novecento dalle autorità comuniste, raffigura uno dei battaglioni di 45 000 uomini dell'esercito nazionale (AK) che si lanciarono all'assalto delle truppe tedesche nel cuore di Varsavia durante l'estate del 1944. Era l'ultimo tentativo del governo polacco in esilio per conservare il potere in Polonia di fronte alle truppe di Stalin ammassate sull'altra riva della Vistola, con un progetto di governo comunista polacco pronto all'uso da tirar fuori dal cassetto. Sotto lo sguardo impassibile dei sovietici, gli insorti furono massacrati uno a uno e Varsavia fu sistematicamente distrutta, via dopo via, secondo il folle progetto di Hitler. Ancora oggi il monumento è ben lungi dall'essere unanimemente apprezzato dalla popolazione.
Quest'episodio della storia polacca è il tema di un bellissimo film di Andrzej Wajda: *Kanał* (1957), visibile in tutte le buone sale di cinema d'essai.
L'edificio color rame ossidato dietro al monumento ospita la Corte suprema.

★ Di fronte, la ***chiesa Garnizonowy*** *(III, B2)* dove i soldati avevano l'abitudine di riunirsi durante la guerra.

★ L'immenso ***palazzo Krasińskich*** *(III, A2)* occupa il lato ovest dell'omonima piazza che incontrerete risalendo ul. Bonifraterska. È uno dei più bei palazzi barocchi di Varsavia. Costruito nel 1667, fu ovviamente distrutto durante la guerra e ricostruito tale e quale, ma la collezione di oltre 40 000 opere e incunaboli è andata definitivamente perduta. Oggi il palazzo ospita una sezione della Biblioteca nazionale. Non è aperto al pubblico ma talvolta è possibile entrare.
Sul retro, il giardino del palazzo che segnava la frontiera del ghetto è diventato un parco pubblico.

★ Un po' più a ovest, passando dalle vie Nowolipki e Zamenhofa, il ***museo della Prigione Pawiak (muzeum Wiezienia Pawiak***; *I, B1,* ***157***), ai nn. 24/26 di via Dzielna. Aperto tutti i giorni dalle 11 alle 16. Entrata «gratuita». Di sinistra reputazione, la prigione fu serva fedele di tutti i regimi, dagli zar ai nazisti, che vi eliminarono non meno di 30 000 oppositori politici durante l'occupazione.

★ ***Ulica Miodowa*** *(III, B-C2):* l'antico centro della Varsavia aristocratica possiede tanti palazzi quante possono essere le medaglie sul pettorale di un vecchio generale, tutti ricostruiti nel dopoguerra! Da ovest a est, a partire dall'incrocio di via Długa, l'antico *Collegio della nobiltà* del XVIII secolo; sulla destra, il *palazzo Borchów*, sempre del XVIII secolo, attuale residenza del primate di Polonia, il cardinale Glemp.

★ Di fronte, il monastero e la ***chiesa dei Basiliani*** *(III, B2)*, l'unica chiesa di rito greco della città; all'angolo con ul. Kapitulna, il *palazzo Chodkiewiczów* (più recente, del XVII secolo); segue il ***palazzo Paca*** che in origine era formato da due palazzi, uno barocco e l'altro classico del XIX secolo, ma che con la guerra e la successiva ricostruzione è rinato in stile barocco.

★ Si scoprono in seguito il ***monastero*** e la ***chiesa dei Capuccini*** *(III, B2)* edificati nel XVII secolo, di cui una cappella ospita il cuore del re Giovanni III Sobieki, vincitore dei turchi a Vienna nel 1683.

★ Sempre dopo via Kapucyńska, il ***palazzo Morsztynów*** *(III, B2, **155**)* del XVII secolo, oggi sede di una casa editrice che si occupa di edizioni scientifiche, che si estende sul retro fino a via Podwale; seguono i ***palazzi Ostrowkich*** e ***Branickich***, tutti e due barocchi, prima di arrivare all'ex ***palazzo del Primate***, in uno stile classico ridondante, all'angolo di via Senatorska.

★ ***Ulica Senatorska*** *(III, B3-C2)*. Da via Miodowa i vostri passi vi guideranno naturalmente verso lo spiazzo ventoso di piazza Teatralny, dominata dalla monumentale facciata del ***Teatro Grande (Teatr Wielki – Opera Narodowa;*** *III, B3)*. L'edificio neoclassico, della taglia di un palazzetto dello sport con i suoi 2000 posti, ha visto la luce nel 1825 grazie all'instancabile Antonio Corazzi. Distrutto durante la guerra, solo la facciata e la hall d'onore sono state ricostruite come erano. Per gli interni, gli architetti sembrano essersi ispirati all'allunaggio dell'*Apollo*, realizzando una vasta cupola di un colore grigio giallastro dove risuonano le note dell'orchestra filarmonica. Detto tra noi, l'acustica non è eccezionale.
Il Teatro Grande ospita tre palcoscenici.
– L'***Opera nazionale*** nella sala Moniuszki dove vengono rappresentati balletti e opere liriche, ma la cui qualità è spesso criticata. In compenso, vale la pena di fare la visita della sala, possibile in occasione della Giornata internazionale del teatro durante il mese di marzo.
– La ***piccola sala Mlynarski*** che ospita recital e altre opere, talvolta di cantanti lirici conosciuti a livello mondiale… Uno spettacolo che i melomani potranno regalarsi per un tozzo di pane. Informatevi sul programma.
– Il ***Teatro nazionale W Boguslawski***, dove vengono rappresentate opere teatrali polacche.
I biglietti per gli spettacoli sono molto meno cari che altrove in Europa. I prezzi oscillano tra 9 e 65 Zl. Gli sportelli si trovano nell'ala sinistra e sono aperti dalle 9 (10 nel week-end) alle 19. Un'ora prima di ogni rappresentazione, i posti rimasti sono svenduti come semplici ingressi; in teoria bisognerebbe restare in piedi, ma non succede quasi mai perché ci sono sempre dei posti liberi. Informazioni e prenotazioni: ☎ 692-02-98. Fax: 826-02-68. • www.teatrwielki.pl • Anche se non assistete a uno spettacolo, la vista dell'ingresso con la sua rotonda vale veramente la pena.
– A nord di piazza Teatralny, il sito del municipio distrutto è stato occupato da banche e negozi di lusso.

★ ***Plac Józefa Piłsudskiego*** *(III, C3):* vicino a via Krakowskie Przedmieście. Al centro della piazza brilla la fiamma perenne della tomba del milite ignoto. Questo memoriale è stato costruito sulle rovine del *palazzo Saski*, distrutto durante la guerra. Dopo l'assassinio di padre Popiełuszko nel 1984, all'epoca in cui vigeva ancora la legge marziale, gli abitanti realizzarono un'enorme croce di fiori e candele in memoria del prete assassinato. Per lunghi mesi, nonostante una sorveglianza poliziesca costante, questa croce fu come un grido silenzioso di protesta. Il governo decise allora di chiudere la piazza per… lavori. Lavori che durarono molti anni perché il governo non voleva correre il rischio di manifestazioni umilianti proprio sotto lo sguardo dei turisti dei vicini alberghi *Europejski* e *Victoria*.

★ ***Ogród Saski*** *(Giardino Saski; II, A-B1):* vicino a piazza Józefa Piłsudskiego. Realizzato alla fine del XVIII secolo in stile inglese, fu il primo giardino pubblico di Varsavia. Su una quindicina di ettari, ospita più di 130 essenze rare di alberi e arbusti, uno stagno artificiale, una fontana in stile Impero del XIX secolo e numerose sculture allegoriche.

★ ***Palazzo Lubomirski*** *(II, A1):* sul lato opposto del giardino Saski, si raggiunge prendendo via Marszałkowska. Prima della guerra il palazzo era circondato da altri edifici oggi distrutti. In origine la facciata era orientata a nord. Negli anni sessanta del Novecento, gli architetti della città decisero di spostarlo allo scopo di creare una prospettiva con il giardino Saski. Le fondamenta furono segate, il palazzo fu posto su rotaie e ruotato di 98° sul suo asse. Nel 1984, la bella prospettiva così laboriosamente ottenuta fu occultata dal monumento (oggi rimosso) «in memoria delle vittime della lotta per la difesa del potere popolare in Polonia».

★ ***Zachęta Gallery*** *(II, B1,* ***160****):* 3 piazza Małachowskiego. Di fronte al giardino Saski e di fianco all'*Hotel Victoria*. Aperta da martedì a domenica dalle 10 alle 19. Entrata: 10 Zl; tariffa ridotta 7 Zl. Una sala per mostre di pittura costruita intorno al 1900, bell'esempio di architettura eclettica. In questa sala il 16 dicembre 1922, in occasione di un vernissage, il presidente polacco Gabriel Narutowicz fu assassinato da un pittore in preda a un accesso di follia. Bisogna sapere che il presidente era stato eletto solo tre giorni prima.
Da quando le vecchie collezioni sono state trasferite al Museo nazionale, la galleria viene utilizzata come centro d'esposizione di arte contemporanea.

★ ***Museo etnografico (Państwowe Muzeum etnograficzne;*** *II, B1,* ***161****):* 1 ul. Kredytowa. A sud di piazza Małachowskiego. Aperto martedì, giovedì e venerdì dalle 9 alle 16, mercoledì dalle 11 alle 18, sabato e domenica dalle 10 alle 15. Chiuso lunedì e festivi. Entrata: 8 Zl per gli adulti, 4 Zl per gli studenti; entrata gratuita per tutti mercoledì. Prima della guerra il museo possedeva una collezione di 30 000 oggetti. Da allora, è riuscito a tener fede alla scommessa di ricostruire una larga panoramica dell'arte folcloristica polacca, in particolare una ricca collezione di costumi tradizionali. Il museo ospita anche un dipartimento d'arte africana, oceanica e latinoamericana.

★ Non distante, sempre su ul. Kredytowa, l'enorme cupola della ***chiesa luterana*** *(II, B1,* ***162****)*, la più grande di Varsavia. La sua acustica eccezionale riscosse il plauso di Chopin e vi si eseguono ancora oggi numerosi corali.

A NORD-OVEST, NEL QUARTIERE DI ŻOLIBORZ

★ ***Tomba di padre Popiełuszko*** *(fuori pianta I da B1,* ***163****):* vicino alla chiesa Św. Stanisława Kostki, in via Kozietulskiego, vicinissimo a piazza Wilsona. Autobus n. 116 e A; tram nn. 15 e 17. Padre Popiełuszko era il cappellano degli operai che lavoravano nella vicina fonderia Warszawa. Era giovane, idealista e predicava il coraggio, l'onestà, la libertà. Nel 1984 fu selvaggiamente assassinato dagli agenti della polizia politica. Padre Popiełuszko è diventato un martire della nazione. Le più grandi personalità del mondo sono venute a inchinarsi sulla sua tomba che si trova a destra dell'entrata della chiesa che fu la sua parrocchia: una grande croce di granito, molto semplice, appoggiata per terra. All'interno della chiesa potete visitare un'esposizione emozionante sulla sua vita, la morte e i funerali.

★ *PARCHI E GIARDINI*

★ ***Castello e parco di Ujazdów*** *(I, C3,* ***164****):* una delle residenze di campagna dei re di Polonia. Costruito nel XVII secolo per Sigismondo III (lo stesso della colonna) e ricostruito negli anni settanta del Novecento, oggi ospita un ***centro d'Arte contemporanea*** tra i più dinamici di tutta la Polonia. Aperto da martedì a domenica dalle 9 alle 17 (fino alle 21 venerdì). Oltre a mostre temporanee, concerti e proiezioni di film, presenta una collezione di artisti contemporanei polacchi e stranieri.
– Uscendo dal parco prendete via Agrycola. Tracciata alla fine del XVIII secolo nel letto di un ruscello, è molto romantica e conduce verso il palazzo che si trova sull'isola di Łazienki.

★ ***Parco Łazienkowski*** *(I, C3):* aperto dall'alba al tramonto (gli edifici sono aperti dalle 10 alle 17). Chiuso lunedì. Nel XVIII secolo, era una delle residenze estive del re Stanisław Augusto Poniatowski. Possiede il parco più bello della capitale e ospita diversi monumenti in stile barocco, classico e neoclassico.
– *Orangerie:* affascinante sala di teatro dove ancora oggi gli spettacoli si svolgono a lume di candela.
– *Biały Domek* (la Casetta Bianca): un piccolo edificio dove Luigi XVIII in esilio soggiornò dal 1801 al 1805 sotto il nome di «conte di Lille».
– *Monumento di Fryderyc Chopin:* da maggio a settembre, tutte le domeniche alle 12, i più virtuosi giovani pianisti polacchi danno concerti all'aperto.
– *Palazzo Myślewice:* una casa in stile classico, oggi residenza degli ospiti di prestigio del governo.
– *Palazzo sull'Acqua:* l'edificio più grande e più interessante. Aperto da martedì a domenica dalle 9.30 alle 15.30. Situato al centro di uno stagno, su un isolotto artificiale, in origine era uno stabilimento balneare. All'interno, molte opere d'arte e oggetti d'epoca esposti nelle sale di Bacco e Salomone, ma anche nella sala da ballo e nelle gallerie reali di pittura. Al primo piano si trovano gli appartamenti privati del re, il suo studio, la camera da letto e il guardaroba.

★ ***Wilanów:*** a sud della città, a 8 km dal centro di Varsavia. Per arrivare, autobus nn. 130 e 122. Aperto dalle 9 alle 14.30. Chiuso martedì. Sontuoso palazzo barocco della fine del XVII secolo, residenza del re Jan III Sobieski e della sua beneamata Marysieńka. L'interno è diviso in due parti. Esposizione di interni d'epoca con splendidi mobili, una collezione di ceramiche, oggetti d'uso e ricordi della famiglia reale. Il primo piano del palazzo è occupato da una galleria di ritratti dal XVI al XIX secolo.
Il palazzo Wilanów viene utilizzato come residenza per gli ospiti di prestigio in visita ufficiale. Tra le varie personalità, gli appartamenti del re hanno ospitato Charles de Gaulle (per il quale fu necessario costruire un letto speciale) e Richard Nixon. Quest'ultimo portò il suo contributo alla pulizia del parco: a causa del quotidiano jogging del mattino, che il nostro effettuava a piedi nudi, il prato fu pulito a fondo fino all'ultimo sassolino. Dopo la visita di Fidel Castro, la collezione del palazzo si è arricchita di un… tavolo da ping-pong, passatempo preferito del capo di stato cubano.
– Nel parco alla francese (aperto dalle 9.30 al tramonto), potete ammirare la *chiesa di Sant'Anna* e la monumentale *tomba della famiglia Potocki*, ultima proprietaria del palazzo prima della guerra.
– Sempre nel parco si trova un edificio moderno: il *museo del Manifesto (muzeum Plakatu)*. Accessibile con gli autobus nn. E2, 116, 165, 180, 410, 519 e 700. Aperto da martedì a domenica dalle 10 alle 16 (ultime entrate alle 15.30). Chiuso lunedì. Entrata: 7 Zl in estate, 6 Zl in inverno. Il manifesto è il punto forte dell'arte contemporanea polacca. Il museo, appassionante, possiede una ricca collezione di manifesti di teatro e cinema. Colo-

ri audaci, forme originali e concetti creativi. Non per niente fu per molto tempo uno degli unici musei al mondo a esporre questo genere d'arte. Ogni anno organizza un concorso del miglior manifesto che dà luogo a una competizione tra i più grandi maestri del genere. Le mostre cambiano ogni due mesi circa: nelle cantine del museo sono infatti conservati più di 55 000 esemplari, di cui 30 000 sono opere polacche. Se ne avete l'occasione, andateci in estate, quando aprono anche un piccolo padiglione attiguo. Purtroppo il museo è abbastanza lontano dal centro e per quelli che hanno poco tempo da dedicare a Varsavia, bisogna ammettere che il rapporto spostamento-interesse non è dei più convenienti.

★ *NEL QUARTIERE PRAGA*

Parente povero della riva sinistra della Vistola, più provinciale che europeo, il quartiere Praga conserva ancora oggi l'aspetto autentico dei quartieri popolari. Situato sulla riva destra, è impossibile negare il suo carattere vagamente orientale.
Vicino alla stazione Warszawa Wileńska, da dove nel passato partivano i treni in direzione dell'Est, brillano i campanili con cupola a bulbo della ***chiesa ortodossa*** *(**Cerkiew Prawosławna**; I, C1, **165**)*, testimone della presenza per tutto il XIX secolo dei funzionari dell'amministrazione zarista, che avevano eletto qui la loro residenza, e della presenza di un'importante comunità ortodossa, che in Polonia contava quasi un milione di persone. La chiesa è su due piani: il piano inferiore è dedicato alla Passione di Cristo, nella quale le donne sono rappresentate a sinistra e gli uomini a destra, tutti dominati dai dodici apostoli. Restano anche alcuni magnifici mosaici dei 12 apostoli, sopravvissuti alla distruzione completa della chiesa, avvenuta negli anni venti del secolo scorso. Al piano superiore la struttura è più verticale che orizzontale, molto diversa da quello che si vede generalmente nelle chiese classiche. Con un po' di fortuna, uno dei preti ve la farà visitare. Erudizione garantita.
Praga fu preservata dalle distruzioni della guerra perché i combattimenti si svolgevano soprattutto sull'altra riva. L'esercito di Stalin, ammassato a Praga, si accontentò in effetti di assistere passivamente alla distruzione del centro di Varsavia durante l'insurrezione del 1944. Il motivo invocato dai russi a giustificazione di questo non-intervento fu… l'insufficienza delle truppe. In verità, i tedeschi s'incaricarono di svolgere al posto loro il lavoro sporco, vale a dire l'annientamento totale delle forze polacche non comuniste! Fu forse per questo motivo che il nuovo governo comunista si disinteressò a questa parte della città, privandola del «privilegio» della ricostruzione del dopoguerra. In ogni caso, Praga ha conservato un sapore popolare pressoché intatto che oggi costituisce tutto il suo fascino. Giudicato indegno dell'uomo socialista, questo quartiere fu destinato a ospitare tutti gli ospiti indesiderabili della nuova società: delinquenti recidivi, asociali, reazionari…
Ancora oggi Praga gode di una cattiva reputazione a causa della sua particolare composizione sociale. Anche se non è il Bronx, i rischi di aggressione o le proposte a dir poco disoneste sono reali e frequenti. Fate attenzione in occasione dei vostri spostamenti. Prudenza anche durante la visita del pittoresco *bazar di Różyckiego* di ul. Żabowska, non distante dalla chiesa ortodossa (vedi «Acquisti»).

Feste e festival

Se Varsavia merita una qualifica, è quella di capitale culturale. Non passa un mese dell'anno senza che ci siano una o diverse manifestazioni culturali

di livello internazionale, a tal punto che enumerarle tutte sarebbe un'impresa ciclopica.
ATTENZIONE: alcune manifestazioni non sono annuali. Per maggiore sicurezza e per conoscere le date esatte, vi consigliamo di acquistare il bollettino degli eventi culturali di Varsavia, l'*Imprezy Kulturalne oraz targi*, disponibile presso l'ufficio del turismo di piazza Zamkowy.

Gennaio

– In generale il mese di gennaio parte a tutta velocità con gli spettacoli del ***festival internazionale di Teatro***, florilegio delle migliori compagnie teatrali nazionali e straniere.

Febbraio

– ***Concorso internazionale Witold Lutosławski*** dove si affrontano i compositori contemporanei di musica sinfonica.
– ***Concorso di Canto*** dedicato alla memoria di Stanisław Moiuszko, lo Schubert polacco.

Aprile

– Il piatto forte è assicurato dalle ***giornate del Balletto di Varsavia***.

Maggio

– ***Fiera internazionale del Libro*** e ***festival di Musica sacra*** nella cattedrale di San Giovanni, ai quali si aggiunge un ***festival di Opere liriche antiche***.

Giugno-luglio-agosto

Ed eccoci arrivati ai mesi estivi, sovraccarichi di eventi.
– In giugno, un meraviglioso ***festival di Teatro di Strada***.
A cavallo tra giugno e luglio, e da non perdere, il ***festival Mozart***, unico nel suo genere. Per sei settimane, tutta l'opera del geniale Amadeus viene suonata da orchestre provenienti da ogni parte del mondo.
– Se le vostre orecchie non sono ancora sature, potrete anche assistere a qualche concerto del ***festival di Jazz*** che si tiene a fine giugno e riunisce i pezzi grossi della professione, o del ***festival di Organo Johann Sebastian Bach*** il cui programma si scagliona fino a ottobre, o ancora assistere ai ***concerti Fryderyc Chopin*** organizzati da maggio a ottobre nel parco Łazienki o presso il castello Wilanów.
– Senza dimenticare il ***mese della Pittura***, in tutte le gallerie della città, da fine luglio a fine agosto, che si combina ogni due anni con il ***festival del Manifesto e del Poster***, specialità tipicamente polacca, come ormai sapete.

Settembre

– ***Festival di Musica contemporanea*** per dieci giorni.

Ottobre

– ***Concorso internazionale di Pianoforte Fryderyc Chopin***, grande meeting degli interpreti del maestro che si svolge ogni cinque anni. Il prossimo avrà luogo nel 2005.
– Il ***festival internazionale di Cinema*** (prima settimana del mese) e il ***festival di Jazz Jamboree***, una delle più importanti manifestazioni mondiali del genere alla quale partecipano tantissimi grandi musicisti.

Novembre

– ***Festival di Opere liriche barocche*** consacrato alla riscoperta di opere liriche dimenticate dal pubblico.

➤ *NEI DINTORNI DI VARSAVIA*

★ ***Żelazowa Wola:*** 55 km a ovest di Varsavia. Prendete la direzione di Poznań e, arrivati a Błonie, quella di Leszno per raggiungere la strada di Żelazowa Wola. La casa natale di Fryderyc Chopin attira tutti i fanatici di musica romantica. Dopo la visita si riparte malinconici e pensierosi come i salici piangenti inclinati sulla pianura della Masovia. In estate, concerti tutte le domeniche alle 11; fuori stagione, ☎ (828) 223-00.

★ ***Pułtusk:*** 70 km a nord-est di Varsavia. Prendete la direzione di Danzica e svoltate a destra verso Suwałuki prima dell'uscita da Varsavia. Adorabile cittadina bagnata dalla Narew (un affluente della Vistola), è uno dei siti più antichi della Masovia (regione centrale). Eretta intorno a una città fortificata, presenta caratteristiche abitazioni in muratura e un'immensa piazza del mercato (Rynek) intorno alla torre dell'antico municipio (*ratusz*). Da notare anche il castello, oggi sede di un complesso alberghiero. Eppure la città ha sofferto molto per le distruzioni perpetrate dal Terzo Reich (in particolare sulle abitazioni dell'importante comunità ebraica) e successivamente per il duello d'artiglieria che precedette la sua liberazione da parte dell'Armata Rossa. In realtà, l'architettura di Pułtusk è stata salvata da una decisione presa fin dal 1945 dall'Ufficio di Ricostruzione della Capitale e del Paese, che ordinò la ricostruzione fedele delle rovine del 1939, terminata nel 1958. Sfortunatamente, il tipico stile del «realismo socialista» non ha completamente risparmiato il sito (impossibile non vedere l'imponente edificio del nuovo municipio).

Lasciare Varsavia

In aereo

Orari di partenza dei voli

– Voli internazionali: ☎ 846-17-00.
– Voli nazionali: ☎ 846-11-43.

Diverse possibilità per raggiungere l'aeroporto

➤ ***Taxi:*** in tutti i casi, vi raccomandiamo vivamente di prenotarlo per telefono oppure, ancora meglio, di chiedere alla reception del vostro albergo di farlo al posto vostro, in modo da poter contrattare il prezzo della corsa come garanzia supplementare contro la fantasia delle tariffe. Vedi anche le informazioni pratiche in «Trasporti urbani» e la lista dei taxi in «Indirizzi utili e informazioni pratiche».

➤ ***Autobus:***
– *Navetta dell'Hotel Marriott* (di fronte alla stazione – *II, A3, 4*): partenze ogni mezz'ora davanti alla scalinata dell'albergo.
– *Gli autobus municipali:* nn. 175, 188 e 611. Il n. 175 si ferma davanti alla stazione centrale e al palazzo della Cultura. Circola ogni 20 min. circa dalle 4 del mattino (5 durante il week-end) alle 23. L'autobus notturno n. 611 parte da via Emilii Plater (dietro al palazzo della Cultura; *II, A2*) tutti i giorni dalle 23.15 alle 4.45, un quarto d'ora prima e dopo ogni ora. I biglietti si acquistano presso le edicole *Ruch*; non dimenticate di comprarne uno anche per il vostro bagaglio.

In treno

Per altre località della Polonia

***La stazione ferroviaria centrale** (II, A3, **1**)* di Varsavia fa servizio generalmente verso tutte le grandi destinazioni nazionali. Nessun problema per andarci visto che si trova in pieno centro e tutti o quasi tutti gli autobus e i tram ci passano davanti.

Orari

Si ottengono alla stazione, ma anche presso gli uffici del turismo, nelle agenzie *Orbis* e facendo un po' di coda agli sportelli d'informazioni della stazione.
Il metodo più semplice è di connettersi al sito • www.pkp.com.pl • e cliccare su *Rozk_ad jazdy pociągów*. Potrete consultare tutti gli orari in tutte le lingue. Ha un unico (piccolo) difetto: bisogna indicare il nome della città in polacco.
Potete anche provare a chiedere l'informazione presso questi centri telefonici:
– treni internazionali: ☎ 620-45-12;
– treni nazionali: ☎ 620-03-61/70.

Ecco le frequenze per le principali città:
➢ ***Per Poznań:*** 7 partenze la mattina, 9 nel pomeriggio e una in serata; c'è anche un treno notturno ma il tragitto è molto più lungo. Calcolate tra 2 ore e mezzo e 3 ore di tragitto.
➢ ***Per Cracovia:*** una partenza ogni ora dalle 6 alle 20; 2 partenze in serata (un po' più lento) e 3 viaggi notturni in partenza dalla stazione Zachodnia (decisamente più lento). Calcolate 2 ore e mezzo di tragitto per i percorsi diurni; il doppio per tutti gli altri…
➢ ***Per Danzica:*** una partenza ogni ora dalle 6 alle 19, 2 in serata e 2 notturne, ma con viaggio un po' più lungo. Calcolate 3 ore e 40 min. per il tragitto. La maggior parte dei treni diretti a Cracovia passa anche da Malbork.
➢ ***Per Lublino:*** 5 partenze al mattino, 6 nel pomeriggio, 3 in serata e 5 di notte. Calcolate tra 2 ore e 3 ore e mezzo di tragitto a seconda del treno; ma c'è anche un treno che ci mette più di 5 ore e mezzo.
➢ ***Per Breslavia:*** 7 partenze al mattino, 7 nel pomeriggio, 4 in serata e 3 di notte. I treni più diretti sono quelli via Poznań, Częstochowa e Katowice. Calcolate 4 ore e mezzo circa di tragitto nel migliore dei casi e 7 ore e mezzo nel peggiore.

Per l'estero

I treni partono dalla ***stazione ferroviaria centrale*** *(II, A3, **1**):*
➢ ***Per Praga:*** 3 treni diretti al giorno, uno diurno e 2 notturni. Altri 5 treni con cambio, non necessariamente più lenti. Calcolate 10 ore buone. 170 Zl circa.
➢ ***Per Berlino:*** una decina di treni, di cui la metà sono diretti. Calcolate tra 6 e 10 ore di tragitto. 170 Zl circa.
➢ ***Per Bratislava:*** 2 treni diretti e 6 treni con cambio. I più rapidi partono la mattina presto o in prima serata. Calcolate 8 ore di tragitto per quelli veloci, diversamente tra 11 e 15 ore. 140 Zl circa. Da Bratislava, coincidenze per Vienna e Budapest (vedi «Lasciare Bratislava»).
La maggior parte dei treni passa anche da una delle ***altre stazioni*** di Varsavia, a seconda della destinazioni:
Warszawa Gdańska *(I, B1, **5**):* 4 ul. Bracka. Per il nord.
Warszawa Zachodnia *(I, A2, **3**):* alla fine di al. Jerozolimskie, a ovest della stazione centrale. Treni per l'ovest e il sud.
Warszawa Wschodnia *(I, D1, **4**):* 1 ul. Lubeska, a Praga, sulla riva destra. Per l'est.
Warszawa Śródmieście *(II, A3, **2**):* a un centinaio di metri dalla stazio-

ne centrale. Accoglie principalmente treni locali, da e per Łowicz, Pruszków e Skierniewice.

Acquisto dei biglietti

I treni *InterCity* (IC) e *EuroCity* (EC) sono più rapidi e confortevoli. La prenotazione, però, è obbligatoria, quindi sono un anche un po' più cari.
Sul posto, ***alla stazione ferroviaria centrale*** *(II, A3, **1**)* ma in questo caso (nonostante i numerosi sportelli) dovrete prepararvi ad affrontare code impressionanti ma in fin dei conti piuttosto rapide. L'astuzia consiste nel presentarsi più tardi in serata quando i candidati alla partenza sono meno numerosi. Potete anche andare nel seminterrato dove ci sono tantissimi sportelli meno frequentati.
Attenzione, i biglietti internazionali si acquistano al primo piano a sinistra dell'entrata principale.
– Un'altra soluzione: rivolgersi alle ***agenzie Orbis***. Uffici principali: 16 ul. Bracka; aperta da lunedì a venerdì dalle 8 alle 19, sabato dalle 9 alle 15. 142 ul. Marszałkowska; aperta da lunedì a venerdì dalle 9 alle 18, sabato dalle 9 alle 13.
I treni si prendono nel seminterrato della stazione e il numero del binario è indicato sul grande tabellone. Le partenze (*odjazdy*) sono in giallo e gli arrivi (*przjazdy*) in bianco. Una cosa sorprendente: i binari fanno pensare a una stazione della metropolitana e i treni arrivano solo qualche minuto prima della partenza.

In pullman

Dworzec Centralny PKS *(I, A3, **1**):* la stazione principale dei pullman, di fianco alla stazione Warszawa Zachodnia (144 al. Jerozolimskie, a ovest della stazione centrale) fa servizio per le destinazioni internazionali e la maggior parte delle città polacche.
Dworzec PKS Stadion (ul. Zieleniecka; *I, D1, **2**):* vicina alla stazione Warszawa Stadion, sulla riva destra, raggruppa tutte le linee di pullman dirette alle città meno importanti della Polonia.

Compagnie

Due compagnie si spartiscono il traffico nazionale: *PKS*, la compagnia statale che serve tutta la Polonia, e *Polski Express*, una società privata più rapida e confortevole ma che fa servizio solo verso le destinazioni più importanti. I pullman della *Polski Express* partono dall'aeroporto e da corso Jana Pawła II, vicino alla stazione centrale.

Acquisto dei biglietti

Eccetto quelli della *Polski Express*, i biglietti si acquistano presso le due stazioni dei pullman, ai due indirizzi della compagnia (26 ul. Zurawia e 30 ul. Świętokrzyska) e in alcune agenzie *Orbis*. Per prenotare i biglietti della *Polski Express* bisogna telefonare al ☎ 620-03-30 oppure andare direttamente alla sede della compagnia al n. 36 di ul. Świętokrzyska. I biglietti internazionali si acquistano alla stazione principale dei pullman negli uffici delle diverse compagnie, o ancora al *Bus Travel Center* al n. 63 di al. Jerozolimskie, di fronte alla stazione ferroviaria centrale.

Orari

Sappiate che i pullman non sono molto numerosi (3 partenze per Cracovia e 2 per Danzica) e che i viaggi sono molto lunghi. Per andare a Cracovia da Varsavia ci vogliono da 6 a 8 ore e il viaggio è diurno. Gli orari si ottengono negli uffici del turismo, presso il minuscolo ufficio informazioni della

stazione principale dei pullman, aperto dalle 6 alle 21.30 (aspettatevi di fare la coda) oppure, ancora più complicato, per telefono al ☎ 94-33.
– *Pullman PKS:* ☎ 23-63-94 o 23-63-95.
– *Polski Express:* ☎ 620-03-30.

KAZIMIERZ DOLNY

PREF. TEL.: 081

130 km circa a sud-est di Varsavia. Una cittadina magica che conta appena 4500 abitanti e il cui nome è scritto in caratteri piccoli sulla cartina. La località possiede un fascino irresistibile e un passato ricco di peripezie. Vi regna un'atmosfera unica che vi catturerà fin dai primi istanti. La città è situata sulle rive della calma, larga e maestosa Vistola, tra due colline scolpite da burroni e gole. Quasi a proteggerla, una collina ospita il profilo grandioso di un convento di francescani e l'altra le rovine di una roccaforte medievale. La città ha il suo centro nella piazzetta del mercato (Rynek), delimitata da eleganti case borghesi strette le une contro le altre.
Fondata dal re Kazimierz Wielki (Casimiro il Grande), ne porta il nome. Una leggenda racconta che il re, innamoratosi di Esterka, una bella ragazza ebrea, per dissimulare questa unione scandalosa fece costruire nella roccaforte un lungo sotterraneo che conduceva fino al castello della citta vicina di Bochotnica, luogo di incontro con la sua bella.
Situata sulle rive della Vistola, principale asse commerciale dell'epoca, la città sembrava destinata a un grande avvenire, e le abitazioni sontuose dei commercianti sostituirono a poco a poco le capanne intorno alla piazza del mercato. Ma una serie di catastrofi (guerre svedesi, epidemie di peste e colera, incendi) venne a spezzare questo slancio, e Kazimierz Dolny non si riprese mai più. La cittadina è stata ricostruita grazie all'impegno di pittori e architetti innamorati della sua bellezza, che tra le due guerre fondarono la Società degli Amici di Kazimierz. Oggi è meta di pellegrinaggio per gli artisti che vengono fin qui per cogliere con i loro pennelli il fascino delicato e l'atmosfera misteriosa di questo luogo. Prevedete di passarci almeno due giorni per approfittare al massimo del fascino della città e dei dintorni che potete percorrere in bicicletta. La specialità della città è il pane a forma di gallo: se ne trova di tutte le dimensioni. A Kazimierz come altrove, le «P» che indicano i parcheggi sono situate su zone private, quindi a pagamento.

Come arrivare

➢ ***In macchina:*** da Varsavia, prendete la strada 17 in direzione di Lublino. Dopo circa 110 km, girate a destra verso Puławy. Prendete la piccola strada (824) parallela alla Vistola fino a Bochotnica da dove restano solo 5 km per arrivare a Kazimierz.
➢ ***In treno:*** non ci sono treni che arrivano fino a Kazimierz, ma ce ne sono diversi che vanno da Varsavia (3 da Cracovia e 3 da Poznań) a Puławy. Da qui, prendete un pullman fino a Kazimierz.
➢ ***In pullman:*** 7 pullman da Varsavia. Numerosi pullman anche da Puławy e Lublino.

Indirizzi utili

🛈 ***Informazioni turistiche, ufficio PTTK, guide di Kazimierz*** *(A2)*: 27 Rynek. ☎ 881-00-46. Aperto tutti i giorni; in estate, da lunedì a venerdì

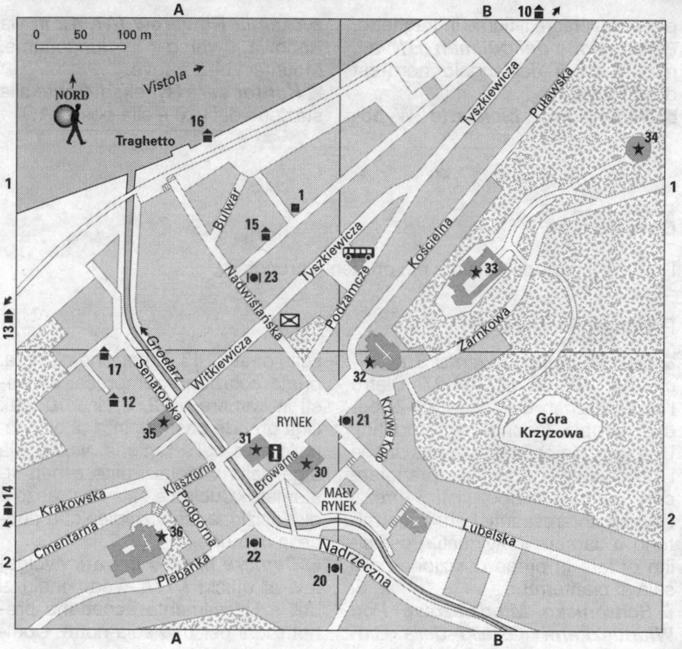

KAZIMIERZ DOLNY

■ Indirizzi utili

- **i** Informazioni turistiche, ufficio PTTK, guide di Kazimierz
- Stazione dei pullman
- Posta
- **1** Noleggio di biciclette Wypozyczalnia Rowerow

⌂ Ⅹ Dove dormire

- **10** Schronisko Młodzieżowe Pod Wianuszkami (Ostello della Gioventù)
- **12** Ostello della Gioventù Straznica
- **13** Camping n. 36 (PTTK)
- **14** Guest-rooms Pokoje Gosgice e ristorante-grill
- **15** Pensjonat Joanna
- **16** Hotel Na Wodzie
- **17** Hotel Łaźnia

Dove mangiare

- **17** Ristorante dell'Hotel Łaźnia
- **20** Kawiarnia-grill
- **21** Caffè Studnia
- **22** Restauracja Staropolska
- **23** Zielona Tawerna

★ Da vedere

- **30** Case dei fratelli Przybyło
- **31** Casa degli Architetti
- **32** Kościół Farny (chiesa parrocchiale)
- **33** Rovine del castello
- **34** Torre di guardia (*baszta*)
- **35** Casa Celejowska
- **36** Chiesa e convento dei frati francescani (Kóscíoł Kłasztor)

dalle 8 alle 18, sabato e domenica dalle 10 alle 17.30; fuori stagione, da lunedì a venerdì dalle 8 alle 13.30, sabato e domenica dalle 8 alle 14. Vendono cartine della città, molto pratiche per le passeggiate in bicicletta, con gli itinerari dei sentieri in tre colori. Prenotazione di biglietti

per attraversare il fiume in traghetto.
🚌 ***Stazione dei pullman*** *(B1):* a 5 min. a piedi dall'angolo nord-est della Rynek.
■ ***Noleggio di biciclette Wypozyczalnia Rowerow*** *(A1, **1**):* in via Sadowa, verso il lungofiume. Mountain bike nuove.
■ ***Kantor*** sulla Rynek, di fronte alla stazione dei taxi e alla posta *(A1)*.

Dove dormire

Durante il periodo estivo è più prudente prenotare.

Prezzi economici

🏠 ***Ostello della Gioventù Straznica*** *(A2, **12**):* ☎ 881-04-27. Dietro l'*Hotel Łaźnia*. Calcolate 25 Zl per una doppia (sconti per studenti). Una vecchia casa che ospita anche i pompieri. Vi conviene prenotare con molto anticipo visti i prezzi davvero interessanti. Letti in dormitorio o camere individuali. Possibilità di fare la prima colazione nella sala al pianterreno.
🏠 ***Schronisko Młodzieżowe Pod Wianuszkami*** *(Ostello della Gioventù; fuori pianta da B1, **10**):* 64 ul. Puławska. ☎ 881-03-27. Uscendo dalla città in direzione di Puławy, sulla destra. 43 Zl per una camera, prima colazione compresa. 65 posti in camere da 2, 3, 4 e 10 letti. Una grande casa dipinta di bianco, nello stile della regione, vicina alla diga della Vistola. Pulito e ben sistemato. Cucina e sala da pranzo a disposizione, servizi igienici e docce in comune.
🏠 ***Camere presso privati:*** rivolgetevi all'ufficio *PTTK* (vedi «Indirizzi utili»). Difficilmente accettano prenotazioni per una sola notte. Comprensibile, visto che Kazimierz merita sicuramente un soggiorno più lungo.

KAZIMIERZ DOLNY

Prezzi medi

⛺ ***Camping n. 36*** *(**PTTK**; fuori pianta da A1, **13**):* 61 ul. Krakowska. ☎ 881-00-36. 20 metri a piedi a sud-ovest della città. Un posto molto pittoresco, vicino a un bell'edificio del XVII secolo trasformato in albergo.
🏠 ***Guest-rooms Pokoje Gosgice*** *(fuori pianta da A2, **14**)*, 3 ul. Krakowska, e il ***ristorante-grill***, 1 Prod Wietrzna Góra. ☎ 881-06-93. Propone qualche camera doppia con bagno a 40 Zl.
🏠 ***Pensjonat Joanna*** *(A1, **15**):* ul. Sadowa. ☎ 881-07-39. Il pensionato si trova in fondo al cortile della gelateria gestita da una ragazza. Prezzi da contrattare, in generale 70 Zl circa per una doppia con bagno. Propone anche due piccoli miniappartamenti con cucina. I materassi sono un po' molli.
🏠 ***Hotel Na Wodzie*** *(A1, **16**):* in una barca attraccata sulla Vistola. ☎ 060-35-34-241. Calcolate 60 Zl per due. Se non avete mai dormito su una chiatta è il momento di provare. La barca è attraccata vicino ad altre chiatte e offre una decina di cabine con letti a castello. Servizi igienici e docce sul corridoio. Cabine pulite con moquette sul pavimento. Ristorante sul ponte.

Chic

🏠 ***Hotel Łaźnia*** *(A1-2, **17**):* 21 ul. Senatorska. ☎ 881-02-98. Nell'edificio dei vecchi bagni pubblici. Una graziosa pensioncina (solo 6 camere) a due passi dalla Vistola. Calcolate 140 Zl per una doppia. Bell'arredamento e accoglienza simpatica. Vi sembrerà di entrare nei panni dei ricchi commercianti di un'altra epoca! Se siete mattinieri, andate a fare colazione (non compresa nel prezzo) alla panetteria *Piekarnia Sarzynski*. Buon caffè espresso e pane a forma di gallo ancora caldo.

Dove mangiare

Prezzi economici

|●| ***Kawiarnia-grill*** *(A-B2, **20**):* 24 ul. Nadrzeczna. Vicino a un piccolo maniero. Aperto a partire dalle 13. In un ambiente tradizionale, piatti abbondanti e per niente cari che potete degustare all'aperto.

|●| ***Caffè Studnia*** *(B2, **21**):* all'angolo della Rynek e di ul. Lubelska. Peccato che su questa adorabile terrazza di legno o nella rustica sala interna non si possa gustare altro che pizza e hamburger: avremmo preferito un buon *żurek* familiare!

Prezzi medi

|●| ***Restauracja Staropolska*** *(A2, **22**):* 14 ul. Nadrzeczna. Ci si arriva prendendo la viuzza a sinistra dell'ufficio *PTTK*. Un po' più lontano, leggermente arretrato rispetto alla piazza principale, in una tipica casa polacca con muri dipinti a calce. Aperto dalle 12 alle 22. Il giardino sul davanti, un po' spettinato con la malva che passa oltre il recinto, aggiunge un tocco di autenticità al posto. All'interno le fascine di vischio sui muri di fianco a un grande affresco danno alla sala l'atmosfera un po' buia di una vecchia taverna. Portate un maglioncino di lana per la cena. Bella carta in polacco, tradotta in inglese per i piatti di carne e di pesce. Buona cucina e servizio molto efficente, ma tutto questo ha un prezzo. Toilette a pagamento!

|●| ***Ristorante dell'Hotel Łaźnia*** *(A1-2, **17**):* vedi «Dove dormire». Aperto dalle 10 alle 22. Qui degusterete un'autentica cucina familiare, buona, semplice e abbondante. L'autore del testo vi garantisce che il tradizionale *żurek* è degno delle più grandi zuppe di sua nonna!

|●| Alcuni lettori ci hanno consigliato la ***Zielona Tawerna*** *(A1, **23**)*, all'angolo di Tyszkiewicza e Nadwiślańska. Vi giriamo la dritta.

KAZIMIERZ DOLNY

Da vedere. Da fare

★ ***Rynek (Piazza del mercato) e vie adiacenti:*** le ***case dei fratelli Przybyło*** *(A2, **30**)* ai nn. 1 e 2, di fianco al *PTTK*, sono state costruite all'inizio del XVII secolo in stile rinascimentale. Edifici con piano superiore ad arcate. Notate l'allineamento fantasioso delle tre finestre al primo piano. Immensi attici decorativi, interpretazione naïf dei temi e degli schemi architettonici del Rinascimento. I numerosi bassorilievi presentano un gioioso miscuglio di soggetti biblici, scene di vita quotidiana, motivi greci e romani...

★ ***Casa degli Architetti*** *(A2, **31**):* sempre sulla Rynek. Costruita recentemente, a partire da elementi della casa detta «di Danzica» della fine del XVIII secolo.

★ Nel piccolo padiglione vicino si trova il ***museo dell'Oreficeria*** dove sono esposti gioielli e oggetti d'uso comune in oro e in argento provenienti da diversi musei polacchi.

★ ***Kościół Farny*** *(chiesa parrocchiale; B2,* ***32****):* sul lato nord-est della piazza del mercato. Tipico esempio di architettura sacra di epoca rinascimentale, la chiesa è stata costruita sulle rovine di una chiesa gotica distrutta da un incendio nel 1598. Gli antichi muri sono stati sopraelevati e decorati e sono state aggiunte anche alcune cappelle. All'interno, una volta a botte ricoperta di stucchi. Notate le cappelle dalla decorazione molto ricca e gli splendidi organi del 1620.

★ ***Rovine del castello*** *(B1,* ***33****):* sopra la chiesa, accessibili a piedi in 5 min. percorrendo un sentiero eroso. Costruito nel XIV secolo dai prigionieri tatari, il castello (*zamek*) doveva garantire la sicurezza del porto sulla Vistola. Nelle vicinanze, la ***torre di guardia (baszta;*** *B1,* ***34****),* alta 20 m, serviva da faro per la navigazione. Bellissimo panorama sulla città e sul fiume. Da qui potete prendere il sentiero sulla destra che arriva fino alle Tre Croci, *Góra Krzyzowa*, monumento in memoria di un'epidemia di peste. Il sentiero sbocca dietro alla chiesa Pamiatki.

★ ***Casa Celejowska*** *(A2,* ***35****):* in via Senatorska. Una casa tutta di pietra con un attico. Piccolo museo.

★ ***Chiesa e convento dei frati francescani (kościół Klasztor;*** *A2,* ***36****):* imponente edificio del XVII secolo che domina la città a sud, dall'alto della collina. Vi si accede tramite ripidi gradini. Cappella con decorazioni barocche. Sull'altare centrale, il celebre quadro con la rappresentazione dell'Annunciazione pare abbia virtù miracolose. Potete anche visitare una parte del convento dove è stata ricavata una sala d'esposizione con la storia della comunità religiosa.

➢A partire dalla chiesa e dal convento dei frati francescani, il sentiero lastricato sale fino al cimitero. Possibilità di percorrere un ***circuito ad anello in bicicletta*** seguendo le segnalazioni in verde. Al ritorno si percorrono gli argini della Vistola.

★ ***Castello Janowiec:*** sull'altra riva del fiume. Prendete il piccolo traghetto (informatevi sugli orari presso l'ufficio *PTTK*). Uno dei più grandi castelli polacchi che poco a poco sta rinascendo.

★ ***Museo di Storia naturale (muzeum Przyrodnicze):*** 64 ul. Tyszkiewicza Puławska. All'uscita della città seguendo il corso della Vistola. Installato in un vecchio granaio. Aperto da maggio a settembre dalle 10 alle 14; da ottobre ad aprile, dalle 10 alle 15. Chiuso lunedì. Entrata a pagamento.

★ Le innumerevoli ***gallerie di pittura*** dove il peggio si mischia al meglio. Vi raccomandiamo, in particolare, la *galleria Mały Rynek* sull'omonima piazzetta, specializzata in acquarelli moderni assolutamente deliranti.

Vita culturale

Ce n'è un po' per tutti i gusti e tutti i colori.

– Un festival originale di ***gruppi e cantanti folcloristici*** si svolge ogni anno a fine giugno, accompagnato da una fiera artigianale.

– In estate, vengono eseguiti alcuni ***concerti d'organo*** nella bella scenografia della chiesa parrocchiale (kościół Farny); concerti di ***musica classica***, una volta alla settimana, generalmente martedì, in agosto e settembre, verso le 19.30.

– E infine, per scatenarsi, ***concerti di musica rock e folk*** organizzati in una vecchia cava, in una zona un po' isolata a sud-ovest della città, sulle rive della Vistola.

Lasciare Kazimierz

Seguite il corso della Vistola sulla 824 in direzione di Opole e Annopolo. Arrivati a Annopolo, potete prendere il traghetto per attraversare il fiume: seguite la 854 fino al cartello «Janiszow». Il traghetto si trova in fondo alla strada di lastre di cemento (3 km). Fa servizio fino alle 21. Cercate di non avere fretta (è il momento ideale per pescare le trote). A un centinaio di chilometri a sud, in un paesaggio leggermente collinare, scoprirete la città di Sandomierz.

– I CARPAZI –

ŁAŃCUT (CAP: 37100) PREF. TEL.: 017

A una ventina di chilometri da Rzeszów, a sud di Sandomierz. Vi consigliamo di fare tappa qui piuttosto che a Rzeszów anche se quest'ultima, con i suoi 160 000 abitanti, è il centro più importante ai piedi dei Carpazi.
Per andare a Łańcut bisogna attraversare la Puszcza nella Piccola Polonia sin quasi a raggiungere la sorella maggiore, l'Ucraina. Nel passato, questa regione fu sovente vittima dei raid ottomani provenienti da sud o di quelli svedesi provenienti da nord. È in questa zona isolata che i principi scelsero di costruire i palazzi del rinascimento barocco, di cui Łańcut è il più bell'esempio. La città è infatti conosciuta per la sua residenza barocca, costruita dalla famiglia Lubomirski e appartenuta alla non meno celebre famiglia Potocki prima di diventare proprietà dello stato e sede di un museo.

«Wódkapital»

Con molta modestia le autorità di Łańcut (pronunciare «uagnezut») affermano che «se la Polonia è il paese della vodka, Łańcut ne è la capitale». Difficile trattenere l'ilarità davanti a questa modestia tipicamente polacca per un'attività che effettivamente coinvolge un bel po' di gente. Per quelli che desiderano passare in rassegna le truppe, sappiate che ben 40 fornitori raccolgono la materia prima nelle 200 fattorie della regione, 450 persone sono impiegate nelle distillerie per rifornire 2 spacci di fabbrica, 400 grossisti, 30 000 venditori al dettaglio e milioni di gole polacche.
La distilleria *Polmos* conserva tra le sue mura ben 500 000 bottiglie, ma preferisce il flusso di denaro che realizza con i 2 milioni di litri prodotti nelle sue tinozze. Oggi la distilleria concentra le energie sul mercato locale che, dal canto suo, ora rimpiange i bei tempi del comunismo. All'epoca infatti ci si poneva molto meno la questione del «bere o guidare», tanto più che viste le prospettive economiche si aveva la propensione a *dodawać sobie odwagi* (letteralmente: «farsi coraggio», pronunciate «dodawac sobié o d'vaghi»), per non dire a *zalewać robaka* (avete capito: «źallez vaces rob a ka», vale a dire «affogare il gargarozzo») per dimenticare. Ma la vodka abbondava anche per altre ragioni: le tasse erano meno elevate (fino all'80% del prezzo di una bottiglia, oggi) e il mercato nero non soffocava il mercato visto che si stima che prima del 2000 un terzo delle bottiglie comprate fossero di contrabbando. Nulla vi impedisce di fare un giro negli spacci di fabbrica della *Polmos*, ma sappiate che questa distilleria è ben rappresentata anche all'estero e che i suoi prodotti si trovano facilmente nei grandi supermercati europei. La distilleria propone anche un prodotto

di alto livello (*Quorum*) destinato principalmente agli yuppie americani. Idem per la *Pro-Polonia* che occupa il primo posto sui mercati europei insieme alla *Absolut* e ad altre marche russe.

Come arrivare

➢ ***In macchina:*** da Sandomierz prendete la strada 9 verso sud, in direzione di Rzeszów. Da Cracovia, prendete la strada 4.
➢ ***In treno:*** Rzeszów è il passaggio obbligato, ma potete anche venire da Przemyśl e da Sanok.
➢ ***In pullman:*** numerosi pullman da Rzeszów, Przemyśl, Stalowa Wola (vicino a Sandomierz) e Krosno.

Indirizzi utili

Ufficio PTTK: 1 Rynek (piazza del mercato). ☎ e fax: 225-30-16. Aperto da lunedì a venerdì dalle 9 alle 17, sabato dalle 9 alle 13. L'ufficio si trova nei locali dell'*Hotel Dom Wycleczkowy*. Purtroppo non fornisce informazioni degne di questo nome.

Stazione PKP: la stazione ferroviaria si trova a 1,4 km dal centro. Per raggiungere il centro, andate sempre dritto oppure seguite la linea ferroviaria sulla sinistra uscendo dalla stazione e risalite verso destra in direzione del castello.

Stazione dei pullman PKS: a 1 km dal castello verso est. Girate a sinistra al primo semaforo.

■ ***Sportelli automatici:*** presso la banca *Pekao SA* per la *MasterCard*; per la carta *Visa* c'è uno sportello vicino alla posta, verso l'ospedale.

■ ***Spaccio di fabbrica della Polmos:*** sulla via principale venendo da Rzeszów, vicino al negozio *Biedrowska*. Aperto dalle 8 alle 20.

I CARPAZI

Dove dormire

Prezzi economici

Hotel Dom Wycleczkowy: sulla Rynek. ☎ 225-45-12. Verso la chiesa. Parcheggio a pagamento oltre ai 21 Zl da sborsare per il letto. Dell'antico monastero domenicano restano solo il cortile e le camere lungo il corridoio. Camere con diversi letti singoli, stile ostello. Docce e servizi igienici in fondo al corridoio. Le pareti sono abbastanza spesse e non sentirete il vicino russare. Scegliete una camera con vista sul retro piuttosto che sulla strada. Ristorante nel seminterrato con spazio all'aperto nel cortile.

Prezzi medi

Hotel Zamkowa: 1 ul. Zamkowa. ☎ 225-26-71. Camere da 45 a 130 Zl; stesso prezzo per una o due persone. Una buona occasione per dormire in un grande palazzo. Le tariffe sono accessibili per tutte le borse, anche se pare che l'arredatore non abbia avuto il coraggio di spingersi fino alle camere d'albergo del castello. Ampia scelta: dalla camera molto semplice con bagno sul pianerottolo fino alla suite con 3 stanze e vasca da bagno (!). La decorazione è d'epoca, barocca o rustica, a seconda dei gusti. Il tutto manca purtroppo di classe. Peccato. Scegliete comunque una camera con vista sul parco. La mattina potete andare a correre all'ombra di alberi centenari.

Chic

Hotel Pałacyk: 18 ul. Paderewskiego. ☎ 225-20-43. Di fronte all'ospedale. A partire da 100 Zl. Un antico maniero trasformato in albergo. Ci sono solo 6 camere, tra cui una suite, ben attrezzate e veramente molto piacevoli per trascorrere una bella notte d'amore.

Dove mangiare

Intorno alla Rynek ci sono diversi locali economici che propongono piatti semplici tipo pizza, hamburger, insalate greche. Piccolo ristorante vicino alla posta.

Prezzi economici

Bar Poleca: 20 Rynek. Di fronte al parco. Una porta rossa su una facciata bianca, difficile passarci davanti senza vederla. All'interno, 5 tavoli di legno con panchine verniciate e un arredamento piuttosto ricercato per una mensa popolare. Il proprietario è in fondo, dietro al bancone, basta alzare la testa e ordinare. I piatti popolari con pesce (*ryba*) sono indicati sul tabellone mentre gli antipasti in salsa *vinaigrette* sono esposti in vetrina. Vi servono il caffè alla turca al ritmo della fisarmonica. Ma attenzione, se non riportate i piatti al bancone, al posto della fisarmonica sentirete la voce stridula della proprietaria.

Prezzi medi

Pub Legenda: di fronte all'entrata del castello. Ci si viene più per bere che per mangiare, ma talvolta bisogna assecondare anche lo stomaco. In un ambiente da brasserie parigina, il giovane proprietario fa qualche sforzo per parlare in inglese e propone una carta onesta senza grande originalità. Concerti venerdì sera.

Chic

Ristorante del castello: ambiente piacevole, carta tradotta in inglese e prezzi onesti. Zuppa a base di vitello (*szara*) seguita dal celebre *zurek stowinski* con cetrioli agrodolci e come dolce una frittata al formaggio ricoperta di una salsa al cioccolato. Dopo un pasto così non c'è niente di meglio di una bella passeggiata digestiva nel parco.

Ristorante Pałacyk: 18 ul. Paderewskiego. ☎ 225-20-43. Stesso indirizzo dell'albergo. La migliore tavola della città. Un locale dove si respira il buon gusto di un'epoca ormai lontana, quando la gente sapeva ancora ricevere. Accoglienza e servizio discreti ma efficienti. Nella sala da pranzo gli animali non sono i benvenuti, se non sotto forma di trofeo. I piccoli budget potranno degustare una minestra e passare in seguito alla pizzeria! Assaggiate la zuppa al gulasch servita in una scodella e presentata in una zuppiera posta su un supporto tenuto in caldo da candele. Piatti raffinati. Musica radiofonica, un po' forte.

Dove bere qualcosa. Dove andare la sera

Pub Legenda: vedi sopra. L'unico locale alla moda della città dove potete bere qualcosa prima di andare in discoteca.

♩ ***Opera Club:*** discoteca aperta mercoledì, venerdì, sabato e domenica (entrata gratuita).
– C'è anche un ***cinema***.

Da vedere

★ ***Il castello:*** aperto dalle 9 (10 in inverno) alle 14.30 (16 domenica). Chiuso lunedì. Il parco del castello apre i cancelli alle 7. Entrata a pagamento per il castello e la visita delle collezioni di macchine, attacchi di bestie da tiro e icone; tariffe ridotte per studenti. Il servizio della guida vi costerà 70 Zl, ma è meglio chiamare almeno il giorno precedente per verificare le lingue disponibili. Per la visita dovrete calzare un paio di pattine molto eleganti (!). Capirete il perché più tardi.

Un po' di storia

Diversi nomi sono legati alla storia della regione e di questo castello che – credeteci, non stiamo esagerando – è veramente un piccolo gioiello. La storia comincia nel XIV secolo, quando della roccaforte medievale non resta più un granché. Nel secolo successivo l'edificio fu reso più «sicuro» da una fortezza a forma di stella a cinque punte. Ma forse la reputazione del sanguinario Stanisław Stadnicki, che sgozzava i suoi vicini prima ancora di aver stretto loro la mano, è più tenace delle vecchie pietre.
In definitiva, l'impronta principale fu lasciata dalla famiglia Lubomirski. A cominciare da Stanisław Lubomirski nel XVI e XVII secolo, seguito poi da un altro Stanisław Lubomirski (1736-1816). OK, OK, avete ragione, tutti questi nomi impronunciabili non vi dicono molto. Certo, ma se vi diciamo che la principessa Izabela (la moglie del secondo Lubomirski) passava per essere la donna più ricca di tutta la Polonia (possedeva più di 16 città e 300 villaggi), forse comincerete a capirci un po' di più, non è vero? Se proseguiamo dicendovi che è a lei che si devono la sala da ballo, la grande sala da pranzo, l'aranceto, la galleria delle statue… comincerete a capire di chi era amica. Indovinato! Di Maria Antonietta, naturalmente! La principessa raccolse qualche idea a destra e a manca per decorare questo piccolo palazzo di una taglia certamente molto più umana rispetto al castello di Versailles. Testimonianza del XVIII secolo, la bella facciata in raffinato stile barocco di un tenero rosa salmone, che termina in stile neoclassico rococò con belle torri d'angolo a forma di campanili dolcemente ortodossi.
Dall'ultima residenza della famiglia Potocki, prima dell'arrivo dei russi il conte, aiutato dal governatore tedesco, spedì all'estero (prima a Vienna e poi nel Liechtenstein) più di 600 casse contenenti tutte le ricchezze del palazzo. Restano da vedere una bella collezione di ritratti di nobili sarmati, alcune sculture, bei pezzi d'argenteria, insomma tutto il necessario per farci sognare una vita principesca. Tanto di cappello ai polacchi che hanno saputo riparare i danni causati dai due conflitti mondiali. Il palazzo non ha neppure l'ombra di una ruga.

La visita dell'interno

Ecco le stanze che ci hanno maggiormente impressionato.
– Nella ***hall d'entrata*** (vicino alla stanza delle pattine) notate il camino in stile neorinascimentale che si inserisce così bene nell'ambiente grazie allo stile «panna montata» delle volte risalente alla fine del XIX secolo. Osservate il magnifico pavimento composto di listelli di legno laccato. Notate anche i mosaici.
– La ***hall-corridoio dell'ala nord:*** bella come la sala delle carte geografi-

che di un'università del New England. I lampadari a specchio a quattro facce diffondono un bagliore seppiato sui vecchi ritratti degli illustri proprietari del castello (le cui tele cominciano a screpolarsi con gli anni). Lungo lo scalone, 5 dei 17 più grandi ritratti della famiglia. Il terzo quadro a destra rappresenta l'ultimo rampollo dei Potocki, il più ricco parigino del XIX secolo, morto senza discendenza e quindi senza eredi!
– Si accede in seguito al ***salone d'entrata*** o ***sala da pranzo d'inverno***. Bel parquet policromo lavorato e stufa di maiolica gialla e bianca a forma di fontanella. Nella sala spicca su uno sfondo blu la «P» dei Potocki.
– Si entra poi nella ***suite degli uomini*** (chiamata anche appartamento verde), con un bel tavolo da gioco provvisto di cassetti per i gettoni.
– La ***camera da letto rossa*** è arredata con mobili austriaci e una piccola credenza per il caffè – il castellano adorava restare a letto fino a tardi prima di fare colazione. Bell'orologio bicentenario proveniente da Łańcut.
– Chi ha detto che la Polonia è un paese grigio? Dopo il rosso sangue della stanza precedente si passa al giallo canarino della ***sala da bagno*** dotata di una porta segreta per accedere direttamente al secondo piano.
– Il ***guardaroba femminile*** fa pensare alla stanza di una cameriera. Buona patriota nell'esportazione del superfluo, fu Maria Antonietta a offrire in dono alla casa il bidet... Che gentile!
– Il ***salottino verde e bianco*** con specchi in diversi pezzi (una rivoluzione per l'epoca), incorniciati da spirali dorate in stile rococò. Notate il bel parquet realizzato con 18 essenze diverse di legno.
– La ***camera da letto della contessa***. Purtroppo i tessuti stampati e floreali non sono d'epoca: la stanza ci avrebbe sicuramente guadagnato in termini di armonia. Baldacchino tipico della fine del XVIII secolo. Il letto è realizzato sulla misura della signora che vi dormiva (alta 1,61 m).
– Il ***salottino d'angolo***. Un'altra stufa a fontanella, questa volta sormontata da un'aquila di reminiscenza curiosamente tedesca. I soffitti dell'inizio del XX secolo sono stati interamente restaurati, ma si aspettano generosi sponsor prima di cominciare i lavori nel resto della stanza.
– Attenzione, se per caso non l'avete notato, a questo punto della visita vi trovate ancora nell'edificio barocco. Se la guida vuole condurvi altrove significa che state per perdervi una delle stanze più belle del castello. Generalmente non è aperta al pubblico. Concentratevi sulle vostre conoscenze del polacco e insistete per accedere alla ***biblioteca*** situata nella torre più antica del castello. Un piccolo gioiello dove il biliardo, i segnalibri in cuoio e i serissimi volumi disposti nelle vetrine aspettano solo l'arrivo di anziani lord per completare una scenografia da club inglese super elitario. Il vetro delle vetrine è stato appositamente trattato al piombo per far sì che i raggi ultravioletti della luce naturale non rovinino le dorature dei volumi rilegati in pelle. La collezione comprende 26 000 volumi di cui molti del 1491. Per non danneggiare i volumi più antichi, un tavolo speciale ricoperto di un panno di velluto aspetta i pochi privilegiati che avranno il diritto di passare un po' di tempo chiusi in questo piccolo nido. Tra i volumi della collezione figurano i manoscritti del *Barbiere di Siviglia*. Difficile riprendersi dalla visita di questa biblioteca, in modo particolare per noi, autori di letteratura di serie C.
– Segue la visita della ***sala da pranzo***. Quando i conti e la corte si riunivano, per il servizio ci volevano grosso modo 120 persone. Cosa che lascia facilmente capire come per un pasto venissero utilizzati 3623 stoviglie (!).
– La ***sala da ballo*** si trova giusto di fianco. Da notare la somiglianza dei colori con quelli utilizzati per l'esterno dell'edificio. Il bianco stuccato delle cornici mette in risalto al meglio il falso marmo rosa. Di passaggio, notate un busto dell'«Austriaca» (Maria Antonietta). È in questa sala che si tengono i concerti di musica classica.
– Sul lato sinistro della sala, il ***teatrino***. Bel soffitto a cassettoni totalmente rinnovato sotto il quale si rallegrano unicamente i membri del governo in

occasione di cerimonie speciali. Ci sono solo 80 posti a sedere. Nelle cantine del castello sono conservate 20 scenografie e 140 costumi d'epoca. Un altro piccolo gioiello.
– Segue un'altra ***sala da pranzo*** con un parquet che rappresenta dei tortiglioni.
– La ***galleria Rzeźb*** è fresca come la vigna greco-romana dipinta sulle pareti. Come tutte le buone famiglie dell'epoca, anche i Potocki avevano un debole per l'arte classica. Nella galleria potete ammirare una successione di busti e statue greco-romane di interesse secondario.
– Infine, nella ***sala delle colonne*** lo stile si perde nella megalomania di un Lubomirski, che giunse al punto di farsi rappresentare come amorino (statua di Antonio Canova, 1787).
– Prima di dirigervi verso l'uscita della hall orientale, date un'occhiata alla saletta con soffitti molto bassi. È la ***suite cinese***, un ambiente che fa pensare a una casa di bambole. Contrariamente a quello che ci si potrebbe aspettare, non si tratta di una successione di vetrine sovraccariche di vasi Ming, ma di un salottino con colori che rivaleggiano per intensità. Il rosso si sposa con i piani stilizzati della Città proibita e il nero fa risaltare al meglio le stampe con la rappresentazione di dame lascive che giocano a nascondino con qualche signore imberbe.
Naturalmente, si tratta solo di alcuni degli appartamenti accessibili alla visita.

L'esterno

– L'***orangerie***, l'edificio a destra del castello, con una serra di piante tropicali.
– Seguite le indicazioni per la ***collezione di macchine e attacchi per bestie da tiro*** che si trova nel parco di fronte (attraversate la strada). Esposta nelle antiche scuderie, questa collezione unica nel suo genere raggruppa una cinquantina di attacchi per bestie da tiro di ogni sorta, per l'estate e per l'inverno.
– Sempre nello stesso parco, una ***collezione di icone*** (*zbiorikons*) in grandi cassetti verticali. Le foto delle chiese ortodosse, come quella di Ulucz, fanno venire voglia di andare nei Beschidi a visitarle tutte.

I CARPAZI

★ ***Sinagoga:*** ul. Zamkowa. Uscendo dalle scuderie ritornate verso il *centrum*; la sinagoga si trova nell'edificio giallo d'angolo. Aperta da giugno a settembre dalle 10 alle 16. Entrata a pagamento. Cercate di insistere per farvela aprire. La storia è in inglese. Begli affreschi simbolici, in particolare sulla Bima, grande portico a quattro colonne situato al centro della sala di preghiera. Notate i capitelli con i motivi che scendono fino al marmo delle colonne. Il complesso è conservato molto bene.

★ ***Museo della distilleria di wódka Polmos:*** ☎ 225-25-23 (prenotazione obbligatoria). La distilleria non è ancora attrezzata per il turismo industriale, ma non lamentiamocene. In effetti, questo piccolo museo che assomiglia stranamente a una casa di villeggiatura dell'America del nord illustra tutto il processo di fabbricazione della famosa bevanda. Realizzato molto bene, presenta alcuni modellini in scala ridotta e diverse collezioni di vecchie bottiglie ed etichette.
La storia della distilleria, fondata nel XVIII dalla duchessa Lubormirska, è indissociabile dalla storia del castello. All'inizio del XIX secolo, finì nelle mani dei conti Potocki che diffusero la commercializzazione del prodotto fin nei sobborghi di Vienna e Leopoli. Sotto una corona ravvivata da piume bianche, una «P» ricorda la nobile ascendenza delle bottiglie. Nel 1924, la famiglia fu privata del possesso della distilleria a causa dell'istituzione, da parte del governo dell'epoca, del monopolio di stato su questa

bevanda alcolica. Il che non impedì ai Potocki di conservare la conoscenza delle tecniche di fabbricazione. Rasa al suolo dai russi nel 1944 (chi l'avrebbe mai detto!), la distilleria è rinata dalle sue ceneri per raggiungere uno dei massimi livelli di produzione nel 1969. Per farvi un'idea, sappiate che all'epoca la fabbrica sfornava 200 000 bottiglie circa al giorno (!). Due anni dopo la caduta del muro di Berlino, il monopolio fu abolito e la fabbrica, fiera dei suoi 60 diversi tipi di alcol, aprì al capitale privato. Oggi sullo stemma figurano una «P» e una «L» unite, testimonianza dell'unione di Polmos e Łańcut.

➤ NEI DINTORNI DI ŁAŃCUT

★ ***Markowa:*** 10 km a sud di Łańcut. Accessibile in pullman (partenze alle 7 e alle 14). In macchina, prendete la 877 fino a Albigowa (direzione Husow) e seguite le indicazioni «Muzeum wsi Markowa». Dopo i fasti del castello, benvenuti in campagna. Un signore anziano vi fa da guida. Con il suo mazzo di chiavi vi apre le porte delle rimesse e aziona gli strumenti per farvi capire il loro uso. Vecchi indumenti di pelle, un mulino e altre curiosità di un'epoca dimenticata da questo lato della frontiera.

SANOK (CAP: 38500) PREF. TEL.: 013

La città si trova all'incrocio delle strade per l'Ucraina (50 km) e la Slovacchia (20 km). Con i suoi 42 000 abitanti, è un buon punto di partenza per visitare i Carpazi polacchi: i monti Beschidi (Bieszczady). Nei dintorni di Sanok ci sono tantissime chiese ortodosse di legno risalenti, nel caso di Ulucz, al XVI secolo. Centro industriale, sede della fabbrica *Autosan* (i famosi pullman che inquinano ogni volta che accelerano), la città e la regione restano comunque i parenti poveri della Polonia. Non mancate di visitare il museo etnografico, uno dei più grandi di tutta la Polonia.
Mercoledì è giorno di mercato.

Come arrivare

➤ ***In macchina:*** da Cracovia prendete la strada E40 fino a Przemyśl. È la più diretta. Calcolate una buona mezz'ora di tragitto. Da Łańcut, c'è una stradina diretta: la 877. Sale e scende e in alcuni punti è un po' sconnessa, ma è la più breve. Diversamente, bisogna passare da Przemyśl.
➤ ***In treno:*** da Cracovia, passaggio obbligato da Krosno, 4 treni al giorno. Da Łańcut, siete costretti ad attraversare l'Ucraina passando da Jaroslaw, Przemyśl, Ustrzyki Dolne e Sanok. Informatevi per il passaggio sul territorio ucraino.
➤ ***In pullman:*** diversi pullman a servizio rapido in partenza da Rzeszów e Cracovia.

Indirizzi utili

🛈 ***Informazioni turistiche:*** l'ufficio *PTTK* si trova sulla Rynek. ☎ 463-10-13. Poche informazioni interessanti. Affitto di chalet a Biala Góra. Vendita di cartine stradali dopo le 10.
🛈 ***Biuro Promocji Miasta:*** 1 Rynek.

Nel nuovo municipio. Al n. 63 il responsabile del turismo della regione, Robert Bankosz, è il migliore interlocutore (francofono) per visitare la città e i dintorni. È un appassionato del Medioevo ed è stato per noi una guida appassionante quando abbiamo fatto la visita notturna della città. Salutatelo da parte nostra!

■ Vicino all'ufficio *PTTK*, un ***negozio*** vende articoli artigianali e cassette o CD di musica folcloristica. Ascoltate *Ukrainian Folk* del gruppo Zespol, Oslawiany o Kapela Zbyrana o ancora l'Orkiestra Mikolaja Werchowyna. C'è anche un bel libro di foto sulla regione: *Bieszczady*, di Tadeusz Budzinski, pubblicato dalla casa editrice Bosz.

Stazioni PKP e PKS: distanti dal centro, 1 km a sud della Rynek. C'è anche un trenino a vapore che fa servizio nei monti Beschidi, tra Wola Michowa e Wetlina. In estate parte da Rzepedz. Informatevi alla stazione di Zagorz o presso l'ufficio *PTTK* di Sanok.

■ ***Cinema:*** due cinema nella via del ristorante *Smak*, ul. Mickiemiza. Il cinema della Casa della cultura programma film recenti.

■ Nella stessa via, c'è anche una ***pista di pattinaggio su ghiaccio*** aperta tutto l'anno.

■ ***Orbis:*** 4 ul. Grzegorza. ☎ 463-28-59. Agenzia di turismo.

Dove dormire

Prezzi economici

Camping Biala Góra: ul. Biala Góra. ☎ 463-38-80. Aperto in stagione.

Schronisko PTSM: 10 ul. Konarskiego. ☎ 463-09-25. Vicino alle stazioni *PKP* e *PKS*, di fianco all'ospedale. Ostello aperto durante le vacanze scolastiche.

Prezzi medi

Hotel Dom Turysty: 29 ul. Mickiewcza. ☎ 463-10-13. Vicino al *centrum*. 26 Zl per notte. Parcheggio a pagamento (10 Zl). Un grande palazzo con 140 camere che assomigliano molto a quelle delle residenze universitarie, con tanto di graffiti sui muri. A questo prezzo non potete pretendere troppo, tanto più che il bagno è in camera. Per fare una prima colazione decente bisogna alzarsi presto.

Hotel Turysta: 39 ul. Jagiellonska. ☎ 463-09-22. Distante dal centro. Un po' meglio del precedente.

Chic

Hotel Jagiellonski: 49 ul. Jagiellonska. ☎ 463-12-08. In direzione della stazione *PKP*, sulla strada. Vecchia casa borghese trasformata in albergo. Prezzi abbordabili per noi. Possibilità di scegliere tra camere singole, doppie e appartamenti di 3 stanze.

Dove dormire nei dintorni

La regione dei Beschidi, in particolare a Cisna, Wetlina e Solina, è piena di campeggi, pensioni e alberghi per escursionisti. Alcuni lettori ci hanno consigliato un indirizzo:

Camere-pensione-ranch di Rusin Stanislaw: a Dwernik.

Dove mangiare. Dove bere qualcosa

Prezzi economici

|●| ***Ristorante Smak:*** 4 ul. Mickiemiza. Di fronte a una pizzeria. Aperto dalle 9 alle 17. Il ristorante più popolare della città. Decorazione classica da mensa popolare, con il cartellone dei piatti del giorno appeso al muro. *Daria jurskie* significa «piatto vegetariano».

Prezzi medi

|●| ***Ristorante dell'Hotel Dom Turysty:*** vedi «Dove dormire». Il locale ha il vantaggio di servire fino a tardi la sera. Spesso animato. Cucina senza originalità ma abbondante.

|●| 𝐈 ***Ristorante Horn:*** dietro il municipio, sotto il portico, nel seminterrato. Potete mangiare fino alle 22 e bere fino all'ultimo cliente. Piccola sala appartata rispetto al bar. Carta varia.

|●| ***Ristorante-night-club Pod Arkadami:*** ul. Grzegorza Sanoka. Nel *centrum*. Ristorante nel seminterrato, dopo il bar. La *zupy flaczki* è una specialità popolare, difficile da tradurre, ma pensiamo che si tratti di «ventre di mucca». Il ristorante propone anche la *zupy zurek*, una zuppa con salsiccia che viene lasciata fermentare qualche giorno, e un piatto forte, la bistecca tatar il cui nome deriva dai cavalieri tatari che lasciavano seccare la carne sulla sella del loro cavallo!

|●| ***Ristorante dell'Hotel Jagiellonski:*** vedi «Dove dormire». Vincitore del premio della qualità e della raffinatezza. Lasciamo a voi il piacere e il compito della degustazione.

– ***Grandi festival folcloristici:*** l'ultima domenica di maggio e la prima domenica di agosto nello *skansen* di Sanok. Carta tradotta in inglese, diversi piatti tra cui zuppe varie, cotolette, pesce…

Da vedere

★ ***Lo skansen:*** indicato a partire dal *centrum*. Attraversate il fiume San passando su un antico ponte dell'esercito. Entrata a pagamento. Tariffe ridotte per studenti. Questo museo all'aperto, il più grande di tutta la Polonia, è la principale attrazione della città: 38 ettari, 120 edifici spostati e rimontati sul posto. Vi consigliamo di fare una visita guidata. Il museo etnografico solleva infatti un certo numero di domande, in particolare sulle comunità bojkos e łemkos che abitavano nella regione prima di essere per la maggior parte deportate su ordine di Stalin (in seguito alla guerra civile tra l'esercito insurrezionista ucraino, l'UPA, e l'esercito polacco presente nei Beschidi fino al 1948). Questa popolazione uniate fedele al papa ha conservato i suoi riti ortodossi, da cui deriva il nome di chiesa greco-cattolica. Nel parco: visita di un tempio uniate del 1731, di una chiesa greco-ortodossa e di una chiesa greco-cattolica, con spiegazioni sull'architettura e gli usi. Si ha quasi l'impressione di essere in un villaggio con le fattorie, la scuola, i santuari, il museo di icone, i pompieri… Alla fine della visita avrete molte più conoscenze sulla regione e vi sentirete pronti a fare il giro delle chiese e la visita dei Beschidi.
Festival folcloristici l'ultima domenica di maggio e la prima domenica di agosto.

★ ***Il castello:*** nel *centrum*. Indicato a nord della Rynek. Aperto dalle 9 alle 15. Entrata a pagamento.

Il castello ospita un ***museo*** con una bella collezione di ***icone*** di cui solo un centinaio sono esposte – altre 700 aspettano la fine dei lavori. L'icona è un'immagine sacra, punto di passaggio tra il mondo reale e il mondo spirituale. Nell'ultima sala, due grandi icone rappresentano il Giudizio Universale e la vita di Cristo.
All'ultimo piano, esposizione di opere moderne senza titolo di Zdzislaw Beksinski, pittore di fama mondiale che vive tra Varsavia e Parigi. Beksinski ha smesso di dipingere 6 anni fa per consacrarsi al computer.
Dall'ultima sala, bel panorama sulla «montagna di sale».

★ In occasione di una passeggiata in città, non mancate di visitare la ***cattedrale ortodossa*** situata nella via che scende dal castello. Potete chiedere la chiave al n. 16 di ul. Zamkowa. Le prove del coro di Sanok hanno luogo domenica mattina, durante la messa. Pare che sia uno dei migliori cori della regione. Per gli appassionati, nella costruzione a sinistra della cattedrale sono in vendita alcune cassette del *Chor cerkwi, prawoszawnej sanoka*. La chiesa evangelica si trova giusto di fronte, ma è tutta un'altra storia...

Feste e festival

– ***Festa della comunità bojko:*** il 7 e l'8 gennaio, a Jordan. Per la comunità questa festa è più importante del Natale.
– ***Assembramento dei Łemkos*** di tutto il paese: il 24 giugno, a Zyndranowa e Zdynia.
– ***Festival di folclore:*** in luglio e agosto a Jawordnik, vicino a Komancza. Festival organizzato dagli studenti.
– ***Festa folcloristica:*** a fine agosto, a Mokre.

➤ *NEI DINTORNI DI SANOK*

★ ***Circuito delle chiese:*** itinerario segnalato di un giorno che potete fare in bicicletta con partenza da Sanok. Chiedete il dépliant in inglese *Pogladowy przebiegu szalaku ikon*, con la cartina dei siti delle chiese. Queste chiese, meglio conservate rispetto a quelle che si trovano a sud di Sanok, per lo più bruciate, sono state restaurate ed emanano un buon profumo di legno. L'interno è un tripudio di icone. Ogni angolo è stato dipinto, decorato o scolpito ed è impossibile non restare ammirati davanti a tanta devozione.
Prima tappa alla chiesa greco-cattolica di *Miedzybrodzie*. Per ammirare l'interno bisogna chiedere le chiavi al signor Mieczyslax Bojeczko. Si parte poi in direzione di *Tyrawa Solna*. Chiedete le chiavi nella casa di fianco, presso il signor Miecsyslaw. In seguito *Hłomcza*, a Łodzina, dove il signor Jan Skubinski vi aprirà le porte dell'edificio. *Ulucz* è il tempio uniate più antico della Polonia (1510); le chiavi si trovano all'entrata del villaggio, presso la signora Genowefa Filip. È la chiesa più bella del circuito. Finite il giro passando da Dobra Szlachecka, Siemuszowa e Hołuckow.

★ ***Arłamow:*** bella strada a serpentina lasciando Sanok per raggiungere Przemyś sulla 98, con bei panorami sulle valli. Proseguite sulla 890 a partire da Kuźmina e seguite le indicazioni dell'*Hotel Arłamow*. Nel passato era un'antica residenza del governo polacco riservata agli apparatchik, trasformata poi in un albergo di lusso. La regione era stata svuotata dei suoi abitanti per creare un'enorme riserva di caccia. Da allora, per cacciare bisogna richiedere un'autorizzazione speciale al governo polacco. Oggi la foresta è aperta al pubblico e offre una bella occasione per fare qualche passeggiata in mountain bike. Kwazenina era l'antica guarnigione dei soldati che custodivano il parco, ma oggi gli edifici sono stati abbandonati. Se non resistete alla curiosità di visitare l'albergo, noterete facilmente che la parola lusso non significava la stessa cosa per i comunisti e per i capitalisti. Il ristorante è aperto dalle 8 alle 23, mentre il bar apre alle 10. Possibilità di noleggiare biciclette (5 Zl all'ora) o di fare passeggiate a cavallo (30 Zl all'ora). Sci di fondo in inverno.

★ ***Chiesa di Rybotycze:*** proseguite sulla strada dell'*Hotel Arłamow* attraverso la foresta (dove ancora oggi viene prodotta la carbonella) fino a Makowa. La chiesa di Rybotycze, 3,6 km dopo il villaggio, è una delle più antiche chiese ortodosse di pietra del paese. Facile da trovare: basta seguire gli indicatori stradali fino al n. 89. Chiedete la chiave della chiesa nella casa di fianco.

★ ***Kalwaria Paclawska:*** dopo il villaggio di Huwniki dirigetevi verso Nowosioki Dydynskie. Nel grazioso villaggio di Kalwaria Paclawska, nascosto in fondo alla foresta, sembra che il tempo si sia fermato al XIX secolo. Un monastero francescano in stile barocco accoglie ogni anno per il 15 agosto un grande pellegrinaggio in onore di Maria. In bicicletta potete percorrere la via crucis delle cappelle di campagna. Ogni cappella è dedicata a un santo.

Lasciare Sanok

➢ ***In pullman:*** una quindicina di partenze la mattina presto o la sera tardi per Rzeszów e Krosno; 4 partenze al giorno per Przemyśl; una sola partenza, verso le 23, per Częstochowa.
➢ ***In treno:*** una ventina di treni al giorno per Zagorz (porta d'accesso dei monti Beschidi).

I BESCHIDI (BIESZCZADY)

A sud di Zagorz, i monti Beschidi sono la propaggine nord-occidentale dei Carpazi, la grande catena montuosa dell'Europa centrale che si estende per 1500 km fino al leggendario castello di Dracula. Meno elevati delle Alpi (l'altitudine è inferiore a 1500 m), i Carpazi si sono formati nell'era terziaria e presentano comunque una maggiore complessità rispetto alle Alpi. Le montagne sono sovente fiancheggiate da bacini dove l'agricoltura è molto varia e ricca grazie all'abbondanza d'acqua. Qui nulla evoca un passato sanguinoso, è un susseguirsi di steppe, paesaggi a perdita d'occhio con colline che si alternano a pianure, praterie dove ci si aspetta di vedere apparire da un momento all'altro un gruppo di elfi polacchi. Queste montagne sono protette dalla dannosa influenza dell'uomo e la natura è ancora selvaggia, come dimostrano gli animali che la popolano e percorrono senza limiti di frontiera. Quasi 300 degli 800 lupi censiti in Polonia vivono qui (per informazione, lo sapevate che un lupo mangia in media una tonnellata e mezzo di carne all'anno?); cervi, cerbiatte e cinghiali popolano le montagne insieme a gatti selvatici, bisonti e orsi. Ma dovrete armarvi di molta pazienza e di una buona dose di fortuna per riuscire a seguire le loro tracce. La regione dei Beschidi è conosciuta per le passegiate che offre ed è naturalmente presa d'assalto da orde di camminatori in estate e nel fine settimana. La caccia è regolamentata e anche qui è fonte di problemi e polemiche tra cacciatori, allevatori ed ecologisti.

Da vedere. Da fare

★ ***Circuito delle chiese dei Beschidi:*** tre grandi generi di architettura predominano nella regione: łemko, bojko e hucul, dal nome delle popolazioni che abitavano queste montagne nel passato. Ma non c'è una chiesa che assomigli a un'altra. Ogni volta la vista di queste vestigia di legno risalenti per la maggior parte al XVII secolo è miracolosa. Non è facilissimo trovarle e l'ufficio del turismo non ha ancora pubblicato un dépliant informativo. Abbiamo cercato di essere il più precisi possibile, siate indulgenti. Il più delle volte le chiese sono nascoste in mezzo alla vegetazione. Il metodo migliore per scovarle è quello di partire in macchina con una guida della regione. Vi consigliamo di procurarvi una cartina in scala 1/75 000. Per vedere l'interno bisogna chiedere la chiave (*klucze*) che si trova generalmente nella casa più vicina alla chiesa (*cerkiew*, pronunciate «serfief») e ogni volta lasciare un obolo.

– A ***Szczawne***, sulla strada 893, all'altezza dell'indicazione della pensione *Dora Pensjonat*, subito dopo la ferrovia, si intravede sulla destra una chiesa con il tetto verde.

– La chiesa di ***Morochow*** non è la più bella ma ha la particolarità che vi abita una parigina, moglie del prete del paese.

– ***Komancza*** ospita un festival in luglio e agosto. Gli studenti di Lublino organizzano presso la località di Jawordnik una grande festa folcloristica con danze e musica dei Carpazi. L'antica chiesa greco-ortodossa si trova dopo la nuova chiesa sulla strada di Duckla; chiedete la chiave al prete e proseguite a piedi per 400 m. La chiesa è nascosta nel boschetto sulla vostra destra. Di architettura łemko, è la più bella della regione. Ammirate, al centro del coro, la porta del re (*krolewskie wrota*). Il prete che fa la messa è l'unico a passare da questa porta che, al di fuori del momento della messa, resta chiusa. Le due porte sul lato, meno cariche di oro, sono riservate ai diaconi (*diakonskie wrota*).

– ***Wyzna Przelecz***, all'altezza del parcheggio, offre un magnifico panorama sul monte Bukowe Bendo ed è punto di partenza per l'ascensione del Polonia Wetlinska (1228 m). I più forti camminatori ce la fanno in un'ora. Punto di ristoro sulla cima aperto tutta l'estate fino a ottobre. Superba vista sul parco dei Beschidi e sul monte Tarnica (1346 m) che in dialetto ucraino significa «sella». Al di là della frontiera comincia la steppa.

– Per andare a Wotosate dovete prendere una strada senza uscita piena di buche per 8 km, ma che attraversa il parco e offre la vista di sontuosi paesaggi. Con un po' di fortuna potrete intravedere dei branchi di cavalli selvaggi.

– Qualche chilometro dopo la biforcazione per Dwernik (vedi «Dove dormire nei dintorni di Sanok»), sul lato destro della strada, una grande croce gialla con gli orari delle messe. Nel bosco in cima alla collina c'è una bella ***chiesa*** greco-ortodossa in stile bojko. Ci si domanda da dove possono mai venire i credenti visto che tutt'intorno non c'è anima viva.

– ***Michniowiec***, la prima chiesa greco-ortodossa di legno sulla strada a destra, all'altezza di una croce in pietra (*kapliczka*). Per trovare la seconda, tornate indietro e prendete la strada in direzione di Bystre. Il sito è abbandonato ma molto fotogenico.

– A ***Rownia***, la chiesa greco-cattolica del XVII secolo si trova nel centro del villaggio, vicino alla fermata dei pullman. La chiesa possiede la particolarità di avere un porticato esterno riservato, in caso di maltempo, alle persone che arrivano in anticipo.

★ ***Solina*** è conosciuta per la sua diga di 82 m, la più alta del paese. Grazie al lago artificiale, la città è diventata luogo di villeggiatura per gli abitanti di Sanok. Attività nautiche durante il giorno e discoteche di sera. Intorno al lago, tra Solina e Wolkowyja, ci sono alcuni campeggi. I giovani fanno il bagno soprattutto a Przystan, su una delle più belle spiagge attrezzate.

I BESCHIDI (BIESZCZADY)

★ ***Lesko*** era popolata al 50% di ebrei prima della seconda guerra mondiale, ma oggi restano solo la sinagoga e il cimitero.

– Potete anche fare un giro sul ***treno a vapore***. Bisogna andare in treno fino a Zagorz e poi scendere nei Beschidi fino a Wola Michowa.

– La regione offre numerose possibilità di ***camminate*** di uno o diversi giorni con tappe in campeggi, rifugi o alberghi. Procuratevi la cartina in scala 1/75 000 dei monti Beschidi delle edizioni PPWK, in vendita presso l'ufficio *PTTK* di Sanok e nelle tabaccherie. Sui sentieri segnalati in bianco-rosso-bianco non sarete soli. Si parte da Komancza, accessibile in treno; poi si passa da Duszakyn, Cisna, dal monte Smerek (1222 m), Brzegi Gorne, Ustrzyki, Tarnica, Halicz e Wolosate. Calcolate da 5 a 7 giorni per fare tutto il circuito, ma potete anche prendere il sentiero a metà strada. A Wetlina, per esempio, punto di partenza per il parco nazionale dei Beschidi. Il sentiero segnalato in bianco-verde-bianco passa dal monte Wielka Rawka (1300 m) e termina a Ustrzyki Gorne. È la passeggiata più bella. Calcolate 5 ore per i buoni camminatori. Se avete un binocolo potrete forse intravedere alcuni animali selvatici che popolano il parco. L'autostop funziona bene ed è un mezzo molto utilizzato per raggiungere la macchina o le fermate dei pullman.

ZAKOPANE (CAP: 34500) PREF. TEL.: 018

Partendo da Cracovia bisogna percorrere 100 km verso sud lungo una strada sinuosa. Zakopane è una cittadina turistica ai piedi dei pittoreschi monti Tatra, il più bel massiccio dei Carpazi (la cima più elevata sul versante polacco è il monte Rysy, 2499 m).
Gli abitanti, i famosi Górales (Montanari), sono persone dure ma con un cuore «grande così» (e anche di più, con l'aiuto di qualche bicchiere di vodka), gente franca e allegra. Molto attaccati alla loro regione, conservano preziosamente il proprio folclore: i vestiti tradizionali, l'accento inimitabile, i cavalli. Qui potrete finalmente respirare un'aria purissima e ammirare un superbo panorama di vette grigie ricoperte di nevi. A prezzo di qualche sforzo raggiungerete i laghi di montagna sulle cui superfici blu-mare si riflettono le nuvole bianche spinte dal vento. Sui piccoli sentieri in fondo alla valle vi saluteranno tutti. Di sera al rifugio, stanchi di una sana fatica, potrete rilassarvi ascoltando ballate romantiche accompagnate dalla chitarra.
La cittadina si riduce a una via principale (Krupówki) piena di ristoranti, bar, alberghi, sullo sfondo delle montagne. Niente monumenti, qui si visita la natura!
A Zakopane, approfittate dell'occasione per comprare le pantofole foderate di pelliccia.

Come arrivare

➢ ***In macchina:*** da Cracovia prendete la strada 77 e poi la 95.
➢ ***In treno:*** treno diretto ogni ora da Cracovia (calcolate 3 ore di tragitto), 4 treni diretti da Varsavia (calcolate grosso modo 8 ore), 4 treni da Częstochowa (6 ore di viaggio), 9 collegamenti da Breslavia, tutti con coincidenza a Kraków Płasów (la stazione ferroviaria di Cracovia) e 7 collegamenti da Łańcut (tutti via Kraków Płasów).
➢ ***In pullman:*** un pullman ogni ora da Cracovia, uno solo da Varsavia, Częstochowa e Rzeszów. Diversi pullman fanno servizio verso le località di partenza degli itinerari di montagna. Partenze di fronte alla stazione principale.

Indirizzi utili

ℹ ***Informazioni turistiche** (B1):* 17 ul. Kościuszki. ☎ 201-22-11. Aperto tutti i giorni dalle 7 alle 21. In un piccolo chalet di legno, non distante dalla stazione. Accoglienza molto simpatica. Organizzano diverse escursioni: discesa del Dunajec, passeggiate sull'altro lato della frontiera, dai vicini slovacchi.
■ ***Agenzia di turismo Trip:*** 1 ul. Zamoyskiego. ☎ 201-54-17. Aperta da lunedì a venerdì dalle 9 alle 17, sabato dalle 9 alle 13. Propongono pensioni molto confortevoli e camere presso privati.
■ ***Ufficio PTTK:*** 12 ul. Krupówki. ☎ 201-24-29. Vicino al museo etnografico. Aperto dalle 8 alle 16 (14 sabato). Chiuso domenica. È l'ufficio delle guide. Bisogna prenotare due giorni prima.
■ ***Noleggio di biciclette Sukces** (C2, 1):* 39 ul. Sienkiewicza. ☎ 206-60-06. Aperto dalle 8 alle 13 e dalle 14 alle 17. Calcolate 30 Zl per un giorno e 20 Zl per 4 ore. In inverno, potete noleggiare gli sci.
■ ***Orbis:*** 22 ul. Krupówki. ☎ 201-50-51. Aperto in estate da lunedì a venerdì dalle 9 alle 18, sabato dalle 9 alle 15; il resto dell'anno, dalle 9 alle 17, chiuso nel fine settimana.

Lot *(B1, **18**):* nell'*Hotel Helios*, 2a ul. Słoneczna. ☎ 206-36-35. Aperto da lunedì a venerdì dalle 9 alle 18.
Stazione ferroviaria PKP *(C1):* 35 ul. Chramcówki. ☎ 201-45-04.
Stazione dei pullman PKS *(B1):* 25 ul. Kościuszki. ☎ 201-46-03.

Dove dormire

Trovare un alloggio a Zakopane è facilissimo. Basta girovagare intorno alla stazione ferroviaria e a quella dei pullman dove molti autoctoni propongono camere da affittare. Generalmente vi abbordano direttamente oppure vi mostrano un piccolo cartello con la scritta «Pokoje». Sta a voi in seguito contrattare il prezzo e visitare l'abitazione. Non dovrebbero esserci problemi perché Zakopane è principalmente frequentata da stranieri e quasi tutte le pensioni sono all'altezza degli standard di comfort europei.

Camere presso privati

Pensjonat Borgosz *(D3, **10**):* 12b ul. Droga do Olczy. ☎ 201-17-34. Fax: 201-17-36. Calcolate 47 Zl per persona e 10 Zl per la prima colazione. Tenuta da Eva e Jacek Borgosz, questa grande casa con una struttura a V capovolta perfettamente integrata tra i pini si apre quando fa bello su una terrazza e un grande giardino, ideale per la prima colazione. Le camere, con una tappezzeria bianca che imita l'intonaco (il mobilio non è di gran gusto ma è recente), sono assolutamente valide e presentano un buon rapporto qualità-prezzo. Peccato che non cambino le lenzuola più frequentemente. Possibilità di parcheggiare la macchina nel cortile.

Pensjonat Paryżanka *(fuori pianta da B1, **11**):* 1d Stasikówka, 34-520 Poronin. ☎ e fax: 207-42-12. • www.tatry.polbox.pl/paryzeng.htm • Piuttosto lontano dal centro di Zakopane, per non dire a casa del diavolo. Uscendo da Zakopane, non oltrepassate l'*Hotel Jazadz:* girate a destra e passate la ferrovia; a Poronin, girate a destra ma non entrate nel villaggio; proseguite sulla strada: la casa si trova al secondo ponte sulla destra. Calcolate 80 Zl per una camera doppia. Ma perché andare così lontano? Semplicemente perché, a meno che non parliate polacco correntemente, sarete sicuramente felici di sentirvi dire «bonjour» dalla dinamica Janina e dalla sua simpatica figlia Kasha. Questa grande casa, sistemata come uno chalet di montagna con tanto di rivestimenti in perlinato, si nasconde ai piedi di un piccolo ruscello. Camere all'ultimo piano con entrata autonoma.

Prezzi economici

Dom Turysty PTTK *(A2, **12**):* 5 ul. Zaruskiego. ☎ 206-32-81. Nel centro città, non distante da ul. Krupówki e dalla posta centrale. Calcolate 25 Zl per un letto in dormitorio con bagno sul corridoio, 70 Zl per una camera con doccia comune e 141 Zl per una camera doppia con bagno. Grande edificio nello stile della regione con un bel tetto a gradini, luogo di ritrovo dei turisti. Attrezzatura un po' sommaria, bagni e servizi igienici in comune, camere da 2 a 28 letti. Ci sono anche 2 sorprendenti suite tutte di legno con saloni, ma sono abbastanza care. Parcheggio (ben) custodito, relativamente caro, a disposizione dei clienti, cosa da non sottovalutare quando si parte per gite di qualche giorno in montagna.

Schronisko Młodzieżowe Szarotka *(Ostello della Gioventù; B1, **13**):* 45 ul. Nowotarska. ☎ 206-62-03. A nord del centro. Per andarci, chiedete la strada per il nuovo cimi-

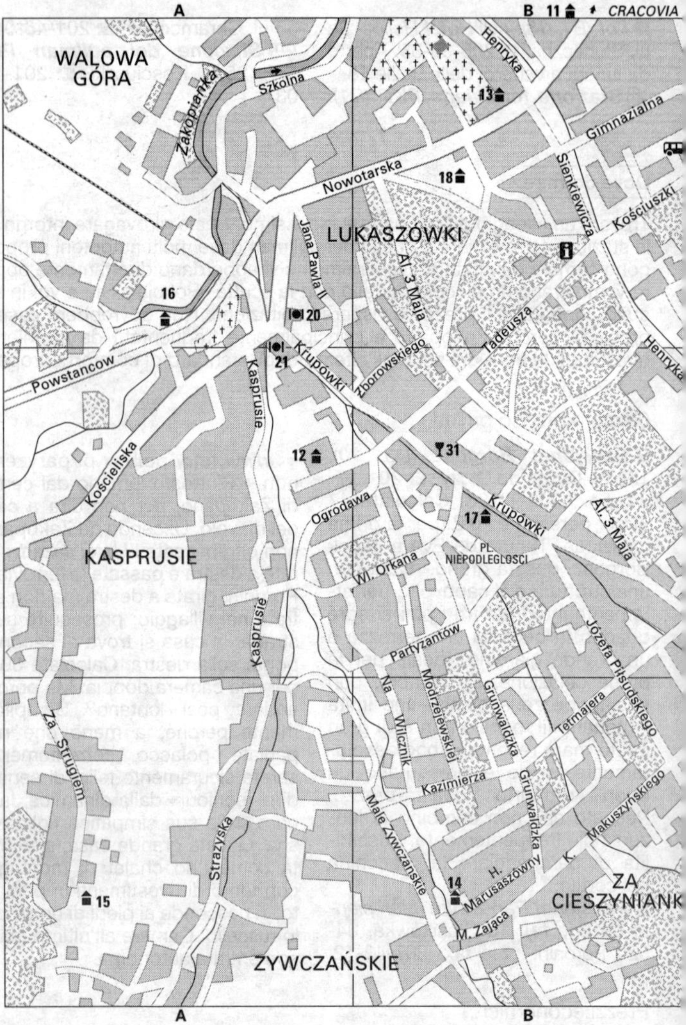

Indirizzi utili

- Informazioni turistiche
- Stazione ferroviaria PKP
- Stazione dei pullman PKS
- 1 Noleggio di biciclette Sukces

Dove dormire

- 10 Pensjonat Borgosz
- 11 Pensjionat Paryżanka
- 12 Dom Turysty PTTK
- 13 Schronisko Młodzieżowe Szarotka (Ostello della Gioventù)

ZAKOPANE

14 Schronisko Młodzieżowe Żak (Ostello della Gioventù)

15 Camping SN PTT-1907

16 Hotel Pod Gubałówka

17 Hotel Kasprowy Wierch

18 Hotel Helios

Dove mangiare

20 Bar Fis

21 Karczma Redykołka

Dove bere qualcosa. Dove andare la sera

30 Chata Zbójnicka

31 Snake

tero: l'ostello è giusto di fianco! Aperto tutto l'anno. Reception aperta dalle 8 alle 17. Calcolate 24 Zl in dormitorio e 52 Zl per una camera doppia, prima colazione compresa. In questo posto pittoresco, l'atmosfera montanara è garantita. 226 posti in camere da 8 a 14 letti, qualche camera da 2 a 4 letti (ma non contateci troppo, sono prese d'assalto). Se è possibile, chiedete una camera nell'ala nuova. Cucina e sala da pranzo a disposizione. Accoglienza simpatica.

Schronisko Młodszieżowe Żak *(Ostello della Gioventù; B3,* ***14****):* ul. Marusarzówny. ☎ 201-57-06. Calcolate 16 Zl per persona. Molto meno confortevole del precedente (potremmo quasi dire che è un po' sporchetto), ma si trova in un quartiere tranquillo. Da prendere in considerazione solo come ultima possibilità. Gestito dall'agenzia *Almatur*, quindi frequentato da gruppi.

Camping SN PTT-1907 *(A3,* ***15****):* 39 Za Strugiem. ☎ 201-45-66. Calcolate 10 Zl per un posto-tenda. Non è il campeggio più simpatico che ci sia capitato di vedere. Oltretutto non c'è l'acqua calda, cosa che di per sé non è un vero lusso. Piccola cucina da condividere con gli altri campeggiatori.

Prezzi medi

Hotel Pod Gubalówka *(A1,* ***16****):* 2a ul. Szkolna. ☎ 201-21-90. Calcolate 140 Zl per una doppia. Peccato che la posizione dell'albergo (stretto contro la strada in direzione di Kiry) non giochi proprio a suo favore. Però, camere a soppalco spaziose che offrono la semplicità di piumini soffici e pareti bianche. Con un po' di fortuna, vi faranno pagare la quadrupla al prezzo della doppia. Bagni perfetti con cabina doccia.

Hotel Kasprowy Wierch *(B2,* ***17****):* 50b ul. Krupówki. ☎ e fax: 201-27-38. Calcolate 170 Zl per una camera doppia con la prima colazione. In questo adorabile albergo nello stile della regione sarete accolti come ospiti di riguardo. Bel cortile dove potete bere qualcosa. Camere per 2, 3 o 4 persone con bagno arredate con mobili un po' vecchiotti. Possibilità di mezza pensione. Parcheggio. Attenzione, in alta stagione l'albergo si riempie velocemente: è quindi preferibile prenotare.

Hotel Helios *(B1,* ***18****):* 2a ul. Słoneczna. ☎ 201-38-08. Fax: 201-36-36. Dal centro dirigetevi verso la stazione; sulla sinistra, un po' arretrato, in mezzo a uno spazio verde, vedrete un grosso cubo di cemento verde kaki e bianco: siete arrivati. Calcolate 180 Zl per una doppia con la prima colazione. Le camere, singole e doppie con bagno, sono piuttosto piccole ma confortevoli. Qualche camera per disabili. L'albergo ha anche un buon ristorante. Parcheggio custodito davanti. È frequentato da gruppi.

Dove mangiare

Prezzi economici

Bar Fis *(A1,* ***20****):* 2 ul. Jagiellońska. Di fronte alla stazione *PKS*. Aperto tutti i giorni dalle 8 alle 19. Calcolate meno di 5 Zl. Niente di originale rispetto agli altri bar *mlecznys* che avrete già avuto modo di frequentare. Sempre pratico quando si ha fame e poco da spendere.

Prezzi medi

Karczma Redykołka *(A1-2,* ***21****):* all'angolo delle vie Krupówki e Kościeliska, un po' più giù in via Krupówki. ☎ 206-63-32. Aperto fino alle 21. Primi piatti a 15 Zl, minestre a 8 Zl; calcolate grosso modo da 30 a 40 Zl per un pasto. Una locanda tradizionale tutta di legno, bell'ambiente folcloristico con cameriere montanare. Piatti tipici, buoni e abbondanti. Pare che la parola *redykołka* (che ha dato il nome al ristorante) designi un piccolo regalo, un formaggio per esempio, che il capo dei pastori offriva a tutti scendendo dalle montagne. Musica folcloristica tutte le sere a partire dalle 18. Spesso al completo.

Dove bere qualcosa

Ɪ *Chata Zbójnicka* *(C1,* ***30****):* ul. Jagiellońska. Aperto dalle 17 a mezzanotte. Un po' arretrata rispetto alla strada, in un boschetto, un'autentica taverna di briganti dove sarete accolti in modo superamichevole. Al centro della sala c'è un camino dove mettono a cuocere le salsicce alla griglia. A riscaldare l'atmosfera provvede un'orchestra montanara (purtroppo non tutte le sere); diversamente, ordinate un *herbata góralska* (un tè corretto con qualche goccia di acquavite). Un locale da non perdere. Un consiglio: evitate di andarci incravattati... il perché lo capirete una volta arrivati sul posto.

Dove andare la sera

Ɪ ♩ *Snake* *(B2,* ***31****):* 12 ul. Krupówki. Buona musica e atmosfera studentesca per l'unica discoteca della città dove non vi sentirete una preda. Allora, perché non mangiare il frutto proibito?

Da vedere

★ ***Chiesa vecchia:*** ul. Kościeliska. La prima chiesa di Zakopane, bell'esempio dell'architettura di legno tipica della regione. Molto carina, circondata da un pittoresco cimitero.

★ ***Galeria Hasiora:*** 18b ul. Jagiellońska. Prendete la via di fronte alla stazione; la galleria si trova lungo il fiume *Kościeliski Potok* su una strada ben asfaltata. Oltrepassate la cappella *Stare Kościeliska* e raggiungete, dietro l'*Hotel Warszawianka*, in fondo al giardino, un edificio di legno. Siete arrivati. La galleria è aperta da mercoledì a sabato dalle 11 alle 18, domenica dalle 9 alle 15. Chiusa lunedì e martedì. Entrata a pagamento eccetto domenica. Le opere di Władisław Hasior, artista originale che lavora a partire da oggetti d'uso comune, sono composizioni a metà strada tra la miniscenografia e la scultura. Per la comprensione, necessitano quasi tutte di una chiave psicanalitica: una bambola sventrata in mezzo a soldatini di piombo, un coltello che fa sanguinare uno specchio, una carrozzina trasformata in cimitero! Il maestro utilizza a oltranza il paradosso e la contraddizione per colpire l'osservatore.

★ ***Museo Tatrzańskie*** *(Museo etnografico dei monti Tatra):* 10 ul. Krupówki. Aperto da martedì a domenica dalle 9 alle 16. Chiuso lunedì. Entrata gratuita domenica. Arte folcoristica, ricostruzione d'interni tradizionali, esempi di fauna e flora dei monti Tatra, plastici in rilievo della regione.

★ ***Vecchio cimitero:*** in un bosco, un luogo molto tranquillo dove ogni tomba rappresenta una vera e propria opera d'arte.

Manifestazione

– ***Festival internazionale di folclore di montagna:*** ogni anno a fine agosto. Grande festa per camminatori venuti da tutto il mondo.

Itinerari in montagna

Qualche consiglio

I monti *Tatry* sono nel cuore di un parco nazionale: bisogna quindi restare sui sentieri e rispettare la natura. Ci sono molti itinerari, vari e segnalati molto bene. Siate comunque PRUDENTI! Ogni anno si verificano incidenti, talvolta mortali. Non sopravvalutate le vostre capacità.
– Un paio di scarpe adeguate sono indispensabili per l'alta montagna.
– Prima di partire, informate la reception del vostro albergo o le persone presso cui affittate una camera dell'itinerario che pensate di fare.
– In estate le notti sono fredde quindi portate qualche indumento caldo.
– Per le escursioni tranquille, ci sono una decina di valli superbe accessibili a piedi a partire da Zakopane.
– Ci sono anche magnifici itinerari in altitudine, tra cui alcuni piuttosto duri e tecnicamente difficili. È quindi necessario avere un minimo d'esperienza.
– Per cominciare, procuratevi una *cartina:* è assolutamente indispensabile. L'edizione in scala 1/30 000 di Eko-Graf in vendita all'ufficio del turismo è buona, ma se per caso riuscite a trovare qualcosa di più preciso è ancora meglio. I sentieri sono indicati da linee punteggiate di diversi colori che corrispondono alle segnalazioni sul terreno. All'inizio di ogni itinerario troverete un cartello con l'indicazione della durata media del tragitto. In generale il calcolo è un po' stretto, quindi se non siete dei maratoneti vi consigliamo di prevedere il 25% di tempo in più. I colori degli itinerari non corrispondono a gradi diversi di difficoltà.
– *Rifugi:* nei monti Tatra ce ne sono sette. Troverete sempre un self-service con piatti rapidi, dormitori con letti a castello, spesso una cucina turistica e quasi sempre una stanza da bagno (con doccia). Ma soprattutto, incontrerete tanti alpinisti ed escursionisti con il senso dell'umorismo e pieni di energia. Quando non c'è più posto, si dorme per terra nella sala da pranzo o nei corridoi. Buona atmosfera garantita.

Qualche itinerario

➢ ***Valle Kościeliska:*** da Zakopane bisogna andare a *Kiry*, un piccolo villaggio 7 km a ovest (potete fare il percorso in macchina o in pullman a partire dalla stazione dei pullman). La valle, lunga 8 km, offre viste magnifiche su rocce calcaree con forme fantastiche. Costeggiate il fiume *Kościeliski Potok* su una strada ben asfaltata. Oltrepassate la cappella *Stare Kościeliska*. A partire da qui ci sono diverse grotte da visitare: dopo *Brama Kraszewskiego* (un passaggio stretto tra le rocce), le segnalazioni in nero conducono alla *grotta Mroźna* (illuminazione elettrica) dove le stalagmiti e le stalattiti proiettano le loro misteriose ombre sulle pareti.
Un po' più lontano sulla sinistra, dopo una radura (*Polana Pisana*), si trova l'entrata della *grotta Mylna*. La visita di questa grotta potrebbe far venire i brividi ad alcuni di voi: è infatti molto facile perdersi nel dedalo di corridoi, un vero e proprio rompicapo. Seguite con attenzione le segnalazioni. È indispensabile avere con sé una torcia. In fondo alla valle, sempre sulla stessa strada, c'è il rifugio *Ornaczańska*.
Per il ritorno, se avete ancora un po' di forze, a partire dal rifugio potete prendere l'itinerario verde che passa dalla *valle Tomanowa*. Dopo una buona ora e un quarto di cammino, girate a sinistra. Una volta arrivati al

chuda Przełęz (il colle Magro – 1851 m) e al *chuda Turnia* (1858 m) raggiungete la *valle Mieţusia* attraverso l'itinerario rosso che sbocca sulla *valle Kościeliska* (itinerario nero). Si ritrova in seguito la strada asfaltata per Kiry. Per fare tutto il giro bisogna calcolare una giornata intera, ma alla fine non ve ne pentirete.

➢ ***Valle Olczyska:*** per arrivarci, raggiungete *Jaszczurówka Bory* (3 km dal centro) a est di Zakopane, in direzione di *Kuź nice*. All'altezza dell'*Hotel Kasprowy*, dirigetevi a sinistra alla rotonda, verso la stazione di servizio. Oltrepassate il ruscello *Byska* e proseguite lungo questa strada per 10 min. L'itinerario verde comincia vicino alla piscina, sulla strada principale. Il sentiero che segue il torrente nella foresta vi conduce fino a un grande prato con qualche capanna di legno. Qui si trova *Wywierzysko*, un posto dove tra le rocce sgorga una risorgiva del torrente. Possibilità di fare diversi test di resistenza: chi riuscirà a tenere il più a lungo possibile una mano (o un'altra parte del corpo, perché no?) immersa nell'acqua glaciale? Il vincitore avrà diritto a salire, seguendo sempre le segnalazioni in verde, sul *picco Kopieniec* (1328 m), da dove potrà godersi una magnifica vista sugli Alti Tatra. Riprendete in seguito la strada principale. Possibilità di andare in pullman fino all'inizio dell'itinerario verde. Calcolate 5 ore di cammino.

➢ ***Altopiano di Gaşienicowa:*** l'itinerario comincia a **Kuźnice** (3 km a sud-est dal centro), la stazione di partenza della teleferica. Accessibile in pullman o a piedi. Attenzione: accesso vietato alle macchine. Girate a sinistra dopo l'edificio del ristorante. Dopo la passerella sul torrente seguite le segnalazioni in giallo. Dalla *valle Jaworzynka* che sale dolcemente cominciate l'ascensione un po' più ripida al *colle Między Kopami*. Proseguite lungo il sentiero indicato in blu per raggiungere il grande rifugio *Murowaniec*. Ritorno possibile da *Skupniów Upłaz* (il sentiero blu) che vi porta dall'altro lato del massicio da dove potete ritornare a Kuźnice.

➢ ***Lago Morskie Oko*** *(L'Occhio del Mare):* lago molto pittoresco nella zona est dei Tatra. Prima c'era una strada che arrivava vicino, ma adesso è interrotta 1 km dopo *Łysa Polana* (frontiera con la Slovacchia). In questo punto troverete un parcheggio custodito. Per andarci, macchina o pullman in partenza dalla stazione dei pullman. Gli 8 km restanti potete farli a piedi (prevedete almeno 2 ore) o su un carretto tirato da due robusti cavalli. Calcolate 45 Zl per persona andata e ritorno. Una passeggiata indimenticabile. Dalle rive del lago, splendida vista sul *massiccio del Rysy* (2499 m). Girando intorno al lago sulla sinistra potete raggiungere in un'ora un altro lago, *Czarny Staw Pod Rysami* (segnalazioni in rosso) che offre un paesaggio alpino.

➢ Per i più pigri: salita sul ***Kasprowy Wierch*** (1985 m) con la teleferica (6 Zl). La stazione a valle si trova a *Kuźnice* (a 3 km dal centro città). Per comprare i biglietti dovrete molto probabilmente fare la coda: si tratta infatti di un passaggio obbligato per tutti i gruppi del tipo «la Polonia in 5 giorni». Lassù vi aspetta una bella vista panoramica. Ultima partenza per scendere a valle alle 18.

➢ ***Valle dei Cinque Laghi (dolina Pięciu Stawów polskich):*** un posto magnifico dove la dolce armonia del blu dei laghi si sposa con il grigio sfumato delle rocce e il verde vivo dei pini nani. Lo spettacolo del tramonto è una vera e propria sinfonia di colori, riflessi e ombre. E poi un rifugio, forse il più simpatico dei monti Tatra, dove potrete riposarvi dopo così tante sensazioni forti. Ovviamente, tutto ciò che è bello è anche di difficile accesso. Calcolate 3 ore di salita abbastanza ripida. A partire dalla teleferica, seguite il sentiero rosso per tre quarti d'ora fino al colle di *Swinicka Przelecz* (2051 m); poi salite (attenzione, non è proprio facile facile) fino alla cima del *monte Swinica* (2301 m). Scendete dal *colle di Zawrat* (2159) e prendete il sentiero blu che passa vicino ai cinque laghi. Discesa facile. Al terzo lago, il *Przedni Staw* (dove si trova il rifugio), avete due possibilità: la più lunga e la più difficile consiste nel proseguire sul sentiero blu fino al *lago Morskie Oko*; la più facile e la più bella consiste nel costeggiare, prendendo prima il sentiero nero e poi quello verde, il corso d'acqua che fuoriesce dal lago con le cascate *Mickiewicza*. In entrambi i casi si ritrova la strada riservata ai pedoni tra il lago Morskie Oko e il parcheggio obbligatorio dove stazionano i pullman diretti a Zakopane. Calcolate una buona giornata, ma se volete approfittare del tramonto vi consigliamo di passare una notte al rifugio. Possibilità di tornare in pullman da Łysa Polona a Zakopane.

➢ ***Vista su Zakopane dai monti Czervone Wierchy, Kopą Kondracka e Cemniak:*** prendete il sentiero rosso (a destra, a partire dalla teleferica, *A1*). Dopo un falsopiano, il sentiero segue la linea di cresta che circonda Zakopane passando dalla cima *Kopą Kondracka* (resistete alla tentazione di partire a sinistra verso il *Giewont* e la sua croce) e poi da *Małołaczniak*. Dopo il *monte Ciemnak* (2096 m) cercate di individuare a 20 min., davanti a una grossa roccia, il sentiero verde che scende verso il *chuda Przełęz* (vedi il ritorno del primo itinerario), il *chuda Turnia* (1858 m), la valle di *Kościeliska* e il villaggio di *Kiry* (collegamento possibile in pullman tra Kiry e Zakopane). Sulla carta calcolate 4 buone ore, sul terreno è meglio prevedere una buona mezza giornata.

➢ ***Discesa del torrente Dunajec in zattera:*** a 50 km da Zakopane. Per maggiori informazioni, rivolgetevi all'ufficio del turismo di Zakopane. Prendete la strada 969 in direzione di Nowy Targ, passate da Dębno, direzione Krośnica. Al cartello «Czorsztyn» girate a destra e proseguite per 9 km in direzione di Sromowce. Una bella avventura di 2 ore e 45 min. in compagnia di montanari barcaioli. Paesaggi superbi. Parco naturale. Entrata a pagamento.

– LA PICCOLA POLONIA –

LA PICCOLA POLONIA

La regione a sud-est è la culla storica della Polonia. Cracovia, antica capitale reale, ne è naturalmente il più bell'esempio, ma non bisogna assolutamente perdere la visita delle numerose roccaforti e degli edifici rinascimentali che punteggiano un itinerario pittoresco impregnato di un'atmosfera quasi medievale.

SANDOMIERZ

PREF. TEL.: 015

Cittadina provinciale che dall'alto di una collina domina il corso della Vistola. Il suo fascino antico vi farà deviare dalla strada che collega Varsavia a Cracovia. Come i commercianti del Medioevo, anche voi farete una breve tappa qui. Segnalata nella prima cronaca polacca insieme a Breslavia e Cracovia, la città era un importante crocevia verso l'est. Addormentata nella sua prosperità, ancora oggi rivela il suo eminente passato.

Come arrivare

➢ ***In macchina:*** da Cracovia prendete la strada 777 che arriva direttamente a Sandomierz (145 km).

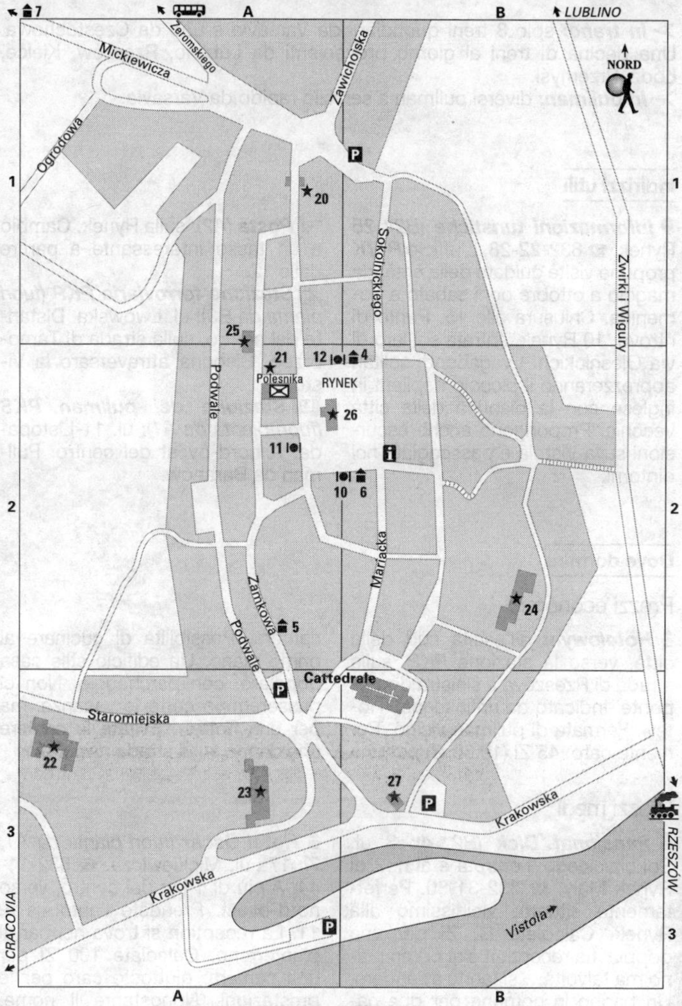

SANDOMIERZ

Indirizzi utili

- Informazioni turistiche
- Stazione ferroviaria PKP
- Stazione dei pullman PKS
- Posta

Dove dormire

4 Pensjonat Dick
5 Pensjonat Jutrzenka
6 Hotel Zajazd Pod Ciżemką
7 Hotel Oscar

Dove mangiare

10 Bar Massimo o Staromiejską
11 Kawiarnia Retro
12 Kawiarnia Kasztelanka

Da vedere

20 Porta di Opatów
21 Itinerario turistico sotterraneo
22 Chiesa di San Giacomo e convento dei domenicani
23 Castello
24 Collegium Gostomianum
25 Antica sinagoga
26 Municipio
27 Vecchio granaio

➢ ***In treno:*** solo 3 treni quotidiani da Varsavia e uno da Częstochowa. Una decina di treni al giorno provenienti da Lublino, Rzeszów, Kielce, Łódź, Przemyśl.
➢ ***In pullman:*** diversi pullman a servizio rapido da Varsavia.

Indirizzi utili

Informazioni turistiche *(B2):* 26 Rynek. ☎ 832-22-28. L'ufficio *PTTK* propone visite guidate della città, da maggio a ottobre ogni sabato e domenica. Chiusura alle 15. Punto di ritrovo: 10 Rynek, entrata sul lato di via Oleśnickich. I vagabondi solitari apprezzeranno il piccolo dépliant in inglese con la piantina della città vecchia. Propongono anche escursioni sulla Vistola e passeggiate nei dintorni.

✉ ***Posta*** *(A2):* sulla Rynek. Cambio a un tasso interessante a partire dalle 12.

Stazione ferroviaria PKP *(fuori pianta da B3):* ul. Lwowska. Distante dal centro, sulla strada di Tarnobrzeg. Bisogna attraversare la Vistola.

Stazione dei pullman PKS *(fuori pianta da A1):* ul. 11-Listopada. A nord-ovest del centro. Pullman da Baranów.

Dove dormire

Prezzi economici

Hotelowyn: all'uscita sud della città, verso la stazione *PKP*, sulla strada di Rzeszów, a sinistra dopo il ponte. Indicato da un'insegna «Hotel». Fermata di pullman vicino. Per niente caro: 45 Zl (10,30 €) per una camera. Possibilità di cucinare al primo piano. Un edificio stile casa popolare, con parcheggio. Non ci passeremmo certo le vacanze, ma per una notte... Evitate le camere che danno sulla strada nazionale.

Prezzi medi

Pensjonat Dick *(B2, **4**):* 3 ul. Sokolnickiego; l'entrata è al n. 2 di Rynek Mały. ☎ 832-31-30. Perfettamente situato, vicinissimo alla Rynek. Calcolate 62 Zl per una doppia. La reception è al primo piano ma talvolta... si fanno attendere. Un bagno in comune per due camere. Al pianterreno, ristorante abbastanza rumoroso, luogo di ritrovo dei bevitori di birra autoctoni.

Pensjonat Jutrzenka *(A2, **5**):* ul. Zamkowa. A pochi passi dalla Rynek, seguite le indicazioni «Hotel». Un piccolo edificio in fondo a un sentiero. 60 Zl per una camera. La custode abita nella prima casa. Pulito, le stanze sono relativamente grandi ma i materassi sono veramente molli. Un angolo piacevole in estate, dove potete stare al fresco quando fa caldo dappertutto!

Hotel Oscar *(fuori pianta da A1, **7**):* 17a ul. Mickiewicza. ☎ 832-11-44. A più di 1 km dal centro, verso nord-ovest. Prendete l'autobus n. 11. La reception si trova nel bar al pianterreno. Calcolate 100 Zl per una camera: piuttosto caro per le prestazioni. Nonostante il nome, quest'albergo non ha nulla di glorioso. Si tratta di un edificio banale che offre però il vantaggio di trovarsi vicino alla stazione dei pullman e praticamente di fronte al posto di polizia (cosa piuttosto rassicurante in mancanza di un parcheggio custodito). Le camere sono al terzo piano. Pulite e semplici. Evitate le camere sulla strada e saltate la prima colazione: è un vero bidone!

Hotel Agro: all'uscita della città, a 2 km in direzione di Lublino. Una bella casa aperta solo in stagione.

Chic

Hotel Zajazd Pod Ciżemką *(B2, 6)*: 27 Rynek. ☎ 832-05-50. Calcolate da 200 a 250 Zl per una camera, senza la prima colazione. Un'antica casa borghese rinnovata e in ottima posizione. Le camere sono all'ultimo piano, disposte lungo il corridoio. 3 suite con 2 stanze, TV, accappatoio e tutto ciò che si associa a una certa idea del lusso. 6 camere un po' meno care ma di qualità talmente inferiore che per la differenza è meglio mandare al diavolo l'avarizia! Ristorante d'albergo al pianterreno.

Dove dormire nei dintorni

Motel della stazione Energopol: ad Annopol. ☎ 861-30-05. 30 km a nord di Sandomierz, sulla strada 74. Arrivando da Lublino, prendete l'uscita di Annopol prima del ponte. Ideale per quelli che sono in macchina e arrivano tardi a Sandomierz. 35 Zl per persona. Pasti a 10 Zl. Ambiente da motel per camionisti. Pulito, camere grandi con servizi igienici in fondo al corridoio, letti buoni. Gestito da una vecchia coppia che chiude le porte alle 23. Accettano anche i camper nel parcheggio.

Dove mangiare

Prezzi medi

Bar Massimo o **Staromiejską** *(A-B2, **10**)*: sulla Rynek, di fianco all'*Hotel Zajazd Pod Ciżemką*. Spazio all'aperto sulla piazza con grandi ombrelloni per proteggersi dal sole a mezzogiorno. Salone da tè all'interno per la terza età. Una buona *zupy*, qualche *pierozki* e via a nanna!

Kawiarnia Retro *(A2, **11**)*: 13 Rynek. Di fronte al municipio, al primo piano di *Euro Tour*. Grande sala da pranzo con vista sulla piazza. Carta varia che va dal gulash alla pizza vegetariana.

Kawiarnia Kasztelanka *(A-B2, **12**)*: 14 Rynek. Un locale ben frequentato che gode di una buona reputazione. Quattro sale nelle cantine. Propone una cucina gradevole, senza una grande varietà di piatti.

Chic

Nella categoria superiore, potete provare il ***ristorante dell'Hotel Zajazd Pod Ciżemką*** (vedi «Dove dormire»).

Dove bere qualcosa

Kordegarda: sulla Rynek, di fianco alla *Kawiarnia Kasztelanka*. Un bar chiamato «Corpo di guardia» dove giovani e artisti convivono in una sala ravvivata da gioiosi manifesti di Mucha, pittore ceco che fu cartellonista ufficiale di Sarah Bernhardt. A parte le toilette, il locale non è male.

Da vedere

★ ***Porta di Opatów (brama Opatowska; A1, 20)***: tutto ciò che resta del primo castello circondato da mura medievali. Potete salirci tra le 10 e le 15. È da questa porta che si penetra nella città vecchia e si arriva sulla Rynek.

★ ***Rynek:*** piazza del mercato originale, in pendenza. Bel complesso di case borghesi con facciate rinnovate dove si alternano stile gotico e classico. Al centro, il *municipio (Ratusz; A2,* ***26****)*, costruito nel XIV secolo, arricchito in seguito di un attico rinascimentale.

★ ***Itinerario turistico sotterraneo (podziemna trasa turystyczna;*** *A2,* ***21****):* come a Klodzko, le antiche cantine della città, utilizzate in passato come depositi dai commercianti, sono state trasformate in un percorso turistico. L'entrata si trova su ul. Olesnicka, a nord della Rynek. Aperto dalle 10 alle 17. Chiuso lunedì. Entrata a pagamento; riduzioni per studenti.

★ ***Chiesa di San Giacomo e convento dei domenicani (kościół Podominikański świętego Jakuba;*** *A3,* ***22****):* scendete dall'alto della Rynek, sul lato del municipio, attraverso lo storico passaggio che nel passato collegava i due conventi dei domenicani. Visite dalle 9 alle 12.30 e dalle 15 alle 17.30; a partire dalle 11 domenica e giorni festivi. Raro monumento in stile tardoromanico con qualche policromia e pietra tombale del XIII secolo. Una delle chiese in mattoni più antiche di Polonia. Tocchi barocchi nella ricostruzione risalente al XVII secolo.

★ ***Castello (Zamek;*** *A3,* ***23****):* aperto da martedì a domenica dalle 10 alle 17. Chiuso lunedì. In origine l'edificio presentava una perfetta architettura quadrata in stile rinascimentale. Ma le numerose guerre e invasioni hanno risparmiato solo il lato ovest. Dopo la terza spartizione della Polonia, questa nobile residenza fu trasformata in prigione e rimase tale fino al 1959. Da allora è stata restaurata per accogliere un piccolo museo.

★ Mentre effettuate la ***visita della città*** potete vedere l'esterno dell'*antica sinagoga (A1-2,* ***25****)*, ul. Zydowska, i cui locali oggi sono occupati dagli archivi. Potete anche scendere le scale a sud della Rynek e ritrovarvi nel fondovalle. Andando verso il ponte in direzione di Rzeszów si ha una superba vista sul *collegium Gostomianum (B2,* ***24****)* in primo piano e sulla *città vecchia* in secondo piano. Nel parcheggio, i camion vengono a vendere la frutta e la verdura, ma quelli che desiderano fare acquisti di abbigliamento devono andare fino a *Stalowa Wola*, dove si tiene un mercato il sabato mattina. Per finire, se risalite nella città vecchia seguendo la Vistola potrete vedere le rovine di un *vecchio granaio (B3,* ***27****)*.

Feste e festival

- ***Festival del film sull'arte:*** maggio.
- ***Festival di musica e danze folcloristiche:*** luglio.
- ***Festival della canzone:*** agosto.
- ***Torneo a cavallo:*** agosto.
- ***Festival di teatro di strada:*** settembre.
- ***Festival di musica classica:*** settembre e ottobre.

➤ *NEI DINTORNI DI SANDOMIERZ*

★ ***Ujasd:*** 47 km a nord di Sandomierz; prendete la 759 fino a Opatow, poi la 757 e la 758. All'entrata del villaggio, le rovine di un'antica *roccaforte* dall'aspetto imponente. Entrata e parcheggio a pagamento. Sulla porta d'accesso notate lo stemma del voivoda di Sandomierz (un'ascia e una croce) e la data di erezione del castello: 1631. È il più bell'esempio dello stile sarmate che cominciò a diffondersi nel XVII secolo quando alcuni nobili si appropriarono dello stemma di questa prestigiosa cavalleria d'epoca romana. Gli emblemi araldici non sono che un assaggio della megalomania del voivoda Ossolinski, che morì un anno dopo la fine dei lavori e non poté godersi la sontuosa sala da pranzo ottagonale con un acquario di cristallo al posto del soffitto. L'uomo aveva molto gusto e siccome adorava i suoi 300 stalloni bianchi, fece installare degli specchi nei box della scuderia e delle mangiatoie di marmo nero! Il castello comprendeva tante finestre quanti sono i giorni dell'anno, tante camere quante le settimane e tanti saloni quanti sono i mesi... Ecco tutto per quanto riguarda la cronaca, visto che davanti a voi restano solo alcune rovine, tuttavia ancora molto imponenti.

★ ***Baranów Sandomierski:*** 30 km a sud di Sandomierz prendendo la 723 in direzione di Rzeszów. Potete arrivarci anche da Ujasd percorrendo la strada 9. Accessibile in pullman da Tarnobrzeg e poi Baranów. Uno dei più bei castelli del Rinascimento polacco. Costruito nel XVI secolo su progetto di un architetto italiano, cosa che allora era molto alla moda, il castello fu successivamente fortificato da un architetto tedesco. Nella cantina, oggi trasformata in museo, potete ancora vedere le prime mura di cinta. Una bella residenza conservata molto bene da quando appartiene a una ditta che si occupa di zolfo che la affitta occasionalmente. Quattro torrette delimitano un'architettura rettangolare, ma vale la pena di fare la visita soprattutto per il cortile ad arcate e la scalinata decorata con molteplici stemmi. La visita del castello e del parco si fa rapidamente ma se per caso siete sorpresi dalla notte potete scegliere tra due alberghi:

☗ |●| Il primo ***albergo*** si trova nel parco del castello. ☎ 811-80-39. Tanto vale annunciarvi subito che le camere con jacuzzi sono abbastanze care. Il ristorante, invece, propone un'ottima carta di vini; nulla di sorprendente quando si sa che l'albergo ospita regolarmente uomini e donne d'affari.

☗ |●| L'altro albergo, ***Zajazd Wisla***, all'entrata della città, è in uno stile meno elegante, tipo albergo per rappresentanti di commercio di passaggio. Camere doppie a partire da 80 Zl. La carta del ristorante propone piatti tipici polacchi, come il *tatar wolowy*, carne trita cruda condita con un tuorlo d'uovo, o un eccellente *bieszezadzku*.

CZĘSTOCHOWA (CAP: 42200) PREF. TEL.: 034

Benvenuti nella Lourdes polacca, con tutto ciò che questo comporta in termini di riferimenti religiosi. La «regina della Polonia» (la Vergine nera di Częstochowa) è onnipresente e la città vive al ritmo dei pellegrinaggi e delle funzioni religiose. Tutto ruota intorno al grande corso Najświętszej Marii Panny (della Santa Vergine) che arriva fino ai piedi della collina sulla quale si innalza il monastero Jasna Góra (la Montagna Luminosa). Come se non bastasse, la chiesa-fortezza è l'unica vera attrazione della città.
Il culto della Vergine nera è ancora oggi molto vivo in Polonia. Il pellegrinaggio del 15 agosto riunisce ogni anno più di un milione di persone, di cui la maggioranza arriva a piedi fin qui da tutti gli angoli del paese. Cosa che in sé non ha nulla di sorprendente: ma la Vergine nera non ha solo un'importanza religiosa, è anche un simbolo a livello nazionale. Per seicento anni il monastero non ha mai ceduto agli attacchi dei nemici. Nel 1655 la fortezza resistette con successo a un assedio di 6 settimane intrapreso dalle truppe svedesi forti di quasi 4000 uomini e 36 cannoni, mentre la difesa del monastero era sostenuta da 160 soldati, 70 religiosi e 24 cannoni. Alla vigilia di Natale, dopo un ultimo attacco, l'esercito svedese levò il campo.

Questa ritirata «miracolosa» fu un momento cruciale della guerra, perché contribuì alla mobilitazione della nazione polacca che respinse l'invasore svedese al di là delle frontiere. Nel corso dei secoli successivi, la Polonia fu continuamente costretta a sostenere assedi. «E quando il territorio, come successe spesso, era conquistato, la chiesa restava la sola e ultima Patria.» La lingua nazionale, vietata dall'occupante, veniva cantata nei cantici e sussurrata durante la confessione. In mezzo ai tanti sconvolgimenti della storia, Dio fu identificato con la Polonia, ed essere polacchi significava prima di tutto essere cattolici. I principi della chiesa parteciparono a tutte le lotte politiche della nazione... Il primo senato polacco fu un senato di vescovi e non ci fu, fino al 1929, nessun governo polacco senza uno o diversi prelati. Nel frattempo il basso clero si faceva massacrare nelle campagne lottando e sostenendo moralmente i parrocchiani... Quando nel 1621 alcuni polacchi vennero a chiedere in dono a papa Paolo V alcune reliquie, il Santo Padre rispose loro: «Raccogliete un po' della vostra terra; non ne esiste una sola parcella che non sia anche la reliquia di un martire».

Come arrivare

➢ ***In treno:*** diversi treni da Varsavia, 6 treni da Cracovia, 4 treni da Breslavia e 3 treni da Poznań la sera tardi.

➢ ***In pullman:*** 4 pullman da Varsavia, 4 da Cracovia. 5 da Breslavia, uno solo da Zakopane.

Indirizzi utili

i ***Informazioni turistiche:*** 65 al. Najświętszej Marii Panny (abbreviato in NMP). ☎ 324-13-60. Fax: 324-34-12. Sul corso principale che conduce a Jasna Góra. Aperto da lunedì a venerdì dalle 9 alle 18; in stagione, nel fine settimana, dalle 10 alle 18. Lingue praticate: inglese e tedesco, dépliant anche in altre lingue. Tutte le informazioni sulla città e i dintorni; servizio di prenotazione di alberghi. Accoglienza molto calorosa. Giornali stranieri nella libreria di fianco.

■ ***Orbis:*** 40/42 al. NMP. ☎ 324-79-87. Fax: 324-20-56. Aperto da lunedì a venerdì dalle 9 alle 17, sabato dalle 10 alle 14.

■ ***Banca PKO:*** 19 al. NMP. Aperta da lunedì a venerdì fino alle 18, sabato fino alle 13.

Stazione ferroviaria PKP: ul. Marszałka Piłsudskiego. ☎ 324-13-37. Stazione recente, pulita e luminosa, con diversi snack-bar.

Stazione dei pullman PKS: al. Wolności. ☎ 324-46-16. Dalla stazione ferroviaria prendete il sottopassaggio, girate a sinistra e camminate per 10 min.

Dove dormire

Durante i pellegrinaggi è assolutamente inutile mettersi alla ricerca di una camera d'albergo: tutto è già completo diversi mesi prima.

Prezzi economici

Casa del pellegrino (Dom Pielgrzyma): 1/31 ul. Kardynała Wyszyńskiego. ☎ 324-70-11. • dp@jasnagora.pl • Dietro il monastero. Grande parcheggio davanti all'entrata, tra il self-service e uno sportello bancario automatico. 80 Zl per una doppia con bagno. Vasto edificio piacevolmente situato. In teoria è riservato ai gruppi ma se restano posti liberi le suore vi accetteranno senza problemi. Ci sono soprattutto dormitori, dove maschi e femmine dormono separati. Camere singole, doppie e triple a prezzi ragionevoli. Spesso completo a causa dei numerosi pellegrinaggi: è quindi più prudente prenotare. I locali ospitano anche una caffetteria.

Camping Oleńka: 10/30 ul. Oleńki. ☎ 324-74-95. Vicino al monastero, dietro al parcheggio. Bei bungalow (i bagni sono un po' vecchiotti), posti per le tende, docce e servizi igienici (decenti), cucina turistica, bar. Non molto distante c'è un laghetto. Il campeggio è frequentato da viaggiatori provenienti dai quattro angoli della terra. Accoglienza molto simpatica: la reception coccola i clienti.

Prezzi medi

Hotel Miły Polo: 18 ul. Katedralna. ☎ 324-33-91. Non distante dalla stazione ferroviaria. Solo 58 posti. Il prezzo è uguale per una o due persone: 50 Zl. Camere per 2, 3 o 4 persone, bagni e servizi igienici sul piano. Nonostante il nome promettente («Hotel piacevole»), il posto non è niente di eccezionale. Il nuovo proprietario non ha migliorato nulla e la pulizia resta dubbia. In compenso, l'albergo è ben situato.

Hotel Ha-Ga: 9 ul. Katedralna. ☎ 324-61-73. Di fianco all'*Hotel Miły*. Calcolate 80 Zl. 90 letti in tutto in camere con o senza bagno. Più decente del *Miły* e appena un po' più caro. Parcheggio custodito.

Abbastanza caro

Hotel Polonia: 9 ul. Marszałka Piłsudskiego. ☎ 324-40-67. Fax: 65-11-05. In un bel palazzo d'epoca, cosa piuttosto rara per la città, vicinissimo alla stazione ferroviaria. 120 Zl per una camera. Tutte le camere, in maggioranza doppie, hanno il bagno. Prima colazione compresa nel prezzo. C'è anche una fantastica suite rosa... Parcheggio custodito sulla piazza, ristorante e sala da ballo.

Chic

Hotel Orbis Patria: 1 ul. Ks. J. Popiełuszki. ☎ 324-70-01. Fax: 324-63-32. Di fronte alla collina del monastero Jasna Góra, sulla destra in fondo a corso NMP. Calcolate 314 Zl per una camera. 180 postiletto in camere con bagno per 1, 2 o 3 persone. Evitate le camere al pianterreno in attesa di ristrutturazione. Sulla piazza: ristorante, bar, *drink-bar*, parcheggio custodito e night-club (una rarità in città!). Riduzioni interessanti nel fine settimana. Non è né più né meno che il fratello gemello degli altri *Orbis* (stiamo naturalmente parlando di quel ramo dell'ex agenzia viaggi statale che si occupava invece di ricettività).

LA PICCOLA POLONIA

Dove mangiare

Prezzi medi

Ristorante Viking: 10/12 ul. Nowowiejskiego. Aperto dalle 10 alle 22 (mezzanotte venerdì e sabato). Chi l'avrebbe mai detto? Częstochowa, che resistette eroicamente all'invasione dell'esercito svedese, accetta oggi di lasciarsi invadere sul piano gastronomico. Specialità polacche e scandinave «alla polacca».

|●| ***Ristorante Polonus:*** 73/75 al. NMP. Aperto dalle 10 a mezzanotte. In un ambiente abbastanza banale, il ristorante propone una buona cucina polacca, servita abbondantemente e velocemente.

Chic

|●| ***Ristorante Sekwana:*** 24 ul. Wielunska. ☎ 324-89-54. Nell'albergo che porta lo stesso nome. Vicino al monastero, nella via che scende sulla destra se venite da al. NMP. Krystyna ha vissuto 30 anni in Francia e ha aperto il primo ristorante della città che propone una carta con specialità della cucina francese e polacca.

Dove bere qualcosa. Dove andare la sera

🍸 ***Kawiarnia Bon-Art:*** 81 al. NMP. Nella via principale. Aperto dalle 9 alle 22. Il bar piuttosto simpatico dell'Associazione degli artisti. Sulle pareti sono esposti alcuni oggetti di loro produzione. Galleria d'arte di fianco.

🍸 ♪ In alternativa al precedente, un ***bar-discoteca*** all'incrocio di via Wolnosci e al. NMP, sopra al *Magasam*. Aperto 24 ore su 24. Atmosfera semplice e simpatica. La gente viene qui per bere una birra e ballare.

Da vedere

★ ***Santuario di Jasna Góra:*** aperto dalle 5 alle 21 (dalle 7 alle 19 l'ufficio informazioni). Visite guidate (talvolta dai frati) per i gruppi. Per la prenotazione, bisogna telefonare qualche giorno prima nei periodi normali, ma con diversi mesi d'anticipo in alta stagione (☎ 365-38-88) oppure rivolgersi al centro informazioni.

Su un vasto piazzale davanti al castello, numerosi venditori propongono una scelta impressionante di souvenir religiosi, tra cui evidentemente la Vergine in tutte le forme possibili e immaginabili, fino all'apoteosi dell'arte kitsch. Qualche anno fa un furbetto aveva addirittura aggiunto l'aureola ai ritratti di… Marx ed Engels, allora disponibili in tutte le librerie di stato a prezzi che sfidavano ogni concorrenza. Le loro facce da saggi barbuti evocavano il viso degli apostoli… e il nostro le vendeva come effigi dei santi Pietro e Paolo, intascando somme miracolose!

Il convento fu fondato nel 1382 da Ladislao II, duca di Opole, per accogliere i paolini, eremiti discepoli di san Paolo. Il duca fece venire una icona della Vergine nera, fonte di leggendari miracoli, che diventò nel giro di poco tempo oggetto di venerazione. Fu a partire da allora che il monastero, custode di un favoloso tesoro, suscitò una certa cupidigia. Fortificato nella prima parte del XVII secolo, sostenne vittoriosamente, grazie alla Vergine, numerosi assedi.

Jasna Góra è circondata da mura ed edifici monastici. È una chiesa gotica, rimaneggiata in stile barocco, con una ricca decorazione interna di stucchi e policromie; l'altare centrale è molto interessante per la ridondanza dei motivi barocchi.

– Nella *cappella della Natività di Maria*, a sinistra, si trova il celebre quadro della *Vergine nera*. L'icona viene solennemente scoperta e ricoperta, tutti i giorni, più volte al giorno. Attenzione, gli orari cambiano praticamente ogni anno: la prima cosa da fare arrivando è andare a verificarli presso l'ufficio informazioni.

Nella cappella regna un'atmosfera misteriosa, raccolta ed emozionante.

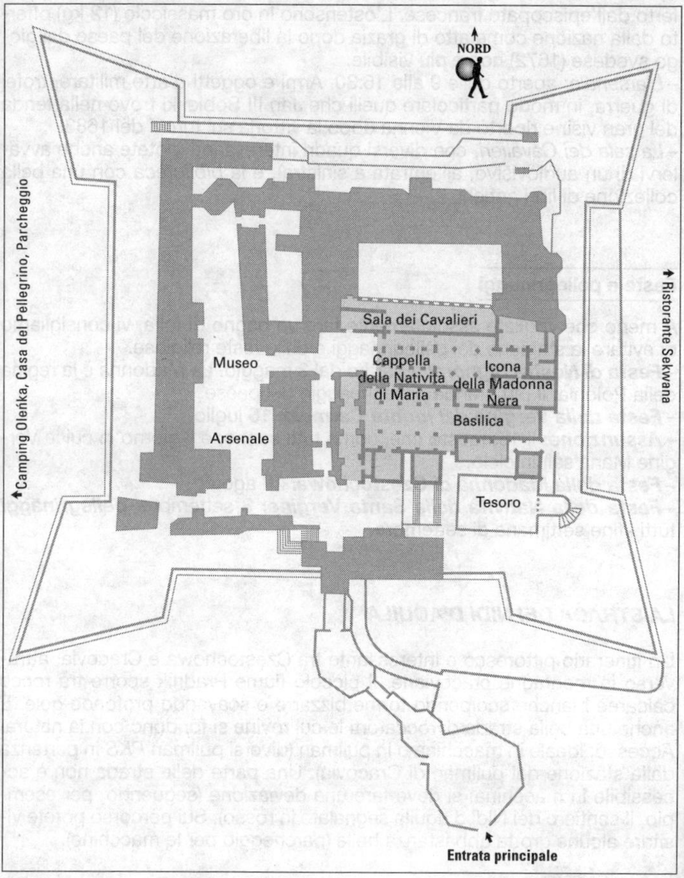

JASNA GÓRA (CZESTO)

L'oscurità maschera i visi dei pellegrini che si accalcano intorno alla griglia che protegge il quadro. Appena una preghiera viene mormorata, è subito ripetuta da altre voci invisibili. I canti timidamente intonati si amplificano in un istante e riempiono la cappella. Tutte le luci sono concentrate su di LEI. Dietro alla griglia, sull'altare, la Vergine nera osserva i pellegrini. Il viso cupo, triste, gli occhi abbassati, prega. Forse pensa alle sofferenze che suo figlio, ancora piccolo alla sua sinistra, dovrà affrontare. Le due cicatrici sulla guancia destra accentuano l'espressione grave del viso. Nel 1430 la miracolosa icona fu profanata da una banda di saccheggiatori armati dai cavalieri polacchi. In occasione del restauro le tracce del gesto sacrilego furono volontariamente lasciate, come due cicatrici. La mano destra della Vergine riposa sul petto come in un gesto di saluto o di scusa.
Potete anche visitare:
– *Il tesoro:* aperto tutti i giorni dalle 9 alle 16.30. Numerosi pezzi di oreficeria: due corone offerte da Pio X, un orologio a nove quadranti, un calice of-

ferto dall'episcopato francese. L'ostensorio in oro massiccio (12 kg) offerto dalla nazione come atto di grazia dopo la liberazione del paese dal giogo svedese (1672) non è più visibile.
– *L'arsenale:* aperto dalle 9 alle 16.30. Armi e oggetti d'arte militare, trofei di guerra, in modo particolare quelli che Jan III Sobieski trovò nella tenda del gran visir e riportò da Vienna dopo la vittoria sui turchi del 1683.
– *La sala dei Cavalieri*, con diversi quadri interessanti (potete anche avvalervi di un audiovisivo, all'entrata a sinistra), e la *biblioteca* con una bella collezione di libri antichi.

Feste e pellegrinaggi

A meno che vogliate assolutamente fare un bagno di folla, vi consigliamo di evitare la stagione dei pellegrinaggi e delle feste religiose.
– ***Festa di Nostra Signora:*** a partire dal 3 maggio. La Madonna è la regina della Polonia. Il più grande pellegrinaggio del paese.
– ***Festa della Vergine del monte Carmelo:*** 16 luglio.
– ***Assunzione:*** il 15 agosto che, come tutti sanno, è il giorno in cui la Vergine Maria salì in cielo.
– ***Festa della Madonna di Częstochowa:*** 26 agosto.
– ***Festa della Natività della Santa Vergine:*** 8 settembre; ***pellegrinaggi*** tutti i fine settimana di settembre.

LA STRADA DEI NIDI D'AQUILA

Un itinerario pittoresco e interessante tra Częstochowa e Cracovia, attraverso le montagne cracoviane. Il piccolo fiume Prądnik scorre tra rocce calcaree bianche scolpendo forme bizzarre e scavando profonde gole. È anche una bella strada di roccaforti le cui rovine si fondono con la natura. Accesso: ideale in macchina o in pullman (diversi pullman *PKS* in partenza dalla stazione dei pullman di Cracovia). Una parte della strada non è accessibile in macchina; si deve fare una deviazione (seguendo, per esempio, il sentiero dei Nidi d'aquila segnalato in rosso). Sul percorso potete visitare alcune grotte abbastanza belle (parcheggio per le macchine).

Dove dormire. Dove mangiare

⌂ |●| ***Zajazd Krystyna:*** a 15 km circa da Cracovia, sulla strada 40 in direzione di Olkusz. Facile da trovare. Ben situata per visitare la regione, questa locanda propone camere con bagno piuttosto piccole a prezzi medi. La prima colazione è molto abbondante e vi metterà in forze prima di riprendere la strada. La pulizia non è sempre al top, ma pazienza, resta comunque un buon indirizzo. Ristorante buono per niente caro e parcheggio sulla piazza (ben custodito).

Da vedere

★ ***Ojców:*** rovine leggendarie di un castello medievale. Un'altra costruzione realizzata durante il regno di Casimiro il Grande. Il museo *PTTK* è nella torre. Casimiro il Grande ha probabilmente fatto costruire questo castello sul sito di un precedente castello, segnalato alla fine del XIII secolo, che era servito da rifugio a suo padre Władysław Łokietek all'epoca delle guerre per il trono di Cracovia. In onore del padre, Casimiro lo chiamò «Ojców», nome derivato dalla parola «padre».

★ ***La grotta di Łobietek:*** sobria, senza stalattiti né stalagmiti, questa grotta attira i visitatori soprattutto per la leggenda che la circonda. La storia si svolge all'inizio del XIV secolo, quando Władysław Łokietek («Piccolo Gomito»), futuro re di Polonia, fugge dai cavalieri del re ceco, che sogna, anche lui, di accedere al trono di Cracovia. Łokietek sceglie questa grotta come nascondiglio, aiutato dai ragni che ne dissimulano l'entrata: ecco perché sul cancello figura una ragnatela simbolica. Si raggiunge da Ojców (ma bisogna camminare per 2,5 km) o dalla strada di Cracovia (40), in direzione di Czajowice (piccolo cartello da non perdere). Visite guidate da maggio a ottobre, dalle 9 alle 16.

★ ***Pieskowa Skała:*** a 8 km da Ojców. Museo aperto da martedì a venerdì dalle 10 alle 15.30, nel week-end dalle 11 alle 17.30. Il cortile esterno è accessibile tutti i giorni dalle 7 alle 20. Bella costruzione che domina tutta la valle del Prądnik. Costruita nel XIV secolo, cambiò subito di proprietario e d'aspetto. La famiglia dei grandi signori che vi si installò, e che sognava una residenza regale, fece trasformare il castello sul modello di quello di Wawel, a Cracovia. All'interno, collezioni di mobili e quadri dal Medioevo fino al XIX secolo.
|●| Lato pratico: in un bastione del castello c'è un bel *ristorante*.

★ ***Ogrodzieniec:*** un po' più lontano, sulla strada da Olkusz a Zawiercie. Superbe vestigia di un castello rinascimentale saccheggiato nel XVII secolo, durante l'invasione svedese. Visita molto pittoresca: tra l'altro, è molto facile perdersi sulle mura, nei bastioni e nelle cantine, soprattutto quando la nebbia nasconde le indicazioni degli itinerari.

CRACOVIA (KRAKÓW) PREF. TEL.: 012

In questa città si respira la storia. Ogni casa antica è costruita sulle rovine di un'altra casa ancora più antica, gli affreschi barocchi nascondono pitture gotiche dipinte su resti di decorazioni romaniche. I conservatori si domandano tra l'altro se non sarebbe il caso di distruggere gli edifici «moderni» del XIX secolo che «disturbano» la bella armonia medievale. In un paese dove bisogna aspettare vent'anni per avere un alloggio, tutto ciò può sembrare piuttosto strano, ma l'attaccamento dei polacchi al loro passato non conosce limiti.
Per una volta in Polonia, Cracovia è una città «vera» e non una ricostruzione nuova di zecca di un passato segnato da innumerevoli guerre. Cracovia deve la salvezza alla sua bellezza. Gli invasori infatti, e ce ne furono tanti, preferivano abitarci piuttosto che distruggerla. Una sola volta la città fu saccheggiata: nel 1241 dai Tatari. Per ricordare la dolorosa sconfitta, o forse per scongiurare la cattiva sorte, gli abitanti di Cracovia rivivono questa lontana tragedia ogni ora, di giorno come di notte, in estate come d'inverno. La tromba squilla dall'alto della torre della chiesa di Santa Maria ma dopo qualche nota la musica si interrompe bruscamente, simbolo della freccia tatara lanciata più di settecento anni fa che si conficcò nella gola del trombettiere-sentinella.
Cracovia è al tempo stesso un importante centro culturale e il paradiso degli amanti della festa. Ci sono tanti bar quanti monumenti storici, festival e opere liriche... Gli amanti della cultura, e i festaioli, potrebbero passarci in-

tere settimane senza mai stancarsi. Ma Cracovia è anche una destinazione ideale per il week-end.

Un po' di storia

Secondo la leggenda, un popolo felice guidato dal mitico re *Krak* rimase colpito dalla bellezza del sito e decise di insediarsi sulla collina di Wawel. Ma l'apparizione di un drago cattivo che viveva in una grotta sul pendio della collina sconvolse l'esistenza pacifica della comunità. Il drago, infatti, perseguitava gli abitanti e seminava vittime. La paura si diffuse nella città. Il re Krak promise allora la mano della sua bellissima figlia a colui che avesse cacciato il mostro. Diversi cavalieri, l'uno più coraggioso dell'altro, cercarono una soluzione, ma invano. Fu allora che un ingegnoso piccolo calzolaio ebbe l'idea di uccidere una pecora, riempire il suo ventre di zolfo e gettarla in pasto al mostro. Il drago divorò l'esca e subito si mise a correre verso la Vistola per bere, bere e bere fino a quando il suo ventre scoppiò. Il calzolaio sposò la principessa ecc. Fu così che nacque Cracovia.
Le prime testimonianze scritte dell'esistenza di Cracovia risalgono al X secolo. La città diventò capitale nell'XI secolo, durante il regno di Casimiro il Rinnovatore. Dopo essere stata devastata dai Tatari nel 1241, Cracovia si dotò di una grande piazza del mercato di 4 ettari, allora la più grande d'Europa, ed è questa stessa piazza che attraverserete in lungo e in largo durante il vostro soggiorno. L'università Jagielloński, fondata nel 1364, attirò molti studenti provenienti da tutta l'Europa. Tra loro, un allievo superdotato, con una netta predilezione per le scienze esatte: Nicolò Copernico. In seguito a un incendio che l'aveva distrutto, il castello reale del monte Wawel fu ricostruito all'inizio del XVI secolo in stile rinascimentale e diventò il più bello di tutta la Polonia. Nel 1596 Sigismondo III decise di trasferire la residenza reale a Varsavia e la città perse molta della sua importanza. Nel 1815, dopo il congresso di Vienna, annessa dagli austriaci in seguito alle spartizioni della Polonia, Cracovia ottenne insieme a qualche villaggio vicino lo statuto di minuscola repubblica «libera, indipendente e neutrale», statuto che perderà trent'anni dopo.
Cracovia non ha mai realmente accettato di aver perso il suo ruolo di capitale. Tra l'altro, per molti abitanti la città resta ancora oggi LA capitale. Per accertarsene basta chiederlo a qualsiasi *krakauer* (come si chiamano e non senza un certo orgoglio). Se Varsavia è il cervello della Polonia, Cracovia ne è il cuore. E il cuore è l'organo principale dei polacchi. Romantica fino all'ultima pietra, Cracovia è una città fiera, nostalgica e generosa, forse la più «polacca» di tutte le città del paese. Nonostante gli anni di regime «egualitario» e la costruzione dell'immensa città operaia di *Nowa Huta*, Cracovia conserva sempre la sua élite intellettuale, i suoi nobili e la sua borghesia. La sua università, la più antica di Polonia, gode di fama internazionale, i suoi teatri sono brillanti, le sue cantine dove si trovano gli artisti le più folli. E, quasi il destino abbia voluto premiarla di tanti sforzi e tanta dignità, Cracovia ha anche il SUO papa, che fu proprio qui, in tappe successive, prima alunno, poi studente, prete e vescovo.

Arrivo a Cracovia

In aereo

✈ ***L'aeroporto Giovanni Paolo II-Balice*** è 18 km circa a ovest del centro. Nella hall dell'aeroporto c'è un piccolo *ufficio d'informazioni turistiche* privato, simpatico, che fornisce buoni consigli ma niente di più. Aperto tutti i giorni dalle 10 alle 18.30. ☎ 292-61-02.
ATTENZIONE, se pensate di ritirare dei soldi con la carta di credito all'ae-

Indirizzi utili

Posta
1 Stazione ferroviaria centrale (Kraków główny)
Stazione dei pullman (dworzec PKS)
3 Centrum Informacji Turystycznej
6 Biuro Turystyki i Zakwaterowania, «Waweltaur»
7 Centrum Informacji Kulturalnej

Accesso Internet

10 Iserwis
11 Pl@net
13 Caffè Tera
14 U Luisa

Dove dormire

37 Rycerska Pensjonat
38 Hotel Saski
39 Wawel Tourist
40 Hotel Pokoje Gościnne
41 Dom Poloni
42 Hotel Monopol
43 Uniwersytet Jagielloński Dom Gościnny
44 Hotel Royal
45 Hotel Warszawski
46 Hotel Polonia
47 Hotel Europejski
48 Hotel Pollera
50 Hotel Francuski
51 Hotel Pod Różą
52 Hotel Copernicus

Dove mangiare

60 U Stasi
61 Bar mleczny Pod Temida
62 Bar Grodzki
63 Bar mleczny Dworzanin
64 Jadłodajnia Kuchcik
65 Bar mleczny Barcelona
66 Chimera Salad Bar
67 Kramy Dominikańskie
68 Różowy Słoń
69 Bar Wegetariański Vega
70 Wiśniowy Sad
71 Balaton
72 I Panema
73 Smak Ukraiński
74 Paese
75 Pod Aniołami
76 Szuflada
77 Staropolska
78 Restauracja Hawetka e Tetmajerowska
80 Piwnica U Szkota
81 La Fontaine
82 Cyrano de Bergerac

Pasticcerie e gelaterie

87 Kawiarna Noworolski
88 Cukerni
89 Lody Giolly
90 Lody U Jacka i Moniki
91 Cukernia
92 Cukernia

Dove bere qualcosa

100 Camelot e Dym
101 Jama Michalika
102 Caffè Esplanada
103 Pożegnanie z Afryką
104 Café Larousse
105 U Literatów
106 Paparazzi
107 Caffè Botanica
108 Ratuszowa
109 Huśtawka
114 Manggha
115 Kawiarnia Filmnowe Graffiti
116 Free Pub
117 Music Bar 9
118 Klub Ré
119 Pod Jemiola
120 Bastylia
121 Klub Kulturany
122 Irish Pod Papugami
123 Black Gallery
124 Piwnica Pod Baranami
125 Harris Piano Jazz Bar
128 Cocteau Gallery

Dove andare a ballare

130 Piwnica Pod Ogródkiem
131 Klub Pod Jaszczurami
133 Pasja
134 Pod Papugami
135 Rentgen
136 Rock and Roll Club
137 Jazz Rock Café
138 Equinox

Da vedere

172 Mercato del tessuto (sukiennice) e museo della Pittura polacca del XIX secolo
173 Statua di Adam Mieckiewicz
174 Chiesa di Santa Maria
176 Chiesa di San Adalberto
177 Torre del municipio
178 Chiesa della Santa Trasfigurazione
179 Museo Czartoryski
181 Chiesa di Santa Croce
182 Museo di Storia di Cracovia
183 Collegium Maius e museo
184 Chiesa di Sant'Anna
185 Collegium Nowodorski
187 Palazzo delle Arti
188 Casa Szolayski e museo d'Arte sacra
192 Residenza dell'Arcivescovo
193 Palazzo Wielopolski
194 Museo archeologico
196 Collegium Juridicum
198 Chiesa di Sant'Egidio
200 Museo Stanisław Wyspiański
201 Museo del Teatro di Cracovia

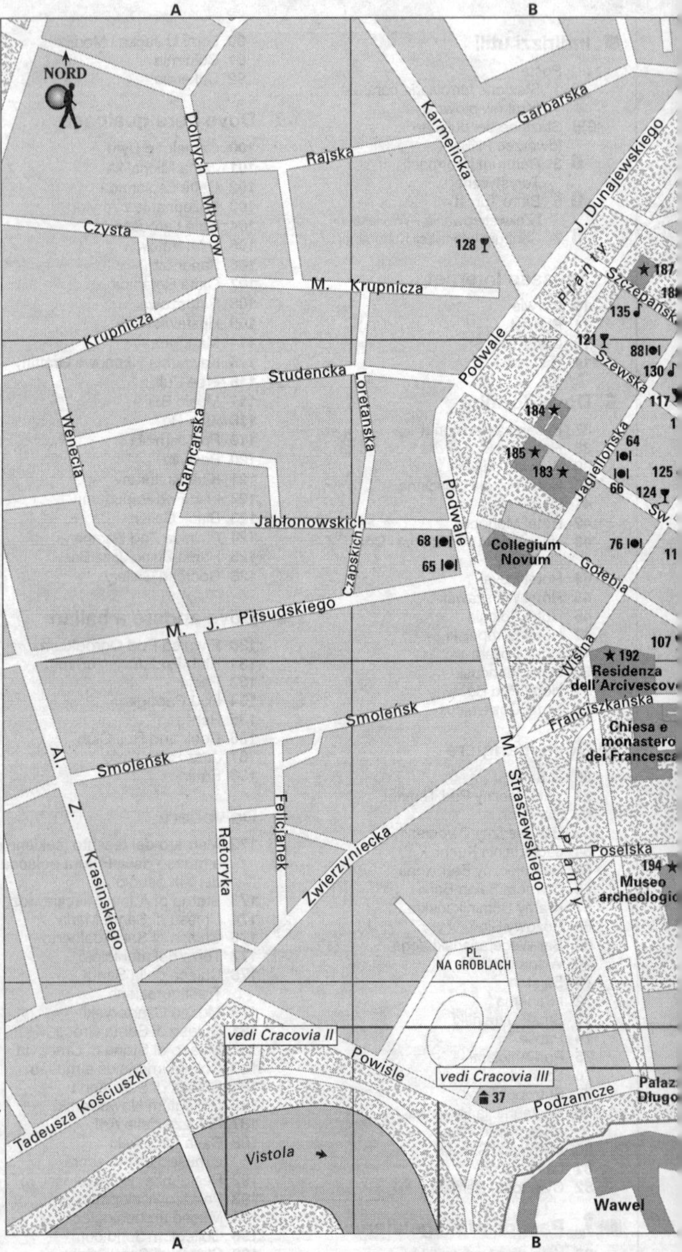

A
B
1
2
3
4
NORD
Rajska
Garbarska
Karmelicka
J. Dunajewskiego
Dolnych Młynow
Czysta
M. Krupnicza
Krupnicza
Planty
Szczepańska
Podwale
Studencka
Loretańska
Szewska
Wenecja
Garncarska
Jagiellońska
Jabłonowskich
Czapskich
Collegium Novum
Gołębia
M. J. Piłsudskiego
Wiślna
Residenza dell'Arcivescov
Franciszkańska
Chiesa e monastero dei Francesca
Smoleńsk
Al. Z. Krasinskiego
Retoryka
Felicjanek
Zwierzyniecka
M. Straszewskiego
Poselska
Museo archeologic
PL. NA GROBLACH
vedi Cracovia II
Powiśle
vedi Cracovia III
Podzamcze
Palaz Długo
Tadeusza Kościuszki
Vistola
Wawel
128
187
135
121
88
130
117
184
185
183
64
66
125
124
68
65
76
107
192
194
37

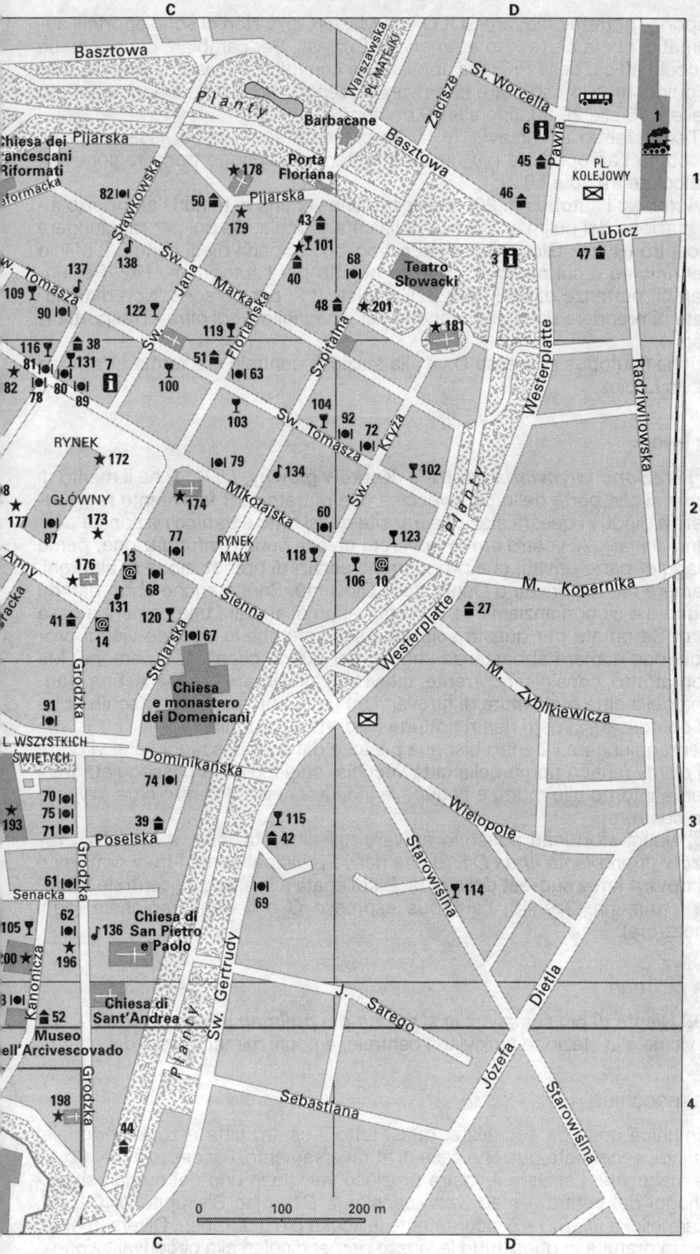

CRACOVIA (KRAKÓW) I – CENTRO CITTÀ

roporto, potrete utilizzare SOLO una *MasterCard*. Non ci sono sportelli automatici per le carte *Visa* e *American Express*. Per cambiare c'è anche un piccolo ufficio della *PKB* ma applica una commissione esorbitante del 5%. È quindi meglio aspettare di arrivare in centro. Aperto da lunedì a sabato dalle 7.45 alle 20.30, fino alle 19 domenica.

– *Taxi:* rispetto a Varsavia, le tariffe praticate sono meno assassine, ma siccome l'aeroporto è più distante restano comunque poco ragionevoli. Calcolate tra 30 e 50 Zl.

– *Autobus:* l'autobus n. 208 collega in una ventina di minuti l'aeroporto alla stazione dei pullman al limite della citta vecchia. Da qui per raggiungere il centro (Rynek Główny) a piedi ci vogliono appena dieci minuti. L'ufficio del turismo è sul percorso. Stesso tragitto per l'autobus n. 192. Per entrambi, partenze dalle 5 alle 23. Calcolate 3 Zl per persona. Non dimenticate di prendere un biglietto anche per il bagaglio (vedi oltre «Trasporti urbani»).

Anche l'autobus espresso D va alla stazione centrale e si ferma all'altezza di via Lubicz.

In treno

***Stazione ferroviaria centrale* (Kraków główny;** *I, D1,* ***1*)** ha il merito di trovarsi alle porte della città vecchia che potrete così facilmente raggiungere a piedi. In questa stazione transita quasi tutto il traffico nazionale e internazionale. Al vostro arrivo troverete diversi punti d'informazione, per la maggior parte privati, che propongono servizi di prenotazione di alberghi, camere presso privati o Ostelli della Gioventù. Sarete anche abbordati da signore e signori anziani che vi proporranno di affittare una camera a casa loro. Se optate per questa soluzione sappiate che le agenzie viaggi propongono camere abbastanza centrali per 100 Zl circa per 2 persone. Ma soprattutto, consiglio ricorrente, fatevi ben localizzare la casa su una piantina della città per evitare di ritrovarvi un un remoto esilio che rischierebbe di complicare i vostri rientri notturni (vedi «Dove dormire»).

Per raggiungere il centro bisogna passare dal sottopassaggio che vi porta al *planty* (antico nome della città vecchia, oggi indica la passeggiata tra il verde intorno alle mura) e seguire le indicazioni per il centro città (*wyjście do centrum*).

Alcuni sfortunati possono arrivare nell'altra stazione, a ***Kraków Płaszów*** *(fuori pianta III da D4,* ***2****)* che riceve principalmente i treni notturni e si trova 4 km a sud-est della città. È collegata alla stazione centrale tramite i tram nn. 3 e 43, l'autobus espresso C e il treno regionale (ogni mezz'ora).

In pullman

Niente di più semplice: la ***stazione dei pullman* (dworzec PKS;** *I, D1)* è vicina alla stazione ferroviaria centrale, a pochi minuti a piedi dal centro.

In macchina

Un'unica cosa da segnalare: quasi tutto il centro città è zona pedonale; quindi, eccettuato qualche asse di attraversamento, l'accesso è vietato alle macchine. Lasciare il vostro prezioso veicolo in uno dei numerosi parcheggi del centro – plac Szczepańska *(I, B1)*, plac Biskupia *(III, C1)*, ul. Karmelicka *(III, B2)* – è sicuramente la scelta più giudiziosa. Diversamente, sosta gratuita in quasi tutte le viuzze perpendicolari alla circonvallazione. Se alloggiate in un albergo del centro, potete ottenere una tessera per residenti temporanei che vi consentirà di parcheggiare con più facilità. Bisogna fare la richiesta alla reception dell'albergo.

Indirizzi utili

Uffici del turismo e agenzie viaggi

🛈 ***Centrum Informacji Turystycznej** (I, D1, **3**):* 25 ul. Szpitalna. ☎ 432-00-60 o 432-01-10. Infoline: ☎ 93-19. Fax: 432-00-62. • itkrakow@wp.pl • In una piccola rotonda del *planty*, quasi sul prolungamento di Szpitalna andando verso nord-est. Aperto da lunedì a venerdì dalle 8 alle 20, sabato e domenica dalle 9 alle 17. Sorrisi accoglienti e informazioni efficaci. Tantissimi consigli per scegliere un albergo e una grande generosità sugli orari di autobus, pullman, treni e aerei. Hanno anche il migliore stock di cartine e dépliant.

🛈 ***Tourist Service Office – BOT** (IV, B1, **4**):* nel castello di Wawel. ☎ 422-51-55. Fax: 422-16-97. Aperto dalle 9 alle 17. Chiuso sabato e domenica.

Oltre agli uffici del turismo, diverse agenzie viaggi praticano la vocazione turistica con maggiore o minor successo. Le più importanti sono:

■ ***Jordan, Biuro Podróż:*** la maggiore agenzia viaggi, con tantissimi uffici dappertutto in città. L'ufficio principale *(III, C1, **5**):* 9 ul. Długa. ☎ 421-21-25. Fax: 422-69-19. • www.jordan.krakow.pl • Aperto tutti i giorni dalle 7 alle 22. Un altro ufficio si trova al n. 35 di ul. Floriańska, all'angolo del bar *Jama Michalska*. ☎ 429-17-68. Aperto da lunedì a venerdì dalle 9 alle 17, sabato dalle 10 alle 14. Propone alberghi, camere presso privati, informazioni utili, cartine, escursioni...

■ ***Biuro Turystyki i Zakwaterowania, «Waweltur»** (I, D1, **6**):* 8 ul. Pawia, 31-154. ☎ e fax: 422-19-21. • www.waweltur.com.pl • Di fronte alla stazione, di fianco all'*Hotel Warszawski*. Aperto da lunedì a venerdì dalle 8 alle 20, sabato dalle 8 alle 14. Un'agenzia viaggi classica che in più propone camere presso privati abbastanza centrali.

■ ***Centrum Informacji Kulturalnej** (I, C2, **7**):* 2 ul. Św. Jana. ☎ 421-77-87. Fax: 421-77-31. • www.karnet.krakow2000.pl • Aperto da lunedì a venerdì dalle 10 alle 18, sabato dalle 10 alle 16. Un'intera squadra al servizio dell'informazione culturale, un posto da non perdere per tutti quelli che sono venuti fin qui per approfittare della ricca attività cultura-

■ Indirizzi utili

🛈 **8** Jarden Travel Agency

@ Accesso Internet

9 Klub Internetowy
12 Klub Internetowy

Dove dormire

53 Tournet Pokoje Gościnne
54 Mini Hotel
55 Hotel Pensjionat Kazimierz
56 Hotel Franciszek
57 Hotel Klezmer-Hois
58 Hotel Alef

Dove mangiare

57 Klezmer-Hois
58 Alef
86 Chłopskie Jadło

Dove bere qualcosa

58 Alef
110 Les Couleurs
111 Ariel
112 Bar del museo Manggha
126 Singer
127 Alchemia

★ Da vedere

206 Sinagoga Ajzyk o sinagoga Isacco
207 Grande Sinagoga
208 Vecchia Sinagoga
210 Bagno rituale
211 Palazzo Jordan
212 Sinagoga Remu'h
213 Cimitero Remu'h
214 Sinagoga Tempel
215 Sinagoga Kupa

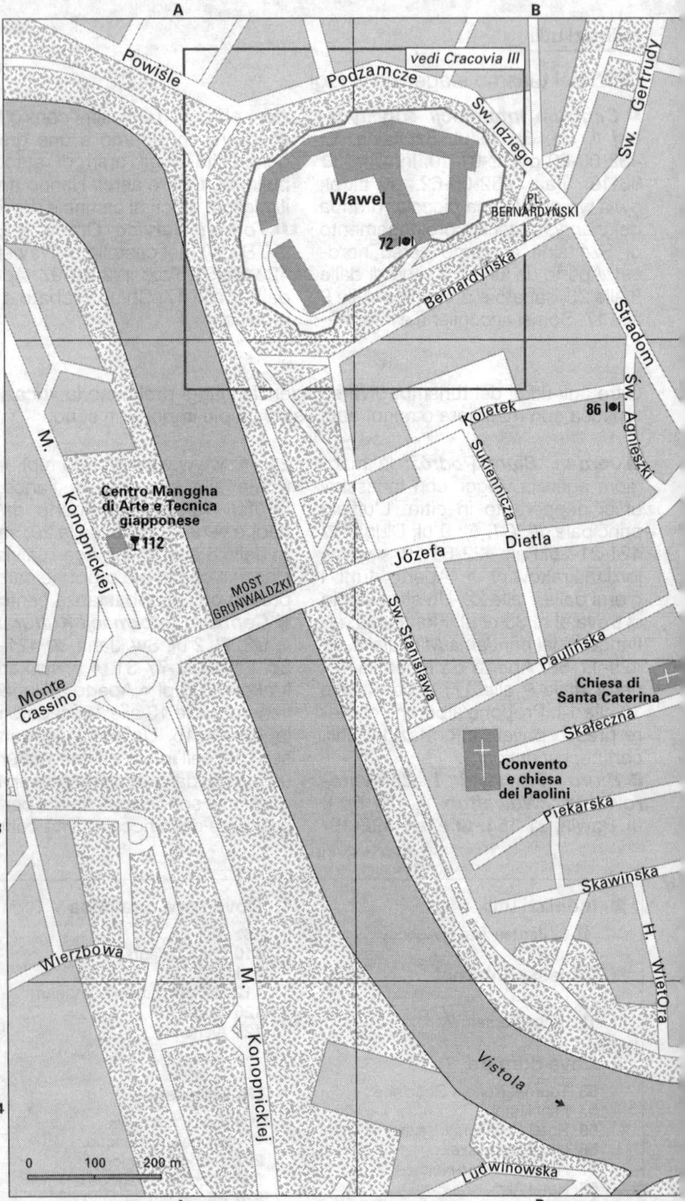
A
B
1
2
3
4
vedi Cracovia III
Powiśle
Podzamcze
Św. Idziego
Św. Gertrudy
Wawel
PL. BERNARDYŃSKI
72
Bernardyńska
Stradom
Koletek
86
Św. Agnieszki
Sukiennicza
M. Konopnickiej
Centro Manggha di Arte e Tecnica giapponese
112
Józefa
Dietla
MOST GRUNWALDZKI
Św. Stanisława
Paulińska
Chiesa di Santa Caterina
Monte Cassino
Skałeczna
Convento e chiesa dei Paolini
Piekarska
Skawinska
H. WietOra
Wierzbowa
Vistola
Ludwinowska
0
100
200 m

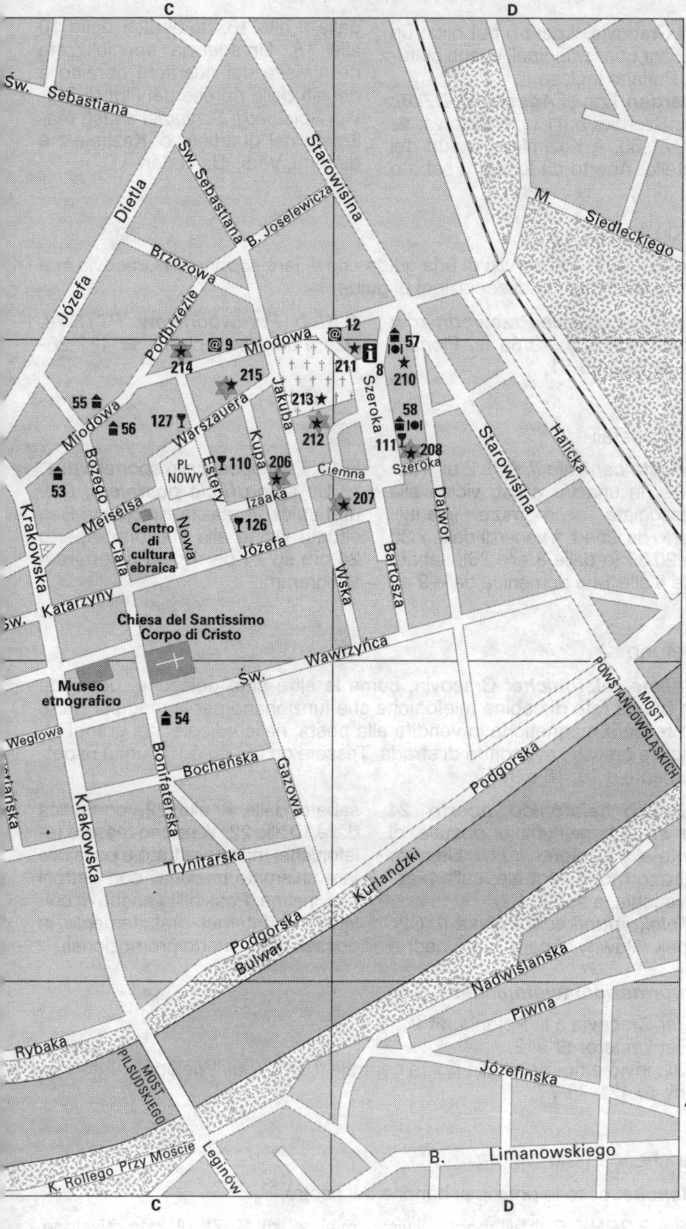

CRACOVIA (KRAKÓW) II – KAZIMIERZ

CRACOVIA

le di Cracovia. Il centro pubblica un dépliant con i principali eventi culturali. Parlano inglese.

■ ***Jarden Travel Agency*** *(II, D2, **8**)*: 2 ul. Szeroka e 41 ul. Miodowa. ☎ 421-71-66. A Kazimierz, a sud del castello. Aperto da lunedì a sabato dalle 9 alle 18, domenica dalle 10 alle 18. Un'agenzia specializzata nella visita del quartiere ebraico e dei siti delle riprese del film di Steven Spielberg, *Schindler's List*, realizzato nel quartiere di Kazimierz e dintorni. Vedi «Da vedere».

Guide e visite

– Per usufruire dei servizi di una guida che vi farà scoprire la Cracovia *in* e *off* esistono diverse associazioni di guide:

■ ***Stowarzyszenie Przewodników Polskich*** *(I, C2)*: 19/6a ul. Floriańska. ☎ 422-85-51.

■ ***Klub Przewodników PTTK*** *(I, D2)*: 5 ul. Westerplatte. ☎ 422-26-76.

Uffici postali

✉ ***Posta centrale*** *(I, D3)*: 2 ul. Wielopole. In una via a est, vicino alla passeggiata delle mura (*planty*). Aperto da lunedì a venerdì dalle 7.30 alle 20.30 (o dalle 8 alle 20), sabato dalle 8 alle 14 e domenica dalle 9 alle 11. Fermoposta allo sportello n. 1.

✉ Un altro ***ufficio postale*** *(I, D1)*: ul. Lubicz, 4 piazza Kolejowy. Ben situato vicino alla stazione, aperto 24 ore su 24 per l'invio di lettere e telegrammi.

Telefono

– ***Cabine telefoniche:*** Cracovia, come le altre città polacche, possiede una buona rete di cabine telefoniche che funzionano per la maggior parte con tessere magnetiche in vendita alla posta, nelle edicole, nei grandi alberghi e presso i rivenditori di strada. Tessere da 25, 50 e 100 unità rispettivamente a 10, 18 e 37 Zl.

■ ***Centro telefonico aperto 24 ore su 24:*** nell'ufficio postale di fronte alla stazione *(I, D1)*. Un altro indirizzo molto centrale, sulla piazza vecchia, a sud *(I, C2)*.

■ ***Telekomunikacja Polska*** *(I, C2)*: Rynek Główny. Aperto da lunedì a sabato dalle 8 alle 22, domenica dalle 10 alle 22. Vendono tessere telefoniche, ma soprattutto è possibile fare chiamate nazionali con gettoni o monetine. Possibilità anche di collegarsi a Internet gratuitamente in occasione di offerte promozionali.

– ***Informazioni telefoniche:***

■ Per Cracovia e la Polonia: ☎ 911.

■ Per l'estero: ☎ 912.

– ***Fax:*** invio e ricezione alla posta centrale *(I, D3)*, 2 ul. Wielopole. Informazioni: ☎ 421-75-77.

Banche, cambio, valuta

– ***Banche:*** ecco le principali banche del centro:

■ ***Bank BPH*** *(I, C3)*: all'angolo di via Senacka e Grodzka. ☎ 429-32-96. Aperta da lunedì a venerdì dalle 10 alle 18. Buon tasso di cambio per i traveller's cheque: 1,5% ma con un minimo di 7 Zl di commissione.

■ ***Pekao*** *(I, C2)*: 31 Rynek Główny. Aperta da lunedì a venerdì dalle 8 alle 18, sabato dalle 10 alle 14.30. 1a ul. Bracka *(I, C2)*. Commissione dell'1% per i traveller's cheque, ma per ogni cambio prelevano come minimo 10 Zl.

■ ***Wielopolski Bank Kredytowy*** *(WBK; I, C2)*: 30 Rynek Główny. Stessi orari.

– Per i ***traveller's cheque***, le banche sopraindicate praticano i tassi di cambio più interessanti:

■ In caso di urgenza, potete rivolgervi all'***Hotel Francuski*** *(I, C1,* ***50****)*, 13 ul. Pijarska. C'è un ufficio di cambio aperto tutti i giorni dalle 8 alle 20. Buono a sapersi, ma la commissione è elevata (5,5% circa).

– ***Contante:*** niente di più semplice, la città è disseminata di uffici di cambio (*kantors*). Vi consigliamo di evitare quelli vicini alla stazione, particolarmente avidi di commissioni.

– ***Carte di credito:*** come dappertutto in Polonia, la rete *Euronet* si impegna ad aprire sportelli automatici a tutti gli angoli di strada o quasi della città. In teoria dovrebbero accettare tutti (ma non è sempre così!) le carte *Visa*, *Eurocard MasterCard*, *Cirrus* ecc.

I principali sportelli automatici si trovano ai seguenti indirizzi: 31 Rynek Główny (*PKO*), 4 Armii Krajowei, 1/3 ul. Krasińskiego, 17 ul. Mackiewicza, 7 ul. Balicka, ul. Witosa, plac Kolejowy, 77 ul. Starowiślna e al castello Wawel...

Rappresentanze consolari

■ ***Francia:*** 15 ul. Stolarska. ☎ 422-18-64 o 21-13. Fax: 422-33-90. Aperta dalle 9 alle 13. Chiusa nel fine settimana.

■ ***Germania:*** 7 ul. Stolarska. ☎ 421-89-80 o 80-88. Fax: 421-76-28. Aperta dalle 9 alle 12. Chiusa nel fine settimana.

■ ***Stati Uniti:*** 9 ul. Stolarska. ☎ 424-51-00 o 51-03. Aperta in settimana dalla 8.30 alle 17.

Urgenze

■ ***Polizia:*** ☎ 997.

■ ***Pompieri:*** ☎ 998.

■ ***Ambulanza:*** ☎ 999.

■ ***Oggetti smarriti:*** ☎ 616-92-89.

Ma attenzione, per ognuno di questi numeri, le probabilità di ottenere una risposta in inglese sono molto basse.

– ***Assistenza medica:*** come sempre vi consigliamo di contattare l'ambasciata d'Italia a Varsavia che vi indicherà il nome di un medico privato di fiducia che parla inglese e magari anche italiano. Ma potete anche contattare il seguente centro medico:

■ ***Medicover:*** 1 ul. Krótka. ☎ 430-00-34. Fax: 429-43-05. Numero urgente: ☎ 96-77. I medici di questo centro parlano inglese e sono in grado di fornire praticamente tutte le cure.

Farmacie (*aptekas*)

■ ***Pod Złotą Główa:*** 13 Rynek Główny. Aperta da lunedì a venerdì dalle 9 alle 21, sabato dalle 9 alle 16.

■ ***Apteka Herbapharm:*** 2 ul. Dunajewskiego. Aperta 24 ore su 24.

■ ***Apteka Spółdzielnia Pracy:*** 37 Rynek Główny. ☎ 422-29-33.

■ ***Gradzka:*** 26 ul. Grodzka. Aperta da lunedì a venerdì dalle 9 alle 21; sabato dalle 9 alle 16 e domenica dalle 10 alle 17.

Compagnie aeree

■ ***Austrian Lines:*** 41 ul. Krakowska. ☎ 429-66-66. Aperto in settimana dalle 9 alle 17.
■ ***British Airways:*** 25 ul. Św. Tomasza. ☎ 422-86-21. Aperto in settimana dalle 9 alle 17.
■ ***Delta Airlines:*** 36 ul. Szpitalna. ☎ 421-46-40.
■ ***Lot:*** 15 ul. Basztowa. ☎ 422-42-15. Aperto da lunedì a venerdì dalle 9 alle 18, sabato dalle 9 alle 15. Informazioni e prenotazioni 24 ore su 24 telefonando al ☎ 08-01-30-09-52.
■ ***Lufthansa:*** 9 ul. Sienna. ☎ 422-41-99. Aperto da lunedì a venerdì dalle 8 alle 18, sabato dalle 9 alle 13.

Autonoleggio

– ***Agenzie internazionali:***
■ ***Avis:*** 23 ul. Bubicz. ☎ 0-800-200-10 (numero gratuito). • www. avis.pl • Aperto da lunedì a venerdì dalle 9 alle 17, sabato dalle 9 alle 13.
■ ***Europcar:*** 2 ul. Szlak. ☎ 633-77-73. Aperto da lunedì a venerdì dalle 9 alle 17, sabato dalle 10 alle 14. All'aeroporto: ☎ 285-50-45. • www. europcar.com.pl •
■ ***Hertz:*** 1 al. Focha, nell'*Hotel Cracovia*. ☎ 0-800-200-52 (numero gratuito). • www.hertz.com.pl • Aperto da lunedì a venerdì dalle 8 alle 18, sabato dalle 9 alle 13.
– ***Agenzie locali (talvolta meno care):***
■ ***Ann Rent-a-Car:*** all'aeroporto. ☎ 639-32-49. Centralino di prenotazioni 24 ore su 24: ☎ 06-01-33-22-01. • www.rent-a-car.com. pl •
■ ***Express Rent-a-Car:*** 28 ul. Marii Konopnickiej, nell'*Hotel Forum*. ☎ 266-64-68. • www.express.pl • Aperto da lunedì a venerdì dalle 8 alle 17, sabato dalle 8 alle 11.
■ ***Joka Rent-a-Car:*** 13 ul. Starowiślna. ☎ 429-66-30. Aperto da lunedì a venerdì dalle 8 alle 17, sabato dalle 9 alle 12.
■ ***National Car Rental:*** 22 ul. Glowackiego. ☎ e fax: 636-86-30. Aperto da lunedì a venerdì dalle 8 alle 17, sabato dalle 9 alle 14.

Varie

■ ***Deposito bagagli:*** sportelli automatici all'uscita della stazione, a sinistra delle scale del sotterraneo. Aperto 24 ore su 24. Tariffe in proporzione al volume del bagaglio. Quasi tutti i depositi bagagli meccanici si trovano nell'edificio della vecchia stazione.

Trasporti urbani

CRACOVIA

Autobus e tram

Una ventina di tram e un centinaio di autobus percorrono tutta la città a eccezione del centro che è zona pedonale. A meno che non dobbiate andare in periferia, non saranno di grande utilità. Circolano dalle 5.30 circa alle 23 e vengono in seguito sostituiti dagli autobus notturni (dalle 23 alle 5 del mattino). Alcuni autobus fanno meno fermate e sono quindi più rapidi.
– ***Tariffe:*** un biglietto, utilizzabile indifferentemente su autobus e tram, è valido per un solo tragitto senza cambio. Oltre al biglietto semplice esistono diverse tariffe: biglietto valido un'ora con cambi a volontà, tessera giornaliera o settimanale, biglietto per gruppi (da 15 a 20 persone), biglietto per i percorsi periferici. Appena salite su un mezzo dovete assolutamente obliterare il biglietto. Sappiate che per gli autobus notturni e per quelli che

fanno servizio in periferia ci vogliono diversi biglietti. Si comprano nelle edicole *Ruch* o nei negozi con la sigla «MKP», oppure direttamente sul mezzo, dal conducente, in cambio di un leggero supplemento. Non dimenticate di prendere un biglietto anche per i bagagli voluminosi. I controlli sono molto frequenti e i controllori sono assolutamente intransigenti (vedi anche «Varsavia. Trasporti Urbani»).

Taxi

A condizione di evitare quelli che circolano intorno alla stazione, specialisti nell'arte della supertariffa, i prezzi dei taxi sono stati regolamentati e restano ancora abbastanza ragionevoli per un portafoglio occidentale, salvo fregatura. Esistono quattro tariffe diverse e le nostre raccomandazioni sono le stesse che per la città di Varsavia. Utilizzate principalmente i taxi affiliati a un centralino di prenotazione telefonica (il cui numero figura generalmente sul veicolo).
La prenotazione per telefono è gratuita e talvolta, per ragioni di concorrenza, può addirittura darvi diritto a una riduzione del 20%. Naturalmente, come dappertutto, le tariffe aumentano dalle 22 alle 5 del mattino. Quando salite sul taxi, ricordatevi di verificare sempre che il tassametro sia stato rimesso a zero.
– Numeri di telefono delle principali compagnie:

- ***Barbakan:*** ☎ 96-61.
- ***Euro Taxi:*** ☎ 96-64.
- ***Express Taxi:*** ☎ 96-29.
- ***Mega Taxi:*** ☎ 96-25.
- ***Metro Taxi:*** ☎ 96-67.
- ***Radio Taxi:*** ☎ 919.
- ***Wawel Taxi:*** ☎ 96-66.

Cultura

Giornali su Cracovia

Diverse pubblicazioni si sentono in dovere di iniziarvi alla città e ai suoi piaceri.
– I due mensili gratuiti in inglese *Kraków: What, Where, When* e *Welcome To Cracow* sono i meno interessanti. Brevi articoli, pubblicità e liste di indirizzi. Si trovano nei grandi alberghi, nelle agenzie di autonoleggio...

■ Indirizzi utili

- 2 Stazione ferroviaria Kraków Płaszów
- 5 Jordan, Biuro Podróż

Dove dormire

- **20** Camping Clepardia
- **21** Camping Smok n. 46
- **22** Camping Krak n. 45
- **23** Camping Krakowianka n. 171
- **24** Międzynarodowe Schronisko Młodzieżowe (Ostello della Gioventù)
- **25** Schronisko Turystyczne Ne Błoniach (Ostello della Gioventù)
- **26** Dom Studencki «Nawojka»
- **27** Hotel Studencki Żaczek
- **28** Hotel Letni Bydgoska 19
- **29** Hotel Studencki Piast
- **30** Chałupnik
- **31** Pod Sokołem
- **32** Nauczycielski
- **33** Hotel Mistia
- **34** Hotel Korona
- **35** Hotel Wisła
- **36** Hotel Retro
- **49** Hotel Atrium

★ Da vedere

- **216** Farmacia del ghetto
- **217** Fabbrica di ceramica di Oscar Schindler
- **218** Museo di Pittura polacca del XX secolo

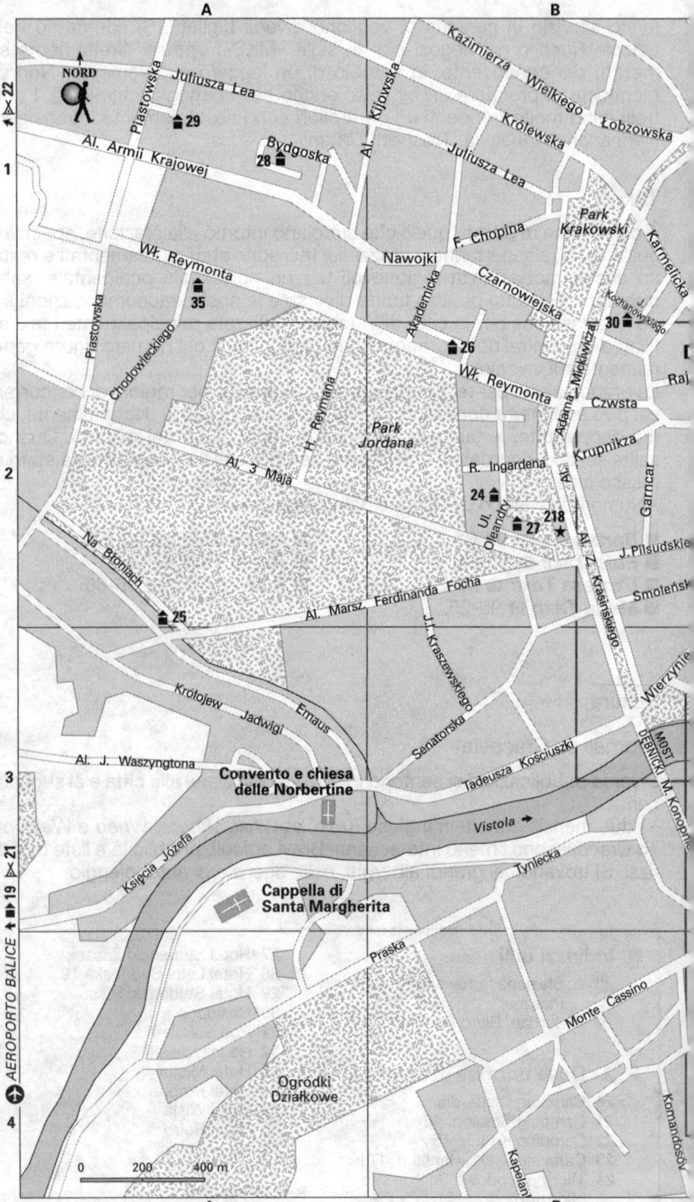
A
B
1
2
3
4
NORD
22
21
19
AEROPORTO BALICE
Juliusza Lea
Piastowska
29
Al. Armii Krajowej
Bydgoska
28
Al. Kijowska
Kazimierza Wielkiego
Królewska
Łobzowska
Juliusza Lea
Park Krakowski
F. Chopina
Nawojki
Karmelicka
Wł. Reymonta
35
Czarnowiejska
Akademicka
J. Kochanowskiego
30
26
Piastowska
Chodowieckiego
Wł. Reymonta
Adama Mickiewicza
Czwsta
H. Reymana
Park Jordana
Krupnikza
Al. 3 Maja
R. Ingardena
Garncar
24
Ul. Oleandry
27
218
Al. Z. Krasińskiego
J. Pilsudskie
Na Błoniach
Al. Marsz. Ferdinanda Focha
Smoleńsk
25
J. I. Kraszewskiego
Wierzynie
Królojew Jadwigi
Emaus
Senatorska
MOST DĘBNICKI
M. Konopnic
Al. J. Waszyngtona
Convento e chiesa delle Norbertine
Tadeusza Kościuszki
Vistola
Księcia Józefa
Tynlecka
Cappella di Santa Margherita
Praska
Monte Cassino
Ogródki Działkowe
Komandosów
Kapelan
0
200
400 m

CRACOVIA

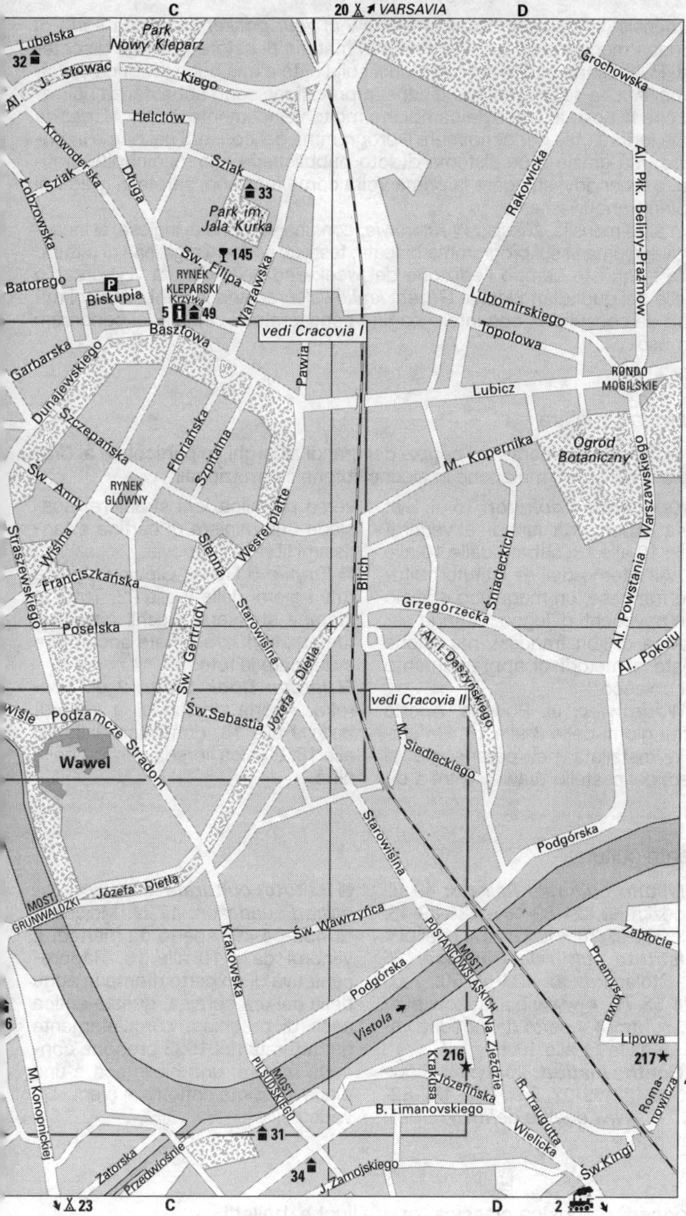

CRACOVIA (KRAKÓW) III – I DINTORNI

– I mensili (in inglese) *Insider* o *Kraków in your pocket* sono una sorta di cronaca mondana su tutte le novità in materia di ristoranti, bar e discoteche. Pubblicano anche articoli storici sulla città e una buona rubrica sul cinema. Anche se presentano alcune imprecisioni, sono abbastanza utili visto che le cose a Cracovia cambiano molto velocemente. Il *City Magazine* è una lettura utile per conoscere il programma dei concerti nei bar; è in polacco, ma grazie a un sistema di foto pubblicitarie e immagini pittografiche, e facendovi spiegare la prima volta come funziona, sarete in grado di capirlo tranquillamente.
– Un altro mensile, *Miesiąc W Krakówie*, con una versione in inglese, si incarica di aggiornarvi sul programma di teatri, festival, concerti e gallerie di pittura.
– Ma in questo campo l'edizione del week-end della *Gazeta Wyborcza* o quella del quotidiano locale *Gazeta krakówska* restano le pubblicazioni migliori da consultare, con intere pagine consacrate al cinema, ai concerti e ai musei.

Stampa straniera

La troverete facilmente nei negozi dei grandi alberghi, in particolare al *Cracovia* e al *Forum*, ma anche in alcune librerie internazionali:

■ ***Księgarnia Edukator:*** 15 ul. Św. Jana. Aperta da lunedì a venerdì dalle 10 alle 18, sabato dalle 10 alle 14. All'interno dell'ex istituto culturale francese, un magnifico edificio con pavimenti di legno. Grande selezione di libri francesi, ma anche riviste e metodi di apprendimento del polacco.

■ ***Wędrowiec:*** ul. Powiśle. Aperta tutti i giorni dalle 8 alle 16. Un'edicola installata nel parcheggio ai piedi del castello Wawel. Oltre a diverse pubblicazioni straniere, possiede una miniera di cartine e tantissimi libri su Cracovia.

■ ***Empik:*** 5 Rynek Główny. Aperta tutti i giorni dalle 9 alle 22. Tutta la stampa straniera, dischi, cassette, fumetti, libri...; e potete anche fare sviluppare le foto.

■ ***Jarden Book Store:*** 2 ul. Szeroka. Aperta da lunedì a venerdì dalle 9 alle 18, domenica dalle 10 alle 18. L'unica libreria ebraica della città.

Centri culturali

■ ***Istituto culturale italiano:*** 49 ul. Grodzka. ☎ 421-89-46 e 421-89-43. Fax: 421-97-70. • italcult@kr.onet.pl •

■ ***Istituto culturale francese:*** 15 ul. Stolarska. ☎ 424-53-50. Fax: 424-53-70. • www.bci.krakow.pl/if/index/html • Aperto da lunedì a venerdì dalle 11 alle 19.

■ ***Goethe Institut:*** 20 Rynek Główny. ☎ 422-69-02. Fax: 012-422-82-76. • www.goethe.de/ms/kra/deindex/htm •

■ ***Istituto culturale ebraico:*** *Judaica Foundation*, 17 ul. Meiselsa. ☎ 430-64-49. Aperto da martedì a venerdì dalle 10 alle 18. Rappresentativa di un certo ritorno in auge della cultura ebraica, questa antica casa di preghiera completamente ristrutturata nel 1993 propone concerti, mostre, una biblioteca e una piacevolissima caffetteria (vedi «Da vedere»).

Concerti di musica classica, opere liriche, balletti

– L'***orchestra filarmonica di Cracovia*** è una delle più famose, e poiché si sa che i polacchi hanno un orecchio particolarmente musicale, non c'è motivo di esitare: 1 ul. Zwierzyniecka. I concerti si tengono soprattutto nel fine settimana.

– ***Teatr im Słowackiego:*** perché non unire il piacere della visita di questa sontuosa sala, copiata nel 1893 dal teatro dell'opera di Parigi (più in piccolo, naturalmente), al piacere di un balletto o di un grande spettacolo del repertorio classico polacco? Le rappresentazioni di opere liriche sono più rare, vista l'esiguità degli spazi.
– Per gli altri spettacoli, chiedete l'agenda culturale presso il ***Centrum Informacji Kulturalnej:*** 2 ul. Św. Jana. • www.karnet.krakow2000.pl • Vedi sopra.

Acquisti

Artigianato

– L'***antico mercato del tessuto (sukiennice; I, C2, 172)*** accoglie sotto le sue arcate una quantità impressionante di bancarelle che si sono assunte il compito di riunire tutto ciò che la Polonia produce nel campo dell'artigianato. La specialità locale: i modellini di chiese in carta stagnola. Ogni anno a Natale viene indetto un concorso per eleggere il migliore realizzatore. Aperto da lunedì a venerdì dalle 7 alle 19, sabato e domenica dalle 10 alle 15. C'è anche una succursale al n. 11 di ul. Bracka. Stessi orari di apertura.

Manifesti

■ ***Galeria Plakatu:*** 8/10 ul. Stolarska. Aperta dalle 11 alle 17 (14 domenica). Ampia scelta di manifesti e poster, un'arte in cui i polacchi sono diventati maestri, come ormai dovreste già sapere.

Drogherie aperte 24 ore su 24

■ ***ABJ:*** 117 ul. Kazimierza Wielkiego.
■ ***A & C Delikatesy:*** 1 ul. Starowiślna.
■ ***Cristin:*** 22 ul. Krakowska.
■ ***Delijce:*** all'angolo di 5 Rynek Kleparski e ul. Basztowa.
■ ***Hean:*** 49 ul. Królewska.
■ ***Oczko:*** 6 ul. Podwale.

Accesso Internet

In quasi tutti i cybercaffè è possibile acquistare diversi buoni orari o fare una tessera di adesione che dà diritto a sconti.

@ ***Klub Internetowy** (II, C1-2, **9**):* 26 ul. Miodowa. ☎ 422-79-51. Aperto tutti i giorni dalle 10 alle 22. 3 Zl all'ora, 2 Zl per mezz'ora. Il locale meno caro di Kazimierz.
@ ***Iserwis** (I, D2, **10**):* 13 ul. Mikołajska. • www.iserwis.net.pl • Aperto dalle 10 alle 24, venerdì e sabato dalle 10 alle 8 del mattino. 1 Zl per 15 min. In un seminterrato in fondo a un passaggio, molto centrale.
@ ***Pl@net** (I, B2, **11**):* 24 Rynek Główny. • www.planet.krakow.pl • Aperto tutti i giorni dalle 10 alle 22. 5 Zl per un'ora, 3 Zl per mezz'ora. Spesso il locale offre promozioni a 4 o 3 Zl per un'ora. Molto centrale, sulla piazza.
@ ***Klub Internetowy** (II, C-D1, **12**):* 39 ul. Miodowa. ☎ 431-22-31. Aperto tutti i giorni dalle 10 alle 22. 4 Zl per un'ora, 3 Zl per mezz'ora e 2 Zl per un quarto d'ora. A Kazimierz.
@ ***Caffè Tera** (I, C2, **13**):* in una galleria commerciale, entrata al n. 9 di

Rynek Główny. • www.cafetera.com.pl • 5 Zl per un'ora. Un filo più caro ma è aperto 24 ore su 24.

@ **U Luisa** *(I, C2, **14**):* 13 Rynek Główny. ☎ 421-80-92. 5 Zl per un'ora, 3 Zl per mezz'ora. Più caro e pare che le connessioni siano meno rapide, ma il locale si trova in una bellissima cantina con soffitti a volta che attirerà molto probabilmente tutti coloro che fanno meno attenzione ai soldi.

Dove dormire

Cracovia è comprensibilmente una città molto turistica. L'unico inconveniente è che gli alberghi sono spesso al completo e – come impone la legge della domanda e dell'offerta – molto cari. Inoltre, vi sembreranno ancora più cari perché il più delle volte la qualità non corrisponde al prezzo. Vantaggio: sono generalmente molto centrali.
Ai budget medi raccomandiamo di chiudere un occhio sulla qualità e sul romanticismo dell'albergo e di optare per gli alberghi a prezzi economici – in particolare le residenze universitarie. Le tariffe intermedie presentano un interesse molto relativo e vi capiterà di trovare tante piccole pensioni nel corso del vostro viaggio in Polonia a prezzi decisamente più accessibili.
Un'altra «astuzia» consiste nel passare da una categoria all'altra tenendo conto del fatto che molti alberghi dispongono ancora di camere senza bagno a prezzi inferiori.

CAMPEGGI

Anche se i diversi campeggi sono ben serviti dai mezzi di trasporto pubblici, raccomandiamo questa opzione soprattutto ai motorizzati. Di sera infatti, a meno di scegliere una vita monacale o di fare l'autostop, sono relativamente difficili da raggiungere.

⛺ ***Camping Clepardia*** *(fuori pianta III da D1, **20**):* 28a ul. Pachońskiego. ☎ 415-96-72. Qualche chilometro a nord della città. L'autobus n. 115 passa davanti alla stazione. Calcolate 48 Zl per una coppia con tenda e macchina. Bel campeggio con prato e tanti alberi. Servizi igienici puliti in prefabbricati. Vicino a una grande piscina pubblica che propone tariffe preferenziali per i campeggiatori.

⛺ ***Camping Smok n. 46*** *(fuori pianta III da A3, **21**):* 18 ul. Kamedulska. ☎ e fax: 429-72-66. 4 km a ovest prendendo la N406 in direzione di Oświęcim (Auschwitz). Dal centro, prendete i tram nn. 1, 2 o 38 fino alla fermata Salwator, poi gli autobus nn. 109, 209, 229, 239, 249, 259, 269 (uff!). L'autobus n. 109 parte direttamente dall'*Hotel Krakovia*, ma il tragitto è un po' più lungo. Aperto da metà maggio a metà settembre. Reception aperta fino alle 22. Calcolate 50 Zl per due persone, una tenda e una macchina. Piccolo campeggio privato, carino e pulito, ma con diverse carenze organizzative. Un esempio: ci sono solo 2 docce per tutto il campeggio! Buona accoglienza. Posti all'ombra in un frutteto. Piccolo negozio di alimentari e lavatrice a disposizione dei clienti.

⛺ ***Camping Krak n. 45*** *(fuori pianta III da A1, **22**):* 99 ul. Radzikowskiego. ☎ 637-21-22. Fax: 637-25-32. 5 km circa a nord-ovest, sulla strada di Katowice. Dalla stazione, autobus nn. 501, 511 e 173 in partenza da ul. Armii Krajowej. Calcolate 46 Zl per 2 persone, una tenda e una macchina. Vicino al fiammante motel *Krak* dall'architettura americaneggiante. Aperto da metà maggio a metà settembre. 78 posti disposti in modo rettilineo su un grande terreno ben attrezzato con discoteca, bar e caffetteria. Molte docce abbastanza pulite.

⛺ ***Camping Krakowianka n. 171*** *(fuori pianta III da C4,* ***23****):* 2 ul. Żywiecka Boczna. ☎ e fax: 266-14-17. A 6 km, sulla strada di Zakopane. Autobus n. 119 e tram nn. 19 e 8. Aperto da metà maggio a metà settembre. Calcolate 55 Zl per 2 persone, una tenda e una macchina. Per niente caro se avete un veicolo. Integrato a un albergo (solo camere con 3 letti), un buon campeggio che propone anche bungalow a prezzi economici e un ristorante.

CAMERE PRESSO PRIVATI

Tra le varie possibilità, potete cedere alle proposte di anziane signore o signori che con tanto di foto aspettano il vostro arrivo alla stazione oppure vi abbordano sulla Rynek. Le tariffe (meno di 100 Zl) sono sempre contrattabili a causa della concorrenza. Ma qualunque sia la vostra scelta, vi invitiamo a seguire un unico consiglio, sempre lo stesso: prima di decidervi, prendete una cartina della città e localizzate l'indirizzo della casa. Diversamente rischiate di trovarvi in esilio in una lontana periferia. (A titolo indicativo, tutto quello che si trova sulla piantina *III* è accessibile a piedi; calcolate una trentina di minuti per le camere più distanti.)

■ ***Biuro Turystyki i Zakwaterowania, «Waweltur»*** *(I, D1,* ***6****):* 8 ul. Pawia, 31-154. ☎ e fax: 422-19-21. • www.waweltur.com.pl • Di fronte alla stazione e di fianco all'*Hotel Warszawski*. Aperto da lunedì a venerdì dalle 8 alle 20, sabato dalle 8 alle 14. Calcolate 75 Zl per una persona e 128 Zl per due. Questa agenzia propone camere molto centrali, più interessanti se viaggiate da soli. È preferibile prenotare.

■ ***Jordan, Biuro Podróż*** *(III, C1,* ***5****):* 9 ul. Długa, 31-147. ☎ 421-21-25. • www.jordan.krakow.pl • A partire da 100 Zl per una o due persone. Non molto interessante se siete da soli: le camere proposte da questa agenzia sono però meno care delle precedenti se viaggiate in coppia. Anche qui è più prudente prenotare. In città troverete numerosi uffici dell'agenzia *Jordan* che si occupano delle prenotazioni.

OSTELLI DELLA GIOVENTÙ

⌂ ***Międzynaradowe Schronisko Młodzieżowe*** *(III, B2,* ***24****):* 4 ul. Oleandry, 30-060 Kraków. ☎ 633-88-22. Fax: 633-89-20. Vicinissimo alla città vecchia. Dalla stazione, prendete il tram n. 15 e scendete all'altezza dell'*Hotel Orbis Cracovia*. Aperto tutto l'anno. Chiuso dalle 23 alle 6. 20 Zl per persona; 30 Zl in camera doppia o tripla. La tessera internazionale degli ostelli è obbligatoria. Un ostello assolutamente classico, di gran lunga il meno caro della città. Camere-dormitori da 8 a 16 letti e qualche camera da 2-4 letti. È impossibile rientrare di notte. Una soluzione ideale per tutti coloro che non vogliono spendere troppi złoty e hanno deciso di approfittare al massimo della vita culturale di Cracovia senza gustare la sua vita notturna. Al limite, potete sempre prenotare una camera per un venerdì o un sabato presso la vicina residenza universitaria Żacek, a solo 150 m dall'ostello. Lenzuola gratuite, ma vi raccomandiamo di portare un sacco-lenzuolo.

⌂ ***Schronisko Turystyczne Ne Błoniach*** *(III, A2,* ***25****):* 7 ul. Błoniach, 30-123. ☎ e fax: 429-38-18. Accessibile con gli autobus nn. 152 o 192, in partenza dalla stazione. Calcolate 30 Zl per persona. L'ostello meno caro a una distanza ancora ragionevole. Per quanto riguarda il comfort, bisogna ammettere che è ridotto al minimo: letti a castello di legno ammassati in camere piccole. Il posto è assolutamente privo di fascino. Riservato a chi vuole risparmiare al massimo senza precludersi la possibilità di uscire la sera. Per andarci, la passeggiata lungo il parco è piacevole.

RESIDENZE UNIVERSITARIE

Sempre lo stesso principio: durante le vacanze estive, queste residenze aprono agli ospiti di passaggio le porte dei loro dormitori svuotati. Ed eccovi di fronte a un dilemma: dovrete scegliere tra le vostre finanze e il tempo di cammino necessario per mettersi sotto le coperte. Le residenze meno care sono ovviamente più lontane dal centro. Integrate nei vostri calcoli il fatto che i taxi hanno la tendenza a esagerare sui prezzi e che di notte, a Cracovia, non si è sempre in condizione di fare molta strada a piedi... Generalmente aperte da inizio giugno a fine settembre, le residenze propongono qualche camera anche in inverno. L'unica differenza è che ce ne sono di meno e che sono più lussuose, quindi più care. Ma è una buona occasione per vivere con gli studenti: incontri con giovani cracoviani garantiti.

Dom Studencki «Nawojka» *(III, B2, **26**)*: 11 ul. Reymonta, 30-059. ☎ 633-52-05. Fax: 633-55-48. Accessibile con gli autobus nn. 119 o 179 e il tram n. 15. Calcolate 65 Zl per una doppia senza bagno e 110 Zl con bagno; ci sono anche camere per 4 con bagno a 140 Zl e camere senza bagno per 3 a 85 Zl. In inverno, dispone unicamente di camere con bagno che assomigliano a miniappartamenti per studenti arredati con mobili Ikea. È una delle residenze meno care, un po' distante dal centro ma accessibile a piedi. Atmosfera rilassata. Oltre alle cucine comuni, questa residenza propone anche un piccolo negozio, un parrucchiere e un bar con biliardo. Il migliore compromesso tra tariffa e prossimità.

Hotel Studencki Żaczek *(III, B2, **27**)*: 5 al. 3 Maja, 30-063. ☎ 633-54-77. Fax: 633-19-14. • www.zaczek.com.pl • Dalla stazione tram n. 15 e autobus n. 119. Di fronte all'*Hotel Orbis Cracovia*. Calcolate 80 Zl per una doppia con bagno sul corridoio e fino a 140 Zl per le camere più confortevoli. La residenza più vicina al centro, 8 min. a piedi. Purtroppo, però, non è la più pulita. Alcune camere doppie sono state rifatte, ma i servizi igienici e i bagni sono vetusti e le tariffe sono un po' elevate rispetto alla qualità. Atmosfera molto simpatica. È la residenza universitaria più frequentata. Il bar-discoteca dove gli studenti organizzano talvolta serate è un luogo ideale per fare incontri. Solo le camere con bagno sono disponibili tutto l'anno.

Hotel Letni Bydgoska 19 *(III, A1, **28**)*: 19 ul. Bydgoska, 30-056. ☎ 636-80-00. ☎ e fax: 638-77-88. Per arrivarci: tram nn. 4, 13, 14 o 24. Per le camere senza bagno da 1 a 6 letti bisogna calcolare da 22 a 45 Zl per persona; per le camere con bagno, telefono e cucina da 1 a 3 letti, calcolate da 38 a 90 Zl a testa. Le prime sono disponibili solo in estate. Ambiente molto semplice ma accettabile. Il comfort è ridotto al minimo per le camere più economiche (docce comuni nel seminterrato). Certo, è la residenza meno cara, ma sappiate che dovrete aggiungere una quindicina di złoty per il taxi perché è veramente lontana e di notte, a Cracovia, si ha la tendenza a esagerare... In compenso, è il posto ideale per tutti quelli che vanno a letto presto e non desiderano spendere troppo.

Hotel Studencki Piast *(III, A1, **29**)*: 4 ul. Piastowska, 30-067. ☎ 637-49-33. Fax: 637-21-76. • www.piast.bratniak.krakow.pl • Camere doppie da 88 a 150 Zl secondo il livello di comfort. Non proprio vicinissima, la residenza si trova a ovest della città ed è accessibile dalla stazione con l'autobus n. 208

e i tram nn. 4, 12 e 40. In questa residenza estiva grande come un villaggio, con diversi bar, una caffetteria, un ufficio postale, diverse lavanderie e un'edicola, siete sicuri di trovare sempre posto. È veramente impeccabile: asciugamani e saponette fornite... Insomma, si ha quasi l'impressione di essere in albergo.

ALBERGHI

NEL CENTRO STORICO E NEI DINTORNI

Prezzi economici

■ ***Chałupnik*** *(III, B1-2, **30**):* 12 ul. Kochanowskiego, 30-127. ☎ e fax: 633-75-01. ☎ 633-47-21. Camere doppie a 70 Zl, oppure 32 Zl per persona per un posto-letto in cameredormitori da 4-6 posti. A 5 min. dal centro, un indirizzo di quelli che piacciono a noi. Un bell'edificio con uffici trasformati in camere d'albergo. L'accoglienza – quando siamo finalmente riusciti a trovarli, visto che la reception cambia posto diverse volte al giorno – è esclusivamente in polacco, ma a forza di gesticolare si finisce comunque per capirsi. L'ambiente è un po' trasandato ma le lenzuola sono pulite. C'è anche una piccola latteria-bar al pianterreno, ideale per la prima colazione. Eccellente indirizzo che abbiamo apprezzato in modo particolare.

■ ***Pod Sokołem*** *(III, C4, **31**):* 17 ul. Sokolska, 30-510. ☎ 292-01-99. ☎ e fax: 292-01-98. Accessibile con i tram nn. 8, 10, 11 o 23 (scendete alla prima fermata dopo il ponte). Calcolate 40 Zl per persona, prezzi a scalare a partire da 3. Sulla riva destra della Vistola, nell'antico ghetto, una casetta (carina) a tre passi dal fiume. 12 camere piccole con letti a castello. Le docce comuni sono pulite e l'atmosfera è veramente rilassata. Eccellente rapporto qualità-prezzo, soprattutto perché in fin dei conti non è così lontano, dovrete solo attraversare Kazimierz, e la passeggiata non è per niente sgradevole.

■ ***Nauczycielski*** *(III, C1, **32**):* 23 ul. Lubeska, 30-003. ☎ 633-68-65. 35 Zl per persona in camere da 1-2 letti, 30 Zl per persona in camere da 3 e da 4. Vicino alla piazza vecchia. Stesso genere del *Chałupnik*. Camere monacali tutte molto pulite e nello stesso stile. Un albergo più grande, quindi meno intimo e con meno fascino, ma che presenta comunque un eccellente rapporto qualità-prezzo. Accoglienza al limite dell'accettabile.

Prezzi moderati

■ ***Hotel Mistia*** *(III, C1, **33**):* 73a ul. Sziak, 31-153. ☎ 633-29-26. Fax: 633-51-54. Calcolate 130 Zl per una doppia con lavandino e 180 Zl per una doppia con bagno. Un ignobile edificio di cemento posto ai bordi di un bel parco, a 2 min. a piedi dalla stazione e a 5 min. dal centro. L'albergo propone camere monacali sviluppate in lunghezza. L'atmosfera non è proprio gioiosa (l'edificio ospita anche alcuni uffici amministrativi) ma bisogna dire che è molto vicino alla città vecchia. Per Cracovia resta ancora un buon rapporto qualità-prezzo.

■ ***Hotel Korona*** *(III, C4, **34**):* 9/15 ul. Kalwaryjska, 30-504. ☎ e fax: 656-15-66. ☎ 656-17-80. Tram nn. 8 e 10. Camere doppie senza bagno a 120 Zl; 190 Zl con bagno, triple a 150 Zl. In un edificio nel più puro stile realsocialista, alcune camere arredate con classico mobilio alberghiero di vent'anni fa. Non è perfetto ma è pulito e i bagni comuni sono abbastanza decenti. Non troppo lontano dal centro, l'albergo presenta un rapporto qualità-prezzo ancora interessante.

Hotel Wisła *(III, A1, **35**):* 22 ul. Reymonta, 30-059. ☎ 615-15-35. ☎ e fax: 633-49-22. Camere doppie e triple a 160 Zl; la singola con TV è a 118 Zl. D'accordo, è un po' lontano e l'arredamento non è proprio l'ultimo grido... ma quest'albergo di una tranquillità assoluta situato su due piani di una palestra in mezzo a campi da calcio, tennis e piscine offre veramente un buon rapporto qualità-prezzo. Il posto sedurrà soprattutto i motorizzati che vogliono offrirsi un po' di comfort a un prezzo inferiore. Le camere triple sono molto interessanti.

Hotel Retro *(III, C4, **36**):* 59 ul. Barska, 30-307. ☎ 266-01-08. In estate calcolate da 50 a 80 Zl per persona in camere da 2-4 letti, prima colazione compresa; 10% di meno in inverno. Un piccolo albergo in una casa privata dall'aspetto un po' trasandato ma molto piacevole, vicino alla Vistola, all'altezza del castello. Le camere sono pulite e piacevoli anche se un po' calde in estate a causa della vicinanza della superstrada che impedisce l'apertura delle finestre. Ideale per i giovani che vogliono approfittare di un minimo di comfort a un prezzo intermedio. Un'unica riserva: alcuni di voi potrebbero restare sorpresi dall'«agitazione» notturna.

Prezzi medi

Rycerska Pensjonat *(I, B4, **37**):* 22 plac Na Groblach, 31-101. ☎ 422-60-82. Fax: 422-33-99. Da metà maggio a metà ottobre, camere doppie senza bagno a 195 Zl, con bagno da 270 a 310 Zl in funzione delle dimensioni. In inverno, camere doppie senza bagno a 170 Zl, con bagno da 225 a 255 Zl. Prima colazione compresa. Per fortuna la direzione sembra aver bloccato l'inflazione galoppante dei prezzi! Speriamo che duri. In un piccolo palazzo con un aspetto da ostello, una pensione che vuole essere familiare alla maniera tedesca, con travi al soffitto e solido legno per le porte. Due camere con vista sulla Vistola, mentre le altre danno sul piccolo stadio vicino. Le camere senza bagno, più piccole, sono nel sottotetto e possiedono un'atmosfera particolare, intima e accogliente. Propongono anche un appartamento.

Hotel Saski *(I, C1-2, **38**):* 3 ul. Sławkowska, 31-014. ☎ 421-42-22. Fax: 421-48-30. Camere doppie senza bagno a 240 Zl; 430 Zl per le camere con il bagno, per niente interessanti. Questo albergo possiede il fascino antico dei vecchi stabili con il vetusto ascensore, il portiere con il berretto e i lunghi corridoi. Per fortuna, la pittura nuova non ha coperto l'odore di antico. Alcune camere hanno ereditato un mobilio Ikea senza anima, mentre quelle senza doccia sono arredate in perfetto stile anni sessanta del Novecento. Un bell'albergo appena appena lussuoso, senza veramente poterselo permettere, nel cuore della città vecchia e con un tocco particolare che gli conferisce un certo fascino.

Wawel Tourist *(I, C3, **39**):* 22 ul. Poselska, 31-002. ☎ 424-13-00. Fax: 422-04-39. • www.wawel-tourist.com.pl • Calcolate 240 Zl per una doppia con lavandino e 330 Zl per una camera con bagno. Ottimamente situata in una via tranquilla del centro (a parte le campane del convento vicino che suonano il mattutino), questa casetta d'angolo a un piano offre la tranquillità di un indirizzo semplice. Le camere, un po' piccole, presentano un arredamento modesto, risultato di una recente ristrutturazione. Singole, doppie o quadruple, hanno tutte prezzi accessibili per il posto. L'accoglienza è simpatica, cosa che non guasta mai. Prima colazione deliziosa.

Hotel Pokoje Gościnne *(I, C1, **40**):* 39 ul. Floriańska, 31-309. ☎ 292-02-66. ☎ e fax: 429-17-78. • www.hotel-sarp.com.pl • Calcolate 260 Zl per una doppia. Al terzo e quarto piano di un bell'edificio in una delle vie principali della città. 6 camere tutte nuove dal comfort moderno. I bellissimi bagni si dividono con un'altra camera. La tipica pensioncina da routard, come quelle che piacciono a noi, leggermente imborghesita. Accoglienza giovane, simpatica e di una discrezione sorprendente. Qui la regola del gioco è più conviviale che turistica. Prenotazione vivamente raccomandata.

■ ***Dom Poloni*** *(I, C2, **41**)*: 14 Rynek Główni, 31-008. ☎ 422-63-41. Fax: 422-43-55. • www.softland.com.pl/dompolkrak • 2 camere doppie a 240 Zl e un appartamento per 4 a 400 Zl. All'ultimo piano di un bel palazzo in perfetta posizione, visto che si trova sulla vecchia piazza. L'appartamento può accogliere 4 persone più un bambino: è infatti molto spazioso e possiede una cucina. Le camere non offrono un grande comfort ma sono pulite e

Più chic

■ ***Uniwersytet Jagielloński Dom Gościnny*** *(I, C1, **43**)*: 49 ul. Floriańska, 31-019. ☎ 421-12-25. • dguj@if.uj.edu.pl • Calcolate tra 290 e 330 Zl per una doppia con o senza bagno. Prima colazione compresa. In un bel palazzo nel cuore della città vecchia, camere spaziose che non offrono un grande comfort. A questo prezzo ci si aspetterebbe qualcosa di più moderno ma i tentativi fatti in questa direzione, completati da un mobilio rustico, danno invece all'albergo un fascino particolare e piacevole. Motivo per cui l'indirizzo è preso d'assalto ed è quindi assolutamente necessario prenotare almeno una settimana prima.

■ ***Hotel Royal*** *(I, C4, **44**)*: 26/29 ul. Św. Gertrudy, 31-048. ☎ 421-35-00. Fax: 421-58-57. Doppie da 290 a 350 Zl; 230 Zl in inverno. Prima colazione compresa. Nello stesso edificio ci sono due alberghi con lo stesso nome, uno a 1 stella e l'altro a 2 stelle. Da non confondere. Noi parliamo ovviamente del primo; ricordatevi di precisarlo quando prenotate o al vostro arrivo. Edificio dall'architettura sontuosa, una buona mano di pittura nelle zone

arredate in stile moderno. I bagni, invece, sono un po' vecchiotti, ma ancora puliti. Un buon indirizzo soprattutto per un soggiorno lungo, visto che potete farvi da mangiare. Prenotazione indispensabile.

■ ***Hotel Monopol*** *(I, C3, **42**)*: 6 ul. Św. Gertrudy, 31-046. ☎ 422-76-66. Fax: 422-70-15. Calcolate 250 Zl per una doppia con bagno (210 Zl con doccia); triple con doccia a 250 Zl. Un albergo che fu molto probabilmente chic (cosa che si nota ancora) ma che del vecchio fascino non conserva nulla, eccettuata la bella posizione sul corso delle antiche mura. Le camere, veramente spartane, sono pulite ma non impeccabili. Bisogna dire che i prezzi non sono eccessivi, soprattutto per le camere senza bagno e per le triple che offrono veramente un buon rapporto qualità-prezzo.

comuni e un mobilio da mercatino di antiquariato senza grande fascino. La posizione è ideale, il rapporto qualità-prezzo abbastanza interessante (soprattutto in bassa stagione) e la buona accoglienza compensa il resto.

■ ***Hotel Warszawski*** *(I, D1, **45**)*: 6 ul. Pawia, 31-154. ☎ 424-21-00. Fax: 424-22-00. Di fronte alla stazione. Calcolate 220 Zl per una doppia senza bagno e tra 350 e 400 Zl per una doppia con bagno in funzione delle dimensioni; prima colazione compresa e 25% di sconto durante il fine settimana. Una solida costruzione degli anni trenta del secolo scorso, che di quell'epoca conserva ancora i grandi corridoi e le camere spaziose. La ristrutturazione parziale va nel senso di uno stile più moderno: grande comfort, moquette soffice e bagni fiammanti. Anche se non possiede un gran fascino, dei «3 alberghi della stazione» è il nostro preferito, soprattutto per la qualità dell'accoglienza che è comunque fondamentale! Le camere che non sono state rifatte con lavandino sono molto semplici ma anche abbordabili.

🏨 ***Hotel Polonia*** *(I, D1, **46**)*: 25 ul. Basztowa, 31-156. ☎ 422-12-33. Fax: 422-16-21. • www.hotel-polonia.com.pl • Doppie a 325 Zl senza la prima colazione, 360 Zl con la prima colazione. Possibilità di ottenere il 10% di sconto in alcuni periodi. TV satellitare. Vicino al precedente. La ristrutturazione di questo imponente edificio del XIX secolo è stata fatta tentando di adottare uno stile elegante e intimo, mischiando più o meno felicemente un mobilio eteroclito a ricordare il fascino antico. Restano il parquet che scricchiola, le pesanti porte di legno e le maniglie traballanti. L'albergo è un po' rumoroso a causa dell'incrocio vicino.

🏨 ***Hotel Europejski*** *(I, D1, **47**)*: 5 ul. Lubicz, 31-034. ☎ 423-25-10. Fax: 423-25-29. • he@pp.net.pl • Guardando la stazione, sul lato destro. Calcolate 350 Zl per una camera con bagno e 330 Zl senza bagno; prima colazione compresa. Molte pretese per un risultato a conti fatti deludente. Se non fosse per i lunghi corridoi con la moquette consumata e per il cortile interno molto piacevole, l'albergo non presenterebbe nessun interesse, tanto più che, per il prezzo, i bagni sono veramente ridotti al minimo. Scegliete di preferenza le camere sul retro: quelle sul corso sono molto rumorose e le altre hanno una simpatica vista sulle rotaie del tram.

🏨 ***Hotel Pollera*** *(I, C-D1, **48**)*: 30 ul. Szpitalna, 31-060. ☎ 422-10-44. Fax: 422-13-89. • www.pollera.com.pl • Calcolate 360 Zl per una doppia standard con la prima colazione. Questo albergo, che vanta ben 150 primavere e possiede lungo le scale alcune vetrate firmate da uno dei più prestigiosi artisti dell'inizio del XX secolo (Stanisław Wyspiański), cerca di entrare alla corte dei grandi senza veramente riuscirci. Di questi ultimi possiede i grandi spazi comuni con moquette un po' logora e camere luminose di buone dimensioni, tutte con il bagno, arredate come gli appartamenti delle nonne.

🏨 ***Hotel Atrium*** *(III, C1, **49**)*: 7 ul. Krzywa, 31-149. ☎ 430-02-03. Fax: 430-01-96. • www.hotelatrium.com.pl • Camere doppie a 380 Zl (325 Zl da novembre ad aprile). Tariffe a scalare in funzione della durata del soggiorno. Uno degli alberghi più recenti. A qualche passo dalla città vecchia e dalla stazione centrale, un po' decentrato, un edificio moderno che ci guadagna in tranquillità. Le camere non possiedono un'anima ma sono perfette e arredate con mobili moderni stile Ikea. Per una volta, i letti sono veramente matrimoniali. Accoglienza simpatica, giovane e rilassata, fin troppo talvolta. Conforme allo standard dell'industria alberghiera, senza fascino ma molto confortevole.

Molto più chic

🏨 ***Hotel Francuski*** *(I, C1, **50**)*: 13 ul. Pijarska, 31-015. ☎ 422-51-22. Fax: 422-52-70. • www.orbis.pl • Calcolate 640 Zl. L'albergo «francese», installato in un bell'edificio, non ha lesinato sui mezzi per elevare questo antico palazzo alle altezze del lusso moderno. Niente rattoppi approssimativi: qui i muri hanno perso i segni degli anni per ritrovare una salute da giovincelli, senza per questo rinunciare all'anima. In uno spazio a misura d'uomo si passa piacevolmente dalle scale ai corridoi fino alle camere, tutte con il bagno, arredate con mobili che ricordano un gusto antico attualizzato. Accoglienza molto simpatica, il che non guasta mai!

🏨 ***Hotel Pod Różą*** *(I, C2, **51**)*: 14 ul. Floriańska, 31-021. ☎ 424-33-00. Fax: 424-33-51. Doppie a 700 Zl con la prima colazione. Questo edificio storico prosegue la sua carriera sotto una buona stella, ma certo non è regalato. Ben rinnovato con colori pastello, ha conservato la patina dei muri antichi. Si accede alle camere tramite un corridoio vetrato esterno simile a quelli delle navi. Il mobilio delle camere è a metà strada tra il contemporaneo di buona fattura e una vaga imitazione dello stile antico. Il comfort dei bagni è degno di una fiera di elettrodomestici e articoli casalinghi.

Hotel Copernicus *(I, C4, **52**):* 16 ul. Kanonicza, 31-002. ☎ 431-10-44. Fax: 431-11-40. • www.hotel.com.pl • Camere doppie da 750 a 800 Zl in funzione delle dimensioni. Un albergo magnifico, all'esterno come all'interno. Ascensore di vetro, ballatoi sulla grande hall della reception, belle camere con mobili di legno scuro e bagni moderni. Sulla terrazza, un bar con una vista insolita sul castello e, nel seminterrato, una piscina magnifica, ideale per fare qualche bracciata al risveglio. L'albergo ha qualche elemento di cattivo gusto che non fa che aggiungere un tocco particolare al suo fascino. Un vero successo.

NEL QUARTIERE DI KAZIMIERZ

Prezzi moderati

Tournet Pokoje Gościnne *(II, C2, **53**):* 7 ul. Miodowa, 31-055. ☎ 292-00-88. Fax: 292-00-89. • www.nocleg.krakow.pl • Camere doppie a 180 Zl in alta stagione e 160 Zl in bassa, oltre a qualche doppia non ristrutturata a 120 Zl. L'albergo non possiede l'insegna: bisogna suonare a *Tournet*. Uno dei nostri indirizzi preferiti. Un grande appartamento che occupa un intero piano trasformato in camere di albergo. I colori sono caldi e l'arredamento fa pensare alla casa di un single incallito. Disponibili anche camere non ristrutturate che offrono un eccellente rapporto qualità-prezzo. Posizione ideale al limite tra Kazimierz e la città vecchia. Accoglienza eccellente.

Prezzi medi

Mini Hotel *(II, C3, **54**):* 7 plac Wolnica, 31-060. ☎ e fax: 430-61-00. Calcolate 260 Zl per una camera. All'ultimo piano di un edificio su una grande piazza piacevole. L'albergo offre camere-celle molto pulite con bagno e i muri rivestiti di legno, una sorta di miniappartamente per uno, due o tre single. Prima di arrivarci, dovrete salire quattro, cinque o sei piani (ci siamo dimenticati di contarli) di scale molto ripide. Sfortunatamente, non bisogna contare sull'accoglienza, e l'albergo resta comunque un po' troppo caro per quello che è.

Hotel Pensjonat Kazimierz *(II, C2, **55**):* 16 ul. Miodowa, 31-055. ☎ 421-66-29. • www.hk.com.pl • Camere doppie a 340 Zl in settimana e 270 Zl durante il week-end, prima colazione compresa. 40% di sconto da novembre ad aprile. Una facciata pacchiana per questo alberghetto che possiede la follia della grandezza. Le camere doppie rispettano le norme del più recente comfort internazionale: spaziose, piacevoli, con moquette soffice e mobilio moderno. Certo, ci sono il telefono e la TV satellitare, e i bagni sono lussuosi. L'indirizzo è interessante in inverno, mentre in estate è un po' troppo caro. Ben situato.

Hotel Franciszek *(II, C2, **56**):* 15 ul. Miodowa, 31-055. ☎ e fax: 430-65-06. • www.franciszekhotel.com.pl • Camere doppie a 299 Zl in settimana, 279 Zl durante il week-end e 249 Zl se restate più di 2 notti. Prima colazione compresa. Leggermente meno caro del precedente (che si trova giusto di fronte) nella stagione estiva, l'albergo offre esattamente lo stesso comfort moderno e senza fascino. Alcune camere in un bell'edificio rinnovato che ospita anche il teatro El-Jot e una galleria d'arte. Niente paura per il rumore: ci sono i doppivetri.

Più chic

Hotel Klezmer-Hoiz *(II, D2, 57)*: 6 ul. Szeroka, 31-053. ☎ e fax: 411-12-45. • www.klezmer.pl • Camere doppie a 360 Zl, alcune a 320 Zl con doccia privata sul corridoio. 20% di sconto in inverno, tariffe contrattabili in tutte le stagioni. Situato in un antico bagno rituale ebreo (*mikveh*), questo albergo, che funziona anche come bar e ristorante, è sempre più apprezzato dai conoscitori della città. E non senza ragione visto che offre bellissime camere, molto spaziose e dotate di tutti i comfort. In un bell'edificio sulla piazza principale di Kazimierz, si ha quasi l'impressione di trovarsi in un appartamento degli anni trenta del secolo scorso. Buona accoglienza.

Hotel Alef *(II, D2, 58)*: 17 ul. Szeroka, 31-053. ☎ e fax: 421-38-70. • www.alef.cracom.pl • Camere doppie a 360 Zl. L'albergo è situato in un'antica casa rinnovata, il *Café Alef*, la cui vocazione originale è gastronomica. I tre piani provvisti di bei volumi sono stati trasformati con successo in 5 camere. Disposte intorno alla scala centrale, le camere possiedono dimensioni sorprendenti. Visto che i muri traspirano la saggezza dei bei vecchi tempi, il proprietario si è accontentato di una mano di pittura, ha conservato il vecchio parquet a grossi listelli e ha disposto qua e là qualche mobile antico per conferire al tutto un tocco di eleganza. Splendida vista su una delle piazze più belle di Kazimierz. Prenotazione raccomandata.

Dove mangiare

Un solo inconveniente: l'imbarazzo della scelta! Con l'afflusso esponenziale di turisti, Cracovia ha affrontato la sfida di migliaia di bocche da sfamare e i ristoranti sono sbocciati a velocità supersonica. La densità del tessuto urbano li ha appiccicati gli uni agli altri dando vita a un'offerta compatta che facilita il cabotaggio gastronomico. Solo nella città vecchia ci saranno almeno 600 locali tra bar e ristoranti! Tutte le varietà culinarie sono rappresentate, dal fast food occidentale fino alle cucine straniere e, naturalmente, alla nuova cucina polacca. Alcuni ristoranti cominciano a praticare orari tardivi, ma la tradizione locale resta ferma sul pasto in prima serata, per non dire nel tardo pomeriggio. Ecco qualche indirizzo da non perdere, ma non esitate a scegliere seguendo il vostro istinto.

NEL CENTRO STORICO

Prezzi molto economici (meno di 10 Zl)

Vi ricordate dei *bar mlecznys* (le latterie) di Varsavia, piccole mense popolari un tempo parzialmente sovvenzionate dallo stato che offrivano ai cittadini più poveri il meglio della cucina polacca a prezzi ridicoli? È sicuramente la formula migliore per permettere al viaggiatore esperto di degustare per pochi euro le delizie della cucina locale. In questi locali non dimenticate di assaggiare i *pierogi*! Per un pasto ricostituente si spendono raramente più di 10 Zl. Ma attenzione agli orari perché chiudono presto. I principali bar *mlecznys* sono:

CRACOVIA

U Stasi *(I, C2, 60)*: 16 ul. Mikołajska. ☎ 421-50-84. Aperto tutti i giorni dalle 12.30 alle 17 circa. Chiuso in luglio. Un locale da non perdere; tutti gli abitanti di Cracovia ve lo confermeranno: è la migliore latteria della città. Ed è proprio per questo che non si svuota mai, da quando è stata aperta tra la prima e la seconda guerra mondiale. Si fa la coda in un piccolo cortile, si ordina, si aspetta di essere serviti e si paga alla fine. Nell'attesa, ci si siede dove c'è posto... Una buona occasione per condividere il pasto con gli impiegati del quartiere. Qui siete sicuri di mangiare sempre prodotti freschi visto che il ristorante chiude quando le scorte del giorno sono esaurite.

|●| ***Bar mleczny Pod Temida*** *(I, C3,* ***61****):* all'angolo del n. 4 di ul. Grodzka e ul. Senacka. Aperto tutti i giorni dalle 9 alle 21. Il locale occupa le sale bianche e luminose di un pianterreno con soffitto a volta e grandi vetrate. Lampade a muro e tavoli da caffetteria. La cucina e il bancone dispongono di un corridoio indipendente per non disturbare i clienti che mangiano. La carta è polacca al 100% ma il locale è principalmente frequentato da studenti e non avrete nessun problema a farvela tradurre e spiegare. Pulito ed economico.

|●| ***Bar Grodzki*** *(I, C3,* ***62****):* 47 ul. Grodzka. Aperto tutti i giorni dalle 9 alle 19. Una piccola sala leggermente a volta, arredata come uno chalet. Una tradizionale latteria, un filo turistica e poco più cara delle altre, ma la carta è in inglese e vengono a servirvi al tavolo, cosa che evita ai vostri piatti di aspettarvi sul bancone e raffreddarsi sotto lo sguardo divertito degli altri clienti. Superbe cotolette di maiale impanate.

|●| ***Bar mcłeczny Dworzanin*** *(I, C2,* ***63****):* 17 ul. Floriańska. All'inizio dell'arteria commerciale. Aperto tutti i giorni dalle 8 alle 20 (dalle 9 alle 20 nel week-end). Una doppia anima per questa sala sviluppata in lunghezza. L'entrata è riservata a uno snack-bar classico. Ma a noi interessa la parte sul retro, quella autentica, con un bancone di distribuzione dove, sotto il cartellone dei piatti, lavora una brigata di anziane cuoche. I tavoli sono collettivi e tutti gli sguardi si accentrano sui piatti riempiti fino all'orlo. Una decorazione un po' più moderna distingue questo locale dagli altri della stessa famiglia.

|●| ***Jadłodajnia Kuchcik*** *(I, B2,* ***64****):* 12 ul. Jagiellońska. Aperto da lunedì a venerdì dalle 10 alle 18, sabato dalle 10 alle 16. Chiuso domenica. Una bella saletta tutta bianca decorata con qualche quadro modesto. Ma questo non è l'essenziale. Qui le persone che ci lavorano amano il loro mestiere e la cucina è curata come quella di casa. Sono in tanti, tra l'altro, a pensarla come noi, motivo per cui nelle ore di punta si fa fatica a trovare un angolo per sedersi. Servono anche piatti vegetariani.

|●| ***Bar mleczny Barcelona*** *(I, B2,* ***65****):* all'angolo di ul. Piłsudskiego e ul. Straszewskiego. Sul viale occidentale delle mura. Aperto da lunedì a venerdì dalle 8 alle 18, sabato dalle 8 alle 16. Il locale più rappresentativo dei tempi pionieristici di questa categoria di ristoranti. Praticamente nessuna decorazione, solo una pittura verde pastello per rendere il posto un po' più allegro. La modestia è di rigore, eccetto, naturalmente, che per l'immensa carta dei piatti.

Prezzi economici (meno di 20 Zl)

|●| ***Chimera Salad Bar*** *(I, B2,* ***66****):* 3 ul. Św. Anny. ☎ 292-12-12. Aperto tutti i giorni dalle 9 alle 23 (mezzanotte nel fine settimana). Meno di 20 Zl per un pasto completo compresa la bevanda. Self-service. Potete mangiare in un'elegante cantina oppure nel piacevole cortile interno. Uno degli indirizzi a prezzi economici di Cracovia da non perdere. Eccellenti insalate come antipasto, seguite da un piatto caldo a scelta. Nonostante i prezzi molto bassi, il proprietario non lesina sulla qualità. Le sale sono decorate da pesanti tende e i gruppi di tavolini che creano atmosfere differenti sono illuminati da candele. Quasi quasi, ci si aspetterebbe quasi di veder arrivare un cameriere in livrea.

|●| ***Kramy Dominikańskie*** *(I, C2,* ***67****):* 8/10 ul. Stolarska. ☎ 422-19-08. Aperto tutti i giorni dalle 11 alle 3 del mattino. Calcolate meno di 15 Zl. Eccellente indirizzo, la mensa

dei tassisti di sera... ed è tutto dire! Due salette semplicissime e un bello spazio all'aperto a due passi dalla piazza, dove però i turisti non si fermano. Si mangia molto bene su tavoli collettivi di pino, e fino a tarda notte. Il locale non serve alcolici, ma il proprietario tollera che i clienti arrivino con una bottiglia. Un bell'indirizzo, no?

|●| ***Różowy Słoń:*** 24 ul. Straszewskiego *(I, B2, **68**)*; 3 ul. Sienna *(I, C2, **68**)*; 38 ul. Spitalna *(I, D1, **68**)*. Aperto da lunedì a venerdì dalle 9 alle 21, sabato e domenica dalle 11 alle 21. Calcolate meno di 15 Zl per un pasto. Una minicatena che conta già tre fast food di cucina polacca in un ambiente pop con quadri-fumetto giganti stile Roy Lichtenstein. I mobili da caffetteria color caramella acida non sono da meno. Il menu spazia dalle insalate ai piatti polacchi, passando per abbondanti *pancakes*, grigliate e piatti di spaghetti.

|●| ***Bar Wegetariański Vega*** *(I, C3, **69**):* 7 ul. Św. Gertrudy. Aperto tutti i giorni dalle 10 alle 21. Un altro locale al n. 22 di ul. Krupnicza. Aperto tutti i giorni dalle 9 alle 22. Calcolate meno di 15 Zl. Eccellente prima colazione con succhi di frutta naturali per meno di 10 Zl. Un ristorante 100% vegetariano che ha eletto domicilio in un'elegante dimora antica. Fanno da cornice ai piatti di questa cucina polacca senza carne (eccetto uno o due piatti) due sale bianche arredate con mobili di campagna e raccolte intorno al buffet delle insalate, tanto varie quanto abbondanti. Il locale esiste anche in versione ristorante (3 ul. Szeroka), in un bell'edificio sulla piazza principale di Kazimierz. Leggermente più caro: calcolate 25 Zl.

Prezzi moderati (meno di 40 Zl)

|●| ***Wiśniowy Sad*** *(I, C3, **70**):* 33 ul. Grodzka. ☎ 430-21-11. Aperto tutti i giorni dalle 10 alle 22; fino a mezzanotte nel fine settimana. Menu a 19 Zl dalle 12 alle 14; calcolate una trentina di złoty per un pasto alla carta. Perché non approfittare di questo ristorante russo per assaggiare un po' di caviale? Un ambiente intimo con mazzi di fiori sui tavoli, un leggero sottofondo musicale, un servizio gentile e soprattutto una cucina deliziosa. Durante il giorno, alcuni giovani polacchi vengono a bere un caffè e a discutere per ore, lontani dall'agitazione della grande piazza.

|●| ***Balaton*** *(I, C3, **71**):* 37 ul. Grodzka. ☎ 422-04-69. Calcolate 30 Zl circa. Anche se non gode più della stessa reputazione, questo ristorantino ungherese resta ancora una buona scelta. Vi si degustano eccellenti e abbondanti specialità, naturalmente ungheresi. A due passi dalla vecchia piazza, il locale non è per niente caro ed è soprattutto frequentato da conoscitori e habitué. L'ambiente è semplicissimo, come il servizio: tutto si concentra sull'efficienza. Un'unica nota dolente: sarebbe necessario badare di più all'igiene.

|●| ***I Panema*** *(I, D2, **72**):* 28 ul. Św. Tomasza. ☎ 422-53-23. Aperto tutti i giorni dalle 12 a mezzanotte. Menu a 15 Zl a mezzogiorno; diversamente, bisogna calcolare 35 Zl per un pasto. Ristorante brasiliano con una grande sala fresca e piacevole decorata con bambù e tele di iuta color pastello. Un indirizzo giovane e senza pretese che propone una grande varietà di piatti. Piuttosto riuscito, accoglienza molto simpatica.

|●| ***Smak Ukraiński*** *(I, C4, **73**):* 15 ul. Kanonicza. ☎ 421-92-94. Aperto tutti i giorni dalle 11 alle 21. Calcolate tra 30 e 40 Zl per un pasto. Due grandi sale nel seminterrato che vogliono essere rappresentative della cucina ucraina. Ma siccome l'Ucraina nel passato faceva parte del territorio polacco, la sua cucina è un po' anche polacca. Qui ritroverete i modi semplici delle trattorie ucraine con una successione di panchine lungo grandi tavoli di pino, ben preparati e senza esagerazioni folcoristiche. In estate, il locale si allarga su una graziosa zona all'aperto.

Prezzi medi (meno di 60 Zl)

|●| ***Paese** (I, C3, **74**):* 24 ul. Poselska. ☎ 421-62-73. Aperto tutti i giorni dalle 12 alle 23. Calcolate 60 Zl circa. Uno dei locali più frequentati, per cui vi consigliamo vivamente di prenotare. Un ristorante corso nato sotto la guida di una polacca innamorata dell'isola e la cui sorella, per rendere l'affare più familiare, ha sposato un autoctono. Tutti e tre si sono rimboccati le maniche e il risultato è davanti a voi: due sale azzurrine che si sono conquistate il favore dell'élite politica e giornalistica locale. Frutti di mare (in arrivo tutte le mattine in aereo, scusate se è poco), filetto di manzo e vitello saltato alle uvette…

|●| ***Pod Aniołami** (I, C3, **75**):* 35 ul. Grodzka. ☎ 421-39-99. Aperto dalle 13 a mezzanotte. Calcolate 60 Zl circa per un pasto. Quelli che conoscono già i Gessler di Varsavia si sentiranno come a casa. Il ristoratore ha trasformato un dedalo di piccole cantine in una sorta di fattoria che rende omaggio alla cucina regionale polacca. Ricostruendo l'arte di vivere campagnola, ha moltiplicato le atmosfere, disseminando su diversi livelli vecchie panchine patinate, torchi, serrature antiche ecc. Come in passato, le grigliate sono cotte davanti a voi. Quando c'è il sole il cortiletto, dominato da un forno in argilla protetto da un paravento e sostenuto da grossi pilastri di legno, è un posto assolutamente piacevole per mangiare.

|●| ***Szuflada** (I, B2, **76**):* 5 ul. Wilśna. ☎ 23-13-34. Aperto tutti i giorni dalle 12 a mezzanotte. Calcolate una quarantina di złoty per un pasto. Al tempo stesso bar e ristorante, l'ambiente è un degno rappresentante dei nuovi locali alla moda della città. Una schiera di teste di zebra vi invita a entrare in questa cantina votata al culto della musica, e una grossa bambola a cavallo sul pianoforte troneggia al centro della prima sala. Ma come succede spesso in questo genere di locali, l'attenzione si sposta più sull'arredamento che sulla carta, che non offre altro che una piccola scelta di grigliate. Bisogna dire che non è certo l'alta gastronomia ad attirare la clientela.

|●| ***Staropolska** (I, C2, **77**):* 4 ul. Sienna. Aperto tutti i giorni dalle 11 alle 23. Calcolate una cinquantina di złoty per un pasto. È un sopravvissuto dei tempi passati, e visti tutti i nuovi arrivati sulla scena culinaria non è un male: la tradizione gastronomica socialista rischia infatti di perdersi. Una sala rustica su toni marroni, pannelli di terracotta sui muri con la rappresentazione della vita nei campi e alcune rare cameriere brizzolate che danno prova di una gentilezza da cerberi. Lo chef, che cucina alcune specialità polacche, è l'unico a preoccuparsi del benessere dei clienti.

Più chic (meno di 80 Zl)

|●| ***Restauracja Hawetka** (I, C2, **78**):* 34 Rynek Główny. ☎ 422-06-31. Aperto dalle 13.30 alle 23. Calcolate 70 Zl circa. Il locale si presenta, con tanto di fotografie, come uno dei vecchi indirizzi di Cracovia. Grande sala con soffitti alti e solide colonne per un'atmosfera molto «vecchia Europa». In caso di bisogno, la sala può essere divisa in zone più intime grazie a un gioco di paraventi. Il servizio è impeccabile, i tavoli ben preparati e la cucina di qualità. Un buon ristorante polacco, un po' chic ma per niente sgradevole.

|●| ***Chimera** (I, B2, **66**):* 3 ul. Św. Anny. ☎ 423-21-78. Aperto dalle 12 alle 23 o mezzanotte. Calcolate 70 Zl per un pasto. La zona chic del *Salad Bar* che sicuramente conoscete già (vedi «Prezzi economici»). Un interno raffinato che ricorda la Cracovia dei tempi passati, una stanza bianca separata dall'esterno da pesanti tende. Alcuni paraventi dividono lo spazio dominato da un vecchio buffet. Oltre a qualche ta-

volo individuale, gli ospiti si vedranno proporre una lunga panchina murale con cuscini di tessuti preziosi. Poco rumore, l'atmosfera è propizia ai brusii delle sere d'inverno. Sfortunatamente la qualità della cucina – rigorosamente polacca – non è delle migliori.

I●I ***Piwnica U Szkota*** *(I, C2, **80**):* 4 ul. Mikołajska. ☎ 422-15-70. Aperto tutti i giorni dalle 12 a mezzanotte. Calcolate almeno 80 Zl per un pasto. In queste cantine tetracentenarie scoprirete una strana Scozia. Quadri e trofei di caccia, vecchi buffet, strumenti musicali e bambole di cera: tutto fa pensare al padiglione di caccia di un rispettabile lord delle Highlands. Unico elemento contrastante: la varietà della carta, che spazia tra specialità polacche, francesi e, naturalmente, scozzesi. Cucina di qualità media.

Molto più chic (più di 100 Zl)

I●I ***La Fontaine*** *(I, C2, **81**):* 1 ul. Sławkowska. ☎ 431-03-30. Aperto tutti i giorni da mezzogiorno a mezzanotte. Calcolate 100 Zl circa per un pasto completo. «Il miglior ristorante di Galizia», nientepopodimeno. L'ex cuoco francese del *Cyrano de Bergerac* (vedi sotto), premiato a più riprese, è approdato qui per aprire questo locale insieme alla moglie, anche lei francese. Il risultato è una successione di cantine con un arredamento provenzale, particolarmente propizie all'intimità. La carta è francese al 100% e propone un vasto assortimento di piatti tradizionali.

I●I ***Cyrano de Bergerac*** *(I, C1, **82**):* 26 ul. Sławkowska. ☎ 411-72-88. Aperto tutti i giorni, eccetto domenica e festivi, dalle 12 a mezzanotte. Calcolate 100 Zl circa. Un gioiello della decorazione e dell'arte culinaria, opera di un polacco che ha vissuto 25 anni a Parigi. La cucina è naturalmente francese. Vi si accede tramite una scala piuttosto ripida, prima del bar e del paravento di ferro battuto. Da qui, l'occhio si sposta sugli oggetti d'antiquariato che creano un'atmosfera da castello borghese: vecchi buffet, un orologio della Franca Contea, un tappeto orientale. Il pavimento di legno antico aggiunge al tutto un tocco di calore. Ai camerieri trilingui in tenuta bianca e nera non resta altro da fare che scivolare tra i tavoli per iniziarvi alle raffinatezze proposte dalla carta.

I●I ***Restauracja Tetmajerowska*** *(I, C2, **78**):* 34 Rynek Główny. ☎ 422-47-53. Aperto dalle 13.30 alle 23. Situato al primo piano del palazzo, questo locale è il corrispettivo gastronomico dell'*Hawetka*, considerato da molti una delle migliori tavole polacche del centro. L'ambiente è molto chic: atmosfera un po' aristocratica alla cracoviana con magnifici soffitti dipinti, ma senza eccessi decorativi. I tavoli sono perfettamente apparecchiati, il servizio è molto professionale e la carta dei vini estremamente attraente, anche se piuttosto cara.

NEL QUARTIERE DI KAZIMIERZ

Prezzi molto economici

I●I Al centro del mercato di *plac Nowy (II, C2)* alcune ***bancarelle*** servono agli operai e agli agricoltori di passaggio una zuppa o un piatto nutriente da mangiare velocemente sul posto. Aperto dalle 6 del mattino (chiusura temporanea verso le 13) fino all'alba, il posto è frequentato da diversi giovani cracoviani che rientrano dopo una lunga notte di bagordi. Alcuni vi diranno che il cibo non è eccezionale ma noi siamo ancora vivi dopo aver mangiato il pollo arrosto del ***Mini-bar***. Calcolate meno di 5 Zl per persona.

Prezzi medi

Klezmer-Hois *(II, D1-2, **57**):* 6 ul. Szeroka. ☎ 21-38-70. Aperto tutti i giorni dalle 9 a mezzanotte. Calcolate grosso modo da 40 a 50 Zl. Sul sito di un antico bagno rituale degli ebrei (*mikveh*), questo ristorante è la ricostruzione meticolosa di un appartamento degli anni trenta del secolo scorso. Diviso in una zona riservata al salone da tè e un'altra alla sala da pranzo, il locale presenta un'atmosfera da vecchia cartolina: divani, ritratti di antenati, tende di pizzo, pianoforte patinato ma pronto all'uso, e tutto il fascino di un parquet levigato dagli anni. La carta è d'ispirazione ebraica senza per questo essere kosher. In estate, i tavoli all'aperto sono ideali per una dolce pausa.

Alef *(II, D2, **58**):* 17 ul. Szeroka. ☎ 421-38-70. Aperto tutti i giorni dalle 12 all'1 di notte. Calcolate 60 Zl circa. Durante le riprese del film *Schindler's List*, Mister Steven Spielberg (*himself!*) veniva spesso in questo ristorante. La nostalgia e il ricordo dei tempi felici prima dell'avvento del nazismo hanno spinto il proprietario a tirare fuori i vecchi mobili della nonna yiddish: tavolini con gamba centrale e tovaglie di pizzo, parquet logoro, quadri patinati alle pareti e un vecchio pianoforte... Non è facile trovare un tavolo libero, soprattutto di sera a partire dalle 21, quando l'orchestra attacca le melopee ebraiche e zigane. Cucina d'ispirazione ebraica ma non kosher.

Chłopskie Jadło *(II, B2, **86**):* 1 ul. Św. Agnieszki. ☎ 421-85-20. Aperto da domenica a giovedì dalle 12 alle 22, venerdì e sabato dalle 12 a mezzanotte. Ce n'è un altro al n. 3 di ul. Św. Jana, ma è nettamente inferiore. Calcolate facilmente 50 Zl. Provate a immaginare, in una viuzza ai piedi del Wawel, una buona e grande locanda contadina di montagna con il suo vecchio forno, le panchine di assi, gli attrezzi agricoli, ed ecco davanti a voi l'arredamento di questo locale. Non dimenticate che qui siamo in montagna, quindi il cibo è pesante. Ogni pasto ordinato comincia con grosse fette di pane lievitato sulle quali si spalma uno strato di strutto o di formaggio. È per questo motivo, tra l'altro, che riuscirete a ingurgitare i bicchieri di vodka che sfilano, sfilano (ops!) e ancora sfilano sul tavolo. Su piccole credenze c'è un vasto assortimento di contorni tipicamente polacchi (cavolo, cetriolini...) di cui ci si serve a volontà. È meglio prenotare, ma se per caso non trovate una cabina telefonica, l'attesa sarà resa più piacevole dalle melodie voluttuose dei violini.

Pasticcerie e gelaterie

Kawiarnia Noworolski *(I, C2, **87**):* 1 Rynek Główny. Sulla grande piazza. Aperta tutti i giorni dalle 9 alle 23. Questo locale che cerca di ridare vita alla moda del caffè viennese occupa un immenso spazio al pianterreno del mercato coperto del tessuto (*sukiennice*). Una successione di belle sale eleganti e preziose con pavimento di marmo. Le cameriere indossano un grembiule nero e si affacendano intorno ai tavoli. Musica dolce di sottofondo per navigare tra pasticcini locali e internazionali. E in omaggio, in una posizione ideale, un magnifico spazio esterno con vista sulla chiesa Mariacki. Molto turistico ma comunque molto piacevole in estate.

Cukernia *(I, B2, **88**):* 5 ul. Jagiellońska. Aperta da lunedì a venerdì dalle 9 alle 19, fino alle 14 sabato. Una vecchia «casa» fondata nel 1933 che ancora oggi sembra essersi fermata a metà strada tra il retró e l'Art déco. La qualità e i clienti abituali sono di rigore in questo locale che accoglie alla fine della giornata i cracoviani che vengono a comprare i pasticcini della sera o le coppie che vogliono chiacchierare sorseggiando un tè o un caffè.

Lody Giolly *(I, C2, 89)*: 39 Rynek Główny. Sulla grande piazza. Aperta tutti i giorni dal 1° aprile al 30 novembre dalle 8 alle 23. A sinistra dell'agenzia *Orbis*, un minuscolo negozio dove vendono i migliori gelati (fatti in casa) dei dintorni e qualche dolce. Si paga in funzione del numero di gusti scelti e in seguito si passa all'ordinazione. Uno stile da catena di montaggio per smaltire la coda piuttosto lunga di clienti. Spazio esterno piacevole e qualche bevanda calda o fredda.

Lody U Jacka i Moniki *(I, C1, 90)*: 99 ul. Św. Tomasza, all'angolo di ul. Sławkowska. Aperta tutti i giorni dalle 9.30 alle 21. Qui si accontentano di distribuire gelati buoni dal grande bancone aperto sulla strada. Ma potete anche sedervi un momento in una delle due sale bianche con soffitto a volta.

Cukernia *(I, C3, 91)*: 1 ul. Dominikańska. Aperta tutti i giorni dalle 8 alle 22. Gelati, pasticcini e abbondanti fette di torta, tutto fatto in casa, che potete portare via o gustare nell'intima e accogliente sala o ai tavoli all'aperto.

Cukernia *(I, D2, 92)*: 18 ul. Św. Tomasza. Aperta tutti i giorni dalle 8 alle 20. Una piccola pasticceria tradizionale. Il locale non concede nulla alla decorazione: l'essenziale sta nei gelati, nei pasticcini e nei dolcetti vari. Qualche tavolo per gustare il tutto sul posto bevendo un buon succo di frutta.

Caffè

La passeggiata di caffè in caffè è una tradizione tipica di Cracovia. Ce ne sono per tutti i gusti, e siccome i gusti evolvono i locali si moltiplicano, cambiano look e allargano il ventaglio delle prestazioni. Non aspettatevi di trovare un ambiente tipo bistrot alla francese con bancone e tavoli di formica. Qui i caffè sono molto spesso sotterranei e si fanno concorrenza sul terreno della decorazione all'ultimo grido. In passato, la differenza tra ristoranti, caffè e bar era molto più marcata. I caffè proponevano bevande analcoliche e pasticcini in un'atmosfera felpata, mentre i fiumi di birra e di vodka cominciavano a scorrere in tarda serata (ma anche prima) nei bar. A poco a poco, con gli orari del pranzo più fluttuanti e l'esplosione del turismo di massa, la differenza è venuta meno. Tutti i locali seguono il ritmo della giornata. Non esitate quindi a dare un'occhiata a tutte le categorie.

Gli orari di chiusura sono variabili, ma in genere i locali chiudono quando l'ultimo cliente se ne va. Per i bar come per i caffè, abbiamo cercato di indicarvi un orario in cui essere praticamente certi di non trovarvi davanti a una porta chiusa, ma non esitate a provare ad andarci anche più tardi.

NEL CENTRO STORICO

Camelot *(I, C2, 100)*: 17 ul. Św. Tomasza. Aperto tutti i giorni dalle 9 a mezzanotte. Una doppia caverna bianca installata in un negozio di fronte a una graziosa chiesa. Il pavimento di legno scricchiola sotto i vostri passi, le candele e i candelabri mettono in risalto l'età dei tavoli della nonna e le tovaglie ricamate. Il *Camelot* è diventato da qualche anno il locale preferito dalla gioventù benestante. In estate, lo spazio all'aperto non si svuota mai. Insomma, un locale culto di Cracovia, da non perdere. Potete anche mangiare deliziose insalate per meno di 20 złoty.

Dym *(I, C2, 100)*: 17 ul. Św. Tomasza. Aperto tutti i giorni dalle 10 a mezzanotte, sabato fino all'1 di notte. In estate i tavoli invadono la strada e lo spazio esterno del locale si confonde con quello del famoso vicino di cui abbiamo appena parlato. Tra l'altro, è abbastanza difficile trovare un posto libero... Anche quando la nebbia ritorna, il locale continua a mantenere la sua atmosfera «sudista» con le sue tonalità blu e azzurre. Non molto grande, *Dym* manifesta il suo desiderio dei tropici con qualche pesce sospeso sopra al bar. Vicino del *Camelot*, raccoglie i suoi clienti dopo la chiusura per la penultima vodka della notte.

𝐈 ***Jama Michalika*** *(I, C1,* ***101****)*: 45 ul. Floriańska. Aperto tutti i giorni dalle 10 alle 23. Creato nel 1895, questo caffè ha accolto l'élite artistica dell'inizio del XX secolo. Nel corso degli anni ha ospitato un cabaret, un tempo molto celebre, che ha lasciato in eredità una decorazione che ne fa una specie di museo vivente. Sotto le vetrate Art déco, i muri sono tappezzati di caricature e quadri decadenti. L'illuminazione debole aggiunge una nota d'intimità all'insieme. Alcune sere (durante il week-end) a partire dalle 20, piccole orchestre o compagnie di teatro ridanno vita alla tradizione del cabaret. Sappiate che il locale è riservato ai non fumatori. Ordinate una tazza di panna cosparsa di scaglie di cioccolato. Hmm...

𝐈 ***Caffè Esplanada*** *(I, D2,* ***102****)*: 30 ul. Św. Tomasza. Aperto tutti i giorni dalle 10 alle 22. In questo locale con ambizioni di «caffè letterario», la letteratura è naturalmente al posto d'onore. Tantissimi libri ammucchiati su scaffali, stile ricca biblioteca studentesca (facile, lo sponsor è la libreria che si trova giusto di fianco), ma non sarà facile trovare qualcosa da leggere in italiano. Pazienza, i tavolini disposti qua e là sono comunque propizi alla tranquillità e alla discussione. Ideale per bere un caffè o una birra nel tardo pomeriggio, prima di dare inizio alle attività più serie della notte.

𝐈 ***Pożegnanie z Afryką*** *(I, C2,* ***103****)*: 21 ul. Św. Tomasza. Aperto tutti i giorni dalle 10 alle 22. È il primo locale di una piccola catena che troverete anche a Varsavia. Il posto prende il nome dal film con *pan* Redford e *pani* Streep: *La mia Africa*. Il tempio del caffè è una successione di sale bianche con soffitto a volta che termina in un negozio dove si trovano in vendita più di 70 varietà diverse del nettare nero. Se desiderate essere iniziati alle sottili differenze tra un Santos brasiliano e un Antigua guatemalteco vi conviene sedervi sui piccoli sgabelli ricoperti di sacchi da caffè di iuta e contemplare i macinini da caffè e gli altri strumenti esposti sui muri.

𝐈 ***Café Larousse*** *(I, C2,* ***104****)*: 22 ul. Św. Tomasza. Aperto tutti i giorni dalle 9 alle 22. Un locale minuscolo (4 tavoli al massimo) e buio, un vero e proprio porto di pace. Questo piccolo caffè dedica un vero e proprio culto al dizionario francese *Larousse* edizione 1900, cosa che potrete facilmente constatare dando un'occhiata ai fogli che tappezzano le pareti. L'esiguità del locale e il bagliore delle candele favoriscono l'intimità. Un posto che ci è piaciuto molto, dove potrete passare un piacevole momento scorrendo i titoli principali della stampa, bevendo un caffè o un tè prima di attaccare il programma delle visite del giorno. Non servono bevande alcoliche.

𝐈 ***U Literatów*** *(I, C3,* ***105****)*: 7 ul. Kanonicza. Aperto tutti i giorni dalle 9 alle 21. Un bell'indirizzo ancora poco conosciuto. In estate il locale dispone di un cortile abbastanza grande che si prolunga in un piacevole giardino. Si può quindi approfittare della tranquillità e dell'aria fresca in mezzo al cinguettio degli uccelli. Non è caro, non c'è mai folla ed è abbastanza elegante. Generalmente è frequentato da gente tranquilla che viene a prendere un caffè, ma di sera (prima della chiusura) vi capiterà di incrociare qualche giovane cracoviano che si concede una pausa relax all'aria fresca del giardino prima di ritornare a fare baldoria.

𝐈 ***Paparazzi*** *(I, D2,* ***106****)*: 9 ul. Mikołajska. Aperto dalle 11 a mezzanotte da lunedì a venerdì, dalle 16 all'1 di notte sabato e domenica. Questo bar è una versione *soft* rispetto a ciò che il nome poteva lasciar sperare o supporre. Niente foto rubate di Sissi in versione nuovo millennio, in bikini maculato su una spiaggia deserta, ma tante belle foto che tappezzano i muri. Il menu è stampato come se fosse un'edizione di giornale. Tra i titoli e il sommario potete individuare simpatici milk-shake e buoni cocktail. Frequentato principalmente da yuppie espatriati che cercano di integrarsi.

🍸 ***Caffè Botanica** (I, B2, **107**):* 9 ul. Bracka. ☎ 422-89-80. Aperto dalle 8.30 alle 23, dalle 10 alle 23 domenica. La grande carcassa spolpata di un *Quercus ilex* (il leccio per i botanici) annuncia lo stile del locale fin dall'entrata, mentre l'interno è scandito da una serie di essenze diverse. Qui la chimica dell'industria agroalimentare si eclissa per il più grande piacere degli amanti di succhi di frutta naturali. Ma se siete degli aficionados di bevande più euforiche, non abbiate paura! Nel paese dell'Okocim e della vodka c'è sempre qualcosa per calmare la sete dei giramondo caduti sotto il fascino di Cracovia.

🍸 ***Ratuszowa** (I, C2, **108**):* 1 Rynek Główny. Nella torre dell'ex municipio. Aperto tutti i giorni dalle 9 alle 3 del mattino. In estate, rari sono i clienti che si spingono oltre la distesa di ombrelloni. Solo gli habitué conoscono le profondità sotterranee di questo bar trogloditico situato nell'antica prigione, e ben pochi sanno che si tratta del primo bar sotterraneo di Cracovia. Eppure, probabilmente a causa della sua posizione, lo spazio all'aperto in estate e la cantina in inverno sono invasi soprattutto dai turisti che vengono a provare il comfort delle panchine scolpite in pesanti tronchi.

🍸 ***Huśtawka** (I, C1, **109**):* 9 ul. Św. Tomasza. Aperto tutti i giorni dalle 9 all'1 di notte, sabato e domenica dalle 10. Il caffè «Altalena» ha voluto giustificare il suo nome con l'affresco di una signorina su un'altalena. Per il resto, l'arredamento è molto meno suggestivo. Gli specchi dorati, un bar di legno patinato e il parquet grezzo vi riportano subito verso conversazioni più sagge senza per questo distrarvi completamente dal viavai dei passanti dietro alle vetrine, sperando che l'atmosfera intima di questo piccolo castello decaduto sia capace di attirarli verso l'interno. Meno modaiolo della sua decorazione, più vicino agli standard occidentali, questo locale permette di allontanarsi dalla folla senza per questo immergersi in un'atmosfera intimista.

NEL QUARTIERE DI KAZIMIERZ

🍸 ***Les Couleurs** (II, C2, **110**):* 10 ul. Estery. Aperto tutti i giorni da mezzogiorno a mezzanotte, più tardi nel fine settimana. Una enclave francese nel cuore dell'antico quartiere ebraico. Difficile trovare qualcosa di più gallico: lontano dai cliché *Torre Eiffel* e *Piaf*, qui le pareti sono tappezzate di manifesti di Serge Gainsbourg e Pascal Obispo, passando dalla Vache Qui Rit al Pernod o dalla Belle Époque a Dibango. Un autentico caffè francese di oggi. L'arredamento è piacevole e potete anche trovare qualcosa da mangiare.

🍸 ***Alef** (II, D2, **58**):* 17 ul. Szeroka. ☎ 421-38-70. Aperto tutti i giorni dalle 12 all'1 di notte. Vedi «Dove mangiare. Prezzi medi». Un ristorante-caffè-albergo con tavoli anche all'aperto che guardano sulla piazza principale di Kazimierz. Piuttosto turistico.

🍸 ***Ariel** (II, D2, **111**):* 18 ul. Szeroka. Vicino al precedente. Piccolo spazio esterno molto piacevole d'estate. In realtà l'interesse di questo locale risiede soprattutto nella sua storia per niente banale. In effetti, ci furono per molto tempo due caffè *Ariel* uno di fianco all'altro, ma che non avevano lo stesso proprietario e non smettevano di disputarsi il nome... cosa che provocava molta confusione e qualche delusione. Da allora tutto è rientrato nell'ordine: è rimasto infatti un solo caffè *Ariel*, e l'altro proprietario ha deciso di aprire un eccellente ristorante, il *Klezmer-Hoiz* (vedi «Dove mangiare. Prezzi medi»).

FUORI DALLE MURA

🍸 ***Bar del museo Manggha** (II, A2, **112**):* ul. M. Konopnickiej. Aperto tutti i giorni dalle 10 alle 20. Il bar del centro giapponese d'arte e tecnologia. Molto apprezzato dai conoscitori, è uno dei rari locali che offre sia dietro la grande vetrata sia ai tavoli esterni una magnifica vista sul castello e la Vistola. Molto calmo, non troppo caro e per niente turistico.

🍸 ***Manggha** (I, D3, **114**):* 10 ul. Starowiślna. Aperto dalle 10 alle 21. Questo simpatico cortiletto dove cresce una vegetazione rigogliosa e strana oltrepassa la nostra comprensione visto che ci avevano detto che in Polonia il clima è rigido in inverno. Se ci passate in estate, questo piccolo bar dalle volte discretamente Art déco potrebbe diventare il vostro quartiere generale per sfuggire dal formicaio turistico del centro, come ben sanno molti uomini d'affari della zona.

🍸 ***Kawiarnia Filmnowe Graffiti** (I, C3, **115**):* 5 ul. Św. Gertrudy. Aperto tutti i giorni dalle 10 a mezzanotte. Un buon indirizzo che offre la tranquillità olimpica di un cortiletto ombreggiato, un po' arretrato rispetto alla strada. Atmosfera accogliente con decine di foto di star del cinema appese ai muri. In estate, da giugno a ottobre, il locale propone un'eccellente programmazione di film all'aperto (in lingua originale con sottotitoli). Programma disponibile al bar.

Bar

Una cantina, uno spazio all'aperto, un bar. Ecco l'equazione che governa la vita notturna di Cracovia. Siccome il sottosuolo della città racchiude un numero infinito di cantine gotiche, per di più propense alla moltiplicazione, nessuno in realtà ne conosce il numero esatto. In Africa, la gente direbbe che ce ne sono «molte».
Le prime a essere nate sono quelle della grande piazza: se ne vedono solo i tavoli all'aperto con gli ombrelloni, mentre il centro nevralgico si trova dietro, nel cortile e nelle cantine. Ma da oggi, grazie alla densa popolazione studentesca (la città conta 11 università e campus!) non c'è più una strada dove non siano spuntati dei bar che stimolano i nottambuli a un vero e proprio rastrellamento della città. Spesso, tra l'altro, i migliori sono quelli senza insegna. Non esitate allora a tendere l'orecchio e a lasciarvi trasportare dall'ispirazione. Non potendoveli indicare tutti, abbiamo scelto come base di partenza quelli da non perdere assolutamente, i più frequentati del momento e, per finire, quelli che ci sono veramente piaciuti.
Come i caffè, anche i bar seguono il ritmo della giornata servendo bevande calde al mattino e nel pomeriggio, prima di aprire il rubinetto della birra, in certi casi, o di trasformarsi in discoteca, in altri.

NEL CENTRO STORICO

🍸 ***Free Pub** (I, C2, **116**):* 4 ul. Sławkowska. Aperto da domenica a giovedì dalle 11 alle 23 o mezzanotte, 24 ore su 24 venerdì e sabato con una breve interruzione all'alba per fare le pulizie ed espellere i comatosi. Il *Free Pub* si nasconde: nessuna insegna sulla facciata. Nessuno sforzo decorativo, i muri di mattoni sono stati lasciati come in origine.

La principale caratteristica del locale è di fare molto rapidamente il pieno. La folla comincia dal bar prima di raggiungere la sala dove i tavoli hanno avuto la buona idea di non accalcarsi per lasciare ancora più spazio ai bevitori. A partire da qui, non dovrete fare altro che cogliere l'atmosfera e lasciarvi andare.

🍸 ***Music Bar 9** (I, B2, **117**):* 9 ul. Szewska. Aperto dalle 10 alle 23 o mezzanotte (fino alle 3 venerdì e sabato). La raffinatezza non è il genere della casa. Qui si privilegiano le atmosfere autentiche e il locale non perde occasione per mostrarlo: in questa successione di cantine e corridoi i muri sono grezzi, il pavimento è fatto con grossi listelli di legno e l'atmosfera è al massimo tutte le sere fino a tarda notte. Diversi bar e una pista da ballo.

🍸 ***Klub Ré** (I, C2, **118**):* 4 ul. Św. Kryża. Aperto da mezzogiorno alle 2 di notte in settimana, dalle 17 alle 2 sabato e domenica. Un po' arretrato rispetto alla piazza e alla folla dei turisti, un grande bar pieno di studenti con uno spazio all'aperto verso l'interno piacevole in prima serata. L'atmosfera è rilassata. Eccetto che in luglio e agosto, organizzano regolarmente piccoli concerti di gruppi locali di rock alternativo. Un posto perfetto per incontrare i giovani e discutere con loro sorseggiando un bicchiere di *Tokaj* alla spina.

🍸 ***Pod Jemiola** (I, C1, **119**):* 20 ul. Floriańska (stessa entrata del negozio *Ruch*). Aperto tutti i giorni dalle 20 all'1 di notte, a partire dalle 15 domenica. Cracovia non sa più come nasconderli. Un altro bell'indirizzo senza insegna, ma questa volta senza cantina. Piccola sala al pianterreno con un bancone da fattoria di campagna. Una clientela benestante ma non modaiola si ritrova qui al riparo dai turisti. Locale ideale per cominciare la visita notturna di Cracovia.

🍸 ***Bastylia** (I, C2, **120**):* 3 ul. Stolarska. Aperto da domenica a giovedì dalle 13 all'1 di notte, venerdì e sabato dalle 13 alle 2. Uno degli ultimi arrivati, un locale un po' «verticale» ma magnifico. Su quattro piani, è la ricostruzione di una grande prigione di mattoni rossi con tanto di ballatoi e porte di celle. Impossibile resistere alla tentazione di recitare il ruolo del secondino (o del guardone) e sbirciare attraverso gli spioncini... I più audaci ordineranno forse una *Rura Piwa*. Di giorno, al pianterreno, è possibile mangiare qualcosa per una trentina di złoty.

🍸 ***Klub Kulturany** (I, B1-2, **121**):* 25 ul. Szewska. Aperto tutti i giorni da mezzogiorno alle 2 di notte. Niente insegna, praticamente all'altezza del *Planty*, a destra del *Kantor*. Un altro indirizzo interessante, luogo di ritrovo di studenti e conoscitori, con un'atmosfera meno frenetica che negli altri bar. Clientela mista, musica eccellente, belle cantine, qualche saletta isolata e una decorazione efficace. Il posto ideale per fare incontri autentici e regalarsi tutto il tempo necessario per un approfondito scambio d'idee.

🍸 ***Irish Pod Papugami** (I, C1, **122**):* 18 ul. Św. Jana. Aperto dalle 12 alle 3 del mattino. L'Irlanda si mette in mostra in queste tre piccole cantine dall'eleganza un po' *smart*. Privilegiando legni pesanti e costosi, e la solida sicurezza delle vecchie assi al bancone, l'obiettivo era di reinventare quello spirito *cosy* di cui gli anglosassoni possiedono il segreto. Una buona clientela sotto tutti i punti di vista e un'atmosfera felpata che si infiamma nel fine settimana.

🍸 ***Black Gallery** (I, D2, **123**):* 24 ul. Mikołajska. Aperto dalle 21 alle 2 di notte in settimana, dalle 12 all'alba nel week-end. Prima di immergersi sottoterra si passa da un cortile-giardino di ghiaia dove è difficile muoversi talmente è affollato. Le due cantine, arredate come un cantiere di lavori pubblici, sono piuttosto riuscite. Un bar di cemento con una putrella di ferro al posto del bancone, solidamente ancorato su un pavimento di grosse pietre. Luogo di ritrovo della comunità anglofona di passaggio o residente a Cracovia.

🍸 ***Piwnica Pod Baranami** (I, B2, **124**):* 27 Rynek Główny. Aperto tutti i giorni dalle 17 alle 4 del mattino. Il locale divide il seminterrato (a destra in fondo alle scale) con uno dei cabaret più celebri per la contestazione in epoca comunista; tra l'altro, alcuni rimpiangono che con la caduta del regime il cabaret abbia perso l'ironia pungente che lo caratterizzava. La zona a sinistra delle cantine è da molti anni l'antro degli studenti. In questo incastro di sale comunicanti è stato esposto tutto quello che la Polonia possiede di rappresentativo in termini di tesori rurali. I tavoli sono stati ricavati da botti e un folle pianoforte è attaccato a un muro in compagnia di una carriola.

🍸 ♪ ***Harris Piano Jazz Bar*** *(I, B2, **125**)*: 28 Rynek Główny. Aperto dalle 15 all'1 di notte. Concerti nel fine settimana. Entrata nei giorni di concerto: 15 Zl. Prima di passare alla cantina dove si tengono i concerti di musica jazz, fermatevi sul mezzanino per rendere omaggio alla statua del trombettista nero di New Orleans. I musicisti in carne e ossa si trovano al piano di sotto. Il bar è pieno di mille trovate simpatiche, come i *mobiles* sospesi al soffitto realizzati con le copertine dei dischi. *Harris* è famoso per la serietà della sua programmazione jazz.

NEL QUARTIERE DI KAZIMIERZ

In estate i cracoviani tendono a fuggire dalle folle di turisti che invadono il centro della città vecchia e si ritrovano a Kazimierz, il che offre tra l'altro anche una bella occasione per fare una piacevole passeggiata.

🍸 ***Singer*** *(II, C2, **126**)*: 20 ul. Estery. Aperto tutti i giorni dalle 10 alle 3 del mattino. Nulla indica la presenza di questa piccola perla. È già molto se notate le tende nere delle vetrine. Illuminati con le candele, i tavoli delle due sale sono ricavati dai piani d'appoggio delle macchine da cucire Singer, la marca che dà il nome al locale. È un vero piacere rilassarsi al suono di qualche classico melodico o di qualche pezzo di Coltrane. Di sera, la frequentazione si fa più fitta e trovare un posto diventa più difficile (mentre gli incontri tra nuvole in fumo aumentano in modo esponenziale).

🍸 ***Alchemia*** *(II, C2, **127**)*: 5 ul. Estery. Aperto dalle 11 alle 4 del mattino, dalle 10 domenica. Deve essere una mania del quartiere: come al *Singer*, anche qui si beve rigorosamente a lume di candela. Il pianterreno dell'edificio è stato trasformato in un bar molto piacevole con sale dall'atmosfera diversa, più o meno intima. Appena scende la notte ci si siede comodamente su un divano oppure intorno a un grande tavolo e i bicchieri di vodka cominciano a sfilare. Un indirizzo eccellente.

FUORI DALLE MURA

🍸 ***Cocteau Gallery*** *(I, B1, **128**)*: 10 ul. Karmelicka. Aperto dalle 12 alle 2 di notte o più tardi... Nel paese delle sottane, degli aspersori e di Karol Wojtyła, non è per niente facile essere omosessuali. Ma siccome Cracovia non è una città qualsiasi e merita a giusto titolo il suo blasone di capitale culturale europea, troverete qualche bar e discoteca gay. *Bartender* abbastanza simpatico che può essere di grande aiuto per trovare una festa nei dintorni.

Dove andare a ballare

A Cracovia non ci sono o quasi discoteche nello stile degli standard occidentali. In compenso, la maggior parte dei bar sopracitati chiudono tardi, mentre quelli citati di seguito possiedono piste da ballo che non si svuotano mai durante il fine settimana. Per finire, per i nottambuli più agguerriti resta la soluzione di individuare i manifesti murali che annunciano le feste organizzate in alcune sale affittate per l'occasione, spesso fuori dal perimetro della città vecchia.

NEL CENTRO STORICO

♩ ***Piwnica Pod Ogródkiem** (I, B2, **130**):* 6 ul. Jagiellońska. Aperto tutti i giorni da mezzogiorno a mezzanotte. Venerdì e sabato fino alle 5 del mattino. Entrata gratuita. Nelle cantine del centro *PTTK* (ufficio del turismo polacco). Pieno, strapieno… un bar-discoteca che non si svuota mai nel fine settimana. Entrata gratuita, birra e vodka a prezzi economici, musica attuale, il tutto in un seminterrato (naturalmente) senza un arredamento particolare… E se fosse questa la ricetta del suo successo? Di giorno ci si riprende dalle dure nottate degustando una crêpe bretone.

♩ ***Klub Pod Jaszczurami** (I, C2, **131**):* 8 Rynek Główny. Aperto tutti i giorni dalle 10 alle 2, 3 o 4 del mattino. Ecco un bell'indirizzo, riservato agli studenti e solo su presentazione di una tessera (più o meno attendibile…). La birra scorre a fiumi e non è cara, e durante il week-end il posto è pieno di gente. Questo immenso locale sotto le volte gotiche tipiche di una cattedrale è stato il club dei giovani durante il periodo comunista e ancora oggi accoglie dei circoli di discussione.

♩ ***Pasja** (I, B2, **133**):* 5 ul. Szewska. Aperto dalle 16 alle 3 del mattino, fino alle 2 lunedì e fino alle 4 venerdì e sabato. Una clientela *clean* ma rilassata. Il luogo è un piacevole labirinto di bar, sale da biliardo, tavolate e piste da ballo che non si svuotano mai. Clientela mista e buona serata garantita. Il biglietto d'entrata aumenta con l'avvicinarsi del week-end (da 3 a 15 Zl).

♩ ***Pod Papugami** (I, C2, **134**):* 1 ul. Szpitalna. Aperto dalle 19 alle 3 del mattino (4 venerdì e sabato). Entrata a pagamento eccetto lunedì. Una muta di cerberi veglia all'entrata di queste cantine tipo vasi comunicanti. Il principio è quello del massimo numero di persone al metro quadrato. Successione di sale e una pista abbastanza bella. Musica tipica da discoteca.

♩ ***Rentgen** (I, B1, **135**):* 3 ul. Szczepańska. Entrata sotto l'insegna «Stomatologia» e «Cotton Club». Aperto tutte le notti fino almeno alle 4 del mattino, ma l'orario è variabile. Ecco un posto più genuino! Buona musica techno tutte le sere, DJ nel fine settimana, birra veramente economica. Queste due cantine sempre piene accolgono una fauna tecnoide agguerrita. Per i fanatici: al bar, in cambio di un deposito di 15 Zl, vi danno una tessera che permette di entrare nel locale anche quando c'è tantissima gente o durante le serate private. Potrete recuperare il deposito alla fine del soggiorno.

♩ ***Rock and Roll Club** (I, C3, **136**):* 50 ul. Grodzka. Aperto da lunedì a mercoledì dalle 16 a mezzanotte, da giovedì a sabato dalle 16 alle 4 del mattino. Luogo di ritrovo di giovani appassionati di heavy metal e altri generi di rock duro. Gli amici hanno tirato fuori le vecchie collezioni di vinili e li hanno appesi al soffitto come se fossero stelle. A causa del numero esorbitante di fan, è stato necessario optare per panchine e tavolate e lasciare da parte la scelta di un arredamento più intimo e confidenziale. La festa può cominciare. Da giovedì a sabato alcuni gruppi danno il cambio all'impianto stereo. Entrata a pagamento nelle serate di concerto.

♩ ***Jazz Rock Café** (I, C1, **137**):* 12 ul. Sławkowska. Aperto tutti i giorni (eccetto lunedì) fino alle 4 del mattino. Entrata a pagamento giovedì, venerdì e sabato: 8 Zl. Il solito classico ma in versione Cracovia (vale a dire, strapieno di gente). Buona musica pop classica per la discoteca, e piacevole zona tipo pub. Atmosfera rilassata e senza problemi.

Piuttosto apprezzato dagli anglofoni. Locale senza insegna, stessa entrata dell'agenzia *Jordan*.

♩ ***Equinox*** *(I, C1, **138**):* 13 ul. Sławkowska. Aperto da martedì a giovedì fino alle 2 di notte, venerdì e sabato fino all'alba. Entrata gratuita per le ragazze. LA discoteca versione anni settanta del Novecento in un seminterrato fluorescente con musica disco di sottofondo. Un programma da febbre del sabato sera: numerosi concorsi culturali come, per esempio, l'elezione di Miss T-shirt bagnata... e una frequentazione che apprezza in modo particolare questo genere di eventi.

Da vedere

Tantissime cose! Per visitare tutti i monumenti di Cracovia ci vogliono almeno due settimane... Allora, ecco un breve, rapido panorama.

★ ***Parco Planty*** (il nome deriva dalla parola francese «planter», piantare): ideale per cominciare la visita di Cracovia, questo spazio verde è stato creato sul sito delle mura e dei fossati che circondavano la città vecchia. Una breve passeggiata di 45 minuti (4 km) consente di farne il giro completo, occasione unica per capire la topografia della città e ammirare numerosi monumenti. Un buon metodo per fare conoscenza con i luoghi anche se sul percorso vi capiterà di incrociare diversi derelitti vittime del sistema ai quali resta come unico timone il collo della divina bottiglia. Partendo dalla stazione (prendete il sottopassaggio), girate a destra; si intravedono i resti delle fortificazioni: la ***porta Floriana (brama Floriańska;*** *I, C1)*. È una delle sette porte della cinta edificata nel corso di 200 anni tra i secoli XIII e XV. In origine comprendeva ben 47 torri, di cui ne restano solo due sui lati. Fu demolita nel 1806 su ordine degli austriaci che allora occupavano la città. Questo frammento di mura deve la sua sopravvivenza a un certo senatore Radwański, il quale dichiarò che voleva salvarlo «per paura di correnti d'aria nella città vecchia che avrebbero potuto provocare influenze e paralisi soprattutto tra le donne e i bambini». Un argomento medico che si è rivelato convincente! Sul retro della porta si è salvato anche il ***barbacane*** *(I, D1)*, un bastione difensivo circolare aggiunto nel XV secolo per rinforzare la difesa della porta. Si tratta di uno degli ultimi barbacani ancora intatti in Europa. In passato le sue mura spesse 3 m erano collegate alla porta da un tunnel oggi scomparso.

★ In fondo a via Straszewskiego, passerete ai piedi della collina Wawel, coronata dal monumentale profilo del castello reale.

★ Subito prima di finire il circuito, ammirate il ricco edificio del ***teatro Słowacki*** costruito verso la fine del XIX secolo. Guardatelo bene. Non vi ricorda niente? Forza, un piccolo sforzo. Ah sì, l'Opera di Parigi, certo! L'edificio è ampiamente ispirato al palazzo Garnier, ma in piccolo. Fu costruito nel 1893 sul sito di un convento medievale la cui demolizione sollevò un'ondata di proteste da parte dell'élite artistica del momento, in particolare del pittore Jan Matejko. Il teatro porta il nome del poeta romantico Juliusz Słowacki. L'interno è sovraccarico di dorature e la varietà del pubblico riassume perfettamente l'appetito culturale dei polacchi. Per la programmazione, vedi «Indirizzi utili» e «Cultura».

★ ***Rynek Główny*** *(la piazza del mercato; I, C2):* con ben 200 m di lato questa vasta piazza quadrata è una delle più grandi tra quelle che il Medioevo ha lasciato in eredità all'Europa. Circondata oggi da facciate neoclassiche, può vantare un'unità di stile che conferisce al luogo un ineguagliabile aspetto *fin-de-siècle* trionfante.

Fino alla metà del XIX secolo il Medioevo non era ancora scomparso. Fu in effetti in quel periodo che la municipalità decise di distruggere le baracche del mercato che ingombravano la piazza con un reticolo talmente denso che il viale principale era stato chiamato Rynek. I fioristi e i venditori di souvenir proseguono oggi la tradizione commerciale della piazza.

★ Al centro troneggia il ***mercato coperto del tessuto*** (***sukiennice***; *I, C2, **172**):* l'origine di questo mercato coperto risale all'inizio del XIV secolo. Incendiato nel 1555, fu ricostruito in uno stile rinascimentale con un attico di pietra che nasconde il tetto. Il XIX secolo si è sentito in obbligo di aggiungere le attuali arcate sotto le quali si sono installati una moltitudine di negozi e due caffè. Ma evitate di darvi appuntamento ai loro tavolini. Sono infatti praticamente identici e c'è il 50% di probabilità che il vostro amico o la vostra amica vi aspetti sull'altro lato. Questi malintesi si ripetono ogni giorno.

– Al primo piano, le antiche sale da ballo ospitano il ***museo della Pittura polacca del XIX secolo (Galeria w Sukiennicach)***, uno dei cinque siti del Museo nazionale. In estate, aperto da martedì a venerdì dalle 10 alle 18, sabato e domenica dalle 10 alle 15.30; il resto dell'anno da martedì a domenica dalle 10 alle 15.30. Entrata gratuita domenica. Gli impressionanti quadri storici di Jan Matejko costituiscono l'attrazione principale del museo, insieme ad altri grandi nomi dello stesso periodo come Malczewski, Gierymski, Chełmoński e Witkacy, degni rappresentanti della corrente realista e impressionista. Notate il quadro espressionista di Podkowiński con la rappresentazione di una donna nuda su un cavallo con la bava alla bocca. Esposto per la prima volta nel 1894, provocò un vero e proprio scandalo e fu tacciato di pornografia.

★ Sul lato est del mercato si eleva la ***statua di Adam Mieckiewicz*** (*I, C2, **173***), grande poeta romantico, cantore dell'indipendenza nazionale. Distrutta dai nazisti, meticolosamente ricostruita, oggi viene utilizzata da tutti come luogo di appuntamento. Ai suoi piedi si svolge, ogni anno in dicembre, il concorso dei presepi natalizi (vedi «Feste e festival»). Più prosaicamente, è il posto migliore di Cracovia per darvi un appuntamento se volete essere sicuri di trovarvi.

★ ***Chiesa di Santa Maria*** (***kościół Mariacki***; *I, C2, **174***)*:* costruita per la prima volta nel XII secolo e poi distrutta durante le invasioni tatare, la chiesa parrocchiale di Cracovia dovette subire tre ricostruzioni successive prima di rinascere nel 1355 come una delle più belle chiese gotiche del paese. La sua struttura (navate laterali più basse della navata centrale) è quella di una basilica.

Una cupola rinascimentale corona la torre più bassa (69 m). La più alta (82 m) si distingue grazie a sedici piccole torrette con guglie del XVII secolo che terminano in una corona dorata di 2,50 m di diametro e 350 kg di peso.

Utilizzata in passato come torre di guardia, mantiene ancora oggi questo ruolo tradizionale. Ogni ora risuonano le note dell'*Hejnał*, una breve melodia di quattro note suonate da una tromba che immancabilmente vi faranno alzare la testa nella sua direzione. È un rituale in memoria della sentinella che, nel 1241 quando i Tatari si avvicinavano alla città, cercò di dare l'allarme. Ma gli assalitori furono più veloci e una freccia trafisse la gola della sentinella fin dalle prime note, ragione per cui l'attuale trombettiere interrompe ancora oggi la melodia nel bel mezzo di una battuta. Si tratta naturalmente di una leggenda, ma che ancora oggi dà a Cracovia il suo simbolo. L'*Hejnał*, suonato a rotazione dai quattro lati della torre, viene ritrasmesso ogni giorno alle 12 dalla radio nazionale.

Sotto l'atrio barocco, diverse *tombe* di borghesi di Cracovia; a sinistra, la *cappella dei Malfattori*. Qui i preti ascoltavano le ultime confessioni dei

condannati a morte prima dell'esecuzione sulla piazza del mercato. Il coro è dominato dal tesoro della chiesa: un monumentale *trittico*, opera del grande scultore tedesco Veit Stoss, scolpito nel legno di tiglio verso la fine del XV secolo. Nella parte centrale la Vergine è rappresentata insieme ai dodici apostoli. Alcune sculture sono alte più di 3 m: il maestro sapeva infatti che la sua opera sarebbe stata osservata dal basso e aveva previsto l'effetto della prospettiva. Ammirate la cura dei dettagli: i muscoli tesi delle braccia, le rughe sui volti. Veit Stoss utilizzò come modelli gente comune: artigiani, studenti, serve. Grazie alla vivacità dei colori, il trittico emerge dal fondo scuro del coro. L'effetto è rafforzato dalla luce dorata delle vetrate del XIV secolo. Chiuso, il trittico fa apparire dodici pannelli scolpiti con la rappresentazione di scene della storia della Sacra Famiglia. Il trittico viene aperto tutti i giorni dalle 11.50 alle 18, sabato dalle 11.30 alle 18 e domenica dalle 14 alle 18. Quindi, per poter ammirare le due facce, bisogna venire un po' prima. In alta stagione, l'entrata è a pagamento al momento dell'apertura del trittico. Detto questo, per quelli che non hanno molti soldi, sappiate che lo si vede benissimo anche dalla zona «libera» della chiesa. Ricordiamo, però, che questa zona è riservata alle persone che vengono a pregare. Notate in alto i fregi realizzati da Jan Matejko, grande pittore storico del XIX secolo.
Un'altra opera di Veit Stoss: l'enorme *crocefisso* di pietra sul lato destro della navata.
Non perdete le magnifiche *vetrate* Art nouveau sopra la galleria del grande organo, firmate da Stanislas Wyspiański, artista polivalente della fine del XIX secolo.
Prima di terminare la visita, date un'occhiata alla *cappella della Vergine Nera* di Częstochowa. Il quadro è una copia dell'originale, anche se alcuni sostengono che sia questa quella vera.

★ Di fianco, la piccola ***chiesa di Santa Barbara (kościół Św. Barbary)*** utilizzata in passato come cimitero fino alla sua chiusura all'inizio del XIX secolo su decisione dell'occupante austriaco. Realizzata nel XIV secolo per servire da cappella al cimitero, pare sia stata edificata con i mattoni avanzati dalla costruzione della sua vicina.

★ Sul retro, la tranquilla *Rynek Mały (I, C2)* ospitò per molto tempo il mercato della carne.

★ ***Ulica Sienna:*** al primo piano del palazzo al n. 5 si trova la sede del *club degli Intellettuali cattolici* (*KIK*). Nonostante la denominazione piuttosto severa, fu l'unica organizzazione indipendente tollerata nella Polonia poststalinista. Fu qui che nel 1980 il sindacato Solidarność ancora in fasce trovò consigli e appoggi. Molte personalità ufficiali come l'ex primo ministro Tadeusz Mazowiecki, ma soprattutto il premio Nobel per la Pace ed ex presidente della Repubblica Lech Wałęsa, vengono da questa organizzazione.

★ ***Chiesa di San Adalberto (kościół Św. Wojciecha;*** *I, C2,* ***176****):* a sud della piazza, all'angolo di via Grodzka. La chiesa più antica della città. La leggenda racconta che Adalberto, un vescovo slavo, vi tenne i suoi primi sermoni verso l'anno 995 prima di partire per il nord per convertire i prussiani che lo condannarono morte. La *cripta* – con un'esposizione dedicata al santo e alla storia della piazza – è aperta da lunedì a sabato dalle 11 alle 16. Entrata a pagamento, ma sappiate che non c'è assolutamente nulla da vedere.

★ ***Torre del municipio (Wieża ratuszowa;*** *I, C2,* ***177****):* aperta da maggio a novembre tutti i giorni dalle 9 alle 13 e dalle 13.45 alle 18; il resto dell'anno dalle 10 alle 16 (15.30 sabato e domenica). Chiusa il secondo week-end di ogni mese. Entrata: 4 Zl. Questa torre gotica è tutto ciò che resta del municipio del XIV secolo, sfortunatamente demolito nel 1820 dalle autorità municipali che lo giudicavano troppo vetusto. Il teatro comico *Satyry* e un caffè si sono installati nelle sue cantine. Potete anche salire fino in cima, da dove godrete di una bella vista sulla città. Il resto non è particolarmente interessante.

★ Prima di lasciare la piazza, un giro d'orizzonte degli edifici che la delimitano è più che consigliato. Nella maggior parte di queste case patrizie pluricentenarie hanno vissuto artisti e personaggi celebri.
– A est, al n. 6, all'angolo di ul. Sienna, la ***Casa grigia (kamienica Montelupich)*** accolse nei suoi appartamenti gotici il primo re eletto di Polonia, Henri (Enrico) di Valois.
– Di fianco, al n. 7, il ***palazzo Montelupi (kamienica Szara)*** con un monumentale portone rinascimentale, fu sede della prima posta del paese durante il regno di Sigismondo.
– Al n. 9, il palazzo gotico ***Bonerowska*** fu domicilio del pittore e scrittore Stanislas Wyspański.
– A sud, al n. 20, il ***palazzo Potocki*** è rappresentativo dell'architettura classica di Cracovia con il suo cortile ornato di logge; lo stesso vale per il ***palazzo Pod Baranami*** (n. 27) del XVI secolo, convertito oggi in centro culturale. Le facciate degli edifici del lato ovest sono state rimaneggiate nei secoli XIX e XX, ma gli interni sono ancora in stile rinascimentale.

★ Il *palazzo Krzysztofory*, al n. 35 (all'angolo di ul. Szczepańska) è rimasto tale e quale. I suoi piani accolgono oggi il ***museo di Storia di Cracovia (muzeum Historyczne Krakowa; I, C2, 182)***. Aperto martedì e mercoledì dalle 9 alle 15, giovedì dalle 11 alle 18, venerdì dalle 9 alle 15, sabato e domenica dalle 9 alle 15; aperto anche tutti i lunedì e martedì che seguono il secondo week-end di ogni mese, dalle 9 alle 15. Anche se il tema principale è la storia della città illustrata attraverso una collezione di quadri di artisti celebri originari di Cracovia, il museo è molto eclettico. Ai piani superiori sono esposti i migliori *szopkis*, presepi e modellini di altri edifici religiosi che ogni anno partecipano a un concorso popolare durante il mese di dicembre (vedi «Feste e festival»). Notate anche la bella collezione di orologi antichi e armature.

★ *CITTÀ VECCHIA (STARE MIASTO)*

Costruita a scacchiera (eccetto che nella parte sud), ricalca il tracciato medievale delle prime vie dove ogni secolo ha lasciato la sua impronta dando vita a un complesso tipico dell'Europa centrale, nel quale lo stile gotico convive con quelli rinascimentale e barocco.

CRACOVIA

IL NORD

★ ***Ulica Floriańska*** *(I, C-D1):* tracciata nel XIII secolo, conduce alla porta Floriana (vedi sopra, il parco Planty), entrata storica della città vecchia. Fin dall'inizio questa via ebbe una vocazione commerciale, una tradizione che il turismo e il sorgere di nuovi negozi non ha fatto che alimentare. Conserva ancora qualche bell'edificio rinascimentale.

★ Al n. 25, un piccolo ***museo della Farmacia*** *(muzeum Farmacji)*, con antichi interni di negozi, tra cui una bottega del XVI secolo e diverse collezioni di utensili del passato. Aperto martedì dalle 15 alle 19, da mercoledì a domenica dalle 11 alle 14. Chiuso il 1° e il quinto sabato del mese.

★ Al n. 41, la ***casa natale del pittore storico Jan Matejko*** che visse in questo palazzo del XVI secolo fino alla sua morte nel 1893. Aperto martedì, mercoledì, giovedì, sabato e domenica dalle 10 alle 15, venerdì dalle 10 alle 17.30. Entrata gratuita domenica. La casa del pittore è stata trasformata in museo, ed è quindi possibile visitare gli appartamenti, l'atelier e tutte le strane collezioni di cui era appassionato: quadri del Rinascimento, costumi militari e liturgici ai quali si ispirava per i suoi quadri e un inventario delle sue... scarpe.

★ Al n. 45, il celebre ***caffè Jama Michalika*** *(I, C1, **101**)* dove, tra la prima e la seconda guerra mondiale, si svolgevano le folli serate del cabaret *Zielony Balonik* («il Pallone verde») che attiravano tutti gli intellettuali dell'epoca. Numerose caricature, il mobilio che in sé è già uno scherzo, le marionette dell'epoca e la decorazione originale del palco sono rimasti intatti. A questo punto una pausa caffè s'impone (accompagnata, perché no?, da una pausa dolce).
– La via termina a porta Floriana, oggi completamente occupata da rivenditori di quadri da due soldi.
Girate a sinistra per raggiungere ***ulica Pijarska*** *(I, C1)*.

★ Subito vicino, la ***chiesa barocca della Santa Trasfigurazione (kościół Przemienienia Pańskiego;*** *I, C1, **178**)*.

★ Di fronte, al n. 19 di ul. Św. Jana, il ***museo Czartoryski*** *(I, C1, **179**)*. Aperto da martedì a giovedì dalle 9 alle 15, venerdì dalle 9 alle 17.30, sabato e domenica dalle 10 alle 15. Meno caro domenica, ma con una sala in meno aperta alla visita. Chiuso lunedì. Questa sezione del Museo nazionale, che è anche il più antico museo di Polonia, occupa un isolato costituito dal palazzo stesso (XIX secolo), un convento del XVIII secolo e un arsenale del XVI secolo.
Il museo presenta una collezione di quadri dell'Europa occidentale dal XVI al XIX secolo. Tra i più celebri, la *Dama con l'ermellino* di Leonardo da Vinci, un'affascinante *Madonna con il bambino* e un paesaggio di Rembrandt. La collezione, riunita alla fine del XVIII secolo dalla principessa Izabelle Czartoryska nel suo palazzo di Puławy, subì lo stesso movimentato destino della Polonia. Nel 1831, dopo la rivolta nazionale contro i russi e la confisca dei beni, la principessa trasferì la collezione nel suo palazzo parigino. Nel 1870 i quadri furono riportati a Cracovia. Ma poi arrivarono i nazisti, che rubarono ben 843 oggetti tra cui un *Autoritratto* di Raffaello che non fu mai più ritrovato.
La collezione della principessa comprende anche oggetti d'arte antica, alcune miniature persiane e una collezione di porcellane provenienti da diversi paesi. Tra le varie curiosità che alcuni furbetti riuscirono a venderle: un «vero» cappello di Napoleone, un pezzo di legno proveniente senza ombra di dubbi dalla casa di Shakespeare e una sedia sulla quale si sarebbe seduto, secondo fonti attendibili, Jean-Jacques Rousseau.

★ ***Ulica Szpitalna*** *(I, C2):* a est di via Floriańska, anch'essa in uno stile aristocratico.
– Al n. 24, una ***sinagoga*** riconvertita dopo la guerra in chiesa ortodossa; cosa non molto frequente perché in generale questi luoghi venivano trasformati in magazzini, cinema o musei. Occupa il primo piano di un edificio e merita una visita solo per le icone e i quadri religiosi d'ispirazione bizantina firmati dall'artista contemporaneo Jerzy Nowosielski. Aperta solo durante le funzioni.
– Al n. 21, il ***museo del Teatro di Cracovia (Dzieje Teatru Krakowa;*** *I, D1, **201**)* è ricavato nella casa *Pod Krzyżem*, antico ospizio del XV secolo. Aperto mercoledì dalle 11 alle 17.30 e da giovedì a domenica dalle 9 alle

15. Per sapere tutto sulla storia del teatro cracoviano, un bel museo che ripercorre la ricchezza dell'attività teatrale di Cracovia attraverso l'esposizione di un'importante collezione di oggetti, dai costumi agli accessori, dalle scenografie ai bozzetti.

★ ***Chiesa di Santa Croce (kościół Św. Krzyża;** I, D1-2,* ***181**):* a destra del teatro Słowacki. Edificata nel XV secolo, è caratterizzata da un esterno modesto ma soprattutto dall'accesso limitato agli orari delle funzioni esposti sulla porta. Eppure la sua superba volta gotica supportata da un pilastro unico a forma di palma merita un po' di perseveranza. Il coro e la navata presentano affreschi magnifici restaurati nel XIX secolo da Stanisław Wyspiański (vedi oltre), un pittore che si era innamorato di questa chiesa che egli considerava il più bell'edificio gotico della città.

L'OVEST

★ ***Università Jagielloński*** *(I, B2):* il settore dell'università si trova tra le vie Świętego Anny, Jagiellońska e Gołebia. Fondata nel 1364 da Casimiro il Grande sul perimetro del quartiere ebraico che, progressivamente espropriato, si trasferì nel 1400 a sud della città, nell'attuale quartiere di Kazimierz (vedi oltre), vi si concentrano le più antiche scuole di Polonia, e durante l'anno universitario gode dell'animazione tipica dei quartieri studenteschi.

★ ***Collegium Maius*** *(I, B2,* ***183**):* all'angolo di ul. Jagiellońska e ul. Św. Anny. Il cuore storico dell'università con una magnifica architettura gotica del XV secolo. Alla fine del Medioevo, Cracovia poteva vantarsi di essere un importante centro intellettuale europeo. Molti personaggi celebri l'hanno frequentato: Nicolò Copernico e, più recentemente, lo scrittore Czesław Miłosz o ancora... papa Giovanni Paolo II. Questo vasto edificio (l'entrata è al n. 15 di ul. Jagiellonśka) si apre su un tranquillo cortile ad arcate che conduce al ***museo*** *(muzeum Uniwersytetu Jagiellońskiego)*. Aperto da lunedì a venerdì dalle 11 alle 14.30, sabato dalle 11 alle 13.30. Solo visite di gruppo.
Al pianterreno potete visitare il *lectorium* con affreschi dedicati alla matematica e alla geografia, le aule dei corsi, la sala alchemica e gli strumenti del dottor Faust (secondo la leggenda), il cui fantasma si aggirerebbe ancora nei luoghi. Il primo piano è riservato agli appartamenti dei professori; la sala d'onore, sovraccarica di ritratti dei re polacchi, di professori e di diversi donatori, possiede un soffitto rinascimentale. Il pezzo forte della visita, oltre a un'impressionante collezione di scettri di rettori, è il più antico mappamondo (1510), dove il continente americano è denominato «paese recentemente scoperto».

★ ***Chiesa di Sant'Anna (kościół Św. Anny;** I, B2,* ***184**):* a ovest, nella via che porta lo stesso nome. Puro gioiello in stile tardobarocco del XVII secolo, la chiesa dell'università ne accoglieva le cerimonie ufficiali, tanto funerarie quanto festive, come, per esempio, l'inaugurazione del nuovo anno scolastico. Si distingue in particolare per la pianta a croce e l'altezza della cupola centrale.

★ Di fronte, al n. 12, il ***collegium Nowodorski*** *(I, B2,* ***185**)* del XVI secolo ospita oggi la facoltà di medicina. Il suo più illustre studente fu Giovanni III Sobieski, vincitore dei turchi a Vienna nel 1683.

★ ***Collegium Minus*** *(I, B2):* ul. Gołebia. L'edificio, ricostruito nel XVII secolo, ospita fin dal XV secolo la facoltà di arte dove Jan Matejko fu prima studente e poi professore.

★ ***Collegium Novum*** *(I, B2):* all'angolo di ul. Gołebia e ul. Jagiellońska. Copia neogotica del XIX secolo del collegium Maius, oggi centro amministrativo dell'università.
– Da qui non vi resta che ritornare sui vostri passi risalendo ul. Jagiellońska per lasciare il quartiere dell'università e raggiungere ***plac Szczepańska*** che, nonostante il parcheggio centrale, offre qualche edificio pregevole:

★ All'angolo con ul. Jagiellońska, il magnifico ***teatro Stary***, uno dei più antichi di tutta la Polonia. Costruito all'inizio del XIX secolo, si è da allora dotato di un'elegante facciata Art nouveau. Anche la programmazione è una delle più prestigiose, con registi come Andrzej Wajda o Konrad Swinarski.

★ ***Palazzo delle Arti (pałac Sztuki;*** *I, B1,* ***187****):* al n. 4, sul lato ovest della piazza. Aperto tutti i giorni dalle 8.15 alle 20 in estate (18 in inverno). Bell'esempio di architettura Art nouveau, fondato nel 1901 dall'Associazione degli Amici delle Belle Arti. Decorato di fregi firmati dal pittore Malczewski e busti dell'infaticabile Matejko. Organizza periodicamente mostre di pittura, per lo più di arte contemporanea polacca.

★ ***Casa Szołayski (kamienica Szołajskich;*** *I, B1,* ***188****):* al n. 9. Questa dimora borghese in continua evoluzione dal XVI secolo accoglie un eccezionale ***museo di Arte sacra*** gotica e rinascimentale con esposizione di quadri, trittici e sculture raccolti nelle chiese di Cracovia e del sud della Polonia. Questa sintesi della sensibilità religiosa dal XIV al XVI secolo è stata attualmente spostata al museo del castello per permettere lavori di restauro dell'edificio ma non dovrebbe tardare a riaprire i battenti.

★ ***Chiesa dei francescani riformati (kościół Refomatów;*** *I, C1):* un po' più a nord, su ul. Reformacka. Ricostruita nel XVII secolo dopo la distruzione del convento originale da parte degli svedesi, conserva nella sua cripta i resti mummificati della famiglia dei donatori. Si tratta di un raro esempio di mummificazione naturale dovuta al microclima presente nelle cantine. Ma preparatevi a una grande frustrazione: per preservare queste lugubri reliquie umane l'accesso è vietato al pubblico.
– Da qui, dirigetevi a sud, verso il castello Wawel.

IL SUD

Qui la città abbandona la pianta a scacchiera che facilitava la visita e si struttura intorno a diverse vie che conducono tutte al castello.

★ ***Ulica Grodzka*** *(I, C2-3):* sul prolungamento di ul. Floriańska, con la quale forma l'arteria reale, la via conduce a piazza Dominikański, dove si trovano due importanti monumenti:

★ ***Chiesa e monastero dei domenicani (kościół Dominikanów;*** *I, C3):* a est della piazza. Inizialmente era una semplice chiesa, costruita al posto di quella distrutta dai Tatari nel 1241, ma nel corso dei secoli mutò fino a diventare una delle più grandi basiliche della città. L'incendio del 1850 distrusse quasi tutta la decorazione interna e buona parte del quartiere circostante. Oggi ha l'aspetto di un'austera basilica del XIII secolo abbellita da una serie di cappelle rinascimentali sopravvissute all'incendio.
La navata possiede una decorazione neogotica recente e alcuni confessionali monumentali.
All'estremità della navata laterale nord, la *cappella di San Giacinto* (Św. Jakuba) è la più antica e ospita la tomba del santo fondatore del monastero. Ispirata alla cappella Sigismondo del castello Wawel, presenta una bel-

la decorazione di stucchi realizzati da Baldassare Fontana e alcuni quadri sulla vita dei santi del veneziano Tommaso Dolabella.
A sud, la cappella barocca della ricca famiglia Myszkowski è opera del fiorentino Santi Gucci, uno dei tanti artisti italiani che lavoravano in Polonia nel XVI secolo.
Il coro ospita una serie di tombe tra cui quella dell'umanista Filip Kallimach (alias Filippo Buonaccorsi, umanista e politico coinvolto nella congiura del 1468 contro Paolo II, costretto alla fuga prima in Grecia e poi in Polonia, dove morì nel 1496), attribuita a Veit Stoss.
A nord, vicino alla sagrestia, si accede al convento gotico passando dal portico rinascimentale. Utilizzato negli anni ottanta del Novecento come quartier generale dagli studenti in rivolta contro il regime (che vi organizzarono anche diverse mostre di pittura sovversiva), il convento presenta un chiostro e un refettorio romanico.

★ ***Chiesa e monastero dei francescani (kościół Franciszkanów****; I, B3):* a ovest della piazza. Questa chiesa potente e massiccia fu costruita nel XIII secolo ed entrò subito in competizione con la sua vicina. Ma fu essa a ottenere nel 1385 il privilegio di accogliere il solenne battesimo del granduca di Lituania, Ladislao Jagellone. Stessa sorte ebbero, più tardi, le due chiese: nessuna delle due scampò all'incendio del 1850.
Questa, però, ne trasse migliore profitto, facendo appello nel 1897 all'artista della Secessione Stanislas Wyspiański (vedi sopra) che la decorò di affreschi e vetrate Art nouveau che ancora oggi attirano molti visitatori. L'opera più celebre, ispirata alla Cappella sistina di Roma, si trova su una vetrata a ovest: il ritratto del Dio Creatore del mondo, in un'apoteosi di colori.

★ A sud della chiesa, il convento possiede un bel ***chiostro gotico*** con frammenti di affreschi del XV secolo. Ma bisogna penetrare all'interno per vedere l'impressionante galleria di ritratti dei vescovi di Cracovia dalla metà del XV secolo fino al vescovo in carica, monsignore Piotr Tomicki.

★ ***Residenza dell'Arcivescovo (pałac Arcybiskupi****; I, B2-3,* ***192****):* sull'altro lato della strada, al n. 3 di ul. Franciszkańska. Costruita nel XIV secolo, rimaneggiata alla metà del XVII secolo, fu anch'essa danneggiata dall'incendio del 1850 che la privò parzialmente del fasto dei suoi appartamenti. Dalla fine del XIX secolo ospita una ricca collezione d'arte inaccessibile ai comuni mortali. Il suo ultimo titolo di gloria è di aver ospitato l'ex cardinale Karol Wojtyła, alias Giovanni Paolo II. Nel cortile, una statua celebra il suo trionfale ritorno nel paese natale nel 1979.

★***Palazzo Wielopolski*** *(I, C3,* ***193****):* a destra della chiesa dei francescani. Delimita la piazzetta Wszystkich Świętych, vicino alla piazza Dominkański (guardate bene sulla cartina!). Di epoca rispettabile, visto che è nato nel XVI secolo, cambiò stile e proprietario a più riprese prima dell'incendio del 1850 e prima di ricevere l'attuale facciata insieme alla funzione di municipio di Cracovia.

★ Un po' più distante, al n. 3 (all'angolo di ul. Senacka), il ***Museo archeologico (Muzeum archeologiczne****; I, B3,* ***194****)*. Chiuso lunedì e sabato. Aperto martedì dalle 13 alle 18, mercoledì dalle 9 alle 14, giovedì dalle 14 alle 18, venerdì e domenica dalle 10 alle 14. Prima di ospitare un museo, questo edificio del XVII secolo fu un convento carmelitano e una prigione degli Asburgo, in servizio fino alla seconda guerra mondiale.
Oltre a una collezione di sarcofagi egiziani e di pezzi di arte antica (trovati dai soldati polacchi in Medioriente durante la seconda guerra mondiale), il museo presenta un vasto panorama della Małopolska (nel sud-est della

Polonia) dal paleolitico fino all'inizio del Medioevo. Possiede anche l'unica scultura trovata di un dio pagano slavo: un fallo a quattro facce di ben 2,50 m! In un'altra sezione sono esposti oggetti provenienti dagli scavi di Nowa Huta, ritrovati durante la costruzione del mostruoso polo siderurgico (vedi «Da vedere nei dintorni»). Non dimenticate di fare una passeggiata nel magnifico giardino.

– Il ritorno su via Grodzka permette di raggiungere piazza Marii Magdaleny, dominata da ben due chiese…

★ ***Chiesa dei Santi Pietro e Paolo (kościół Św. Piotra i Pawła;** I, C3).* Le statue degli apostoli fanno la guardia davanti a questa chiesa commissionata dai gesuiti arrivati in fretta e furia a Cracovia nel 1580 per combattere la sedizione protestante. La disputa teologica regalò alla città il suo primo edificio barocco. Nonostante qualche decorazione a stucco di Giovanni Falcone, l'interno severo rievoca la gravità delle tensioni di allora. La cripta ospita la tomba del campione della controriforma, il predicatore Piotr Skarga. Visita a pagamento che non presenta nessun interesse. Nel frattempo, l'inquinamento ha svolto il suo lavoro di scavo e gli apostoli d'origine (sostituiti da copie) si sono dovuti rifugiare in un magazzino. Il resto degli edifici è occupato dall'università Jagellonica.

★ Di fronte alla chiesa, sull'altro lato della strada, il ***collegium Juridicum*** *(I, C3, **196**)* in stile tardogotico è uno dei più antichi distaccamenti dell'università.

★ ***Chiesa di Sant'Andrea (kościół Andrzeja;** I, C4):* di fianco. Questa massiccia chiesa romanica dell'XI secolo servì da rifugio alla popolazione durante l'invasione tatara del 1241 che la lasciò miracolosamente intatta. Ma, sopravvissuta a questo tragico episodio, la chiesa dovette invece cedere alla nuova moda del XVIII secolo e adottare lo stile barocco. Delle cupole furono innalzate sulle potenti torri e l'interno venne rimodellato con una serie di decorazioni e stucchi in contrasto con la semplicità della struttura. Nel tesoro è conservato un mosaico bizantino della Vergine dell'inizio del XIII secolo che pare abbia portato fortuna agli assediati.

★ ***Chiesa di Sant'Egidio (kościół Św. Idziego;** I, C4, **198**):* sulla destra, alla fine di ul. Grodzka. La sorella minore, gotica, delle due precedenti, risalente alla prima metà del XIV secolo. La grossa croce sul retro ricorda i soldati e gli ufficiali polacchi fatti giustiziare da Stalin nella foresta di Katyń durante la seconda guerra mondiale.

– Il castello è davanti a voi, ma prima di partire all'assalto vi consigliamo di fare un'ultima deviazione in ul. Kanonicza.

★ ***Ulica Kanonicza*** *(I, C3-4):* tratto del percorso reale nel passato, questa via conserva il fascino di una successione di dimore patrizie con facciate gotiche e rinascimentali finemente lavorate. Recentemente rinnovata, ha riacquistato il tono degno di una delle più belle vie della vecchia Cracovia. Da sud a nord:

– Al n. 25, all'angolo di ul. Podzamcze, il ***palazzo Długosz*** *(I, B-C4)*. Prima di diventare la dimora dello storico Jan Długosz, questo palazzo del XV secolo era un bagno reale. La leggenda locale racconta che la regina Jadwiga, prima del matrimonio con il granduca di Lituania Ladislao Jagellone non ancora convertitosi al cristianesimo, inviò qui una sua cameriera per aiutarlo nella toilette. Fu così che quest'ultima poté intravvedere gli esorbitanti genitali del futuro re di Polonia. Vero o falso? L'unica cosa certa è che la regina sposò il duca.

– Al n. 15, la ***Galleria ucraina*** *(I, C4)*. Aperta da giovedì a domenica dalle

14 alle 16. Icone e quadri del XVII e XVIII secolo, ma anche arte ortodossa contemporanea di Jerzy Nowosielski.
– Al n. 19/21, il ***museo dell'Arcivescovado (muzeum Archidiecezjalne;** I, C4)*. Aperto da martedì a venerdì dalle 10 alle 16, sabato e domenica dalle 10 alle 15. Questo giovane museo inaugurato nel 1994 occupa le vecchie sale di due dimore del XIV secolo. La visita completa quella della casa Szolayski (vedi sopra) in quanto propone una collezione di oggetti d'arte sacra raccolti nelle chiese della regione della Małopolska e di Cracovia. Nella sezione di sculture gotiche, particolarmente ricca, notate la bellissima *Madonna con il bambino* dell'inizio del XV secolo rappresentativa di questa scuola, e un magnifico bassorilievo dell'Adorazione dei Magi del 1450 proveniente dalla chiesa di Santa Maria (Mariacki). Nella sala della pittura potrete ammirare il pezzo forte del museo, una serie di quadri di Hans von Kulmbach che illustrano la leggenda di santa Caterina, eseguiti per la cappella della famiglia Boner nella chiesa di Santa Maria; per finire, un'*Annunciazione* degna di nota del 1580, firmata da Jakob Mertens.
L'altra grande attrazione del museo è la *camera di Karol Wojtyła* che vi soggiornò dal 1951 al 1958 quando era ancora un semplice prete. Potete ammirare i mobili, i suoi sci, alcuni vecchi vestiti e qualche paio di scarpe – tutte reliquie che fanno pensare a una sorta di culto della personalità!

★ Al n. 9 il ***museo Stanisław Wyspiański*** *(I, C3, **200**)*. Aperto martedì e mercoledì dalle 10 alle 15, giovedì dalle 10 alle 17.30, venerdì, sabato e domenica dalle 10 alle 15. Installato in una dimora del XIV secolo rimaneggiata nel XVIII secolo, permette di cogliere al meglio il talento di questo artista polivalente (1869-1907) che fu al tempo stesso scrittore, drammaturgo, poeta e pittore.
Lungo la scala, alcune foto del quartiere ebraico di Kazimierz realizzate dall'artista alla fine del XIX secolo. Al primo piano, diversi quadri suoi ma anche altri firmati da artisti appartenenti al movimento Młoda Polska. Potete vedere i modellini del suo progetto visionario che mirava a trasformare la collina del castello Wawel in una sorta di «acropoli» polacca, un sogno delirante che l'artista si limitò a mettere in scena in uno spettacolo teatrale. La visita termina con gli schizzi degli affreschi e delle vetrate realizzate per la chiesa dei francescani e la chiesa di Santa Croce.

★ Al n. 5, la vecchia sede del ***teatro Cricotcka 2*** di Tadeusz Kantor (1915-1990). Aperto da lunedì a venerdì dalle 10 alle 14. Questo autore di teatro atipico non ha più bisogno di presentazioni (*La classe morta*; *Wielopole, Wielopole*...). *Wielopole, Wielopole* è entrato a far parte del «gotha» del teatro mondiale. Kantor è stato anche pittore e creatore di famosi happening. Se per caso non ne sapete nulla, l'associazione che gestisce gli archivi sarà ben felice di farvi visionare i video dei suoi spettacoli. I fan del maestro, invece, potranno acquistare dei manifesti e visitare un'esposizione fotografica.

★ *LA COLLINA DEL CASTELLO WAWEL*

Qui batte il cuore storico della Polonia. Per più di cinque secoli, la collina del castello fu il centro politico e amministrativo del paese. Anche dopo la decisione di Sigismondo III Waza di trasferire nel 1596 la capitale a Varsavia, re e principi continuarono a farsi seppellire nella cattedrale del castello, insieme ai più grandi poeti ed eroi nazionali. Per tutti i polacchi, la collina del castello rappresenta più di un monumento: è un autentico libro di storia, simbolo dell'orgoglio e dell'unità nazionale. Ecco perché, salendovi, incontrerete tanti turisti ma anche tanti polacchi: per loro la visita del castello è una sorta di pellegrinaggio alle origini della nazione.

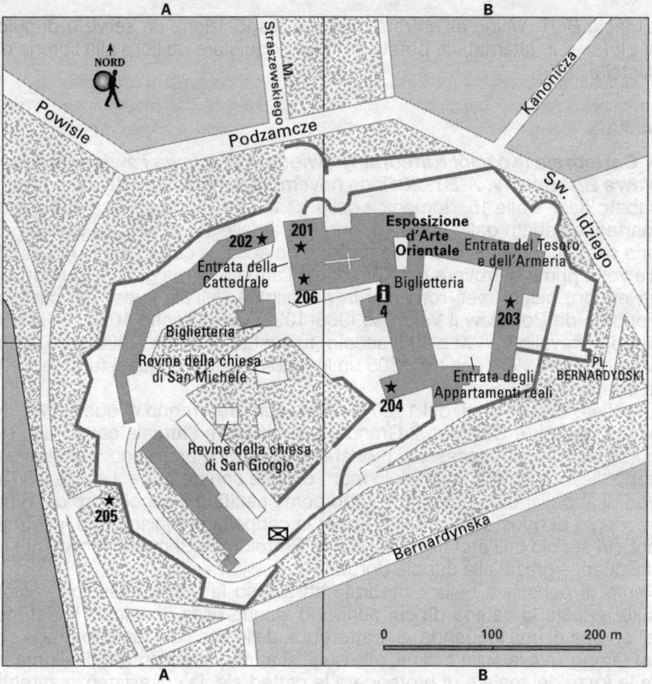

CRACOVIA IV – WAWEL

■ **Indirizzi utili**
ℹ 4 Tourist Service Office – BOT

★ **Da vedere**
201 Cattedrale
202 Museo della cattedrale
203 Castello
204 Wavel perduto
205 Grotta del Drago
206 Cappelle

Accesso

Preparatevi ad affrontare code molto lunghe soprattutto in estate e nel fine settimana. Aperto tutti i giorni dalle 6 alle 20 da maggio ad agosto; dalle 6 alle 17 il resto dell'anno. Entrata gratuita per la camera reale, il tesoro e l'armeria domenica in inverno e mercoledi in estate. Per non dissanguare il portafoglio, potete scegliere le stanze che volete visitare e beneficiare di un biglietto comune. Calcolate da 5 a 12 Zl in funzione del periodo e delle sale visitate. Gratuito per i minori di 7 anni.
Per una visita approfondita bisogna prevedere 3 ore circa.
Il numero di biglietti venduti è limitato per ogni zona del castello. Vicino alle casse ci sono grandi cartelli bianchi con il numero dei biglietti ancora disponibili per la giornata.
Resta da risolvere la famosa questione shakespeariana: prendere una guida oppure no? L'unica certezza è che nel castello ci sono pochi cartelli esplicativi. Calcolate 55 Zl per la visita di una sola sezione e altri 15 Zl per la successiva. Sta a voi decidere.

L'ufficio *BOT*, vicino all'entrata, mette a disposizione un servizio di guide anglofone. In alternativa, potete sempre acquistare un libro alla libreria del castello.

Visita

★ ***Cattedrale (Kościół Katedralny świętego Wacława i świętego Stanisława Biskupa;*** *IV, A-B1,* ***201****):* da novembre a marzo, aperta da martedì a sabato dalle 9 alle 15, domenica dalle 12.15 alle 15; da aprile a ottobre, da martedì a sabato dalle 9 alle 16, domenica dalle 12.15 alle 16. Vero e proprio santuario della storia della nazione polacca, la cattedrale fu ricostruita tre volte prima di trovare nel XIV secolo l'attuale forma gotica, ma conserva ancora alcuni resti romanici in prossimità dell'ala ovest del castello. Fondata da Bolesław il Valoroso (966-1022) verso l'anno 1020, un secolo dopo, a cavallo tra l'XI e il XII secolo, fu sostituita da un edificio più vasto. Ma per poco, visto che nel 1305 un incendio distrusse quasi tutto, eccetto la cripta di San Leonardo.

Ci vollero ben 44 anni, dal 1320 al 1364, durante il regno di due re (Władysław Łokietek e Casimiro il Grande) per costruire l'attuale cattedrale. Nel corso dei secoli successivi, monarchi, principi e arcivescovi aggiunsero cappelle, mausolei e un piccolo muro di cinta con tre porte. I successivi lavori di abbellimento hanno prodotto come risultato il capolavoro del Rinascimento di questa zona dell'Europa: la cappella di Sigismondo, costruita nel XVI secolo dall'architetto fiorentino Bartolomeo Berrecci, facilmente individuabile grazie alla cupola dorata.

Prima di penetrare nella cattedrale attraverso la porta massiccia, notate sulla sinistra la catena da cui pendono alcune ossa di animali preistorici, all'origine di una leggenda. Si tratterebbe delle ossa del famoso drago che un tempo viveva sulla collina, alle quali si attribuisce il potere di allontanare le forze del male e di proteggere la cattedrale, la cui esistenza sarebbe garantita finché le ossa restano dove sono.

Al centro, all'incrocio del transetto, si trova il *mausoleo di San Stanislao (mauzoleum Św. Stanisława)*, con un pesante baldacchino barocco. Sui lati del sarcofago in argento del XVII secolo, realizzato nell'atelier del maestro fonditore Peter van der Rennen (originario di Danzica), è raccontata la vita del santo che fu arcivescovo prima di essere canonizzato nel 1253. Egli dovette il suo martirio al re Bolesław l'Ardito che lo fece uccidere nel 1079 per essersi opposto alla sua autorità. Accolta nella cattedrale nel 1254, la sua spoglia mortale fu meta di pellegrinaggi.

Dietro, sulla destra, troverete la tomba di un altro celebre defunto, l'ex granduca di Lituania diventato re di Polonia, Ladislao Jagellone. Il bel sarcofago di marmo è stato realizzato alla metà del XIV secolo.

Al di là, il *coro*, teatro di ben 37 incoronazioni reali.

Ed eccoci arrivati al piatto forte, le ***cappelle*** *(IV, A1,* ***206****):* la loro visita offre l'occasione di un corso accelerato di storia dell'architettura degli ultimi sei secoli. A partire dall'entrata, a destra:

– ***Cappella gotica di Santa Croce (kaplica Świętokrzyska)***. Ospita i resti del re Casimiro IV Jagellone (1447-92), un privilegiato visto che il suo sarcofago di marmo rosso porta la firma di Veit Stoss, maestro scultore della chiesa di Santa Maria. Sui muri, alcuni rari affreschi d'ispirazione bizantina del XV secolo realizzati da artisti di Pskow.

– Le due cappelle successive sono «solo» nobiliari e ospitano le spoglie delle famiglie Potocki e Szafraniec. La prima è in stile neoclassico, mentre la seconda è nettamente più barocca.

– Segue la ***cappella Waza***, mausoleo barocco della dinastia reale dei Waza che regnarono fino al XVII secolo. Sulle porte di bronzo dell'entrata figurano gli stemmi araldici.

– E per finire, il clou dello spettacolo: la ***cappella di Sigismondo (kaplica***

Zygmuntowska) di cui vi abbiamo già parlato sopra. Ma ci teniamo a ripeterlo ancora: è un capolavoro! In questa duplice alcova a forma di arco di trionfo riposano gli ultimi due Jagelloni: il papà, Sigismondo I il Vecchio (1467-1548) e il figlio, Sigismondo II Augusto (1520-1572). Notate i due altari e i quadri di George Pencz, allievo di Dürer.
– Di fronte, la ***tomba della regina Edwige*** *(Jadwiga)*, sposa di Ladislao Jagellone, primo re della dinastia degli Jagelloni.
– Le altre cappelle accolgono le venerabili spoglie di diversi arcivescovi del XIV secolo.
Da notare ancora, a destra dell'altare, il *sarcofago* di marmo rosso di *Casimiro il Grande* (1333-1370), il cui regno vide la fine dei lavori della cattedrale. Sulla sinistra, la *tomba di Władysław Łokietek* (1306-1333) che ne ordinò la costruzione.
– Il *tesoro* della cattedrale si trova nell'angolo nord-est dell'edificio, dietro alla sagrestia, ma i pezzi più importanti sono esposti nel museo della Cattedrale.
– Dalla sagrestia, una scala permette di salire sulla ***torre Sigismondo (Wieża Zygmuntowska)*** del XIV secolo e di ammirare, oltre alla vista sulla città, le cinque campane, la più grande delle quali figura nel libro dei record medievali: 8 tonnellate, 2,50 m di diametro per 2 m di altezza, vale a dire una circonferenza di… 8 m. Per azionare il martello che pesa ben 350 kg ci vogliono almeno 8 uomini. La leggenda racconta che il timbro potente della campana poteva scacciare le nuvole e far tornare il sole. Ma il battaglio della campana possiede anche un'altra virtù magica: se lo sfiorate, sarete certi di trovare l'anima gemella entro l'anno… però vale solo per le fanciulle!
– Nell'ala sinistra, la cripta delle ***Tombe reali (Groby Królewskie*** o *cripta di San Leonardo)* accoglie dal XVII secolo le spoglie di diversi re e regine polacche, ma anche quelle di eroi nazionali come Tadeusz Kościuszko, leader dell'insurrezione contro i russi del 1793, la cui statua si erge all'entrata del castello, o ancora il maresciallo Jósef Piłsudski e il principe Jósef Poniatowski, uno dei capi della guerra d'indipendenza del 1813. La cripta è tutto ciò che resta della seconda cattedrale.
– Una seconda serie di cripte ospita le tombe dei due grandi poeti romantici, *Adam Mickiewicz* e *Julius Słowacki* che diede il nome al grande teatro di Cracovia.

★ Di fronte, per completare la visita, fate un'ultima tappa al ***museo della Cattedrale (muzeum Katedralne;*** *IV, A1,* ***202****)*. Aperto da lunedì a domenica dalle 10 alle 15. Attenzione, un esercito di anziane signore dall'occhio molto attento controlla che mettiate le pattine regolamentari per non danneggiare i pavimenti. Nel museo è esposto tutto ciò che i vari invasori non hanno rubato del tesoro. Resta quindi una corona del XIV secolo probabilmente appartenuta a Casimiro il Grande, la spada spezzata nel XVI secolo durante il funerale di Sigismondo Augusto, il mantello di incoronazione di Stanislao Augusto Poniatowski del 1794… e diversi oggetti appartenuti a personaggi ecclesiastici. Da notare, per esempio, una bellissima collezione di paramenti sacri con tessuti ricamati di fili d'oro, perle, broccati e motivi figurativi.

★ ***Castello (Zamek;*** *IV, B1,* ***203****)*: a osservarlo dal cortile interno, il castello si presenta come un magnifico palazzo italiano del Rinascimento. Difficile immaginare che al suo posto c'era una solida fortezza gotica edificata nel XIV secolo da Casimiro il Grande sul sito di un piccolo castello romanico dell'XI secolo. Il castello attuale deve la sua esistenza all'incendio che distrusse la fortezza nel 1499, in seguito al quale, all'inizio del XV secolo, Sigismondo il Vecchio decise di farsi costruire una nuova residenza su progetto degli architetti italiani Francesco Fiorentino e Bartolomeo Berrecci.
Come la cattedrale, il castello fu simbolo dell'identità nazionale fino all'inizio del XVII secolo. Il suo destino declinò quando la corte si trasferì definitivamente a Varsavia. Saccheggiato dagli svedesi e dai prussiani, il castel-

lo finì nelle mani degli austriaci che lo trasformarono in una caserma. Le due chiese gotiche esterne furono rase al suolo per permettere la creazione di una piazza d'armi, mentre le antiche fortificazioni furono sostituite dall'attuale muro di cinta di mattoni. Il castello ritrovò la sua dignità nel 1903, quando i polacchi lo recuperarono dagli austriaci. Ma l'opera di restauro fu interrotta dai nazisti. Il governatore di Cracovia, Hans Frank, vi si installò e assegnò gli appartamenti reali ai suoi scagnozzi. Ma i danni furono limitati in quanto, fin dall'inizio della guerra, gli oggetti più preziosi erano stati trasportati in Canada. Ci vollero comunque diversi anni di ricerche per recuperarli e il castello potè infine ritrovare il suo antico fasto grazie anche a donazioni e acquisti di oggetti all'asta.
Oggi il castello è diviso in cinque grandi sezioni. Gli orari di apertura sono comuni ma, attenzione, cambiano regolarmente. Da ottobre a maggio, aperto dalle 9.30 alle 15, chiuso lunedì; da maggio a ottobre, aperto dalle 10 alle 16 martedì e venerdì, dalle 9.30 alle 15 mercoledì, giovedì e sabato, dalle 10 alle 15 domenica. Chiuso lunedì.
– ***Appartamenti reali (komnaty Królewskie;*** *IV, B1-2):* nell'angolo sud-est del cortile. La visita degli appartamenti si svolge a orari fissi.
Dal pianterreno dove si trovava l'amministrazione reale fino al secondo piano riservato alle feste, passando per il primo piano dove risiedeva il monarca (come faceva a dormire nei giorni di ballo?) è un vero e proprio tripudio di tesori artistici. In seguito all'incendio del 1595, l'ala nord fu ristrutturata in uno stile barocco che culmina nella sala di rappresentanza decorata nel 1798 da Domenico Merlini, autore del parco Łazienki di Varsavia. L'ala ha conservato lo stile rinascimentale e gli originari soffitti a cassettoni. Le stanze più belle si trovano all'ultimo piano. Le sculture lignee ben restaurate e valorizzate meritano tanto... interesse quanto pesano. Informazioni sistematiche in inglese.
Coronamento della visita: la collezione di *arazzi fiamminghi* di Sigismondo Augusto. 136 pezzi in tutto, vale a dire un terzo della collezione iniziale sopravvissuta alle soldatesche russa, austriaca e nazista. Gli arazzi con la rappresentazione di scene tratte dall'Antico Testamento, realizzate nell'atelier di Bruxelles di Michel Coxie, soprannominato il Raffaello fiammingo, sono sicuramente i più belli.
Bellissima statua policroma della Vergine con il bambino, eseguita nel 1410. Si tratta di una delle rappresentazioni più importanti della Madonna in Polonia. Drappeggi su legno molto ricchi e notevoli colori delle porcellane. C'è anche un interessante trittico con la rappresentazione degli ultimi momenti della vita di Maria, affiancata dal vescovo dell'epoca e dal finanziatore del trittico. Notate che tutte le croci rappresentate nella Santa Trinità hanno la forma dell'albero della vita. La traversa della croce oscilla delicatamente tra le mani di Cristo.
Da notare, infine, la sala delle udienze all'estremità sud dove potrete ammirare alcuni fregi di Hans Dürer (fratello del celebre Albrecht Dürer), lo studio del re (sovraccarico di opere di artisti fiamminghi), la sala di Giustizia con un ritratto del principe Władisław Waza realizzato da Rubens, e la sala dei Senatori dove si riuniva il parlamento quando Cracovia era ancora capitale del regno.
– ***Tesoro della Corona (skarbiec Koronny;*** *IV, B1):* al pianterreno dell'angolo nord-est del castello. Stessi orari di apertura degli appartamenti reali.
Al tempo del suo splendore (XVI secolo) avreste potuto ammirare non meno di sei corone reali, quattro scettri e mappamondi imperiali, alcune tenute di rappresentanza, gioielli preziosi ecc. Ma a causa dei ripetuti saccheggi tutto ciò non esiste più. I prussiani, in particolare, si incaricarono nel 1795 di far fondere le corone per recuperare l'oro e vendere i diamanti al dettaglio. Ma ignorarono il magro bottino attualmente esposto in queste superbe sale gotiche a volta del XIV secolo, che è riuscito da allora a sopravvivere anche alle invasioni russa e nazista.

Il pezzo più importante è una spada dentellata della metà del XIII secolo, lo *Szczerbiec*. Copia dell'arma utilizzata da Bolesław il Valoroso nel 1018 durante la conquista di Kiev (capitale del principato slavo, l'Ucraina), fu la spada da incoronazione di tutti i re polacchi dal 1320. Oltre a questo pezzo, sono esposti alcuni gioielli, le scarpe di incoronazione di Sigismondo Augusto e il magnifico stendardo del XVI secolo fabbricato per l'incoronazione della sua terza moglie. E ancora, la spada da torneo di Sigismondo I e i doni offerti dal papa a Jan III Sobieski per festeggiare la sua vittoria sui turchi a Vienna nel 1683. Luigi XIV si accontentò di inviargli il mantello dacavaliere dell'ordine del Santo Spirito.

– ***Armeria (zbrojownia;*** *IV, B1):* dopo il tesoro. Stessi orari di apertura. Una creazione dei restauratori del castello, che avevano raccolto un'importante collezione di armi provenienti dalla ricchissima famiglia Radziwiłł. Di fianco, impressionanti corazze di ussari, cinque secoli di trofei di guerra strappati ai vari invasori della Polonia: scudi, spade da torneo, ma soprattutto molte copie degli stendardi dei cavalieri dell'Ordine teutonico conquistati durante la sanguinosa battaglia di Grunwald (1410). Una bella visita.

– ***Esposizione d'Arte orientale (wystawa Sztuki Wschodniej;*** *IV, B1):* nell'ala ovest. Un'esposizione che illustra le influenze dell'Oriente sulla cultura polacca attraverso diversi oggetti: tappeti, porcellane ecc. provenienti da Armenia, Cina, Iran, Giappone e Turchia. Di quest'ultima i pezzi più belli: le tende e le armature conquistate durante la vittoriosa battaglia dei polacchi con i turchi a Vienna nel 1683! Inoltre, gli stendardi e i sontuosi tappeti che decoravano le tende.

– Il ***Wawel perduto (Wawel zaginiony;*** *IV, B2,* ***204****):* entrata fuori dal cortile, a destra dell'ala ovest.

Le cucine reali ospitano attualmente gli oggetti archeologici rinvenuti sul sito e i modellini degli edifici scomparsi, come per esempio la rotonda. Potete ancora intravedere le fondamenta della chiesa dei Santi Felice e Audeucto, la più antica di Polonia (XI secolo) distrutta nel 1806 dagli austriaci.

– ***Grotta del Drago (smocza Jama;*** *IV, A2,* ***205****):* vicino alla torre dei Ladri (Baszta Złodziejska), sull'altro lato del giardino centrale, lungo la passeggiata delle mura di fronte alla Vistola. (Notate nel giardino le fondamenta di due chiese gotiche del XIV secolo demolite dagli austriaci.) Aperto in estate tutti i giorni dalle 10 alle 17. Un consiglio pratico: lasciate per ultima la visita della grotta che si trova nella zona bassa del castello, sulle rive della Vistola:: in questo modo non dovrete risalire per proseguire il giro del castello...

Nel VII secolo, sotto la collina del Wawel abitava un drago che ogni mattina divorava un bel po' di bestiame. Fin qui nulla di riprovevole, se non fosse che un bel giorno, non si sa bene perché, il mostro non si accontentò più delle bestie e reclamò per il menu sette ragazzi e sette fanciulle. Ma il sangue dei cittadini del leggendario re Krak, fondatore della città di Cracovia, fu sparso una sola volta e il modesto calzolaio Skuba trovò il rimedio: diede da mangiare al drago una pelle di pecora riempita di zolfo che gli provocò una sete tale da gettarsi nella Vistola e farsi scoppiare il ventre dal gran bere. Ecco la leggenda a cui pensano i piccoli polacchi quando contemplano davanti alla grotta il drago di bronzo realizzato da Bronisław Chromy. Quanto alla grotta, vi si accede tramite un'interminabile scala a chiocciola di ben 135 gradini. La visita è coronata dalla riunione dei diversi elementi: l'acqua del fiume, la terra del castello e della scala, il fuoco della grotta e del drago...

– Per quelli che si sono appassionati alla storia del drago, è possibile visitare l'esposizione consacrata a questa leggenda nella ***casa Hipolitów (kamienica Hipolitów):*** 3 piazza Mariacki. Aperta mercoledì dalle 9 alle 15.30, giovedì dalle 11 alle 18, venerdì, sabato e domenica dalle 9 alle 15.30. Presentazione di un panorama storico delle rappresentazioni simboliche del drago nella cultura polacca.

★ ***L'alzaia*** della Vistola offre belle passeggiate sotto il severo profilo del Wawel. Quando fa bello, gli anziani si danno appuntamento vicino al ponte Most Dębnicki per una partita a scacchi.

★ *KAZIMIERZ*

Questo quartiere a sud-est della collina del Wawel era in origine una città indipendente fondata nel 1335 da Kazimierz III Wielki il quale, oltre al nome, le diede anche uno statuto municipale e numerosi privilegi. Gli abitanti seppero trarne profitto e il piccolo borgo si trasformò rapidamente in un importante centro commerciale con il suo municipio, la sua piazza del mercato e le sue due chiese nascoste dietro alle mura di cinta.
Ma la svolta decisiva della sua storia fu la decisione del re Jan Olbracht di trasferirvi, nel 1495, l'importante comunità ebraica del quartiere di Św. Anny di Cracovia, diventato zona universitaria. Da allora, la città ebbe un polo cristiano e un polo ebraico, separati da un muro. Nel corso dei secoli la fiorente cultura ebraica (seppur racchiusa nel suo settore) finì però per impregnare l'atmosfera dell'intera cittadina che fu definitivamente riunita a Cracovia alla fine del XVI secolo. Alla vigilia della seconda guerra mondiale, Kazimierz era insieme a Varsavia il centro della cultura ebraica polacca.
Per molto tempo il quartiere fu lasciato in stato di abbandono, almeno per quanto concerne la zona ebraica, come se gli abitanti fossero appena stati deportati (i 70 000 ebrei circa che vi abitavano prima della guerra morirono quasi tutti nelle vicine camere a gas di Auschwitz). Le case e le sinagoghe furono in effetti del tutto trascurate durante il periodo comunista fino a quando, negli anni ottanta del Novecento, l'UNESCO dichiarò il quartiere Patrimonio dell'umanità. Ma fu necessario aspettare la caduta del muro di Berlino e le riprese del film di Steven Spielberg *Schindler's List* per far uscire trionfalmente Kazimierz dall'oblio. Da allora, si è scatenato un interesse crescente nei confronti di questo aspetto del patrimonio storico polacco. Attualmente si stanno attuando alcuni piani di ristrutturazione, e molte agenzie turistiche includono la visita di Kazimierz nei loro dépliant.
La visita del quartiere può cominciare da via Józefa, all'incrocio di via Krakówska, che segnava il limite dell'antico ghetto.

ULICA JÓZEFA DIETLA

★ Al n. 11 si trova la ***scuola parrocchiale*** della chiesa del Santissimo Corpo di Cristo (piazza Wolnica) che nel Medioevo imponeva una decima agli ebrei che venivano a Cracovia.

★ Al n. 12, un ***cortile tipico del ghetto*** che sbocca sul retro in via Meiselsa, una delle vie più belle del quartiere, utilizzata come set da Spielberg per le riprese della scena della liquidazione di Kazimierz.

★ Al centro del distretto, nella ***Okraglak Hala*** di mattoni rossi in piazza Nowy, si trova l'antico mercato dei macellai kosher.

★ All'angolo delle vie Rabina Meiselsa e Nowa, il ***Centro di cultura ebraica di Kazimierz (Centrum kultury żydowskiej;*** *II, C2*). ☎ 430-64-49. Aperto da martedì a venerdì dalle 10 alle 18. Prima della seconda guerra mondiale, gli abitanti di religione ebraica di Cracovia erano circa 70 000, vale a dire un quarto della popolazione. Il seguito della tragedia lo conosciamo tutti. Per assistere alla rinascita della comunità ebraica di Cracovia fu necessario attendere fino alla metà degli anni ottanta del secolo scorso.

Lo scopo principale di questo centro, gemellato con il dipartimento di ricerca sulla cultura ebraica dell'università Jagellonica, è di permettere ai discendenti della diaspora ashkenazita di ritrovare le loro radici. L'edificio nuovo si trova nell'antica dimora B'ne Emuna costruita nel 1886, dove venivano conservati gli attributi delle gilde della città. In estate, a parte il piacevole bar con diversi tavolini che sonnecchiano sotto i pozzi di luce della galleria, l'attività del centro è ritmata solo da qualche mostra. In inverno, invece, organizzano proiezioni di film, concerti e conferenze. Programma mensile a disposizione.

★ A sinistra, in via Kupa (n. 16), si trova la bellissima ***sinagoga barocca Ajzyk*** o ***sinagoga Isacco*** *(II, C2,* ***206****)*. Aperta tutti i giorni eccetto sabato dalle 9 alle 19. Entrata: 7 Zl. Commissionata nel XVII secolo a un architetto italiano dal ricco mercante Isaac Jakubowicz, nonostante le proteste della vicina scuola parrocchiale che non apprezzava affatto questa promiscuità. Devastata dai tedeschi, fu ricostruita nel 1950. Diventò poi l'atelier di un pittore e in seguito fu utilizzata come magazzino per il deposito di scenografie teatrali. Grazie al dinamismo (e ai fondi) della comunità ebraica di Cracovia, i primi lavori di ristrutturazione cominciarono nel 1983. Lo stile barocco soft si fa molto discreto all'interno. La galleria delle donne (*ezrat nashim*) si trova al primo piano ed è distinta dalla sala principale. Una saletta a sinistra della sala delle preghiere viene utilizzata per l'esposizione di un'interessantissima mostra fotografica intitolata «La memoria degli ebrei polacchi», accoppiata a un film di propaganda dei nazisti sottotitolato in francese. Entrata a prezzo modico: 6 Zl.

★ Al n. 38, la ***Grande Sinagoga (Wysoka****; II, D2,* ***207****)*: fu edificata nel 1550, e la sala delle preghiere si trovava al primo piano dell'edificio essendo il pianterreno occupato dai negozi. Distrutta dai tedeschi e restaurata solo nel 1966, oggi viene utilizzata come sede dall'Associazione dei monumenti storici. È possibile visitarla se c'è qualcuno. Accesso dalla scala del n. 40. Restano ancora alcune tracce della decorazione rinascimentale.

ULICA SZEROKA

Si arriva poi in via Szeroka. A forma di piazza, è il centro della città ebraica. Steven Spielberg vi ha girato numerose scene di *Schindler's List*.

★ Al n. 24, la ***Vecchia Sinagoga (Stara Synagoga****; II, D2,* ***208****)*: aperta mercoledì e giovedì dalle 9 alle 15.30, venerdì dalle 11 alle 18, sabato e domenica dalle 9 alle 15.30. Chiusa lunedì e martedì. Entrata a pagamento. Costruita alla fine del XV secolo, è la più grande delle otto sinagoghe di Kazimierz e l'edificio ebraico più antico ancora in piedi di tutta la Polonia. Ispirata alle sinagoghe di Worms, Praga e Regensburg, fu ricostruita in stile rinascimentale dal fiorentino Matteo Gucci dopo l'incendio che distrusse il quartiere nel 1557.
Il suo nome è associato alla storia del paese. Fu qui che Tadeusz Kościuszko cercò di raccogliere l'adesione degli ebrei all'insurrezione del 1794. Nel 1931, poco prima della seconda guerra mondiale, il presidente polacco Ignacy Mościcki vi incontrò la comunità ebraica. Anche qui, i nazisti svolsero il loro lavoro di distruzione e la sinagoga fu poi ricostruita nello stile d'origine nel 1956. Attualmente ospita il *museo di Storia e Cultura ebraica di Cracovia (muzeum Historyczne)*, aperto mercoledì e giovedì dalle 9 alle 15.30, venerdì dalle 11 alle 18, sabato e domenica dalle 9 alle 15.30.
Esposizione di oggetti liturgici al pianterreno, nella sala delle preghiere, con al centro una magnifica *bimah* (il pulpito dove viene letta la Torah) del

XVI secolo. Al primo piano, quadri ebraici ma soprattutto un'esposizione di foto emozionanti sulla vita del quartiere prima e durante la guerra.

★ Al n. 16, la ***sinagoga Popper***, nel cortile del bar *Alef*, porta il nome del suo fondatore, un potente finanziere del XVII secolo. Saccheggiato dai nazisti, l'edificio ospita oggi una casa per giovani.

★ A nord, in fondo alla piazza (al n. 2) si trova il ***palazzo Jordan (pałac Jordanów**; II, D2, **211**)*, conosciuto anche con il nome di *palazzo Landau*. Ex dimora di una ricca famiglia borghese, oggi ospita il *Jarden Book Store*, libreria ben rifornita di opere sul mondo ebraico polacco. ☎ 429-13-74. Aperto dalle 9 alle 18; domenica dalle 10 alle 18.
La libreria, che ospita anche un piccolo bar, è specializzata nella visita guidata dei luoghi delle riprese del film *Schindler's List*. Calcolate 30 Zl. La visita dura tre ore circa e si effettua in pullman. Oltre alle viuzze di Kazimierz scelte da Spielberg per le riprese del film, visiterete il sito del ghetto creato dai tedeschi sull'altra sponda della Vistola, vicino al ponte Powstańców Śląskich. È qui che si svolge l'azione principale del film. Potete anche vedere la fabbrica di Schindler, la villa del comandante del campo e i resti della scenografia del campo (realizzata in un'ex cava di pietre) per la quale il decoratore Allan Starski ha ricevuto un Oscar a Hollywood. Il tutto restando sempre sul pullman, senza nessuna visita degli interni. Insomma, un tipo di turismo che non apprezziamo affatto e che consiste non tanto nella commemorazione di uno degli eventi più tragici della storia dell'umanità, affinché nessuno se ne dimentichi, quanto in una sorta di pellegrinaggio ai luoghi di produzione di un supercolossal all'americana.

★ Sull'altro lato, al n. 40, la ***sinagoga Remu'h** (II, C2, **212**)*. Entrata a pagamento. Costruita nel 1557 sul sito di una prima sinagoga di legno, è stata ristrutturata in seguito alle devastazioni naziste e riaperta al culto. La sinagoga porta il nome del rabbino e grande saggio Moses Isserles, detto Remu'h, figlio del fondatore.
Sul retro si trova il ***cimitero Remu'h** (II, C2, **213**)*. La sua origine risale al 1533, ma venne utilizzato fino al 1800, data in cui fu chiuso dagli austriaci per ragioni sanitarie (il cimitero era troppo vicino alle abitazioni!). Dopo la distruzione ad opera dei nazisti, gli scavi e i lavori di restauro hanno permesso di riportare alla luce più di 700 steli, tra cui alcune risalenti al Rinascimento; è uno dei più bei cimiteri ebraici di quest'epoca esistenti in Europa. Le steli furono sotterrate dagli ebrei stessi per proteggerle dall'invasione svedese del XVII secolo. Le tombe che non sono state ricostruite sono oggi cementate in un muro detto «muro del ricordo» che si trova vicino all'entrata.
Molto visitata dagli ebrei, la tomba di Remu'h è come nel passato ricoperta di sassi, una tradizione che risale ai tempi della Bibbia, quando le tombe nel deserto di Palestina venivano segnalate ai passanti tramite cumuli di sassi. Notate anche la sepoltura della famiglia Jakubowicz.

★ Da qui, girate a sinistra in via Miodowa dove, all'angolo di ul. Prodbrzezie, si eleva la ***Sinagoga Tempel** (II, C2, **214**)*, magnifico edificio neoclassico costruito nel 1862 dall'associazione degli ebrei progressisti. Chiuso sabato. È la seconda sinagoga di Kazimierz a essere stata riaperta al culto ma, in mancanza di fedeli, gli orari di apertura sono variabili. Con un po' di fortuna, il guardiano vi aprirà le porte per farvi ammirare la bella galleria circolare e le vetrate restaurate nel 1970.

★ Quasi di fronte, via Estery conduce fino a via Warszauera che ospita, al n. 8, la modesta ***sinagoga Kupa** (II, C2, **215**)* eretta nella prima metà del XVII secolo. Generalmente chiusa in quanto trasformata in magazzino, ha

conservato alcune pitture che raffigurano le città d'Israele. Di fianco, all'angolo di ul. Kupa, potete vedere alcuni frammenti delle ***antiche mura di cinta medievali*** del ghetto.
– La visita della Kazimierz ebraica termina su piazza Wolny, con un piccolo mercato coperto del XIX secolo rimasto intatto, che nel secolo scorso ospitava un mattatoio rituale.

★ Quelli che desiderano proseguire l'esplorazione delle tracce della storia ebraica potranno visitare anche, al n. 55 di ul. Miodowa, in fondo alla via, dopo la strada ferrata, l'altro ***cimitero ebraico***. Aperto da lunedì a venerdì e domenica dalle 9 alle 18. Creato nel 1800 dopo la chiusura del cimitero Remu'h, la sua superficie permette di farsi un'idea dell'importanza della comunità ebraica di Cracovia. Lo stato di abbandono avanzato rende la visita particolarmente emozionante. Vi sono sepolti diversi grandi personaggi, tra i quali il pittore Maurycy Gottlieb e alcuni professori dell'università Jagellonica. All'entrata, sulla destra, un monumento in memoria delle famiglie vittime della Shoah.

I SITI DEL GHETTO TEDESCO

Il seguito dell'itinerario conduce al ghetto creato dai tedeschi sull'altra sponda della Vistola (Wisła). Il 21 marzo 1941 tutta la popolazione ebraica fu deportata da Kazimierz e trasferita in un quartiere oggi raso al suolo. Questo quartiere non era altro che una stazione di transito prima della deportazione «meccanica» verso i campi della morte nel 1943. Per la visita di questa zona potete usufruire dei servizi della libreria *Jarden* (vedi sopra «palazzo Jordan» e «Cultura»).
– Il centro del ghetto tedesco si trova su *piazza Bohaterów Getta*, all'angolo con corso Na Zjeździe, sul prolungamento del ponte Powstanców. I tedeschi eseguivano le deportazioni da qui. Questo periodo è perfettamente illustrato nel film di Spielberg.

★ L'emozione più forte resta ancora quella suscitata dalla ***farmacia del ghetto (apteka Pod Orłem; III, D4, 216)***, al n. 18. Aperta da lunedì a venerdì dalle 10 alle 16, sabato dalle 10 alle 14. Entrata simbolica: 1 Zl. Il dottor Pankiewicz, proprietario della farmacia e non ebreo, rischiò la vita per due anni e mezzo cercando disperatamente di fornire una qualche assistenza alla popolazione che veniva sistematicamente massacrata sotto i suoi occhi. La farmacia è rimasta in piedi e oggi ospita un piccolo museo con alcune foto sulla vita nel ghetto e i campi di lavoro di Płaszów.

★ Al n. 25 di ul. Lwowska, che comincia dalla piazza, potete vedere gli ultimi resti del muro del ghetto.

★ ***La fabbrica di ceramica di Oscar Schindler (III, D4, 217)*** si trova un po' più distante verso est, dietro alla strada ferrata, al n. 4 di ul. Lipowa. Oggi vi si fabbricano circuiti elettronici (Telpod Electronics), ma il portale e le ciminiere sono rimasti intatti. In cambio di una mancia, il guardiano vi permetterà di dare un'occhiata al cortile principale.

★ ***Il campo di lavoro di Płaszów*** descritto nel film si trova nel quartiere di Podgórze. Costruito sul sito di un cimitero ebraico le cui pietre tombali furono utilizzate per la realizzazione di una strada, fu distrutto dai tedeschi prima della fine della guerra. Restano ancora alcuni sparuti resti all'angolo di ul. Wielicka e ul. Jerozoliemska, a ovest della stazione di Kraków Płaszów. Non distante da qui, su una collina visibile dalla strada, si eleva il monumento costruito nel 1960 in memoria delle vittime.

LA PARTE CRISTIANA

Prima di lasciare Kazimierz, vi resta ancora da visitare la parte cristiana con le sue numerose chiese.

★ ***Plac Wolnica*** ne è il centro. Molto più piccola che in passato a causa delle costruzioni che hanno progressivamente divorato la sua superficie, la piazza è dominata sul lato ovest da un bel ***municipio*** della fine del XIV secolo, ricordo dell'epoca in cui Kazimierz era ancora una città indipendente. Il XVI secolo ha offerto all'edificio la torre attuale e il suo aspetto rinascimentale.

★ Il municipio ospita un ***Museo etnografico (Muzeum etnograficzne;*** *II, C3)*. Entrata al n. 1 della piazza. Aperto in estate da lunedì a venerdì dalle 10 alle 17, sabato e domenica dalle 10 alle 14; il resto dell'anno, lunedì dalle 10 alle 18, da mercoledì a venerdì dalle 10 alle 15, sabato e domenica dalle 10 alle 14; chiuso martedì. È il più grande museo etnografico polacco, e la sua visita costituisce un'eccellente introduzione al mondo rurale del passato.
Al pianterreno, diversi interni di fattorie della regione di Cracovia e Podhale, in particolare un mulino e una fucina. Ai piani superiori è presentata tutta la varietà dei costumi folcloristici polacchi. Una visita piacevole e ricca di colori che viene a completare quella dell'arte grezza delle sculture lignee, sovente d'ispirazione religiosa, di qualche presepio e di alcuni quadri. Il museo presenta anche alcune usanze locali come la processione di Natale.

★ ***Chiesa del Corpus Domini (kościół Bożego Ciała;*** *II, C2-3):* a nord-est della piazza, all'angolo di ul. Bożego Ciała. Prima chiesa della città, fu edificata nel 1340 su ordine di Casimiro il Grande per servire da chiesa parrocchiale. Un convento venne a completare l'edificio nel XV secolo. Pare che sia stata utilizzata come quartier generale dal re svedese Carlo Gustavo durante l'assedio della città nel XVII secolo. L'interno barocco è un capolavoro della scultura cracoviana, in particolare l'altare maggiore e i massicci sedili del coro. Da notare inoltre uno straordinario pulpito a forma di barca e, nel coro, una vetrata del 1420.

★ ***Chiesa di Santa Caterina (kościół Św. Katarzyny;*** *II, B3):* a ovest della piazza, su ul. Skałeczna. Fondata nella seconda metà del XIV secolo, è la chiesa più grande di Kazimierz, con una pianta da basilica gotica. Nonostante la sua conversione in arsenale da parte degli austriaci nel XIX secolo, ha conservato un bellissimo atrio gotico sulla facciata sud; l'interno, più danneggiato, offre al visitatore solo un altare maggiore del XVII secolo. Nel giardino del convento si trovano alcuni frammenti delle mura medievali della città.

★ Un po' più distante, a ovest di via Skałeczna, il ***convento*** e la ***chiesa dei paolini (kościół Paulinów;*** *II, B3)*, chiamata anche *Skałka*, «la Roccia», dal nome della piccola falesia su cui è stata costruita. Vale la pena di visitare questa chiesa barocca del XVIII secolo, costruita sul sito di un primo edificio romanico, soprattutto per la leggenda che la circonda. È qui, infatti, che nel 1079 Bolesław l'Ardito avrebbe decapitato con le sue stesse mani il vescovo Stanislao che gli si era opposto e l'aveva scomunicato. Il martirio valse a Stanislao, canonizzato in pompa magna nel 1253, il titolo di santo protettore della Polonia.
Questo precedente storico fu all'origine della lotta di potere che oppose, nel Medioevo, la Chiesa e i re polacchi. Come dimostrazione di pentimento, questi ultimi non solo fecero costruire un sontuoso mausoleo nella cattedrale del Wawel, ma presero l'abitudine di raccogliersi qui dopo ogni in-

coronazione. La leggenda si radicò profondamente nella storia polacca, visto che ogni anno, in occasione dell'anniversario della morte del santo (l'8 maggio), il clero al completo organizza un pellegrinaggio solenne a partire dal Wawel, e che nessuno dei due re che portarono il nome di Stanislao osò farsi seppellire nelle cripte reali della cattedrale.
All'interno, l'altare dell'ala sinistra conserva il ceppo che sarebbe stato utilizzato per la decapitazione, mentre davanti alla chiesa la statua del santo è collocata sopra il bacino dove sarebbe stato gettato il suo corpo. La cripta della chiesa scavata nella roccia è diventata nel XIX secolo il mausoleo delle celebrità dell'epoca, come il pittore Stanisław Wyspiański, il compositore Karol Szymanowski e lo storico medievalista Jan Długosz.

★ Di fronte, sull'altra sponda della Vistola, si trova il ***centro Manggha di Arte e Tecnica giapponese*** *(II, A3):* 26 ul. Konopnickiej. Aperto da martedì a domenica dalle 10 alle 17.30. L'edificio futurista dell'architetto giapponese Arata Isozaki ospita una parte della collezione di Feliks Manggha Jasieński.
Questo scrittore e viaggiatore polacco appassionato del Giappone, morto nel 1926, raccolse pazientemente nel corso della sua vita vecchie armature, tessuti, ceramiche antiche e incisioni del paese del sol levante. Più di un migliaio di pezzi in tutto. Restava solo da trovare un sito per esporli. La soluzione è stata proposta dal regista Andrzej Wajda che ha investito il premio ricevuto dalla città di Kyoto nel 1987 nella costruzione dell'edificio. Il centro è stato ufficialmente inaugurato nel 1994 e la collezione viene esposta a rotazione. Il centro punta anche a far conoscere la cultura giapponese e accoglie regolarmente mostre temporanee.

★ *IL QUARTIERE DI PÓŁWSIE ZWIERZYNIECK*

Questo vasto sobborgo a ovest della città vecchia è conosciuto soprattutto grazie alla sua principale attrazione, la collinetta Kościuszko, innalzata interamente a mano.
Autobus diretto n. 100 in partenza da piazza Matejki, dietro al barbacane, sull'altro lato della circonvallazione Basztowa.
Questa visita può essere una buona occasione per fare una passeggiata a piedi abbastanza lunga che concilia cultura e attività fisica. Ecco il menu della passeggiata, prima di arrivare alla collinetta.

★ ***Museo di Pittura polacca del XX secolo*** *(III, B2,* ***218****):* al n. 1 di al. 3 Maja, all'angolo di al. Adama Mickiewicza, vicino all'*Hotel Cracovia*. Dal 15 giugno al 30 settembre, aperto da martedì a sabato dalle 10 alle 18, domenica dalle 10 alle 15.30; il resto dell'anno, da martedì a domenica dalle 10 alle 15.30. Questo lugubre casermone moderno, poeticamente chiamato il Nuovo Edificio (Nowy Gmach), ospita alcune opere di grandi pittori dalla fine del XIX all'inizio del XX secolo.
Il movimento Młoda Polska è ben rappresentato, in particolare da Stanisław Wyspianśki (schizzi delle vetrate della cattedrale di Wawel). Vi si trovano anche alcune opere importanti di Mehoffer, Witkiewicz e Malczewski. Gli esperti riconosceranno le tele di Tadeusz Kantor.

★ Sul retro si trova la ***Błonia***, il prato più grande di Cracovia, lungo al. 3 Maja. Nel passato era una proprietà ecclesiastica ricavata dalla bonifica di terreni paludosi, ma ancora oggi vi si vede talvolta qualche mucca al pascolo. Fu teatro delle parate delle legioni del maresciallo Piłsudski e delle messe alla «Woodstock» di Giovanni Paolo II (nel 1979, 1983 e 1987) che attirarono più di due milioni di persone.

★ ***Convento e chiesa delle Norbertine** (**kościół Norbetanek**; III, A3):* vicino alla Vistola, al n. 88 di ul. Kościuszki. Una piccola città monastica fortificata del XIII secolo, con un bel portico romanico e un interno neoclassico. Ancora oggi è abitata dalle suore. La processione annuale di Lajkonik parte da qui (vedi «Feste e festival»).

★ Subito sopra, sulla collina, la ***chiesa del Santo Salvatore (kościól Św. Salwatora)*** è una delle più antiche di Cracovia e conserva nelle fondamenta alcuni resti romanici risalenti all'anno mille.

★ Di fronte, la ***cappella di Santa Margherita (kalica Św. Małgorzaty)*** è del XVII secolo.

★ ***Collinetta di Kościuszko:*** innalzare a mano una collina di 34 m di altezza è una chiara prova di «monumentomania» acuta. Gli abitanti di Cracovia hanno realizzato questo exploit tra il 1820 e il 1823 per rendere omaggio a Tadeusz Kościuszko (1746-1817), eroe nazionale che guidò l'insurrezione del 1794 contro i russi. La sua cima offre una vista panoramica su Cracovia. Le fortificazioni che la circondano sono un «regalo» degli austriaci. Vi si accede, a pagamento, dalla cappella neogotica di San Bronisława, trasformata in *museo Kościuszko* (aperto da martedì a domenica dalle 10 alle 16).

Feste e festival

In Polonia la cultura è un valore nazionale e Cracovia, come le altre città polacche, si incarica di praticarla con un'inflazione di manifestazioni... Insomma, se volete stare al passo e approfittarne veramente, il programma delle vostre giornate sarà più carico di quello di un ministro.
Come al solito, il catalogo delle manifestazioni è soggetto a cambiamenti, vi consigliamo quindi di verificare le date presso l'agenzia culturale: *Centrum Informacji Kulturalnej* (vedi «Indirizzi utili»).

Dicembre-gennaio

– ***Concorso del più bel presepe natalizio*** *(szopki):* tradizione locale che spinge tutta la città a frugare nei rifiuti alla ricerca di materiali per realizzare, con un gusto infinito del dettaglio, scene della Natività e modellini di chiese (la più rappresentata è la voluminosa kościól Mariacki). I premiati hanno l'onore di vedere la loro opera esposta durante tutto il mese di gennaio nel museo storico; in seguito, il miglior presepe si aggiungerà alle creazioni della collezione permanente del museo.

Febbraio-marzo

– ***Festival internazionale delle canzoni di marinai:*** fine febbraio. Uno dei migliori festival del genere.
– ***Festival del teatro alternativo:*** in marzo. Competizione internazionale che fa il punto sulle ultime ricerche nel campo della scenografia teatrale.
– ***Giornate Beethoven:*** alla fine del mese, per Pasqua.

Aprile-maggio

– ***Giornate della musica d'organo:*** in aprile. Da trent'anni i concerti si svolgono in diverse chiese della città.
– ***Festival del balletto:*** subito dopo le giornate della musica d'organo. Il festival riunisce le migliori compagnie polacche e straniere.
– ***Festival delle orchestre di jazz principianti:*** sempre dopo le giornate della musica d'organo.
– ***Concorso internazionale di chitarra:*** in maggio.

Giugno-luglio-agosto

– ***Festival ebraico:*** in giugno. Una manifestazione sorprendente che propone concerti, mostre, spettacoli di teatro e cinema. Una vera e propria curiosità in una Polonia svuotata della sua popolazione ebraica.
– Segue il ***Festival internazionale del cortometraggio*** e, in simultanea, la ***Fiera triennale delle arti grafiche:*** in giugno. Prossime edizioni: 2003, 2006.
– Non perdete la celeberrima ***processione Lajkonik*** che vi riporta indietro nel tempo a quasi ottocento anni fa, quando nel XIII secolo le orde di Tatari si riversarono sulla città. Lajkonik, oggi ridotto a personaggio folcloristico del carnevale, fu un fiero barcaiolo che, dopo la vittoria sul khan, indossò i paramenti dell'avversario per sfilare trionfalmente dalla chiesa delle Norbertine (kościół Norbetanek) nel sobborgo di Zwierzyniec fino alla Rynek. L'attuale costume è una copia di quello creato da Stanislas Wyspiański, artista dell'inizio del XX secolo, conservato al Museo storico.
– ***Festival internazionale del teatro di strada*** in luglio e ***concerti d'organo*** tra luglio e agosto presso l'abbazia benedettina di Tyniec, all'estrema periferia sud-ovest della città. Segue il ***festival delle piccole formazioni di jazz*** (solo formazioni di due o tre componenti).
– ***Festival di musica della città vecchia:*** in agosto. Il centro storico di Cracovia viene sommerso dalla musica.

Settembre-ottobre-novembre

– ***Festival del folclore montanaro:*** in settembre. Più intimo rispetto a quello di Zakopane.
– ***Festival delle trombe jazz:*** l'ultimo week-end di settembre. In omaggio a Miles Davis.
– ***Mese della cultura ebraica:*** da inizio settembre a metà ottobre. Concerti, conferenze e mostre nel quartiere di Kazimierz.
– ***Festival jazz:*** fine ottobre. Festival prestigioso, il primo creato in questa zona dell'Europa, riunisce i grandi nomi di questo genere musicale.
– ***Festival del film:*** in novembre. La stagione termina nelle sale buie di questo festival consacrato ai giovani registi.

➤ *NEI DINTORNI DI CRACOVIA*

★ ***Nowa Huta*** *(la Nuova Fonderia):* dalla stazione centrale, autobus A e tram nn. 4, 5, 10 e 15. Solo visite di gruppo del complesso siderurgico tramite prenotazione presso l'agenzia locale di *PTTK* (agenzia nazionale del turismo): ☎ 443-79-05.
Un enorme quartiere di 150 000 abitanti, costruito tra il 1949 e il 1956 intorno allo stabilimento siderurgico, 10 km a est dal centro di Cracovia. Le ragioni che portarono alla creazione di una fabbrica gigantesca e inquinante in prossimità di una città storica furono puramente politiche. Cracovia era considerata una città ribelle, dove la vecchia borghesia e l'élite intellettuale si mostravano apertamente ostili ai comunisti. Nel 1949, in occasione del referendum che doveva confermarli al potere, la città rispose in maggioranza «no». Con la creazione di un'immensa città operaia, i comunisti vollero in sostanza modificare la struttura sociale della popolazione e «distruggere i focolai controrivoluzionari». La costruzione di questa vera e propria città fu oggetto di un'intensa campagna di propaganda. Tra i vari slogan, citiamo la presentazione di Nowa Huta come una «città moderna che ha rotto con le regole capitaliste di costruzione e che assicurerà la felicità agli operai».

Il risultato fu un complesso di lugubri gabbie da conigli che rispondono ai simpatici nomi di: settore A, settore B ecc. Dalla piazza centrale, dominata da una statua di Lenin (oggi smantellata), partivano via della Rivoluzione d'Ottobre e via Lenin (secondo la regola «a ogni regime la sua nomenclatura», le vie sono state ribattezzate via Generale Anders e viale Solidarnósci). Visto che qui il paradiso terrestre era stato finalmente raggiunto, la costruzione della chiesa reclamata per vent'anni dall'episcopato non aveva nessuna ragion d'essere. La prima chiesa fu costruita negli anni settanta del Novecento nel quartiere Dąbrowszczków e chiamata *L'Arca del Signore*.

★ ***Miniere di Wieliczka:*** da vedere assolutamente! 13 km a sud-est di Cracovia. Le visite si fanno in gruppo, ma c'è anche una cassa per i turisti individuali. Dal 16 aprile al 15 ottobre, aperte da lunedì a sabato dalle 9 alle 20, domenica dalle 9.30 alle 16; il resto dell'anno, tutti i giorni dalle 8 alle 16. Entrata: 29 Zl. Calcolate un po' più di 2 ore. In estate è possibile fare la visita con una guida più o meno anglofona, diversamente procuratevi il libriccino con le spiegazioni.
Per andarci bisogna prendere il treno! 10 partenze al giorno dalla *stazione Kraków Płaszów*. Tragitto di una ventina di minuti.
Il sale fu una delle principali fonti di ricchezza dei re polacchi, cosa che spiega le dimensioni mostruose di questa miniera sfruttata fin dal XIII secolo: 300 km di gallerie su nove livelli fino a una profondità di 327 m, su una superficie di 10 km^2. Nel 1978 la miniera è stata dichiarata Patrimonio dell'umanità. Conosciuta per il suo microclima, ospita un sanatorio a 200 m di profondità. Solo i tre livelli superiori sono aperti al pubblico.
Dopo una lunga discesa a piedi (390 gradini), l'esplorazione vi conduce da –64 m a –135 m nel sottosuolo. Le gallerie che visitate furono scavate tra i secoli XVII e XIX. Lo stupore è crescente. Dopo diverse sale e cappelle decorate con statue scolpite a mano, si arriva in un'immensa cappella dedicata alla regina Kinga (1224-1292), alla quale, secondo la leggenda, si deve l'origine della miniera. Figlia del re ungherese Bela IV, per portare ricchezza al suo sposo, il re polacco Bolesław il Vergognoso, gettò il suo anello più prezioso nelle miniere del padre e profetizzò che l'avrebbe ritrovato a Wieliczka, in un giacimento di... sale.
La sala è una vera e propria cattedrale sotterranea scavata in più di trent'anni, tra il 1895 e il 1927: 54 m di lunghezza per 12 m di altezza. L'acustica eccezionale permette di organizzarvi dei concerti, come quelli che furono dati nel 1995 in onore dell'ex presidente americano George Bush.
Dopo numerose altre soprese, come il campo da tennis Warszawa e la sala Staszic convertita in fabbrica di aerei dai tedeschi, il percorso finisce con la visita di un piccolo museo storico. Non temete: per risalire in superficie si prende un ascensore!

Lasciare Cracovia

In aereo

– La compagnia nazionale ***Lot*** collega Cracovia con le principali città polacche: Danzica, Katowice, Poznań, Rzeszów, Szczecin, Varsavia e Breslavia.
– *Informazioni sui voli:* ☎ 422-70-78.

✈ ***L'aeroporto:*** situato 18 km a ovest del centro. 30 min. circa di tragitto con gli autobus nn. 208, 152 o D in partenza dalla stazione centrale. Navette da piazza Matejki, dietro al barbacane, sull'altro lato di corso Basztowa. Il taxi è un'opzione accettabile, ma informatevi bene prima sul prezzo della corsa. Non esitate a farvi aiutare chiedendo alla reception del vostro albergo di chiamarvi un taxi (vedi la lista dei numeri di telefono in «Trasporti urbani»).

In treno

***Stazione centrale (Kraków główny;** I, D1):* a nord della città vecchia, a una decina di minuti dal centro. Ci sono due edifici, uno moderno e l'altro più vecchio. I biglietti *BIJ* e quelli internazionali si acquistano nell'edificio vecchio. Treni internazionali e per la maggior parte delle città polacche. Gli orari sono consultabili sul sito internet (poliglotta) della compagnia nazionale. • www.pkp.com.pl •

➢ ***Per Varsavia:*** partenze ogni ora dalle 6 alle 20, 2 partenze in serata e 4 notturne. Calcolate 2 ore e mezzo di tragitto; il doppio per i treni notturni.

➢ ***Per Oświęcim (Auschwitz):*** 3 partenze di notte, 6 al mattino, 6 nel pomeriggio e 3 di sera dalla stazione *Kraków główny*. Altre 3 partenze in prima mattina e 7 nel pomeriggio dalla stazione di *Kraków Płaszów*. Calcolate da 1 a 2 ore di tragitto.

➢ ***Per Sandomierz:*** 2 partenze di notte, al mattino e nel pomeriggio, 1 sola partenza in serata. Non ci sono collegamenti diretti. Calcolate almeno 5 ore di tragitto, talvolta 8 ore.

➢ ***Per Rzeszów e Łancut:*** 2 partenze al mattino, 6 nel pomeriggio, 1 in serata e 5 notturne. Calcolate da 2 a 3 ore di tragitto. 20 min. in più per arrivare a Łancut.

➢ ***Per Zakopane:*** 6 partenze al mattino, 5 nel pomeriggio, 1 in serata e 4 di notte. Calcolate da 2 ore e 45 min. a 3 ore e 45 min. Attenzione, non tutti i treni sono diretti.

➢ ***Per Bratislava:*** 2 partenze al mattino, 1 nel pomeriggio (diretto), 1 in serata e 1 di notte. Calcolate da 6 ore e mezzo a 8 ore di tragitto e un centinaio di złoty.

➢ ***Per Praga:*** 2 partenze al mattino, 6 nel pomeriggio, 1 in serata e 1 notturna. Calcolate da 9 a 13 ore di tragitto. I treni più rapidi partono al mattino o nel primo pomeriggio.

Alcuni treni possono partire anche dalla ***stazione di Kraków Płaszów*** *(fuori pianta III da D4)*, 4 km a sud-est dal centro.
Le due stazioni sono collegate da un treno regionale, dai tram nn. 3 e 43 e dall'autobus espresso C.
– *Informazioni internazionali:* ☎ 422-41-82.
– *Informazioni nazionali:* ☎ 993 o 422-22-48.
I biglietti si acquistano in stazione, presso le agenzie viaggi (come la *Orbis*, 41 Rynek Główny) o negli uffici del turismo; in stazione, per evitare le code agli sportelli, è preferibile andare in serata.

In pullman

***La stazione dei pullman** (dworzec PKS; I, D1):* vicino alla stazione centrale. Pullman in direzione di tutte le città. Potete rivolgervi alla compagnia nazionale *PKS* oppure a compagnie private (*Polski Express* è la più rinomata) che però fanno servizio solo per alcune destinazioni.
Sappiate che non ci sono molti pullman, ma soprattutto che i tragitti sono molto lunghi (2 partenze per Varsavia, 8 ore di tragitto). Un altro svantaggio: nonostante la durata del viaggio, le partenze sono tutte diurne. Il biglietto costa circa la metà di quello del treno. Per Zakopane, in compenso, la *Compagnia Trans-Frej* propone una dozzina di partenze al giorno; il tragitto dura 2 ore e mezzo e il biglietto di andata e ritorno costa una ventina di złoty.
Gli sportelli sono aperti dalle 6 alle 20. Potete acquistare i biglietti alla stazione, presso le agenzie viaggi o negli uffici del turismo. I biglietti della *Polski Express* sono in vendita presso l'agenzia *Orbis* – dove parlano inglese – al n. 41 di Rynek Główny, oppure presso il *Centrum Turystyki*, 1 ul. Worcella, all'angolo di Piwa (di fronte alla stazione).

– LA SLESIA E I SUDETI –

AUSCHWITZ (OŚWIĘCIM) PREF. TEL.: 033

Un posto terribile, simbolo del genocidio perpetrato ovunque in Europa centrale contro i popoli degli ebrei e degli zingari. La quantità di sofferenza umana, di disperazione e di orrore racchiusa nel perimetro del campo di concentramento di Auschwitz è infinita. Durante la visita, una domanda sorge inevitabilmente: come ha potuto l'uomo commettere atti così disumani? Freddamente, attraverso un'organizzazione meticolosa e meccanica. Nessuna scusa, nessuna ideologia, nessuna «obbedienza agli ordini» potranno mai giustificare una tale barbarie. Di fronte ai revisionisti, alla schiera di dubbiosi e diffusori di altri «dettagli», scegliete il partito della verità. Solo due generazioni ci separano da questa epoca. È poco.
Non dimentichiamo che 6 milioni di essere umani sterminati, significa 1+1+1+...

Precauzioni

La visita dei campi provoca un'intensa reazione emotiva e può rivelarsi molto dura. Per questo motivo non è raccomandata ai minori di 13 anni. Anche se pensano di essere sufficientemente preparati, molti visitatori (indipendentemente dall'età) scoppiano in lacrime all'uscita degli edifici. I muri parlano e la loro eco è carica di significato.

Indirizzi utili

ℹ ***Informazioni turistiche, ufficio PTTK:*** 11 ul. Findera, skrzynka pocztowa (casella postale) 11. ☎ 323-93. Vicino al campo-museo. Visite guidate del campo su prenotazione.

■ ***Ufficio di cambio:*** sul sito del campo. Tassi di cambio onesti.

Dove dormire

Prezzi medi

⌂ ***Miédzynarodowy Dom Spotkań Młodziezy*** *(Casa internazionale di incontri dei giovani):* 11 ul. Legionów, 32-600 Oświęcim. ☎ 843-21-07. • mdsmijbs@oswiecim.pe tex.bielsko.pl • In prossimità del museo, in direzione del centro città, vicino al ponte sulla Soła. Calcolate 100 Zl per una camera doppia. Prima colazione a 8 Zl. 70 posti-letto. Un posto molto interessante, costruito nel 1986 su iniziativa dell'organizzazione della gioventù evangelica tedesca *Aktion Sühnezei chen Friedensdienste*. Centro di riflessione aperto ai giovani di tutto il mondo sulla tragedia di Auschwitz e della seconda guerra mondiale. Propongono seminari con visita del campo-museo, discussioni, incontri con ex deportati. Nella misura dei posti disponibili, accolgono anche turisti individuali. Camere confortevoli da 2-5 letti. È possibile anche mangiare qualcosa (proposta di piatti vegetariani a base di *tofu*).

Dove mangiare

Ad Auschwitz non ci sono buoni ristoranti. Gli indirizzi indicati sono stati scelti in base al criterio del male minore.

Prezzi medi

|●| ***Self-service:*** sul terreno del museo, nell'edificio di accoglienza. Soprattutto per i gruppi. Specialità polacche a prezzi ragionevoli ma di qualità media.

|●| ***Restauracja Skorpion:*** 29 ul. Powstańców Śląskich. ☎ 325-47. Di fronte alla stazione. Calcolate da 10 a 15 Zl per persona. Buona cucina polacca. Ristorante ben tenuto ed economico. Decorazione su toni rossi, tipo ristorante cinese riciclato. Può piacere oppure no.

Da vedere

★ *MUSEO-CAMPO DI AUSCHWITZ*

Entrata da via Findera. A partire dal centro troverete dei cartelli che indicano la strada. Aperto tutti i giorni dalle 8; l'orario di chiusura varia in funzione del mese: 15 da gennaio al 15 marzo; 16 dal 16 al 31 marzo; 17 in aprile; 18 in maggio; 19 in giugno, luglio e agosto; 18 in settembre; 17 in ottobre; 16 in novembre; 15 dal 15 al 31 dicembre. Parcheggio a pagamento: 7 Zl. L'entrata è completamente gratuita. Gli squattrinati non hanno nessuna scusa per saltare la visita.
Il *campo di Brzezinka*, Birkenau, a 3 km dal museo, segue gli stessi orari. Calcolate 4 ore circa per la visita dei due campi.
Vi consigliamo di fare una visita guidata: è infatti abbastanza difficile orientarsi, capire ciò che si vede e immaginare il funzionamento di questa «fabbrica della morte». Le guide sono professionali, e i loro commenti neutri. Per informazioni rivolgetevi alla reception del museo; calcolate tra 120 e 138 Zl per la visita di 3 ore per un gruppo fino a 15 persone. Prenotate la guida qualche giorno prima per telefono. Altrimenti, aspettate un gruppo (ne arrivano ogni mezz'ora) e accodatevi. All'entrata è possibile visionare la cronaca della liberazione del campo, con immagini terrificanti (25 min. circa). Abiti e comportamenti devono ispirarsi alla massima correttezza.

Un po' di storia

Per cominciare ricordiamo che, nell'orrore, la paternità dei campi non è attribuibile ai nazisti. I campi di concentramento sono nati all'inizio del XX secolo durante la guerra dei boeri in Sudafrica. Ricordiamo inoltre che è necessario distinguere tra campi di concentramento e campi di sterminio. Diversamente da Treblinka, Auschwitz era un *KZ* (*Konzentrationslager*), nello stesso tempo campo di concentramento e di sterminio.
Gli edifici di Auschwitz, proprietà dell'esercito polacco prima della guerra, furono trasformati in campo di concentramento fin dall'inizio del 1940. I primi prigionieri, un gruppo di 728 polacchi, arrivarono nel giugno dello stesso anno. Parallelamente alla crescita del numero di detenuti, il campo fu ingrandito. Ma i nazisti si resero conto che Auschwitz sarebbe diventato rapidamente insufficiente. Nel 1941 il campo ricevette la visita di Himmler il quale ordinò la costruzione di un secondo campo (o *Stammlager*) a Brzezinka, un villaggio a 3 km da Auschwitz, su una superficie di 175 ettari, di cui Auschwitz sarebbe diventato un «annesso». Nel 1942 Auschwitz II fu costruito vicino alla fabbrica chimica *IG-Farbenindustrie* dove i detenuti venivano impiegati. Fu Himmler a decidere di trasformare

questo complesso concentrazionario in un luogo di sterminio sistematico. All'inizio, i prigionieri che arrivavano a Auschwitz erano delinquenti comuni arrestati dalla Gestapo o dalla Kripo (polizia criminale) o prigionieri di guerra condannati al campo di concentramento. Ma fin dal 1942, secondo l'ideologia in vigore, i nazisti vi organizzarono la deportazione sistematica dei «bastardi del genere umano»: ebrei, zingari, omosessuali, testimoni di Geova, prostitute e asociali, prigionieri politici... I primi convogli di ebrei inviati dalla *RSHA* (*Reichssicherheitshauptamt* – la direzione generale dei servizi di sicurezza del Reich diretta da Adolf Eichmann) nel mese di marzo del 1942 provenivano dalla Francia e dalla Slovacchia. I primi arrivati erano convinti di essere deportati verso nuovi territori dell'Est dell'Europa. Gli si vendevano parcelle di terreni inesistenti e veniva proposto loro un lavoro fittizio. Per questo, la maggior parte di loro portava con sé gli oggetti di valore e il necessario per vivere durante i tre giorni del viaggio. Molti prigionieri percorsero fino a 2400 km ammassati in vagoni bestiame chiusi ermeticamente. Un tragitto che poteva durare fino a dieci giorni, durante i quali non avevano niente da mangiare. I più deboli, soprattutto i bambini e gli anziani, morivano prima ancora di arrivare al campo.

Selezioni

I treni si fermavano su una rampa appositamente costruita nel campo di Brzezinka, vicino alle camere a gas. I «kapo» (prigionieri che si occupavano dell'organizzazione) procedevano in seguito alla selezione degli individui atti a lavorare nei campi e nelle fabbriche. Ai prigionieri destinati alle camere a gas (il 75% in media, in maggioranza donne, bambini e vecchi) si raccontava che sarebbero stati condotti al bagno. Nei soffitti delle camere a gas erano state installate delle finte docce. A colpi di bastone e morsi di cani le SS facevano entrare più di 2000 vittime in una stanza di una superficie di 210 m^2. Un potente insetticida, lo Zyklon B (un gas composto da cianuro, cloro e azoto), veniva diffuso attraverso i lucernari del soffitto. Dopo 20 min. le porte venivano aperte e i cadaveri spogliati: i «kapo» erano incaricati di recuperare i denti d'oro, gli orecchini e gli anelli. In seguito, i cadaveri venivano trasportati fino al forno crematorio o disposti su un rogo all'aperto. Le ceneri delle vittime venivano disperse nei laghi dei dintorni o utilizzate come concime. Ma per eliminare i detenuti le SS utilizzavano anche altri metodi: fucilazione, iniezioni di fenolo nel cuore o impiccagione. Gli altri detenuti lavoravano nel campo o in una quarantina di fabbriche dei dintorni. Le condizioni di detenzione erano talmente atroci che la maggior parte di loro moriva dopo poche settimane per sfinimento, malattia, fame o sete. Si trattava di un'altra forma di sterminio programmato. I prigionieri inabili al lavoro venivano sistematicamente soppressi.

«Kanada» e vita quotidiana

Dopo aver spogliato i prigionieri di tutti gli effetti personali, le SS depositavano gli oggetti preziosi in un magazzino prima dell'inventario. Nel giro di poco tempo il magazzino fu battezzato «Kanada» in riferimento al paese nordamericano, simbolo di abbondanza. Oggetto di tutte le cupidigie e le corruzioni, alcuni prigionieri vi avevano accesso e riuscivano ad assicurarsi una sorte migliore «organizzando» traffici, distribuendo favori alle SS che chiudevano un occhio e a tutti coloro che erano al corrente del baratto.
Tutte le testimonianze dei sopravvissuti dei campi concordano nel dire che quelli che «organizzavano» i traffici erano facilmente riconoscibili: vestiti meglio, avevano diritto a razioni più abbondanti, docce calde più frequenti e vestiti puliti ogni giorno, e talvolta alcuni di loro potevano addirittura introdurre delle lenzuola nei blocchi mentre tutti gli altri detenuti dormivano in cinque su una lettiera. Anche le medicine erano una derrata rara all'origine di diversi traffici.

Per ottenere i favori dei «kapo» o dei *Blockälteste* (capi del blocco), alcuni erano pronti a «pagare in natura». Ma appena questo tipo di relazioni veniva scoperto, il *Blockälteste* (la maggior parte delle volte tedesco) veniva evirato mentre il detenuto era condannato a morte. Davanti alla recrudescenza di relazioni omosessuali, Himmler ordinò l'organizzazione di bordelli. In funzione dei buoni servizi resi durante i lavori, i prigionieri comuni potevano approfittare dei servizi delle prostitute (ovviamente ariane). Naturalmente, rispetto alle sofferenze inflitte nel campo, questo genere di situazione era più che trascurabile.
I meno fortunati, i più fragili, diventavano poveri disgraziati ai quali si rubavano le scarpe, i vestiti e le coperte. Nel campo venivano chiamati «musulmani». I primi sintomi (pelle grigia rapidamente infetta, sguardo vitreo, muscoli scarni, movimenti di una lentezza caratteristica...) apparivano quando l'organismo aveva ormai perso un terzo del peso iniziale.
Nel recinto del campo, i nazisti avevano organizzato degli «ospedali» per praticare «esperimenti» pseudomedici sui detenuti, in maggioranza ebrei. Molti perivano in seguito ai terribili trattamenti subiti. Si trattava, tra le tante cose, di trovare un metodo efficace e poco costoso per sterilizzare in modo massiccio le donne e gli uomini allo scopo di «controllare la riproduzione».

Evasioni

Stime molto prudenziali parlano di un centinaio di evasioni; altre, più ottimiste, affermano che almeno 400 tentativi di fuga si conclusero con successo. Alcuni prigionieri scavavano dei buchi nel suolo, vi si nascondevano per tre giorni e uscivano al quarto giorno, quando veniva effettuato il cambio di guardia. In maggioranza di origine polacca e russa, erano spesso militari e/o esercitavano mestieri strategici (elettricisti, per esempio). Pare che le evasioni siano state più numerose a Birkenau che a Auschwitz, non solo grazie all'ambiente circostante che facilitava il recupero e l'assistenza da parte dei movimenti di resistenza, ma anche grazie alla presenza del magazzino «Kanada» che facilitava la corruzione dei «kapo».

«Non sapevamo»

Difficile credere che il personale ferroviario che accompagnava i convogli fino alla piattaforma non avesse idea di quello che succedeva dietro al recinto di filo spinato. Difficile credere che gli impiegati della fabbrica Alex Zink in Germania ignorassero di trasformare i capelli delle donne, acquistati a sacchi alla Kommandantur di Auschwitz, in cappelli di feltro. Difficile credere che in Danimarca le autorità non fossero al corrente quando i danesi tentarono di bloccare i convogli di ebrei diretti ai campi. Difficile credere che nessuno fosse al corrente quando nel 1943 Hannah Arendt, esiliata negli Stati Uniti, discuteva di tutto ciò con il filosofo Karl Jasper. E possiamo aggiungere alla lista anche tutte le testimonianze dei dirigenti dell'IG Farben al processo di Norimberga...

Visita

– ***Il campo di Auschwitz*** è stato trasformato in *museo*. Tra i pioppi argentati che ondeggiano al vento, diversi edifici di mattoni rossi (i famosi «blocchi») sono stati trasformati in sale di «esposizione». Vi si accede dal tristemente celebre cancello sovrastato dall'iscrizione in ferro battuto *Arbeit Macht Frei* («il lavoro rende liberi»). Il blocco 1 era quello delle donne, nel blocco 6 si ritrova una spiegazione storica sommaria, «illustrata» dalle vetrine dove sono ammucchiati capelli, protesi e stampelle, tonnellate di montature di occhiali e valigie destinati a rifornire i tedeschi. Poi l'orrore non fa che crescere con la galleria dei ritratti dei primi prigionieri polacchi

con gli occhi sbarrati, le schede antropometriche, le foto dei gemelli impauriti che Mengele riservava per i suoi esperimenti... Tra i blocchi 10 e 11, il plotone di esecuzione. Infine, il blocco 11, protetto da un doppio recinto di filo spinato, era destinato ai recalcitranti. Prima di farli passare tra i due blocchi precedenti, li facevano «riflettere» in questo edificio d'isolamento. Diversi metodi venivano impiegati: la fame, il soffocamento o la tortura, a volte tutti e tre insieme. Il detenuto veniva rinchiuso in uno *Stehbunker*, una cella dove non poteva né sedersi né sdraiarsi.
A sinistra del blocco delle donne (n. 1) si trovava l'unica camera a gas di Auschwitz I. Sotterranee come in un bunker, si succedono una sala di disinfestazione e una sala di cremazione.
– ***Auschwitz II – Birkenau:*** il secondo campo. 6 autobus collegano i due campi, l'ultimo parte alle 20.50. *Brzezinka* è a 3 km da Auschwitz I. Rimasto intatto, si estende su una vasta pianura paludosa delimitata in lontananza da un filare di alberi. Più di 100 000 persone vi erano detenute in permanenza. Dalla torre di guardia si ha una vista generale sul campo. Più di 300 baracche disposte geometricamente, secondo un ordine preciso, separate in diverse unità da recinti di filo spinato. Anche se il nome di Birkenau è meno evocatore rispetto a quello di Auschwitz, fu in questo campo che perirono più vittime. Questa immensa fabbrica della morte è molto più eloquente del museo del campo precedente.
Al centro, la ferrovia con la banchina dove i «kapo» selezionavano i prigionieri. A destra della ferrovia, alcune baracche di legno riservate agli uomini in mezzo a quelle destinate alla quarantena. In alcune baracche potete ancora vedere le latrine e le lettiere di legno. Le parole non servono per immaginarsi le condizioni di vita in pieno inverno.
Sulla sinistra, i baraccamenti in muratura riservati alle donne. Proseguite lungo i binari per 25 m. A sinistra di un edificio si trova una carretta protetta da una tettoia. Di fronte, due edifici. Entrate in quello a sinistra. Su uno dei muri c'è ancora un affresco con le iscrizioni gotiche realizzate dalle detenute.
Preseguendo ancora lungo i binari, a 1 km dall'entrata si accede attraverso una scalinata al *monumento in memoria delle Vittime*, inaugurato nel 1967. Vi figura in 20 lingue il seguente testo: «Che questo luogo dove i nazisti hanno assassinato un milione e mezzo di uomini, donne e bambini, in maggioranza ebrei provenienti da diversi paesi d'Europa, sia per sempre per l'Umanità un grido di disperazione e un monito».
Tra i binari e la scalinata, un vecchio capannone con una camera a gas e alcuni forni crematori. Prima di abbandonare il campo, le truppe naziste hanno distrutto le camere della morte, cercando di occultare le prove del crimine perpetrato durante gli anni precedenti...

BRESLAVIA (WROCŁAW) (CAP: 50001) PREF. TEL.: 071

Città ritrovata, ricca di un miscuglio di culture che l'hanno creata e che nel corso dei secoli ha convertito il suo destino slesiano alla moda ceca, germanica o polacca. Variegato luogo di contrasti, quarta città della Polonia e capitale della Slesia (chiamata Breslau prima del 1945), Breslavia fu costruita al centro di una moltitudine di bracci dell'Oder, di cui solo un habitué sarebbe in grado di riconoscere il principale. Edificata su isole e isolotti, la città ritrova la sua unità grazie a un centinaio di ponti. Alcuni sono in metallo, appoggiati su spallette in ferro battuto, altri banali passerelle di legno. Una composizione insolita dove, su grandi piazze tipiche del realismo socialista, spuntano superbe chiese di mattoni rossi e rosoni dello stile gotico germanico. L'occhio affaticato dai volumi pesanti troverà ristoro nelle forme leggere del classicismo o ancora nelle rare immagini eccentriche dello stile della fine del XIX secolo.

Avviso riservato al passeggiatore distratto: attenzione ai tram rumorosi che nelle viuzze, spesso troppo strette, sfiorano i muri delle vecchie costruzioni, rinnovate negli ultimi anni ma nuovamente danneggiate dalle terribili inondazioni dell'estate 1997 che, tra le tante cose, hanno annientato i sogni dei cercatori d'oro... Il quartiere di Niskle Laki, sul sito dell'ex discarica pubblica, era infatti diventato luogo di tutti i deliri. Vi si trovavano cucchiai, boccali da birra, monete, bottoni e una miriade di oggetti che potevano interessare i collezionisti. Oggi è ancora possibile acquistare al mercato delle pulci alcuni oggetti antichi, ma solo una volta al mese...

Come arrivare

➢ ***In aereo:*** 3 voli quotidiani da Varsavia (un volo supplementare lunedì e sabato), un volo diretto tutti i giorni da Francoforte. Collegamenti con scalo a Varsavia dalle principali città europee. Voli meno frequenti in inverno.
➢ ***In treno:*** diversi treni da Varsavia, uno ogni due ore da Cracovia e Poznań, 2 treni da Częstochowa.
➢ ***In pullman:*** 5 partenze da Częstochowa, quattro da Varsavia e due da Poznań.

Indirizzi utili

🛈 ***Ufficio del turismo – MKP*** *(B2):* 14 Rynek. ☎ 344-31-11. Aperto da lunedì a venerdì dalle 7.30 alle 16.30 (18.30 in estate), sabato dalle 9 alle 15. Informazioni sulla città e la regione. Pubblicazioni turistiche in vendita o da consultare sul posto. Parlano inglese e tedesco. Accoglienza media.

✉ ***Posta*** *(B2):* sulla Rynek. Ufficio aperto domenica.

■ ***Ufficio PTTK*** *(B1, **1**):* 11/12 Rynek. ☎ 343-83-31. Al centro della piazza del mercato. Al primo piano.

■ Indirizzi utili

- 🛈 Ufficio del turismo – MKP
- ✉ Posta
- Stazione ferroviaria PKP
- Stazione dei pullman PKS
- **1** Ufficio PTTK
- **2** Camere presso privati
- **3** Lot
- **4** Autonoleggio Hertz

Dove dormire

- **2** Hotel Piast
- **10** Schronisko Młodzieżowe (Ostello della Gioventù)
- **11** Hotel Savoy
- **13** Hotel Zaułek
- **14** Hotel Polonia
- **15** Hotel Europejski
- **16** Dwór Polski

Dove mangiare

- **15** Caffè Europejski
- **30** Bar Mis
- **31** Restauracja Smak
- **32** Ready's
- **33** Karczma Lwowska
- **34** Pod Szczęśliwym Kupcem
- **35** Bar Vega
- **36** Karczma Piastów
- **37** Spiż
- **38** Bar Wzorcowy
- **39** Restauracja Ksiazeca

Dove bere qualcosa. ♪ Dove andare la sera

- **50** Caffè Uni
- **51** Mac Budha
- **52** Bacchus
- **60** Music Club Liverpool

★ Da vedere

- **80** Wyspa Piaskowa (Isola di sabbia)
- **81** Chiesa di Santa Croce
- **82** Cattedrale
- **83** Museo dell'arcidiocesi
- **84** Università di Breslavia
- **86** Chiesa di Santa Maria Maddalena
- **87** Museo nazionale
- **88** Panorama Racławicka

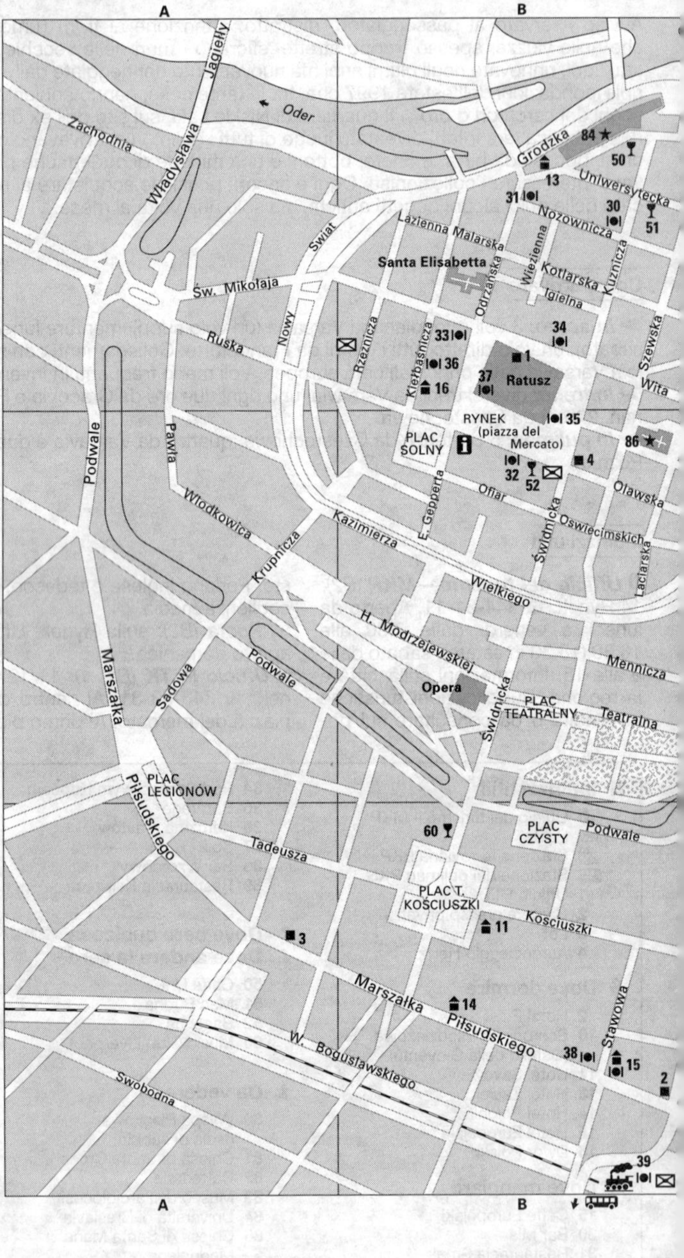
A
B
1
2
3
Oder
Jagiełły
Władysława
Zachodnia
Grodzka
Uniwersytecka
Nozownicza
Łazienna
Malarska
Świat
Santa Elisabetta
Wieziennа
Odrzańska
Kotlarska
Kuźnicza
Igielna
Św. Mikołaja
Nowy
Ruska
Rzeźnicza
Kiełbaśnicza
Ratusz
RYNEK
(piazza del
Mercato)
PLAC
SOLNY
Szewska
Wita
Oławska
Ofiar
Oświęcimskich
Łaciarska
Świdnicka
E. Gepperta
Kazimierza
Wielkiego
Podwale
Pawła
Włodkowica
Krupnicza
H. Modrzejewskiej
Mennicza
Opera
PLAC
TEATRALNY
Teatralna
Sadowa
Marszałka
Piłsudskiego
PLAC
LEGIONÓW
PLAC
CZYSTY
Tadeusza
PLAC T.
KOŚCIUSZKI
Kościuszki
Stawowa
Marszałka Piłsudskiego
W. Bogusławskiego
Swobodna
84
50
13
31
30
51
33
34
36
1
37
16
35
86
4
32
52
60
11
3
14
38
15
2
39

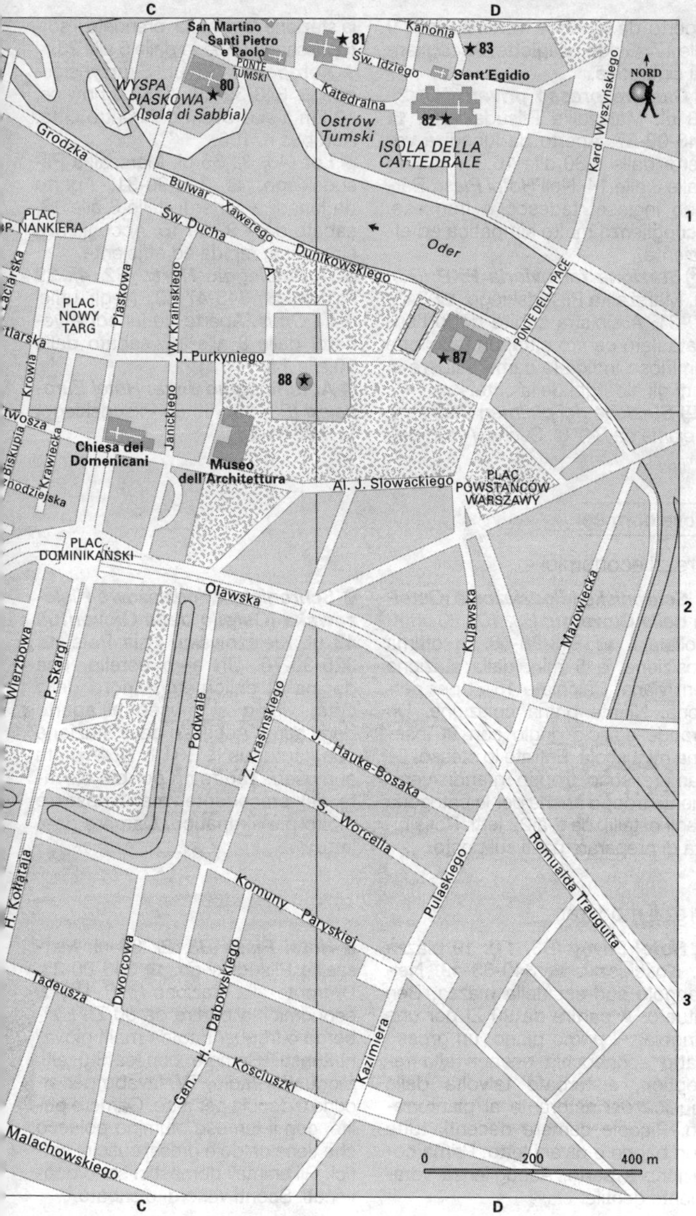

BRESLAVIA (WROCŁAW)

Aperto da lunedì a venerdì dalle 9 alle 17. Guide poliglotte. Accoglienza simpatica.

■ *Camere presso privati* (B3, **2**): 98 ul. Marszałka Piłsudskiego. ☎ 343-00-37. Aperto da lunedì a venerdì dalle 8.30 alle 16.30, sabato dalle 8 alle 14. Nell'*Hotel Piast*. Parlano inglese, tedesco e francese. Accoglienza molto simpatica ed efficiente.

Stazione ferroviaria PKP *(B3)*: ul. Marszałka Piłsudskiego. ☎ 343-60-31. A sinistra subito dopo l'entrata (lato centro città) un tabellone luminoso indica le camere libere in tutti gli alberghi della città.

Stazione dei pullman PKS *(fuori pianta da B4)*: ul. Sucha. A sud della stazione ferroviaria, prendete il sottopassaggio. Aperta dalle 5 alle 23.

✈ ***Aeroporto:*** 39 ul. Skarżyńskiego. ☎ 343-39-59. A Strachowice, 10 km a sud-ovest dal centro città. Autobus n. 106.

■ ***Lot*** *(A3, **3**)*: 36 ul. Marszałka Piłsudskiego. ☎ 343-90-31. Aperto da lunedì a venerdì dalle 8 alle 18, sabato dalle 9 alle 15. Accoglienza simpatica, rapida ed efficiente.

■ ***Autonoleggio Hertz*** *(B2, **4**)*: 29 Rynek. ☎ 343-47-80. Negli uffici della *Orbis*. Aperto da lunedì a venerdì dalle 8 alle 16, sabato dalle 10 alle 14.

■ ***Autonoleggio Joka:*** *Hotel Europejski (B3, **15**)*, 88 ul. Piłsudskiego. ☎ 781-81-88.

Dove dormire

Prezzi economici

Schronisko Młodzieżowe *(**Ostello della Gioventù**; B3, **10**)*: 20 ul. K. Kołłątaja. ☎ 343-88-56. In ottima posizione, a 5 min. dalla stazione ferroviaria. Calcolate 15 Zl per persona. Niente prima colazione. Un grande edificio grigio con un'insegna minuscola. Entrate lo stesso! Le camere sono troppo grandi (veramente troppo anche per la categoria degli ostelli): da 2 a 22 letti. Possibilità di preparare pasti sul posto.

Schronisko Młodzieżowe Kielczowska (Ostello della Gioventù): 43 ul. Kielczowska, Psie Pole. ☎ 325-30-76. Un altro ostello, una decina di chilometri a nord della città, vicino al museo all'aperto degli aerei. Accesso dalla stazione con l'autobus n. 131 o N, fermata al museo. Tariffe un po' più elevate del precedente, ma il posto è molto più simpatico. Camere da 4 letti.

Prezzi moderati

Hotel Savoy *(B3, **11**)*: 19 piazza T. Kościuszki. ☎ 340-33-49. Nell'angolo sud-est della piazza. Ben situato. A partire da 90 Zl per una singola. Al primo piano, un grosso gatto sonnecchia davanti alla reception, disturbato talvolta dalla musica del ristorante al pianterreno. Piccole camere decenti, tutte con bagno e divani letto. Prima colazione a parte. Accoglienza veramente gentile.

Hotel Piast *(B3, **2**)*: 98 ul. Marszałka Piłsudskiego. ☎ 343-00-33. Di fronte alla stazione *PKP*. Prezzi economici: a partire da 80 Zl. L'albergo è frequentato da molti giovani turisti. Camere con soffitti alti, moquette, radio, TV, lavabo per alcune e doccia per altre. Camere pulite, con il famoso piumino polacco che tiene caldo e grossi cuscini soffici. Gli animali domestici sono benvenuti. Sconti venerdì e sabato.

Prezzi medi

Hotel Polonia *(B3, **14**)*: 66 ul. Marszałka Piłsudskiego. ☎ 343-10-21 o 29. Fax: 44-73-10. Parzialmente ristrutturato, questo albergo propone camere a posto ma senza carattere. Accoglienza molto simpatica. Sconti interessanti durante il fine settimana.

🏨 ***Hotel Europejski** (B3, **15**):* 88 ul. Marszałka Piłsudskiego. ☎ 343-10-71 o 77. Nella stessa via del precedente, vicinissimo alla stazione ferroviaria. Corridoi di un lusso démodé, carichi del triste ricordo di un'epoca sicuramente più prospera. Camere medie, eccetto se ne chiedete una ristrutturata. Sconti durante il fine settimana.

🏨 ***Hotel Zaułek** (B1, **13**):* 18a ul. Odrzańska. ☎ 341-00-49. Nel simpatico quartiere dell'università, in una vecchia dimora borghese rinnovata e dipinta di bianco. Abbastanza caro: 300 Zl circa. Camere piacevoli con bagno e telefono diretto; talvolta c'è anche un salottino per i visitatori. Accoglienza eccellente, clientela universitaria. Di sera potete anche mangiare qualcosa sul posto nel bar-ristorante al pianterreno. Parcheggio custodito davanti all'albergo.

Chic

🏨 ***Dwór Polski** (B1, **16**):* 2 ul. Kiełbaśnicza. ☎ 372-34-15. In una viuzza tranquilla, a ovest della piazza del mercato. Calcolate 370 Zl per una camera e 590 Zl per una suite. Un albergo di lusso a prezzi abbordabili. La ricca facciata sul lato della Rynek è un biglietto da visita di qualità, come la galleria di foto delle celebrità ospitate (noi non vi figuriamo ancora...). L'interno è stato ricostruito in un tradizionale stile borghese e offre un comfort moderno. Qui niente è falso: tutto è antico, chic e abbordabile! Accoglienza molto simpatica e buon rapporto qualità-prezzo. L'albergo ospita anche tre ristoranti, un'enoteca, un jazz-pub e, quando fa bello, una caffetteria (vedi il *Karczma Piastów* in «Dove mangiare»).

Dove mangiare

Prezzi economici

|●| ***Bar Mis** (B1, **30**):* 48 ul. Kuznicza. Aperto da lunedì a sabato solo fino alle 18. Tipica mensa polacca con il tabellone dei piatti del giorno all'entrata. Grande sala con tavolini sorvegliati dalla cassiera, atmosfera da mensa scolastica. Al n. 45, lo ***Zaczek*** è aperto domenica e di sera.

|●| ***Restauracja Smak** (B1, **31**):* ul. Nozownicza. All'incrocio con ul. Odrzańska. Aperto dalle 9 alle 21. Del ristorante lo *Smak* possiede solo il nome: in realtà si tratta di un self-service. Carta abbastanza varia.

|●| ***Bar Vega** (B1-2, **35**):* 1/2 ul. Sukiennice. Sulla Rynek, di fianco al negozio della *Kodak*. Per dimenticare il gulash e la minestra di frattaglie di mucca. *Vega* è sinonimo di vegetariano! Una caffetteria in pieno centro con una carta talmente ricca che si finisce per esitare nella scelta dei piatti. Provate la cotoletta di soia con il puré fatto in casa. Spremute d'arancia non troppo care. Una sala piacevole dove domina il verde con qualche acquarello incorniciato. Clientela piuttosto varia.

|●| ***Ready's** (B2, **32**):* 15 Rynek. Uno snack-bar moderno all'interno di un palazzo elegante. Qualche specialità greca rivisitata in chiave polacca. Tavoli all'aperto sulla Rynek.

|●| ***Bar Wzorcowy** (B3, **38**):* 86 ul. Marszałka Piłsudskiego. All'angolo di Stawowa, nel quartiere della stazione. Aperto dalle 8 alle 18. Un self-service tipo mensa popolare per la gente che lavora nel quartiere.

Prezzi medi

|●| *Karczma Lwowska* *(B1, **33**)*: 4 Rynek. Apre alle 11. Al primo piano di un bell'edificio, un ristorante recente creato da gente innamorata di Leopoli. Tutto nel locale ricorda questa città (nel passato austro-ungarica, poi polacca e attualmente ucraina), di cui diversi abitanti di Breslavia sono originari: pitture murali, vecchie cartoline e una deliziosa cucina. Assaggiate l'arrosto alla *Dzieduszycki* preparato secondo la ricetta di un conte venuto in persona da Leopoli.

|●| *Pod Szczęśliwym Kupcem* *(B1, **34**)*: 46/47 Rynek. Aperto dalle 11 alle 22. Sempre sulla piazza del mercato, un ristorantino con molto fascino che propone una buona cucina tradizionale e qualche pizza. Il servizio è un po' lento.

|●| *Restauracja Ksiazeca* *(B3, **39**)*: stazione *PKP*, entrata principale, a sinistra dopo il pannello informativo sugli alberghi della città. Bisognava pensarci domenica sera, quando era tutto chiuso! In una scenografia esterna da castello della bella addormentata nel bosco, l'incantesimo svanisce con il fragore delle locomotive elettriche. Il ristorante è l'unico posto della stazione a proporre un arredamento degno dell'architettura esterna. La carta propone piatti di pesce e di carne, ma la scelta è limitata. È anche vero che noi ci siamo andati una domenica sera. Servizio impeccabile. Avrete anche diritto alla televisione e al film doppiato da una sola e unica voce!

|●| *Caffè Europejski* *(B3, **15**)*: vicino all'albergo che porta lo stesso nome (vedi «Dove dormire»). Aperto fino alle 22. Ideale per la prima colazione all'occidentale con un buffet a volontà. Il prezzo varia a seconda della persona alla quale lo chiedete, cercate quindi di fissarlo all'inizio. Per quelli che dormono nell'albergo, la prima colazione è compresa nel prezzo della camera. Ai pasti si raduna solo una clientela da albergo, e i prezzi sono elevati per la qualità offerta.

Chic

|●| *Spiż* *(B1, **37**)*: 9 Rynek Ratusz. Al centro della piazza del mercato. Aperto dalle 12 a mezzanotte. Nelle cantine del vecchio mercato coperto diverse grandi sale con un arredamento regale. Leggendo la carta (enorme) scoprirete alcune specialità messicane, ma tutto si spiega: il proprietario, Bogdan Spiż, è il console onorario del Messico! Il ristorante propone anche una buona cucina polacca e una birra prodotta sul posto: i tini sono visibili. In estate, accomodatevi ai tavoli all'aperto in una cornice verde e allegra per osservare il viavai della piazza.

|●| *Karczma Piastów* *(B1, **36**)*: 6/7 ul. Kiełbaśnicza. Fa parte del famoso complesso gastronomico di *Dwór Piastów*, frequentato da personaggi celebri: la principessa e il principe del Lussemburgo, Lech Wałęsa... Sul retro dell'entrata principale, in una via con le facciate ancora fatiscenti, si nasconde un eccellente ristorante. Bella carta con specialità polacche e della Slesia. Ordinate la trippa e un filetto di maiale alle prugne guarnito di *kluski śląskie*. Un vero festino.

Dove bere qualcosa

Ɪ *Caffè Uni* *(B1, **50**)*: sulla piazza dell'università. Aperto dalle 10 a mezzanotte. Ha il fascino intimo dei locali frequentati da intellettuali dove potete incontrare giovani impegnati in discussioni appassionanti sulla vanità delle cose, e graziose fanciulle che gli danno torto. Numerosi cocktail dai nomi stravaganti: vedova verde (*zielona wdowa*), sogno di un ubriaco (*marzenie pijaka*), cacciavite (*śrubokręt*)...

🍸 ***Mac Budha** (B1, **51**):* 31 ul. Kuźnicza. Un'entrata alta a forma di campanile con all'interno una pedana per bere tranquillamente una birra.

Vita notturna

🍸 ♪ ***Music Club Liverpool** (B3, **60**):* ul. Świdnicka. Di fronte ai grandi magazzini *DT Centrum*, l'entrata si trova sotto i portici. Un corridoio un po' sospetto conduce a una cantina. Il locale è tutto qui. Una discoteca recente ma già conosciuta tra gli studenti che vi festeggiano volentieri la riuscita dei loro esami. Decorazione dedicata ai Beatles.

🍸 ♪ ***Bacchus** (B2, **52**):* 16/17 Rynek. In uno stile completamente diverso, una discoteca all'occidentale abbastanza snob ma non troppo chic con una palla di luce e una piccola pista per ballare. Sempre in una cantina. Clientela mista.

Vita culturale

Procuratevi all'ufficio del turismo il mensile *Co jest grane?* con il programma delle manifestazioni culturali a Breslavia e nei dintorni. È in polacco, ma se siete disposti a fare qualche sforzo riuscirete a trovare un buon concerto o uno spettacolo.

– Se il teatro sperimentale vi interessa, non mancate di fare un giro al ***centro di Ricerca teatrale*** (27 Rynek Ratusz; *B1*). Qui si continua a coltivare l'arte di Jerzy Grotowski e vi inviteranno a partecipare a spettacoli, conferenze, incontri...

– Gli appassionati di jazz apprezzeranno il ***Festival internazionale Jazz sull'Oder*** che si svolge generalmente in maggio.

– Il ***festival di Oratori e Cantate Wratislavia Cantans*** resta un grande appuntamento e non solo per i melomani.

– Al centro della città si trova il bell'edificio dell'***Opera di Breslavia*** (3 ul. Świdnicka; *B2*). In un secolo e mezzo, cioè dalla sua apertura, il teatro ha accolto alcuni grandi musicisti: Johannes Brahms, Fryderyc Chopin, Henryk Wieniawski... Un'occasione per passare una bella serata a un prezzo non troppo elevato.

Da vedere

★ ***Wyspa Piaskowa** (Isola di Sabbia; C1, **80**):* per raggiungere l'Isola di Sabbia dovete passare sul ponte più vecchio di Breslavia. Subito a destra, la biblioteca universitaria dove andarono in fumo molti preziosi volumi durante la seconda guerra mondiale. Più distante, *Nostra Signora di Sabbia*. Questi nomi poetici per l'isola e la chiesa evocano modelli italiani di chiese dedicate ai santi cristiani massacrati sulla sabbia delle arene. Il complesso risale alla fine del XIV secolo, ma durante gli ultimi lavori sono state scoperte tracce di edifici anteriori. Non perdetevi il timpano romanico del XII secolo e l'affresco murale del XV secolo.
Uscendo dalla chiesa, prendete a destra il ponte Tumski.

★ ***Ostrów Tumski:*** il sito del primo insediamento, sull'Isola della cattedrale (la riva destra dell'Oder), è culla storica della città; ha conservato del passato solo le testimonianze più sontuose: la cattedrale e altri edifici sacri.

★ ***Chiesa di Santa Croce*** *(D1, **81**)*: grandiosa, slanciata, gli inesperti la scambiano talvolta per la cattedrale. La vedete subito a sinistra quando percorrete il ponte Tumski. Questa costruzione originale ospita due chiese sovrapposte. Bell'esempio di tolleranza, visto che ai due livelli corrispondono due culti diversi.
Proseguite nella viuzza delimitata da case del XVI e XVIII secolo (ricostruzione totale), in fondo alla quale si trova la cattedrale.

★ ***La cattedrale*** *(D1, **82**)*: monumento millenario che non ha conservato nessuna traccia della prima chiesa fondata nell'anno mille. Ricostruita in stile tardogotico, presenta anche molte decorazioni barocche e aggiunte neogotiche. Nella navata centrale, un pulpito tipico del barocco slesiano.

★ Uscendo dalla cattedrale dalla porta sulla sinistra potete proseguire la visita costeggiando la chiesa o passando dal portico di fronte per entrare nel ***Museo dell'arcidiocesi*** *(D1, **83**)*, 12 ul. Kanoni. Chiuso lunedì. Interessante soprattutto per le sculture slesiane e i preziosi manoscritti risalenti alle origini della letteratura polacca. Se desiderate fare una breve pausa ecologica, vicino al museo si trova il *giardino botanico* (ul. Ostrów Tumski).

★ ***Università di Breslavia*** *(B1, **84**)*: edificio barocco dell'antica accademia dei gesuiti. Al primo piano una magnifica sala delle feste, l'*Aula Leopoldina*, dedicata all'imperatore Leopoldo. Una visita da non perdere, soprattutto per gli studenti che frequentano le università moderne le cui aule non hanno nulla a che vedere con l'arte. Aperto dalle 10 alle 15.30, eccetto mercoledì.

★ ***Ratusz*** *(Municipio)*: raro monumeno di architettura civile tardogotica. La facciata sud, decorata con numerosi fregi in rilievo del XV e XVI secolo, è sicuramente la più bella e la più interessante. Eseguiti con realismo, ci fanno rivivere alcune divertenti scene di vita quotidiana nel Medioevo. Sul lato est, ricostruzione di un antico palo della gogna.
Sulla ***Rynek*** (*piazza del Mercato*), ammirate alcune belle abitazioni barocche ai nn. 4, 5 e 6; al n. 2, una grande residenza patrizia del Rinascimento fiammingo.

★ ***Plac Solny*** *(piazza del Sale; B2)*: collegata alla Rynek e destinata in origine al mercato del sale. Interessante complesso barocco.

★ ***Chiesa di Santa Maria Maddalena*** *(B2, **86**)*: nella via attigua alla piazza del mercato. Una basilica barocca imponente. Sul lato sud, portale romanico del XII secolo.

★ ***Museo nazionale*** *(D1, **87**)*: 5 piazza Powstanców Warszawy. Aperto tutti i giorni eccetto lunedì dalle 10 (9 giovedì) alle 16. Il biglietto del Panorama Racławicka è valido, lo stesso giorno, anche per l'accesso al Museo nazionale. Imponente edificio in stile neorinascimentale fiammingo. Esposizione di collezioni di arte slesiana, dal Medioevo al barocco: sculture lignee, quadri, antiche pietre funerarie. Una sala speciale è consacrata ai maestri stranieri: le opere più importanti sono quelle di Giovanni Santi, padre di Raffaello, e di Albrecht Dürer.

★ ***Panorama Racławicka*** *(C1, **88**)*: 11 ul. Purkyniego. ☎ 44-23-44. Aperto dalle 9 alle 16. Chiuso lunedì. Vicino al Museo nazionale, in un parco, una strana rotonda di cemento. A metà strada tra la pittura e la scenografia, è una grande tela realista srotolata all'interno di un edificio circolare. Invenzione interessante in un'epoca (la fine del XIX secolo) in cui nessuno si immaginava ancora le sale cinematografiche moderne dotate di schermi emisferici. La tela racconta gli eventi di una delle battaglie dell'insurrezione di Kościuszko del 1794. Oltre al valore estetico l'opera, realizzata da due grandi artisti della scuola realista, è una sorta di manifesto patriottico della lotta per l'indipendenza. Il suo messaggio apertamente antirusso fu per molto tempo un ostacolo all'esposizone pubblica, resa possibile solo nel 1985. Da vedere assolutamente.

➤ NEI DINTORNI DI BRESLAVIA

★ ***Trzebnica:*** sulla strada di Poznań, a una ventina di chilometri da Breslavia, Trzebnica merita una breve tappa. La chiesa fu fatta costruire all'inizio del XIII secolo dal principe di Slesia Henryk I Brodaty (Enrico il Barbuto) per la sua devota sposa che a lui preferiva la vita religiosa. Il principe fece anche costruire un convento dove la moglie si ritirò dopo la sua morte. Quando l'ordine cistercense fu abolito, il convento diventò un ospedale. Alla fine del XVII secolo, dopo un rovinoso incendio, la chiesa e l'abbazia furono ricostruite nello stile gotico in voga all'epoca. Dell'edificio originale restano due portali romanici, di cui uno rappresenta il re Davide mentre suona l'arpa alla sua beneamata, come il barbuto avrebbe voluto fare per la sua santa moglie. Una bella storia che si conclude con una bella chiesa, il cui interno è di un lusso principesco e di un candore «canonico». La chiesa si riempie di luce nel tardo pomeriggio quando i lampadari vengono accesi. Suor Edwige fu canonizzata poco dopo la morte e la sua tomba si trova nella cappella a destra del coro. Il marito sarebbe stato sicuramente geloso di un tale lusso, tanto più che la sua, di tomba, ai piedi dell'altare, è minuscola.

★ ***Sobótka:*** a sud di Breslavia, in direzione di Swidnica; prendete la E261 e poi la 452. Accessibile in treno e in pullman. Rovine archeologiche di civiltà pagane, come i Celti, sul monte Sleza. Restano anche alcune enigmatiche statue.

★ ***Swidnica:*** 50 km a sud di Breslavia, accessibile in treno e in pullman. Placida cittadina con la sua Rynek e i suoi begli edifici. A chi se ne va a zonzo per il *centrum*, l'architettura offre qui e là alcuni resti del passato medievale. Un *museo degli Antichi Mestieri* (*muzeum Dawnego Kupiectwa*; a nord della Rynek, chiude alle 15). Andando verso la grande torre trasformata in galleria (aperta dalle 11 alle 17) si passa davanti alla prigione e, in via Rozana, si ascoltano senza volerlo le conversazioni tra i prigionieri e i familiari o le fidanzate. In via Niepodleglosci, invece, per comunicare dovrete gesticolare molto a causa del rumore del traffico. Sulla strada dei Sudeti, la città merita una breve tappa.

★ ***Karpacz:*** in direzione di Jelenia Góra, a sud-ovest di Swidnica, alla frontiera ceca. Il villaggio possiede una perla rara: una chiesa Wang costruita con legno norvegese nel XII secolo e decorata con motivi vichinghi. Fu acquistata dal re di Prussia, poi smontata e rimontata pezzo per pezzo a Karpacz. Potete anche visitare il *museo del Giocattolo* (*muzeum Zabawek*) dove è esposta una bellissima collezione internazionale di orsetti e marionette varie. La regione offre numerose passeggiate, in particolare sul monte Sniezka.

– I SUDETI –

A sud di Breslavia, alla frontiera ceca, questa regione montuosa a cavallo tra i due paesi è stata sicuramente una delle più contese nella storia della Polonia. È qui, nei Sudeti, che alla fine della guerra fu eseguito l'ordine di Berlino: «trovate dei posti sicuri dove nascondere le opere d'arte», grazie alla presenza di numerose grotte, passaggi sotterranei e castelli, ma anche a causa della convinzione che questa regione sarebbe rimasta tedesca. La

storia della seconda guerra mondiale è cominciata in questa regione, cecoslovacca prima della guerra, popolata da tedeschi che, sostenuti da Hitler, rivendicavano la sua annessione alla Germania nazista. I tedeschi fondarono un partito autonomista poi pro-nazista, il partito tedesco dei Sudeti. Nel 1938 Hitler diede un ultimatum alla Cecoslovacchia la quale, in occasione della conferenza di Monaco del settembre 1938, organizzata espressamente per trovare una soluzione al problema, dovette cedere alle pressioni franco-britanniche e alle promesse del Führer di organizzare un referendum. Approfittando del «vile sollievo» dei francesi e degli inglesi, Hitler occupò la regione fin dal 1° ottobre. Il seguito della storia lo conosciamo…
Oggi la regione è molto più tranquilla e offre numerose passeggiate nelle foreste.

KŁODZKO (CAP: 57300) PREF. TEL.: 072

130 km a sud di Breslavia, verso la frontiera ceca, sulla strada di Brno. Kłodzko è una piacevole cittadina medievale di 10 000 abitanti che ha conservato una grossa fortezza, testimonianza di una storia movimentata tra austriaci, prussiani, cecoslovacchi e polacchi. Andare a zonzo tra le viuzze tortuose e il ponticello gotico è un vero piacere. La vita scorre dolcemente, come la birra che potrete piacevolmente degustare seduti ai tavolini all'aperto dei locali lungo la Rynek.

Come arrivare

➢ ***In treno:*** due stazioni. Si arriva a *Kłodzko główny* da dove bisogna prendere un pulmino, un treno o un autobus per raggiungere *Kłodzko* centro. Una quindicina di treni provenienti da Breslavia e da Swidnica.
➢ ***In pullman:*** una decina di pullman da Breslavia, altrettanti da Swidnica e alcuni da Kudowa e Bystrzyca.
Vedi anche «Lasciare Kłodzko».

Indirizzi utili

ℹ ***Ufficio PTTK:*** 1 ul. Wista Stwosza. Nella via che scende verso il ponte gotico. Aperto dalle 8 alle 16; venerdì dalle 8 alle 18, sabato dalle 9 alle 13. Vendita di cartine della regione. Ufficio poco efficiente.

✉ ***Posta:*** distante dalla Rynek, in direzione del museo.

■ ***Banca PKO:*** a nord della Rynek, verso la cittadella. Sportello automatico.

Dove dormire

Campeggi

⛺ ***Campeggio:*** ul. Nowy Swiat. A nord, in direzione di Breslavia-Walbrzych passando dalla città. Nella foresta (indicazioni). Vicino non ci sono fermate di autobus, e quindi bisogna camminare per almeno 1 km. Aperto tutto l'anno. Propone anche camere vecchiotte con un forte odore di chiuso, piuttosto care per le prestazioni offerte. Ristorante sul posto.

Prezzi economici

▲ ***Ostello della Gioventù (Nodegi):*** 5 ul. Nadrzeczna. ☎ 867-25-24. A meno di 1 km dalla Rynek. Sull'altro lato del fiume se arrivate dalla stazione *PKP*. Chiude alle 21. 10 Zl per notte. All'uscita della città, con la campagna tutt'intorno, il posto è molto tranquillo. Purtroppo l'ostello dispone solo di 12 camere da 2 letti. In stagione è quindi preferibile prenotare con un po' di anticipo. Cattiva notizia per i festaioli: la porta dell'ostello chiude molto presto la sera. Cucina attrezzata.

Prezzi medi

▲ ***Hotel Astoria:*** di fronte alla stazione dei pullman. ☎ 867-30-35. Prezzi onesti; per la prima colazione dovete aggiungere 10 Zl. L'albergo più vicino al *centrum*, visto che non è ancora possibile dormire di fronte alla Rynek. Il migliore della categoria. Belle camere, alcune con bagno molto grande. Sceglietene una con vista sul fiume. La padrona di casa è simpatica e parla inglese.

Dove mangiare

Prezzi economici

|●| ***Bar Don Giorno:*** all'altezza della stazione dei pullman. Aperto tutti i giorni fino a tardi. Il villaggio è sprovvisto di latterie tipo mensa popolare, ma non di pizzerie né di botti di birra. Il proprietario baffuto sta dietro al bancone e fa qualche sforzo per parlare in inglese. La carta propone anche *pierogi*, *bigos* e minestre.

|●| ***Bar Romano:*** nella piazza del mercato, di fianco all'entrata del municipio. Non fermatevi all'aspetto esteriore che fa pensare all'ennesima pizzeria. Dietro al bancone c'è un vero cuoco che prepara ottimi piattini ben presentati. Se siete golosi, assaggiate i *nolesnikis*, crêpe con ananas, mandarino o mela. Potete anche mangiare all'aperto, ma i tavoli all'interno facilitano i contatti. Durante le ore di punta, può capitare di ritrovarsi seduti sul divano in seducente compagnia.

|●| Ci hanno consigliato un ristorante che propone una cucina più gustosa, il ***Wratuszu***, di fronte al precedente sulla Rynek. Ma quando ci siamo passati era chiuso… Lasciamo a voi il piacere di provarlo.

Dove bere qualcosa

Ỳ ***WBL 1998:*** un vero pub con le moto parcheggiate davanti all'entrata. Un tipo di locale piuttosto raro in Polonia per cui vale la pena di fermarsi. Buona atmosfera e quando fa troppo caldo potete bere il vostro litro di birra seduti sui gradini all'aperto.

Da vedere

★ ***Fortezza:*** seguite le indicazioni «Labirynt Jadyny w Polsce» sui muri della cittadella. Aperta fino alle 16. Visita guidata ogni ora. Bisogna pagare due biglietti d'entrata, uno per la visita guidata del tunnel e l'altro, a destra, per la visita della cittadella, molto bella ma purtroppo in stato di abbandono. Gli squattrinati pagheranno solo il biglietto per la prima visita. La fortezza fu costruita nel XVII secolo dagli austriaci e successivamente modificata dai prussiani. La sua forma attuale, in due parti, risale alla fine del XVIII secolo. Grazie a una rete di sotterranei, che costituisce la sua grande originalità, la fortezza ha tenuto testa all'esercito di Napoleone: 40 km di tunnel utilizzati in passato come deposito e mezzo di difesa. L'ingegnoso inventore di questo primo campo minato riempiva i tunnel di polvere da sparo e quando il nemico si trovava al posto giusto... lo faceva saltare in aria! La guida vi mostrerà il sistema di puntamento. Potete visitare 1,6 km di tunnel; i più piccoli misurano 50 x 50 cm, e i soldati li percorrevano quindi a quattro zampe e nel buio totale, a causa delle tracce di polvere da sparo disperse un po' dappertutto. Se volete provare, la guida vi farà passare in un piccolo tunnel di un metro d'altezza, una sorta di marcia delle papere lunga 15 m.

★ ***Percorso sotterraneo (podziemna trasa turystyczna):*** nella città vecchia. Aperto dalle 9 alle 17. Per chi volesse continuare sullo stesso tema, c'è la possibilità di fare un circuito di 600 m attraverso le cantine della città. Partenza ai piedi della fortezza e arrivo vicino alla chiesa. La cassa si trova alla fine del percorso, se non vi siete persi. L'unica preoccupazione, che vi passiamo volentieri (non ringraziateci, tra noi è normale), è che un buontempone stacchi l'elettricità durante la visita. Nel 1945, quando alcuni edifici crollarono, questo labirinto riaffiorò alla memoria degli storici della città. Da allora è stato restaurato con mattoni. Le cantine venivano utilizzate come magazzini dai commercianti. Durante i lavori di restauro nel 1963 si decise di collegarle tra loro per formare questo percorso.

★ ***Ponte gotico:*** camminando per la città, questo ponticello del XIV secolo è un passaggio obbligato. Il suo aspetto, con le statue alle estremità, fa pensare al ponte Carlo di Praga in miniatura.

★ Non dimenticate la ***chiesa dell'Assunzione*** con il suo notevole portale barocco. Vi consigliamo soprattutto di andare a spasso per le viuzze e ammirare le facciate decorate, i vecchi portoni... La città possiede anche un ***muzeum***, 4 ul. Iuksieucza, con una bella collezione di orologi. Aperto da martedì a venerdì dalle 10 alle 17, nel week-end dalle 11 alle 17. Chiuso lunedì.

➤ NEI DINTORNI DI KŁODZKO

★ ***Bystrzyca Kłodzka:*** una ventina di chilometri a sud di Kłodzko prendendo la strada 381 in direzione di Brno. Accesso a Bystrzyca in treno o in pullman con partenza da Kłodzko. Si comincia a penetrare nei Sudeti. Cittadina medievale che ha conservato le mura di cinta. Di fianco alle torri, vicino alla Rynek, potete ancora vedere le porte d'entrata. Il migliore punto di osservazione sulla città e le torri si trova vicino al fiume Stronie.
La strada che collega Bystrzyca a Kletno via Stronie è una delle più belle che ci sia capitato di percorrere in questa regione. Finalmente si vedono i Sudeti.

★ ***Grotta dell'Orso:*** a ***Kletno***. Una trentina di chilometri a est di Bystrzyca, verso Stronie. Per arrivarci in treno, scendete a Stronie Slaskie e prendete il pullman fino a Kletno. Da qui, percorso a piedi fino alla grotta che si trova 3 km dopo il paesino. Ben indicata. Visite dalle 9.45 alle 16.40. Chiusa lunedì, giovedì e per un mese tra il 20 dicembre e il 20 gennaio. Entrata: 12 Zl. La cassiera non è molto gentile, insistete comunque per ottenere un dépliant in una lingua comprensibile.
Kletno è un paesino nascosto a 1000 m d'altitudine che si riempie di turisti durante la stagione invernale. Piacevole punto di partenza per le passeg-

giate nel massiccio di Snieznik Kłodzki. Ma Kletno è conosciuta in tutta la Polonia per la grotta dell'Orso. Nel 1966, in una cava di marmo – ce ne sono tantissime nella regione – sono stati scoperti i resti di un orso. Si tratta della grotta più grande di tutta la Polonia; le prime «sale», scavate dall'acqua nel marmo, risalirebbero a 50 milioni di anni fa. Oggi ci sono 2,5 km di corridoi disposti su 3 livelli. Solo il corridoio centrale è accessibile al pubblico, gli altri due livelli sono riservati agli speleologi esperti. La guida si diverte con l'illuminazione nella sala «Champagne» e il risultato è simpatico. Potete vedere resti e ossa di leoni, iene, orsi bruni... di cui alcuni sono ancora bloccati nel ghiaccio, e lo scheletro di un orso fitofago, vale a dire vegetariano. Ovviamente nella grotta fa molto freddo e l'aria è umida, come sta scritto su un cartello all'entrata. Ecco una buona occasione per indossare la pelliccia ecologica.

All'entrata del villaggio c'è un ***Ostello della Gioventù*** dal comfort modesto, ma è aperto tutto l'anno ed è quasi gratuito.

C'è anche un albergo-ristorante: ***Pod Jaskinia***, un po' più distante. Ecco tutto per quanto riguarda l'alloggio.

Snack-bar all'interno della grotta.

★ ***Paczków:*** a 32 km da Kłodzko, in direzione di Nysa. Cittadina di 8500 abitanti. Nel 1526 (come il resto della Slesia) passò prima sotto la dominazione degli Asburgo e poi sotto quella prussiana. A più riprese fortificata, è circondata da immense mura di cinta medievali di 9 m di altezza per 1 km di lunghezza. La cittadina si visita rapidamente a piedi. Alcune torri sono conservate molto bene ed è possibile salire sulla torre di guardia. Se l'entrata è chiusa, il guardiano è spesso al bar, di fianco al negozio. Molto simpatico, vi incoraggerà a salire i gradini per ammirare il panorama. Vi spiegherà che il platano che si vede dall'alto, con un buco nel tronco, ha 150 anni. Un'altra possibilità è di salire (gratis) sulla torre del municipio, che risale al 1552. Il responsabile locale del turismo vi aprirà prima la sua porta (n. 13) e poi quella della torre. Se ci andate, salutatelo da parte nostra. Anche la chiesa del XIV secolo è stata fortificata e veniva utilizzata come ultimo rifugio dagli abitanti in caso di assedio. Ecco perché avevano scavato un pozzo, chiamato *tataro*, sul lato della chiesa. Piccolo *museo* gratuito, non particolarmente interessante, sull'industria del gas.

Se è l'ora di pranzo, i piccoli budget apprezzeranno il ***ristorante*** al n. 17 di Narutowicza. Una mensa come non ne abbiamo mai viste, con tanto di campanella. L'entrata è nel corridoio.

★ ***I monti Tabulari:*** a ovest di Kłodzko, in direzione di Kudowa Zdroj, verso la frontiera ceca. I camminatori e... gli amanti degli «scherzi» della natura porteranno a passeggio le loro scarpe da trekking su questi banchi di arenaria pieni di rocce fantastiche dalle forme veramente strane.

– La regione conta numerose stazioni termali e la più piacevole si trova a **Kudowa**. Accessibile in treno da Kłodzko, ma in questo caso il pullman è più pratico perché la stazione *PKP* è distante dal *centrum*.

★ A 3 km da Kudowa, presso il villaggio di ***Czermna***, una *cappella* (*kaplica Czaszek*) composta di teschi e ossa di uomini, vittime della guerra dei Trent'anni, del colera e della peste. Il prete dell'epoca e il becchino si sono per così dire «divertiti» a incollare alcuni di questi resti (3000 sui 20 000 presenti nel cimitero) prima che altri facessero lo stesso con i loro, oggi esposti in una teca di vetro. Una visione non particolarmente allegra, soprattutto quando si pensa che basta che un teschio cada per far crollare tutta l'opera...

– Il punto di partenza per le escursioni nei monti Tabulari si trova presso il villaggio di ***Karłów***, 10 km a nord di Kudowa. Una passeggiata di un'ora in un labirinto di pietre, *Błedne Skały*, dove in alcuni punti bisogna farsi piccoli piccoli per poter proseguire. Un'altra passeggiata, un po' più lunga e molto piacevole, con partenza da Karłów: negli *Szczeliniec Wielki* attraverso blocchi di pietre stranamente eloquenti!

Lasciare Kłodzko

➢***In treno:*** attenzione, ci sono due stazioni, *Kłodzko główny* e *Kłodzko centro*. 2 treni al giorno per la Slovacchia. Treni per Miasto, Walbrzych, Nysa, Bystrzyca.
➢***In pullman:*** per Brno, nella Repubblica Ceca.

– LA GRANDE POLONIA E LA POMERANIA –

POZNAŃ (CAP: 61772) PREF. TEL.: 061

Un po' di storia

Nel 968 vi fu costruita la prima cattedrale del paese, anche se la famiglia reale dei Piasti si era stabilita a Gniezno. Centro culturale e intellettuale, la città accolse immigrati italiani, scozzesi, greci e armeni in seguito alle persecuzioni della comunità ebraica e protestante alla fine del XVI secolo.
Al centro di una grande pianura conosciuta per la sua agricoltura di alto livello, Poznań fu per oltre cento anni (1815-1918) sotto il controllo dei prussiani. La popolazione polacca resistette economicamente e culturalmente alla politica di germanizzazione prussiana, ma la città conserva ancora oggi alcuni tratti tedeschi. Gli abitanti sono famosi per il loro senso pratico e il carattere razionale. La rivolta della Grande Polonia portò la libertà nel 1918, ma l'occupante tedesco tornò ancora una volta, e fu la fine per la popolazione ebraica della città.
Nel 1945 Poznań fu teatro di accaniti combattimenti che ne distrussero buona parte. Le celebri collezioni Czartoryski, composte di più di 5000 quadri, antichità, porcellane e opere grafiche, furono ritirate dai musei e trasportate nelle cantine di una casa di campagna vicino a Poznań. Fu così che se ne andarono la *Dama con l'ermellino* di Leonardo da Vinci, il *Paesaggio con il buon samaritano* di Rembrandt e il *Ritratto di un giovane* di Raffaello. I primi due quadri furono ritrovati, in casa dell'ex avvocato di Hitler, mentre il Raffaello è ancora in mani ignote. Il dopoguerra fu sinonimo di ricostruzione e l'intensa industrializzazione attirò una popolazione operaia che si scontrò a più riprese con le forze dell'ordine, in modo particolare nel giugno del 1956.

Avvertimento

La Fiera internazionale di Poznań è l'orgoglio e la ricchezza della città: in questo periodo, i prezzi degli alberghi raddoppiano e a volte triplicano. Le più grandi festività ricorrono nel mese di giugno. Il resto dell'anno, i prezzi seguono il loro corso normale.

Come arrivare

➢ ***In aereo:*** diversi voli diretti ogni giorno da Varsavia. Un volo quotidiano da Cracovia *via* Varsavia. 2 voli da Breslavia (mattina e sera) sempre *via* Varsavia.

➢ ***In treno:*** un treno ogni due ore in partenza da Varsavia (tra cui l'*Intercity*) e altrettanti treni da Breslavia. 6 treni da Danzica e 3 da Częstochowa.

➢ ***In pullman:*** due partenze da Breslavia. Un collegamento diretto con Varsavia, ma il tragitto è più lungo e più costoso che in treno. Il pullman resta molto pratico per visitare i dintorni: Gniezno, Kórnik e Rogalin.

Indirizzi utili

Servizi turistici

ℹ ***Informazioni turistiche*** *(C2):* 59 Rynek Stary. ☎ 852-61-56. Sulla piazza del mercato della città vecchia. Aperto da lunedì a venerdì dalle 9 alle 17, sabato dalle 10 alle 14. Informazioni sulla Polonia e Poznań, indirizzi di alberghi, Ostelli della Gioventù ecc. Vendita di pubblicazioni turistiche e piccoli souvenir. Lingue praticate: tedesco, inglese e talvolta francese. Personale simpatico e paziente.

■ ***CIM*** *(C2, **5**):* 44 ul. Ratajczaka. ☎ 851-96-45. • cim@man.poznan.pl • Nel quartiere universitario. Aperto da lunedì a venerdì dalle 10 alle 19, nel week-end dalle 10 alle 17. Pare che sia il primo centro d'informazioni aperto in Polonia. Un esempio da seguire: hostess poliglotte, informazioni computerizzate e generosamente distribuite...

■ ***Ufficio PTTK*** *(C2, **1**):* 90 Rynek Stary. ☎ 852-18-39. Aperto dalle 9 alle 15 (18 mercoledì). Diversi servizi proposti: guide poliglotte (biso-

---

■ Indirizzi utili
- ℹ Informazioni turistiche
- ✉ Posta
- Stazione ferroviaria PKP
- Stazione dei pullman PKS
- **1** Ufficio PTTK
- **2** Ufficio di accoglienza per turisti stranieri, Orbis
- **3** Camere presso privati, Biuro Zakwaterowań «Przemysław»
- **4** Lot
- **5** CIM
- **6** Centro francese

Dove dormire
- **21** Hotel Miejski Ośrodek Sportowy
- **22** Dom Turysty
- **23** Hotel Wielkopolska
- **24** Royal Hotel

Dove mangiare
- **30** Milk Bar Apetyt
- **31** L'Avanti
- **32** Bar mleczny
- **33** U Dylla
- **34** Woźna 21
- **35** Pod Bipieta
- **36** Club Élite
- **37** Café Picolo

Bar, pasticcerie e gelaterie
- **40** Caffè Glos
- **41** Nasz Klub
- **42** Caffè Gruszecki
- **45** Ratuszowa

Dove bere qualcosa
- **41** Nasz Klub
- **46** The B52's

♩ Dove andare la sera
- **43** Palladium
- **44** Jama

★ Da vedere
- **50** Kościół Farny
- **51** Ostrów Tumski
- **52** Museo nazionale
- **53** Palmiarnia
- **54** Monumento commemorativo degli eventi del giugno 1956
- **55** Chiesa dei francescani

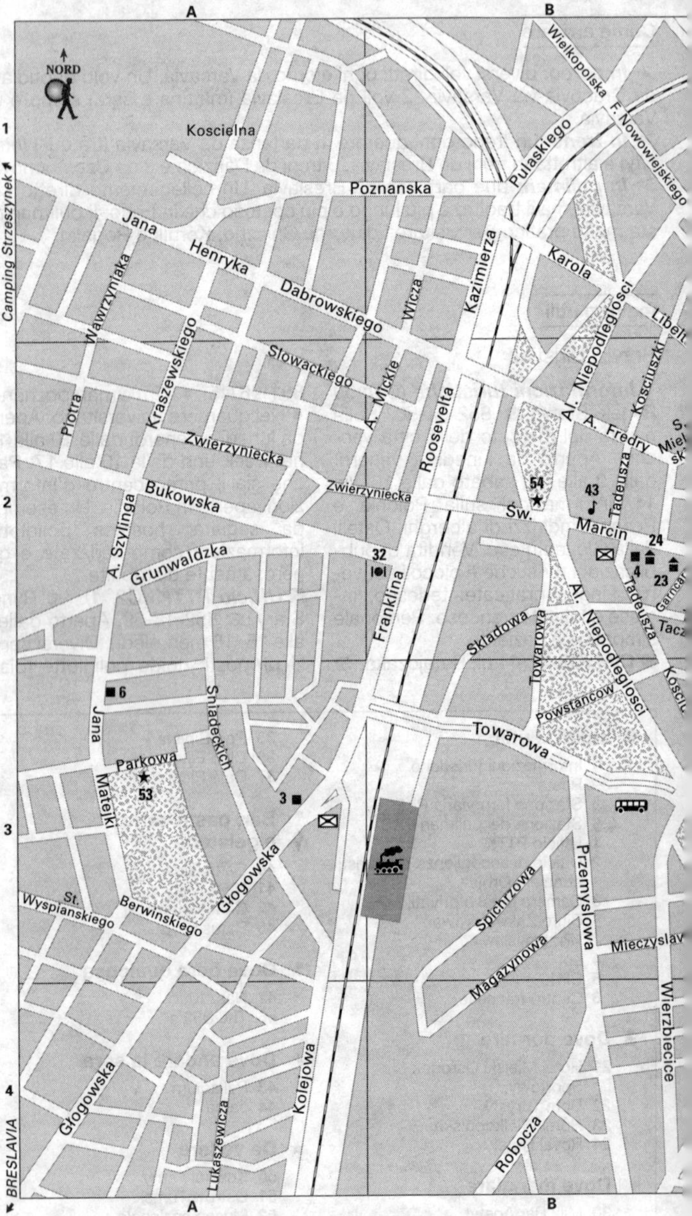
A
B
NORD
1
2
3
4
Koscielna
Camping Strzeszynek
Poznanska
Jana
Henryka
Dabrowskiego
Wawrzyniaka
Kraszewskiego
Slowackiego
Wicza
Kazimierza
Pulaskiego
Wielkopolska
F. Nowowiejskiego
Karola
Al. Niepodleglosci
Libelt
Kosciuszki
A. Mickie
Roosevelta
Piotra
Zwierzyniecka
A. Fredry
Tadeusza
Bukowska
A. Szylinga
Grunwaldzka
54
43
Św.
Marcin
24
32
4
23
Franklina
Garncar
Skladowa
Towarowa
Tacz
Powstancow
6
Sniadeckich
Jana
Parkowa
Mateiki
53
3
Glogowska
St.
Wyspianskiego
Berwinskiego
Spichrzowa
Przemyslowa
Magazynowa
Mieczyslaw
Wierzbiecice
Kolejowa
Lukaszewicza
Robocza
BRESLAVIA

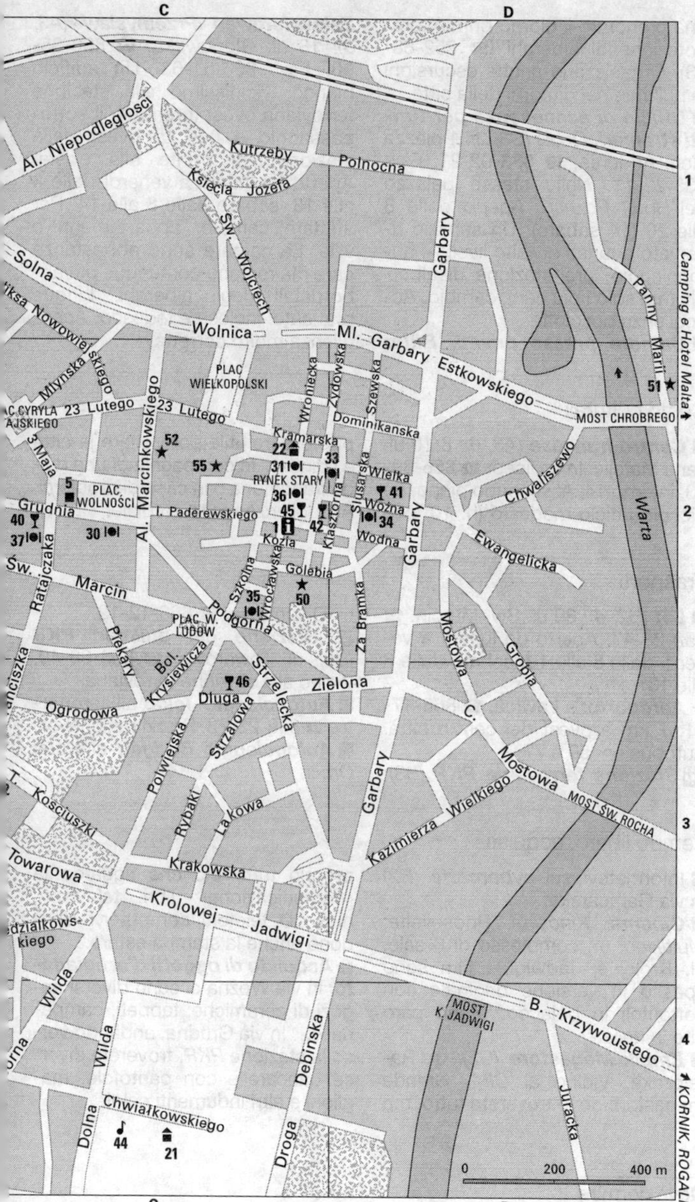
C
D
Al. Niepodleglosci
Kutrzeby
Polnocna
Ksiecia Jozefa
Św. Wojciech
Solna
Garbary
Wolnica
Ml. Garbary
Estkowskiego
PLAC WIELKOPOLSKI
23 Lutego
Marcinkowskiego
Wroniecka
Zydowska
Szewska
Dominikanska
Kramarska
RYNEK STARY
Wielka
Chwaliszewo
PLAC WOLNOSCI
Grudnia
I. Paderewskiego
Woźna
Wodna
Kozia
Klasztorna
Slusarska
Ewangelicka
Golebia
Św. Marcin
Ratajczaka
Szkolna
Wroclawska
Podgorna
PLAC W. LUDOW
Za Bramka
Mostowa
Grobla
Piekary
Bol. Krysiewicza
Strzelecka
Zielona
Dluga
Ogrodowa
Polwiejska
Strzalowa
C. Mostowa
Rybaki
Lakowa
Kazimierza Wielkiego
MOST ŚW. ROCHA
T. Kosciuszki
Towarowa
Krakowska
Krolowej Jadwigi
Wilda
Debinska
MOST K. JADWIGI
B. Krzywoustego
Chwiałkowskiego
Dolna
Droga
Juracka
Warta
Panny Marii
MOST CHROBREGO
Camping e Hotel Malta
KORNIK, ROGALIN
0 200 400 m
1
2
3
4

POZNAŃ

gna prenotare il giorno prima), prenotazione di alberghi (☎ 852-88-93). Organizzano anche escursioni in pullman nei dintorni della città.

■ ***Ufficio di accoglienza per turisti stranieri, Orbis*** *(C3,* ***2****):* 1 piazza Gen. Andersa. ☎ 833-02-21. Fax: 833-22-11. Nello stesso palazzo dell'*Hotel Poznań*. Aperto dalle 8 alle 20 (14 sabato). Un servizio riservato a turisti di «alto livello»: autonoleggio, prenotazione di alberghi (ma solo i più cari), cambio. Accoglienza poliglotta.

■ ***Camere presso privati, Biuro Zakwaterowań «Przemysław»*** *(A3,* ***3****):* 16 ul. Głogowska. ☎ 866-35-60. Fax: 866-51-63. Un edificio bianco, vicinissimo alla stazione ferroviaria ovest (prendete il sottopassaggio e l'uscita ovest della stazione), di fronte alla posta. Aperto da lunedì a venerdì dalle 8 alle 18, sabato dalle 8 alle 14. Per affittare camere, appartamenti e ville. Le camere sono abbastanza care ma restano comunque più abbordabili degli alberghi. Lingue praticate: inglese e tedesco. Accoglienza molto corretta.

Centri culturali

■ ***Centro francese*** *(A3,* ***6****):* 8/10 ul. Jana Matejki. In un liceo. ☎ 866-39-63, interno 14. Al secondo piano, un piccolo ufficio modesto (n. 10) che può essere utile per visitare la città e i dintorni in compagnia di una guida francofona o in caso di problemi. Accoglienza molto cordiale.

Trasporti

■ ***Lot*** *(B2,* ***4****):* 69 ul. Św. Marcin. ☎ 852-28-47. Aperto da lunedì a venerdì dalle 8 alle 19, sabato dalle 8 alle 13.

✈ ***Aeroporto:*** a Ławica. ☎ 868-17-01. 7 km a ovest del centro città. Autobus nn. 59 e 77.

Stazione ferroviaria PKP *(B3):* ul. Dworcowa. ☎ 866-12-12.

Stazione dei pullman PKS *(B3):* ul. Towarowa. ☎ 853-09-40. Vicino alla stazione ferroviaria.

■ ***Autonoleggio Joka:*** all'aeroporto. ☎ 849-23-78. Prezzi ragionevoli.

■ ***Autonoleggio Budget:*** all'*Hotel Orbis*.

Tempo libero, acquisti

■ Informatevi sul ***cybercaffè*** *(B2)* in via Gamcarska.

■ ***Cinema:*** *Kino*, ul. Roosevelta; *Multikino*, un complesso di 8 sale, ul. Krolowej Jadwigi. I film sono spesso in versione originale con sottotitoli in polacco. Meno caro che in Italia.

■ ***Empik Megastore*** *(C2):* ul. Ratajczaka. Vicino al *CIM*. Grande megastore dove troverete tutto, ma proprio tutto ciò che riguarda la «comunicazione»: libri, televisori, hi-fi, CD, telefoni, computer... Vendono anche la stampa estera.

Acquisto di oggetti d'artigianato: in via Wożna ci sono diversi negozi di ceramiche, tappeti, campanelle... In via Grudna, andando verso la stazione *PKP*, troverete diverse bancarelle con pantofole, maglioni e altri indumenti caldi.

Dove dormire

Prezzi economici

Hotel Miejski Ośrodek Sportowy *(C4,* ***21****):* 34 ul. Chwiałkowskiego. ☎ 833-24-44. Fax: 833-46-51. Tram nn. 2, 9 e 18. In un quartiere piuttosto sinistro. Comfort medio che ricorda più o meno da vicino quello delle residenze universitarie. Camere pulite e dignitose. Piscina a disposizione dei clienti, cosa piuttosto rara negli alberghi di questa categoria. Accoglienza indifferente.

⛺ ***Camping Strzeszynek*** *(fuori pianta da A1):* 15 ul. Koszalinska. ☎ e fax: 848-31-29. 11 km a nord-ovest dal centro. Tram nn. 2, 7, 8, 19 e 20 fino al capolinea Ogrody; poi bisogna prendere l'autobus n. 95 (ogni mezz'ora dal mattino alla sera). Aperto da maggio a ottobre. Vicino a un laghetto dove gli abitanti di Poznań vengono a fare il bagno (attenzione, folla durante il week-end). Graziosissimo paesaggio immerso nel verde. Possibilità di noleggiare barche o pedalò. Bungalow (alcuni di ottimo livello). Ristorante sul posto. Accoglienza veramente simpatica. Non ci sono cabine telefoniche, ma in caso di necessità potete utilizzare il telefono della reception. Il cancello è sempre chiuso; ottimo per la sicurezza, ma purtroppo è un po' lontano dal centro.

Prezzi medi

⌂ ⛺ ***Camping e Hotel Malta*** *(fuori pianta da D2):* 98 ul. Krańcowa. ☎ 876-61-55. Fax: 876-62-83. A est, sulle rive del lago Maltańskie. Tram n. 6 dalla stazione ferroviaria. Aperto tutto l'anno. Un grande complesso sportivo, vagamente futurista rispetto al grigiore del centro città. Una cinquantina di bungalow molto confortevoli per 2, 3 o 5 persone. Per quanto riguarda il campeggio: servizi igienici e cucina molto puliti, terreno perfettamente tenuto e tariffe molto interessanti. Qui regna lo spirito sportivo e le sensazioni forti sono garantite: un salto nel vuoto con l'elastico, un pasto al ristorante indiano... Accoglienza molto premurosa.

⌂ ***Hotel Wielkopolska*** *(B2, **23**):* 67 ul. Św. Marcin. ☎ 852-76-31. Fax: 852-54-92. A partire da 170 Zl per una doppia. Nel caso in cui tutti gli altri alberghi fossero al completo, questo è il meno caro della categoria. Non molto piacevole ma abbordabile. Vecchio edificio massiccio dove sono stati fatti alcuni lavori. Hall d'entrata banale e buia e accoglienza mediamente simpatica. La metà delle camere è senza bagno e quelle non rinnovate sono piuttosto tristi. Chiedete una camera sul cortile (anche se la vista è lugubre) la strada è molto rumorosa.

Chic

⌂ ***Royal Hotel*** *(B2, **24**):* 71 ul. Św. Marcin. ☎ 858-23-00. • royalhotel@poczta.onet.pl • Da 230 a 300 Zl per una doppia, prima colazione compresa. Non fate caso al nome: il *Royal Hotel* sarà stato «reale» nel passato, ma oggi è sceso nella categoria media per quanto riguarda il comfort. L'albergo si trova in fondo al cortile dove potete parcheggiare la macchina. L'esterno è stato ben rinnovato come l'interno, anche se restano ancora alcune vestigia del passato, come la spazzola per lucidare le scarpe sulla scala. Arredamento accogliente e ben riuscito. Ristorante piuttosto chic.

⌂ ***Dom Turysty*** *(C2, **22**):* 91 Rynek Stary. ☎ e fax: 852-88-93. In pieno centro. Entrata al n. 91 di ul. Wroniecka. Tram nn. 4 e 8 fino a piazza Wielkopolski, poi 5 min. a piedi. La reception è al primo piano. Antico palazzo della fine del XVIII secolo sulla piazza del mercato della città vecchia. Jarosław Dąbrowski, generale dell'esercito napoleonico, vi soggiornò nel 1806 per preparare il passaggio di Napoleone in marcia verso la Russia. Al terzo e al quarto piano c'erano appartamenti riservati agli ospiti di prestigio, cosa molto rara all'epoca. Interamente rinnovato dopo la guerra, l'interno ha perso in parte il suo fascino antico. Resta comunque un bell'albergo, più che corretto. Camere da 1 a 6 letti, molto pulite. Le migliori sono al secondo piano.

Dove dormire nei dintorni

Prezzi medi

Palazzo di Konin: a Lwowek, 60 km a ovest di Poznań. Per quelli che arrivano da Berlino, segnaliamo questo albergo immerso in un parco con uno stagno, gestito da una francese che pare abbia ereditato la casa paterna. Spiaggia pubblica a 200 m.

Dove mangiare

Prezzi economici

Milk Bar Apetyt *(C2, **30**):* piazza Wolności. Aperto da lunedì a venerdì dalle 8 alle 19, sabato dalle 10 alle 17, domenica dalle 11 alle 17. Ideale per i piccoli budget. Pulizia del locale relativa (vedi le piante di plastica piene di polvere), ma che importa l'estetica quando i *pierogi*, le crêpe e le cotolette di maiale fumanti sono così buoni? Allora, buon appetito!

Bar mleczny *(B2, **32**):* 22 ul. Franklina Roosevelta. Aperto dalle 8 alle 20. Una delle rare mense nei pressi della stazione. Cucina ordinaria servita da signore con grembiuli bianchi che annunciano i piatti quando arrivano dalla cucina.

Pod Bipieta *(C2, **35**):* all'angolo delle vie Wrocławska e Podgorna. Aperto fino alle 20 (18 domenica). Un'altra mensa popolare più recente e apparentemente più pulita della precedente. Pratica perché vicina alla Rynek.

L'Avanti *(C2, **31**):* 95 Rynek Stary. Per quelli che vogliono assolutamente pranzare all'aperto davanti al municipio. Prezzi bassi e qualità accettabile per questo self-service che propone insalate economiche, sandwich e piatti rapidi. Per una volta, i piatti e gli ingredienti sono mostrati in foto; meglio così, soprattutto quando si è un po' esigenti. Da non confondere con l'altro *Avanti*, al n. 76 della piazza, una sorta di *McDonald's* che al posto degli hamburger propone piatti di spaghetti.

Café Picolo *(C2, **37**):* 39 ul. Ratajczaka. Il meno caro della categoria, attira una clientela di studenti che mangiano spaghetti seduti sugli sgabelli del bar. L'insegna della Coca-Cola di fianco a un soldato che stringe la mano di un altro soldato polacco è oggi possibile. Di fronte, l'università con una caffetteria e un Internet club.

Prezzi medi

U Dylla *(C-D2, **33**):* 37/39 Rynek Stary. Decisamente, la visita della città vecchia si impone visto che anche questo locale si trova sulla piazza del mercato. Arredamento interno un po' kitsch: quattro false icone, specchi sulle pareti, colori vivaci rosa e giallo. Prima di ordinare la specialità chiedete un bicchiere di acqua e fate qualche esercizio preparatorio per l'apparato digerente. La specialità si chiama *krokiety sowizdrzała:* pasta per le crêpe, carne trita e altri ingredienti segreti, il tutto arrotolato, impanato e fritto. Gli amanti dei valori certi ordineranno una cotoletta alla polacca (scaloppina di maiale impanata) oppure daranno fiducia al cuoco (formatosi in Francia) che servirà loro qualche buon piatto bretone. Carta in francese. Servizio dignitoso anche se non troppo dinamico.

Wożna 21 *(D2, **34**):* nella via che porta lo stesso nome del ristorante. Qualcosa di diverso dai soliti tavolini all'aperto della Rynek e dai piatti di spaghetti. Qui servono crêpe, succhi di frutta freschi per la mamma, pollo con riso per il papà e *ser-*

nik e *charlotka* calda per i bambini. Il locale è un'oasi di sole e di tranquillità immersa in un ambiente vivace e colorato.

Chic

Club Élite *(C2, 36):* 2 Rynek Stary. ☎ 852-99-17. Al centro della piazza. Aperto dalle 12 alle 22; domenica dalle 13 alle 17. Non fidatevi del nome: si tratta in realtà di uno dei migliori ristoranti della città che propone una cucina abbastanza tipica. L'ambiente è sobrio ed elegante, la musica piacevole e il servizio impeccabile. Il ristorante di fianco, ***Kresowa***, propone specialità ucraine e lituane.

Dove mangiare nei dintorni

Prezzi medi

Hacjenda *(fuori pianta):* 38 ul. Morasko. ☎ 812-51-68. Una decina di chilometri a nord della città. Potete arrivarci con l'autobus n. 88, ma il taxi (calcolate 20 Zl) è la soluzione migliore per non sbagliare strada, almeno all'andata. Chiusura alle 21. Calcolate 60 Zl per un pasto. Vi consigliamo una cena gastronomica. Rinomato per la qualità dei volatili allevati a cereali, in particolare l'anatra, è l'unico ristorante della città a preparare una specialità della Grande Polonia secondo un'antica ricetta: il *kaczka*. Non vi diremo altro. Il conto, è vero, è salato, ma un piatto è più che sufficiente. Estremamente buono e tenero nello stesso tempo. Eric Clapton ha scoperto il locale prima di noi, ma dovete scusarci: noi eravamo molto impegnati a fare il giro dei bar.

Bar, pasticcerie e gelaterie

Ratuszowa *(C2, 45):* piazza del mercato. Sullo stesso lato dell'ufficio del turismo. Aperto dalle 10 all'1 di notte. All'entrata, un bar con luci al neon fluorescenti. Se vi chiedete: «Dove bere qualcosa in un museo», la risposta è: al *Ratuszowa*. Scendete nelle cantine (del XVI secolo) dove, in due sale diverse, vi troverete divinamente. A sinistra, un pub con tavoli ricavati da botti dove potrete bere naturalmente una birra (*Lech* o *Okocim*), ma anche un tè o un caffè con un pasticcino. A destra, la bella sala del ristorante con un arredamento un po' folle: costumi di teatro, ritratti, vecchie foto, incisioni e strumenti musicali. Un guazzabuglio di oggetti diversi, ecco il vero tesoro del proprietario, un collezionista appassionato.

Caffè Glos *(C2, 40):* all'angolo di ul. Ratajczaka e ul. Grudnia. Al primo piano. Ambiente piacevole e spazioso con vista sull'animazione del quartiere. Fate come gli habitué che vengono a leggere il giornale acquistato giusto di fronte da *Empik*. I golosi, invece, possono fare come noi e passare alla pasticceria ***Bajka***, 48 ul. 3 Maja, subito dopo il ristorante *Vogue*, in fondo al vicolo cieco. Assaggiate i *sernik* (dolci al formaggio) o i *makowiec* (dolci ai semi di papavero).

Caffè Gruszecki *(C2, 42):* 50 Rynek Stary. Un locale perfetto per un incontro intimo. Tre salette nelle cantine dove si dimentica subito il chiasso della città. A volte, capita che anche la cameriera si dimentichi di voi. Ma abbiate pazienza, i dolci sono deliziosi e i gelati (la Cyntia, per esempio) semplicemente divini. Buona scelta di caffè.

Nasz Klub *(D2, 41):* 10 ul. Wożna. Un indirizzo tra i tanti, soprattutto per la pasticceria francese (vedi sotto).

Dove bere qualcosa

🍸 ***Klepsydra*** *(C2):* all'angolo della piazza del mercato con via Paderewskiego. Aperto dalle 16 a mezzanotte (fino alle 2 di notte sabato). Al primo piano, una sala piuttosto piccola con poltrone di vimini e un'atmosfera alquanto sonnacchiosa. Un locale dove il tempo passa molto lentamente…

🍸 ***Nasz Klub*** *(D2, **41**):* 10 ul. Wożna. In una viuzza a pochi passi dalla Rynek. Aperto tutti i giorni eccetto domenica dalle 12 a mezzanotte. Al primo piano. Non esitate a salire le scale poco invitanti. Lo stile del locale è completamente diverso da quello dei due precedenti: un appartamento trasformato in club per amanti della musica classica. Diverse personalità del mondo del teatro e dell'opera vengono spesso qui per assaggiare l'eccellente pasticceria francese. Il proprietario, Adam Nowak, ha vinto un premio a un concorso mondiale per panettieri-pasticcieri!

🍸 ***The B52's*** *(C3, **46**):* 14 ul. Dluga. L'atmosfera più Sex Pistols della città. Mettono ancora i buoni vecchi vinili della grande epoca dei Ramones e i dischi gracchiano sotto la puntina. Una vera bisca dove potrete finalmente lasciarvi andare, bere e ballare.

Dove andare la sera

♪ ***Palladium*** *(B2, **43**):* 80/82 ul. Św. Marcin. ☎ 853-60-31 o 536-177. Nell'edificio del palazzo della Cultura. Aperto dalle 21 alle 5 del mattino. Locale prediletto dai nuovi ricchi polacchi alla ricerca di sensazioni forti (che qui sono fortemente erotiche). La camicia è d'obbligo! Clientela elegante, più matura rispetto alle altre discoteche, ma ancora capace di divertirsi!

♪ ***Jama*** *(C4, **44**):* 35/37 ul. Chwiałkowskiego. ☎ 833-25-90. Aperto da martedì a giovedì dalle 21 alle 3 del mattino, venerdì e sabato fino alle 5, domenica dalle 19 all'1 di notte. Un locale molto occidentale, molto americano e soprattutto molto alla moda. È qui che vengono i giovani polacchi pieni di soldi e ben vestiti.

♪ ***Caffè Stones Grill*** *(C2):* Paderewskiego. Vicino a Rynek Stary. Bar-discoteca su due piani con un biliardo e una minuscola pista da ballo. Clientela giovane, meno borghese che nei locali precedenti. Spesso frequentato da graziose creature…

♪ ***Studio Jack Live Disco:*** 12 Ozielynskich. La discoteca del momento per i 16-20-enni. Spaziosa con un arredamento classico da discoteca di provincia. Pista da ballo al primo piano. Atmosfera surriscaldata certe sere.

Da evitare

– I dintorni del club *Jama*, se non ci andate in taxi. Molto rischioso.
– I night-club degli alberghi *Poznań* e *Polonez* dove i turisti stranieri sono un po' troppo «apprezzati».

Da vedere

★ ***Ex palazzo municipale*** *(C2):* al centro della piazza del mercato della città vecchia (Rynek Stary). Costruito alla fine del XIII secolo in stile gotico, fu ricostruito dopo un incendio alla metà del XVI secolo dall'architetto italiano Giovanni Battista Quadrio ed è considerato il più prezioso monumento laico di epoca rinascimentale a nord delle Alpi. Residenza del sindaco

fino al 1939, attualmente ospita il *Museo della città*. Aperto dalle 10 alle 16 (15 domenica). Entrata libera venerdì. Facciata principale con arcate e loggia coperta di decorazioni a graffito policrome. Quando scocca mezzogiorno, due capretti lignei appaiono sotto l'orologio della torre e si toccano le corna per dodici volte. Lo spettacolo è molto divertente, ma attenzione al torcicollo. All'interno, grande vestibolo rinascimentale (al primo piano) con un soffitto a cassettoni molto decorato.
Davanti all'edificio, la *copia del palo della gogna* del XVI secolo, dove i criminali venivano esposti al pubblico scherno e dove si praticava la flagellazione. Questa gogna fu costruita con i soldi delle multe inflitte ai domestici per aver indossato vestiti troppo importanti per le loro modeste condizioni. Nel 1535 il Consiglio della città aveva infatti approvato un regolamento molto preciso che stabiliva anche l'ammontare delle multe per i trasgressori. Nientemeno!

★ ***Rynek Stary*** *(piazza del mercato della città vecchia; C2):* una piazza quadrata da dove partono dodici vie. Tutt'intorno, abitazioni del XV e XVI secolo con facciate barocche e neoclassiche ricostruite nel dopoguerra. Al n. 78, il *palazzo Działyński* si distingue per la bellezza e le dimensioni. Al centro della piazza, di fianco al municipio, due padiglioni moderni: uno ospita il *Museo militare* (armature, armi antiche, piroghe del Medioevo ecc.), l'altro una *sala d'esposizione d'arte contemporanea* che organizza spesso mostre interessanti (chiusa lunedì e giovedì).
In estate, ogni sabato e domenica all'imbrunire ha luogo uno spettacolo «luci e suoni» che mette in risalto i tesori architettonichi della piazza. Davanti al ristorante *Club Élite* (vedi «Dove mangiare»), la graziosa fontana con una contadina bavarese (*Bamberka*) ricorda che durante la prima metà del XVIII secolo molti contadini originari della Baviera si insediarono nelle campagne devastate intorno a Poznań.

★ ***Museo degli Strumenti musicali (muzeum Instrumentów Muzycznych;*** *C2):* sulla stessa piazza, al n. 45. Aperto martedì dalle 11 alle 17, mercoledì e venerdì dalle 10 alle 16, sabato dalle 11 alle 17, domenica dalle 10 alle 15. Chiuso lunedì e giovedì. Un museo molto interessante, unico in Polonia. Esposizione di strumenti originali che testimoniano la ricerca di nuovi suoni attraverso diverse epoche (a partire dal XVI secolo). Collezione di strumenti esotici e «macchine da musica»: organetti di Barberia, carillon ecc. Nella sala consacrata a Chopin è esposto il pianoforte a coda che il musicista utilizzò tra il 1827 e il 1829.

★ ***Chiesa dei Francescani (kościół Franciszkanów;*** *C2,* ***55****):* un altro monumento barocco risalente al XVII secolo. Da vedere: gli stucchi, i dipinti, gli stalli (sedili di legno con schienale alto) e, sul lato sinistro del coro, la cappella bianca e rosa che racchiude un'immagine della Santa Vergine. Oggetto di culto, l'immagine è posta su un altare di legno scuro con decorazioni dorate. Un sistema ingegnoso fa girare le colonne che a loro volta fanno scorrere i due quadri sopra l'altare. Nel quadro dei preti francescani è dissimulata una porta.

★ ***Museo delle Arti decorative (muzeum Sztuk uzytkowych):*** di fronte alla chiesa dei Francescani. Aperto dalle 10 alle 16. Ricavato nell'antico castello di Przemysław che era il palazzo degli *starosta*, i generali del re nella Grande Polonia.

★ ***Kościół Farny*** *(chiesa parrocchiale; C2,* ***50****):* via Świętosławska. Costruito dai gesuiti alla fine del XVII secolo, questo magnifico edificio è uno dei migliori esempi di architettura barocca. All'inizio del XVII secolo, i ge-

suiti provenienti dall'Austria fecero opera di proselitismo artistico e commissionarono *Il Giudizio Universale* a Rubens, per far sì che l'immagine penetrasse nel cuore dei pagani almeno quanto le loro parole. Il quadro si inserisce pienamente nel periodo barocco (nome che deriva dalla parola portoghese *barocco* che indica una perla irregolare) ed esalta il gusto per il movimento e le forme curve. L'arte barocca ebbe la sua prima grande manifestazione a Roma, in piazza San Pietro, e si diffuse successivamente in Portogallo, in Spagna, nei Paesi Bassi e nella Francia di Luigi XIII; ma proprio mentre incominciava a risentire di un certo declino in questi paesi, conobbe un immenso successo in Austria (vedi l'abbazia benedettina di Melk), nella Germania meridionale, in Boemia e in Polonia. La chiesa parrocchiale di Poznań possiede un interno monumentale con numerosi affreschi e quadri dell'epoca. Concerti di organo ogni sabato alle 12.15.
Di fronte alla chiesa c'è un altro edificio barocco che in passato ospitava una scuola di gesuiti e oggi una scuola di danza! In fondo alla via, il monumentale complesso degli edifici dell'*antico collegio*, oggi sede degli uffici municipali.

★ ***Ostrów Tumski*** *(isola della Cattedrale; D2,* ***51****):* in passato era un'isola che fu la culla della città. Partendo dalla piazza del mercato della città vecchia, prendete via Wielka e proseguite su via Chwaliszewo; passate il ponte sul fiume Warta. In estate, aperto dalle 7 alle 19; il resto dell'anno, dalle 7 alle 16; domenica, solo nel pomeriggio a partire dalle 15. Complesso architettonico di grande valore storico. È qui che fu costruito il primo muro di cinta fortificato. Il battesimo della Polonia, nell'anno 966, si svolse molto probabilmente in una chiesa poi sostituita dalla cattedrale che oggi domina l'isola. Edificio del XV secolo in stile gotico, circondato da cappelle rimaneggiate in stile barocco. All'interno, numerose opere d'arte: la cappella dorata, il mausoleo dei fondatori dello stato polacco, Mieszko I (922-992 circa) e Boleslao l'Intrepido (967-1025). Nella cripta, vestigia di una cattedrale preromanica e romanica.

★ ***Museo nazionale (Muzeum Narodowe;*** *C2,* ***52****):* 9 al. Marcinkowskiego. Chiuso lunedì e giovedì. In centro, vicino a piazza Wolności. Aperto martedì dalle 12 alle 18, mercoledì dalle 10 alle 16, venerdì, sabato e domenica dalle 10 alle 15. In un grande edificio di pietra nera, una ricca galleria di pittura polacca ed europea. Opere dei più celebri maestri della scuola polacca: Jan Matejko, Josef Chełmoński, Jacek Malczewski, Stanisław Wyspiański. Ma anche pittura olandese del XVI secolo, alcune opere del manierismo, pittura fiamminga e pittura barocca italiana.

★ ***Palmiarnia*** *(A3,* ***53****):* una serra gigante all'interno del parco Wilsona, vicino a via Parkowa. Aperta tutti i giorni, eccetto lunedì, dalle 9 alle 17 (18 domenica e festivi). Una delle serre più grandi d'Europa. Otto padiglioni a diversi gradi di temperatura e umidità con 17 000 piante tropicali.

★ ***Monumento commemorativo degli eventi del giugno 1956*** *(B2,* ***54****):* piazza A. Mickiewicza. In pieno centro, tra l'edificio dell'università e il palazzo della Cultura. Nel giugno del 1956 gli operai di Poznań, in seguito a un aumento dei prezzi dei generi alimentari, protestarono e reclamarono «il pane, la verità e la libertà». Una delegazione si mise in cammino per Varsavia per far sentire la voce degli operai, ma fu fermata. Seguì un'enorme manifestazione durante la quale gli insorti attaccarono la sede della polizia politica e le apparecchiature di oscuramento delle radio occidentali. La sede del Comitato centrale del Partito fu incendiata. L'esercito invase Poznań, la polizia caricò e fece cinquanta vittime. Centinaia di persone furono arrestate e giudicate da tribunali militari. Fu la prima

«sommossa popolare» contro il regime comunista. Ce ne furono altre nel 1968, 1970, 1976 e 1980 che prelusero alla nascita del sindacato Solidarność.
Per anni il potere comunista tenne sotto silenzio questi eventi. Ma gli abitanti di Poznań non dimenticarono. Nel 1980, durante il periodo d'oro di Solidarność, una delle prime rivendicazioni fu la costruzione di questo monumento e la riabilitazione di tutti coloro che avevano partecipato alla rivolta. In un tempo record (due mesi) il monumento fu costruito e inaugurato. Durante gli anni della legge marziale (1981-1989) questo posto divenne il luogo di raduno di tutte le manifestazioni contro il regime.

Manifestazioni

– Il prestigioso ***Festival internazionale di violino Henryk Wieniawski*** ha luogo ogni cinque anni; l'ultimo si è svolto nel 2001.
– Gli appassionati di jazz possono venire in maggio per partecipare alla ***Poznań Jazz Fair:*** grande festa in tutti i club di jazz della città, appuntamento con i più grandi musicisti al club di studenti *Esculap* (39 ul. Przybyszewskiego) per *jam sessions* che durano fino all'alba.
– *Il* ***Festival internazionale di teatro di via Malta*** si svolge ogni anno in giugno. Poznań si trasforma in un carnevale magico.
– Ogni anno in giugno si svolge, sulla Rynek, la ***fiera di San Giovanni***, grande festa tradizionale dell'artigianato.

➤ *NEI DINTORNI DI POZNAŃ*

★ ***Museo di Apicultura (muzeum Psyczelarstwa) di Swarzedz:*** a una decina di chilometri da Poznań, andando verso Varsavia. Sulla strada principale, dopo il *McDonald's*, al cartello «Hotel». Aperto da lunedì a venerdì dalle 9 alle 16, nel week-end dalle 10 alle 15. Piccolo museo piuttosto stravagante dove sono esposti centinaia di alveari, dai più semplici costruiti in un tronco d'albero, fino ai più fantasiosi.

★ ***Castello di Kórnik:*** 20 km a sud-est di Poznań, sulla strada n. 42. Aperto in estate da martedì a domenica dalle 9 alle 17.30; il resto dell'anno, dalle 9 alle 15. Chiuso lunedì. Lasciate la macchina in città per evitare il parcheggio a pagamento. Castello neogotico, già proprietà della famiglia Gorka, dove è esposta una collezione di quadri, mobili e armi dell'epoca romantica. I proprietari, grandi collezionisti e storici emeriti, ci aprono le porte della loro bella dimora. La biblioteca racchiude più di 150 000 volumi, alcuni di grande valore. Date un'occhiata al pianoforte Brodman sul quale pare che abbia suonato Chopin. Il castello è circondato da un parco all'inglese con un arboreto che vanta più di 3000 essenze di alberi e arbusti d'Europa, Asia e America. All'esterno del parco, di fronte al cancello d'entrata, una collezione di tre automobili *Wozownia*, tra cui una «Dormosa» (entrata a pagamento). Nei dintorni c'è anche un lago.

★ ***Palazzo di Rogalin:*** a 11 km da Kórnik; prendete la strada n. 431 in direzione di Mosina. Aperto dalle 10 alle 16 (20 per il parco). Chiuso lunedì. Un palazzo rococò classico, con belle decorazioni interne realizzate dal XVI al XIX secolo. Il parco ospita alcune querce secolari, veri e propri monumenti della natura, la cui circonferenza raggiunge i 9 m. I tre alberi chiamati Lech (Polonia), Russ e Szech simboleggiano, a quanto pare, la spartizione storica dell'Europa centrale! In un padiglione a sinistra dell'entrata

si trova una *galleria d'arte* dove potrete ammirare quadri polacchi e stranieri dei secoli XIX e XX.
Arrivando a Rogalin, sul lato sinistro della strada, notate una *cappella* molto strana.

★ ***Gniezno:*** 50 km circa a nord-est di Poznań, sulla strada n. 5. Bella città, prima capitale ricca e prospera della Polonia nel basso Medioevo. Gniezno ha perso il prestigio dei tempi in cui i re di Polonia venivano fin qui per farsi incoronare, ma è rimasta la capitale ecclesiastica del paese. Città piacevole con una bella via pedonale. Potete farci tappa per il pranzo.
Secondo un'antica leggenda tre fratelli, Lech, Szech e Russ (fondatori mitici della nazione polacca, ceca e russa) arrivarono in questi luoghi con le loro tribù. Lech vide su una quercia solitaria il nido di un'aquila bianca. Convinto che si trattasse di un buon auspicio, fondò una città e la chiamò Gniezno (dalla parola *gniazdo* che in polacco significa «nido»). Fu così che l'aquila diventò l'emblema del paese.
Potete visitare la *cattedrale gotica* tutti i giorni dalle 10 alle 12 e dalle 13 alle 17; durante i giorni festivi, dalle 13.30 alle 17.30, eccetto che durante le funzioni. Celebre la porta di bronzo del XII secolo ornata da bassorilievi che illustrano la vita del santo martire Adalberto. Dopo una bella carriera che lo portò a Roma a 26 anni, il vescovo Adalberto partì in missione per la Polonia (scena 7 sulla porta) per evangelizzare una piccola tribù di pagani allora chiamati prussiani. Dapprima respinto, il sant'uomo insistette e ritornò alla carica. Fu allora decapitato e la sua testa rotolò verso la frontiera da cui era arrivato (scena 8). Il corpo fu riacquistato al prezzo del suo peso in oro (scena 10), ma la leggenda non dice se con la testa... o senza. Adalberto fu canonizzato e oggi si comincia a ventilare l'idea di attribuirgli il titolo di Santo Protettore delle chiese dell'Europa centrale. L'aneddoto è importante per la patria polacca, visto che nel 999 Gniezno diventò arcivescovado, nonostante la candidatura di Praga, e che all'epoca solo un arcivescovo poteva incoronare un re, cosa che fu fatta qualche anno dopo. Sulla porta a sinistra, dal basso verso l'alto: la nascita, la scuola, in preghiera, la nomina come vescovo... Dall'alto verso il basso sulla porta a destra: 18 scene in tutto che illustrano la sua vita. Nella scena 4 della porta sinistra si trova il leone che figura sulle banconote da 20 złoty. La tomba del santo, magnifica opera del XV secolo, si trova al centro della cattedrale. Chiedete a una guida di visitare anche la cripta e la torre. All'entrata, a destra, proiezione di video in lingue straniere.

★ ***Sito preistorico di Biskupin:*** proseguite sulla strada n. 5 a nord di Gniezno per 35 km, poi girate a destra; 5 km più avanti si trova la ricostruzione perfetta di una città preistorica, una delle rare vestigia della civiltà lusaziana; seguite le indicazioni «Muzeum Wykopaliska Biskupin». È la Pompei polacca. Questa fortificazione lacustre era stata costruita su una penisola circondata da mura di legno spesse da 3 a 8 m, risalenti a 2700 anni a.C. Si suppone che all'interno vivessero da 700 a 1000 persone in case di legno molto solide, tutte praticamente identiche e disposte simmetricamente. Gli archeologi hanno trovato alcuni oggetti dell'età della pietra e del ferro, insieme a tracce della civiltà celtica. Un'avventura originale attraverso paesaggi superbi. Piccolo *museo* dove sono esposti molti modellini che ricostruiscono la vita quotidiana nella preistoria (visita tutti i giorni dalle 9 alle 17).
– Durante la terza settimana di settembre ha luogo il *Festival archeologico* con un banchetto «preistorico», esposizioni d'arte, dimostrazioni varie, ricostruzione di un villaggio con comparse in costumi dell'epoca... Un'occasione per tutti gli esperti internazionali di riunirsi e confrontare le ultime scoperte in campo archeologico.

– Possibilità di fare una gita sul lago di 30 min. su una barca come quelle dell'epoca del sito. Potete anche fare un giro su un trenino turistico in partenza da Znin. *Polskie Towarzystwo Turystyczno:* ☎ 302-51-50. Fermata anche al museo del Treno di Wenecja.

TORUŃ (CAP: 87100) PREF. TEL.: 056

Città natale di Nicolò Copernico (Mikołaj Kopernik), grande astronomo del XVI secolo che «mise in moto la Terra e arrestò il Sole e il cielo», come indica l'iscrizione sul suo monumento nella piazza della città vecchia. Giordano Bruno, filosofo italiano nato 5 anni dopo la morte di Copernico, bruciò su un rogo per aver difeso le stesse idee, mentre Copernico si spense di morte naturale nel 1543, a settant'anni.
Classificata come monumento storico dall'UNESCO nel 1997, Toruń è una città dal fascino bucolico che merita un breve soggiorno. Situata sulle rive della Vistola, è la città polacca che possiede il maggior numero di monumenti medievali. Più di 350 edifici concentrati intorno alla città vecchia che formano un complesso architettonico di grande valore. Possiamo facilmente immaginare il piccolo Nicolò mentre attraversa via Żeglarska per andare a scuola o mentre scende con i suoi compagni verso la Vistola per divertirsi. Tutto è rimasto intatto: case, mura, chiese. Solo i vestiti dei passanti e le vetrine dei negozi ci ricordano che siamo all'inizio del XXI secolo. La città conta 200 000 abitanti ed è ancora oggi un importante centro scientifico e culturale, oltre che turistico.

Indirizzi utili

Informazioni turistiche *(A2):* 37/39 Piekary. ☎ 621-09-31. Fax: 621-09-30. • www.um.torun.pl • Aperto lunedì dalle 9 alle 16, da martedì a venerdì dalle 9 alle 18, sabato dalle 9 alle 16; da maggio ad agosto, anche domenica dalle 9 alle 13. Personale molto competente, giovane e simpatico. Vi daranno gli indirizzi delle residenze universitarie aperte tra luglio e settembre. Lista di informazioni culturali sulla città e i dintorni.

■ ***Orbis:*** 7 ul. Mostowa. ☎ 622-43-46.

■ ***Ufficio PTTK*** *(A2, **1**):* 6 ul. Fosa Staromiejska. ☎ 621-04-22. In estate, aperto da lunedì a venerdì dalle 8 alle 17, sabato dalle 9 alle 13, talvolta anche domenica; il resto dell'anno, aperto da lunedì a venerdì dalle 9 alle 16, sabato dalle 9 alle 12. Libri di viaggio. Propongono anche visite guidate della città vecchia.

■ ***Agenzia Kompas*** *(B2, **4**):* 5 ul. Kopernika. ☎ 621-05-87. Fax: 621-00-16. Prenotazione di biglietti per treni, pullman e aerei.

Stazione ferroviaria *(fuori pianta da A1):* ul. Kujawska. ☎ 654-72-22. A 3 km dal centro città. Autobus nn. 22 e 27.

Stazione dei pullman *(fuori pianta da A1):* ul. Dąbrowskiego. ☎ 655-53-33.

@ ***Klub Internet*** *(B2, **3**):* 33 Rynek Staromiejski. Aperto dalle 9 alle 22. Grande sala con diversi computer a disposizione. Informazioni sui *raves* organizzati nei dintorni.

@ ***Hacker Pub Internet*** *(B1, **2**):* 28 ul. Podmurna. Atmosfera techno meno intellettuale che nel precedente. La sala è più grande ma meno luminosa. Fast food al pianterreno, pub nel seminterrato dove talvolta vengono organizzati dei concerti.

■ Gli appassionati di musica rock e gli adepti dell'esperanto passeranno all'***Underground Shop***, 13/15 ul. Podmurna.

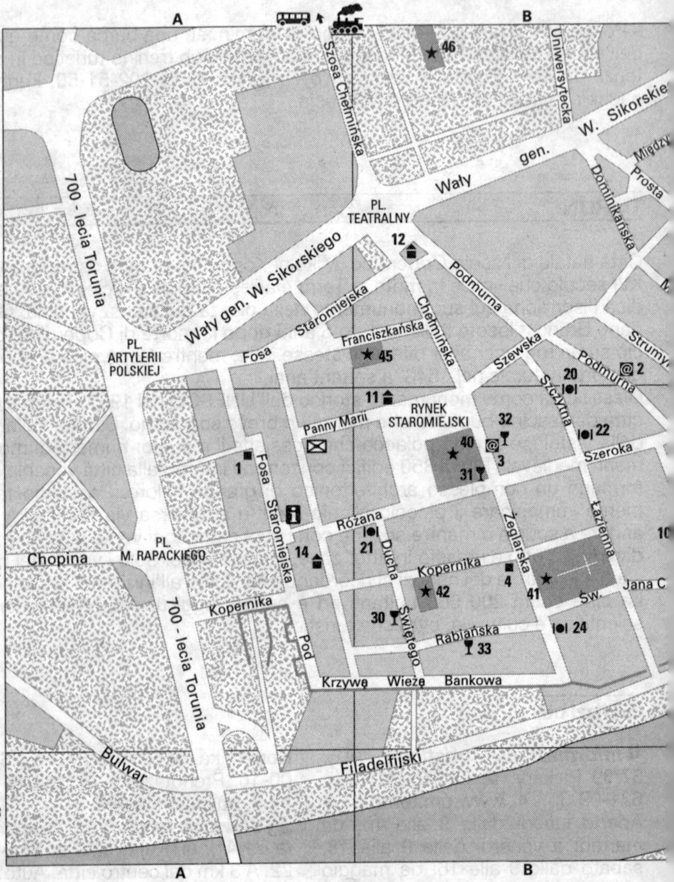

■ **Indirizzi utili**

- Informazioni turistiche
- Posta
- Stazione ferroviaria
- Stazione dei pullman
- 1 Ufficio PTTK
- 2 Hacker Pub Internet
- 3 Klub Internet
- 4 Agenzia Kompas

Dove dormire

- 10 Hotel Pod Orłem
- 11 Hotel Trzy Korony
- 12 Hotel Polonia
- 13 Hotel Kopernik
- 14 Hotel Petite Fleur

Dove mangiare

- 20 Bar mleczny Małgośka

TORUŃ

21 Bar mleczny	★ **Da vedere**
22 Restauracja Staromiejska	**40** Museo regionale
23 Palomino	**41** Chiesa di San Giovanni
24 Zajazd Staropolski	**42** Museo Copernico
Bar, pasticcerie e gelaterie	**43** Castello dei cavalieri dell'Ordine teutonico
30 Kawiarnia Pod Atlantem	**44** Chiesa di San Giacomo
31 Pod Anlocem	**45** Planetario
32 Irish Pub	**46** Museo etnografico e skansen
33 Koci Ogan	

Dove dormire

Campeggio

⛺ ***Camping Tramp:*** 14 ul. Kujawska. ☎ 622-41-87. Vicinissimo alla stazione, sull'altro lato dei binari, vicino a uno spazio verde lungo la sponda della Vistola. Aperto da giugno ad agosto. Il campeggio è stato rinnovato e i posti vicino al fiume sono molto piacevoli. Bella vista sulla città vecchia. In ogni caso è l'unico campeggio di Toruń. Volendo potrete anche approfittare di alcuni bungalow.

Prezzi economici

Ostello della Gioventù Szkolne Schronisko Młodzieżowe: 26 ul. Swietego Jozefa. ☎ 654-41-07. Autobus nn. 10, 11, 17, 26 e 30. Aperto tutto l'anno. 18 Zl per una notte. L'ostello è nell'internato di un liceo. Distante dal centro, è interessante solo per il prezzo e per i nostalgici dell'atmosfera da dormitorio. Il responsabile serale troverà un posto per voi nelle camere dei liceali.

Dom Wycieczkowy PTTK: 24 ul. Legionów. ☎ 622-38-55. Prendete l'autobus n. 10 che si ferma giusto davanti alla casa. 65 posti-letto. Fuori dal *centrum*. Una villa privata con camere da 2, 3, 4 e 5 letti. Camere pulite e piacevoli con bagni in comune, ma l'acqua calda non è sempre disponibile. Atmosfera familiare. Snack-bar al pianterreno dove è possibile mangiare qualcosa.

Prezzi medi

Hotel Trzy Korony *(B2, **11**):* 21 Rynek. ☎ 622-60-31. Pratico perché centrale. Comfort medio, docce e servizi igienici in comune. Una mano di pittura fresca non gli farebbe di certo male. Chiedete una camera con vista sulla piazza del mercato.

Hotel Polonia *(B1, **12**):* 5 ul. Teatralny. ☎ 622-30-28. Di fronte al teatro, all'entrata della città vecchia. Da 65 a 105 Zl in funzione del comfort della camera: con bagno o doccia sul pianerottolo. Piccolo albergo in una vecchia dimora borghese. Il mobilio è vecchio ma i letti sono abbastanza recenti. Il posto piacerà in modo particolare agli amanti dei mercatini di anticaglie. Evitate la prima colazione cellofanata che non vale il prezzo richiesto.

Hotel Pod Orłem *(B2, **10**):* 17 ul. Mostowa. ☎ 622-50-24. Vicinissimo alla città vecchia. Dalla piazza centrale prendete via Szeroka e girate alla prima a destra dietro il fast food. Accettano la carta *Visa*. 79 posti in camere da 1 a 5 letti con o senza bagno. Camere semplici sul cortile, un po' buie ma molto tranquille.

Hotel Kopernik *(C1, **13**):* 16 ul. Wola Zamkowa. ☎ 652-25-73. Nella seconda città, dietro Rynek Nowomiejski, verso la Vistola. Almeno 400 camere a prezzi onesti, da 70 a 130 Zl per le suite. L'esterno fa pensare a un palazzo popolare, ma gli interni sono stati modernizzati. Camere piccole con o senza doccia; evitate quelle che danno sulla strada.

Chic

Hotel Petite Fleur *(A2, **14**):* 25 ul. Piekary. ☎ 663-44-00. Calcolate 165 Zl per due. Nel sottotetto c'è anche una camera per 4 a 240 Zl con vista sui tetti della città. Nella città vecchia, un albergo grazioso che di francese ha solo il nome. Camere su ogni piano arredate in modo semplice ma con molto gusto. Ce ne sono solo 6, è quindi preferibile prenotare, soprattutto in estate.

Hotel Helios: 1/3 ul. Kraszewskiego. ☎ 619-65-60. Se l'albergo precedente è al completo.

Dove mangiare

Prezzi economici

|●| ***Bar mleczny Małgośka*** *(B1-2,* ***20****):* 10/12 ul. Szczytna. Nella città vecchia. Aperto dalle 6 alle 18 (16 domenica e festivi). Servizio rapido, grande sala senza carattere come nella maggior parte dei bar *mleczny* polacchi.

|●| ***Bar mleczny*** *(B2,* ***21****):* ul. Różana. All'inizio della via, a nord della Rynek. I piatti sono strapieni e fanno la felicità dei liceali e degli operai che frequentano il locale. Grande scelta ma a mezzogiorno è meglio sapere quello che volete mangiare vista la coda che si forma dietro di voi. Buone crêpe *nalespiki*. Fuori dal bar gli habitué fanno la fila per degustare le cialde con la panna montata.

Prezzi medi

|●| ***Restauracja Staromiejska*** *(B2,* ***22****):* 2 ul. Szczytna. Aperto tutti i giorni dalle 10 alle 22. Non potete sbagliarvi: c'è una sala dove si mangia e un'altra dove si beve. Poche interferenze tra i due locali, separati da un corridoio. Un ristorante italiano, come non indica il nome. Si beve vodka e birra e si mangiano scaloppine di maiale e di manzo. Simpatico spazio all'aperto su una via pedonale.

|●| ***Palomino*** *(C2,* ***23****):* 18 ul. Wielkie Garbary. All'interno troverete una sala piacevole dai toni chiari. Raccomandato dagli abitanti della città che, tra l'altro, non tarderanno a raggiungervi.

Chic

|●| ***Zajazd Staropolski*** *(B2,* ***24****):* 10/14 ul. Żeglarska. ☎ 622-60-60. Nella città vecchia. La grande sala dall'arredamento in stile gotico è raramente piena, anche se da alcuni è considerata una delle migliori tavole della città, insieme al ristorante dell'*Hotel Helios*.

Bar, pasticcerie e gelaterie

La specialità della città è il famoso *pierniki*, panpepato (chiamato anche semplicemente *toruń*) ripieno di marmellata e ricoperto di cioccolato. A quanto pare, la produzione di questa specialità risale al XIV secolo. Ne troverete in tutte le panetterie della città, ma quella che ha conservato il segreto di fabbricazione, con il forno a legna, si trova al n. 25 di ul. Żeglarska. Tantissime buone cose da portare a casa. Attenzione a non rompervi i denti: il *pierniki* ha una consistenza piuttosto compatta!

🍸 🍦 ***Kawiarnia Pod Atlantem*** *(B2,* ***30****):* 3 ul. Św. Ducha. I dolci possono tranquillamente sostituire un pasto: gelati, ottime paste, «cocktail» a base di latte (crema mista con frutta). Una superba stufa antica di ghisa domina la sala e crea un'atmosfera particolarmente accogliente. Clientela giovane e allegra. In fondo alla via (uscendo sulla destra), magnifica vista sulla Vistola. Buon rapporto qualità-prezzo.

🍸 ***Pod Anlocem*** *(B2,* ***31****):* nel seminterrato della torre del municipio, sulla Rynek. Atmosfera gotica con angoli intimi dove, quando gli occhi si sono abituati all'oscurità, si scoprono coppie abbracciate. Grande sala che talvolta ospita concerti.

🍸 ***Irish Pub*** *(B2,* ***32****):* 33 Rynek Staromiejski. Un locale dove la Guinness scorre a fiumi.

🍸 ***Koci Ogan*** *(B2,* ***33****):* 7 ul. Rabiańska. Aperto fino a mezzanotte in settimana, fino all'1 di notte nel week-end.

🍸 ***Central Park:*** ul. Bydgoska. Secondo i nostri vicini di bancone, è la più grande discoteca polacca, per non dire europea e sicuramente mondiale. Vista dal bar, bisogna ammettere che è veramente grande e le ragazze che la frequentano sono molto carine.

Da vedere

★ *IL SITO DELLA CITTÀ VECCHIA (STARE MIASTO)*

★ ***Palazzo municipale (Ratusz):*** al centro della piazza del mercato. In stile gotico (XIII-XIV secolo), rimaneggiato in stile manieristico nel XVII secolo. Un piccolo gioiello dell'architettura medievale borghese polacca. In origine era un complesso di abitazioni di artigiani e commercianti, luogo di incontro dei cittadini e dei viaggiatori, prima di diventare un complesso rettangolare a due e poi a tre piani. L'intero edificio fu sede del municipio, simbolo della ricchezza di questa cittadina commerciale. I re di passagio vi si fermavano (Giovanni Olbracht vi rimase per sempre). I frontoni barocchi sono stati aggiunti nel 1703, dopo l'assedio svedese.
Ogni venerdì nella Grande Sala vengono organizzati concerti di musica da camera, mentre il cortile accoglie spettacoli di teatro, proiezioni di film o concerti di canzoni.
Bella vista panoramica sulla città dall'alto dei 41 m della ***torre***. Entrata a pagamento.

★ ***Museo regionale (Muzeum Okręgowe;*** *B2, **40**):* nel municipio. Aperto da martedì a domenica dalle 10 alle 16 (18 in estate). Entrata gratuita giovedì. Nelle belle gallerie del seminterrato sono esposti quadri e vetrate medievali, oggetti dei mestieri d'arte e oreficeria, una collezione di stampi dalle forme originali per la fabbricazione del celebre panpepato di Toruń. Al pianterreno, notate le due belle porte in legno scolpito. Nella grande sala da pranzo, una galleria di ritratti tra cui spicca quello di Nicolò Copernico, ma c'è anche un quadro sull'atamano Chmielnicki (comandante delle truppe cosacche) che i lettori di H. Sienkiewicz sapranno degnamente apprezzare.

★ ***Rynek Staromiejski:*** la piazza del mercato è delimitata da ***abitazioni*** antiche decorate principalmente con elementi gotici e barocchi. Al n. 35, «Alla Stella» possiede una bellissima facciata. Antica dimora di Callimaco, precettore italiano dei figli del re Jagellone, con un esterno riccamente decorato di motivi floreali e fruttiferi. All'interno, magnifiche scale con statue lignee scolpite. La casa «Sotto l'Angelo», al n. 29, possiede un'entrata in stile barocco con lo stemma dell'antico sindaco di Toruń. Sulla piazza notate la statua di Copernico e la fontana con le rane, con la rappresentazione di un giovane che suona il violino. La leggenda racconta che una strega cattiva aveva gettato il malocchio sulla città. Il sindaco promise allora la mano di sua figlia a colui che fosse riuscito a liberare la città dall'invasione delle rane. Per fortuna il giovane violinista trovò una soluzione!

★ ***Chiesa di San Giovanni (kościół świętego Jana;*** *B2, **41**):* accessibile a partire dalla piazza del mercato, imboccando via Żeglarska. Edificio di mattoni rossi della seconda metà del XIII secolo dove fu battezzato il piccolo Nicolò Copernico. Interno con tre navate, tipo mercato coperto, con una volta a stella. La torre alta 40 m ospita diverse grosse campane (tra cui la seconda più grande di Polonia, realizzata nel 1500: misura 2,17 m di diametro e pesa 7,2 tonnellate). La chiesa è molto buia e vi regna un'atmosfera maestosa e silenziosa. I passi dei visitatori rimbombano sotto la volta. In questo meraviglioso ambiente, i muri austeri di mattoni rossi, le sculture antiche e i quadri con la rappresentazione della vita di Cristo assumono un carattere drammatico. Quando si esce dalla chiesa si resta accecati dalla luce e con l'impressione di aver passato un istante fuori dal tempo.

★ ***Museo Copernico*** *(B2, **42**):* 17 ul. Kopernika. Aperto da martedì a domenica dalle 10 alle 16. Il museo si trova nella casa natale di Copernico (*Dom Kopernika*) e permette di farsi un'idea dello stile delle abitazioni borghesi dell'epoca. Numerosi ricordi e documenti legati alla vita dell'illustre astronomo.

★ ***Antica città medievale:*** sul lato della Vistola (a sud della città vecchia) un complesso di mura, bastioni e porte fortificate. Dalla piazza del mercato, prendete via Szeroka e girate a destra in via Podmurna (la terza). In fondo alla via, il *cortile dei Borghesi* con una torre del XV secolo; proseguite costeggiando il muro fino ai tre portoni fortificati. In fondo alla via, sulla destra, un antico *granaio*, testimonianza del passato commerciale della città. A sinistra, la *torre pendente* eretta a scopo difensivo verso la fine del XIII secolo. Appena costruita, la torre cominciò a inclinarsi; attualmente la deviazione dalla verticale è di circa 140 cm. Passate davanti alle rovine del ***castello dei cavalieri dell'Ordine teutonico (zamek Krzyżacki;*** *C2, **43**)*. Il castello era sede del commendatore dell'Ordine e fu distrutto nel 1454 durante una rivolta dei borghesi contro i cavalieri. Una domenica all'anno, in maggio, le rovine del castello ospitano concorsi e competizioni varie, come il «torneo del re della banderuola del campanile» che designa il miglior tiratore. Piccolo *museo* in una torre sulla storia del castello e della città. In seguito ai trattati di Toruń del 1411 e 1466, l'Ordine diventò vassallo dei re di Polonia.

★ ***Chiesa di San Giacomo (kościół świętego Jakuba;*** *C1, **44**):* sulla piazza del mercato della città nuova (Rynek Nowomiejski). Monumentale basilica in stile gotico del XIV e XV secolo, costruita su un piano architettonico originale. Interessanti decorazioni esterne di ceramica. All'interno, alcune preziose opere d'arte: nella navata meridionale un crocefisso gotico, detto «mistico», della fine del XIV secolo e alcuni quadri del XIV e XV secolo, tra cui una Passione.

★ ***Planetario*** *(B1, **45**):* ul. Franciszkańska. Nella città natale di Copernico gli appassionati potranno osservare e studiare lo stesso cielo. Film proiettati in inglese.

★ ***Museo etnografico e skansen*** *(B1, **46**):* 19 ul. Wały Gen. Sikorskiego. A nord della città. Aperto lunedì dalle 9 alle 15, martedì dalle 10 alle 18, mercoledì, giovedì e venerdì dalle 9 alle 15, sabato e domenica dalle 10 alle 18. Ricca collezione sulla Polonia settentrionale: vi si può osservare, per esempio, un classico arsenale prussiano del 1824. Dietro all'edificio si trova uno *skansen*, ricostruzione all'aperto di abitazioni tradizionali delle regioni vicine e qualche mulino. Oltre al festival annuale, il sito accoglie anche gruppi folcloristici a partire da maggio (concerti una volta alla settimana).

Manifestazioni

– ***Festival teatrale polacco di rappresentazioni con un solo attore:*** in marzo, presso il teatro Baj Pomorski, 1 ul. Piernikarska. ☎ 562-47-17.
– ***Festival di teatro:*** in aprile, alla Casa della cultura dei giovani (di fianco al precedente), 1/3 ul. Przedzamcze. ☎ 562-46-37.
– ***Festival dei teatri Kontakt*** o ***Incontri internazionali delle orchestre popolari:*** in maggio. ☎ 562-50-21.
– ***Torneo del re della banderuola del campanile:*** una domenica in maggio. Tra le rovine del castello dei cavalieri dell'Ordine teutonico.

– ***Festival di musiche folcloristiche:*** in maggio, allo *skansen*, presso il Museo etnografico. ☎ 562-50-21.
– ***Concorso internazionale di pianoforte per bambini:*** in maggio. A Szafarnia, vicino a Golup-Dobrzyń, nel maniero dove Chopin trascorreva le vacanze.
– ***Grande torneo a cavallo:*** in luglio, a Golup-Dobrzyń. ☎ 683-24-55. Vedi sotto «Nei dintorni».
– ***Festival-accampamento musicale annuale:*** in luglio. A Brodnica, a 64 km a est di Toruń sulla strada 52. 3 ul. Wodna. ☎ 667-21-21.
– ***Triennale internazionale «Il colore nella grafica»:*** in agosto. 10/12 ul. Św. Ducha. ☎ 562-63-39.
– ***Giornate di musica medievale:*** in settembre-ottobre.
– ***Ballo di fine anno:*** a Golup-Dobrzyń.

➤ NEI DINTORNI DI TORUŃ

★ ***Golup-Dobrzyń:*** una quarantina di chilometri verso est, prendete la strada 52 fino a Kowalewo-Pomorski e poi la 554. Pullman da Toruń. Golup-Dobrzyń è una località conosciuta soprattutto per il grande torneo di cavalleria che si svolge all'inizio di luglio. L'attuale villaggio è il risultato della fusione di due villaggi situati sulle due sponde del fiume.

– ***Il castello (zamek golubski)*** di mattoni all'entrata della città domina la Drweca e il villaggio di Golup. Offre la sua facciata più fotogenica al livello del fiume. La prima fondazione risale al 1421, ma fu distrutto a più riprese, soprattutto durante la guerra con la Svezia. Il castello risorse quando Zygmunt III Waza lo offrì in dono a sua sorella Anna Wazowna che da allora... non l'ha mai abbandonato! A fine anno viene organizzato un grande ballo di carnevale e la principessa Anna appare a mezzanotte! Attualmente è possibile visitare un *museo* (chiusura alle 15). Un piano del castello è stato trasformato in albergo, ma le camere assomigliano a dormitori. ☎ 683-24-55. Calcolate 60 Zl per due. Se passate all'inizio di luglio, non perdete il grande torneo a cavallo, il più importante di tutta la Polonia, con combattimenti.
⛺ *Campeggio* nel villaggio, 2 ul. Zamurna.
🍴 *Ristorante* nelle cantine del castello.

★ ***Chelmno:*** 51 km a nord di Toruń. Accessibile in pullman da Toruń. Piccolo villaggio molto carino, una sorta di Toruń in miniatura con fortificazioni che circondano il palazzo del municipio rinascimentale.

★ ***Ciechocinek:*** 25 km a sud di Toruń, sulla E75. Accessibile in pullman e in treno. Stazione termale sulle rive della Vistola.

★ ***Brodnica:*** sulla strada di Ostroda, 64 km a est di Toruń. Celebre per la torre del castello dei cavalieri dell'Ordine teutonico che domina la città. In luglio accoglie il festival-accampamento musicale, *Klub Piano*, 3 ul. Wodna. ☎ 667-21-21.

➤ ***Il canale di Ostroda a Elbląg:*** 140 km a est di Toruń, sulla strada 52. Questa passeggiata fluviale di 80 km è un'attrazione particolare in quanto permette di vedere un impianto unico in Europa: un sistema di chiuse con 5 rampe che consentono la navigazione nonostante i dislivelli presenti nella regione, trasportando le barche via terra su una piattaforma speciale montata su binari. Un'esperienza anfibia spettacolare! Scalo a Małdyty. Informazioni a Ostroda: ☎ 846-36-27. Prezzo da Ostroda a Małdyty: 67 Zl per persona, più 10 Zl per il ritorno in treno.

MALBORK

PREF. TEL.: 055

Cittadina 60 km a sud-est di Danzica la cui più importante e praticamente unica attrazione è lo spettacolare castello medievale dei cavalieri dell'Ordine teutonico. Il centro della città è l'immagine stessa della desolazione, della fatica e delle difficoltà della vita quotidiana in Polonia, ancora più stupefacente vicino alle maestose vestigia del tempo passato. Malbork, come tante altre città medie, è un posto da dove ripartirete senza rimpianti. Un luogo con un passato alle spalle, un presente grigio e triste e un futuro incerto davanti a sé. Ma anche questo fa parte della Polonia di oggi.

Indirizzo utile

ℹ *Informazioni turistiche:* 4 ul. Hibnera. ☎ 272-26-77. Aperto dalle 10 alle 14. Informazioni sommarie.

Dove dormire. Dove mangiare

Prezzi economici

⌂ *Schronisko Młodzieżowe (Ostello della Gioventù):* 45 ul. Żeromskiego. ☎ e fax: 272-24-08. Dal centro girate a destra all'altezza della stazione di servizio *Stat Oil*. Poi prendete la seconda a destra. Aperto solo in estate, dal 5 luglio al 25 agosto. Reception dalle 17 alle 21. Al di fuori di questo periodo, c'è un piccolo contingente di camere a disposizione dei turisti di passaggio. Calcolate 17,80 Zl per un letto. In una scuola elementare. 100 posti-letto. Dormitori disposti nelle classi. Cucina a disposizione. Prenotazione raccomandata.

|●| *Bar Pizza:* 25 ul. Kościuszki. Calcolate meno di 5 Zl per persona. Un piccolo bar di fronte all'*Hotel Zbyszko* (vedi sotto). La pizza non è certo paragonabile a quella di Napoli, ma è buona e per quelli che cominciano a essere stufi dei *pierogi* può essere una buona soluzione di ripiego.

Prezzi medi

⌂ *Restauracja Hotel Zbyszko:* 43 ul. T. Kościuszki. ☎ 272-33-94. Calcolate 120 Zl per una doppia con bagno privato. Questa pensioncina familiare in piena zona *has been* della città moderna, è arredata con mobili degli anni sessanta del Novecento ed emana un profumo di antico. Grandi camere con letti di una rigidità esemplare. I quadri da due soldi di artisti della domenica possono far sorridere. Accoglienza corretta che non trabocca comunque di simpatia né di giovialità. Parcheggio a pagamento.

⌂ *Hotel Sportowy:* 3 ul. Portowa. ☎ 272-24-13. Camere doppie a 100 Zl senza la prima colazione. Fa parte di un complesso sportivo situato sulla riva opposta a quella del castello. Camere accettabili con moquette un po' lisa e docce nuove. Pulito ma un po' caro per quello che è. Come ultima risorsa.

Più chic

⌂ |●| *Hotel Zamek:* 14 ul. Starościńska. ☎ e fax: 272-27-38. Calcolate 276 Zl per una doppia con bagno e prima colazione. Per quelli che desiderano prolungare la sensazione di vivere in un castello. Niente ballatoi esposti al vento, ma in cambio soffici coperte marroni in tinta con la moquette dell'albergo. Ristorante rinomato.

Da vedere

★ ***Castello dei cavalieri dell'Ordine teutonico:*** dal 1° luglio al 30 settembre, aperto ai visitatori dalle 9 alle 18 (16 per il museo); il resto dell'anno il castello e il museo sono aperti dalle 9 alle 15. Chiuso lunedì. Prevedete un po' di tempo perché la visita è lunga (diverse ore). Entrata: 13 Zl per un biglietto individuale; 10,50 Zl per persona per un biglietto di gruppo. Di sera, in stagione, spettacolo «luci e suoni» (chiedete gli orari alla cassa del museo). Vi consigliamo di visitare il castello insieme a un gruppo (se capite la lingua) o con una guida (chiedete sempre alla cassa del museo) perché raccontano superbamente la storia del castello, la vita quotidiana dei suoi antichi abitanti ecc. Poiché il prezzo di una guida è alto, vi consigliamo di formare un gruppo sul posto con altri turisti, o altrimenti di prenotare prima telefonando al ☎ 272-33-64, tra le 9 e le 14.
L'*Ordine dei cavalieri teutonici* (il nome completo è: ordine dell'Ospedale della Santa Vergine della Casa tedesca a Gerusalemme, sicuramente un po' troppo lungo per i biglietti da visita) si costituì nel 1191 in Palestina come ordine religioso e militare (monaci-soldati) sul modello di quello dei Templari. Nel 1229 i cavalieri risposero all'appello di Corrado di Masovia il quale, minacciato dai prussiani pagani, li fece venire in Polonia e assegnò loro la città di Chełmno. Ma i cavalieri falsificarono l'accordo con Corrado e si appropriarono delle terre prussiane, sterminando la popolazione di origine baltica fino a minacciare la Polonia e a creare un vero e proprio stato nello stato sulle rive del Baltico. Nel 1309 si stabilirono a Malbork e cominciarono la costruzione di un castello gigantesco. Nel 1410, indebolito dalle guerre con la Lituania, l'ordine fu sconfitto dal re polacco Ladislao Jagellone nella celebre battaglia di Tannenberg. Ma il re non riuscì a impossessarsi del castello, nonostante un assedio che durò ben due mesi. L'ordine lasciò Malbork per installarsi a Königsberg (attuale Kaliningrad) quarant'anni dopo.
Perfettamente restaurato con le sue torri, le doppie e triple mura di cinta, i fossati e i ponti levatoi, il castello sembra uscito direttamente da una fiaba. Si divide in tre parti: il *castello basso* con l'arsenale e la chiesa di San Lorenzo, il *castello medio* attiguo al palazzo del Grande maestro e il *castello alto*, il più antico, con un superbo cortile circondato da portici su due piani. Al pianterreno si trovano le celle chiuse da imponenti grate di ferro dove venivano rinchiusi gli avversari dell'ordine e le cucine dove, per misura di sicurezza, ogni piatto preparato veniva preventivamente assaggiato dal cuoco. Al primo piano, la sala capitolare, la camera del tesoro e i dormitori dei cavalieri. In quanto guerrieri religiosi, i cavalieri dormivano per terra, sempre vestiti. Potete anche ammirare un ingegnoso esempio di wc medievale che, oltre alle solite funzioni, permetteva anche di sbarazzarsi abilmente dei testimoni importuni.
Il *museo* comprende un'esposizione sulla storia dell'ambra (resina fossile), una delle tradizionali ricchezze della regione, con una serie di oggetti superbamente decorati e alcuni oggetti d'uso comune del XIV e XV secolo. Si può anche visitare una mostra sulla storia del castello.

DANZICA (GDAŃSK) PREF. TEL.: 058

Città magnifica per la ricchezza architettonica, ma anche per la sua posizione in riva al mare sul delta della Vistola e per il suo passato, lontano e recente, così ricco di eventi. Ma ancora di più, questa città possiede un'anima. Cosmopolita, ha accolto nel corso della storia diverse nazionalità e religioni che vi hanno coabitato pacificamente e oggi vi si respira un'atmosfera unica, che si ritrova solo nelle città di porto, fatta di apertura, miscugli e tolleranza. È capace di generare idee nuove, di essere all'avanguardia dei movimenti sociali più importanti; è allegra, egualitaria e gioviale fin nelle profondità umide delle sue cantine, dove convivono intellettuali e marinai, acqua dolce e acqua di mare, artisti e operai, teatri e taverne, e dove si beve tutto d'un fiato. È una città di carattere: da sempre suscita gelosie, la si corteggia, la si desidera tutta per sé come una bella donna... ma lei resta se stessa, non si piega, non cede, continua a sedurre. Il centro storico sembra un gioiello se paragonato con i dintorni più vicini, quelli dell'industria pesante, di mattoni e ciminiere che non fanno altro che mettere in risalto la cura meticolosa e quasi maniacale riservata al centro. Danzica viene chiamata «la perla del Baltico», ma è una perla di una specie rara, che appena fuori dal mare perde la sua bellezza e lucentezza.

Oggi Danzica è un agglomerato di tre città: la madre *Danzica*, la figlia balneare *Sopot* e la seria e industriale *Gdynia*.

Un po' di storia

Le origini di Danzica risalgono al IX secolo. Nel 1308 i cavalieri dell'Ordine teutonico si impossessano della città, massacrano la popolazione polacca (10 000 persone) ed espellono i sopravvissuti. Cinquant'anni dopo, la città si rivolta contro l'Ordine. Dopo la sconfitta dei cavalieri nella celebre battaglia di Tannenberg nel 1410, Danzica rende omaggio al re e si associa alla Polonia.

La città ottiene numerosi privilegi (monopolio del commercio sulla Vistola, diritto di controllare il porto e di fissare i prezzi, autonomia legislativa) in cambio di una tassa annuale e del riconoscimento del re di Polonia come giudice supremo nei suoi tribunali. Comincia un periodo di prosperità. Le installazioni portuali vengono ingrandite. Gli odori del grano, del carbone, del miele e della legna spediti in tutti i grandi porti d'Europa si mescolano ai profumi delle spezie e del caffè trasportati su navi provenienti da mari lontani.

Nel corso del XVI secolo Danzica è terra d'asilo per gli olandesi, i fiamminghi e i borgognoni che cercano di sfuggire alle persecuzioni religiose. All'inizio del secolo successivo, la città fa appello ai contadini olandesi per prosciugare le paludi a nord e permetterne lo sviluppo. Nel 1646 Danzica è la città più fastosa del regno e accoglie Maria Luisa Gonzaga, diventata regina di Polonia.

Durante le spartizioni della Polonia, la città viene occupata dalla Prussia e perde molta della sua importanza e del suo splendore. Liberata nel 1807 dalle truppe napoleoniche guidate dal generale Lefebvre, si ritrova nuovamente sotto il dominio prussiano nel 1813, dopo la sconfitta francese.

Danzica è la città natale del fisico Fahrenheit, padre del sistema di misura termometrico che porta il suo nome, ma anche del filosofo Arthur Schopenhauer, cittadino «tipico» nato da madre francese e padre olandese.

Nel 1919 la Società delle Nazioni le attribuisce lo statuto di «città libera». Danzica ritrova allora lo splendore e l'importanza del passato. La popolazione è composta per l'85% da tedeschi e per il 15% da polacchi, che convivono armoniosamente fino agli anni trenta. Ma le cose si complicano dopo l'arrivo di Hitler al potere; il dittatore, infatti, rivendica l'annessione di Danzica alla Germania. Il 1° settembre 1939, il colpo di cannone della corazzata *Schleswig-Holstein*, arrivata qualche giorno prima nel porto di Danzica per – ufficialmente – rendere omaggio alle vittime della prima guerra mondiale, segna l'inizio della seconda guerra mondiale.

Distrutta dai tedeschi in fuga nel 1945, finita dall'Armata Rossa che si accanisce su questa città nemica, alla fine della guerra Danzica è completa-

mente annientata. Ma la sua anima è ancora viva, e pietra dopo pietra, casa dopo casa, si rialza.
Dicembre 1970: la rivolta. Gli operai dei cantieri navali protestano. Comincia una lotta feroce per la libertà, provocata in origine dall'aumento dei prezzi. Danzica combatte per salvare più la sua anima che il suo corpo. E nonostante i morti, l'anima sopravvive ancora una volta.
Dieci anni dopo, Danzica si ribella di nuovo, ma questa volta è più saggia, più esperta. Gli operai dei cantieri navali fanno appello a tutta la Polonia, ai minatori della Slesia come agli intellettuali di Cracovia. La parola d'ordine è SOLIDARIETÀ. Siamo nell'agosto del 1980. Il mondo intero fa conoscenza con l'elettricista *Lech Wałęsa*. Per la prima volta dalla guerra i polacchi marciano uniti per sostenere un'idea. Nel 1956 era stata la volta degli operai di Poznań, seguiti nel 1958 dagli studenti di Varsavia e nel 1970 ancora dagli operai. Nel 1980, tutti i polacchi si riuniscono e danno vita a *Solidarność*.

Solidarność

Forte di 10 milioni di aderenti, un po' meno di un quarto della popolazione polacca, Solidarność viene legalizzato dal regime comunista nel settembre del 1980. Sotto la guida di Lech Wałęsa, Danzica è riuscita a imporre al governo il primo sindacato indipendente della sua storia.
Questo successo si conclude con la proclamazione nel 1981 della legge marziale, decisa dal generale Jaruzelski sotto le pressioni di Mosca. Il sindacato viene sciolto; Lech Wałęsa viene arrestato, incarcerato e successivamente liberato prima di ricevere il Nobel per la pace nell'ottobre del 1983. L'operaio elettricista dei cantieri navali piega nuovamente il regime comunista scatenando scioperi massicci nel 1988, sempre a partire da Danzica. Ma sono gli ultimi.
Nella primavera del 1989 le autorità polacche si riuniscono in una tavola rotonda durante la quale viene decisa la fine del regime comunista. Danzica ha dato alla Polonia la libertà. Le prime elezioni libere hanno luogo in giugno e alla fine del 1990 Wałęsa è trionfalmente eletto presidente.
Danzica e i tre agglomerati urbani si aprono progressivamente alla nuova economia di mercato. Dopo Varsavia, è la città polacca dove sono presenti i più importanti investitori stranieri. Giusto il tempo di rifare le facciate e di aprire nuovi negozi per festeggiare in pompa magna, nel 1997, i 1000 anni della città.

Come arrivare

In aereo

✈ ***L'aeroporto*** di Danzica si trova a Rębiechowo, 14 km a ovest dal centro. Per raggiungere il centro ci sono varie possibilità:
– le *navette della Lot* (informatevi sugli orari agli sportelli della compagnia).
– L'*autobus B*, che collega direttamente l'aeroporto alla stazione ferroviaria centrale (Gdańsk główny; *B2*), nella periferia ovest della città, non distante dal centro.
– L'*autobus n. 110*, che raggiunge la stazione periferica di Gdańsk Wrzeszcz, tre stazioni a nord di Gdańsk główny (stazione centrale). Per raggiungere quest'ultima, situata al limite ovest della città vecchia, basta prendere il treno regionale. Il centro storico è a una decina di minuti a piedi.
– *Taxi:* è la soluzione più cara (35 Zl circa) ma, a differenza di quanto accade a Varsavia, qui non rischiate di pagare somme esorbitanti. Contrattate il prezzo della corsa prima di salire in macchina.

In treno

La stazione ferroviaria centrale (***Gdańsk główny****; B2)* accoglie tutto il traffico ferroviario e si trova al limite della città vecchia. Per raggiungerla basta prendere il sottopassaggio che passa sotto il corso Jagiellońskie davanti alla stazione. I tram passano sul terrapieno centrale.

Nel seminterrato della stazione c'è un piccolo *ufficio del turismo*. Aperto da lunedì a venerdì dalle 9 alle 17. Chiuso sabato e domenica.

In pullman

La stazione dei pullman (***dworzec PKS****; A1)* è dietro la stazione centrale, a ul. 3 Maja. ☎ 302-15-32. Da qui, prendete il sottopassaggio che vi condurrà all'entrata ovest della città vecchia.

In nave

Le navi approdano a ***Nowy Port***, 6 km a nord della città. Non cedete alla tentazione dei tassisti mafiosi che vi aspettano all'uscita del porto. La stazione di periferia (Nowy Port) si trova solo 500 m più a sud. Da qui con 6 fermate arriverete fino alla stazione centrale di Danzica (Gdańsk główny), a qualche decina di minuti dal centro (treni ogni 20 min.).

Indirizzi utili

Uffici del turismo

Polska Agencja Promocji Turystyki *(ufficio municipale; C1,* ***1****):* 27 ul. Heweliusza. ☎ 301-43-55. Fax: 303-66-37. Nella via che parte dalla stazione, quasi di fronte all'*Hotel Heweliusz*. Aperto da lunedì a venerdì dalle 9 alle 15 (16 in estate). Ufficio municipale, poliglotta: inglese, tedesco e russo. Molto efficiente. Numerose cartine e dépliant sulla città.

Agencja Informacji Turystycznej *(C3,* ***2****):* 45 ul. Długa. ☎ 301-93-27 o 301-60-96. L'agenzia si trova nella grande via pedonale, di fronte al municipio. È aperta tutti i giorni dalle 9 alle 18. Si tratta in realtà di un secondo ufficio del turismo, ma di gestione privata. Utile soprattutto per l'enorme quantità di cartine e libri sulla città.

Agenzie viaggi

■ ***Almatur*** *(C3,* ***3****):* 11 ul. Długi Targ. ☎ 301-29-31. Fax: 301-78-18. In centro, sulla piazza storica. Aperta da lunedì a venerdì dalle 9 alle 17, sabato dalle 10 alle 14. Chiusa domenica. Specializzata nel turismo universitario, l'agenzia *Almatur* gestisce alcuni dormitori nei collegi.

■ ***Orbis*** *(C1,* ***4****):* 22 ul. Heweliusza. ☎ 301-45-44. In una via che parte dalla stazione, all'angolo dell'*Hotel Heweliusz*. Aperta da lunedì a venerdì dalle 8 alle 17, sabato dalle 10 alle 14. Tradizionale agenzia di turismo, utile per i biglietti di treni, navi e aerei e l'organizzazione di escursioni.

Posta e telefono

✉ ***Posta principale*** *(B3):* 22/28 ul. Długa. Nella via principale.

■ ***Telefono***

– Il *centro telefonico* si trova nell'elegante pianterreno in stile 1900 della posta centrale. Aperto 24 ore su 24.

– La città dispone di una rete di *cabine telefoniche* che funzionano con tessere magnetiche o, più raramente, con gettoni (gettone A per le chiamate locali, gettone C per le chiamate internazionali). I gettoni e le tessere (25, 50 e 100 unità) sono in vendita alla posta, nelle edicole e negli alberghi.

Banche, cambio, valuta

– La maggior parte delle ***banche*** apre gli sportelli al pubblico da lunedì a venerdì dalle 8 alle 18. Ecco le principali banche del centro (dove potete cambiare anche i traveller's cheque):

■ ***Narodowy Bank Polski:*** 1 ul. Okopowa.
■ ***Bank Gdański:*** 1 ul. Targ Drzewny e 14/16 ul. Długi Targ.
■ ***American Express (C1, 4):*** 22 ul. Heweliusza. Nei locali dell'agenzia *Orbis*. Sportello n. 3. Aperto da lunedì a venerdì dalle 8 alle 17, sabato dalle 10 alle 14.

– ***Cambio:*** gli uffici di cambio (*kantors*) sono la soluzione meno onerosa per cambiare valuta. Tra i tanti uffici del centro, vi indichiamo:

■ ***Kantor Wymiany Walut:*** 119/120 ul. Szeroka.
■ ***Xamax:*** 81/83 ul. Długa.

– ***Carte di credito:*** come in tutte le altre grandi città polacche, anche qui non è per niente difficile prelevare valuta con una carta di credito. Gli sportelli automatici sono spuntati un po' dappertutto.

Rappresentanze consolari

■ ***Germania:*** 23 Zwycięsta. ☎ 341-43-66. Aperta da lunedì a venerdì dalle 8.30 alle 11.30.
■ ***Francia:*** a Sopot, 16 ul. Kościuszki. ☎ 550-32-49. Aperta dalle 10 alle 14.30.
■ ***Gran Bretagna:*** 102 ul. Grunwaldzka. ☎ 341-43-65.

Urgenze

■ ***Polizia:*** ☎ 997.
■ ***Polizia municipale:*** ☎ 986.
■ ***Ambulanza:*** ☎ 999.
■ ***Pompieri:*** ☎ 998.
■ ***Commissariato centrale:*** 15 ul. Okopowa. ☎ 301-62-21.
■ ***Commissariato municipale:*** 10/11 ul. Elżbietańska. ☎ 301-30-11.

Salute

■ ***Ospedali (szpitales)***
– *Wojewódzki Szpital Zespolony:* 1/6 ul. Nowe Ogrody. ☎ 302-30-31.
– *Państwowy Szpital Kliniczny:* 1a ul. Kliniczna. ☎ 341-80-01.
■ ***Medicina privata***
– *Centrum Informacyjne i Obsługi Gości:* 1 ul. Wały Jagiellońskie. ☎ 305-20-01. Aperto da lunedì a venerdì dalle 8 alle 20; sabato e domenica dalle 10 alle 18.
– *Wrzeszcz:* 49 ul. Zwycięstwa. ☎ 432-29-29. Servizio di pronto soccorso 24 ore su 24 con medici che parlano inglese.
■ ***Farmacia (apteka):*** *Dworcowa*, alla stazione centrale. Aperto 24 ore su 24.

Compagnie aeree

■ ***Aeroflot:*** 102 ul. Podwale Staromiejskie. ☎ 301-33-37.
■ ***KLM:*** 87/91 ul. Grunwaldzka. ☎ 341-62-20.

■ ***Lot:*** 2/4 ul. Wały Jagiellońskie. ☎ 952, 953, 301-36-66 e 301-28-21. Aperto dalle 8 alle 18.

■ ***Air Scandinavia SAS:*** 200 ul. Słowackiego (aeroporto). ☎ 341-31-11.

Autonoleggio

■ ***Avis:*** 2/4 ul. Wały Jagiellońskie. ☎ 301-88-18. Negli uffici della *Lot*.

■ ***Budget:*** 200 ul. Słowackiego (aeroporto). ☎ e fax: 348-12-98, int. 298.

■ Indirizzi utili

- 1 Polska Agencja Promocji Turystyki (ufficio municipale)
- 2 Agencja Informacji Turystycznej
- ✉ Posta principale e centro telefonico
- Stazione ferroviaria centrale (Gdańsk główny)
- Stazione dei pullman (dworzec PKS)
- 3 Almatur
- 4 American Express e Orbis
- 8 Gdańsk Tourist

Dove dormire

- 20 Schronisko Młodzieżowe (Ostello della Gioventù)
- 21 Schronisko Młodzieżowe (Ostello della Gioventù)
- 22 Schronisko Młodzieżowe (Ostello della Gioventù)
- 23 Hotel Zaułek
- 24 Dom Aktora
- 25 Hotel Hanza
- 26 Centrum Edukacji Nauczycieli
- 27 Dom Nauczyciela

Dove mangiare

- 40 Bar Neptun
- 41 Jadłodajnia u Plastyków
- 42 Bar Turystyczny
- 43 Bar mleczny Akademicki
- 44 Pod Jaszczurem
- 45 Pizzeria La Pasta
- 46 Bar Grotex
- 49 Palowa
- 50 Pod Żurawiem
- 51 Kubicki
- 54 Pizzeria Napoli
- 56 Tawerna
- 57 Pod Łososiem
- 59 Retman

Bar, pasticcerie e gelaterie

- 25 Kawiarnia dell'Hotel Hanza
- 60 Cukiernia Kaliszczak
- 61 Cocktail Bar Capri
- 64 Kawiarnia Mariacka
- 65 Ratusz Staromiejski

Dove bere qualcosa

- 62 Kawiarnia Internetowo Muzyczna «Rudy Kot»
- 65 Irish Pub
- 66 Caffè Casablanca
- 67 Piwnica Irish Pub
- 68 U Szkota
- 69 Klub Aktora
- 70 Cotton Club
- 71 John Bull Pub
- 72 Celtic Pub

★ Da vedere

- 90 Porta Alta
- 91 Antica avamporta
- 92 Porta d'Oro
- 93 Palazzo della confraternita di San Giorgio
- 94 Municipio della città principale e Museo storico di Danzica
- 95 Casa di Artù
- 96 Fontana Nettuno
- 97 Casa dorata
- 98 Porta Verde
- 99 Porta del Pane
- 100 Porta di Santa Maria e Museo archeologico
- 101 Gru di Danzica e Museo marittimo
- 102 Torre Swan
- 103 Chiesa della Santissima Vergine Maria
- 104 Cappella reale
- 105 Grande Arsenale
- 106 Chiesa di San Nicola
- 107 Mercato coperto Hala Targowa
- 108 Torre Giacinto
- 109 Chiesa di San Giovanni
- 110 Grande mulino
- 111 Chiesa di Santa Caterina
- 112 Chiesa di Santa Brigitta
- 113 Palazzo del municipio della città vecchia
- 114 Monumento agli operai caduti del cantiere navale
- 115 Museo nazionale
- 116 Chiesa della Santa Trinità
- 117 Museo della Posta

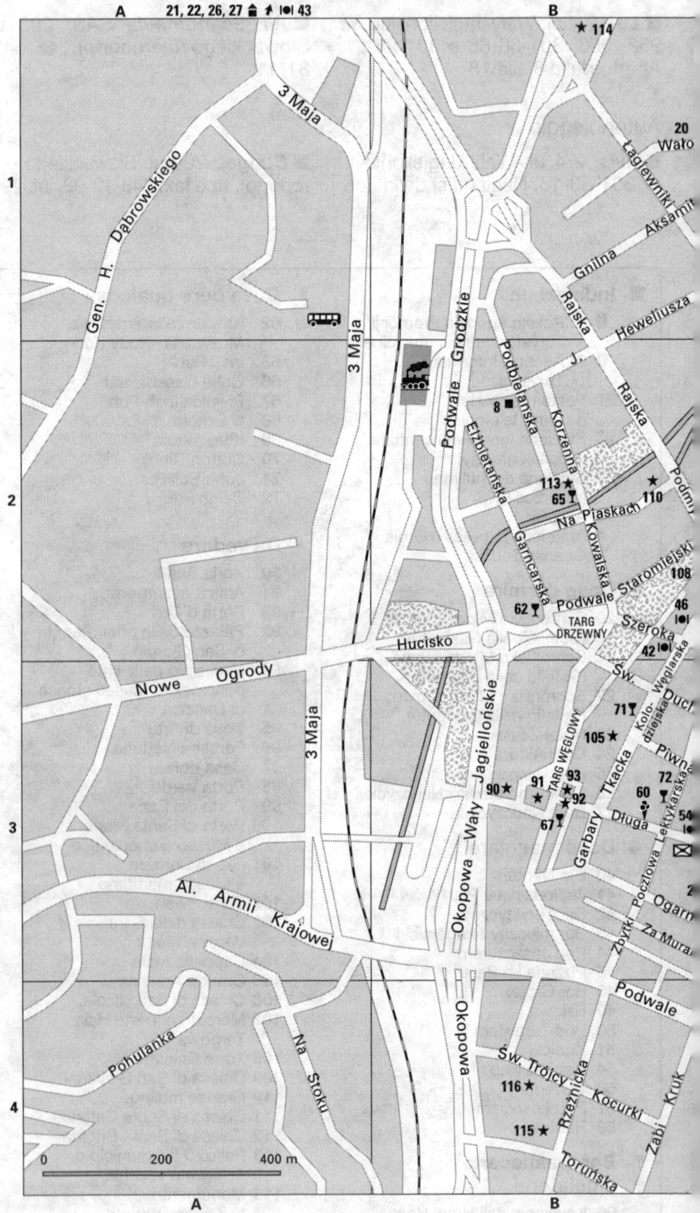
A
21, 22, 26, 27
43
B
114
3 Maja
Gen. H. Dąbrowskiego
20
Wało
Łagiewniki
Aksamit
Gnilna
Rajska
Heweliusza
J.
Podwale Grodzkie
Podbielańska
8
Korzenna
Elżbietańska
113
65
110
Podmł
Na Piaskach
Garncarska
Kowalska
Podwale Staromiejski
108
62
46
TARG DRZEWNY
Szeroka
Hucisko
42
Nowe Ogrody
Św.
Ducha
Węglarska
71
Kolo-dziejska
105
Jagiellońskie
TARG WĘGLOWY
Piwna
90
91
93
92
72
60
Tkacka
Długa
67
54
Wały
Garbary
Lektykarska
Pocztowa
Okopowa
Al. Armii Krajowej
Ogarna
Zbytki
Za Murami
Podwale
Okopowa
Pohulanka
Na Stoku
Św. Trójcy
116
Rzeźnicka
Kocurki
Kruk
115
Żabi
0
200
400 m
Toruńska
1
2
3
4

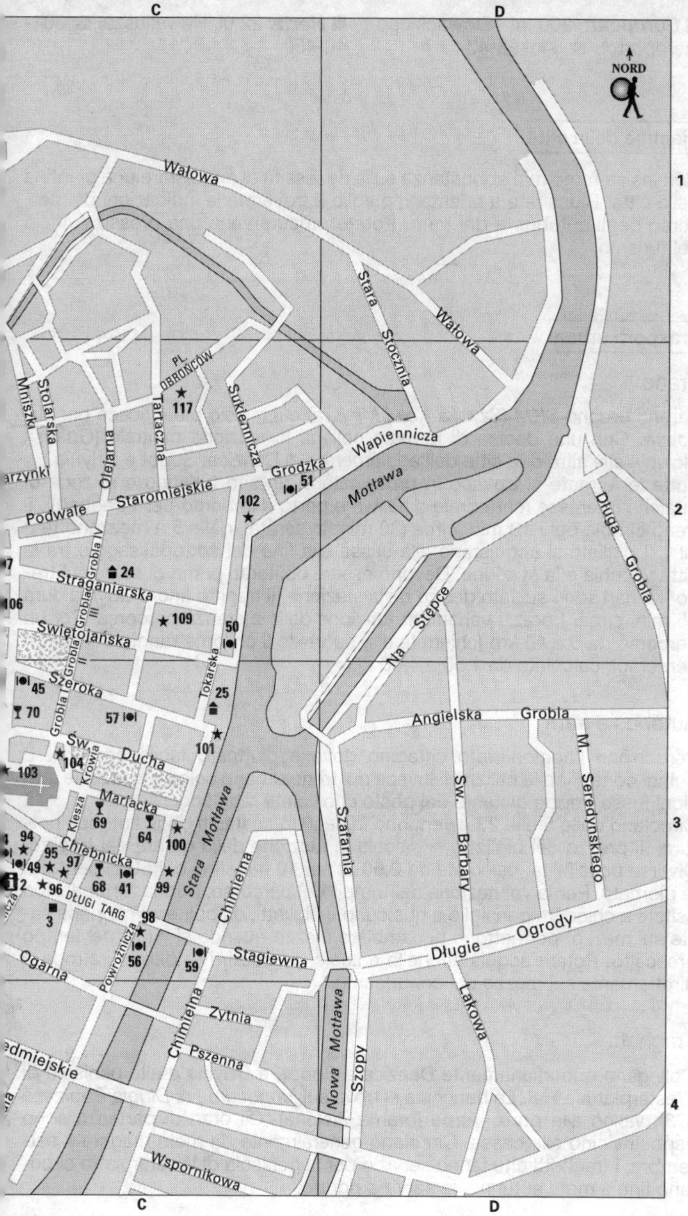

DANZICA (GDAŃSK)

■ ***Europcar:*** 200 ul. Słowackiego (aeroporto). ☎ 341-98-43.

■ ***Hertz:*** 22 ul. Heweliusza. ☎ 301-40-45.

Piantine della città

Non insisteremo mai abbastanza sulla necessità di acquistare una piantina della città. Riuscirete a orientarvi meglio e troverete le indicazioni del percorso degli autobus e dei tram. Potete procurarvene una presso l'ufficio del turismo.

Trasporti urbani

Treno

Il treno urbano *SKM* (*Szybka Kolej Miejska*) è il mezzo più efficace per circolare. Con una decina di fermate collega la stazione centrale (Gdańsk główny) alle altre due città dell'agglomerato di Danzica: Sopot e Gdynia. Tutte le fermate si trovano in prossimità di un sito turistico o in zone di qualche interesse (cattedrale di Oliwa e porto d'imbarco per i traghetti). Il treno circola ogni 10 min. circa (30 min. in serata), dalle 5 a mezzanotte o all'1. I biglietti si acquistano alla cassa alla fine del sottopassaggio tra la città vecchia e la stazione. Devono essere obliterati prima di salire sul treno. I binari sono sul lato destro della stazione. Il tragitto fino a Gdynia dura 35 min. circa. I prezzi variano in funzione della distanza percorsa. Per un percorso da 6 a 40 km (chiedete allo sportello il chilometraggio del vostro percorso), calcolate da 1,50 a 4,60 Zl.

Autobus e tram

Percorrono l'agglomerato cittadino dove è piuttosto facile perdersi. È quindi consigliabile utilizzarli invece del treno urbano solo se una delle stazioni fosse troppo distante dal posto che volete raggiungere.
Circolano dalle 5 alle 23 e vengono in seguito sostituiti dagli autobus notturni. Il prezzo del biglietto si calcola in funzione della durata del tragitto. Diverse possibilità: calcolate da 0,90 Zl per 10 min. fino a 4,50 Zl per tutta la giornata. Per la valutazione del tempo del percorso, buona fortuna! Non esitate a chiedere consiglio a qualcuno. I biglietti, da obliterare appena salite sul mezzo, permettono di cambiare mezzo quando si vuole nel tempo prescelto. Potete acquistarli nelle edicole, presso i rivenditori di strada o direttamente sul mezzo dal conducente.

Traghetti

Collegano quotidianamente Danzica a Sopot, a Gdynia e alle penisole di Westerplatte e Hel. La banchina si trova sul *lungofiume di Długie Pobrzeże (C3)*, vicino alla porta Verde (brama Zielona). Gli orari di partenza sono esposti vicino alle casse. Circolano generalmente da metà maggio a settembre; i traghetti che fanno servizio per la penisola di Westerplatte circolano fino a metà autunno, in servizio ridotto.

– Il ***Pomeranka***, una nave a ruote da turismo, propone escursioni lungo le banchine e i cantieri navali con vista diretta sulle gru e le navi in riparazione. L'imbarcadero si trova a nord delle banchine, sulla *piazza Targ Rybny (C2)*. Orari esposti vicino al molo (8 partenze in media al giorno). Solo in estate.

Taxi

Quando salite verificate subito che il tassametro sia stato azzerato. Alcuni bar e club sono convenzionati con una compagnia di taxi che pratica riduzioni ai loro clienti. Ma avrete diritto allo sconto solo se siete in possesso di una tessera di fedeltà. Generalmente, i tassisti ve la rilasciano con grande piacere.

■ ***Taxi Plus:*** ☎ 305-35-35.
■ ***Komfort Taxi:*** ☎ 302-29-66.
■ ***Hallo Taxi:*** ☎ 91-97 o 331-59-59.
■ ***Super Hallo Taxi:*** ☎ 91-91 o 331-91-91.

Cultura

Stampa locale

I due mensili gratuiti *Welcome to Gdańsk* e *What, Where, When in Gdańsk, Sopot, Gdynia* mischiano come al solito brevi articoli sugli eventi della città e molta pubblicità. C'è anche una lista di indirizzi utili. Li troverete nei grandi alberghi e in alcune agenzie viaggi.
Più seria (ma in polacco) per conoscere il programma di teatri, cinema, concerti ecc. l'edizione locale della *Gazeta Wyborcza*.

Stampa e librerie internazionali

Il vostro quotidiano o la vostra rivista preferita vi aspettano con un po' di fortuna nelle edicole dei grandi alberghi o all'*International Book Store* al n. 28/29 di Długi Targ (a sinistra della porta d'Oro; *C3*). Aperto da lunedì a venerdì dalle 10 alle 19, sabato e domenica dalle 10 alle 15. Potete anche provare alla *Maison de Presse* del centro commerciale *Wielka Zbrojownia* (vedi «Acquisti»). Un'altra libreria internazionale con un settore di libri in inglese si trova sotto le arcate dell'edificio di fronte all'agenzia *Orbis* (22 ul. Heweliusza; *C1*, ***4***).

Teatro e opera

– ***Opera municipale e orchestra filarmonica*** *(fuori pianta da A1):* 15 al. Zwycięstwa. Vicino alla stazione ferroviaria Gdańsk Politechnika, a nord del centro. Balletti e concerti di musica classica.
– ***Teatr Wybrzeże, il teatro nazionale:*** 1 Targ Węglowy. In centro. Repertorio di grandi classici polacchi.

Acquisti

Dopo decenni di coma socialista Danzica, città anseatica regina del commercio, comincia a ritrovare la sua vocazione originaria, ma la situazione non è ancora euforica.
Tra le buone sorprese, i due centri commerciali seguenti:

Wielkie Młyn: ul. Rajska Młyny Podmłyńska, all'angolo di ul. Na Piaskach. Aperto da lunedì a sabato dalle 10 alle 19. L'edificio è un ex mulino costruito alla metà del XIV secolo dai cavalieri dell'Ordine teutonico, il più grande del genere esistente in Europa, e dove, fino al 1930, venivano prodotte più di 200 tonnellate di farina al giorno. Ciò non ha impedito alla municipalità di svuotare l'edificio e di adibirlo a «shopping center», degno simbolo del capitalismo rinascente.

🛍 ***Wielka Zbrojownia:*** Targ Węglowy. Aperto da lunedì a venerdì dalle 8 alle 20, sabato dalle 10 alle 18, domenica dalle 10 alle 16. Chi non ha mai sognato di fare shopping sotto le volte bianche di un monumentale arsenale del XVII secolo? Danzica non ha esitato a prestare il pianterreno dell'arsenale a un elegantissimo centro commerciale dove si trovano anche un supermercato e diverse boutique eleganti.

Mercati

– ***Hala Targowa*** *(C2, **107**):* ul. Pańska, all'angolo di piazza Dominikański. Antico e pittoresco mercato coperto con diversi negozi dove si trova di tutto, dai calzini fino ai preservativi. Si espande all'esterno con le bancarelle di frutta e verdura.

– Una successione di ***bancarelle di vestiti*** a prezzi bassi occupa tutta via Szeroka, ogni giorno dalle 8 alle 20.

Artigianato e souvenir

🛍 ***Via Mariacka*** accoglie davanti ai suoi portici diverse bancarelle di souvenir e prodotti artigianali locali. I prezzi si sono adeguati agli standard occidentali. Qui potrete acquistare l'ambra, specialità della regione, così come nei negozi di Długie Pobrzeże. *Danziger Bowke* (21 Długie Pobrzeże) invece è consacrato alle antichità.

Dove dormire

Nonostante un'inflazione di monumenti quotati alla borsa del turismo, Danzica non ha ancora un parco alberghiero all'altezza della domanda: l'offerta di alloggi nel cuore storico della città è più che limitata.
Per fortuna la vicina cittadina balneare di Sopot viene in soccorso. Facilmente accessibile in una ventina di minuti con il treno urbano (in servizio fino a mezzanotte), Sopot ha il merito di offrire (oltre all'aria fresca del mare) un piccolo ventaglio di alberghi e pensioni a prezzi ragionevoli. Non esitate a dare un'occhiata agli indirizzi di Sopot prima di scegliere. Vi consigliamo, inoltre, di prendere in considerazione anche gli indirizzi di Gdynia, porto industriale a nord di Sopot (35 min. con il treno urbano).

CAMPEGGI

I campeggi indicati si trovano nella circoscrizione amministrativa di Danzica. In realtà, alcuni sono molto vicini a Sopot, che conta a sua volta diversi campeggi. Potete quindi consultare anche le pagine relative a questa città.

⛺ ***Camping Stogi:*** 1 ul. Wydmy. ☎ 37-39-15. 5 km a nord-est, nel centro di vacanze «Stogi Ośrodek Turystyczny» del sobborgo di Stogi, a est di Westerplatte. Al capolinea del tram n. 13 in partenza dalla stazione centrale. Aperto da giugno a settembre, il campeggio è vicino a una delle più belle spiagge della regione. Ben attrezzato. Bungalow.

⛺ ***Camping n. 18:*** 23 ul. Jelitkowska. ☎ 53-27-31. 9 km a nord-ovest, vicino al parco Jelitkowski, alla «frontiera» con Sopot (tra gli alberghi *Posejdon* e *Marina*). Al capolinea dei tram nn. 2 e 6 in partenza dalla stazione centrale. Aperto da giugno a settembre, si trova a 150 metri dal mare. È possibile affittare bungalow.

OSTELLI DELLA GIOVENTÙ

■ ***Schronisko Młodzieżowe** (B1, **20**):* 21 ul. Wałowa. ☎ 301-23-13. Pochi minuti a piedi a nord-est della stazione principale. Aperto tutto l'anno. Calcolate 31 Zl per persona. Un edificio di mattoni solido come la nazione polacca, situato dietro un piccolo parco. A causa della sua posizione centrale, è sovente difficile trovare posto, ma provate comunque a tentare la fortuna. Per raggiungere le camere (da 1 a 10 letti; che in tutto offrono 100 postiletto) dovrete salire alcune rampe di scale. Cucina con frigorifero, sala da pranzo, servizi igienici comuni nelle cantine (per fare la doccia bisogna chiedere la chiave alla reception). Personale piuttosto freddo e poco collaborativo.

RESIDENZE UNIVERSITARIE

Sempre secondo lo stesso principio, questi dormitori per studenti aprono le loro porte ai turisti di passaggio durante i mesi estivi (agosto-settembre).

■ ***Almatur** (C3, **3**):* l'agenzia viaggi studentesca gestisce alcuni dormitori: 11 ul. Długi Targ. ☎ 31-24-03, 31-29-31. Fax: 31-78-18. Aperta da lunedì a venerdì dalle 9 alle 17, sabato dalle 10 alle 14. Chiusa domenica.

■ ***L'università Politechnika Gdańska*** dispone del più grande parco di residenze universitarie aperte in estate (agosto-settembre): 7a ul. Wyspiańskiego. ☎ 347-25-47. Fax: 341-44-14. La maggior parte di queste residenze si trova nel sobborgo di Wrzeszcz. L'ufficio centrale dell'università indicato di seguito o l'ufficio del turismo possono incaricarsi della prenotazione. Potete anche telefonare direttamente alle diverse residenze. Le principali sono:

– *Dom Studencki (DS):* 115b ul. Traugutta. ☎ 347-17-63.
– *DS:* 32 e 61 ul. Dom Studzienki. ☎ 347-14-48 e 341-27-45.
– *DS:* 7, 5 e 9 ul. Wyspiańskiego. ☎ 347-17-53, 347-12-51 e 347-24-72.
– *DS:* 18 ul. Leczkowa. ☎ 341-28-89.

CAMERE PRESSO PRIVATI

■ L'agenzia ***Gdańsk Tourist** (B2, 8)* si occupa di gestire l'offerta di alloggi presso privati: 8 ul. Heweliusza. ☎ 348-58-31, 17 o 27. Fax: 331-63-01. All'inizio della via che parte dalla stazione. In luglio e agosto, aperta tutti i giorni dalle 8 alle 19; il resto dell'anno, da lunedì a venerdì dalle 8 alle 18, sabato dalle 9 alle 15. Chiusa domenica. I prezzi delle camere variano in funzione della posizione geografica: le più care sono ovviamente quelle che si trovano nel centro storico, e visto che il numero è molto limitato, i fortunati saranno veramente pochi. Gli altri dovranno fare la loro scelta tenendo conto principalmente della vicinanza di una stazione di periferia, visto che il treno è sicuramente il mezzo più rapido per raggiungere il centro.

ALBERGHI

Prezzi economici

■ ***Hotel Zaułek** (B3, **23**):* 107/108 ul. Ogarna. ☎ 301-41-69. In un cortile dietro a via Długa. Alla fine di via Długa girate a destra in via Ławnicza e seguite le frecce. Calcolate 32,50 Zl per persona. Alla vista di questa facciata da casermone popolare di cemento grigio, la prima reazione naturale sarebbe di girare i tacchi e proseguire oltre. Ma riflettete un attimo: siete in pieno centro, a pochi metri dall'animazione della grande piazza, e i prezzi sono veramente ridicoli per queste camere spartane da 1 a 6 letti. Certo, dovrete accettare le scale imprigionate in reti carcerarie, una reception adeguata ma priva di gentilezza (aperta, però, 24 ore su 24), un mobilio inesistente e docce al limite della chiusura per quarantena. Insomma, niente da invidiare ad alcune nostre caserme... Ma quello che era buono per i lavoratori dell'ex repubblica socialista può esserlo anche per il viaggiatore economo che si cela in alcuni di voi.

Prezzi medi

Dom Aktora *(C2, **24**):* 21/22 ul. Straganiarska. ☎ 31-78-82. Fax: 431-61-93. Doppie a 150 Zl. Ben situato in una via tranquilla a nord della città vecchia. Ancora una volta, l'aspetto esterno di questo piccolo edificio a quattro piani grigio e moderno non ha nulla di particolarmente invitante. Come del resto la tromba delle scale in cemento grezzo. Interessante è però l'originale offerta di tre piccoli appartamenti ammobiliati come un'autentica casa polacca (a 250 Zl), con tutto il necessario per vivere in autarchia: cucina attrezzata alla meno peggio, salone e camere da letto, divano-letto e arredamento raffazzonato. Il tutto per il prezzo medio di una camera d'albergo. Niente male se volete avere un po' di spazio a disposizione. Per finire, il proprietario è molto gentile, cosa che, bisogna ammetterlo, è relativamente rara.

Più chic

Hotel Hanza *(C3, **25**):* 6 ul. Tokarska. ☎ 305-34-27. Fax: 305-33-86. • hotel@hanza-hotel.com.pl • Per una doppia calcolate 495 Zl, che durante il fine settimana possono scendere (trattando...) a 400 Zl. Una posizione da sogno per questo edificio nuovo fiammante costruito sulla passeggiata del lungofiume. Anche se l'aspetto è conforme all'ultima moda dell'architettura contemporanea, l'albergo vince la scommessa di armonizzarsi con i vicini edifici dal pedigree storico. Di dimensioni ragionevoli, propone un interno postmoderno con colori pastello italianeggianti (verde, ocra e giallo) che procurano una sensazione di lusso discreto. Le camere riproducono la stessa atmosfera con una cura manifesta del dettaglio: bella moquette, mobili moderni di gusto e bagni che invitano al relax. Senza dimenticare per alcune camere la vista sul viavai del braccio della Motława. Al pianterreno, il bar e il ristorante in falso stile anni trenta del Novecento sono un'ulteriore stimolo alla sedentarizzazione. Parcheggio custodito.

Dove dormire nei dintorni

Prezzi economici

***Schronisko Młodzieżowe** (Ostello della Gioventù; fuori pianta da A1, **22**):* 244 ul. Grunwaldzka. ☎ e fax: 341-16-60. 6 km a nord-ovest, vicino a Oliwa, nel sobborgo di Wrzeszcz. Treno urbano: fermata Gdańsk-Zaspa o tram nn. 6 e 12 dalla stazione centrale. Aperto tutto l'anno. Calcolate 20 Zl per persona in una camera da 4 letti e 88 Zl per una camera doppia con servizi igienici. In un edificio moderno superbo e tutto nuovo, uno degli ostelli più belli dove ci sia capitato di passare. Le docce (acqua calda 24 ore su 24) sono tante e tutte pulite; le camere, arredate in modo semplice, sono assolutamente decorose. Due piccole note dolenti: il coprifuoco che obbliga tutti gli occupanti a rientrare all'ovile e l'assenza di insonorizzazione delle porte, che sbattono rumorosamente. Grande complesso sportivo con campo da calcio.

Schronisko Młodzieżowe (**Ostello della Gioventù**; *fuori pianta da A1*, ***21***): 245b ul. Kartuska. ☎ e fax: 302-60-44. 4 km a ovest dalla stazione centrale. Autobus nn. 161 e 167 dalla stazione dei pullman di aleja 3 Maja, dietro alla stazione ferroviaria. Tram nn. 10 e 12 dalla stazione ferroviaria. Aperto tutto l'anno. Chiuso dalle 10 alle 17. Incastrato tra la strada trafficata che porta all'aeroporto e un pullulare di aziende, un ostello non molto grande ma ben tenuto, con la scuola attigua che in estate funziona come dependance. Gestito da una signora molto gentile che parla solo tedesco e russo.

Centrum Edukacji Nauczycieli (*fuori pianta da A1*, ***26***): 14 ul. Gen. J. Hallera. ☎ 341-93-73. Fax: 341-07-63. A nord del centro. Per arrivarci dirigetevi verso Sopot; all'altezza dell'opera di Bałtyka girate a destra verso la stazione Gdańsk Politechnika e passate sotto il ponte. L'ostello si trova dopo qualche metro sulla sinistra. Tram nn. 2 e 13 dalla stazione *PKP* e dalla stazione dei pullman. Calcolate 30 Zl per persona. Questo enorme edificio di mattoni dall'austerità dottorale è il centro dove alloggiano i professori. L'arredamento e il comfort intimo non fanno parte della vocazione delle camere doppie, anche se molte sono state rifatte. Ormai quasi tutti i bagni sono ben attrezzati (cabine doccia, piastrelle recenti, rubinetteria di buona qualità). Atmosfera da monastero laico nei lunghi corridoi dove ci si aspetta da un momento all'altro di veder spuntare il rettore. Malgrado ciò, resta un indirizzo valido in quanto costituisce un buon punto d'osservazione delle abitudini polacche. Magnificamente sistemato nell'ammezzato con soffitti a volta.

Prezzi medi

Dom Nauczyciela (*fuori pianta da A1*, ***27***): 28 ul. Uphagena. ☎ 341-91-16, 341-55-87. Fax: 341-49-17. A nord, in prossimità della stazione Gdańsk Politechnika. Stesse indicazioni che per l'indirizzo precedente, ma questa volta non dovete passare sotto il ponte della ferrovia: prendete direttamente a sinistra e girate alla prima a destra. Tram nn. 2 e 13 dalla stazione *PKP* e dalla stazione dei pullman. Calcolate 76 Zl per una doppia senza bagno e 166 Zl per una con bagno. In un quartiere residenziale con vista sui terreni da tennis, questa casa di mattoni che fa pensare a un *cottage* inglese è in attesa del suo pigmalione per diventare un albergo di fascino. Per il momento dovrete accontentarvi di lugubri corridoi poco illuminati che conducono verse camere il cui unico punto forte è di disporre di un buon volume (talvolta la camera doppia è costituita da 2 stanze). Il mobilio è quasi buono per la discarica e alcuni letti sono in realtà scomodi divani-letto con meccanismo di apertura a scatto. In compenso, i prezzi non sono esagerati e diventano molto modesti se rinunciate al bagno o addirittura al lavandino. Camere per 2, 3 o 4 persone.

Più caro senza per questo essere più chic

Hotel Orbis Posejdon (*fuori pianta da A1*): 30 ul. Kapliczna. ☎ 553-18-03. Fax: 553-02-28. • posejdon @orbis.pl • Tra Sopot e Danzica, vicino al parco Jelitkowski. Calcolate 299 Zl per una camera doppia. Principale vantaggio di questo ex casermone del lusso socialista: il fatto di essere vicini al mare. Per il resto, l'albergo è una tipica costruzione degli anni sessanta del Novecento, non troppo grande, ben rifatta per sedurre la clientela degli operatori turistici che vi riversano i loro contingenti di gruppi tedeschi. Piscina, sauna e sala da ginnastica in regalo. Buon ristorante con specialità polacche.

Dove mangiare

Se c'è un settore: in cui Danzica è riuscita in qualche anno a resuscitare è proprio quello della ristorazione. I ristoranti pullulano a tal punto da formare una successione quasi ininterrotta nelle vie commerciali della città. Il pesce è sovente all'ordine del giorno e si lascia consumare senza rischi da quando il mar Baltico è stato progressivamente disinquinato. La scala dei prezzi permette di soddisfare tutte le borse. Unico punto debole: l'assenza di ristoranti di cucina straniera per variare i piaceri della gola.

Prezzi molto economici

Siete proprio fortunati: a Danzica ci sono ancora alcuni *bar mleczyny*, piccole mense popolari sovvenzionate, dove potete degustare piatti tipici della cucina polacca a prezzi più che abbordabili.

|●| ***Bar Neptun** (C3, **40**):* 33/34 ul. Długa. ☎ 301-49-88. Nella via principale. Aperto dalle 7 alle 18 (17 sabato e domenica). Calcolate 15 Zl circa. Veramente incredibile: solo in Polonia potete trovare una via dove coabitano tranquillamente ristoranti per ricchi e per poveri. Questa mensa può vantare un edificio storico come i suoi vicini più fortunati. Installata su due piani imbiancati, con vista sull'animazione della via, propone numerosi piatti abbondanti in versione self-service, un netto miglioramente della formula classica. Le cuoche hanno avuto la buona idea di pensare a tutti quelli che non se la cavano troppo bene con il polacco e hanno deciso di esporre i piatti alla vista dei clienti. Atmosfera da mensa scolastica.

|●| ***Jadłodajnia u Plastyków** (C3, **41**):* 13/16 ul. Chlebnicka. In una via parallela a Długi Targ. Aperto dalle 10 alle 17 (16.30 sabato e domenica). Stessi prezzi del precedente. Vicinissima all'animazione commerciale del lungofiume, questa grande sala che domina dall'alto la via si dà arie da club inglese squattrinato con arredamento in legno scuro. Il volume è immenso come la carta dei piatti destinati in modo prioritario agli stomaci degli studenti del pensionato vicino. Il cassiere all'entrata vi sarà di grande aiuto per trovare quello che fa per voi tra le varie specialità scritte sul grande tabellone.

|●| ***Bar Turystyczny** (B2, **42**):* all'angolo delle vie Latarniana, Węglarska e Szeroka, all'entrata nord-ovest della città. Aperto da lunedì a venerdì dalle 7 alle 19, sabato e domenica dalle 9 alle 17. I prezzi sono sempre modici, intorno a 5 Zl. Il locale occupa il pianterreno bianco e rosa di una casetta e la ristrutturazione non ha per nulla turbato il suo stile. Come in passato, continuano a servire porzioni abbondanti di piatti corroboranti sotto lo sguardo severo delle cassiere in blusa bianca.

|●| ***Bar mleczny Akademicki** (fuori pianta da A1, **43**):* 35 al. Grunwaldzka. A nord, all'inizio del corso vicino alla stazione Gdańsk Politechnika. Aperto da lunedì a venerdì dalle 7 alle 19, sabato dalle 9 alle 17. Chiuso domenica. In un grande edificio con le vetrate aperte sulla via. Il nuovo gestore ha convertito la vecchia mensa in una caffetteria dinamica dove la stessa quantità di piatti viene proposta in versione self-service. Clientela mista di studenti e abitanti del quartiere.

Prezzi economici

|●| ***Pod Jaszczurem*** *(C3, **44**):* 47 ul. Długa. A sinistra del municipio, nella via principale. Aperto tutti i giorni dalle 11 alle 23. Calcolate 12 Zl circa per un pasto. Fast food elegante con finiture in marmo che ha l'intelligenza, per soddisfare tutti gli appetiti, di alleare le specialità polacche ai valori sicuri della ristorazione rapida: hamburger, pizze e *kebab*. Piccolo spazio all'aperto in estate per mangiare al fresco.

|●| ***Pizzeria La Pasta*** *(C3, **45**):* 34/35 ul. Szeroka. ☎ 301-51-91. In una via del centro. Aperto tutti i giorni dalle 11 alle 22. Calcolate 25 Zl per un pasto. Per una volta un fast food umano che offre ai suoi clienti una grande sala luminosa e conviviale dove il bel design grigio e bianco dei tavoli aggiunge una nota chic generalmente assente in questa categoria di locali. Per quanto riguarda la cucina, stessa cura della qualità per le 19 varietà di pizza e i 7 piatti di spaghetti e lasagne. In estate, i numerosi tavolini sulla via pedonale sono un invito per una bella pausa dopo ore di sole.

|●| ***Bar Grotex*** *(B2, **46**):* 4 ul. Pańska. In una via vicina a piazza Dominikański. Aperto tutti i giorni dalle 9 alle 20. Primi piatti a 15 Zl circa. Un negozietto bianco con una sala quadrata e tavolate di legno bianco dove si adoperano a servirvi qualche piatto della cucina polacca in versione fast food migliorata.

DANZICA

Prezzi medi

|●| ***Palowa*** *(C3, **49**):* 47 ul. Długa. ☎ 301-55-32. Aperto tutti i giorni dalle 10 alle 22. Calcolate facilmente 30 Zl. Magnificamente situato nell'ammezzato con soffitti a volta del municipio, questo ristorante di buona gastronomia polacca con una dominante di piatti di pesce non ha dovuto sforzarsi troppo per assomigliare alla sala dei banchetti di un castello signorile. Lo spazio immenso è occupato da una distesa di tavoli illuminati dalla luce radente delle vetrate che decorano le pesanti finestre con reti metalliche. Le forme potenti delle sedie giganti vi imprigionano al tavolo, mentre lo sguardo si perde tra le numerose piante che separano i convitati. Il balletto dei camerieri in tenuta bianca e nera aggiunge una nota festiva che si addice perfettamente agli storici muri di questo locale.

|●| ***Pod Żurawiem*** *(C2, **50**):* 10 ul. Warzywnicza. ☎ 301-34-17. Sul lungofiume, a nord, dopo la porta Swiętojańska. Aperto tutti i giorni dalle 12 alle 23. Calcolate intorno a 30 Zl per persona per un pasto. Per sedurvi e farvi apprezzare la sua cucina di specialità polacche, questo ristorante con vista sul lungofiume ha scelto l'ambiente caldo e accogliente di una tradizionale locanda di Danzica. Decorazione in legno con piccole panchine dove si cena in un'atmosfera borghese ma alla buona. Tovaglie inamidate, candelabri e servizio di classe, discreto.

|●| ***Kubicki*** *(C2, **51**):* 5 ul. Wartka. ☎ 301-00-50. A nord della passeggiata sul lungofiume, vicino a piazza Targ Rybny. Aperto tutti i giorni dalle 12 alle 22. Primi piatti a partire da 20 Zl, ma uscirete da questo locale più che sazi per 30 Zl. La vecchia Danzica è in primo piano in queste due sale sigillate come una vecchia taverna di marinai. Qui hanno dimenticato che l'uomo è andato sulla Luna: l'unica cosa che conta è il ricordo dei bei vecchi tempi quando la gente del Baltico si dava appuntamento a Danzica. Testimonianza del passato, la collezione di litografie appesa ai muri in ricordo dell'antica città, mentre le panche accoglienti e l'illuminazione a lume di candela caricano l'atmosfera della pesantezza piacevole delle veglie del passato. Il fare gentile e tranquillo dei camerieri accompagna magistralmente una cucina polacca calorica e succulenta che scende diritta verso lo stomaco.

|●| ***Pizzeria Napoli*** *(B3, **54**):* 62/63 ul. Długa. ☎ 301-41-46. Nella via principale. Aperta tutti i giorni dalle 12 alle 21. Calcolate tra 20 e 30 Zl per un pasto completo. Il fatto di disporre di un locale sull'arteria più frequentata della città non ha certo stimolato i proprietari a produrre grandi sforzi d'immaginazione. Risultato? Una pizzeria abbastanza grande con un ambiente banale e funzionale, riservata ai turisti troppo pigri per cercare un po' più lontano. Un indirizzo la cui unica qualità è di trovarsi sul vostro cammino.

Più chic

|●| ***Tawerna*** *(C3, **56**):* 19/20 ul. Powroźnicza. ☎ 301-41-14. In una via a destra della porta Verde, alla fine di ul. Długi Targ. Aperto tutti i giorni dalle 11 alle 23 o mezzanotte. Calcolate 50 Zl, un po' di più se prendete il vino. Ci sono indirizzi che di primo acchito impongono l'evidenza della loro aristocrazia. È il caso di questo ristorante di pesce e ricette tradizionali che possiede la tranquilla sicurezza di un salone culinario sempre preferito dall'élite locale. La sala è un inno al mare: i modellini di antichi velieri navigano sopra le teste dei convitati mentre i quadri a soggetto marinaresco dividono lo spazio in salottini di conversazione. Il bar si è trasformato in prua di nave a forma di lungo drago marino. Al timone, personale che sa giocare sulla confidenzialità per non disturbare la pacifica atmosfera da ristorante gastronomico di alto livello.

|●| ***Pod Łososiem*** *(C3, **57**):* 54 ul. Szeroka. ☎ 301-76-52. In una via del centro. Aperto tutti i giorni dalle 12 alle 22 (ultime ordinazioni alle 20). Stesso livello del precedente, ma i prezzi sono leggermente più elevati: calcolate 70 Zl. Dalla sua fondazione nel 1598, non ha mai perso la fama di istituzione culinaria della città. Già l'ambiente è extra. Il ristorante si trova infatti in un palazzo privato del XVII secolo ricostruito dopo la guerra in modo identico all'originale. Una successione di impressionanti saloni sotto la tutela di soffitti dipinti e travi centenarie. Dalle finestre a vetrate fino al pesante mobilio antico, tutto qui trasuda la potenza dell'antica città commerciale. Il pesce è il dominatore della carta, in modo particolare il salmone che dà il nome al locale. Il pedigree culinario può vantare numerosi riconoscimenti gastronomici, mentre le pareti hanno assistito alle riprese di diversi film. Il ristorante va fiero anche del segreto del liquore chiamato «Gold Wasser», una vodka molto densa e zuccherata con pagliuzze d'oro.

|●| ***Retman*** *(C3, **59**):* 1 ul. Stagiewna. ☎ 301-92-48. Sull'isola Spichlerzen, di fronte alla porta Verde, alla fine di Długi Targ. Aperto tutti i giorni dalle 12 alle 23 o mezzanotte. Calcolate 50 Zl circa. Una piccola sala dallo stile pomposo e antiquato per evocare le leccornie della vecchia Danzica e sedurvi. Modellini di navi, vecchi quadri e pesanti boiserie alimentano un'atmosfera nostalgica. Il servizio è un po' leccato, ma la cucina è all'altezza delle ambizioni del locale: buoni piatti di carne e di pesce.

Caffè, pasticcerie e gelaterie

|●| 🍦 ***Cukiernia Kaliszczak*** *(B3, **60**):* 74 ul. Długa, ancora e sempre sulla via principale. Aperto tutti i giorni dalle 9 alle 20. In una magnifica casa rosa, una pasticceria-gelateria sempre piena di gente. Ecco perché la direzione non ha previsto o quasi di mettere delle sedie e si consacra interamente alla vendita da asporto. Secondo il parere dei conoscitori, confermato dall'affluenza, servono i migliori gelati

della città. Anche il bancone dei pasticcini merita una certa attenzione.

Cocktail Bar Capri *(B3, **61**):* 59 ul. Długa. Aperto tutti i giorni dalle 10 alle 22. Molta gente si accalca in questa gelateria-pasticceria self-service che dispone anche di una bella sala blu e bianca per degustare cocktail di frutta. In estate potete installarvi all'aperto, ottimo punto di osservazione sulla via.

Kawiarnia dell'Hotel Hanza *(C3, **25**):* 6 ul. Tokarska. Sul lungofiume, dopo la porta Verde. Aperto tutti i giorni dalle 9 alle 21. Avete voglia di un ambiente sobrio e lussuoso per leggere tranquillamente il giornale osservando i passanti sul lungofiume? Questo bar fa per voi. Come l'albergo che lo ospita, vanta un arredamento elegante inserito in un'architettura moderna che si diverte a imitare lo stile degli anni trenta del Novecento. Muri color pastello e grosse poltrone a cubo. Piccolo spazio esterno con vista sul lungofiume. Insomma, la vera classe.

Kawiarnia Mariacka *(C3, **64**):* 21/22 ul. Mariacka. In una via perpendicolare al lungofiume. Aperto tutti i giorni dalle 10 alle 20. Un salone da tè lillipuziano con vista sulle bancarelle di souvenir che durante il giorno occupano questa via pittoresca. L'arredamento non ha nulla di originale, ma i tavolini in posizione dominante sulla gradinata esterna meritano una breve pausa.

Ratusz Staromiejski *(B2, **65**):* 33/35 ul. Korzenna. In una via a nord della città vecchia. Aperto tutti i giorni dalle 10 alle 20. L'ex palazzo del municipio rinascimentale, oggi trasformato in un centro culturale, presta la sua graziosa entrata a un piccolo bar senza finestre. Le pareti hanno la patina del passato, esaltata da due piccoli lampadari e qualche blasone. Pochi tavoli sotto un soffitto a volta... ma che importa, il locale possiede il fascino intimo di un indirizzo dimenticato dalle orde dei turisti.

Caffè Internet

Kawiarnia Internetowo Muzyczna «Rudy Kot» *(B2, **62**):* 18/20 ul. Garncarska. ☎ 301-86-49. • rudykot@rudykot.pl • Calcolate 5 Zl per mezz'ora di connessione. Simpatico bar-cabaret-discoteca con computer sul mezzanino. Attenzione, non esitate a prenotare visto che i modem non hanno tutti la stessa banda passante.

Dove bere qualcosa

Irish Pub *(B2, **65**):* 33/35 ul. Korzenna. In una via a nord della città vecchia. Aperto dalle 12 all'1 di notte (4 del mattino venerdì e sabato). Questo bar ha occupato le cantine dell'ex municipio in puro stile rinascimentale. Ma in questo mondo sotterraneo gli usi e costumi sono piuttosto barbari. Nessuna decorazione (e perché mai dovrebbe essercene bisogno?), solo muri grezzi e un'illuminazione minimalista a lume di candela. Ci si viene soprattutto per i concerti di jazz e di rock che cominciano ogni sera verso le 21 sul piccolo palco su cui troneggia un vecchio pianoforte stanco. Un buon pretesto per aprire il rubinetto della birra al grande bar quadrato che incombe sui tavoli di legno grezzo. In estate, il locale dispone anche di uno spazio all'aperto su uno dei lati dell'edificio. Ma anche qui i clienti stanno più con il naso nel bicchiere che con gli occhi rivolti alle stelle.

Caffè Casablanca *(B3, **66**):* 57 ul. Długa. Nella via principale. Impossibile vederlo dalla strada, dato che occupa i piani superiori del ci-

DANZICA

nema *Neptun* (entrata sulla destra). Aperto tutti i giorni dalle 14 a mezzanotte. Consumazioni abbastanza care. Questo locale, che si dà arie da salone studentesco con mobili recuperati nel solaio di mamma e papà, occupa una buona parte del cinema *Neptun*. Come in un appartamento collettivo di intellettuali, la clientela che lo frequenta ama impegnarsi in grandi discussioni sull'attualità. Ma bisogna dire che è anche la sua principale vocazione. Ospita talvolta gruppi debuttanti di musica jazz o rock. Un bar fuori dai circuiti notturni tradizionali.

🍸 ***Piwnica Irish Pub*** *(B3,* ***67****):* ul. Podgarbary. In una via sulla destra all'inizio di via Długa, dopo la porta Złota. Una casetta isolata su una piccola piazza, facilmente reperibile. Aperto tutti i giorni dalle 11 all'1 di notte. Bisogna penetrare all'interno per scoprire una bella cantina di mattoni rossi con soffitti a volta non molto grande, ma dall'eleganza intima e accogliente che ci piace molto. Nessuna esuberanza decorativa: qui si alza il bicchiere di whisky su tavoli ordinati che si prestano alla trascuratezza. Se non fosse che il posto si dichiara irlandese, si avrebbe quasi l'impressione di essere in una sala da tè troglodita. Piccola ristorazione con grigliate.

🍸 ***U Szkota*** *(C3,* ***68****):* 9/12 ul. Chlebnicka. In una via parallela a Długi Targ. Aperto tutti i giorni dalle 12 a mezzanotte. Perché mai a Danzica si apprezza la Scozia a tal punto da far indossare il kilt ai camerieri di questo bar-ristorante? In un volume ristretto, il bar è confinato sotto un mezzanino, come un covo di oppositori scozzesi alla corona britannica. Nostalgici della loro patria d'adozione, i proprietari hanno accumulato un gran numero di souvenir di laggiù: gagliardetti, vecchie stoviglie, statuette... Solo quelli che cenano hanno accesso al mezzanino; i bevitori, invece, devono accalcarsi intorno al minuscolo bancone.

🍸 ***Klub Aktora*** *(C3,* ***69****):* 1/3 ul. Mariacka. In una via perpendicolare al lungofiume. Aperto tutti i giorni dalle 9 alle 23. I bei tempi del «Club dell'Attore» appartengono al passato. Nonostante l'impressionante portone monumentale, l'arredamento anglo-polacco del locale è un po' vecchiotto e agli occhi di un occidentale il mezzanino del primo piano può risultare un po' troppo essenziale. Ma i polacchi continuano ad apprezzare questo locale, forse in ricordo dei piacevoli momenti che vi hanno trascorso in passato.

🍸 ***Cotton Club*** *(C3,* ***70****):* 25/29 ul. Złotników. In una viuzza che taglia ul. Szeroka. Aperto tutti i giorni dalle 16 all'1 o alle 2 di notte. Un grande seminterrato tipo caverna circondato da mezzanini con vista diretta su solidi marcantoni che si affrontano intorno ai biliardi disposti nello spazio centrale. Niente a che vedere con il mitico club di jazz newyorkese immortalato da Francis Ford Coppola, a parte una pittura murale che ricorda vagamente una New York da cartolina. No, questo *Cotton Club* è piuttosto un club sportivo dove potete bere qualcosa in attesa che un biliardo si liberi.

🍸 ***John Bull Pub*** *(B3,* ***71****):* 4 ul. Kołodziejska. In una via dietro piazza Targ Węglowy. Aperto tutti i giorni dalle 12 a mezzanotte. Gli habitué dell'Europa dell'Est conoscono questa catena inglese espatriata. Situato nell'ammezzato di un vecchio edificio, il pub riproduce con fedeltà l'arredamento che è all'origine del suo successo: l'elegante intimità inglese è declinata in una saletta buia con camino, vecchi quadri e soffici divanetti. Birre inglesi e ristorazione internazionale.

🍸 ***Celtic Pub*** *(B3,* ***72****):* 3 ul. Lektykarska. Un'altra cantina che ci è piaciuta molto. La Guinness scorre densa come in tutti i bar irlandesi-polacchi che si rispettino. Il tentativo di armonizzare il nome del locale con l'arredamento non si può certo dire riuscito. Ma che importa? Tanto nel fine settimana il locale è invaso da una gioiosa folla di studenti fin dalle 21.30.

Da vedere

La città vecchia nel suo complesso. Prevedete una mezza giornata e andate a zonzo per le viuzze e guardate da tutte le parti perché ogni casa o quasi nasconde dettagli interessanti. Non esitate a entrare nei cortili, che sovente celano tesori nascosti. Respirate la città, i suoi odori, la sua atmosfera e il suo passato.
Il centro storico di Danzica è costituito da complessi urbani separati: la città antica (Stare Miasto) a nord, la città principale (Główne Miasto) al centro e il vecchio sobborgo (Stare Przedmieście) a sud.

★ *LA CITTÀ PRINCIPALE (GŁÓWNE MIASTO)*

Fondata nel 1343, si articola in una rete di vie parallele che sboccano tutte a est sul lungofiume della Motława, protette da pesanti porte monumentali. Distrutta al 90% durante la seconda guerra mondiale, la città principale è stata oggetto di un grande sforzo di ricostruzione. Oggi vi si concentrano numerosi edifici storici situati per la maggior parte lungo un'arteria principale composta da via Długa (via Lunga) e da piazza Długi Targ (il Lungo Mercato). In passato, questa arteria, detta reale (Królewska Droga), era la via d'onore dove sfilavano i cortei reali.

★ La via reale si apre a ovest con la ***porta Alta (brama Wyżynna;*** *B3, **90**)*. Costruita nel XVI secolo, faceva parte della nuova cinta rinascimentale edificata come avamposto delle fortificazioni medievali. Sull'attico figurano gli stemmi della Polonia (angeli), della Prussia reale (liocorno) e di Danzica (leoni), opera del fiammingo Willem Van dem Block che riassume da sola la storia movimentata della città.

★ Subito dietro, l'***antica avamporta*** della città ***(przedbramie;*** *B3, **91**)*, composta di una torre gotica utilizzata come prigione fino al XIX secolo (Wieża Więzienna) e di una sala di tortura (Katownia), forma un complesso fortificato del XV secolo. Oggi la sala di tortura ospita un piccolo museo di strumenti di tortura del Medioevo.

★ ***La porta d'Oro (brama Złota;*** *B3, **92**)*, ancora più interna, fu edificata all'inizio del XVII secolo e costituisce la vera e propria entrata della via reale. La sua funzione era più ornamentale che difensiva. Prende il nome dalle statue allegoriche, un tempo dorate, che coronano la balaustra: la Pace, la Libertà, la Ricchezza, la Gloria in eterna opposizione con la Saggezza, la Pietà, la Libertà e la Concordia. Le massime latine incise sui lati illustrano l'etica della città (un esempio: «Le piccole repubbliche crescono nella concordia, le grandi spariscono nella discordia»).

★ A sinistra della porta d'Oro, il ***palazzo della confraternita di San Giorgio (dwór Bracta Św. Jerzego;*** *B3, **93**)*, magnifico edificio del XV secolo costruito da questa confraternita segreta che raggruppava i borghesi più ricchi della città. La torre del XVI secolo è dominata dalla statua di San Giorgio con il drago.

★ ***Ulica Długa*** presenta uno dei più begli allineamenti di facciate dipinte di tutta la Polonia. Queste case patrizie sormontate da frontoni scolpiti, con portoni imponenti e riccamente decorati, sono tipiche dell'architettura delle città anseatiche.
– Al n. 1, il palazzo rococò dell'armatore George Hewl che finanziò la flotta di Ladislao IV.
– Al n. 12, un altro palazzo rococò proprietà dello scabino Jan Uphagen.

Gli interni preservati dalla guerra dovrebbero accogliere prossimamente il *museo degli Appartamenti borghesi* (*muzeum Historiczne*).
– Al n. 28, il palazzo rinascimentale del borgomastro Feber, decorato con motivi italiani del XVI secolo.
– Al n. 29, la dimora barocca del sindaco Czirenberg del XVII secolo.
– Al n. 35, il «castello del Leone» (*zamek Lwi*), un palazzo rinascimentale costruito dallo stesso architetto della porta d'Oro dove nel XVII secolo i nobili della città organizzavano festini in onore di Ladislao IV.
– Al n. 47, una casa gotica della seconda metà del XV secolo.

★ ***Il Municipio della città principale*** **(*Ratusz głównego miasta*;** *C3,* ***94*)** chiude via Długa, sovrastato dalla sua torre di 82 m. In cima, la statua dorata di Sigismondo Augusto, regalo degli abitanti del XVI secolo al re per ringraziarlo di aver stabilito l'uguaglianza dei diritti tra protestanti e cattolici. L'attuale palazzo in stile gotico, con motivi rinascimentali dei secoli XIV e XV, è il risultato delle successive trasformazioni apportate all'edificio originale costruito nel 1328. La scalinata d'onore e il portale monumentale con gli stemmi della città sono stati aggiunti in epoca barocca, mentre il Rinascimento gli ha regalato un piccolo campanile. Nel 1945, in seguito a un incendio (il terzo della sua storia!), l'edificio era ridotto a un mucchio di macerie ma fu magnificamente ricostruito sotto la pressione degli abitanti. In occasione di ulteriori ristrutturazioni, ha ereditato il celebre carillon con 14 campane dal timbro cristallino che suona l'inno patriottico, chiamato «Rota». Gli interni hanno ritrovato l'antico fasto nel 1970 e ospitano il ***Museo storico di Danzica*** **(*Muzeum historii Miasta Gdańska*;** *C3,* ***94*)**. Entrata al n. 47. Aperto martedì, mercoledì, giovedì e sabato dalle 10 alle 16, domenica dalle 11 alle 16. Chiuso lunedì e venerdì. Entrata: 4 Zl; tariffa ridotta: 2 Zl. La visita comincia con l'imponente portale sul quale figurano le armi di Danzica custodite da due leoni rivolti verso la porta d'Oro in onore dei cortei reali. Nel seminterrato, l'antica sala del tesoro municipale serviva da cassaforte per i denari depositati dalle navi ancorate nel porto. Oggi ospita il ristorante *Palowa*.
La superba scala a chiocciola conduce alle sale di rappresentanza. Le prime due sono impressionanti, ma la sala del gran consiglio, detta *sala Rossa* (*sala Czerwona*), catturerà tutta la vostra attenzione. Il sontuoso arredamento, opera di artisti fiamminghi della fine del XVI secolo, è un bell'esempio dello stile manierista caratteristico dell'epoca. Il camino e le armi, la grande porta minuziosamente lavorata, i sedili intarsiati colpiscono l'occhio per la ricchezza dei dettagli. Le pitture murali sono firmate dal fiammingo Hans Vredemann de Vries, mentre il suo compatriota Isaac Van dem Block suscita la nostra ammirazione con i 25 affreschi del soffitto. Il pannello ovale centrale intitolato «Glorificazione dell'annessione di Danzica alla Polonia» è il più celebre: rappresenta una veduta della città dominata da un arco di trionfo. L'arredamento della sala, utilizzata dagli scabini solo in estate (le sedute invernali si tenevano nelle sale attigue), fu smontato nel 1942 e messo in salvo.
Il piano superiore è consacrato alla storia di Danzica: fotografie della città prima della guerra e un eccellente documentario sull'epopea della ricostruzione. Da qui si accede alla torre che offre una vista a 360° sulla città e sul porto.

★ ***Długi Targ*** *(il Lungo Mercato; C3)* prolunga con la sua piazza la via reale. Su questi «Campi Elisi» di Danzica i mercanti si facevano costruire prestigiose dimore a testimonianza del loro rango e della loro ricchezza. A differenza di quelli di via Długa, molti di questi edifici hanno conservato la grande scalinata centrale.

★ ***La casa di Artù*** **(*dwór Artusa*;** *C3,* ***95*)**, di fianco al municipio, sul retro della fontana, è una delle più celebri. Aperta da martedì a sabato dalle 10 alle 16.

L'origine di questo edificio della fine del XV secolo risale all'inizio del XIV secolo, quando i ricchi mercanti cominciarono a ispirarsi alla leggenda di re Artù per creare un tribunale d'arbitraggio interno alla corporazione, ricalcato sul funzionamento della corte del celebre re. L'obiettivo era quello di creare una commissione di giudici imparziali governata da uno spirito di egualitarismo e fratellanza. Il successo fu immediato, e nel corso dei decenni successivi questo tribunale di commercio indipendente dal potere diventò l'istituzione principale della città. Finanziata dalle autorità municipali, la «Corte di Artù» si sviluppò e non tardò a trasformarsi in una sorta di tribunale apolitico che dettava legge in tutta l'Europa del nord, ma anche presso le diverse gilde di mercanti e la borsa di commercio.
All'inizio del XVII secolo l'edificio fu dotato di una monumentale facciata, opera dell'architetto fiammingo Abraham Van dem Block. Anche se fu completamente distrutto durante la guerra, gran parte delle sue ricchezze furono messe al riparo e salvate. L'interno si presenta oggi come un'enorme caverna gotica sotto una volta che riproduce la chioma della palma, sostenuta da quattro eleganti colonne di granito.
Il pezzo principale è una gigantesca stufa piramidale alta 11 m, capolavoro dell'arte rinascimentale, destinata a riscaldare l'enorme sala durante i mesi invernali. Sui lati, una successione di bassorilievi e ritratti dei presidenti delle gilde.

DANZICA

★ Davanti alla casa di Artù, la graziosa ***fontana Nettuno** (**fontanna Neptuna**; C3, **96**)*, disegnata nel 1633 da Abraham van dem Block in armonia con la facciata della casa di Artù, anch'essa da lui progettata. La statua di Nettuno realizzata dall'artista fiammingo Peter Husen è il simbolo della città e ricorda che la sua principale risorsa è il mare. Nel 1614 vi fu aggiunta una piccola griglia, la cui origine sembra risalga a una leggenda che ha come protagonisti i convitati della casa di Artù.
Questi ultimi, dopo una serata ben annaffiata, gettarono per sfida i loro anelli d'oro nella fontana. Il giorno successivo, dopo aver smaltito la sbornia, cercarono di recuperarli; ma non avevano fatto i conti con Nettuno il quale, durante la notte, aveva mischiato, servendosi del suo tridente, l'acqua e l'oro, per creare un liquore esplosivo ancora oggi in ampiamente apprezzato: la «Gold Wasser» (vodka mischiata con pagliuzze d'oro, vedi il ristorante *Pos Łososiem*). Da allora, la griglia dovrebbe evitare il ripetersi dell'esperienza.

★ Al n. 41, la ***casa Dorata** (**kamienica Złota**; C3, **97**)* edificata nel 1606 in stile rinascimentale per un ricco mercante. La dimora è caratterizzata dai numerosi fregi presenti sulla facciata, opera di Hans Voigt. I busti sono quelli dei re polacchi, mentre i personaggi in cima alla balaustra sono più esotici. Da sinistra a destra: Cleopatra, Edipo, Achille e Antigone.

★ ***Porta Verde** (**brama Zielona**; C3, **98**):* chiude la piazza a est e segna la fine della via reale. Costruita nel XVI secolo al posto di una porta difensiva gotica, fu concepita come un palazzo per ospitare la corte reale in visita in città, ma nessun re si degnò di onorare della sua presenza questi appartamenti glaciali, eccetto Maria Gonzaga Nevers in occasione delle nozze con Ladislao IV. Gli stemmi della Polonia, di Danzica e della Prussia ornano le quattro entrate.

★ ***Lungofiume** (C3):* la porta Verde segna l'inizio della passeggiata sul lungofiume, lungo la Motława. Sull'altro lato si trova l'***isola dei Granai*** *(Spichlerze)* che nei periodi più intensi di attività commerciale ospitò fino a 300 magazzini e granai. Durante le guerre napoleoniche un incendio li distrusse completamente, e un altro incendio si verificò nel 1930. La seconda guerra mondiale diede loro il colpo di grazia... Da allora solo pochi magaz-

zini sono stati ricostruiti, cosa che spiega l'impressione di desolazione che regna su questa sponda.
Il lungofiume è ritmato da una successione di porte difensive che chiudono la prospettiva delle vie parallele che vi sboccano. La visita delle porte prosegue verso nord su Długie Pobrzeże (la lunga Banchina) dove nel passato accostavano i velieri e le navi mercantili.

★ ***La porta del Pane (brama Chlebnicka; C3, 99)***, subito dopo la porta Verde, fu edificata alla metà del XV secolo durante il regno dei cavalieri dell'Ordine teutonico. Nel 1457, per sottolineare l'annessione di Danzica al regno di Polonia, Casimiro IV fece aggiungere una corona reale di fianco alle armi lasciate dai cavalieri.

★ Al n. 16 di ul. Chlebnicka, la ***casa Inglese (dom Angielski)*** del 1569 era la più grande dimora dell'epoca, testimonianza dell'intensità dei traffici commerciali tra Danzica e l'Inghilterra.

★ Al n. 14 la ***casa Schlieff***, in un bello stile gotico dell'inizio del XVI secolo, fu ricostruita in modo identico dopo che l'imperatore di Prussia Guglielmo III l'ebbe fatta smontare nel 1820 per installarla vicino alla sua residenza di Potsdam dove ancora oggi è possibile ammirarla.

★ La ***porta di Santa Maria (brama Mariacka; C3, 100)*** è la sorella gemella della precedente, costruita alla fine del XV secolo.

★ Sul retro, ***ulica Mariacka*** è l'unica ad aver conservato le scalinate esterne. I locali al pianterreno ospitano negozi di souvenir e gioielli d'ambra. Vi si respira ancora l'atmosfera della vecchia Danzica.
Nel Medioevo i cancelli riccamente decorati svolgevano una funzione pubblicitaria. In effetti, quanto più l'aspetto esteriore della casa era fastoso, tanto maggiore era il successo commerciale del proprietario. Messaggio: «Sono un partner commerciale affidabile». Emblema reale, le aquile polacche incise sui cancelli erano una dimostrazione di amicizia e di rispetto da parte dei commercianti, in maggioranza tedeschi, nei confronti dei polacchi con i quali trattavano. Sottinteso: «Business is business!». Ecco l'origine delle multinazionali.

★ Attigua alla porta di Santa Maria, la casa in stile rinascimentale della Società dei Naturalisti (dom Towarzystwa Przyrodniczego) accoglie un piccolo ***Museo archeologico (Muzeum archeologiczne; C3, 100)*** dedicato alle prime popolazioni slave di Danzica. Entrata al n. 25/26 di ul. Mariacka. Aperto martedì dalle 9 alle 16, mercoledì dalle 10 alle 17, giovedì e venerdì dalle 9 alle 16, sabato e domenica dalle 10 alle 16. Chiuso lunedì. Entrata: 3 Zl; tariffa ridotta: 2 Zl.

★ ***La porta del Santo Spirito (brama Św. Ducha)***, anch'essa del XV secolo, è stata interamente ricostruita dopo la guerra.

★ Poi, meraviglia delle meraviglie, la ***Gru di Danzica (żuraw Gdański; C3, 101)***, la più grande gru d'Europa costruita nel Medioevo. Porta e gru nello stesso tempo, concentrava diverse funzioni. Le ruote del diametro di 5 m, azionate da uomini che camminavano nella circonferenza interna, comandavano una puleggia centrale in grado di sollevare fino a due tonnellate di merce. Sopra, un'altra puleggia aggiunta nel XVII secolo serviva a innalzare gli alberi dei velieri.

★ ***Museo marittimo (Muzeum morskie; C3, 101):*** gli edifici vicini alla gru ospitano uno dei musei marittimi più interessanti del paese. Il museo dispone anche di un altro sito giusto di fronte, nei tre granai rinascimentali situati sull'isola Spichlerze. Aperto da martedì a venerdì dalle 9.30 alle 16 (18 in stagione), sabato e domenica dalle 10 alle 16; chiusura delle casse un'ora prima. Calcolate 3 ore per una visita completa. Entrata: 3 Zl; tariffa ridotta: 2 Zl.

– La sezione che si trova nella gru (entrata al n. 67/68 di ul. Szeroka) presenta una collezione di uccelli, coralli e fauna marina del mondo intero. Vi è illustrata anche la storia dei grandi navigatori polacchi, tra i quali figura lo scrittore Joseph Conrad. La visita permette di ammirare il meccanismo della gru.

– In un edificio sull'altro lato della strada sono esposte alcune navi provenienti dai diversi continenti, come canoe e catamarani d'Africa, Asia e Polinesia.

– La visita prosegue nei tre granai dell'isola Spichlerze. Un battello effettua la traversata non appena ha fatto il pieno di passeggeri. L'esposizione intitolata «La Polonia e il Baltico» ripercorre l'epopea marittima di Danzica e della Polonia: modellini di navi e porti, strumenti di navigazione, lenti e compassi, quadri, bandiere... Nella sala più grande sono esposti i cannoni di bronzo della flotta svedese affondata durante l'assedio di Danzica nel 1650 e 1660. Diverse prue di navi antiche, e una serie di cartine, che illustrano le guerre condotte nel corso dei secoli per il controllo del Baltico. La visita termina con la storia contemporanea dei cantieri navali di Danzica. Ai piedi dei granai, la nave *Soldek*, la prima uscita dai cantieri dopo la seconda guerra mondiale, è stata trasformata in museo. Da visitare: le cabine dell'equipaggio, la sala macchine, una piccola esposizione sugli scioperi del 1980 e sulla nascita del sindacato Solidarność.

DANZICA

★ A partire da qui il lungofiume offre ancora altre due porte più modeste: ***brama Świętojańska*** (XV secolo) e ***brama Straganiarska*** (fine XV secolo), sempre con gli stemmi della Polonia, di Danzica e della Prussia.

★ Più distante, su piazza Targ Rybny (il mercato dei Pescatori), la ***torre Swan*** *(C2,* ***102****)*, che faceva parte della zona di difesa nord delle mura di cinta gotico-medievali.

★ ***Chiesa della Santissima Vergine Maria (kościół Mariacki;*** *C3,* ***103****)*: all'incrocio delle vie Chlebnicka e Mariacka. La chiesa più grande di tutta la Polonia: 100 m di lunghezza, 60 m di larghezza nel transetto, 27 m di altezza, 5000 m^2 al suolo, 30 cappelle, 37 finestre di cui una di 27 m^2, 7 porte d'entrata, 1 ettaro di tetto, 78 m per la torre quadrangolare e una capacità d'accoglienza stimata in 25 000 persone. Il volume di questa chiesa gotica è paragonabile a quello di Notre-Dame a Parigi o della cattedrale di Santo Stefano a Vienna.

La costruzione durò 159 anni, dal 1343 al 1502. In origine votata al culto cattolico, fu attribuita ai protestanti nel 1572 al momento della Riforma. I cattolici espropriati si fecero costruire di fianco una cappella reale. Dal 1945 la chiesa è di nuovo cattolica. L'ultima guerra l'ha lasciata a metà distrutta, ma va progressivamente ritrovando i suoi arredi interni messi preventivamente al riparo. Purtroppo, gli affreschi che ricoprivano i muri sono andati definitivamente perduti.

Composto di tre navate sotto una volta gotica, l'enorme volume è dominato da un superbo altare maggiore gotico dell'inizio del XVI secolo, opera di Michel Schwartz, allievo di Dürer, con una rappresentazione dell'incoronazione della Vergine. A destra, un crocefisso di 4 m: notate l'espressione di sofferenza e perdono del viso di Cristo. Se vi fermate davanti e lo fissate, avrete l'impressione che cambi espressione.

Nella navata a sinistra, la cappella di San Rinaldo ospita una copia del celebre trittico del *Giudizio Universale* eseguito nel 1472 da Hans Memling su commissione di una banca olandese. Nel 1473, la nave che lo trasportava

fu catturata da un corsaro devoto che offrì l'opera alla sua città natale. Proprietà della chiesa, il trittico venne esposto nella cattedrale, e nel corso del Medioevo fu all'origine di numerose conversioni. Dal 1956, l'originale è esposto nelle sale del Museo nazionale di Danzica.
Nella navata nord, la cappella di Sant'Anna con una Madonna di Danzica del 1420.
Ma il pezzo più prezioso è sicuramente il gigantesco orologio astronomico situato nel transetto nord. Realizzato tra il 1464 e il 1470, va iscritto, come la chiesa, nella lista dei record medievali. Con i suoi 14 m di altezza, non si accontenta di indicare l'ora, il giorno e l'anno, ma fornisce anche le fasi della Luna e la posizione del Sole e della Luna rispetto al calendario dei santi e allo zodiaco. Hans Düringer, l'ingegnoso ideatore, lo realizzò in tre fasi: in basso l'orologio di 2,70 m di diametro con un calendario, al centro un planetario e in alto un teatro di personaggi biblici che appaiono a rotazione per suonare l'ora. Quando fu terminato nel 1470, era il più grande orologio esistente al mondo.
Gli organi barocchi risuonano tutti i venerdì alle 17 (solo in estate) colmando questo gigantesco spazio con le loro sonorità gravi e maestose. Sono stati interamente ricostruiti alla fine della guerra grazie ai fondi raccolti con una colletta.
Prima di lasciare l'edificio vi consigliamo di salire in cima alla torre: 405 gradini in tutto. Da lassù potrete ammirare i tetti della chiesa e osservare i lavori di ricostruzione del dopoguerra. In cima, una piccola piattaforma offre una vista a 360° sulla città. Aperto tutti i giorni da metà maggio a metà ottobre dalle 9 alle 15.30.

★ ***Cappella reale (Kaplica królewska;** C3, **104**):* di fianco alla chiesa della SS. Vergine Maria, su ul. Św. Ducha. Edificata tra il 1678 e il 1681 grazie ai finanziamenti del primate di Polonia che desiderava compensare i cattolici della perdita della chiesa assegnata ai luterani, è l'unica chiesa barocca della città. Siccome i fondi erano insufficienti per costruire un intero edificio, la cappella fu alloggiata al primo piano del presbiterio della chiesa della SS. Vergine Maria. La facciata prestigiosa crea l'illusione di un edificio unico. L'architettura è opera di Tylman van Gameren, autore dei principali palazzi di Varsavia. Gli interni non sono all'altezza della facciata.

★ ***Grande arsenale (Wielka Zbrojownia;** B3, **105**):* in via Tkacka, allo sbocco di via Piwna (la via dei Birrai) che parte dalla chiesa della SS. Vergine Maria. All'indomani della guerra, di quest'opera maestra dell'architettura manieristica fiamminga del XVII secolo, molto presente a Danzica, restava solo qualche pezzo di muro. Sulla grande facciata, opera di Anthony van Obbergen, si moltiplicano i motivi militari, mentre le armi di Danzica ornano le porte. Oggi riconvertito in galleria commerciale, offre una facciata più modesta sul retro, su piazza Targ Węglowy (mercato del Carbone).

★ *A NORD DELL'ARSENALE*

A partire da qui, la densità del tessuto urbano storico si rarefà per lasciare spazio agli edifici contemporanei in un quartiere dove la ricostruzione si è attuata in misura minore.

★ ***Chiesa di San Nicola (kościół Św. Mikołaja;** C2, **106**):* all'angolo di ul. Pańska e ul. Swiętojańska. Questa chiesa gotica di mattoni, costruita nel XIV secolo dai domenicani arrivati da Cracovia, è uscita praticamente indenne dalla guerra. L'interno riccamente decorato è quasi interamente originale: magnifico altare maggiore del 1647, bel coro, Vergine con il bambino gotica nella navata e organi barocchi del XVII secolo.

★ A nord, il ***grande mercato coperto di Targowa*** del XIX secolo *(C2, **107**)* è un altro sopravvissuto della guerra.

★ Subito davanti, la ***torre ottogonale Giacinto*** *(**baszta Jacek**; B2, **108**)* del XV secolo, che faceva parte delle antiche fortificazioni medievali e serviva da torre di guardia.

★ ***Chiesa di San Giovanni*** *(**kościół Św. Jana**; C2, **109**):* all'estremità est di ul. Swiętojańska. Diversamente dalla chiesa di San Nicola, questo bell'edificio gotico del XIV e XV secolo porta ancora oggi le stigmate della guerra. I lavori di ricostruzione non sono ancora terminati: per il momento è stato rifatto solo il tetto mentre l'interno, chiuso al pubblico, è stato parzialmente smantellato e ricostruito in altre chiese della città.

★ Con la chiesa di San Giovanni, la città principale ha offerto ai turisti tutte le sue ricchezze. Prima di cominciare la visita della città vecchia, potete risalire un po' più a nord per visitare il piccolo ***museo della Posta*** *(**muzeum Poczty Polskiej**; C2, **117**)* situato nell'edificio della vecchia posta: 1 ul. Obrońców Poczty Polskiej. Aperto da martedì a sabato dalle 10 alle 16, domenica dalle 10.30 alle 14. Entrata: 2 Zl; tariffa ridotta: 1 Zl.
L'edificio è stato immortalato dallo scrittore tedesco Günther Grass, originario di Danzica, nel suo celebre romanzo *Il tamburo di latta* (l'adattamento cinematografico realizzato da Volker Schlöndorff ha ottenuto la Palma d'oro ex aequo con *Apocalypse Now* al Festival di Cannes del 1979). Nel settembre del 1939, i 50 postini rifugiatisi all'interno opposero una resistenza disperata contro le forze tedesche venute a requisire l'edificio. Benché fossero poco armati, riuscirono comunque a tenere in scacco i nazisti per la bellezza di 14 ore. I pochi sopravvissuti furono condannati a morte. Il monumento di fronte alla posta mantiene viva la memoria di questo atto di eroismo.
Il museo possiede una piccola sezione dedicata al tragico episodio, mentre le altre sale sono consacrate alla storia della posta locale che svolse un ruolo strategico nel corso dei secoli nello sviluppo commerciale della città.

★ *LA CITTÀ VECCHIA (STARE MIASTO)*

A nord, il canale Raduni segna il confine della città vecchia. Costruita sul sito di un'antica città slava del X secolo, la città vecchia conobbe uno sviluppo separato rispetto alla città principale. Fu annessa a Danzica solo nel XIV secolo, durante il regno dei cavalieri dell'Ordine teutonico che la trasformarono in sobborgo della città principale.
Sprovvista di mura, non approfittò della ricchezza della sua vicina. I ricchi mercanti tedeschi che gestivano la città vi relegavano in effetti la popolazione polacca più povera. Questo destino diverso si è ripetuto anche nel dopoguerra: la città fu trascurata nell'opera di ricostruzione, che si limitò ai i monumenti più rappresentativi. Ecco perché il suo aspetto moderno contrasta con il fasto della città principale.

★ ***Grande mulino*** *(**Wielki Młyny**; B2, **110**):* sull'isola al centro del canale, all'angolo di Młyny Podmłyńska e Na Piaskach. Costruito nel 1350 dai cavalieri dell'Ordine teutonico, era all'epoca il mulino più grande d'Europa: 40 m di lunghezza per 26 m di altezza su nove piani. Le 18 ruote a pale potevano macinare fino a 200 tonnellate di grano al giorno. Ancora in attività alla vigilia della seconda guerra mondiale, fu totalmente distrutto dopo una carriera di ben 600 anni. È stata restaurata solo la carcassa dell'edificio, che oggi ospita una galleria commerciale.

★ ***Chiesa di Santa Caterina*** *(**kościół Św. Katarzyny**; B2, **111**):* di fronte al Grande mulino, all'angolo di ul. Katarzynki e Młyny Podmłyńska. Una

DANZICA

delle più antiche della città, funse da chiesa parrocchiale prima della costruzione della chiesa della SS. Vergine Maria. La chiesa, in un bello stile gotico del XIV secolo, fu coronata nel XVII secolo con una cupola barocca. Nel coro riposa Johannes Hevelius (1611-1687), il più grande astronomo polacco insieme a Nicolò Copernico.
L'interno, saccheggiato durante la guerra, ha perso le sue principali ricchezze, ma in compenso la torre ha ritrovato dopo ben 40 anni di assenza il carillon con 37 campane del peso di 17 tonnellate. I tedeschi smontarono l'originale per installarlo in una chiesa di Lubecca. Ma nel 1983, grazie all'ostinazione di un abitante di Danzica, venne creata una fondazione destinata a raccogliere i fondi per la fabbricazione di un nuovo carillon. Nel 1989 era cosa fatta, e da allora gli abitanti di Danzica possono nuovamente sentire il suo timbro potente. Ogni campana porta il nome di un donatore (Helmut Kohl, il presidente tedesco Richard von Weizsaecker...).

★ Subito dietro si trova la ***chiesa di Santa Brigitta*** *(**kościół Św. Brygidy**; C2, **112**)*. Interamente distrutta durante la guerra, ha ritrovato il suo aspetto gotico del XVI secolo solo nel 1973. L'interno, invece, è definitivamente perduto. È conosciuta soprattutto per essere stata il bastione del sindacato Solidarność durante gli scioperi del 1980, grazie alla complicità del prete, il carismatico Henryk Jankowski, che diventò in seguito amico intimo di Lech Wałęsa. L'interno moderno conserva alcune reliquie del sindacato, come per esempio una serie di croci utilizzate durante gli scioperi.

★ ***Municipio della città vecchia*** *(**Ratusz staromiejski**; B2, **113**):* all'angolo di ul. Bielańska e ul. Korzenna. Anthony van Obbergen, architetto del Grande arsenale, offrì alla città quest'altro gioiello del Rinascimento fiammingo, dove risiedette l'astronomo Johannes Hevelius (potete ammirare il suo monumento all'esterno). La guerra lo lasciò praticamente indenne. Da notare la torre, caratteristica dello stile fiammingo. Sul portale figurano gli stemmi della Polonia, di Danzica e della Prussia. All'inizio del XX secolo furono aggiunti alcuni elementi provenienti da abitazioni di via Długa come il fregio romano sul muro ad arcate e il portale rinascimentale. Oggi ospita il *Centro culturale baltico* (aperto tutti i giorni dalle 9 alle 23) grazie al quale è possibile visitare gli interni riccamente decorati. All'entrata c'è anche un piccolo bar (vedi *Ratusz Staromiejski*, «Caffè, pasticcerie e gelaterie»).

★ ***Monumento agli operai caduti del cantiere navale*** *(**pomnik Poległych Stoczniowców**; B1, **114**):* piazza Solidarności Robotniczej. Un po' più a nord, davanti all'entrata del cantiere navale, vicino ad al. Jana Kolna. Tre croci giganti alte 40 m, visibili a diverse centinaia di metri, inaugurate in pompa magna il 16 dicembre 1980 dal Partito comunista, in presenza dei rappresentanti della Chiesa e dei leader dell'opposizione. Era la prima volta che un Partito comunista erigeva un monumento in memoria delle vittime che esso stesso aveva fatto: gli operai dei cantieri caduti sotto i proiettili dell'esercito durante una sommossa del 1970 scatenata dall'aumento dei prezzi dei generi alimentari.
Il monumento sancì anche la prima vittoria politica del sindacato Solidarność dopo una lotta di 10 anni. Durante tutto il decennio, gli operai portavano ogni giorno una pietra per formare un monticello che veniva sistematicamente smantellato di notte dalla milizia. La vittoria fu definitiva quando nel 1980 gli scioperi scatenati da Solidarność si propagarono su tutto il territorio nazionale. Gli operai avevano vinto il braccio di ferro con il potere. La scritta che figura sul monumento proclama in stile pomposo: «Le tre croci hanno frantumato la crosta di menzogna formatasi nel punto in cui il sangue è penetrato nella terra».
Di fianco, sul muro di cinta del cantiere navale, le targhe commemorative per le altre vittime del regime comunista caduto dal 1970 in poi.

★ ***Cantiere navale di Danzica (stocznia Gdańska;*** *fuori pianta da C1):* fino al 1980 si chiamava ancora cantiere Lenin. In seguito agli scioperi del 1980 e del 1988 che misero fine al regime comunista e con l'entrata della Polonia nella galassia del capitalismo, l'avvenire del cantiere è più che incerto. Oggi il «vincitore del comunismo» fa pensare a un Golia con i piedi d'argilla. Il nuovo governo ha cercato di venderlo, senza successo, ad alcune compagnie occidentali e, nonostante la progressiva riduzione del personale, oggi fatica a trovare posto nella competizione internazionale. Forse il suo avvenire è in parte nel turismo industriale. Per il momento, è ancora difficile visitare le immense installazioni che coprono centinaia di ettari. Per le visite guidate, informatevi presso l'ufficio del turismo. I traghetti che vanno a Westerplatte o a Sopot e Gdynia offrono una bella vista d'insieme sul cantiere.

★ *IL VECCHIO SOBBORGO (STARE PRZEMIEŚCIE)*

Corso Podwale Przedmiejskie *(B-C4)* segna a sud l'inizio del vecchio sobborgo che oggi dovrebbe piuttosto chiamarsi il sobborgo distrutto, in quanto non resta assolutamente più niente del quartiere originale costruito nel XV secolo. È da questo sobborgo grigio e cementificato che bisogna partire alla scoperta delle poche cose interessanti.

★ ***Museo nazionale (Muzeum narodowe;*** *B4,* ***115****):* 1 ul. Toruńska. Aperto da martedì a sabato dalle 9 alle 16, domenica e festivi dalle 10 alle 16. Entrata: 4 Zl; studenti: 2 Zl. Ospitato in un antico monastero francescano, questo museo polivalente presenta diverse sezioni dedicate alla grande tradizione dell'artigianato polacco: oreficeria, argenteria, porcellana, maiolica, ricami, ferro battuto e mobili, tra cui i celebri mobili scolpiti di Danzica, diffusi in passato in tutta la Polonia. Comprende anche un dipartimento di pittura e scultura in legno.
Spicca l'imponente *dipartimento di pittura olandese e fiamminga*, testimonianza delle relazioni parallele con i Paesi Bassi: Van Dyck, Bruegel il Giovane, Cuyp e, naturalmente, il pezzo forte: il trittico del *Giudizio Universale* di Hans Memling, di cui potete vedere una copia nella chiesa della SS. Vergine Maria. Prima di essere tranquillamente esposto nelle sale del museo, il quadro ha vissuto una vera e propria epopea: appena acquistato dai Medici di Firenze, fu sottratto durante il viaggio verso l'Italia da una nave di corsari, requisito in seguito da Napoleone e nuovamente esposto a Danzica, dove i nazisti lo rubarono per nasconderlo in un deposito segreto dove fu infine ritrovato dall'Armata Rossa.

★ Attigua al museo, la ***chiesa della Santa Trinità (kościół Św. Trójcy;*** *B4,* ***116****)* si presenta come un bell'edificio gotico della fine del XV secolo: all'interno, un magnifico pulpito gotico e un altare maggiore composto da diversi trittici, di cui uno attribuito a Isaac Van dem Block.

★ Alcuni ***resti delle antiche fortificazioni*** del XVII secolo sono ancora ben visibili un po' più a sud, in particolare grazie al tracciato dei fossati che non sono stati colmati.

Festival e fiere

Tutte le città polacche hanno la loro stagione festivaliera. A Danzica il grosso dell'artiglieria «eventistica» si concentra nei mesi estivi. Cominciamo dalla cultura.

– In giugno, a Gdynia, si svolge il ***festival delle Canzoni marinare***; in luglio, a Danzica, il ***festival delle Minoranze nazionali*** con dimostrazioni di folclore etnico; tra luglio e agosto, il ***festival internazionale d'Organo***, sotto le volte della cattedrale di Oliwa; a Sopot, sempre in agosto, ***festival internazionale della Canzone***, cocktail pop e rock di star locali e straniere, accoppiato a un ***festival di Musica classica e di Folclore del Baltico***.
– Ma la principale attrazione estiva resta la ***Fiera domenicana*** *(Jarmark Dominikański)* nelle prime due settimane di agosto. Durante questa fiera, le cui origini risalgono al 1260, la città si riempie di bancarelle di artigiani, saltimbanchi sui trampoli e artisti di strada.
– In novembre, ***festival del Film di Gdynia***; per finire, nelle prime settimane di dicembre, ***fiera di san Nicola*** (*Jarmark Mikołaja*), remake invernale della grande fiera estiva.

➤ NEI DINTORNI DI DANZICA

★ ***La cattedrale di Oliwa:*** a 8 km, in un sobborgo moderno a nord-ovest del centro. Accessibile con il treno urbano: scendete alla fermata Gdańsk-Oliwa. Da qui bisogna fare una piccola passeggiata a piedi attraverso il bellissimo parco a ovest di al. Grunwaldzka. Tram nn. 6 e 12.
Questa magnifica chiesa gotica con due torri simmetriche, che inizialmente era la chiesa di un'abbazia cistercense, fu eretta a cattedrale nel 1925. Merita una visita per l'eccezionale ricchezza dell'organo, un piccolo gioiello del XVIII secolo, e per i diversi musei situati nel recinto dell'abbazia.
La sua storia è movimentata quanto quella della Polonia. L'origine risale alla metà del XII secolo, quando il principe di Pomerania accordò le terre d'Oliwa ai monaci cistercensi. Il primo edificio romanico fu distrutto due volte dai cavalieri dell'Ordine teutonico, nel 1240 e nel 1250, prima di essere divorato dalle fiamme nel 1350. Fu poi progressivamente ricostruito nell'attuale stile gotico. Ma dovette ancora subire il saccheggio delle guerre svedesi del XVII secolo, in particolare nel 1626, quando fu rubata la maggior parte del sontuoso arredamento interno: l'altare maggiore, l'organo e la campana. A partire dal XVIII secolo, dopo la firma proprio a Oliwa nel 1660 del trattato di pace con la Svezia, l'abbazia conobbe un periodo di prosperità durante il quale ritrovò l'antico fasto conservato fino a oggi. Questo periodo fu bruscamente interrotto un secolo dopo, nel 1831, quando i prussiani ripresero possesso di Danzica e cacciarono i monaci.
Fin dal primo sguardo, la cattedrale impone la sua singolarità: una stretta facciata barocca chiusa tra due torri gotiche identiche con guglie del Rinascimento. È la chiesa più lunga di Polonia (107 m), ma anche la più stretta: 8,50 m di larghezza nella navata centrale. All'interno si ha infatti l'impressione di trovarsi in un lungo corridoio. Al centro, sotto le volte gotiche, un sontuoso altare barocco del XVII secolo sormontato da un cielo di stucchi rococò popolato da una colonia di angeli. L'antico altare rinascimentale, magnificamente scolpito, è stato spostato nel transetto nord. Le cappelle laterali sono state progressivamente aggiunte tra il XV e il XVII secolo.
Ma il pezzo forte resta il grande organo barocco con una esuberante decorazione di angeli meccanici che suonano trionfalmente campane e trombe. Per più di 100 anni, ha potuto vantarsi di essere il più grande organo d'Europa. Nel 1758, il giovane Jan Wulf fu incaricato dai monaci della sua costruzione. Dopo aver fabbricato un primo gruppo di canne nel transetto sud, andò per tre anni in Germania e in Olanda per imparare le nuove tecniche. Il suo problema era quello di riuscire a installare un organo di una tale potenza nello spazio ridotto della galleria che gli era stato assegnato. Un lavoro al quale consacrò 25 anni della sua vita, tra il 1763 e

il 1788. Il risultato è più che imponente: 101 registri di suoni distinti e 6338 canne, di cui la più piccola ha le dimensioni di una matita e la più grande misura 10 m di lunghezza. Magnificamente illuminato da una vetrata della Vergine Maria, è in grado di imitare i suoni dei diversi strumenti, come gli attuali organi elettronici: flauto, clarinetto, violino, contrabbasso, ma anche il rumore del vento, i versi degli animali, il canto degli uccelli, il gracidare delle rane e addirittura la voce umana. Chi potrà sorprendersi del fatto che, dopo questa impresa titanica, Jan Wulf abbia abbracciato il misticismo diventando frate Michele?

Generalmente l'organo suona in canone con il piccolo organo del transetto creando un effetto d'eco notevole. Le dimostrazioni hanno luogo da lunedì a venerdì alle 10, 11, 12, 13, 15, 16, 17, sabato ogni ora dalle 10 alle 15, domenica alle 15, 16 e 17.

– Dietro la cattedrale si trova il *palazzo degli Abati* (*pałac Opatów*), edificato nel 1756 dall'abate Jacek Rybiński, patrocinatore del grande organo. Oggi ospita il ***museo d'Arte moderna (Wystawa Sztuki Współczesnej):*** 15a ul. Cystersów. Aperto da martedì a domenica dalle 9 alle 15.

Questa sezione del Museo nazionale di Danzica presenta, oltre a qualche mostra temporanea di artisti locali, una selezione di pittura polacca del XX secolo con un'importante rappresentanza del periodo pop. Tra i vari artisti esposti, due nomi importanti: Jan Lodiński e Henryk Staszewski (1894-1988), che dispone di un'intera sala.

– Sull'altro lato del cortile, l'antico granaio del palazzo è stato trasformato in ***Museo etnografico (Muzeum etnograficzne):*** 12 ul. Opacka. Aperto da martedì a sabato dalle 9 alle 15, domenica e festivi dalle 10 alle 16. Esposizione di oggetti e utensili artigianali della regione e una piccola sezione di arte popolare della Kashubia.

– L'***antico parco del palazzo***, ricco di essenze esotiche, con un giardino alla francese e numerosi specchi d'acqua, completa piacevolmente la visita.

– Se per caso ci capitate il 1° novembre dovete assolutamente fare un giro nel vicino cimitero ***Oliwski***, sull'altro lato di ul. Opacka, a nord dell'abbazia. Il giorno dei morti, festività particolarmente sentita in Polonia, coinvolge tutta la popolazione che invade i cimiteri per accendere migliaia di ceri sulle tombe. Un grande momento di etnologia vivente!

★ ***Westerplatte:*** il modo più piacevole per andarci è quello di prendere un traghetto sul lungofiume Długie Pobrzeże, subito dopo la porta Verde. Prezzo: 3 Zl. Verificate bene di trovarvi sul traghetto giusto, perché alcuni vanno invece a Sopot e Gdynia. Potete anche prendere il pullman n. 106 in partenza dalla stazione centrale.

Questa vasta penisola che delimita 7 km a nord l'entrata del porto di Danzica ebbe l'«onore» del primo colpo di cannone della seconda guerra mondiale. Il 1° settembre 1939, alle 4.45 del mattino, la corazzata tedesca *Schleswig-Holstein* aprì il fuoco sulla piccola guarnigione polacca che vi era stanziata. All'epoca Danzica aveva ancora lo statuto di città libera attribuitole dal trattato di Versailles, e la penisola era l'unico territorio ufficialmente polacco. I 200 soldati polacchi resistettero per 7 giorni all'assalto combinato dell'aviazione, dell'artiglieria e dei 4000 uomini delle truppe tedesche.

Le rovine della caserma sono state lasciate tali e quali e uno degli edifici rimasti in piedi è stato trasformato in *museo* (aperto da martedì a domenica dalle 10 alle 16). Esposizione di cartine e documenti che ripercorrono la storia recente della penisola e lo svolgimento della battaglia del 1939.

Nel 1966 è stato eretto un monumento di 240 blocchi di granito in memoria dei soldati che vi persero la vita.

La visita della penisola è una buona occasione per respirare una boccata d'aria del Baltico.

★ ***Fortezza di Danzica (Twierdza Wisłoujście):*** 5-6 km a nord, sulla riva sinistra della Vistola, appena sotto Westerplatte, di fronte a Nowy Port. Per andarci: autobus n. 106 in partenza dalla stazione centrale in direzione di Westerplatte. Enorme fortezza che dal 1480 controlla la foce della Vistola. Composta da un torrione circondato da un muro di cinta ottagonale a zig-zag, era inizialmente situata sulla costa, ma il progressivo insabbiamento dell'estuario ne ha determinato l'attuale posizione in un'ansa della Vistola.
Nel corso dei secoli ha comunque conservato il suo ruolo strategico di difesa del porto. Ingrandita alla metà del XVIII secolo, fu rafforzata da Napoleone che la visitò durante la campagna di Russia. I prussiani la utilizzarono come prigione politica per gli oppositori, tra cui il maresciallo Josef Piłsudski, cosa che spiegherebbe perché non fu smantellata come le altre fortificazioni del porto.
Ancora oggi non ha perso nulla del suo aspetto superbo, nonostante il relativo abbandono del periodo comunista. Dalla cima del torrione, che serve da faro dal XV secolo, si ha una vista eccezionale sul cantiere navale e sulla penisola di Westerplatte, nonché sull'imponente torre delle mura. L'interno sorprende per il volume dei sotterranei, che sprofondano al di sotto del livello del mare. Viste le dimensioni, era possibile conservare provviste per un anno intero. Le cucine sono del XVI secolo e l'appartamento del governatore è stato da poco trasformato in una caffetteria.

★ ***Penisola di Hel:*** una trentina di chilometri a nord-ovest di Danzica. In estate, un servizio quotidiano assicura il collegamento con Hel da Danzica (lungofiume Długie Pobrzeże), Sopot (il grande molo) e Gdynia. Chiedete gli orari all'ufficio del turismo. Prezzo: 54 Zl. Pullman in partenza dalla stazione centrale. Potete anche prendere il treno urbano fino a Gdynia da dove parte un treno per Hel.
Questa superba lingua di terra che chiude la baia di Danzica invita a passare un momento tranquillo tra le pinete e i piccoli villaggi di pescatori. Peccato che le capanne siano tappezzate di cartelloni pubblicitari della Coca-Cola. Su questa strana striscia di sabbia lunga 34 km e di larghezza variabile da 200 m a 2,9 km sulla punta, la natura è rimasta intatta. Le spiagge della penisola hanno la fama di essere le più pulite della regione.
Hel, il porto di pesca situato all'estremità, riserva la sorpresa di un bel complesso di case a graticcio del XVIII e XIX secolo e di una chiesa gotica che domina dall'alto le barche attraccate nel porto.

Escursioni

La compagnia ferroviaria nazionale *PKP* organizza diverse escursioni nei dintorni di Danzica.

➢ Sabato e domenica, il treno *Costerina* si dirige verso i ***laghi della Kashubia:*** Żukowo, Somonino, Wieżyca, Gołub. Al capolinea, visita del *museo delle Locomotive PKP Skansen* a Kościerzyna. Partenza alle 9.07 da Gdynia. Sabato, il treno è trainato da una vecchia locomotiva a vapore; mentre domenica, da un'antica locomotiva a gasolio.

➢ In estate, un viaggio nostalgico su binari a scartamento ridotto in carrozze storiche parte da Nowy Port e arriva a ***Sztutowo***, a est della baia di Danzica. Orari delle partenze da Nowy Dwór: 6.15, 7.20, 8.20, 10, 14.10 e 16.35.

Informazioni su queste escursioni: *PKP*, 2/4 ul. Dyrekcyjna. ☎ 38-35-22, 38-51-38.

SOPOT

PREF. TEL.: 058

Seconda città dell'agglomerato urbano di Danzica, Sopot ha l'aspetto ridente di una dinamica stazione balneare il cui passato non va al di là degli anni venti del secolo scorso. La «Amalfi polacca» ha festeggiato i suoi 100 anni nel 2001. Annessa a Danzica dopo la prima guerra mondiale, divenne la località balneare più chic del mar Baltico. Di quell'epoca conserva ancora il celebre molo di 512 m (il più lungo di questa zona dell'Europa) e un grande albergo. Nel 1995 è stato imposto il divieto di balneazione a causa dell'inquinamento provocato dalle fabbriche della baia, ma da allora sono state prese alcune energiche misure e le spiagge hanno ritrovato l'animazione che meritano. Per la cronaca, prima di percorrere la via principale molto affollata in estate, sappiate che l'idea di creare la prima stazione balneare venne in mente nel 1823 a un francese, un certo Georges Haffner, ex medico militare di Napoleone, il quale dopo essersi innamorato del sito e delle capanne di pescatori, decise di investire qui tutti i suoi beni e fu ricompensato da un successo quasi immediato.

Come arrivare

➢Da Danzica avete solo l'imbarazzo della scelta tra l'autobus, il treno e il traghetto. Il treno urbano è più rapido, il tragitto in traghetto è più lungo ma anche più romantico.

Indirizzi utili

i ***Centrum Informacji Turystycznej:*** 4 ul. Dworcowa. ☎ 550-37-83. In una via di fronte alla stazione. In estate, aperto da lunedì a venerdì dalle 8 alle 17, sabato e domenica dalle 9 alle 14; il resto dell'anno, aperto da lunedì a venerdì dalle 8 alle 16, chiuso sabato e domenica. Ufficio del turismo municipale: cartine, dépliant e un prezioso aiuto per trovare un tetto.

■ ***Orbis:*** 49 ul. Bohaterów Monte Cassino. ☎ 551-41-42. Nella grande via che conduce al molo. Aperto da lunedì a venerdì dalle 10 alle 18, sabato dalle 10 alle 14. Tradizionale agenzia viaggi, utile per le escursioni e i biglietti del treno.

■ ***Banca Pekao:*** 50 ul. Bohaterów Monte Cassino. Sportello automatico.

■ ***Bank Gdański:*** 1 plac Konstytucji 3 Maja.

■ ***Sopot Taxi:*** ☎ 551-08-08.

Dove dormire

In luglio e agosto, il ritorno di Sopot sulla scena turistica ha avuto come conseguenza diretta il fatto che gli alberghi sono presi d'assalto e trovare un posto per dormire diventa un'impresa. Vi consigliamo quindi di prenotare. In ogni caso, l'ufficio del turismo è molto competente in materia.

CAMPEGGI

⛺ ***Camping n. 19:*** 21/25 ul. Zamkowa Góra. ☎ 550-04-45. Situato all'estremità nord della spiaggia, sopra l'*Hotel Miramar*. Per accedervi, due opzioni: risalire la spiaggia verso nord oppure scendere alla fermata del treno «Kamienny Potok» subito dopo la stazione di Sopot. Il campeggio è raggiungibile con una breve camminata. Aperto dal 1° maggio al 30 settembre. Bel terreno grande e ombreggiato in cima a una collina, delimitato da un boschetto. Il mare è a 300 m e ci si arriva attraversando un bosco e un piccolo parco.

⛺ ***Camping n. 67:*** 69 ul. Bitwy Pod Płowcami. ☎ 551-65-23. 1 km a sud del molo. Potete arrivarci solo a piedi o in macchina. Aperto da giugno a settembre. Abbastanza grande e in prossimità della spiaggia.

CAMERE PRESSO PRIVATI

– L'ufficio del turismo dispone di un buon numero di camere presso privati. Potrà anche indicarvi alcuni centri che propongono dormitori stagionali.

ALBERGHI

Prezzi economici

🏠 ***Hotel Pensjonat Eden:*** 4/6 ul. Kordeckiego. ☎ e fax: 551-15-03. Perfettamente situato in centro, a sud del molo, a un centinaio di metri dalla spiaggia. Enorme villa dell'inizio del XX secolo con un aspetto esterno molto imponente. All'interno, purtroppo, le cose si guastano. Certo, l'architettura su pianta quadrata con una grande scalinata centrale è molto bella, ma questo non può cancellare 40 anni di gestione socialista durante i quali la villa è stata utilizzata come centro di vacanza. Le camere, di dimensioni piacevoli e con soffitti molto alti, sono tristi da morire, veramente miserabili, arredate con mobili di un'altra epoca. Il balconcino è l'unico elemento che può ricordare l'antico fasto. Bagni collettivi, maschi e femmine separati. Ma l'avvenire dello stabile dovrebbe cambiare adesso che ha ritrovato i suoi vecchi proprietari. Per il momento, gli unici vantaggi offerti si riducono ai prezzi bassi e alla posizione centrale.

🏠 Alcuni ***bungalow*** confortevoli sono offerti dall'*Hotel Maryla* (vedi «Prezzi medi»).

Prezzi medi

🏠 ***Hotel Irena:*** 36 ul. Fryderyka Chopina. ☎ e fax: 551-20-73. In una via a sud parallela a ul. Monte Cassino. Prima colazione compresa nel prezzo. Bella e grande villa antica in un quartiere tranquillo che ha ritrovato la sua dignità in seguito ai lavori di ristrutturazione. Il risultato è un'atmosfera intima e accogliente simile a quella delle pensioni austriache. Tutto è stato concepito per invitarvi al prolungamento del soggiorno. Il personale possiede i modi dei grandi alberghi, le camere sono un miscuglio di antico e moderno senza essere impersonali e i bagni sono fiammanti. Come bonus, la sala del ristorante è confortevole, degna di un club inglese. Prezzo del successo: l'albergo è sovente completo.

🏠 ***Pensjonat Zatoka:*** 7/9/11 ul. E. Plater. ☎ 551-23-67. Fax: 551-30-16. All'estremità sud della spiaggia. Prima colazione compresa nel prezzo. Questo bell'edificio che rispetta le forme del grande albergo tradizionale in riva al mare è una gradita sorpresa. La sua enorme sala da pranzo centrale illuminata grazie a grandi vetrate fa pensare agli alberghi della costa normanna. L'interno gioca la carta rustica con grandi volumi bianchi che si sposano perfettamente con i colori caldi del legno. L'albergo si è specializzato nel turismo familiare e di gruppo. Le camere (tutte rinnovate) da 2 a 4 letti sono graziose e accoglienti, con mobili moderni di qualità e tende bianche. I bagni sono grandi e confortevoli. Il sole penetra all'interno attraverso le grandi finestre. Ultimo asso nella manica: l'albergo è immerso nella calma del quartiere di ville eleganti che si è sviluppato sul lato sud della spiaggia.

Hotel Maryla: 22 ul. Sepia. ☎ 555-10-03. Fax: 551-00-34. A nord della spiaggia, su una collinetta immersa nel verde, vicino a corso Niepodległości. I prezzi variano in funzione delle dimensioni della camera. Una magnifica villa patrizia degli anni trenta del Novecento completamente ristrutturata. Ridipinta a colori vivaci, dispone di diverse camere di dimensioni diverse su due piani, con o senza bagno. Tutte arredate con mobilio moderno di buon gusto, e alcune hanno anche un piccolo balcone. Ristorante gastronomico al pianterreno. Ma non è tutto: se vi viene voglia di giocare al cacciatore di pellicce, nel piccolo parco ci sono diversi bungalow di legno da 2 a 4 letti disposti su un simpatico prato. L'ambiente è idilliaco come su una montagna svizzera, gli uccelli cinguettano, e per completare il quadro ci sono anche un piccolo stagno e un bosco giusto di fianco, avamposto della spiaggia che si trova subito sotto. In questo caso i prezzi cambiano di categoria e diventano economici.

Lucky Hotel Sopot: 81/85 ul. Haffnera. ☎ 551-42-04. Fax: 551-32-96. A nord della spiaggia. Due piccoli edifici moderni a due piani che si danno arie da simpatico motel americano. Le facciate di un bianco immacolato sono provviste di ballatoio esterno tramite il quale si accede alle camere da 2, 3 e 4 letti. Certo, qui lo stile non è intimo, ma funzionale e moderno, come in altre catene di alberghi. Attrezzatura di qualità standard per dormire secondo le norme del comfort del turismo occidentale. Economico. Unico inconveniente: la vicinanza di una via molto trafficata che azzera tutto il piacere di trovarsi a due passi dal mare (a 500 m sull'altro lato della strada).

Hotel Miramar: 25 ul. Zamkowa Góra. ☎ 551-17-88. Fax: 551-51-64. Vicino alla stazione Kamienny Potok, all'estremità nord della spiaggia. Per andarci potete risalire la spiaggia verso nord oppure scendere alla stazione Kamienny Potok; da qui, l'albergo è facilmente raggiungibile a piedi. In posizione tranquilla, su una collinetta circondata da un bosco. Più che un albergo, è una sorta di miniagglomerato di edifici moderni da vacanza in colonia. Le camere per 2 o 3 persone con o senza bagno ne hanno tra l'altro tutto lo spirito. Pulite e funzionali, hanno il comfort e il mobilio rudimentale che si addice perfettamente ai gruppi di turisti in ferie che costituiscono la sua clientela di base. Buona atmosfera da vacanza socialista e vita collettiva. Il mare è vicino e potete raggiungerlo con una breve passeggiata attraverso un parco.

Hotel Bursztyn: 12/19 ul. E. Plater. ☎ 551-40-68. Fax: 551-27-92. All'estremità sud della spiaggia, in riva al mare. Questo piccolo palazzo popolare grigio è la casa di vacanza di uno stabilimento metallurgico. Per una volta, gli interni contraddicono l'aspetto esterno: le camere bianche con o senza bagno, arredate con simpatici mobili moderni di buona qualità, evocano tutto il piacere e il comfort balneare. Niente è lasciato andare, tutto è impeccabile e ben gestito fin nel minimo dettaglio. Ovviamente non si tratta di un albergo di alto livello che privilegia la raffinatezza, ma i prezzi per una notte non sono troppo elevati.

Hotel Magnolia: 100 ul. Jana J. Haffnera. ☎ e fax: 551-34-19. A nord della spiaggia. Questa antica villa potrebbe avere un certo fascino. Ma per questo bisognerà aspettare che rinunci alla rude funzionalità tipica dei centri di vacanza alla moda socialista. Le camere sono spartane, con giusto il minimo vitale per poterci dormire. Ma i prezzi sono scontati per quelle che non hanno né il bagno né la doccia. Al limite di un bosco e a 300 m circa dalla spiaggia, come il vicino *Hotel Maryla* è immerso in un ambiente molto tranquillo.

Più chic

⌂ ***Hotel Zhong Hua:*** 1 al. Wojska Polskiego. ☎ 550-20-20. Fax: 551-17-66. Allucinante! La città vietata di Pechino è stata teletrasportata sulla spiaggia, in un ex stabilimento balneare del 1900 a pochi metri dal molo, sotto forma di una grande pagoda cinese con i tetti rossi decorati con grondaie a forma di drago. L'interno si annuncia come il palazzo dell'ultimo imperatore: hall di marmo, luci rosse e legno intarsiato con motivi cinesi. La Cina si ritrova anche nelle camere con vista sul mare. Intorno all'edificio, piccole capanne alla Robinson Crusoe cinese, con verande private che si allungano sulla spiaggia. Come nella città dell'imperatore, l'immensa sala del ristorante è lieta di presentarvi le migliori specialità della cucina cinese. Ci sono anche un bar, una sala da biliardo e un caffè con prolungamento all'aperto. Naturalmente, lusso e raffinatezza sono d'obbligo.

⌂ ***Grand Hotel Sopot:*** 12/14 ul. Powstańców Warszawy. ☎ 551-00-41 o 49. Fax: 551-61-24. A sinistra del molo, questa specie di castello sul lungomare fu nel passato IL grande albergo della città. Le pareti Art nouveau, la grande hall centrale a forma di rotonda aperta, l'enorme sala da pranzo con vista sul mare e le sontuose scale testimoniano il fasto dei fortunati anni venti del Novecento. Ma il tempo è passato, e nel frattempo l'albergo ha subito l'oltraggio di decenni di comunismo; e oggi fatica a ritrovare il suo antico splendore. A parte alcune suite arredate all'antica, le camere, seppur spaziose, sono veramente modeste e arredate con mobili moderni. Grandezza e decadenza, per l'appunto…

Dove mangiare

Prezzi da economici a medi

|●| ***Bar Przystań:*** all'altezza dell'*Hotel Zatoka*, alla fine di al. Wojska Polskiego che costeggia la spiaggia a sud. Aperto tutti i giorni dalle 11 alle 23. Un piccolo chalet sulla spiaggia. In estate, lo spazio esterno con vista sulle barche dei pescatori issate sulla sabbia non si svuota mai. Segno che la sua cucina di buone specialità locali in self-service è efficace. Le mangiatoie per turisti di via Monte Cassino sono in effetti lontane ed è necessario affrontare una passeggiata abbastanza lunga per arrivare fino a qui. Niente di meglio per stimolare l'appetito. Il contenuto dei piatti e i prezzi non vi deluderanno se apprezzate le atmosfere alla buona. Il successo del locale è anche sinonimo di successo personale per il giovane proprietario che qualche anno fa ha iniziato la sua carriera in una vecchia rimessa per imbarcazioni. Uno degli indirizzi più simpatici della città.

|●| ***Bar e ristorante Pod Strzechą:*** 42 ul. B. Monte Cassino. Aperto tutti i giorni dalle 11 alle 22. Un fast food e un ristorante sotto lo stesso tetto. L'arredamento del fast food è quasi più ricercato di quello del ristorante, di una banalità estrema. Tutti e due hanno tavoli anche sulla via. Le carte sono quasi identiche: grigliate di carne e di pesce. Niente choc culinario: dovrete accontentarvi della qualità turistica imposta dalla città!

|●| ***Saj-Gon:*** 8 Grunwaldzka. Nella via che parte sulla destra davanti al molo. Aperto tutti i giorni dalle 11 alle 21. Piatti vietnamiti e cinesi serviti in una sala lunga arredata con il minimo indispensabile. L'atmosfera e la cucina sembrano piacere ai polacchi, ma non è nulla di eccezionale.

|●| Diverse ***bancarelle di ristorazione rapida*** alla fine di via Monte Casino, poco prima del molo.

Più chic

|●| ***Fulkier:*** 3/5 ul. Władisława IV. ☎ 551-21-00. Nella via a destra sotto la stazione. Aperto tutti i giorni dalle 12 alle 23. Ancora e sempre la famiglia Gessler di Varsavia, per quelli che già la conoscono. Per tutti gli altri, sappiate che questa volta i maestri della gastronomia di lusso hanno scelto una bella villa completamente rinnovata. Potrete cenare in diversi saloni «designati» da differenti tonalità dei colori pastello: il salone limone con tovaglie a balze e piccoli lampadari, il salone arancione sotto una grande vetrata dove crescono piccoli aranci, e i due fratellini minori, i saloni albicocca e pistacchio. Lo chef si distingue per l'originalità della carta, che propone vecchie specialità polacche e della regione Kashubia. Di sera, il pianista tenta di sostituire degnamente le note di Vivaldi diffuse dall'impianto stereo durante il giorno.

|●| ***Zhong Hua:*** 1 al. Wojska Polskiego. ☎ 550-20-19. Nel grande albergo-pagoda cinese a qualche centinaio di metri a destra del molo. Aperto tutti i giorni dalle 11 alle 22. Come l'albergo che lo ospita, anche il ristorante sfoggia il lusso di un'immensa sala debolmente illuminata sotto un soffitto di travi antiche. Alcune lanterne eleganti *made in China* aggiungono un tocco di solennità alla successione di tavoli neri disposti davanti alla capitaneria del bar. Buona carta di specialità cinesi a prezzi «piccanti».

Dove bere qualcosa

🍸 ***Błekitny Pudel:*** 44 ul. B. Monte Cassino. Aperto tutti i giorni dalle 12 all'1 di notte. Il «Bassotto tedesco», perché questo è il suo nome, non è molto grande ma la creatività dell'arredatore vi ha posto rimedio. È infatti riuscito a moltiplicare le atmosfere creando in uno spazio ridotto piccoli angoli, ciascuno con un'identità diversa. Potrete quindi scegliere tra un miniboudoir dell'inizio del XIX secolo, un salottino-fumoir all'inglese stile anni quaranta del Novecento o un bistrot anni cinquanta. Se al tutto aggiungete qualche piccolo tesoro da mercatino dell'antiquariato, capirete perché qui si ha la sensazione di trovarsi nel grande salone di un aristocratico diventato artista.

🍸 ***Kawiarnia Artystyczna:*** 53 ul. B. Monte Cassino. Aperto tutti i giorni dalle 11 a mezzanotte. Tutta la gioventù intellettuale della città si dà appuntamento in questo bar vicino a un cinema. Luci soffuse di rigore per immergersi nell'atmosfera rock'n'roll dell'arredamento (il bar è chiuso in un recinzione da Far West). Sui muri qualche litografia e poster di cinema degli anni quaranta del Novecento. Un pianoforte e un piccolo palco ospitano i musicisti di passaggio.

🍸 ***Bar Fregata:*** sul molo a destra. Il magro biglietto d'entrata è più che compensato dal piacere di sprofondarsi confortevolmente nelle poltrone di vimini di questo baretto turistico che permette di degustare lo spettacolo del tramonto senza la folla di via Monte Cassino. Vi consigliamo una passeggiata-esplorativa lungo i 512 m del molo, che offre una vista panoramica su Sopot.

🍸 ***Rotunda:*** nella cupola a sinistra all'entrata del molo. Aperto dalle 12 a mezzanotte. Come un faro fantastico di Jules Verne, questo locale innalza la sua rotonda Novecento al di sopra del molo. Grandi vetrate per catturare la luce e un misto di divani antichi e moderni che si sposano in modo artistico. Il bar a illuminazione alogena non lascia penetrare la nostalgia. Uno spazio fuori dal tempo poco frequentato, ideale per leggere nel pomeriggio; ma attenzione, solo nel pomeriggio; perché appena scende la sera il seminterrato si trasforma in discoteca.

🍸 ***Inver House:*** ul. B. Monte Cassino. Alla fine di via Monte Cassino (all'altezza del n. 9), in una strada senza uscita dopo il sottopassaggio della ferrovia. Aperto tutti i giorni dalle 11 alle 22. Una minuscola sala da tè arredata come il salottino di un'arciduchessa riconvertita alla ristorazione: un accumulo di poltrone strampalate, quadri, divanetti e sedili vari, insomma un vero e proprio mercatino delle pulci *select* dove troverete a fatica un po' di spazio per sedervi.

Dove andare a ballare

♪ ***Atomic Beach Club:*** sulla spiaggia a nord, nella zona dei divertimenti. Grossa caverna di cemento attrezzata di tutto l'armamentario necessario per passare una notte in bianco. Programmazione diversa ogni sera.

Da vedere

★ ***La spiaggia*** è la principale attrazione, nella sua versione nord più popolare, con un piccolo parco all'ombra, e nella sua versione sud, un po' più raffinata. La bella architettura di legno dell'antico stabilimento balneare è stata sfortunatamente data in pasto a un albergo di lusso vagamente cinese.

★ ***Il molo*** lungo 512 m, del 1928. Accesso a pagamento, purtroppo!

★ Qualche vecchia ***casa di pescatori*** dell'inizio del XX secolo, in via Ogrodowa (sulla destra di via Monte Cassino, poco prima di via Grunwaldzka) e in piazza Ribaków, all'estremità sud della spiaggia, davanti all'*Hotel Bursztyn*.

★ ***Teatro d'opera all'aperto (opera Leśna):*** da non perdere se avete la fortuna di trovarvi a Sopot in agosto durante il *Festival internazionale della Canzone*. Un grande anfiteatro all'aperto immerso nel bosco di una collina, a ovest del centro: 4 ettari e una capacità di 5000 spettatori. La visita offre l'occasione di una bella passeggiata sulle colline dei dintorni. Per andarci, risalite via Monte Cassino che dopo il ponte della ferrovia diventa via 1 Maja.

Festival

– ***Festival internazionale della Canzone:*** la seconda metà di agosto. Canzoni a tutto spiano nel grande teatro d'opera all'aperto della città. Questo festival internazionale riunisce pezzi grossi locali e grandi star internazionali.

GDYNIA

PREF. TEL.: 058

Dopo il fasto architettonico di Danzica e i piaceri balneari di Sopot, il rude carattere industriale di Gdynia non potrà che sorprendervi. Eppure si tratta della principale vocazione della terza città dell'agglomerato di Danzica. All'indomani della prima guerra mondiale, dopo la perdita di Danzica dichiarata città libera, le autorità polacche lanciarono la sfida di trasformare in tempo record il piccolo villaggio di Gdynia nel più grande stabilimento portuale del paese. L'obiettivo era di dare alla Polonia un nuovo sbocco marittimo. In solo dieci anni, i lavori (cominciati nel 1923) realizzarono l'exploit di far nascere dal nulla un porto che già nel 1937 assorbiva gran parte del traffico del Baltico.

Nel settembre del 1939, la prima mossa dei tedeschi fu di annettere Gdynia ribattezzandola Gothafen. Per tutta la guerra, Gdynia fu una delle basi più importanti della «Kriegsmarine». L'invasione della Norvegia fu attuata partendo da qui. Gli stabilimenti portuali e i cantieri navali diventarono campi di lavoro per i deportati. La fine della guerra coincise con la distruzione del porto, cosicché furono necessari lavori titanici per riportare la città allo stato attuale. Chi conosce questa storia non può che mostrarsi indulgente davanti all'aspetto triste e grigio della città.

Gdynia è stata dal 1990 l'avamposto della rinascita capitalistica del paese, grazie alle privatizzazioni accelerate e all'apparizione lampo di una nuova classe di imprenditori. Da allora, diverse società straniere si sono stabilite qui stimolando l'apertura di nuovi negozi e boutique, come potete facilmente constatare passeggiando nelle vie Starowiejska e Świetojańska.

Come arrivare

– Come per Sopot, la sua vicina a sud, il treno urbano è il mezzo più rapido (35 min. circa da Danzica): scendete alla fermata Gdynia Główna Osobowa.

– Un'altra soluzione: il traghetto in partenza da Danzica o Sopot.

Indirizzi utili

ℹ *Miejska Informacja Turystyczna:* 27 ul. 3 Maja. ☎ 621-77-51. Fax: 621-75-24. Dalla stazione prendete via Starowiejska e girate a sinistra in via 3 Maja. Aperto da lunedì a venerdì dalle 9 alle 18 (19 in estate), sabato dalle 9 alle 14. Chiuso domenica. Simpatici e amanti della città, gli impiegati dell'ufficio del turismo municipale sono a vostra disposizione per aiutarvi. Offrono cartine e dépliant ma sono pronti a darvi una mano anche per trovare un alloggio, senza però spingersi fino a prenotarvelo.

■ ***Bank PKO:*** 17 ul. Świętojańska.

■ ***Bank Morski:*** 24 ul. 10 Lutego.

■ ***Sportelli automatici:***
– 17 e 59 ul. Świętojańska.
– *Euro Market:* 35 ul. Nowowiczlińska.
– *Makro Cash & Carry:* 8 ul. Hutnicza.

■ ***Taxi:*** *Hallo Radio Taxi*, ☎ 623-18-18.

Dove dormire

Campeggio

⛺ ***Camping n. 64:*** 19/23 ul. Świętopełka. ☎ e fax: 621-77-21 o 621-75-21. Aperto da giugno a settembre. Terreno piacevole non distante dal mare, ma sfortunatamente decentrato nella periferia sud della città. Gdynia Orłowo è la stazione più vicina. Da qui bisogna fare ancora un bel pezzo di strada a piedi.

Prezzi economici

Schronisko PTSM (Ostello della Gioventù): 108c ul. Morska. ☎ 627-00-05. In capo al mondo, vicino alla stazione Gdynia Grabówek, due fermate dopo Gdynia Główna Osobowa. Ostello della Gioventù aperto tutto l'anno.

Residenze universitarie: i dormitori delle residenze sono aperti ai turisti nei mesi di luglio e agosto. L'ufficio del turismo possiede una lista di indirizzi e accetterà di telefonare per verificare se c'è posto.

Biuro Zakwaterowań *(camere presso privati):* 7 ul. Dworcowa. ☎ 621-82-80. Di fronte alla stazione. Aperto da lunedì a venerdì dalle 8 alle 18, sabato dalle 10 alle 18. Chiuso domenica. Qui più che altrove verificate bene la localizzazione della vostra camera. Come avrete già potuto constatare, Gdynia manca di fascino in centro: immaginatevi in periferia…

Hotel Lark: 1 ul. Starowiejska. ☎ 621-80-47. In fondo a una via che comincia dalla stazione centrale. Un edificio di belle proporzioni che però non invita a varcare la porta. Come tutto il resto del quartiere, avrebbe bisogno di una profonda ristrutturazione per liberarsi dal sinistro aspetto da albergo di stazione. Camere tristi al punto giusto, con mobili pronti a rendere l'anima; docce e servizi igienici sul pianerottolo. In compenso, i prezzi sono modesti. Attenzione, molto rumore a causa del traffico sul corso.

Prezzi medi

Hotel Neptun: 6 ul. Jana z Kolna. ☎ 626-64-72. Alla fine della via che parte dalla stazione. Un'altra facciata triste da casermone popolare grigio veramente poco attraente. Eppure la nuova direzione che ha ripreso la gestione di questo ex alloggio militare tenta l'impossibile per renderlo abitabile. A poco a poco ci riesce, ma riconvertire le celle spartane in camere d'albergo degne di questo nome è un compito davvero immenso. Quelle senza bagno sono rimaste tali e quali e fanno pensare a camere per studenti squattrinati. Le altre hanno già un aspetto migliore e presentano grandi volumi che ne fanno quasi dei miniappartamenti. Anche l'arredamento è più ricercato, nella gamma superiore Ikea, il tutto disposto su una buona moquette. In quasi tutte le camere c'è un salottino.

Più chic

Hotel Gdynia: 22 ul. Armii Krajowej. ☎ 666-30-40. Fax: 620-86-51. In centro, a un centinaio di metri dalla passeggiata del porto. Si tratta di un grosso cubo di cemento, degno erede degli anni del turismo socialista. La ristrutturazione è riuscita a trasformarlo in un enorme alveare elegante che fa la felicità di tutti gli operatori turistici che hanno inserito l'albergo nella lista dei loro indirizzi preferiti. Le camere offrono un comfort funzionale e rassicurante.

Dove mangiare

Prezzi economici

Bar mleczny Słoneczny: all'angolo di ul. Władysława IV e ul. Zwirki i Wigury. In una via parallela all'arteria commerciale di Świętojańska. Aperto da lunedì a venerdì dalle 6 alle 19, sabato dalle 9 alle 17. Tutto il quartiere si ritrova in questa grande mensa popolare situata in un bell'edificio bianco e blu. Fedele alla tradizione dei ristoranti sovvenzionati dallo stato, il locale propone i grandi classici della cucina polacca familiare a prezzi minimi, serviti in un ambiente semplice. I piatti sono come sempre abbondanti e vari. Uno dei migliori indirizzi della città in questa categoria.

|●| ***Bax Bar:*** 69 ul. Świętojańska. nella via commerciale. Aperto tutti i giorni dalle 11 alle 22. Un fast food di piatti polacchi e pizze che si è ingrandito in una vera sala di ristorante con tanto di sedie e tavoli da bistrot disposti su un bel pavimento di piastrelle. Niente di speciale, ma onesto.

|●| ***Bar Chata:*** 49 ul. Świętojańska. Sempre nella grande via commerciale. Aperto tutti i giorni dalle 11 alle 22. Questo piccolo self-service di piatti polacchi e occidentali ha voluto essere più grazioso dei suoi vicini dandosi l'aria di una casetta rustica.

|●| ***Liliput:*** 75 ul. Świętojańska. Sempre sulla stessa via. Aperto tutti i giorni dalle 8 alle 22. Minuscolo, come indica il nome, per farsi perdonare ha ridipinto i muri in un simpatico colore rosa bonbon. La carta, in compenso, è ben lungi dall'essere lillipuziana: immensa come il tabellone dei treni di una stazione! Molti piatti polacchi e, come *guest star*, gli inevitabili hamburger. Nel seminterrato, un ristorante-discoteca kitsch pop che ha il merito di non chiudere mai.

|●| Su una ***bancarella di strada*** installata in una piazzetta all'angolo di ul. Świętojańska e ul. 10 Lutego potete fare uno spuntino gustandovi una crêpe.

Prezzi medi

|●| ***Grillo Bistro Prima Pasta:*** 21 ul. 3 Maja. All'incrocio con ul. Starowiejska. Aperto tutti i giorni dalle 11 alle 22. Una pizzeria fiammante e moderna in una grande sala divisa da muri di mattoni e vetro. I nomi delle pizze e dei piatti italiani sono scritti con il gesso su una lavagna nera. Buona atmosfera.

|●| ***Polonia:*** 92 ul. Świętojańska. Aperto tutti i giorni dalle 10 alle 22. Attenzione: punto etnico, specie in via di estinzione! Questa enorme sala, allegra come un buffet di stazione caduto in un secchio di pittura marrone, è una delle ultime vestigia della gastronomia comunista. L'antidoto perfetto alla gioia di vivere: servizio robotizzato, tavoli più che spartani e una piccola orchestra che coltiva la malinconia. Se l'ambiente non vi toglie l'appetito, potrete lanciarvi nell'esplorazione della carta che propone alcune specialità polacche cucinate molto bene. A essere meno severi, potremmo dire che si tratta di un indirizzo deliziosamente retró.

Più chic

|●| ***La Gondola:*** 8 ul. Portowa. ☎ 620-59-23. In una via a sinistra alla fine di ul. Starowiejska. Aperto tutti i giorni dalle 12 a mezzanotte. L'ambiente è curato alla polacca: una graziosa colonia di sedie eleganti, una dispensa con i vini della casa e una piccola nota di eccentricità: un ruscello che bisogna scavalcare all'entrata. Il servizio in tenuta di gala annuncia subito che il locale ha la pretesa di partecipare alla corte dei grandi. La carta di specialità italiane ed europee non lo smentisce.

Pasticcerie e gelaterie

|●| 🍦 ***Cukiernia Monika:*** 34 ul. Świętojańska. Nella via commerciale. Aperto tutti i giorni dalle 8.30 alle 19 il negozio di vendita da asporto, dalle 10 alle 22 la sala. I pasticcini fanno la parte del leone

LA POMERANIA

in questo negozio che dispone di una sala al primo piano. Non è stato compiuto alcuno sforzo decorativo, ma l'ambiente semplice da caffetteria moderna non ha bisogno di fronzoli per far apprezzare i suoi prodotti.

Lody Zielona budka: 72 ul. Świętojańska. Aperto tutti i giorni dalle 10 alle 20. Un localino tutto bianco come un negozio di surgelati che ha il merito di proporre eccellenti gelati da asporto o da consumare sul posto ai pochi tavolini.

Dove bere qualcosa

Kawiarnia Cyganeria: 27 ul. 3 Maja. All'incrocio di ul. Starowiejska che parte dalla stazione. Aperto da domenica a venerdì dalle 10 a mezzanotte, sabato dalle 10 all'1 di notte. Vicino all'ufficio del turismo, questo bar con i muri color pastello coltiva l'atmosfera letteraria. I divani disposti qua e là e i tavolini originali sono abbastanza distanziati da non compromettere la spaziosità del locale. Le tende artisticamente pieghettate proteggono le conversazioni dall'animazione esterna, mentre giovani cameriere assicurano il servizio.

Bar Ameryka: 21 ul. 10 Lutego. In una via che comincia a destra della stazione. Aperto tutti i giorni dalle 11 a mezzanotte. L'arredamento da brasserie chic all'americana rivestita di marmo e cromo sembra direttamente importato da Wall Street, come del resto il pubblico, composto da uomini d'affari sulla quarantina. Il locale è risolutamente capitalista e non esita a mostrarlo. Oltre a numerose bevande alcoliche, la carta propone una selezione di spuntini curati come, per esempio, il salmone del Baltico.

Złoty Melon: 11 ul. Abrahama. In una via che taglia ul. 10 Lutego e comincia a destra della stazione. Aperto tutti i giorni dalle 11 a mezzanotte. Il bar modaiolo squattrinato della città. I muri color giallo pastello hanno un che di stile postmoderno, mentre i tavoli saggiamente allineati lungo il grande bar di questa sala-corridoio hanno conservato le tovaglie a fiori della vecchia moda. Anacronismo ricercato o errore di arredamento? In ogni caso la formula seduce ben pochi clienti.

Da vedere

Le principali attrattive della città si trovano sul molo (molo Południowe), che raggiungerete facilmente percorrendo corso 10 Lutego che comincia a destra della stazione.
Sulla banchina sinistra (nb. Pomorskie), alcune navi sono state trasformate in musei.

★ ***Destroyer Błyskawika:*** aperto da martedì a domenica dalle 10 alle 16. Questo veterano della seconda guerra mondiale è stato costruito nel 1937 nei cantieri navali inglesi. All'epoca, era la nave più veloce del Baltico. Il suo nome significa infatti «Lampo». La visita permette di osservare una piccola mostra sulla flotta polacca.

★ Un po' più distante, la ***nave-scuola Dar Pomorza***, un superbo tre alberi lungo 91 m che fa regolarmente tappa qui tra un viaggio e l'altro. Aperto da martedì a domenica dalle 10 alle 16. Entrata: 5 Zl. È opera dei cantieri navali di Amburgo. Costruito nel 1909, ha navigato sotto bandiera tedesca e francese prima di essere riacquistato nel 1930 dalla scuola navale di Gdynia.

LA POMERANIA

★ Un'altra nave-scuola di proprietà dell'università ormeggia generalmente di fianco al *Dar Pomorza*: il ***Dar Młodzieży***, che come il suo vicino è una fregata a tre alberi con una superfice velica che raggiunge i 3000 m^2. Può accogliere fino a 45 uomini di equipaggio e 150 studenti. Entrata: 4 Zl.

★ In fondo al molo si eleva un ***monumento*** commemorativo dedicato allo scrittore e marinaio ***Joseph Conrad***.

★ Di fianco, sulla banchina di destra (al. Zjednoczenia), si trovano il ***Museo oceanografico*** e l'***acquario (Muzeum oceanograficzne i akwarium Morskie)***. Aperto da martedì a domenica dalle 10 alle 17. Esposizione sulla flora e la fauna marina e tanti simpatici pesci da contemplare da lontano, come i barracuda o i piranha.

– Scendendo verso sud sul lungomare si arriva alla *spiaggia municipale*.

★ Dietro alla spiaggia, su Bulwar Nadmorski, si trova un piccolo ***Museo navale (Muzeum marynarki Wojennej)***. Aperto da martedì a domenica dalle 10 alle 16. Per sapere tutto sull'armamento navale militare.

★ Più a ovest, dietro via Armii Krajowej, la ***collina del monte delle Pietre (kamienna Góra)*** alta 52 m. Una breve salita all'ombra per raggiungere la cima che offre una vista panoramica sul porto e sulla penisola di Hel.

– LA MASURIA E LA PODLACHIA –

A nord-est della Polonia, la Masuria è una regione di sogno per tutti coloro che amano immergersi in una natura intatta e, perché no, nell'acqua trasparente dei laghi. Purtroppo, è molto apprezzata da tutti i turisti: non sarete soli! Il territorio leggermente collinare è disseminato di laghi postglaciali collegati gli uni agli altri grazie a un complesso sistema di canali e piccoli corsi d'acqua. La regione si presta perfettamente alle avventure acquatiche! Qui la barca è sovente un mezzo di trasporto privilegiato rispetto alla macchina. Avviso agli automobilisti: non innervositevi se vi capiterà di dover aspettare davanti a un ponte su un canale per lasciare passare le barche a vela. Potrebbe succedervi, per esempio, a Giżycko, situata tra i laghi Kisajno e Niegocin, dove è ancora in funzione uno dei rari ponti girevoli d'Europa.
Oltre alla pesca, la Masuria offre anche passeggiate ecologiche lungo sentieri ombreggiati da tigli e betulle dove, tra i tronchi degli alberi, brillano innumerevoli laghi dalle rive scoscese o ricoperte di giunchi. In estate il clima è mite, e settembre è ancora molto soleggiato, ma attenzione: l'inverno è piuttosto freschino. Le cicogne (e i turisti!) sono sempre i benvenuti: la fedele presenza degli uni e degli altri è una garanzia di prosperità per gli abitanti...
I laghi inaccessibili in barca (per esempio, lungo gli itinerari in canoa) sono molto più tranquilli degli altri (dove è incessante il rumore dei motori). Per il camminatore senza barca, sarebbe un vero peccato non tentare le due esperienze! In realtà, esistono tre Masurie molto diverse: quella dei grandi laghi con le barche a vela, quella delle canoe e quella dei piccoli laghi isolati completamente risparmiati dai favori dei turisti.
Sulla cartina dell'ufficio del turismo sono indicati i siti dei *poles namiotowes*.

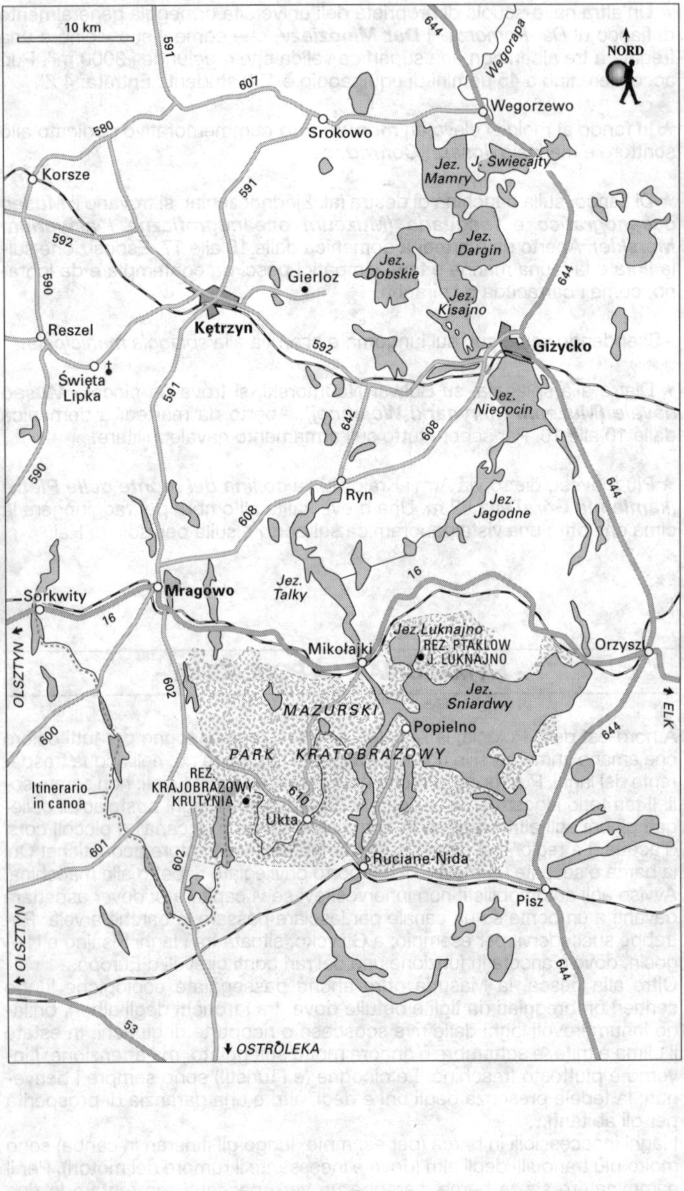

10 km
NORD
Wegorapa
Wegorzewo
Srokowo
Korsze
Jez. Mamry
J. Swiecajty
Jez. Dargin
Jez. Dobskie
Gierloz
Jez. Kisajno
Kętrzyn
Reszel
Giżycko
Święta Lipka
Jez. Niegocin
Ryn
Jez. Jagodne
Jez. Talky
Sorkwity
Mragowo
Jez.Luknajno
REZ. PTAKLOW J. LUKNAJNO
Mikołajki
Orzysz
Jez. Sniardwy
MAZURSKI
PARK KRATOBRAZOWY
Popielno
ELK
OLSZTYN
Itinerario in canoa
REZ. KRAJOBRAZOWY KRUTYNIA
Ukta
Ruciane-Nida
Pisz
OSTROLEKA
644
591
607
580
592
590
642
608
16
602
600
610
601
53

LA MASURIA

Come arrivare

➢ ***In macchina:*** da Varsavia, per esempio, prendete la strada 18 fino a Ostrów Mazowiecka, poi la 63 in direzione di Łomża. In seguito prendete la 61 e girate a sinistra dopo 10 km circa: vi troverete sulla superstrada (644) che arriva fino a Giżycko *via* Pisz e Orzysz. Complicato, vero? Ma alla fine sarete davvero ricompensati!
➢ ***In treno:*** i treni sono lenti ma restano una buona soluzione per i piccoli budget. Ci sono due treni quotidiani da ciascuna delle seguenti città: Varsavia, Poznań, Breslavia e Gdynia.
➢ ***In pullman:*** pullman Varsavia-Giżycko. Una partenza giornaliera dalla stazione centrale di Varsavia. Molto pratico per circolare nella regione.

GIŻYCKO

PREF. TEL.: 087

Situata nel cuore della regione dei grandi laghi masuri, Giżycko è un importante centro nautico e un centro di divertimenti rinomato. La città, come del resto tutta la Masuria, ha conosciuto i tormenti della storia: fondata dai prussiani, conquistata dai cavalieri dell'Ordine teutonico, bruciata successivamente da lituani, polacchi, svedesi, tatari e russi, devastata dalla peste, è poi diventata un importante centro strategico della Prussia orientale. Tre pagelli d'argento rappresentano l'emblema della città: non dimentichiamo infatti che qui il pesce è re.

LA MASURIA E LA PODLACHIA

Indirizzi utili

ℹ ***Ufficio del turismo:*** 7 ul. Warszawska. ☎ e fax: 428-57-60. Entrata dalla via laterale: ul. Ketrzyńskiego. Aperto da lunedì a sabato dalle 10 alle 16 (18 in estate). Un ufficio molto piccolo pieno di cartine e dépliant. In questa regione è molto utile conoscere la lingua tedesca. Accoglienza giovane, simpatica e servizio competente.
■ ***Orbis:*** 3 ul. Dąbrowskiego. ☎ 428-31-12. Aperto da lunedì a venerdì dalle 8.30 alle 17, sabato dalle 9 alle 14. Noleggio di barche, prenotazione di alberghi e biglietti aerei. Noleggiare una barca non è per niente caro, ma se volete evitare le brutte sorprese, almeno in estate, c'è un'unica soluzione: prenotate in anticipo.
Stazione ferroviaria PKP: piazza Dworcowy. ☎ 428-42-68. A sud della città, in riva al lago Niegocin.
Stazione dei pullman PKS: vicino alla stazione *PKP*. ☎ 428-50-87.
@ ***Cyber Jawa-Internet:*** 20 ul. Staszica. Aperto dalle 12 alle 22. 3 Zl per 30 min. di connessione.
■ ***Club di immersione subacquea JK Diver:*** ☎ 428-43-62.
■ ***Cinema Fala:*** ul. Warszawska. Due film tutte le sere: uno alle 17 e l'altro alle 19.

Dove dormire

Campeggi

⛺ ***Camping Rusałka:*** a 22 km da Giżycko (strada 644), in direzione di Węgorzewo. ☎ 27-20-49. Diversi pullman da Giżycko, fermata a richiesta. Poi, prendete un piacevole sentiero nel bosco, a sinistra della strada. Aperto da maggio a settembre. Meravigliosamente situato sulle rive del lago Święcajty. Bungalow per 2 o 4 persone, senza bagno. Un grande terreno ombreggiato con terrazzamenti per le tende e i camper. Tutto è ben tenuto. Avrete l'impressione di essere in capo al mondo! Sul posto: ristorante, piccolo negozio di alimentari, noleggio di pedalò, kayak e piccole barche.

⅄ ***Camping Zamek:*** 1 ul. Moniuszki. ☎ 428-24-19. Fax: 428-39-58. Vicinissimo al centro città, in riva a un canale che collega i due grandi laghi di Niegocin e Mamry. Bisogna passare il ponte girevole. Aperto solo in estate. Non fate troppo caso al nome del campeggio («castello»): in realtà, il vicino edificio grigio non è niente di speciale e ci vuole una bella fantasia per chiamarlo *zamek*. I bungalow e le tende sono un po' troppo vicini e il rumore dei treni è piuttosto fastidioso. Ma il posto è piacevole, immerso in un parco.

⅄ Ci hanno segnalato, per i campeggiatori di una sera, un'area non custodita con docce e servizi igienici a pagamento, a un centinaio di metri dalla ferrovia, nel *pole namiotow*, non lontano dal lago.

Prezzi economici

☗ ***PTTK:*** 11 ul. Nadbrzezna. ☎ 428-29-05. Reception aperta dalle 10 alle 17 (15 fuori stagione). 20 Zl per persona. Una casa in riva a un canale, vicina al centro città, che dispone (nei locali della *PTTK*) di 11 camere da 2 a 8 letti. Atmosfera da ostello senza i dormitori. Spesso al completo: è più prudente telefonare per prenotare le camere da 2 letti.

Prezzi medi

☗ ***Motel Zamek:*** stesso indirizzo del campeggio *Zamek*. Camere doppie a 70 Zl. 12 camere (di cui una con letto a due piazze) impeccabili, con bagno e un box per la macchina sotto ogni camera (scala diretta!). Arredamento molto originale con mobile per la toilette, tende e copriletti di un gusto indescrivibile. Pratico ma spesso al completo. Prima colazione non compresa nel prezzo. Personale competente e gentile. Prezzi contrattabili fuori stagione.

☗ ***Centralhy Osrodex Sportu:*** 22 ul. Moniuszki. ☎ 428-24-35. Fax: 428-23-37. Centro sportivo arretrato rispetto al *centrum*, in un parco boscoso di fronte a un lago. 50 Zl per persona. L'ambiente è simpatico e il funzionamento della struttura assomiglia a quello di un villaggio di vacanze per adulti. Prima di arrivare al parcheggio a pagamento, si passa davanti a un parcheggio di carri armati dell'esercito polacco. Numerose attività nautiche a disposizione degli affittuari degli chalet prefabbricati dispersi nel parco tra il ristorante, il bar e il night-club. Una decina di camere per chalet, pulite ma senza fascino. Ideale per passare qualche giorno e fare degli incontri.

Chic

☗ ***Hotel Mazury:*** 56 ul. Wojska Polskiego. ☎ e fax: 428-59-56. Grazioso edificio abbastanza recente, fiorito e tranquillo, un po' arretrato rispetto al centro, sulle rive del lago Kisajno. Le camere singole, doppie e triple, tutte con bagno (docce gigantesche), telefono e balcone offrono la garanzia di un buon riposo. Fascino discreto e confortevole. Prima colazione compresa e «artisticamente» presentata. Potete anche optare per la formula mezza pensione. Garage sotto le camere, barche a noleggio e sicurezza perfetta, garantita dall'esercito polacco acquartierato nelle vicinanze... Accoglienza molto curata.

Dove mangiare

Prezzi economici

|●| ***Bistrot Messa:*** su piazza Grunwaldzki. Aperto dalle 7 alle 20.

|●| Un'altra ***caffetteria*** al pianterreno dell'edificio, 4 ul. Olstzyńska, di fronte al ristorante *Karczma Pod Złotą Rybką*. Un po' più grande della precedente, stessi orari, stesso ambiente e stesso menu.

Prezzi medi

|●| ***Karczma Pod Złotą Rybką:*** 15 ul. Olsztyńska. Aperto dalle 12 alle 23. Un ristorantino simpatico chiamato «Sotto il Pesce d'Oro». In effetti gli amanti del pesce vedranno esauditi tutti i loro desideri: pesce persico, tinca, carpa, luccio, luccioperca, pagello e addirittura pescecane... I pesci sono disegnati sulla carta, cosa che facilita la scelta. Il miglior ristorante di pesce della città. Arredamento in legno e un piccolo camino riservato ai primi arrivati. Servizio rapido e gentile, cameriere simpatiche.

Più chic

|●| ***Pod Kominkiem:*** ul. Olsztyńska. Dall'altra parte di piazza Grunwaldzki, in fondo al parcheggio sulla destra. Aperto dalle 10 alle 22. Praticamente invisibile dalla strada, indicato da una modesta insegna, questo ristorante recentemente inaugurato merita tutta la vostra attenzione. In due sale dalla sobria eleganza, dominate da un camino, il proprietario serve una cucina raffinata e leggera, saporita e profumata. Gamberi deliziosi. La felicità nel piatto.

Dove bere qualcosa

🍷 ***Tawerna Pod Kotwicą:*** sul porto, vicino a un palco per spettacoli a forma di prua di una vecchia nave. Una taverna di pirati sotto un enorme tendone che viene montato in estate sopra un grande bancone di legno che fa la felicità di tutti i forti bevitori di birra. Come indica il nome, qui ci si siede veramente «sotto l'ancora» in compagnia di una statua di pirata. Appassionati di navigazione, marinai di tutte le età con la pelle bruciata dal sole e dal vento vengono qui e si raccontano storie del tutto inverosimili. Ci si immerge in un'atmosfera da vecchi lupi di mare (o meglio, di lago). Peccato che gli schermi televisivi e la musica troppo forte disturbino l'atmosfera del locale: ci sarebbe piaciuto poter intonare qualche canzone marinara. Il locale è anche un fast food, ma attenzione ai piatti cinesi piuttosto sospetti. È molto meglio mangiare un pesce che avete pescato voi stessi!

🍷 Il locale alla moda in occasione del nostro ultimo passaggio era l'***Ekran***, su piazza Grunwaldzki.

Da vedere. Da fare

★ ***I paesaggi lacustri***, naturalmente: a piedi, in bicicletta, in barca o a cavallo, senza meta né itinerario preciso; qui sarete tentati di andare a spasso anche solo per respirare. Non a caso tutta la regione del nord-est viene chiamata il «polmone verde» della Polonia. Protetti dai parchi nazionali, alci, lupi, linci e castori si sentono perfettamente a loro agio. Le isolette pittoresche sono un paradiso per numerosi uccelli: cormorani, cigni, svassi...

– Gli appassionati di ***yachting*** non restano delusi: gli itinerari sono ben attrezzati e lo spaesamento è garantito. Il fiume Krutynia è un celebre itinerario di ***canoa*** lungo 110 km che attraversa diversi piccoli laghi. Il punto di partenza si trova a Sorkwity, 12 km a ovest di Mrągowo. Per percorrerlo tutto ci vogliono una decina di giorni circa.

– Per attraversare i più grandi laghi polacchi, Mamry, Śniardwry e Niegocin (più di 100 km^2 ognuno), il porto di Giżycko organizza ***escursioni in battello*** che permettono di scoprire un ingegnoso sistema di canali e dighe costruito nei secoli XVIII e XIX. Prima di acquistare il biglietto, assicuratevi che l'escursione avrà effettivamente luogo: talvolta non ci sono abbastanza turisti per riempire uno dei due grandi battelli. In caso negativo, a destra del porto (verso il centro) troverete facilmente un marinaio barbuto che vi ci porterà. Escursione più intima ma anche più cara.

Manifestazioni

– In Masuria l'estate si svolge sotto il segno della musica folk americana. Mrągowo, 40 km a sud-ovest di Giżycko, si trasforma a fine luglio in una sorta di Nashville grazie al prestigioso ***Festival internazionale Pic-Nic Country***.
– Anche a Giżycko non sarà facile andare a letto presto. Ogni estate la città organizza le ***Mazurskie Biesiady:*** animazioni per tutti, concerti di rock polacco e concorsi di canzoni marinare. Tutte le sere si balla come pazzi fino a tardi! Alcune attività si svolgono nel forte di Boyen, costruito nel XIX secolo per difendere la Prussia orientale contro la Russia zarista. Oggi trascurato, il forte ha trovato tutt'altro uso. Potete comunque visitarlo.

➤ NEI DINTORNI DI GIŻYCKO

★ ***Il quartier generale di Hitler, la «Tana del Lupo» (Wilczy Szaniec):*** 8 km a est di Kętrzyn. Un pullman ogni due ore da Węgorzewo o da Kętrzyn vi lascia davanti all'entrata. Per niente facile da trovare visto che non è indicato. Vicino al villaggio di Gierłoż emergono ancora qua e là alcuni pezzi di cemento, rovine dei bunker che dal 1941 al 1945 ospitarono il quartier generale dei principali gerarchi nazisti. È in questo nascondiglio perso nella foresta e camuffato da una vegetazione artificiale che ebbe luogo l'attentato mancato del 20 luglio 1944 contro Hitler, preparato da Klaus von Stauffenberg. Oggi la natura riafferma i suoi diritti dissimulando i bunker i cui muri potevano raggiungere fino a 8 m di spessore.

★ ***Święta Lipka:*** 12 km a sud-ovest di Kętrzyn. Immersa in una natura rigogliosa, una magnifica chiesa barocca sorge davanti a voi come un'apparizione fantastica. Tra l'altro, la leggenda medievale legata a questo posto è straordinaria quanto l'edificio. È la storia di un condannato a morte che la notte prima dell'esecuzione si pente e prega la santa Vergine di salvarlo. La Vergine gli appare e gli ordina di scolpire una figura di legno. All'alba i giudici meravigliati dal capolavoro che rappresenta la Madre di Dio con il bambino Gesù, riconoscono i segni evidenti di un intervento divino e liberano il prigioniero. Quest'ultimo depone la scultura di legno su un tiglio (da cui il nome della chiesa «Santo Tiglio»), ricostruito all'interno della chiesa. Da allora, la notizia di guarigioni miracolose si diffuse nel paese attirando folle di pellegrini. Si racconta, inoltre, che quando gli abitanti di Kętrzyn vollero trasportare la scultura nella loro chiesa, essa sarebbe tornata da sola sul suo tiglio, eternamente verde. La storia aggiunge che la cappella costruita intorno all'albero fu demolita nel XVI secolo, all'epoca in cui il principe di Prussia si convertì al luteranesimo.

Nel XVII secolo, i cattolici polacchi riacquistarono il terreno per ristabilire il culto mariano a Święta Lipka. I gesuiti vi si installarono e fecero edificare una chiesa circondata da un chiostro rettangolare con quattro cappelle. Il chiostro è decorato con affreschi molto belli; ammirate l'abilità con cui è stata applicata la tecnica del trompe l'oeil a opera di un pittore polacco formatosi in Italia che, sfortunatamente, morì prima di terminare l'opera. Anche i concerti d'organo che si tengono nella chiesa diverse volte al giorno sono di grande effetto: alcune figurine animate sotto l'impulso della musica presentano la scena dell'Annunciazione. Potete visitare la chiesa dalle 8 alle 17 (18 in estate); domenica, dalle 10 alle 17, eccetto che durante la messa. Sul posto, alcune guide propongono i loro servizi. Da notare anche la porta di ferro battuto all'entrata del monastero.
⛺ *Campeggio* dietro al monastero; seguite le indicazioni.

★ ***Reszel:*** 5 km a ovest di Święta Lipka. Accesso in pullman con partenza da Giżycko. Piccolo villaggio che vive all'ombra del suo castello del XIV secolo. Costruito con i mattoni della regione e recentemente restaurato, accoglie in un'ala una galleria d'arte su due piani. Potete anche salire sulla torre di guardia o passeggiare nei fossati.

– Festival culturale a inizio settembre.

🍴 🍷 ***Bar-ristorante:*** nel castello. Chiuso lunedì. Arredamento tipo taverna.
🏠 Ma il massimo è che si può dormire nelle belle ***camere del castello*** con travi e pietre a vista. ☎ 75-501-09. 130 Zl per una doppia; sconto del 10% per gli artisti.
🏠 Nella scuola del villaggio c'è anche un ***Ostello della Gioventù***. Aperto solo durante le vacanze scolastiche.
🏠 Evitate l'*Hotel Astra*. Nella stessa categoria (90 Zl) vi consigliamo l'***Hotel Wanda***, a Kętrzyn. Il giovane proprietario è un nostalgico di Montréal, dove ha imparato il mestiere alberghiero.

★ ***Owczarnia:*** dopo Kętrzyn, sulla strada di Giżycko, un piccolo *museo* illustra la storia della regione. Bella strada per arrivarci. Dietro il cimitero in prossimità del museo, un piccolo sentiero si perde nella foresta.

MIKOŁAJKI (CAP: 11730) PREF. TEL.: 087

51 km a sud di Giżycko, Mikołajki è una piccola stazione balneare che si risveglia quando arriva l'estate. Meno turistica della sua sorella maggiore, offre più tranquillità e meno distrazioni notturne. Le principali risorse sono legate alle attività nautiche praticate sul lago che la circonda. A fine settembre viene organizzata una regata durante il giorno mentre la sera è riservata ai canti dei marinai di acqua dolce. Bella strada delimitata da alberi tra Mikołajki e Ukta, una vera e propria galleria verde. In autunno, lo spettacolo è ancora più suggestivo.

Come arrivare

➢ ***In treno:*** la stazione *PKP* è 1 km a nord dal *centrum*. Treni provenienti da Elk, Gdynia, Olsztyń. Piantina della città all'uscita della stazione.
➢ ***In pullman:*** diversi pullman da Giżycko. Pullman per Mrągowo con coincidenze per le grandi città.

Dove dormire. Dove mangiare

Campeggio

⛺ I campeggi si trovano a più di 5 km dal villaggio, ma è possibile piantare la tenda in un'***area da campeggio***. All'uscita del villaggio, in direzione di Ukta, un cartello indica «Camping»; si tratta di una famiglia che mette il suo prato a disposizione dei campeggiatori.

Prezzi economici

Ostello della Gioventù: 1 ul. Labedzia. Aperto solo durante le vacanze scolastiche.

Prezzi medi

Nel villaggio ci sono diversi *pensjonatys* che praticano le stesse tariffe degli alberghi.

Hotel Elitklub: 1 ul. Ogrodowa. ☎ 421-64-98. In direzione della stazione *PKP*. Una casetta riconvertita in albergo per le vacanze. Alcune camere hanno il balcone. Situato in un quartiere popolare, distante dall'animazione del *centrum* ma anche dal lago, l'albergo è più vicino alla foresta. Noleggio di biciclette.

Pensioni – B&B: all'uscita della città, in direzione di Ukta, sulla destra. Per prenotare: ☎ 421-63-03. Calcolate 80 Zl per una doppia. La lottizzazione consiste in 6 case, divise in camere con o senza la prima colazione. La casa «Relax» dispone di una sauna; l'accoglienza della «Martyna» è un po' fredda, ma le camere sono recenti e ben concepite.

Cinema Quick Bar: piazza Wolnosci. Nel *centrum*. Impossibile mancarlo, è praticamente l'unico ristorante della città della categoria. Esterno piacevole sulla piazza e interno dedicato al cinema polacco. Buona scelta di piatti di carne e di pesce. Servizio educato e paziente per le scelte difficili.

Chic

Hotel Gołębiewski: 34 ul. Mrągowska. ☎ 421-65-17. Fax: 421-60-10. Albergo ultramoderno frequentato dai nuovi *businessmen* polacchi. Un complesso costruito da poco sulle rive di un lago (sulla strada di Mrągowo), che continua a ingrandirsi. Un vero e proprio invito a fare follie (finanziarie!). L'entrata in discoteca e una sauna sono comprese nel prezzo. In più, passeggiate in carrozzella e a cavallo, piscina coperta, tutto il necessario per andare in barca e mantenersi in forma. Tre ristoranti immersi in una vegetazione quasi tropicale propongono una cucina sontuosa.

➤ *NEI DINTORNI DI MIKOŁAJKI*

★ ***Il lago Łuknajno:*** 3 km a est di Mikołajki. Dirigetevi verso la scuola e il campo da calcio e proseguite sulla pista fino al cartello del parco Mazurski; il lago è in fondo al campo. Area di riproduzione di una grandissima colonia di cigni muti. Non dimenticate di portare il binocolo: non è possibilie avvicinarsi al lago, ma da alcuni osservatori di legno potete vedere i cigni bianchi e grigi. Il lago fa parte dell'elenco delle riserve mondiali della biosfera.

★ ***Monastero di Wojnowo:*** tra Mikołajki e Ruciane-Nida, a una quindicina di chilometri. Indicato all'uscita del villaggio con la scritta: «Zabytkowy Klastor Starowierow». Isolato dal villaggio, in un ambiente calmo e sereno, circondato da una foresta e di fronte a un lago, questo piccolo monastero che, a parte la chiesa, assomiglia molto a una fattoria, ospita gli ultimi rappresentanti di un ordine ortodosso. Nel XVII secolo, i «Vecchi Credenti» o «Filipponi» disapprovarono le riforme della chiesa ortodossa russa e furono quindi messi al bando e perseguitati. Alcuni di loro emigrarono in Masuria nella seconda metà del XIX secolo. Il convento, che risale a questo periodo, ha funzionato a pieno regime fino alla prima guerra mondiale. Le due suore anziane che ci abitano non apprezzano affatto le fotografie; mostrate discrezione e rispetto dei luoghi.

★ ***Popielno:*** piccolo villaggio sulle rive del lago Sniardwy che ha la particolarità di essere un centro di allevamento di tarpan, una razza di cavalli che resiste molto bene alle difficili condizioni invernali della steppa.

AUGUSTÓW (CAP: 16301) PREF. TEL.: 087

La regione di Suwalki impressiona per la bellezza della natura e le leggende che la circondano. Meno frequentata dalle orde di turisti tedeschi della sua vicina Giżycko, distante un centinaio di chilometri. Ma la regione resta comunque molto apprezzata dai polacchi che amano fare passeggiate nella foresta o escursioni sull'acqua. Numerose attività possibili per gli sportivi: circuiti in kayak e sentieri per mountain bike. Augustów deve il suo nome al giovane re Zygmunt August incoronato a 9 anni dal padre, che a 23 lo fece sposare con una Asburgo prima di allontanarlo dalla corte spedendolo nel ducato di Lituania, dove il duca sposò segretamente la bella Barbara, giovane vedova (21 anni) del cancelliere lituano. Questa bella storia, ripresa più tardi da una tragedia neoclassica, finì con la morte dell'amata poco tempo dopo la sua incoronazione. Augustów fu anche teatro di una terribile battaglia tra tedeschi e sovietici nel 1944.
Ma la città è soprattutto orgogliosa della visita del papa nel giugno del 1999. Oltre che del suo status di stazione balneare, può vantarsi da allora delle sue acque purificate vicino alle quali passeggiò Giovanni Paolo II. Sulla piantina della città sono indicate le spiagge, ma si tratta per lo più di strisce di sabbia dove accostano le barche. Non è quindi il caso di tirare fuori la crema a protezione totale.

Come arrivare

➢***In macchina:*** un centinaio di chilometri a est di Giżycko, verso la frontiera bielorussa, passando da Elk e seguendo poi la strada 16.
➢***In treno:*** venendo da Giżycko bisogna passare da Suwalki e Augustów città. Potete anche partire da Mikołajki e da Ruciane-Nida per raggiungere Elk e Suwalki. Ci sono due stazioni d'arrivo, una (*PKP*) per i treni rapidi da Varsavia che passano da Białystok (strada 18), l'altra, Augustów-Port, più vicina al centro.

Indirizzi utili

ⓘ ***Informazioni turistiche, SZOT:*** ul. Wojska Polskiego. ☎ 64-343-99. • szot@pro.onet.pl • Aperto da lunedì a venerdì dalle 9 alle 17, sabato e domenica dalle 10 alle 14. Molti documenti e cartine a disposizione, in particolare la *Augustowska Urwald*, in scala 1/70 000, indispensabile per le escursioni in bicicletta. La giovane hostess cerca di comunicare in inglese. Propongono anche uscite in kayak da uno a diversi giorni. Vendita di biglietti per il parco Wigierski e lista delle pensioni.

Stazione dei pullman PKS: sulla Rynek.

■ ***Zegluga Augustówska:*** ul. Listopada. ☎ 64-328-81. • www.mewa.mazury.pl • Sul porto. Agenzia che propone cinque circuiti turistici in barca (vedi «Da vedere. Da fare»).

■ ***Noleggio di biciclette Aga-To:*** 14a ul. Wojska Polskiego. ☎ 64-454-72. Aperto dalle 9 alle 17.

■ ***Cinema:*** ul. 3 Maja. Tutti i giorni della settimana alle 18.

■ ***Il consolato lituano*** si trova nella città di Sejny, 43 km a nord di Augustów, 28 ul. Pilsudski. Aperto da lunedì a venerdì dalle 9 alle 12.

Dove dormire

Soluzione pratica per una notte: numerose aree per il campeggio create nella foresta; alcune si trovano di fianco a pensioni, più vicine alla città, dove potete utilizzare i servizi igienici.

Campeggi

Camping Ostry Rog Zaprasza: sul lago Jezioro Bialé. Prendete la strada in direzione di Suwalki e calcolate 3 km dopo il cartello. Due aree da campeggio sono indicate sulla strada forestale Kobyla Biel. Potete piantare la tenda in piena foresta, in riva al lago, tra i bungalow. La *kavierna* è aperta solo in stagione. Un posto ideale per i camper.

Camping dell'Hotel Hetman: 1 ul. Sportowa. Il più vicino alla stazione *PKP*. Il sito non è dei più belli, ma il centro non è distante e gli autobus ci passano vicino. Inoltre, la spiaggia dell'albergo è a due passi.

Camping della spiaggia Bielnik: in fondo a via Nadrzeczna, tra le pensioni, in un parco alberato. Il campeggio più vicino alla stazione *PKS*, accessibile con l'autobus n. 4.

Prezzi economici

Ostello della Gioventù: due ostelli nelle scuole della città, aperti solo durante le vacanze scolastiche. Il primo si trova al n. 1 di ul. Rajgrodzka, dietro alla stazione *PKS*. ☎ 64-463-97. L'altro è all'angolo di via Zarzecze e via Mostowa, di fronte al cimitero, dopo il ponte. ☎ 64-332-04.

Ostello PTTK: 70a ul. Nadrzezna. ☎ 63-438-50. Per andarci: autobus n. 4. Calcolate 20 Zl per persona, su prenotazione. Accoglienza molto simpatica. Letti in dormitorio in una casa recente che dà su un porticciolo riservato alle piccole imbarcazioni.

Prezzi medi

Lesnik Hotel: 19a ul. Turystyczna. ☎ 64-475-92. Nella stessa via della stazione *PKP*. Accessibile con gli autobus nn. 4, 6 e 10. Calcolate 80 Zl per una doppia. Arretrato rispetto alla strada con, sul retro, un boschetto che conduce a un lago. Un edificio di due piani gestito da donne che ritroverete anche dietro ai fornelli. L'atmosfera è familiare e gli operai del posto vengono a mangiare al ristorante che funziona anche come una sorta di mensa. Camere grandi con TV, radio e due divani-letto. Il bagno è immenso con due lavandini, cosa molto rara negli alberghi di questa categoria.

🏨 ***Hotel Krechowiak:*** ul. Kardynala Wyszinskiego. ☎ 64-320-33. Tra la stazione *PKP* e il centro, di fronte al *Warszawa Hotel*. Camere doppie rifatte per 90 Zl, prima colazione in più. Menu della sera a 15 Zl. Vicino alla strada, senza nessun fascino. Interessante solo per i prezzi bassi. Accoglienza in inglese.

🏨 ***Dom Nauczyciela:*** ul. Listopada. ☎ 64-320-21. Vicino al porto. Un labirinto di camere disperse tra un ristorante, una sala da biliardo e uno studio fotografico. Non è molto pulito e abbisognerebbe di una bella rinfrescata, ma è uno stile che può piacere ai veterani. Vasi con piante vicino al lavandino. Camere con o senza doccia. Parcheggio a pagamento.

🏨 ***Motel Turmot:*** all'entrata della città se venite da Elk. ☎ 64-328-67. Camere doppie a 60, 90 e 115 Zl. Grande albergo che propone camere pulite con o senza bagno. Arredamento banale ma prezzi onesti.

Chic

In questa categoria, vi consigliamo di privilegiare gli alberghi in riva al lago che propongono calma e serenità.

🏨 ***Hotel Delfin:*** 9 ul. Lipowiec. ☎ 64-327-92. Fuori dalla città, in direzione della stazione *PKP*, di fronte al lago Jezioro Biale. Calcolate da 160 a 250 Zl per due. L'albergo è immerso in un bosco. La strada che dovrete prendere per arrivarci assomiglia a una pista per fuoristrada, ma bisogna dire che il posto è simpatico e calmo. Solo gli appartamenti con vista sul lago dispongono di letti matrimoniali. Belle camere con mobili di legno e carta igienica in tinta con gli asciugamani! Accoglienza calorosa da parte di mister Muscolo.

LA MASURIA E LA PODLACHIA

Dove mangiare

In stagione molti snack-bar sono aperti sulle rive del lago. Il miglior ristorante della città, a quanto si dice, è quello del *Warszawa Hotel*. Normale, visto che è il più caro! Inviateci il conto! Pochi ristoranti, a parte quelli degli alberghi della categoria media.

Prezzi economici

|●| ***Bar Jarosz:*** 15 Rynek. Aperto dalle 8 alle 18. Piccola mensa con un buon profumo di cavolo e barbabietole. I piatti sono esposti: più facile, per ordinare, che leggere il tabellone in polacco.

Prezzi medi

|●| ***Albatros:*** 3 ul. Mostowa. ☎ 64-321-23. In centro, vicino alla Rynek. Il ristorante, aperto tutto l'anno, è molto apprezzato dai locali che ci vengono anche solo per bere una birra al bar. Buona scelta di piatti di carne e di pesce (in funzione della pesca). Fate lavorare la memoria per verificare il totale sul *rachunek*.

|●| ***Grek Zorbas:*** ul. Koscielna. Di fronte alla chiesa. Non è che la pizza non ci piaccia, soprattutto in Polonia, ma non avevamo veramente scelta visto che tutto era chiuso. Allora, se vi capita la stessa cosa, sappiate che questo locale propone (oltre alla pizze) anche qualche piatto greco, il tutto servito in un ambiente piuttosto simpatico. E poi, è il locale preferito delle giovani coppie.

– Visto che ci siamo, evitate di provare la pizzeria *Bella Italia:* l'abbiamo fatto noi per voi ed è meglio che non ripetiate l'esperienza.

Da vedere. Da fare

★ ***Museo etnografico:*** in fondo a via Hoza. Aperto dalle 9 alle 16. Chiuso lunedì. Entrata a pagamento. Nell'edificio della biblioteca. In due sale diverse sono esposti alcuni oggetti tipici della regione. Senza grande interesse, se non quello di fare una visita di cortesia al responsabile appassionato e simpatico dei due musei della città.

★ ***Museo del Canale:*** 5 ul. Listopada. Una piccola casa di legno in un parco. Aperto dalle 9 alle 16. Chiuso lunedì. Il museo illustra la storia della costruzione, da parte di Ignace Pradzynski, del canale che permise il collegamento tra il bacino del Niemen e quello della Vistola. Lo zar Alessandro I fu il promotore del progetto, ed è quindi a lui che i 7000 uomini che lo scavarono a palate per una lunghezza di 40 km (su un totale di 102 km) devono dire grazie.

➢ ***Escursioni in barca:*** approfittate dell'aria sana della regione per gironzolare in barca lungo il canale. La società *Zegluga Augustówska* (vedi «Indirizzi utili») propone cinque circuiti turistici di una giornata, dalle 9 alle 16. L'escursione più lunga (7 ore) raggiunge il villaggio di Gorczyca passando per i laghi e il canale. Da Augustów a Przewiez in 2 ore e mezzo, due partenze al giorno alle 9.30 e alle 15. Da Augustów a Swoboda, all'entrata del canale, in 3 ore e mezzo (una partenza alle 10). L'unica escursione proposta tutto l'anno è il giro dei laghi Rospuda e Necko (3 partenze al giorno). È la meno interessante e la meno cara, ma è comunque molto romantica.

➤ *NEI DINTORNI DI AUGUSTÓW*

★ ***Parco e lago di Wigry:*** una quarantina di chilometri a nord, tra Suwalki e Sejny. Per gli amanti della botanica, è il parco più bello e più ricco di piante come felci, muschi e licheni. La fauna è caratterizzata dalla presenza di castori, linci, lupi, caprioli, alci, albanelle, aquile bianche, senza dimenticare i tassi.

– Nel villaggio di Wigry potete visitare il *monastero dei Camaldolesi*. Nel 1667 Jan II Casimiro donò all'ordine religioso un padiglione di caccia sull'isola di Wigry, impegnandosi a costruire un chiostro per 12 monaci. Oggi è stato trasformato in un albergo su una penisola.

L'***albergo*** della penisola vi propone di dormire nelle case degli eremiti disposte le une di fronte alle altre. ☎ 56-370-18. Accesso in pullman da Suwalki e Sejny. Prezzi più o meno abbordabili a seconda che scegliate di dormire in una classica camera d'albergo o in un dormitorio. Ristorante sul posto. Accoglienza austera. Un ambiente da sogno, calma e pace assicurate dopo la partenza degli ultimi turisti.

– La regione trabocca di ***prodotti artigianali e tradizioni***. Presso il centro d'informazioni turistiche di *Suwalki*, 45 ul. Kosciuszki, potete trovare gli indirizzi degli artigiani della regione e scoprire i loro prodotti nella galleria aperta da lunedì a sabato dalle 8 alle 16. Il comune di *Jeleniewo* ha conservato, per esempio, una tradizionale sauna ortodossa dell'antico culto, che funziona con un forno a legna (sabato tra le 13 e le 20). I massaggi vengono eseguiti con bacchette di salice! La famiglia Racis Franciszek nel comune di *Tutka Tartak* suona e canta le vecchie canzoni di campagna; nello stesso comune, Maria Micielica (2 ul. Potogy) vi farà assaggiare i suoi formaggi…

★ Tra Augustów e Białowieża, potete visitare i villaggi di ***Bohoniki*** e ***Kruszyniany***, gli unici a possedere ancora moschee di legno. Bohoniki si trova a est di Sokolka e Kruszyniani a 60 km da Białystok, verso la frontiera bielorussa. I Tatari, nomadi turco-mongoli, invasero una parte della Polonia nel XIII secolo; in seguito, la patria li ringraziò per aver partecipato alle battaglie di Tannenberg nel 1410 e di Vienna nel 1683, donando loro le terre dove installarsi e costruire moschee. I luoghi di culto e i cimiteri sono tutto ciò che resta del passato.

BIAŁOWIEŻA (CAP: 17230) PREF. TEL: 085

Il parco nazionale di Białowieża è una vera reliquia di una natura maestosa che ci riporta alla notte dei tempi. Questa magnifica foresta, divisa tra la Polonia e la Bielorussia, è probabilmente una delle ultime foreste vergini d'Europa. Oltre all'interesse che presenta per gli scienziati, la Puszca ha la caratteristica eccezionale di nascondere al suo interno gli ultimi branchi di bisonti selvatici del vecchio continente, un'attrazione unica per tutti i routard in astinenza da safari. Ma la foresta è molto grande e i mammiferi *Bonasus bonasus* sono poco numerosi, quindi non è proprio il caso di mettersi a fare gli Indiana Jones! Qui si ritrovano i paesaggi tipici dei confini della Polonia orientale, con casette di legno e chiese ortodosse a cupole. Białowieża, che significa «La Torre bianca», è un piccolo borgo di 3000 anime che in estate e durante il week-end assume l'aspetto di una stazione di villeggiatura. Gli zar di Russia vi avevano costruito una delle loro residenze, ma essa bruciò lasciando dietro di sé solo un nome: il parco del Palazzo. Nel parco nazionale potete andare a spasso in carrozza, oppure in slitta durante l'inverno. La Bielorussia è a pochi chilometri, ma non c'è nessun posto di frontiera.
Venerdì è il giorno di mercato a Białystok: una buona occasione per acquistare indumenti caldi e scarpe per il rientro. Sulle bancarelle abbiamo visto le famose... *Nike* o *Adidas* dei *teenagers*... a un prezzo che sul mercato occidentale coprirebbe a malapena un paio di stringhe! Attenzione, puzzano un po' di imitazione russa.

Come arrivare

➢ ***In macchina:*** da Varsavia percorrete la strada per Białystok (strada 18) per 200 km, poi svoltate a destra (strada 19) verso Bielsk Podlaski e a est, sulla strada 689, verso Hajnówka per raggiungere infine la foresta di Białowieża, alla frontiera bielorussa. Calcolate 200 km se venite da Augustów.
➢ Altrimenti, arrivate in ***treno*** fino a Bielsk o Podlaski da dove potete prendere un ***pullman*** per Hajnowka e Białowieża.

Indirizzi utili

🛈 ***Ufficio PTTK:*** 17 ul. Kolejowa. ☎ 68-122-95. Nel centro, vicino al parcheggio del parco. Accoglienza all'antica senza grande motivazione. Vendita di cartine, in particolare la *Puszcza Białowieża*, in scala 1/75000, indispensabile per le passeggiate in bicicletta. Le guide ufficiali conoscono perfettamente il parco nazionale (Białowieski Park Narodowy). C'è solo una guida anglofona che ripete instancabilmente «yes». Calcolate 100 Zl. Noleggio di biciclette (rudimentali). Per vedere i bisonti della riserva e le querce reali non avete bisogno dei servizi di una guida. Inoltre, sappiate che è possibile spostarsi nel parco nazionale in carrozza.

🛈 ***Informazioni turistiche, IT:*** 8 ul. Olgi Gabięc. ☎ 68-126-64. Prima dell'*Hotel Żubrówka*. Accoglienza più giovane e dinamica che all'indirizzo precedente.

Dove dormire. Dove mangiare

Se volete evitare di ritrovarvi in un alloggio troppo caro, durante i week-end delle vacanze scolastiche è preferibile telefonare prima per prenotare. Ci sono molte pensioni, con prezzi identici a quelli degli alberghi in stagione, dove però fuori stagione è più facile contrattare.

Campeggi

⛺ ***Camping Zaprasna Lesny:*** all'entrata del villaggio, a destra venendo da Hajnówka. Aperto solo in stagione. Potete anche fare campeggio libero, in particolare all'altezza delle querce reali dove si trovano alcune aree attrezzate, ma vi consigliamo comunque di avvertire le autorità.

⛺ ***Campeggio di Grudki:*** a 1 km dal villaggio, in direzione di Grudki. Terreno ben tenuto e ombreggiato in un sito piacevole e tranquillo. Propone anche bungalow e biciclette da noleggiare. Informatevi presso la drogheria.

Prezzi economici

🏨 ***Youth Hostel, Paprotka (Ostello della Gioventù):*** ul. Waszkiewicza. ☎ 68-125-60. Indicazioni sulla via principale, subito dopo la chiesa. Aperto dalle 17 alle 22. Calcolate 20 Zl per persona. In una graziosa casetta dietro alla scuola del villaggio. Letti in dormitori con lavandino in camera. Calmo, pulito ed economico. Possibilità di cucinare. Luogo di ritrovo di molti studenti di Varsavia che vengono a passarci un week-end insieme alla fidanzata.

Prezzi medi

🏨 ***Pensione Gawa:*** dietro all'*Hotel Żubrówka*. Una casa con i piani di legno che si è recentemente ingrandita. Pelli di animali (bisonti e cinghiali) appese ai muri. Camere con o senza bagno. La proprietaria è simpatica e noleggia anche biciclette. Qualche camera con balcone.

🏨 ***Pensione:*** 90 ul. Waskiewicza. ☎ 68-122-27. Nella stessa via dell'Ostello della Gioventù. Gestita da un'anziana signora molto gentile che si toglie il berretto quando incrocia i suoi clienti, la pensione propone camere molto kitsch al pianterreno con tanto di peluche sul letto matrimoniale. Bagno in comune nel corridoio e cucina a disposizione. Le altre camere sono al primo piano.

🏨 |●| ***Hotel-ristorante Dom Wycieczkowy PTTK:*** nelle vecchie scuderie del palazzo. ☎ e fax: 68-125-05. Calcolate 70 Zl per una doppia senza la prima colazione. Idealmente situato nel parco, l'albergo presenta un aspetto esterno abbastanza simpatico. L'interno, invece, non ha niente di particolare, eccettuate forse le vecchie vasche con i piedi per i nostalgici. Potete fare colazione a uno dei due tavoli di plastica davanti all'entrata. Il ristorante propone una carta simile a quella delle mense polacche, ma si mangia bene per poco. Durante il fine settimana l'albergo è spesso riservato a gruppi che vengono in seminario per ossigenarsi.

Hotel-ristorante Żubrówka: 3 ul. Olgi Gabiec. ☎ 68-125-70. Al centro del villaggio. Un albergo con camere un po' tristi ma dove potete fare un bel pasto abbondante. Cominciate con una minestra fredda allo yogurt e, se la fortuna è dalla vostra parte, assaggiate un piatto di carne di bisonte. Anche se è segnato sulla carta, questo piatto non è servito tutti i giorni e può essere degnamente sostituito da un filetto di cervo accompagnato da un bicchierino di vodka *Białowieska*.

Hotel-ristorante Iwa: nel parco del Palazzo, dopo l'*Hotel Dom Wycieczkowy PTTK*. ☎ 68-125-05. L'altro ristorante del villaggio dove potete assaggiare la carne di bisonte. Albergo sinceramente bruttino, ma quando ci siamo passati erano in corso lavori di ristrutturazione.

Dove bere qualcosa

Il bar: a Hajnówka, a 20 km da Białowieża. Di fronte al cinema della città (proiezione alle 18) dove i film durano più a lungo a causa delle interruzioni del proiezionista... C'è una parola d'ordine: dite «Lenin is not dead» e la porta si apre su una taverna con un arredamento postcomunista dove domina il rosso. Ci si ritrova in un piccolo museo dedicato alla memoria dell'URSS. Non servono ancora la *Coca-Cola*, ma sono già passati alla *Seven Up*. Accoglienza molto calorosa dopo aver recuperato il ritardo sulle birre. Chiude verso le 22.

Le Grill: a 10 km da Białowieża, sulla strada di Hajnówka, in piena foresta. Ristorante-bar molto animato durante il fine setttimana dove talvolta accendono un falò nel parcheggio.

Da vedere. Da fare

★ ***La natura***, per cominciare, e, con un po' di fortuna, i famosi ***bisonti*** (*żubrs* in polacco). Praticamente tutti gli abitanti di Białowieża sono forestali: non avrete quindi nessun problema a trovare una guida che vi accompagni a vedere queste famose bestiole cornute dal pelo lungo. Detto questo, il periodo migliore per vedere i bisonti è quello di settembre e ottobre, quando si raggruppano prima di affrontare l'inverno rigido. Tra l'altro, vi sconsigliamo di passare questa stagione in loro compagnia: da dicembre a febbraio il clima è infatti particolarmente rigido in questa zona della Polonia.

★ ***La riserva naturale (rezerwat pokazowy swierzat):*** sulla strada tra Biełowieża e Hajnowka. Aperto tutti i giorni, eccetto che lunedì e l'indomani dei giorni festivi, dalle 9 alle 17. Entrata a pagamento. Una sorta di zoo, ma in versione più ecologica, con molto spazio e molta vegetazione. L'ultimo bisonte «autoctono» di Białowieża fu ucciso nel 1919. Qualche anno dopo, furono messi in libertà bisonti inviati da diversi zoo d'Europa, che però ci misero un bel po' di tempo prima di concepire il primo bebè nel 1955. Da allora, sono 250 circa sul lato polacco e altrettanti su quello bielorusso. Il 20% della popolazione mondiale di bisonti si trova sul territorio polacco. Il maschio, che può raggiungere fino a 1000 kg di peso, è capace di fare salti di 1,50 m di altezza e di 7-8 m di lunghezza. La durata media di vita non è molto elevata: fino a 20 anni per i maschi e 25 anni per le femmine. L'occasione tanto sognata di sentire il soffio del bisonte, anche se si trova dietro a un recinto. Nella riserva vivono anche una coppia di lupi apatici, tarpan, piccoli cavalli della Puszcza, e qualche altro abitante della foresta.

★ ***Stara Biełowieża:*** potete raggiungere il sito risalendo la pista forestale della riserva naturale verso nord fino alle rotaie di un vecchio trenino. Białowieża, antica riserva di caccia dei re polacchi, degli zar e di Hermann Goëring, è stata dichiarata dall'UNESCO «riserva naturale della biosfera». Oltre a 5000 ettari di riserva per metà a taiga e per metà a foresta di latifoglie, la foresta ospita alcune querce di 700 anni. L'***itinerario delle querce reali*** è famoso per gli alberi monumentali, battezzati con i nomi di re polacchi e lituani, che probabilmente si ricordano le grandi partite di caccia del passato.

➤ *NEI DINTORNI DI BIAŁOWIEŻA*

★ ***Topito:*** piacevole passeggiata su un trenino che attraversa la foresta e la riserva di Glébokikat per arrivare al villaggio di Topito. Durante la stagione del taglio dei boschi, potete vedere i tronchi galleggiare sul lago. Il punto di partenza è a Hajnówka, all'entrata del villaggio venendo da Białowieża, prima del cimitero russo, indicato dal cartello «Kolejka Turystyczna». Un treno al giorno nel fine settimana, fuori stagione. In ogni caso, a causa del numero di posti limitato sul treno, bisogna prenotare: ☎ 27-75-23-08. (Ancora meglio, vi consigliamo di passare all'ufficio informazioni di Białowieża.)
Domenica è giorno di mercato a Hajnówka, nel parcheggio del *kino*. Il mercato è meno grande di quello di Białystok ma molti bielorussi ci vengono a vendere i loro prodotti.

Festa

– ***Festa della Trasfigurazione:*** a ***Grabarka***, 70 km a sud di Hajnówka, verso Siemiatycze. La festa si svolge nella notte del 18 agosto ed è il pellegrinaggio ortodosso più importante del paese. I pellegrini salgono sulla collina portando croci che in seguito vengono piantate intorno alla chiesa. Per gli ortodossi, l'acqua della sorgente utilizzata per le abluzioni è sacra e miracolosa. Secondo la leggenda, durante un'epidemia di colera, le persone venute sul monte per piantare una croce furono risparmiate dalla malattia.

REPUBBLICA CECA

Per la cartina generale della Repubblica Ceca vedi inserto a colori.

Si è parlato molto di questa piccola e centrale regione europea, patria di uomini celebri (Kafka, Smetana, Dvořák, Miloš Forman, Kundera ecc.), che paradossalmente è ancora poco conosciuta, sebbene Praga attiri sempre più turisti! I piccoli regni di Boemia, di Moravia e di Slovacchia ebbero, tuttavia, un destino poco felice. Nel corso dei secoli, i popoli autoctoni lottarono senza posa per l'indipendenza e la libertà dall'impero asburgico, di cui facevano parte, riportando vittorie effimere e subendo sconfitte crudeli. La cifra 8 ricorda tutte le loro grandi speranze andate deluse: *1848*, la rivoluzione che spazzò la Boemia, la Slovacchia e l'Europa; *1918*, l'indipendenza dopo il crollo dell'impero austro-ungarico; *1938*, il tradimento di Monaco quando Gran Bretagna e Francia concessero mano libera a Hitler per l'annessione dei Sudeti; *1948*, il colpo di stato di Praga; *1968*, la fine della «primavera»... Non c'è che il 1989, con la rivoluzione di Velluto, a interrompere la serie. Saranno, quindi, la storia, oltre che la letteratura, ad accompagnare il vostro viaggio, durante il quale incontrerete abitanti profondamente impregnati di umanesimo, mai rassegnati, pazienti all'eccesso. E poi Praga, «capitale magica dell'Europa», come diceva André Breton, vi trasporterà al vertice di un'estasi romantica che, talvolta, sconfina nel dolore.

Carta d'identità

- ***Superficie:*** 78 864 km², cioè appena il 24% dell'Italia.
- ***Capitale:*** Praga (1,26 milioni di abitanti).
- ***Popolazione:*** 10 282 000 abitanti, di cui: 81% cechi, 13% moravi, 3% slovacchi, 3% altro; di essi, quasi il 75% è inurbato.
- ***Speranza di vita:*** 73,9 anni.
- ***Città principali:*** Brno (400 000 abitanti), Ostrava (342 000 abitanti) e Plzeň (179 000 abitanti).
- ***Tasso di disoccupazione:*** 9,2%.
- ***Formazioni politiche:*** ODS (Partito democratico civico, diretto da Václav Klaus); CSSD (Partito ceco socialdemocratico di Miloš Zeman); KSCM (Partito comunista di Boemia e di Moravia); KDU (Partito cristiano democratico); SPR-RSC (Partito repubblicano cecoslovacco); ODA (Alleanza democratica civica); US (Unione della libertà, partito nato da una scissione dell'ODS alla fine del 1997).

– ***Unità monetaria:*** corona ceca (Kčs).
– ***Lingue:*** ceco (ufficiale), slovacco, tedesco e rom.
– ***Regime:*** democratico parlamentare.
– ***Presidente della repubblica:*** Václav Klaus (dal marzo 2003).
– ***Primo ministro:*** Vladimir Spidla, socialdemocratico, dal luglio 2002.
– ***Stipendio mensile medio:*** circa 10 500 Kčs (circa 300 €).

INFORMAZIONI GENERALI

Prima della partenza

INDIRIZZI UTILI

🛈 ***Centro del Turismo Ceco:*** fornisce informazioni e può effettuare prenotazioni di voli, alberghi e anche appartamenti o camere presso privati.
– *Milano:* via Cadamosto 8, 20129. ☎ 02-20-47-680. Fax: 02-29-40-63-96. • czechtour@libero.it • Aperto da lunedì a venerdì dalle 9.30 alle 12.30; lunedì, mercoledì e venerdì anche dalle 14.30 alle 17.30.

■ ***Consolato Generale della Repubblica Ceca:*** via G.B. Morgagni 20, 20129 Milano. ☎ 02-29-40-30-51.

■ ***Ambasciata e sezione consolare della Repubblica Ceca:*** via dei Gracchi 322, 00194 Roma. ☎ 06-32-44-459.

■ ***Ambasciata d'Italia a Praga:*** Nerudova, 20, Praha 1. Nel quartiere di Malá Strana. ☎ (02) 33-08-01-11. Fax: (02) 57-53-15-22. • italemba@Mbox.Vol.cz • www.italianembassy.cz •

FORMALITÀ

– Per gli italiani il *passaporto* dev'essere valido almeno per il periodo di soggiorno previsto. Per soggiorni di lavoro o studio, è necessario il visto.
– Gli automobilisti e i motociclisti devono procurarsi la «*vignette*» (etichetta adesiva obbligatoria per le autostrade e per le strade a 4 corsie) presso uno dei posti di frontiera (aperti 24 ore su 24). Ciò vi viene ricordato strada facendo, ma in ceco. L'adesivo valido un anno costa 800 Kčs (24 €); 200 Kčs (6,10 €) per un mese; 100 Kčs (3 €) per 10 giorni. Si paga in contanti. Da ricordare assolutamente perché la multa è salata!

CARTA GIOVANI EURO<26

È una carta dedicata ai giovani europei che hanno meno di 26 anni. È valida per un anno solare in 35 paesi europei e concede sconti, agevolazioni e servizi ai loro possessori. I punti convenzionati in Italia e all'estero, oltre centomila, sono riconoscibili dall'adesivo EURO<26. Il marchio EURO<26 è costituito da un omino nero stilizzato che gioca con le stelle europee su sfondo color magenta.

Come ottenerla in Italia

La tessera costa 11 € ed è in vendita presso tutte le agenzie CTS (vedi «Come arrivare. Gli organismi di viaggio. CTS») e in qualche centro Informagiovani. Si può ottenere gratuitamente iscrivendosi al CTS (quota associativa 26 €).

Per saperne di più

– • www.euro26.org/ • (sito internazionale).
– ***Associazione Carta Giovani***, via Andrea Vesalio 6, 00161 Roma. ☎ 06-44-11-145. Fax: 06-44-11-14-01. • www.cartagiovani.it • euro26@cartagiovani.it •

CARTA INTERNAZIONALE DELLO STUDENTE (ISIC)

La carta ISIC (International Student Identity Card) è l'unica carta dello studente riconosciuta in tutto il mondo. È appoggiata e sostenuta dall'UNE-

PIANTE A COLORI

0 50 100 km
MAR BALTICO
NORD
Golfo di Pomerania
Penisole di Hel e di Westerplatte
Westerpl
Sopot
Gdynia
Oliwa
Danzica (Gdańsk)
Słupsk
Koszalin
POMERANIA
Szczecinek
Stettino
Golieniów
Piła
Bydgoszcz
Chelm
Toruń
Vistola
Ciechocinek
Biskupin
Gorzów Wielkopolski
Oder
GRANDE
Gniezno
BERLINO
Swarzedz
Poznań
Kórnik
Rogalin
Konin
GERMANIA
POLONIA
Zielona Góra
Kalisz
Sie
Trzebnica
Breslavia (Wrocław)
Dresda
Jelenia Góra
SUDETI
Sobótka
SLESIA
Kluczbork
Świdnica
Wałbrzych
Karpacz
Opole
Karłów
Kudowa
Paczków
Kłodsko
Byt
Bystrzyca
Kletno
Gliwice
PRAGA
REPUBBLICA CECA
Brno
Malbork Luoghi descritti
Reszel Indirizzi e luoghi nei dintorni
Suwalki Punti di riferimento

RUSSIA
Baia di Danzica
Kaliningrad
LITUANIA
BIELORUSSIA
UCRAINA
SLOVACCHIA
MASURIA
PODLACHIA
MASOVIA
PICCOLA POLONIA
CARPAZI
Beschidi
Elbląg
Malbork
Suwalki
Lago di Wigry
Reszel
Giżycko
Augustów
Olsztyn
Mikołajki
Sokółka
Bohoniki
Kruszyniany
Brodnica
Łomża
Białystok
Ostrołęka
Golub-Dobrzyń
Hajnówka
Białowieża
Topito
Ostrów Mazowiecka
Włocławek
Plock
Bug
Grabarka
VARSAVIA (WARSZAWA)
Siedlce
Biała Podlaska
Łódź
Vistola
Piotrków Trybunalski
Radom
Kazimierz Dolny
Lublino
Kielce
Częstochowa
Zamość
Ujazd
Sandomierz
Ogrodzieniec
Baranów Sandomierski
Sosnowiec
Pieskowa Skała
Katowice
A4
Cracovia (Kraków)
Nowa Huta
Łańcut
Tarnów
Rzeszów
Markowa
Auschwitz (Oświęcim)
Wieliczka
Przemyśl
Leopoli
Bielsko Biała
Krosno
Nowy Sącz
Sanok
Arłamow
Zakopane
Kasprowy Wierch
51
7
53
61
52
19
18
2
1
17
4
98

POLONIA

50 km
NORD
Dresda
E 40
Děčin
Terezín
E 65
Mělnik
E 55
Františkovy Lázně
E 49
Karlovy Vary
E 48
Lidice
PRAGA (Praha)
Trojsky Zamek
11
Cheb
Loket
Křivoklát
E 53
Beroun
Zbraslav
Karlštejn
Kutná-Hora
Teplá
Mariánské-Lázně
20
Plzeň
E 50
Benešov
Konopiště
E 50
E 65
4
Moldava
E 55
Orlik
20
Pelhřimov
Domažlice
Tábor
Klatovy
Zvíkov
Jihlav
Červená Lhota
Sušice
Písek
Telč
GERMANIA
Šumava
Železná Ruda
4
Hluboká Nad Vltavov
Třeboň
Jindřichův-Hradec
Č. Budějovice
Zlatá Koruna
Strážny
Č. Krumlov
Rožmberk
A 3
Danubio
E 55
Linz
E 60
E 60
AUSTRIA
Salisburgo

REPUBBLICA CECA

50 km
Ostrava
E 75
E 77
E 461
REPUBBLICA CECA
D 1
Brno
D 1
E 50
D 2
Nová Bystrica
Istebné
Dolný Kubín
Zuber
Zázrivá
E 75
Žilina
Orava
Strečno
Malá Fatra
Vyšny Kubín
Liptovský Mikuláš
Ružomberok
Martin
Rajecká Lesná
E 50
Vlkolinec
E 77
Jasná
Čičmany
Staré Hory
Harmanecká
Donovaly
Prievidza
Trenčín
Bojnice
Banská Bystric
Hronsek
Kremnica
Detva
Topolčany
Žiar nad Hronom
Zvolen
D 61
Kostolány Pod Tribečom
Sklené Teplice
Divín
Antol
Banská Štiavnica
Lučenec
Malacky
Modra
Trnava
Nitra
Červený Kameň
Stupava
Pezinok
Devín
CASTELLO
VIENNA
Bratislava
E 59
E 461
S 3
E 77
AUSTRIA
Komárno
BUDAPEST
A 2
M 1
E 65

POLONIA
NORD
Hunkovce
Ladomirová
Svidník
Passo Dukla
Bardejovské Kúpele
Bodružal
Krajné Čierno
Šemetkovce
Potoky
Stropkov
Tatranská Kotlina
Starý Smokovec
Ždiar
Bardejov
Stará L'ubovňa
Alti Tatra
Kežmarok
Levoča
Spišská Kapitula
Poprad
Spišské Podhradie
Prešov
Snina
Ubla
Dedinky
Dobšinská
Betliar
Jasov
Rožňava
Ochtinská
Košice
Michalovce
Domica
UCRAINA
E 471
M 17
Miskolc
E 573
E 71
ROMANIA
Debrecen
UNGHERIA
Bratislava Luoghi descritti
Pezinok Indirizzi e luoghi nei dintorni
Topolčany Punti di riferimento

SLOVACCHIA

LA METROPOLITANA DI PRAGA

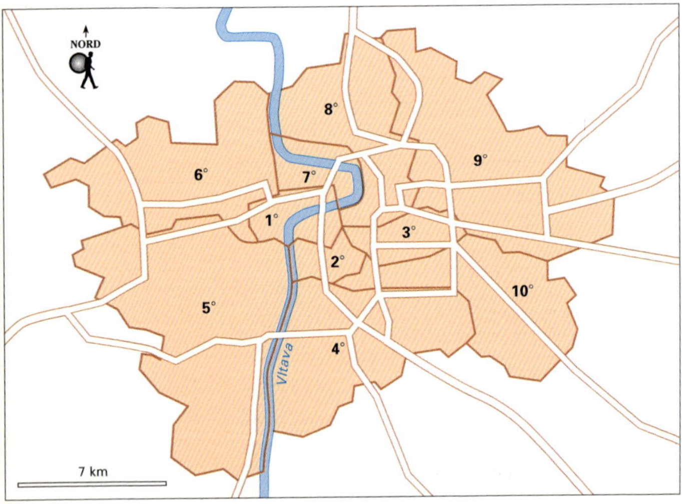

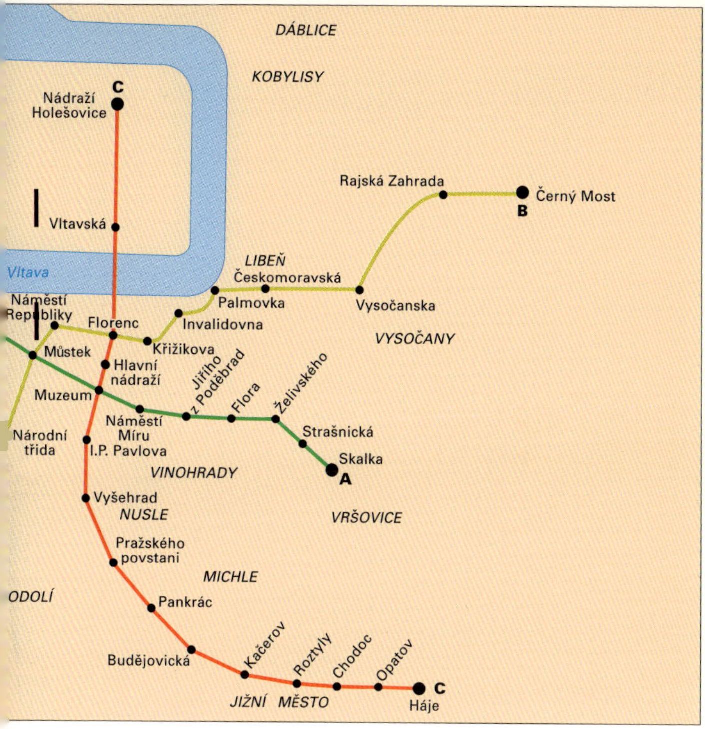

LA METROPOLITANA DI PRAGA

Praga I – Pianta d'insieme

Dove dormire

- 15 Domov mládeže Pension Jana
- 17 ČTj Sokol Karlin
- 22 Estec Hostel
- 23 SPUS
- 24 Pensione Sprint
- 26 Pensione Digitalis
- 30 Hotel Brno
- 34 Hotel Bilý Lev
- 35 Hotel Splendid
- 37 Hotel Ariston
- 201 Welcome Hostel
- 204 Pensione Jana
- 205 Pension Šubrt
- 206 Pensione Madona
- 207 Pensione Košická
- 208 Švehlovy Koleje
- 209 Hotel Malekon

Dove mangiare

- 85 Akropolis
- 87 Hospoda Staropramen
- 88 Hájovna
- 89 Vinárna U Jiříka
- 223 U Hronků
- 224 Na Dolejší
- 232 Quido
- 234 Ambiente
- 235 Crazy Daisy
- 236 Restaurance Pod Viktorkou

Dove bere qualcosa

- 117 Padiglione Hanava
- 122 U Růžového Sadu
- 125 The Globe
- 190 Potrefená Husa
- 237 La Tonnelle
- 263 Vínečko 33

Cyber-caffè

- 190 Pl@neta

Da vedere

- 274 Torre della televisione

PRAGA I – PIANTA D'INSIEME

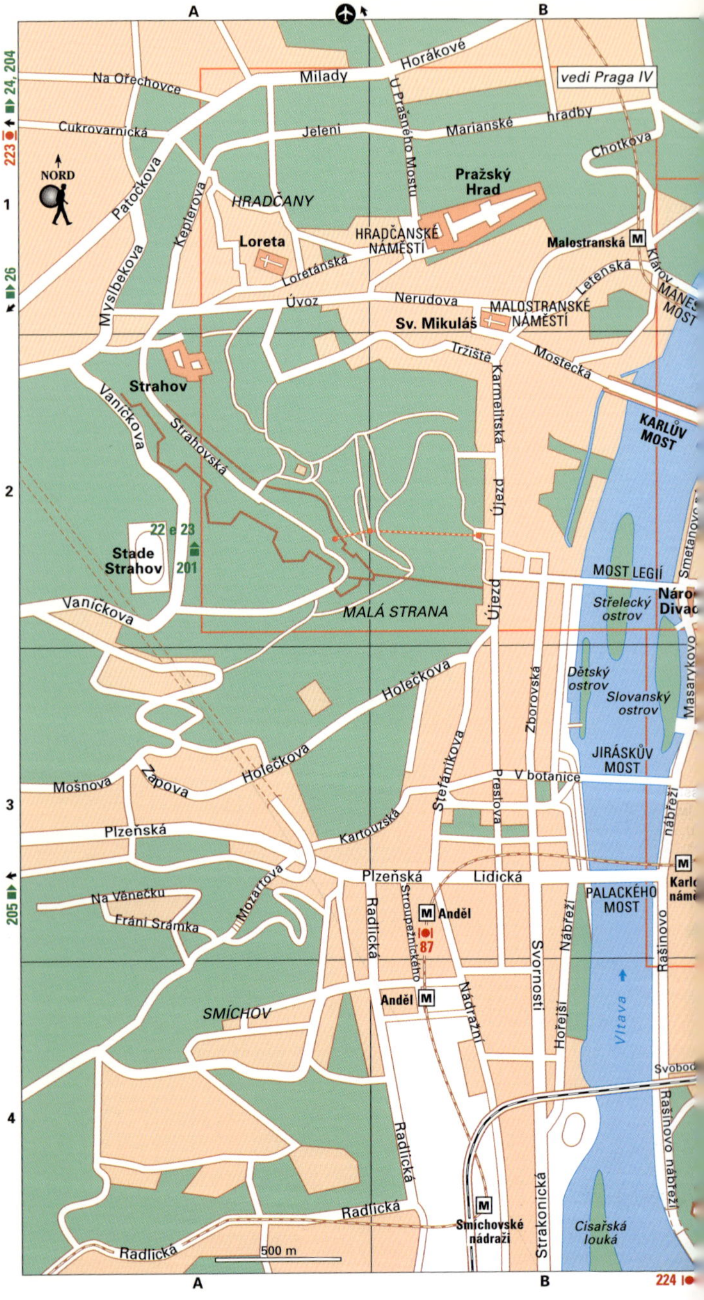

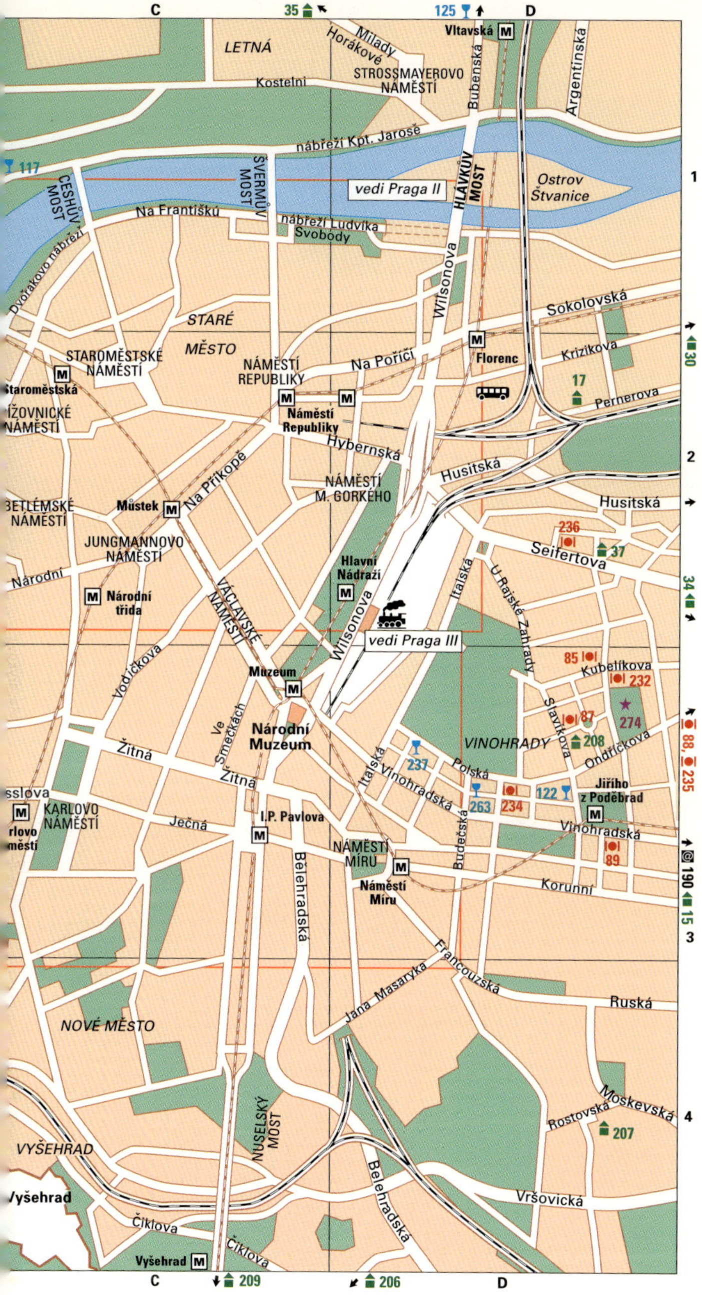

PRAGA I – PIANTA D'INSIEME

PRAGA II – CITTÀ VECCHIA NORD

PRAGA II – CITTÀ VECCHIA NORD

Praga II – Città Vecchia Nord

■ Indirizzi utili

- Ufficio del turismo
- Posta
- 3 Čedok
- 7 Evropská Vodni Doprava (EVD)
- 11 IPAS
- 12 AVE
- 13 KMC Travel Service
- 14 Top Tour

Dove dormire

- 20 Universitas Tour
- 21 Kolej AMU
- 25 Pensione Unitas e Hotel Cloister Inn
- 29 Hotel Opera
- 31 Hotel Merkur
- 32 Hotel Axa
- 33 Hotel Europa
- 39 Hotel Paříž
- 41 Pensione Expres
- 134 Traveller's Hostel
- 203 Pensione U Medvidků
- 264 Hotel Salvator

Dove mangiare

- 33 Ristoranti dell'Hotel Europa
- 39 Ristorante Sarah Bernhardt (Hotel Paříž)
- 60 Pravda
- 64 U Matěje Krejčíka
- 67 U Sv. Huberta
- 70 Ristorante V. Zátiší
- 71 Restaurace Shalom
- 72 U Pavouka
- 73 Chez Marcel
- 220 U Supů
- 222 Amade
- 225 Viki Rybs Restaurant
- 226 Ristorante Reykjavik
- 227 Red Hot & Blues
- 228 Ristorante La Provence
- 229 Pizzeria Modrá Zahrada
- 230 U Betlémské Kaple
- 231 Klub Architektura
- 239 Pizzeria Coloseum
- 241 Hospoda Skořepka
- 242 Café Louvre
- 247 U Černeho Slunce
- 248 U Šuterů
- 249 Restaurace Trilobit
- 263 Ristorante Náprstek

Dove bere qualcosa
Dove andare la sera

- 100 U Zlatého Tygra
- 102 U Krále Jiřího
- 103 Kavárna Rudolfinum
- 104 Caffè Kafka
- 105 Dobrá čajovna
- 107 Šenk Vrbovec
- 110 Caffè Lávka
- 111 Jalta
- 112 U Zeleného stromu
- 124 Aura Restaurant
- 130 Reduta e Rock Café
- 131 Metropolitan Jazz Club
- 134 Roxy
- 250 Caffè della casa municipale
- 252 Caffè Slavia
- 253 Caffè bar Ethno
- 255 O'Che's Cuban Bar
- 256 Vzpominky Na Afriku
- 257 Le Château
- 258 Haus Salieri
- 259 Pekařství Odkolek
- 260 Caffè Gaspar Kasper
- 261 Na Zlatém Kříž
- 262 Art Café Bar Fano

@ Cyber-caffè

- 191 Café.com
- 192 Spika

★ Da vedere

- 39 Hotel Paříž
- 270 Chiesa di Nostra Signora di Týn
- 271 Chiesa di San Nicola
- 272 Chiesa di San Salvatore
- 273 Chiesa di San Francesco Serafino e galleria dei Crociferi
- 275 Chiesa di San Giacomo

PRAGA III – CITTÀ VECCHIA SUD

Praga III – Città Vecchia Sud

Indirizzi utili

8 Prague Passenger Shipping (PPS)
10 Konvex

Dove dormire

18 Olet Youth Hostel
19 Olet Youth Hostel
27 Hotel Lunik
36 Hotel Koruna
42 Hotel City
43 Pensione Březina
200 Hostel Klub Habitat

Dove mangiare

61 Novoměstský pivovar
63 Fx Café
66 Pizzeria Kmotra
68 Country Life
86 Pizzeria La Romantica
238 Rusalka
243 Titanic
244 Universal
245 U Bubeníčků
246 Le Molière

Dove bere qualcosa

Dove andare la sera

101 U Fleků
109 Kavárna Velryba
132 AghaRTA Jazz Centrum
136 Radost
138 Uzi Rock Bar
251 U Hastrmana
254 Č 14

Cyber-caffè

193 Cybeteria Kavárna
194 Electra Internet Café

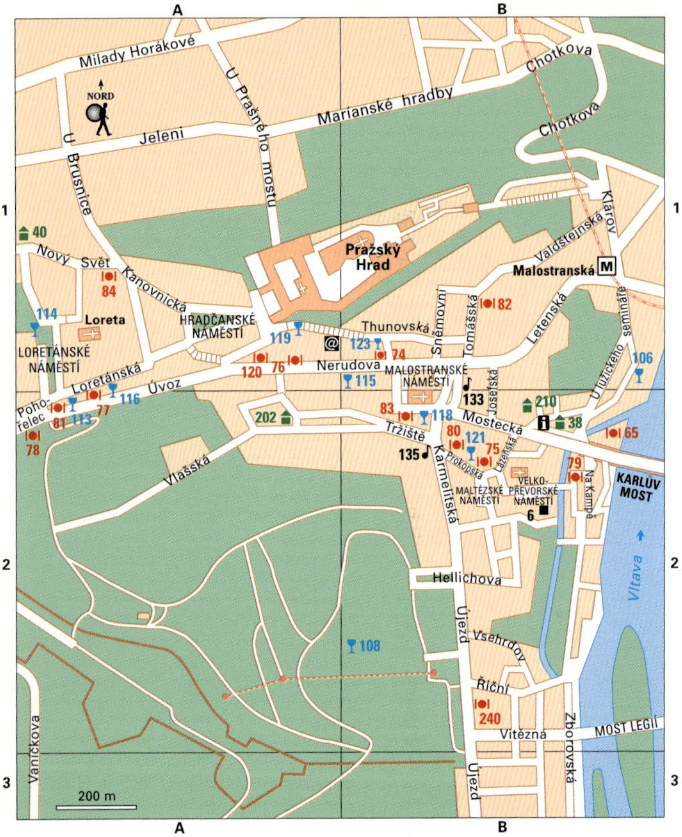

PRAGA IV – MALÁ STRANA E HRADČANY

■ **Indirizzo utile**

i Ufficio del turismo

Dove dormire

38 U Tří Pštrosů
40 Hotel U Raka
202 Hotel Sax
210 Biskupský Dům

Dove mangiare

65 Kampapark
74 U Kocoura
75 U Malířů
76 U Zlaté podkovy
77 Renthauz a Nad Úvozem
78 Saté
79 Velkopřevorský mlýn
80 U Maltézských rytířů
81 U Ševce Matouše
82 Waldštejnská hospoda
83 U Tři zlatých Hvězd
84 U Zlaté Hrušky
120 Bazaar Mediterranée
240 U Švejků

Dove bere qualcosa

Dove andare la sera

106 Čertovka
108 Nebozízek
113 Pivnice U Černého vola
114 U Lorety
115 U Zeleného
116 Ristorante Renthauz
118 Jo's Bar
119 Espreso Kajetánka
121 El Centro
123 U Tří Černých Růzří
133 Malostranská Beseda Music Club
135 U Malého Glena

SCO. Consente di beneficiare dei vantaggi offerti dallo status di studente nel paese in cui ci si trova. Dà diritto a sconti su trasporti, musei, alloggi ecc. Consente inoltre di fruire della ISIC Emergency Help Line, servizio di assistenza telefonica multilingue disponibile 24 ore su 24. In caso di emergenza si può chiamare gratuitamente da qualsiasi telefono pubblico o privato: ☎ 0044-20-87-62-81-10. Con la ISIC card si può fruire inoltre del servizio ISIConnect che dà la possibilità di effettuare telefonate in tutto il mondo con tariffe agevolate, inviare e ricevere e-mail, fax e messaggi vocali e conservare copia di documenti importanti nella propria cassetta di sicurezza virtuale Telesafe (per esempio copia di documenti di identità o di viaggio, che si può scaricare in caso di smarrimento o furto degli originali).

Come ottenerla in Italia

La quota associativa per aderire all'ISIC Association e ritirare la ISIC card è di 10 € e può essere versata in Italia presso il CTS (Centro Turistico Studentesco). La ISIC card si può ottenere gratuitamente iscrivendosi al CTS (quota associativa 26 €). Per saperne di più vedi «Come arrivare. Gli organismi di viaggio. CTS».

Per saperne di più

Il sito Internet dell'International Student Travel Confederation vi fornirà ulteriori informazioni sui vantaggi della carta ISIC. • www.istc.org/ • (sito internazionale).

CARTA DEGLI OSTELLI DELLA GIOVENTÙ

Non c'è limite d'età per soggiornare in un Ostello della Gioventù, ma è necessario avere la tessera. La tessera ***AIG*** costa 15,50 € ed è valida, dal 1° dicembre di ogni anno, per 14 mesi. Per aderire all'AIG sono a vostra disposizione numerosi centri in Italia. Potrete avere informazioni e fare la tessera in tutti gli Ostelli della Gioventù, anche al momento del vostro arrivo, e nei centri *Informagiovani*, presenti in moltissime città italiane.
Con la tessera è inoltre possibile ottenere tutte le agevolazioni riservate ai soci a livello sia nazionale sia internazionale. Tra queste una delle più importanti è l'***AIG-Assistance***, che garantisce una copertura assicurativa per tutti i viaggi effettuati nel corso del periodo di iscrizione.
L'Associazione propone anche una carta familiare valida per le famiglie composte dai genitori con uno o più figli che abbiano meno di 18 anni. Occorre presentare un certificato di famiglia.
Per quanto riguarda le agevolazioni valide per i soci AIG all'estero, è possibile consultarne l'elenco completo collegandosi al sito Internet: • www.iyhf.org •

■ La ***AIG*** (Associazione Italiana Alberghi per la Gioventù) ha sede a Roma, in via Cavour 44. ☎ 06-487-11-52. Fax: 06-488-04-92. • www.ostellionline.org • aig@uni.net •

– *In pratica:* l'*AIG* offre ai suoi soci la possibilità di prenotare direttamente dall'Italia gli Ostelli della Gioventù all'estero grazie al sistema informatizzato *International Booking Network* (*IBN*), che copre più di 30 paesi. Questo servizio (attivo in 8 centri in Italia) costa solo l'equivalente di 2-4 US $ e permette di effettuare la prenotazione per 9 persone al massimo, anche con sei mesi di anticipo sulla data di arrivo e con pagamento diretto dell'intera cifra al momento della prenotazione. È anche possibile annullare la prenotazione (ed essere, ovviamente, rimborsati) da qualsiasi terminale IBN nel mondo. Sfruttate questo vantaggio se sapete le date del vostro soggiorno

perché spesso gli ostelli sono pieni. Presentando la vostra tessera AIG, potete effettuare una prenotazione IBN nei seguenti centri italiani:
– *Bergamo:* Nuovo Ostello di Bergamo, via Galileo Ferraris 1. ☎ 035-36-17-24. Fax: 035-36-17-24.
– *Bologna:* Comitato Regionale AIG, via dell'Unione 6/a. ☎ e fax: 051-22-49-13.
– *Catania:* Comitato Zonale AIG, via Andrea Costa 34/b. ☎ e fax: 095-53-98-53.
– *Firenze:* Comitato Regionale AIG, viale Augusto Righi 2/4. ☎ 055-60-03-15. Fax: 055-61-03-00.
– *Genova:* Comitato Regionale AIG, viale Salita Salvatore 1. ☎ e fax: 010-58-64-07.
– *Napoli:* Comitato Regionale AIG, salita della Grotta a Piedigrotta 23. ☎ 081-761-23-46. Fax: 081-761-23-91.
– *Palermo:* Comitato Regionale AIG, via Houel 5. ☎ e fax: 091-33-65-95.
– *Roma:* Sede Nazionale AIG, via Cavour 44. ☎ 06-487-11-52. Fax: 06-488-04-92.
– *Venezia:* Comitato Regionale AIG, calle Castelforte S. Rocco, San Polo. ☎ 041-520-44-14. Fax: 041-520-40-34. • vehostel@tin.it •

AVVERTENZE

Prima di partire consultate i seguenti siti: • www.viaggiaresicuri.mae.aci.it/ • www.esteri.it/servizi/consigli/index.htm • www.port.venice.it/sanimav/ • www.travelclinic.it • www.cdc.gov/travel/ • dove troverete un sunto degli ultimi avvenimenti nel paese, consigli generali per la sicurezza, le vaccinazioni necessarie e consigliate, informazioni sulle strutture sanitarie, i documenti d'ingresso, le disposizioni valutarie doganali, l'indirizzo di ambasciate e consolati, insomma tutto quello che serve per partire tranquilli. Per maggiori informazioni potete anche chiamare: ☎ 06-49-11-15, numero del Servizio Informazioni Viaggiatori per l'estero istituito dalla Presidenza del Consiglio dei Ministri-Dipartimento del Turismo insieme con il Ministero degli Affari esteri e l'Automobile Club Italiano.

Come arrivare

In automobile

Il motore a scoppio diventa sopportabile solo quando serve la causa del nomadismo. La macchina può essere un fantastico utensile d'evasione: consente di evitare le strade troppo battute, dà grande libertà e velocità di movimento; se poi è ben attrezzata offre tantissima autonomia (potrete dormire in macchina e anche cucinarvi qualcosa) e la possibilità di tirar su qualche autostoppista.
È evidente che i costi sono un po' più alti, ma provate a dividere la somma per il totale dei passeggeri e vedrete che i conti tornano. Naturalmente, quando arriverete in una grande città cercherete di fare a meno della vostra quattroruote prima possibile.
Per raggiungere Praga, seguite l'autostrada per Venezia A4 fino al bivio, poco dopo Desenzano, con la A22-E45 che prenderete in direzione nord. Proseguite sulla E45 e passate il Brennero. Attraversata l'Austria nel suo lembo più corto (lungo la A13 verso Innsbruck), entrate in Germania. Superate Monaco e Norimberga (A9/E45) e il confine con la Repubblica Ceca. La E50 vi porterà a Plzeň e a Praga. Un'altra possilbilità per raggiungere la meta è quella di passare da Tarvisio, da dove la A23 vi condurrà in Austria; a Villach imboccate la A10 fino a Salisburgo, poi la A1 fino a Linz.

Da qui la E55 vi porta a Freistadt e al confine ceco. Sempre la E55 prosegue per České Budejovice e Praga. Alla frontiera con l'Austria e la Repubblica Ceca non dimenticate di acquistare la «vignette» che dà diritto di circolare sulle autostrade (in entrambi i paesi ce ne sono anche con validità di 10 giorni). In totale circa 900 km di viaggio.
Per progettare i vostri itinerari prima della partenza, consultate • www.viamichelin.it • oppure • www.kwmappe.kataweb.it •

In pullman

Non c'è solo l'aereo per viaggiare. A patto di avere tempo, si può anche viaggiare in pullman, anche se sa un po' di viaggio organizzato. Dovete ammettere che il pullman consuma meno benzina per passeggero/chilometro di quanto non consumi l'aereo e che in fondo è un modo di viaggiare in Europa da non disprezzare, se avete tempo e non pretendete troppo in tema di comfort.
I pullman europei non sono certo i lussuosi Greyhound americani dove si può perfino fare una doccia a bordo, ma in generale sono abbastanza attrezzati: aria condizionata, poltrone reclinabili; in alcuni paesi il comfort sarà un po' più aleatorio.
In linea di principio, una fermata ogni 3 o 4 ore vi permetterà di non arrivare con la barba lunga fino ai piedi. Non dimenticate che con un tragitto di 6 ore in aereo ci si sposta, in pullman si viaggia. E poi, in pullman la meta si fa veramente desiderare, in aereo vi piomba sulla testa senza avvertire e senza che siate preparati psicologicamente. Prevedete qualche cosa per coprirvi perché di notte è facile che faccia freddo: un thermos da riempire con qualcosa di caldo, o di freddo, a ogni tappa (perché naturalmente non si ha mai sete nel momento in cui potremmo bere) e qualcosa di buono da leggere.
Infine, il pullman è un mezzo di trasporto molto dolce: va a cercare i viaggiatori nelle loro regioni, nelle loro città. Una volta che si è saliti a bordo ci si può completamente abbandonare perché si sa che si arriverà. E non è da disprezzare la possibilità di diventare amici dei compagni di viaggio.
In Italia l'unica organizzazione di autolinee regolari internazionali è:

EUROLINES

Leader europeo dei collegamenti internazionali in pullman, Eurolines Italia collega direttamente più di 70 città in nove nazioni europee, partendo da oltre 30 città italiane.
Per raggiungere la Repubblica Ceca, *Eurolines* offre diverse possibilità: Napoli-Ostrava, Livorno-Brno-Praga, Roma-Brno-Praga e Torino-Milano-Praga-Brno. Tutte le tratte sono servite circa due volte alla settimana.

– *Internet:* • www.eurolines.it •
– *Firenze:* Eurolines Italia, via Mercadante 2/b. ☎ 055-35-71-10. Fax: 055-35-05-65.
– *Aosta:* Savda, strada Ponte Suaz 6. ☎ 0165-36-12-44.
– *Bergamo:* Turisberg, via Camozzi 34-38. ☎ 035-35-62-61.
– *Bologna:* terminal bus, piazza XX Settembre 6. ☎ 051-24-21-50.
– *Brescia:* Brixia Viaggi, piazza della Vittoria 8/B. ☎ 030-28-93-240.
– *Firenze:* Ticket Point Lazzi, piazza Stazione 3/R. ☎ 055-21-51-55.
– *Genova:* Geotravels, piazza della Vittoria 30/R. ☎ 010-58-71-81.
– *La Spezia:* Abracadabra Viaggi, via Roma 69. ☎ 0187-75-18-72.
– *Mestre:* Aliante, viale Stazione 24. ☎ 041-92-67-00.
– *Milano:* Autostradale viaggi, piazza Freud (stazione Garibaldi). ☎ 02-72-00-13-04.
– *Napoli:* Sonesta Viaggi, via Vittorio Emanuele II 49-50. ☎ 081-55-25-388.
– *Padova:* Siamic Express di Sita Viaggi, piazzale Boschetti. ☎ 049-66-09-44.
– *Roma:* cir convallazione Nomentana 574. ☎ 06-44-04-009.
– *Roma:* Lazzi Express, via Tagliamento 27/B. ☎ 06-88-40-840.

– *Savona:* Ivaldi, Via Paleocapa 153/R. ☎ 019-82-05-19.
– *Savona:* Ziggurat, corso Italia 56/R. ☎ 019-82-86-66.
– *Siena:* Biglietteria Sena, sottopassaggio La Lizza – piazza Gramsci. ☎ 0577-24-79-34.
– *Torino:* Sadem Express, corso Siccardi 6. ☎ 011-53-89-67.
– *Venezia:* Atvo, piazzale Roma 479/M. ☎ 041-52-05-530.
– *Verona:* Brec Viaggi, via int. Acquamorta 60 (piazza Isolo 3). ☎ 045-59-44-88.

Eurolines offre anche Eurolines Pass, che dà la possibilità di viaggiare illimitatamente in Europa per 30 o 60 giorni. Sconti per giovani, anziani, gruppi e tariffe speciali in bassa stagione.

In treno

Naturalmente anche il treno non è disprezzabile. In circa 12 ore si raggiunge Praga con partenze da Milano e Venezia.

– *Call Center Trenitalia:* servizio informazioni su orari e prezzi, prenotazioni e vendita. ☎ 89-20-21 (0,05 € alla risposta e 0,022 € al minuto, da tutta Italia).

Per informazioni su orari e coincidenze dei treni europei, da cogliere navigando in Internet:
– *Sito Trenitalia:* • www.trenitalia.it • dove troverete informazioni sugli orari e i link con tutti i siti delle ferrovie di tutto il mondo;
– *Sito delle Deutsche Bahn* (ferrovie tedesche): • reiseauskunft.bahn.de/bin/query.exe/dn • orari di tutto il continente.

Carta Rail Plus è una carta valida per l'acquisto dei biglietti internazionali a prezzo ridotto (25%). Costa 45 € per gli adulti e 25 € per i giovani fino a 26 anni e per i senior da 60 anni in poi.
InterRail è un pass destinato ai giovani fino a 26 anni, che garantisce libera circolazione nella seconda classe dei treni delle ferrovie aderenti alla comunità *InterRail*, limitatamente alle zone acquistate. Per raggiungere la Repubblica Ceca si può acquistare la zona D *InterRail* valida nell'area di Polonia, Repubblica Ceca, Slovacchia, Ungheria e Croazia. Per raggiungere quest'area si ha diritto a un biglietto scontato del 50% fino al confine dell'area stessa. Il pass per una zona ha validità di 22 giorni.
Euro Domino a prezzo ridotto (25%) e *Euro Domino Junior* (da 12 a 26 anni) consentono di viaggiare liberamente sui treni delle ferrovie di un particolare paese di cui si acquista il tagliando.

In aereo

✈ **ALITALIA** effettua collegamenti quotidiani da Roma e Milano per Praga; voli in coincidenza dalle maggiori città italiane.
Informazioni e prenotazioni:
– *Roma:* via Bissolati 11, 00187. ☎ 06-65-62-84-41.
– *Milano:* via Albricci 5, 20122. ☎ 02-24-99-27-00; piazzale Cadorna 14, 20123. ☎ 02-24-99-25-00.
Alitalia possiede inoltre i seguenti numeri:
– *Prenotazioni nazionali:* ☎ 8488-65-641 (da Roma o da cellulare: ☎ 06-65-641).
– *Prenotazioni internazionali:* ☎ 8488-65-642 (da Roma o da cellulare: ☎ 06-65-642).
– *Informazioni:* ☎ 8488-65-643 (da Roma o da cellulare: ☎ 06-65-643).
– *Internet:* • www.alitalia.it • (anche per prenotazioni on line).

✈ **CSA** (Czech Airlines), la compagnia aerea ceca offre voli quotidiani diretti per Praga da Milano e Roma; voli plurisettimanali diretti anche da Bologna e Venezia.

Informazioni e prenotazioni:
– *Bologna:* ☎ 800-29-69-81
– *Milano:* corso Lodi 18. ☎ 02-54-11-61-90. Fax: 02-54-11-61-24.
– *Roma:* aeroporto di Fiumicino. ☎ 06-65-76-11-20 e 06-65-76-11-21. Fax: 06-65-76-11-27.
– *Venezia:* ☎ 041-54-16-889. Fax: 041-54-16-879.
– *Internet:* • www.czechairlines.it •

Acquisti, negozi

La Repubblica Ceca è ancora lungi dall'essere un paradiso del consumismo, pur essendo specializzata nella lavorazione di alcuni prodotti per i quali gode di larga fama anche oltre frontiera.
– ***Marionette:*** a Praga si trovano dappertutto, in legno, in gesso, in terracotta o in ceramica, e vengono offerte a tutti i prezzi. Bisogna dire che il teatro ceco delle marionette risale al XVII secolo, che fu molto importante nel XIX secolo e che dagli anni sessanta del Novecento conosce un periodo di rinnovato interesse. Le marionette più famose rappresentano stregoni, Golem (automi) o molto semplicemente personaggi in costume tradizionale. Ovviamente, il ponte Carlo è il luogo preferito dai giovani venditori-artigiani, ma, malgrado l'interesse prevalentemente turistico del posto, i prezzi non sono necessariamente più alti che nei negozi. In ogni caso, fate dei confronti. È un souvenir semplice, tipico, non troppo caro e spesso di qualità.
– ***Giocattoli in legno:*** molti negozi si sono specializzati in questo genere di articoli che non sono di cattiva fattura, ma spesso molto cari.
– ***Porcellane:*** certi servizi colorati e raffinati si acquistano a prezzi incredibili nei grandi magazzini praghesi di Na Příkopě o Národní.
– ***Cristalli di Boemia:*** di qualità unica al mondo, ma non bisogna lasciarsi ingannare, perché non sono tutti di prima scelta. E anche se il cristallo è di rara purezza, abbastanza spesso lo stile e la fattura si rivelano piuttosto kitsch, sebbene cominci a soffiare un vento di modernizzazione. In Na Příkopě, a Praga, ci sono molti grandi negozi, ma non esitate a varcare la soglia dei negozietti modesti, tipo rigattiere, che a volte celano piccole meraviglie.
– ***Cappelli e berretti:*** oltre ai cappelli da donna che passano dall'originalità al kitsch più totale, troverete banchetti di *chapka* russi e soprattutto di berretti dell'esercito russo. Sono venduti come autentici, ma sappiate che il più delle volte acquisterete buone imitazioni. Anche le medaglie, che fanno furore, sono in generale false. Nell'esercito sovietico c'erano un bel po' di graduati, però...

Banche, cambio, valuta, carte di credito

Moneta

– L'***unità monetaria*** ceca è la *koruna* (Kčs), suddivisa in 100 *heller*. 1 Kčs = 0,03 € (1 € = 32 Kčs, marzo 2003). La corona ceca è convertibile, ma bisogna fare attenzione perché le rare banche italiane che praticano il cambio applicano una commissione a volte elevata. Di conseguenza, vale la pena spendere tutti i soldi prima di lasciare la Repubblica Ceca o riconvertirli in euro sul posto.

Cambio

– La maggior parte delle grandi banche ha uno sportello per il cambio, ma anche la *Čedok*, l'agenzia ufficiale del turismo, lo effettua. Le commissioni applicate dai diversi uffici variano dall'1 al... 10%. Evitate *Exact Change* e

Čekobanka, le cui commissioni sono elevate, e informatevi bene prima di scegliere.
ATTENZIONE: nel 1990 le banche hanno avuto la buona idea di allinearsi più o meno al mercato nero, il che ha reso tale prassi completamente inutile, per non dire stupida. Rifiutate perciò le offerte dei numerosi cambiavalute improvvisati. Per chi non l'ha ancora capito, ecco le truffe più ricorrenti (nelle quali sono cascati numerosi lettori!):
– vi rifilano banconote vecchie che non sono più accettate da nessuna parte. Sui biglietti bisogna leggere «Korun Českých» e non più «Československých»;
– vi danno zloty polacchi che non servono a niente e che non potrete ricambiare;
– il classico «prendi i soldi e scappa»: mai consegnare i soldi per primi, altrimenti si rischia di farseli fregare senza contropartita;
– ancora più classico: il falso intervento della polizia. Mentre contate tranquillamente le corone, il cambiavalute grida: «Polizia, polizia, presto, mi dia i soldi!». In effetti, si è portati istintivamente a eseguire subito l'ordine, pur non avendo ancora finito di contare, con il risultato che mancano sempre uno o due grossi tagli nella mazzetta del cambiavalute. Tenete presente, inoltre, che si possono cambiare le corone prima di ripartire, anzi è consigliato, visto che tanto non vi servirebbero a niente e che sareste addirittura costretti a pagare una commissione per riconvertirle in euro.

Traveller's cheque e carte di credito

I traveller's cheque e le carte di credito (*Eurocard MasterCard*, *Visa*, *American Express*) restano i sistemi più sicuri per evitare contestazioni. Sembra che tra le varie carte la più utilizzata qui sia la *MasterCard*. Ovviamente, i traveller's cheque subiscono la stessa tassazione delle valute, ma offrono le garanzie che ben conosciamo, mentre per le carte di credito la situazione non fa che migliorare di anno in anno. Oggi, sono accettate nella maggioranza degli alberghi, così come nei grandi magazzini e in buona parte dei ristoranti nelle città e, naturalmente, a Praga. Inoltre, è possibile prelevare direttamente contanti dagli sportelli automatici che sono sempre più numerosi un po' dappertutto.

Carte di credito

– Per la ***carta Eurocard MasterCard***, in caso di smarrimento o di furto, chiamate in Italia il numero fornito dalla banca emittente.
– In caso di furto o grane per la ***carta American Express*** il cliente in difficoltà può chiamare la sede centrale italiana di Roma, con chiamata a carico del destinatario: ☎ 0039-06-72-900-347.
– Per la ***carta Visa***, nell'eventualità di furto, dalla Repubblica Ceca fate una chiamata a carico del destinatario (tramite operatore) per contattare il call center negli Stati Uniti: ☎ (001) 410-581-9994; oppure dall'Italia ☎ 800-819-014.
– Per la carta ***Diners***, in caso di furto chiamate in Italia: ☎ 0039-06-35-75-591 (servizio attivo 24 ore su 24).
– Se la carta di credito appartiene al raggruppamento ***CartaSi***, in caso di furto o smarrimento, chiamate: dall'estero ☎ 0039-02-34-98-00-20; dall'Italia ☎ 800-15-16-16; dagli Stati Uniti ☎ 1-800-47-36-896. Attenzione: se la carta è abilitata anche al servizio Bancomat occorre chiamare l'ufficio blocchi specifico in Italia: ☎ 800-82-20-56.

SOS soldi

– ***Western Union Money Transfer:*** in caso di necessità urgente di contante (perdita o furto di banconote, biglietto aereo, traveller's cheque, carte di credito), potete risolvere i vostri problemi tramite il sistema mondiale *Western Union Money Transfer*. La condizione è che abbiate qualcuno che in Italia, o in qualsiasi altro paese, vada in un ufficio Western Union locale e versi denaro contante a vostro favore con accredito in qualsiasi altro ufficio Western Union del paese in cui vi trovate. L'accredito avviene immediatamente e il denaro può essere ritirato presso qualsiasi sportello Western Union. Quattro società finanziarie gestiscono il servizio Western Union in Italia: *Angelo Costa spa*, ☎ 800-22-00-55; *Banca di Sassari spa*, ☎ 800-60-16-22; *Finint spa*, ☎ 800-46-44-64; *Omnia Finanziaria srl*, ☎ 800-55-77-66. A Praga chiamate il: ☎ (02) 24-00-91-73.

Bevande

– ***Le birre (pivo):*** sono considerate da molti le migliori del mondo. La qualità dell'orzo prodotto nelle pianure della Moravia e dell'Elba, la finezza e la forza aromatica del luppolo di Žatek fanno la differenza. L'acqua, generalmente povera di sali minerali, contribuisce alla dolcezza della birra.
La famosa *Pilsner (Prazdrj 12°)*, fabbricata a Plzeň e venduta in Europa con il nome di *Pilsner Urquell*, ha dato il nome a un tipo di bionda leggera, la *Pils*, lavorata a bassa fermentazione. La sua grande concorrente, la *Budweiser*, fabbricata a České Budějovice, è anche il nome di una birra americana fatta dalla più grande birreria del mondo in termini di volume, la Anheuser-Busch. Le due società sono in conflitto per l'attribuzione definitiva del marchio. Ma sul piano della qualità, fra la ceca e l'americana non c'è paragone! Citiamo anche la *Smichov* di *Staropramen* a Praga, la *Strarobrno*, la *Regent* di Třeboň, la *Radegast* di Ostrava e la *Velké Popovice*, più tutte quelle fabbricate direttamente nelle birrerie locali. Attenzione, i gradi indicati sono quelli della fermentazione, in quanto è ovvio che quanto più la birra fermenta, tanto più aumenta la sua gradazione alcolica. Una birra da 5° di fermentazione corrisponde a una gradazione alcolica di 3°, 12° di fermentazione corrispondono a 5° di alcol. Sono quindi meno forti delle birre tedesche o belghe. In più hanno un prezzo assolutamente allettante: da 25 a 30 Kčs per 1/2 l. Qui la birra ha una tale importanza che nel 1990 si presentò alle elezioni un «partito degli amici della birra», giusto per farsi quattro risate.
– ***I vini:*** ottimi i vinelli locali, in particolare quelli della Boemia (regione di Mělník). Il *Bilá Ludmila* è un buon vinello bianco, anche se è nella Moravia meridionale che si trovano i bianchi migliori, delicatamente fruttati, soprattutto nelle zone di Znojmo e di Valdice. Ma assaggiate anche un rosso fruttato, il *Frankovka*. Altra tradizione immutabile sono la temibile *Slivovice* (la grappa di prugne), il liquore *Borovička* e il liquore *Becherovka* a base di erbe. Per concludere, assaggiate il *Bohemia sekt*, lo spumante locale.
– Per restare in tema, non mancate di assaggiare il *beton*, un miscuglio di *Becherovka* e di acqua tonica.

Budget

Dire che la Repubblica Ceca non è, in generale, un paese caro è un'ovvietà, ma a Praga, in particolare, bisogna valutare l'offerta. Mentre per mangiare ci si può sempre arrangiare a buon mercato, per dormire, al contrario, bisogna aspettarsi sgradevoli sorprese. Diciamolo chiaramente: gli alberghi sono cari in rapporto al livello di vita della popolazione ed espongono prezzi simili a quelli dell'Europa occidentale, addirittura maggiorati per i turisti stranieri. Eccovi la scala dei prezzi applicati nelle diverse rubriche della nostra guida. Un certo numero di alberghi applica prezzi di alta stagione (da metà marzo a ottobre) e di bassa stagione (da novembre a metà marzo, escluse le festività di fine anno). Ovviamente, noi indichiamo i prezzi di alta stagione.

Gli alberghi

– ***Prezzi economici:*** da 335 a 448 Kčs (da 10 a 14 €) per persona. Si tratta di Ostelli della Gioventù, di scuole trasformate in dormitori, di stanze per studenti nel quartiere universitario o di campeggi.
– ***Prezzi moderati:*** da 1120 a 2240 Kčs (da 34 a 67 €) per due. Pensioni o alberghetti modesti situati spesso fuori dal centro storico. È in questa fascia di prezzo che si collocano generalmente gli appartamenti e le camere presso privati. Quanto più si è lontani dal centro, tanto più il prezzo cala.
– ***Prezzi medi:*** da 2240 a 3360 Kčs (da 67 a 100 €) per due. Alberghi decenti che offrono stanze con doccia e servizi igienici.
– ***Più chic:*** da 3360 a 4480 Kčs (da 100 a 135 €) per due, con tutti i comfort, la TV, il telefono, il bagno. Sono esorbitanti, ma così stanno le cose, e inoltre l'arredamento può essere meravigliosamente adeguato, oppure tristissimo, nonostante il comfort.
– ***Molto più chic:*** oltre 5600 Kčs (170 €) per due. Si tratta quasi sempre di alberghi di charme dove è indispensabile prenotare.

I pasti

Nei *pivnice* o *hospoda* si mangia un gulasch (*guláš*) spendendo circa 110 Kčs (3,50 €). Non è raro che il piatto del giorno costi da 60 a 80 Kčs (da 2 a 2,50 €). Le *vinárna* possono offrire piatti più elaborati o menu turistici tra 250 e 365 Kčs (tra 7,50 e 11 €), mentre i *restaurace* propongono pasti completi tra 450 e 850 Kčs (tra 14 e 25 €), ma anche di più nei locali di lusso che hanno subito adeguato le tariffe al portafoglio dei turisti stranieri. Si può quindi contare su un budget alimentare di 280 Kčs (8,50 €) al giorno, stringendo la cinghia e senza allontanarsi dal *guláš-knedlíky* di rito, oppure allargare i propri orizzonti culinari destinando al cibo da 730 a 1120 Kčs (da 22 a 34 €) al giorno a testa.

Visite

Attualmente, l'accesso alla maggior parte dei monumenti è a pagamento. I prezzi variano molto in funzione del sito e del tipo di visita. Generalmente poco costosi, da 30 a 100 Kčs (da 1 a 3 €), alcuni ingressi rischiano tuttavia di pesare alquanto sul vostro budget. Gli studenti muniti di carta internazionale, i bambini ecc. godono di riduzioni (di solito del 50%). Talvolta, esistono anche tariffe familiari oltre alle tariffe per i gruppi. Nei siti dove la visita guidata è obbligatoria, va da sé che le visite in lingua ceca costano meno di quelle in una lingua straniera (tedesco, inglese, francese).

Clima

La Repubblica Ceca ha il tipico clima continentale: ciò significa che in estate si suda e in inverno si gela. Ottobre e novembre sono i mesi più piovosi, ma piove durante tutto l'arco dell'anno, anche in estate, rinfrescando l'aria.
D'inverno, le nevicate possono anche essere impressionanti e, visto che la temperatura resta a lungo attorno allo zero, anche il paesaggio si mantiene bianco per un bel pezzo, cosa piacevole, soprattutto quando lo *smog* lascia filtrare qualche raggio di sole, ma un po' pericolosa. In aprile, le temperature si fanno più miti e il sole permette alla natura di sfoggiare infinite sfumature di verde e ai parchi delle città di riempirsi di fiori variopinti. Le estati sono calde e un po' umide.

Corrente elettrica

220 volt e prese elettriche compatibili con quelle italiane.

Cucina

Osservazioni generali

Eccovi alcuni consigli importanti da tenere a mente per evitare inconvenienti e malintesi nei ristoranti. Ricordatevi che i ristoranti, come gli alberghi, prima erano per lo più statali, con camerieri e direttori che non manifestavano il minimo interesse per la qualità del servizio. Oggi, tutto questo è

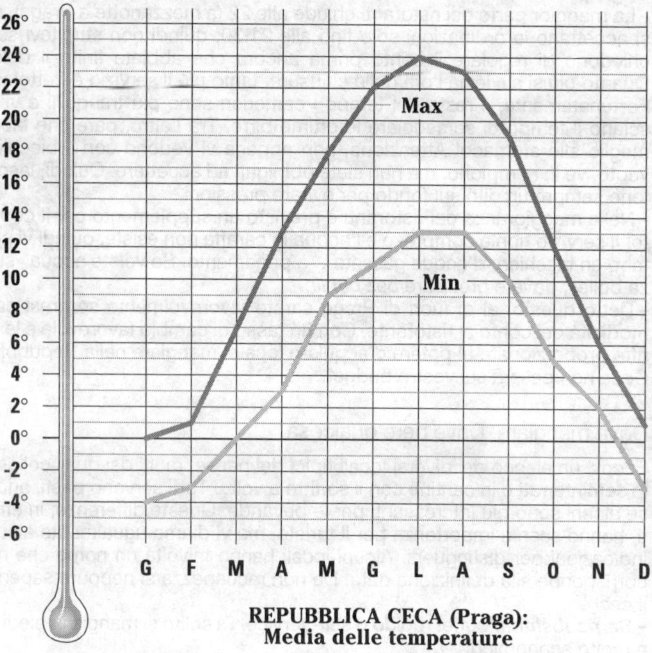

REPUBBLICA CECA (Praga): Media delle temperature

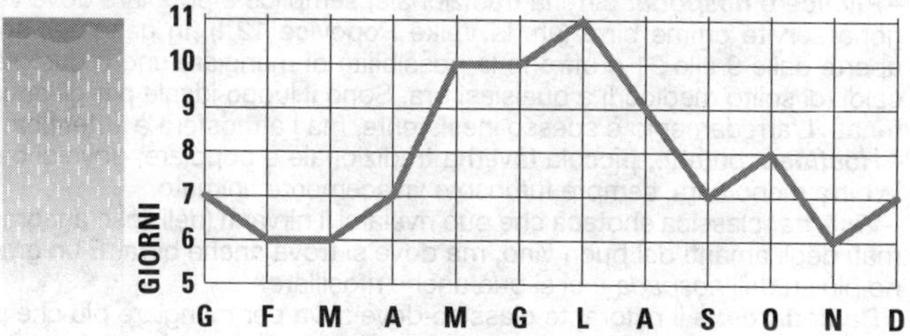

REPUBBLICA CECA (Praga): Numero dei giorni di pioggia

cambiato e si viene accolti con maggior entusiasmo. «Ai tempi dei paesi dell'Est», poiché i pochi ristoranti validi erano sempre affollati, era indispensabile prenotare e, di conseguenza, ottenere un tavolo era un privilegio! Inoltre, per i camerieri sottopagati, assegnare un tavolo era anche un'occasione per arrotondare considerevolmente lo stipendio. L'abitudine dei grandi tavoli vuoti riservati proveniva in parte dal fatto che dovevano essere disponibili, in qualunque momento, per i burocrati del Partito comunista o per i funzionari locali; oggi ciò non avviene più.
Tuttavia, nella capitale, capita ancora d'imbattersi in situazioni spiacevoli, soprattutto d'estate.
– Nelle grandi e affollatissime birrerie tipo *U Sv. Tomáše* conviene prenotare la vigilia o qualche ora prima per risparmiarsi attese snervanti.
– Se si vuole cenare in un ristorante prestigioso come *V. Zátiši* o *La Provence*, è sempre meglio dare un colpo di telefono soprattutto durante i lunghi ponti di primavera.
– La maggior parte dei ristoranti chiude alle 22 (a mezzanotte a Praga), ma si accettano le ordinazioni solo fino alle 21.30, quindi non stupitevi se vi chiedono di regolare il conto prima ancora che abbiate finito il dolce. Quanto più si avvicina l'ora della chiusura, tanto più il servizio è frettoloso. Fortunatamente, il resto del tempo i camerieri sono più tranquilli e vi lasciano il tempo di sorseggiare le ottime birre. Tra l'altro, pare che faccia meglio allo stomaco! Attenzione, non appena vi vedono con il bicchiere vuoto, ve lo riempiono, ma non siete obbligati ad accettare. Quindi, lasciatene sempre un dito sul fondo per evitare pressioni.
– Nella maggioranza dei ristoranti è previsto un supplemento per il coperto, il servizio non è compreso e l'acqua in caraffa non esiste, quindi vi portano un bicchiere d'acqua gassata... a pagamento. Se volete acqua «senza bolle», dovete precisare *bez bublin*.
– Detto questo, al di fuori di Praga sarete favorevolmente sorpresi dalla modicità del conto al ristorante. Con un tasso di cambio favorevole e le tariffe proporzionate al potere d'acquisto locale, mangiare nella Repubblica Ceca non peserà sul vostro budget.

Dove mangiare. Dove bere qualcosa

Eccovi un elenco dei diversi locali tipici del paese, molti dei quali collocati in seminterrati o in cantine con il soffitto a volta. Tutti servono pasti, anche se alcuni sono più interessanti per le bevande. Queste differenze, in effetti, hanno scarsa importanza per il turista, ma vi diamo ugualmente alcune indicazioni per distinguerli. Alcuni locali hanno talvolta un nome che non corrisponde alla definizione data. Da non raccapezzarsi neppure sapendo il ceco!
– ***Samoobsluha:*** buffet rapido o self-service. Di solito si mangia in piedi ed è molto economico.
– ***Pivnice*** o ***hospoda:*** birreria tradizionale, semplice e popolare dove vengono servite ottime birre (ah, la Velké Popovice 12°!). In generale, sono aperte dalle 9 alle 21 e offrono la possibilità di mangiare uno o due piatti caldi (di solito mediocri) a qualsiasi ora. Sono il luogo ideale per gli squattrinati. L'arredamento è spesso inesistente, ma l'atmosfera è autentica.
– ***Hostinec:*** baretto, piccola taverna tradizionale e popolare, dove si beve la birra meno cara, sempre fumoso e vivacemente animato.
– ***Vinárna:*** classica enoteca che può rivelarsi il nirvana (delizioso anagramma!) degli amanti del buon vino, ma dove si trova anche birra. È un gradino più su dell'*hospada* e ci si può anche rifocillare.
– ***Restaurace:*** è il ristorante classico dove si va per mangiare più che per bere e che è paragonabile, come spirito, ai nostri ristoranti.
– ***Caffè*** o ***kavárna:*** caffè o sala da tè dove servono dolci. Il caffè è stato introdotto a Praga nel 1714 da un levantino che non conosceva né la lingua né

le usanze locali. Con i suoi sacchi di caffè acquistati a Vienna, fiutò l'affare aprendo il suo primo locale, l'albergo *Ai tre struzzi*, poi subito dopo un altro, il *Serpente d'oro*, al n. 18 di via Karlova. Da allora, il caffè viene servito alla turca, ma anche l'espresso si trova abbastanza facilmente. Purtroppo, si sta diffondendo la moda del caffè americano, insapore e quasi incolore.
– In alcuni ristoranti vedrete il cartello *Domácí polovic* che significa che il locale offre un menu a metà prezzo per i cechi. Riteniamo giusto che anche i meno abbienti possano permettersi un ristorantino. Per noi, visti i prezzi applicati, non c'è niente di veramente caro.
Ricordate che taluni ristoranti non esitano ad applicare tariffe diverse o a sopprimere determinati piatti «economici» sui menu in lingua straniera (per esempio, in tedesco). Per evitare sorprese, qualora vi diano un menu scritto in una sola lingua, chiedetene anche uno in ceco per confrontarli. Altra possibile trappola: il prezzo, soprattutto del pesce, è a peso, quindi diffidate dei piatti troppo pieni.

Le specialità culinarie

La cucina, molto sensibile alle influenze tedesca e austriaca, è piuttosto sostanziosa (per usare un eufemismo!) ed è praticamente sempre accompagnata da panna, quindi è inutile pensare alla dieta. Le feste religiose sono l'occasione, come dappertutto, di rimpinzarsi più del solito di piatti tradizionali. Il Natale viene definito un «suicido con coltello e forchetta». I pasti quotidiani non seguono sempre il nostro ordine di portate (primo, secondo, contorno, frutta), e spesso ci si accontenta di un piatto unico, senza nemmeno il pane. I menu dei ristoranti sono ovviamente scritti in ceco, ma, sempre più spesso, anche in tedesco e in inglese e a volte in francese. Per districarvi nella giungla dei piatti, ben pochi dei quali vi ispireranno etimologicamente, ecco quelli che incontrerete più spesso, con l'immancabile contorno di *knedlíky* (vedi più avanti).
– ***Předkrmy (antipasti):*** tra gli antipasti freddi, troverete il famoso prosciutto di Praga (*Pražská šunka*), un prosciutto cotto talvolta farcito di panna al rafano; insalate classiche con cetrioli (*okurkový salát*) o patate (*bramborový salát*), ma anche piatti d'importazione come le uova alla russa (*Ruská vejce*), il salame ungherese (*Uherský salám*), il prosciutto cotto (*dušená šunka*), il caviale e il salmone affumicato, senza dimenticare il *husí játra na cibulce*, fegato d'oca alle cipolle.
– ***Polévky (zuppe):*** la zuppa nazionale (*Česká bramborová*) è a base di patate, funghi e carote. Altri stili, altre abitudini: la zuppa alla trippa (*dršťková*), la zuppa al cavolo e lardo (*zelňačka*), o, più leggero, il consommé di manzo (*hovězí polévka*).
– ***Česká národní jídla (piatti tipici cechi):*** mille e una maniera di presentare i cibi impanati: formaggio caldo impanato (*smažený sýr*), scaloppina impanata (*smaženy řízek*), polpette di carne impanate (*smažený karbanátek*; preparate con dadini di carne, cipolla e una salsa densa alla paprica classica), ma anche funghi e cavolfiore impanati. Sta a voi trovare altri esempi. Un dettaglio: l'irrinunciabile gulasch, che troverete in tutti i menu, è una specialità ungherese. Anche lo *svíčková na smetaně*, un arrosto di manzo alla panna, servito con mirtilli, lo troverete in tutti i menu. Il miscuglio dolce-salato lascia un po' perplessi, ma perché non stupire un po' le nostre papille? Il filetto di manzo e l'arrosto di maiale vengono serviti in tutte le salse: il *roštěnka se šunkou*, lamelle di manzo saltate in una salsa con prosciutto, o il famoso *vepřová se zelím*, maiale arrosto all'aglio e cumino, con contorno di crauti. Per ciò che concerne il pesce, la carpa ha il posto d'onore ed è riservata per tradizione al pranzo di Natale, con una salsa a base di prugne secche, uvetta e noci (*kapr na černo*), altrimenti la si gusta impanata, tanto per cambiare (*smažený kapr*). Il pesce persico, proveniente dagli stagni, compare spesso nei menu dei ristoranti della Boemia meridionale.

– Alcuni tipi di ***carne, selvaggina e pesce:*** *hovězí* (manzo), *vepřové* (maiale), *telecí* (vitello), *skopové* (montone), *kuře* (pollo), *husa* (oca), *kachna* (anatra), *kapr* (carpa), *pstruh* (trota).
– ***Knedlíky*** *(i* Knödel *tedeschi):* non si può sfuggire a questa «specialità» servita come contorno e preparata con farina, uova, lievito e pane raffermo, bollita in acqua e poi tagliata a rondelle. Del tipo... strozza-marxista, sostituisce in qualche modo il pane ed è servita in mille modi: *knedlíky* alle patate (*bramborové knedlíky*), al lardo (*špekové knedlíky*) e persino alla frutta (*ovocné knedlíky*), il dessert preferito dai biondi cechi.
– ***Bramborák:*** gallette di patate fritte aromatizzate alla maggiorana. Migliori o peggiori a seconda della preparazione e dell'epoca della frittura! Altre verdure di contorno: *hrášek* (piselli), *fazole* (fagioli), *špenát* (spinaci), *hlávkový salát* (lattuga) e *hranolky* (patate fritte).
– ***Moučníkys*** (i dolci): le torte sono imparentate con le loro vicine viennesi, e si chiamano *sacherdort* (torta al cioccolato), *jablkový závin* (strudel) e *koláče* (crostata di frutta con semi di papavero). Tra gli «originali», citiamo i bignè alla crema e panna (*větrník*), i frollini alla crema a forma di bara (da cui il nome: *rakvička*, «piccole bare»), i frollini al cocco con marmellata (*kokosky*) e le frittelle (*vdolky*).

Diritti umani

«Non avevo mai visto sguardi così pieni di odio e disprezzo come quelli dei poliziotti in nero che ci urlavano addosso. Non smettevano di insultarci, di minacciarci e ci colpivano appena volevamo parlare.» In una testimonianza rilasciata al quotidiano francese *Le Monde*, un partecipante al contro-summit di Praga – manifestazione della società civile in occasione del vertice della Banca mondiale e del Fondo monetario internazionale – descrive la brutalità delle forze dell'ordine ceche durante la repressione delle manifestazioni del 26, 27 e 28 settembre 2000. I manifestanti sono stati vittime di violenze e umiliazioni, denunciate in numerosi rapporti e lettere di protesta da parte di intellettuali e di Organizzazioni non governative in difesa dei diritti umani. Secondo lo scrittore ceco-britannico Jan Culik, «è più che probabile che questo tipo di pratiche faccia parte integrante del comportamento normale dei poliziotti» (*Britské listy*, novembre 2000). Nel luglio 2001 l'*Environment laws service* (organizzazione ceca) ha presentato un rapporto dettagliato davanti al Comitato dei Diritti umani delle Nazioni Unite che denunciava chiaramente la responsabilità delle autorità ceche nelle violenze e negli abusi commessi. Il comitato ha tra l'altro ampiamente accolto le conclusioni del rapporto nelle sue raccomandazioni.
Il documento presentato dall'ELS sollevava anche molti interrogativi riguardo alle violenze interne commesse nella Repubblica Ceca. L'organizzazione sottolineava in particolare l'assenza di organismi specializzati e addirittura di definizioni legali per tutto ciò che concerne questo tipo di abusi. La legge, inoltre, non prevede nessuna misura di protezione per le vittime.
Queste rivelazioni sorprenderanno forse quelli che conservano ancora l'immagine pura di un paese pacifico guidato da un intellettuale ex dissidente e che è il paese dell'Est che ha forse saputo gestire meglio la transizione democratica. Da 10 anni, in effetti, sono stati firmati e ratificati diversi testi europei relativi ai diritti umani. Ma nella pratica persistono ancora oggi enormi disfunzioni, in particolare in materia di discriminazione nei confronti dei rom.
I membri di questa comunità sono infatti vittime di frequenti aggressioni. Tra il 1992 e il 1999 una ventina di rom sono stati assassinati da gruppi di giovani vicini al movimento degli skinheads. Secondo il Centro europeo di ricerche sui rom, queste violenze non sono cessate nel corso del 2001.

Il 23 marzo 1999, a Rockycany, alcuni membri delle forze dell'ordine sono penetrati con la forza nel domicilio di diversi difensori della causa dei rom, tra cui il leader Ondrej Gina. Unica spiegazione fornita dalle autorità: i militanti erano firmatari di un documento di protesta contro la politica discriminatoria e razzista condotta dal sindaco della città.
Infine, il primo ministro Miloš Zeman sembra avere una concezione a dir poco sconcertante della libertà di stampa e dei giornalisti che chiama, rispettivamente, «fossa biologica» e «imbecilli» quando viene direttamente attaccato. Quando per esempio Petr Holub, caporedattore del settimanale *Respekt*, affronta nell'editoriale il tema scottante della corruzione, il giornale viene sistematicamente querelato per diffamazione. Nel gennaio 2001 uno scandalo che metteva in discussione l'indipendenza della rete televisiva pubblica ha provocato il licenziamento immediato di alcuni giornalisti contestatori.
Per saperne di più, non esitate a contattare i seguenti organismi.

■ ***Amnesty International (sezione italiana):*** via G.B De Rossi 10, 00161 Roma. ☎ 06-449-01. Fax: 06-449-02-22. • www.amnesty.it • info@amnesty.it •
■ ***Federazione Internazionale dei Diritti dell'Uomo - Lega Italiana (FIDH):*** piazza d'Ara Coeli 12, 00186 Roma. ☎ 06-678-58-14. Fax: 06-699-42-224. • www.fidhlegaitaliana.org • info@fidhlegaitaliana.org •

Economia (il nuovo corso)

Nel 1993, il capo del governo ha deciso di avviare rapidamente l'economia ceca sulla strada del mercato, con il conseguente abbandono delle terre poco redditizie, l'introduzione massiccia degli investimenti esteri, la privatizzazione delle industrie con una sorta di azionariato popolare e, soprattutto, l'istituzione dell'IVA.
A lungo presentata come modello dell'epoca postcomunista, la Repubblica Ceca oggi riconsidera il bilancio della sua transizione. Dopo aver conosciuto, in questi ultimi anni, un forte rialzo del potere d'acquisto, una parte della popolazione teme un abbassamento del proprio tenore di vita.
Per quanto riguarda la crescita economica, dal 5% del 1995, si è passati al –0,5% nel 1999, mentre la disoccupazione è in aumento. Per la prima volta dagli anni trenta del Novecento, ha oltrepassato il limite del 5% della popolazione e ha addirittura raggiunto il 9,6% nel 2000. Ma il tasso medio nasconde grandi disparità. Nelle ex regioni minerarie del nord della Boemia e in Slesia, la disoccupazione è drammatica; per contro, è praticamente inesistente a Praga.
I prezzi dell'energia, degli alcolici, dei trasporti e degli alloggi sono aumentati brutalmente dall'inizio del 1998 e il deficit commerciale, pari a – 2% del PIL nel 1999, resta negativo, pur essendo stato in parte riassorbito nel 2000. Persino le tanto decantate privatizzazioni si sono rivelate una chimera. Se, ufficialmente, i tre quarti del PIL provengono dal settore privato, quest'ultimo è in realtà controllato dalle grandi banche, che sono ancora statali. Le banche, a loro volta, si ritrovano, contemporaneamente, creditrici e debitrici di imprese che sono quasi tutte in perdita, a eccezione di quelle passate sotto controllo straniero. È il caso della Škoda, rilevata dalla Volkswagen, che fa furore con la «Felicia» (in Italia non più in commercio) e l'«Octavia», e che sembra di nuovo sulla via del successo con i suoi ultimi modelli, la «Fabia» e la «Superb». La scomparsa nel nulla di considerevoli importi monetari provenienti da fondi d'investimento ai quali migliaia di cechi avevano affidato i loro risparmi, contribuisce ad aumentare il mal-

contento generale. Václav Havel ha addirittura denunciato l'avvento di un capitalismo «mafioso» nella repubblica.
Se i cechi hanno il morale a terra, si tratta semplicemente di una «crisi di velluto», dello stesso genere della rivoluzione del novembre 1989.
Per adesso, gli sguardi sono puntati sull'Unione europea. Un'adesione rapida accelererebbe il processo di recupero, ma la promessa d'integrare la Repubblica Ceca nell'anno 2000, fatta dal presidente francese Chirac e dal cancelliere tedesco Kohl, si è rivelata prematura. Tuttavia, tenuto conto dei buoni risultati economici del governo di Miloš Zeman nel 2001, la prospettiva di entrare nell'Unione europea nel maggio 2004 non è più un miraggio, anche se la presidenza dell'euroscettico Klaus potrebbe influenzare il risultato del referendum in proposito e le scelte successive.

Feste e giorni festivi

Giorni festivi

1° gennaio, lunedì di Pasqua, 1° maggio, 8 maggio (festa della Liberazione del 1945), 5 e 6 luglio (feste di San Cirillo e di San Metodio e commemorazione della morte di Jan Hus), 28 settembre (San Venceslao, patrono della Boemia), 28 ottobre (fondazione della Repubblica), 17 novembre (commemorazione della «rivoluzione di velluto»), 24, 25 e 26 dicembre (Natale e Santo Stefano).

Feste

- ***Seconda quindicina di maggio:*** festival internazionale di Musica a Praga (la primavera di Praga).
- ***Giugno-luglio:*** festival internazionali del Folclore a Strážnice.
- ***Luglio:*** festival internazionale del Cinema a Karlovy Vary (ogni due anni negli anni pari).
- ***Agosto:*** gran premio di motociclismo a Brno.

Libri di viaggio

- ***Il buon soldato Švejk*** (1920-1921), di Jaroslav Hašek; romanzo (Feltrinelli). Non c'è una vera trama in questo romanzo che si presenta, piuttosto, come una cronaca della prima guerra mondiale vista attraverso gli occhi di Švejk, il soldato. La satira dell'esercito, della burocrazia, della meschinità, va oltre il suo bersaglio principale per diventare universale. Il romanzo, infatti, fu a un certo punto proibito in alcuni paesi dell'Est. È da notare che quella specie di anarchico che è il protagonista oggi serve da insegna a una filiale di *McDonald's* che offre piatti tipici cechi in versione fast food.
- ***Due storie praghesi*** (1875-1926), di Rainer Maria Rilke; racconti (E/O). Le *Storie praghesi* del poeta, di lingua tedesca ma originario di Praga, sono costituite da due brevi racconti autobiografici, *Il re Bohush* e *Fratello e sorella*. Questi scritti di gioventù rivestono un interesse documentario e storico, soprattutto perché testimoniano la crescita di un sentimento nazionalista antitedesco tra i giovani cechi nell'impero austro-ungarico della fine del XIX secolo.
- ***Milena, l'amica di Kafka*** (1977), di Margarete Buber-Neumann; biografia (Adelphi). È nel campo di concentramento di Ravensbrück che Margarete Buber-Neumann conobbe «Milena di Praga», alla quale è consacrata questa sconvolgente biografia. Senza questo libro, la storia non avrebbe

conservato della sua vita che il ricordo della relazione profonda ma fugace con uno scrittore ancora poco conosciuto: Kafka.
– ***Il processo*** (postumo, 1925), di Franz Kafka; romanzo (numerosissime edizioni). In una grande città (Praga?), l'impiegato Joseph K. viene informato di essere accusato di qualcosa. Nessuno, né K., né il lettore, sapranno mai da chi o di cosa. Ciò che conta è il meccanismo cieco (emblematico, per Kafka, del mondo contemporaneo) che stritola l'individuo sotto il peso dell'apparato giudiziario o burocratico.
– ***Il libro del riso e dell'oblio*** (1978), di Milan Kundera; romanzo in forma di variazioni (Adelphi, Bompiani). Un dettaglio rivelatore ricorre sempre nella maggior parte dei libri di questo esiliato ceco: il suo paese si chiama sempre Boemia! Il ricordo è uno dei temi principali di questo libro, nel quale si intrecciano in modo straordinario spaccati di vita e sguardi gettati su una società sconvolta dai carri armati del 1968.
– ***Praga magica*** (1973), di Angelo Maria Ripellino; narrativa (Einaudi). Al di là del cliché turistico di Praga città d'oro, tutta l'arcana sostanza, le ambiguità, il torpore, il fascino nascosto della città boema.
– Di Václav Havel, che è stato poeta e drammaturgo prima di diventare presidente della Repubblica Ceca, citiamo ***Interrogatorio a distanza*** (Garzanti), ***Il potere dei senza potere*** (Garzanti), ***L'opera dello straccione e altri testi*** (Garzanti), ***Largo desolato*** (Ubulibri).

Lingua

Ognuno dei due paesi in cui si è divisa la Cecoslovacchia ha ormai la propria lingua ufficiale. I cechi parlano ceco e gli slovacchi parlano slovacco. Logico, no? Nonostante siano imparentate, queste due lingue sono comunque diverse dal punto di vista dell'ortografia e del vocabolario. Informazione utile: il tedesco è molto più efficace dell'inglese.
Se non conoscete né l'una né l'altra lingua, eccovi qualche indicazione.
Il ceco è una lingua slava senza alcun rapporto con le lingue latine o anglosassoni. Le parole si declinano e si accordano; le consonanti si susseguono senza vocali, e il gran numero di accenti ne moltiplica le possibilità di pronuncia. Così, Praga si dice Praha, Praze, Prahou, Prahy a seconda della sua posizione nella frase. Un altro esempio? Eccovi il classico dei classici: «Infilati due dita in bocca» si dice «Strč prst skrz krk». Oltre alla pronuncia, anche la logica ceca può essere un ostacolo all'apprendimento della lingua. Infatti «sì» si dice «ano», ma si pronuncia «non». Per dire «sono le 10 e 45» si segnala al proprio interlocutore che sono stati fatti i tre quarti del percorso che porta alle 11. «Sono le 10 e 35» si dice «tra dieci minuti, avremo fatto i tre quarti del percorso che porta alle 11». In breve, quando si mettono in fila due parole di ceco si è certi di fare due errori.
Le parole hanno generalmente l'accento tonico sulla prima sillaba, mentre gli accenti che si vedono sulle vocali indicano che queste sono lunghe, e non sono quindi da considerare accenti tonici. Per migliorare la vostra pronuncia non dimenticate le poche regole che seguono: á = a lunga (aa); í e ý = i lunga (ii); ú o ů = u lunga (uu); ě = ié (con la e chiusa); ď o ť = die o tie; c = ts; č = tch; s = s lunga (ss); š = ch; ř = rch; j = iè (con la e aperta); ž = sg morbida (come disgelo o come la j francese).

Conversazione generale

Sì .... *Ano*
No .... *Ne*
Buongiorno .... *Dobrý den*
Buonasera .... *Dobrý večer*
Buonanotte .... *Dobru noc*

Arrivederci	*Na shledanou*
Per favore	*Prosím*
Grazie	*Děkuji*
Prego	*Není zač*
Scusi	*Promiňte*
Quanto?	*Kolik?*
Parla italiano?	*Mluvíte italsky?*
Non capisco	*Nerozmím*

Scritte e divieti più comuni

Entrata	*Vchod*
Uscita	*Východ*
A sinistra	*Vlevo*
A destra	*Vpravo*
Vietato l'accesso	*Vstup zakázán*
Cassa	*Pokladna*
Vietato fumare	*Kouření zakázáno*
Occupato	*Obsazeno*
Aperto	*Otevřeno*
Prenotato	*Zadáno*
Chiuso	*Zavřeno*

Numeri

1	*jeden*
2	*dva*
3	*tři*
4	*čtyři*
5	*pět*
6	*šest*
7	*sedm*
8	*osm*
9	*devět*
10	*deset*
20	*dvacet*
100	*sto*
200	*dvěstě*
300	*třista*
400	*čtyřista*
500	*pětset*
1000	*tisíc*
10 000	*deset tisíc*

Il calendario

Lunedì	*Pondělí*
Martedì	*Úterý*
Mercoledì	*Středa*
Giovedì	*Čtvrtek*
Venerdì	*Pátek*
Sabato	*Sobota*
Domenica	*Neděle*
Oggi	*Dnes*
Domani	*Zítra*
Ieri	*Včera*
Gennaio	*Leden*
Febbraio	*Únor*
Marzo	*Březen*

Aprile	*Duben*
Maggio	*Květen*
Giugno	*Červen*
Luglio	*Červenec*
Agosto	*Srpen*
Settembre	*Září*
Ottobre	*Říjen*
Novembre	*Listopad*
Dicembre	*Prosinec*

Toponimia

Piazza	*Náměstí*
Via	*Ulice*
Viale	*Třída*
Banchina	*Nábřeží*
Giardino, parco	*Zahrada, park*
Chiesa	*Kostel*
Ponte	*Most*
Castello	*Zámek*
Roccaforte	*Hrad*
Curva	*Zatáčka*
Deviazione	*Objížďka*
Posto di polizia	*Policie*
Stazione	*Nádraží*

Al ristorante

Ristorante	*Restaurace*
Prima colazione	*Snídaně*
Pranzo	*Oběd*
Cena	*Věčeře*
Caffè nero	*Černá káva*
Latte	*Mléko*
Caffellatte	*Bílá káva*
Cioccolata	*Čokoláda*
Tè	*Čaj*
Burro	*Máslo*
Pane	*Chléb*
Formaggio	*Sýr*
Mi porti dell'acqua minerale	*Přineste mi minerálku*
Una bottiglia	*Láhev*
Un bicchiere	*Sklenice*
Alla salute	*Na zdraví*
Il menu, per piacere	*Jídelní lístek, prosím*
Il conto, per favore	*Platit, prosím*
Anatra	*Kachna*
Selvaggina	*Zvěřina*
Verdura	*Zelenina*
Uova	*Vejce*
Panino	*Pečivo*
Pesce	*Ryby*
Pollo	*Kuře*
Riso	*Rýže*
Sale	*Sůl*
Zucchero	*Cukr*
Carne di manzo	*Hovězí*
Carne di vitello	*Telecí*

Carne affumicata	*Uzené*
Pollame	*Drůbež*

In albergo

Una camera singola	*Jednolůžkový pokoj*
Una camera doppia	*Dvoulůžkový pokoj*
Con bagno	*S koupelnou*
La chiave	*Klíče*
Per un giorno	*Na jeden den*
Per due giorni	*Na dva dny*
Qual è il numero della camera?	*Jaké je číslo mého pokoje?*
Servizio compreso	*Včetně spropitného*
Mi svegli alle sette	*Vzbuďte mne v sedm hodin*
Mi chiami un taxi	*Objednejte mi taxi*
Vorrei telefonare	*Chtěl bych si zatelefonovat*

Mance

Abitudine abbastanza rara che si sta diffondendo con il turismo. Ovviamente, si arrotonda la cifra del conto al ristorante o quella del taxi (se non vi hanno truffati). L'usanza vuole che, al momento di regolare il conto, si dica al cameriere quanto può tenersi come mancia, invece di lasciargliela sulla tavola dopo che ha portato il resto.

Media

È veramente difficile scrivere qualcosa in questa rubrica: vi sfidiamo a leggere un giornale in ceco, ma se volete tenervi informati potete farlo con il *The Prague Post*, in inglese.

Ora locale

Nessuna differenza di fuso orario e stessa applicazione dell'ora legale.

Patrimonio architettonico

La Repubblica Ceca possiede sicuramente uno dei patrimoni architettonici più ricchi d'Europa. Basti dire che il paese vanta la percentuale di castelli pro capite più elevata del pianeta! Dopo un'importante urbanizzazione nel corso del Rinascimento, che ha lasciato in eredità una serie di città con magnifiche piazze delimitate da portici, la Controriforma fece sbocciare nel XVII e XVIII secolo una moltitudine di chiese barocche, colonne votive e monasteri. La Boemia e la Moravia, grazie alla loro posizione centrale nella galassia austro-ungarica, furono scelte per le residenze di villeggiatura dalle grandi famiglie aristocratiche. Nelle grandi città, la prosperità economica alla fine del XIX e all'inizio del XX secolo permise lo sviluppo di interi quartieri di palazzi in stile eclettico e Art nouveau. Si trovano addirittura, cosa molto rara, alcuni complessi di fattura cubista. La regione, inoltre, è stata fortunatamente risparmiata da combattimenti devastanti nel corso delle due guerre mondiali, le costruzioni non sono state danneggiate e il regime comunista ha preferito costruire grandi complessi (orrendi) nelle periferie industriali. I centri storici delle città, anche se notevolmente de-

gradati, sono stati relativamente risparmiati dalle costruzioni moderne e pacchiane degli anni sessanta e settanta. Passeggiare con il naso per aria ammirando come in un libro aperto tutta la varietà architettonica di quest'eredità unica e incomparabile è un autentico piacere.
In mancanza di mezzi statali per ristrutturare il patrimonio edilizio, il settore privato (molte banche e assicuratori tedeschi e austriaci) investe con forza nel restauro e il risultato è splendido.
Fuori dalle città, i castelli e i monasteri utilizzati come caserme o magazzini dopo le espropriazioni del 1948 (per ben 40 anni) hanno sofferto molto. Le domande di indennizzo rivolte allo stato da parte dei legittimi proprietari vanno per le lunghe, ma stranamente pare che le istituzioni religiose (chiese e abbazie) siano privilegiate nella corsa alla ricostruzione. Le capacità finanziarie del Vaticano svolgono sicuramente un ruolo importante nel processo di riconquista di un paese dove la popolazione si dichiara ancora oggi in maggioranza atea…

Pericoli e contrattempi

Secondo i cechi in generale e i praghesi in particolare, la criminalità è molto aumentata. Indubbiamente, le cifre mostrano un incremento sensibile delle aggressioni, ma ciò è da attribuirsi soprattutto alla maggiore trasparenza degli ultimi anni: il regime comunista, infatti, tendeva a minimizzare il fenomeno. Si può tranquillamente affermare che Praga è una città sicura quanto ogni altra capitale europea soggetta all'invasione dei turisti e agli inconvenienti che ne conseguono (scippi, borseggi…). State perciò attenti, ma senza andare in paranoia!
Nonostante tutto, ci hanno segnalato un incremento dei furti d'auto, quindi prendete alcune precauzioni per non dover ripartire con il treno: di notte, non parcheggiate nelle vie buie e isolate, cercate un parcheggio custodito e fatevi installare un buon antifurto.

Personaggi illustri

– ***Mathieu d'Arras*** (morto nel 1352): sotto il busto di Mathieu d'Arras, collocato nel triforio della cattedrale di San Vito, si può leggere in latino: «Mathieu, nato ad Arras, città francese, primo costruttore di questa cattedrale, fu chiamato da Carlo IV, in occasione del suo soggiorno ad Avignone, per costruire questa cattedrale. La iniziò nel 1344 e ne diresse i lavori fino alla sua morte nel 1352». In effetti, questo famoso costruttore, raccomandato a Carlo IV da papa Clemente VI, fece il progetto di quell'audace edificio ed ebbe il tempo di posare le fondamenta e di erigere la cattedrale fino all'altezza delle volte. Il seguito dei lavori fu realizzato da Petr Parléř.
– ***Edvard Beneš*** (1884-1948): l'uomo dei grandi momenti, belli e brutti. All'epoca della prima guerra mondiale, Edvard Beneš si affiancò all'uomo destinato a diventare il primo presidente della Cecoslovacchia indipendente, Masaryk. Dalla Svizzera, i due inviarono persino una brigata ad attaccare gli austro-ungarici. Alla nascita del paese, Beneš assunse l'incarico di ministro degli Esteri. Iscritto al Partito socialista nazionale (niente a che vedere con i nazisti), successe a Masaryk nel 1935, in una difficile congiuntura. Hitler s'imbaldanziva, i tedeschi dei Sudeti si agitavano. Beneš fece appello all'unione sacra dei cechi e degli slovacchi. Niente da fare. Il 28 settembre Hitler lanciò un ultimatum, il 29 furono firmati gli accordi di Monaco (ma senza Beneš) che consegnavano al Reich una fetta di territorio ceco. Allo scoppio della guerra, Edvard Beneš fuggì a Parigi, poi a Londra a costituire un governo in esilio. Stimato dagli occidentali, si ac-

cattivò le simpatie di Mosca ammettendo al suo interno un comunista. Non sarà che il primo. Alla liberazione, Beneš dovette formare un governo d'unità nazionale con tutti i grandi partiti e con l'uomo di Mosca, Klement Gottwald. Su venticinque ministri, otto erano comunisti e lo fecero capire nel 1948, in occasione del «colpo di stato di Praga». Allontanato, Beneš morì poco dopo...

– ***Tycho Brahe*** (1546-1601): prima che Galileo inventasse il cannocchiale (nel 1609), si osservava il cielo come si poteva. Il danese Tycho Brahe vi si cimenta verso il 1570, all'età di ventisei anni, e, con il suo occhio di lince, avvista una supernova nella costellazione di Cassiopea. Alla morte del re di Danimarca, suo protettore, Brahe raggiunge a Praga la corte di Rodolfo d'Asburgo e continua a ficcare il naso fra le stelle. Alla fine, ne cataloga ottocento. Non gli resta che ordinarle tutte in un sistema, ma è lì che Tycho Brahe prende una pessima decisione. Abbandona la cosmologia di Copernico (la Terra gira attorno al Sole) per una variante del sistema tolemaico (l'universo ruota attorno alla Terra), più conforme alla Bibbia. Il suo successore alla corte di Praga, Giovanni Keplero, sarà più previdente e, pur fidandosi ciecamente delle osservazioni di Brahe, riaffermerà l'eliocentrismo.

– ***Karel Čapek*** (1890-1938): scrittore, giornalista, drammaturgo, è uno degli intellettuali in voga fra le due guerre mondiali. L'amicizia e i contatti regolari con il presidente Masaryk, gli conferiscono il ruolo di scrittore ufficiale. È il famoso creatore della parola «robot» (dal termine ceco *robota:* lavoro) che compare nell'opera teatrale *RUR*. Su un'isola, un saggio stravagante mette a punto alcuni automi moderni, macchine ben oliate che sostituiscono, senza provare alcuna emozione, il lavoro umano. Ovviamente, quando il meccanismo s'inceppa, i robot prendono il sopravvento ed è un incubo. L'opera, molto d'avanguardia, voleva essere un avvertimento alla società della tecnica, oltre che una dichiarazione d'odio verso ogni forma di collettivismo o di riforma fanatica. Non c'è dubbio che questa versione riveduta del Golem di Praga fa sempre venire i brividi a più di una persona.

– ***Carlo IV*** (1316-1378): definito «padre della patria» ceca, tanto fu grande la sua opera politica, economica e culturale, fu un monarca saggio e illuminato, di grande cultura, poliglotta, re di Boemia (1346) e imperatore di Roma (1355), ma sempre particolarmente affezionato alla Boemia. Battezzato con il nome di Venceslao, figlio di Giovanni di Lussemburgo e di Eliška Přemyslovna, principessa ereditaria della famiglia dei Přemyslidi, fu allevato a Parigi alla corte di Carlo IV, l'ultimo capetingio figlio di Filippo il Bello, e fu in suo onore che prese il nome di Carlo, rinunciando a quello di Venceslao. Costruttore di numerosi monumenti (la cattedrale di San Vito, il ponte Carlo, il palazzo reale, Karlštejn), fu anche un mecenate delle arti e delle scienze. Tra le sue innovazioni in agricoltura e in piscicoltura, ricordiamo l'introduzione della viticoltura in Boemia. Fondò, inoltre, l'università e decise la costruzione del quartiere di Nové Město. Persona molto pia, si sposò quattro volte stringendo ogni volta ottime alleanze strategiche! La sua ultima moglie, Elisabetta di Pomerania, era capace, secondo le dicerie, di spezzare una spada con la forza del suo pugno. Forte la regina! Carlo IV resta uno dei personaggi principali della storia del paese e di Praga.

– ***Josef Chochol*** (1880-1956): dopo la nascita nel movimento dell'Art nouveau a Vienna, diventa uno dei rappresentanti del cubismo ceco e progetta numerosi edifici cubisti, i più importanti dei quali, composti da sfaccettature e spigoli a immagine dei cristalli e dei minerali, si trovano a Podolí Vyšehrad. Alla fine di via Celetná a Praga si può ammirare la casa cubista *Della Vergine nera*, opera di un altro architetto cubista, Josef Gočár. Negli anni venti, Chochol si rivolge al costruttivismo russo, ma senza realizzazioni concrete.

– ***Christoph e Kilian Ignaz Dientzenhofer*** (1655-1722 e 1689-1751): tale il padre, tale il figlio! Questo potrebbe essere il motto di quell'illustre famiglia di architetti d'origine bavarese. Il padre, Christoph, si stabilì a Praga e avviò la costruzione della chiesa di San Nicola a Malá Strana. Il figlio, Kilian Ignaz, concluse alcune opere del padre e non tardò a sorpassarlo in qualità, perfezionandone lo stile barocco e conferendogli il suo marchio personale. Autentico stachanovista della realizzazione architettonica, disseminò Praga e dintorni di chiese, palazzi e conventi. Tra gli altri, la facciata di Nostra Signora di Loreto, la chiesa di San Giovanni Nepomuceno, la chiesa di San Nicola della Città Vecchia, il palazzo Sylva Tarruca ecc.

– ***Alexander Dubček*** (1912-1992): lo slovacco Alexander Dubček diventa un eroe della primavera di Praga il 5 gennaio 1968, mettendosi a capo del Partito comunista cecoslovacco. Durante il processo di destalinizzazione, gli intellettuali cercano di liberalizzare il «loro» socialismo dandogli un'impronta nazionale. Questa volontà di riforma scuote l'apparato del partito fino al comitato centrale. Dubček sarà l'uomo delle riforme, quando il vento della libertà metterà in subbuglio le strade. Non potendo dirigere il movimento, Dubček si sforza di accompagnarlo: nel giro di qualche mese la censura viene abolita e la libertà di espressione viene applicata in tutti i campi. Il congresso di settembre introduce persino il pluripartitismo. Tutto questo, beninteso, con le migliori manifestazioni d'amicizia verso il grande fratello sovietico. Il seguito lo conosciamo. Avvertito da Erich Honecker sui rischi di contagio, Brežnev ordina (suo malgrado, si dirà) l'intervento delle truppe del Patto di Varsavia. Meno di due anni dopo, Dubček viene destituito e scompare per vent'anni dalla scena politica. La sua riabilitazione avverrà nel 1989 con la rivoluzione di Velluto, quando Václav Havel lo farà acclamare sulla piazza Venceslao. Invitato a formare il primo governo del dopo-comunismo, Dubček si tirerà indietro e morirà qualche mese dopo.

– ***Antonin Dvořák*** (1841-1904): pom-pom-pom... La *Sinfonia del Nuovo Mondo* è uno dei pezzi forti dei repertori accademici. Molti tengono in grandissimo conto questo «capolavoro visionario» in cui Dvořák percorre a piacimento i grandi spazi popolati di selvaggi inquietanti e ricoperti di foreste gigantesche. Il suo sfrenato romanticismo riuscì a colpire anche gli americani. A New York, Antonin Dvořák fu professore al Conservatorio nazionale di musica e dal 1892 al 1895 ne diresse l'orchestra. Per il resto, il geniale direttore d'orchestra in età giovanile fu un compositore risolutamente ceco, come testimoniano le sue famose *Danze slave*. Insegnò anche al conservatorio di Praga. Oltre che autore di altre sinfonie, di un *Requiem* e del pregevole *Concerto per violoncello e orchestra in si minore*, Dvořák è prima di tutto l'uomo del famoso oratorio *Stabat Mater*.

– ***Miloš Forman*** (nato nel 1932): se fosse nato nel 1932, Kafka avrebbe sicuramente girato *Qualcuno volò sul nido del cuculo*... Come lui, Miloš Forman è sia ceco sia ebreo, e anche la sua famiglia conoscerà i campi di concentramento. Formato dal maestro del teatro praghese, Alfred Radok, fin dall'inizio adotta la tecnica dell'improvvisazione controllata, un particolare genere di cinema-verità, e si appassiona ai conflitti generazionali. Dopo l'*Asso di Picche* (1963), è la volta di *Gli amori di una bionda* (1965). Nel 1969, Miloš Forman lascia la Cecoslovacchia «normalizzata» per gli Stati Uniti e con *Taking Off* (1971) schernisce la media borghesia americana, fossilizzata nella sua incomprensione della realtà, mentre con *Hair* (1979) realizza la versione cinematografica del celeberrimo musical hippy. *Qualcuno volò sul nido del cuculo* (1975), che narra la ribellione di un «outlaw» in un ospedale psichiatrico, resta il suo film culto. Nel 1984 si riconcilia con la Cecoslovacchia con un film di grande successo commerciale: *Amadeus.* Nel 1989 porta sullo schermo *Valmont* (1988), il libertino del famoso romanzo *Le relazioni pericolose*. I suoi ultimi film sono biografie: *Larry Flint* (1996) narra la vita di un magnate della stampa pornografica e *Man on the Moon* (1999) ripercorre la vita dell'umorista americano Andy Kaufman.

– ***Il Golem:*** immortalato da Gustav Meyrink, il Golem è lo spirito del ghetto di Praga. La Cabala, la cui tradizione, dicono, risale ai tempi dell'Eden, parla del potere magico delle lettere ebraiche. I suoi iniziati sono capaci, esattamente come Dio, di creare un uomo con l'argilla e di animarlo. Se gli infilano in bocca la lettera che significa «Vita» (il *chem*), la creatura si anima per servirli. Quando gliela si toglie, il Golem ritorna a essere *Golem* (letteralmente «argilla»). È così che a Praga un vecchio rabbino si era fabbricato un servitore, ma un giorno si dimenticò di togliergli di bocca la lettera e il Golem fuggì per le viuzze del ghetto terrorizzando la popolazione. Ma alla fine il rabbino riuscì a estrargli il *chem* e il colosso tornò a essere nient'altro che una statua d'argilla.

– ***Klement Gottwald*** (1896-1953): il rivale vittorioso di Beneš è un esempio per tutti i comunisti. Ex operaio, a venticinque anni aderì al Partito comunista cecoslovacco, diventandone, otto anni dopo (nel 1929), il segretario generale. La guerra la trascorse, ovviamente, in Unione Sovietica, ma dire che ritornò a bordo dei carri armati dell'Armata Rossa sarebbe un po' eccessivo... In effetti, i cecoslovacchi erano felicissimi di essersi sbarazzati di Hitler e anche se non erano diventati tutti comunisti (lo erano per il 38%!), le quotazioni di Stalin erano alle stelle. Klement Gottwald divenne presidente del consiglio, ma Beneš era il presidente punto e basta. Quel liberale di sinistra era un ostacolo per la rivoluzione, e non solo lui: i ministri non comunisti apprezzavano poco i provvedimenti di Gottwald e nel febbraio del 1948 si dimisero in blocco. Gottwald pretese da Beneš che nominasse altri ministri comunisti per completare il gabinetto, e per convincerlo mobilitò i sindacati. Beneš dovette cedere e le nuove elezioni si svolsero con lista unica. Gottwald morì nel 1953, poco dopo essere diventato il primo presidente comunista della Cecoslovacchia.

– ***Jaroslav Hašek*** (1883-1923): non avete letto *Il buon soldato Švejk*? Allora non conoscete i cechi. A Praga ve lo diranno tutti, sebbene Hašek non fosse sempre indulgente con i suoi compatrioti. Scrittore e umorista, soldato sul fronte russo durante la prima guerra mondiale, condusse una vita da bohémien... ma ugualmente ricca di opere letterarie. Il personaggio leggendario del *Buon soldato Švejk*, ingenuo e scaltro allo stesso tempo, è un autentico don Chisciotte ceco. Da leggere assolutamente per la sua satira sul carattere dei cechi.

– ***Václav Havel*** (nato nel 1936): parecchi presidenti si sono fregiati del titolo di uomini di lettere, ma Václav Havel resta, con Senghor e Pompidou, un raro esempio di persona che ha effettuato il tragitto inverso. Platone e Diderot, che sognavano il sovrano filosofo, l'avrebbero applaudito. Di fatto, Václav Havel è un'autorità morale. Scrittore e drammaturgo, dissidente *ante litteram*, non conformista per natura, borghese di nascita, ha incarnato e incarna ancora la rivolta di tutto un popolo, spesso con humour e cinismo. Dopo aver guidato la rivoluzione di Velluto, legittima la Repubblica Ceca. Strano percorso, quello di quest'uomo ossessionato dall'assurdo. I comunisti lo trattano da «figlio di borghesi», perché suo padre e suo nonno erano ricchi imprenditori. Le sue opere teatrali, persino la più conosciuta, *Garden-party*, saranno proibite nel suo stesso paese dopo il 1968.

Nel 1977, nel deserto intellettuale creato dalla «normalizzazione», Václav Havel partecipa alla creazione di *Charta 77*. Ben presto l'organizzazione che si batte in difesa dei dissidenti, si attira i fulmini del potere e Havel finisce in prigione nel 1977 e poi nel 1979. Nel gennaio del 1989, colpevole di aver deposto dei fiori in memoria di Jan Palach, viene arrestato nuovamente, con il risultato che dieci mesi dopo i distintivi con scritto «I love Havel» sono appuntati su tutte le giacche e in piazza Venceslao si scandisce il suo nome. Ma lui si schermisce: «Preferisco essere colui che fa i re, piuttosto che il re». Fatica sprecata, perché ormai le folle di Praga l'hanno scelto. Il 24 novembre fa acclamare Dubček, e infine, il 30 dicembre 1989, viene eletto presidente della Repubblica da un'assemblea di ex comunisti disorientati. Il suo movimento, il Forum civico, vince le elezioni. Dopo il divorzio ceco-slovacco del 1993, Havel viene rieletto presidente, ma questa volta per un pelo e l'uomo che incarna «l'altra Cecoslovacchia» vede scemare la sua popolarità. Nel 2003 il suo posto alla presidenza viene preso dall'ex primo ministro Václav Klaus.

– ***Bohumil Hrabal*** (1914-1997): questo amante di Praga e delle sue taverne rappresenta una voce originale nella letteratura ceca. Lo stile immaginoso e impregnato di humour con cui esprime la sua visione dei praghesi lo fa assomigliare a un Rabelais slavo o a un Bukowsky dell'Est. Frequentatore della birreria *Alla tigre d'oro*, scrive: «Mi dicevo come sempre che se gli dei mi amassero, creperei davanti a un bicchiere di birra». Ma dietro al personaggio burbero si cela l'uomo straziato che proclama la sua indignazione per gli scontri del 1989 tra studenti e poliziotti. Tra le sue opere, per molto tempo censurate, tradotte in italiano: *Inserzione per una casa in cui non voglio abitare* (Einaudi 1968), *Vuol vedere Praga d'oro?* (Longanesi, 1973), *Treni strettamente sorvegliati* (E/O, 1982), *La tonsura* (E/O, 1987), *Una solitudine troppo rumorosa* (Einaudi, 1987), *Ho servito il re d'Inghilterra* (E/O, 1986), *La cittadina dove il tempo si è fermato* (E/O, 1992), *I milioni di Arlecchino* (E/O, 1982), *L'uragano di novembre* (E/O, 1991).

– ***Jan Hus*** (1371-1415): i membri del clero non sono sempre stati dei santarelli. Nel Medioevo, migliaia di predicatori denunciavano certe turpitudini, il che poteva anche costare molto caro! Il fatto è che Jan Hus, rettore dell'università di Praga, non era uno qualunque. Erede di John Wycliffe, un teologo di Oxford violentemente antipapista, contesta la lussuria dei vescovi e vuole riformare la Chiesa. Peggio ancora, denuncia il dominio tedesco sul clero boemo. Il suo ardore trasforma la cappella di Betlemme, a Praga, in un cenacolo patriottico. L'imperatore Sigismondo si adombra, perché, da buon tedesco, vuole impossessarsi della Boemia e nel 1414 riunisce un concilio a Costanza. Dopo aver emesso qualche decreto poco ortodosso, la pia assemblea si mette in pace la coscienza condannando il maestro Jan Hus, che, malgrado il salvacondotto, viene bruciato sul rogo e diventa così il primo martire della causa ceca. E non sarà l'ultimo. In tutta la Boemia si formano eserciti spontanei. Gli hussiti combatteranno le truppe imperiali fino al 1436, anno in cui un nuovo concilio riconoscerà loro il diritto di fare la comunione con il pane e il vino.

– ***Franz Kafka*** (1883-1924): «Kafka era Praga e Praga era Kafka», si è addirittura scritto. Nato nel 1883, figlio di Hermann Kafka, ferramenta nella Città Vecchia, è un bambino gracile cresciuto da governanti che lo tormentano e lo colpevolizzano. Morirà nel 1924 di tubercolosi vicino a Vienna. Con Praga, Kafka ha rapporti a dir poco tormentati, come vedremo più avanti in «Praga. Tutto ciò è kafkiano!».

– ***Václav Klaus*** (nato nel 1941): ex primo ministro «di destra», Václav Klaus si considera un politico. Se Václav Havel incarnava il romanticismo carismatico del postcomunismo, l'austero Václav Klaus è uno statista all'occidentale, assolutamente adatto a un paese che sogna l'Unione europea. Autoritario, lavoratore e ostinato, questo sessantenne con gli occhiali dalla montatura dorata ha una grande padronanza della comunicazione. Parla chiaro, indossa doppiopetto di ottima fattura, si sceglie personalmente le cravatte, è il simbolo dei nuovi «yuppy» cechi e incarna il passaggio alla prosperità. Václav Klaus è un tecnocrate che ha attraversato il comunismo senza impegnarvisi né compromettersi, e lo dimostra il fatto che nel 1970 fu cacciato dall'Istituto di economia dell'Accademia delle Scienze. Dal 1986, Klaus, che aveva viaggiato negli Stati Uniti, si mette a studiare l'economia di mercato. È senza la minima esperienza che entra in politica, nel calderone della rivoluzione di Velluto. In seno al primo governo postcomunista, fa prevalere il suo concetto radicale di riforma economica. Dopo aver lottato contro la sinistra, mentre era membro del Forum civico, crea un suo movimento (ODS) sul modello del partito conservatore britannico, decisamente di destra. Quando arriva il divorzio con la Slovacchia, il suo governo ultraliberale può presentare un ottimo bilancio. La privatizzazione delle imprese di stato, altro successo, non fa che consolidare la sua posizione e infine, dopo le elezioni, eccolo installato nel castello di Praga, come presidente, nel posto lasciato da Havel. Il tutto alla vigilia di un ingresso nell'Unione europea che sembra lasciare perplesso l'euroscettico Klaus.

– ***Milan Kundera*** (nato nel 1929): nato a Brno, scrittore ceco naturalizzato francese, figlio di un celebre pianista, viene espulso dal Partito comunista all'età di vent'anni e deve aspettare fino al 1957 per pubblicare le sue prime raccolte di poesie, *L'uomo, vasto giardino* e *Monologhi*. Lo humour del suo teatro (*Jacques e il suo padrone*, Adelphi), dei suoi romanzi (*Lo scherzo*, Adelphi; *Il valzer degli addii*, Adelphi; *Il libro del riso e dell'oblio*, Adelphi, Bompiani) e dei suoi racconti (*Amori ridicoli*, Adelphi) lo consacrano come una delle coscienze più lucide della letteratura contemporanea e come analista della disgregazione della vecchia Europa (*L'insostenibile leggerezza dell'essere*, Adelphi; *L'immortalità*, Adelphi). Stabilitosi in Francia dal 1975, professore all'università di Rennes, ha ottenuto la cittadinanza francese nel 1981.

– ***Josef Mánes*** (1820-1871): agli esordi, il pittore Mánes non vuole dipingere che paesaggi romantici «en plein air», ma ben presto prende parte al movimento «Rinascimento nazionale», un movimento culturale nazionalista della fine del XIX secolo che mira a contrastare la pressione tedesca degli Asburgo e ad affermare l'identità ceca. Di colpo, i suoi dipinti assumono una tonalità «patriottica»: villaggi e abitanti della Boemia, scene storiche e mitologiche. Mánes è l'autore del calendario dipinto sull'orologio del municipio, intitolato *Il ciclo dei dodici idilli sulla vita del contadino ceco.*

– ***Tomáš Garrigue Masaryk*** (1850-1937): affettuosamente soprannominato «TGM», nasce in Moravia da una famiglia molto modesta. Diventato professore di filosofia all'università Carlo, è un uomo politico pragmatico, socialdemocratico al parlamento di Vienna. Durante la prima guerra mondiale emigra in Francia dove fonda il Consiglio nazionale ceco. Nell'ottobre 1918 proclama a Washington l'indipendenza del suo paese e sull'onda dell'entusiasmo diventa il primo presidente della Repubblica cecoslovacca. Fino alla sua morte, avvenuta nel 1937, guida una democrazia progressista che ben presto resterà l'unica in Europa centrale. I comunisti, dopo il 1948, s'incaricheranno di distruggere il mito di Masaryk censurando tutti i riferimenti a un presidente troppo «borghese». Tuttavia, a partire dal 1968, i ritratti del presidente liberale ricompaiono sulle pareti delle case ceche come simbolo di una democrazia realizzata.

– ***Giovannni Battista Mathey*** (1630-1695): pittore e architetto di origine francese, introdusse in Boemia il barocco romano. Formatosi a Roma, dove conobbe Nicolas Poussin, venne chiamato nel 1675 a Praga dove realizzò quasi tutte le sue opere: numerosi palazzi, fra cui la villa Sternberk (o castello Troja) creata sul modello di una villa rinascimentale romana, con al centro un imponente di uno scalone barocco. Con la chiesa di San Francesco Serafino (Křížovnické náměstí), vagamente somigliante a San Pietro a Roma, introdusse la moda della cupola ovoidale.

– ***Gustav Meyrink*** (1868-1932): le enciclopedie lo ignorano! Quanto a Praga, Gustav Meyrink, figlio di un barone tedesco e di un'attrice israelita, non vi abitò che per diciassette anni. Nato a Vienna, banchiere a Praga, poi scrittore, errante fra Amburgo e Montreux e cacciato ovunque andasse, è uno dei frutti più esotici della decadenza viennese. Eppure, è Praga la protagonista del torbido romanzo che lo fece conoscere: *Il Golem.* Gli altri suoi libri (*Il viso verde*, *L'angelo alla finestra occidentale*...) seguono lo stesso filone, quello dello gnosticismo e dell'occultismo. Il suo campo preferito è quello del soprannaturale e del metafisico. Presunto «veggente», affascinato dall'aldilà, quest'uomo cagionevole di salute non ha pari (se non in Lovecraft, forse) nel descrivere il panico scatenato dall'irruzione dell'irrazionale, il che non gli impedisce di essere ferocemente ironico... Attirato dalla Cabala, morirà buddista in maniera degna di lui. Il 4 dicembre 1932, saluta i suoi, poi si ritira nella sua stanza e si siede davanti alla finestra a torso nudo malgrado il freddo. Aveva annunciato che sarebbe morto all'alba fissando il sole nascente...

– ***Alfons Mucha*** (1860-1939): il delicato promotore dello stile floreale che segnò l'inizio del Novecento era un moravo. Formatosi a Monaco, Parigi lo avvicinò allo stile e lo rese famoso. Geniale ed eclettico, Mucha disegnava gioielli, vestiti, argenteria, mobili, sculture, senza mai smettere di essere, innanzitutto, uno dei primi illustratori del tempo. Attraverso le copertine delle riviste, soprattutto di moda, le locandine dei teatri (Sarah Bernhardt lo adorava) o i manifesti delle mostre, le decorazioni bizzarre e raffinate (negozio Fouquet) e i lavori più svariati (cartine per sigarette Job, affreschi del padiglione della Bosnia-Erzegovina...), Alfons Mucha fu uno degli artefici dell'Art nouveau. Le sue donne prosperose inghirlandate di fiori diventeranno il simbolo di un'epoca.

– ***Jan Palach*** (1949-1969): il 16 gennaio 1969, quando fu chiaro che i carri armati sovietici avevano «normalizzato» Praga, lo studente s'immolò con il fuoco. Jan Palach sopravvive nel cuore di tutti i praghesi.

– ***Petr Parléř*** (1330-1399): la famiglia Parléř, originaria della Svevia, «produsse» ottimi capomastri per circa un secolo e mezzo! Tra questi, Petr, il più famoso, che introdusse a Praga lo stile gotico tardivo in architettura e altre innovazioni nel campo della scultura. Chiamato da Carlo IV, all'età di 23 anni riprese i lavori della cattedrale di San Vito e modificò i progetti di Mathieu d'Arras, erigendo una grande torre di fianco alla cappella di San Venceslao. Lavorò alla cattedrale fino alla morte, ma diede prova del suo talento anche nella costruzione del ponte Carlo.

– ***Václav Vavřinec Reiner*** (1689-1743): pittore e scultore barocco, autore di pale d'altare, di affreschi e di tele monumentali. Influenzato da Rubens e da Brandi, oltre che dalla pittura veneziana, le sue opere decorano numerose chiese di Praga (San Giacomo, San Francesco, Nostra Signora di Loreto e Sant'Egidio). Tra le sue creazioni migliori, citiamo *Il combattimento degli Atlanti* nello scalone di palazzo Černín e gli affreschi di palazzo Valdštejn.

– ***Rodolfo II*** (1576-1612): incoronato re di Boemia e d'Ungheria, poi imperatore tedesco, fu l'unico monarca della dinastia degli Asburgo a scegliere Praga come capitale dell'impero. Appassionato d'astrologia, d'alchimia e d'arte, era poco interessato agli affari politici del regno e ancora meno alla minaccia turca. Accolse nel castello di Praga numerosi scienziati e artisti (Keplero, Tycho Brahe, Arcimboldo), ma anche molti ciarlatani. Il suo sogno? Fabbricare l'oro. Fu sotto il suo regno che Praga acquisì il magnetismo e la magia che ci ammaliano ancor oggi e fu in quell'epoca che nacquero parecchie leggende e storie da far rizzare i capelli. I suoi discendenti lo considerarono pazzo, ma Rodolfo, malgrado le pressioni familiari, rimase al potere fino alla morte nel 1612.

– ***Jan Saudek*** (1935): spesso confuso con Josef Sudek, l'altro grande fotografo di Praga, sonda febbrilmente cuori e corpi. Tante ciccione messe a nudo («il sesso, dice, è l'energia più potente») con uno spirito onirico inusuale, ricco di sfumature, ma sempre attraversato da un'ironia sferzante.

– ***Antonín Slavíček*** (1870-1910): pittore impressionista, Slavíček trascina la sua disperazione per le strade di Praga, producendo tele che celebrano la città dai cento campanili. *La piazza della Città Vecchia*, *Praga vista da Letná* o gli studi della cattedrale di San Vito sono altrettante fragili evocazioni di luoghi mille volte percorsi. Artista lacerato, è uno dei grandi pittori di Praga e le sue tele si possono ammirare alla Galleria nazionale e nel convento di Sant'Agnese.

– ***Bedřich Smetana*** (1824-1884): insieme alle *Quattro Stagioni* di Vivaldi e alla *Sinfonia Pastorale* di Beethoven, la *Vltava* (detta anche la *Moldava*), fa parte del bagaglio irrinunciabile del melomane in erba. Si tratta del pezzo forte di un ciclo di poemi sinfonici composti da Smetana con il titolo *La mia patria*. In pratica, Bedřich Smetana ha messo in musica la Boemia. Purtroppo, le altre composizioni di questo ardente patriota, idolatrato dai suoi estimatori, non hanno nemmeno varcato le frontiere. Chi si ricorda della sua opera *I Brandeburghesi in Boemia*, della sua operetta *La sposa venduta*, o addirittura della sua opera comica *Le due vedove*? Non ne resta che l'interesse storico. Smetana, ottimo pianista tra l'altro, fu il bardo del romanticismo ceco.

– ***Josef Sudek*** (1896-1976): tornato monco dalla guerra del 1914-18, Josef Sudek fonda, nel 1924, la Società fotografica ceca. Il suo obiettivo è l'emozione. «Vorrei raccontare la vita degli oggetti, rappresentare il mistero, mostrare la settima faccia del dado.» Stabilitosi in una casetta in legno della vecchia Praga, ne fotografa a lungo le finestre e l'impronta delle stagioni nei giardini. Le sue foto sono soprattutto nature morte. Fino alla sua scomparsa nel 1976, il più praghese dei fotografi resterà inclassificabile.

– ***San Venceslao*** (Václav, morto nel 929): è il personaggio la cui statua equestre domina l'omonima piazza (Václavské náměstí) e a cui è stata dedicata una splendida cappella funeraria nella cattedrale di San Vito. Quarto sovrano ceco della dinastia *přemyslide*, uomo considerato colto e saggio, cristiano per giunta, la storia gli ha forgiato una reputazione di difensore del diritto e dell'indipendenza del suo paese. Fu assassinato da suo fratello Boleslav nel 929, infastidito dal suo spirito conciliante verso la Sassonia e la Baviera, che già allungavano gli occhi sul regno di Boemia. Istintivamente, è ai piedi della sua statua che si raduna la popolazione nei momenti più difficili.

Posta

– ***Gli uffici postali*** si chiamano *Pošta* e si individuano facilmente grazie all'insegna arancione e azzurra. Sono aperti generalmente da lunedì a venerdì dalle 8 alle 18 e sabato mattina. Quanto alle buche delle lettere, ne troverete un po' dappertutto nella capitale ed è difficile sbagliarsi in quanto sono di un colore arancione vivo. Da qualche tempo, tuttavia, si vedono spuntare nuove buche di colore azzurro.

– ***I francobolli*** sono venduti nei *tabák*, nelle edicole e ovviamente negli uffici postali. Sappiate che ci vogliono 8 Kčs (0,24 €) per una cartolina e 13 Kčs (0,39 €) per una lettera. Le poste funzionano regolarmente e la corrispondenza impiega, in media, da 5 a 6 giorni per raggiungere gli altri paesi europei.

– A Praga potete farvi inviare le lettere presso il ***fermo posta***. Dovrete andare a ritirare la corrispondenza alla posta centrale in Jindřišská muniti di passaporto.

Ricettività

Bisogna aspettarsi grosse difficoltà per trovare un alloggio in pieno periodo turistico, soprattutto a Praga. Malgrado i notevoli investimenti, si constata una grossa carenza di camere in relazione alla domanda, una situazione che si sta rapidamente sbloccando, ma che potrebbe durare ancora per qualche tempo.

Sono disponibili informazioni sulle possibilità di alloggio sul sito • www.abaka.com •

Le sistemazioni sono svariate.

Ostelli della Gioventù

Abbastanza numerosi, se ne trovano in tutto il paese. I più interessanti sono i *junior hotel*, alberghi praticamente a prezzo d'ostello. La prenotazione è obbligatoria e in certi ostelli è possibile prenotare direttamente per telefono (vedi «Prima della partenza. Carta degli Ostelli della Gioventù»). Stanno inoltre nascendo *hostel* indipendenti per una clientela giovane, ma bisogna riconoscere che la qualità delle prestazioni è spesso variabile da un indirizzo all'altro.
La filiale degli Ostelli della Gioventù internazionali è gestita dalla *KMC* di Praga, quindi si possono prenotare i posti negli Ostelli della Gioventù della capitale direttamente dall'Italia e da qualunque altro ostello del paese.
Il sito Internet in inglese: • www.travellers.cz • offre indicazioni su Ostelli della Gioventù e alloggi economici.

Alberghi

Gli alberghi sono classificati in 4 categorie (da 1 a 4 stelle). La maggior parte di essi include nel prezzo la prima colazione e dispone di ristorante. Sono, generalmente, ben tenuti anche se a volte fanno presagire il contrario con il loro aspetto vecchiotto. L'unico problema è che i servizi igienici non sono sempre all'altezza delle nostre abitudini occidentali! C'è la possibilità di prenotare direttamente per telefono o per fax (in inglese).
Per molto tempo, la Čedok è stata l'agenzia di stato dalla quale bisognava passare immancabilmente per prenotare una camera, in quanto la stragrande maggioranza degli alberghi non accettava prenotazioni dirette. Tutto questo è cambiato e gli alberghi hanno riconquistato la loro autonomia. Quindi, si può prenotare direttamente. Sul posto, a esclusione dei periodi molto turistici, si può trovare una camera abbastanza facilmente.
A Praga gli alberghi sono molto cari (vedi «Budget»), quindi le camere presso privati, o meglio ancora gli appartamenti, si rivelano la soluzione più conveniente; per gli squattrinati, raccomandiamo gli ostelli, le stanze presso le università e i dormitori ricavati d'estate nei centri sportivi e nelle scuole.
Sappiate, inoltre, che non sempre otterrete un servizio pari al vostro entusiasmo e che capitano anche sorprese non proprio gradevoli. Gli impiegati, che ragionano ancora quasi tutti come classici dipendenti pubblici, hanno un atteggiamento che va da un'educata indifferenza al menefreghismo più totale. Non si cancellano in poco tempo quarant'anni di burocratismo!
– ***Prenotare un albergo nella Repubblica Ceca:*** • www.hotel.cz • Sito in inglese e tedesco.

Campeggi

Sono numerosi in quanto costituiscono da tempo il sistema d'alloggio popolare ed economico per eccellenza, ma vi facciamo presente che sono sensibilmente più cari che in Italia. La maggior parte offre bungalow in affitto e, talvolta, persino camere a prezzi molto ragionevoli, anche se l'acqua calda, spesso, è a pagamento. Quasi tutti sono aperti da aprile a ottobre, ma alcuni solo d'estate. Informatevi presso l'ufficio del turismo e richiedete l'opuscolo più recente per organizzarvi il viaggio (in patria o a Praga).
Altrimenti, ricordate che gli *auto-camp* sono generalmente giardini trasformati in campeggi da privati. Essendo molto a buon mercato, non sempre sono ben attrezzati.

Camere presso privati

In questi ultimi anni sono spuntate a una velocità impressionante! Sono la soluzione ideale per il routard, con prezzi veramente interessanti rispetto agli alberghi, ampia scelta (quindi, non si rischia più di dormire sotto i ponti!) e, soprattutto, contatto garantito con gli abitanti, che quasi sempre coccolano i loro ospiti. Tutti hanno da offrire una camera, visto che le valute straniere sono considerate una manna economica. Spesso, le famiglie offrono tutto il loro appartamento, compresa la cucina e gli effetti personali, e vanno ad alloggiare altrove! È possibile prenotare appartamenti o stanze presso privati rivolgendosi in Italia al *Centro del Turismo Ceco* di Milano (vedi «Prima della partenza. Indirizzi utili»). Eviterete così sorprese, ma tenete presente che applicano una commissione. Altrimenti, sarete spesso fermati da privati cittadini per la strada o nei posti più impensati! Ma su questo non possiamo garantire niente.

Scambio di appartamenti

Si tratta di una formula di vacanza interessante che consiste, per coloro che possiedono un appartamento o un monolocale, nello scambio del proprio alloggio con quello di un iscritto all'organizzazione nel paese prescelto, con il vantaggio di poter trascorrere vacanze all'estero spendendo meno, soprattutto se si è una coppia con figli. In cambio di un'iscrizione annuale, si ottiene la pubblicazione di uno o più annunci nei loro cataloghi (pubblicazione gratuita della foto dell'appartamento) e si ha la possibilità di prendere visione delle offerte in più di 40 paesi.

■ ***Intervac Italia:*** *Gaby Zanobetti*, via Oneglia 18, 40047 Bologna. ☎ e fax: 051-91-20-28. • www.intervac.it • info@intervac.it •

■ ***HomeLink International:*** Casa Vacanze, viale Frassinetti 84, 31046 Oderzo (TV). ☎ e fax: 0422-81-55-75. • info@homelink.it • www.homelink.it •

Siti Internet

• ***www.pragueiguide.com*** • In inglese, con una presentazione molto divertente. Pieno zeppo di informazioni pratiche, lo consigliamo ai nottambuli per la fornitissima rubrica «caffè e bar».
• ***www.visitczechia.cz*** • Sito ufficiale dell'ufficio del turismo (in inglese e in tedesco). Formalità, sanità, ricettività, trasporti, banche e altre informazioni pratiche.
• ***www.italianembassy.cz*** • Sito dell'ambasciata italiana.
• ***www.pis.cz*** • In inglese e italiano. Sito molto completo sulla capitale ceca; cosa logica, visto che si tratta del sito ufficiale del servizio informazioni di Praga.
• ***www.hrad.cz*** • In inglese. Sito della presidenza ceca dove apprenderete tutto su Václav Havel e sul castello di Praga. Piantine a colori, storia, fotografia, calendario delle manifestazioni culturali. Insomma, è come esserci.
• ***www.radio.cz*** • In inglese, francese, spagnolo e tedesco. Sito di Radio Praga che propone l'ascolto di alcuni programmi e, soprattutto, un nutrito archivio di articoli di cronaca, attualità e politica sempre aggiornato e tradotto.
• ***www.zamky-hrady.cz*** • In inglese, illustra il complesso dei castelli e delle dimore storiche della Repubblica Ceca.
• ***www.romove.cz*** • In inglese. Sito sui rom, sulla loro cultura, storia e personalità, che non vi lascerà indifferenti alla causa tzigana.

Storia

Prima ci furono i Celti (i Boi) che, all'inizio della nostra era, migrarono verso ovest in luoghi più umidi, lasciando, però, il loro nome alla provincia

(*Boiohaenum*), l'attuale Boemia, e che furono sostituiti da tribù germaniche. I Romani, la cui frontiera imperiale era costituita dal Danubio, non si spinsero mai più a settentrione e l'assenza di Roma si fece sentire sull'evoluzione culturale del paese, in particolare a livello di urbanizzazione e di infrastrutture viarie. Nel VI secolo, nella regione arrivarono gli Slavi che si scontrarono con gli Avari e con i Franchi.
Nel IX secolo, si ebbero la costituzione della *Grande Moravia*, la cristianizzazione del territorio da parte dei famosi missionari Cirillo e Metodio (inventori dell'alfabeto cirillico) e l'insediamento, nella regione di Praga, delle tribù slave dei Cechi. Risale al X secolo la creazione del regno del principe cristiano Venceslao, della dinastia dei Přemyslidi, assassinato da suo fratello nel 929. Venceslao diffuse ampiamente il cattolicesimo e divenne il santo patrono della Boemia.
Dopo due secoli di dominazione tedesca, il regno di Boemia riuscì a diventare uno stato relativamente indipendente in seno al Sacro romano impero germanico; Ottokar II ne estese la sovranità verso sud, fino all'Adriatico. Nel XIII secolo il paese conobbe addirittura una certa prosperità, dovuta in parte allo sfruttamento delle miniere d'argento di Kutná Hora. Nel 1346, Giovanni di Lussemburgo, sposo di una principessa přemyslide e alleato dei francesi contro gli inglesi, morì nel corso della battaglia di Crécy. Suo figlio, Carlo IV, fu uno dei grandi re di Boemia e, per un complicato gioco di eredità, divenne in seguito sovrano del Sacro romano impero germanico. Grande costruttore, fece edificare il castello di Praga, il ponte Carlo, numerose chiese e la prima università di tutto l'impero. Praga diventò la terza città dell'Occidente, e il regno di Boemia raggiunse l'apice della sua potenza. Il ceco era la lingua ufficiale della corte di Carlo IV. Dopo di lui, la peste devastò il regno (nel 1380), gli ebrei vennero perseguitati e il ghetto di Praga fu distrutto.

La rivoluzione hussita

All'inizio del XV secolo, molto prima di Lutero e di Calvino, in Boemia si formò un movimento contro la scandalosa ricchezza della Chiesa e la sua corruzione. Jan Hus, famoso predicatore di Praga, si scagliò contro gli abusi della Chiesa e la dominazione tedesca, provocando un profondo sommovimento, non solo religioso, ma anche sociale e politico. Invitato a esporre le sue teorie al concilio di Costanza, fu tradito e imprigionato e, poiché si rifiutava di ritrattare, fu condannato per scisma e bruciato vivo nel 1415. La sua esecuzione provocò un'insurrezione nazionale che fece vacillare il regno e diventò in seguito il simbolo dell'indipendenza dei cechi contro tutti i poteri.
Nel 1419, *prima defenestrazione di Praga*, dal municipio: fu in quell'anno che gli hussiti ribelli introdussero la moda di gettare i cattolici dai piani alti (ma non troppo!). I più ferventi fondarono la città di Tabor. Vent'anni dopo, la religione hussita fu riconosciuta dal re e dal concilio di Bâle come una componente autonoma del cattolicesimo. Nonostante tutto, la guerra continuò a imperversare, avvantaggiando l'aristocrazia che si impadronì dei beni della Chiesa. Nel 1485, cattolici e hussiti firmarono la pace di Kuttenberg (Kutná Hora) e la Boemia divenne un'isola di tolleranza religiosa proprio nel momento in cui l'Europa stava sprofondando nell'oscurantismo. Dal 1471 al 1526, sulla Boemia regnò la dinastia polacca degli Iagelloni.

Il regno degli Asburgo

All'inizio del XVI secolo, la Boemia conobbe una grande fioritura artistica e culturale che coincise con l'epoca d'oro dell'umanesimo ceco e del gotico fiammeggiante.

Nel 1526, per far fronte al pericolo turco in Europa centrale, a Ferdinando I d'Asburgo, fratello di Carlo V, venne affidato il trono di Boemia, che gli Asburgo conservarono fino al 1918. Praga tornò a essere la capitale del Sacro romano impero fino al 1611, prima che lo ridiventasse Vienna. Il nuovo sovrano intraprese la riconversione al cattolicesimo di una Boemia a maggioranza protestante, autorizzando i gesuiti a fondare il Klementinum e favorendo una centralizzazione che fece piazza pulita dei diritti e dei privilegi storici del popolo ceco. A partire dal 1576, sotto il regno di Rodolfo II, grande collezionista di opere d'arte, a Praga cominciarono a stabilirsi numerosi studiosi e artisti. Nel 1611 fu costruita la prima chiesa barocca.

La battaglia della Montagna Bianca

Nel 1618 il conflitto latente tra i cechi e gli Asburgo scoppiò in seguito alla *seconda defenestrazione di Praga* (alcuni rappresentanti dell'imperatore furono gettati da una finestra del castello e la Boemia protestante insorse sotto la guida dei conti Thurn e Mansfeld). L'imperatore, Ferdinando II, fu deposto dal trono di Boemia e sostituito da un protestante, l'elettore palatino.

Questo segnò l'inizio della famosa guerra dei Trent'anni che coinvolse l'Europa intera. Nel 1620, vicino a Praga, si svolse tra i cechi e i sostenitori degli Asburgo la battaglia decisiva, detta della Montagna Bianca. I cechi subirono una grave sconfitta e tutti i loro 27 capi furono giustiziati nella piazza della Città Vecchia, il 21 giugno 1621. I loro beni furono ceduti a basso prezzo alle famiglie nobili fedeli alla causa imperiale.

Quella data è la più drammatica di tutta la storia nazionale. In effetti, i cechi persero del tutto la loro autonomia e furono costretti ad aspettare tre secoli per riconquistare l'indipendenza. Gli Asburgo imposero loro il cattolicesimo della Controriforma, che provocò l'emigrazione di decine di migliaia di famiglie. La germanizzazione del paese fu inasprita e il tedesco divenne lingua ufficiale alla pari con il ceco. Nel 1648 Praga fu parzialmente saccheggiata dall'esercito svedese e il ponte Carlo fu difeso da studenti e membri della comunità ebraica.

Nel frattempo, trionfava il barocco; sulla piazza della Città Vecchia venne eretta una colonna mariana a commemorazione della vittoria sui protestanti e fu canonizzato Jan, un oscuro monaco del XIV secolo, elevato al rango di martire per le esigenze della causa cattolica che aveva bisogno di un rivale da contrapporre a un altro Jan (Hus). Nel corso del XVIII secolo Praga fu occupata anche dai bavaresi, dai francesi e infine dai prussiani.

Tuttavia Giuseppe II, monarca illuminato, introdusse alcune riforme, fra cui il riconoscimento dei diritti dei non-cattolici e soprattutto degli ebrei, prima costretti addirittura a germanizzare il loro cognome, e la messa al bando dei gesuiti. Le guerre napoleoniche indebolirono l'Austria (battaglia di Austerlitz-Slavkov nel 1805) e rinvigorirono le aspirazioni della borghesia ceca. Tali aspirazioni sfociarono, nella prima metà del XIX secolo, nella lotta per l'uso della lingua ceca, ormai codificata, e poi nell'insurrezione del 1848 che accelerò la presa di coscienza del popolo ceco. Nonostante la lealtà alla dinastia degli Asburgo (Francesco Giuseppe, però, non fu mai incoronato re di Boemia a Praga), l'emergere del panslavismo nei Balcani accentuò l'esigenza dei cechi di distinguersi dall'élite intellettuale che utilizzava soprattutto il tedesco. Nel 1866 l'esercito prussiano sconfisse gli austriaci a Sadowa (vicino a Hradec Králové). Due anni dopo, fu posata la prima pietra del Teatro nazionale, simbolo del rinnovamento ceco. Nel 1882 ci fu il grande raduno dei *Sokol* (i Falchi), federazione di società di atletica a vocazione nazionalista. Nel 1891, l'esposizione del giubileo attirò 2,5 milioni di visitatori.

Con l'inizio del XX secolo, resa prospera dalla crescita economica e dall'industrializzazione, Praga risanò il quartiere ebraico e si arricchì di magnifici palazzi in stile Secessione.

L'indipendenza della Repubblica

Nel 1914, scoppiata la prima guerra mondiale, i primi successi russi contro gli austriaci ravvivarono le speranze d'indipendenza dei nazionalisti cechi. Un reggimento praghese disertò e un gruppo di volontari cechi combatté al fianco degli alleati.
Alla conclusione della guerra, con il crollo dell'impero austro-ungarico, il paese era ormai maturo per costituire uno stato indipendente. La Repubblica fu proclamata il 28 ottobre e Tomáš Garrigue Masaryk fu il suo primo presidente; nel 1935 gli succedette Edvard Beneš. La colonna mariana di piazza della Città Vecchia, odiato simbolo della dominazione austriaca, fu abbattuta.
Dal 1918 al 1938 la Cecoslovacchia conobbe vent'anni di autentica democrazia (parlamentarismo e diritti delle minoranze) e, avendo ereditato i tre quarti del potenziale industriale dell'Austria-Ungheria, godette anche di una certa prosperità che la fece entrare nel circolo delle dieci maggiori potenze industriali del pianeta. Il suo punto debole erano gli oltre 3 milioni di cittadini di lingua tedesca (quelli dei *Sudeti*, autentico cavallo di Troia del nazionalismo tedesco) contro appena 1,9 milioni di slovacchi, mentre il nazionalismo ceco (largamente ispirato al movimento *hussita*) costituiva l'ideologia ufficiale.
Purtroppo, il vergognoso accordo di Monaco del settembre 1938 tra Chamberlain, Daladier, Hitler e Mussolini che consegnava la regione dei *Sudeti* (a maggioranza tedesca) alla Germania, segnò la fine dell'unità e della stabilità del paese che nel marzo del 1939 fu invaso dai nazisti, i quali vi instaurarono il *protettorato di Boemia-Moravia*. Il potenziale economico del paese, soprattutto le fabbriche di armi, interessavano molto al Reich. Beneš conobbe l'esilio in compagnia di migliaia di compatrioti. In Slovacchia fu costituito uno stato fascista e molti cechi e slovacchi si unirono alla Resistenza. Beneš si ritrovò a capo di un governo in esilio a Londra. Nel 1942 alcuni paracadutisti cechi inviati da Londra ferirono mortalmente Reinhard Heydrich, il capo del protettorato. Le rappresaglie naziste furono feroci: il villaggio di Lidice fu raso al suolo e tutti i suoi abitanti maschi furono massacrati. La comunità ebraica di Praga perse i tre quarti dei suoi membri, che dalla fortezza di Terezín furono deportati nei campi di sterminio.
Nell'aprile del 1945 tutte le forze della resistenza sottoscrissero il «programma di Košice», piano per la ricostruzione politica del paese; intanto, l'esercito americano liberava Plzeň, ma senza spingersi più a est. I sovietici, dal canto loro, entrarono a Praga il 9 maggio 1945, dopo la sollevazione della città, e furono accolti trionfalmente.

La II Repubblica e il «colpo di stato di Praga»

Dal 1945 al 1948, un governo di coalizione che riuniva tutti i partiti scaturiti dalla resistenza prese provvedimenti importanti, quali l'espulsione di tre milioni di tedeschi, la nazionalizzazione dei mezzi di produzione ecc. Nel 1946, il Partito comunista ottenne il 38% dei voti, diventando il maggior partito del paese, i socialdemocratici il 16%. I due partiti governarono il paese fino all'inizio del 1948, con Klement Gottwald (segretario generale del Partito comunista) primo ministro.
Nel febbraio del 1948 scoppiò una grave crisi politica dovuta all'inasprimento del regime. Per far cadere Gottwald, i dodici ministri socialdemocratici e i loro alleati si dimisero dal governo. Godendo di un vastissimo

consenso popolare e approfittando di un profondo malcontento, il Partito comunista fece scendere massicciamente in piazza le sue milizie e i sindacati (con tanto di sciopero generale) per ottenere la sostituzione dei ministri dimissionari con ministri comunisti, e riuscì a costringere il presidente Beneš ad accettare. Fu il famoso *colpo di stato di Praga.*
Le elezioni che seguirono consolidarono la nuova situazione. Il figlio di Masaryk, ministro degli esteri, fu defenestrato (funesta abitudine ormai ricorrente), Beneš si dimise nel giugno del '48 (morirà due mesi dopo) e Gottwald divenne presidente al suo posto. A tale situazione fecero immediatamente seguito nuove nazionalizzazioni e collettivizzazioni delle terre.
È da notare che il cambio di regime scaturì da un'autentica mobilitazione popolare e non dai carri dell'Armata Rossa, al contrario di quanto avvenne nella maggioranza degli altri paesi dell'Est europeo, e che i russi restarono estranei al processo poiché non avevano truppe in Cecoslovacchia, ma soltanto «consiglieri». Questo non impediva che Gottwald ricevesse ordini direttamente da Stalin.

La «Primavera di Praga»

A ogni modo, nel contesto internazionale della guerra fredda, fu rapidamente instaurato un regime statalista, burocratizzato e liberticida, i cui orrori sono fin troppo noti (in particolare le terribili purghe seguite ai «processi di Praga») e sarebbe inutile e troppo lungo enumerarli in questa sede. Un aneddoto però non guasta: per ironia della storia, Gottwald morì per una polmonite contratta al... funerale di Stalin e uno dei suoi successori, Novotný, squallido burocrate assolutamente incompetente, governò, invece, per oltre dieci anni. La società civile ceca fu completamente soffocata da una cappa di piombo e migliaia di cecoslovacchi furono inviati a forza nelle miniere di uranio, minerale vitale per l'espansione del programma nucleare sovietico.
Negli anni sessanta, la necessità d'introdurre riforme economiche divenne palese e una nuova generazione di militanti del Partito comunista provocò la caduta di Novotný, il 5 gennaio 1968, e la sua sostituzione con lo slovacco Alexander Dubček («inventore» con vent'anni d'anticipo, secondo Gorby in persona, della Perestrojka!). Il vecchio principio secondo il quale «non esiste libertà economica senza libertà politica» fu confermato ancora una volta. Il popolo approfittò della breccia creata dal *socialismo dal volto umano* e, progressivamente, un vento di libertà spazzò il paese, la gente ritrovò la parola, la censura arretrò al punto di sparire; in realtà, non si trattò di una contestazione globale della natura socialista del regime, bensì del manifestarsi di un'immensa sete di libertà e del piacere di godere finalmente dei diritti più elementari. Fu la famosa *Primavera di Praga*.
Per paura che il contagio si estendesse in tutto il blocco orientale, Leonid Brežnev decise di porre fine a quella pericolosa esperienza e ordinò il 21 agosto 1968 un intervento armato: 400 000 soldati del patto di Varsavia (tranne i romeni) occuparono militarmente il paese. A Praga, gli sbalorditi conducenti dei carri armati furono accolti dal grido «Popov torna a casa tua». Dubček e i suoi ministri, trasportati a forza a Mosca, furono costretti a firmare l'annullamento delle riforme.

Normalizzazione, resistenza e «rivoluzione di Velluto»

Passata la grande paura, la burocrazia «normalizzò» il paese: destituzione di Dubček (spedito a sarchiare i frutteti), sostituito da Husák (anch'egli sfuggito alle purghe del 1952), espulsione di 500 000 membri del partito, immobilismo economico, repressione politica, esilio. Miloš Forman e Ivan

Passer andarono a girare i loro film altrove, Kundera emigrò in Francia. Molti intellettuali, non avendo più i mezzi per esprimersi, fecero altrettanto; altri, cacciati dalle loro cariche, dalle facoltà o dai teatri, accettarono lavori manuali, il più delle volte dequalificati. Migliaia di studenti furono spediti nelle miniere di uranio. Persino Aragon si sentì in dovere di denunciare quello che definì un «Biafra dello spirito». Nel gennaio 1969, per protesta contro il regime sovietico, uno studente, Jan Palach, si diede fuoco in piazza Venceslao e divenne il simbolo della resistenza. Nella sua lettera d'addio scrisse: «Bisogna che qualcuno scuota la coscienza della nazione», con la certezza che, dal suo gesto sacrificale e disperato, i suoi compatrioti oppressi avrebbero tratto un messaggio di speranza. Il decennio che seguì fu contrassegnato dal grigiore, dall'immobilismo e dalla delazione organizzata (gli archivi della polizia politica rivelarono, dopo il 1989, l'esistenza di 200 000 informatori schedati).

Nel 1977, per protestare contro l'arresto dei membri di un gruppo rock (i Plastic People), un gruppo di dissidenti, fra cui Václav Havel, diede vita a *Charta 77*. Incurante dei rischi, per tredici anni il movimento denunciò tutte le ingiustizie e lottò per la libertà, reclamando dal potere il rispetto delle sue stesse leggi, soprattutto dopo la firma degli accordi di Helsinki del 1985. Quando alcuni membri di Charta 77 furono arrestati, Václav Havel creò il *VONS* (Comitato per la difesa delle persone ingiustamente perseguite). Accusato a sua volta, Havel restò in carcere per più di quattro anni e fu, in seguito, imprigionato numerose altre volte. L'ultima fu all'inizio del 1989, per aver protestato contro la violenza della repressione ai danni di una manifestazione studentesca in commemorazione della morte di Jan Palach.

Ovviamente, gli sconvolgimenti politici che dilaniavano tutta l'Europa orientale non potevano non raggiungere anche la Cecoslovacchia, che cominciò a essere teatro di numerose manifestazioni, una delle quali, quella del 17 novembre 1989, a cui parteciparono 30 000 studenti, fu repressa in maniera particolarmente feroce. Quel fatto segnò la fine dell'era dei burocrati e del Partito comunista ceco. La popolazione scese a sua volta nelle strade, sempre più numerosa e quasi quotidianamente. Si arrivò al punto che piazza Venceslao non poteva più nemmeno contenere le 250 000 persone che vi si ammassavano. La lunga lotta si concluse rapidamente con la creazione del *Forum civico* attorno a Václav Havel, con le dimissioni in blocco dei dirigenti del Partito comunista e con il ritorno di Dubček, autentico eroe nazionale, a Praga. Fu definita la *rivoluzione di Velluto:* il potere era completamente paralizzato, perdeva progressivamente ogni appoggio, era incapace di reagire alla pressione delle manifestazioni pacifiche, mentre la popolazione consolidava, a ogni occasione, la sua posizione di forza, ingrossando sempre più le file del movimento. Ma tutto questo senza scontri, senza violenze: da qui il nome, ormai storico, di «rivoluzione di Velluto»...

Václav presidente!

E l'impensabile accadde: il 30 dicembre 1989 Václav Havel, appena uscito di prigione, trascinato nel fango e ingiuriato fino a poco tempo prima, fu eletto presidente della Repubblica. Contemporaneamente, Alexander Dubček fu eletto presidente dell'Assemblea nazionale. Che rivincita sulla storia, per quei due! Dubček, però, non ebbe il tempo di godersela perché morì soltanto due anni dopo in un incidente stradale. Che tipo di lezione bisogna trarre da quella straordinaria stagione? È azzardato mettere a confronto due storie quasi identiche: la resistenza di Jan Hus e quella di Václav Havel? Entrambi si mostrarono intransigenti sul fronte dell'etica morale e politica, e rifiutarono ogni compromesso. Jan Hus andò di persona a difendere le sue tesi al concilio di Costanza e si rifiutò di rinnegarle.

Havel non smise mai di lottare per le libertà democratiche, non si accontentò mai delle misere concessioni fatte dal regime, ma se ne servì per ottenerne altre e soprattutto per impedire che quelle fragili conquiste ingannassero l'opinione pubblica e la inducessero ad accettare l'assenza di autentiche libertà garantite. Ciò che il popolo cecoslovacco ha visto in Václav Havel, non è uno dei tanti eroi positivi, sicuro di sé stesso e magari già dominatore, ma piuttosto un uomo fragile, ferito, impregnato di spiritualità, eppure fortemente animato dalla speranza di veder trionfare, alla fine, la verità e la morale. E per chiudere in bellezza questo capitolo, eccovi una frase emblematica di una sua opera teatrale, *L'interrogatorio:* «Non bisogna identificare la speranza con le previsioni, perché si tratta di un orientamento del cuore e dello spirito che va al di là del vissuto immediato e si collega a ciò che lo oltrepassa...».

La «guerra del trattino»

Le elezioni legislative dell'8 giugno 1990 consacrarono il trionfo di Václav Havel e del *Forum civico* che, con il suo omologo in Slovacchia, *Pubblico contro la violenza*, raccolse il 46% dei voti e la maggioranza assoluta alla Camera del popolo e a quella delle nazioni. Il Partito comunista raccolse il 13% dei voti e perse il potere dopo quarantasei anni ininterrotti. Notiamo, infine, che la percentuale dei votanti raggiunse il 96%: una partecipazione da sogno per le attuali democrazie occidentali!
Nel luglio dello stesso anno, Havel torna in carica per due anni, ma il manifestarsi del problema slovacco raffredda ben presto l'euforia. Un anno dopo la rivoluzione di Velluto, la repubblica di Cecoslovacchia perde già l'appellativo di «socialista» e, dopo qualche mese, cambia di nuovo nome, sotto le pressioni dei politici di Bratislava: Repubblica «federale» ceca e slovacca. Ironicamente, i media internazionali parlano di «guerra del trattino», dato che le due parti faticano ad accordarsi sul nuovo nome della federazione: ceco-slovacca (invece di cecoslovacca), oppure ceca e slovacca.
Dietro a questa baruffa grammaticale apparentemente ridicola, si celano profondi attriti tra due popoli riunificati loro malgrado, 74 anni prima, dai vincitori della prima guerra mondiale. Pur avendo tentato, bene o male, di coabitare, sono separati da troppi elementi: la lingua, molto simile, ma diversa, la storia (regno di Boemia, da una parte; enclave slovacca in territorio ungherese, dall'altra), la pratica religiosa (più sentita in Slovacchia), la cultura (gli slovacchi sono un popolo essenzialmente rurale), le tradizioni politiche (i cechi si sentivano più affini ai comunisti durante la guerra, mentre gli slovacchi propendevano per il fascismo) ecc. Nonostante sforzi innegabili (ma tardivi secondo alcuni), Havel non riesce a evitare la rottura provocata dalle aspirazioni nazionaliste nate dopo la caduta del comunismo.

Il «divorzio di Velluto»

Nel marzo 1991 il leader nazionalista slovacco Vladimir Mečiar propone un referendum sull'indipendenza della Slovacchia. Per tutta risposta, Havel apre un ufficio presidenziale a Bratislava e promette di recarvisi regolarmente, allo scopo di dimostrare agli slovacchi che i cechi non li disprezzano. Le due repubbliche (ricordatevi che la Cecoslovacchia era stata una federazione dal 1968 e che da quella data la Slovacchia era «ufficialmente» una repubblica, non indipendente, ma autonoma – si noti la sfumatura) tentano di mettersi d'accordo su un trattato finalizzato a gestire le reciproche relazioni, ma invano. Gli slovacchi si sentono depredati e ignorati e i cechi non capiscono affatto questi rimproveri; risultato: il progetto di referendum si arena.

Le elezioni legislative del giugno 1992 provocano la rottura definitiva: in Slovacchia il movimento nazionalista di Mečiar vince largamente, mentre in Boemia-Moravia prevale il partito del ministro federale Václav Klaus. A quel punto, i due uomini politici decidono di consultarsi per definire la sorte della federazione. In luglio, il nuovo parlamento non riconferma Václav Havel, a causa dell'ostruzionismo dei deputati nazionalisti slovacchi. Qualche giorno dopo, il parlamento di Bratislava proclama la sovranità della Slovacchia. Fedele ai suoi principi, Havel si dimette lo stesso giorno, avendo sempre dichiarato che non sarebbe stato il presidente che avrebbe sepolto la Federazione cecoslovacca... Anche se sarà rieletto poco dopo, il suo scacco non può non ricordare quello di Gorbaciov, che non era riuscito a salvare l'URSS, ma la situazione è senz'altro meno drammatica di quella dell'ex Jugoslavia.
Il 1° gennaio 1993 segna la nascita ufficiale delle due repubbliche. A tutt'oggi, solo un piccolo villaggio resiste ancora, non all'invasione, ma alla divisione: U Sabotu. Sulla frontiera, versante slovacco secondo gli accordi, una trentina di famiglie rivendica l'appartenenza alla Repubblica Ceca, naturalmente sulla base di interessi economici (pensioni, stipendi e costo della vita, diversi nei due paesi). La maggioranza scarsa della popolazione ha dichiarato al ministro degli Interni praghese di preferire la Slovacchia, ma una petizione firmata da partigiani della nazionalità ceca, nella quale si afferma che «nessuno può essere costretto ad abbandonare il proprio paese», è stata inviata al Consiglio costituzionale ceco. Per concludere (o per complicare il tutto), a tutti gli abitanti del villaggio disposti a insediarsi altrove nella Repubblica Ceca è stato offerto un risarcimento di 1,5 milioni di corone. Avete capito? Il risultato è che, stretta tra l'orgoglio e l'invidia, la gente continua a odiarsi allegramente.

Il «miglior allievo della trasformazione postcomunista»?

Dopo nove anni di esistenza, la Repubblica Ceca è uno degli ex paesi comunisti più progrediti sul terreno delle riforme. Peccato che talvolta il miracolo economico assomigli a un «trompe-l'œil» perché, se da un lato i finanziamenti affluiscono e le fabbriche funzionano, dall'altro le banche e le grandi industrie, privatizzate in ritardo, vengono svendute e poi, spesso, smantellate. Un passo verso l'economia di mercato che i cechi pagano con elevati costi sociali.
Nel marzo del 1995, i sindacati radunano tra gli 80 000 e i 90 000 manifestanti per difendere le conquiste sociali, e si pensa che la coalizione formata dal primo ministro Václav Klaus non ne uscirà indenne, tanto più che il presidente Václav Havel non nasconde il suo disaccordo nei confronti della politica del governo. Il risultato delle elezioni legislative del giugno 1996 non fa che confermare i dubbi e la volontà di cambiare della popolazione, e la coalizione uscente, pur vincendo le elezioni, perde la maggioranza al parlamento. Di conseguenza, la scena politica deve ormai fare i conti con il partito socialdemocratico, diventato un vero e proprio partito d'opposizione, oltre che la seconda formazione del paese.
Nel 1997 viene siglato l'accordo ceco-tedesco che allenta alcune tensioni tra i due stati. Tuttavia, la stagnazione economica, la svalutazione della corona ceca, gli scandali, gli scontri politici in seno alla coalizione al potere e le questioni dell'integrazione nella NATO e nell'Unione europea appesantiscono l'atmosfera nell'ambito della società ceca. È per questo che, a fine novembre, Havel pretende le dimissioni di Václav Klaus in seguito a uno scandalo sul finanziamento del partito democratico civico. Il nuovo primo ministro, Josef Tosovšký, forma un governo che guida il paese fino alle elezioni legislative anticipate del giugno 1998.
Alle elezioni presidenziali del gennaio seguente, il presidente uscente Václav Havel è rieletto senza sorprese, sia per la sua indiscussa autorità mo-

rale, sia per il ruolo di arbitro che ha assunto. I suoi jeans dei primi giorni della democrazia, il monopattino regalatogli dalla tennista Martina Navrátilova per spostarsi più celermente nei corridoi del palazzo presidenziale, gli hanno conferito un'immagine di semplicità. Nelle ultime elezioni Václav Klaus, segretario del Partito democratico civico, prende il suo posto alla presidenza, chiudendo così l'era di Havel. Il governo attuale è una coalizione (che si regge su una strettissima maggioranza: un solo voto in una delle due Camere) diretta da Vladimir Spidla. Alla vigilia dell'ingresso in Europa (previsto per maggio 2004) la situazione appare dunque estremamente fluida.

Date di riferimento

– ***Inizio della nostra epoca:*** tutta l'Europa è popolata dai Celti, alcuni dei quali, i Boi, si insediano in quella che diventerà la Boemia.
– ***V secolo:*** arrivo degli Slavi in Boemia-Moravia.
– ***VII secolo:*** la Boemia diventa una regione mercantile.
– ***863:*** missione dei bizantini Cirillo e Metodio. Le tribù boeme si convertono al cristianesimo.
– ***870:*** inizio della costruzione del castello di Praga.
– ***867-894:*** Bořivoj, della dinastia degli Přemyslidi, primo principe di Boemia.
– ***Inizio del X secolo:*** fine dell'impero della Grande Moravia, invaso dai Magiari.
– ***929:*** morte di San Venceslao, duca di Boemia, che diventerà il grande patrono della regione.
– ***1085:*** Vratislav, primo re di Boemia, diventa grande elettore del Sacro romano impero germanico.
– ***XIII secolo:*** la corona di Boemia diventa ereditaria. I Tatari invadono la Moravia e la Slovacchia.
– ***1344:*** inizio della costruzione della cattedrale di San Vito.
– ***1346-1378:*** regno dell'imperatore Carlo IV che intraprende grandi lavori per abbellire e modernizzare Praga.
– ***1348:*** fondazione dell'università di Praga.
– ***1415:*** Jan Hus viene bruciato vivo dopo aver illustrato la sua posizione al concilio di Costanza.
– ***1419-1434:*** guerre hussite.
– ***1459-1471:*** Giorgio di Poděbrady, re hussita, sale al trono. Segue il regno della dinastia degli Iagelloni, provenienti dalla Polonia. È il periodo del gotico fiammeggiante.
– ***1526:*** la dinastia degli Asburgo sale al trono e non lo abbandona più per quattro secoli.
– ***1583:*** Rodolfo II, imperatore germanico, terzo re degli Asburgo, sceglie Praga come capitale, abbandonando Vienna.
– ***1618:*** prima rivolta contro gli Asburgo e prima defenestrazione di Praga.
– ***1620:*** battaglia della Montagna Bianca. I riformisti sono sconfitti e i cattolici, con Ferdinando d'Asburgo, conservano il potere. Cattolicizzazione forzata. Un anno dopo, ventisette nobili vengono decapitati sulla piazza Malá Strana. La «controriforma» s'inasprisce.
– ***1627:*** Jan Amos Komenský (Comenio) deve lasciare il paese per essersi rifiutato di rinnegare la sua fede riformata. Nel 1660, ad Amsterdam, pubblicherà *Il testamento alla madre morente.*
– ***XVIII secolo:*** è il grande secolo del barocco.
– ***1784:*** Staré Město, Nové Město, Malá Strana, Hradčany sono riuniti per diventare un'unica città.
– ***Fine del XVIII secolo:*** è il risveglio nazionale, che si esprime sempre più con una volontà d'emancipazione.
– ***1848:*** il movimento nazionale rivoluzionario viene aspramente represso.
– ***1896:*** il ghetto ebraico viene distrutto, Praga si modernizza.

– ***1910-1918:*** fiorisce l'Art nouveau, poi il cubismo.
– ***1918:*** proclamazione della Repubblica, della quale Masaryk è il primo presidente. La Francia e l'Inghilterra sono gli alleati «sicuri» della nuova repubblica.
– ***1921:*** fondazione del Partito comunista cecoslovacco.
– ***1938:*** accordi di Monaco, Hitler si annette i Sudeti, in maggioranza tedeschi. La Francia e l'Inghilterra abbandonano la Cecoslovacchia e non reagiscono.
– ***1939-1945:*** dominazione e occupazione della Boemia-Moravia da parte dei nazisti.
– ***1945:*** gli americani consentono all'Armata Rossa di liberare Praga. Mosca aveva già delle mire sulla regione.
– ***Febbraio 1948:*** colpo di stato di Praga: i comunisti si impadroniscono abilmente del potere.
– ***1952:*** inizio dei processi di Praga.
– ***1968:*** primavera di Praga. Il presidente Dubček «liberalizza» il paese e propone un socialismo dal volto umano. Nell'agosto 1968, l'URSS pone fine al periodo delle riforme con i carri armati e con una severa ripresa del controllo sul paese.
– ***1969:*** Jan Palach si immola per protesta contro l'invasione sovietica. Il paese viene normalizzato. Emigrazione, repressione, sorveglianza. La Cecoslovacchia si confedera in due repubbliche: la Boemia-Moravia e la Slovacchia.
– ***1977:*** Václav Havel firma Charta 77 e dà voce alla dissidenza.
– ***1989:*** rivoluzione di Velluto ed elezione di Václav Havel alla presidenza. Dubček viene acclamato al fianco di Havel.
– ***1991:*** ritiro delle truppe sovietiche dalla Cecoslovacchia.
– ***1992:*** morte di Alexander Dubček.
– ***1° gennaio 1993:*** divisione del paese in Repubblica Ceca e Repubblica Slovacca.
– ***1994:*** il primo ministro Václav Klaus avvia il paese all'economia di mercato con le privatizzazioni, la restituzione dei beni nazionalizzati, l'introduzione dell'IVA...
– ***1995:*** malcontento sociale. Il 25 marzo, tra le 80 000 e le 90 000 persone giunte da tutto il paese manifestano a Praga per difendere le conquiste sociali.
– ***Giugno 1996:*** le elezioni legislative fanno perdere la maggioranza in parlamento al governo di coalizione. Il presidente Havel incarica Václav Klaus di formare un nuovo governo.
– ***1998:*** rielezione di Václav Havel.
– ***1999:*** adesione alla NATO e, quindici giorni dopo, partecipazione ai bombardamenti sulla Serbia.
– ***2000-2001:*** crisi alla TV ceca: il direttore nominato dal governo deve dimettersi dopo un lungo sciopero e manifestazioni imponenti.
– ***2002-2003:*** esito delle elezioni politiche: presidente Václav Klaus e primo ministro Vladimir Spidla (socialdemocratico).

Telefono

– ***Italia → Repubblica Ceca e Repubblica Slovacca:*** 00 + 420 + il prefisso della città. *Praga:* 2. *Plzeň:* 19. *Bratislava:* 7. *Brno:* 5. *Košice:* 95.
– ***Repubblica Ceca → Italia:*** 00 + 39 + il numero del destinatario.
– ***Per le chiamate interurbane:*** digitate lo zero davanti al prefisso della città. I telefoni a scheda si diffondono sempre più (a Praga ce ne sono come in Italia) e sono molto pratici. Le schede si acquistano in posta o nelle edicole. Comunque, è meglio evitare i telefoni a moneta il cui funzionamento è molto aleatorio.

– ***Chiamate locali:*** componete direttamente il numero senza lo 01 e il prefisso.

– Per semplificarvi la vita, prima di partire potete acquistare diversi tipi di ***schede internazionali*** (negli uffici postali, nei negozi Telecom Italia, nelle edicole e tabaccherie, agli aeroporti, nelle stazioni ferroviarie e a bordo dei voli internazionali Alitalia) oppure una delle ***carte di credito telefoniche Telecom Italia*** (per informazioni: ☎ 800-15-61-56, numero gratuito).

- ***Time*** è la ***scheda telefonica internazionale*** di Telecom che consente di chiamare, da qualsiasi telefono e da qualsiasi stato collegato, digitando un codice segreto. È prepagata ed è in vendita in 3 tagli diversi (da 5, 10 e 25 €). Viene addebitato solo il tempo reale di conversazione, senza scatti alla risposta né costi minimi. Tariffe a prezzi vantaggiosi: per esempio telefonare in Europa e negli Stati Uniti costa 0,10 € al minuto. Per informazioni: ☎ 800-874-874 (numero gratuito).
- La ***New Columbus International Phone Card***, destinata a chi viaggia in Europa e in America del Nord, permette di telefonare da e verso ognuno dei paesi nei quali il servizio è attivo con un solo prezzo di 0,15 € al minuto (IVA compresa). È disponibile in due tagli da 5 e da 12 €. Per informazioni: ☎ 800-874-874 (numero gratuito).
- La carta di credito telefonica ***Call It*** si può usare da qualsiasi telefono (anche privato) e da qualsiasi paese collegato; ha un codice segreto di utilizzo. L'attivazione è gratuita e la tariffazione è a tempo e non a scatti. La spesa di traffico telefonico può essere addebitata nella bolletta o sulla carta di credito. Per utilizzarla in Italia occorre comporre ☎ 443; dall'estero dovrete selezionare il numero verde internazionale del paese nel quale vi trovate. Per informazioni: ☎ 800-156-156 (numero gratuito).

– Inoltre, ricordate che potete telefonare da qualsiasi telefono a carico del destinatario tramite il servizio ***Italy Direct***. Questo servizio vi metterà in contatto con un operatore italiano che vi guiderà nell'operazione di chiamata. Dalla Repubblica Ceca: ☎ 00-42-00-39-00. Alla tariffa dovuta per i minuti di conversazione viene applicata una sovratassa di 4,95 €, se si è assistiti da un operatore, oppure di 0,30 € per ogni conversazione effettuata esclusivamente con l'assistenza automatica. Per informazioni in Italia chiamate da rete fissa Telecom il ☎ 4176.

Numeri di emergenza

Ambulanza: 155.
Polizia: 158.
Vigili del fuoco: 150.
Soccorso stradale: 1230.
Attenzione! Dal settembre 2002 la rete telefonica della Repubblica Ceca sta subendo una profonda riorganizzazione. I numeri di telefono potranno perciò subire notevoli variazioni.

Trasporti interni

I mezzi dei trasporti pubblici urbani sono solitamente frequenti. Il costo del biglietto è di 12 Kčs (0,36 €) ed esistono varie possibilità di abbonamento quotidiano o settimanale (vedi «Praga. Trasporti»). Attenzione, per i bagagli ingombranti e le biciclette bisogna pagare un biglietto supplementare (di solito, a metà prezzo).

Comportamento in automobile, con l' autostop, in bicicletta...

– La ***rete stradale*** è incredibilmente fitta ed è mantenuta sempre meglio. Le indicazioni stradali sono buone salvo, talvolta, quelle per uscire dalle grandi città. L'autostrada Praga-Brno-Bratislava è favolosa.

– Il ***limite di velocità*** è di 90 km/h sulle strade statali, di 50 km/h nei centri urbani e di 130 km/h sulle autostrade. Attenzione, tuttavia, perché su alcune autostrade il limite scende a 110 km/h.

– Non dimenticate di acquistare la «***vignette***», la vetrofania obbligatoria dal 1995. È in vendita alla frontiera e in alcune stazioni di servizio al prezzo di 800 Kčs (24 €) per un anno, 200 Kčs (6 €) per un mese e 100 Kčs (3 €) per 10 giorni (vedi «Prima della partenza. Formalità»). Attenzione, è obbligatorio pagare in contanti e non ci sono sportelli bancari automatici alla frontiera.

– Come in Italia, non ci sono problemi di ***carburante***. Si trovano il gasolio (*nafta*), la benzina con e senza piombo e persino il GPL. I prezzi sono liberi, ma calcolate circa 25 Kčs (0,75 €) al litro per il gasolio e fino a 35 Kčs (1,10 €) per la benzina senza piombo a 98 ottani (*Natural plus*).

– Gli ***automobilisti*** sono nell'insieme prudenti, molto poco astiosi e assolutamente non scatenati al volante.

– La legge è molto severa per quel che riguarda l'***alcol*** al volante. È proibito bere alcolici, birra compresa, se si deve guidare, e talvolta vengono istituiti controlli all'uscita di certi locali con tanto di analisi del tasso alcolico. La multa è salata e si paga immediatamente.

– Per parcheggiare l'auto nella capitale, non usate i ***parcheggi*** «riservati» che sono per i cechi e nei quali rischiate di ritrovarvi l'auto in ceppi (se va bene) o addirittura al deposito. In effetti, è proibito parcheggiare l'auto in *Praha 1* (centro città di Praga), anche fuori dai «parcheggi riservati», se non nei parcheggi sotterranei al costo di 300 Kčs (9 €) al giorno. Conviene servirsi dei parcheggi «privati/custoditi» oppure trovare una stanza presso privati in periferia il cui giardino potrà farvi da garage. Taluni cechi amano molto le automobili, quindi non stupitevi se non trovate più la vostra dove l'avete lasciata.

– Infine, vi consigliamo di acquistare le ***carte stradali*** *Eurocarte*, che sono molto esaurienti, facilmente leggibili e con i punti d'interesse indicati in verde. Esistono cartine precise e dettagliate dei dintorni di Praga. Sfortunatamente, nessuna di esse copre tutta la periferia. Oppure la carta del TCI, *Carta stradale della Repubblica Ceca* (scala 1/500 000) o le carte turistiche prodotte dalla *Kartografie Praha* (ex editore statale nel settore). Infine, soprattutto per gli automobilisti itineranti, suggeriamo il grande atlante automobilistico *Velký Autoatlas Česká Republika - Slovenská Republika* che ha la legenda anche in italiano.

– L'***autostop*** è abbastanza facile e per molto tempo è stato addirittura una specie di sport nazionale (con tanto di gare talvolta). L'unico problema è che le Škoda sono già molto piccole di per sé e le famiglie ceche sono spesso assai numerose. Cominciate di buon'ora la mattina per approfittare della gente che va a lavorare o di coloro che viaggiano per lavoro.

– Ci sono ancora pochi noleggi di ***biciclette***, ma la situazione sta lentamente cambiando. Vi indicheremo ugualmente alcuni indirizzi, altrimenti portatevela dietro.

Volontariato

Informazioni e link nel sito • www.aiuto.net/it2o.htm/ • (in italiano).

Moltissime opportunità di volontariato anche nei siti • www.idealist.org/ • (in inglese) e • www.cts.it/ • (in italiano).

– PRAGA E LA BOEMIA CENTRALE –

PRAGA (PRAHA) PREF.TEL.: 02

Per le piantine di Praga (I – Pianta d'insieme, II - Città Vecchia Nord, III - Città Vecchia Sud, IV - Malá Strana e Hradčany), vedi inserto a colori.

«Praga, questa pietra preziosa incastonata nella corona della terra...»

Goethe

La città dai cento campanili (senza contare i torrioni, le torrette e le garitte di vedetta) è semplicemente una delle più belle città del mondo e, in ogni caso, una delle meraviglie d'Europa scampata miracolosamente alle grandi distruzioni delle due guerre mondiali e molto meno segnata da mostruosi sventramenti urbani rispetto ad altre capitali europee.

Risultato: è una delle rare capitali che si possono esplorare interamente a piedi, dove l'auto non sembra minimamente necessaria e il traffico, a parte qualche eccezione, non è mai micidiale. Ne deriva una serenità totale per ammirare, con il naso per aria, tutti gli stili che caratterizzano la città: romanico, gotico, rinascimentale, barocco, Art nouveau e cubista (il tutto cosparso di follie ibride d'ogni epoca). Inoltre, l'assenza di bar dalle insegne pacchiane mette ancora più in risalto balconi pazzeschi, portici deliranti, finestre nobili, giardini segreti e romantici vicoli.

Perché Praga si rivela la città dei romantici e degli innamorati per eccellenza con la parsimoniosa illuminazione notturna dei vecchi lampioni che favorisce i terremoti del cuore, le conversazioni d'amore, le estasi più profonde... Praga, «il sogno di pietra», il paradiso degli sfaccendati amato appassionatamente da Goethe, Chateaubriand, Rilke, Camus, Claudel, Apollinaire, Nerval, Paul Morand, fino ai surrealisti Éluard e Breton. Praga, che seppe accogliere così calorosamente Mozart, saprà aggiungervi al suo elenco infinito di ammiratori a vita...

Il rovescio della medaglia è che, dall'apertura totale del paese, Praga è diventata una città da visitare a tutti i costi, al punto che durante i ponti di primavera e i due mesi estivi, è letteralmente invasa. Ma rassicuratevi, vanno tutti nello stesso posto alla stessa ora. Anche a ferragosto, all'alba, il ponte Carlo sarà tutto per voi.

Un po' di storia e di architettura

Praga fu fondata nel IX secolo e all'inizio non era che un piccolo borgo commerciale sull'area della Città Vecchia. Poi cominciò la costruzione di un primo castello (in stile romanico) con la basilica di San Giorgio, unica traccia di quell'epoca. Nella Città Vecchia, le prime case in muratura erano romaniche, poi, nel XIII secolo, si costruì in gotico, il più delle volte sulle antiche strutture romaniche. In effetti, si dovette sopraelevare tutta la Città Vecchia, troppo spesso inondata dalle piene della Moldava, con un terrapieno di terra alto dai due ai tre metri che trasformò molti pianterreni in cantine. Questo spiega anche perché le tracce dello stile romanico nell'architettura civile siano così poco visibili e non si trovino (quando la facciata è gotica o barocca) che negli ingressi delle porte carraie (gli antichi primi piani) o andando a cena in qualche famoso ristorante ricavato in un seminterrato. È così che si scoprono grandi e armoniosi saloni a volta romanica.

È al XIII secolo che risale la fondazione del ghetto ebraico e la costruzione della sinagoga Vecchia-Nuova, oltre alla creazione del quartiere di Malá Strana sulla collina del castello. Sono del secolo successivo la nascita del quartiere di Hradčany in cima alla collina, la costruzione del municipio della Città Vecchia e l'avvio dei lavori di edificazione della cattedrale di San Vito. Il XIV secolo, sotto il regno di Carlo IV, conobbe una straordinaria fioritura architettonica.
Poi comparve lo stile rinascimentale che, assieme al gotico, fu ampiamente soppiantato dal barocco arrivato al seguito della Controriforma nel XVII secolo. In effetti, la vittoria del cattolicesimo provocò l'avvento del barocco gesuita, francese, italiano e tedesco, sorprendente «punizione architettonica» per un popolo protestante troppo ribelle. Il barocco della dinastia degli Asburgo (che avrebbe regnato per parecchi secoli) fu quindi un'arte imposta contro il gotico ceco, il che spiega, di conseguenza, la meravigliosa omogeneità del quartiere di Malá Strana, interamente «convertito» al barocco.
Gli stili architettonici che succedettero al barocco, neoclassico e impero, modificarono pochissimo la fisionomia di Praga. Per contro, troviamo più esempi del periodo detto «storicista», che copre la seconda metà del XIX secolo e un po' oltre. Tale stile mescolò allegramente tutte le tendenze precedenti riuscendo a creare un genere eclettico veramente originale. (per esempio, la via Parigi, Pařížská). Infine, il profondo desiderio di un'arte nazionale tipica sfociò nelle belle variazioni dell'Art nouveau. Il cubismo trovò a Praga un raro caso d'applicazione in Europa. Per concludere, le mostruosità architettoniche dei periodi stalinista e husakiano (Gustav Husák fu presidente dal 1975 al 1989) non meritano alcuna attenzione.
Bisogna tuttavia riconoscere i grossi sforzi effettuati a partire dal 1970 per restaurare i più bei monumenti della città, anche se, purtroppo, questa salutare iniziativa genererà un nuovo stile dominante, terrore dei fotografi, «l'impalcaturismo». La città si ricoprì di tubi e di ponteggi che imprigionarono chiese e prestigiosi edifici civili. Complice l'ardore burocratico, nel corso di svariati anni, la ruggine, il muschio e la vegetazione più diversa, testimoniarono della perennità di questo stile. Oggi, tutto questo è finito e i monumenti più belli sono stati restaurati magnificamente.
Dal punto di vista architettonico, Praga si rivela un capolavoro assoluto, una città unica in Europa. Da nessun'altra parte si scoprono così tanti scorci campestri, per non dire selvaggi, tali cascate meravigliosamente disordinate di tetti, così tante sfide all'uniformità e alla noia, un tale trionfo di linee spezzate, di dislivelli, di sporgenze ecc. Gli architetti si sono adattati saggiamente al terreno accidentato, talvolta addirittura accentuando l'aspetto ludico di questo urbanesimo imposto dalla configurazione dei luoghi. Se poi a tutto questo aggiungete le miriadi di facciate e di frontoni multiformi e riccamente scolpiti, i tanti portali che si aprono su infilate di cortili che portano ad altri portali che danno su altre strade, vi accorgerete che la città è un autentico groviera, un tessuto fatto di «passaggi». I praghesi conoscono bene certi scorci, certi percorsi segreti che aumentano ancor più il fascino misterioso della città e che permisero a tanti partigiani d'ogni epoca di sfuggire alle milizie asburgiche e, più avanti, a quelle naziste. Non si dice forse che si potrebbe attraversare Praga evitando praticamente tutte le strade? Per i nostri avventurosi lettori, escursionisti urbani impenitenti, è un invito a nozze!
Praga è una città da percorrere, più di ogni altra, seguendo la propria ispirazione.

Cenni sui diversi stili architettonici

Visitare Praga con il naso per aria è come fare un corso d'architettura all'aperto: cosa si può pretendere di più? Rara città europea che racchiude testimonianze di tutti i periodi dell'architettura, Praga invita alla scoperta continua.

Ha beneficiato di influenze romaniche e germaniche, ha oscillato tra protestantesimo rigoroso e controriforma barocca, ha accolto le avanguardie occidentali (Art nouveau, cubismo) così come quelle di Mosca (costruttivismo). A ogni strato successivo, l'architetto ceco reinterpreta i generi e aggiunge una tonalità originale «made in Boemia». Per capire questo audace collage di stili architettonici, è sufficiente osservare certi palazzi che hanno fondamenta romaniche, loggiati gotici al pianterreno, frontoni barocchi o rococò, finestre neoclassiche e, per finire, facciate decorate da motivi Art nouveau.

– ***Il romanico (dall'XI secolo alla metà del XIII secolo):*** a Praga, come altrove, il romanico è un miscuglio d'influenze diverse. Introdotto in Boemia nell'XI secolo sotto la dinastia dei Přemyslidi, è bizantineggiante nella rotonda di Santa Croce e segue la tradizione renana nella basilica di San Giorgio e nel castello. Le sue caratteristiche sono note: archi e volte a tutto sesto, campanili quadrati, timpani e capitelli scolpiti, affreschi ovunque... Il tutto massiccio, tozzo, adattato alle esigenze della liturgia e, per non dire altro, funzionale. Lo stile romanico è ugualmente onnipresente nelle case che circondano la piazza della Città Vecchia, ma... sotto terra. In effetti, i pianterreni romanici sono stati riscoperti durante i lavori effettuati nel XIII secolo per sopraelevare la Città Vecchia onde evitare le piene catastrofiche della Moldava.

– ***Il gotico (dal XIII al XV secolo):*** la volta su crociera ogivale è il suo marchio di fabbrica, ma anche gli espedienti strutturali che consentono di slanciare la volta, di allungare le finestre, di scomporre le vetrate in innumerevoli alveoli... Liberato (per esempio nella cattedrale di San Vito), il gotico imita la foresta con guglie arborescenti, selve di colonnati, volte a nervature nel castello. L'architetto Benedikt Ried porta al parossismo la possibilità di innervare le volte a reticoli o a stella, in particolare nel salone Vladislao e nello scalone dei Cavalieri del vecchio palazzo reale. Il moltiplicarsi delle aperture, l'ampiezza ritrovata dello spazio non cessa di alleggerire gli edifici. Alla fine del XV secolo, il gotico fiammeggiante spinge al massimo questa effervescenza e annuncia, *ante litteram*, il barocco.

– ***Il rinascimento (secoli XVI e XVII):*** Praga possiede un proprio stile rinascimentale che sposa bizzarramente il pignone traforato dei paesi nordici al manierismo dell'Italia classicista. Espedienti: i graffiti (affreschi grattati su fondo nero o bistrato) a motivi figurati (casa *U Minutý* in piazza della Città Vecchia), o geometrici (i falsi rivestimenti in legno «a punta di diamante» di palazzo Schwarzenberg).

– ***Il barocco (dal XVII al XIX secolo):*** lo stile barocco è la rivincita della Controriforma, incarnata dalla cattolicissima dinastia degli Asburgo. Che il barocco sia gesuita, francese, italiano o tedesco, è sempre uno stile imposto, simbolo dell'antiprotestantesimo. D'origine romana, caratterizzato dalla facciata tripartita e dalla pianta centrale, lo stile degli architetti Dientzenhofer accentua l'ondulazione delle pareti e l'aggrovigliarsi degli spazi come viene esemplificato meravigliosamente nella chiesa di San Nicola nella piazza di Malá Strana. Le chiese esprimono un grande desiderio di propaganda religiosa con i loro portici che intimidiscono, i vasti soffitti decorati a trompe-l'œil, i vestiboli trionfali... Nelle statue e nei dipinti, i santi si contorcono in pose teatrali, gli altari maggiori sfavillano di personaggi dorati, si sfruttano le curve sensuali, i riccioli birichini, le cupole paffute. Nel XVIII secolo il barocco si esaspera per imitare le fantasie più arzigogolate della natura: siamo allo stile rococò, o rocaille.

– ***Neoclassico, impero e storicismo (dal XVIII al XX secolo):*** il neoclassico segna un ritorno all'equilibrio dopo le stravaganze del barocco e le sue conseguenze sono il ritegno, la severità e la parsimonia degli effetti. Lo stile Impero (inizio del XIX secolo) è poco rappresentato a Praga, a parte le realizzazioni del viennese Georg Fischer. In seguito, le parodie storicistiche s'impadroniscono di Praga con il neoromanico, il neogotico, il neorinascimentale, il neobarocco... I monumenti, per esempio il Teatro nazionale o il Museo nazionale, sono la risultanza di elementi storici che rafforzano il sentimento d'identità nazionale, molto in voga all'epoca. L'alt a tutti i neo-qualcosa viene dato all'inizio del secolo con la ridefinizione del ruolo dello spazio e la ricerca sui materiali.

– ***Art nouveau, Jugendstil e Secessione (1894-1910):*** sotto il termine Art nouveau si raggruppano diversi movimenti europei che vedono la luce alla fine del XIX secolo, Liberty in Italia, Modern Style in Inghilterra, Jugendstil in Germania, Secessione in Austria, Art nouveau in Francia ecc. e che sono uniti dalla medesima aspirazione: quella di rinnegare l'eredità storica e accademica, di esprimere la nuova arte del vivere dell'epoca e di rinnovare il linguaggio decorativo. L'Art nouveau, che qui viene chiamata semplicemente «Secese», rimodellerà il volto di Praga, prendendo dallo Jugendstil il gusto per le linee curve del regno vegetale e dal genere viennese una stilizzazione più depurata. Sinuosi motivi arborescenti che accomunano vetrate, mosaici, ferro battuto e ceramica ornano, in particolare, le facciate dalla Casa municipale (Republiky náměstí), dell'albergo *Europa* (Václavské náměstí) e dell'albergo *Centrale* (via Hybernská). La decorazione, che è frutto di artisti provenienti da esperienze completamente diverse (pittori, scultori e artigiani artistici), costituisce il manifesto dell'arte del vivere, dell'arredamento e della bellezza.

– ***Cubismo, costruttivismo, funzionalismo (XX secolo):*** Praga è l'unica città in cui si concretizzano realizzazioni architettoniche cubiste. Sulle teorie del cubismo pittorico, si arriva a un'esplosione della forma e a una scomposizione della facciata in sfaccettature multiple e sporgenti. Diamo qualche esempio: la casa *Della Vergine nera* di via Celetná, a Vyšehrad, la casa sul lungofiume Rašinovo dell'architetto Chochol, un immobile all'angolo tra le vie Neklanova e Přemyslova. Tra le due guerre, sotto l'influenza dei due movimenti, viene posto l'accento sulla funzione utilitaristica dell'architettura alla quale la forma deve sottomettersi. Nell'Est, il costruttivismo russo si pone come strumento rivoluzionario; in Occidente, il funzionalismo di Le Corbusier predica il volume elementare, standardizzabile, dalle superfici sprovviste di decorazioni non funzionali e sfocia in uno stile un tantino indigesto.

Oggi, si tende più al dialogo fra architettura nuova e antica, con un ritrovato interesse per il *genius loci* così sentito a Praga.

Praga, città d'elezione di scrittori, artisti e musicisti

Praga, città dal grande potere di seduzione e dall'ospitalità leggendaria, si vanta di attirare artisti e intellettuali, primo fra tutti Mozart che vi fu autenticamente riconosciuto (molto più che in Austria) e che vi trascorse i suoi giorni più belli. Il *Don Giovanni* fu infatti composto a Praga. Anche Beethoven vi ricevette un'accoglienza calorosa. Chateaubriand, che vi soggiornò nel 1833, scrisse, nelle *Memorie dall'oltretomba*, pagine bellissime ispirategli dalla città: «In cammino verso il castello, percorro strade silenziose, buie, senza lampioni. Man mano che salgo, scopro la città sottostante. Le concatenazioni della storia, le sorti degli uomini, la distruzione degli imperi mi si presentano alla memoria identificandosi con i ricordi del mio personale destino. Dopo aver esplorato rovine morte, sono stato attirato dallo spettacolo delle rovine viventi...». Nella stessa epoca, Chopin e Liszt seducevano i praghesi, Berlioz, invece, li conquistava e fu proprio nella loro città che compose alcuni brani della *Dannazione di Faust*.

Poi, nella seconda metà del XIX secolo, Praga produsse due grandissimi genii: Smetana e Dvořák, pur continuando ad acclamare con entusiasmo Saint-Saëns e Čaikovskij. Molti musicisti, spesso incompresi nei loro paesi, riconobbero a Praga il merito di aver donato loro tanti momenti di felicità. Mahler, ovviamente, si considera indissociabile da Praga dove compì gli studi prima di frequentare il conservatorio di Vienna, perché fu in Boemia che iniziò effettivamente la sua carriera musicale e dove, a partire dal 1903, si suonarono le sue sinfonie più importanti. Nello stesso anno, Grieg godette di un'accoglienza trionfale. Sempre nello stesso periodo, Guillaume Apollinaire fu, anche lui, soggiogato dalla capitale della Boemia che gli ispirò il suo entusiastico *Passando da Praga.* D'acchito, l'opera di Rodin fu capita e amata dai praghesi, visto che il genio di tale scultore non poteva che entrare in simbiosi con lo straordinario barocco ceco. Infine, bisogna citare Leoš Janáček, il quale, sebbene fosse nato in Moravia e fosse vissuto a Brno, compose spesso a Praga dove era molto stimato. Più vicini a noi, l'illustratore, cineasta e marionettista Jiří Trnka che ci ha lasciato opere stupende, molto poetiche, a immagine della città dalle cento torri e campanili. Quanto a Kafka, merita sicuramente un capitolo particolare (vedi però anche «Informazioni generali sulla Repubblica Ceca. Personaggi illustri»).

Tutto ciò è kafkiano!

È un capitolo speciale per il più illustre dei praghesi, Franz Kafka. Nato a Praga nel 1883 e morto nel 1924 di tubercolosi vicino a Vienna, Kafka concentra tutte le contraddizioni della città e della sua epoca: ebreo in un contesto a maggioranza cristiana, intellettuale in una famiglia che non lo è, scrittore in tedesco al momento della crescita delle aspirazioni nazionalistiche ceche, impiegato in un'agenzia di assicurazioni che gli impedisce di realizzarsi. Nella carriera, nella salute, nel matrimonio, la sfortuna lo perseguita. Le sue opere? Brucia le sue prime prove giudicandole troppo ampollose, ma non poteva impedirsi di scrivere come per espiare la sua «colpa», la sua «piaga, di cui quella dei polmoni non è che il simbolo». Alla faccia dell'angoscia! Non lo lascerà più. Ci sono tutti gli ingredienti per realizzare un'opera triste, pessimista, incompiuta!
Con Praga, Kafka ha un rapporto passionale, fatto di un misto di odio e amore. Scrive: «Praga non ci lascerà mai, questa piccola madre ha gli artigli!». Per Kafka, il mondo moderno non ispira che angoscia, la prospettiva di una vita senza sbocco. I suoi personaggi non conoscono né le ragioni, né i responsabili della loro oppressione. Sono prigionieri e non è un caso se recano nomi che suonano come numeri: il geometra K. nel *Castello*, Joseph K. nel *Processo*. Come non vedere, nel condannato innocente del *Processo*, una prefigurazione del destino che i nazisti riserveranno agli ebrei?
Durante la guerra, gli occupanti non si fanno scrupoli: la sua casa viene saccheggiata, lettere e documenti vengono distrutti, le sue tre sorelle sono spedite in campo di concentramento... C'è mancato poco che la sua opera non sparisse per sempre poiché Kafka aveva ordinato all'amico Max Brod, anch'egli scrittore, di bruciare tutti i suoi manoscritti. Tuttavia, Brod commise un tradimento storico in quanto acconsentì alla pubblicazione postuma della maggior parte delle opere dell'amico, decretando il successo di uno degli aggettivi più utilizzati: *kafkiano*!

Arrivo all'aeroporto

Benvenuti a Praga. Di fianco ai tapis roulant dei bagagli, troverete numerosi sportelli di cambio e di prenotazioni di alloggi (di tutte le categorie), aperti dalle 7 o dalle 8 e fino alle 20 o alle 22. In particolare, troverete *AVE* e *Welcome* (vedi «Dove dormire) e *ČSA Airtours* (vedi «Indirizzi e informazioni utili»).
Una volta superata la dogana, si arriva nel grande atrio dove sono collocate le agenzie di noleggio auto. La *Čedok* vende tessere telefoniche e abbonamenti da 3 e da 7 giorni per i trasporti pubblici cittadini.
Per tutte le informazioni, compresi arrivi e partenze degli aerei 24 ore su 24: ☎ 20-11-41-11.

Cambio

– ***Le banche:*** sono molte le banche all'interno dell'aeroporto. Secondo le ultime informazioni, *Thomas Cook* praticherebbe il tasso di commissione più basso ed è aperto 24 ore su 24. In generale, ci sono sempre una o più banche aperte all'arrivo o alla partenza di ogni volo.
– ***Sportelli automatici:*** si trovano nel salone degli arrivi e accettano le carte *Visa*, *Eurocard MasterCard* e *American Express*, ma è meglio non contarci troppo perché sono spesso guasti o vuoti.

Trasferimenti per la città

– ***Minibus CEDAZ:*** ☎ 20-11-42-86 o 96. Navetta privata che parte dal capolinea ogni mezz'ora, dalle 5 alle 21.30. Fino alla fermata della metropolitana Náměstí Republiky (linea B) il biglietto costa 90 Kčs, mentre fino alla fermata Dejvická costa 60 Kčs, ma attenzione, all'aeroporto è esposta solo la tariffa più cara. La durata del tragitto è di circa 20-30 min. È più cara del bus n. 119 Č, ma molto più pratica e rapida soprattutto se si arriva di notte.
– ***Bus n. 119 Č:*** prendetelo fino al capolinea, il biglietto si acquista presso il distributore automatico giallo all'interno dell'aeroporto e non a bordo. Scendete a Dejvická, poi prendete la metropolitana, fino in centro. Dejvická è l'inizio della linea A. Circola dalle 5 alle 23.30 e il prezzo è ridicolo.
– ***Taxi:*** francamente, conviene prendere l'autobus. Leggete bene, più avanti, «Trasporti. Taxi». Tuttavia, attualmente esiste una tariffa ufficiale tra l'aeroporto e la città, ma viene rispettata? Dovete calcolare da 500 a 600 Kčs.

Indirizzi e informazioni utili

Servizi ufficiali

Per tutte le informazioni generali su Praga, potete rivolgervi ai vari *uffici del turismo della città di Praga* (PIS), sia telefonando al ☎ 187 o al ☎ 54-44-44, sia andandoci di persona. Vi aiuteranno a trovare un cyber-caffè, un noleggiatore di auto, un alloggio, un posto per un concerto o più semplicemente una piantina della città.

ℹ ***Ufficio del turismo della città di Praga (PIS)*** *(II, C3):* Na Příkopě 20, Praha 1. ☎ 24-22-60-97. • www.pis.cz • tourinfo@pis.cz • Sito anche in italiano. Sono le pagine ufficiali del Servizio Informazioni di Praga: servizi, numeri telefonici utili e formalità doganali. Aperto da lunedì a venerdì dalle 9 alle 18 (19 in estate), sabato dalle 9 alle 15 (fino alle 17 in estate) e domenica, in estate, dalle 9 alle 17 (chiuso domenica in inverno). L'accoglienza è buona e si viene riforniti di informazioni generali sulla città, di una piantina, oltre che di un opuscoletto, pratico e ben fatto, intitolato *Guida ufficiale della città di Praga*, in cui si trovano tutte le informazioni sui trasporti, sulle sale dei concerti, sui servizi d'emergenza... Sono in vendita anche l'opuscoletto *Cultural Events*, in inglese e in tedesco, che recensisce i principali eventi artistici, e biglietti a tariffa unica, validi da 1 a 15 giorni, per metropolitana, autobus e tram. Per chi è in auto, c'è l'utilissima carta *Parcheggiare a Praga.* C'è anche un servizio di prenotazione dei posti per gli spettacoli.

ℹ ***Altro ufficio del turismo (PIS)*** *(II, B3):* Staroměstské náměstí 1 (municipio), piazza della Città Vecchia, Praha 1. ☎ 24-48-20-18 e 24-48-25-62 per le visite guidate. Aperto da lunedì a venerdì dalle 9 alle 18 (fino alle 19 in estate), sabato e domenica dalle 9 alle 17 (18 in estate). Offre gli stessi servizi dell'ufficio precedente, ovvero informazioni generali, vendita di biglietti a tariffa unica per i trasporti pubblici e di posti per gli spettacoli. È l'unico ad avere un servizio di guide, aperto tutti i giorni dalle 9 alle 17.

ℹ ***Altro ufficio del turismo (PIS)*** *(II, D4):* Hlavní nádraži, Praha 2. Aperto da lunedì a venerdì, dalle 9 alle 18 (fino alle 19 in estate), sabato dalle 9 alle 15 (16 in estate), domenica in estate, dalle 9 alle 16 (chiuso domenica in inverno). Praticissimo per chi viaggia in treno perché si trova nell'atrio della stazione centrale.

ℹ ***Altro ufficio del turismo (PIS):*** al pianterreno della torre del ponte Carlo, lato Malá Strana, Praha 1. ☎ 53-60-10. Aperto tutti i giorni, da aprile a ottobre, dalle 10 alle 19. È l'unico ufficio del turismo ufficiale del PIS a Malá Strana.

ℹ ***Ufficio del turismo della Repubblica Ceca*** *(II, B2):* Staroměstské náměstí 6, Praha 1. ☎ 24-81-04-12 o 24-86-15-88. Fax: 24-86-15-87. • www.visitczech.cz • Nella piazza centrale di Praga. Forniscono informazioni generali sulla Repubblica Ceca al di fuori di Praga.

ℹ ***Čedok*** *(II, C3, **3**):* Na Přikopě 18, Praha 1. ☎ 24-19-71-11. Fax: 24-22-23-00. • www.cedok.cz • incoming@cedok.cz • Aperto da lunedì a venerdì dalle 8.30 alle 18, sabato dalle 9 alle 13; aperto domenica mattina, tranne che durante i ponti; chiuso i festivi. Utilissimo per le informazioni generali e, in particolare, per gli orari dei treni. Fa anche da ufficio di cambio, ma solo per i contanti. Un tempo, la Čedok era l'agenzia ufficiale del paese: attualmente offre tutta una gamma di servizi turistici. Possiede sempre numerose agenzie in tutta la Repubblica Ceca. Ne esiste una anche a Roma. Vedi «Come arrivare». Vende la ***Prague Card*** a 560 Kčs o a 460 Kčs per bambini e studenti, che consente di circolare liberamente per 3 giorni sui trasporti pubblici urbani e di entrare gratuitamente in 40 musei e monumenti storici. È interessante se siete bulimici di musei, perché i trasporti, in realtà, sono economicissimi.

✉ ***Uffici postali:*** Jindřisská 14 *(II, C4).* Via che dà su piazza Václavské. Fermo posta. Aperto dalle 7 alle 20 anche domenica. Andateci almeno per ammirarne lo splendido soffitto. Un altro ufficio postale, aperto 24 ore su 24, si trova in Hybernská 13, Praha 1. ☎ 24-22-58-45. Un altro ancora è all'angolo fra Kaprova e Žatecká *(II, A2)* ed è aperto da lunedì a venerdì, dalle 8 alle 19.

■ ***Istituto Italiano di Cultura:*** Sporkova 14, Praha 1. ☎ 57-53-36-00, oppure 57-53-12-58. Fax: 57-53-12-84. Aperto da lunedì a venerdì dalle 9 alle 13. • ital.cultura@volny.cz • www.iic-Praga.cz • La biblioteca possiede più di 14 000 volumi prevalentemente in lingua italiana, oltre a riviste e a giornali quotidiani. È aperta da lunedì a giovedì dalle 14 alle 18 e venerdì dalle 10 alle 14.

L'istituto pubblica trimestralmente la *Nuova rivista italiana di Praga*, bilingue, che contiene il programma degli eventi proposti dall'Istituto: concerti, spettacoli teatrali, balletti, mostre e cinema. Corsi di lingua e cultura italiana.

Nella sala video del Cine Video Club dell'Istituto, ogni mercoledì alle 18.30 vengono proiettati film italiani.

■ ***Ministero della cultura*** *(IV, B2):* Maltézské nám 1, Malá Strana, Praha 1. ☎ 57-08-51-11. Fax: 24-31-81-55. In un bell'edificio nel quartiere delle ambasciate. Per avere il programma delle manifestazioni, degli incontri ecc.

■ ***Ambasciata d'Italia:*** Nerudova, 20, Praha 1. Nel quartiere di Malá Strana. ☎ 33-08-01-11. Fax: 57-53-15-22. • Italemba@Mbox.Vol.cz • www.italianembassy.cz •

■ ***Ambasciata di Polonia:*** Valdštejnská 8, Praha 1. ☎ 57-53-03-88. Nel quartiere di Malá Strana. Aperta da lunedì a venerdì, dalle 9 alle 13.

■ ***Ambasciata d'Ungheria:*** Badeniho 1, Praha 1. ☎ 33-32-44-54. Aperta da lunedì a mercoledì, dalle 9 alle 12.

■ ***Ambasciata di Romania:*** Nerudova 5, Praha 1. ☎ 57-32-04-94. A Malá Strana. Aperta da lunedì a venerdì, dalle 9 alle 13.

■ ***Ambasciata di Bulgaria:*** Krakovská 6. Nové Město, Praha 1. ☎ 22-21-12-60. Aperta dalle 9 alle 11; chiusa mercoledì e durante il week-end.

Informazioni sulla città

– ***The Prague Post:*** settimanale in inglese molto pratico e pieno d'informazioni dell'ultimo minuto e di articoli culturali. Si può leggere anche su Internet. • www.praguepost.com •

– ***Pragnosis:*** quindicinale in inglese che, in un certo senso, è il gemello del *Prague Post*.

– ***Prager Zeitung:*** un po' dello stesso genere del precedente, ma in tedesco.

Cambio

■ ***Sportelli di cambio:*** ovunque in centro sono stati installati *Points de Change*, *Change Exacte* o *Change Points*. Solitamente, sono aperti tutti i giorni fino tardi alla sera e alcuni 24 ore su 24. In generale, tuttavia, è meglio evitarli accuratamente, a meno che non siate veramente al verde e non possiate aspettare l'apertura delle banche il mattino dopo. La commissione oscilla dal 5 al 10%, inoltre, spesso c'è una commissione minima elevata di cui, ovviamente, non si viene informati, e a cui si aggiungono spesso «errori» di calcolo o «dimenticanze» seccanti.

■ ***Banche:*** sono ancora il sistema più semplice, più sicuro e meno caro per cambiare contanti o traveller's cheque. Ecco quelle che applicano i tassi di cambio più bassi:

– *Československá Obchodni Banka A.S. (II, B-C3):* nella Città Vecchia, Na Příkopě 14, Praha 1. ☎ 24-11-11-11. A Nové Město, Anglická 20, Praha 2. ☎ 61-35-11-11.

– *Komeřcní Banka (II, B-C3):* Na Příkopě 33, Praha 1. ☎ 23-02-11-11. Aperta normalmente dalle 8 alle 18.30, da lunedì a venerdì.

– *Živnostenská Banka (II, B-C3):* Na Příkopě 20, Praha 1. ☎ 24-12-11-11. Si possono ritirare contanti con la carta *Visa* o con la *MasterCard*. Aperta dalle 8 alle 21, da lunedì a venerdì. Tasso di cambio interessante.

– Ci sono molte banche su Na Příkopě e in Václavské náměstí.

– *American Express (fuori pianta II da C4):* Václavské nám. 56 (all'angolo di Ve Smečkách), Praha 1. ☎ 24-21-99-92. Aperto dalle 9 alle 19. Bancomat all'esterno. Funge anche da agenzia viaggi con vendita di biglietti aerei e prenotazioni alberghiere. Aperta da lunedì a venerdì, dalle 9 alle 18 e sabato fino alle 14.

• *Sportelli automatici che accettano la carta Eurocard MasterCard:* in centro a Celetná 20, in Na Příkopě 3-5, in Republiky náměstí 8, a Staroměstské náměstí 24, a Karlova 20 e in Mostecka 24. Infine nell'albergo *Atrium*, Pobrezni 1, ma forse non è il caso di andarci solo per quello!

Smarrimento carte di credito

■ ***Visa:*** ☎ 24-12-53-53.

■ ***Eurocard MasterCard:*** ☎ 61-35-46-50.

■ ***American Express:*** ☎ 22-80-01-11.

Emergenze

■ ***Polizia:*** ☎ 158.

■ ***Vigili del fuoco:*** ☎ 150.

■ ***Ambulanze:*** ☎ 37-33-33.

■ ***Guardia medica:*** ☎ 155.

■ ***Farmacie aperte 24 ore su 24:*** Stefánikova 6, Praha 5. ☎ 57-32-09-18 o 24-51-11-12. Un'altra è in Belgická 37, Praha 2. ☎ 22-51-97-31. Un'altra ancora in Anny Drabékové 534, Praha 4. ☎ 791-27-43. In centro: Václavské nám. 64, Praha 1. ☎ 22-21-24-23, aperta tutti i giorni.

■ ***Pronto soccorso (Nemocnice;*** *II, B4):* Palackého 5, Praha 1. ☎ 24-94-91-81.

■ ***Ospedale per stranieri (Nemocnice Na homolce):*** Roentgenova 2, Praha 5. ☎ 57-27-21-54 o 46. Si parlano inglese e tedesco.

■ ***Oggetti smarriti:*** Karoliny Světlé 5. ☎ 24-23-50-85.

Compagnie aeree

■ ***Alitalia:*** *(II, C2):* Na Mustuku 9, Praha 1. ☎ 24-19-41-50. Fax: 24-19-41-60.
■ ***ČSA*** *(compagnia di bandiera ceca; II, C2):* V. Celnici 5, Praha 1. ☎ 20-10-43-10 o 232-43-05 e 24-81-10-15 per i reclami. • www.csa.cz • M.: Náměstí Republiky (linea B). Aperta da lunedì a venerdì dalle 7 alle 18 e sabato dalle 7.30 alle 15. ČSA ha anche un ufficio all'aeroporto. ☎ 20-11-37-43.

Librerie, giornali, radio e cinema

■ ***Kanzelsberger Jan*** *(II, C4):* Václavské náměstí 42, Praha 1. ☎ 24-21-73-35. Aperta tutti i giorni dalle 9 alle 19. Grande libreria con ampia scelta di libri su tutto. Cartine, bei volumi, guide, libri d'arte...
■ ***Academia Nakladatelství ČSAV*** *(II, C4):* Václavské náměstí 34, Praha 1. Molti bei volumi su Praga in tutte le lingue, cartine...
■ ***Giornali e riviste italiani:*** si trovano in tutte le edicole del centro, su Václavské náměstí e in Na Příkopě.
■ ***Radio:*** per ascoltare la versione ceca di *Europa 2*, sintonizzatevi su 88.2. Un'altra stazione su cui sintonizzarsi è Kiss, su 98 FM.
■ ***Cinema:*** una quantità di film esclusivamente americani! La programmazione si trova nei giornali in inglese, *The Prague Post* o *Prognosis.* Qualche indirizzo in centro:
– *Cinéma Broadway:* Na Příkopě, Praha 1. ☎ 21-61-32-78. M.: Náměstí Republiky (linea B).
– *Světozor:* Vodičkova 39, Praha 1. ☎ 24-94-75-66. M.: Můstek (linee A e B).
– E, ovviamente, film in italiano ogni mercoledì alle 18.30 all'Istituto Italiano di Cultura (vedi «Indirizzi e informazioni utili. Servizi ufficiali»).

Telefoni

La città è disseminata di cabine telefoniche, la maggior parte delle quali a scheda, come in Italia. Le schede si comprano in posta, oltre che in quasi tutte le edicole e costano da 175 Kčs in su. I venditori applicano i prezzi che vogliono, soprattutto durante il week-end o di sera tardi. Attenzione, alcuni numeri stanno cambiando. Tutti i numeri dovrebbero essere composti da 8 cifre, ma si utilizzano ancora numeri a 6 o 7 cifre. I cellulari hanno una numerazione a 10 cifre, che spesso inizia per 06.

Orientarsi

In molte grandi città, trovare un indirizzo non è sempre facile per il routard appena arrivato.
– Come la maggior parte delle capitali, Praga è suddivisa in **distretti**, 10 in totale (vedi piantine). Per il novizio non è facile trovare una logica in questa suddivisione, ma, grosso modo, le zone 1 e 2 sono il centro storico, la 4, la 5 e la 6 sono le parti sud ed est della città, la 8, la 9 e la 10 sono il nord e l'ovest, mentre la 3 e la 7 completano il centro.
– Le ***vie*** sono, di solito, ben indicate a ogni angolo da un targa rossa smaltata. Attenzione, talvolta una via o un viale possono assumere nomi diversi. Noterete, per esempio, sulla pianta III, che il viale Žitná e il viale Anglická sono in realtà un unico asse e lo stesso vale per Ječná e Resslova.

La numerazione è analoga alla nostra, con i numeri pari da un lato e i dispari dall'altro. Per contro, non sempre c'è coincidenza con il numero di fronte e quindi si possono trovare i nn. 66 e 68 di fronte ai nn. 33 e 35.
– Nelle ***piazze*** (*náměstí*, spesso abbreviato in *nám.*), il nome è indicato come nelle vie, ma la numerazione è di seguito senza tener conto dei pari e dispari. Quindi troverete, per esempio, il 63, poi il 64, poi il 65...
Adesso, dovete solo sapere leggere gli indirizzi che sono così strutturati: nome della via o della piazza, numero, nome del quartiere, distretto.

Trasporti

I trasporti pubblici sono veramente economici.
– Ci sono 2 tipi di ***biglietti:*** uno, valido un quarto d'ora e per 4 stazioni senza cambiare, che costa 8 Kčs; l'altro, valido 1 ora con la possibilità di cambiare una volta, costa 12 Kčs. Se pensate di poterlo sfruttare, sappiate che esiste anche un abbonamento ai trasporti pubblici urbani che costa 70 Kčs per una sola giornata, 200 Kčs per 3 giorni, 250 Kčs per una settimana e 280 Kčs per 15 giorni.
– ATTENZIONE, per i bagagli ingombranti e le biciclette, bisogna acquistare un biglietto supplementare a 6 Kčs. Per contro, ci sono riduzioni per i minori di 20 anni e i bambini di meno di 6 anni viaggiano gratuitamente.
– Potete ottenere ***informazioni*** sui trasporti pubblici praghesi consultando il sito Internet (in inglese e tedesco): ● www.dp-praha.cz ●

Metropolitana

Ha solo tre linee (A, B e C), ma è rapida, pratica e molto economica. Non esitate a utilizzarla. Ci si abitua velocemente. È del tutto inutile fare i furbi con i biglietti perché i controlli sono frequenti, con tanto di multe e i controllori in borghese, muniti solo di tesserino in mano, non sono affatto simpatici. Funziona dalle 5 a mezzanotte. Il biglietto si acquista presso i distributori automatici e gli sportelli all'interno delle stazioni e si oblitera. Il sistema di utilizzo è estremamente semplice da capire.

Funicolare

C'è una sola linea sul colle di Petřin, molto comoda soprattutto per salire. Funziona tutti i giorni dalle 9.15 alle 20.45, con una frequenza di 10 min. in estate e di 15 min. in inverno.

Tram e autobus

Molto numerosi e pratici, funzionano dalle 4.30 a mezzanotte e portano dappertutto a cadenze frequenti. I biglietti si acquistano presso i distributori nella maggior parte delle fermate, oppure in carnet di cinque presso le edicole e i tabaccai e si obliterano a bordo. Alcuni tram notturni hanno un numero che comincia per 5, mentre gli autobus notturni vanno dal n. 501 al n. 512. Tutte le linee degli autobus e dei tram sono riprodotte sulle piantine ufficiali della città.

Taxi

La parola «anarchia» riassume bene la situazione dei taxi di Praga. Noi abbiamo modestamente fatto una statistica dalla quale è risultato che, in media, solo un tassista su tre aziona il tassametro spontaneamente e che, pressappoco, uno su due è simpatico. Bisogna dirgli di accendere il tassametro non appena si sale a bordo e, se si rifiuta, bisogna scendere senza farsi tanti problemi. Il tassista brontolerà, probabilmente, ma è lui a essere nel torto e lo sa. Tuttavia, non illudetevi che se un tassista pieno di buona volontà accende il tassametro immediatamente questo significa che è onesto, perché il tassametro può essere stato manomesso. Ufficialmente, il prezzo base è di 30 Kčs e la tariffa chilometrica è di 17 Kčs, ma non tutti i tassisti ne sembrano al corrente e, in effetti, le tariffe sono state tutte liberalizzate. Di fronte a questo quadro idilliaco non resta che seguire il consiglio del sindaco di Praga: «Evitate di prendere il taxi nella capitale». Bella pubblicità da parte del primo cittadino! Un'altra soluzione potrebbe essere quella di mercanteggiare sulle tariffe sfruttando la concorrenza ai posteggi.

Allo scopo di porre freno alle «truffe ai danni dei turisti», il direttore della compagnia dei tassisti *Profi* di Praga, ha fatto pubblicare una miniguida destinata ai turisti in visita alla città di Kafka (come riferisce il *Prague Post*), *Taxi Service in Prague*, redatta in quattro lingue. La guida, che spiega ai turisti come utilizzare i taxi praghesi per evitare che si facciano truffare dai tassisti non riconosciuti dalla compagnia, è disponibile in tutti i centri d'informazioni turistiche e in tutti gli alberghi della Repubblica Ceca.

Ma bisogna aver tempo da perdere in una città dove i trasporti pubblici funzionano.

Bicicletta

Perché non servirsi delle due ruote per circolare a Praga? Nonostante i binari dei tram e le strade con il pavé, è un sistema pratico e simpatico. Noleggio biciclette:

■ ***ABC Sport:*** Šumavská, Praha 2. ☎ 24-25-61-21. M.: Náměstí Míru (linea A).

■ ***Landa Spol S.R.O.:*** Terronská 57, Praha 6. ☎ 24-25-53-77.

■ ***Milan Poskosil:*** Za Humny 4, Praha 6. ☎ 302-32-88.

– Durante la bella stagione, alcuni giovani a volte noleggiano mountain-bike in piazza della Città Vecchia, davanti al n. 16 di U Radnice.

Automobile

È ridicolo e inutile circolare nel centro di Praga in auto, perché qui si visita tutto a piedi. Voler esplorare la città in quel modo sarebbe come voler attraversare il deserto con i pattini a rotelle. Eppure se ne vedono di auto straniere che vagano disperatamente per tentare di parcheggiare «il più vicino possibile»! Comunque, il traffico a Praga è molto meno frenetico che da noi e relativamente fluido per una capitale. Bisogna, però, sapere che il parcheggio all'interno di Praha 1 è riservato interamente ai residenti di quel distretto, salvo qualche eccezione che indicheremo in seguito. Ci vuole un'autorizzazione, altrimenti la vostra auto verrà rimossa e portata al deposito. La soluzione migliore resta sempre quella di parcheggiare un po' fuori dal centro e poi di servirsi dei trasporti pubblici. L'ufficio del turismo distribuisce il foglio «Parcheggiare a Praga», in diverse lingue, che dà tutte le indicazioni. A voi interessano due tipi di parcheggi: quelli più vicini al centro, a orario limitato, e quelli un po' più distanti, dove si può sostare più a lungo.

■ ***Parcheggi:***

– *Parcheggi autorizzati vicini al centro:* stazione Wilson (Wilsonovo nádraží) in Wilsonova; in L. Svobody nábřeží (sul lungofiume della Moldava); in Na Františku (è lo stesso viale precedente ma un po' più a sinistra); in Republiky náměstí (in pieno centro) e in Těšnov (vicino all'*Hotel Opera*). Ce n'è anche un altro vicino alla fermata della metropolitana di Florenc (linee B e C).

– *Altri parcheggi:* in Náplavka (a Staré Město), in Malostranské náměstí (grande piazza di Malá Strana) e in Karlovo náměstí (piazza Karlovo). In questi ultimi si può sostare più a lungo.
– *Parcheggi sotterranei:* sotto Republiky náměstí, oltre che sotto i grandi magazzini *Kotva.*

■ ***Autofficine:***
– *Fiat, Alfa Romeo, Lancia:* Kolbenova 31, Praha 9. ☎ 81-86-77-77, telefono non stop ☎ 06-02-14-14-44.

Trasporti fluviali

Ci sono alcuni battelli che percorrono la Moldava dal centro e la risalgono fino a Vyšehrad...

■ ***Prague Passenger Shipping (PPS; III, A2, 8):*** Rašinovo nábřeží, porto centrale, Praha 2. ☎ 29-38-03 o 29-38-09 o 90-00-08-22. Fax: 24-91-38-62. ● www.paroplavba.cz ● M.: Karlovo náměstí (linea B). Il porto è situato tra i ponti Palackeho e Jiráskův. Alcuni cartelli indicano l'imbarcadero. Presso l'ufficio del turismo è disponibile un opuscoletto. Scoprite le gioie del battellino sulla Moldava, dal castello di Hradčany alla rocca di Vyšehrad. Da ottobre a marzo, una partenza al giorno sabato e domenica per 2 ore di crociera; in aprile dalle 10 alle 18 e da maggio a settembre dalle 10 alle 20, escursione di un'ora con partenza tutte le ore circa, oppure circuito di 2 ore con tre partenze al giorno da maggio ad agosto e due partenze il resto dell'anno, ma ci vogliono almeno da dieci a venti passeggeri perché si parta. Andateci in gruppo. Per i ghiottoni viene proposto, da aprile a ottobre, un circuito gastronomico all'ora di cena, con partenza alle 19. Durante la gita, prenderete l'aperitivo all'altezza del ponte Carlo, la portata principale ammirando il castello e il dolce di fronte a Vyšehrad. C'è la possibilità di navigare fuori Praga verso Troja, Karlštejn, Mélník ecc. e se avete l'ispirazione, potreste addirittura noleggiare una barca con tanto di equipaggio. Buona gita!

■ ***Evropská Vodni Doprava (EVD; II, A1, 7):*** ponte Česhův Most, Praha 1. ☎ 23-10-208 o 23-11-915. Fax: 23-10-426. ● www.evd.cz ● Il porto è situato all'altezza del monte Česhův Most, lato sud. Vengono proposte diverse possibilità: gite di un'ora con partenza tutte le ore, dalle 10 alle 18, gita di 2 ore con partenza alle 15; crociere con tanto di pranzo e musica, con partenza alle 12, della durata di 2 ore; oppure alle 19, della durata di 3 ore. Aggiungiamo, se siete amanti del ballo, che da maggio a settembre, dalle 20 all'1 di notte, mercoledì, venerdì e sabato, c'è una crociera speciale con musica e danze.

■ ***Noleggio di barche e di pedalò:*** ai piedi del ponte Legií, sul lato di Nové Město e ai piedi del ponte Carlo, lato *Café Lávka* (vedi «Dove bere qualcosa»).

PRAGA E DINTORNI

Calesse

Per ritrovare l'atmosfera dell'*Amadeus* di Miloš Forman, lo si può prendere sulla piazza della Città Vecchia e si può scegliere il percorso turistico o usarlo come taxi. Da provare almeno una volta, sebbene sia abbastanza caro.

Praga Retró

Presso tutti i chioschi «beige» che organizzano escursioni, potrete prenotare un giro in auto decappottabile del 1930: 800 Kčs per 2 e 1300 Kčs per 4. Follemente chic!

Dove dormire

Per le informazioni di ordine generale, vedi «Informazioni generali sulla Repubblica Ceca. Ricettività».
Anche su Internet, potrete ottenere informazioni sulle possibilità di alloggio a Praga. I siti sono quasi tutti in inglese, per esempio: • www.abaka.com • Non c'è dubbio che, ancora per qualche anno, il modo migliore per alloggiare bene a prezzo ragionevole sarà affittare un appartamento o una stanza presso privati. Ovviamente, se volete trascorrere qualche notte a Praga da innamorati, preferirete dormire in albergo, ma ricordate che le tariffe in centro sono molto alte per via del costo proibitivo degli affitti, quindi dovrete economizzare sul budget alimentare. A voi la scelta, dopo aver dato un'occhiata alla nostra scala di prezzi nella rubrica «Budget».

Prenotazione degli alloggi

■ ***Konvex*** *(III, C1,* ***10****):* V. Smečkách 29, Praha 1. ☎ 96-32-60-82. Fax: 96-32-60-81. • www.konvex.cz • (sito in francese). Nella strada che dà sulla piazza Venceslao (Václavské nám.). Aperto da lunedì a venerdì dalle 9 alle 12.30 e dalle 13.30 alle 18. Secondo noi, è l'indirizzo più carino di Praga. Si tratta di un'agenzia creata da un gruppo di giovani dinamici e competenti. Offrono camere presso privati in pieno centro, appartamenti e camere nella zona universitaria. Appartamenti nuovi con terrazza e parcheggio sotterraneo. Effettuano anche prenotazioni per i gruppi con o senza programma.

■ ***Čedok*** *(II, C3,* ***3****):* Na Příkopě 18, Praha 1. ☎ 24-19-71-11. Fax: 24-22-23-00. • www.cedok.cz • Un tempo, la Čedok era l'agenzia ufficiale del paese. Aperta da lunedì a venerdì dalle 8.30 alle 18 e sabato dalle 9 alle 13; aperta domenica mattina durante i ponti. Chiusa i festivi. Vedi «Indirizzi e informazioni utili». Per l'indirizzo della sede italiana vedi «Come arrivare». Propone tutta una gamma di servizi e di informazioni turistiche. Per l'alloggio, vengono proposti alberghi, pensioni, dormitori, appartamenti in affitto. In estate, ci sono molti posti nei dormitori. Per prenotare, occorre recarsi all'agenzia, dove trattano le richieste. Chi prima arriva, prima è servito.

■ ***AVE*** *(II, D4,* ***12****):* alla stazione centrale Hlavní nádraží, Wilsonova 8, Praha 2. ☎ 24-22-32-26 o 24-22-35-21. Fax: 24-22-34-63 o 24-22-07-83. Aperta tutti i giorni dalle 6 alle 23. Ha molte altre filiali a Praga, in particolare all'aeroporto, al castello (Pohořelec 9 e 18) e nella Città Vecchia (Staroměstské nám. 2). Situata all'estrema destra della stazione guardando i binari, l'agenzia (la più importante della città), già navigata, offre un ampio ventaglio di alloggi, dal dormitorio all'albergo a cinque stelle. L'ideale è fare la vostra richiesta e troverete sicuramente ciò che fa al caso vostro. Prezzi decrescenti in funzione della durata del soggiorno.

■ ***KMC Travel Service*** *(II, A3,* ***13****):* Karoliny Světlé 30, Praha 1. ☎ 24-23-06-33. Fax: 855-00-13. • www.kmc.cz • Aperto da lunedì a venerdì, dalle 9 alle 12 e dalle 14.30 alle 17 (venerdì, chiude alle 15.30). È l'organizzazione nazionale della gioventù che corrisponde agli Ostelli della Gioventù, di cui comunica gli indirizzi e le indicazioni per raggiungerli. Nella stessa Praga ha numerosi indirizzi permanenti: Praha Hotel Beta, Praha 4 (M.: Budějovická, linea C), Hotel Standard, Praha 7 (M.: Vltavská o Nádraži Holešovice, linea C), Hostel Klub Habitat (vedi «Dove dormire»). Si può prenotare tramite l'associazione degli Ostelli della Gioventù (vedi «Informazioni generali. Ricettività»). Gli ostelli estivi, aperti in luglio e agosto per la maggior parte, sono quasi sempre all'interno di collegi o di università e cambiano sede ogni anno.

■ ***Top Tour*** *(II, C2,* ***14****):* Rybná 3,

Praha 1. M.: Náměstí Republiky (linea B). ☎ 232-10-77 o 24-81-91-11. Fax: 24-81-14-00. • mail@top tours.cz • www.toptours.cz • Aperto dalle 9 alle 20 in alta stagione e dalle 10 alle 17 fuori stagione. Offre camere e appartamenti in affitto e la prenotazione non è indispensabile. Un indirizzo di riserva in caso di problemi. Altro indirizzo: Revolučni 24. ☎ 232-06-09.

■ ***IPAS*** *(II, C3,* ***11****)*: Panská 8, Praha 1. ☎ 24-23-23-73 o 24-22-21-86. Fax: 24-21-50-78. • www.ipas.cz • Aperta da lunedì a venerdì, dalle 9 alle 21. Accoglienza simpatica. Propone una vasta scelta di alloggi nella capitale ceca.

CAMPEGGI

Ampia scelta, soprattutto a ovest della città. I campeggi sono situati, per la maggior parte, lungo una direttrice stradale, di conseguenza sono piuttosto rumorosi. • www.camp.cz • Eccovi i più vicini al centro.

⛺ ***Kemp Džbán:*** Nad Lávkou 3, Praha 6. ☎ 36-85-51-11 o 12 o 13. Fax: 36-13-65. 4 km a ovest. In auto, prendete la strada per Chomutov fino al quartiere Vokovice, poi seguite i cartelli fino al campeggio. Tram nn. 20, 26 o 6 dalla stazione della metropolitana di Dejvická (linea A). Aperto tutto l'anno, ma solo per le tende. Tariffe: 110 Kčs per persona con una tenda, altrimenti si possono affittare camere doppie a 560 Kčs o bungalow per 4 persone a 900 Kčs. Situato ai bordi di un bosco e nei pressi di un lago, è il campeggio più tranquillo dei paraggi ed è dotato di campi da tennis, minigolf e sauna. Servizi igienici abbastanza puliti. Ambiente molto giovane, si suona la chitarra. Non ci sono piazzole all'ombra, ma c'è lo spazio per divertirsi.

⛺ ***Autocamp Trojská:*** Trojská 157, Praha 7. ☎ 83-85-04-87. Fax: 854-29-45. Di fianco allo zoo, a 3 km a nord. Tram n. 5 da Republiky náměstí, fermata Trojská, poi imboccate la prima strada a sinistra in salita. Aperto tutto l'anno. Per una tenda, calcolate 100 Kčs a testa, ma si possono anche affittare piccoli bungalow a 470 Kčs e camere a partire da 700 Kčs. Piccolo campeggio all'ombra e ben tenuto, sistemato in un giardino privato, frequentato da famiglie e roulotte. Il ristorante è aperto dalle 8 alle 22.

⛺ ***Sokol Troja:*** Trojská, Praha 7. ☎ 688-11-77 o 854-29-08. Tram n. 5, fermata Trojská. Aperto da aprile a ottobre. Situato a poche decine di metri dal precedente, pratica tariffe analoghe. Più grande dei campeggi della stessa strada, ma molto meno carino. Da sfruttare con moderazione. Possiede anche un ristorante.

⛺ ***Sport Camp Motol:*** Nad Hliníkem 2, Praha 5. ☎ 51-21-30-80. Fax: 51-21-50-84. Tram n. 9 dalla stazione della metropolitana Anděl (linea B). Bungalow per 2 persone a 430 Kčs e per 4 persone a 660 Kčs; in tenda, 90 Kčs, più 140 Kčs per persona e 100 Kčs per auto. Venendo da Praga, a Plzeňská prendete la strada indicata sulla sinistra. Se siete a piedi, la salita è un po' tosta, ma almeno quando sarete sulla collina, sarete lontani dal rumore. Le piazzole per le tende sono abbastanza grandi, mentre i bungalow sono un po' deprimenti. Di fianco, tennis e minigolf.

⛺ ***Caravan Camp:*** Plzeňská 215, Praha 5. ☎ 52-47-14. 5 km a ovest della città, sulla strada per Plzeň. Tram n. 9 dalla fermata della metropolitana di Anděl (linea B). Aperto da aprile a ottobre. No, non fidatevi del nome, perché non è riservato solo alle roulotte. Calcolate per una tenda 90 Kčs, più 140 Kčs per persona e 100 Kčs per auto. Ben tenuto ma abbastanza rumoroso. Preferite le piazzole in alto, più tranquille e all'ombra. Ristorantino di fianco alla reception. Più spartano del precedente, ma più vicino ai mezzi di trasporto.

⛺ ***Triocamp Dolní Chabry:*** Ústecká Ulice, Praha 8. ☎ e fax: 688-11-80. • triocamp.praha@telecom.cz

• www.triocamp.cz • A Dolní Chabry, 10 km a nord di Praga, prendete la strada 608 in direzione di Teplice. Uscite a Zdiby e tornate indietro per girare a destra dopo l'indicazione «Triocamp». Altrimenti, prendete i tram nn. 5, 12, 14, o 17 fino a Kestírce, poi l'autobus n. 162 fino a Medenecká (30 min. di tragitto). Bungalow da 2 persone a 775 Kčs e per 4 persone a 1330 Kčs; belle camere doppie a 1100 Kčs e quadruple a 1900 Kčs; per una tenda, 100 Kčs, più 140 Kčs per persona e 120 Kčs per auto. Essendo lontano dal centro di Praga, sarebbe meglio avere l'auto... ma che piacere poter piantare la tenda sotto un ciliegio. L'accoglienza è gentile.

DORMITORI, OSTELLI DELLA GIOVENTÙ E RESIDENZE STUDENTESCHE NON LONTANI DAL CENTRO

Aperti unicamente d'estate (essenzialmente in luglio e agosto), queste sistemazioni si trovano, in realtà, all'interno di scuole, università e centri sportivi che, rimasti vuoti per l'estate, trasformano gli spazi in grandi dormitori. Alcune università dispongono di camere per studenti a due letti, in altri luoghi ci sono solo materassi stesi a terra. È molto importante l'ubicazione, quindi preferite senza esitare gli alloggi vicino al centro o facilmente raggiungibili con i trasporti pubblici. Se vi servite di un'organizzazione che si incarica di prenotarvi l'alloggio, fatevi descrivere bene i mezzi per accedervi e l'orario limite dei trasporti per raggiungerlo. Molto spesso, questo dato essenziale viene passato sotto silenzio. Se possibile, fatevi mostrare una fotografia del posto, per farvi un'idea, anche se generalmente la realtà è abbastanza diversa.

Domov mládeže Pension Jana *(fuori pianta I da D3, **15**):* Dykova 20, Praha 10. ☎ e fax: 25-06-88 o 25-14-29. • jana.dyrsmidova@telecom.cz • M.: Jiřího z Poděbrad (linea A). Si può parcheggiare gratuitamente. La reception, al primo piano, è aperta 24 ore su 24 e ha una bacheca piena di informazioni utili. La prenotazione telefonica è possibile e consigliata. Camere doppie a 800 Kčs, con prima colazione. Un po' meno caro il dormitorio. Situata nel quartiere residenziale di Vinohrady, a est del centro, ha un fascino molto londinese, con tanti alberi e una facciata vittoriana. Uno dei migliori rapporti qualità-prezzo che conosciamo. Ha 80 letti, dalla camera doppia al dormitorio da 6 persone. È semplice, pulita, accogliente, quasi familiare e senza coprifuoco. I bagni, puliti, sono nel corridoio. Un buon indirizzo per il routard, carino e lontano dagli squallidi quartieri universitari. È un po' più cara, ma pur sempre molto a buon mercato. La stessa catena offre anche alloggi in Praha 2: *Amadeus*, Slavojova 108/8. ☎ 692-73-21 (45 letti) e *Máchova*, Máchova 11. ☎ 25-41-89 (58 letti).

Hostel Klub Habitat *(III, A1, **200**):* Na Zderaze 10, Praha 2. ☎ 24-92-17-06. • www.hostel@iol.cz • Pernottamento a 400 Kčs per persona, con prima colazione; riduzioni con la tessera degli Ostelli della Gioventù. La reception è aperta tutti i giorni, 24 ore su 24. Non bisogna farsi scoraggiare dalla strada un po' sporca. È una casa piuttosto carina che offre una buona trentina di letti in camere da 3, 4 o 7, alcune persino con doccia. L'insieme appare piuttosto ben tenuto anche se un po' spartano e il prezzo è veramente interessante. Inoltre, dormendo lì, fate una buona azione perché i profitti generati dall'ostello permettono di gestire un'associazione che si occupa di bambini sfortunati i quali, grazie a voi, possono fare le vacanze in montagna d'inverno. Vacanze finanziate da vacanze: una bella idea, no?

Traveller's Hostel *(II, B2, **134**):*

Dlouhá 33, ☎ 24-82-66-62. Fax: 24-82-66-63. • www.travellers.cz • Ostello indipendente di fianco al *Club Roxy*. Letti in dormitorio a 350 Kčs e in camera doppia a 550 Kčs, prima colazione e noleggio lenzuola compresi. Meno caro dopo la quinta notte. Non c'è coprifuoco. Piccola cauzione per le chiavi. Docce gratuite, bar, lavanderia e accesso Internet. L'ingresso è un po' triste, ma l'atmosfera è buona e la pulizia è accettabile.

Kolej AMU *(Accademia di musica; II, C1, **21**):* Hradebni 7, Praha 1. ☎ 231-49-25. In pieno centro. Aperto dal 15 giugno al 15 settembre. È caldamente consigliato prenotare in anticipo. Camere da 2 o 3 persone a 400 Kčs a testa, senza prima colazione, ma c'è l'uso di cucina. Altra struttura studentesca che si trasforma in alloggio turistico per l'estate e che ha il merito di trovarsi in pieno centro. Alan Parker avrebbe potuto girarvi *Saranno famosi* visto che l'atmosfera durante l'anno è impregnata di musica. Niente di più normale in un'accademia musicale! D'estate le 150 camere sono vuote e ci si dorme da soli, in due o in tre. Comfort semplice e l'edificio è relativamente ben tenuto. Talvolta, capita che ci siano camere libere anche durante l'anno.

Universitas Tour *(II, D3, **20**):* Opletalova 38, Praha 1. ☎ 26-04-26 o 24-21-17-73. Fax: 24-21-22-90. M.: Hlavní Nádraží (linea C) o Náměstí Republiky (linea B). Tram nn. 5, 9 e 26. A due passi dalle stazioni. La reception è aperta dalle 8 alle 17 e offre, dal 1° luglio al 15 settembre, in generale, 300 letti circa, in camere doppie a 800 Kčs, o in piccoli dormitori a 300 Kčs a testa, con prima colazione, in una specie di cittadella universitaria che ha il grande vantaggio di essere distante dal centro solo un quarto d'ora a piedi. I servizi igienici sono in corridoio. Ci sono anche altri alloggi altrove.

ČTj Sokol Karlin *(Ubytovna; I, D2, **17**):* Malého 1, Praha 8. A 10 min. dalla M. Florenc (linee B e C) e dal tram n. 8. ☎ 24-81-74-74. Aperto dalle 18 alle 8; attribuzione delle camere dalle 18 alle 23 e dalle 7 alle 8, tuttavia accettano bagagli alla reception durante la giornata. Chiuso dal 1° gennaio al 1° marzo. Camere doppie a 700 Kčs senza prima colazione. È l'indirizzo meno caro fra quelli non lontani dal centro, adatto a budget stringatissimi e a routard pronti a tutto. Offre dalla camera doppia al dormitorio a 6 letti, ma si può dormire anche su materassi per terra in palestra. Privo di comfort e vicino alla linea ferroviaria, ma si dorme a prezzi ridicoli. Piccolo inconveniente, se rientrate dopo le 23 dovete pagare un modesto supplemento al portiere.

Olet Youth Hostel *(III, D2, **18**):* Míru náměstí 12, Praha 2. ☎ 25-07-34. • www.xblao03@vse.cz • M.: Náměstí Míru (linea A) e tram nn. 4 o 22. A due fermate dal centro, in un quartiere tranquillo tutto da scoprire. Un buon compromesso, quindi. Aperto durante l'estate. Per 240 Kčs a persona, si dorme in dormitori da 10 letti con materassi gonfiabili o, per i routard completamente al verde, materassi per terra. Solo 5 docce al pianterreno. Per i routard a cui non interessa assolutamente il comfort. Accoglienza giovane e rilassata e niente coprifuoco. Buffet e prima colazione in un piccolo spazio che funge da bar.

Olet Youth Hostel *(ex Iglibi Youth Hostel; III, B1, **19**):* Štěpánská 8, Praha 2. M.: I.P. Pavlova (linea C). Tram nn. 4, 6, 16 o 22. Aperto dal 1° luglio al 25 agosto. Questo Ostello della Gioventù nel cuore di Praga, situato in una scuola vuota per le vacanze, contiene dormitori da 10 a 12 letti sistemati in aule che odorano di gesso... almeno all'inizio dell'estate. Le docce sono sul pianerottolo. Come unico spazio verde c'è il cortile per la ricreazione, a meno che non ci si voglia giocare a biglie!

Švehlovy Koleje *(I, D3, **208**):* Slavikova 22, Praha 3. ☎ 24-31-11-05. Fax: 24-31-11-07. M.: Jiřího z Poděbrad (linea A). L'ingresso è da via Křížkovského 4. Alloggio studentesco aperto a tutti, al costo da 300 a 500 Kčs a persona secondo il tipo di sistemazione (camera doppia o tripla o dormitorio). Vicinissimo all'università, in un quartiere tranquillo che ci piace molto, all'interno di un edificio imponente che, durante l'anno, ospita camere e una mensa per gli universitari. In estate, come molti altri posti simili, si trasforma in alloggio per i routard di passaggio.

I due indirizzi seguenti sono situati all'interno della zona universitaria, in un luogo decisamente triste, anzi deprimente. Si tratta di palazzine brutte e cubiche in un ambiente un tantino squallido. Il vantaggio enorme – visto il quadro idilliaco, ce ne voleva almeno uno – è il prezzo basso e la quasi certezza di trovare posto. Offrono tutti gli stessi servizi. Tra l'altro, molte delle agenzie succitate propongono alloggi in queste strutture. Per andarci, prendete o la linea della metropolitana A fino a Dejvická, poi gli autobus nn. 143, 149 o 217, oppure la metropolitana C fino ad Anděl e poi proseguite con gli autobus nn. 132 o 217, fino a Koleje Strahv, Stadion Strahov.

▲ *Estec Hostel* *(I, A2,* ***22****):* Vaníčkova 5, Block 5, Praha 6. ☎ 57-21-04-10 o 20-51-33-57 (prenotazioni). Fax: 57-21-52-63. Non c'è bisogno della carta dello studente. Camere a 2 letti a 780 Kčs; in dormitorio, il prezzo può crollare a 250 Kčs per persona. Accettano le carte di credito. È una cittadella universitaria che sembra una fabbrica, di cui una parte è aperta tutto l'anno, mentre il resto (500 letti) solo d'estate. Camere semplici ma pulite, con servizi igienici all'esterno. La reception è aperta 24 ore su 24 e non c'è coprifuoco. Le camere vanno lasciate libere alle 10. Lavanderia. Possibilità di fare la prima colazione. Attenzione, perché l'ultimo autobus è verso mezzanotte.

▲ *Welcome Hostel* *(I, A2,* ***201****):* Vaníčkova 5, Block 3, Praha 6. ☎ 52-71-90. Fax: 24-32-34-89. ● www.welcome.cz ● Situato dall'altra parte della strada rispetto all'*Estec Hostel*. Calcolate 400 Kčs per persona con prima colazione. Questa catena offre anche altre sistemazioni in Praga.

▲ *SPUS* *(I, A2,* ***23****):* Vaníčkova 5, Block 4, Praha 6. ☎ e fax: 57-21-07-64 o 20-51-34-19. Proprio dietro al Block 3, completa le possibilità di alloggio in questa zona. Agli stessi prezzi dei precedenti, *SPUS* offre anche altri alloggi in Praga.

PENSIONI A PREZZI MODERATI

▲ *Pensione Unitas* *(II, A4,* ***25****):* Bartolomějská 9, Praha 1. ☎ 232-77-00. Fax: 232-77-09. ● www.cloister-inn.cz ● M.: Můstek (linee A e B). Tram nn. 6, 9, 18, 22. Ben segnalato in via Na Perštýně. La reception è chiusa dall'1 di notte alle 6, ma la permanenza è 24 ore su 24. Camere doppie da 1200 Kčs senza servizi igienici; se siete in famiglia o tra amici, camere da 3 a 6 persone, da 1650 a 2700 Kčs. Niente coprifuoco, ma c'è un regolamento all'ingresso che bisogna cercare di rispettare se si vuole preservare il fascino di questo indirizzo eccezionale nel cuore della Città Vecchia. Se oggi è un albergo, un tempo era una prigione, il che spiega la misura delle camere e la loro modestia. Lavandini e docce al piano. Bisogna assolutamente prenotare perché è un indirizzo molto conosciuto... Le mura di questa pensione hanno visto passare parecchia gente. Convento medievale fondato dai gesuiti, è stato occupato da religiosi fino al XIX secolo, poi da prigionieri politici quando la polizia segreta vi ricavò una prigione di stato nel 1948. Václav Havel vi è stato incarcerato più volte nella cella n. 6, nel sotterraneo, come testimoniato da una targa. Oggi i turisti condividono l'edificio con le suore che hanno ripreso possesso del primo e del secondo piano. Quindi, niente alcol e niente sigarette. Se non soffrite di claustrofobia, potete passare una notte nel sottosuolo, in una cella (camere nn. 5, 6 o 7). Le porte sono state ridipinte di rosa, ma sono originali. Per gli amanti delle sensazioni forti.

– Nello stesso palazzo, ai piani superiori, troverete l'***Hotel Cloister Inn***, che è sempre un buon indirizzo, ma più lussuoso e naturalmente più caro.

Pensione Košická *(I, D4, **207**):* Košická 12, Praha 10. ☎ 71-74-12-64. ☎ e fax: 22-51-25-97 (prenotazioni). M.: Náměstí Míru (linea A), poi tram nn. 4, 22, 34, o 57 (notturno) fino a Ruská. La strada è a 50 metri sulla destra. Camere doppie a 1000 Kčs con bagno e a 800 Kčs senza, ma con prima colazione. Doppia formula in questa grande casa dalla facciata bianca molto accogliente. Al primo, secondo e quarto piano funziona come un ostello offrendo una sessantina di camere molto pulite da 2 a 6 persone. Al terzo piano si è in un albergo con 5 camere, di cui una quadrupla, a un prezzo di poco più elevato di quello dell'ostello. Ci si trova bene e l'ambiente è veramente carino. Piccola precauzione: nascondete bene i valori perché ci hanno segnalato alcuni furti. La stessa organizzazione offre alloggi in Praha 2: *Amadeus*, Slavojova 108/8. ☎ 692-73-21 (45 letti) e *Máchova*, Máchova 11. ☎ 25-41-89 (58 letti).

Pensione Digitalis *(fuori pianta I da A1, **26**):* Na Petynce 106/143, Praha 6. ☎ 24-31-37-39/83/89. In auto (15 min. dal centro), imboccate la E 48 in direzione di Karlovy Vary, girate a destra all'altezza della fermata d'autobus Kajetánská, dopo lo stupendo parco di Petynka. Altrimenti, autobus nn. 108, 174, o 235 a partire dalla fermata della metropolitana di Hradčanská (linea A). Situata nel quartiere residenziale di Střešovice, è una pensioncina senza pretese dall'arredo molto più kitsch di quanto lascerebbe supporre la facciata. Offre 12 camere doppie dotate di doccia, servizi igienici, TV e telefono a 1850 Kčs. C'è anche un bel terrazzino per fare colazione.

Pensione Madona *(fuori pianta I da D4, **206**):* Pod Vilami 24, Praha 4. ☎ 692-58-36. Dalla fermata della metropolitana di Muzeum, prendete il tram n. 18 fino alla quinta fermata: V Horky. Camere doppie a partire da 1500 Kčs. Un po' periferica, effettivamente, ma questa graziosa casetta ha un tale fascino che non abbiamo saputo resistervi. Ve la indichiamo perché è un autentico albergo ricco di charme in terra praghese, con 10 camere (la maggioranza con servizi igienici) e un appartamento arredati con un gusto tale da dare l'impressione di essere in un *B&B* inglese. Per dirla tutta, abbiamo un debole per la n. 10. Saletta a disposizione degli ospiti, sala per la prima colazione con mobili in ferro battuto e persino un piccolo bar per l'aperitivo. Su tutte le pareti, dipinti di un pittore slovacco, amico di famiglia, che si pagava l'alloggio donando le sue opere. L'ambiente è particolarmente pulito e ben tenuto. E il tutto a un prezzo veramente abbordabile.

Pensione Jana *(fuori pianta I da A1, **204**):* U Přechodu 7 - Ořechovka, Praha 6. ☎ 33-35-92-43. Fax: 24-31-17-60. • www.cmail.cz/pension.jana • pension.jana@cmail.cz • Nel quartiere di Dejvice. M.: Dejvická, tram n. 26, fermata Hadovka Strajendahn. Non è facilissima da trovare, perché non è indicata da nessuna parte, perciò chiedete di inviarvi le istruzioni per raggiungerla. Camere doppie a 1300 Kčs. È quasi come una casa privata. Siamo sinceri, c'è una ferrovia che passa proprio di fianco, ma a noi questo ampio edificio è piaciuto molto. Ha un'aria molto da casa padronale del XIX secolo. E poi Jana è talmente simpatica che compensa del tutto quel piccolo inconveniente. 7 camere un po' anonime quanto all'arredamento, ma molto spaziose e tutte ben tenute.

Pensione Šubrt *(fuori pianta I da A3, **205**):* Podbělohorská 50, Praha 5. ☎ 57-21-60-94 o 06-03-44-11-54. Fax: 57-21-43-67. Abbastanza lontana dal centro. Tram n. 9 da piazza Venceslao fino alla fermata Klamovka, poi attraversate il parco;

oppure autobus nn. 217 e 191 dalla stazione della metropolitana Anděl (linea B), fermata Pod Lipami. Parcheggio al chiuso a 100 Kčs al giorno. Camere doppie a 1400 Kčs, con docce e servizi igienici sul pianerottolo. Carina e kitsch come un alberghetto francese della metà degli anni settanta del Novecento. Si è quasi in campagna, mancano solo i nanetti in giardino per completare questo quadro idilliaco. Ha 6 camere con lavandino, spaziose e dall'arredamento civettuolo a immagine delle porte in similpelle rossa. Accoglienza cordiale da parte di Milan che si prenderà il disturbo di portarvi una bandiera. Ne ha tutta una collezione!

Pensione Sprint *(fuori pianta I da A1, **24**):* Cukrovarnická 62, Praha 6. ☎ 33-35-18-37. • sprint@motylek.com • Nel quartiere di Střešovice, a nord-ovest di Hradčanská, molto residenziale e tranquillo, ma lontano. Bisogna calcolare mezz'ora per arrivarci, con i tram nn. 1 o 18, direttamente da Václavské náměstí o dalla stazione della metropolitana Hradčanská (linea A). Camere doppie con doccia a 1500 Kčs, con prima colazione. Lo stabile è modesto, un po' tristino, ma ben tenuto e offre camerette per 2, alcune con i servizi igienici nel corridoio. Il proprietario è cordiale, sempre disposto a fare favori. Prenotate in anticipo. Bisogna, però, fare attenzione, perché alcune camere danno direttamente su un orrendo campo da calcio.

Hotel Salvator *(II, C2, **264**):* Truhlářská 10, Praha 1. ☎ 22-31-22-34. Fax: 22-31-63-55. • www.pha.inecnet.cz/salvator • Non lontano dal centro e a 3 min. da una stazione della metropolitana. Camere doppie da 1700 a 2600 Kčs, con docce e servizi igienici in comune o privati. In una via tranquilla, offre una trentina di camere ampie, non male arredate. Un buon rapporto qualità-prezzo. Per completare, c'è un ristorante che fa cucina sudamericana, con cantine a volta e schermi televisivi per guardare gli eventi sportivi di tutto il mondo mentre si azzanna una bistecca argentina.

PRAGA E DINTORNI

Hotel Malekon *(fuori pianta I da C4, **209**):* Na Záhonech 34, Praha 4. ☎ 41-48-43-42 e 41-48-42-43. ☎ e fax: 41-48-44-44. • www.motylek.com/malekon • malekon@motylek.com • M.: Kačerov (linea C). Prenotate con largo anticipo per il periodo estivo. Camere doppie a 1700 Kčs, con prima colazione; letto supplementare a 450 Kčs; gratuito per i bambini inferiori ai 6 anni. Ha solo una decina di camere doppie, completamente ristrutturate, con servizi igienici e TV. Sembra quasi di essere a casa propria in questa grande casa in pieno quartiere residenziale e dalla pulizia impeccabile. Ci vogliono circa 15 min. per raggiungere il centro in metropolitana, ma uno dei vantaggi di questo albergo famigliare è il parcheggio gratuito, ideale per chi è in auto.

Pensione Expres *(II, B3, **41**):* Skořepka 5, Praha 1. ☎ 06-02-30-83-44. ☎ e fax: 24-21-18-01. A due passi dalla Città Vecchia, offre camere doppie a 2400 Kčs con servizi igienici e a 1500 Kčs senza. Ci sono anche camere a 3, 4 e 5 letti. Questa pensione da 20 camere va bene per chi desidera alloggiare nel cuore del centro storico. La camere sono ben sistemate con radio, TV e telefono. Quelle del pianterreno danno su un cortiletto.

Hotel City *(III, D2, **42**):* Belgická 10, Praha 2. ☎ 22-52-16-06. Fax: 22-52-23-86. • www.abaka.com/Ctech/City • M.: Náměstí Míru (linea A). Parcheggio custodito a pagamento. Camere doppie a 2400 Kčs con bagno privato e a 1600 Kčs con 1 bagno per due camere, prima colazione compresa; sconto del 30% in bassa stagione; maggiorazione del 20% per i week-end di Pasqua, dell'Ascensione e della Pentecoste. Ci sono anche camere triple e quadruple. Accettano le carte di credito. Supplemento per la TV. Albergo in cui si va a colpo sicuro, dotato di 19 camere spaziose e luminosissime, con mobilio moderno, situate in uno stabile recente nel cuore di un quartiere tranquillo e residenziale. Accoglienza cortese.

Pensione Březina *(III, C2, **43**):* Legerova 41, Praha 2. ☎ 96-18-88-

88 o 24-26-67-79. Fax: 24-26-67-77. • www.abaka.com/Czech/brezina • Non lontana da piazza Venceslao. M.: I.P. Pavlova (linea C). Camere doppie da 1100 a 2000 Kčs con o senza servizi igienici, prima colazione extra. Spingete la porta d'ingresso di questo vecchio stabile e troverete a destra la reception. Questa pensione offre una ventina di camere carine da 1 a 4 letti. Tenendo conto del traffico, conviene evitare le camere che danno sul viale. A due passi dal Teatro nazionale si trova una dépendance della pensione, senza reception, che offre una decina di camere.

ALBERGHI

Prezzi medi

☗ ***Hotel Lunik*** *(III, D2,* ***27****):* Londýnska 50, Praha 2. ☎ 24-25-39-74. Fax: 24-25-39-86. • www.prague-hotel.org/lunik • lunik@motylek.com • Nel quartiere che sale da Vinohrady, non molto lontano dal centro, il palazzo è un bell'esempio di architettura di prima della caduta del Muro, moderno, completamente ristrutturato, ben tenuto e con un buon rapporto qualità-prezzo per la sua posizione. In un quartiere residenziale con molto verde, intimo e molto accogliente, insomma delizioso, offre 35 camere doppie con doccia, servizi igienici e prima colazione a 2500 Kčs. In estate è possibile prenotare, ma con non più di un mese d'anticipo.

☗ ***Hotel Brno*** *(fuori pianta I da D1-2,* ***30****):* Thámova 26, Praha 8. ☎ 24-81-18-88; ☎ e fax: 24-81-04-32. Giusto all'uscita della fermata della metropolitana di Křižikova (linea B). Si può parcheggiare per 230 Kčs al giorno. Ha 36 camere doppie a 2700 Kčs, con servizi igienici, prima colazione compresa; appartamenti per 4 o 5 persone a prezzi piuttosto interessanti: calcolate rispettivamente 4000 e 4200 Kčs; piccolo sconto per pagamenti in contanti. Questo albergo, poco più caro di una pensione, ha il vantaggio di essere facilmente raggiungibile, a 10 min. dal centro. Altrimenti, lo stabile, piuttosto in stile «case popolari», non ha un fascino particolare. Un indirizzo comodo dall'atmosfera veramente convenzionale.

☗ ***Pensione U Medvidků*** *(II, B4,* ***203****):* Na Perštýně 7, Praha 1. ☎ 24-21-19-16. Fax: 24-22-09-30. In pieno centro, in prossimità di Bethlémské náměstí, è un edificio notevole dal punto di vista architettonico che ospita una pensione abbastanza pulita e ben tenuta le cui camere sono state ristrutturate di recente. Calcolate 3100 Kčs per una doppia con servizi igienici e 1500 Kčs senza; tariffe variabili a seconda della stagione. Mobilio in legno chiaro, comfort sommario, docce e servizi igienici al piano. Ha circa una ventina di camere, alcune delle quali triple. L'accoglienza è un po' impersonale. Preferite le stanze sulla strada, anche se forse sarete un po' spaventati dalle dimensioni della birreria che si trova sotto la pensione. Bisogna dire che è una delle più antiche di Praga (risale al 1466), ma è troppo turistica e priva di grande interesse!

☗ ***Hotel Bilý Lev*** *(Il leone Bianco; fuori pianta I da D2,* ***34****):* Cimburkova 20, Praha 3. ☎ 24-22-32-26. Fax: 57-31-29-83. Nel quartiere di Žižkov. Per raggiungerlo da Václavské náměstí, prendete il tram n. 9 e scendete alla terza fermata. Da Republiky náměstí, tram nn. 26 o 5, terza fermata. Stranamente, è meno caro d'estate che durante il resto dell'anno: in quel periodo, calcolate 2400 Kčs per una camera doppia, con prima colazione. Alberghetto tranquillo con 29 camerette dotate di tutti i comfort (telefono, TV, bagno), simpatico e non lontano dal centro. Non ha uno stile particolare, ma è quasi familiare. Camere da 2, 3 o 4 persone. Le prestazioni, in generale, sono buone. È meglio prenotare in anticipo, dato che una parte delle camere è riservata alle agenzie. Accoglienza buona.

Hotel Splendid *(fuori pianta I da C-D1, **35**):* Ovenecká 33, Praha 7. ☎ 37-33-51 o 59. Fax: 33-37-22-32. A nord della Moldava, attraverso il ponte Švermův. Tram n. 26 da Republiky náměstí. Scendete a Letenské náměstí. Un po' periferico, ci vogliono 25 min. a piedi per raggiungere il centro. Situato nel quartiere molto tranquillo di Bubeneč. Camere doppie a 2800 Kčs, con bagno, TV, frigobar e prima colazione compresa. Le camere sono impeccabili, peccato che l'arredamento anni settanta del Novecento abbia un fascino spaventoso. Davanti all'albergo c'è un piccolo spazio all'aperto con tavolini e l'accoglienza è buona. Vi propongono addirittura di farvi le prenotazioni per gli spettacoli.

Più chic

I prezzi aumentano considerevolmente quando si cambia categoria, in quanto tutti gli alberghi di prestigio applicano prezzi internazionali, quindi alti. È stato soprattutto in questi ultimi anni che i prezzi sono saliti improvvisamente alle stelle.

Hotel Sax *(IV, A2, **202**):* Jánský Vršek 328/3, Praha 1. ☎ 57-53-01-72. Fax: 57-53-41-01. A Malá Strana, ai piedi del castello. Camere doppie a 4400 Kčs. L'albergo, situato in uno dei quartieri più antichi di Praga, è d'aspetto piuttosto classico, ma, una volta entrati, è un'autentica rivelazione. La reception cela un bel salone dentro a un atrio e le belle camere sono sistemate attorno a questo cortile interno, su due piani a mezzanino, con un banco per sorseggiare il caffè. L'arredamento, molto modaiolo nell'insieme, si adatta perfettamente. Le stanze, modernamente attrezzate, offrono viste diverse sul quartiere e qualcuna anche sul castello. Il prezzo è molto ragionevole per un albergo di tale classe e anche il personale è premuroso e cordiale.

Hotel Opera *(II, D1, **29**):* Těšnov 13, Praha 1. ☎ 231-56-09. Fax: 231-25-23. Nella via si parcheggia facilmente. Camere doppie a 3950 Kčs, con bagno e prima colazione; in inverno, sconto del 30%. Immobile borghese dalla facciata rosa, tipico d'inizio Novecento. Non potete non vederlo! In buona posizione a 10 min. a piedi dal centro; peccato che l'autostrada ci passi vicino. Un indirizzo da sfruttare più d'inverno. Ha una cinquantina di camere, tutte con bagno, impeccabili e graziosamente arredate. Si parla inglese e c'è anche un bar simpatico adiacente all'albergo.

Hotel Europa *(II, C4, **33**):* Václavské náměstí 25, Praha 1. ☎ 24-22-81-17 o 24-22-82-15. Fax: 24-22-45-44. M.: Můstek (linee A e B). In pieno centro. Camere doppie a 2000 Kčs, senza bagno e a 3700 Kčs con bagno; alcune suite a circa 5000 Kčs. È uno dei più affascinanti edifici Art nouveau di Praga, con una facciata splendida che descriveremo ampiamente più avanti (vedi «Da vedere»). Visto che è un albergo, ci si può anche dormire e, contrariamente a ciò che potrebbe far supporre la sua notorietà, è il meno caro di tutta la piazza. Per godersi l'*Europa*, bisogna sapere qualche cosetta: si respira ancora una certa aria decadente, cosa che contribuisce al suo fascino, e il personale ha conservato la cattive maniere e, talvolta, persino il menefreghismo di un tempo. Bisogna, quindi, saper passare oltre a questi piccoli inconvenienti per poter apprezzare il posto. Le stanze sono di due tipi: quelle che danno sul cortile del retro, senza bagno, sono da evitare per l'arredamento mediocre e le pulizie fatte sbrigativamente. Se andate in quell'albergo è per avere una camera spaziosa affacciata sulla piazza. Chiedetene una che sia il più in alto possibile. L'arredamento è un po' kitsch, démodé, quasi divertente, con qualche elemento anni settanta del Novecento come il vecchio telefono arancione e lo sgabello in plastica. Un fascino innegabile che si svela non appena varcate la porta girevole d'ingresso, un'atmosfera particolare per un prezzo che non è poi esorbitante. Fare un giro nei saloni dei piani è sempre divertente.

Hotel Ariston *(I, D2, **37**):* Seifertova 65, Praha 3. ☎ 22-78-25-17. Fax: 22-78-03-47. • ariston@motylek.com • Tram nn. 5, 9 o 26. A 10 min. dal centro, nel quartiere di Žižkov, dopo lo stadio. Camere doppie con tutti i comfort (TV e telefono) a 3700 Kčs. Albergo a 3 stelle, costruito nel 1888 e ristrutturato di recente. D'acchito assomiglia a un qualunque albergo di una catena. C'è il ristorante e un grande salone per le conferenze. Alcune camere danno sulla strada e quindi possono essere un po' rumorose.

Hotel Axa *(II, D2, **32**):* Na Poříčí 40, Praha 1. ☎ 24-81-25-80. Fax: 232-21-72. Prenotazioni: ☎ 24-81-63-32. Fax: 24-81-44-89. • axapraha@mbox.vol.cz • www.vol.cz/axa • M.: Florenc (linee B e C) o Náměstí Republiky (linea B). Camere doppie a 3960 Kčs; durante determinati week-end lunghi particolarmente ambiti, come Pasqua o l'ultimo dell'anno, la stessa camera vi costerà oltre 4000 Kčs. Stabile interessante degli anni sessanta del Novecento nel quale si trova una fabbrica da 131 stanze. Forse la vostra unica speranza di trovare posto quando c'è il tutto esaurito ovunque. Sempre pieno di tedeschi. Piscina e palestra a pagamento nel piano interrato. L'insieme è banale, così come l'accoglienza. Resta comunque un buon rapporto vicinanza-prezzo, ma solo per le camere senza bagno. Quartiere rumoroso e non particolarmente bello.

Hotel Merkur *(II, D1, **31**):* Těšnov 9, Praha 1. ☎ 23-23-878. Fax: 23-23-906 o 24-81-09-33. M.: Florenc (linee B e C). Non lontano dal centro (10 min. a piedi). Camere doppie con prima colazione (ottima) a 3600 Kčs; letto supplementare a 500 Kčs. Edificio degli anni cinquanta del Novecento, senza alcun fascino, con una cinquantina di camere arredate anonimamente. È interessante soprattutto perché è centrale, altrimenti è caro per i servizi che offre. Tutte le camere hanno il bagno e i doppi vetri, il che elimina il problema del rumore. Nel complesso, è un po' banale e il quartiere, in prossimità di una strada di grande scorrimento, è brutto.

Hotel Koruna *(III, A1, **36**):* Opatovická 16, Praha 1. ☎ 24-91-51-74. Fax: 24-92-17-10. In Nové Město. Camere doppie, con prima colazione, a 3350 Kčs. In un quartiere tranquillo, ha una graziosa facciata classica color ocra, che, purtroppo, nasconde un interno stile anni settanta veramente orribile. Ha una ventina di camere, il cui prezzo è fin troppo alto per il livello globale. Un indirizzo da sfruttare solo se non si trova nient'altro.

Molto più chic

Hotel U Raka *(IV, A1, **40**):* Černínská 10, Hradčany, Praha 1. ☎ 20-51-11-00 o 20-51-47-92. Fax: 20-51-05-11. • www.romantikhotels.com • Parcheggio gratuito, camere doppie a 6200 Kčs, prima colazione compresa; una suite a 7200 Kčs. Nel cuore di Malá Strana, sembra quasi d'essere in un villaggio. È lì che questa pensioncina di charme, con solo 6 camere, ricrea deliberatamente un'atmosfera romantica per un soggiorno da innamorati. Accoglienza di classe, alcuni tavoli in un giardino privato, fiori a profusione, rivestimenti in legno nelle camere e persino letto a baldacchino nella suite: non è stato trascurato alcun dettaglio. La cucina, dove si fa la prima colazione, è un piccolo museo di per sé. Ovviamente, prenotare è categorico.

Hotel Biskupský Dům *(IV, B2, **210**):* Dražického náměstí 6/62, Malá Strana. ☎ e fax: 57-31-50-87. • biskup@ok.cz • Dà direttamente sulla riva sinistra della Moldava ed è all'ombra delle torri del ponte

Carlo. Camere doppie da 6400 Kčs in su. In posizione ideale nel quartiere più romantico della città, è un indirizzo dallo charme ovattato, antica dimora vescovile, molto confortevole. Camere grandi, eleganti e vellutate, dotate di attrezzatura completa. Quelle mansardate sotto il tetto hanno un grandissimo fascino. Cortiletto coperto per bere qualcosa. Servizio di classe e prima colazione completa e molto varia.

🏨 ***U Tří Pštrosů*** *(Ai tre struzzi; IV, B2,* ***38****)*: Dražického nám. 12, Praha 1. ☎ 57-53-24-10. Fax: 57-53-32-17. • www.upstrosu.cz • M.: Malostranská (linea A). Tram nn. 12 o 22. Camere doppie a 7300 Kčs; alcune suite molto più care; sensibilmente più economico in bassa stagione. È l'albergo in posizione migliore di tutta Praga: nel quartiere di Malá Strana, ai piedi del ponte Carlo, sistemato in uno stupendo palazzo rinascimentale (1597), che deve il nome a un'antica bottega di piume di struzzo, ecco l'albergo più «in» della città. Pieno di fascino, è il preferito dagli innamorati o dagli sposini in viaggio di nozze... o dalle routard innamorate che hanno sposato un miliardario (perché ci sono anche quelle!). Ristorante conosciuto al pianterreno. Ha una quindicina di camere bellissime. Bisogna prenotare con parecchi mesi d'anticipo, ma capita che all'ultimo momento si possa approfittare di una rinuncia e quindi trattare sul prezzo.

🏨 ***Hotel Paříž*** *(II, C2,* ***39****)*: U Obecního Domů 1, Praha 1. ☎ 22-19-51-95. Fax: 24-22-54-75. • www.hotel-pariz.cz • Giusto di fianco a Republiky náměstí e a due passi dal municipio. Qui il dollaro ha spodestato la corona e bisogna sborsare 270 US $ per una camera. Dopo grossi lavori di ristrutturazione della sontuosa facciata in stile Secessione e delle numerose camere, il *Paříž* può vantarsi di essere il più bell'albergo della capitale ceca. Da una porta decorata con un fine mosaico in puro stile Art déco, si entra in questo palazzo dal fascino antiquato, frequentato da numerosi uomini d'affari e da ricchi turisti americani. Di colpo, si è ceduto alla modernità nelle camere che hanno un po' perso il loro stile d'un tempo. Prezzi molto alti (ma non c'era bisogno di dirlo), comfort eccellente (per fortuna) e servizio scrupoloso. Il ristorante è molto gradevole, ma ugualmente caro (vedi «Dove mangiare. *Ristorante Sarah Bernhardt*»). Se volete gustare il lusso a un prezzo inferiore, andate a prendere una cioccolata e qualche pasticcino sotto i rivestimenti dorati della sala da pranzo. Per un momento, ci si può immaginare di essere a Vienna.

Dove mangiare

A differenza dell'alloggio in albergo, che è molto caro, mangiare a Praga si rivela molto economico e si può risparmiare tranquillamente. In effetti, la scala dei prezzi varia da 3 € per un piatto abbondante e senza fronzoli a 25 € per un pasto raffinato in un locale alla moda. La cucina ceca si è molto evoluta da qualche anno, senza però rinnegare le sue origini. I piatti sono diventati meno grassi e ci si sforza di presentarli meglio. Per certi locali rinomati, conviene fare una telefonata in anticipo, soprattutto durante i week-end dell'Ascensione, di Pentecoste e di Pasqua, oltre che in luglio e agosto.

A proposito di usanze locali, non offendetevi se il cameriere sparecchia non appena avete finito. Da noi, il piatto e il bicchiere restano a lungo sul tavolo in attesa che finiscano anche gli altri, ma qui no. Questo però non significa che dovete andarvene subito, è solo un altro modo di comportarsi. Da poco, si stanno facendo grossi sforzi per tradurre i menu e persino la modesta *hospoda* di quartiere ha almeno un menu in tedesco, ma ovviamente bisogna sapere il tedesco! Diciamo che un quarto dei locali ha un menu in francese e la metà in inglese o in tedesco. Tuttavia, conosciamo

ancora qualche indirizzo dove avrete la sorpresa di scoprire cos'avete ordinato un po' a caso sul menu rigorosamente in ceco.
Ultima osservazione: l'ora di chiusura è raramente l'ora della fine del servizio. NOI VI INDICHIAMO L'ORA DI CHIUSURA alla quale dovete sottrarre da mezz'ora a un'ora e magari anche un'altra oretta d'inverno, in quanto cuochi e camerieri hanno, generalmente, fretta di tornare a casa.

Osservazioni generali

– In molti ristoranti, si pagano il coperto, il servizio, oltre che il pane. Ma, di solito, è abbastanza difficile sapere, al momento dell'ordinazione, l'importo del conto. Il prezzo del coperto è fisso e lo troverete indicato in fondo al menu. Il servizio, invece, può essere compreso, a forfait, oppure a percentuale.
– Evitate gli «aperitivi della casa» che vi vengono offerti non appena entrate in certi ristoranti turistici, perché sono pessimi e fuori prezzo.
– Rammentiamo che la maggior parte delle *hospoda* o delle *k'avárna* sono anche locali in cui si può bere qualcosa.

A STARÉ MĚSTO E NOVÉ MĚSTO (NELLA CITTÀ VECCHIA E NELLA CITTÀ NUOVA)

Prezzi economici

|●| *Restaurace Trilobit* *(II, B4, **249**):* Palackého 715/15, Praha 1. ☎ 24-94-60-65. Nei pressi di piazza Venceslao. Aperto dalle 11 a tarda sera. Piatti attorno a 65 Kčs. Collocata in un'ex cantina e arredata con alti sgabelli, è una taverna dal nome un po' strano che deriva dai fossili preistorici rinvenuti nel terreno in occasione dei lavori. Piattini semplici, ma saporiti, a prezzi molto democratici. Gli studenti vi stazionano tra una lezione e l'altra.

|●| *U Šuterů* *(II, B4, **248**):* Palackého 4, Praha 1. ☎ 24-94-71-20. Quasi di fronte al precedente. Aperto tutti i giorni dalle 11 alle 23, ha una sala lunga e stretta con soffitto a volta. È una buona tappa per rifocillarsi onorevolmente a mezzogiorno con il piatto del giorno a 55 Kčs, innaffiato da una buona birra. La sera, i prezzi salgono un po', ma restano abbordabili.

|●| *Klub Architektura* *(II, A3, **231**):* Betlémské náměstí 5a, Praha 1. ☎ 24-40-12-14. Aperto tutti i giorni dalle 11.30 a mezzanotte. Piatti attorno a 100 Kčs. Gioiellino di ristorante collocato nell'ex cantina del XII secolo della cappella Bethléem, alla quale si accede dal cancello a destra della chiesa. Il connubio fra volte secolari e l'arredo dalle linee spoglie di spirito minimalista, ha tutto per piacere. Anche la cucina ha un non so che di funzionale, ma è piacevole cenare in questa cantina molto frequentata dalla gioventù cittadina. Andateci di buon'ora oppure prenotate, altrimenti vi toccherà pazientare per trovare un tavolo libero.

|●| *Country Life* *(III, B1, **68**):* Melantrichova 15, Praha 1. ☎ 24-21-33-66. Aperto dalle 9 (11 domenica) alle 20.30 (16 venerdì); stranamente chiuso sabato. Piatti da 50 a 100 Kčs. Squisito buffet vegetariano, con ampia scelta di insalate e prodotti freschi e gustosi. Si paga a peso, ma i prezzi sono molto democratici. Atmosfera zen. Negozio di prodotti biologici.

|●| *Pizzeria Kmotra* *(III, A1, **66**):* V Jirchářích 12, Praha 1, all'altezza dell'incrocio con Voršilská. ☎ 24-91-58-09. Aperta dalle 11 a mezzanotte con orario continuato (ultima ordinazione alle 23.30), è una pizzeria che è diventata in poco tempo uno dei ritrovi degli studenti del posto. In un seminterrato modernizzato, dalla volta elegante, si servono in effetti ottime pizze del diametro di 30 cm al prezzo di 100 Kčs. Ci si va in allegra compagnia, si fanno incontri, si degusta un rosso vivace della Moravia. Bisogna però stare attenti, perché spesso è piena e conviene andarci presto… o tardi.

|●| ***Pizzeria La Romantica*** *(III, D2,* ***86****):* Londýnská 22, Praha 2. ☎ 24-25-78-12. Aperta da lunedì a venerdì, dalle 10 alle 23 e domenica dalle 12. Belle pizze a 100 Kčs. Dietro a una facciata splendidamente decorata, *La Romantica* è il locale giusto in cui mangiare una pizza, sia da soli, sia in coppia, sia fra amici. Quando è bel tempo, si può anche bere qualcosa ai tavolini all'aperto.

Prezzi da moderati a medi

|●| ***Amade*** *(II, B1,* ***222****):* U Milosrdny'ch 10, Praha 1. ☎ 231-88-67 o 232-01-01. Aperto da lunedì a sabato dalle 12 alle 23. Piatti pieni di originalità da 150 a 200 Kčs circa, risultato di un connubio fra le cucine ceca, austriaca e svizzera, il tutto insaporito di una creatività particolare, per il massimo piacere del palato. Dopo un bicchierino al bar, potrete accomodarvi al ristorante, ancora poco conosciuto dai turisti, ma già apprezzato dai praghesi. È collocato nello scantinato del seminterrato e vi potrete degustare, per esempio, l'anatra caramellata allo zenzero, medaglioni di vitello in salsa al limone, filetto di merluzzo fritto allo yogurt. Nello stesso spirito, non dimenticate il ventaglio dei dolci e, ovviamente, come in tutte le cantine che si rispettino, il vino che non è da meno.

|●| ***Rusalka*** *(III, A1,* ***238****):* Na Strouze 1/277, Praha 1. ☎ 24-91-58-76. Proprio di fianco a Národní Divaldo. Aperto tutti i giorni dalle 11 (dalle 12 durante il week-end) a mezzanotte. Buona cucina con piatti da 150 a 200 Kčs circa. Ideale all'uscita da teatro, ma che si esca o meno dallo spettacolo, ecco un locale nel quale è piacevole fermarsi per degustare una cucina, molto all'italiana, in un ambiente gradevole ed elegante, decorato da riproduzioni di Arcimboldo. Prezzi ragionevoli per la qualità.

|●| ***Hospoda Skořepka*** *(II, B3,* ***241****):* Skořepka 1, Praha 1. ☎ 24-21-47-15. Aperta tutti i giorni dalle 11.30 (dalle 14.30 domenica) alle 2 di notte. Piatti con un buon rapporto qualità-prezzo a 100 Kčs circa. Servizio efficiente in questa birreria dall'arredo tradizionale con un lungo banco, tavoli in legno, strumenti in rame alle pareti. Se siete affamati, prendete la specialità della casa, uno stinco di maiale del peso di un chilo servito con mostarda dolce, salsa al rafano e insalata di cavolo. Altrimenti, potete scegliere tra i piatti forti della tradizione ceca e l'eterno gulasch alla birra. In serata, folclore ceco.

|●| ***Titanic*** *(III, C1,* ***243****):* Stěpánská 24, Praha 1. ☎ 96-22-62-82. Aperto tutti i giorni dalle 11 (domenica dalle 15) alle 23. Piatti a circa 100 Kčs; la chateaubriand da 400 g raggiunge le 385 Kčs. Con il suo arredo semplicissimo ispirato alla famosa nave, il *Titanic* si definisce innanzitutto come un ristorante di carne. Le porzioni sono generose e saporite, ma se preferite qualcos'altro, sulla carta troverete anche grandi insalate.

|●| ***Café Louvre*** *(II, B4,* ***242****):* Národní Třída 22, Praha 1. ☎ 29-72-23 o 29-76-65. M.: Národní Třída (linea B). Aperto tutti i giorni dalle 8 alle 23.30. Piatti a circa 150 Kčs. Cucina internazionale senza sorprese. Collocato al primo piano dello stabile sopra il *Reduta* e il *Rock Café* (vedi «Dove andare la sera»), ha una fontana all'ingresso, due sale dagli alti soffitti e dall'arredo curato, così come il servizio. Eccovi quindi un locale ideale per cenare in un ambiente piacevole, all'uscita da teatro.

|●| ***Pizzeria Coloseum*** *(II, B4,* ***239****):* Vodičkova 32, Praha 1. ☎ 24-23-83-55. A destra, dopo l'ingresso della galleria. Aperta tutti i giorni dalle 11.30 (domenica apre alle 12) alle 23.30, è situata in un seminterrato e arredata un pelino alla romana. Ovviamente, si mangia la pizza in compagnia degli abitanti del

quartiere, al prezzo di 130-150 Kčs. Ottima per pranzare, ma spesso è affollata e non è il luogo ideale per una cenetta tranquilla tra innamorati. Al contrario, per discutere con la gente del posto davanti a una birra, non è male. Il servizio è efficiente.

|●| ***U Supů** (II, B4, **220**):* Spálená 41, Praha 1. ☎ 29-93-10. Aperto da lunedì a sabato dalle 10.30 a mezzanotte e domenica dalle 12 a mezzanotte. Grande scelta di piatti da 100 a 150 Kčs. Facciata piacevole che stride con la sala un po' deludente quanto ad arredamento. Un indirizzo valido per mangiare senza spendere troppo. La carta, ricca e variata, propone una cucina internazionale.

|●| ***U Betlémské Kaple** (II, A3, **230**):* Betlémské náměstí 2, Praha 1. ☎ 24-21-18-79. Aperto dalle 11 alle 23, è un posticino convenzionale al massimo, un po' affettato, ma veramente tipico. Arredato con gusto. Ci si va essenzialmente per mangiare pesce: trota alla griglia, carpa fritta, persico... Ci sono anche pesci di mare e un po' di carne per chi non può rinunciare alle proteine terrestri. Camerieri in smoking in un ambiente un po' malinconico, dai toni verde sbiadito.

|●| ***Viki Rybs Restaurant** (II, B2, **225**):* Dlouhá 23, Praha 1. ☎ 232-98-65. Tra Republiky náměstí e Staroměstské náměstí. Aperto tutti i giorni dalle 11 alle 23. Piatti da 130 a 190 Kčs. Localino simpatico, nascosto in una cantina, con piatti non molto cari. Si mangia su tavoli in legno apparecchiati con tovaglie a quadretti rossi. Atmosfera un po' da *Weinstube*. Di tanto in tanto, si tengono concerti di musica country. Luogo frequentato dagli abitanti della zona, che vanno a degustare una cucina semplice e tipica: anatra, pollo, maiale e pesce. Camerieri un po' indifferenti.

|●| ***Chez Marcel** (II, B2, **73**):* Hastalská 751/12, Praha 1. ☎ 22-31-56-76. Aperto da lunedì a venerdì dalle 8 all'1 di notte, sabato e domenica dalle 9. Piatti a circa 210 Kčs alla carta. I piatti del giorno, segnati su una lavagna, sono un po' meno cari. Un «French bar» per leggere giornali francesi. Graziosa sala a volta in colori chiari e con tavoli in legno, molto stile *bistrot*. L'atmosfera è tranquilla e, ovviamente, ci sono molti francesi. Si può bere qualcosa o mangiare una *quiche*, una tartara o coniglio alla senape. Purtroppo, il servizio è poco curato.

|●| ***U Bubeníčků** (III, A1, **245**):* Myslikova 8, Praha 2. ☎ 22-51-33-40. Aperto dalle 11 alle 23. Piatti della cucina ceca a circa 130 Kčs. Birreria animata soprattutto la sera e frequentata da cechi e da turisti che ci vanno a mangiare piatti tradizionali e a bere una *Gambrinus* 12° o birra scura a 13. Se avete tanta fame, ordinatevi un «banchetto alla ceca».

|●| ***Pizzeria Modrá Zahrada** (The Blue Garden; II, B2; **229**):* Široká 18, Praha 1. ☎ 23-27-17-17. M.: Staroměstská (linea A). Aperta dalle 11 a mezzanotte. In un seminterrato. Pizze a circa 100 Kčs. Servizio rapido e con il sorriso. È un locale che troverete facilmente, perché ci passerete di sicuro durante la passeggiata nel quartiere ebraico. Allora, perché non cenarvi alla fine della visita? Al pianterreno, c'è un bar carino.

|●| ***U Matěje Krejčíka** (II, B3, **64**):* Vejvodova 4, Praha 1. Aperto tutti i giorni dalle 11 alle 22, vicinissimo a Michalska, propone menu tra 130 e 150 Kčs e piatti da 109 Kčs. Tavoli in legno al pianterreno, alta sala con volte in pietra nel seminterrato, ambiente semplice, tranquillo, piacevole. Cucina ceca tradizionale. Peccato che il servizio e l'accoglienza non siano all'altezza.

|●| ***Fx Café** (III, C1, **63**):* Bělehradská 120, Praha 2. ☎ 24-25-47-76. Situato a Nové Město, questo locale fa parte della discoteca *Radost*. È aperto dalle 11.30 alle 4 del mattino e serve pizze, pasta e insalate a circa 150 Kčs. Se lo indichiamo, è perché è uno dei rari locali praghesi che servono da mangiare fino a notte fonda. Si possono quindi mangiare specialità americane o americanizzate, pizze insipide, insalate passabili, pasta e *chili* decente, ma tanto i clienti non stanno a guardare la qualità: è la quantità che è essenziale. Domenica *brun-*

ch. Chiaramente, ci sono molti americani che salgono dalla discoteca per riempirsi la pancia. Ammirate la collezione di fotografie delle feste di compleanno.

|●| ***U Černeho Slunce*** *(Al sole nero; II, B3,* ***247****):* Kamzikova 9, Praga 1. ☎ 24-22-47-46. Si entra dal n. 8 di via Celetná. Aperto dalle 10 alle 22. Snack-bar decorato di manifesti di Mucha, nel quale potrete trovare piatti da 80 Kčs in su. E se avete molta fame, andate nel seminterrato dove, in un tradizionale salone dal soffitto a volta, si trova il ristorante. Piatti a 200 Kčs massimo.

Prezzi da medi a un po' più chic

|●| ***Le Molière*** *(III, D2,* ***246****):* Americkà 20, Praha 2. ☎ 22-51-33-40. Birreria aperta dalle 9 alle 23, pasti serviti dalle 12 alle 15 e dalle 19 alle 23. Chiuso sabato a mezzogiorno e domenica. Calcolate 300 Kčs per un piatto. Sala molto piacevole di forma lievemente arrotondata e di sera un ambiente ovattato. Vi si può assaggiare la terrina di anatra della casa, il coniglio in fricassea alla provenzale farcito, senza dimenticare la crostata di pesche con sorbetto preparata da Yoann il marsigliese, il cuoco della casa. Servizio raffinato, clientela composta di uomini d'affari. Un indirizzo sicuro.

|●| ***Novoměstský pivovar*** *(III, B1,* ***61****):* Vodičkova 20, Praha 1. ☎ 22-23-24-48 o 22-23-16-62. Aperto da lunedì a venerdì dalle 10 alle 23.30; sabato dalle 11.30 e domenica da mezzogiorno alle 22. Piatto del giorno a circa 100 Kčs, altrimenti calcolate almeno il doppio. Situata in fondo a una piccola galleria commerciale, è un'autentica birreria che fabbrica la propria birra in vecchie cantine trasformate in ristorante multisale, molto frequentato dai gruppi. Arredato con tavoli di nudo legno, minimalisti all'estremo. Clientela molto variegata che va dal gruppo di studenti alla coppia di dirigenti che va a bere con i colleghi dopo il lavoro. Fra le specialità: *vepřové pečené koleno* (garretto di maiale lessato), *svíčková na smetaně* (taglio di manzo in salsa) e squisito *pivovarský guláš* (gulasch alla birra), con contorno di insalata di carote o di cavoli dolci. Se siete in tanti o da soli, ma con una fame da lupi, vi aspetta la padellata della birreria: 2 kg di zampone, pollo e salsicce.

|●| ***Ristoranti dell'Hotel Europa*** *(II, C4,* ***33****):* Václavské náměstí 25, Praha 1. ☎ 24-22-81-17. In questo albergo troverete due ristoranti. Al pianterreno, l'***Art Nouveau (Secesni restaurace)***, aperto dalle 11 alle 15 e dalle 18 a mezzanotte, che propone 15 menu tra 500 e 700 Kčs, piatti di cucina internazionale, ma anche alcuni grandi classici della cucina ceca da degustare in una sala sontuosa, sotto una splendida vetrata in puro stile Liberty. Nel seminterrato, lo ***Staroçeská restaurace***, al quale si accede dalla sinistra della porta principale dell'albergo. Aperto tutti i giorni dalle 11 a mezzanotte, propone 8 menu da 350 a 400 Kčs, caffè compreso. Anche questo è collocato in una bella sala in stile Liberty, dai rivestimenti agli affreschi, alle vetrate. Effettivamente, è un ristorante turistico, ma vi si trova di che rifocillarsi decentemente, sebbene il servizio sia disperatamente anonimo. Come specialità ceche: minestre, bistecca alla boema, manzo in salsa, filetto di maiale ai funghi, anatra arrosto, dolci tipo *strudel*, *pancake* alla frutta. Prenotate oppure andateci a fine servizio.

|●| ***Universal*** *(III, A1,* ***244****):* V Jirchařich 6, Praha 1. ☎ 24-91-81-82. M.: Národní Třída (linea B). Aperto tutti i giorni dalle 11 (dalle 12.30 domenica) all'1 di notte. Piatti all'occidentale da 150 a 200 Kčs, serviti in una sala pulitina con mobilio stile baretto, arredo ispirato al cinema, atmosfera giovane e simpatica, il tutto sotto l'occhio benevolo di una testa d'elefante. La carta propone insalatone e piatti decisamente ispirati alla cucina francese. I golosi non dimentichino di assaggiare l'ottima crostata al cioccolato. Insomma, un locale che sta diventando di

moda con prezzi che aumentano di conseguenza.

|●| ***Red Hot & Blues*** *(II, C2, **227**)*: Jakubská 12, Praha 1. ☎ 231-46-39. M.: Náměstí Republiky (linea B). Aperta tutti i giorni dalle 9 alle 13. Nonostante il nome anglosassone e la cucina metà cajun, metà tex-mex, arricchita da qualche specialità creola, nelle sale gradevoli, o meglio ancora d'estate nel cortile, si può incontrare tutta una gioventù praghese che viene a sgranocchiare *burrito*, *quesillada*, pollo *gumbo*... Il locale è altrettanto frequentato durante il fine settimana per il tradizionale *brunch* americano (ormai l'est europeo non è più quello di una volta). C'è persino la *happy hour* tra le 16 e le 18. L'accoglienza è cordiale e il servizio è accurato.

|●| ***U Sv. Huberta*** *(II, A3, **67**)*: Husova 7, Praha 1. ☎ 24-21-75-10. Aperto tutti i giorni dalle 11.30 alle 16 e dalle 17.30 alle 23. Menu decente a 140 Kčs e piatti da 180 a 280 Kčs. Collocato in fondo a un cortile e nel piano interrato, questo ristorantino propone un menu dedicato quasi esclusivamente alla selvaggina che viene cucinata con molta fantasia e originalità (bistecca di cervo alla banana, capretto al pepe, cinghiale al vino, risotto con selvaggina...). Tranquillità assoluta e arredamento piacevole. Si notino le pelli di animali sulle panche. Menu in inglese.

Più chic

|●| ***Ristorante La Provence*** *(II, B2, **228**)*: Štupartská 9, Praha 1. ☎ 90-05-45-10. Aperto tutti i giorni dalle 12 all'1 di notte, sotto il *Banana Café*, è il ristorante più alla moda di Praga. Piatti da 160 a 600 Kčs; il ventaglio dei prezzi è ampio, ma la specialità del giorno è a 150 Kčs. Tutti i giovani praghesi un po' danarosi e i turisti alla ricerca di un'atmosfera, si ritrovano in questa grande cantina. L'arredamento ricostruisce la Provenza, così come la si immagina in questa città, con tessuti tipo Souleiado, panche, cuscini e luci attenuate. Una specie d'inventario da rigattiere alla Prévert: una caffettiera, una credenza, un bricco da latte, un macinino, della lavanda secca, un portabottiglia, alcuni ventilatori, un asciugacapelli! Si mangia veramente bene, anche se la cucina non ha niente di tipico: anatra al miele di lavanda, *zarzuela*, *cassoulet*, galletto al vino rosso e, naturalmente, *bouillabaisse*. Il servizio è all'americana, giovane e simpatico. Durante il week-end conviene prenotare.

|●| ***U Pavouka*** *(Il ragno; II, B3, **72**)*: Celetná 17, Praha 1. ☎ 231-33-27 o 24-81-14-36. Nella via più famosa di Praga che inizia da Staroměstské náměstí. Aperto tutti i giorni dalle 11 a mezzanotte; pasti serviti dalle 12 alle 15 e dalle 17.30 in poi. A pianterreno, spuntini a prezzo ragionevole. Sotto, c'è il ristorante con menu a circa 650 Kčs e piatti a circa 350 Kčs; menu espresso a 250 Kčs. Collocato in una bella sala dal soffitto a volta in stile medievale-romanico, un po' *nouveau riche*, dove quello che conta è farsi notare. L'atmosfera è un tantino impettita e i prezzi tendono a salire. Specialità di carne e grigliate alla brace. Ristorante frequentato principalmente da stranieri e assolutamente da evitare in alta stagione.

|●| ***Ristorante Náprstek*** *(II, A3, **263**)*: Náprstkova 8, Praha 1. ☎ 22-22-10-19. Aperto tutti i giorni, dalle 11 a mezzanotte. Calcolate 450 Kčs per un pasto. Ristorante di cucina francese, più borghese che sofisticata, intimo e discreto, dall'arredo sobrio, con mattoni a vista e vecchie foto. Prezzi molto onesti per la qualità, a patto che non scegliate piatti onerosi come il fegato d'oca o l'aragosta. Musica di sottofondo adatta a cenette intime. Squisito dolce all'arancia.

|●| ***Ristorante Reykjavik*** *(II, A3, **226**)*: Karlova 20, Praha 1. ☎ 22-22-12-18. M.: Staroměstská (linea A). Aperto tutti i giorni dalle 11 a mezzanotte. Piatti da 350 a 400

Kčs. Questo ristorante, secondo le nostre fonti, è sistemato all'interno dell'ex ambasciata d'Islanda, il che spiega il suo nome e il fatto che il menu dia ampio spazio al pesce. Il locale non è dei più tipici, né come ambiente, né come spirito, ma si atteggia a tale. Violini appesi alla parete sopra il bar proprio di fianco a un pianoforte, con grammofono e fisarmonica davanti, arredamento un po' asettico nei toni ocra. La cucina è fresca e abbondante ma non molto tipica. *Fish'n'chips*, salmone affogato in salsa olandese, *tournedos*, scaloppina alla viennese, delizioso *cheesecake*. Ci si può accontentare tranquillamente di un piatto. L'ambiente è abbastanza tranquillo e gradevole e consente di osservare le frotte di turisti che invadono la via più frequentata della capitale. Il personale è giovane e cordiale.

|●| *Restaurace Shalom* *(II, A2,* ***71****):* Maiselova 18, Praha 1, nel cuore del quartiere ebraico. ☎ 24-81-09-29. Aperto da domenica a venerdì, dalle 11.30 alle 14. Menu semplicissimo da 400 a 500 Kčs. Questo ristorante potrebbe rientrare nella categoria «religioso proselita». In effetti, dietro a una facciata rosa barocca, un ingresso discreto dà accesso a un antro *very typical Jewish*. È un passaggio obbligato per tutti gli ebrei che transitano per Praga, il che spiega perché sia abbastanza difficile entrarci. Vasto salone dall'alto soffitto situato nell'ex municipio. Menu abbondante composto da primo, secondo, frutta e dessert. Un po' caro, in effetti, ma è un ambiente interessante per capire il quartiere e la sua storia. Pranzo per la ricorrenza del sabato. Non dimenticatevi, prima di mangiare, di acquistare il biglietto all'agenzia Matana, situata quasi di fronte.

Ancora più chic

|●| *Pravda* *(II, A2,* ***60****):* Pařížská 17, Praha 1. ☎ 23-26-203. Aperto tutti i giorni dalle 11.30 all'1 di notte. Calcolate circa 900 Kčs per un pasto. Brasserie molto alla moda, di fianco alla sinagoga Vecchia-Nuova. Imponente banco per i cocktail, arredo post-moderno, tutto in bianco e nero con dettagli in rame sfavillante. Sale dal soffitto alto, tavoli apparecchiati con tovaglie immacolate, camerieri e cameriere impettiti in divise eleganti. *Fusion food* un tantino snob e alla moda, a prezzi incredibili per Praga. Ma ci si può accontentare di insalatone a circa 235 Kčs e di piatti di pasta a 300 Kčs. DJ da giovedì a sabato.

|●| *Ristorante V. Zátiší* *(II, A3,* ***70****):* Liliová 1, Praha 1. ☎ 22-22-11-55 o 22-22-20-25. Aperto tutti i giorni dalle 12 alle 15 e dalle 17.30 alle 23. Calcolate da 400 a 700 Kčs per un piatto e tra 700 e 1100 Kčs, meritatissime, per un menu completo. Ristorante classico, raffinato, con piante, luci soffuse, candele sui tavoli, servizio zelante, ma al contempo discreto. Un ambiente e una messa in scena perfettamente adatti a valorizzare una cucina d'ispirazione francese e internazionale assolutamente controllata e intelligente, con molte formule di menu tutto compreso. Cucinano bene sia il pesce, sia la carne, sia il pollame (sogliola alla griglia, filetto di manzo alla Wellington, medaglioni d'agnello al timo). Delizioso il pane all'aglio e carta dei vini molto ricca (li si può ordinare al bicchiere). Per concludere, bisogna rendere merito al dessert. Se il vostro budget non consente strappi, prendete un secondo e un dolce, piuttosto che un primo e un secondo. La prenotazione è vivamente consigliata, in quanto il locale è conosciuto e apprezzato.

|●| *Ristorante Sarah Bernhardt* *(nell'Hotel Paříž; II, C2,* ***39****):* U Obecního domů 1, Praha 1. ☎ 22-19-51-95. M.: Náměstí Republiky (linea B). Servizio dalle 12 alle 16 e dalle 18 a mezzanotte. Piatti da 700 a 800 Kčs. Lo ricordiamo perché è uno dei capolavori dell'Art nouveau praghese, dove si possono degustare «alcuni dei piatti cechi preferiti da Alfons Mucha» (filetto di vitello ai tartufi, anatra arrosto alla boema, gulasch ecc.). Piatti un tantino leziosi anche se preparati correttamente. Clientela di uomini d'affari e coppie borghesi. Atmosfera veramente conformista e servizio lento.

A MALÁ STRANA E HRADČANY

Attenzione, non ci sono molti locali in cui rifocillarsi sulle alture del castello. Vi consigliamo, quindi, di pranzare nella parte bassa di Malá Strana, prima di salire in cima.

Prezzi economici

U Švejků *(IV, B2,* ***240****):* Ujezd 22, Praha 1. ☎ 53-56-29. Aperto tutti i giorni dalle 11 a mezzanotte. Piatti a circa 130 Kčs. Birreria popolare situata in una casa del XVII secolo del quartiere di Malá Strana. Per i curiosi, la storia del locale si trova sull'ultima pagina del menu. Atmosfera rilassata e simpatica, cucina abbondante e corroborante. Un piatto e una birra bastano ampiamente per placare la fame e la sete dei più ghiotti. Coscia d'anatra alla griglia, tacchino con patate, c'è di che abbuffarsi e di che ritornare. Dopo le 19, suonano la fisarmonica.

U Kocoura *(IV, B1,* ***74****):* Nerudova 2, Malá Strana, Praha 1. ☎ 57-53-01-07. Aperto dalle 11 alle 23.30. Raramente i piatti superano le 100 Kčs. Cucina tipicamente ceca in una birreria che può ricordare molto, per il suo aspetto, una taverna: grandi tavoli in legno attorno ai quali i clienti, in maggioranza praghesi, si piazzano a mangiare o anche solo a bere birra.

Saté *(IV, A2,* ***78****):* Pohořelec 3, Praha 1. ☎ 20-51-45-52. Aperto dalle 11 alle 22. Piatti da 60 a 100 Kčs. Ristorantino a due passi dal castello che propone una cucina buona e... indonesiana *(nasi goreng, saté*, maiale saltato alle arachidi ecc.). Un bel cambiamento dalle salsicce con patate! Pochi posti a sedere, ma l'atmosfera è simpatica.

Renthauz a Nad Úvozem *(IV, A1-2,* ***77****):* Loretánská 13/179, Malá Strana, Praha 1. ☎ 20-51-15-32. Aperto tutti i giorni dalle 11 alle 22. L'ingresso si trova in una scaletta che collega via Loretánská a via Uvoz. Piatti a 150 Kčs. Sala che si sviluppa in lunghezza, con 7 grandi tavoli in legno dietro a una vetrata. Mangerete ammirando Praga. La cucina banale d'ispirazione ceca e l'accoglienza non troppo simpatica sono compensati dalla vista obbligatoria sulla collina di Petřín. Da non confondere con il vicino *Ristorante Renthauz.*

Prezzi medi

U Ševce Matouše *(IV, A2,* ***81****):* Loretánská náměstí 4, Praha 1. ☎ 20-51-45-36. Aperto tutti i giorni, dalle 11 alle 16 e dalle 18 alle 23, è situato sotto le arcate della piazza. Ogni piatto è disponibile in due porzioni: da 200 a 300 Kčs a seconda dell'appetito. Piacevole salone decorato da piccole botti. L'accoglienza è affabile, la cucina eccellente e servita con abbondanza: prosciutto, bistecche, anatra, manzo alla Strogonoff ecc. L'indirizzo è conosciuto, quindi siate pazienti se volete trovare posto.

U Zlaté podkovy *(IV, A1,* ***76****):* Nerudova 34, Praha 1. ☎ 53-93-67. Serve tutti i giorni, tutto il giorno, fino alle 22. Piatti a circa 180 Kčs e menu interessante a 150 Kčs, con scelta fra cinque portate principali. Sopra l'ingresso, c'è uno splendido stemma che raffigura san Venceslao, patrone della Boemia, a cavallo. All'interno, ci sono alcuni tavoli in cortile e una sala a volte tutta bianca, ma piuttosto anonima quanto a decorazione. Ma non importa, perché la cucina, d'ispirazione austriaca, è buona. Ricordatevi di chiedere la carta. Servizio giovane e cortese. In ogni caso, è molto turistico.

Velkopřevorský mlýn *(IV, B2, **79**):* Hroznova 3, Praha 1. ☎ 53-03-00. Aperto tutti i giorni dalle 11 alle 23. Piatti del giorno da 250 a 300 Kčs. Incantevole oasi di pace sulla deliziosa isola Kampa. Fuori dai soliti circuiti, si servono piatti classici, ma a prezzi piuttosto ragionevoli per la posizione. Dall'altro lato del muretto, ammirate la bella ruota che gira lentamente. Con la bella stagione, ci sono anche tavoli all'aperto.

Bazaar Mediterranée *(IV, A1, **120**):* Nerudova 40, Malá Strana, Praha 1. ☎ 90-05-45-10/11/12. Aperto dalle 12.30 a mezzanotte come minimo. Difficile cavarsela con meno di 500 Kčs per due portate. «Bazar» è proprio la parola giusta per definire il locale decorato in maniera veramente originale. C'è di tutto in un dedalo di sale che vi porterà fino in cima sulla terrazza dall'atmosfera esotica. Per mangiare, bere qualcosa o divertirsi fino a notte fonda, questo è uno dei locali più alla moda. Cucina internazionale molto variegata, non proprio cattiva, ma nemmeno eccezionale. Prezzi molto diversi, ma abbastanza cari per Praga. Di fianco, *Music-bar* dal programma molto eclettico.

Più chic

Waldštejnská hospoda *(IV, B1, **82**):* Valdštejnské náměstí 7, Praha 1. ☎ 575-317-59. Aperto tutti i giorni, dalle 11.30 alle 23.30. Bisogna prenotare con due o tre giorni d'anticipo ed è un altro degli indirizzi nobili di Malá Strana. Calcolate 300 Kčs per un piatto. Situato in una dimora storica, ha un arredamento elegante, atmosfera molto chic, servizio un po' affettato. Molto ricco il menu a base di carne e selvaggina: capriolo, cinghiale, chateaubriand, filetto di maiale farcito, gulasch *Valdštejnský* ecc. Ovviamente, è un po' (troppo?) caro. Buona anche la carta dei vini della Moravia. Attenzione, l'acqua minerale è piuttosto salata (come prezzo).

U Tři zlatých Hvězd *(IV, B2, **83**):* Malostranské náměstí 8, Praha 1. ☎ 53-96-60. Aperto tutti i giorni dalle 11.30 alle 23.30. A mezzogiorno, menu a 150 Kčs; altrimenti piatti da 200 a 400 Kčs. Sotto volte dipinte a motivi floreali, l'ambiente è immerso in un'atmosfera di musica neomedievale alla luce tremolante delle candele. Di sera, la musica ingentilisce il tutto. Esempio perfetto di una cucina che ha attinto ai grandi classici di quest'arte. Aprite il menu (in inglese, francese e tedesco) alla pagina «Specialità» e sarà lì che troverete la felicità: *roast-duck in old Bohemian style*, *rabbit with ginger*, *St Nichola's meat miscellany in potato-pancake...* tutti piatti che si rivelano ottimamente preparati, abbondanti, ben presentati e a prezzi convenienti, sempre con contorno di cavoli e di una specie di pâté di verdure. Durante la bella stagione, ci sono anche alcuni tavoli all'aperto per coloro che si sentono a disagio nell'ambiente ristretto della cantina.

U Maltézských rytířů *(IV, B2, **80**):* Prokopská 10, Praha 1. ☎ 53-60-50. Stradina tra Karmelitská e Maltézské náměstí. Aperto dalle 11 alle 23; la sera conviene prenotare. Calcolate 700 Kčs per un pasto. Tentate di cenare nel piano interrato sotto le volte romaniche autentiche. *So romantic*! Il locale vi rapisce? Fate attenzione, però, perché la cucina ceca e internazionale è di qualità variabile e sicuramente sopravvalutata in rapporto ai prezzi praticati. Il trucco è lasciarsi un posticino per l'*Apfelstrudel* della casa. Piano-bar all'inizio della serata.

Ancora più chic

Kampapark *(IV, B2, **65**):* Na Kempě 8b, Praha 1. ☎ 57-53-26-85. Aperto tutti i giorni dalle 11.30 all'1 di notte. Calcolate circa 950

Kčs per un pasto completo di sera; sconto del 5% per pagamenti in contanti. In magnifica posizione lungo la Moldava, quasi sotto il ponte Carlo, questo ristorante è uno dei locali alla moda di Praga. La serie di personaggi famosi che l'hanno frequentato (Clinton, Phil Collins, Pelé, Michael Douglas, Juliette Binoche), non lascia dubbi. Salone a volte, tavoli dalle tovaglie stiratissime, personale estremamente professionale e cuoco americano ai fornelli che ha capito cosa significa la parola «cucina». Carta succinta ma ben presentata, con prodotti del mercato preparati in maniera un tantino sofisticata, ma con un equilibrio irreprensibile tra carne e pesce e leggerezza delle composizioni. Andateci per stupire un'amica o per godervi la magnifica terrazza lungo il fiume.

|●| ***U Zlaté Hrušky*** *(IV, A1, **84**):* Nový Svět 3, Praha 1. ☎ 20-51-53-56. Nella stradina campestre più romantica del quartiere del castello (Hradčany), è uno dei ristoranti di classe di Praga. È aperto tutti i giorni dalle 11.30 alle 15 e dalle 18.30 alle 24. Piatti da 500 a 600 Kčs. Sarebbe bello andarci in calesse con cilindro e crinolina. Sulla facciata bianca e gialla, stile casa di bambola, incantevole lanterna in ferro battuto. L'interno rivela un'atmosfera di dolce intimità. Vi si incontrano soprattutto uomini d'affari, alti funzionari, uomini politici. Una delle cucine più rinomate di Praga in uno dei ristoranti più segreti... e a prezzi fra i più elevati.

|●| ***U Malírů*** *(IV, B2, **75**):* Maltézské nám. 11, Praha 1. ☎ 57-32-03-17. In piazza Malta. Aperto dalle 11 a mezzanotte. Prenotazione consigliata. Menu a 1000 e 2500 Kčs. I più danarosi potranno andare a banchettare in questo ristorante famoso eletto a domicilio da celebri artisti. Attualmente, è la cucina a fare la parte del leone in questo ristorante decisamente francese, ma carissimo. Forse il più caro di Praga?

A ŽLŽKOV, SMÍCHOV, LETNÁ, VYŠEHRAD E VINOHRADY

Prezzi economici

|●| ***Hospoda Staropramen*** *(I, B3, **87**):* Nádražní 84, Praha 5. ☎ 57-19-12-00. M.: Anděl. Aperto dalle 11 a mezzanotte. Piatti del giorno a 70 Kčs e piatti abbondanti a circa 150 Kčs. Nel complesso della più grande birreria industriale di Praga (che si può visitare), si trova un grande e accogliente ristorante-birreria con rivestimento in legno dai toni caldi e pareti dipinte. Cucina ceca classica ma ben preparata, per un rapporto qualità-prezzo imbattibile. Un buon indirizzo un po' periferico, in un quartiere in pieno scombussolamento, ma facilmente accessibile in metropolitana.

|●| ***Na Dolejší*** *(fuori pianta I da B4, **224**):* Podelské Nábřeží 34/6, Praha 4. ☎ 61-21-68-78. Ai piedi del colle di Vyšehrad. Tram n. 17. Aperto tutti i giorni dalle 11 a mezzanotte. Piatti a meno di 100 Kčs. Cucina ceca semplicissima, per un buon pasto senza pretese. Il ristorante è tutto decorato in rosso. Ci sono il biliardo e anche un'ampia terrazza ombreggiata dove si può mangiare o bere qualcosa. Se non avete ancora assaggiato lo ***Smažený Śyr*** (formaggio impanato), con una bella insalata di cavoli di contorno, questo è il momento adatto.

|●| ***Akropolis*** *(I, D3, **85**):* Kubelíkova 27, Praha 3. ☎ 22-72-10-26. M.: Jiřího z Poděbrad (linea A). Aperto dalle 17 fino alle 2 di notte, ma servono solo fino alle 22-23. Piatti a circa 100 Kčs. Non lontano dal futuristico ripetitore della TV che si scorge da lontano. Ad *Akropolis*, l'idea di mangiare è accessoria, ci si va in primo luogo per l'atmosfera. Arredamento completamente verde, creato da un giovane artista praghese un po' invasato, a metà strada tra il surrealismo e l'immaginario marino. Il locale si anima verso

le 20 di una clientela giovane, artistica, piuttosto teatrale. In cortile, c'è un teatrino dove vengono rappresentate regolarmente opere d'avanguardia in ceco. Non è semplice quando non si conosce la lingua! Per gli appassionati, programma su Internet: • www.akropolis.cz •

Prezzi moderati

|●| ***Restaurace Pod Viktorkou** (I, D2, **236**):* Seifertova 55, Praha 3. ☎ 24-90-64-40. M.: Hlavní nádrážní (linea C), poi tram nn. 5, 9 o 26. Aperto dalle 10 a mezzanotte; enoteca dalle 19 alle 2. Piatti del giorno a circa 130 Kčs. È un grande edificio grigio, posto ad angolo. La facciata di questo locale di qualità sa rendersi discreta. Qui i turisti scarseggiano, abbondano invece gli studenti della vicina università che ci vanno a bere un bicchiere o a mangiare un boccone. In fondo c'è una sala che costituisce il ristorante vero e proprio e che è piena di vecchie radio, voltmetri e amperometri. La cucina è tradizionale, ma piuttosto «raffinata» rispetto a quello che ci si potrebbe aspettare dall'ambiente. Manzo ai mirtilli, spiedini, pollo preparato in modi diversi e anche alcuni piatti vegetariani.

|●| ***Ambiente** (I, D3, **234**):* Mánesova 59, Praha 2. ☎ 62-75-913 o 62-75-922. Aperto da lunedì a venerdì dalle 11 a mezzanotte; sabato e domenica dalle 13. M.: Jiřího z Poděbrad o Náměstí Míru (linea A). All'angolo con Trébizskeho. Uno dei ristoranti più alla moda e più frequentati della città, per cui bisogna assolutamente prenotare nei periodi di maggior afflusso turistico. Piatti di pasta tra 100 e 140 Kčs e secondi di carne sulle 200 Kčs. Molta atmosfera e cucina con influenze diverse, ma sicuramente non ceche: pasta, *ribs*, *wings*, carni su fuoco a legna ecc. Insomma, un concetto che funziona bene. Tra l'altro *Ambiente* si è già moltiplicato a Praga: uno a Celetná 11, Praga 1, ☎ 24-23-02-44; l'altro a Siroká 6, Praha 1, ☎ 24-81-83-22.

|●| ***Crazy Daisy** (fuori pianta I da D3, **235**):* Vinohradská 142, Praga 3. ☎ 67-31-03-78. M.: Flora (linea A). Aperto tutti i giorni dalle 11 alle 23. Piatti a circa 130 Kčs. Nei piatti si trova un po' di tutto, ma un tutto che merita una deviazione. Pollo al gratin, broccoli al formaggio, gamberi in salsa olandese, pasta, pizze, insalate. Soffitto azzurro stellato, tavoli da osteria in marmo, una cabina telefonica londinese, un albero in mezzo alla stanza, un pianoforte verticale con sopra un busto (forse quello di Daisy?) e un mappamondo. Collezione di vecchie macchine per scrivere e di sveglie. Un arredamento teatrale, elaborato da quella «matta di Daisy», nel quale si potrebbe rappresentare *Sogno di una notte di mezz'estate.* L'atmosfera, piuttosto simpatica e rilassata, compensa l'accoglienza mediocre.

|●| ***U Hronků** (fuori pianta I da A1, **223**):* Nad Hradním Vodojemem 29/11, Praha 6. ☎ 24-31-55-11. Abbastanza lontano dal centro. Aperto dalle 11 alle 23. Piatti a meno di 100 Kčs. La cucina d'ispirazione ceca e il servizio attento ne fanno un indirizzo accettabile se alloggiate nel quartiere. A mezzogiorno, è frequentato da una clientela di uomini d'affari e d'impiegati. Tavoli all'aperto quando c'è bel tempo.

Prezzi da medi a un po' più chic

|●| ***Quido** (I, D3, **232**):* Kubelíkova 22, Praha 3. ☎ 22-72-20-07. M.: Jiřího z Poděbrad (linea A). A Vinohrady. Aperto tutti i giorni dalle 11.30 alle 23. Piatti a circa 250 Kčs. Ecco un ottimo ristorante diverso da quelli del centro. Lontano da tutti i circuiti turistici, qui si è a casa dei praghesi. Ci si va soprattutto per la cucina veramente tradizionale e abbondante: arrosto di manzo alla panna, anatra arrosto, gulasch e un piatto ceco con maiale e cavoli. Il servizio e l'accoglienza sono

PRAGA E DINTORNI

accurati ma non bisogna aver fretta. In ogni caso, non dovete prendere il treno, quindi siete a posto!

|●| ***Hájovna*** *(fuori pianta I da D3, **88**)*: Ondříčkova 29, Praha 3. ☎ 627-01-93. M.: Jiřího z Poděbrad (linea A). Aperto dalle 11 alle 23. Piatti da 150 a 300 Kčs. Grande ristorante pieno di teste di cervo, di cinghiale e di uccelli impagliati, di uno stile così pacchiano che di più non si può. Non c'è bisogno di dilungarsi su ciò che troverete nel piatto: selvaggina! L'ambiente è molto convenzionale, ma il servizio è di qualità.

|●| ***Vinárna U Jiříka*** *(fuori pianta I da D3, **89**)*: Vinohradská 62, Praha 3. ☎ 24-25-76-26. M.: Jiřího z Poděbrad (linea A). Aperto tutti i giorni dalle 11 a mezzanotte (domenica fino alle 22), è adatto a una cenetta a lume di candela, nell'intimità di una sala accogliente. Dietro una porta di legno stile discoteca, bisogna scendere di qualche gradino per arrivare al proprio tavolo. Bei piatti abbondanti da 200 a 250 Kčs, carta dei vini interessante e servizio rapido. Uscendo, potrete ammirare la strana chiesa del Sacro Cuore di Plečnik che funge da pendolo gigante a tutto il quartiere e le splendide facciate che circondano una piazza che è rimasta come ci si immagina che fossero le piazze dell'Europa orientale di un tempo.

Dove bere qualcosa

I locali dove andare a bere, a Praga non mancano di certo, visto che vi si produce la birra dall'XI secolo e che certe taverne danno da bere ai praghesi dal XIV e dal XV secolo. La maggior parte di esse offre piccoli spuntini gradevoli tipo zuppa, salsiccia affumicata o pâté. Non esiste necessariamente una distinzione netta tra i bar e i ristoranti come da noi, il che spiega come mai alcuni indirizzi compaiano nella rubrica «Dove mangiare», mentre avrebbero potuto figurare in «Dove bere qualcosa» e viceversa. Ciò vale soprattutto per i locali segnalati sotto la dicitura «Prezzi economici» e «Prezzi moderati», mentre in «Prezzi medi» e in «Più chic», sono sempre indicati veri ristoranti. La birra è sempre deliziosa, andando dalla più dolce alla più amara e ciò che cambia meno è il prezzo: ridicolo! Eccovi qualche locale simpatico, sia per l'atmosfera sia per la notorietà del momento, o anche per la sua importanza storica. Andate, *na zdraví!* («Alla vostra salute!»).

A STARÉ MĚSTO E NOVÉ MĚSTO (NELLA CITTÀ VECCHIA E NELLA CITTÀ NUOVA)

🍸 ***U Zlatého Tygra*** *(Alla Tigre d'oro; II, A3, **100**)*: Husova 17, Praha 1. ☎ 22-22-11-11. In Staré Město. Aperta tutti i giorni dalle 15 alle 23. All'interno di un'antica dimora a malapena visibile dall'esterno, è una delle taverne preferite da giornalisti, scrittori e studenti per la sua atmosfera un po' bohémien. Lo scrittore Bohumil Hrabal ci andava spesso a bere una birra. La vivacità e l'animazione dell'ambiente favoriscono gli scambi amichevoli tra le generazioni. La sua reputazione è tale presso i praghesi che talvolta è difficile trovare posto.

🍸 ***U Fleků*** *(III, A1, **101**)*: Křemencova 11, Praha 1. ☎ 24-91-51-18. Aperta tutti i giorni fino alle 23. È la taverna più antica e più popolare della città (1499) ed è situata in una venerabile dimora dalla facciata decorata da un grazioso orologio. In onore dei suoi 500 anni di esistenza, vi è stato creato un museo della birra. L'interno è costituito da una serie di saloni medievali, decorati da affreschi e da vecchi pannelli in legno. Nel grande cortile, alberi maestosi e lunghi tavoli in legno dove si ammassano branchi di tedeschi alticci. A *U Fleků*, l'«Oktoberfest» c'è tutti i giorni, con la birra che scorre quotidianamente a decine di ettolitri! Buona birra della casa a 13°. Detto questo, il locale merita soprattutto per il colpo d'occhio, dato che l'accoglienza è deplorevole e la clientela è iperturistica. Per giunta, bisogna fare attenzione al bicchierino di liquore che vi servono in omaggio assieme alla birra, perché alla fine vi verrà messo in conto. Ci si può rifocillare, ma la cucina è piuttosto banale e il menu estremamente limitato. Le prenotazioni si accettano solo per i gruppi!

Ɏ ***Caffè Gaspar Kasper*** *(II, B3,* ***260****):* Celetná 17, Praha 1. ☎ 23-26-843. Aperto dalle 9 a mezzanotte, è un bar al primo piano, in un cortile interno, nella via più turistica di Praga. Anzi, è un po' come l'atrio di un teatro con un arredamento molto contemporaneo e un divertente soffitto. Carino per andare a bere una cioccolata, nei pomeriggi freddi o piovosi in un'atmosfera rilassata e senza fumo. Che meraviglia! Vendono anche biglietti per il loro spettacolo.

Ɏ ***Dobrá čajovna*** *(II, B4,* ***105****):* Václavské náměstí 14, Praha 1. ☎ 24-23-14-80. M.: Můstek (linee A e B). Aperto tutti i giorni dalle 10 alle 21.30, domenica dalle 15 alle 21.30. Ecco un locale dal quale i fanatici del tè usciranno soddisfatti. Dalla rumorosa piazza Venceslao, si entra in un luogo rilassante per gustare a piccoli sorsi gli innumerevoli tè proposti. I tre camerieri si occuperanno di voi con calma e la musica tibetana s'incaricherà del resto. In quest'oasi, evitate a tutti i costi i bambini che urlano, le signore bisbetiche e le persone che si lamentano di tutto e di tutti. È scritto sul regolamento della casa! Bisogna essere zen per andarci. Nel negozio attiguo si possono scegliere i tè e tutto l'occorrente per prepararsi la propria bevanda.

Ɏ ***Kavárna Rudolfinum*** *(II, A2,* ***103****):* Jana Palacha náměstí, Praha 1. ☎ 48-93-111. M.: Staroměstská (linea A). Ingresso di fianco al fiume, dopo aver attraversato un atrio sotto una vetrata; il caffè è di fronte al museo di Arti decorative. Aperto tutti i giorni dalle 10 alle 18. Prima di un concerto o in qualsiasi altro momento della giornata, mille e un modo per prendersi una pausa caffè nello splendido locale del Rudolfinum. All'interno della Casa degli artisti, anticamente il parlamento di Praga, è un elegante caffè classico con mobili in stile impero. Poco frequentato essendo abbastanza lontano dal centro, è la cornice ideale per una conversazione privata o una dissertazione sui rispettivi meriti di Mozart e di Dvořák.

Ɏ ***Caffè bar Ethno*** *(II, A3,* ***253****):* Husova 10, Praha 1. ☎ 25-70-73-61. Aperto dalle 10 alle 23 (venerdì e sabato fino a mezzanotte). Uno dei bar di Praga che preferiamo e che rientra nella categoria «united colors» per il suo arredamento molto influenzato dall'Africa, dall'Asia e dall'Oceania, oltre che dall'arte moderna. Il banco è illuminato dalla luce cruda delle alogene. Molti cocktail, ma ci si può anche rifocillare a insalate. Buona la carta dei caffè. È un luogo che seduce più i turisti che i praghesi.

Ɏ ***Haus Salieri*** *(II, A3,* ***258****):* Liliová ulici 18, Praha 1. ☎ 22-22-01-96. Aperto dalle 6 a mezzanotte, è un caffè veramente divertente e spiritoso come arredamento. Panche profonde, poltrone «Lévitan» molto anni settanta del Novecento, piante, tavolini bassi... il massimo del kitsch. Atmosfera rilassata e tranquilla, nella quale è piacevole sorseggiare una cioccolata con una crêpe o una cialda sfogliando una rivista. Si possono anche affittare camere semplicissime (con o senza bagno) in pieno centro storico.

Ɏ ***O'Che's Cuban Bar*** *(II, A2,* ***255****):* Liliová 14, Praha 1. Cucina dalle 10 alle 22, ma conviene puntare sui panini perché il ristorante è caro. Bar irlandese in onore di Ernesto Guevara. Why not? La sua immagine immortale con il basco con la stella è in buona compagnia della bandiera cubana. La comunità internazionale di Praga sembra apprezzare questa osteria rumorosa e fumosa, nella quale si possono fare incontri facilmente. Il servizio è efficiente, ma spinge terribilmente alla consumazione.

🍷 ***Č 14*** *(III, A1,* ***254****):* Opatovická 14, Praha 1. ☎ 24-92-00-39. M.: Národní Třída (linea B). Aperto da lunedì a venerdì, dalle 10 alle 23, nel week-end dalle 12. L'arredo vecchiotto con ventilatori, divani, fotografie in bianco e nero e l'illuminazione ad applique rendono gradevole l'ambiente. I praghesi ci vanno tranquillamente a bere un tè o una birra, sedendosi ai tavolini per macchine per cucire delle loro nonne. Lontano dalla confusione della piazza centrale, è un bar dove si passa gradevolmente una serata.

🍷 ***Art Café Bar Fano*** *(II, B2,* ***262****):* Haštalské nám. 10, Praha 1. ☎ 232-40-37. Aperto tutti i giorni dalle 11 a mezzanotte. In fondo a un cortile, con tavolini all'aperto quando c'è bel tempo. Per metà enoteca e birreria e per metà galleria, il locale è ancora poco conosciuto dai turisti. Sulle pareti, alcuni artisti espongono le loro tele e, dopo il caffè, se siete in vena, potete comprarvene una.

🍷 ***Vzpominky Na Afriku*** *(II, C2,* ***256****):* Rybná/Jakubská, Praha 1. ☎ 06-03-44-14-34. M.: Náměstí Republiky (linea B). Aperto tutti i giorni, dalle 10 alle 19. Un pizzico di esotismo a Praga in questo negozietto che odora di buon caffè e con tavolini per degustare in pace un cappuccino con biscotti o *bagel*. La pausa caffè è di rigore.

🍷 ***Aura Restaurant*** *(II, C2,* ***124****):* Truhlářská 23, Praha 1. ☎ 231-40-93. M.: Náměstí Republiky (linea B). Aperto da lunedì a venerdì dalle 10 alle 22; nel week-end dalle 11. Pur essendo un indirizzo a pochi passi dal centro, sono pochi i turisti che ci arrivano. Sala semplice con banco semicircolare all'ingresso. Più in fondo, c'è una sala da pranzo dove mangiare o rilassarsi davanti a una buona birra. Cucina molto essenziale.

🍷 ***Šenk Vrbovec*** *(II, B4,* ***107****):* Václavské náměstí 10, Praha 1. ☎ 24-22-73-59. Aperto da lunedì a sabato, dalle 10 alle 23; domenica dalle 13. Abbiamo dovuto aguzzare la vista per scovare questo baretto in mezzo alla piazza più turistica della città. Uno spazio all'aperto con un Buddha accoglie l'avventore di questa enoteca microscopica dove si possono sorseggiare, appollaiati su alti e scomodi sgabelli, simpatici vini moravi, soprattutto bianchi e rossi. Molti vinelli alla spina, come il *Moravský muškát*, il *Veltlínské zelené* e il *Vavřinecké*, apprezzati da una clientela abbastanza variegata, composta da turisti, uomini in giacca e cravatta e signore sfaccendate.

🍷 ***Caffè della casa municipale*** *(II, C2,* ***250****):* náměstí Republiky 5, Praha 1. M.: Náměstí Republiky (linea B). Aperto dalle 7.30 alle 23. Splendido edificio Art nouveau nel quale è collocato, entrando a sinistra, un caffè con pareti e divisori in acajù, panche in cuoio, una fontana di marmo e persino un angolo Internet. Nel seminterrato, c'è il ristorante *Kavárna* che fa un po' da mensa per i gruppi in pullman.

🍷 ***Kavárna Velryba*** *(III, B1,* ***109****):* Opatovická 24, Praha 1. ☎ 24-12-391. Aperto dalle 11 alle 2 di notte (domenica fino a mezzanotte). Bar con l'insegna a forma di pesce e dall'arredamento minimalista, le cui pareti sono state dipinte alle maniera di Vasarély. Enoteca, caffè letterario, sala da tè, un po' di tutto. Vi si possono leggere i giornali e le riviste messi a disposizione dei clienti. *Cool*, calmo, frequentato dalla gioventù del quartiere. Si può anche fare uno spuntino.

🍷 ***Na Zlatém Kříž*** *(II, B4,* ***261****):* Jungmannovo náměstí 19, Praha 1. ☎ 24-09-86-35. M.: Můstek (linee A e B). Aperto da lunedì a venerdì, dalle 7.30 alle 19; sabato dalle 9 alle 18. Locale molto tipico in piena zona turistica. È un ibrido fra lo snack-bar e il negozio, in quanto vi si possono acquistare bottiglie di alcolici, ma anche piccoli spuntini (toast) da consumare con una birra, in piedi davanti ad alti tavoli zincati.

🍷 ***Pekařství Odkolek*** *(II, B3,* ***259****):* Rytířská 12, Praha 1. ☎ 24-21-10-92. M.: Můstek (linee A e B). Aperto da lunedì a venerdì dalle 7 alle 20; sabato dalle 8 alle 20; domenica dalle 10 alle 20. Dopo aver assaggiato la cucina ceca, perché non provare anche la sua pasticceria? Se siete golosi, eccovi un indirizzo dove soddisfare le vostre voglie. Locale frequentato soprattutto da praghesi che ci vanno a comprare dolci da asporto o da consumare sul posto. Una dozzina di tavoli è a disposizione per degustare i propri acquisti davanti a un tè o a un caffè.

🍸 ***U Krále Jiřího*** *(II, A3, **102**)*: Liliová 10, Praha 1. ☎ 24-24-87-94. Aperto dalle 16 a mezzanotte. Nel cuore della città vecchia, in fondo a un vicolo, si scende per una scala stretta in una cantina umida dai muri intonacati a calce il cui odore è ampiamente coperto da quello del fumo. Ha due sale, una al pianterreno e l'altra in fondo a un corridoio. La clientela è composta da giovani, prevalentemente capelloni, che si arrotolano sigarette, giocano a carte o ascoltano musica rock sorseggiando una buona Platan o assenzio a prezzi molto bassi. Un caffè da fine del mondo dove si va a passare il tempo senza essere coscienti della vita all'esterno.

🍸 ***U Hastrmana*** *(III, A1-2, **251**)*: Rašínovo nábřeží, Praha 1. ☎ 29-93-44. Aperto da lunedì a venerdì dalle 11 all'1 di notte; sabato e domenica dalle 13 all'1. Piccolo bar-ristorante adorabile fra i piloni del ponte Jiráskův. Quando fa caldo, al tramonto ai tavolini all'aperto lungo la Moldava in compagnia di cigni, anatre e gabbiani, si può bere qualcosa e mangiare un boccone.

🍸 ***Caffè Slavia*** *(II, A4, **252**)*: Národní 1, Praha 1. All'angolo di Smetanovo nábř, di fronte al Teatro nazionale. Aperto dalle 8 a mezzanotte. Ecco un locale che, nel corso degli anni, è stato frequentato da numerosi artisti, noti e sconosciuti. In un arredo riuscito, potrete bere un caffè o una cioccolata con vista sul fiume.

🍸 ***Le Château*** *(II, B2, **257**)*: Malá Štuparská 2, Praha 1. ☎ 231-63-28. Aperto tutte le sere in estate, dalle 12 alle 3 del mattino (sabato dalle 16 alle 4) e in inverno dalle 16 alle 2 di notte. Bar che funge anche da discoteca, frequentato da una gioventù un tantino equivoca che va ad abbrutirsi al suono della techno e della dance-music in un ambiente alla moda. Vi si trovano studenti, turisti, omosessuali, nottambuli. È uno dei locali più «in» del centro di Praga.

🍸 ***Caffè Lávka*** *(II, A3, **110**)*: Novotného Lavká 1, Praha 1. ☎ 24-21-47-97. Ai piedi del ponte Carlo, sulla sinistra, dal lato della Città Vecchia. Vi si accede costeggiando il lungofiume Smetanovo nábřeží, sul lato sinistro, guardando il fiume. Aperto 24 ore su 24. Spazio all'aperto all'ombra, in magnifica posizione ai piedi del ponte Carlo, affacciato direttamente sul fiume. Nel tardo pomeriggio, quando la luce è dorata e la temperatura si addolcisce, sembra un luogo incantato. Ci si va a bere fino alle 22, ma ci sono spesso matrimoni e serate turistiche tipo viaggi di gruppo. All'interno ci sono un teatro e persino una discoteca. Funge anche da cybercaffè e noleggiano pedalò.

🍸 ***Jalta*** *(II, C4, **111**)*: Václavské náměstí 45, Praha 1. ☎ 24-22-91-33. M.: Muzeum (linee A e C) o Můstek (linee A e B). Bar dell'albergo *Jalta*, relitto dell'era socialista, con una clientela ultraclassica composta da uomini d'affari praghesi, commercianti stranieri, grandi cortigiane, riccastri di tutte le nazionalità e tanti turisti. Ha uno spazio esterno con tavolini tra i più belli di questa grande piazza che è la via Vittorio Veneto locale. Fa anche da *sushi-bar*, che va tanto di moda.

🍸 ***Caffè Kafka*** *(II, B2, **104**)*: Široká 12, Praha 1. M.: Staroměstská (linea A). Aperto dalle 10 alle 22. Nel cuore del quartiere ebraico, a due passi dal cimitero, è un caffè molto frequentato dagli appassionati dello scrittore Franz Kafka. Vi regna un'atmosfera tranquilla, forse dovuta all'interno rivestito di pannelli in legno, alle interessanti fotografie della Praga di un tempo appese alle pareti. Insalate, dolci e vini. Abbastanza caro nel complesso, solo i tè sono abbordabili.

🍸 ***U Zeleného stromu*** *(II, C2, **112**)*: Dlouhá tř. 37, Praha 1. ☎ 23-83-682. Aperta tutti i giorni, tranne domenica, dalle 9 alle 20. Eccovi una taverna bella tosta che puzza di sudore, dove gli operai e i diseredati del posto ingurgitano una birra per meno di niente. Se volete qualcosa di autentico, lì lo trovate.

A MALÁ STRANA E HRADČANY

🍸 ***Pivnice U Černého vola*** *(IV, A2,* ***113****):* Loretánska náměstí 1, Praha 1. ☎ 20-51-34-81. A due passi dalla chiesa di Nostra Signora di Loreto. Aperta tutti i giorni dalle 10 alle 22. Sulla facciata, c'è la graziosa insegna scolpita e dipinta di questa veneranda birreria praghese dalla facciata barocca che non conta più né i secoli, né le guerre. Si viene rapiti dal caldo dell'ambiente e dall'odore di cucina che inebriano. Il proprietario distilla un'ottima birra U černého che scorre a fiumi. Anche i clienti si inebriano degustando piccoli spuntini tipo salsiccia calda, zuppa all'aglio, gulasch o semplici *knedlíky*. È un locale che più praghese di così non si potrebbe in un quartiere che più turistico di così non si potrebbe. Ma vanno tutti d'accordo! È una fermata quasi obbligatoria sulla strada verso il castello.

🍸 ***U Zeleného*** *(IV, B1,* ***115****):* Nerudova 19, Praha 1. ☎ 57-53-00-27. Aperta tutti i giorni dalle 11 alle 22. Collocata in una casa del XIII secolo, che diventò un albergo dal XVI secolo e poi posto di dogana. È un'incantevole sala da tè formato tascabile (4 tavoli), tutta raffinatezza, grazia e delicatezza che ha un non so che d'inglese inizio Novecento. Bastoncini d'incenso, musica indiana rilassante, fiori secchi e bisbigli costituiscono l'arredamento. 80 tipi di tè *à la carte* e qualche insalatina ne fanno una fermata piacevole lungo l'ardua ascesa verso il castello.

🍸 ***Čertovka*** *(IV, B1,* ***106****):* U Lužického semináře 24, Praha 1. ☎ 53-88-53. M.: Malostranská (linea A). Aperto dalle 11.30 a mezzanotte. Scendete la strettissima scaletta, regolata da un semaforo, fino al n. 24, e arriverete sulla terrazza di fronte al ponte Carlo e chissà quanti vorrebbero essere al vostro posto! Chiaramente, la vista è magnifica, soprattutto di notte. Il locale è molto frequentato da turisti (come voi d'altronde) e il cibo non è un granché in rapporto al prezzo. Andateci a bere una birra o un caffè se trovate posto... ma sarà dura.

🍸 ***El Centro*** *(IV, B2,* ***121****):* Maltézské nám. 9, Praha 1. ☎ 57-53-33-43. Aperto dalle 11 a mezzanotte. Bar-*bodega* spagnola, nel cuore di Malá Strana, con un arredo grazioso in legno chiaro sotto le volte di una dimora del XV secolo. Cocktail, vini spagnoli e moravi, ma anche *tapas* e *scampi a la plancha*.

🍸 ***Espreso Kajetánka*** *(IV, A1,* ***119****):* Hradčanské náměstí, Praha 1. ☎ 20-51-32-12. Sulla piazza del castello, dal lato del belvedere. Aperto dalle 11 alle 18 o 19. Prendete le scale che portano nel sottosuolo per poi accedere all'incantevole spazio all'aperto che dà su Malá Strana e, più in là, sulla campagna boema. Un caffè veramente simpatico e neanche tanto affollato di turisti, come si potrebbe supporre data la vicinanza del castello. Ideale per scrivere le cartoline. Se fa freddo, ci sono alcune salette intime e accoglienti. Evitate di mangiare, perché è veramente troppo caro in rapporto alla qualità.

🍸 ***Nebozízek*** *(IV, B2,* ***108****):* appollaiato sulla collina di Petřín, Praha 1. ☎ 53-79-05. I più coraggiosi possono salirvi a piedi senza problemi, gli altri possono prendere la funicolare scendendo alla fermata intermedia (Ne bozízek). Bellissima la terrazza che offre una vista incredibile sulla città. Carino per bere un bicchiere ammirando Praga. Fa anche da albergo e ristorante.

🍸 ***U Lorety*** *(IV, A1,* ***114****):* Loretánské náměstí. 8, Praha 1. ☎ 57-32-00-73. Aperto dalle 11 alle 23. Ha lo spazio all'aperto più bello di Hradčany ed è giusto di fianco alla chiesa di Nostra Signora di Loreto. La tranquillità e l'ambiente verdeggiante permettono di sorseggiare succhi di frutta stendendo le gambe stanche. La cucina, però, è cara e senza grande interesse. Accontentatevi di bere qualcosa.

🍸 ***Ristorante Renthauz*** *(IV, A1-2,* ***116****):* Loretánska 13, Praha 1. ☎ 20-51-15-32. Aperto tutti i giorni dalle 11 alle 21. Incantevole spazio all'aperto dal quale si gode di una vista bucolica sulla collina di Petřín e sulla sua famosa imitazione della tour

Eiffel. Se un raggio di sole vi fa compagnia mentre sorseggiate una birra, sarà un momento di grande piacere e di meritato riposo dopo la visita a passo di marcia del castello. È anche un ristorante, ma i piatti sono di una banalità deprimente.

U Tří Černých Růží *(IV, B1, **123**)*: Zámecká 5, Malá Strana, Praha 1. ☎ 57-53-00-19. Aperto tutti i giorni dalle 11 alle 20. Ci sono solo pochi tavoli in questo baretto familiare di quartiere, dimenticato dal turismo, che si rivela il luogo ideale dove bere qualcosa e mangiare un boccone a prezzi modici. Zuppe e pasta.

Jo's Bar *(IV, B2, **118**)*: Malostranské náměstí 7, Praha 1. ☎ 53-12-51. Aperto tutti i giorni dalle 11 alle 2 di notte. Bistecche e hamburger a circa 200 Kčs. Se ci chiedete perché v'indichiamo questo bar americano per giovani studenti, vi rispondiamo che ci sono quasi 50 000 americani a Praga e che i posti in cui si ritrovano fanno parte della Praga odierna. Atmosfera statunitense con prezzi scoraggianti per i cechi. Le cameriere masticano chewing-gum, sono affabili e servono imitazioni di *burrito* e carriolate di *nachos* a giovani affamati. Clientela composta da pseudostudenti, poltroni impenitenti, globe-trotter sconvolti che fanno la comunione in questa cattedrale della birra. No comment.

A ŽIŽKOV E A VINOHRADY

Potrefená Husa *(fuori pianta I da D3, **190**)*: Vinohradská 104, Kolinská 19. ☎ 67-31-03-60. Di fianco al *Pl@neta*. Aperto tutti i giorni, dalle 11.30 all'1 di notte. Simpatico pub di quartiere la cui insegna significa «Oca pazza». Locale multiforme, con camerieri in polo bordeaux, schermi televisivi lungo il bancone, alti sgabelli e tavolini. Vi si può bere una birra incontrando giovani cechi, o rifocillarsi a insalate, minestre e grigliate a prezzi decisamente ragionevoli. Pessimi cocktail alcol-birra, *ale* inglesi alla spina, vini scelti e vendita di sigari per gli appassionati.

La Tonnelle *(I, D3, **237**)*: Anny Letenské 18, Praha 2. ☎ 22-25-36-90. Aperto da lunedì a venerdì, dalle 15 a mezzanotte; sabato dalle 17 a mezzanotte. Il bicchiere costa 35 Kčs e una bottiglia 210 Kčs, il che è abbastanza simpatico. Creata da due francesi, è la prima enoteca di vini francesi di Praga, con vini di proprietà d'importazione esclusiva. Piatti di formaggi e di salumi per accompagnare la degustazione. Atmosfera cosmopolita e conviviale, senza settarismi, visto che propongono sia birre sia alcolici.

Vínečko 33 *(I, D3, **263**)*: Budečská 40, Praha 2. ☎ 22-25-22-88. Aperta da lunedì a venerdì dalle 11 a mezzanotte, sabato dalle 16 a mezzanotte e domenica dalle 16 alle 22. Piccola enoteca di quartiere veramente carina, frequentata prevalentemente da praghesi che vengono qui in massa all'ora dell'aperitivo. Gradevoli il cortile e la sala dall'arredamento e l'atmosfera accoglienti. Affreschi alle pareti che inneggiano al succo della vigna. Per essere iniziati ai corposi *frankovka*, *vavřinc* o *burgunské bilé*.

U Růžového Sadu *(I, D3, **122**)*: all'angolo fra Slavíkova e Mánesova, Praga 2. ☎ 62-72-647. M.: Jiřího z Poděbrad (linea A). Aperto da lunedì a giovedì, dalle 10 a mezzanotte, venerdì dalle 10 all'1 di notte, sabato dalle 11 all'1 di notte, domenica dalle 11.30 alle 22. Piatti da 80 a 150 Kčs. All'epoca del comunismo, versione censura, questo bar era l'unico a tenere aperto fino all'1 di notte, e questo significa che era prezioso per gli abitanti del quartiere. Oggi, dopo un colpo di pennello e un minimo di restauro, è ancora un luogo molto frequentato dai cechi. Nella cantina c'è un bar dove la birra scorre a fiumi, mentre a pianterreno si degusta una cucina tipicamente ceca per poche corone, guardando la TV e imparando la lingua.

🍸 ***Padiglione Hanava*** *(I, C1,* ***117****):* Letenské sady 173, Praha 7. ☎ 33-32-36-41. M.: Hradčanská (linea A). Tram nn. 18 o 22. Sopra la Moldava, nel parco della collina di Letná (un polmone verde molto apprezzato dai praghesi). Imboccate via Gogolova e, una volta nel parco, proseguite in quella direzione fino al padiglione che è aperto dalle 11.30 all'1 di notte. Questo splendido padiglione rococò-Art nouveau, fu realizzato per l'esposizione del 1891 (e collocato nella posizione attuale nel 1898) dal principe di Hanau, potenziale ingegnere, che utilizzò la ghisa come materiale principale. Grazie alle colorazioni adeguate, sembra di vedere legno, bronzo o rame. Nel curato interno del padiglione, il ristorante tutto marmi, affreschi e stucchi è un invito alla ghiottoneria, ma è relativamente caro. Dai tavoli all'aperto, potrete ugualmente godervi il bel panorama sia della città e dei suoi monumenti, sia della Moldava e dei suoi ponti.

🍸 ***The Globe*** *(fuori pianta I da D1,* ***125****):* Janovského 14, Praha 7. ☎ 66-71-26-10. M.: Vltavská (linea C). Tram n. 5 da Republiky náměstí. Aperto tutti i giorni dalle 10 a mezzanotte. È a Holešovice ed è prima di tutto una libreria molto frequentata dagli anglofoni di Praga. In una sala adiacente si può fare un pasto semplice a base di *chili*, pasta o *scone.* Il servizio è assicurato da giovani studenti inglesi o americani. La clientela è piuttosto alla moda.

Cyber-caffè

La Repubblica Ceca non è affatto indietro quanto a sviluppo di siti Internet. Numerosi musei, agenzie viaggi e di noleggio, alberghi, uffici del turismo hanno aperto le loro «pagine web», nelle quali troverete molte informazioni da consumare con moderazione. La maggior parte dei siti cechi è anche in inglese e qualche volta in tedesco. Ecco, quindi, alcuni indirizzi utili per i fanatici della rete che non possono fare a meno del cyberspazio e del sito della loro guida preferita.

@ ***Cybeteria Kavárna*** *(III, B1,* ***193****):* Stepanská 18, Praha 1. ☎ 22-23-07-07 o 03. • info@qed.cz • www.cybeteria.cz • Aperta da lunedì a venerdì dalle 10 alle 20 e sabato dalle 12 alle 20. Il piano interrato di questo cyber-caffè assomiglia un po' a una torre di controllo spaziale con i computer allineati in un corridoio *high-tech.* Non molto conviviale, non c'è bisogno di dirlo, ma l'accoglienza è molto cordiale.

@ ***Pl@neta*** *(fuori pianta I da D3,* ***190****):* Vinohradská 102, Praha 3. ☎ 67-31-11-82. • www.planeta.cz • M.: Flora o Jiřího z Poděbrad (linea A). Aperto tutti i giorni dalle 8 alle 22.30. Collocato in fondo a un cortile sulla destra, questo locale, più Internet che caffè, dispone di una buona ventina di macchine attorno a cinque cyber-isolotti. Uno spazio luminoso, arredato con alcuni quadri, e una buona accoglienza fanno il resto.

@ ***Electra Internet Café*** *(III, A2,* ***194****):* Rašínovo Nábřeží 62, Praha 2. ☎ 249-228-87. • www.electra.cz • M.: Karlovo náměstí (linea B). Aperto da lunedì a venerdì dalle 9 a mezzanotte; sabato e domenica dalle 11. Nel seminterrato di un bello stabile lungo il fiume. Il bar è all'entrata, poi c'è una serie di salette dedicate alternativamente al caffè e a Internet.

@ ***Café.com*** *(II, D2,* ***191****):* Na Poříčí 36, Praha 1. ☎ 24-81-94-35. M.: Náměstí Republiky (linea B). Aperto da lunedì a venerdì dalle 9 a mezzanotte. Ampia cantina in mattoni, decorata da alcuni quadri, che ospita un Internet caffè che sarà apprezzato dagli appassionati di acquari i quali potranno navigare in rete ammirando i pesciolini. Per ogni ora di Internet, tra le 9 e le 11, offrono un caffè gratuito.

@ ***Spika*** *(II, C-D3, **192**):* Dlážděná 4, Praha 1. ☎ 24-21-15-21. M.: Náměstí Republiky (linea B). Aperto tutti i giorni dalle 10 alle 22. Sala dal soffitto alto, con una decorazione a mosaico e un mezzanino in ferro e legno che contiene una quindicina di macchine per navigare in rete. Accoglienza mediocre.

Dove andare la sera

Dopo anni di quiete e di tristezza vespertina, la vita notturna di Praga ha finalmente assunto una propria identità e, sebbene siano pochi i bar che chiudono dopo mezzanotte o l'1, i locali notturni e le discoteche ormai hanno ingranato la quarta e ce ne sono per tutti i gusti. Dal jazz-club al bar *destroy*, dalla sala snob alla classica discoteca, le notti della capitale hanno un mucchio di cose da raccontare. Eccovi una scelta dei locali che possiedono un'identità caratteristica e sono vicini al centro. Ce ne sono altri, ma starà a voi scoprirli. Noi non siamo certo il Vangelo!
Si noti che, fuori stagione, fa impressione vedere la città piombare di colpo, a mezzanotte in punto, nell'oscurità.
Un ultimo segreto: qui tutti i locali sono accessibili economicamente anche per i cechi. A Praga, quindi, sfruttate i prezzi più che democratici per passare da un locale all'altro, cosa che, d'altronde, gli indigeni adorano fare.

I templi del jazz

♩ ***Reduta*** *(II, A4, **130**):* Národní 20, Praha 1. ☎ 24-91-22-46. M.: Národní Třida (linea B). È il locale di jazz più famoso. Apre alle 21 e chiude alle 0.30, ma i musicisti smettono di suonare a mezzanotte. Ingresso: da 120 a 200 Kčs, secondo il gruppo. Bisogna arrivare presto perché si riempie subito. La sala è carina, abbastanza intima con gradinata per sedersi. Tutte le sere ci sono concerti di jazz d'ogni genere: dixieland, free, big band... Persino Bill Clinton vi suonò qualche nota l'11 gennaio 1994. Qui, lo stile New Orleans più classico diventa bello, tanto i musicisti ci mettono impegno ed entusiasmo a suonarlo. L'ingresso e le consumazioni sono economici.

♩ ***Metropolitan Jazz Club*** *(II, B4, **131**):* Jungmannova 14, Praga 1. ☎ 24-94-77-77. Aperto da lunedì a venerdì, dalle 11 all'1 di notte, sabato e domenica dalle 19 all'1. Ingresso: da 60 a 100 Kčs. Dopo il portico, in fondo al corridoio dal soffitto decorato che sbocca nel cortile di uno stabile, c'è una scala sulla sinistra che scende al club. Sala banale, contrariamente agli artisti che, senza essere di fama internazionale, sanno farsi valere. Il club è aperto a tutti i generi di jazz. Bisogna andarci presto per trovare posto. I concerti sono dalle 20.15 alle 23.30. All'ingresso c'è il programma del mese. È anche ristorante, peccato che premano un po' troppo perché si consumi.

♩ ***AghaRTA Jazz Centrum*** *(III, C1, **132**):* Krakovská 5, Praha 1. ☎ 22-21-12-75. Prenotazioni: • www.agharta • M.: Muzeum (linee A e C). Aperto da lunedì a venerdì dalle 17 a mezzanotte; sabato e domenica dalle 19 all'1 di notte. I concerti iniziano alle 21. Ingresso a pagamento. Il vostro orecchio si sveglia sentendo un accordo di jazz? Fremete ascoltando una ballata o un *chorus* di batteria? Allora, scoprite senza indugi l'*AghaRTA Jazz Centrum*. Buona programmazione di gruppi cechi, con ospiti internazionali. E durante l'intervallo, potete scegliere comodamente il CD di jazz che sognate, grazie ai consigli del personale che gestisce il negozio nella hall, aperto da lunedì a venerdì, dalle 17. Per il patito del jazz, la prima visita all'*AghaRTA* non sarà certo l'ultima.

♪ ***Malostranská Beseda Music Club*** *(IV, B1-2,* ***133****):* Malostranská náměstí 21, Praha 1. Sotto le arcate, al primo piano. ☎ 57-53-20-92. M.: Malostranská (linea A). Aperto dalle 20.30 alle 2 di notte. Ingresso a meno di 100 Kčs. Un locale veramente dinamico, a metà tra l'alternativo e l'avanguardia, situato nell'ex municipio di Malá Strana e frequentato da un pubblico di praghesi. Concerti di rock, jazz, country o folk tutte le sere. Non è certo eccezionale tutte le volte, ma di tanto in tanto riserva belle sorprese e, durante l'intervallo, gli artisti che si esibiscono vendono i loro dischi. Gestito da giovani che più *cool* di così non si può.

♪ ***U Malého Glena*** *(IV, B2,* ***135****):* Karmelitská 23, Praha 1. ☎ 57-53-17-17 o 90-00-39-67. Aperto dalle 10 alle 2 di notte; la musica inizia alle 21. Ingresso: 100 Kčs. Al pianterreno c'è un bar dove mangiare un boccone o bere qualcosa, mentre nel seminterrato, in una saletta con il soffitto a volta che contiene una quarantina di posti a sedere, c'è musica dal vivo tutte le sere dalle 21. Nel programma: jazz, blues, folk. Conviene arrivare presto, perché si riempie subito. Spuntini: *bagel*, insalate e *nachos*.

Discoteche con o senza gruppo musicale

♪ ***Rock Café*** *(II, A4,* ***130****):* Národní 20, Praha 1. M.: Národní Třida (linea B). ☎ 24-91-44-16. Aperto da lunedì a venerdì, dalle 10 alle 3 del mattino, sabato dalle 20, è uno dei locali istituzione della città, tendente al rock progressivo. Concerti tutte le sere, sempre di rock, ma spesso mediocri. Clientela internazionale. Non è semplicemente una discoteca, perché sotto ci sono anche una galleria d'arte, un negozio di CD, un cinema... È uno spazio multiculturale, decadente e progressista nello stesso tempo. Una tappa obbligata per i giri notturni, ma un po' triste di giorno.

♪ ***Roxy*** *(II, C2,* ***134****):* Dlouhá 33, Praha 1. ☎ 24-81-09-51. • www.roxy.cz • M.: Náměstí Republiky (linea B). Aperto dalle 19 alle 4 del mattino. Rivoluzionaria come sempre, Praga è aggiornata e va sul sicuro anche sull'underground e il *Roxy* si rivela il locale «sperimentale» del momento. In questo ex teatro, ravvivato da decorazioni psichedeliche, una fauna bizzarra e simpatica vaga senza altro scopo se non di discutere, bere una birra e ricostruire il mondo per l'ennesima volta. Se preferite il tè alla birra, proprio di fianco al guardaroba, troverete una saletta da tè dove alcolici e tabacco sono banditi (aperta da mezzogiorno a mezzanotte; domenica dalle 17). Di quando in quando, all'inizio della serata, «evento» musicale o teatrale: una versione dell'*Amleto* in salsa *Roxy* (sarebbe a dire demenziale), o le avventure di *Alice* di Lewis Carroll per i bambini cresciuti che frequentano il locale. Andateci a dare un'occhiata, perché troverete sicuramente qualcosa che fa per voi. Il *Traveller's Hostel* è allo stesso indirizzo.

♪ ***Radost*** *(III, C1-2,* ***136****):* Bělehradská 120, Praha 2. ☎ 24-25-47-76. • www.radostfx.cz • M.: I.P. Pavlova (linea C) o Muzeum (linee A e C). Tram notturni nn. 51, 53, 56 e 57. Aperto tutte le sere fino alle 5 del mattino. Un po' più caro degli altri locali. *Radost*, che significa «felice», è da un po' il locale più alla moda della città, con spazi comodi, ben arredati, due bar, balconi in ferro battuto, schermo per i video, mezzanini, angolini, divani profondi, belle ragazze e bei giovanotti. *Radost* è gestito da americani, quindi è molto frequentato dagli emigrati d'oltremare. E si parla più di New York e di Filadelfia che di Brno e Bratislava. Durante il weekend, la clientela è più internazionale. Musica esclusivamente techno senza interruzioni e molte serate a tema. Altrimenti, al pianterreno, c'è la *Galleria Radost*, con salette intime molto piacevoli, falso neobarocco, e sedie di tutti gli stili. Di fianco, un ristorante vegetariano, anch'esso americano, che ha il vantaggio enorme di servire fino alle 3 del mattino. Tralasciate le pizze e preferite la pasta e le insalate.

♪ ***Uzi Rock Bar** (III, C2, **138**):* Legerova 44, Praha 2. Vicino all'angolo con Rumunská. ☎ 90-00-32-75. Aperto da martedì a sabato dalle 20.30 alle 5 del mattino. Rock a tutto volume. Il locale si sviluppa su vari livelli e in varie sale: un po' psichedelico. Da lunedì a venerdì, dalle 14 alle 20, si fanno tatuaggi e *piercing*. ☎ 22-51-99-19. È l'occasione d'oro per farvi incidere il drago, il teschio, o la farfalla, oppure per farvi decorare il naso o la lingua con l'anellino che sognavate di nascosto. Il locale sarebbe piuttosto simpatico se la gente fosse un po' più sorridente, ma tra i *bikers* senza moto e gli *skins* senza *head*, non si può pretendere troppo.

Vita culturale

È pazzesco quello che succede in questa città, non potete passare davanti a una chiesa senza che vi distribuiscano un volantino su un concerto. I giornali *Prague Post* (in inglese), che esce ogni mercoledì, e *Prager Zeitung* (in tedesco), che esce giovedì, danno ottime informazioni generali sulla vita culturale della città. Vi si trovano elenchi di concerti, locali notturni, alberghetti... Ma anche l'ufficio del turismo fornisce buone informazioni sui concerti. Oltre alla musica, anche il teatro svolge un ruolo molto importante per i praghesi e ha uno spazio preponderante nella cultura ceca. Non dimentichiamo che Havel è, innanzitutto, un drammaturgo e che le sale di Praga furono per molto tempo, e giustamente, i templi della dissidenza ceca... Vi consigliamo di comprare i biglietti direttamente sul posto per evitare commissioni abusive... Durante la *Primavera di Praga*, ci sono riduzioni per studenti ai concerti.

I teatri

Ecco le sale principali che costituiscono la scena praghese. La stragrande maggioranza delle opere è in ceco, sembrerebbe ovvio, ma conviene dirlo. Se non conoscete l'opera, rischiate di fare parecchia fatica anche con un ottimo vocabolario.

– ***Národní divadlo** (Teatro nazionale; II, A4):* Národní třida 2, Praha 1. ☎ 24-91-34-37. È il grande teatro nazionale, di fama mondiale, che presenta opere, balletti e prosa. È in funzione dalla fine del XIX secolo, ma prese fuoco poco dopo l'inaugurazione. Si fece allora una sottoscrizione alla quale la gente partecipò con fervore.

– ***Laterna Magika** (II, A4):* Národní třida 4, Praha 1. ☎ 22-22-20-41. Le casse sono aperte da lunedì a venerdì dalle 10 alle 20 e il week-end dalle 15. Il programma degli spettacoli è esposto all'ingresso. Di fianco al Teatro nazionale, è l'unico autentico orrore architettonico della città. Sembrerebbe un oggetto avvolto in carta da imballaggio abbandonato in un angolo. Ai tempi della sua costruzione, fu molto contestato e non ci si stupisce. Il Laterna Magika è uno dei teatri più famosi della città. Lo chiamano «luce nera», perché la messa in scena è sempre organizzata su uno sfondo nero. Si tratta di un'iniziativa originale che consiste nel mescolare diversi generi: musica, danza, mimo ecc. Poca prosa, il che lo rende interessante per i numerosi lettori che non conoscono il ceco. Tuttavia, l'ingresso è piuttosto caro per la qualità proposta e questo lo rende un po' trappola per turisti.

– ***Divadlo Na Zábradlí** (II, A3):* Anenské náměstí 5, Praha 1. ☎ 24-22-19-33. Uno dei teatri più importanti con un buon repertorio. Václav

PRAGA E DINTORNI

Havel ci lavorò per cinque anni come macchinista.

– ***Bránické Divadlo:*** Bránická 63, Praha 4. ☎ 44-46-27-79. Specializzato in pantomima; gli spettacoli sono rinomati.

– ***Stavovské divadlo*** *(Teatro degli stati generali; II, B3):* Ovocnýtrh 6, Praha 1. ☎ 24-90-14-48.

– ***Státni opéra Praha*** *(Opera nazionale di Praga; II, D4):* Wilsonova 4, Praha 1. ☎ 24-26-53-53. M.: Muzeum (linee A e C). Bisogna assolutamente andare almeno una volta all'Opera di Praga, visto che i cechi hanno l'opera nel sangue. È una vera e propria istituzione. Il programma è estremamente vario ed è spesso di facile comprensione sia per la messa in scena sia per le opere rappresentate. Guardate che non sono produzioni da strapazzo. Qui hanno veramente capito, da molto tempo, che l'opera è un'arte popolare maggiore che bisogna rendere accessibile a tutti. È un'ottima occasione, per tutti coloro che non hanno mai il tempo di andare a vedere un'opera, di farsi un'infarinatura con le meraviglie del repertorio. E se proprio rimaneste delusi, è talmente economico che ve lo dimenticherete subito. In alta stagione, conviene prenotare. Comunque, restano sempre posti liberi ed è sufficiente presentarsi all'apertura degli sportelli.

– ***Caffè teatro Viola*** *(II, A4):* Národní třida 7, Praha 1. ☎ 24-22-08-44. Si organizzano serate letterarie o incontri di poesia.

– ***Teatro nazionale delle Marionette*** *(II, A2):* Žatecká 1, Praha 1. ☎ 23-23-429 o 23-22-536. Fax: 23-23-429 o 23-24-189. M.: Staroměstská (linea A). Le casse sono aperte dalle 10 alle 20. In un altro stile, eccovi un teatro di burattini che sicuramente incanterà i piccini, ma anche e soprattutto i grandi, dato che gli spettacoli sono concepiti innanzitutto per loro. È una buona occasione per scoprire l'arte della marionetta ceca, rivisitando una famosa opera di Mozart in lingua originale (l'italiano!).

La musica

Se l'attrazione principale della stagione musicale della città è la *Primavera di Praga*, ciò non significa che il comune non proponga, ogni giorno dell'anno, una moltitudine di concerti di musica classica, sia in luoghi prestigiosi sia nelle chiesette di quartiere. La vita dei praghesi è legata intimamente alla musica classica. Che ci andiate in estate o in inverno, avrete sempre la sensazione di essere capitati durante un festival, tanto la musica è presente dappertutto.

Tuttavia, il momento culminante di queste fantasie di note, resta sempre la ***Primavera di Praga***, famosa in tutto il mondo. Il festival si svolge a partire dal 12 maggio, data della morte di Smetana ed esordisce sempre con il famoso *La mia patria* del celebre compositore, per terminare alla fine dello stesso mese con la *Nona sinfonia* di Beethoven. Questo festival è uno dei più importanti d'Europa. Opere, grandi orchestre e musica da camera si diffondono in tutta la città, nei luoghi più affascinanti, ma principalmente al Rudolfinum, nella cattedrale di San Vito (nel castello di Praga), nella chiesa di San Giacomo per i concerti d'organo, nel convento di Sant'Agnese, al teatro Smetana, a palazzo Lobkovic, nella chiesa di San Nicola (a Malá Strana) ecc. L'atmosfera è straordinaria, impregnata di passione, calore e semplicità. Eccovi gli indirizzi e i numeri telefonici delle sale principali.

– ***Rudolfinum*** *(II, A2):* Jana Palacha náměstí 1, Praha 1. È la principale sala da concerti della *Primavera di Praga*, in stile neorinascimentale, sormontata da statue di compositori.

– ***Casa alla campana di pietra*** *(Dům U kamenného zvonu; II, B2-3):* Staroměstské náměstí 13, Praha 1. ☎ 24-81-00-36.

– E anche nel Klementinum, a palazzo Martinic, nel palazzo dei congressi e praticamente in tutte le chiese.

PRAGA E DINTORNI

Da vedere

Sono così tante le cose da vedere a Praga, che non è per caso che la capitale della Repubblica Ceca è stata classificata dall'UNESCO «patrimonio culturale dell'umanità». Che restiate a Praga un giorno o una settimana, sarete sempre soddisfatti. Dal ponte Carlo alle alture di Vinohrady, dall'abbazia di Strahov alle stradine di Malá Strana, inebriatevi con l'onnipresente gotico, con l'indescrivibile barocco, con la lievità dell'Art nouveau, con le sorprese dell'avanguardia. Al castello vi verrà in mente Kafka, al cimitero ebraico penserete al Golem. La *Sinfonia del Nuovo Mondo* vi accoglierà nella dimora di Dvořak, a meno che non preferiate Mozart. Al mattino, potrete ammirare i campanili avvolti nella nebbia invernale o nella foschia estiva. Ma pazienza, verso mezzogiorno i colori sfavilleranno nel cuore della Città Vecchia. Con il progressivo quanto ineluttabile restauro di numerosi quartieri, sono venuti alla luce tali tesori architettonici sulle facciate che non si sa più dove posare lo sguardo.
Ma torniamo ai monumenti, quasi tutti con ingresso a pagamento e a prezzi molto variabili a seconda del sito e del tipo di visita. Di solito, è vietato fotografare oppure bisogna acquistare un apposito biglietto. Inoltre è difficile, per non dire impossibile, evitare la folla in determinati orari. Ma non importa, una passeggiata a Praga è anche tutto questo: immagini cento volte descritte e altre ancora tutte da scoprire.

★ *LA CITTÀ VECCHIA (STARÉ MĚSTO)*

Delimitata da Národní, Na Příkopé e Revolučni, la Città Vecchia offre al «pedone di Praga» mille anni di storia attraverso mille straordinari ammiccamenti architettonici. La storia della Boemia è inscritta nell'intrico delle sue vecchie pietre, tutte in perfetta armonia seppur composte da stili tanto diversi. È una sinfonia lapidaria di una complessità estrema, quando si guarda da vicino, ma la cui visione globale è di una limpidezza incredibile, perché, molto semplicemente, è bella. La Città Vecchia si rannicchia nell'incavo di un gomito della Moldava.
La visita inizia obbligatoriamente dalla piazza della Città Vecchia, teatro di tanti avvenimenti, palcoscenico privilegiato delle turbolenze della storia; poi si esplorano a piacimento viuzze, passaggi, viali, chiese, portici… Anche ripetendo dieci volte lo stesso giro, si scoprono sempre dettagli architettonici insoliti, a seconda della luce, a seconda dell'umore.

ATTORNO ALLA PIAZZA DELLA CITTÀ VECCHIA E VERSO EST

★ ***Staroměstské náměstí*** *(piazza della Città Vecchia; II, B2-3)*: è il cuore della città che ha vissuto tanti avvenimenti storici: la decapitazione di ventisette capi dell'insurrezione contro gli Asburgo nel 1621, il discorso di Klement Gottwald che annunciava la vittoria dei lavoratori il 21 febbraio 1948 (il celebre «colpo di stato di Praga») e la proclamazione, da parte di Václav Havel nel 1990, del ritorno alla democrazia. Stupendamente scenografica, è circondata da belle case antiche dominate dal campanile di Nostra Signora di Týn e dal municipio che è il riflesso perfetto dell'estrema ricchezza architettonica della città.
In estate, è accerchiata dai tavolini dei bar (carini ma cari) e invasa da gruppi musicali, gruppuscoli e solisti in un'allegra cacofonia. Al centro della piazza, una monumentale scultura in bronzo Art nouveau, largamente ispirata ai *Borghesi di Calais* di Rodin, raffigura il predicatore Jan Hus, primo riformatore religioso del paese, circondato dai suoi seguaci. Fu eretta nel 1915 per il cinquecentesimo anniversario della sua morte. Sul piedi-

stallo, un'iscrizione dice pressappoco così: «Amatevi e che la verità tronfi». Dal 1918, data della creazione della Repubblica, la bandiera del presidente reca questo motto. Uno dei personaggi regge un calice, simbolo degli hussiti, e Jan Hus è rappresentato alto e barbuto, sebbene la storia lo descriva piuttosto basso e glabro.
L'architettura della piazza dà immediatamente il senso della città per chi ancora non la conosce. Vediamo alcune delle facciate più belle prima di descrivere il municipio.

– ***Le belle dimore della Staroměstské náměstí:***
Davanti alla chiesa di Nostra Signora di Týn, le cui due guglie si slanciano maestosamente, troviamo un'elegante facciata rinascimentale con antiche arcate gotiche a pianterreno. È proprio passando sotto le arcate che si accede alla chiesa (vedi più avanti).
Giusto a sinistra di Nostra Signora di Týn, la casa *Alla campana di pietra* (*Dům U kamenného zvonu*). Sotto una facciata barocca, fu scoperta, qualche decennio fa, questa splendida casa gotica, con la sua campana d'angolo e le sue eleganti finestre. Oggi è una sala da esposizioni temporanee oltre che una delle sale da concerto più rinomate della *Primavera di Praga*.
Tra la casa e la chiesa di Nostra Signora di Týn, appare, in fondo alla stradina Týnská ulička, la chiesa di San Giacomo.
Volgendo lo sguardo verso sinistra, proprio di fianco, c'è il *palazzo Golz-Kinský*, un bell'edificio rococò della seconda metà del XVIII secolo, tutto rosa con un grazioso coronamento al centro. Ospita una collezione grafica della Galleria Nazionale ed esposizioni temporanee. Segnaliamo, già che ci siamo, un ottimo negozio di CD all'interno, a pianterreno (aperto tutti i giorni).
Dietro la statua di Jan Hus, tre facciate del XIX secolo, in cui si mescolano barocco e neobarocco. Poi, dall'altro lato della Pařížská, la chiesa di San Nicola (vedi più avanti). Saltiamo il municipio per proseguire con la descrizione delle facciate.
Al n. 17, all'angolo della Železná, la casa *Al liocorno d'oro*, che presenta un portale e volte gotici e una delicata facciata barocca. Il liocorno è uno dei simboli più importanti dell'esoterismo. Emblema della purezza, principio fondamentale della spiritualità, rappresenta l'elemento femminile (segno di Mercurio) e quello maschile (segno dello zolfo). Stranamente, non ha il corpo di un cavallo, ma di un montone. Al n. 18, edificio barocco color salmone con un mendicante dipinto al centro. Al n. 16, la casa *A. Štorch Syn*, antica libreria dalla facciata neogotica che evoca le fatiche dello scrivere.

★ ***Municipio*** *(Staroměstká radnice; II, B2-3):* aperto tutti i giorni dalle 9 (lunedì dalle 11) alle 18. Fondata nel XIV secolo, questa bella torre quadrata con la sua cappella aggettante è un po' la carta d'identità della Città Vecchia, ma di originale non conserva che la facciata sud, quella dell'orologio. Davanti al municipio, per terra, 27 croci simboleggiano i 27 capi della rivolta contro gli Asburgo, responsabili della defenestrazione, nel 1618, di due nobili e del loro segretario. Considerati dai cechi come martiri poiché si battevano per salvare il regno di Boemia, per questo furono decapitati nel 1621. A destra della facciata (lato piazza), i resti rosa di un palazzo neogotico che fu distrutto nella notte tra il 7 e l'8 maggio 1945, proprio il giorno dell'armistizio, come triste e vana rappresaglia. Il comune ha deciso di conservare quel pezzo dell'edificio per ricordare la resistenza di Praga contro i tedeschi. Infatti, nel municipio si nascondevano i responsabili dell'insurrezione di Praga.

– ***L'interno del municipio:*** aperto tutti i giorni dalle 9 (lunedì dalle 11) alle 18 (17 in inverno), con ingresso a pagamento per le visite della torre, della cappella gotica e della sala del consiglio che costano, ciascuna, 30 Kčs. Si può salire in cima alla torre per godere di una vista privilegiata sulla foresta disordinata dei tetti e ammirare lo splendido tessuto urbano medievale della città. Sul lato della torre, si può visitare una piccola *cappella* gotica che reca, sulla porta, il simbolo di Venceslao IV, composto da due uccelli che circondano la lettera E di Eugenia, la sua sposa. Gli affreschi che raffigurano gli apostoli sono originali (XIV secolo) e in contrasto con le vetrate moderne. Si visita anche la bella *sala del consiglio*, con la sua sfilza di ritratti degli antichi sindaci di Praga, uno più serio dell'altro. Al pianterreno, nell'atrio decorato da mosaici, si riconosce, a destra, Libuše, la leggendaria fondatrice di Praga. A sinistra, una donna piuttosto imponente rappresenta la Boemia con il Teatro nazionale e il Museo sullo sfondo. Le date sopra il portale (1620-1621) ricordano la disfatta della Montagna Bianca e l'esecuzione dei leader cechi in piazza della Città Vecchia. È molto in voga sposarsi nel municipio della Città Vecchia e uscire trionfalmente dallo splendido portale in stile gotico fiammeggiante.

– ***L'orologio astronomico:*** incastonato su un lato della torre, è una delle attrazioni turistiche della città. Realizzato all'inizio del XV secolo nella bottega di Mikuláš di Kadaň, fu perfezionato nel XVI secolo dal mastro orologiaio Hanuš. Si dice che all'artigiano che mise a punto il meccanismo furono fatti bruciare gli occhi perché non realizzasse un altro capolavoro simile altrove. Bella riconoscenza! Sentendosi prossimo alla morte, il cieco si fece accompagnare all'orologio dai suoi figli e ne distrusse rabbiosamente il meccanismo. Questa leggenda spiegherebbe perché l'orologio rimase fermo per un lungo periodo prima che un altro artigiano fosse in grado di ripararlo. Questa incredibile opera d'arte, composta da due quadranti e da statue semoventi, ha un meccanismo che aziona ogni ora i dodici apostoli. Non aspettate la mezzanotte per andarlo a vedere, perché si ferma alle 21 e riprende alle 9.

Il quadrante superiore costituisce l'orologio in sé e indica l'ora, il giorno, il mese, la temperatura a Mosca (depennate l'informazione inutile), segue i movimenti del sole e della luna con l'approssimazione dovuta ai limiti delle conoscenze dell'epoca. In effetti, sul quadrante, la Terra è considerata il centro della galassia. Questo meccanismo incredibile, che funziona esattamente come 500 anni fa, non può non ricordare quello della cattedrale di Strasburgo, l'unico che può fargli concorrenza.

Su ogni lato dell'orologio ci sono due personaggi barocchi: a sinistra la Vanità rappresentata da un Avaro che agita una borsa e da un Vanitoso che si guarda allo specchio; a destra, la Morte scheletrica suona la campana della torretta per indicare che l'ora è arrivata. Al suo fianco, un Turco, riconoscibile dal turbante, che fa segno di «no» con la testa, rappresenta la paura, poiché, nel corso dei secoli, i turchi furono gli invasori principali dell'Europa centrale e seminavano il terrore. Una paura ingiustificata, in quanto i turchi non invasero mai la Boemia. Tutti questi personaggi si mettono in moto ogni ora.

Sopra l'orologio astronomico, ci sono due finestre alle quali si affacciano, a turno, gli apostoli. Ancora più su, un gallo dorato canta a tutte le ore agitando le ali.

La sfera in basso è un calendario con, al centro, lo stemma della Città Vecchia di Praga (tre torri e una porta) circondata dai segni dello zodiaco, a loro volta circondati da dodici medaglioni che rappresentano i dodici mesi dell'anno mediante scene rurali. È un'opera del XIX secolo che non ha niente a che fare con l'orologio astronomico e che fu realizzata dal più grande pittore ceco dell'epoca, Josef Mánes. Ma quelle che vediamo sono copie, perché gli originali sono conservati al museo della Città di Praga. Da una saletta prima della cappella gotica, all'interno del municipio, si possono scorgere i personaggi dell'orologio.

Le quattro case a destra dell'orologio rappresentano il municipio stesso, ingranditosi con l'acquisizione, nel corso del tempo, di una casa e poi di un'altra ancora. La più antica è quella subito sulla sinistra dell'orologio,

comprata nel 1338, lo stesso anno in cui il re di Boemia, Giovanni di Lussemburgo, autorizzò la città ad avere la propria amministrazione. Dal portale gotico fiammeggiante escono le coppie di sposini. Più a sinistra, una splendida finestra rinascimentale (sulla facciata color mattone).
Completamente a sinistra, la casa *U Minutý*, in stile rinascimentale italiano, decorata di graffiti, una tecnica che consiste nel rivestire la facciata con diversi strati d'intonaco per poi grattarvi la forma del motivo che si vuol veder apparire, in questo caso due immagini mitologiche. Un tempo farmacia, oggi è un baretto.

★ ***Chiesa di Nostra Signora di Týn*** *(kostel Panny Marie před Týnem; II, B2,* ***270****):* l'ingresso è sotto le arcate gotiche di piazza della Città Vecchia al n. 14. Aperta martedì, mercoledì e domenica dalle 12.30 alle 17, venerdì e sabato dalle 12.30 alle 15 (questi orari sono molto variabili perché l'edificio è in restauro, ma si può sempre approfittare delle Messe). Le sue guglie, che s'innalzano fino a 80 m d'altezza, emergono da dietro le case della piazza. Questo splendido edificio gotico monumentale del XIV secolo è rimasto coerente, nel corso del tempo. Le due torri risalgono ai due secoli successivi, mentre del portale sud (lato sinistro) non ci sono che alcuni resti. Il timpano originale, esposto al convento di San Giorgio, fu realizzato da uno dei grandi scultori del XIV secolo: Petr Parléř. L'interno contiene parecchie opere interessanti: un bel sedile in pietra del XV secolo con, di fronte, un baldacchino gotico della stessa epoca che sormonta una notevole pala d'altare. Nella navata sinistra, pietre tombali scolpite con cavalieri. A destra dell'altare barocco, si può vedere la lapide di Tycho Brahe (con una mano su un globo), l'importante astronomo danese della corte di Rodolfo II il quale, sul finire del XVI secolo, si era circondato di alchimisti, sapienti, ma anche di impostori e ciarlatani (vedi il suo ritratto in «Informazioni generali. Personaggi illustri»). Brahe aveva catalogato le stelle ed eseguito un insieme di osservazioni grazie agli strumenti che aveva inventato. Conosciuto per il suo lavoro e per la protesi nasale in oro e argento (aveva avuto il naso mozzato nel corso di un duello), è ancora più famoso per la leggenda legata alla sua morte. Un giorno, mentre era in udienza presso il re, gli venne una voglia impellente quanto improvvisa di urinare, ma era impossibile chiedere di ritirarsi dal cospetto del re. Così, dovette trattenersi talmente a lungo che gli scoppiò la vescica. Bella porcheria! I bambini apprendono ancora questa storia a scuola, ma i medici si contraddicono tuttora sulla reale possibilità di un essere umano di trattenersi dall'urinare fino a farsi scoppiare la vescica.

★ ***Cortile di Týn (Ungelt):*** si accede a questo antico cortile commerciale attraverso Malá Štupartská o attraverso la viuzza Týnská dalla piazza della Città Vecchia. È uno dei più vecchi cortili di Praga costeggiato da case pittoresche, come per esempio la casa Granovský, elegante edificio rinascimentale con loggia e decorazione a graffiti. Ungelt (antica parola yiddish che significa «squattrinato») esiste dall'XI secolo e ha sempre offerto alloggio ai più poveri. Era adibito anche a deposito per le merci dei mercanti di passaggio, le quali venivano pesate e soggette a tassazione. In effetti, il complesso fungeva da dogana. Il restauro completo ne ha fatto un vero e proprio scenario cinematografico all'aperto. E ci si perde a immaginare di abitare qui, nel pieno centro di Praga. È tuttavia un'oasi di pace.

★ ***Chiesa di San Giacomo*** *(kostel Sv. Jakuba; II, B2,* ***275****):* Malá Štupartská, dietro Nostra Signora di Týn, accessibile dalla Týnská ulička. Aperta da lunedì a venerdì dalle 9 alle 13 e dalle 14.30 alle 16; sabato dalle 9.30 alle 12.30 e dalle 14 alle 16; domenica ci sono le funzioni dalle 7.30 alle 12.30 e dalle 14 alle 16. Ingresso gratuito. Sebbene qui ci sia sempre stata una chiesa, quella che vediamo oggi è completamente barocca, anche se la forma della navata corrisponde ai canoni del gotico. Sulla facciata, c'è un bassorilievo della fine del XVII secolo dove si affollano numerosi santi, realizzato dall'italiano Ottavio Mosto. Nel gigantesco interno, l'alta e vasta navata è interamente ricoperta di affreschi di un barocco deciso, esattamente come le numerose sculture. Da notare soprattutto il dipinto dall'altare maggiore, *Il martirio di San Giacomo*, realizzato da V.V. Reiner. Le cappelle ospitano anch'esse alcuni capolavori. Da vedere la splendida cassa d'organo, oltre che la più bella tomba barocca della città, quella di un cancelliere dei cavalieri di Malta, in marmo rosso, delirante e magniloquente. Ogni pilastro della navata ha un suo altare barocco profusamente decorato. Stupendi e frequenti i concerti d'organo. Alla parete ovest è appeso il braccio mummificato di un ladro che avrebbe voluto impadronirsi della collana di perle della Vergine. Allora, pare che la statua gli abbia afferrato il braccio e che sia stato necessario tagliarglielo per liberarlo.

★ ***Chiesa di San Nicola*** *(kostel Sv. Mikuláš; II, B2,* ***271****):* all'angolo fra Pařižská e U Radnice. L'ingresso è sul fianco sinistro ed è aperta dalle 10 alle 12, martedì, giovedì, venerdì e sabato; mercoledì, dalle 10 alle 17. Ingresso gratuito. Concerti tutte le sere (non cari). Monumentale edificio barocco del XVIII secolo, ben proporzionato, realizzato da uno dei grandi del barocco ceco, Dientzenhofer. La chiesa fu importante per la religione hussita cecoslovacca, creata dal movimento di Jan Hus per protestare contro l'imposizione del cattolicesimo. È tuttora consacrata al culto protestante. La vasta cupola è ornata da affreschi e da numerose statue barocche. Imponente il lampadario in cristallo di Boemia in stile bizantino che ricorda il passato ortodosso dell'edificio. Nella cappella immediatamente a destra dell'ingresso, colombario composto da decine di urne affittate dalle famiglie. C'è un colombario praticamente in ogni chiesa hussita. La chiesa di rito hussita conta ancora 300 000 praticanti nella Repubblica Ceca. Due sue caratteristiche sono la comunione sia con l'ostia sia con il vino e il sacerdozio femminile.

★ ***Esposizione Franz Kafka*** *(II, B3):* U Radnice 5, Praha 1. ☎ 232-16-75. Di fianco alla casa natale dello scrittore (demolita). Aperta da martedì a venerdì dalle 10 alle 18 e sabato dalle 10 alle 17 con ingresso a pagamento (30 Kčs), è un'esposizione su Kafka costituita da libri, testi, fotografie e molti disegni. Purtroppo non ci sono edizioni originali.
– All'angolo di via Maislova, una targa e una maschera di Kafka indicano che lo scrittore nacque in quella casa.

★ ***Celetná*** *(II, BC-3):* dalla piazza della Città Vecchia alla torre delle polveri, è la strada pedonale più elegante del quartiere, costeggiata da nobili dimore e palazzi. Era la strada reale che conduceva al castello. Attardatevi a osservare gli stupendi portali e finestre barocchi, spingete le pesanti porte per scoprire pianterreni e cortili gotici o romanici. Al n. 2, la casa *Sixt*, dalla facciata riccamente decorata. Al n. 8, un sole nero. Al n. 12, altro palazzo barocco con la facciata decorata da ghirlande, foglie e svariati busti e con volte romaniche nell'atrio. Al n. 13, la facoltà di filosofia in *palazzo Millesimo* dal bel portale scolpito. Al n. 17, elegante cortile interno con al centro una statua «leggera» di Mathias B. Brown che rappresenta il vizio con realismo. Al n. 30, bella casa Art nouveau con balcone aggettante. Al n. 34, una delle opere principali del cubismo ceco: la casa *Della Vergine nera*, una splendida costruzione del 1912, innovativa in modo rivoluzionario, pur nel rispetto dell'armonia architettonica della strada. Prima, c'era una casa gotica, la cui demolizione per costruire qualcosa di moderno fece scalpore. Per fortuna, l'architetto ebbe l'idea geniale di salvare la Vergine nera incastonata nell'angolo dell'antico edificio. Oggi, il palazzo è quindi doppiamente famoso per il suo stile cubista e per la sua celebre Vergine.

Si può accedere al piccolo ***museo di Arte cubista:*** aperto tutti i giorni tranne lunedì, dalle 10 alle 18. Ingresso: 35 Kčs. Su tre piani sono esposti mobili incredibili, dipinti e bronzi notevoli. Salite direttamente al quinto piano con l'ascensore e poi scendete ai piani inferiori a piedi. Al quinto, vedrete le diverse forme espressive del cubismo ceco con, tra l'altro, tele di Josef Kapec. Al quarto piano, tele di Vaclàv Spalá e sedie di Jonak realizzate nel 1912. Più giù, esposizioni temporanee di arte ceca contemporanea.
Al n. 36, palazzo con androne decorato da atlanti.

★ ***Torre delle polveri*** *(Prašna brána; II, C2):* náměstí Republiky. M.: Náměstí Republiky (linea B). Aperta tutti i giorni dalle 10 alle 18; chiusa da novembre a marzo. Ingresso: 30 Kčs. Grande torre massiccia quadrata, che costituisce uno degli ultimi resti dei bastioni della Città Vecchia. Fu costruita alla fine del XIV secolo su ordine di Venceslao e su modello della torre del ponte Carlo (lato Città Vecchia). Fino al XVIII secolo, quando perse il suo ruolo difensivo, la torre ospitò un deposito di munizioni, da cui il nome. È della fine del XIX secolo la decorazione gotica sovraccarica, tipicamente boema. È l'unica porta che si è conservata dopo l'ampliamento della città. Abbondante la decorazione della facciata sulla quale compaiono i sovrani cechi e alcune allegorie. Sopra la volta, lo stemma di Praga. Bisogna a tutti i costi salire fino in cima, preferibilmente nel tardo pomeriggio, anche se la salita sulla scala a chiocciola è ardua. Nella torre stessa, si trovano piccole mostre sulla sua costruzione e su tutte le torri e campanili di Praga. In cima, sotto il campanile, stupenda opera di carpenteria. C'è la possibilità di uscire sul cornicione e di fare il giro per ammirare la vista straordinaria sui tetti e sulle torri della città. Sulle lastre di ardesia del tetto, gli innamorati (e altri) hanno lasciato segni del loro passaggio.

★ ***Casa municipale*** *(Obecní dům; II, C2):* náměstí Republiky 5, Praha 1. ☎ 22-00-21-00. • www.obecnidum.cz • M.: Náměstí Republiky (linea B). Il centro informazioni è aperto dalle 10 alle 18. Tutti i sabati, visita guidata a 150 Kčs. Situata sul sito dell'antica corte reale, di cui la vicina torre delle polveri è un resto, e finita di restaurare nel 1997, è indiscutibilmente uno dei più bei palazzi Art nouveau della città. La sua costruzione iniziò nel 1905 e l'inaugurazione avvenne nel novembre del 1912. Criticata fin dalla sua conclusione, sposa l'Art nouveau alle influenze neobarocche e neorinascimentali, sia occidentali sia orientali. Tuttavia, era molto ben attrezzata per l'epoca con climatizzazione, riscaldamento e ascensori. L'esterno della casa è splendido sia per la sua forma generale, sia per la facciata ricca di decorazioni (statue, stucchi, ferro battuto e mosaici). L'ingresso, con la sua magnifica pensilina e il suo frontone, non può lasciare indifferente il visitatore. L'interno lascia senza fiato per la ricchezza della decorazione, sia come qualità, sia come quantità. La maggior parte dei mosaici, delle decorazioni e dei lampadari è d'epoca o è stata rifatta secondo il progetto originale. Al pianterreno, sulla destra dopo l'atrio d'ingresso in marmo e mosaici, il ristorante francese con il suo ambiente raffinato, ha conservato la forma originale, oltre che la pendola e i lampadari. Sulla sinistra, il caffè (vedi «Dove bere qualcosa»). Lo scalone centrale che scende fino al seminterrato, è interamente rivestito di pannelli decorativi a maioliche. Nel seminterrato, il lampadario principale è originale, mentre il bar americano e la sua decorazione sono una copia fedele della costruzione dell'epoca. Situato sotto il ristorante francese, il ristorante *De Pilzen* conserva uno stile birreria con un arredo sontuoso pesantemente restaurato; solo i rivestimenti in maiolica e le vetrate sono d'epoca. Al centro del palazzo, lo scalone principale in marmo conduce all'immensa sala Smetana che occupa, su diversi livelli, la parte centrale dell'edificio. In questa sala da concerti, si possono ammirare specchi e vetrate originali. Chi segue la visita guidata, può vedere anche molte altre sale e corridoi, in particolare il salone orientale, le sale giochi, la sala dei sindaci ecc. È difficile descrivere tali meraviglie! E se il posto vi piace veramente, potete anche cenarvi aspettando il concerto.

★ ***Hotel Paříz*** *(II, C2, **39**)*: U Obecního domu 1. Splendido esempio di architettura neogotica. Di fianco, nella U Prašné brány, ammirate anche i due begli immobili residenziali di uno stile Art nouveau più scarno, meno floreale (detto «Secessione»).

★ ***Convento di Sant'Agnese la Beata*** *(Klášter Svaté Anežky České; II, B1)*: U Milosrdných 17, all'angolo con Anežská. M.: Staroměstská (linea A) o Náměstí Republiky (linea B). ☎ 24-81-06-28. Aperto dalle 10 alle 18. Chiuso lunedì. Ingresso: 100 Kčs. Situato in un quartiere tranquillo e assolutamente incantevole, quasi bucolico, a meno di un quarto d'ora a piedi dal centro, è un convento di clarisse costruito nel XIII secolo in un bello stile gotico primitivo, su decisione di Agnese, sorella del re Venceslao I. È il primo edificio gotico della Boemia. L'insieme è composto da svariati edifici. Bisogna dire che prima c'erano due conventi, uno per gli uomini e uno per le donne. Distrutto durante le guerre hussite, fu ricostruito in stile rinascimentale e barocco. Sconsacrato e trasformato in botteghe alla fine del XVIII secolo su ordine dell'imperatore Giuseppe II che bandì tutti gli ordini monastici, ha tuttavia conservato gran parte della costruzione originale. I restauri sono stati eseguiti egregiamente.
Al pianterreno, esposizioni storiche temporanee e visita del chiostro. La chiesa, un po' troppo rimaneggiata, ha perso un po' del suo fascino. Al primo piano, al quale si accede dal chiostro, una buona decina di sale ospita una raccolta di arte boema del Medioevo. Durante il regno di Carlo IV, Praga era al culmine del suo sviluppo artistico. Gli artisti cechi furono fra i primi a realizzare ritratti di un autentico realismo. Avrete quindi la possibilità di scoprire opere della fine del XIV secolo, come quella del maestro di Třeboň, l'altare della *Resurrezione di Cristo*, immerso in un'atmosfera di mistero e di miracolo. Lo stile gotico rimase in voga in Boemia fino al XVI secolo e lo dimostra l'impressionante rappresentazione della morte in legno scolpito che accompagna una *Deposizione dalla Croce.* Il museo ha anche una sezione dedicata ai mestieri artistici del Medioevo.

★ ***Museo Mucha*** *(II, C3)*: Kaunický palác, Panská 7. ☎ 24-21-64-15. • www.mucha.cz • Aperto tutti i giorni dalle 10 alle 18, ingresso a pagamento (120 Kčs). Nato il 24 luglio 1860 in Moravia, Alphonse Mucha è conosciuto in tutto il mondo per le locandine realizzate per illustrare le rappresentazioni teatrali di Sarah Bernhardt. Tali locandine, prodotte in grande quantità, gli valsero la fama di artista fra i più conosciuti della fine del XIX secolo. Considerato uno dei fondatori dello stile Art nouveau, Mucha era un uomo dai mille talenti, in quanto era anche pittore, scultore e disegnatore. Il museo, collocato nel palazzo Kaunický, vi consentirà di conoscere l'opera dell'artista, le cui svariate sfaccettature sono illustrate in sette sezioni che radunano quasi 80 opere. La prima sezione è dedicata ai pannelli decorativi a tema, uno dei quali raffigura «i momenti della giornata: risveglio mattutino, il corso della giornata, le fantasticherie serali, il riposo». Seguono le famose locandine create per *Gismonda*, lo spettacolo di Sarah Bernhardt, che lanciarono lo «stile Mucha». Magnifica pubblicità del tabacco *Job*. Le sezioni successive presentano tavole di «documenti decorativi» (una specie di enciclopedia delle arti decorative che elenca tutti i motivi utilizzabili dagli artigiani) e manifesti cechi. I dipinti a olio della quinta seziona rivelano l'amore di Mucha per la Russia e la sua adesione al panslavismo, attraverso alcune tele pregnanti che fanno parte della sua *Epopea Slava*. Viene evocata l'atmosfera del suo studio parigino, in particolare attraverso fotografie che egli realizzò all'epoca e il suo scrittoio, il cui retro è splendidamente lavorato. Divertente lastra fotografica in cui si vede Gauguin che suona l'armonica senza pantaloni. Seguono litografie, disegni e pastelli molto espressivi, le cui origini e ispirazione restano in gran parte sconosciute. Tra i giornali e i documenti d'epoca esposti in questa penultima sezione, figurano due banconote da 10 e da 50 corone che recano la firma di Mucha. Si apprende anche che Mucha fu gran maestro della grande loggia massonica cecoslovacca. Infine, un lungo audiovisivo conclude il viaggio nell'Art nouveau. Una piccola confessione: andiamo pazzi per la bella litografia della *Principessa Giacinta* (1911), assolutamente tipica dello «stile Mucha» per le sue linee sinuose e i suoi motivi floreali. Indiscutibilmente, è una visita irrinunciabile per i patiti dell'Art nouveau che potranno continuare il loro giro con la Casa municipale, l'*Hotel Europa* o bighellonando nelle strade alla scoperta delle innumerevoli facciate della città. Le spiegazioni delle opere sono in ceco e in inglese. All'ingresso, è in vendita un buon opuscoletto (30 Kčs).

LA CITTÀ EBRAICA (JOSEFOV)

Il quartiere ebraico di Praga si rivela vecchio quanto la città stessa, anche se oggi non ha più niente a che vedere con l'antico ghetto. Un tempo dedalo di viuzze, ormai vi si accede dalla larga e commerciale Pařížská (via di Parigi), sul cui asse si scorge, sull'altra sponda del fiume, il metronomo che ha sostituito il monumentale gruppo scultoreo alla gloria di Stalin.
Del popoloso quartiere ebraico (vi si censirono fino a 40 000 abitanti), non restano che sei sinagoghe, l'antico municipio e il cimitero, che, però, conserva un impatto emotivo e una bellezza spirituale intatti. Vi regna una quiete particolare, quasi magica. I rumori del traffico sembrano spegnersi come d'incanto a mano a mano che ci si avvicina. Bisogna esplorare questo pezzo di città con umiltà e discrezione, anche se non è sempre possibile, considerate le folle estive, «perché qui si passa davanti a ceneri ancora fumanti», come dice un abitante.
Per meglio cogliere l'importanza di Josefov, così legato alla storia della città, conviene partire da molto lontano per accorgersi che in tutti i secoli, e nel XX secolo non meno che negli altri, la comunità ebraica è sempre stata duramente colpita. È una visita a sé stante quella che vi proponiamo e che merita almeno una buona mezza giornata. Oltre alla zona antica, come quella del commovente cimitero, bisogna alzare continuamente la testa (attenti ai pali) per ammirare gli splendidi e talvolta deliranti edifici Art nouveau d'inizio Novecento che costituiscono la più grande concentrazione europea di questo stile. Contestata all'epoca per il suo aspetto borghese, pomposo, opprimente, l'Art nouveau oggi si è conquistata un posto di rispetto fra i grandi stili architettonici.

Un po' di storia

Nel Medioevo

Si trovano tracce di mercanti ebrei a Praga a partire dall'inizio del Medioevo, ai piedi del castello, e fino al XII secolo. La colonia si sposta continuamente, ma resta sempre ben presente in seno alla città. Fino ad allora gli ebrei possedevano una libertà relativa ma concreta all'interno della società praghese e detenevano gli stessi privilegi principeschi dei mercanti lombardi e tedeschi, vendendo soprattutto gioielli, stoffe rare, sale, armi e spezie. La loro comunità era importante, sia sul piano economico sia su quello culturale.

L'inizio dello spirito del ghetto: privilegi e pogrom

Sotto l'influenza della prima crociata, alla fine dell'XI secolo, iniziarono i primi pogrom a cui seguirono le proibizioni di possedere terreni e di svolgere attività artigianali di qualsiasi genere, cose che limitarono la sfera economica degli ebrei al prestito di denaro. Le discriminazioni cominciarono a farsi sentire e la colonia s'insediò nei dintorni di piazza della Città Vecchia, il cui varco principale reca il nome di «V Židech» («Presso gli ebrei»). Il XIII secolo vide la costruzione della sinagoga Vecchia-Nuova che resterà fino a oggi il vero centro spirituale della comunità. Allora, si organizzò un vero e proprio ghetto e il quartiere ebraico fu separato dai quartieri cristiani che lo circondavano per mezzo di un muro che aveva lo scopo di proteggere la comunità. Nel corso di tutto quel periodo, che va dal XIII al XIV secolo, la popolazione ebraica accumulò privilegi giuridici e commerciali dovuti al fatto che gestiva le finanze del regno. Gli ebrei erano protetti e qualsiasi atto di violenza nei loro confronti era considerato un attentato ai beni del regno. I battesimi forzati furono proibiti, le bestemmie represse e il diritto al culto difeso. Tuttavia, essi erano contemporaneamente vittime di frequenti persecuzioni religiose, una situazione esplosiva che culminò con il terribile pogrom del 1389 da parte della popolazione praghese che fece 3000 vittime fra gli ebrei del ghetto.

Dalla precarietà all'emancipazione

Nel XVI secolo, sotto l'impero degli Asburgo, gli sforzi della popolazione per cacciare gli ebrei dalla città raggiunsero il culmine. Fu così che gran parte della comunità abbandonò Praga e per coloro che restarono la situazione rimase precaria per tutto il secolo del Rinascimento. Dovranno aspettare l'ascesa di Rodolfo II al trono, nel XVII secolo, per riconquistare i loro diritti. Bisogna dire che il suo banchiere era il famoso Maïsel. Nuove sinagoghe furono costruite, altre furono restaurate (Sinagoga Alta, Sinagoga Maïsel) e il cimitero fu ingrandito.
La comunità ebraica si distinse nel XVII secolo per la sua lotta contro gli svedesi, una collaborazione molto apprezzata da Ferdinando III che accordò agli ebrei, come ringraziamento, la possibilità di erigere la torre del loro municipio. Alla fine del secolo, gli ebrei di Praga erano tanto numerosi quanto quelli di Amsterdam. Il XVIII secolo vide l'emancipazione della religione ebraica rispetto alle altre religioni e la fine dell'obbligo di portare segni di riconoscimento. Il ghetto si aprì e non fu più l'enclave impenetrabile dei secoli precedenti. Purtroppo, le condizioni di vita si degradarono e le abitazioni divennero insalubri. I ricchi si sistemarono altrove non appena cadde l'obbligo di risiedere nel ghetto e vi rimasero soltanto i poveri. La città ebraica fu integrata al resto della città nel 1861 diventando il quinto quartiere e prendendo il nome di Josefov in omaggio a Giuseppe II che riformò le leggi più severe e si fece persino benedire dal rabbino.

Il risanamento della città

A poco a poco, alla fine del XIX secolo, germinò l'idea di trasformare radicalmente quel quartiere rimasto ai margini dello sviluppo immobiliare e del progresso. Si progettò, allora, di distruggere il dedalo di piazze, gallerie, passaggi, stradine buie, vicoli tortuosi per creare un quartiere moderno, attraversato dalla larga arteria della nuova via Pařížská. Gli ebrei non si opposero alla trasformazione del ghetto, ma ebbero anzi un atteggiamento favorevole al progetto, anche se si levarono voci contrarie al lato brutale e al radicale risanamento, nel quale alcuni videro addirittura uno zelo un po' sospetto che sembrava quasi una nuova dimostrazione di antisemitismo. Amministratori e urbanisti locali, plasmati dalla filosofia di Haussman, non sognavano che grandi viali per «ripulire» quel quartiere insalubre. I lavori

iniziarono nel 1900 e, ovviamente, si costruirono edifici Art nouveau, lo stile più in voga all'epoca. Parecchie centinaia di modeste abitazioni pericolanti furono rase al suolo e sostituite da splendidi immobili borghesi con le facciate ornate da balconi, *bow-window*, aggetti, torrette, ghirlande, pignoni lavorati...
Ma malgrado tutto, il nucleo del ghetto si conservò e gli speculatori non riuscirono a cancellare l'atmosfera dal quartiere. Kafka non scrisse forse: «In noi sono sempre vivi gli angoli oscuri, le gallerie misteriose, le finestre cieche, i cortili sporchi, le birrerie rumorose, gli alberghi chiusi... I nostri cuori non sanno niente del risanamento. L'insalubre città ebraica dentro di noi è di gran lunga più concreta della città nuova, tutta attorno, di una salubrità impeccabile»?

L'ultimo ghetto

Nonostante la trasformazione radicale del quartiere, la seconda guerra mondiale segnò un passo indietro con nuove restrizioni, leggi antisemite, carte d'identità «marcate», il divieto di viaggiare, di telefonare, l'obbligo di risiedere nel quartiere di Josefov. Insomma, un ritorno al ghetto. Quasi 40 000 ebrei partirono per il campo di Terezin dal quale non fecero ritorno. Il quartiere si risvegliò esangue dalla guerra, soprattutto perché, dal 1948, il comunismo prese il posto del nazismo e non rese certo la vita più facile agli ebrei, limitandoli politicamente e amputandoli culturalmente. È solo dal 1989 che la comunità ha finalmente riacquistato in pieno tutti i suoi diritti, ma le ferite non sono ancora tutte rimarginate e si sente.

La visita

Josefov ha naturalmente perso la coerenza d'un tempo, ma saranno le visite della sinagoga e del cimitero a scandire il vostro percorso. I luoghi sono tutti vicinissimi tra loro e c'è una cassa alla quale si può acquistare un biglietto cumulativo d'ingresso, al prezzo di 480 Kčs, che indica l'ordine di visita, il nome dei siti e il tempo a disposizione per ciascuno di essi. E non ci si può attardare! Insomma, non è il miglior rapporto tempo-prezzo che abbiamo trovato nella città. Solo la sinagoga Vecchia-Nuova ha un biglietto separato che costa tanto quanto tutti gli altri messi insieme. Tutti i siti sono aperti dalle 9 alle 18 (venerdì chiudono prima), da aprile a ottobre, e dalle 9 alle 16.30 da novembre a marzo. Chiusi sabato e in occasione delle festività ebraiche. Calcolate due ore e 30 per tutte le visite. Si possono ottenere ulteriori informazioni presso il *museo ebraico di Praga*, Jáchymova 3, Praga 1. ☎ 24-81-00-99. • www.jewishmuseum.cz •

★ ***Sinagoga Vecchia-Nuova*** *(Staronová synagóga; II, A-B2):* in Červená, stradina all'angolo di Maiselova. Ingresso: 200 Kčs; tempo concesso per la visita: 20 min. (!). È indispensabile visitarla di mattina, perché dopo viene letteralmente presa d'assalto dalla folla. Per entrare, gli uomini devono indossare una *kippar* (papalina) di carta distribuita all'ingresso. La sinagoga risale al 1270, è la più antica d'Europa (dopo quella di Worms, distrutta durante l'ultima guerra) ed è l'unico monumento rimasto intatto e in piedi attraverso i secoli. Si dice che sia stata salvata da numerosi incendi dalle ali degli angeli. Si ritiene, invece, che sia perché non è mai stata circondata da gruppi di case e quindi il fuoco non è mai riuscito a propagarsi. Un'altra leggenda racconta che custodisce i resti del Golem, il personaggio d'argilla al quale sono legate tantissime storie e che sarebbe stato creato dal rabbino Löw, il quale gli avrebbe dato vita mettendogli sotto la lingua una pergamena magica con scritte le lettere del *chem*, il nome di Dio. Sostituita da una nuova sinagoga nel XVI secolo, prese il nome di «Vecchia-Nuova» e, all'epoca della sua costruzione, era l'edificio più grande del quartiere.

L'esterno è molto semplice e fa risaltare l'alto tetto merlato, tipico del gotico fiammeggiante, tutto in mattoni. Attorno, banchine e contrafforti in cemento. L'atrio e il vestibolo sono le parti più antiche. Entrando, si nota immediatamente lo splendido timpano gotico del portale, formato da un tronco di vite dai tralci ornamentali che recano dodici grappoli d'uva raffiguranti le dodici tribù. La sala del culto è formata da due navate separate da due grossi pilastri dai capitelli scolpiti che terminano in una volta a nervature in stile gotico cistercense. La purezza delle linee dell'interno conferisce all'insieme una luminosità delicata. Tra i pilastri è appeso uno stendardo, con al centro una stella a sei punte e un cappello, emblemi della comunità di Praga, che simboleggia l'indipendenza della comunità ebraica concessa nel XIV secolo da Carlo IV. Sempre fra i due pilastri, il pulpito, circondato da un'elegante griglia gotico fiammeggiante, ad archi carenati. Intorno, gli stalli in legno, molto spogli. Incastrato in una parete, il tabernacolo che custodisce la Torah. Sopra la navata, la serie di lampadari arzigogolati stride un po' con l'insieme decisamente puro e relativamente spoglio.

★ ***Municipio ebraico*** *(Židovská radnice; II, A2):* in Maiselova, all'angolo con Červená, di fronte alla sinagoga Vecchia-Nuova. Non si visita in quanto tale. È l'edificio che dimostra l'autonomia amministrativa da sempre posseduta dalla comunità. Qui venivano prese le decisioni che determinavano la linea di condotta della comunità nei confronti della città, ovvero l'esterno. Ha sempre avuto un importante ruolo simbolico ed è qui che, ancor oggi, si incontrano le comunità ebraiche della Repubblica Ceca. L'edificio fu costruito in stile rinascimentale italiano nel XVI secolo sotto Ferdinando I, ma bruciò nel corso di un grande incendio che divorò una parte del quartiere. Fu rimaneggiato in stile rococò verso la metà del XVIII secolo.
Sopra il portale d'ingresso, lo stemma rococò della città ebraica: la stella a sei punte e il cappello ebraico a punta. In cima alla torretta, all'interno della stella a sei punte, un elmo svedese. Fu Ferdinando III a dare agli ebrei l'autorizzazione a erigere la torre e di issarvi l'elmo in segno di ringraziamento per il loro contributo contro l'invasione svedese. La torre ha anche un campanile, un tempo unicamente riservato agli edifici cattolici. È circondato da una graziosa cancellata in ferro battuto. Altri elementi notevoli sono il tetto mansardato e gli abbaini. All'angolo di Červená, notate l'orologio con le cifre in ebraico e con le lancette che girano da destra a sinistra, come la scrittura ebraica. Quello con le cifre romane (in cima alla torre) è più recente, ma entrambi gli orologi sono collegati allo stesso meccanismo e costituiscono un bel simbolo. Su Maiselova, si trova un ampio salone, facente parte del municipio, trasformato in ristorante kosher dove si riunisce la comunità per festeggiare le ricorrenze.
|●| Vedi il ristorante *Shalom* in «Dove mangiare. Nella Città Vecchia e nella Città Nuova».

PRAGA E DINTORNI

★ ***Sinagoga alta*** *(Vysoká synagóga; II, A-B2):* in via Červená, proprio di fronte all'ingresso della sinagoga Vecchia-Nuova. La sinagoga è stata riconsacrata al culto e quindi non può più essere visitata. Costruita originariamente nel XVI secolo, era strettamente collegata al vicino municipio e vi si accedeva dal primo piano di quest'ultimo, da cui il nome. Totalmente ricostruita nel XVII secolo dopo un incendio, nuovamente rimaneggiata due secoli dopo, ha uno stile evidentemente incoerente che, tuttavia, nulla toglie alla sua importanza spirituale.

★ ***Sinagoga Pinkas*** *(Pinkasava synagóga; II, A2):* ingresso da via Široká, di fronte al n. 6, o attraverso il cimitero ebraico dopo averlo visitato. Ingresso a pagamento compreso nel biglietto cumulativo; tempo concesso per la visita: 20 min. (!). Situata in una casa del XV secolo, fu trasformata in sinagoga un secolo dopo, in stile gotico tardivo e prese il nome del rabbino a cui apparteneva il luogo. Molteplici inondazioni successive obbligarono a restauri continui fino alla metà del nostro secolo, il che spiega la sobrietà dell'interno e l'assenza di uno stile caratteristico. Sotto la sinagoga è stato scoperto un bagno rituale. Dieci anni dopo l'ultima guerra, si decise di trasformarlo in monumento ebraico alle vittime del nazismo della regione della Boemia-Moravia. Una parete è ricoperta dai nomi delle 77 000 vittime delle persecuzioni naziste, con tanto di date di nascita e di morte. Un nome, un morto; un nome, un morto; un nome, un morto... Terribile l'impatto di quella litania infinita. Durante la guerra dei Sei giorni, nel 1967, il governo comunista aveva fatto imbiancare le pareti. Al primo piano si trova attualmente un piccolo museo dedicato al campo di Terezin, sulle cui pareti decine e decine di disegni di bambini, in bianco e nero o a colori, evocano il campo stesso, la vita al suo interno, il terrore e le speranze di quei bambini che, per la maggior parte, non sono più tornati.

★ ***Cimitero ebraico*** *(Starýžidovský hřbitov; II, A2):* ingresso a pagamento da via Široká, chiuso sabato (biglietto cumulativo con gli altri siti). Tempo concesso per la visita: 20 min. (!). È il più antico cimitero ebraico d'Europa. Fu fondato all'inizio del XV secolo e fu chiuso nel 1787 su ordine di Giuseppe II che non voleva che si seppellissero i morti nei quartieri residenziali. È stato realizzato un percorso che permette di visitare circa il 50% del cimitero (!). Contiene più di 12 000 lapidi che spuntano da tutte le parti in un disordine inaudito in mezzo agli alberi che filtrano la luce e ai canti degli uccelli. Le collinette e i dossi che disseminano il terreno testimoniano delle dozzine di strati di sepolture che si sono impilati gli uni sugli altri nel corso di tre secoli e questo perché la religione ebraica proibisce di toccare le tombe. Ci si accontentava, quindi, di ricoprire di terra le tombe più antiche e di raddrizzare le lapidi degli strati precedenti.
La mattina, all'apertura del cimitero, quando solo qualche raggio di luce colpisce questa foresta di lapidi facendo emergere dalla penombra le pietre a una a una, l'impressione che si riceve è semplicemente straordinaria. La tomba più antica, quella del sapiente Abigdor Karo, risale al 1439. La più famosa è quella di Jehuda Löw ben Bezalel (Rabbi Löw), matematico e astronomo il cui nome è legato alla storia del Golem (è una grande e bella tomba rinascimentale sormontata da una grossa pigna). Nella parte centrale del cimitero si erge la grande e alta tomba di Mordechaï Maïsel, primate della città ebraica. Il cimitero è una testimonianza straordinaria dei secoli scorsi grazie alle iscrizioni incise sulle tombe secolari, alle forme e ai tipi di iscrizioni ebraiche e al taglio delle lapidi che si aggrovigliano. Su alcune compare la professione del defunto, oltre che elogi nei suoi confronti o addirittura qualche tratto del suo carattere. In pietra o in marmo, rinascimentali o barocche, semplici o lavorate, formano un insieme di una coerenza rara e di un romanticismo incredibile. In epoca barocca, gli epitaffi assunsero la dimensione lirica e poetica tipica del periodo. Al contrario, le prime tombe colpiscono per la loro semplicità. Qua e là, noterete dei sassolini appoggiati sulle tombe. È una tradizione derivante dal fatto che, quando gli ebrei visitavano le loro tombe nel deserto, non potendo depositare fiori perché non ce n'erano, mettevano al loro posto dei sassolini.

★ ***Sinagoga Klaus*** *(Klauzova synagóga; II, A2):* U Starého hřbitova, a destra dell'uscita del cimitero. Ingresso a pagamento compreso nel biglietto cumulativo. Tempo concesso per la visita: 20 min. (!). Fu edificata alla fine del XVII secolo in stile barocco, giusto sul luogo dell'antica scuola dove insegnava il rabbino Löw. L'interno è relativamente banale essendo stato rifatto in varie riprese e oggi presenta una volta decorata a stucchi. La sinagoga è stata trasformata in museo sulla vita del ghetto attraverso la storia e i costumi religiosi ebraici e contiene numerosi oggetti di culto con spiegazioni in inglese. Le feste religiose e gli oggetti a esse collegati sono abbondantemente presentati nelle vetrine. Al primo piano, sono esposti oggetti della vita quotidiana di una famiglia ebraica. L'insieme permette di apprendere le usanze legate a determinate tappe fondamentali della vita come il battesimo, il matrimonio ecc. In questo luogo sarebbe stato presentato alle autorità tedesche il terribile e sinistro progetto di aprire un «museo delle Razze scomparse» dopo l'applicazione della soluzione finale. Tale proposito non è mai stato confermato e gli ebrei stessi nutrono dubbi.

★ ***Antica sala delle cerimonie*** *(II, A2):* proprio di fianco all'uscita del cimitero. Ingresso a pagamento compreso nel biglietto cumulativo. Tempo concesso per la visita: 20 min. (!). Questa costruzione neoromanica d'inizio del XX secolo (1911-1912) forniva, un tempo, un servizio di pompe funebri e fungeva da sala di purificazione rituale dei defunti. Oggi è diventata uno spazio espositivo sulle tradizioni e i costumi ebraici. Il calendario dell'anno è scandito dalle feste rituali. Questa sala completa in maniera esauriente l'esposizione presentata nella sinagoga Klaus. Interessante serie di quindici dipinti che illustra le attività della confraternita delle pompe funebri dell'epoca. Un dipinto mostra l'assistenza a un moribondo; in un altro un gruppo di uomini si raccoglie sulla tomba del rabbino Löw; un terzo mostra una sepoltura; un quarto evoca un banchetto di uomini della confraternita.

★ ***Sinagoga Maïsel*** *(Maislova synagóga; II, A-B2):* Maiselova 10. Ingresso a pagamento compreso nel biglietto cumulativo. Tempo concesso per la visita: 20 min. (!). Edificata, in origine, nel XVI secolo in stile rinascimentale, fu rimaneggiata in neogotico nel XIX secolo, con risultati molto discutibili. Sulla facciata sono raffigurate le tavole della Legge e i cinque libri di Mosè, fondamenti del giudaismo. Prende il nome dal grande finanziere e rabbino Marc Mordechaï Maïsel al quale Rodolfo II aveva dato l'autorizzazione a erigere la sinagoga. Maïsel fu anche sindaco della comunità ebraica. La storia riferisce che, in cambio dell'ammorbidimento di alcune leggi riguardanti gli ebrei di Praga, il re si sarebbe fatto consegnare, alla morte di Maïsel, la metà del suo patrimonio. Il cadavere si era appena raffreddato che i ministri delle finanze del re vennero a recuperare la somma, ma questa fu considerata così misera che tutta la comunità fu trascinata in tribunale e il processo proseguì per quasi due secoli. L'interno della sinagoga è stato trasformato in uno splendido piccolo museo di oggetti religiosi in argento realizzati in Boemia-Moravia da artisti e artigiani più o meno illustri. Le vetrine sono suddivise, in maniera un po' pedagogica, per famiglie di oggetti: belle bacchette da Torah, scatole per profumi, calici, pomoli di aste porta-Torah, corone, manoscritti. C'è persino una chiave enorme sormontata da un leone coronato che regge un'ascia. La sinagoga Maïsel ospita una parte della collezione di tessuti un tempo visibile nella sinagoga alta.

★ ***Sinagoga spagnola*** *(Španělska synagóga; II, B2):* Dušní 12. Ingresso a pagamento compreso nel biglietto cumulativo. Tempo concesso per la visita: 20 min. (!). Non molto interessante sul piano architettonico (un quadrato con una cupola sopra lo spazio centrale), il suo aspetto attuale risale al XIX secolo e deve il nome alla presenza della comunità ebraica spagnola che si era insediata nel quartiere a causa dell'Inquisizione. Dopo essere stata chiusa al pubblico per oltre vent'anni, ora è stata riaperta, all'alba del suo 130° anniversario. D'aspetto neomoresco, ha un'aria piuttosto pesante dovuta all'assenza evidente di raffinatezze. L'interno è ricoperto di stucchi dorati, sempre d'ispirazione moresca, che ricordano in modo particolare quelli dell'Alhambra di Granada, ma meno eleganti. Numerosi motivi orientali su porte, pareti e persino sulle balaustre. Le vetrate sono a motivi floreali e le cupole sono a stella di Davide. Fu la prima sinagoga a ospitare una funzione con accompagnamento musicale. Attualmente, ospita un'esposizione sulla storia della comunità ebraica ceca dove si scopre, con un certo stupore, che Mahler e Freud sono considerati cechi.

★ ***Passeggiata architettonica nel quartiere:*** per fortuna, non si è costruito di tutto al posto dell'antico ghetto. Camminando con il naso per aria, è entusiasmante scoprire i dettagli delle facciate e dei frontoni incredibili della maggior parte degli stabili. Alcuni di essi, oggi vengono considerati dei veri e propri piccoli capolavori dell'Art nouveau, chiamato qui «Secessione» e soprattutto dello stile «storicista».
Imboccate inizialmente via Pařižská Třída che presenta numerose facciate originali incredibili (neogotiche, neobarocche, storiciste...) praticamente a ogni numero. La grande operazione immobiliare che permise la creazione di questo viale, consentì all'Art nouveau di assumere una vera dimensione a Praga. Al n. 1 di Pařižská, edificio neobarocco; ai nn. 10 e 13, altri palazzi notevoli; all'angolo tra Pařižská e Široká, bell'edificio neorinascimentale con raffigurazione di San Giorgio che uccide il drago. Imbocchiamo per un istante la Široká (via Larga), specie di strada cuscinetto fra i segreti del quartiere ebraico e l'arroganza monumentale della Pařižská, tra il barocco e la Secessione rigorosa. Al n. 10 troveremo una bella aquila dalle ali spiegate; al n. 9 uno splendido portale dove due donne prosperose e bene in carne, che risalgono al 1908, ma sono ancora perfettamente conservate, vi invitano a entrare; di fronte al n. 6, l'ingresso della sinagoga Pinkas. Poi ritornate su Kaprova ad ammirare alcune belle facciate Art nouveau, in particolare all'angolo con Žatecká dove compare il bassorilievo di una donna scheletrica, del genere fantasma simbolico. Anche Maiselova e Kaprova propongono una buona dose di bizzarrie, basta alzare la testa e aprire gli occhi.
All'angolo fra Maiselova e Břehová, magnifico stabile pistacchio, decorato con api e cavallette. Un po' più avanti in Břehova, c'è la casa dell'industriale Bata che abbandonò il paese nel 1938 e vi ritornò solo nel 1989. Dall'altro lato, Pařižská Ulitza, una serie di tre case cubiste nella quale si potrebbe intravedere un'interpretazione architettonica delle *Demoiselles d'Avignon* di Picasso.
– Lungo il prolungamento della Pařižská, guardando al di là della Moldava, sulla riva opposta, si vede un piedistallo enorme, gigantesco sul quale troneggiava, fino all'inizio degli anni sessanta del Novecento, uno Stalin smisurato, accompagnato da una corte di lavoratori, operai e impiegati. I cechi, con molto senso dell'umorismo come sempre, avevano battezzato il gruppo «la coda dal macellaio». A quell'epoca, si cominciò a far saltare con la dinamite l'insieme, ma prudentemente. Si può dire che la distruzione del monumento è costata più cara della sua costruzione. Sul piedistallo, attualmente c'è un enorme metronomo che risale all'Expo del 1991 e che oscilla senza posa. In fondo a Pařižská, il ponte ceco (*Meshův Most*), incontestabilmente ispirato al ponte Alessandro III di Parigi.

★ ***Museo di arti decorative*** *(II, A2):* via 17 Listopadu 2, Praha 1. ☎ 51-09-31-11 o 24-81-12-41. M.: Staroměstská (linea A). La «via 17 novembre» è stata così battezzata in omaggio agli studenti che manifestarono contro i nazisti in quella data. Il museo è all'interno del lungo edificio neorinascimentale sul prolungamento del cimitero ebraico. Aperto dalle 10 alle 18, chiuso lunedì. Ingresso: 50 Kčs. Situato in origine nello stesso edificio del Rudolfinum, il museo fu aperto al pubblico nel 1887, ma poiché lo spazio

era limitato, fu decisa la costruzione dell'attuale edificio. Vi furono presentate esposizioni dalla fine del XIX secolo. Vi si accede da uno scalone monumentale dalle volte e dalle rampe scolpite e con vetrate immense a ogni pianerottolo. La collezione di 190 000 oggetti in totale presenta un formidabile panorama delle arti decorative attraverso i secoli. Se alcuni oggetti non sono che semplici testimonianze della loro epoca, altri sono autentiche meraviglie, come le opere in vetro. All'ingresso di ogni sala, un foglio in varie lingue fornisce spiegazioni dettagliatissime. Attenzione, è raro che tutte le sale siano aperte.
– Il ***primo piano*** è dedicato a esposizioni temporanee e ospita anche una biblioteca.
– Al ***secondo piano***, quattro sale dalle volte interessanti che contengono esposizioni diverse:
➢ *Sala 1:* mobili in legno scolpito del XVI secolo, fra cui un incredibile buffet a colonnato con raffigurate diverse scene dell'epoca e uno stipetto intarsiato dell'inizio del XVIII secolo, che rappresenta scene di caccia. È da notare anche un mobile dai molteplici cassetti scolpiti e dorati, di dimensioni molto diverse, con un pannello ribaltabile per impedirvi l'accesso. E poi ancora: vassoi, vasi, stoviglie in maiolica del XVII secolo in stile rinascimentale, alcuni quadranti solari dell'inizio del XVIII secolo.
➢ *Sala 2:* è dedicata soprattutto al XVII secolo con mobili barocchi provenienti da ambienti aristocratici e religiosi, in gran parte della Boemia. In particolare, si noti lo scolpitissimo tavolo italiano (1714) dal ripiano in marmo artificiale. C'è anche un cassettone del Settecento e uno stipo del 1730, rappresentativi del mobilio francese dell'epoca e di uno dei suoi maestri, André Charles Boulle. Sono esposti anche alcuni pezzi in smalto e vetro dipinti, tipicamente boemi.
➢ *Sala 3:* tutta dedicata al XVIII secolo, dal barocco al rococò. Non perdetevi la biblioteca del monastero di Valdice dalle incredibili decorazioni in madreperla e oro. Molti stipetti e *secrètaire* di nuova concezione, oltre a pendole e orologi.
➢ *Sala 4:* dedicata al classicismo e agli stili impero e Biedermeier con mobili dalle forme molto più classiche e riposanti con inserti in legni locali chiari (noce, pero, ciliegio…), un arazzo, *Diana col velo*, intessuto presso la manifattura reale di Gobelins a Parigi, maioliche della fine del XVIII secolo e del XIX secolo molto rappresentative, belle cassapanche antiche. Originalissima culla in legno del 1830 sormontata da un serpente (che idea strana!). L'esposizione termina con una vetrina dedicata all'abbigliamento della fine del XIX secolo e dell'inizio del XX (abiti, calzature ecc.). A proposito di vestiti, per poterli indossare, le donne dovevano avere un «vitino di vespa» e quindi portare corsetti strettissimi. Alle pareti, alcune rappresentazioni grafiche di tenute per le varie occasioni.
🍸 A sinistra, prima di uscire dal museo, c'è l'*Espresso Caffè*, dove ci si può rilassare prima di ripartire alla conquista delle altre meraviglie della città.

★ ***Rudolfinum o Casa degli artisti*** *(Dům umělců; II, A2):* in piazza Jan Palach (Jana Palacha náměstí; vedi la storia di questo giovane coraggioso in «Personaggi illustri»). ☎ 24-89-33-52. Chiuso lunedì. Edificato nello stile neorinascimentale della fine del XIX secolo, sotto l'arciduca Rodolfo, è una vasta e bellissima sala da concerti (sala Dvořák), nucleo del festival della *Primavera di Praga*, dove si esibisce regolarmente l'orchestra filarmonica ceca. Sotto la I Repubblica, dal 1918 al 1939, il Rudolfinum fu utilizzato come parlamento. Notate il pignone, sormontato da statue di compositori fra i quali si riconoscono Bach, Haydn, Schubert, Auber, Mozart… oltre che di numerosi pittori. Si racconta che quando visitò Praga, Hitler chiese la rimozione dell'ebreo che troneggiava in facciata, ma per ignoranza gli operai tolsero Wagner, cosa che suscitò la collera del Führer. L'ebreo a cui si riferiva era il compositore tedesco Félix Mendelssohn-Bartholdy.

A SUD E A OVEST DI PIAZZA DELLA CITTÀ VECCHIA

Riprendiamo il nostro piccolo circuito a partire da Staroměstské náměstí per andare verso Malé náměstí.

★ ***Malé náměstí*** *(Piazza piccola; II, B3):* a 100 metri da piazza della Città Vecchia. Notevole pozzo in ferro battuto del XVI secolo, con una bella griglia rinascimentale della metà del XVI secolo, sormontata da un leone dorato, al quale gli abitanti attingono semplicemente l'acqua. Attorno, graziose facciate meticolosamente decorate, in particolare quella di casa *VJ Rott*, con affreschi che raffigurano gli antichi artigiani (il fabbro, il falegname, il mietitore ecc.) in costumi folcloristici. Il primo grande magazzino di Praga aprì qui a metà del XIX secolo e vi si vende, ancora oggi come allora, tutto per la casa. Osservate l'interno anni venti del Novecento. Sulla piazza, ci sono altre belle case blasonate o ad arcate.

★ A sud di piazza della Città Vecchia, si trovano, nelle più antiche vie di Praga, ***dimore*** meravigliose. Imboccate Melantrichova, poi a sinistra Kožná ulička, e troverete la *casa dei Due Orsi d'Oro*. Splendido portale rinascimentale considerato il più bello della città e cortile interno ad arcate. In Melantrichova, oltre a *casa Teufl*, dal bel cortile, ci sono numerose facciate barocche. Al n. 8 di via U Radnice, facciata con una rana verde che ricorda la storia di uno scultore del XV secolo, noto burlone, che una sera, vestito con un costume verde, si divertì a fare la rana mettendosi i piedi dietro la testa, ma una dama di passaggio fu presa dal panico e mise in subbuglio il quartiere. Per commemorare lo scherzo, gli amici dello scalpellino abbellirono di una rana verde la sua casa.

★ ***Karolinum*** *(II, B3):* all'angolo fra Železná e Ovocný trh, dietro la chiesa di San Gallo, è ancor oggi il rettorato dell'università Carlo IV, eretta nel 1348. È la più antica università dell'Europa centrale ancora in funzione. Jan Hus ne fu il rettore. All'interno, esposizioni temporanee. Alcune sale sono riservate alle cerimonie di consegna dei diplomi agli studenti. L'unica traccia d'epoca gotica visibile dall'esterno (a parte le volte) è la cappella in stile gotico fiammeggiante e a sbalzo della fine del XIV secolo, sita nella Ovocný trh. Elegante e discreta, purtroppo le sue guglie hanno perso le statue.

★ ***Stavovské divaldo*** *(teatro degli Stati generali; II, B3):* Železná 11, Praha 1. Bel teatro, edificato alla fine del XVIII secolo, dove fu rappresentata la prima del *Don Giovanni* di Mozart nel 1787. Anche *Le nozze di Figaro* furono un trionfo, soprattutto quando Mozart stesso le diresse. Fu infatti in seguito al successo delle *Nozze*, che gli fu commissionato il *Don Giovanni*. Il teatro, edificato dalla ricca famiglia borghese Nostitz, fu venduto agli Stati generali, da cui il nome. Gli eleganti balconi laterali furono aggiunti nel XIX secolo. Vi si rappresentano ancora opere di Mozart, ma soprattutto spettacoli teatrali.

★ La piccola ***Havelská***, che dà su Železná, ospita quotidianamente un mercatino di frutta, verdura e artigianato. Al n. 7 di ***Železná***, un grosso grappolo d'uva indicava uno spaccio di bevande. Si dice che, nel XVIII secolo, il proprietario fece fatica a ottenere l'autorizzazione perché c'erano già nove caffè nella via.

★ In ***Rytířská*** *(II, B3)*, è da vedere la pittoresca casa del Balivo. Al n. 12, bellissimo cortile interno, non sempre aperto. Al n. 29, la *Česká Spořitelna* (Cassa di risparmio), bel palazzo del XIX secolo in tipico stile neorinascimentale.

★ ***Via Karlova*** *(II, A3):* è sicuramente il tratto più bello del percorso della *via reale* perché si prolunga sul ponte Carlo stesso. La via viene così denominata perché era la strada che percorrevano i futuri re per andare a farsi incoronare nella cattedrale di San Vito. Il corteo partiva dalla torre delle polveri, imboccava via Celetná, attraversava piazza della Città Vecchia fra le acclamazioni, raggiungeva la piccola Malé náměstí, poi seguiva la sinuosa Karlova per attraversare il ponte Carlo. Dal lato di Malá Strana, era sufficiente seguire Mostecká e salire lungo la Nerudova per entrare finalmente nel cortile del castello e raggiungere la cattedrale. Dal punto di vista decorativo, Karlova è una festa d'insegne, mascheroni, frontoni e pignoni, interessanti e originali.

– Inizia da Malé náměstí, poi prosegue sinuosamente fino all'ultimo tratto diritto prima del ponte Carlo. Eccovi alcuni punti di riferimento per indurvi ad alzare lo sguardo. Al primo angolo a sinistra (n. 48), due angioletti che tengono una corona. Più avanti, al n. 20 di via Husova (all'angolo con Karlova), il palazzo Glam-Gallas, notevole soprattutto per i suoi quattro famosi atlanti barocchi che sembrano appena sufficienti a sorreggere l'edificio. Realizzato nel XVIII secolo dal celebre scultore praghese B. Braun, ha all'interno un bello scalone, ma non è sempre aperto. Proseguendo lungo Karlova verso il ponte Carlo, si scopre, in una piazzetta, la facciata rinascimentale della casa *Al Pozzo d'Oro*, con al centro un'interessante decorazione barocca, opera di J.O. Mayer, artista uso a questo genere ornamentale a Praga. Al centro, una Vergine con il Bambino e quattro santi ai lati, fra cui, in basso, san Venceslao e san Rocco (con il suo cane che si lecca un bubbone di peste), due personaggi abbastanza importanti della storia di Praga. Al n. 14, una sirena in pietra, insegna pagana che rappresenta la tentazione e il desiderio che bisognava respingere. All'angolo fra Karlova e Liliová, un serpente dorato indica il luogo dove fu aperto il primo caffè della città da un levantino che era arrivato da Vienna con i suoi sacchi di caffè per lanciarsi in quel commercio ancora sconosciuto all'inizio del XVIII secolo.

– Piccola deviazione in Mariánské náměstí per osservare uno degli ingressi del Klementinum, ma soprattutto il nuovo *municipio* della Città Vecchia, bizzarro miscuglio di Art nouveau e di neobarocco, eretto all'inizio del Novecento. La facciata a balconi e cornicioni era stata commissionata al più grande scultore del momento. In un angolo, la celebre scultura di Rabbi Löw, in stile Art nouveau, realizzata da Ladislav Šaloun nel 1910, autore anche del monumento dedicato a Jan Hus sulla piazza della Città Vecchia. L'edificio fu eretto in occasione del risanamento del ghetto ebraico. L'insieme mostra il rabbino Löw, dignitoso e impassibile, tentato dalla Morte travestita da bella ragazza. Löw, in effetti, raggiunse quasi il secolo di vita. Tornate, poi, sulla Karlova per esplorarne l'ultimo tratto: al n. 8, alzando la testa, vedrete un funambolo che attraversa la strada sul filo; al n. 4, la maschera di Giovanni Keplero, astronomo tedesco del XVI secolo che fu l'assistente di Tycho Brahe e che scoprì le leggi dei movimenti dei pianeti; al n. 2, sulla sinistra, un'antichissima libreria con mucchi di libri secolari e belle incisioni in vendita.

★ ***Klementinum*** *(II, A3):* ☎ 21-66-31-11. Sono molte le vie d'accesso, sia da Mariánské náměstí che da Křížovnické náměstí, proprio davanti al ponte Carlo. Per conoscere i giorni in cui si visita (solo pochi giorni all'anno) e ottenere informazioni sulla biblioteca, le esposizioni, i concerti, consultate il sito Internet: ● www.nkp.cz ● Immenso collegio fondato nel XVI secolo, ma il palazzo che si vede oggi fu costruito nel 1653 dai gesuiti al posto di un antico convento. I gesuiti giunsero a Praga su richiesta di Ferdinando I per applicare la Controriforma. Il Klementinum occupa un intero isolato. Per dimensioni, è il secondo edificio della città, dopo il castello, ma è difficile rendersene conto perché è circondato da stradine su ogni lato. Conte-

neva un convento, due chiese, alcune cappelle e, ovviamente, numerose sale di studio e biblioteche. Oggi è una grande biblioteca universitaria oltre che la biblioteca di stato (6 milioni di opere). Lo sviluppo del Klementinum e della sua università, che erano frequentati da tutti i figli dei nobili, aveva l'obiettivo, puramente politico-religioso, di ricondurre all'ovile le anime cattoliche smarrite e di fare concorrenza all'università Carlo. Ha molte facciate, cortili e sale interne. Si noti la facciata austera e cupa, in uno stile barocco molto minuzioso, che dà su Křižovnické náměstí, proprio di fianco alla chiesa di San Salvatore, realizzata dall'architetto Carlo Lurago. Quella che dà su Mariánské náměstí si rivela molto più graziosa. Vi presentiamo rapidamente l'interno del Klementinum.
– I *cortili* sono accessibili tutto l'anno e sono abbelliti da fontane comunicanti tra loro tramite una complessa rete d'irrigazione. Notate anche le meridiane alle pareti.
– La *cappella dell'Annunciazione* è aperta per i concerti, quindi la scoprirete in un'atmosfera musicale.
– La maggior parte delle *sale* del Klementinum non è aperta al pubblico, se non per i fortunati che si trovano a Praga in occasione della fiera internazionale del Libro, che si svolge, solitamente, durante la seconda quindicina di maggio. In tale occasione, viene proposta al pubblico una visita guidata.
Si inizia dalla *biblioteca:* immensa sala barocca, tuttora priva di elettricità, che racchiude un'impressionante raccolta di libri d'epoca. Le opere rilegate in bianco sono reliquie della biblioteca gesuita. Erano classificate secondo tre gradi di conoscenza e c'era persino una sezione di «libri proibiti», collocati in cima agli scaffali. Alcune colonne tortili conducono lo sguardo fino ai soffitti decorati con un affresco a *trompe-l'œil di Jan Hiebel* che simboleggia le arti e le scienze. Passando, osservate, nei medaglioni, i ritratti dei gesuiti e dei personaggi importanti dell'epoca. Nel 1777, quando i gesuiti furono cacciati, la biblioteca diventò pubblica. Nella sala delle Matematiche (attualmente chiusa al pubblico), interessante collezione di globi (terrestri e celesti) di tutte le dimensioni, raggruppati al centro della sala. In una saletta attigua, vetrine contenenti fac-simili e modelli di manoscritti, oltre ad alcuni orologi, anch'essi originari della sala delle Matematiche.
La visita prosegue lungo bellissimi *corridoi* decorati da affreschi su volte a botte che narrano la vita (un tantino romanzata!) di san Francesco Saverio. Si passa anche attraverso l'ex *refettorio* estivo che attualmente serve da sala di studio per gli studenti (che fortunelli!), i quali si ritrovavano lì durante gli eventi del 1989. È buffo che sia stato questo luogo della Controriforma e di un certo conservatorismo a fare da quartier generale alla rivolta studentesca e popolare.
– Si esce su ***Křižovnické náměstí*** *(piazza dei Crociferi)*, dal nome dell'ordine religioso che aveva lì il proprio convento. Ci sono due chiese e una statua.

★ ***Chiesa di San Salvatore*** *(kostel Sv. Salvátora; II, A3,* ***272****):* situata esattamente all'angolo fra Karlova e Křižovnické náměstí, proprio di fianco a uno degli ingressi del Klementinum di cui fa parte integrante. Chiusa temporaneamente. Di origine rinascimentale, poi ha preso forma barocca essendo stata rimaneggiata parecchie volte da molti grandi architetti, fra cui Lurago e František Kaňka. In facciata, alcune figure al balcone e persino sul cornicione. All'interno: affreschi, stucchi e sculture.

★ ***Chiesa di San Francesco Serafino*** *(kostel Sv. Františká Serafinského; II, A3,* ***273****):* è quella sulla piazza a destra guardando il ponte. Il sito apparteneva all'ordine dei Crociferi, che decisero di erigere qui una chiesa, malgrado l'esiguità dello spazio, per fare concorrenza all'imponente Klementinum. Così chiesero al francese Jean-Baptiste Mathey (che realizzò il castello Troja) di occupare il terreno. Il risultato è che, tanto all'interno, quanto all'esterno, non c'è un solo centimetro quadrato libero. La facciata, austera e pesantuccia, è abbastanza spoglia ed è sovrastata da un'enorme cupola di bronzo che, esteriormente, sembra sproporzionata. L'interno è talmente barocco che di più non si potrebbe, basta guardare il pulpito in legno dorato, la parte inferiore dei balconi sovraccarichi (a ciascun lato dell'altare), le tombe di vetro in una delle cappelle laterali o gli scheletri dei nobili che sono stati ricostituiti e rivestiti (un po' macabra come idea!). Ma il *clou* della visita resta l'immensa cupola ricoperta dal mirabile affresco raffigurante *Il giudizio finale* di V.V. Reiner, che era un esperto in materia. Mozart suonò qui dentro e, attualmente, la chiesa viene aperta e utilizzata soprattutto per concerti di musica classica.

★ ***Galleria dei Crociferi*** *(II, A3,* ***273****):* aperta tutti i giorni, tranne lunedì, dalle 10 alle 17 (in estate, fino alle 18). Chiusa in gennaio. Ingresso: 40 Kčs. L'accesso alla galleria è sulla sinistra della chiesa di San Francesco. Si può visitare anche la cripta situata nell'antica chiesa del XIII secolo, epoca in cui il livello stradale era più basso. Non c'è un granché da vedere, a parte il sorprendente altare a forma di grotta colorata (che risale al 1683). La galleria vera e propria racchiude oggetti d'arte religiosa (in particolare, una splendida collezione di ostensori di tutti gli stili, compresa l'Art nouveau), abiti da cerimonia e dipinti dal XIV secolo in poi. Ci sono anche una copia della Madonna Nera di Monserrat (in Spagna) portata dai gesuiti. Altra curiosità è l'arco di pietra del ponte Judith che precedette il ponte Carlo.

★ Al centro della piazza dei Crociferi, c'è la statua neogotica di *Carlo IV*, fatta erigere per il 500° anniversario dell'università che porta il suo nome. Sul piedistallo, quattro donne simboleggiano le quattro facoltà: Teologia, Scienza, Diritto e Filosofia.

★ ***A sud di Karlova:*** vi ritroverete in un intrico di viuzze molto interessante. Imboccate Husova e poi girate nella piccola Řetězová, dove, al n. 13, c'è da vedere la *casa dei signori di Kunštát*, aperta tutti i giorni dalle 10 alle 18. Dal cortiletto si accede (pagando il biglietto: 30 Kčs) a una bellissima cantina romanica del XII secolo che costituisce uno degli esempi più caratteristici di questo stile e uno dei resti più notevoli di quell'epoca di tutta Praga. Volte basse, pilastri enormi, ambiente fresco e umido. Solo nella Città Vecchia, si contano ancora una buona quarantina di case romaniche. Questa cantina, che un tempo ovviamente doveva essere un pianterreno, è anche una piccola galleria d'arte e, all'inizio del XV secolo, vi visse Giorgio di Poděbrady, il futuro re di Boemia.

★ ***Betlémské náměstí*** *(piazza Betlemme; II, A3):* è una piazzetta deliziosa, un vero angolo di campagna, circondato da venerabili gruppi di case, in particolare la casa *U Halánků*, complesso del XV secolo. La piazza, che prende il nome dalla vicina cappella, ci piace per la sua semplice e discreta bellezza che fa riposare gli occhi.

★ ***Cappella di Betlemme*** *(II, A3):* in Betlémské náměstí, aperta dalle 9 alle 17 in inverno e fino alle 18 in estate, con ingresso a pagamento (30 Kčs). Pur non essendo particolarmente bella né molto interessante dal punto di vista architettonico, ha una storia affascinante. È una grande sala, vasta e austera. Proprio qui prese forma il movimento rivoluzionario degli hussiti e Jan Hus, rettore dell'università di Praga, vi predicò dal 1402 fino alla morte. Tuttavia, fu solo all'inizio del XV secolo che le sue idee riformiste assunsero importanza e che i borghesi presero atto del cambiamento che c'era nell'aria. Distrutta poco tempo dopo, fu ricostruita solo nel 1948 a causa del suo significato simbolico per il paese. Sulle pareti, in parte rifatte, sono state ridipinte scene medievali che raffigurano in particolare la morte di Jan Hus. Non sono molto evocative e il risultato non è un gran che divertente. Di tanto in tanto vi si danno concerti.

★ All'angolo tra Konviktská e Karolíny Světlé *(II, A4)*, vedrete la ***rotonda di Santa Croce***, una delle più belle e più antiche vestigia romaniche di Praga.

★ All'angolo fra Betlémská e Smetanovo nábřeží, si noti la piazzetta verdeggiante con al centro una guglia da statua… vuota. Un tempo, sorreggeva la scultura di un imperatore asburgico che fu fatto sloggiare dopo la proclamazione della repubblica. Dietro, bella dimora Art nouveau.

★ ***Chiesa di Sant'Egidio*** *(kostel Sv. Jiljí; II, A3):* in Husova, di fronte al n. 7. Altro edificio barocco con un'elegante torre a punta, nel quale gli hussiti predicarono nei secoli XV e XVI. L'interno, delirante, è tutto dorato: capitelli, modanature e persino l'affresco del soffitto eseguito da V.V. Reiner che evoca l'ordine di San Domenico e che si può definire straordinario. D'altronde, Reiner è sepolto qui. A ogni pilastro c'è un altare. Le modanature dei capitelli furono inserite nel XVIII secolo quando la chiesa fu rimaneggiata in stile barocco, per volontà degli architetti che intendevano caratterizzarla con uno stile molto preciso. All'arrivo dei comunisti, i religiosi che occupavano gli edifici furono imprigionati. Il luogo fu restituito loro solo nel 1989.

★ *MALÁ STRANA*

Malá Strana significa «lato piccolo», in rapporto all'altra sponda del fiume (la Città Vecchia). Creata nel XIII secolo dal re Přemysl Otakar II, fu rimaneggiata completamente in stile barocco nei secoli XVII e XVIII. Da allora nessuno sconvolgimento l'ha più scossa e perciò vi si scopre un'unità architettonica unica in Europa. Ancora più della Città Vecchia, invita alle deviazioni romantiche, poetiche e da innamorati attraverso stradine, scale, passaggi multipli costeggiati da palazzi meravigliosi e giardini segreti.

Un po' di storia

Da quando il ponte Judith attraversò la Moldava nel XII secolo, cominciarono a svilupparsi lentamente i quartieri residenziali. Come la Città Vecchia, anche Malá Strana fu nel XIV secolo un comune indipendente dagli altri, prosperoso e abitato soprattutto da coloni tedeschi. Carlo IV la sviluppò e la fece circondare da bastioni. In seguito a numerosi incendi, dovuti soprattutto alle guerre hussite, le vecchie case in legno andarono in fumo e lasciarono spazio a bei palazzi rinascimentali edificati da artisti italiani, palazzi che, a loro volta, dovettero cedere il passo alle follie barocche del XVIII secolo. L'aspetto formidabile di Malá Strana è che tutto è rimasto architettonicamente bloccato al periodo barocco e che quello stile dilagò con una tale forza che la città è ancora oggi di una coerenza incredibile. Non appena si arricchivano, le famiglie si facevano costruire i loro palazzetti barocchi. La città fu ricongiunta agli altri comuni alla fine del XVIII secolo, sotto Giuseppe II, per dar vita a Praga.

★ ***Karlův most*** *(ponte Carlo; IV, B2):* una delle meraviglie di Praga, *trait d'union* tra la Città Vecchia e Malá Strana. Questo ponte pedonale è uno dei rari esempi in Europa di armoniosa continuità urbana. Prima del ponte

Carlo, ce n'era un altro (il ponte Judith) in legno, costruito dopo il X secolo, che fu travolto dalle acque tumultuose della Moldava nel 1342. Carlo IV, il grande costruttore, intraprese allora la costruzione di una nuova opera che commissionò nel 1347 all'architetto della cattedrale di San Vito, Petr Parléř. All'inizio venne chiamato ponte di Pietra e fu solo molto più tardi, nel XIX secolo, che prese il nome di «Carlo», per rendere omaggio all'illustre personaggio che tanto aveva amato la sua città e l'aveva tanto riempita di meraviglie da farla diventare uno dei grandi gioielli d'Europa. Lungo oltre 500 m e largo 10, il ponte si regge su sedici enormi pilastri di pietra che frangono la corrente. Comunque, sapevate che i tronchi enormi che si trovano in acqua ai piedi del ponte servono per proteggere quest'ultimo dai blocchi di ghiaccio che potrebbero abbattersi sui pilastri in inverno? Un po' alla volta, consumano ed è sempre meglio prevenire che curare. Su entrambe le sponde si offre agli occhi un paesaggio urbano sublime. Si dice che per consolidare la malta tra una pietra e l'altra, i costruttori usassero del tuorlo d'uovo e che si chiese alla popolazione di procurarlo. Fu così che giunsero da tutta la Boemia carrette stracolme di uova. Si racconta anche che da un villaggio arrivarono uova... sode per paura che si rompessero lungo il tragitto. I praghesi ci ridono ancora. Inutile dire che il ponte Carlo è un po' come via Veneto (ma ancora più affascinante) e piazza Navona messi insieme. Caricaturisti, pittori della domenica, burattinai, strimpellatori di chitarra... tutti gli artisti si ritrovano qui. Per il pubblico è una festa... così come per i borseggiatori. Durante i week-end, d'estate, a volte ci vuole una buona mezz'ora per effettuare la traversata del ponte ed è comprensibile che quest'orgia turistico-commerciale faccia perdere la pazienza a qualcuno. Vi consigliamo, quindi, di andarci al sorgere del sole e vi garantiamo che avrete il ponte tutto per voi in una luce di una dolcezza infinita. Lo stesso di sera con il castello illuminato sullo sfondo: sublime! Su ogni lato del ponte si ergono magnifiche ***torri***.

➢ *La torre sul lato di Staré Město:* edificata da Petr Parléř e dalla sua bottega in uno stupendo stile gotico, faceva parte di una cintura di bastioni che proteggeva la Città Vecchia. Attraversò i secoli praticamente senza danni e senza trasformazioni, pur avendo passato un brutto momento all'epoca dell'invasione svedese del XVII secolo. Anche la guerra dei trent'anni fu causa di battaglie tremende che ebbero pesanti conseguenze su Malá Strana. Esternamente, è decorata dalle statue di san Venceslao a destra, di Carlo IV a sinistra e, al centro, di san Vito, patrono della Boemia. Ci sono anche gli stemmi di tutti i regni della Boemia, oltre che alcuni esemplari di martin pescatore, simboli di san Venceslao. Questa torre, considerata una degli esempi più compiuti del gotico europeo, servì da modello alla torre delle polveri di Republiky náměstí. Vi si può salire in cima tutti i giorni dalle 10 alle 18 (fino alle 17 in inverno), a pagamento (30 Kčs). Ovviamente, la vista è eccezionale. L'insieme è decorato con finezza ed eleganza senza essere sovraccarico.

➢ *Lato Malá Strana*, è un incanto. Da restare a bocca aperta davanti all'intelligenza dell'architettura praghese. Nello spazio fra le due torri (una a ciascuna estremità del ponte), s'inseriscono i campanili, i campaniletti e le cupole della chiesa di San Nicola, precedute da una cascata di tetti, il tutto inquadrato da meravigliose dimore barocche, statue ecc. In fondo, l'altero castello reale e la graziosa silhouette della cattedrale di San Vito. La minore delle due torri sul lato del ponte verso Malá Strana, risale all'epoca del ponte Judith, il primo ponte fatto costruire dalla moglie di Vladislav I, in un marcato stile romanico. Visita a pagamento (30 Kčs) dalle 10 alle 18, tutti i giorni da aprile a ottobre. Al primo piano, troverete una piccola esposizione sulla costruzione dell'attuale ponte Carlo. L'altra torre fu eretta più tardi, nel 1464, e non ha la purezza di linee di quella sul lato di Staré Město.

– ***Le statue del ponte:*** le prime statue sui pilastri del ponte furono erette nel XVII secolo, ma fu nel secolo successivo che ogni pilastro ne fu adornato. Su una struttura puramente gotica fu, quindi, aggiunto uno stile prevalentemente barocco; un miscuglio che non piacque a Rodin quando andò in visita a Praga. Tuttavia, sembra che ai milioni di turisti non dispiaccia... L'insieme ricostruisce tutta la storia religiosa della città. Una leggenda narra, che al calar della notte, quando il ponte è abitato soltanto da quei personaggi di pietra, le statue conversano discretamente di importanti questioni teologiche. Quella bolgia di sottane e di crocefissi era, in effetti, un autentico manifesto pubblicitario permanente nel periodo più pesante della Controriforma. I protestanti che attraversavano il ponte in quell'epoca avevano probabilmente i sudori freddi. È una vera e propria galleria di personaggi, un museo della scultura all'aperto che ospita in particolare (citiamo solo i più notevoli), in ordine di apparizione e non gerarchico: il gruppo di Santa Barbara (secondo a sinistra); il gruppo della Santa Croce (terzo a destra); San Francesco Saverio che battezza un principe convertito (quinto a sinistra); il gruppo di San Norberto con San Venceslao e San Sigismondo dei Burgundi (settimo a destra); la celebre statua di San Giovanni Nepomuceno (ottavo a destra) che sarà oggetto di un paragrafo a sé stante qui sotto; il calvario dove figura tre volte, in lettere ebraiche, il Kadosh (santo, santo, santo), la cui incisione su rame fu finanziata nel 1695 da un ebreo condannato a tale penitenza per aver disprezzato la croce, passandoci davanti; il bel gruppo di San Giovanni di Matha (quattordicesimo a sinistra) e infine San Venceslao (quindicesimo a sinistra). Ovviamente, ce ne sono altre, come Sant'Ivo, patrono dei giuristi e Santa Lutgarda, la religiosa cistercense cieca che ricevette da Cristo in croce il permesso di baciare le sue ferite, ma se non vi dovessero bastare quelle che vi abbiamo già indicato, ne avreste per tutta la giornata. Un certo numero di statue è stato realizzato da Matthias Bernard Braun e dalla bottega di Brokoff. Sono quasi tutte copie, perché gli originali cominciano, stranamente, a consumarsi.

➢ Qualche parola sul *gruppo di San Giovanni di Nepomuceno*, che fu il primo gruppo statuario del ponte. Sappiate, innanzitutto, che l'esistenza stessa di quel personaggio non è affatto certa, anzi, molti documenti sembrano concordi nell'ammettere la tesi per cui il prelato sarebbe sì esistito, ma in un'epoca antecedente a quella che gli viene attribuita dalla leggenda. Bisogna riconoscere che i cronachisti del periodo hanno fatto bene il loro lavoro, visto che la storia è giunta fino a noi e che la maggioranza dei cechi non mette in dubbio l'esistenza di san Giovanni Nepomuceno. La Chiesa, a un certo punto, aveva la mania di tirar fuori santi e martiri dal cappello, come si tirerebbero fuori conigli. Comunque, eccovi la leggenda. San Giovanni Nepomuceno, diventato simbolo del sacrificio dei gesuiti per sostenere il fervore cattolico nel momento più duro della Controriforma, nel XIV secolo era un prelato di corte e confidente della regina. Si narra che il re Václav IV si era offeso per il fatto che il prete si rifiutava di riferirgli i segreti delle confessioni di sua moglie. Allora, fu aggredito da uomini al soldo del re, trascinato sul ponte e gettato moribondo nel fiume. Il santo diventò così simbolo della verità eterna di fronte agli eccessi del potere politico. Che roba... ! Il vero motivo era che in quell'epoca bisognava assolutamente trovare un altro Jan per contrastare la popolarità di Jan Hus, la figura simbolo della riforma. Se si fosse chiamato Alfredo, non ne avremmo mai sentito parlare. Nella parte inferiore della statua, un bassorilievo in bronzo mostra a destra il destino del prelato. I turisti, senza nemmeno sapere perché, toccano il corpo del santo. Sulla sinistra si vede la regina che si confessa. Incisa in latino una bella frase: *tacui* (ho taciuto). Nel 1719, quando si esumò il suo corpo, ci si accorse che la sua lingua era rimasta rossa e bene in carne. Ovviamente, fu canonizzato in gran pompa e da allora tutti i ponti dell'Europa centrale hanno un san Giovanni Nepomuceno come custode.

★ Ai piedi delle torri, più giù sulla destra, l'albergo ***U Tří Pštrosů*** *(Ai tre struzzi)*, uno dei più chic della città. È un notevole edificio rinascimentale sulla cui facciata si vedono ancora i tre struzzi dipinti. L'edificio, in origine, ospitava una bottega di piume di struzzo, elemento decorativo molto di moda fra la buona borghesia sotto Rodolfo II. Il proprietario, facendo dipingere uno stormo di struzzi sulla facciata (non ne restano che tre), realizzò il primo *murale* pubblicitario della città.

★ ***Isola Kampa*** *(IV, B2):* all'entrata di Malá Strana, all'inizio del ponte sulla sinistra, scendendo le scale. Avrete notato *Na Kampě*, elegante piazza circondata da nobili e antiche dimore che si prolunga su un bel parco che conduce al ponte Legií (ex ponte 1° maggio). Un fiumiciattolo, la *Čertovka*, abbraccia amorevolmente l'isola e un bel mulino restaurato gira lentamente, mentre di altri ci sono solo i resti. Di notte, vi consigliamo di iniziare la passeggiata dal ponte Legií, di attraversare quel parco tanto poetico e di sbucare su Na Kampě. La piazzetta, di un fascino incredibile, è circondata da casette semplici e basse dai tetti di tegole e ha al centro un bel gruppo d'alberi. Ci si crede veramente a mille miglia dalla capitale frenetica di uno stato moderno. D'inverno è, indiscutibilmente, l'angolo più romantico della città. In estate, i piccoli artigiani la rendono discretamente animata. Al n. 1 della piazza Na Kampě, troviamo una casa del 1664 con una bella porta decorata dall'insegna *Alla volpe azzurra.* Secondo una favola ceca, la volpe avrebbe fatto annegare un maschio d'oca che le aveva mancato di rispetto. L'animale tiene in bocca una rosa. Attualmente, la dimora ospita l'ambasciata d'Estonia.

★ ***Via Mostecká*** *(IV, B2):* è il prolungamento del ponte Carlo. Proprio all'inizio della via, sul lato destro, c'è una serie di case rinascimentali, le cui pareti, tutte diverse, sono ornate da maschere, mascheroni, vasi… Al n. 4, un orso incatenato. Sullo scorcio della strada, appare in fondo la chiesa di San Nicola. Tutta questa parte è prevalentemente turistica e commerciale. Al n. 15, il bel *palazzo Kaunitz* ospita l'ambasciata dell'attuale repubblica di Jugoslavia.

★ ***Malostranské náměstí*** *(IV, B1-2):* in cima a Mostecká, c'è la grande piazza di Malá Strana. M.: Malostranská (linea A). Tram nn. 12, 18, 22 o 23. Questa vasta piazza è divisa in due parti, quella bassa e quella alta dove sorge la chiesa di San Nicola. È stata proprio la costruzione della chiesa a dividere in due la piazza. Animata dal passaggio dei tram e da un traffico abbastanza sostenuto è sempre stata un punto d'incontro poiché un tempo vi si teneva un grande mercato.

Al n. 21 di Malostranské náměstí, il lungo ed elegante edificio ad arcate ospitava l'antico municipio di Malá Strana all'epoca in cui Praga era ancora formata da quattro comuni ben distinti: Staré Město, Malá Strana, Hradčany e Nové Město. Oggi, al primo piano, c'è un ottimo locale per ascoltare jazz, il *Malostranská Beseda*, che ospita anche gruppi rock, latino-americani, dixieland… (vedi «Dove andare la sera»). Proprio a destra, al n. 22, incantevole dimora con un elegante lucernario centrale e affreschi che raffigurano l'incoronazione della Vergine. Al n. 25, la casa *Kaiserštejn* con sculture barocche. Sulla sinistra della piazza (al n. 18), il *palazzo Smiřický* del XVII secolo, teatro del complotto della famosa «defenestrazione di Praga».

★ ***Chiesa di San Nicola*** *(Sv. Mikuláš; IV, B1-2):* Malostranské náměstí, Praha 1. Accesso a pagamento (45 Kčs) dalla parte alta di Malostranské. Aperta dalle 9 alle 16.30 (fino alle 17, da aprile a settembre). Malgrado la larga facciata piuttosto anonima, caratterizzata essenzialmente dalla sua elegante ondulazione, San Nicola è uno dei capolavori del barocco più folle, autentica arroganza della Controriforma, che infiammò i gesuiti. Fu tra il 1673 e il 1755 che fu edificato questo ambizioso complesso sotto la responsabilità di Christoph Dientzenhofer, in particolare (ma gli architetti furono tanti), e poi di suo figlio, il cui nome si trova spesso nel barocco praghese. Si mantiene la forma ovale delle tre navate culminanti nell'immensa cupola alta 70 m. La decorazione è tutta all'insegna della ricchezza, dell'esuberanza, dell'eccesso. Ricordiamo, per meglio capire lo spirito dell'epoca, che i gesuiti avevano scelto il barocco per simboleggiare la ricchezza, i privilegi e i vantaggi della Chiesa cattolica sulla Chiesa protestante. Un esempio riuscito di quanto c'è di più chiassoso e di più vistoso. Ma c'è anche una certa autoderisione: cercate, nella parte alta del lato sinistro della navata, il gesuita in nero che, nascosto dietro a una colonna, sorveglia il buon andamento dei lavori.

– *La volta della navata:* raffigura l'apoteosi di San Nicola in un affresco che prosegue con un *trompe-l'œil* riuscitissimo che fa da collegamento con i pilastri della chiesa.
– *Le colonne*, contrariamente a ciò che si potrebbe pensare, non sono in marmo naturale, ma artificiale molto utilizzato in un'epoca in cui contava solo l'apparenza.
– *Il pulpito* rococò sulla sinistra è anch'esso in marmo artificiale e sembra aggredito da un insieme di angioletti.
– *La cupola:* vi si distingue l'apoteosi della Santa Trinità. In fondo alle colonne ci sono quattro statue gigantesche in legno ricoperto di gesso che rappresentano: San Basilio, bambino placido; San Cirillo, che tiene alla larga il male con la sua croce; San Giovanni Crisostomo, rappresentato in veste dotta e San Gregorio che predica al popolo.
È da vedere anche l'*altare maggiore*, ben protetto dai Santi gesuiti Ignazio di Loyola e Francesco Saverio, sotto lo sguardo impassibile di San Nicola.
– Anche l'*organo* a 2500 canne merita una piccola citazione, sia per la sua bellezza sia per il fatto che Mozart lo suonava quando passava dalla città. Vi si suonò, tra l'altro, il suo *Requiem*, tre giorni dopo la sua morte, mentre Vienna lo snobbava; lo si suona ancora oggi. Sotto la tribuna, affresco raffigurante la vita di Santa Cecilia.
– *Il campanile* è accessibile da aprile a ottobre, dalle 10 alle 18.
– Prima di uscire, l'ultima *cappella* sulla destra (o la prima a sinistra entrando) è dedicata a santa Barbara, la patrona della morte felice. Per la sua finezza e leggerezza è in contrasto con il resto della chiesa. Si può salire sui balconi dietro a Santa Barbara.

★ In mezzo alla piazza, una ***colonna della peste*** piuttosto brutta indica la fine dell'epidemia dell'inizio del XVIII secolo.

★ ***Palazzo Liechtenstein*** *(IV, B1-2):* di fronte alla chiesa di San Nicola. Vasto palazzo dalla banale facciata classica di fine XVIII secolo che occupa buona parte della piazza e che oggi ospita l'Accademia di musica. Il palazzo deve il suo nome al proprietario, noto nella storia del paese per essere stato incaricato, come il suo collega Valdštejn, di confiscare i beni dei protestanti e per essersene in buona parte appropriato. Niente di nuovo! Sul marciapiede davanti alla facciata, c'è una strana fila di pali. Li si potrebbe scambiare per dei parchimetri, in realtà ricordano i ventisette protestanti decapitati su ordine di Liechtenstein.

★ ***Chiesa di San Tommaso*** *(kostel Sv. Tomáše; IV, B1):* in Letenská, aperta da lunedì a sabato dalle 10.45 alle 13 e dalle 14 alle 16.30, con ingresso a pagamento. Piccola come dimensioni, ma delirante quanto a decorazione, questa chiesa d'origine gotica deve il suo rimaneggiamento barocco al famoso Dientzenhofer il cui problema era eseguire un'opera grandiosa in uno spazio ristretto. Trascurata dai turisti, contiene tuttavia parecchie attrazioni. È a tre navate, la principale delle quali fu decorata da V.V. Reiner, contiene sculture di F.M. Brokoff, illustre artista dell'epoca, mentre la tela dell'altare maggiore, che raffigura il *Martirio di San Tommaso e di Sant'Agostino*, è attribuita a Rubens *himself*. Rassicuratevi, è una copia. Ogni pilastro della navata ospita un altare barocco con una decorazione molto ricercata, tutta stucchi e dorature. Due di questi altari ospitano tombe in vetro che contengono scheletri di nobili defunti ricomposti e rivestiti. Macabre vetrine. Uscite poi sul chiostro, al quale si accede attraverso una porta sulla sinistra del pulpito, che apparteneva a quello che un tempo era un convento e nel quale si scorgono le vestigia gotiche della chiesa precedente.

★ ***Via Tomášská*** *(IV, B1):* al n. 1, il palazzo che fa angolo con la piazza Malostranské náměstí ha due meridiane alle pareti: una lato strada e una lato piazza per vedere l'ora solare tutto il giorno. Al n. 4, troviamo la bella insegna *Al cervo d'oro*, che rappresenta un cervo che reca una croce in mezzo alle corna. Il tema del cervo e della croce è legato a una leggenda ceca. Un giorno un cacciatore vide apparire tale cervo in mezzo a un bosco. In preda al panico, credendo che quella visione fosse un'apparizione divina, abbandonò casa, moglie e figli e diventò un eremita. L'opera realizzata dal celebre Ferdinando Massimiliano Brokoff, è un altro simbolo forte della presenza gesuita nel XVIII secolo e della volontà di riabilitazione della Chiesa cattolica. Al n. 2, l'albergo *U Schnellů*, famoso per aver ospitato lo zar Pietro il Grande. L'itinerario prosegue fino alla Valdštejnské náměští dove si vede il palazzo Valdštejn (ingresso da Letenská 10) che è una festa di finestre e lucernari.

★ ***Giardino di palazzo Valdštejn*** o ***Wallenstein*** *(Valdštejnský palác; IV, B1):* ingresso da Letenská 10, Praha 1. Aperto tutti i giorni da giugno ad agosto, dalle 9 alle 19; in aprile, maggio, settembre e ottobre, dalle 10 alle 18. Ingresso gratuito. Essendo nascosto dietro a un lungo muro di cinta, è difficile immaginare l'esistenza di questo bel palazzo barocco edificato da un alto dignitario dell'esercito al servizio degli Asburgo dopo aver tradito la causa nazionale. Valdštejn si arricchì in nome degli Asburgo, confiscando tutti i beni dei nobili cechi che non si erano alleati con l'imperatore e quest'ultimo lo lasciò fare. Di conseguenza, poté farsi costruire il palazzo che, come superficie, è uno dei più grandi della città, visto che furono demolite ventitré case per farvi posto. Ma avendo fatto il doppio gioco contro gli svedesi e tradito, ancora una volta, la sua nuova causa, l'imperatore decretò il suo assassinio. Come dire che, a volte, c'è una morale anche in politica! L'interno del palazzo non si visita, ma sono aperti i giardini all'italiana e la *sala terrena* in fondo, che sono una delizia. Questa graziosa loggia tardorinascimentale si collega armoniosamente allo stile, barocco primitivo, nel quale è stato edificato il resto del palazzo. D'estate, è un luogo da concerti divino, ma vi si rappresentano anche opere teatrali, accompagnate dolcemente dal lieve ronzio dei tram che passano non lontano. Ammirate la delicata serie di statue in bronzo degli antichi dèi, per una volta di piccole dimensioni. È un luogo idilliaco e tranquillo per concedersi un attimo di tregua. In un angolo c'è uno strano muro a grotta.

★ ***Chiesa di San Giuseppe*** *(Sv. Josef; IV, B1-2):* in Josefská, in stile barocco primitivo (1698). Le tre statue della facciata rappresentano San Giuseppe, Santa Teresa e San Giovanni della Croce. L'interno è ben illuminato attraverso la cupola. Esposizione perpetua dell'ostia.

★ Tutto il quartiere è pieno di ***palazzi***, trasformati oggi o in ambasciate o in uffici amministrativi, per la maggior parte barocchi, barocchizzati o tardorinascimentali. Ciascuno di essi possiede almeno un qualcosina di notevole: un lucernario, la facciata, una scultura... Non ve li descriviamo tutti, altrimenti rischiereste di fare indigestione.

★ ***U Lužického semináře*** *(IV, B1-2):* tornate verso il fiume attraversando questa piazza affascinante che, al n. 24, ha una graziosa facciata con finestre elaborate. Si prolunga su via Míšeňská, che ha belle dimore ai nn. 4, 10 e 12. Poi, si ritorna così all'albergo *Ai Tre Struzzi* ai piedi del ponte.

★ ***Via Nerudova*** *(IV, A-B1):* una delle strade più prestigiose di Malá Strana, con una lunga serie di palazzi, portici notevoli, insegne pittoresche. Ogni numero si rivela degno d'interesse ed è proprio in questa via che ci si rende maggiormente conto dell'importanza che rivestivano le insegne. Fino alla fine del XVIII secolo, quando si cominciarono a numerare le abitazioni, l'insegna era l'unico modo per individuare una casa. Quindi, praticamente tutte avevano un elemento di riconoscimento sulla facciata che permetteva al visitatore di orientarsi. Le insegne, dai nomi bizzarri o dalle espressioni fantasiose, sono in maggioranza legate a leggende e sembrano uscite direttamente dai bestiari medievali. Che cosa nasconderà l'insegna del «Cupido Nero», della «Pietra d'Oro», o del «Sole Nero»? Eccovi qualche indizio, qualche incoraggiamento ad alzare lo sguardo per il piacere degli occhi. Il nome della via rende omaggio al grande scrittore Jan Neruda che visse al n. 47 nella casa *Ai Due Soli d'Oro.*

– Al n. 5, ***palazzo Morzin*** dell'inizio del XVIII secolo, realizzato da un italiano, famoso soprattutto per i suoi due Mori, atlanti colossali che si trovano frequentemente in una forma o in un'altra nei palazzi dei nobili che avevano partecipato a qualche guerra. In effetti, i «meticci e i neri» erano molto utilizzati all'epoca come carne da cannone. Qui, i Mori non si accontentano di sorreggere il bel balcone tutto arrotondato (bell'impresa), ma danno anche il nome al palazzo. Tutte le statue della facciata sono di F.M. Brokoff e tutta la facciata in sé è ricca di decorazioni. Sulla parte superiore, quattro statue raffigurano le quattro parti del mondo. Oggi è l'ambasciata di Romania.
– Al n. 12, tre violini: è l'antica bottega di un famoso liutaio, fondatore della scuola di Praga, al quale Beethoven fece visita durante il suo soggiorno nella città. E poiché l'insegna sembrava troppo semplice, ecco che prese corpo una leggenda: si dice che nelle notti di luna piena, gli spettri di Malá Strana vengano a darvi un concerto, non si sa se a pagamento. Altra domanda: perché uno dei violini è girato?
– Al n. 18, altro edificio barocco con maschere e vasi sul cornicione. Al n. 20, il *palazzo Thun-Hohenstein* che oggi ospita l'ambasciata d'Italia. Questo palazzo, dalle rotondità femminili, fu fatto costruire da un conte il cui simbolo era l'aquila, uccello diurno che si ritrova nel portale dell'edificio a guisa di atlante impossibile. È opera di Matyáš B. Braun che, con Brokoff, ha scolpito una buona metà di Malá Strana. E inoltre, al n. 11, un montone rosso. Di fronte al n. 15, subito dopo l'ambasciata d'Italia, attraversando una porta aperta dalle 7 alle 19.30 (ma purtroppo spesso chiusa) si accede a una scalinata che sale, sale, piena di chissà quali misteri, verso il castello. Al n. 27, la splendida insegna *Alla Chiave d'Oro (U Zlatého Klíče)*, molto stilizzata, che indica verosimilmente la presenza di un fabbricante di serrature. Al n. 33, balcone barocco carico, in ferro battuto, a motivi vegetali con mascheroni religiosi circondati da angioletti. Al n. 32, l'antica farmacia Lékárna, i cui mobili in legno seguono i contorni del locale. Un bel lavoro di falegnameria. Al n. 34, San Venceslao, patrono della Boemia, sul suo cavallo, dato che ai quei tempi non c'era altro. Indicava la presenza di un maniscalco, ma fu il proprietario successivo, sindaco della città di Hradčany, a far aggiungere il santo sul cavallo. È

quello che definiamo opportunismo artistico. Al n. 39, stemma con leone e coppa d'oro. Al n. 47, bei pignoni e insegna *Ai Due Soli*, dove visse lo scrittore Neruda. E poi si va avanti con un cigno, un cervo... ma vi lasciamo proseguire da soli.
– Dall'ultima rampa, *Ke Hradu*, prima dell'accesso al castello, bella vista sulle magnifiche facciate di Malá Strana e sulla cascata di tetti.

★ ***Via Uvoz*** *(IV, A1):* è il prolungamento di Nerudova e sale fino a piazza Pohořelec. A sinistra, offre una vista splendida sulla campagna e sulla collina di Petřín. Atmosfera incredibilmente bucolica a 5 min. dal ponte Carlo.

★ ***Via Thunovská***, parallela a Nerudova, conduce direttamente al castello e termina con una scalinata. È costeggiata dal *palazzo* rinascimentale *Rádce Slavata.* Una bella serie di pignoni e di pinnacoli ritma la salita.

★ ***Via Vlašská*** *(IV, A2):* via che conduce al convento di Strahov, meno frequentata e non straordinariamente romantica. All'imbocco della strada, *palazzo Schönborn-Colleredo*, che ha belle porte in legno e, più in alto, *palazzo Lobkowicz* (ambasciata di Germania), uno degli edifici barocchi più prestigiosi. Sfortunatamente, la facciata più bella dà sul giardino, ma si può tentare di scorgerla da dietro, girando attorno alla casa. La facciata che dà sulla strada, maschera, per la sua strana banalità, la ricchezza dell'interno e la grandiosità del luogo.

LA ZONA SUD DI MALÁ STRANA

Uno degli itinerari più romantici che conosciamo, soprattutto di notte, da assaporare con moderazione se non ci si vuole struggere l'anima.

★ Da Mostecká, prendete la viuzza ***Lázeňská*** che, un tempo, ospitava numerosi alberghi dove alloggiavano personaggi illustri. Al n. 6, la casa *Ai Bagni (Dům V lázních)*, dove soggiornarono Chateaubriand e lo zar Pietro il Grande e che vale solo per questo aneddoto essendo piuttosto banale. Al n. 11, l'albergo barocco dove alloggiò Beethoven (c'è una targa).

★ ***Maltézské náměstí*** *(piazza di Malta; IV, B2):* uno dei nostri luoghi preferiti di notte, ampiamente utilizzato da Miloš Forman per il suo film *Amadeus.* Guardate, in particolare, al n. 6, *palazzo Turba* (ambasciata del Giappone), in stile rococò e, al n.1, *palazzo Nostic* (ambasciata dei Paesi Bassi) dallo splendido androne.

★ ***Chiesa di Nostra Signora della Catena*** *(kostel Panny Marie pod Řětězem; IV B2):* all'angolo fra Lázeňská e Velkopřevorské náměstí (piazza di Malta). Il suo nome deriva dal fatto che una catena pare regolasse un tempo l'accesso al ponte Judith, quello precedente al ponte Carlo. È la chiesa più antica di Malá Strana e fu commissionata dall'ordine dei Cavalieri di Malta. Modificata nel corso dei secoli, conserva ugualmente un aspetto romanico massiccio con i suoi due grossi campanili quadrati, sebbene l'interno sia stato completamente rifatto in stile barocco dall'italiano Carlo Lurago, che prestò la sua opera in numerose chiese di Praga. Sull'altare maggiore, un'interessante *Battaglia di Lepanto* che vide, lo ricordiamo, la vittoria di Giovanni d'Austria sui turchi nel XVI secolo.

★ ***Palazzo maltese*** *(Maltézského Velkopřevora palác; IV, B2):* al n. 4 di via Lázeňská, a due passi da piazza di Malta, ha una facciata equilibrata e armoniosa e ospita ancora oggi l'ordine dei Cavalieri di Malta. Sculture della bottega di Matyáš Braun.

★ Al centro di piazza di Malta, statua di San Giovanni Battista di F. Maximilian Brokoff.

★ ***Velkopřevorské náměstí*** *(IV, B2)*: vi si accede anche dall'isola Kampa. Segreta e ombreggiata. Sul lato dell'isola, al n. 1, si scopre *palazzo Hrzán*, in parte rinascimentale. Portale con maschere. Poi, al n. 2, *palazzo Buquoy-Valdštejn*, che ospita l'ambasciata di Francia ed è un lungo edificio dalle linee molto armoniose. E ora, giratevi. Il lungo muro di fronte all'ambasciata è coperto di graffiti. Osservandoli, si riesce a capire, grazie agli occhialini rotondi, che sono dedicati a John Lennon. Infatti, dal giorno della sua morte, l'8 dicembre, è qui che centinaia di giovani vengono a raccogliersi. Alcuni anniversari furono oggetto di violenti scontri con le forze dell'ordine, soprattutto prima della rivoluzione del 1989. Adesso, si viene a rendere omaggio al simbolo ideale della libertà di pensiero in una ritrovata serenità. La polizia tollera gli assembramenti e il muro è diventato intoccabile. Anzi, d'accordo con l'ordine dei Cavalieri di Malta ai quali appartiene il muro, l'affresco è stato rifatto su fondo verde, ma con volti meno artistici.

★ ***Chiesa di Nostra Signora della Vittoria*** *(kostel Panny Marie Vitězné; IV, B2):* Karmelitská 9-13, Praha 1. Aperta dalle 8.30 alle 18.30 e fino alle 20 domenica. All'interno, il museo è aperto tutti i giorni dalle 10 alle 17.30; domenica dalle 13 alle 17. Ingresso: 40 Kčs. È un museo piccolissimo che racchiude alcuni oggetti di culto e una raccolta di paramenti per la statua di Gesù Bambino, fra cui una tunica rossa donata, all'epoca, dal Vietnam del Nord. La visita, o piuttosto il pellegrinaggio, a questa chiesa è consigliata soprattutto ai nostri lettori di origine spagnola, perché ospita la statuetta di cera di Gesù Bambino, regalata a Maria Manrique de Lara, una spagnola, il giorno del suo matrimonio con un nobile ceco. Ricondotta e sistemata in questa chiesa, la popolazione ispanica le dedica da allora un culto particolare perché pare che faccia miracoli.

★ ***La collina di Petřín*** *(IV, A-B2):* piacevolissima meta di passeggiate, è un grande parco che offre una quiete perfetta e uno dei panorami più belli della città. Vi si accede con una funicolare funzionante dalle 9.15 alle 20.45 che parte di fronte al n. 36 di Újezd (un po' più in alto del ponte Legií). Vi si accede anche dall'alto dal convento di Strahov. Dal *belvedere* (un'imitazione della tour Eiffel eretta alla fine del XIX secolo), bellissima vista su Praga e dintorni. La torre (aperta tutti i giorni da aprile a ottobre dalle 10 alle 19; fino alle 18 in settembre e ottobre e solo durante il week-end da novembre a marzo, dalle 10 alle 17. Ingresso: 30 Kčs) fu realizzata nel 1891 a imitazione di quella di Parigi ed è alta 60 m, ma non a caso. Là dove è situata, tenuto conto dell'altitudine di Praga e di quella della collina, si trova con la cima esattamente alla stessa altezza della sua sorella parigina. La collina di Petřín è una vera e propria foresta di faggi, castagni e querce e, un tempo, la sua parte inferiore era ricoperta da bei vigneti. Ed è qui che Carlo IV aveva fatto erigere il «muro della fame». Durante la carestia che colpì il suo regno nel XIV secolo, egli incaricò i più poveri di costruire quel muro, del tutto inutile, allo scopo di dar loro un lavoro, ovvero un salario per sfamare la famiglia. Una specie di «muro di pubblica utilità», per così dire. Oggi non ne resta un granché, ma i praghesi conservano il ricordo di un buon re, generoso e altruista. Tutte le sere, alle 21, da aprile a novembre, secondo le condizioni meteorologiche, spettacoli di musiche varie con giochi d'acqua i cui colori cambiano secondo i movimenti dei riflettori. Lo spettacolo dura circa 45 min.

★ ***Bludiště*** *(Labirinto di Petřín; IV, A2):* aperto tutti i giorni, da aprile a ottobre, dalle 10 alle 19 (fino alle 18 in settembre e ottobre) e il resto dell'anno solo durante il week-end, dalle 10 alle 17. Ingresso: 30 Kčs. Situato a poche decine di metri dalla torre, questo padiglione, costruito per l'esposizione del 1891, è stato in seguito spostato. Oggi racchiude un labirinto di vetro per grandi e piccini e anche una proiezione di diapositive che illustra la lotta dei praghesi contro gli svedesi sul ponte Carlo, nel 1648.

★ ***Osservatorio Štefánikova*** *(Štefánikova hvězdárna; IV, A2)*: ci si va in funicolare. Aperto da aprile a settembre da martedì a venerdì dalle 14 alle 19 e dalle 21 alle 23. Sabato e domenica dalle 10 alle 12. Da ottobre a marzo aperto da martedì a venerdì dalle 18 alle 20. Sabato e domenica dalle 10 alle 12 e dalle 14 alle 20 (chiuso lunedì). Ingresso: 15 Kčs. Scendete al capolinea della funicolare. Dopo l'ineffabile vista su Praga, lo choc è tremendo, perché questa volta il panorama è planetario. Vi sarà consentito, tempo permettendo, di osservare Venere e le sue compagne. Di notte, ci sono anche la luna e le stelle. Durante il giorno, il telescopio da 650 mm vi permetterà di vedere le «macchie rosse» del Sole. Nelle sale vicine, antichi strumenti di osservazione e di calcolo, fotografie del cielo, effemeridi del XVIII secolo e, ovviamente, spiegazioni sull'orologio astronomico della Città Vecchia. La passeggiata e l'abbinamento funicolare-osservatorio meritano incontestabilmente una deviazione per le immagini romantiche e galattiche che offrono, il tutto per pochi centesimi. Gli studenti ci vanno volentieri a ripassare le lezioni... ma soprattutto a flirtare sui prati circostanti.

★ ***Chiesa di San Lorenzo*** *(Sv. Vavřinec; IV, A2)*: sempre sulla collina di Petřín, immersa nel verde, è un'altra chiesa barocca. In un'altra zona di Petřín, val la pena andare a dare un'occhiata a una strana chiesa russa ortodossa, tutta in legno, consacrata a san Michele di Petřín.

★ *HRADČANY*

Situato su un promontorio, è uno degli antichi comuni che diedero origine a Praga ed è anche un quartiere talmente bucolico e rurale da far pensare di essere in una dimenticata cittadina di provincia. Inoltre, è probabilmente quello che offre più palazzi al metro quadro. Al centro della collina, sorge infatti il ***castello reale***, vera e propria città nella città, con stradine, cortili, passaggi, il tutto dominato dalla ***cattedrale di San Vito***. Questo complesso di monumenti e di musei richiede almeno mezza giornata per la visita (tra l'altro, il biglietto d'ingresso è utilizzabile per più giorni) e un'altra mezza giornata per il quartiere attorno al castello. Quindi, bisogna andarci presto, soprattutto d'estate, per meglio godersi il sito prima dell'arrivo dei pullman che si fermano a decine. Sta a voi scegliere bene l'ora.

Un po' di storia

L'idea del castello cominciò a profilarsi fin dal IX secolo quando regnavano i Přemyslidi. A quell'epoca, fu creata una piccola fortezza, si eresse una chiesa, poi un'altra attorno a un embrione di castello. Venceslao I fece costruire una rotonda per custodirvi le reliquie di san Vito. L'XI secolo vide la nascita di un vero castello, circondato da fortificazioni. Una vasta basilica romanica sostituì la modesta rotonda che sarà la futura cattedrale di San Vito. Fu, ovviamente, Carlo IV nel XIV secolo a portare a compimento in tutto il suo splendore il castello (e Praga in generale). Un secolo dopo, il castello acquisì la sua dimensione pressoché definitiva con la costruzione dei monumenti principali. Ovviamente, in quell'epoca, e fino alla fine del XIX secolo, la cattedrale e il castello che le fa da scrigno non cessarono di

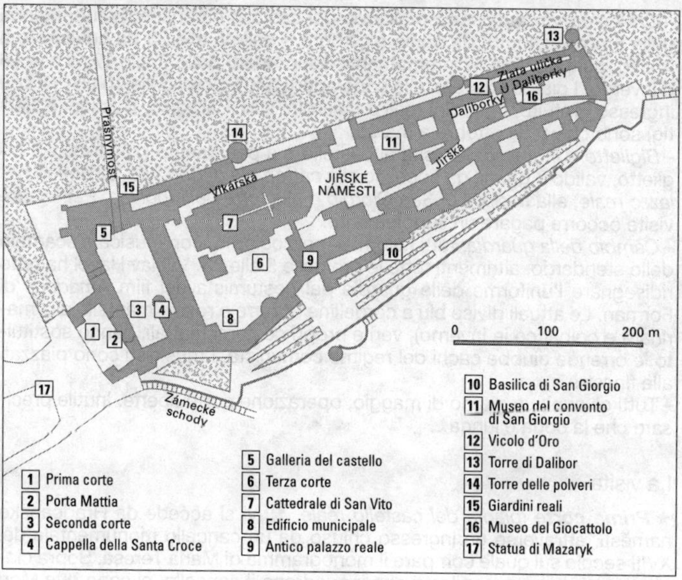

IL CASTELLO REALE

subire lievi modifiche. Alcuni periodi furono meno prolifici di altri: le guerre hussite, per esempio, posero un freno alla sua costruzione, ma i secoli XV e XVI videro il succedersi degli stili. Lo stile rinascimentale spodestò il gotico e sarà a sua volta soffocato in parte dalla fioritura del barocco. Il risultato è un miscuglio di stili, un'assenza di omogeneità che disturba, nonostante l'intervento, avvenuto nel XVIII secolo, di un architetto di corte, Nicolò Pacassi, il cui compito era, precisamente, quello di fare un grande e coerente lifting barocco a tutto il complesso. Il giardino adiacente al castello fu realizzato solo nel XVI secolo in un bello stile rinascimentale italiano. Gli Asburgo vi risiedettero all'inizio del loro regno, ma ben presto lo abbandonarono e per due secoli lo relegarono alla funzione di «seconda casa» (per così dire). Più avanti, vi si alloggiarono gli ospiti di rango e i re in esilio, come per esempio Carlo X. Il poco rimpianto Husák amava, si dice, dominare il panorama di Praga dalla sua vasca da bagno. Diventò il palazzo presidenziale dall'avvento della I Repubblica nel 1918, ma Václav Havel fu il primo dignitario di stato a rifiutarsi di soggiornarvi preferendo la sua nuova casa in collina.

Consigli pratici

– *Centro informazioni del castello di Praga:* nel terzo cortile, di fronte alla cattedrale di San Vito. ☎ 24-37-33-68 o 24-37-24-34. • www.hrad.cz • Pubblicano una rivista trimestrale con il calendario delle manifestazioni culturali e dei concerti organizzati al castello. Visite guidate su prenotazione.
– L'*accesso* è consentito da quattro entrate *(IV, A-B2):* dalla piazza del Castello (la principale), da Prašný most (tram n. 22) e dalle scale dei giardini Na Valech (piazza Valdštejnské 3) e dalle scale Staré zámecké schody (M.: Malostranská, linea A).

– *Orari d'apertura:* l'accesso all'area del castello è consentito tutti i giorni dalle 5 a mezzanotte da aprile a ottobre e dalle 5 alle 23 da novembre a marzo. I siti da visitare internamente sono aperti dalle 9 alle 17, o alle 16 d'inverno. I giardini del castello sono aperti tutti i giorni dalle 10 alle 18 con ingresso gratuito. I giardini reali e i giardini sud (Paradiso, Bastioni e Hartig) sono chiusi da ottobre a marzo.
– *Biglietto d'ingresso:* la visita al castello è a pagamento (120 Kčs) e il biglietto, valido 3 giorni, dà accesso alla *cattedrale di San Vito*, all'*antico palazzo reale*, alla *basilica di San Giorgio* e alla *torre delle polveri*. Per le altre visite occorre pagare un supplemento.
– *Cambio della guardia:* tutti i giorni a mezzogiorno, con musica e scambio dello stendardo, altrimenti tutte le ore dalle 5 alle 23. Václav Havel ha fatto ridisegnare l'uniforme delle guardie dal costumista del film *Amadeus* di Forman. Le attuali divise blu a cordelline azzurre e rosse (mantello alla marinara e colbacco in inverno), veri e propri costumi teatrali, hanno sostituito le orrende giubbe cachi del regime comunista. I musicisti sono piazzati alle finestre.
– Tutti gli anni, un giorno di maggio, operazione porte aperte. Inutile precisare che la coda è lunga...

La visita

★ ***Prima corte*** *(pianta del castello reale,* ***1****):* vi si accede da Hradčanské náměstí, attraverso un ingresso chiuso da un cancello monumentale del XVIII secolo sul quale compare il monogramma di Maria Teresa. Sopra ciascuno dei due grossi pilastri che inquadrano il cancello, ci sono due Mori giganteschi pronti a tutto pur di difendere il castello e che, con pugnali e randelli, terrorizzano il nemico. Dalla bandiera che sventola sul tetto si capisce se il presidente è in patria o meno. Eleganti e moderni i portabandiera. Questa prima corte non ha nulla di eccezionale e viene sfruttata soprattutto per le parate. Niccolò Pacassi, quando rifece tutte le facciate nel XVIII secolo, rese l'insieme piuttosto noioso per i nostri gusti. Per accedere alla seconda corte, si passa sotto la *porta Mattia* ***(2)***, edificata all'inizio del XVII secolo sotto il regno dell'imperatore Mattia in stile barocco. È un antico portale da bastioni che faceva parte delle fortificazioni e che fu reinserito lì al momento della ricostruzione.

★ ***Seconda corte (3):*** non molto più bella della prima, è circondata da edifici che furono completamente rifatti alla fine del XVIII secolo in uno stile tardobarocco, preludio di un noioso neoclassicismo, che spazzò qualunque traccia degli stili successivi che ne costituivano la ricchezza. In effetti, queste due corti sono l'opposto della città di Praga che, invece, ha saputo conservare benissimo, trascendere e spesso oltrepassare il suo passato architettonico per diventare sempre più bella. Qui, invece, tutto è stato uniformato. In mezzo al cortile, ci sono una fontana barocca del XVIII secolo, un pozzo elegante e una galleria di pittura. *L'antica cappella della Santa Croce* ***(4)*** ospita un ufficio del turismo e il *tesoro* della cattedrale. Aperta tutti i giorni dalle 9 alle 17 (16 in inverno), vi si possono acquistare i biglietti d'ingresso per tutti i monumenti. Il tesoro è un vero tesoro (perdonateci il gioco di parole): calici, vasi, ostensori, croci da incoronazione, reliquiari, oggetti liturgici di tutti i secoli, ma in particolare del XIV e del XV. Splendidi. Guardate anche i begli affreschi neobarocchi del soffitto e l'altare maggiore.

– ***Galleria del castello*** *(Obrazárna Pražského Hradu;* ***5****):* aperta tutti i giorni dalle 10 alle 18. Ingresso: 100 Kčs. Recentemente riaperta al pubblico dopo cinque anni di restauri, il luogo ha conosciuto, nel corso degli anni, un destino architettonico molto vario (chiesa del IX secolo, scuderie del XVI

secolo, sale di ricevimento trasformate in galleria di pittura all'inizio degli anni sessanta del Novecento). Queste sale a volta, dalle pareti colorate, attualmente racchiudono una parte della collezione delle tele dei maestri del castello che partono dal XVI secolo. Vi si possono ammirare opere acquisite dall'imperatore Rodolfo II, pittura barocca (ceca, tedesca, fiamminga) e tele rinascimentali italiane, tedesche e fiamminghe. Va riconosciuta la qualità dell'esposizione che punta tutto sulla presentazione dei dipinti, sul mobilio e sull'illuminazione. Gli appassionati di bei quadri potranno contemplare a piacimento opere di Tiziano, di Lucas Cranach il Vecchio, di Hans von Aachen e di Rubens, ma anche dei cechi Ignac Raab, Antonin Müller e Peter Brandl.
– Sotto le arcate, si accede a un lungo viale che conduce (sulla destra) ai giardini, alla sala del gioco della pallacorda e al belvedere (vedi più avanti).

★ ***Terza corte (6):*** vi si affacciano la cattedrale di San Vito, l'edificio detto «municipale» e il vecchio palazzo reale.

★ ***Cattedrale di San Vito*** *(Katedrála sv. Víta;* ***7****):* l'ingresso alla parte neogotica dell'edificio è gratuito, mentre l'accesso alla parte storica (cortile e cappelle, tombe dei re di Boemia e infine la bella torre sud con una vista ineguagliabile su Praga) è a pagamento (compreso nel biglietto cumulativo del castello). Non si può visitare durante le funzioni. La primissima chiesa, del X secolo, era già consacrata a san Vito, ma la costruzione della cattedrale fu avviata nel 1344, sotto il regno di Carlo IV, il grande costruttore, e si concluse nel... 1929. Nel frattempo, subì parecchie vicissitudini: incendi, guerre, bombardamenti, saccheggi da parte dei protestanti, fulmini... Gli architetti, Mathieu d'Arras, un avignonese, e poi Petr Pařléř, seguirono l'esempio delle grandi cattedrali francesi ed è a loro che si deve la mirabile armonia generale. Le guerre hussite (1421), l'incendio (1541) e l'occupazione del castello ne rallentarono la costruzione, ma fu soprattutto il saccheggio da parte dei calvinisti nel 1619 a provocare i danni peggiori. La costruzione si fermò fino al 1861, quando fu creata una fondazione per raccogliere la somma necessaria al suo completamento. Con una storia così contorta, non stupisce che l'ultima pietra sia stata posata solo nel 1921, ovvero quasi sei secoli dopo la prima.
– ***La facciata:*** è, in effetti, la parte più recente, neogotica (incredibile, vero?) ma la cui realizzazione si armonizza bene con l'insieme. È degna di nota soprattutto per il suo enorme rosone fiammeggiante (quasi 100 m^2) che raffigura la creazione del mondo e per i portali in bronzo del 1927. Quello centrale narra le vicissitudini della costruzione della cattedrale. Statue di santi e di re su tutta la facciata. Sul fianco destro svetta verso il cielo una torre alta 100 m attaccata alla cattedrale. Pur essendo gotica, si distingue per il suo campanile a cupola, inquadrato da torrette. L'abside è costellata di guglie e di archi rampanti scolpiti. All'ingresso della cattedrale, sulla sinistra, si acquistano i biglietti per tutto il complesso (cattedrale, vecchio palazzo reale, basilica di San Giorgio...).
– ***L'interno:*** d'aspetto classico, con le sue tre navate, il deambulatorio e le cappelle tutt'intorno. Ci sono tantissime cose da vedere, ma la maggior parte degli elementi decorativi è stata aggiunta un po' a caso nel corso dei secoli e ce n'è per tutti gli stili. Anzi, là dentro si potrebbe pensare di essere da un rigattiere. Una specie di poesia alla Prévert, ma a sfondo religioso. Eccovi una piccola selezione dei punti più importanti.
➢ *La navata (pianta della cattedrale,* ***1****):* si dice che il capomastro responsabile dei lavori, davanti all'audacia dell'opera eseguita e terrorizzato all'idea che crollasse, si suicidò. Petr Pařléř e la sua banda di tagliapietre concepirono una volta a nervature di rara eleganza e di una leggerezza unica. L'insieme si slancia fino a 33 m d'altezza, su una profondità di 125 m, per 60 di larghezza. Insomma, una vera cattedrale!

La visita si comincia dal dessert, così chi ha poco tempo, può risparmiarsi l'aperitivo e gli antipasti.

➢ *Cappella di San Venceslao* **(2)***:* nella navata destra, verso il centro. È il capolavoro della cattedrale, opera di Petr Pařléř, consacrata al patrono della Boemia. È una cappella chiusa sui quattro lati come una sala privata. Le pareti sembrano fumetti che raffigurano, in basso, scene della vita di Cristo, realizzate in un bello stile gotico, e sul cornicione la vita di San Venceslao, capolavoro rinascimentale. La decorazione, sbalorditiva quanto a ricchezza e a veridicità nella cura del dettaglio, è dell'inizio del XVI secolo. Ma non è tutto, poiché ogni superficie non dipinta è ricoperta da pietre dure (quasi 1500, soprattutto agate di Boemia e crisoprasi) grosse come cubetti di pavé, di tutti i colori e incastonate nella malta del muro. Al centro, la tomba del santo che appare vestito da cavaliere con lancia, scudo e corona sulla testa, e un bel viso bonario. Alla porta è fissato l'anello al quale si sarebbe aggrappato il santo quando fu assassinato da suo fratello Boleslav. Mirabile lampadario a forma di corona. La cappella dà accesso alla camera del Tesoro (non visitabile) dove si conserva la famosa corona imperiale, oltre alla spada, capolavoro del XIV secolo.

➢ *Cappella della Santa Croce* **(3)***:* nella navata destra, ci sono due cappelle un po' più avanti di quella di San Venceslao, dalle quali si accede alla cripta (sotterranea) dove si vedono le vestigia dell'antica rotonda romanica, embrione di quella che sarebbe diventata la cattedrale. Già all'epoca questa rotonda custodiva il corpo del santo. Da notare alcune colonne con capitelli e l'ambiente della cripta. In una delle sue sale sono racchiuse numerose tombe e sarcofagi di re cechi, in particolare di Carlo IV che ebbe quattro mogli (fra cui Bianca di Valois), di Venceslao IV, di Giorgio di Poděbrady e di Rodolfo II, re asburgico, la cui tomba è l'unica antica; le altre sono tutte degli anni trenta del Novecento, in uno stile a metà tra l'Art déco e «Star Trek». Si risale nella navata per proseguire con la visita.

➢ *Oratorio reale* **(4)***:* tutto in gotico fiammeggiante con ribassamenti a imitazione dei rami degli alberi. I re assistevano alla messa dall'oratorio collegato direttamente al palazzo tramite una passerella che si vede esteriormente.

➢ *Cappella Wallenstein* **(5)***:* dove si trovano le tombe dei due principali architetti della cattedrale, Mathieu d'Arras, che ne disegnò il progetto, e Petr Pařléř che realizzò la navata e la maggior parte delle statue.

➢ *Cappella e tomba di San Giovanni Nepomuceno* **(6)***:* impossibile perdersi questo vero e proprio allestimento sovraccarico d'argento, all'apice del barocco pretenzioso, sostenuto da angioletti pasciuti e soddisfatti, con sopra un altro baldacchino retto da angeli. Ricordiamo che il nome del santo è legato a una leggenda che fa di lui un povero martire.

➢ *Il triforio:* sollevando lo sguardo, si scorgono, nello spessore delle mura, i busti di tutti i personaggi che parteciparono alla costruzione dell'edificio. Furono aggiunti nel XVIII secolo.

➢ *Bassorilievo in legno* **(7)***:* nella navata sinistra, sulla parete alle spalle del coro. Realizzato nel 1625, mostra la fuga da Praga di Federico di Pfalz dopo la battaglia della Montagna Bianca, che portò gli Asburgo al potere. Lo chiamarono il «re d'inverno», perché regnò un solo inverno. Mirabile raffigurazione della città antecedente al 1630, vi si vede il ponte Carlo preso d'assalto dall'esodo e privo delle statue che non vi erano ancora state sistemate. All'orizzonte, si distinguono Nostra Signora di Týn, il municipio, il castello… Una specie di reportage fotografico *ante litteram*.

➢ *Cappella della Vergine Maria* **(8)***:* dietro il coro. Custodisce le belle tombe dei primi re di Boemia, in uno stile gotico particolarmente riuscito.

➢ *Cappella di San Giovanni Battista* **(9)***:* notevole soprattutto per il candelabro di Gerusalemme in stile romanico.

➢ *Tribuna dell'organo* **(10)***:* in stile rinascimentale (1557).

➢ *Le vetrate* **(11)***:* alcune sono degne d'interesse. La maggior parte, so-

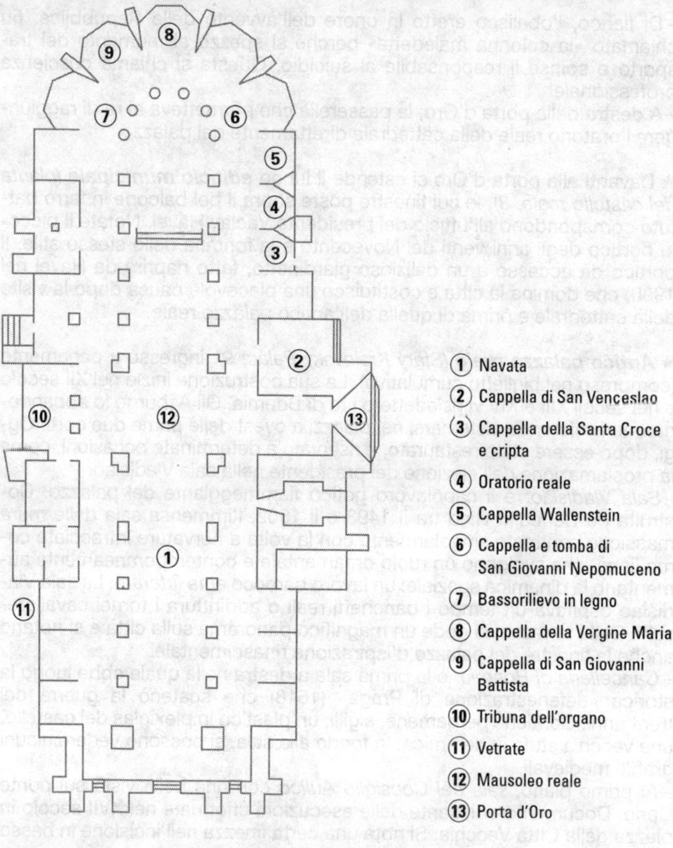

LA CATTEDRALE DI SAN VITO

prattutto quelle del coro, risale alla metà del XX secolo. Nella navata sinistra, la terza cappella ospita un'opera di Mucha che evoca la celebrazione dei santi Cirillo e Metodio.

➢ *Mausoleo reale* ***(12):*** al centro della navata, proprio di fronte all'altare maggiore, il mausoleo di Ferdinando I d'Asburgo, di sua moglie e di suo figlio è tutto in marmo bianco circondato da angioletti.

➢ *Porta d'Oro* ***(13):*** era l'ingresso principale della cattedrale al tempo dei re. All'esterno, una delle attrazioni principali, un mosaico del XIV secolo in vetro di Boemia che riveste le volte ed evoca il Giudizio finale. Purtroppo, è molto rovinato, ma vi si riconoscono ancora le effigie dei santi di Boemia. Realizzato da artisti italiani, questo grande mosaico è stato restaurato dal *Getty Conservation Institute* che ha finanziato i lavori.

★ Uscendo dalla porta d'Oro ci si ritrova in una piazza; sulla sinistra di quest'ultima si può notare un edificio alla base del quale si intuiscono alcune volte romaniche. Sono infatti i resti della rotonda, progenitrice della cattedrale.

– Di fianco, l'obelisco eretto in onore dell'avvento della Repubblica. Fu chiamato «la colonna maledetta» perché si spezzò al momento del trasporto e spinse il responsabile al suicidio. Questa si chiama coscienza professionale!
– A destra della porta d'Oro, la passerella che permetteva ai re di raggiungere l'oratorio reale della cattedrale direttamente dal palazzo.

★ Davanti alla porta d'Oro si estende il lungo ***edificio municipale*** *(pianta del castello reale,* ***8****)*, le cui finestre poste sopra il bel balcone in ferro battuto corrispondono all'ufficio del presidente Václav Havel. Notate il piccolo portico degli anni venti del Novecento e la fontana dello stesso stile. Il portico dà accesso a un delizioso giardinetto, fatto riaprire da Havel nel 1990, che domina la città e costituisce una piacevole pausa dopo la visita della cattedrale e prima di quella dell'antico palazzo reale.

★ ***Antico palazzo reale*** *(Starý Královský Palác;* ***9****):* ingresso a pagamento (compreso nel biglietto cumulativo). La sua costruzione iniziò nel XII secolo e nei secoli XIII e XIV vi risiedettero i re di Boemia. Gli Asburgo lo abbandonarono preferendo sistemarsi nei palazzi a ovest delle prime due corti. Oggi, dopo essere stato restaurato, è riservato a determinate occasioni, come la proclamazione dell'elezione del presidente nella sala Vladislao.
– *Sala Vladislao:* è il capolavoro gotico fiammeggiante del palazzo. Costruita da Benedikt Ried tra il 1493 e il 1502, l'immensa sala dalle mura massicce contrasta singolarmente con la volta a nervature intrecciate come liane, che svolgono un ruolo ornamentale e contemporaneamente aumentano la dinamica spaziale: un lavoro barocco *ante litteram*. La sala Vladislao ospitava un tempo i banchetti reali o addirittura i tornei cavallereschi. Dalla terrazza, si gode un magnifico panorama sulla città e si notano anche le finestre del palazzo d'ispirazione rinascimentale.
– *Cancelleria di Boemia:* è la prima sala a destra nella quale ebbe luogo la storica «defenestrazione di Praga» (1618) che scatenò la guerra dei trent'anni. Contiene pergamene, sigilli, un plastico in plexiglas del castello, una vecchia stufa in ceramica. In fondo alla sala, si possono vedere alcuni graffiti medievali.
– Al primo piano, *sala del Consiglio Aulico* con una bella vista sul ponte Carlo. Documento edificante delle esecuzioni effettuate nel XVII secolo in piazza della Città Vecchia. Si nota una certa finezza nell'incisione in basso a sinistra.
– *Cappella d'Ognissanti:* in fondo alla sala Vladislao. La si vede dalla tribuna trasversale che divide il coro dalla navata, da cui si ha una bella vista sull'interno della cappella. L'altare maggiore è barocco e ha un dipinto di Reiner.
– *Sala della Dieta:* a destra uscendo dalla cappella. Anche qui, belle volte gotiche a nervature simili a liane intrecciate. In questa sala, dove si dibattevano gli affari pubblici, la disposizione del mobilio è rimasta la stessa. A destra del trono reale, la cattedra arcivescovile con dietro il banco dei prelati. Di fronte al trono, il banco dei signori e dei cavalieri. Alle pareti, ritratti degli Asburgo in gran tenuta.
– *Sala dei nuovi registri provinciali:* al primo piano con accesso dalla scala di fianco a quella dei Cavalieri. Non c'è un gran che da vedere oltre alla bella serie di stemmi dipinti sui muri e sul soffitto.
– *Scala dei Cavalieri:* a destra uscendo dalla sala della Dieta, entrando da una porta rinascimentale. Questa scala, che ha nel mezzo un elegante arco a carena, consentiva l'accesso diretto dei cavalieri ai tornei che si svolgevano nella sala Vladislao. Si noti la mirabile volta a nervature, sempre di Benedikt Ried, diventato un maestro delle nervature e dei costoloni.
– Scendendo dalla scala dei Cavalieri, si accede al *palazzo gotico*, sotto la sala Vladislao. Niente di eccezionale. Nascosta nel sottosuolo, la sala ro-

manica di Soběslav merita un'occhiata per le volte a tutto sesto rinforzate da archi doppi.
– Si esce in *piazza San Giorgio*, che fu il centro della vita sociale del castello durante tutto il Medioevo.

★ ***Basilica di San Giorgio*** *(Bazilika sv. Jiří;* ***10****):* situata dietro la cattedrale in una piazza deliziosa, con ingresso a pagamento (incluso nel biglietto cumulativo). La notevole facciata barocca bianca e ocra rossa aggiunta nel XVIII secolo, dove troneggiano il principe Vratislav e l'abbadessa Mlada, non deve far dimenticare che è una delle più belle chiese romaniche del paese e uno degli esempi più interessanti di questo stile in Praga. A destra della basilica si trova la cappella di San Giovanni Nepomuceno aggiunta nel XVIII secolo. L'interno è a tre navate ritmate da grosse arcate. Uno dei gioielli della basilica è senza dubbio la scala a ferro di cavallo che conduce all'altare costituita da una notevole rampa in ferro battuto. Davanti, le tombe dei principi di Boemia: Vratislav I, che fondò la chiesa nel X secolo, e Boleslav II. Inoltre, resti di affreschi del XII secolo, eleganti gallerie con piccole aperture a colonnine doppie. A destra, cappella gotica ove riposa santa Ludmilla che battezzò Venceslao e nella quale si possono talvolta ascoltare bellissimi concerti di musica da camera.
Sulla facciata sud, bel portale rinascimentale che mostra san Giorgio e il drago.

★ ***Museo del convento di San Giorgio*** *(raccolte di antica arte ceca;* ***11****):* a sinistra della chiesa. Aperto dalle 10 alle 18, chiuso lunedì. Ingresso: 70 Kčs, separato da quello degli altri siti in quanto il museo dipende dalla Galleria nazionale. Anche qui, non si sospetterebbero mai dall'esterno le ricchezze di questo museo magnificamente allestito. L'edificio è molto luminoso e tutte le sale sono piacevolmente concatenate. L'accesso è dall'antico chiostro e vi si trova tutto quel che concerne l'arte religiosa dal XIV al XVIII secolo. Purtroppo, le informazioni in inglese sono scarse, tranne che al pianterreno.

– Sezione lapidaria e dei primitivi religiosi fra cui la *Madona Zbraslavská* di Český Mistr; *Martin e Jiří*, bellissimo bronzo del 1373; splendida statuaria medievale in legno; serie rarissima del Maestro dall'altare di Vyšší Brod del 1350 (*Annunciazione*, *Natività*, *I Re Magi*, *Crocifissione*, ecc.); dipinto di Mistr Theodorik della stessa epoca; *Vergine in azzurro* di Český Mistr; vetrate del XVI secolo. È una delle sezioni che preferiamo per l'emozione e la luce che scaturiscono dalle sculture e dai dipinti.
– Al pianterreno: su un interessante timpano in pietra è raffigurata una splendida *Passione*.
– Nella galleria che costeggia il chiostro: bel gruppo in legno scolpito che rappresenta *Maria e gli Apostoli. Deposizione dalla croce*, con personaggi in costumi medievali. Bellissimo trittico con ante scolpite in oro e policrome. Soffitto molto lavorato.
– In una cappelletta, altro notevole trittico del XV secolo con scene delicatissime sui pannelli (*Annunciazione, San Giorgio che sconfigge il drago, I Re magi*).
– Verso la fine della visita: *La Vergine, Sant'Anna e Bambin Gesù* del XVI secolo con personaggi stranamente sproporzionati. Bella serie di sculture in legno. Poi composizione molto realistica (con Cristo, la Vergine e un personaggio in decomposizione). Belle tele di Bartholomeus Spranger, Hans von Aachen, Karel Škréta, Michael Leopold Willmann. *Assunzione* piuttosto tenebrosa di Jan Kryštof Liška. Opere di Petr Brandl, grande «tenebrista» del XVIII secolo. Graziosissime incisioni di Václav Hollar (XVII secolo) e di Václav Vavřinec Reiner. Sezione di pittura giapponese… Uh, è finito! Ve l'avevamo detto che non potevate perdervelo.

★ ***Vicolo d'Oro*** *(Zlatá Ulička;* ***12****):* stradina estremamente pittoresca, costeggiata da case di bambole del XVI secolo. Addossata al muro di cinta del castello, fu creata per ospitare le guardie del castello sotto Rodolfo II. Poi vi abitarono i maghi, gli scienziati e gli alchimisti di corte, molto apprezzati dal sovrano. È proprio per questo che si chiama «vicolo d'Oro». Quando il castello fu abbandonato dagli Asburgo, le casette furono invase dai poveri. Poi, all'inizio del XX secolo, artisti e scrittori fecero diventare di moda il vicolo con la complicità del prodigioso fascino del quartiere. Kafka lavorò al n. 22 (nel 1916 e nel 1917). Oggi, vi troverete numerose botteghe artistiche che vendono incisioni, stampe, gioielli ecc. Il vicolo è sempre affollato e tutti i gruppi lo visitano. Fate quindi attenzione ai borseggiatori che hanno fatto del vicolo d'Oro uno dei loro territori di caccia.

★ All'inizio del vicolo, sulla destra, una griglia consente di vedere una torre quadrata. A sinistra, un'altra torre, questa volta rotonda, detta *Daliborká* (torre di Dalibor) ***(13)*** che segna le fortificazioni orientali del castello. Utilizzata come prigione, ebbe come primo ospite il cavaliere Dalibor che le diede il nome. In quella prigione i reclusi venivano lasciati morire di fame, ma Dalibor suonava il violino alla finestra talmente bene che i praghesi salivano apposta al castello per ascoltarlo. Egli allora calava un paniere dove la gente depositava il cibo. Alla fine dovettero rilasciarlo. Fu ispirandosi a quella storia che il compositore Smetana scrisse la sua famosa opera intitolata semplicemente *Dalibor.*

★ ***Museo del Giocattolo*** *(Muzeum Hraček;* ***16****):* aperto tutti i giorni dalle 9.30 alle 17.30. Ingresso: 40 Kčs. Su due piani, è un autentico tuffo in un'infanzia immaginaria. È costituito da una delle più importanti raccolte di giocattoli che si conoscano. 150 anni di storia del giocattolo suddivisa in sette sale e in una sessantina di vetrine dove troverete giocattoli boemi in legno, in latta, pupazzi, bambole di porcellana. Le vetrine presentano quasi sempre i giocattoli seguendo un tema: l'auto dei pompieri, i camion, le bambole, i robot, i treni, le navi, gli aerei, gli aerostati, gli animali selvaggi e quelli della fattoria o del bosco, i mestieri, il circo, il Far West, i giochi di costruzione ecc. Alcune sono delle vere e proprie messe in scena con modellini sontuosi, come «il castello sulla montagna», «il Luna-park», «la casa delle bambole» (evitate di mostrarla alle bambine perché sarebbe un bel problema se ve la chiedessero per Natale). Se sognavate di mettere il vostro orso in lavatrice, sarà cosa fatta grazie a una delle vetrine animate. Al secondo piano due collezioni mitiche: Bild Lilli, creata nel 1952 e che fu la mascotte dei camionisti prima di diventare la cocca delle bambine e che diede origine alla famosa bambola Barbie di cui c'è una raccolta quasi completa, dalle origini all'inizio degli anni ottanta del Novecento. Che altro? Una bella collezione di giochi ottici, lanterne magiche, caleidoscopi, prassinoscopi...

– Si esce dal castello attraverso una scala al n. 12 del vicolo, che attraversa le mura, poi si ridiscende per la scala Staré źamecké schody che si ricongiunge con la fermata della metropolitana di Malostranská (linea A).

★ ***Torre delle polveri*** *(Prašná věž Mihulka;* ***14****):* Vikárská. Ingresso a pagamento compreso nel biglietto cumulativo. Questo bastione, che fu costruito alla fine del XV secolo, faceva parte delle fortificazioni del castello. Nonostante la posizione strategica, la torre all'epoca serviva solo come deposito di munizioni e ovviamente di polvere da sparo. Le sale a volte, naturalmente in pietra, ospitano al primo piano una mostra dedicata all'artigianato e alle conoscenze del Medioevo (astronomia, astrologia e alchimia) e al secondo piano un'esposizione sulla cultura e sulla vita di Praga durante il Rinascimento e il regno di Rodolfo II con alcuni ritratti pittoreschi di giovani principi e principesse.

➢ Si ritorna nella ***seconda corte*** facendo una passeggiata nei giardini.

★ ***Giardini reali*** *(Královská Zahrada;* ***15****):* vi si accede attraverso il portico a volta della seconda corte. Aperti dalle 10 alle 18. Grandi giardini in stile rinascimentale italiano, realizzati da Ferdinando I verso la metà del XV secolo. Si estendono in lunghezza sull'altro lato della fossa dei Cervi, un grosso buco che proteggeva il fianco nord del castello e dove un tempo c'erano sicuramente dei cervi. Oltre la bella passeggiata ci sono anche tre edifici notevoli da vedere.

– *Sala del gioco della pallacorda:* 100 m dopo l'ingresso, sulla destra. Splendida realizzazione nel più puro stile rinascimentale. La facciata, decorata da graffiti, è stata purtroppo molto danneggiata durante la seconda guerra mondiale e ha subito un restauro totale. Fungeva da sala da gioco prima di diventare un deposito militare. Oggi, vi si organizzano ricevimenti ufficiali e concerti.

– *Fontana che canta:* in mezzo al giardino, realizzata da un italiano, è detta così perché l'acqua che ne sgorga emette una delicata sonorità quando cade nella vasca.

– *Belvedere:* in fondo al giardino, corrisponde anch'esso perfettamente ai canoni del rinascimento italiano e costituisce la prima opera in questo stile a Praga. Si presenta come una lunga loggia ad arcate dal tetto a forma di barca rovesciata. La Galleria nazionale vi organizza esposizioni temporanee.

★ *IL QUARTIERE DEL CASTELLO*

ATTORNO A HRADČANSKÉ NÁMĚSTÍ (IV, A1)

Davanti all'ingresso principale del castello si estende un altro dei quartieri più romantici di Praga al quale conviene dedicare come minimo una giornata intera, considerati i numerosi musei e passeggiate. Già dalla Hradčanské náměstí, ogni metro propone qualche scoperta affascinante… Sulla piazza, oltre alla solita colonna della peste (1726), c'è un bel lampione, posto al centro, a forma di candelabro e la statua di Jan Mazaryk all'angolo di fronte al castello.

★ ***Palazzo arcivescovile*** *(Arcibiskupský palác; IV, A1):* Hradčanské náměstí 16. Non si visita e ci si accontenta di ammirare la ricca facciata rococò. L'edificio fu costruito più in alto di quelli del primo cortile del castello per dimostrare la supremazia della religione sul potere politico.

★ ***Galleria nazionale*** *(Šternberský palác, Národní galerie; IV, A1):* Hradčanské náměstí 15, nel vicolo che costeggia sulla sinistra il palazzo arcivescovile. ☎ 20-51-46-34. ● www.czech.cz/ng ● Aperta dalle 9.30 alle 18; giovedì fino alle 21; chiusa lunedì. Ingresso: 70 Kčs. La *Národní galerie* è, storicamente in Europa, il secondo museo a essere stato aperto dopo il Louvre. Le raccolte francesi dei secoli XIX e XX e quelle europee del XX secolo sono ormai esposte al museo d'Arte moderna di Praga (*Veletržní palác*), situato alla periferia della città. Una parte delle collezioni è in corso di risistemazione in altri musei, l'altra è in restauro. In teoria, quindi, ecco quello che si può trovare nella Galleria nazionale, ma abbiate pazienza perché, quando avremo mandato in stampa la nostra descrizione, le raccolte avranno già cambiato destinazione.

– Primitivi religiosi. Italiani dei secoli XIV e XV, icone e arte antica, dipinti fiamminghi dei secoli XV e XVI. *Esecuzione di Santa Barbara* di Hans Schüclin, *Cristo e i peccatori* di Hans Raphon, *Il cieco* di Brueghel il Giovane. Al secondo piano, bei ritratti di Lucas Cranach, in particolare *Santa Caterina e Santa Barbara*, *Adamo ed Eva* e il *Ritratto di Lady Elizabeth Vaux* di Hans

Holbein. Poi, opere di Palma il Vecchio, *Eleonora da Toledo* del Bronzino, di Bassano, il *Cristo* di El Greco, *San Gerolamo* del Tintoretto, oltre a opere di Tiepolo e di Guardi. Stupendi Canaletto, Rubens e Ruysdael. Inoltre, *L'Annunciazione* e *Filosofo nel suo studio* di Rembrandt; *Ambrogio Spinola* e *La cacciata dal paradiso* di Rubens; *Abramo e Isacco* di Van Dyck ecc. Sontuoso *San Martino* di Brueghel il Vecchio, un dipinto ricchissimo di dettagli che raffigura san Martino di fronte a una folla di poveri ai quali non ha da dare che una metà del suo mantello. La *Festa del Rosario* di Dürer rappresenta il primo grande ritratto di gruppo nella storia della pittura a settentrione delle Alpi. Sulla destra, si nota Dürer stesso che tiene in mano un pezzo di carta con la sua firma. È un'opera di un'importanza eccezionale nella quale il pittore tentò di superare i maestri italiani dimostrando che l'apporto del Rinascimento era stato fondamentale e applicando fino in fondo i nuovi principi della pittura, soprattutto la prospettiva.
– In un'altra sala, arte tedesca e austriaca dal XIV al XVIII secolo, oltre che italiana, francese e spagnola… di tutti i secoli.

★ ***Museo storico militare*** *(Vojenské muzeum; IV, A1):* Hradčanské náměstí 2, Praha 1. ☎ 20-20-20-23. Aperto da aprile a ottobre, dalle 10 alle 18; chiuso lunedì. Ingresso: 40 Kčs. Allestito nel magnifico *palazzo Schwarzenberg-Lobkowicz*, capolavoro del Rinascimento ceco, non privo, naturalmente, di alcune influenze italiane. L'architettura è del tutto originale con una facciata dal cornicione bizzarro, feritoie nelle pareti e, soprattutto, notevoli graffiti a forma di punta di diamante e a motivi floreali. Anche le sale hanno bei soffitti affrescati.
Il museo interesserà soprattutto gli amanti delle armi antiche. L'allestimento è piacevole e prevede una sala riservata a ciascun periodo preciso. È quindi facile seguire l'evoluzione delle armature e delle uniformi dalla fine del Medioevo fino al XX secolo, ma non più in là della prima guerra mondiale. Purtroppo le spiegazioni sono esclusivamente in ceco.
– *Al pianterreno:* esposizione di armi diverse, dal cannone del XV secolo alla punta di lancia, passando per tutti gli oggetti contundenti di quell'epoca. Ci sono anche numerosi modellini e piante che rappresentano la realtà del paese dal XIII al XV secolo.
– *Al primo piano:* splendidi fucili decorati, spada gigante del 1584 fabbricata a Milano, scudo dipinto del XVI secolo con scena di battaglia sulla superficie interna (sicuramente per motivare il guerriero) e una conversazione musicale molto serena sulla faccia esterna (sicuramente per far addormentare il nemico). Inoltre, ci sono magnifici fucili in legno, uno scudo francese del 1742 con un'iscrizione gigantesca: «L'arte di vincere è inutile senza l'arte di sussistere». Tutto un programma. Vetrina che evoca la rivoluzione del 1848, la rivoluzione francese, la guerra del 1914 e la rivoluzione russa.

★ ***Palazzo Thun-Hohenstein*** (detto anche *palazzo toscano; IV, A1):* Hradčanské náměstí 5. È il grosso edificio giallo che chiude la piazza di fronte al castello, sormontato da due padiglioni e da una balaustra ornata di statue che raffigurano le arti.

★ ***Palazzo Martinic*** *(IV, A1):* Hradčanské náměstí 8 (all'inizio di via Kanovnická). Il suo proprietario fu uno dei famosi defenestrati dal castello di Praga (1618). Bellissimi graffiti che illustrano scene della Bibbia. La facciata, dall'elegante frontone, segue la curvatura della strada. Al n. 6, una casa molto utilizzata da Forman per filmare il suo *Amadeus.* Alla fine di Kanovnická, c'è la chiesa di San Giovanni Nepomuceno.

★ ***Chiesa di San Giovanni Nepomuceno*** *(Sv. Jan Nepomucký; IV, A1):* Kanovnická. È opera di Kilian Ignac Dientzenhofer, mentre gli affreschi (la parte più interessante) sono di Václav Vavřinec Reiner. Ricordiamo che la tomba del santo è nella cattedrale di San Vito.

ATTORNO A PIAZZA LORETÁNSKÉ (IV, A1)

Da Hradčanské náměstí, s'imbocca la Loretánské, una delle più belle vie di Hradčany, per sbucare in questa deliziosa piazza creata all'inizio del XVIII secolo. Bucolica per i suoi spazi verdi, è anche monumentale e solenne, grazie ai due importanti edifici che la delimitano: il palazzo Černín e soprattutto la chiesa di Nostra Signora di Loreto.

★ ***Palazzo Černín*** *(IV, A1):* Loretánské náměstí. Di fronte a Nostra Signora di Loreto, sorge questo imponente palazzo della fine del XVII secolo, lungo 150 m, appartenuto a un conte la cui ambizione era di far concorrenza al castello. La base è a punte di diamante, tipo di bugnato che sarà utilizzato più avanti dagli architetti cubisti d'inizio Novecento. Questo elemento geometrico è in forte contrasto con il lungo balcone graziosamente incurvato. Numerose colonne corinzie ritmano la facciata dandole un andamento molto palladiano. Nel 1919, diventò sede del ministero degli Esteri. Dopo la seconda guerra mondiale, il ministro fu nientemeno che il figlio del primo presidente della Repubblica, Jan Masaryk. Il suo corpo privo di vita fu ritrovato davanti al palazzo un bel mattino della primavera del 1948. Suicidio o assassinio imputabile ai comunisti? Il caso non fu mai risolto, come tanti altri...

★ ***Chiesa di Nostra Signora di Loreto*** *(Loreta; IV, A1):* Loretánské náměstí. Aperta dalle 9 alle 12.15 e dalle 13 alle 16.30; chiusa lunedì. Ingresso: 80 Kčs con riduzioni per studenti. Nostra Signora di Loreto è il simbolo perfetto della Controriforma (o «ricattolicizzazione» forzata) della Boemia. In effetti, la sua costruzione fu avviata nel 1626, poco dopo la disfatta della Montagna Bianca, su ordine della principessa Caterina di Lobkovic, attorno al suo elemento principale, la «Santa Casa».

– *La facciata:* assolutamente monumentale, fu completamente rimaneggiata nel 1721 dal famoso architetto Christoph Dientzenhofer e da suo figlio Kilian Ignac Dientzenhofer, i quali non esitarono a sovraccaricarla in stile barocco con angioletti sulla balaustra, statue di santi attorno al portale e sul cornicione. Il bel campanile a cupola, che risale alla costruzione primitiva, ha trenta campane, fuse ad Amsterdam, che rintoccano a tutte le ore.

– *Il chiostro:* fu costruito attorno alla Santa Casa, per darle un bello scrigno barocco. Le volte delle arcate sono ricoperte da affreschi della metà del XVIII secolo sulle litanie di Loreto, mentre il perimetro è decorato da cappelle, altari, confessionali e dipinti sotto vetro. Notevole la cappella di Santa Liberata crocefissa (prima cappella a destra entrando nel cortile), una martire spagnola dotata di un'autentica barba. Si dice che si rifiutasse di sposare l'uomo prescelto da suo padre e che avesse pregato che qualcosa impedisse le nozze. Così, un bel mattino, si svegliò barbuta, ma suo padre, infuriato, la fece crocifiggere. In mezzo al chiostro, nel cortiletto, due splendide fontane barocche.

– *La Santa Casa:* la casa della Vergine fu realizzata all'inizio del XVII secolo da artisti italiani, che copiarono quella di Loreto in Italia, in un periodo in cui il culto della Vergine andava per la maggiore. Secondo la leggenda del XV secolo, la casa di Nazareth ove nacque la Madonna e dove l'arcangelo Gabriele annunciò la nascita di Gesù, fu miracolosamente trasportata in Italia dopo il passaggio dei Saraceni. Alcune sedicenti ricerche scientifiche tenderebbero a dimostrare che i resti provengono veramente da Nazareth!

Noi non abbiamo verificato. Dal XIV secolo, la Santa Casa fu un'importante meta di pellegrinaggi e, poiché diventava sempre più famosa, il paese fu disseminato da parecchie decine di sue copie. Anche la decorazione esterna, a bassorilievo, molto carica, è opera di artisti italiani. All'interno, affreschi che evocano la vita della Vergine stessa, racchiusa in uno scrigno d'argento.

– *Basilica di Nostra Signora di Loreto:* tutta barocca, proprio dietro la Santa Casa che purtroppo resta un po' soffocata. Notate il pulpito preso d'assalto da *putti* e da altri cherubini in un'orgia d'oro, ma del resto ci sono cherubini dappertutto. Sul fianco c'è una bella loggia per la nobiltà. Gli affreschi sono di V.V. Reiner. Scheletri ad ambo i lati dell'altare.

– *Il tesoro:* il primo piano del chiostro ospita un museo con uno straordinario tesoro religioso che è il più ricco del paese. Ecco di che far venire l'acquolina: piccolo altare domestico austriaco del XVII secolo, splendido calice di Lobkowicz tempestato di diamanti, messale di Anversa, reliquiari del XVIII secolo, crocifisso in filigrana d'argento, magnifico ostensorio decorato con 6000 diamanti e pietre preziose (1699) che raffigura l'eccezionale splendore del corpo di Cristo e che è il più ricco che si conosca al mondo. Inoltre, calici d'epoca gotica, collezione di corone per le statue della Vergine.

★ Uscendo dalla Černínská, giungerete alla deliziosa ***Nový Svět*** *(Nuovo Mondo)*, la via più segreta del quartiere nella quale vaga ancora l'ombra di Mozart... Sembra d'essere in un piccolo villaggio della Boemia meridionale. Perdersi nelle viuzze sulle pendici del colle è una vera meraviglia, un viaggio nel passato senza aver bisogno della macchina del tempo.

★ ***Abbazia di Strahov*** *(Strahovský Klášter; I, A2):* ai confini di Hradčany, su una collina che domina la città, scoprite questo meraviglioso edificio, fondato nel XII secolo, al quale si può accedere da una scaletta situata tra i nn. 7 e 9 di piazza Pohořelec, anche se conviene entrarci dal monumentale portale barocco. Assieme all'abside della chiesetta e alle case adiacenti, forma un complesso architettonico di notevole bellezza circondato da giardini incolti. Il convento fu fondato nel 1140 per ospitare dei monaci premostratensi che vi risiedono ancora, nonostante la piccola pausa durante il comunismo; infatti in quel periodo dovettero sloggiare.

Il convento ha tre parti visitabili, in tre edifici distinti, tutti vicini tra loro, situati nel grande cortile: la chiesa di Nostra Signora, la biblioteca (costituita da sale di teologia e di filosofia) e la Galleria Strahov.

– *Chiesa di Nostra Signora:* dalla luminosa facciata barocca con due grossi campanili. In origine era romanica, poi fu rifatta in stile gotico dopo un incendio, infine fu rimaneggiata in stile barocco nel XVII secolo. L'interno si può vedere solo da dietro il cancello che sbarra l'ingresso. Questa chiesa ha un'armonia eccezionale, con le sue tre eleganti navate, i suoi quaranta medaglioni dipinti sul soffitto che sembrano posati come nuvolette, la ricchezza degli stucchi, la decorazione carica dei pilastri (in oro e marmo), i banchi scolpiti e il pulpito che crolla sotto le dorature. Bellissimo l'organo che fu suonato anche da Mozart. Sopra l'ingresso, c'è il busto di san Pietro con in mano le chiavi della chiesa. Una cancellata molto raffinata chiude l'accesso alla navata.

– *Le sale della biblioteca:* al primo piano degli ambienti conventuali. Aperte dalle 9 alle 11.45 e dalle 13 alle 16.45. Ingresso: 50 Kčs. L'ingresso alle sale è vietato, ma sono visibili dalla soglia. Tra il XII e il XVIII secolo, la biblioteca subì una serie di vicissitudini, ma buona parte del patrimonio si salvò. Le due sale principali che la compongono costituiscono un *must* del barocco praghese. Il complesso custodisce 130 000 libri di cui 5000 sono incunaboli e oltre 25 000 manoscritti, alcuni dei quali sono autentici capolavori. All'ingresso delle sale, nelle quali non si può entrare, le vetrine del

corridoio rappresentano una specie di minimuseo di storia naturale pieno di curiosità del mondo animale. Cercatevi il dodo dell'isola Mauritius. Guardate la bella *sala filosofica*, lunga oltre 30 m su 10 di larghezza, le cui pareti sono ricoperte di libri sistemati in stupende scaffalature di legno. Sul soffitto, un affresco illustra la storia della conoscenza. In fondo al corridoio, c'è la meraviglia di Strahov: *la sala teologica*, decorata nel 1671 in stile barocco esuberante. Il soffitto è riccamente ornato di stucchi, gli affreschi dell'inizio del XVIII secolo, inquadrati in medaglioni dalle forme poco ortodosse, vantano l'amore per la conoscenza, la passione per lo studio e per l'istruzione. Custodisce oltre 15 000 opere, due bei mappamondi e, nelle vetrine, volumi mirabili fra cui una Bibbia del IX secolo ricoperta di pietre preziose. Al contrario della prima sala che è alta e stretta, la sala teologica ha una volta molto bassa e larga, quasi opprimente.
– *Galleria Strahov (Strahovská Obrazárna):* aperta dalle 9 alle 12 e dalle 13 alle 17; chiusa lunedì. Ingresso: 40 Kčs. Si entra da dietro la chiesa, passando sotto un portale. Nell'atrio d'ingresso, splendido soffitto affrescato. La sala del pianterreno è riservata a esposizioni temporanee. Nella galleria, al primo piano del chiostro, c'è una pinacoteca che va dal periodo gotico a quello romantico, ovvero dal XV al XVIII secolo. È una delle più importanti raccolte conventuali, non solo della Boemia, ma di tutta Europa. Tuttavia, è esposto solo un decimo della collezione, essenzialmente tele a soggetto religioso e paesaggi. In una delle prime sale sulla destra, notate il Cristo su una bizzarra croce tortile.
– Dai *giardini* in fondo all'abbazia, si gode uno dei più bei panorami di Praga e della visione unica, sullo stesso piano, delle due sponde della Moldava.

★ *LA CITTÀ NUOVA (NOVÉ MĚSTO)*

Non fatevi condizionare da questa denominazione perché la Città Nuova risale, come minimo, al XIV secolo, quando la Città Vecchia dava già segni di cedimento. Fu per quello che si progettò il suo ampliamento seguendo un nuovo piano urbanistico che oggi appare come uno dei più antichi e dei più notevoli del Medioevo europeo. Per contro, non assunse il suo aspetto contemporaneo che nel XIX secolo con la demolizione di parecchie antiche dimore sostituite da edifici più moderni, molto spesso prestigiosi. Quando Staré Město (la Città Vecchia), Nové Město (la Città Nuova), Hradčany e Malá Strana si fusero alla fine del XVIII secolo per formare Praga, le antiche mura, diventate inutili, furono demolite e i fossati colmati. Fu così che, al loro posto, furono create le vie Národní e Na Příkopě, le due principali arterie commerciali di Praga.

★ ***Via Na Příkopě*** *(II, B-C3):* via pedonale, teatro di strada permanente, costeggiata da qualche edificio interessante, principalmente in stile Secessione (l'Art nouveau praghese). Tra gli altri, all'angolo con Václavské náměstí, la casa *Koruna* (con la sua torretta). Al n. 5, notate gli stanchi atlanti della porta della *Komerční Banka* che sembrano usciti da un fumetto di Moebius. Nel palazzo si può entrare e salire le scale per ammirarne la sontuosa decorazione. Al n. 10, il palazzo *Sylva-Taroucca* dalla ricca e armoniosa facciata con un pignone ornato di statue. Al n. 18, l'agenzia *Čedok* è da guardare per i suoi bei mosaici Art nouveau. Al n. 20, è interessante il lato inferiore del cornicione della *Živnostenská Banka*.

★ ***Via Národní*** *(II, A-B4):* prolungamento di Na Příkopě dopo aver attraversato piazza Venceslao. Fu lì che si svolse il «sanguinoso 17 novembre» che scatenò la rivoluzione di Velluto. Vi si trova un gran numero di edifici degni d'interesse, fra cui, al n. 37, un lunghissimo palazzo rinascimentale

ornato di maschere sopra ogni portone. Al n. 31, un palazzo neobarocco. Al n. 21, sopra il portale, quattro enormi bebè (originale come decorazione). Al n. 9, la casa *Topic* (1910) in stile Secessione con balcone in ferro battuto e ghirlande sul frontone. È comunque meno ricca e meno appariscente del palazzo al n. 7, splendido esempio di Secessione, la cui facciata è opera di Ladislav Šaloun, lo scultore del monumento dedicato a Jan Hus sulla piazza della Città Vecchia.
– All'angolo fra Národní e Jungmannova, si trova il solo edificio che corrisponda all'appellativo di «rondocubismo», miscuglio di elementi cubisti e arrotondati, da cui il nome. Creato nel 1923, non sembra che quello stile abbia fatto furore, ma bisogna dire che siamo nella grande epoca del rinnovamento architettonico, che le sperimentazioni erano molte e che alcune di esse non ebbero seguito. L'edificio ospitò a lungo il teatro della Lanterna magica e fu uno dei quartieri generali della rivoluzione di Velluto. Nel dicembre del 1989 vi si tennero le grandi riunioni del Forum civico con Václav Havel.

★ ***Teatro nazionale*** *(Národní divadlo; II, A4):* Národní třida (all'angolo con il ponte Legii). ☎ 24-91-26-73 e 24-91-34-37. Parcheggio custodito a pagamento. Imponente edificio in classico stile neorinascimentale, costruito tra il 1868 e il 1881 con il contributo entusiasta del popolo ceco che donò gioielli e oggetti di valore per finanziarlo. Le pietre usate per la sua costruzione arrivavano su carretti decorati e trainati da buoi inghirlandati. Due anni dopo l'inaugurazione, bruciò in parte, ma fu subito ricostruito, il che dimostrò, all'epoca, il profondo attaccamento del popolo ceco alla propria cultura. La decorazione interna è splendida, ma si può vedere solo quando si assiste a una rappresentazione.

★ ***Nuovo teatro nazionale*** *(Nová scéna; II, A4)*, di fianco al Teatro nazionale, edificato alla fine degli anni settanta del Novecento, sotto forma d'immenso blocco di vetro, di stupefacente pesantezza, destinato a equilibrare il volume del Teatro nazionale. Secondo noi, è un autentico strazio, simbolo piuttosto di un'architettura stalinista in definitivo declino! È lì che si può assistere alle rappresentazioni della *Lanterna magica*.

★ ***Lungofiume Masarykovo nábřeží*** *(III, A1):* a sinistra del Teatro nazionale, splendida serie di edifici neobarocchi, Art nouveau, neorinascimentali, costruiti in gran parte all'inizio del XX secolo in varie tonalità pastello (verde, rosa, ocra...), che si allunga con rara bellezza fino a Jiráskovo náměstí. Da vedere, in particolare, gli stabili dei nn. 32 (ex palazzo delle Assicurazioni ceche), 28 e 26, in stile Art nouveau come quello del n. 16. Ancora più indietro sorge una torre d'aspetto severo sormontata da un campanile a cupola che è l'antico serbatoio dell'acqua della fine del XV secolo. Ai piedi della torre, il padiglione Mánes, tutto bianco, illustre rappresentante dell'architettura «funzionalista» dell'anno 1928. Rinomata sala d'esposizioni, è caratterizzata da linee sobrie e da spazi luminosi.

★ ***Chiesa di Nostra Signora delle Nevi*** *(II, B4):* Jungmannovo náměstí, piazza che dà su Národní. Chiesa del XIV secolo incompiuta a causa delle guerre successive e di cui non esistono che il coro, la volta più alta di Praga (40 m) e l'immenso altare barocco.

★ ***Václavské náměstí*** *(piazza Venceslao; II, B-C4):* sul luogo dell'antico mercato dei cavalli del XIV secolo, si estende la «via Veneto» di Praga, centro della Città Nuova. M.: Můstek (linee A e B). La chiamano «piazza», ma in realtà è una specie di larga arteria, pedonale nel tratto inferiore, che ospita la più grossa concentrazione di negozi, agenzie viaggi, locali notturni, caffè con tavolini all'aperto, grandi alberghi... Risalendola, si posso-

no alzare gli occhi su alcuni edifici particolarmente degni d'interesse.
– All'angolo con Na Příkopě, il palazzo *Koruna* è uno degli esempi più significativi della transizione fra Art nouveau e Art déco (1914), molto maestoso. Al n. 12, affascinante immobile Secessione.
– Al n. 25, l'*Hotel Europa*, capolavoro di quello stile. Prodigiosa facciata dove tutta la decorazione si equilibra in maniera totalmente armoniosa, con frontoni, finestre e balconi particolarmente interessanti. Non mancate di dare un'occhiata ai grandi saloni interni. Di per sé, l'albergo non è poi così caro, in confronto ai suoi vicini. Ci si può andare a bere qualcosa o un caffè.
– Al n. 34, all'angolo con Vodičkova, la casa *Wiehl*, costruita nel 1896 in un elegante stile neorinascimentale con la facciata affrescata e una guglia.
– Al n. 36, dal balcone del giornale *Svobodné Slovo* (La Libera Parola) si affacciarono Alexander Dubček e Václav Havel davanti alla folla radunatasi nel novembre del 1989.
– È da vedere anche la facciata dell'albergo *Yalta*, rappresentativo dello stile sovietico, un tempo luogo di ritrovo della prostituzione praghese. Tra l'altro, di una che faceva il «mestiere» si diceva che «andava allo *Yalta*».
– Adesso facciamo un giretto in via Vodičkova che propone al n. 30 un piccolo capolavoro dell'Art nouveau, il palazzo *U Nováků*, che unisce grazia, equilibrio e... humour. Balconi a motivi floreali arzigogolati, profusione di fiori, mosaico campestre (dove si mangia e si balla), balconi a punta per cambiare ritmo, ampia vetrata... fino alle grondaie a forma di fiori. Sotto le finestre, alcune rane infiocchettate tentano di scalare la facciata. Ve l'avevamo detto che era un capolavoro!
– Ritorniamo su Václavské náměstí dove troneggia la statua equestre di San Venceslao, patrono della città e quarto sovrano ceco, in un'epoca (X secolo) in cui lo stato ceco cercava ancora la sua identità. Nella storia, la piazza del primo grande sovrano del paese è diventata il simbolo di tutti i grandi movimenti per la libertà e fu proprio lì che, il 16 gennaio 1969, lo studente Jan Palach si diede fuoco per protestare contro l'occupazione sovietica. A sua volta, anche lui è diventato uno dei martiri della libertà e della resistenza all'oppressore.

★ ***Museo nazionale*** *(Národní muzeum; I, C3):* in piazza Venceslao, al n. 68, al di là dell'inverosimile autostrada che si ferma lì. ☎ 24-49-71-11. Aperto tutti i giorni, da ottobre ad aprile, dalle 9 alle 17 e, da maggio a settembre, dalle 10 alle 18; chiuso il primo martedì del mese. Ingresso: 70 Kčs; gratuito il primo lunedì del mese. Realizzato nel 1893 in stile neorinascimentale, ostenta la sua massa su 104 m di lunghezza per 74 di larghezza, costituendo il culmine dell'arte *pompier* e simboleggia il ritorno ai valori nazionali fondamentali e il risveglio di un popolo alla ricerca permanente della propria identità. Al centro, una statua che rappresenta la Boemia con la corona di san Venceslao. L'interno, impressionante per la profusione di ori, marmi e stucchi è il massimo del kitsch, a cui si aggiungono il monumentale scalone e i busti dei personaggi cechi (scrittori e artisti) che hanno lasciato un segno nella storia del paese.

– ***Primo piano***
➢ *Sala in fondo:* sala storica contenente manoscritti medievali, vecchi sigilli, vetrine sulla letteratura, la musica, il teatro, oltre a numerosi documenti, manifesti, fotografie ecc. Storia delle due guerre mondiali, della nascita della repubblica, delle lotte sociali ecc. Sale artistiche: Art nouveau, abbigliamento ecc.
➢ *Sezione preistorica:* barca del X secolo ricavata da un solo albero, vasellame, gioielli, utensili, tombe ricostruite. Ricca sezione sull'età del bronzo e sull'età della pietra.
➢ *Rotonda:* dal pavimento al soffitto, bella decorazione che non lascia libero un solo centimetro quadrato (piastrelle, dorature, affreschi). Impor-

tante sezione mineralogica e petrografica con tonnellate di rocce e di minerali, di cui non si può saltare un solo ciottolo. Pietre preziose grezze, tagliate, cristalli... (attenzione, questa sala chiude alla 16.30) e persino un'intera sala di meteoriti. Prevedete di restare a Praga un secolo se volete vedere tutto, in quanto è sicuramente una delle più importanti collezioni che si conoscano.

– ***Secondo piano***

Zoologia, ornitologia, animali selvatici europei: si tratta di una delle più ricche collezioni di animali imbalsamati esistenti, disposta su sette grandi sale. La sezione delle scimmie conta almeno 50 esemplari, poi ci sono un pipistrello (vampiro) con un'apertura alare di circa un metro (brrr!) e uno struzzo gigante per chi ama le cose insolite, oltre a pesci enormi, insetti, farfalle, scheletri di balena sospesi al soffitto. Altre cinque sale sono riservate alla paleontologia e all'evoluzione delle specie animali e vegetali del pianeta durante le passate ere geologiche. È il momento di andare a vedere il *Pterygotus buffaloides*.

Nel complesso il museo potrebbe sembrare una cosa da specialisti, ma il tutto è piuttosto didattico anche in assenza totale di traduzioni. E, tenuto conto del costo del biglietto d'ingresso, si è ampiamente ricompensati.

★ ***Museo storico della città di Praga*** *(Muzeum hlavního města Prahy; II, D2):* Na Poříči 52, Nové Sady J. Švermy, Praha 8. ☎ 24-81-67-72. M.: Florenc (linee B e C). Aperto dalle 9 alle 18, chiuso lunedì. Ingresso: 40 Kčs. Situato proprio dietro la fermata della metropolitana di Florenc, ai bordi del cavalcavia, in un bell'edificio di fine Ottocento con i re di Boemia sulla facciata. All'epoca, e cioè fino al 1918, il sotterraneo non era altro che una sala di tortura. All'ingresso, si può ritirare, su cauzione, una guida che aiuta nella comprensione delle raccolte che illustrano, ovviamente, l'evoluzione della città attraverso i secoli. Bellissimo museo, magnificamente allestito che ci permette di capire il percorso architettonico di questa città che non hai mai perso un briciolo della sua bellezza. Nell'atrio del primo piano, si può vedere il calesse utilizzato per l'incoronazione di Leopoldo II.

– Il *primo piano* è dedicato al Medioevo e presenta numerosi oggetti di culto e della vita quotidiana.

– Salendo al *secondo piano*, nell'atrio, straordinaria vista panoramica di Praga del pittore Sacchetti che impose all'architetto del museo il concetto di uno scalone semicircolare illuminato da una vetrata per permetterne l'osservazione. Non bisogna assolutamente perdersi, nella sala centrale del secondo piano, l'incredibile plastico della Città Vecchia, firmato da Antonin Langwell, ex funzionario municipale al quale porgiamo la nostra eterna riconoscenza visto che i suoi superiori non l'hanno mai fatto. Vi sono riprodotte più di 200 case, ma purtroppo la zona della Città Nuova è rimasta incompiuta. Nella stessa sala, si trova il riquadro originale del calendario dell'orologio astronomico del municipio della Città Vecchia, realizzato nel XIX secolo dal pittore Josef Mánes.

★ ***Municipio della Città Nuova*** *(Novoměstká radnice; III, B2):* Karlovo náměstí, all'angolo con Vodičkova. Risale al XIV secolo, ma la facciata fu modificata nel XVI secolo in stile rinascimentale, sebbene la torre sia rimasta gotica. Fu lì che ebbe luogo la prima «defenestrazione di Praga» nel 1618, che segnò l'inizio della rivoluzione hussita. Si può salire all'interno e il panorama su Praga è degno di un'occhiata. Aperto dalle 10 alle 18, tutti i giorni, tranne lunedì, da maggio a settembre. Ingresso: 20 Kčs.

– Attorno a Karlovo náměstí, altri monumenti degni d'interesse:

★ ***Chiesa di Sant'Ignazio*** *(Sv. Ignác a Loyoli; III, B2):* all'angolo con via Ječná. Bella facciata barocca dal grande portico cupo ornato di statue.

Anche l'interno è barocco e contiene un pesante pulpito sulla sinistra e un altare monumentale. Affreschi di Carlo Lurago.

★ ***Chiesa di San Giovanni Nepomuceno sulla roccia*** *(Sv. Jan Nepomucký na skalce; III, A2):* in Vyšehradská, è uno dei capolavori di Kilian Ignac Dientzenhofer, autore della facciate di Nostra Signora di Loreto e di San Nicola (quelle della Città Vecchia). Presenta un'architettura originale per la sua navata ottagonale. Armoniosa la facciata con uno scalone a ferro di cavallo.

★ ***Casa Faust*** *(III, A2):* in Vyšehradská, non lontana da Karlovo náměstí. Casa barocca che, per caso (ma sarà stato il caso?), appartenne a diversi alchimisti e che, secondo una leggenda, potrebbe anche essere stata la dimora del dottor Faust, il quale lì sarebbe stato prelevato da Mefistofele, una volta scaduto il loro patto.

★ All'angolo fra Spálená e Lazarská, la ***casa Diamante***, interessante costruzione cubista del 1912.

★ ***Museo Dvořák*** *(museum Antonína Dvořáka; III, C2):* Ke Karlovu 20, Praha 2. Strada che dà su Ječná. ☎ 29-82-14. M.: I.P. Pavlova (linea C). Aperto dalle 10 alle 17, chiuso lunedì. Ingresso: 30 Kčs. Vendite di dischi e cassette del compositore, oltre che di biglietti per i concerti. In una grande villa dell'inizio del XVIII secolo, completamente barocca, nel 1932 è stato allestito il museo Dvořák, nel quale da aprile a ottobre, ogni martedì e venerdì si tengono concerti, teoricamente alle 20. Per entrare nello spirito, la visita è accompagnata da brani del maestro. Ogni vetrina ha spiegazioni eccellenti in più lingue e all'ingresso è disponibile un foglio esplicativo. Vi si accede attraverso il giardino dove si possono vedere parecchie statue attribuite alla bottega di Matyáš Bernard Braun. Al primo piano begli affreschi originali. Il luogo potrebbe sembrare riservato agli irriducibili del compositore talmente sconfina nel feticismo. Al pianterreno, ricostruzione cronologica degli eventi che hanno costellato la vita del maestro: dagli studi agli ultimi anni di vita. Documenti ufficiali, manifesti dell'epoca, fotografie, ma anche la scrivania, la poltrona, la lampada e il ritratto di Ludwig van Beethoven, il tutto proveniente dall'appartamento di Dvořák: in via Žitná. Ci sono anche manoscritti del compositore e il suo pianoforte. Al primo piano, ci sono numerosi altri documenti, oltre ai suoi occhiali, al suo portafoglio, al suo orologio... Peccato che manchino le pantofole.

★ *IL QUARTIERE DI HOLEŠOVICE*

★ ***Galleria nazionale di Praga d'Arte moderna*** *(chiamata anche **Centro d'Arte moderna e contemporanea**; Veletržní Palác):* all'angolo tra le vie Dukelských hrdinů e Veletržní, Praha 7. ☎ 24-30-10-24. Aperta tutti i giorni, tranne lunedì, dalle 10 alle 18, giovedì dalle 10 alle 21. M.: Vltavská (linea C). Tram nn. 5, 12 e 17, fermata Veletržní. Costruito negli anni venti del Nocevento in stile «funzionalista», questo immenso edificio, situato nel quartiere di Holešovice (ai margini della Praga turistica), ospita dal dicembre 1995 le raccolte di pittura moderna e contemporanea precedentemente esposte allo *Šternberský Palác.* L'edificio, costruito in un primo tempo per accogliere le esposizioni industriali, nel 1939 fu requisito dai nazisti che ne fecero un luogo di detenzione provvisoria per gli ebrei. Dopo la guerra, una centrale d'esportazione occupò i locali fino al 1974, anno del terribile incendio che ridusse l'edificio a uno scheletro senza che vi fosse una spiegazione ufficiale. Dopo dieci anni di lavori, al costo di circa 31 milioni di euro e cinque anni di pausa postcomunista, per mancanza di finanziamenti, l'immobile è diventato un vero museo d'arte moderna. In ogni sala c'è un'ottima targa illustrativa. Lavori in corso fino alla fine del 2002.

– ***Il primo piano*** è dedicato normalmente alle esposizioni temporanee.

– ***Il secondo piano*** si apre su un *Giovane uomo nudo*, di eccezionale purezza, realizzato da Rodin. Per quel che riguarda i pittori realisti, troviamo dei Courbet, dei Monet, dei Pissarro e dei Delacroix, il cui *Giaguaro che aggredisce un cavaliere* è una sinfonia di colori in una situazione di intensa drammaticità.

Si assiste in seguito alla nascita del cubismo, nel 1907, quando Braque e Picasso scoprono un nuovo modo di dipingere i ritratti semplificando gli oggetti e restituendoli alle loro forme geometriche elementari. Essi, inoltre, escludono ogni prospettiva dallo spazio e utilizzano una gamma ridotta di colori. Tutto ciò porta all'*Autoritratto* di Picasso e a *Il violino e il clarinetto* di Braque.

Qualche bell'esempio d'impressionismo e postimpressionismo con *La Maria a Honfleur* di Seurat e *Joaquina* di Matisse, ritratto di una bella spagnola, commovente quanto a sincerità e affetto. Ci sono anche opere di Dufy, di Le Corbusier, di Fernand Léger e sculture di Bourdelle.

Più in là, raccolta d'arte contemporanea europea con Paul Klee, Miró e un'opera angosciante di Ivan Kafka che rappresenta il tempo che passa attraverso trenta forche sulle quali ci sono delle lancette.

– Tuffatevi poi nell'arte moderna ceca dal 1900 al 1960 alla quale è dedicato il ***terzo piano*** con il pittore simbolista Jan Preisler, il precursore dell'arte astratta František Kupka, i surrealisti Toyen e Štýrský, Joseph Šíma e Jan Zrzavý. Tutto ciò merita una visitina con occhio divertito da parte dei neofiti.

★ *IL QUARTIERE DI SMÍCHOV*

★ ***Casa di Mozart*** *(villa Bertramka; I, A3):* Mozartova 169, Praha 5. ☎ 54-38-93 o 57-31-67-53. • bertramka@comenius.cz • A sud di Malá Strana. M.: Anděl (linea B), poi tram nn. 4, 6, 9, 12 o 14 (fermata: Bertramka). Aperta dalle 9.30 alle 18 (fino alle 17 in inverno). Ingresso: 90 Kčs. Alla cassa, foglio illustrativo in più lingue. È situata nei quartieri di Praga in piena ricostruzione, quindi la maledirete fino al passaggio attraverso il portone che si apre sul magnifico giardino attorno alla villa. Appollaiata su una collina, la dimora fu ricostruita dopo l'incendio dell'inizio degli anni settanta dell'Ottocento. Vi risiedeva il pianista ceco František Dušek che ospitò Mozart parecchie volte. Nel 1787, questi vi compose il *Don Giovanni.* Ancora oggi, l'ombra del genio frequenta la villa, attraverso il numero considerevole di ricordi a lui legati, agli oggetti, agli strumenti musicali. Si noti, in particolare, sul clavicembalo da lui suonato, la locandina originale del *Don Giovanni*, le incisioni, le stampe, i quadri, gli spartiti, i documenti rari ecc. La sua opera è stata catalogata con la massima precisione e la villa è diventata un luogo di passaggio obbligato per i suoi estimatori. Ogni mercoledì, giovedì e sabato alle 17, c'è un concerto. Per prenotare: ☎ 55-14-80-83. In luglio e agosto, anche il giardino diventa teatro di splendidi concerti, ogni martedì e venerdì alle 17 e 19.30. Occasioni eccezionali che meritano sicuramente una deviazione.

★ *IL QUARTIERE DI VYŠEHRAD*

A sud di Nové Město *(I, C4)*, sulla sponda della Moldava, sorge la verdeggiante collina di Vyšehrad che fu la prima sede del potere di Praga (XI e XII secolo) prima di essere spodestata da Hradčany. Si colloca qui il primo palazzo romanico dell'XI secolo edificato dal principe Vratislav II. Ma ben presto Hradčany prese il sopravvento e Vyšehrad perse ogni potere, la collina venne abbandonata e l'antico palazzo cadde in rovina durante le guerre hussite. Insomma, Vyšehrad non diventò mai come Hradčany e oggi è un angolo di campagna a due passi dal centro. Trasformata in parco, vi si trova ancora qualche resto romanico: la chiesa, il bellissimo cimitero... e qualche campo da tennis. E poi offre uno dei panorami più belli che si conoscano sulla Moldava. Domenica è meta di gita per le famiglie praghesi.

➢ ***Passeggiata in collina:*** per andarci, prendete la linea C della metropolitana e scendete a Vyšehrad. Si esce vicino al palazzo della Cultura, poi si cammina per circa 10 min. L'accesso principale è in via V. Pevnosti che passa sotto le porte Táborská (XVIII secolo) e Léopold (monumentale portale barocco). Se siete in auto, cercate di parcheggiare accanto al bar sulla destra per poi proseguire a piedi. Non è tanto grande e i vari siti si trovano senza problemi.

– ***Rotonda di San Martino:*** primo edificio che s'incontra sulla destra. È l'unica costruzione romanica di Vyšehrad, ancora in piedi. Risale al Medioevo, all'epoca di Vratislav II, quando Vyšehrad era il regno dei Přemyslidi. È evidente che è stata pesantemente restaurata nel XIX secolo.

– Di fronte all'ingresso del cimitero, si trova un piccolo parco. Avete visto la strana colonna spezzata in tre parti? È la ***colonna di Zardan***, la colonna del diavolo, il cui nome deriva da una curiosa leggenda che narra che san Pietro aveva ordinato al diavolo di portare delle pietre per costruire una chiesa. Arrivato troppo tardi, gettò rabbiosamente la pietra che si spezzò in tre sulla collina di Vyšehrad.

– ***Cimitero:*** adiacente alla chiesa dei Santi Pietro e Paolo, questo piccolo, ma delizioso cimitero accoglie le tombe di numerosi personaggi illustri. Vicino all'ingresso, troviamo subito quella del famoso poeta Jan Neruda; poi, prendendo il viale sulla destra, s'incontra quella del compositore Smetana. Non lontano, una grande tomba custodisce i resti di Alfons Mucha, famoso per i suoi manifesti e per i suoi dipinti Art nouveau, e quelli di Jan Kubelík, grande violinista. Sotto le arcate, riposa Dvořák, mentre Karel Čapek, lo scrittore inventore della parola «robot», è sotto una lapide un po' più in là. Per gli interessati, c'è anche la tomba di Heyrovsky, ricercatore che ricevette il premio Nobel per la messa a punto del laser. Le arcate che circondano una parte del cimitero, così come alcune tombe, sono incredibili quanto a decorazione costituita da statue e mosaici stupendi. Insomma, si tratta di monumenti funerari belli e originali.

– ***Chiesa dei Santi Pietro e Paolo:*** aperta tutti i giorni dalle 9 alle 12 e dalle 13 alle 17 (domenica, dalle 10); chiusa venerdì pomeriggio e lunedì. In origine, era una basilica romanica, ma oggi è tutta neogotica, su un antico basamento gotico, ed è stata talmente trasformata nel corso dei secoli che non conserva più una sua identità. Tuttavia, non si può restare indifferenti al suo aspetto attuale. Le prime pietre risalgono all'XI secolo e le ultime al XX, di conseguenza, sia nella struttura, sia nella decorazione, le influenze di dieci secoli di architettura sono onnipresenti. Non vi faremo certo un'interrogazione scritta, ma provate a cercarle. Inizia tutto all'ingresso, dove il portale centrale in stile gotico ha un timpano lavoratissimo, mentre i timpani degli ingressi di destra e di sinistra sono decorati a mosaico. L'insieme è completato da stemmi sulle porte. L'interno merita sicuramente una deviazione per gli affreschi che ricoprono completamente le pareti, la splendida cattedra arcivescovile in legno e le interessanti vetrate. Troverete decorazioni in stile Art nouveau ispirate alle opere di Alfons Mucha, affreschi gotici, un sarcofago romano, vetrate neogotiche...

– Proseguendo la passeggiata, si sbocca inevitabilmente sugli antichi ***bastioni*** che cingono la collina e dai quali si gode un panorama eccezionale sul fiume, su un porticciolo turistico e sulla zona meridionale della città.

Sempre sulla rocca di Vyšehrad, ma più in basso, s'incontrano alcune rovine.

★ ***Case cubiste:*** attorno alla collina e ai suoi piedi si trova qualche bell'esemplare di casa cubista di Praga, realizzato da Josef Chochol. Queste case, che all'epoca furono considerate rivoluzionarie, utilizzano come elementi stilistici principali il bugnato a punta di diamante e la rottura incessante degli angoli, mai retti. Le facciate sono a ondulazioni irregolari, il che conferisce un ritmo permanente. Le dimore visibili sono del 1912-1913.
– Quella all'angolo di Rašínovo nábřeží (lungofiume Rašínovo) e di via Vnislavova, proprio alla base settentrionale della collina di Vyšehrad, è stupenda, ma sfortunatamente è lasciata in stato di abbandono.
– All'angolo di Přemyslova e di Libušina ulice 3: edificio grigio tipico della tecnica a «punte di diamante».
– Al n. 6 di Rašínovo nábřeží: purtroppo è in una brutta posizione davanti ai rumorosi lungofiume, ma non manca comunque di eleganza. Sulla facciata, sono scolpite scene tratte dalla mitologia ceca.

★ *I QUARTIERI DI ŽIŽKOV E DI VINOHRADY*

Vinohrady e Žižkov sono due quartieri ai margini dei flussi turistici, a est del centro, che non chiedono che di essere scoperti e che invitano alla ricerca della Praga perduta, quella della calma e dell'autenticità.
Vinohrady, come indica il nome, era un vigneto ai tempo di Carlo IV, ma nel XIX secolo le vigne sono sparite a vantaggio delle dimore residenziali, una più bella dell'altra. Assurta al rango di città nel 1879, il che le conferisce una personalità a parte, Vinohrady è stata integrata in Praga negli anni venti del Novecento, quando era al culmine del suo splendore. Oggi, abitare a Vinohrady va molto di moda presso gli stranieri e, indubbiamente, i nomi stessi delle vie: Francouská, Italská, Anglická, Americká, costituiscono il motivo nascosto e un tantino nostalgico di questa presenza cosmopolita.
Žižkov, che deve il nome al signore del luogo, l'imponente Jan Žižka, formidabile condottiero delle guerre hussite, è appollaiato sulla collina da cui questi comandava il suo esercito. Diventato il simbolo della difesa del paese contro l'invasione cattolica, Žižkov respinse cinque assalti incendiando, senza farsi scrupoli, chiese e conventi, monaci e curati. D'accesso più difficile di Vinohrady, questo quartiere di alloggi popolari, nonostante i suoi palazzoni in cemento che si affiancano agli stabili Art nouveau in maniera anarchica e insensata, ha un posto a parte nel cuore dei praghesi per i suoi cortili interni e i suoi vicoli intricati. Di conseguenza, il risanamento voluto dallo stato ha sollevato parecchie critiche. Il quartiere ha anche una situazione delicata data la forte presenza di zingari disoccupati e sedentarizzati. Nel 1945, infatti, il governo ceco accolse circa 100 000 zingari che erano stati perseguitati durante la guerra. All'epoca gli abitanti di Žižkov si trasferirono in periferia nelle città satellite che sembravano offrire maggiori comodità (acqua calda, riscaldamento centrale...) e questo permise agli zingari di insediarsi a Žižkov con la proibizione di vagabondare, nella speranza di farne cittadini assimilati, anzi «cechizzati». La realtà odierna è completamente diversa e i «nomadi», rifiutando l'integrazione, si ritrovano emarginati dalla società praghese e dediti a ogni genere di delinquenza. Ma allora Žižkov è un inferno o un paradiso? Non c'è una risposta pronta, dovete andare a vedere voi stessi!

★ ***Teatro Na Vinohradech*** *(III, D1-2):* náměstí Míru 7*;* tra le vie Slezská e Římská. M.: Náměstí Míru (linea A). Bell'esempio di edificio in stile neobarocco d'inizio secolo che presenta già alcuni elementi Jugendstil (l'Art nouveau dei paesi germanici), d'ispirazione simbolica e vegetale. Se riuscite a entrarvi, scoprirete che la sala delle rappresentazioni è splendida.

★ ***Chiesa del Sacro Cuore*** *(kostel Nejsvětějšího Srdce Páně; I, D3):* Jiřího z Poděbrad náměstí. M.: Jiřího z Poděbrad (linea A). Nel bel mezzo della piazza: se non la notate, non c'è proprio più niente da fare per voi! Naturalmente, o la si odia o la si ama, ma è impossibile restare indifferenti a questa chiesa in mattoni vetrificati e dallo smisurato orologio, costruita negli anni trenta del Novecento dall'architetto Plečník. Questi, rimasto sempre ai margini delle correnti moderne, non faceva né del neobarocco, né del neoqualcosa, ma creava il proprio stile impregnato di grandiosità e d'interiorità. La chiesa è spesso chiusa, ma se vi passate durante una funzione, date un'occhiata alla navata, concepita senza sostegno interno, e alla cripta.

★ Da piazza Jiřího z Poděbrad, risalite bighellonando lungo le vie Mánesova, Polská, Krkonošská e Chopinova e scoprirete stupende facciate Art nouveau, classiche o funzionaliste. Al n. 4 di via ***Chopinova***, la casa dell'editore Laichter annuncia l'architettura degli anni venti del Novecento, con l'utilizzo del mattone, in orizzontale, di sbieco o in verticale, che crea un'ornamentazione originale. Via ***Na Švihance*** è un'altra festa per gli occhi con tre begli stabili stile Mucha ai nn. 1, 9 e 14. Dopo queste divagazioni architettoniche, pausa o siesta nel vicino parco Riegrovy.

★ ***Torre della televisione*** *(I, D3, 274):* M. Jiřího z Poděbrad (linea A). Aperta dalle 10 alle 23; ingresso 60 Kčs. È stato l'ultimo edificio costruito dai comunisti tra il 1985 e il 1992 ed è anche la torre più alta di Praga. Il suo stile non è né barocco, né gotico e tanto meno Art nouveau, è semplicemente futurista. È piazzata lì a dominare la città come un'astronave del peso di 11 800 t e dell'altezza di 216 m, che invita a decollare verso i tetti di Praga. All'ottavo piano, tre navicelle panoramiche, collocate a oltre 90 m dal suolo e con tavole orientative con spiegazioni in varie lingue, consentono di godere di una vista unica su Praga e dintorni. Al quinto piano, c'è un bar-ristorante con una vista imperdibile. Più terra terra, c'è il piccolo cimitero ebraico dove furono sepolti gli ebrei morti di peste nel XIX secolo. Situato ai piedi della torre, è stato in parte distrutto durante la costruzione di quest'ultima, ma conserva il suo incredibile caos di tombe mezze nascoste dall'edera. Purtroppo, non si può visitare.

★ ***Nuovo cimitero ebraico*** *(Novýžidovský hřbitov)* ***e cimitero d'Olšany:*** M.: Flora (linea A). A est della città, in uno splendido parco alberato pieno d'edera, c'è il cimitero ebraico (è obbligatoria la *kippa*) che succedette a quello di Žižkov nel 1881 e dove ci si può raccogliere sulla tomba di Franz Kafka (lotto n. 21) che è sepolto assieme ai suoi familiari. Nel vicino cimitero di *Olšany* si trova la tomba di Jan Palach, immolatosi con il fuoco nel 1969, ancora oggetto di grande venerazione, tanto che le candele vi ardono sempre.

★ ***Memoriale nazionale*** *(Národní památník na Žižkově; I, D2):* nel quartiere di Žižkov, sulle alture del parco Vítkov, accessibile da via U Památníku che da su Husitská. M.: Florenc (linee B e C). Aperto tutti i giorni dalle 10 alle 17. Dalla collina che porta il suo nome, Jan Žižka domina il luogo in groppa al suo cavallo e, non a caso, la statua eretta da Bohumil Kafka è lunga quasi 10 metri! Il monumento sorge sul punto dal quale l'eroe diresse il suo esercito durante le guerre hussite uscendone vincitore. In retrospettiva, il monumento costruttivista è un memoriale della nazione, fortemente influenzato dall'ideale socialista rivoluzionario e testimone di un

passato ormai concluso. All'ingresso, si nota subito una corona d'alloro appoggiata su un cubo di marmo, simbolo del comunismo. Al primo piano, i saloni sono ancora usati per i ricevimenti presidenziali. I bei mosaici del secondo piano, in stile rivoluzionario, ripercorrono le grandi tappe della storia nazionale, in particolare l'arrivo dell'armata sovietica nel 1945...
La visita al mausoleo del partito è una delusione, in quanto non restano che le cripte, vuote dal 1989, che contenevano i corpi imbalsamati dei presidenti e delle personalità comuniste fra cui Klement Gottwald, il primo presidente comunista che mise il paese sotto il giogo dell'Urss stalinista nel 1948. Per ironia della sorte, Gottwald morì tre giorni dopo Stalin, in seguito a una polmonite presa a Mosca al funerale del suo maestro. Il monumento trabocca di statue espressioniste intitolate *Bravura* o *Passione*, dedicate ai legionari. Tutto un programma dell'arte socialista rivoluzionaria per rammentare ai turisti smemorati che Praga è uscita da poco da cinquant'anni di regime comunista. Secondo le ultime informazioni, dovrebbe diventare un centro culturale. Attualmente, ospita esposizioni temporanee.

★ *ALLA PERIFERIA*

★ ***Museo nazionale della tecnica*** *(Národní technické muzeum):* Kostelní 42, Praha 7. ☎ 20-39-91-11. M.: Hradčanská (linea A), poi tram nn. 1, 8, 25 o 26. Fermata Letencké náměstí. A nord-ovest dal centro, aperto dalle 9 alle 17, chiuso lunedì. Ingresso: 40 Kčs. Pieghevoli informativi alla cassa. Allestito in uno stabile la cui bruttezza è difficilmente superabile, il museo riserva ugualmente interessanti sorprese e qualche rarità.
– *Al pianterreno*, in un immenso hangar pieno di aerei, locomotive, automobili e motociclette, guardate soprattutto le macchine volanti costruite fra il 1910 e il 1917, alcune delle quali non sono troppo rassicuranti. C'è anche un notevole antenato dell'elicottero. Nel settore automobili, troviamo una bella *Bugatti*, una *Ford Lotus*, una *Škoda* da corsa, del tutto sconosciuta, del 1968. Si possono anche apprezzare i modelli ufficiali del 1935 (Tatra 80) e del 1952 (ZIS 110 B). Sempre al pianterreno, numerosi oggetti relativi alla misurazione del tempo (meridiane, orologi...) alcuni dei quali funzionano ancora. Poi, una sala riservata all'evoluzione della tecnica fotografica e cinematografica con una moltitudine di apparecchi, fra cui alcune macchine fotografiche enormi.
– *Al primo piano*, si sviluppa il tema dell'acustica con l'applicazione di taluni principi fisici. Numerosi gli oggetti esposti.
– *Al secondo piano*, raccolta dedicata all'astronomia con una quantità di meridiane, sestanti, mappamondi del XIX secolo, strumenti di misurazione...

★ ***Quartiere Baba:*** ecco una piccola escursione che sarà apprezzata dagli studenti di architettura. A 5 o 6 km a nord-ovest di Malá Strana, un po' sopra il quartiere residenziale di Dejvice (bisogna trovare il tempo di andarci), il quartiere si raggiunge con l'autobus n. 131 che parte dalla stazione della metropolitana di Hradčanská (linea A, direzione nord). Nelle stradine Matějská, Na Ostrohu e Na Babě, si scopre una concentrazione di ville anni venti e trenta del Novecento piuttosto sorprendenti: cubi geometrici in cemento, vetrate, sporti, oblò, scale metalliche esterne, rotture incessanti del ritmo... I materiali usati sono cemento, vetro, piastrelle e ferro, in uno stile rigoroso e funzionale, ma sempre con lo scrupolo della diversificazione e della ricerca. Vi si legge l'influenza di Le Corbusier, per la durezza delle linee e la freddezza dei materiali, amalgamata allo stile dell'americano Frank Lloyd Wright per l'originalità dell'organizzazione dei volumi. Per disegnatori e architetti, è una vera lezione sul campo.

NEI DINTORNI DI PRAGA

In un raggio di 50 km da Praga, c'è una moltitudine di castelli e di luoghi storici da scoprire con escursioni della durata da mezza giornata a due giorni. Approfittatene per folleggiare nei boschi o nella campagna ceca disseminata di papaveri bianchi, chiudendo gli occhi sugli impianti industriali della regione. Per chi ama camminare, la Repubblica Ceca è un vero paradiso con sentieri così ben segnati e mantenuti da non sapere quale scegliere. Per farvene un'idea, procuratevi la cartina turistica *Okolí Prahy n. 9*, così potrete raggiungere tutti i siti a piedi.
I castelli della Repubblica Ceca, dalla rovina medievale all'edificio ristrutturato nel XIX secolo, hanno tutti subito le peripezie della storia. Nel 1948, tutti i siti furono confiscati dallo stato comunista, in virtù delle leggi anticapitaliste, oppure a causa di collaborazioni con i nazisti. Oggi, come conseguenza della liberazione, gli ex proprietari possono recuperare le loro antiche dimore. Questi aristocratici nuova maniera, risiedono a volte in una parte del castello, allo scopo di sfruttare turisticamente il loro patrimonio artistico. Tuttavia, il costo dei biglietti d'ingresso dei castelli è minimo e sono previste riduzioni per studenti e bambini. Per contro, non aspettatevi di poter passeggiare liberamente nei corridoi del castello, in quanto le visite sono rigorosamente guidate, talvolta in italiano, altrimenti viene offerto un foglio illustrativo tradotto.

VERSO NORD

★ *IL CASTELLO DI TROJA (TROJSKÝ ZAMEK)*

A nord di Praga, Praha 7. ☎ 689-07-61. M.: Nádraží Holešovice (linea C) e bus n. 112 fino al capolinea «Troja Zoo». Da aprile a ottobre, aperto da martedì a domenica dalle 10 alle 18; da novembre a marzo, aperto sabato e domenica dalle 10 alle 17; l'ultima visita guidata inizia sempre un'ora prima della chiusura (100 Kčs).
La visita è raccomandata a chi ama le belle dimore. Fatto costruire alla fine del XVII secolo dal conte Venceslao Adalberto di Sternberg, in guisa di villa rinascimentale romana, è opera del borgognone Giovanni Battista Mathey ed è collocato nella cornice di un bellissimo parco con giardini alla francese, apprezzatissima meta di gite dei praghesi, tanto più che lo zoo è proprio di fronte. Lo scalone esterno barocco è un vero capolavoro, con statue di Johann Georg e Paul Heermann e vasi in ceramica di Bombelli sulla terrazza. Al fine di apprezzare l'ingegnosità e la raffinatezza dell'insieme, è indispensabile accedere al castello attraverso il lato meridionale, dalla Moldava e dalla tenuta reale di Stromovka. In questo modo si potrà godere della prospettiva migliore. Peccato che i mezzi pubblici si fermino all'entrata opposta.
All'interno, dopo aver infilato delle sovrascarpe per proteggere i parquet del castello, troverete, nella sala principale, un affresco grandioso a glorificazione degli Asburgo. La sua realizzazione richiese sei anni di lavoro a Isaac Godyn. Il senso di ogni dettaglio di quest'opera viene illustrato nella documentazione disponibile all'ingresso.
Le altre sale restaurate del castello propongono un'interessante raccolta d'arte ceca del XIX secolo, con numerose tele di Čermák e di Brožík.

★ *IL CASTELLO DI VELTRUSY*

A 26 km da Praga, sulla sponda destra della Moldava. Ci si arriva in auto percorrendo la E 55 in direzione di Teplice, Dresda. In pullman, si parte dalla stazione di Holešovice (M.: Nádraží Holešovice, linea C), più volte al giorno (45 minuti di tragitto), ma attenzione, non tutti i pullman si fermano a Veltrusy! Aperto dalle 8 alle 17, da maggio ad agosto; dalle 9 alle 17 in settembre; in ottobre e aprile, solo durante il week-end, dalle 9 alle 16; chiuso lunedì e da novembre a marzo compresi. L'ultima visita si effettua un'ora prima della chiusura.

In mezzo a un parco, un po' trascurato, ma nel quale saltellano ancora alcuni cervi e cerbiatti, questo castello del XVIII secolo rivela un concetto barocco originale. Gli edifici, disposti a croce e sormontati da una cupola, circondano un cortile d'onore. Al pianterreno, la Sala Terrana vi offre la sua freschezza, con splendide volte, *trompe-l'œil* e scene romantiche dipinte sulle pareti. Le figure delle colonne sono ispirate a modelli francesi del XVII secolo.

Residenza estiva della famiglia dei cavalieri Chotek fino al 1945, è sistemato internamente secondo il gusto romantico ed esotico del XIX secolo e contiene una bella raccolta di oggetti Art déco europei e orientali, tra cui un servizio in porcellana di Sassonia, detta «porcellana alle cipolle» (osservate la decorazione), maioliche di Delft, arazzi olandesi e specchi veneziani. Lo studiolo del Giappone e il salone della Cina racchiudono raccolte di porcellane di origine asiatica o d'imitazione europea e hanno le pareti rivestite da tappezzerie giapponesi o in seta. La sala di Maria Teresa, ammobiliata in stile XVIII secolo, testimonia il passaggio dell'imperatrice a Veltrusy, in occasione della prima fiera industriale organizzata nel parco del castello nel 1754. Quest'ultimo venne successivamente sistemato nello spirito del ritorno alla natura tipico del XIX secolo, con rovine romantiche, templi degli «Amici della campagna» e persino uno studio egiziano, tanto per continuare con l'esotismo. La passeggiata è bella, peccato che il parco non sia tanto ben tenuto.

Dove dormire

Campeggio

⛺ ***Auto Camping Obora:*** venendo dalla E 55, svoltate a sinistra di fronte alla diramazione per Veltrusy e seguite le indicazioni. ☎ (0205) 78-11-95. Fax: (0205) 78-10-80. Aperto dalle 6 alle 22, da aprile a ottobre. Calcolate 105 Kčs per due con una tenda e 35 Kčs per l'auto. Affittano anche bungalow per 2, 3 o 4 persone a 240 Kčs a testa. Campeggio tranquillo e all'ombra, situato sulla sponda della Moldava e affacciato sul parco del castello. È una fermata piacevole se si vuole visitare il castello, ma non vale certo la pena restarvi una settimana. Accoglienza unicamente in ceco.

PRAGA E DINTORNI

Prezzi economici

☗ Sulla strada del campeggio, si trovano numerose ***camere*** presso privati.

Dove mangiare

|●| ***Zámecký Restaurant:*** Ostrov 60, Veltrusy. ☎ (0205) 24-280. Aperto dalle 10 alle 22 negli stessi periodi del castello. Chiuso lunedì. Situato all'interno del parco, a 100 m a sinistra del castello. Se avete un po' di appetito alla fine della visita, non esitate. Troverete piatti a circa 140 Kčs. Sebbene l'esterno del ristorante non ispiri un granché,

bisogna riconoscere che è un piacere pranzare nella bella sala a volte, tra l'altro a suon di musica! Vi serviranno piatti cechi senza originalità, ma decenti e con un buon rapporto qualità-prezzo. Attenzione ai pullman di turisti che si fermano qui in massa.

★ *NELAHOZEVES*

Situato 5 km a ovest di Veltrusy, lo si raggiunge proseguendo sulla E 55 dopo l'uscita di Veltrusy e girando a sinistra dopo il ponte sulla Moldava. In treno da Praga, andate in direzione di *Kralupy* dalla stazione Masarykovo (M.: Náměstí Republiky, linea B), scendendo alla prima stazione dopo la città di Kralupy.
Piccolo borgo «famoso» per aver dato i natali al musicista Dvořák nel 1841. Possiede anche un bellissimo castello rinascimentale.

Da vedere

★ ***Castello:*** aperto da martedì a domenica dalle 9 alle 17, da giugno ad agosto e dalle 9 alle 16 il resto dell'anno. Chiuso il giorno di Natale e di Capodanno. ☎ (0205) 78-53-31. Visita ogni mezz'ora in ceco, al costo di 70 Kčs, con testo tradotto per gli stranieri. Anche visite guidate in inglese e tedesco al costo di 350 Kčs. Le visite durano 1 ora.
Il castello, che è appena stato restituito alla famiglia Lobkowicz, è stato riaperto al pubblico nel 1994. Edificata tra il 1553 e il 1564 da architetti italiani, questa imponente costruzione rinascimentale merita una deviazione per il suo aspetto esterno, con facciate ornate da graffiti originali e affreschi realizzati su fondo nero o bruno. Il cortile interno è circondato da arcate su due piani.
L'interno del castello custodisce una collezione d'oggetti d'arte della famiglia Lobkowicz, in particolare una sfilza di ritratti di diplomatici e di nobili cechi e di dipinti europei dal XVI al XIX secolo. Osservate la prima sala dei Cavalieri, decorata di personaggi dall'aria sorniona un tantino surrealista. Ci sono molti ritratti spagnoli dei secoli XVI e XVII e tele di maestri come Rubens, Cranach, Veronese, Spranger ecc. Ci sono persino un paesaggio di Bruegel che illustra i mesi di giugno e luglio e un Canaletto che rappresenta una festa sul Tamigi. Sembra Venezia! Il quadro dell'infanta Margherita in guardinfante è di Velázquez. Fanno parte dell'esposizione numerosi strumenti musicali e spartiti originali, come quello della *Terza sinfonia* di Beethoven dedicata a Lobkowicz, Infine, ricostruzione di sala da pranzo del XIX secolo che, per la sua raffinatezza, incanterà gli appassionati dell'arte della tavola.

★ ***Casa di Dvořák:*** situata al n. 12, proprio sotto il castello. ☎ (0205) 78-50-99. Aperta tutto l'anno, da martedì a giovedì dalle 9 alle 12 e dalle 14 alle 17; venerdì dalle 9 alle 12; nel week-end dalle 9 alle 12 e dalle 14 alle 17. Ingresso: 30 Kčs.
Strano destino quello del giovane Dvořák, che dapprima fu apprendista macellaio nella cittadina di Nelahozeves! In ogni caso, essendo membro dell'orchestra locale come suo padre e suo zio, fu notato da un professore e fu inviato a continuare gli studi di musica a Praga. Il seguito lo conoscete. Questo famoso compositore, provava una vera passione per la sua regione natale e per i... treni. Ma è comprensibile visto che la linea Praga-Dresda passa davanti alla casa in cui visse. La visita alla sua piccola casa richiede 10 min. e non riveste un grande interesse, ma se avete già visita-

to il museo Dvořák a Praga è un buon complemento. Chiedete ugualmente all'ingresso di farvi ascoltare qualche sinfonia di Dvořák per rallegrare un po' l'ambiente. Il compositore ce ne ha lasciate nove, fra cui quella del *Nuovo Mondo*, uno *Stabat Mater* e una dozzina di opere. Ci sono alcune foto della missione dell'Apollo 11 a ricordare che la *Sinfonia del Nuovo Mondo* ha accompagnato l'uomo nella sua epopea lunare. Nel 1988 è stata eretta qui una sua statua a grandezza naturale.

★ *IL CASTELLO DI MĚLNÍK*

A 33 km da Praga e a una decina di km da Veltrusy. Per arrivarci: in auto imboccate la E 55 in direzione di Teplice, oppure la strada n. 9. Altrimenti, con il pullman dal terminal di Holešovice (M.: Nádraží Holešovice, linea C), più volte al giorno. ☎ (0206) 62-21-21. • www.lobkowicz-melnik.cz • Il castello è aperto dalle 10 alle 17; chiuso in gennaio e febbraio. Visita guidata in ceco o in inglese della durata di 30 minuti, al costo di 60 Kčs.

A strapiombo sulla confluenza tra l'Elba e la Moldava, il castello di Mělník domina la regione e protegge con occhio paterno i vigneti piantati ai suoi piedi. In effetti, in questo paese votato alla birra, Carlo IV (cresciuto in Francia) importò alcune viti dalla Francia, fra cui un vitigno di Borgogna. Il risultato di tale operazione è un delizioso vino bianco, il *Ludmila*, dal nome della nonna di Venceslao, santa Ludmilla, nata nel castello nel IX secolo. Dopo la tragica fine di quest'ultima, accusata di aver appoggiato troppo apertamente il nipote, il castello divenne il bene ereditario delle regine vedove di Boemia. Nel XVIII secolo, il castello e la tenuta entrarono in possesso della famiglia Lobkowicz che, dopo qualche tribolazione storica, è riuscita a recuperarli.

In origine fortezza medievale (si distingue nel cortile a destra l'ultima porta gotica), Mělník fu convertito in castello rinascimentale nel XVI secolo. Testimoniano questo stile, le arcate a strapiombo sul cortile, la pareti ornate di graffiti e persino la meridiana. Le stanze dei piani superiori ospitano dipinti e mobili antichi collezionati in 300 anni, in particolare una raccolta di quadri barocchi.

★ Se non siete ferrati in pittura, optate per la visita alle ***cantine*** del castello con degustazione finale, ma non c'è bisogno di dirlo. Sono due le formule proposte in funzione della scelta finale dei vini da degustare. La prima dura 30 min. e costa 80 Kčs e la seconda dura 45 min. al costo di 120 Kčs. Gli estimatori apprezzeranno. Bisogna dire che a Mělník la tradizione del vino risale a mille anni fa. Dopo la sua cristianizzazione, santa Ludmilla piantò alcuni vigneti per produrre il vino della messa. Non stupisce, quindi, che san Venceslao, suo nipote, sia il patrono dei viticoltori! Le cantine risalgono perciò al XIII secolo e vi mostreranno addirittura bottiglie (piene!) del 1820, ma noi non le abbiamo assaggiate. Oltre alla vecchia botte da 12 500 litri (quanti ettolitri sono?), è degna d'interesse anche una scaffalatura da 30 000 bottiglie. Ultimo dettaglio, la temperatura delle cantine è di 11° tutto l'anno, quindi portatevi un golfino anche in estate. Bellissima vista sull'Elba e sulla Moldava riunite, dalla terrazza o dal ristorante panoramico.

Dove mangiare. Dove bere qualcosa

|●| ***Ristorante del castello:*** ☎ (0206) 62-21-21 o 62-21-27. Aperto a mezzogiorno solo per chi viaggia non in gruppo, la sera per i gruppi. Piatti a 200 Kčs e bicchieri di vino a 40 Kčs. All'interno c'è un salone a volte, ma è meglio accomodarsi nella sala panoramica o in terrazza per godersi la vista. Se non l'avete già fatto, assaggiate i vini della casa. È un vero peccato che la cucina non sia all'altezza dell'ambiente e dei vini.

🍷 ***Zlatý Beránek:*** locale situato sulla piazza principale, sotto le arcate dell'omonimo albergo. Aperto dalle 9 alle 22 (venerdì e sabato, fino alle 23). Visto che gli abitanti di Mělník non disdegnano la birra nonostante i vigneti che li circondano, andate anche voi a sorseggiare una *pivo* in buona compagnia in questa taverna che non ha nulla di particolare ma fa molto colore locale.

Ancora da vedere

Se vi fermate un po' di tempo, il centro storico merita un'occhiata per la sua piazza principale ad arcate, la porta medievale e, di fianco al castello, la chiesa dei Santi Pietro e Paolo, la cui torre barocca contraddistingue il profilo della città quando si arriva in vista di Mělník.

★ *IL CASTELLO DI KOKOŘÍN*

A nord-est, a una quindicina di km da Mělník. Per raggiungere da Praga questa regione che prefigura il «paradiso della Boemia», situata più a nord verso Turnov e Jičín, si può prendere il pullman giornaliero che parte dal terminal di Holešovice (M.: Nádraží Holešovice, linea C). Altrimenti, ci vanno alcuni autobus da Mělník. Insomma, purtroppo l'accesso in autobus non è dei più facili. In auto, è una bellissima gita partendo da Mělník. Andate in direzione di Kokořín Důl o di Mšeno e attraversate la ferrovia. Pochi chilometri dopo essere usciti dal paese, vi troverete in mezzo a un bosco nel quale sorgono rocce dalle forme strane; poi si passa davanti al lago di Harasov, luogo di balneazione un tantino popolare, prima di giungere al castello. Non saliteci in auto perché trovereste i vigili in attesa dietro la curva. A piedi, ci si mette un quarto d'ora.
Il castello è aperto da martedì a domenica, da maggio ad agosto, dalle 8 alle 17 e in settembre dalle 9 alle 17. In aprile e in ottobre soltanto nel week-end, dalle 9 alle 16. Shakespeare aveva dipinto la Boemia come una regione costiera. Figuriamoci! E invece sì: abbiamo capito tutto scorgendo il castello di Kokořín come una nave che galleggia in mezzo ai boschi. Costruito nel XIV secolo e lasciato cadere in rovina, fu restaurato romanticamente nel XIX secolo. L'interno non riveste un grande interesse, per contro si possono esplorare i bastioni in lungo e in largo e salire sulla torre più alta.

Dove dormire

Campeggio

⛺ ***Camping ATC Kokořín:*** situato in mezzo al bosco di Kaninský Důl. Aperto solo durante la bella stagione. Si può piantare la tenda in un bel posto avendo come vicini alcuni teneri scoiattoli.

VERSO EST

★ *KUTNÁ HORA*

A 68 km da Praga, la città di Kutná Hora rivaleggiò fino al XVI secolo con Praga grazie allo sfruttamento delle miniere d'argento e di rame che

PRAGA E DINTORNI

spiegano la sua espansione e la sua ricchezza culturale. Oggi, sebbene un po' dimenticata, è pur sempre una meta di escursioni da non disdegnare, tanto più che è stata dichiarata patrimonio mondiale dell'umanità dall'Unesco. In auto, la si raggiunge prendendo la strada n. 12 passando da Kolín o, più direttamente, seguendo via Kutnohroradská che è il prolungamento di via Vinohradská di Praga. I pullman offrono più collegamenti al giorno dalla stazione di Florenc (M.: Florenc, linee B e C), impiegandoci 1 ora e mezzo. In treno si parte dalla stazione Hlavní Nádraží (M.: Hlavní Nádražní, linea C). Dalla stazione di Kutná Hora, a 3 km dal centro, si prende una navetta fino a una stazione più centrale oppure gli autobus nn. 2 o 4.

Dove dormire

Prezzi moderati

Hotel U Hrnčíře: Braborská 24. ☎ (0327) 51-21-13. È situato in pieno centro storico, in prossimità del *Hrádek* (il castelletto). Camere doppie con prima colazione a 1000 Kčs. Pensioncina privata con tre camere doppie con bagno in comune e grandi camere per quattro persone. Bella vista che dà sul giardino e sulla chiesa di San Giacomo. La colazione si fa in veranda.

Hotel Médinek: Palackého náměstí. ☎ (0327) 51-27-41 o 51-27-42. Fax: (0327) 51-27-43. È l'albergo «ufficiale» sulla piazza principale del centro storico. Camere doppie a 1100 Kčs con bagno, ma senza fascino particolare.

Dove mangiare

Prezzi economici

U Hrnčíře: Braborská 24. Aperto lunedì dalle 17 alle 23 e da martedì a domenica, dalle 11 alle 23. Nella pensione omonima (vedi «Dove dormire»), potete pranzare all'esterno nella civettuola sala a volte. La scelta di carne e di pesce (tra 80 e 100 Kčs) è abbastanza varia.

Dove bere qualcosa

U Tri pávů (Ai tre pavoni): Palackého náměstí. Aperto fino alle 17. Locale ideale per bere un caffè o mangiare un gelato in un simpatico giardinetto, nascosto dietro a un portico.

Da vedere

★ ***Cattedrale di Santa Barbara*** *(chrám Sv. Barbory):* a sud-ovest della città. In auto, fermatevi in via Kremnická di fronte alla cattedrale, altrimenti, andateci a piedi dal centro (Palackého náměstí) lungo via Braborská. Aperta tutti i giorni tranne lunedì, dalle 9 alle 12 e dalle 13 alle 16. Attualmente è in restauro, quindi gli orari non sono sempre rispettati. La visita è a pagamento: 40 Kčs.

La costruzione di questa cattedrale, in stile gotico fiammeggiante, finanziata in parte da minatori, fu avviata verso il 1388 e si concluse 150 anni dopo, dando a molte generazioni di architetti il tempo di lavorarci. I discepoli di Petr Parléř cominciarono i lavori, poi Mathias Rejsek eresse la volta sopra il presbiterio, infine Benedikt Ried, maestro in quel campo, concluse la volta a nervature e il tetto di tre padiglioni. Si nota una certa somiglianza tra la splendida volta a nervature decorata di stemmi e quella dalla sala Vladislao del vecchio palazzo reale di Praga. Logico, si tratta dello stesso architetto! Gli affreschi medievali della cappella in fondo sono abbastanza ben conservati e raffigurano minatori e coniatori di monete. Al centro della cattedrale, addossato a un pilastro centrale, non c'è un monaco bensì un minatore in tenuta da lavoro. La veste bianca permetteva di essere più visibili in fondo alla miniera. Il grembiule di cuoio fungeva da slitta per scendere in miniera scivolando sul fondoschiena! Uscendo dalla cattedrale, imboccate via Braborská, le cui statue sulla destra assomigliano stranamente a quelle del ponte Carlo... il che dimostra la rivalità tra Praga e Kutná Hora. La costruzione piuttosto austera in stile rinascimentale sulla sinistra è un chiostro dei gesuiti.

★ ***Castelletto*** *(Hrádek):* oggi trasformato in museo di numismatica. ☎ (0327) 51-21-59. Aperto in luglio e agosto dalle 10 alle 18; in maggio, giugno e settembre, dalle 9 alle 18; in aprile e in ottobre dalle 9 alle 17, chiuso lunedì. Muniti di lampada, elmetto e della tradizionale veste bianca dei minatori, si può scendere a visitare le antiche miniere d'argento dismesse dalla fine del XVI secolo. Impressionanti, ma deludenti quanto a contenuto.

★ ***Corte degli Italiani*** *(Vlašský dvůr):* Havlíčkovo náměstí 552. ☎ e fax: (0327) 51-28-73. Scendendo lungo via Ruthardská, di fianco alla chiesa di San Giacomo. Aperta tutti i giorni dalle 9 alle 18 in alta stagione e dalle 10 alle 16 fuori stagione. Visite guidate ogni mezz'ora in ceco (30 Kčs) o in lingua straniera (50 Kčs). La corte degli Italiani, che in origine era la zecca, alla fine del XIV secolo diventò la residenza reale di re Venceslao IV. Nel corso dell'interessante visita, passerete da una dimostrazione sulla coniazione delle monete alla sala dove si tenevano le udienze reali. C'è anche una bella cappella in stile gotico. Al pianterreno, sopra la porta, si legge «Non mi toccare» perché, in quella prima banca ceca, pare che ogni pezzo coniato fosse considerato di proprietà del re! Nel cortile si scorgono alcune porte e finestre murate che sono le vestigia delle botteghe dei coniatori venuti dall'Italia.

★ ***Cappella d'Ognissanti:*** a Sedlec, 2 km a nord-ovest di Kutná Hora. Aperta dalle 8 alle 12 e dalle 14 alle 18 da aprile a settembre; dalle 9 alle 12 e dalle 13 alle 17 in ottobre e novembre; fino alle 16 da dicembre a marzo. Ingresso: 30 Kčs. Chi è facilmente impressionabile si astenga: l'interno della cappella è decorato da ossa umane... che costituiscono, per l'appunto, l'attrazione maggiore. Iniziò tutto nel XIV secolo con la costruzione della cappella gotica. Durante la peste del 1318, nel cimitero furono sepolti almeno 30 000 corpi. Un incendio distrusse la cappella nel 1421, ma il sito non fu abbandonato, anzi. A loro volta, vi furono sepolti i combattenti delle guerre hussite. Nel corso degli anni, la superficie del cimitero fu progressivamente ridotta per costruire nuovi edifici e si racconta che nel 1511 un monaco aveva già cominciato a radunare in piramidi ossa e crani. Due secoli dopo, la cappella d'Ognissanti fu restaurata da Jan Blažej Santini-Aichl che ebbe l'idea di quella decorazione: piramidi di ossa, ostensori e persino un lampadario composti con tutte le ossa del corpo umano. Durante i decenni successivi, molti artigiani contribuirono a loro volta all'opera che ricorda ai visitatori la realtà della morte e dei valori eterni. Vedrete, è macabramente stupefacente.

VERSO SUD

★ *IL GIARDINO BOTANICO DI PRŮHONICE*

Voglia d'immergersi nel verde? A 12 km dal centro di Praga, il giardino botanico di Průhonice è un'autentica boccata d'ossigeno e di clorofilla. Per andarci in auto percorrete la E 50 in direzione di Brno e uscite a Průhonice. I pullman partono dalla fermata della metropolitana di Opatov (linea C), ogni ora; il tragitto dura 20 min. Il parco è aperto tutto l'anno dalle 7 alle 19, il castello invece non si visita.
I botanici dilettanti saranno soddisfatti dai 200 ettari di parco creato il secolo scorso, con roseti, giardini alpini, pietraie, sistemati da paesaggisti il cui centro di ricerca è dentro il castello. Chi è d'animo romantico perderà i sensi davanti ai rododendri, alle magnolie o anche semplicemente alla vista stupenda del castello giungendo dal lago.
Il castello, straordinariamente eclettico, è stato eretto nel XII secolo e poi completamente restaurato nel XIX secolo in stile «storicista», un movimento architettonico fortemente impregnato di nazionalismo ceco, che si proponeva di reinterpretare gli stili delle epoche precedenti, in pratica a fare del nuovo con l'antico. Così, la facciata bianca e nera è in stile neorinascimentale ceco, mentre gli elementi vegetali in ferro battuto e i frontoni sono in neobarocco.
Per il resto, la villa di Průhonice non ha nulla di eccezionale. C'è qualche albergo recente, ma pacchiano e privo di fascino.

★ *L'ABBAZIA CISTERCENSE DI ZBRASLAV*

A 12 km dal centro, verso sud. La si raggiunge in auto da Strakonica (n. 4) uscendo a Zbraslav. Pullman nn. 129, 241 e 243 dal terminal di Smíchov (M.: Smíchovské Nádraží, linea B). ☎ 57-92-16-38. Aperta dalle 10 alle 18, chiusa lunedì.
Monastero cistercense costruito nel 1291, distrutto durante la guerra dei trent'anni e ricostruito nel XVIII secolo da Santini e Kaňka in uno stile «barocco-gotico». Gli edifici posti a U racchiudono un cortile d'onore. Notate, in mezzo a ciascuno dei viali, i padiglioni coperti di tetti simili a pagode. All'interno, stupendo chiostro a colonne binate, con mezzanini a fughe e aperture multiple che creano giochi di luci e di ombre. Da poco, il complesso abbaziale ospita la raccolta di arte asiatica e gli archivi della Galleria nazionale di Praga. È la prima volta, da quasi mezzo secolo, che gli oggetti asiatici di proprietà della Galleria nazionale vengono presentati al pubblico. Ammirate la complessità di ogni disciplina artistica fin dai tempi più antichi, con una predominanza delle arti giapponesi (per esempio, ceramiche, armi, lavorazione dei metalli, dipinti e arti grafiche) e cinesi (statuette tombali in terracotta). Ci sono anche oggetti provenienti dall'India, dal Medio Oriente, dal sud-est asiatico, con dipinti tibetani unici e una ricca collezione di tappeti. Una passeggiata nel parco può concludere la visita.

★ *IL CASTELLO DI ČESKÝ ŠTERNBERK*

46 km a sud-est di Praga. Vi si accede in auto percorrendo la E 55, poi la E 65 in direzione di Brno. In pullman, si parte dal terminal di Praha Roztyly (M.: Roztyly, linea C) e il tragitto dura da 1 ora e mezzo a 2 ore; ci sono poche corse al giorno. In treno ci si mette un po' di più; si parte dalla stazione di Vršovice e si scende a Čerčany. Poi il percorso fino a Český Štern-

berk è un bellissimo modo per scoprire il sito lungo il fiume Sázava, facendo una breve camminata per raggiungere l'ingresso del castello. Quest'ultimo è aperto tutti i giorni, tranne lunedì, dalle 9 alle 18 in luglio e agosto; fino alle 17 in maggio, giugno e settembre; unicamente nel week-end, dalle 9 alle 16, in aprile e ottobre. ☎ (0303) 85-51-01. Bisogna essere almeno in cinque perché la visita abbia luogo. La visita guidata in ceco costa 40 Kčs, mentre in lingua straniera costa 100 Kčs. In determinati giorni, se si ha fortuna, si può assistere a una dimostrazione di arte della falconeria nel cortile del castello.
Fortezza gotica che domina la vallata boschiva della Sázava, questo castello è il feudo della famiglia Šternberk fin dal 1241 e le appartiene ancora, nonostante qualche peripezia storica. Poiché la famiglia risiede in una parte del castello, non stupitevi se sentite della musica durante la visita... Se ci tenete, la visita potrà anche farvi entrare nella vita privata della famiglia. Vedrete, quindi, da una parte i trofei di caccia del nonno, dall'altra una serie di oggetti d'argento in miniatura appartenuti alla bisnonna, poi tante foto di famiglia e tanti mobili barocchi. Non manca all'appello nemmeno il fantasma del castello, sotto forma di un cane feroce circondato da fiamme. Nella graziosa cappella, vi mostreranno le sue orme impresse nel pavimento! Oltre alla bella raccolta di incisioni della guerra dei trent'anni, notate anche la stella a cinque punte sul parquet che rappresenta lo stemma della famiglia Šternberk (*Stern* significa «stella»).
– Nei dintorni del castello si possono fare belle escursioni nel bosco o sulla Sázava in canoa.

Dove mangiare

|●| ***Ristorante del castello:*** dentro le mura del castello, aperto solo a mezzogiorno. Piatti a meno di 100 Kčs; menu in ceco, ma ve lo tradurranno in inglese. In realtà, la scelta che farete è poco importante perché la cucina è familiare, semplice e gustosa. I dolci della casa sono squisiti e a prezzi modestissimi. Nella sala, ci sono grandi panche in legno i cui schienali sono fatti con strisce di cuoio. Sulle pareti, vedrete alcuni fucili e pelli di animali. Si è lontani dalle orde dei turisti.

★ *IL CASTELLO DI KONOPIŠTĚ*

40 km a sud-est di Praga. In auto, prendete la E 50, uscite a Benešov e poi seguite la E 55 in direzione di Tábor. In treno, si parte dalla stazione di Hlavní nádraží e si scende a Benešov. Altrimenti, in pullman si parte dal terminal di Roztyly (mezz'ora di tragitto; numerose partenze). Da Benešov, il castello di Konopiště dista 15 min. a piedi, ma lo si può raggiungere anche con gli autobus nn. 7 o 8. ☎ (0301) 213-66. È aperto dalle 9 alle 17 (ultima visita alle 16), da maggio ad agosto; dalle 9 alle 16, in settembre e dalle 9 alle 15 da ottobre ad aprile; attenzione, le casse chiudono molto prima dell'ultima visita, oltre che dalle 12 alle 12.45; in teoria, l'ultima visita inizierebbe un'ora prima della chiusura; chiuso lunedì. Nella galleria d'Este, ci sono esposizioni temporanee d'arte moderna.
È una fortezza dell'inizio del XIV secolo, di cui sopravvive soltanto la torre più alta, trasformata completamente in residenza barocca verso la prima metà del XVIII secolo. Il suo momento di gloria cominciò nel 1887, anno in cui l'arciduca Francesco Ferdinando d'Asburgo lo acquistò per farne la residenza di famiglia e vi apportò migliorie all'interno (acqua calda, ascensore ecc.), ma soprattutto dedicò cure tutte particolari al parco di 225 ettari. Dopo il suo assassinio nel 1914, che scatenò la prima guerra mondiale, il

castello divenne proprietà dello stato. Il parco non è molto ben tenuto, per contro, l'interno è decisamente ben conservato e riflette accuratamente la complessa personalità di Francesco Ferdinando. Vengono proposti tre itinerari: quello dei saloni dei ricevimenti, quello degli appartamenti privati e, da poco, quello degli appartamenti del giovane Ferdinando. Probabilmente, non li farete tutti (a meno che non piova), perciò eccovi alcune indicazioni per aiutarvi a scegliere.

★ *Saloni dei ricevimenti*

La visita dura 45 min. e costa 60 Kčs in ceco e 100 Kčs in un'altra lingua (scelta a seconda dell'affluenza).

– *Atrio d'ingresso:* animi sensibili tirate dritto! Gli innumerevoli trofei di caccia di Francesco Ferdinando, cacciatore inveterato, fanno quasi rabbrividire: sono quasi 300 000 fra teste di cervo, di cinghiale, gufi, uccelli rapaci e un po' di tutto il resto. Se si calcola che la sua folle mania durò dall'età di 10 anni a quella di 51, il bilancio è di circa 20 animali uccisi al giorno.

– *Camera di signora:* mobili d'epoca. Sulla parete, il ritratto dell'imperatrice Maria Teresa circondata da parenti con, nella culla, Maria Antonietta bebè. In tutte le stanze si trovano stufe in ceramica alimentate da nicchie esterne, un sistema di riscaldamento ingegnoso che scongiurava il rischio d'incendi nelle stanze e teneva lontani gli orecchi indiscreti della servitù che andava ad alimentare il fuoco.

– *Sala da pranzo:* il soffitto del XVIII secolo rappresenta i quattro momenti della giornata, poi ci sono un bell'arazzo di Gobelins e un lampadario di Boemia che pesa almeno 300 kg!

– *Studio e camera da letto dell'Ammiraglio* che risiedette nel castello nel 1914.

– *Salotto:* collezione di ceramiche. L'impianto elettrico è d'epoca, cioè del 1900.

★ *Appartamenti privati*

Durata, prezzo e condizioni identici a quelli dell'itinerario precedente.
Notate l'ascensore, uno dei primi d'Europa, con poltrona incorporata!

– *Camere:* nella prima stanza, quella del principe Rodolfo, le sedie in legno del XV secolo sono di altezze diverse, questo perché, nel corso delle cene, tutti potessero guardarsi negli occhi. Nella seconda stanza, bell'armadio rinascimentale e mappamondo, anzi «mappacielo» della volta celeste. Nella terza stanza, troverete un coccodrillo, una tigre, un lampadario in corno di cervo, sicuramente appartenuti a Francesco Ferdinando, e foto di famiglia.

– *La cappella* è consacrata a sant'Uberto, patrono dei… cacciatori. La volta è notevole.

– *Il vestibolo e la sala d'Armi* sono splendidi anche per i profani e custodiscono collezioni di daghe, pistole e balestre. Le spade dalla punta quadra servivano ai boia… Nella sala d'Armi che fungeva da teatro nel XVIII secolo, si possono vedere alcune armature tutte diverse a seconda delle occasioni (da battaglia, da torneo, da matrimonio). Graziosi fucili da donna, intarsiati in avorio e, vicino alla porta, due armature per bambini di sei anni!

– Nella *biblioteca* c'è un ritratto di Francesco Ferdinando e altri tappetini in pelli d'animale…

– Il *salotto dei fumatori* contiene, a sinistra, Suzana, l'ultima orsa addomesticata del castello. Questo piccolo, ma splendido salotto orientale è arredato con i ricordi di viaggio di Francesco Ferdinando.

★ *Appartamenti privati dell'arciduca (terzo piano)*

Visita: 120 Kčs in ceco, 240 Kčs in un'altra lingua. Durata: da 60 a 70 min. Se avete ancora del tempo e siete fanatici delle visite, sappiate che adesso anche il *terzo piano* è aperto al pubblico. È costituito da un salone rosa

(decisamente, quel colore andava di moda!), dalla camera da letto e dallo studio di Francesco Ferdinando, dalla camera da letto dei ragazzi e da quella della principessa Sofia, dalle nursery e dalla camera delle governanti. Essendo difficile descrivere tutto, vi lasciamo la sorpresa.
Per concludere il passaggio al castello di Konopiště, vi resta ancora da visitare una *saletta* ricoperta di trofei, il cui ingresso si trova sull'altro lato del cortile, di fronte alle casse (ingresso: 20 Kčs), oltre che la *Galleria di San Giorgio*, situata sotto la terrazza meridionale, nella quale sono esposti dipinti e sculture di San Giorgio che sconfigge il drago, uno degli eroi preferiti dall'arciduca.
Indubbiamente, alla fine della giornata sarete ferratissimi su Francesco Ferdinando.

Dove dormire. Dove mangiare

Prezzi moderati

🏠 🍽 ***Pensione Majama:*** Jarkovice 0114. ☎ e fax: (0301) 240-24. Lungo la E 55, in direzione di Tábor, svoltate a sinistra all'altezza del *Motel Konopiště*, poi, per circa 2 km, seguite le indicazioni per raggiungere la pensione. Aperta da marzo a ottobre. Camere doppie a 1100 Kčs, prima colazione compresa. Gestita da Jaroslav Vrtiška, questa pensioncina molto discreta è un'oasi di pace nel cuore della campagna ceca. Grandi camere con doccia e servizi igienici negli chalet sull'acqua. La mattina si fa colazione in terrazza. La sera si cena alla pensione, ma bisogna prenotare in anticipo perché gli habitué ritornano e... occupano i posti!

Più chic

🏠 🍽 ***Motel e campeggio Konopiště:*** lungo la E 55, dopo la diramazione per Konopiště. ☎ (0301) 227-32. Fax: (0301) 220-53. Camere doppie a circa 2000 Kčs in estate. Il campeggio è aperto da maggio a settembre. Tariffe: 120 Kčs a persona, più da 120 a 250 Kčs per tenda e 120 Kčs per auto. In roulotte: 800 Kčs in alta stagione e 350 Kčs fuori stagione. In estate, bisogna prenotare. Albergo piuttosto moderno che offre camere doppie con bagno, televisore e telefono. Stile kitsch americano in versione ceca. Ci sono anche la piscina, il tennis, il minigolf e un ristorante tradizionale dove si può mangiare allietati da un accompagnamento musicale. Più in giù, c'è un campeggio lussuoso con bellissime piazzole.

VERSO OVEST

★ *IL CASTELLO DI KARLŠTEJN*

A una trentina di km a sud-ovest di Praga. Si può raggiungere in treno partendo dalla stazione di Smíchov ogni mezz'ora. All'arrivo, uscendo dalla stazione, costeggiate i binari, oltrepassate il ponte e girate a destra: il parcheggio è a 500 m. In auto, imboccate la E 50 e uscite a Karlštejn. Dopo il parcheggio, calcolate 2 km a piedi. Non tentate neanche di arrivarci in auto perché è vietato e ci sono i vigili dietro l'angolo e per di più il posto di polizia è alla prima curva. La salita è costellata di negozi di souvenir e di ristoranti: il prezzo del turismo.

Il castello è aperto dalle 9 alle 18, in luglio e agosto; fino alle 17, in maggio, giugno e settembre; fino alle 16 in aprile e ottobre; fino alle 15 da novembre a marzo; le casse chiudono tra le 12 e le 13. Chiuso lunedì e i giorni seguenti le festività. La visita guidata è obbligatoria (200 Kčs) e può essere in ceco, francese, inglese o tedesco a seconda dei gruppi. Opuscoletti in varie lingue in vendita all'ingresso.
Il castello, considerato il più bello della Boemia, fu edificato dall'architetto Mathieu d'Arras tra il 1348 e il 1356. Personaggio molto pio, Carlo IV si fece costruire, su uno sperone roccioso inaccessibile, una fortezza imprendibile per custodirvi la sua collezione di oggetti religiosi e i gioielli della corona. Le donne non erano ammesse nel castello. Danneggiato durante la guerra dei trent'anni, fu restaurato alla fine del XIX secolo.
– *Sala dei Vassalli:* plastici della fortezza e palle di cannone originali!
– *Anticamera e camera:* minuscolo bagno. Bella statua gotica di Santa Caterina che schiaccia il paganesimo, in questo caso il re Massimiliano.
– *Sala delle Udienze:* rivestimenti originali alle pareti e al soffitto. Notate le porte che misurano 1,72 m, ovvero 12 cm in meno dell'altezza di Carlo IV. È proprio per questo motivo che il sovrano detestava questa sala.
– *Chiesa della Vergine nera:* piuttosto ben conservata. Il 29 novembre di ogni anno, data della morte di Carlo IV, vi viene celebrata una messa. Gli affreschi sulle pareti di fondo raffigurano il re che riceve le reliquie dei santi. In fondo, la cappella di Santa Caterina, dalle pareti tempestate di pietre levigate, è un capolavoro della decorazione medievale.
– *Cappella della Santa Croce:* la perla di Karlštejn, destinata a custodire i gioielli della corona, è chiusa al pubblico e non si conosce la data di riapertura. In effetti, le pietre dure che ornavano le pareti avevano la tendenza a sparire e alcuni birichini si divertivano a scarabocchiare sugli affreschi... Peccato che fosse l'interesse maggiore della visita! Ospitava anche una splendida esposizione di dipinti religiosi del XIV secolo, opere di Mistr Theodoricus, trasferite durante i lavori al convento di Sant'Agnese a Praga.

Dove dormire

Campeggio

⛺ ***Campeggio di Karlštejn:*** ☎ (0311) 68-12-63. A prezzi modicissimi: 40 Kčs per una piazzola e pressappoco lo stesso per persona. Situato sulla strada per Beroun, a 1 km dal parcheggio del castello, lungo l'acqua. Atmosfera *cool* e da routard.

Dove mangiare

Non vi nascondiamo che Karlštejn è una meta turistica molto frequentata, di conseguenza vi si trovano molto ristoranti e negozi privi di originalità.

|●| ***Koliba U Elišky:*** di fianco al parcheggio. ☎ (0311) 943-26. Aperto dalle 9.30 alle 17; chiuso lunedì. Piatti a circa 150 Kčs. Fate attenzione perché un litro d'acqua costa più caro di un piatto. Il ristorante è piacevole unicamente per la possibilità di mangiare all'esterno, direttamente sulla sponda della Berounka. Ovviamente è turistico, ma che altro c'è a Karlštejn? Specializzato in grigliate su fuoco a legna. Si organizzano spettacoli folcloristici.

Passeggiate nei dintorni

➢ Nei graziosi ***villaggi di Srbsko*** e di ***Řevnice***, gli appassionati di stalattiti e di stalagmiti possono fare una sosta al fresco nelle ***grotte di Koněprusy***, a una quindicina di km da Karlštejn, seguendo Srbsko, Tetín e Bítov fino al villaggio di Koněprusy. Ma non aspettatevi niente di grandioso perché sono abbastanza deludenti.

★ *IL CASTELLO DI KŘIVOKLÁT*

46 km a ovest di Praga. Lo si raggiunge in auto prendendo la E 55 verso Beroun, dove si esce, per seguire poi la direzione di Rakovnik. In pullman, si parte dal terminal di Hradčanská (M.: Hradčanská, linea A). In treno, da Beroun, alcune partenze al giorno in direzione di Rakovnik. Il castello è aperto dalle 9 alle 16, in aprile e da ottobre a dicembre; dalle 9 alle 17, in maggio e settembre; dalle 9 alle 18, in giugno, luglio e agosto; chiuso lunedì. La visita dura 40 min.

Křivoklát spunta di colpo dal bosco e domina i dintorni con la sua statura imponente. Nato nel XII secolo come piccolo padiglione di caccia dei sovrani di Boemia, fu trasformato in roccaforte nel XIII secolo, poi rimaneggiato praticamente ogni secolo a causa dei danni ricorrenti che subiva (guerre, incendi...). Manca, pertanto, di omogeneità architettonica. All'inizio della visita, piuttosto deludente tra l'altro, vi verranno mostrati alcuni plastici che illustrano i vari lifting subiti dal castello.

– *Cappella:* in stile tardogotico, custodisce un bellissimo altare dell'inizio del XIV secolo che raffigura diverse scene della vita di Cristo. I tagliapietra di Benedikt Ried hanno eseguito la volta a campate ogivali. Da notare, alle estremità dei banchi, gli animali scolpiti che dovrebbero rappresentare l'essenza del Male...

– *Sala dei Cavalieri:* vi sono esposti dipinti religiosi del XVI secolo.

– *Sala reale:* non ha niente di speciale da vedere, tranne i disegni di bambini del XV secolo sulle pareti di destra. All'epoca, i figli dei sovrani si esprimevano sui muri, oggi le prenderebbero sulle manine...

– Bella *biblioteca* della famiglia Fürstenberg che ricevette il castello come dote nel XIX secolo. Contiene quasi 30 000 volumi in varie lingue.

– Residenza estiva e di caccia, Křivoklát fa rima anche con prigione, tortura e segrete. Nelle *galere*, si possono vedere strumenti di tortura, gabbie e tutta una serie di attrezzi della vergogna. Si avvertono i sadici che i prigionieri venivano gettati nelle segrete dall'apertura posta in alto, *ad vitam aeternam.*

PRAGA E DINTORNI

Dove dormire. Dove mangiare nei dintorni

La zona di Křivoklát è un invito alle passeggiate grazie ai numerosi sentieri segnalati.

Campeggio

⩓ ***Campeggio AERO, Višňová I:*** Višňová U Roztok. ☎ (0313) 55-843. Sulla strada per andare a Křivoklát, dopo Roztoky, seguite a sinistra le frecce per Višňová. Calcolate 55 Kčs a testa, sia per la tenda, sia per l'auto. Affitto bungalow per 3 o 4 persone a partire da 300 Kčs. A 4 km dal castello, sulla sponda della Berounka, è un campeggio molto semplice, ma ombreggiato e dall'atmosfera molto familiare. Peccato che i servizi igienici siano troppo piccoli! Di fianco, c'è un altro campeggio gemello del primo.

Prezzi moderati

🏠 |●| ***Villa U čtrnáctých:*** Nižbor 0102. ☎ (0311) 933-91. A Praga ci si può mettere in contatto con Ivana Netuková. ☎ 43-19-335. A Nižbor, tra Beroun e Křivoklát. Imboccate la strada a sinistra uscendo dalla città all'altezza del piccolo monumento religioso, poi seguitela e la troverete in una delle ultime case sulla destra. Aperta da maggio a ottobre. Camere doppie a partire da 1100 Kčs. Una sosta da sogno in una dimora secolare piena di fascino, con un appartamento ideale per una famiglia, con mobili antichi e un bagno originale e cinque camere doppie al piano, spaziose e più moderne. La padrona di casa si occuperà di voi meglio di una mamma. E la cucina... Con il bel tempo la colazione viene servita in terrazza, con pasticcini deliziosi. La sera si cena a pensione unicamente con i prodotti della fattoria. Si può persino concludere la serata in cantina dove è stata recentemente allestita un'enoteca. Conviene prenotare se si vuole pernottare in questa deliziosa pensioncina.

★ IL CASTELLO DI LÁNY

Se andate a Křivoklát, passate per Lány (15 km a nord, in direzione di Kladno), prima di rientrare a Praga, percorrendo la bellissima strada in mezzo al bosco. Altrimenti l'escursione di per sé non sarebbe giustificata. I giardini e il parco del castello sono aperti mercoledì e giovedì dalle 14 alle 18 e durante il week-end dalle 9 alle 17 (tranne quando è presente il presidente). Il castello di Lány è una vasta dimora barocca del XVIII secolo. Nel 1918 fu trasformata dallo stato cecoslovacco in residenza estiva del presidente della Repubblica. Era il posto preferito del primo presidente, Tomáš Garrigue Masaryk, che creò una democrazia progressista fino al 1937, anno della sua morte. È sepolto proprio nel cimitero di Lány. Sono tanti i cechi che vanno in pellegrinaggio a salutare uno dei presidenti più amati. Ancor oggi, il castello funge da residenza presidenziale. Bei giardini all'inglese, aranceto e parco con cervi.

★ LIDICE

22 km a nord-ovest di Praga. La si raggiunge percorrendo la n. 7, in direzione di Kladno, oppure con il pullman che parte dalla fermata della metropolitana di Dejvická (linea A). Il monumento è aperto tutto l'anno, il museo è aperto dalle 8 alle 17 da aprile a settembre e dalle 8 alle 16 durante il resto dell'anno. Lidice fu rasa al suolo dai nazisti, il 10 giugno 1942, come rappresaglia per l'attentato contro il capo della Gestapo, Heydrich. Gli uomini furono tutti uccisi, mentre le donne e i bambini furono deportati.

Lasciare Praga

In auto

Dal 1° gennaio 1995, l'accesso alle autostrade è a pedaggio mediante l'acquisto di un autoadesivo, disponibile alla frontiera, presso alcune stazioni di servizio e negli uffici postali, al costo di 800 Kčs per un anno, 200 Kčs per un mese e 100 Kčs per 10 giorni, che consente l'accesso a tutta la rete autostradale.

➢ ***Verso ovest:***
Direzione Plzeň: E 50/strada 5.
Direzione Karlovy Vary, Bayreuth: E 48.
Direzione Chomutov (aeroporto): strada 7.

➢ ***Verso nord:***
Direzione Teplice, Dresda (Dresden): E 55/strada 8.

➢ ***Verso est:***
Direzione Mladá Boleslav, Wroclaw: E 65.
Direzione Hradec Králové, Wroclaw: E 67.
Direzione Kolín, Kutná Hora: strada 12.

➢ ***Verso sud:***
Direzione Brno, Bratislava, Vienna (Wien): E 50/E 55/E 65.
Direzione Tábor, České, Budějovice: E 55.
Direzione Strakonice: strada 4.

In pullman

Numerose stazioni di pullman si dividono le destinazioni nazionali e internazionali. Per organizzare un'escursione verso i castelli o il proseguimento del viaggio, conviene andare a informarsi sugli orari e sulla stazione di partenza direttamente al principale capolinea dei pullman, cioè quello di Florenc. Anche il seguente sito Internet può aiutarvi a organizzare i vostri spostamenti all'interno della Repubblica Ceca (numero della linea, frequenza ecc.). • www.timetable.svt.cz •

🚌 ***Terminal dei pullman Praha-Florenc*** *(I, D2):* Křižíkova 5, Praha 8. ☎ 24-21-10-60 o 22-14-45 (ma non risponde nessuno…). M.: Florenc (linee B e C). Partenze nazionali e internazionali garantite dalla ČSAD, la società dei pullman cechi. Non è difficile raccapezzarsi.
Gli orari sono esposti sia all'interno sia all'esterno della stazione: su uno dei tabelloni *(«abecedni seznam zahraničních měst»)* figurano, nell'ordine, i nomi delle città europee, il numero delle linee dei pullman (di solito 000 + altre 3 cifre) e la stazione di partenza, oppure, per Florenc, la banchina di partenza. Un altro tabellone *(«abecedni seznam zástavek»)* dà il numero della banchina di partenza e il numero della linea (6 cifre) dei pullman a destinazione nazionale che partono da quel terminal. Alcuni punti telematici (in ceco e in inglese) consentono anche di trovare gli orari e i collegamenti nazionali e internazionali.

➢ *Destinazioni internazionali* (da una a due partenze giornaliere): pullman per Amsterdam, Berlino, Bruxelles, Copenaghen, Monaco di Baviera, Parigi, Vienna, Zagabria, Zurigo; e inoltre verso l'Italia, la Svezia, la Norvegia e la Polonia. Pullman per Bratislava, più volte al giorno.

➢ *Destinazioni nazionali:* pullman per Tábor, Jihlava (5 partenze al giorno), České Budějovice (4 partenze al giorno), Český Krumlov (2 partenze al giorno), Plzeň, Mariánské Lazně, Karlovy Vary (5 partenze al giorno), Třeboň, Telč…

Dagli altri terminal partono principalmente i pullman che hanno come destinazione le città della Repubblica Ceca:

Holešovice: Praha 7. Proprio all'uscita della fermata della metropolitana di Nádraží Holešovice (linea C).

Smíchov *(I, B4)*: Křižová, Praha 5. M.: Smíchovské nádraží (linea B). Per le città a ovest e a sud-ovest, in generale.

Želivského: Praha 3. All'uscita dalla fermata della metropolitana di Želivského (linea A). È il terminal utilizzato dai pullman *Eurolines*.

Roztyly: Praha 4. ☎ 795-04-81. M.: Roztyly (linea C).

Palmovka: Praha 8. Alla fermata della metropolitana di Palmovka (linea B).

Hradčanská: Praha 6. Alla fermata della metropolitana di Hradčanská (linea A).

Anděl *(I, B3)*: Praha 6. All'uscita della stazione della metropolitana di Anděl (linea C), uscita «Na Knížecí». Per alcune città del sud.

■ **Eurolines** *(CK firmy JUDr. Jan Hofmann)*: Opletalova 37, Praha 1. ☎ 22-89-52-29 o 24-21-34-20. Fax: 24-21-08-35. • booking@eurolines.cz • L'ufficio, proprio di fronte alla stazione principale, è aperto da lunedì a venerdì dalle 8 alle 17 (per tutte le informazioni e prenotazioni). Durante il week-end rivolgetevi all'ufficio della stazione dei pullman Želivského.

■ **Bohemia Euroexpress International (BEI):** Koněvova 126, Praha 3. ☎ e fax: 27-74-51 o 27-03-67. Come indica il nome, effettua collegamenti internazionali con l'Europa. Partenze per le città di Minsk, Napoli, Liegi, Istanbul, Stoccarda, Londra ecc. I pullman partono dal nuovo terminal Černy Most, situato al termine della linea B della metropolitana.

In treno

Come per i pullman, non ci sono veri punti di riferimento per sapere da che stazione parte un determinato treno, quindi conviene informarsi prima presso la stazione principale (Hlavní nádražní). Altrimenti, tutti gli orari e le stazioni ferroviarie corrispondenti si trovano nell'opuscolo intitolato *Jízdní řád* distribuito da alcuni alberghi e agenzie. Oppure rivolgetevi alla *Čedok* (vedi «Indirizzi e informazioni utili»). Infine, per meglio preparare tutti i vostri spostamenti in treno con partenza da Praga (orari, prezzi ecc.), potete consultare il sito • idos.datis.cdrail.cz • Eccovi, comunque, alcune informazioni per farvi un'idea delle quattro stazioni principali:

Stazione principale, Hlavní nádraží *(II, D3-4)*: Wilsonova, Praha 2. ☎ 24-21-76-54 (24 ore su 24) o 24-61-11-11. M.: Hlavní nádraží (linea C). Punto di partenza dei treni internazionali per Berlino (5 ore di tragitto, 2 volte alla settimana), Bucarest (1 al giorno), Copenaghen (13 ore di tragitto, 1 al giorno), Amburgo (9 ore di tragitto, 2 al giorno), Monaco (6 ore di tragitto, 1 al giorno), Norimberga (6 ore e 30 di tragitto, 1 al giorno), Parigi (14 ore e 30, 2 al giorno), Vienna (6 ore di tragitto, 2 al giorno), Varsavia (10 ore di tragitto, 3 al giorno), Venezia (14 ore di tragitto, 1 al giorno), Zurigo (11 ore di tragitto, 1 al giorno) ecc. Partono da qui anche alcuni treni nazionali, più volte al giorno, per Plzeň, Ostrava, Hradec Králové, Tábor, Brno, České Budějovice.

Stazione di Holešovice: Vrbenského, Praha 7. M.: Nádraží Holešovice (linea C). A nord della città. ☎ 24-61-58-65. Stazione con partenze internazionali per Budapest (8 ore e 30 di tragitto, 2 al giorno), Berlino (5 ore di tragitto, 2 al giorno), Bucarest, Stoccolma, Amburgo, Bratislava... e con partenze nazionali: Karlovy Vary, Brno...

Stazione Masarykovo *(II, D2)*: Hybernská, Praha 1. ☎ 24-22-42-00. M.: Náměstí Republiky (linea B). Stazione regionale che serve le città in direzione di Kolín, Chomutov, Lovosice, Pardubice, Děčin, Kladno ecc., con 4-10 partenze giornaliere.

Stazione Smíchov: Nádraží, Praha 5. ☎ 24-61-50-86. M.: Smíchovské Nádraží (linea B). Generalmente, serve le città verso ovest e sud-ovest (Beroun, Karlštejn, Plzeň).

■ ***Wasteels*** *(II, D3-4):* Hlavní Nádraží, Wilsonova 80, Praha 1. ☎ 24-61-74-54. Situato nella stazione principale, quasi di fronte all'*AVE* (vedi «Dove dormire»). Aperto, in settimana, dalle 7.30 alle 20; sabato dalle 8 alle 11 e dalle 12 alle 15. Biglietteria ferroviaria per tutte le destinazioni a tariffe preferenziali per i minori di 26 anni. Offre anche alloggi poco costosi, servizio di cambio valute, bacheca per gli annunci privati.

In aereo

➢ ***Per l'aeroporto:*** pullman *ČEDAZ* ogni mezz'ora circa da Náměstí Republiky (linea B), al costo di 90 Kčs, ma effettua un'altra fermata lungo la linea A della metropolitana a Dejvická al costo di 60 Kčs. Da 20 a 30 minuti circa di tragitto. Per informazioni: ☎ 20-11-42-96 o 20-11-42-86.

✈ ***ČSA*** *(Compagnia nazionale ceca; II, C2):* V Čelnicí 5, Praha 1. ☎ 20-10-41-11 o 232-43-05 e 24-81-10-15 per i reclami. • www.csa.cz • M.: Náměstí Republiky (linea B). Aperta da lunedì a venerdì dalle 7 alle 18 e sabato dalle 7.30 alle 15. ČSA ha anche un altro ufficio all'aeroporto. ☎ 20-11-37-43.

✈ ***Alitalia:*** Na Mustuku 9, Praha 1. ☎ 24-19-41-50. Fax: 24-19-41-60.

- LA BOEMIA ORIENTALE -

La Boemia orientale presenta numerose formazioni rocciose di notevole interesse. Turnov e Jičín sono i migliori punti di partenza per le escursioni. Delimitato da queste due città, il «Paradiso di Boemia» (parco naturale regionale protetto dal 1955) è un vasto altopiano di arenaria intagliato da gole incassate. Da segnalare soprattutto le *rocce* intorno a *Hrubá* e quelle di *Prachovské Skály*. Nell'estremo nord della regione si trovano due gruppi di formazioni rocciose (150, in totale). Si tratta delle *rocce di Adršpach-Teplice* estese su 25 km, resti di un altopiano profondamente intagliato e modellato dalle acque. I *Krkonoše* (*monti dei Giganti*) sono il massiccio più elevato del paese. Il monte Sněžka, a 1603 m d'altitudine, è la cima più alta raggiungibile in estate con una seggiovia. Ma questa zona della Boemia possiede anche un ricco patrimonio culturale: antiche città ricche di storia, musei, castelli...

HRADEC KRÁLOVÉ

PREF. TEL.: 049

A 100 km da Praga. Al centro di una pianura fertile, nel punto di confluenza dell'Elba con il fiume Orlice, Hradec Králové, le cui origini risalgono al XVIII secolo, è oggi un importante centro industriale (100 000 abitanti) con imprese di costruzione, fabbriche chimiche e alimentari, laboratori di produzione di strumenti musicali. L'unica attrazione è la città vecchia (*stare miasto*), raccolta attorno a due piazze dichiarate monumento storico nonostante gli oltraggi del tempo. La cittadina è un punto di partenza ideale per visitare la regione e i suoi magnifici castelli (Kuks, Náchod, Opočno, Častolovice...).

Come arrivare

➢ ***In macchina:*** da Praga prendete la strada E67 (132 km).
– In pullman: numerose partenze quotidiane; informatevi presso il *CSAD-BUS* (☎ 322-26).
➢ ***In treno:*** diversi treni rapidi al giorno; informazioni presso le ferrovie ceche (☎ 305-55).

Indirizzo utile

ℹ ***Informačni Centrum:*** Tomkova ul. 177. ☎ 551-45-21. ☎ e fax: 551-45-23. • www.svkhk.cz • Aperto da giugno a settembre lunedì dalle 10 alle 18, martedì dalle 10 alle 16, mercoledì e giovedì dalle 10 alle 18, venerdì dalle 10 alle 16, sabato dalle 8 alle 11. Magnifico edificio giallo dietro la galleria d'arte moderna.

Dove dormire. Dove mangiare

Diciamocelo una volta per tutte: i prezzi sono nettamente inferiori rispetto alle altre città della Boemia, ma non esistono indirizzi da sogno. Per quanto riguarda i ristoranti, avrete diritto alla solita litania dei piatti cechi ma per fortuna le cose cominciano a cambiare con l'apertura di nuovi locali.

Prezzi moderati

Hotel U Zezuláků: Na Hrázce 229. ☎ 526-35-14. Fax: 526-35-94. A 3 km circa a nord-est. Dalla stazione prendete il filobus n. 7. Camere doppie a 800 Kčs. Prezzi ragionevoli per queste immense camere ben arredate con zona soggiorno. Posizione tranquilla. Tutti ottimi criteri, a condizione di accettare la hall d'entrata sporca e un'accoglienza fiacca e sgradevole! La prima colazione è da evitare in modo categorico: i prodotti non sono freschi e le porzioni molto parsimoniose. Insomma, un albergo per veri routard non troppo attenti ai dettagli.

Prezzi medi

Pensione U Jana: Velké náměstí 137. ☎ 551-23-55 e 55-14-604. Ottimamente situata sulla piazza principale del centro storico. Calcolate 1300 Kčs per due. Camere grandi e confortevoli. Al pianterreno c'è un ristorante animato aperto dalle 11 alle 22. Piatti da 100 a 150 Kčs.

Hotel Alessandria: SNP 733. ☎ 415-21. Fax: 428-74. • alessandria@telecom.cz • 2 km a nord-ovest del centro. 1500 Kčs circa per una camera doppia. Difficile non vedere questo grande blocco di cemento piuttosto sgraziato. L'edificio è comunque meno massiccio di quello dell'*Hotel Cernigov* di fronte alla stazione. Camere standard. Ristorante con una grande sala piacevole, ma la cucina non è sempre all'altezza! Date un'occhiata al lampadario anni settanta del Novecento, molto kitsch.

Restaurace a Penzion Pod Věží: Velké náměstí 165. ☎ 226-00. Aperto tutti i giorni dalle 11 alle 22. Camere doppie a 1090 Kčs e un appartamento a 1750 Kčs. In estate il posto è visibile da lontano grazie alla bella terrazza. Atmosfera da birreria. Proprietario simpatico. Funziona anche come pensione.

Più chic

Ristorante U Radnice: Velké náměstí 39. ☎ 551-19-46. Nella parte alta della piazza principale. Aperto tutti i giorni dalle 11.30 alle 23. Potete cavarvela con meno di 500 Kčs. Una sala con arredamento raffinato, cosa poco frequente nella Repubblica Ceca: tappeti, divanetti ricoperti di cuscini, tovaglie damascate, una sinfonia di colori ocra, malva e rosso carminio con fiori secchi, riproduzioni di quadri italiani, anticaglie... Veramente riuscita. Appena scende la sera, illuminazione a lume di candela e musica soft. Una carta ingegnosa per niente ceca ma neppure italiana, anche se alcuni ingredienti evocano la penisola. Vini rossi di Moravia assolutamente bevibili. Servizio poliglotta impeccabile. Un po' caro per la regione, il ristorante presenta comunque un eccellente rapporto qualità-prezzo.

Dove bere qualcosa. Dove andare la sera

Kavérna Knihomola: Velké náměstí. Quasi di fronte alla galleria d'arte moderna. Aperto da lunedì a venerdì dalle 7 alle 22, nel weekend dalle 10 alle 2 di notte. Taverna dal look letterario con volte gotiche, pareti gialle dipinte a spugna, specchi. Grande biblioteca, una vecchia Remington, fotografie seppia e un pianoforte. Discussioni animate intorno ai tavoli.

♪ **Club 2001:** ul. Zimního Stadiónu. ☎ 551-60-70. Aperto nel fine settimana a partire dalle 21. La discoteca decisamente più alla moda della città.

Da vedere

★ ***Velké náměstí:*** grande piazza triangolare delimitata da case con portici ad arcate. Notate le tre case classiche ristrutturate molto bene nella parte alta della piazza a sinistra. Da vedere: la cattedrale di Santo Spirito, edificio a tre navate del XIV secolo con fonti battesimali originali di peltro; la torre Bianca, dove è possibile salire, con la seconda campana più grande di Boemia (10 tonnellate); la chiesa gesuita dell'Assunzione in stile barocco. Nei quartieri vicini potete vedere qualche edificio cubista degli anni venti del Novecento.

★ ***Galleria Moderního Umění:*** Velké náměstí 16a. ☎ 551-48-93. Aperta dalle 9 alle 12 e dalle 13 alle 18. Chiusa lunedì. Una galleria d'arte moderna con una mostra permanente consacrata alla pittura e alla scultura ceca di avanguardia del XX secolo. Ospita anche mostre temporanee.

➤ *NEI DINTORNI DI HRADEC KRÁLOVÉ*

★ ***Pardubice:*** 30 min. in pullman o in treno a sud di Hradec Králové. Se siete in macchina, prendete la nazionale n. 37 per 20 km. Cittadina commerciale conosciuta soprattutto per il grande *steeple-chase* organizzato ogni anno in autunno. Questa impegnativa corsa a ostacoli viene affrontata da molti cavalieri con una certa inquietudine (per le numerose cadute).
Distrutta nel XVI secolo da tre incendi, Pardubice è stata interamente ricostruita, come testimoniano ancora oggi alcune magnifiche dimore patrizie

rinascimentali. Passeggiate intorno a *Republiky náměstí* e salite sulla *torre Verde (Zelená brána)* per ammirare il panorama della città.
– Il **castello** (XVI secolo) è accessibile da via Zámecka. ☎ 040-51-81-21. Aperto dalle 10 alle 18. Per prudenza, cercate di arrivare ben prima della chiusura. Lavori di restauro in corso. Diversi oggetti della regione sono esposti in una sala gotica: monete, un teatro di marionette, armi, moto ecc.

Informační Centrum: Míru tř. 60. ☎ 040-661-24-74. • www.pardub.cz • Aperto tutti i giorni dalle 7 alle 19. Personale poco competente.

★ ***Museo della Cultura delle marionette di Chrudim:*** 9 km a sud di Pardubice, Břetislavova 74. ☎ 0455-62-03-10. Aperto tutti i giorni dalle 9 alle 12 e dalle 13 alle 18. Il museo è installato in una casa rinascimentale e comprende una decina di piccole sale su diversi piani. Presentazione di una collezione unica di marionette provenienti da 70 paesi diversi. Una sala è consacrata all'arte della marionetta moderna (teatro luminescente con effetti speciali). In passato le marionette sono state formidabili complici del popolo ceco e hanno contribuito a proteggerne la lingua e la cultura.

★ ***Castello di Litomyšl:*** 55 km a sud di Hradec Králové. ☎ 0464-20-67. Accesso dalla E442. Aperto in aprile dalle 9 alle 12 e dalle 13 alle 16, da maggio ad agosto dalle 9 alle 12 e dalle 13 alle 17, in settembre dalle 9 alle 12 e dalle 13 alle 16. Visita guidata. Castello rinascimentale a quattro ali con decorazioni a graffito. Arcate in stile toscano e ionico. Il piccolo teatro costruito nel 1797 è uno degli ultimi quattro esistenti al mondo a possedere ancora il sipario e le scenografie d'epoca. Il più antico si trova nel castello di Český Krumlov (vedi oltre).
La sala d'udienza veniva utilizzata anche per balli e celebrazioni. Il lampadario di cristallo pesa 300 chili. Realizzato per le riprese del film *Amadeus* di Miloš Forman, è stato in seguito donato al castello (le riprese si svolsero in realtà a Kroměříž, Praga e Vienna). Osservate il parquet della camera blu, realizzato con tre essenze diverse di legno: pruno (toni scuri), acero (toni chiari) e rovere (toni intermedi). Il pianoforte a cinque pedali del salone di musica fu utilizzato da Bedřich Smetana fin dall'età di tre anni. Ammirate l'armadio musicale nel salone degli uomini: funziona secondo lo stesso principio dell'organetto di Barberia e può suonare fino a 38 pezzi diversi. Il padre di Bedřich Smetana era birraio al castello. La fabbrica di birra ospita oggi un museo consacrato al compositore.
– ***Il museo Smetana:*** entrata nel cortile del castello. Aperto da aprile a ottobre sabato e domenica dalle 9 alle 12 e dalle 13 alle 17; per gli altri giorni telefonate al ☎ 0464-22-87. Bedřich Smetana nacque qui nel 1824. In seguito partì per andare a studiare prima a Praga e poi a Plzeň, soggiornando anche in Svezia dal 1856 al 1861 prima di tornare in Boemia. Fu direttore d'orchestra a Praga fino all'età di 50 anni. Diventato sordo, non poté più esercitare questo mestiere ma continuò a comporre fino alla morte nel 1884. Il pianoforte, i mobili e le porcellane sono presentati in due sale. Alle pareti, diverse immagini rievocano la vita del compositore.

– IL NORD DELLA BOEMIA –

Da sud a nord, il fiume Elba forma l'asse della Boemia del Nord. Secondo la leggenda, le prime tribù slave si stabilirono nel suo bacino. A ovest dell'Elba, i monti Metalliferi segnano la frontiera con la Germania.
Questa regione molto industrializzata, piena di fabbriche e miniere di lignite a cielo aperto, presenta un tasso particolarmente elevato di tumori e

malformazioni congenite. Le piogge acide hanno rovinato gran parte delle foreste.
Ma la Boemia del Nord possiede anche alcune città dal ricco passato (Osek, Teplice, Litoměřice, Terezín, Liberec) e interessanti siti naturali.
10 km a nord di Děčín, la «Svizzera ceca» aspetta tutti gli alpinisti con le sue rocce di arenaria intagliate e levigate dall'acqua e dal vento. Non distante da qui si trova il più grande ponte naturale dell'Europa centrale, detto Pravčická Brána, lungo 30 m e alto 21. Fermatevi al parcheggio a pagamento di Stezka, a 5 min. da Hrensko. Calcolate 1 ora e 15 min. di cammino. Tanto vale dirvelo subito: l'accesso al ponte è a pagamento (45 Kčs per persona).
A ovest di Nový Bor si trova la Panska Skála, una strana formazione rocciosa alta 25 m che fa pensare a un organo di basalto. Parcheggio lungo la strada. Breve percorso di 200 m per accedere al sito.

TEREZÍN

PREF. TEL.: 0416

La visita di questo luogo di commemorazione delle vittime dei nazisti si compie in due tempi: da una parte la città di Terezín, circondata dai 4 km di cinta muraria della Grande fortezza, dall'altra la Piccola fortezza.
Costruite nel 1780 dall'imperatore Giuseppe II per proteggere l'Impero da un'eventuale invasione prussiana, in realtà le fortezze non hanno mai svolto questa funzione. Durante la seconda guerra mondiale, la piccola fortezza fu utilizzata come prigione dalla Gestapo di Praga, mentre la grande fortezza fu trasformata prima in campo di transito e poi in ghetto ebraico.

Come arrivare

Terezín si trova 59 km a nord-ovest di Praga.
➢ ***In macchina:*** prendete la E55.
➢ ***In pullman:*** dalla stazione di Florenc, 6 partenze al giorno in settimana, 7 domenica, ma solo 3 sabato. Attenzione, la frequenza dei pullman cambia in generale ogni due mesi. Calcolate 1 ora e 15 min. circa di tragitto.

Dove mangiare

Poche possibilità: qualche snack-bar nel parcheggio all'entrata della piccola fortezza. Vi segnaliamo un indirizzo originale:

I● ***Sabra:*** Pražská 130. ☎ 78-23-03. Vicino al *museo del Ghetto*, il primo ristorante ebraico della città dove servono una buona cucina ceca e qualche pasto kosher a prezzi modici. Quadri appesi ai muri: il locale funziona anche come galleria d'arte.

Da vedere

Entrata a pagamento per la piccola fortezza e il museo del Ghetto: 140 Kčs per ogni sito. Possibilità di acquistare un biglietto comune (piccola fortezza e museo) a una tariffa più interessante.

LA BOEMIA

★ ***Piccola fortezza:*** ☎ 78-22-25 o 78-24-42. Aperta dalle 8 alle 18 da maggio a settembre, dalle 8 alle 16.30 da ottobre ad aprile. Chiusa durante le feste di fine anno. Visita guidata su richiesta oppure solo con un testo illustrativo. Il percorso è numerato. Concepita dal 1780 al 1790 come barriera contro eventuali attacchi prussiani, fu trasformata nel giro di poco tempo in prigione politica. Nel 1940, durante l'occupazione tedesca, il sito fu requisito dalla Gestapo di Praga. 32 000 detenuti passarono da questa prigione, per lo più cechi (partigiani e comunisti), ma anche di 17 altre nazionalità. I prigionieri ebrei e russi vi conobbero una sorte peggiore degli altri. 8000 detenuti di Terezín furono deportati nei campi di concentramento.
Davanti alla fortezza si trova un vasto cimitero dove sono state sepolte molte vittime. All'interno, visita dei blocchi e delle celle dove venivano ammassati i prigionieri. Notate il sinistro slogan nazista «Arbeit macht frei» («il lavoro rende liberi») dipinto sopra alla porta. In uno dei blocchi si trova la cella dove soggiornò Gavrilo Princzip, responsabile dell'omicidio dell'arciduca Francesco Ferdinando a Sarajevo (con qualche ricordo della sua detenzione).
Dopo i primi cortili, prendete un lungo corridoio sotterraneo (residuo delle fortificazioni primitive) per arrivare fino al luogo delle esecuzioni. Il massacro più importante (52 vittime) ebbe luogo il 2 maggio 1945, tre giorni prima della liberazione del campo. In una sala cinematografica, utilizzata un tempo dai guardiani, vengono proiettati alcuni documentari sulla tragedia di Terezín (in inglese, francese e tedesco).
Nel quarto cortile, costruito nel 1943, venivano accolti i prigionieri di guerra, ammassati fino a 600 per cella! Le ultime celle sono state trasformate in sale d'esposizione di quadri, disegni e fotografie legati alla vita del campo. Ai piedi del monumento commemorativo è stata deposta della terra proveniente dai campi dove furono sterminati i detenuti in transito a Terezín. C'è anche una targa commemorativa dedicata al poeta Robert Desnos. Scampato a un convoglio della morte, fu internato a Terezín dove fu stroncato dal tifo l'8 giugno 1945. Solo nella piccola fortezza 2500 prigionieri morirono di malattie o a causa delle violenze subite. Per finire, vicino all'entrata, potete visitare un *museo storico* particolarmente emozionante.

★ ***Il ghetto di Terezín:*** la città fortificata di Terezín fu trasformata in ghetto ebraico nel 1942. 140 000 ebrei cechi, tedeschi, austriaci, slovacchi e ungheresi passarono da qui. Più di 87 000 furono deportati nei campi di sterminio e meno di 4000 sopravvissero. Terezín era un luogo di transito, di decimazione (vi moriva un quinto dei prigionieri) e di propaganda. Per un certo periodo fu infatti utilizzato come «vetrina» dell'«umanità» nazista. Terezín doveva essere il ghetto-modello destinato a ingannare l'opinione pubblica internazionale. Gestito da un consiglio autonomo, con una banca e un bar sulla piazza principale, il ghetto doveva suscitare l'impressione di un posto dove fosse piacevole vivere. Per questo stesso motivo furono intrapresi numerosi lavori di abbellimento in occasione della visita della Croce Rossa Internazionale nel 1943. La popolazione del ghetto volse a proprio favore la messinscena propagandistica, cercando di approfittare al massimo di questa libertà insperata, e diede vita a una formidabile resistenza artistica e intellettuale: molti artisti, musicisti e scrittori davano spettacolo ufficialmente o clandestinamente, contribuendo in questo modo a mantenere viva la speranza.
– ***Museo del Ghetto:*** vicino alla piazza principale. Aperto tutti i giorni dalle 9 alle 18 da maggio a settembre, dalle 9 alle 17.30 da ottobre ad aprile. Chiuso a fine dicembre per le feste di fine anno. Merita veramente una visita in quanto spiega in modo chiaro che cos'era la vita nel ghetto. Esposizione di opere realizzate durante la guerra dagli abitanti, moltissimi disegni

di bambini. Al primo piano: diversi pannelli esplicativi in inglese, tedesco e ceco con la cronistoria della soluzione finale applicata agli ebrei e la vita quotidiana nel ghetto. Molte notizie sull'intensa vita culturale che permise agli abitanti del ghetto di non perdere la speranza. Proiezione di un video dove i sopravvissuti di Terezín raccontano... Il museo è stato rinnovato nel 2001.

– ***Il crematorio:*** all'uscita della città. Aperto da marzo a ottobre dalle 10 alle 17. Chiuso sabato. Un edificio d'epoca (con sale, forni...) che oggi rappresenta innanzitutto un memoriale.

– LA BOEMIA OCCIDENTALE –

KARLOVY VARY (KARLSBAD) PREF. TEL.: 017

130 km a ovest di Praga. Fondata nel 1358 da Carlo IV, Karlovy Vary è la città termale più antica della Boemia. La leggenda racconta che le prime dodici sorgenti furono scoperte dall'imperatore durante una battuta di caccia al cervo. Naturalmente il luogo fu battezzato con il suo nome: Karlsbad. La descrizione medica delle acque fu effettuata solo nel 1522, ma le loro virtù curative avevano già attirato alcuni celebri visitatori. La città conobbe un periodo di grande successo nel XVIII e XIX secolo. Numerose teste coronate, scrittori e artisti vi vennero in visita: Pietro il Grande, Carlo VI, Schiller, Tolstoj, Gogol, Chateaubriand, Beethoven, Chopin, Wagner, Liszt, Brahms... Goethe vi soggiornò 13 volte. Oggi Karlovy Vary è il posto ideale per ritrovare l'atmosfera nostalgica dell'antico impero austro-ungarico. La città ha intrapreso numerosi lavori per restaurare le superbe facciate degli alberghi e degli stabilimenti termali.

Come arrivare

In pullman

➢ ***Da Praga:*** in settimana, partenze ogni ora dalla stazione di Florenc; 6 pullman nel week-end. Durata del tragitto: 3 ore. In estate i pullman sono sovente al completo.

In macchina

➢ ***Da Praga:*** prendete la E48; lasciate la macchina nei parcheggi alla periferia della città: quelli del centro sono più cari e la polizia è inflessibile.

Indirizzi utili

🛈 ***Ufficio del turismo*** *(B3):* Vřídelní Kolonada. ☎ 332-40-97 e 322-93-12. Fax: 322-46-67. • kurinfo@plz.pvtnet.cz • www.karlovyvary.cz/kvary/en/index.htm • Aperto da lunedì a venerdì dalle 9 alle 12 e dalle 13 alle 17, sabato dalle 9 alle 12. Chiuso domenica. All'interno del colonnato centrale. Piantine della città, cambio, liste di camere presso privati e alberghi.

■ ***Alex Tour:*** Krymská 9. ☎ e fax: 322-84-37. Accoglienza calorosa, informazioni sulle possibilità d'alloggio e le attività culturali e sportive.

■ ***Čedok*** *(A2, **1**)*: Dr. D. Bechera 23. ☎ 322-33-35. Fax: 322-22-26. Già succursale dell'ufficio del turismo nazionale, il Čedok si è trasformato in una agenzia viaggi. Fornisce ancora piantine e informazioni varie sulla città e sulle possibilità di alloggio. Attenzione, troverete agenzie Čedok praticamente in tutte le città, ma molto spesso non rilasciano più informazioni turistiche locali. Vi consigliamo quindi di rivolgervi preferibilmente presso gli uffici del turismo di recente creazione.

■ ***Sportelli automatici*** *(A2)*: all'entrata della posta.

Dove dormire. Dove mangiare (eventualmente)

Trovare un alloggio non è facile. I 65 000 abitanti di Karlovy Vary accolgono in alta stagione 80 000 persone, tra pazienti in cura e visitatori. Gli alberghi, abbastanza lussuosi, espongono prezzi paragonabili a quelli di Praga. I piccoli budget sono dunque penalizzati. Generalmente le tariffe includono la tacita tassa «città termale». Optate piuttosto per le camere presso privati proposte all'ufficio del turismo o nelle agenzie viaggi.

Prezzi economici

Non ci sono Ostelli della Gioventù, ma in estate è possibile dormire nell'internato di una scuola.

▲ ***Internát SPgŠ:*** Lidická 40. ☎ 322-86-71. Sulle alture, piuttosto distante dal centro, per arrivarci bisogna prendere un autobus. Abbastanza caro: 530 Kčs per gli stranieri.

▲ ⛺ ***Motorest Březový Háj:*** Staromlýnská ulice, 362 15 Březová. ☎ 322-26-65; cellulare: ☎ 06-02-45-26-82. A 6 km da Karlovy Vary. Prendete un autobus vicino all'albergo Termale, alla fermata di via Osvobozeni *(A2)*. Piccoli chalet da affittare. Funziona anche come campeggio.

Prezzi medi

▲ |●| ***Kavalerie*** *(A2, **20**)*: Masaryka 43. ☎ 322-96-13. Fax: 326-61-71. Nella via pedonale di un centro commerciale, sulla riva destra dell'Ohře. Aperto dalle 11 alle 22. Camere doppie rinnovate da 1300 a 1650 Kčs. Piatti a 100 Kčs e bistecche a 200 Kčs. Albergo-ristorante che propone una buona cucina ceca. La specialità della casa è lo zampetto di maiale alla brace con cavolo crudo.

▲ ***Hotel Neapol*** *(B3, **10**)*: Mariánskolázeňská 17. ☎ e fax: 323-45-48. A pochi passi dall'*Hotel Pupp*, in un quartiere tranquillo. 19 camere spaziose con arredamento moderno. Buona accoglienza.

▲ |●| ***Hotel Růže*** *(B2, **11**)*: Pavlova 1. ☎ e fax: 322-18-46. Vicino alla Sadová kolonáda. Calcolate 2100 Kčs circa per una camera doppia. 20 camere molto funzionali. Spazio all'aperto in estate. Ristorante con specialità di fondute.

▲ ***Hotel Mallorca*** *(B3, **12**)*: Mariánská 6. ☎ e fax: 322-14-25. Ai piedi della funicolare che sale fino al punto panoramico *Diana*. Un piccolo inconveniente per i viaggiatori carichi di bagagli: per accedervi bisogna salire una lunga scalinata. Quasi tutte le camere hanno un bagno grande con una vasca d'angolo.

▲ ***Pensione Amadeus*** *(B2, **13**)*: Ondřejská 37. ☎ 322-72-54 e 323-53-34. Fax: 323-53-34. Vicino alla Mlýnská kolonáda, su un'altura. Calcolate 1700 Kčs circa per due persone. Bellissimo edificio riconoscibile da lontano grazie alla facciata rosa. Le camere che danno sul giardino hanno una magnifica vista che abbraccia tutta la città. Nella sala della prima cola-

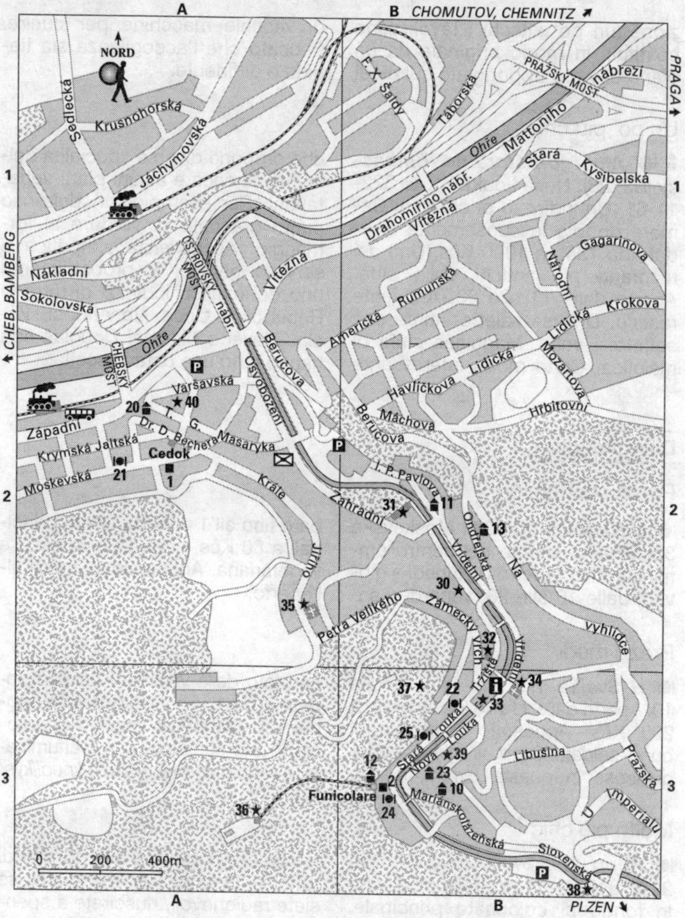

KARLOVY VARY (KARLSBAD)

Indirizzi utili
- Ufficio del turismo
- Posta
- Stazione ferroviaria
- Stazione dei pullman
- 1 Čedok
- 2 Funicolare

Dove dormire. Dove mangiare
- 10 Hotel Neapol
- 11 Hotel Růže
- 12 Hotel Mallorca
- 13 Pensione Amadeus
- 20 Kavalerie
- 23 Albergo-ristorante Embassy

Dove mangiare. Dove gustare buoni gelati...
- 21 U Radnice
- 22 U Švejka
- 24 Pupp
- 25 Caffè Elefant

Da vedere
- 30 Mlýnská kolonáda
- 31 Sadová kolonáda
- 32 Tržní kolonáda
- 33 Vřídelní kolonáda
- 34 Chiesa di Maria Maddalena
- 35 Chiesa ortodossa dei Santi Pietro e Paolo
- 36 Punto panoramico Diana
- 37 Jelenní skok
- 38 Galleria d'arte Umění
- 39 Karlovarské Muzeum
- 40 Museo Jan Becher

zione (un po' kitsch) i tavoli sono costituiti in modo originale da un piano di vetro appoggiato sui piedi di vecchie macchine per cucire. Peccato che l'accoglienza sia tiepida e diffidente.

Un po' più chic

☗ |●| ***Albergo-ristorante Embassy*** *(B3, **23**):* Nová Louka 21. ☎ 322-11-61. Un indirizzo di charme. Camere doppie lussuosamente arredate da 1350 a 1900 Kčs. Uno dei ristoranti più antichi della città. Aperto dalle 11 alle 23. Ambiente rustico. Diverse salette intime con soffitto a volta. Magnifica stufa di maiolica. Carta molto interessante che propone diverse specialità della cucina ceca e alcuni piatti vegetariani. Per esempio, un delizioso piatto gratinato di verdure al formaggio. Accoglienza simpatica e servizio gentile. È probabilmente uno dei migliori indirizzi di tutta la Repubblica Ceca. Venendoci, Václav Havel e Michael Douglas non hanno fatto una cattiva scelta.

Dove mangiare

Prezzi economici

|●| ***U Radnice*** *(A2, **21**):* Moskevská 32. *Vinárna* situata nel centro amministrativo. Aperto da lunedì a giovedì dalle 10 alle 23, venerdì e sabato fino all'1 di notte. Piatti principali a 80 Kčs circa. Cucina ceca e vegetariana. Anche alcuni tavoli all'aperto.

Prezzi medi

|●| ***U Švejka*** *(B3, **22**):* Stará Louka 10. Aperto dalle 11 alle 23. Grigliate a 200 Kčs. Appostato all'entrata, il buon soldato Švejk vi invita a bere qualcosa in questa birreria rustica con foto della vecchia Karlsbad appese ai muri. Vi consigliamo di assaggiare il «piatto del vecchio boemo» composto di maiale, carne affumicata, cavolo bianco e rosso e *knedlíkys*.

Molto più chic

|●| ***Pupp*** *(B3, **24**):* Mirové náměstí 2. ☎ 310-91-11. In bella posizione in fondo al colonnato principale. L'albergo più celebre della città, dove soggiornarono Goethe, Schiller, Beethoven e Dvořák. Ma vi parleremo solo del ristorante, dato che le camere non sono alla portata di tutte le tasche. Per mangiare, se siete ragionevoli, riuscirete a spendere da 800 a 900 Kčs per persona. Sala magnifica e prezzi abbordabili tenuto conto della qualità del locale. Servizio efficiente e discreto.

Dove gustare buoni gelati e pasticcini

|●| ***Caffè Elefant*** *(B3, **25**):* Stará Louka 30. Aperto dalle 9 alle 20. Gelati e un'ampia scelta di pasticcini. Potrete anche approfittare dei piacevoli tavolini situati all'aperto vicino al fiume Teplá.

Da vedere

La stazione termale propriamente detta si estende per 3 km lungo il fiume Teplá e presenta una maestosa scenografia di grandi edifici.

★ ***Sorgenti e colonnati:*** le dodici sorgenti sgorgano all'interno o in prossimità dei cinque colonnati. Il più monumentale, *Mlýnská kolonáda (colonnato del Mulino; B2, **30**)*, è in stile neorinascimentale e ospita cinque sorgenti e un piccolo chiosco dove spesso i musicisti vengono a suonare per festeggiare la salute ritrovata delle persone che seguono una cura termale. Meritano di essere viste anche la *Sadová kolonáda (B2, **31**)*, la *Tržní kolonáda (colonnato del Mercato; B2, **32**)* con due sorgenti tra cui quella di Carlo IV, la *Zámecká kolonáda* e la modernissima *Vřídelní kolonáda (colonnato del Geyser; B3, **33**)* dove si trova la sorgente più calda (73 °C). Quest'ultima è accessibile al pubblico dalle 6 alle 18.30. Gli effetti curativi delle acque termali sono dovuti alla forte concentrazione di sali minerali dissolti, oligo-elementi e anidride carbonica. Le acque di Karlovy Vary sono raccomandate per il trattamento delle malattie dell'apparato digerente e per i disturbi del metabolismo.

★ ***Chiesa di Maria Maddalena*** *(B3, **34**):* del 1736, costruita su disegni dell'architetto Kilian Ignac Dientzenhofer, grande maestro del barocco boemo.

★ ***Torre del castello:*** eretta sul sito del padiglione di caccia di Carlo IV.

★ ***Chiesa ortodossa dei Santi Pietro e Paolo*** *(A2, **35**):* Králе Jiřího. Aperta dalle 10 alle 17. Funzioni: sabato alle 17, domenica e festivi alle 10. Costruita da alcuni immigrati russi alla fine del XIX secolo, un capolavoro a dir poco sorprendente coronato da 5 cupole straordinarie. Belle icone all'interno.

★ ***Galleria d'arte Umění*** *(B3, **38**):* Goethova Stezka 6. Aperto tutti i giorni eccetto lunedì dalle 9 alle 12 e dalle 13 alle 17. Esposizione di una piccola ma interessante collezione d'arte ceca del XX secolo.

★ ***Karlovarské Muzeum*** *(B3, **39**):* Nová Louka 23. Aperto dalle 9 alle 12 e dalle 13 alle 17. Chiuso lunedì e martedì. Entrata: 30 Kčs. Storia, archeologia ed ecologia nel programma della visita.

★ ***Museo Jan Becher*** *(A2, **40**):* Masaryka 57. Aperto tutti i giorni dalle 9 alle 17. Entrata: 100 Kčs. Per sapere tutto sul celebre liquore digestivo *Becherovka* distillato da 200 anni. Visita delle cantine.

Da fare

➢ ***Punto panoramico Diana*** *(A3, **36**):* passeggiata a partire dall'*Hotel Pupp*. Salita di 1,5 km attraverso i boschi per dominare dall'alto la stazione. Tutti i giorni, dalle 9 alle 18, possibilità di prendere una funicolare (*A-B3, **2**;* salita in circa 6 min.). In cima, il ristorante *Diana* e una torre d'osservazione (accesso dalle 9 alle 18; biglietto d'entrata un po' caro). Bellissimo panorama sulla città. Scendete a piedi seguendo il sentiero che arriva allo *Jelenní skok* (il salto del Cervo; *B3, **37***). Un cervo di bronzo (in realtà si tratta di un camoscio) su una roccia, simbolo della leggenda sulle origini della città.

Acquisti

Il corso Stará Louka è il più frequentato ma anche il più caro. Negozi eleganti.
– ***Cristallo di Boemia:*** molti negozi su Stará Louka e J. Palacha nábř. Grande scelta di bicchieri, caraffe, vasi ecc. Sulla strada di Cheb, nel vil-

laggio di Dvory, girate a sinistra al primo incrocio dopo la stazione di servizio *Paramo*. Visita della fabbrica in gruppi di almeno 10 persone, da lunedì a venerdì dalle 9 alle 13. Entrata a pagamento. C'è anche una bellissima esposizione gratuita di bicchieri e un negozio che pratica purtroppo gli stessi prezzi che in città. Aperto da lunedì a venerdì dalle 8 alle 17, sabato dalle 9 alle 15. Chiuso domenica. Fondata nel 1892, la fabbrica acquisì rapidamente fama internazionale e ricevette la denominazione di «vetreria reale».

– ***Kalĭsek:*** come ricordo potete comprare uno di questi strani boccali per bere l'acqua termale, muniti di un beccuccio di porcellana.

– ***Oplatkys:*** si usa mangiare questi piccoli wafer mentre si beve acqua della sorgente.

– ***Becherovka:*** dall'inizio del XIX secolo la «tredicesima sorgente» della città sgorga... in distilleria, nella fabbrica Becher. Ben diciannove piante entrano nella composizione di questo liquore.

Manifestazione

– ***Festival del Film:*** inizio luglio.

LOKET

PREF. TEL.: 0168

Villaggio situato a 10 km sulla strada di Cheb con una roccaforte arrampicata su una rupe circondata dal fiume Ohře. Quest'ultimo forma un gomito (*loket* in ceco) cha ha dato il nome alla località. Elegante piazza principale sviluppata in lunghezza intorno a una colonna della Trinità che avrebbe bisogno di una bella ripulita.

Come arrivare

➢ ***In pullman:*** una dozzina di partenze al giorno in settimana da Karlovy Vary, meno durante il week-end.

➢ ***A piedi:*** 15,5 km di sentieri segnalati costeggiano l'Ohře con partenza da Karlovy Vary.

Indirizzi utili

■ ***Infocentrum:*** Kostelni 4. ☎ 68-41-23. • infoloket@volny.cz • Aperto da martedì a domenica dalle 10 alle 12 e dalle 13 alle 17.

■ ***Goethe Tour:*** Radnični 1. ☎ 68-44-24. L'agenzia si trova nei locali del municipio. Aperta dalle 9 alle 12 e dalle 13 alle 17. Ottima accoglienza, informazioni sul villaggio, l'alloggio e organizzazione di escursioni.

Dove mangiare

I●I C'è poca scelta: vi consigliamo di ripiegare sui ***ristoranti Goethe*** (☎ 68-41-84; specialità di bistecche da 150 a 250 Kčs) e ***Actus*** (☎ 68-41-03; piatto del giorno a 99 Kčs), qualche isolato dopo il primo indirizzo.

Da vedere

★ ***Roccaforte:*** restaurata nel 1992. Aperta da aprile a ottobre tutti i giorni, eccetto lunedì, dalle 9 alle 11.30 e dalle 13 alle 16.30; da novembre a marzo dalle 9 alle 15.30. Entrata: 100 Kčs. Visite guidate in inglese. Fondamenta romaniche del XII secolo. Il castello è stato rimaneggiato nel XIV e nel XIX secolo. Fu utilizzato (troppo) spesso come prigione fino al 1947. Interessante modellino di un meteorite di 107 kg. Bella collezione di porcellane del XIX secolo.

★ ***Piccolo museo di porcellane antiche:*** nel municipio. Aperto dalle 10 alle 14. Esposizione di numerosi boccali termali.

CHEB

PREF. TEL.: 0166

Cheb (Eger in tedesco) ha conservato una fisionomia medievale praticamente intatta e, almeno per il momento, il centro storico non è stato sfigurato dagli speculatori immobiliari. La città, importante centro tessile, entrò nella storia nel 1634 quando Albrecht di Wallenstein, generalissimo dell'esercito imperiale, vi fu assassinato. L'avvenimento storico inspirò a Schiller la trilogia drammatica *Wallenstein*, scritta durante un soggiorno a Cheb. La città si dichiarò pro-tedesca negli anni trenta del Novecento, motivo per cui la popolazione germanofona che vi risiedeva fu espulsa dopo il 1945.

Come arrivare

➢ ***In macchina:*** da Karlovy Vary prendete la strada nazionale n. 6.
➢ ***In pullman:*** da Karlovy Vary 12 partenze circa al giorno in settimana, un po' meno durante il week-end. Da Praga, 8 partenze al giorno via Plzeň. Calcolate 4 ore di tragitto.

Indirizzi utili

ℹ ***Centro d'informazione culturale e turistico:*** Krále Jiřího z Poděbrad náměstí 33. ☎ 42-27-05. Fax: 43-43-85. • meucheb@ceznet.cz • www.mestocheb.cz • Sulla piazza centrale. Aperto da lunedì a venerdì dalle 8.30 alle 17, sabato dalle 9.30 alle 14.30, domenica dalle 9.30 alle 12.30. Informazioni sulla città, possibilità di prenotare un alloggio. Visite guidate in inglese. Vendono anche una *Cheb Card* a 100 Kčs che permette di combinare la visita del castello, della galleria e del museo.

■ ***Banca con sportello automatico:*** *Bancomat ČS* sulla piazza centrale.

LA BOEMIA

Dove dormire

Gli alberghi sono abbastanza cari ma fortunatamente ci sono dei campeggi.

⛺ ***Autokemping Drenice:*** su Jesenicka přehrada. ☎ 315-91. Uscendo dalla stazione dirigetevi a sinistra, girate ancora una volta a sinistra dopo 50 m, passate sotto il ponte e proseguite sempre diritto per 2 km.

L'ambiente del campeggio situato sulle rive di un lago vi ricompenserà della lunga camminata. Possibilità di alloggiare in bungalow.

⩓ ***Karel:*** sempre su Jesenicka přehrada. ☎ 303-09. Campeggio simile al precedente, ma a 6 km dal centro.

☗ ***Ostello della Gioventù:*** Židovská 7. A 50 m, a sinistra scendendo dalla piazza centrale. Camere da 300 a 400 Kčs. Ostello nuovo e pulito. Buona accoglienza.

Dove mangiare

I ristoranti e le caffetterie intorno alla piazza principale sono abbastanza cari. Vi segnaliamo comunque tre indirizzi:

|●| ***Staročeská restaurace:*** Kammenná 1. ☎ 42-21-70. Nella parte bassa della piazza principale. Aperto dalle 11 alle 22. Menu del giorno a 119 Kčs. Buona qualità e prezzi ragionevoli. Assaggiate il «piatto del viandante».

|●| ***Radniční sklípek:*** Krále Jiřiho náměstí. ☎ 42-20-42. Aperto dalle 10 a mezzanotte. Se il tempo lo consente, accomodatevi nel delizioso spazio all'aperto sulla piazza principale. Cucina piuttosto banale. Serate danzanti tutti i giorni a partire dalle 21.

|●| ***Ristorante-pizzeria Giuseppe:*** una grande facciata bianca in una via perpendicolare alla parte alta della piazza (a destra nel senso della salita). Pizze fresche a partire da 100 Kčs, piatti di pasta a 80 Kčs e carne a meno di 200 Kčs. In fin dei conti perché non andare a mangiare in questo buon ristorante italiano per sfuggire all'offerta uniforme di una cucina insipida destinata ai vicini tedeschi? Arredamento sobrio e di buon gusto, muri color sabbia con affreschi abbozzati e una buona musica d'atmosfera. Antipasti vari. Servizio sorridente di giovani ragazze che indossano le aderenti polo rosse della casa.

Dove gustare buoni dolci

|●| ***Zapletal Pekařské Výrobky:*** Jateční 2. Una panetteria che dà sulla piazza. Aperta dalle 8 alle 18; domenica dalle 9 alle 18. Dolci buoni e possibilità di acquistare sandwich.

|●| ***Cukrárna Kapucín:*** Židovská 22. Pasticceria aperta da lunedì a venerdì dalle 7 alle 18, sabato dalle 8 alle 13, domenica dalle 11 alle 18. Quattro tavolini vi aspettano per riprendere le forze prima della visita del castello. Un locale veramente molto semplice.

Dove bere qualcosa

🍸 ***U Kata Žadovská:*** il locale giovane della città dove servono la birra meno cara dei dintorni: 16 Kčs per un boccale da mezzo litro! Biliardo e piccola ristorazione. Cameriere sexy.

Da vedere

★ ***Piazza centrale:*** di aspetto più germanico che slavo, è delimitata da graziose abitazioni medievali. La parte bassa, lo *Spalíček* («isolato di case»), è l'attrazione principale di Cheb. Bel complesso di case a graticcio del XV secolo che appartenevano a mercanti ebrei.

★ ***Chiesa di San Nicola (Sv. Mikuláš):*** eretta nel XIII secolo sul modello di una basilica romanica. Dimensioni imponenti.

★ ***Museo di Cheb:*** dietro allo Spalĭcek, nella casa dove fu assassinato Albrecht di Wallenstein. Aperto tutto l'anno dalle 9 alle 12.30 e dalle 13 alle 17. Chiuso lunedì. Entrata: 50 Kčs. Facciata rifatta. Esposizione di quadri e oggetti archeologici che illustrano la storia della città e della regione.

★ ***Galleria d'arte:*** al n. 16 della piazza centrale. Aperta tutto l'anno tutti i giorni dalle 9 alle 12 e dalle 12.30 alle 17. Esposizione di una ricca collezione consacrata principalmente all'arte ceca del XX secolo.

★ ***Castello:*** aperto in aprile dalle 9 alle 12 e dalle 13 alle 16, in maggio dalle 9 alle 12 e dalle 13 alle 17, in giugno, luglio e agosto dalle 9 alle 12 e dalle 13 alle 18, in settembre dalle 9 alle 12 e dalle 13 alle 17, in ottobre dalle 9 alle 12 e dalle 13 alle 16. Entrata: 30 Kčs. Chiuso lunedì. Anche se molto rovinato, questo castello sull'Ohře è uno dei più grandi di Boemia e merita una breve visita. La parte più interessante, la cappella dei Santi Erardo e Orsola, risale all'inizio del gotico ed è ben conservata. Ammirate le colonne di granito ognuna con una decorazione diversa. Dall'alto della torre Nera, bellissima vista sui tetti della città vecchia.

FRANTIŠKOVY LÁZNĚ (FRANZENSBAD) PREF. TEL.: 0166

Terza città termale della regione (meno frequentata delle altre), fu fondata nel 1793 e porta il nome dell'imperatore austriaco Francesco I che vi soggiornò. Le sue 25 sorgenti naturali sono raccomandate per il trattamento dei disturbi cardiovascolari, delle infezioni ginecologiche e delle malattie locomotorie. La sorgente più efficace, la «Glauber IV», possiede il tenore più elevato al mondo di solfato di sodio. Il parco e le foreste intorno garantiscono ai pazienti in cura (principalmente tedeschi) la necessaria tranquillità. L'atmosfera però è piuttosto deprimente: la località è frequentata in prevalenza da turisti della terza e quarta età il cui passatempo principale consiste nell'andare ad ascoltare le serenate della fanfara locale davanti al piccolo padiglione d'orchestra. Come se non bastasse, i bar ritirano i tavolini all'aperto alle 16.30. Si salvi chi può!

Arrivo

5 km a nord di Cheb. Parcheggio a pagamento obbligatorio all'entrata della città. Il centro è chiuso alla circolazione automobilistica.

Indirizzo utile

🛈 ***Městské informačni středisko Četur:*** Anglicka 5. Segnalato male; a sinistra arrivando. ☎ e fax: 54-22-10. Chiude alle 16.30. Informazioni sulla città e cambio.

Dove dormire

Gli alberghi sono cari. Scegliete piuttosto una pensione o l'*Autocamp Amerika*.

Autocamp Amerika: sito per caravan. ☎ 54-25-18. Tutti i comfort, possibilità di alloggiare in bungalow.

Da vedere. Da fare

➢ Percorrete a piedi il ***centro città*** imperniato su un asse rettilineo formato dalla via più antica, la *Národní* (Nazionale), oggi principale arteria commerciale. Ammirate l'unità architettonica dell'insieme dichiarato monumento storico e protetto. Edifici con facciate neobarocche e Art nouveau.
– Assaggiate l'acqua di una delle ***sorgenti*** disseminate nei viali del parco.

★ Vicino alla sorgente Francesco, notate la ***statua del ragazzo con il pesce***, simbolo della città. Si racconta che le donne che toccano il ragazzo vedranno realizzarsi il loro desiderio di avere un bambino.

★ A sud-est, fermatevi davanti all'imponente *Hotel Imperial*, immerso nella natura, dove nel passato soggiornavano i dirigenti sovietici del Partito comunista. Brežnev in persona aveva qui una suite personale.

➢ *NEI DINTORNI DI FRANTIŠKOVY LÁZNĚ*

★ ***La riserva naturale di Soos:*** 6 km a nord-est di Františkovy Lázně. Uscendo dalla città, seguite i cartelli (ben indicata). Aperta tutti i giorni dalle 9 alle 18. Al di fuori di questa fascia oraria, l'accesso è libero e gratuito. Seguite il sentiero segnato da tondelli, così non dovrete ritornare sui vostri passi: si tratta infatti di un circuito completo. Si ritorna dalla strada. Riserva nazionale formata da una grande torbiera con vegetazione d'acqua salata e piccoli crateri da cui fuoriescono sbuffi di anidride carbonica. Si tratta di un fenomeno piuttosto raro in Europa centrale. Sul sito sono state catalogate 200 sorgenti, di cui alcune con piccoli geyser. Un posto molto interessante anche per gli ornitologi.

MARIÁNSKÉ LÁZNĚ (MARIENBAD) PREF. TEL.: 0165

Anche se gli annali confermano la conoscenza degli effetti terapeutici di queste sorgenti fin dal XIV secolo, la sorella minore delle città termali fu fondata solo all'inizio del XIX secolo. Costruita in una valle verdeggiante, la cittadina si distingue per la bellezza dell'ambiente naturale circostante. Costruzioni eclettiche e Art nouveau, alberghi arzigogolati e vasti parchi: tutti questi elementi coabitano qui armoniosamente. Il corso principale, il cui tracciato segue la configurazione del terreno, è l'unico grande asse nord-sud. La maggior parte degli edifici risale al XIX secolo. Sfortunatamente, un anno prima della loro caduta nel 1989, i burocrati hanno sfigurato il centro per costruire un complesso alberghiero. Il cantiere fu subito abbandonato, e la nuova amministrazione si chiese addirittura se non fosse meglio sostituire le costruzioni previste con dei giardini. Ma in mancanza di fondi i lavori sono stati bloccati, in attesa di nuovi finanziatori.
Nonostante questo buco enorme, Mariánské Lázně resta una delle città più piacevoli della Boemia. Il quartiere della Lázeňská kolonáda è impregnato di un'atmosfera romantica al limite della malinconia.

Un po' di storia

La prima analisi chimica dell'acqua di Marienbad fu effettuata nel 1606 da un medico e fisico di nome Michael Raudenius, il quale constatò la presenza di tracce di *materia vitrioli* mischiate a idrogeno solforato, e ne dedusse virtù eccellenti per il metabolismo.
Dopo di allora numerose personalità vennero qui per curarsi. Il personaggio più celebre, Goethe, si prescrisse un trattamento supplementare: a 72 anni, visse la sua ultima storia d'amore con Ulrika, una fanciulla di 17 anni. Gli scrittori apprezzavano in modo particolare Marienbad: Turgenev venne a cercare ispirazione, Gogol tracciò il piano delle *Anime morte* e Gorki vi apprese la morte di Lenin. Dostoevskij, Kipling, Mark Twain e Zweig si concessero un soggiorno di riposo in questo paradiso. Ma tra i celebri visitatori figurano anche molti musicisti: Chopin, Beethoven, Wagner, Weber, Liszt, Strauss, Dvořák; e ancora, Kafka, lo scià di Persia... Edoardo VII d'Inghilterra vi fece realizzare il primo terreno da golf nel 1905.
A proposito, non mettetevi alla ricerca dell'ombra di Delphine Seyrig: *L'Anno scorso a Marienbad* non è stato girato qui. Il titolo di questo magnifico film di Alain Resnais fu scelto in base alla «sonorità letteraria» e al potere evocativo del nome Marienbad.

Come arrivare

➢ ***In macchina:*** 2 ore di strada da Praga.
➢ ***In treno:*** 7 treni al giorno da Praga. 3 ore di tragitto.
➢ ***In pullman:*** sconsigliato il tragitto in partenza da Praga; in compenso, ci sono 15 partenze da Cheb (durata del viaggio: 30 min.).

Indirizzi utili

ℹ ***Infocentrum*** *(A1):* Hlavní třída 47. ☎ 62-24-74. Fax: 62-58-92. • rfm@iol.cz • www.marianskelazne.cz • Aperto tutti i giorni dalle 9 alle 18. Tutte le informazioni sulla città, servizio di prenotazioni, cambio, internet (80 Kčs per 1 ora) ecc.
■ ***City Service*** *(A2): Dopravní Podnik*, in un padiglione di lamiera piuttosto brutto di fronte all'*Hotel Excelsior*. ☎ 62-42-18 e 62-38-16. Aperto da lunedì a venerdì dalle 8 alle 17, sabato dalle 9 alle 16, domenica dalle 10 alle 14. Piantine, informazioni sugli alberghi e le camere.
■ ***Banche con sportelli automatici:*** sulla via principale; *IPB Banka* vicino all'*Hotel Palace* e all'*Hotel Polonia*.

Dove dormire

Vi indichiamo i prezzi praticati in alta stagione ma sappiate che in bassa stagione potete sottrarre il 30%.

Campeggio

⛺ ***Autocamping Luxor*** *(fuori pianta da A4, **11**):* Mar. Lázni ul., Velka Hled'sebe. ☎ 35-04. Fax: 20-58. 4 km a sud-ovest della città. Dal centro, filobus n. 6 (direzione Velká Hled'sebe), poi 1 km di strada a piedi. Aperto da maggio a settembre. Posti per tende e roulotte, possibilità di alloggiare in bungalow.

Prezzi economici

Junior Hotel Krakonoš *(fuori pianta da B2, 12):* Krakonoská ul. ☎ 62-26-24. Fax: 62-23-83. • krakonos.ml@iol.cz • A 3 km dalla stazione. Prendete l'autobus n. 12 nella via principale, di fronte all'*Hotel Excelsior*. Partenze ogni due ore. Una specie di Ostello della Gioventù in una superba dimora. 250 posti-letto. Camere da 2, 3 e 4 letti con o senza doccia. Sconti per studenti su presentazione della tessera internazionale.

Prezzi medi

Hotel-residence Omega *(A1-2, 13):* pasáž Omega. Hlavní třída 650/36a. ☎ 20-45-31. Fax: 62-20-60. In un cortile che dà sulla via principale, sopra un ristorante italiano. Piccoli appartamenti (angolo cucina, doccia) arredati con moltissimo gusto. 1900 Kčs per notte per due persone; tariffe a scalare a partire da due notti.

Hotel Polonia *(A1, 14):* Hlavní třída 50. ☎ 62-24-52. Fax: 62-47-87. Uno degli alberghi meno cari della via principale: calcolate 1700 Kčs per due persone. Spesso al completo, vi accolgono in modo alquanto sgradevole se non avete prenotato prima. Bell'edificio con interni banali.

Hotel Helga *(A1, 15):* Trebízského ul. 428/10. ☎ 62-04-33. Fax: 62-62-41. Doppie a 2200 Kčs circa. Alla fine dell'arteria principale, in una via parallela. Tranquillità assoluta. Grande casa color ocra e bianco. Possibilità di parcheggiare nel cortile. Piacevole giardino con tavolini e sedie. Camere con frigobar, TV e radio. Chiedete la n. 5, che ha un balcone molto grande. Buona accoglienza.

Più chic

Hotel Excelsior *(A2, 16):* Hlavní třída 121. ☎ 62-27-05. Fax: 62-53-46. Doppie a 3600 Kčs circa. Uno degli alberghi a 4 stelle più abbordabili della città scorso. Bella facciata dell'inizio del secolo. Camere impeccabili graziosamente arredate. Sceglietene una con la doccia, quelle con la vasca sono molto più care. Sauna, massaggi e due ristoranti di cui uno in stile 1900. Ottima accoglienza. Il nostro indirizzo preferito nella categoria di alto livello.

Hotel Bohemia *(A2, 17):* Hlavní třída 100. ☎ 62-32-51. Fax: 62-29-43. Calcolate 3300 Kčs circa per una camera doppia. L'edificio, costruito nel 1904, propone camere

■ Indirizzo utile

Infocentrum

Dove dormire

11 Autocamping Luxor
12 Junior Hotel Krakonoš
13 Hotel-residence Omega
14 Hotel Polonia
15 Hotel Helga
16 Hotel Excelsior
17 Hotel Bohemia

Dove mangiare

21 Moravská Restaurace
22 Český Dvůr
23 Ristorante Classic
24 Restaurace Zlatý Sklípek
25 National Restaurant U Zlaté Koule

Dove bere qualcosa. Dove andare la sera

26 Evergreen Club

★ Da vedere

31 Colonnato Lázeňská
32 Městské muzeum
33 Nové Lázné (le Nuove Terme)
34 Casa di Fryderyk Chopin
35 Galleria Fryderyk
36 Miniaturpark

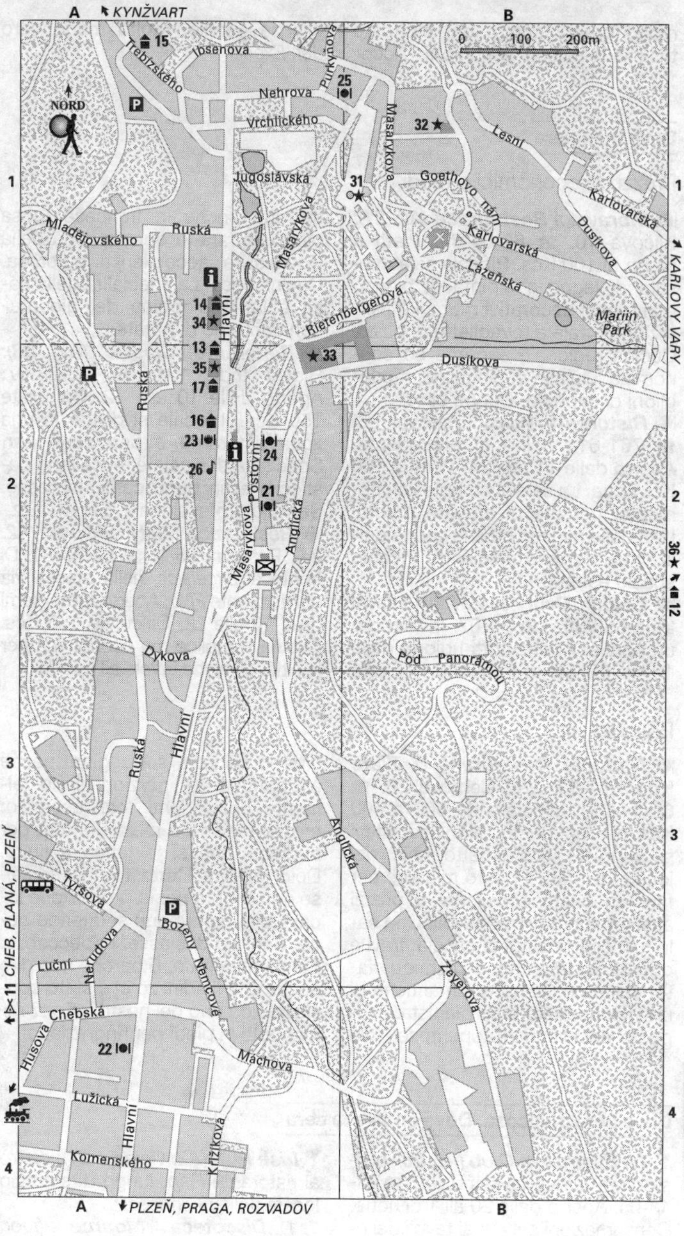

MARIÁNSKÉ LÁZNĚ (MARIENBAD)

molto grandi con bagni piuttosto tristi e televisori vecchiotti. Accoglienza gentile. Molto meno caro dell'*Excelsior*.

Dove mangiare

Prezzi da economici a medi

|●| ***Moravská Restaurace*** *(A2, **21**):* Kličova 10. ☎ 62-04-82. Piatti a meno di 100 Kčs. Piccola sala rivestita di legno e dipinta di bianco con motivi decorativi moravi d'ispirazione rurale e tovagliette di pizzo. Cucina regionale saporita ed economica. Gulash di cinghiale, medaglioni di capriolo. Buone birre.

|●| ***Ristorante Filip:*** Postovni 96. ☎ 761-61. Vicino al precedente. Aperto dalle 11 alle 24. Piatti a 100 Kčs circa. La sala si riempie velocemente, cercate di arrivare presto. Una delle migliori cucine ceche della città. Servizio efficiente. Piccolo spazio esterno.

|●| ***Český Dvůr*** *(A4, **22**):* Hlavní třída 650/36a. ☎ 34-07. In fondo a un cortile. Aperto tutti i giorni dalle 10 alle 22. Molto frequentato. Carta tradotta anche in francese (cosa piuttosto rara in questa zona della Boemia) e accoglienza calorosa. Cucina ceca. La specialità della casa è la «scaloppina del gigante» con contorno di patate.

|●| ***Ristorante Classic*** *(A2, **23**):* Hlavní třída 131. ☎ 62-28-07. Aperto dalle 10 alle 12. Calcolate 150 Kčs. Il locale si divide in una zona ristorante e una zona bar. Specialità di insalate, eccellenti pasticcini e un buon caffè espresso. Servizio professionale. Serate jazz.

|●| ***Restaurace Zlatý Sklípek*** *(A2, **24**):* Poštovni 55/1. ☎ 62-39-24. Di fronte all'*Excelsior*, nella stessa via del ristorante *Filip*. Aperto tutti i giorni dalle 10 alle 22. Calcolate 150 Kčs. Cucina semplice ma economica per la città. Qualche tavolo all'aperto.

Più chic

|●| ***National Restaurant U Zlaté Koule*** *(A-B1, **25**):* Nehrova 26. ☎ 62-44-55. Calcolate da 500 a 600 Kčs per un pasto. Non lasciatevi scoraggiare dall'aspetto chic del locale: è infatti il posto migliore per fare un pasto eccellente a prezzi assolutamente ragionevoli. Una sala rustica (incisioni di caccia, travi e oggetti da mercatino d'antiquariato) cullata dalle note romantiche di un violoncellista e un pianista. Proposte eccellenti e appetitose: *foie gras* in padella, selvaggina, pesce alla giudea. Le porzioni sono talmente abbondanti (per esempio: mezzo fagiano o mezza anatra per persona) che si fa fatica a finire. Dolci raffinati. Certo, i vini sono cari se non si opta per la produzione locale, che comunque si difende bene. Servizio di classe, impeccabile, per niente rigido. E perché non dire anche che l'indirizzo ci è stato consigliato da uno dei nostri lettori? Allora, tutti in piedi per ringraziarlo!

Dove bere qualcosa. Dove andare la sera

🍸 ♪ ***Evergreen Club*** *(A2, **26**):* al ristorante *Jalta*, Hlavní třída 42. ☎ 62-43-05. Aperto dalle 20 all'1 di notte. Consumazioni servite ai tavoli del ristorante. Pista da ballo in fondo alla sala. Un disc-jockey fa ballare una clientela mista in un'atmosfera alla buona. Prezzo d'entrata minimo.

🍸 ***Irish Pub*** *(A2, vicino a **21**):* dietro al ristorante *Filip*, luogo di smercio locale della *Guinness*.

🍸 ♪ ***Discoteca Monroe*** *(fuori pianta da A4):* nel centro commerciale *Dilen Kollárova*, 2 km a sud-ovest del centro. ☎ 62-54-82. Discoteca classica.

Da vedere. Da fare

★ ***Colonnato Lázeňská*** *(ex Maksim Gorki; B1, **31**):* l'epicentro della città, molto lungo e armonioso, incurvato a banana. Immensa struttura metallica nello stesso stile delle Halles parigine di Baltard. Frontone principale bellissimo e decorazione molto ricca. Le sorgenti si trovano nel colonnato. Vi consigliamo di assaggiare l'acqua (calda o fredda, a seconda dei gusti): non è per niente male. Ci sono due stabilimenti aperti dalle 6 alle 18. Possibilità di noleggiare un boccale per l'acqua. Lo spettacolo della gente che vaga sorseggiando l'acqua salvifica in queste strane scodelle con un beccuccio di porcellana è veramente divertente.
In fondo al colonnato c'è una *fontana* moderna con un balletto di getti d'acqua e musica classica ogni ora per 5 min. circa, ma solo in alta stagione. I grandi giardini a terrazza e le piacevoli passeggiate completeranno la vostra cura.

★ ***Piazza Goethe:*** dietro al colonnato. Molto pittoresca con i suoi stabilimenti balneari nel più puro stile rococò che si sviluppano ad anfiteatro in una bella orgia di colori.

★ ***Městské muzeum*** *(B1, **32**):* Goetha náměstí 11. Aperto dalle 9 alle 12 e dalle 13 alle 17. Chiuso lunedì, martedì e in gennaio e febbraio. Entrata: 40 Kčs. Un museo sulla storia della città e la balneologia installato nella casa che accolse gli ultimi amori di Goethe. Video in 7 lingue proiettato diverse volte al giorno.

– Se l'idea vi tenta, fate come il principe del Galles: concedetevi un bagno rilassante ai ***Nové Lázně*** *(le Nuove Terme; A2, **33**)*, all'angolo di Anglická e Reitenbergerova. L'entrata è abbastanza cara ma l'arredamento è sontuoso. Ogni cabina ha una decorazione unica. Potete anche fare un bagno nell'acqua minerale della «cabina reale» di Edoardo VII. Un po' di acquaterapia non può certi farvi male prima della visita di Plzeň. Possibilità di fare un biglietto forfetario per mezza giornata o una giornata intera. Prenotazione alla reception. ☎ 64-41-11. Fax: 64-40-44. Aperto in alta stagione da lunedì a venerdì dalle 7 alle 15, sabato dalle 7 alle 21. Chiuso domenica.

★ ***Casa di Fryderyc Chopin*** *(A1, **34**):* Hlavní třída 47. L'entrata si trova al primo piano. Aperto da metà maggio a fine settembre domenica e martedì dalle 14 alle 17. La casa dove il compositore polacco soggiornò per 3 settimane nell'estate del 1836 in compagnia di Maria Wodzinska. In una sala sono esposte le incisioni, le fotografie e i documenti dei luoghi visitati da Chopin in Boemia e alcune opere composte dal maestro. Nel salottino attiguo vengono organizzati dei recital di pianoforte. La casa ospita anche l'associazione Fryderyc Chopin che organizza ogni anno in agosto un festival consacrato al musicista.

★ Ritornando sui vostri passi potete fare una visita alla ***galleria Fryderyk*** *(A2, **35**)* molto apprezzata dagli amatori d'arte. ☎ 62-24-74. Aperta tutti i giorni dalle 11 alle 18.

★ ***Miniaturpark*** *(fuori pianta da B2, **36**):* Krakonos 665. ☎ 62-13-77. Su un'altura. Aperto dalle 10 alle 18. Entrata: 40 Kčs. Grazioso parco alberato con modellini in miniatura di alcuni monumenti delle città ceche. Il lavoro è veramente notevole, ma la visita sarà sicuramente più interessante quando la collezione si arrichirà di nuovi pezzi.

➢ Numerose possibilità di ***passeggiate nelle foreste*** dei dintorni.

➤ *NEI DINTORNI DI MARIÁNSKÉ LÁZNĚ*

★ ***Convento di Teplá:*** 12 km a est della città. ☎ 0169-92-264. Orari variabili a seconda del mese: generalmente è aperto dalle 9 alle 16.30. Chiuso in gennaio. Unicamente visite guidate: 40 Kčs in lingua ceca e 80 Kčs in lingua tedesca. Convento di premostratensi fondato nel 1193 da un ceco. A partire dal 1818 questa comunità religiosa cominciò a costruire la futura città di Marienbad. Il convento fu chiuso durante il regime comunista. L'esercito ceco, che lo utilizzò fino al 1978, è responsabile della demolizione arbitraria di alcuni edifici. I lavori di ristrutturazione sono in corso dal 1990 ma c'è ancora molto da fare. La chiesa abbaziale è un bell'esempio di transizione dal romanico al gotico, cosa che non ha impedito un rimaneggiamento radicale in stile barocco. Date un'occhiata alle reliquie e allo stallo del coro. Il monastero possiede anche una collezione mineralogica raccolta da Goethe. Ma il clou della visita è la biblioteca neobarocca con almeno quaranta cherubini lignei e ben 100 000 volumi! La metà delle opere sono in latino.

|●| Di fianco, *ristorante* aperto dalle 7.30 alle 22.

PLZEŇ — 172 000 ab. — PREF. TEL.: 019

80 km a sud-ovest di Praga, Plzeň è una città industriale celebre per le fabbriche *Škoda*, ma ancora di più per la birra, la *Pilsner Urquell*, considerata una delle migliori al mondo! Certo, la città non possiede le attrattive di Praga né quelle delle città termali. A prima vista, avrete l'impressione di un posto molto triste dove si vedono pochi turisti. Eppure è una tappa provinciale che merita una visita di un giorno, giusta ricompensa per tutti gli sforzi che fa per uscire dal suo grigiore. Il centro storico è un rettangolo da cui partono le vie che si incrociano perpendicolarmente. Numerose dimore con decorazioni a graffito.

Indirizzi utili

i ***Ufficio del turismo:*** Republiky náměstí 41. ☎ 703-27-50 e 51. Fax: 703-27-52. • www.plzen-city.cz/plzen • Di fianco alla chiesa di San Bartolomeo, vicino al municipio rinascimentale. Cartine, informazioni turistiche, cambio, prenotazione di alberghi, camere e campeggi. Servizio Internet. Vendono anche piccoli carnet (15 Kčs) che danno diritto a sconti in alcuni musei e ristoranti.

✉ ***Posta centrale:*** Solni 20. A due isolati dall'ufficio del turismo.

Dove dormire

Campeggi

Due campeggi a nord della città:

⛺ ***Autocamp Ostende:*** Společna 18. ☎ 52-01-94. A 3 km dal centro, sulla strada di Mostžatec. Per andarci prendete il tram n. 1 (direzione Bolevec) vicino alla posta; scendete alla fermata Studentská e all'incrocio prendete la via che scende, girate alla prima a sinistra, poi a destra e ancora a sinistra. Tariffe: 110 Kčs per la tenda e 80

Kčs per persona. Ottima accoglienza, posizione piacevole in riva a un lago.

⩓ **_Bilá Hora:_** 28 října 49. ☎ 53-49-05. 3 km a nord della città sulla strada per Zruč. Prendete l'autobus n. 39 in via Sady Pětatřicátníků e scendete al capolinea.

A EJPOVICE (12 KM DA PLZEŇ):

⩓ **_Autocamping u Jezera:_** Jezera ul. ☎ 0181-72-86-20. Sulla strada per Praga. Buona accoglienza, possibilità di mangiare sul posto al ristorante *Diana*.

Prezzi economici

– **_Camere presso privati:_** informatevi all'ufficio del turismo.

■ **_Ostelli della Gioventù:_** *Plzeň Hostel SOU č*, 4. Vejprinická 56. ☎ e fax: 28-64-43. Calcolate 165 Kčs per una notte. L'ostello più vicino, a 10 min. dal centro prendendo il tram n. 2 in direzione di Skvrňany. 80 posti-letto e ristorazione.

■ **_CKM:_** Dominikánská 1 (una via che dà su piazza Republiky). ☎ 723-69-09 e 722-10-06. Aperto da lunedì a venerdì dalle 8 alle 18. Chiuso nel fine settimana. Informazioni sugli Ostelli della Gioventù. Potete prenotare per telefono o direttamente sul posto.

Prezzi medi

Hotel Slovan: Smetanovy Sady 1. ☎ 722-72-56. Fax: 722-70-12. Doppie a partire da 750 Kčs. Bell'edificio in pieno centro con un parcheggio sul retro. Accoglienza diffidente e sgradevole. Insistete per vedere le camere: potrebbero addirittura dirvi che l'albergo è al completo! Chiedete una camera rinnovata (l'albergo viene ristrutturato a poco a poco).

Hotel Continental: Zbrojnická 8. ☎ 723-52-92. Fax: 722-17-46. A 5 min. a piedi da piazza della Repubblica. Parcheggio custodito. Possibilità di alloggiare in una camera con servizi igienici per 1460 Kčs. Un albergo dal fascino desueto. Una camera con doccia costa un bel po' di meno di una con vasca da bagno. Prima colazione con buffet vario e servizio molto premuroso. Il miglior rapporto qualità-prezzo della città.

Più chic

Hotel Victoria: Borská 19. ☎ 722-10-10. Fax: 27-66-21. Vicino alla stazione Jižni Předměstí. Doppie a 1800 Kčs. Un quartiere triste con tanti edifici in attesa di ristrutturazione. Posizione un po' rumorosa. Stranamente, ci sono solo divani-letto.

Hotel Central: Republiky náměstí 33. ☎ 722-67-57. Fax: 722-60-64. Doppie a 2400 Kčs circa. Il nome si addice perfettamente a questo albergo situato in pieno centro, di fronte all'impressionante cattedrale di San Bartolomeo. Piuttosto vecchiotto ma confortevole. Cambio, sauna, parrucchiere e sala di ginnastica. Un po' caro per la regione.

Dove mangiare

Nessun ristorante ci ha sorpresi positivamente. Vi indichiamo, comunque, qualche indirizzo sicuro.

Prezzi economici

|●| ***U Salzmannů:*** Pražská 8. ☎ 723-58-55. Una via che dà su piazza della Repubblica. Aperto tutti i giorni dalle 9.30 alle 23. Calcolate tra 100 e 120 Kčs. È sicuramente la birreria più animata della città. La carta propone 100 piatti diversi. Tovaglie con il marchio *Pilsner Urquell*, *of course*! Poco caro. Peccato che il personale sia tutt'altro che cordiale. Affittano anche camere.

Prezzi medi

|●| ***Na Spilce:*** Prazdroje ul. 7. ☎ 706-27-54. Fax: 706-27-03. Aperto dalle 10 alle 22; domenica dalle 11 alle 21. Entrate nel cortile della birreria *Pilsner Urquell:* il locale si trova infatti nella vecchia cantina di fermentazione. Il più grande ristorante del paese (può accogliere fino a 580 clienti!). 18 menu diversi, ma ci sono veramente troppi gruppi (una zona della sala è interamente riservata a loro).

|●| ***Erjo Kajetánka:*** aperto dalle 11 alle 24 (12 nel week-end). Calcolate 150 Kčs. Antiche cantine con soffitto a volta, *boiserie* dipinte di rosso e di nero, un ambiente vagamente medievale. Carne e polli alla griglia, piatti di salumi e insalate. Servizio sorridente.

Più chic

|●| ***Královská Vinárna Rosso:*** *Hotel Rosso*, Pallova 12. ☎ 22-64-73 e 22-72-53. Leggermente decentrato rispetto al centro storico. Aperto dalle 11.30 alle 23. Un edificio del XVI secolo interamente restaurato nel 1993. Sala abbastanza chic dove vengono servite alcune specialità francesi, tra cui la *bouillabaisse*. Bisogna dire che certi piatti, come il «coniglio alla senape di Digione», sono solo una pallida imitazione della ricetta originale. Eccessivamente caro per la zona, ma la cantina è molto bella.

Dove bere qualcosa. Dove andare a ballare

🍸 ***Eurocafé:*** Republiky náměstí 12. ☎ 732-99-99. Un'anticipazione sull'ingresso della Repubblica Ceca nell'Unione europea. La prova? Gli affreschi che decorano la sala di questo caffè-salone da tè: Vienna, Londra, Pisa, Parigi. Colori caldi, gelati buoni, crêpe e bevande alcoliche.

🍸 ***Club Dominika:*** Dominikánská 3. ☎ 22-32-26. Aperto dalle 11 a mezzanotte; domenica dalle 19 a mezzanotte. Il locale è frequentato da tutti gli studenti della zona. Musica rock forte che non riesce comunque a coprire il rumore delle conversazioni animate. Non esitate a sedervi intorno a uno dei tavoli rotondi particolarmente propizi agli scambi di idee. Atmosfera simpatica e rilassata. Ristorazione leggera.

🍸 ***Pivnice U Zumbery:*** Bezručova 14. Un locale dove si viene soprattutto per bere (birra), anche se è possibile mangiare. Molto animato, frequentato da giovani cechi. Ambiente popolare.

🍸 ♪ ***Night-club Hotel Continental:*** nel seminterrato dell'albergo. Aperto dalle 21 alle 4 del mattino. Atmosfera felpata. Un posto dove potete venire a mangiare qualcosa la sera tardi o a ballare. Animato soprattutto nel fine settimana.

Da vedere

★ ***Republiky náměstí*** *(piazza della Repubblica):* presenta alcuni edifici interessanti come il palazzo del municipio in stile rinascimentale e alcune facciate Art nouveau. Al centro, la *cattedrale di San Bartolomeo* con la torre più alta di Boemia (102,26 m). Potete salire i 301 scalini tutti i giorni dalle 10 alle 18; ultima salita alle 17.20. Biglietto di entrata simbolico.

★ ***Museo della Birra:*** Veleslavínova 6. A due isolati da piazza della Repubblica. Aperto tutti i giorni dalle 10 alle 18. Entrata: 60 Kčs; riduzioni. In una casa medievale. Oggetti e documenti sulla fabbricazione e il consumo di birra nel passato: ricordi della corporazione dei birrai, attrezzature dei vecchi locali, ricostruzione di una locanda del XIX secolo e di una malteria. Notevole collezione di bottiglie da birra. Una sala è consacrata alle attrezzature dei laboratori di fabbricazione di birra. Antica ghiacciaia. Un museo appassionante, da visitare!

★ ***Birreria Pilsner Urquell:*** Prazdroje ul. 7. ☎ 706-28-88. Sulla strada di Praga, in una curva all'uscita della città. Aperto dalle 8 alle 16 in estate; dalle 8 alle 13 nel fine settimana. Se non siete in gruppo vi consigliamo di venire alle 12.30; al di fuori di questo orario è piuttosto difficile riuscire a unirsi a un gruppo per la visita. Entrata: 70 Kčs. Imponente porta neorinascimentale all'entrata di questa fabbrica creata nel 1842. Da allora, i birrai di tutto il mondo cercano di imitarne la birra. La visita di un'ora comprende la presentazione di un video e la visita della fabbrica e delle cantine scavate nella roccia. Degustazione finale compresa nel prezzo.

★ ***Sotterranei:*** Perlová 4/6. ☎ 722-52-14. Aperta dalle 9 alle 17. Chiusi lunedì. Ultima partenza alle 16.20. Prezzo: 35 Kčs. Solo visite guidate in ceco, inglese o tedesco (durata da 30 a 40 min.). All'entrata potete consultare una brochure con le spiegazioni. Se siete freddolosi vi consigliamo di portare un maglione di lana. Un dedalo di cantine, passaggi e pozzi. Esposizione di oggetti domestici lungo tutto il percorso.

★ ***Grande sinagoga:*** Pětatřicátníku sady. Aperta da lunedì a venerdì e domenica dalle 11 alle 17. Entrata: 30 Kčs. Una delle sinagoghe più grandi d'Europa che può accogliere fino a 2000 persone. Costruita nel 1892 dalla comunità ebraica della città, è in attesa da diversi anni di importanti lavori di restauro (l'amministrazione comunista se ne è sempre disinteressata). Purtroppo, rischia di attendere a lungo a causa della mancanza di fondi.

★ ***Museo della Boemia occidentale (Západočeské muzeum):*** Kopeckého sady 2. Aperto dalle 9 alle 17. Chiuso lunedì. Edificio eclettico che ospita un arsenale (armature superbe) e alcune collezioni sulla storia della regione non particolarmente interessanti, a parte la sezione sugli anni 1940-1945 e il periodo comunista. C'è anche un piccolo museo etnografico. Visita non indispensabile.

DOMAŽLICE

PREF. TEL.: 0189

Piccola cittadina tra Plzeň e Klatovy che in passato fu città reale della Boemia occidentale. Merita una tappa. Le fortificazioni furono costruite da Ottocaro, che regnava nel 1266. La regione di Domažlice era anche quella dei Chod, una stirpe slava incaricata di vegliare sulla sicurezza delle strade commerciali tra la Baviera e la Boemia in cambio di alcuni privilegi. Nel XVII secolo, la revoca di tali privilegi fu all'origine di una sanguinosa rivolta chodita.

Indirizzi utili

Ufficio del turismo: piccolo ufficio sotto i portici abbinato a un negozio di noleggio di videocassette.

■ **Banca:** sportello automatico presso la *IPB Banka* di fronte alla chiesa.

Dove dormire. Dove mangiare

Ostello della Gioventù: Domov Mládeže. Obchodní-akademie. Boženy Němcové 116. ☎ 72-23-86. 96 posti-letto in un edificio ocra del XIX secolo un po' decrepito.

Hotel Koruna: Staška 69. ☎ 22-79. Calcolate 350 Kčs per notte. Piccolo ed economico.

Caffè Pension: una facciata bianca e blu in una via perpendicolare alla piazza principale, praticamente di fronte al portale della chiesa. Cucina locale e nordica a prezzi modici.

Da vedere

★ **Náměstí Míru:** immensa piazza al centro della città, che misura ben 500 m di lunghezza. Vi si accede tramite una porta situata sotto una torre di difesa (Dolní brána) con un piccolo campanile. La piazza ha conservato una bella armonia con una successione di portici e case con pignoni, come una merlatura leggermente guastata dalla presenza delle antenne della televisione.

★ **Chiesa della Natività della Vergine:** di fronte al palazzo del municipio rinascimentale, è praticamente impossibile non vedere la torre barocca alta 56 m. All'interno, un sorprendente altare rotondo in trompe-l'oeil. Bella lavorazione dei soffitti dipinti.

★ **Museo del castello dei Chod:** ben ristrutturato dopo un incendio, con una torre (possibilità di salire in cima) e alcune sale che illustrano la storia della stirpe slava dei Chod e la turbolenta storia della città. Bei pezzi d'artigianato. Caffetteria con eccellenti insalate.

KLATOVY

PREF. TEL.: 0186

Città storica che subì una ricattolicizzazione forzata dopo lo scisma hussita, Klatovy possiede una grande piazza delimitata da abitazioni barocche e gotiche. Due torri una di fronte all'altra: una bianca e l'altra nera. Punto di partenza ideale per visitare la Selva boema.

Come arrivare

La città è 41 km a sud di Plzeň.

➢ **In macchina:** accesso con la E53.

➢ **In pullman:** 5 partenze quotidiane da Plzeň. 1 ora di tragitto.

Indirizzo utile

🛈 ***Agenzia Pergolia:*** Míru náměstí 63. ☎ 235-15 e 205-40. Fax: 251-56. Nella parte alta della piazza principale. Aperta dalle 9 alle 12 e dalle 13 alle 17. Agenzia privata, alquanto dinamica, che fornisce informazioni sulla città e la regione della Šumava. Prenotazione di alberghi e cambio.

Dove mangiare

|●| ***Ristorante Tep:*** Randova. Al secondo piano di una casa d'angolo della grande piazza, dando le spalle alla torre nera; entrata sul lato. Aperto tutti i giorni dalle 10 alle 22. Calcolate 350 Kčs per un pasto. Arredamento falsamente chic di buona qualità. Cucina regionale ben preparata per quanto riguarda gli ingredienti carne e pesce ma orribilmente pesante nei contorni: patatine fritte + crocchette di patate + riso, il tutto presentato nello stesso piatto! Un colpo mortale per la linea. Dopo un'esperienza così, non mangerete più niente per due giorni.

Da vedere

★ ***Farmacia barocca:*** Okresni muzeum, Hostašova 1. Su Míru náměstí (la piazza principale), riconoscibile dalla scritta «Lékárna» sopra la vetrina. Un orologio sulla porta indica l'ora della prossima visita. Chiedete di vedere il video con le spiegazioni. La farmacia «Al Liocorno bianco», oggi trasformata in museo, è stata in servizio dal 1738 al 1966. Ha conservato la decorazione barocca originale e permette di farsi un'idea precisa del lavoro di un farmacista nel XVIII secolo. Capitelli riccamente scolpiti, collezione di vasi di legno, vetro e gres bianco. Notate i vasi di porcellana decorati con il disegno del liocorno. In realtà, il corno del mitico animale non è altro che un dente di narvalo. Fatevi spiegare le proprietà dei vari prodotti. Per vostra informazione: ci sono solo altre tre farmacie simili a questa nel resto del mondo. Una visita memorabile!

★ ***Torre Nera:*** monumento principale della piazza, di fianco al palazzo del municipio, questa torre di guardia (1547-1557) deve il suo nome ai numerosi incendi di cui è stata vittima. Vista panoramica sulla città dall'alto dei suoi 81 m. Il lungo edificio scuro di fianco è l'antico convento dei gesuiti, destinato ad altre funzioni da quando i gesuiti furono cacciati dalla Boemia.

★ ***Chiesa della città:*** in stile gotico, presenta tre navate e una volta stupenda rimaneggiata nel XVI secolo in stile tardogotico. Splendido pulpito rococò.

★ ***Chiesa dei Gesuiti:*** di fronte alla torre Nera. Consacrata a Sant'Ignazio e all'Immacolata Concezione. Perla dell'arte barocca con affreschi della cupola in trompe-l'oeil. Visita delle catacombe. Aperta dalle 9 alle 12 e dalle 13 alle 17 (16 in inverno). Entrata: 40 Kčs, biglietto combinato con quello per la torre Nera. Visione di macabre mummie di prelati e notabili locali, rinsecchite dall'aria filtrata naturalmente e con le facce contorte in orrende smorfie. Alcune sono coperte da un tessuto che nasconde pudicamente quel che resta dell'anatomia intima. Lugubre!

➤ *NEI DINTORNI DI KLATOVY*

★ ***Sušice:*** 28 km a sud-est di Klatovy. Questa località ospita dal XIX secolo numerose fabbriche di fiammiferi. La principale, la *SOLO*, è la più importante d'Europa.

– ***Muzeum Šumavy:*** Svobody náměstí 2. Aperto da maggio a ottobre da martedì a sabato dalle 9 alle 17, domenica dalle 9 alle 12. Pausa pranzo dalle 12 alle 12.45. Museo della foresta di Šumava (Selva boema), in una ricca dimora borghese del XV secolo. L'interesse principale risiede nell'esposizione che spiega la fabbricazione dei fiammiferi. Collezione unica e magnifica di scatole di fiammiferi!

– LA BOEMIA MERIDIONALE –

LA ŠUMAVA

PREF. TEL.: 0186

La Šumava (Selva boema), a cavallo tra Boemia occidentale e meridionale (da Domažlice a Vyšší Brod), è una catena montuosa di medio-bassa altitudine che si estende per 140 km circa lungo la frontiera tedesca e austriaca. Questo territorio fu zona morta durante i 40 anni di comunismo, perché l'esercito cecoslovacco vi aveva stanziato le sue truppe in previsione di un attacco del «nemico imperialista». L'intera superficie di 685 km^2 è stata dichiarata *Parco nazionale della Šumava* nell'aprile del 1991. Attualmente, la principale priorità consiste nel preservare la natura. I villaggi della regione non rivelano grandi meraviglie ma la natura è superba e riposante.

Da fare

Passeggiate ed escursioni

➢ ***In macchina:*** visto il gran numero di possibilità, è praticamente impossibile selezionare alcuni itinerari precisi. Sappiate comunque che, a partire da Sušice, spostandovi leggermente verso est potete arrivare a *Vimperk* (castello rinascimentale), *Husinec* (villaggio natale di Jan Hus, riformatore della chiesa cattolica; la sua casa è aperta al pubblico dalle 9 alle 12 e dalle 13 alle 16) e *Prachatice* (antica città rinascimentale circondata da fortificazioni; sontuose decorazioni a graffito). Un'altra possibilità: costeggiate il *lago di Lipno* da ovest. Partite da *Nová Pec* e scendete fino a *Vyšší Brod* passando per *Zadní Zvonková*, *Vítův Kámen*, *Přední Výtoň* e *Loučovice*. Percorso piacevole attraverso una foresta di pini. Le strade sono molto strette, permettendo talvolta il passaggio di una sola macchina alla volta. Un percorso che consigliamo in particolare agli avventurosi, dato che ci sono poche indicazioni stradali.

➢ 1500 km circa di *sentieri turistici* (ben segnalati) attraversano la Šumava. Alcuni villaggi e frazioni, al limite della foresta, sono i punti di partenza delle camminate. L'altitudine media oscilla tra 800 e 1000 m. Alcune ascensioni possono essere fatte in seggiovia.

➢ Ci sono anche diversi sentieri accessibili al ***cicloturismo***.

➢ ***Boubín:*** la cima di questa montagna culmina a 1362 m. I pendii sono ricoperti dalla foresta vergine più estesa di Boemia. Una buona passeggiata per i camminatori più allenati. Sport nautici e pesca.

➢ ***Il lago della diga di Lipno*** è diventato uno dei centri di divertimento più frequentati. Lo specchio d'acqua lungo 44 km copre una superficie di 4870 ettari. Le sue rive poco inclinate permettono la balneazione. In estate, possibilità di escursioni in battello o su barche tradizionali. Per ottenere un permesso di pesca, informatevi presso gli uffici locali delle associazioni di pesca municipali.

PÍSEK

PREF. TEL.: 0362

Affascinante cittadina alle porte della Boemia meridionale risalendo il corso del fiume Otava. Il ponte di pietra del 1265, conservato nello stato originario, è uno dei più antichi dell'Europa centrale. Nel Medioevo qui si estraeva l'oro. Vi consigliamo di fare una tappa per visitare il Museo regionale. Lasciate la macchina nel parcheggio sull'altra sponda del fiume.

Indirizzo utile

Ufficio del turismo: Heydukova. ☎ 21-35-92. Aperto dalle 9 alle 18.

Dove mangiare

U Reinerú: dalla piazza, dando le spalle al museo, prendete il passaggio coperto sotto l'insegna «pizzeria» che sbocca su una piazza alberata; il ristorante è sulla destra. Aperto dalle 9 a mezzanotte. Piatti a 80 Kčs circa. Molti artisti e scrittori hanno frequentato questo locale all'inizio del XX secolo. Tavoli all'aperto con ombrelloni quando fa bello. Sala un po' buia. Cucina locale abbondante a prezzi ridicoli.

Da vedere

★ ***Museo regionale (Práceňské muzeum):*** in un'ala dell'antico castello. Aperto tutti i giorni dalle 10 alle 18. Entrata: 20 Kčs. Piccolo museo interessante che illustra la storia della regione, dalla preistoria fino alla rivoluzione di Velluto. Ricerca dell'oro, aspetti della pesca nel fiume. Industrie locali: fabbriche di birra, tabacco. I periodi nazista e comunista sono evocati in modo appassionante.

★ ***Riva sinistra:*** da notare, a valle del ponte, un simpatico edificio colorato. Finalmente qualcosa di diverso dai grigi casermoni popolari!

➤ *NEI DINTORNI DI PÍSEK*

★ ***Il castello di Zvikov:*** aperto in aprile e in ottobre solo nel fine settimana dalle 9 alle 12 e dalle 13 alle 15.30; da maggio a settembre, tutti i giorni dalle 9 alle 12 e dalle 13 alle 16.30; in ottobre e nei week-end dalle 9 alle 12 e dalle 13 alle 15.30. Entrata: 20 Kčs. Una delle innumerevoli proprietà della famiglia Schwarzenberg. Il castello, costruito nel Medioevo e rimaneggiato nel Rinascimento, sorge in un sito magnifico, arroccato 60 m sopra la confluenza dei fiumi Moldava e Otava, a nord di Písek. Già residenza reale della corte di Boemia, ha conservato il suo aspetto medievale e possiede un grazioso cortile interno con portici. Nella cappella del castello potrete ammirare alcuni preziosi affreschi di origine medievale.

★ ***Castello di Orlik:*** un po' più a nord del precedente. Bellissima strada per arrivarci. Aperto tutti i giorni in aprile dalle 9 alle 16, da maggio ad agosto dalle 9 alle 17, in settembre e ottobre dalle 9 alle 16. Entrata: 20 Kčs. Costruito nel XIII secolo sulle rive della Moldava, è diventato un castello lacustre in seguito alla costruzione di una grande diga. Rimaneggiato in stile neogotico nel XIX secolo, fa parte anch'esso del patrimonio della famiglia Schwarzenberg. Solo una parte dei tre piani è visibile: ammirate il sontuoso arredamento e una collezione di armi da guerra e trofei di caccia. Nella regione ci sono numerosi campeggi.

ČESKÉ BUDĚJOVICE

PREF. TEL.: 038

140 km circa a sud di Praga. Questa antica città reale fu nel XVI secolo la più potente della Boemia meridionale. Arricchitasi grazie al commercio del sale e alle miniere d'argento, si abbellì di numerosi monumenti. Ancora oggi possiede uno dei più bei centri storici della regione. È da qui che partì per Linz (Austria) il primo treno europeo (ma all'epoca i vagoni erano trainati dai cavalli!). Tutti gli amanti della birra sanno che qui viene fabbricata la celebre *Budvar*.

Indirizzi utili

ℹ ***Ufficio del turismo:*** Přemysla Otokara II náměstí. ☎ 680-24-40 o 635-94-80. • www.jiznicechy.cz/uk/index.htm • Nella piazza centrale, sotto il municipio. Aperto da lunedì a venerdì dalle 9 alle 18, sabato dalle 9 alle 16, domenica dalle 10 alle 16. Cartine, informazioni turistiche, prenotazione di alberghi, campeggi o camere. Personale molto disponibile. Terminale interattivo nel corridoio.

✉ ***Posta:*** a due isolati dalla piazza principale. Prendete via Karla IV e girate a sinistra dopo il fiume.

■ ***Banca con sportello automatico:*** *SMV Banka*, sotto i portici, vicino al municipio.

Stazione ferroviaria e stazione dei pullman: le due stazioni sono vicine, su Nádražní. Treni per Praga, Plzeň, Jihlava, Linz. Numerosi pullman per Praga, Český Krumlov ecc.

Dove dormire

Campeggi

Camping Dlouha Louká: Stromovka 8. ☎ 721-06-01. A sud-ovest della città, in direzione di Český Krumlov. Autobus n. 3 (all'uscita della stazione, sul marciapiedi di fronte); scendete dopo due fermate e prendete l'autobus n. 6; potete anche prendete l'autobus n. 16 (all'uscita della stazione), diretto ma meno frequente. In periferia, in un ambiente verde. Confortevole. Possibilità di affittare bungalow, ma la pulizia non è sempre garantita.

Camping Hůrák: Hůrský Rybnik, a Rudolfov. ☎ 397-05. 4 km a est della città, sulla strada di Třeboň. Bungalow e un piccolo ristorante.

LA BOEMIA

Prezzi medi

Hotel Bohémia: Hradební 20. ☎ e fax: 636-06-91. Vicino alla Mlýnská stoka. Calcolate 1700 Kčs circa per una camera doppia. Belle camere soppalcate, bagni impeccabili. Chiedete una camera nella dépendance: sono più grandi per lo stesso prezzo. Buona accoglienza.

Hotel U Solné Brany: Radnĭcní ulice 11. ☎ 635-41-21. Fax: 541-20. Vicino alla piazza principale, molto tranquillo. Calcolate 1100 Kčs circa per due persone.

Più chic

Hotel Malý Pivovar: Karla IV 8/10. ☎ 731-32-85 e 731-32-86. Fax: 731-32-87. In una via che arriva alla piazza principale. Camere doppie con tutti i comfort a 2500 Kčs; molto spaziose, con travi a vista e grandi bagni. Arredamento raffinato. Ristorante, bar, organizzazione di escursioni su richiesta. Prima colazione-buffet servita nella splendida sala del ristorante (stoviglie di qualità, tovaglie, mazzi di fiori...). Il miglior rapporto qualità-prezzo della città.

Hotel Gran Zvon: Přemysla Otakara II náměstí 28. ☎ 731-13-84. Fax: 731-13-85. Sulla bellissima piazza. Calcolate 2900 Kčs circa per due. Questo albergo di alto livello, ottimamente situato, esiste dal 1533. Hall d'entrata e camerieri su ogni piano. Le camere sono comunque un po' deludenti rispetto al prezzo richiesto. Quelle che hanno una bella vista sulla piazza sono praticamente tutte delle suite. Sceglietene una nella categoria B, senza ascensore e nettamente più economiche (200 Kčs). Il bar e il ristorante (vedi oltre) sono più frequentabili.

Dove mangiare

Prezzi economici

U Pani Emy: Široká 25. ☎ 731-28-46. Aperto dalle 10 alle 3 del mattino. Andate nella sala in fondo, senza musica. Piatti dignitosi a prezzi buoni. Servizio senza fasti. La prima sala è molto fumosa.

Savoy: Dr. Stejskala 14. ☎ 635-03-93. Un po' spostato rispetto alla piazza principale. Potete scegliere tra il ristorante, la *Weinstub* o il bar. Bella carta di specialità ceche. La sala del ristorante non è molto allegra. Vi consigliamo di salire al bar al primo piano dove potete anche mangiare. Stile più moderno.

Masné Krámy: Krajinská 13. ☎ 326-52 e 379-57. In una delle vie che arrivano sulla piazza principale. Aperto dalle 10 alle 23. Uno dei ristoranti più popolari e animati della città, all'interno dell'antico mercato della carne del XVI secolo. Immensa hall d'entrata stile taverna e tante piccole sale a volta decorate di affreschi. Senza chiedervi niente vi portano subito mezzo litro di birra. Cucina regionale (pollame, pesce...) ma si tratta di un'autentica trappola per turisti! Andateci solo per bere qualcosa, evitate di mangiare: non è caro ma servono un cibo orrendo tipo sbobba da caserma. Servizio «menefreghista», nonostante la presenza di tantissimi camerieri. In più, anche l'atmosfera non è eccezionale.

Più chic

Ristorante Gourmet Symphonie del Grand Hotel Zvon: vedi «Dove dormire». Un ristorante molto ricercato. Sala con un'atmosfera ovattata e una vista eccezionale sulla grande piazza. Cucina di qualità, certo più cara che altrove, ma i prezzi restano comunque ragionevoli. C'è anche il ***Caffè-ristorante Mozart:*** cucina meno raffinata. Ideale per una pausa-caffè, buona scelta di paste. Sala altrettanto piacevole di quella del *Gourmet Symphonie*.

Dove bere qualcosa

🍸 ***Bar Víno z Panské:*** Panská 14. ☎ 383-36. Aperto da lunedì a venerdì dalle 10 alle 23. Chiuso nel week-end. Enoteca con un'ampia scelta di vini moravi.

🍸 ***Media Bar:*** Přemysla Otakara II náměstí. ☎ 255-55. Aperto dalle 10 alle 22. L'interesse principale del locale risiede nella sua posizione: una terrazza di fronte alla fontana di Sansone dove potete bere un caffè o degustare un gelato.

Dove andare a ballare

♪ ***Discoteca Split:*** Česká 41. ☎ 372-62. Aperta tutti i giorni dalle 20 alle 3 del mattino. La pista è molto stretta, ma è l'unica discoteca vicina alla piazza centrale. Potete anche andarci solamente per mangiare qualcosa o sorseggiare una *Budvar*.

Da vedere

★ ***Přemysla Otokara II náměstí:*** piazza del Municipio è una delle più grandi e belle di tutta la Boemia meridionale, circondata da case con portici di tutte le epoche e gli stili (gotico, rinascimentale, barocco). Bella fontana di Sansone al centro e palazzo del municipio in stile barocco (1727) con quattro doccioni zoomorfi di ferro. Di fianco, la *chiesa di San Nicola* e la *torre Černá Věž* (1550). Potete salirci da marzo a giugno dalle 10 alle 18, in luglio e agosto dalle 10 alle 19, in settembre e ottobre dalle 9 alle 17. Chiusa lunedì. Il carillon del municipio suona ogni ora un'aria diversa: repertorio di dieci pezzi, tra cui uno dei Beatles.

★ ***Belle dimore porticate:*** in via Česká (e via Hroznova). Pittoreschi frontoni. Deliziose passeggiate lungo le antiche viuzze: Široká ul., Videmka ul. ecc. In fondo a ul. Česká si eleva la *torre Rabenstein* (all'angolo di Husova).

★ ***Museo della Boemia del Sud (Jihočeské muzeum):*** Dukelská 1. ☎ 721-15-28. Aperto dalle 9 alle 17.30. Chiuso lunedì. A due isolati dalla piazza principale, in un grande edificio barocco. Esposizione di oggetti sacerdotali e armi. Pannelli esplicativi realizzati molto bene per sapere tutto sulla rivoluzione hussita. Sezione di scienze naturali. Interessante collezione sulla fauna e la flora locali, molti funghi e animali imbalsamati.

★ ***Museo della Ferrovia a cavalli:*** Mánesova 1. Aperto da inizio maggio a fine settembre, tutti i giorni dalle 9 alle 17. Chiuso lunedì. Esposizione sistemata nella casa del casellante da dove partì la prima ferrovia a cavalli del continente europeo. Museo molto piccolo. Una visita non proprio indispensabile.

★ ***Fabbrica di birra Budvar:*** Karolíny Světlé 4. ☎ e fax: 770-53-37. Aperto da lunedì a venerdì dalle 8.30 alle 14.30. La marca *Budvar*, diventata *Budweiser* negli USA, fu prodotta originariamente a České Budějovice. Un conflitto giuridico interminabile oppone la fabbrica ceca alla sua lontana cugina americana per l'utilizzo del marchio commerciale. Detto questo, in termini di qualità non c'è confronto: la birra ceca è molto più saporita della lontana e insipida rivale *yankee*. È possibile visitare la fabbrica in gruppi di almeno 5 persone (durata: 1 ora). Avvertiteli del vostro arrivo per telefono in modo da potervi unire a un gruppo di cui capite la lingua. Durante la visita vi forniscono molte spiegazioni tecniche. La parte più spettacolare: l'immensa catena di imbottigliamento interamente automatizzata, dove potete seguire il percorso di migliaia di bottiglie traballanti sul nastro trasportatore; il tutto in un baccano assordante.

★ ***Piazza Piaristické:*** andate a vedere la *casa del Sale* recentemente restaurata e la *chiesa di Santa Maria* (l'edificio più antico della città).

Manifestazione

– ***Festival della birra:*** 2 giorni a fine giugno.

➤ NEI DINTORNI DI ČESKÉ BUDĚJOVICE

★ ***Il castello di Hluboká nad Vltavou:*** 11 km a nord-ovest. ☎ 96-50-45. Alcuni pullman in partenza da České Budějovice. Aperto da maggio a ottobre dalle 9 alle 12 e dalle 12.30 alle 17. Chiuso lunedì. Quattro circuiti distinti: circuito principale, collezione di armi, grande giro e cucine del castello. Prezzo: da 40 a 90 Kčs, maggiorato di più del doppio se optate per una visita guidata in una lingua straniera. Gli Schwarzenberg, proprietari dei luoghi dal 1661, un po' più di un secolo fa si sono divertiti a radere al suolo il castello per farne costruire un altro, vera e propria copia di Windsor. Visita raccomandata soprattutto per la straordinaria decorazione con pannelli di legno scolpiti. Mobilio magnifico, arazzi fiamminghi del XVII secolo. Il maneggio ospita oggi una galleria di pittura, molto meno appassionante. Parco aperto al pubblico tutto l'anno. Uno dei castelli più visitati.

|●| ***Ristorante Na Zámku:*** a due passi dall'entrata del castello, nel parco. ☎ 796-64-44. Aperto dalle 9 alle 17.45. Un posto senza pretese dove potete mangiare qualcosa prima della visita. Il conto è meno salato che al ristorante dell'albergo di lusso *Stekl* che occupa da poco i locali delle dépendance del castello. Sala del ristorante abbastanza chic ma fredda, talvolta invasa da gruppi di turisti.

ČESKÝ KRUMLOV

PREF. TEL.: 0337

Se dovessimo scegliere una sola città da visitare in Boemia, non potremmo far altro che scegliere Český Krumlov, deliziosa e sorprendente cittadina medievale 25 km circa a sud di České Budějovice. Iscritta nella lista del patrimonio mondiale dell'UNESCO dal 1992, presenta ben 250 monumenti ed edifici storici. Costruita su due colline che si elevano su due anse della Vltava, offre la possibilità di effettuare passeggiate molto piacevoli lungo le viuzze lastricate (e pedonali) con una densità di negozi di souvenir insolitamente sopportabile. Panorami multipli: sulla prima collina, il castello con la sua strana torre; sulla seconda, il museo e piazza del Municipio. Non perdetevi i giardini in cima alla collina del castello.

Lasciate la macchina ai parcheggi (a pagamento) nn. 1 o 2 della porta di Budějovice. Se per caso sono completi, superate la porta: il parcheggio n. 3 vi aspetta a 200 m sulla sinistra in basso. Divieto di circolare in macchina nel centro, salvo se avete un'autorizzazione rilasciata dal vostro albergo. I parcheggi chiudono alle 20 e i camper non possono passarci la notte.
Český Krumlov offre un sacco di attività legate al fiume (kayak, canoa, ciambelloni gonfiabili galeggianti) e numerosi campeggi frequentati da giovani cechi in vacanza.

Indirizzi utili

i ***Infocentrum:*** Svornosti náměstí 2. ☎ e fax: 71-11-83. • www.ckrum lov.cz • Magnifico sito internet con cartine in tre dimensioni. Nell'edificio del municipio. Aperto da lunedì a venerdì dalle 9 alle 18 (20 in estate). Servizio turistico completo: cambio, informazioni, cartine, prenotazione di camere, servizio di guide e interpretariato, terminale internet. Noleggio di un'audioguida (inglese o tedesco) per 2 ore di visita della città: 150 Kčs.

✉ ***Posta:*** vicino alla porta di Budějovice.

Dove dormire

Prezzi economici

Ostello della Gioventù - Travellers' Hotel: Soukenická 43. ☎ 71-13-45. Dietro a piazza del Municipio, 15 min. a piedi dalla stazione. 200 Kčs per notte, prima colazione compresa. 45 posti-letto in tutto (in parte letti a castello) disposti in 5 camere. Ben riscaldato in inverno. In città ci sono altri tre Ostelli della Gioventù a tariffe simili.

Prezzi moderati

– ***Camere:*** molti privati propongono camere in affitto. Informatevi presso l'Infocentrum.

– ***Pensioni:*** l'alloggio più interessante, praticamente due volte meno caro di un albergo e a qualità uguale: tra 800 e 1200 Kčs. La maggior parte delle pensioni si trova in via Rooseveltova. Ve ne segnaliamo una in particolare:

Pensione Anna: Rooseveltova 41. ☎ e fax: 71-16-92. Un appartamento con soppalco a 1400 Kčs e due camere a 1200 Kčs. Prezzi onesti. Prima colazione abbondante servita nella sala del bar, tra il biliardo e il gioco delle freccette elettroniche. Anna gestisce anche un negozietto di souvenir. Bello spazio esterno con barbecue in estate.

Più chic

Tutti gli alberghi praticano tariffe elevate.

Hotel Růže: Horní ulice 154. ☎ 77-21-00. Fax: 71-31-46. • hotelruze.cz • Di fronte al Museo regionale. Calcolate 4500 Kčs per una camera doppia, la metà in bassa stagione. Nell'antico collegio dei gesuiti, recentemente restaurato e situato in posizione ideale. Bella vista sulla città. L'albergo meno caro della categoria. Stile rinascimentale e atmosfera monacale. Piscina e sala fitness.

Dove mangiare

Sfortunatamente, Český Krumlov subisce il livellamento verso il basso imposto della regola che condiziona l'offerta alla domanda culinaria della maggioranza, vale a dire tedeschi e austriaci (ma anche molti americani). I ristoranti servono una cucina standardizzata: carne e pesce impanato accompagnati da qualche rondella di pomodoro, carote grattugiate e cavolo rosso. Nonostante una ricerca affannosa, non è emerso nulla di interessante a parte qualche ristorante di pesce niente male. Per finire, le porzioni sono ancora generose.

|●| ***Na Ostrově:*** attenzione, non ha un indirizzo preciso; si trova a 100 m dal parcheggio n. 1. Dal parcheggio dirigetevi verso il centro; il locale è nella prima casa a sinistra dopo il ponte. ☎ 35-89 e 71-25-32. Aperto dalle 11 a mezzanotte. Spazio all'aperto sul fiume. Sala semplice ma conviviale, con reti da pesca e teste di luccio imbalsamate appese al muro. Il proprietario, molto simpatico, si occupa delle ordinazioni e del conto. Piatti di pesce ben preparati, luccioperca eccellente.

|●| ***Rybářská Bašta:*** Kájovská 54. ☎ 71-26-92. Vicino alla piazza principale, in basso. Aperto tutti i giorni dalle 11 alle 22. A scelta: taverna o salone (più calmo). Trote in tutte le salse, carpa, zuppa del pescatore ecc. Un po' più caro del precedente.

|●| ***Krčma Barbakán:*** Horní 26. ☎ 71-24-24. Passate il ponte, un po' più in alto dopo il museo; il ristorante è a destra, dopo aver sceso una scalinata. Calcolate 150 Kčs per un piatto di carne. Tavoli anche fuori, sul fiume, e sale un po' buie all'interno. Grandi panche per allegre bande di amici. Cameriere in costume locale. Grigliate sul fuoco a legna. Fa anche *B&B*. ☎ 71-50-17.

|●| ***U Pisaře Jana:*** Horní 151. ☎ 71-24-01. Aperto dalle 10 alle 22. Di fronte all'*Hotel Růže*. Ambiente piacevole abbastanza chic. Qualche sforzo nell'arredamento (stucchi, soffitto a cassettoni). Un'altra occasione per mangiare una trota o un luccioperca pescati nel fiume o nei laghi vicini.

|●| ***Ristorante Konvice:*** Horní ulice 144. Nella via del museo. ☎ 71-16-11. Piatto del giorno vegetariano a 68 Kčs; diversamente calcolate 150 Kčs per un pasto. La sala del ristorante, moderna e molto luminosa, è spesso affollata. Non ci si viene per mangiare il pesce, ma per i piatti rapidi (prosciutto, insalate) e abbondanti. Servono anche la prima colazione dalle 7.30 alle 10.30. Il ristorante propone qualche camera ben arredata a 1400 Kčs per due.

Dove gustare una pasta

|●| ***Zlatý Anděl:*** Svornosti náměstí 10/11. ☎ 71-23-10. Sulla piazza principale. Aperto dalle 9 alle 22. Ideale per una pausa dolce.

Dove bere qualcosa

🍸 ***Cikánská Jizba:*** Dlouhá 31. ☎ 55-85. Aperto dalle 14 (15 venerdì e domenica) alle 23. Servono la birra meno cara della città. Atmosfera rom, la minoranza tzigana oggetto di una certa ostilità nel paese. Il proprietario è simpatico. Funziona anche come ristorante: piatti a 70 Kčs circa.

🍸 ***Hospoda Na Louži:*** Kájovská 66. ☎ 54-46. Aperto dalle 10 alle 22. Una piccola sala molto frequentata dove potete bere una birra o una Coca ceca della marca *Zon*. Lato arredamento: dai soffitti pendono vecchie carte moschicide e i muri sono ricoperti di antichi cartelloni pubblicitari smaltati. Servono anche piccoli piatti economici (100 Kčs circa) non particolarmente interessanti.

Da vedere

★ ***Castello:*** sulla prima collina. Accesso attraverso un vasto cortile a destra della via principale. I biglietti si acquistano nel secondo cortile. • www.castle.ckrumlov.cz • Aperto in aprile dalle 9 alle 12 e dalle 13 alle 16, in maggio dalle 9 alle 12 e dalle 13 alle 17, in giugno, luglio e agosto dalle 9 alle 12 e dalle 13 alle 18, in settembre dalle 9 alle 12 e dalle 13 alle 17, in ottobre dalle 9 alle 12 e dalle 13 alle 16; venite almeno un'ora prima della chiusura. Chiuso lunedì. Visite ogni ora. Attenzione, propongono due circuiti guidati diversi e indipendenti; il circuito n. 2 comprende gli appartamenti del XIV secolo. Entrata: 170 Kčs; riduzioni. Cercate di venirci la mattina: nel pomeriggio le visite guidate sono troppo affollate. Circuiti ridotti senza guida.

Edificio del XIII secolo rimaneggiato nel XVI secolo in stile rinascimentale. Si attraversano altri cortili con le mura ricoperte di affreschi mitologici in chiaroscuro su fondo di pietre in trompe-l'oeil. Fu residenza dei Rožmberk, una famiglia potente quanto i re di Boemia nel Medioevo.

Interni riccamente arredati: appartamenti decorati con arazzi fiamminghi, ritratti della famiglia Schwarzenberg, sale Rinascimento, stoviglie di rappresentanza, soffitti a cassettoni in trompe-l'oeil, stemmi e armi delle dinastie che si succedettero nel castello, slitte di lusso. Grazioso studiolo orientale giallo e blu decorato con ceramiche di Delft, con un altare privato. Tra le varie curiosità possiamo citare un locale-studio di pittura pieno di opere fiamminghe e olandesi dei secoli XVI e XVIII, una *carrozza* da cerimonia realizzata a Roma con due sfingi al timone e la *sala delle Maschere*, teatro di fantasia con una decorazione in trompe-l'oeil dove sono riuniti tutti i personaggi grotteschi della commedia dell'arte. Date un'occhiata alla balconata per vedere gli strumenti attaccati di fronte alle maschere e ai costumi.

Il teatro in tardo stile barocco è ancora più straordinario: è uno degli unici quattro teatri esistenti al mondo ad aver conservato un palco intatto con le strutture e le scenografie originali. Altri due teatri come questo si trovano in Svezia, un terzo nell'est della Boemia, nel castello di Litomyšl (vedi «Hradec Králové. Nei dintorni»). Potete salire sulla torre del castello da maggio a settembre, dalle 9 alle 18. 162 scalini in tutto. In cima, bella vista sul castello e la città.

Dal castello, uno strano ponte barocco di pietra a tre piani con una galleria coperta consente di raggiungere la cima della collina dove si trovano alcuni bellissimi *giardini all'italiana* (*zámecká zahrada*). Aperto dalle 8 alle 19 (17 in inverno). Vi si trova anche un teatro all'aperto molto originale, con le gradinate (e quindi gli spettatori) che girano intorno ai palchi!

La visita della *torre* è indipendente dai circuiti guidati: non vi resta che salire i 162 scalini per ammirare il più bel panorama della città. Prezzo: 30 Kčs.

★ ***Seconda collina:*** accesso dal ponte nel prolungamento di via Radniční che non ha cambiato d'aspetto dal Medioevo. Sulla sinistra, la stretta e sinuosa via Masná conduce a via Horní (la via del museo). Strano tipo di pavimentazione con pietre messe di taglio (probabilmente per evitare di scivolare). Complesso architettonico molto armonioso che ricorda alcune cittadine italiane.

★ ***Municipio:*** in stile gotico, con porticato. Colonna della peste, in stile barocco, nella piazza.

★ ***Chiesa di San Vito:*** con volta a stella e arcate gotiche molto alte. All'entrata, baldacchino per il battistero con colonne di marmo scolpite. Pulpito barocco.

★ ***Museo regionale:*** Horní 152. ☎ 71-16-74. Aperto dalle 9 alle 18 in estate. Chiuso lunedì. Entrata: 30 Kčs. Chiedete la brochure (in inglese o tedesco). Belle sezioni sulla preistoria e il periodo medievale. Affascinante modellino in ceramica che riproduce la città com'era nel 1800. Bel mobilio scolpito. Nel corridoio, notevole statuaria lignea policroma. Pianoforte ad arpa del XIX secolo. Al primo piano, sezione sulla vita quotidiana e il folclore boemo. In un corridoio, evocazione della storia della birra attraverso la ricostruzione di un'antica birreria. In una rientranza, non perdetevi la piccola farmacia barocca installata in origine nel collegio dei gesuiti, oggi trasformato in albergo. Uscendo dal museo, di fronte all'*Hotel Růže*, panorama magnifico sulla città.

★ ***Egon Schiele Centrum:*** Široká ul. 70/72. ☎ 71-12-24. A due passi dal municipio. Aperto tutto l'anno, tutti i giorni dalle 10 alle 18. Esposizione di cinquanta acquarelli e disegni dell'artista e di diversi documenti sulla sua vita. Egon Schiele, uno dei grandi maestri dell'espressionismo, era originario di questa regione. Purtroppo, le spiegazioni sono solo in ceco e tedesco e la visita perde molto del suo interesse. Negozio con una buona scelta di riproduzioni.

Da fare

➢ ***Escursioni in canoa:*** discesa della Vltava in partenza da Český Krumlov fino a Vyšší Brod. Uno specialista del noleggio di materiale: *Pepa Maleček*, Parkán 119. ☎ e fax: 23-97 e 71-25-08.

Manifestazioni

– ***Festa della Rosa a cinque petali:*** in giugno. Musica e teatro di strada.
– ***Festival di Teatro:*** spettacoli quasi tutti i giorni in estate nel teatro all'aperto della città. La maggior parte del repertorio è in ceco, ma ci sono anche spettacoli in inglese e tedesco. Procuratevi il programma all'Infocentrum.
– ***Festival internazionale di Musica classica:*** 2 settimane in agosto. Qualità eccellente! Il programma del festival è disponibile ancora una volta all'Infocentrum.

➤ *NEI DINTORNI DI ČESKÍ KRUMLOV*

★ ***Monastero cistercense di Zlatá Koruna:*** a 8 km da Český Krumlov, sulla strada per České Budějovice. ☎ 74-31-26. Entrata dietro la chiesa. Lasciate la macchina al parcheggio e proseguite a piedi. Aperto da aprile a ottobre dalle 9 alle 12 e dalle 13 alle 16 (17 in luglio e agosto). Arrivate un'ora prima della chiusura. Chiuso lunedì. Solo visite guidate. Entrata: 35 Kčs. Il monastero fu fondato nel 1263 dal re boemo Przemysl Ottocaro II. Ammirate l'antico ospedale diventato museo lapidario (su un frammento del portale potete vedere il «dito di Dio») e la cappella degli Angeli con il soffitto dipinto dove è stata conservata una delle spine della corona di Cristo offerta da san Luigi a un re ceco; superbo chiostro con pavimento verniciato (bisogna mettere le pattine) e soffitti a volta dipinti e stuccati nel XVIII secolo in stile rococò con l'illustrazione della vita di san Benedetto; il refettorio (dove è esposta una minima parte dei 70 000 volumi della biblioteca) e la sala capitolare con colonne che si prolungano verso le volte in sottili nervature a ventaglio. Acustica notevole che potete verificare di persona intonando una canzoncina.

ROŽMBERK NAD VLATOU

PREF. TEL.: 0337

A sud di Český Krumlov, la strada 160 risale la ridente valle della Moldava passando tra pendii sempre più scoscesi. Sulle rive del fiume, qui ancora poco imponente, ci sono diversi campeggi e quando fa bello potete vedere la gente che sguazza allegramente nell'acqua. La valle si allarga e in un'ansa del fiume, su un superbo promontorio, si eleva il castello dei Rožmberk.

Dal villaggio ci si può avventurare sulle acque della Moldava in kayak o in canoa.

Dove dormire. Dove mangiare

⌂ |●| ***Hotel-ristorante Růže:*** ☎ 74-97-15. Fax: 74-97-17. Difficile non vederlo: nel centro del villaggio, ai piedi del castello. Superba facciata rinascimentale con pignoni a volute. Camere doppie a partire da 1250 Kčs, ben sistemate e tranquille. La cucina, invece, non è niente di eccezionale.

Da vedere

★ ***Castello dei Rožmberk:*** aperto in aprile e ottobre solo nel fine settimana dalle 9 alle 15.15; da giugno ad agosto tutti i giorni, eccetto lunedì, dalle 9 alle 16.15. Entrata: 50 Kčs; riduzioni. Visita guidata di un'ora circa in tedesco e inglese; chiedete il libretto stampato anche in altre lingue.

La parte medievale è praticamente scomparsa; sussiste solo la parte rinascimentale, ristrutturata nel XIX secolo. La visita comincia con la grande scalinata Tudor sulla quale figurano gli stemmi della rosa a cinque petali, emblema di questa famiglia che esercitava il potere su tutta la regione. Gli ultimi proprietari furono i Buquoy, di origine vallona. Buquoy era il responsabile militare al servizio dell'imperatore, e fu l'artefice della vittoria sui protestanti durante la battaglia della Montagna Bianca. Grande galleria neogotica con ritratti di crociati delle famiglie franche, tra cui l'ultimo grande maestro dei Templari, Jacques de Molay. Piccola serenata con musicisti in costume medievale. Ritratto della misteriosa dama bianca il cui fantasma si aggirerebbe ancora nel castello… Ai suoi piedi la formula cabalistica che dovrebbe permetterle di liberarsi dal sortilegio. Graziosa cappella con resti di affreschi del XVI secolo. Camera da letto romantica con i ritratti dei sovrani Asburgo. Magnifico scrittoio barocco con cassetti segreti.

Il clou della visita: la grande sala da pranzo rinascimentale e la sala dei Cavalieri con magnifici soffitti a cassettoni e un affresco allegorico sul tema dei cinque sensi e delle età della vita. In un angolo, notate la nicchia con un cancelletto dove si accomodavano i musicisti che suonavano durante il pasto. Ammirate gli affreschi con gioielli incastonati. Notevole tavolo intarsiato e imponente stufa di maiolica del XVI secolo. Sala delle armi con armature cesellate e lance da torneo. Nell'ultima camera, uno straordinario lampadario di legno scolpito a forma di sirena e un quadro dell'austriaco Rottmayr sul tema di *Lot e le sue figlie*.

TŘEBOŇ

PREF. TEL.: 0333

A est di České Budějovice, al centro di una regione ricca di stagni, una graziosa cittadina fortificata che merita una visita soprattutto per la bella piazza del Municipio. Třeboň è la capitale della pesca della carpa. La regione è molto apprezzata dai cicloturisti.

Indirizzo utile

i *Ufficio del turismo:* Masarykovo náměstí 103. ☎ 72-11-69. Fax: 72-13-56. • liks@tbnet.cz • In estate, l'ufficio è aperto da lunedì a venerdì dalle 9 alle 12 e dalle 13 alle 18, sabato dalle 9 alle 12 e dalle 15 alle 19, domenica dalle 15 alle 18. Potrete trovarvi: piantine e documenti sulla città, informazioni sulle camere e gli alberghi.

Dove dormire

Campeggio

Camping Autocamp Třeboňsky Ráj.: sulla strada per Domanin-Petrovice-Borovany. ☎ 24-36. Fax: 25-86. Aperto da inizio maggio a fine settembre. Vicino a un lago. Bungalow.

Prezzi economici

Dům Mláděze OA (Obchodní Akademie): Zámek 154/1. ☎ 72-15-30. Aperto solo in estate. Ostello della Gioventù situato nel cuore della città, in un'ala del castello.

Dům Mláděze SPŠO: Táboritská. ☎ 72-13-37. A 20 min. a piedi dal centro. Un altro Ostello della Gioventù aperto solo in estate. Informatevi presso l'ufficio del turismo.

Prezzi moderati

Hotel Bíly Koníček: Masarykovo náměstí. ☎ 72-12-13. Nella parte bassa della piazza centrale. Calcolate 120 Kčs per un piatto di pesce. Ristorante con tavoli anche all'aperto, sotto i portici.

Prezzi medi

Zlatá Hvězda: Masarykovo náměstí 107. ☎ 75-71-11. Menu del giorno a 80 Kčs. Edificio storico con portici su toni rosa antico e crema, interamente rinnovato. In eccellente posizione, con spazio esterno. Camere confortevoli. Due ristoranti. Taverna, bar, caffè, bowling.

Dove mangiare

Šupina Restaurant: Valy 155. ☎ 72-11-49. Aperto tutti i giorni dalle 10.30 a mezzanotte. Per ingrandirsi il proprietario ha aperto di recente un altro ristorante giusto di fronte, il ***Šupinka***. Arredamento più moderno ma in fin dei conti meno attraente. I due ristoranti propongono la stessa carta. 90 Kčs circa per un piatto; un po' di più per la carne. Specialità di pesce (carpa, luccio e luccioperca) grazie alla presenza nella regione di numerosi stagni. Buona cucina.

Ristorante U Zámku: nell'ultima via a sinistra risalendo verso piazza Masarykovo; uscite dall'antica porta. ☎ 25-08. Il ristorante è al primo piano. Aperto dalle 10.30 alle 23. Piatti di pesce a 70 Kčs. Club di biliardo.

Virárna Morava: Masarykovo náměstí 88. ☎ 32-83. Aperto dalle 11 a mezzanotte. Il ristorante propone una scelta più ridotta, ma il rapporto qualità-prezzo è eccellente. Tra i migliori ristoranti di pesce della città.

Da vedere

★ ***Piazza principale:*** accesso da due porte della città. Di forma ovale, accoglie il *municipio* rinascimentale con una torre campanaria. Aperto solo nel fine settimana in giugno, tutti i giorni in luglio e agosto. Visita: 10 Kčs. Bel complesso di dimore porticate. Superba colonna della peste, in stile barocco, con fontana.

★ ***Castello:*** in fondo alla piazza. Aperto da giugno ad agosto dalle 9 alle 17. Chiuso lunedì. Edificio in stile rinascimentale al quale si accede attraverso un bel cortile sormontato da una pittoresca meridiana. Poi bisogna mettersi le pattine per poter ammirare opere dei primitivi religiosi, i manoscritti e le Vergini di legno policrome. Bel mobilio, vecchie cartine della città, curiosi bersagli da tiro tematici. Diverse sale sono consacrate alla principale attività economica locale: la pesca negli stagni. Bei mobili da cucina. Sala con soffitti e pareti ricoperti di stemmi (XVII secolo).

★ Uscendo dal castello prendete la via a sinistra dove potrete ammirare altre ***dimore*** interessanti. Se la chiesa è aperta, all'interno ci sono alcuni affreschi da vedere.

★ I necrofili possono andare a visitare il ***mausoleo neogotico della famiglia Schwarzenberg***, vicino alla città. Aperto da giugno ad agosto dalle 9 alle 17. Chiuso lunedì. Le bare disposte nella cripta fanno pensare a *Per favore... non mordermi sul collo* di Polanski...

JINDŘICHŮV HRADEC

PREF. TEL.: 0331

Un'altra cittadina pittoresca sulle rive di un lago. Grande castello del XIII secolo più volte rimaneggiato. Nel Rinascimento, per esempio, acquistò un padiglione rotondo d'angolo. Bella piazza centrale in leggera pendenza con un'imponente colonna della Trinità. Tappa non indispensabile.

Indirizzo utile

Informační Středisko: Panská 136/1, vicino al *Čedok*. ☎ 36-35-46. Fax: 36-15-03. • www.jh.cz • L'ufficio informazioni locale è aperto da lunedì a venerdì dalle 8 alle 17, sabato dalle 8 alle 12. Fornisce una lunga lista di pensioni locali. Sportello automatico giusto di fianco.

Dove dormire

Prezzi medi

Hotel Concertino: Míru náměstí 141/1. ☎ 36-23-20 e 36-19-27. Fax: 36-23-23. Non immediatamente visibile, l'albergo è in posizione un po' arretrata nella parte alta della piazza. Calcolate 2100 Kčs circa per una doppia. Edificio moderno con camere spaziose e confortevoli (TV satellitare, frigobar, telefono, servizi igienici e vasca). Ristorante *Zlatá Husa*, bar, prima colazione-buffet. La cucina non è eccezionale.

Hotel Grand: Míru náměstí 165/1. ☎ e fax: 36-12-52. Al centro della piazza. Calcolate 1500 Kčs per due persone. Meno caro del *Concertino* ma anche meno confortevole, quest'albergo vecchiotto meriterebbe una bella ristrutturazione. Cosa che è nelle intenzioni dei proprietari, che l'hanno recuperato nel 1991, dopo 40 anni di gestione comunista.

Da vedere

★ Bellissima ***piazza principale*** circondata da nobili dimore. Una di queste presenta una facciata decorata con rari *affreschi* medievali in bianco e nero. Un'altra è sormontata da un grazioso *campanile-orologio*. *Frontoni* ammirevoli. Al centro, *colonna della peste*, in stile barocco.

★ ***Museo regionale (Okresní vlastivědné muzeum):*** Balbínovo náměstí 19. Tra la piazza principale e il castello. Aperto da aprile a dicembre tutti i giorni (eccetto lunedì) dalle 8.30 alle 12 e dalle 12.30 alle 17; arrivate almeno mezz'ora prima della chiusura. Il museo si trova in un ex seminario di gesuiti dell'inizio del Rinascimento. Sezione di preistoria. Bei mobili. Indumenti contadini. Sezione etnografica (attrezzi ecc.). Collezione di orologi. Esposizione di curiosi presepi, molto naif e colorati. Statuaria medievale. Al secondo piano: strumenti musicali e carillon. Una visita interessante per tutti quelli che parlano bene tedesco o ceco.

★ ***Castello:*** aperto da martedì a domenica dalle 9 alle 12 e dalle 13 alle 15.15 (16.15 da maggio a settembre). Bel castello ben conservato. Vi propongono tre visite: la «A» è un'esposizione di interni classici con in particolare le camere verdi in stile rinascimentale; la «B» copre la parte medievale del castello; la «C» propone una passeggiata attraverso i secoli, dal XV al XIX, e la visita della sala da concerti con stucchi del XVI secolo. Visite guidate in inglese e tedesco.

➤ NEI DINTORNI DI JINDŘICHŮV HRADEC

★ ***Castello di Červená Lhota:*** a nord di Jindřichův Hradec, in un piccolo villaggio. Aperto in aprile solo nel fine settimana dalle 9 alle 12 e dalle 13 alle 16, in maggio da martedì a domenica dalle 9 alle 16, in giugno, luglio e agosto da martedì a domenica dalle 9 alle 17, in settembre da martedì a domenica dalle 9 alle 16 e in ottobre solo nel fine settimana dalle 9 alle 12 e dalle 13 alle 16. Entrata: 40 Kčs. Riduzioni per studenti. Visite ogni mezz'ora. Durata: 55 min. Impossibile resistere al fascino di questo castello rinascimentale che si riflette sulle acque di uno stagno. Anche se il vecchio ponte levatoio è stato sostituito da un ponte di pietra, l'accesso a Červená Lhota fa pensare alle illustrazioni di un libro di fiabe. Il rosso della facciata rende benissimo in fotografia. Visita (con pattine) interessante ma non spettacolare. Interni eleganti: sala da gioco con tavoli intarsiati, salone da tè con mobili Biedermeier, salone orientale, camera dei bambini, sala da pranzo con soffitti a stucchi, salone da musica e sala da ricevimento che evoca gli interni di Vermeer. Se il castello è chiuso potete comunque passeggiare nei giardini all'inglese.

TÁBOR

PREF. TEL.: 0361

Città medievale 80 km a sud di Praga e 44 km a nord-ovest di Jindřichův Hradec, fondata dai seguaci del riformatore Jan Hus e fortificata in previsione di eventuali attacchi da parte dei cattolici.

Indirizzo utile

Infocentrum: Žižkovo náměstí 2. ☎ 48-62-30. Fax: 48-61-00. • www. tabor.cz • Di fianco al museo. Aperto da giugno a settembre da lunedì a venerdì dalle 8.30 alle 19, sabato dalle 9 alle 13 e domenica dalle 13 alle 17. Cartine, informazioni turistiche, servizio di prenotazione di camere, alberghi e campeggi. Personale dinamico ed efficiente. Distribuiscono anche una piantina fatta molto bene con il percorso di una passeggiata e la descrizione in inglese delle case da vedere.

Dove dormire

Niente di speciale, anche se la città riceve molti turisti. Passate all'Infocentrum per farvi aiutare.

Campeggi

Auto Camping Malý Jordán: Přihr pošt. 75. ☎ 32-103. Sulla strada per Praga. Aperto da giugno a settembre. Chalet per due a 200 Kčs. 30 Kčs per una tenda. Calcolate un supplemento per la macchina.

Camping Knížecí Rybník: Měšice. ☎ 25-24-80 e 25-43-38. Aperto tutto l'anno. Più caro del precedente.

Prezzi moderati

Pensione Niagara: Čs. Armády 1763. ☎ 320-04. Prezzi bassi ma comfort spartano.

Pensione Z&Z: Vitkova 2010. ☎ 25-37-40. Buona accoglienza. Prima colazione abbondante. Se può esservi utile, la padrona di casa parla francese (decisamente più facile del ceco).

Privet Šnédová: vicino alla *Pensione Niagara*. ☎ 343-18. Palazzo Art déco. Calcolate 200 Kčs circa per persona con la prima colazione. Tenuto molto bene.

Prezzi medi

Hotel Kapitál: Třída 9, Května 617. ☎ 25-60-96. In pieno centro della città moderna, vicino al centro storico. 600 Kčs per due. 52 camere gradevoli.

Hotel Palcát: Třída 9, Května 2471. ☎ 25-29-01. Nella stessa via del precedente, ai piedi della città vecchia. Calcolate 900 Kčs per una camera doppia. Grande palazzo moderno privo di fascino. 110 camere con bagno a prezzi medi.

Dove mangiare

Vi consigliamo i ristoranti che si trovano sulla piazza del municipio. Diversamente, troverete qualche fast food nella via commerciale, tra la vecchia piazza e la città moderna.

I●I Sulla strada E55 che collega Praga a České Budějovice, il ***motel Mašát Měšice*** possiede un buon ristorante che potrete sfruttare per una sosta (Měšice U Tábora 474). ☎ 25-64-50. Piatti regionali.

Da vedere

★ Per avere una ***vista globale della città vecchia*** passate il grande ponte e proseguite per qualche centinaio di metri. La città vi apparirà arrampicata sulla collina e circondata da giardini.

★ ***Passeggiata nella città vecchia*** fino a piazza Žižkovo. La piazza è circondata da edifici storici. Nella chiesa con frontone rinascimentale, costruita tra il 1440 e il 1512, pulpito barocco e organo con angeli scolpiti policromi. Bella vista anche dal campanile.

★ Sulla piazza, il municipio forma un bel complesso con la torre e la casa dal frontone fiammingo. Da vedere: il ***museo della Rivoluzione hussita (Husitské muzeum)***. ☎ 25-42-86. Aperto dalle 8.30 alle 17. Visita guidata ogni 30 min. Il museo illustra la vita e le attività lavorative del Medioevo ma presenta anche un'esposizione sulla storia del movimento riformatore ceco. Copie di manoscritti hussiti, armi bianche medievali, maglie di ferro originali ecc.
Da qui potete accedere a una *rete di sotterranei* (stessi orari di apertura del museo, ma bisogna arrivare almeno mezz'ora prima della chiusura) lunga 800 m. Entrata: 40 Kčs. Visita delle cantine scavate nella roccia a due o tre livelli sotto quello del suolo.

★ Nella viuzza del Cukrárna, splendida ***casa con decorazioni a graffito***. Nel quartiere ci sono molte altre case interessanti da vedere. Ma a parte questo, la città non presenta alcun interesse.

– LA MORAVIA DEL SUD –

Regione amministrativa della Repubblica Ceca, la Moravia del sud non è ancora stata scoperta dal turismo ed è quindi meno frequentata della Boemia. Presenta invece paesaggi più piacevoli (in quanto meno industrializzati) di quelli boemi, villaggi adorabili, un folclore molto ricco e tradizioni tuttora molto vive. Potenzialità che i moravi stanno incominciando a poco a poco a conoscere e a sfruttare.

TELČ (TELCH)

PREF. TEL.: 066

Una delle cittadine più graziose e squisite della Moravia del sud, un vero gioiello. Racchiusa nelle vecchie mura e stretta al centro di una rete di specchi d'acqua, come per proteggere meglio la sua notevole architettura rinascimentale. Il centro storico è stato iscritto nella lista del patrimonio mondiale dell'UNESCO. Festival folk in agosto.

Indirizzi utili

ℹ ***Ufficio del turismo:*** Zachariáše Hradce náměstí 10. ☎ 724-31-45. Fax: 724-35-57. ● info@telc-etc.cz ● Sulla piazza, nel palazzo del municipio. Aperto da giugno a settembre da lunedì a venerdì dalle 8 alle 18, sabato e domenica dalle 9 alle 17. Informazioni turistiche e sulle possibilità di alloggio. Servizio Internet.

■ ***Banca:*** due sportelli automatici sotto i portici.

Dove dormire

Campeggio

⛺ ***Camping Velkopařezitý:*** a Řasná. ☎ 737-94-49. 8 km a nord-ovest di Telč. Posti per tende e camper. Bungalow. Prezzi economici.

Prezzi economici

🏠 ***Hotel Pod Kaštany:*** Štěpnická 399. ☎ 721-30-42. Sulla strada per Jindřichův Hradec e Brno. È decisamente l'albergo meno caro della città, tipo ostello. Camere spartane e ristorante.

Prezzi medi

– Nei villaggi dei dintorni troverete numerose ***pensioni*** che in genere offrono un miglior rapporto qualità-prezzo.

🏠 ***Hotel Celerin:*** Zachariášez Hradce náměstí I/43. ☎ 724-34-77. In fondo alla piazza principale. La facciata un po' triste non lascia indovinare interni ben arredati. Camere luminose e spaziose, ben attrezzate (TV, telefono, scrivania, porta imbottita). Bagno completo di asciugacapelli e shampoo (cosa rarissima, come avrete già avuto modo di constatare, al di fuori di Praga). Decorazione raffinata. Chiedete la camera n. 10 con vista sulla piazza. Buona prima colazione. Ristorante con specialità a 140 Kčs.

🏠 ***Hotel Černý Orel:*** Zachariáše z Hradce náměstí 7. ☎ 724-32-21. Vecchia dimora *cosy* al centro della piazza. Accoglienza media. Camere moderne e ristorante (vedi oltre).

Dove mangiare

|●| ***Osvěžovna U Marušky:*** nella via a destra nella parte alta della piazza. Aperto dalle 9 alle 22. Chiuso domenica sera. Piatti a meno di 100 Kčs. Due salette tutte bianche molto semplici frequentate da una clientela giovane. Grazioso fregio dipinto, tavoli di legno chiaro. Cucina morava non troppo fantasiosa ma senza pretese. Un grande vantaggio: i prezzi modici. Qualche buona bevanda alcolica.

|●| ***Ristorante dell'Hotel Černý Orel:*** da fuori si ha l'impressione di un ambiente piuttosto chic, ma in realtà l'arredamento interno è banale. In più, quando ci siamo stati noi, anche il cibo non era granché. Insomma il locale sembra vivere sulla sua (buona) reputazione. Ma è anche vero che di sera la piazza non offre molte alternative. Si tratta in effetti dell'unico ristorante aperto insieme a quello dell'*Hotel Celerin*.

|●| ***Ristorante U Zachariáše:*** Zachariáše z Hradce náměstí 33. ☎ 96-26-72. Aperto tutti i giorni dalle 10.30 alle 22.30 (più tardi nel fine settimana). Spazio all'aperto con vista sulla piazza. Grande sala piacevole senza troppe pretese, tanto per cambiare rispetto alle solite cantine. Alzate la testa all'entrata per ammirare lo pterodattilo sospeso al soffitto. Vi consigliamo di andarci più per bere qualcosa che per mangiare. La cucina è infatti molto banale.

Da vedere

★ ***Piazza principale:*** un capolavoro di grazia e armonia che fa pensare a una scenografia teatrale! Lunga piazza lastricata ritmata dai portici e dai frontoni gotici, barocchi o rinascimentali di magnifiche dimore in perfetto stato, abbellite da colonne dipinte, bow window, incisioni a graffito, sbalzi e bugne. Un'architettura d'ispirazione italiana completamente preservata, protetta dal traffico automobilistico e propizia al sogno e alla fantasia. Al centro, una ricca fontana barocca e una colonna mariana.
Nella *chiesa*, bell'altare e pala barocca che spicca sul fondo bianco. Organo del 1725.

★ ***Castello:*** ☎ 96-29-43. Aperto dalle 9 alle 12 e dalle 13 alle 17 (16 in inverno). Chiuso lunedì. Visita guidata in ceco, tedesco e talvolta in francese (in estate). Due percorsi possibili: il percorso «A» con la visita delle sale rinascimentali (60 min.); il percorso «B» con la visita degli appartamenti degli ultimi proprietari (45 min.). Costruito alla fine del XIII secolo e rimaneggiato nel XVI secolo, l'edifico presenta un miscuglio seducente di elementi gotici e rinascimentali. Ampiamente ispirato a modelli italiani, il castello possiede anche un sontuoso arredamento.
– Al pianterreno: *cappelle* con belle volte lavorate (alcune annerite dal fumo delle candele) e un monumento sepolcrale con figura giacente protetto da una griglia di ferro battuto. Antica *sala delle armi* con volta di tela dipinta.
– Al secondo piano: la *sala del teatro* con soffitto dipinto a cassettoni. *Sala del riscaldamento* del castello ricoperta di affreschi (Ercole a destra, Giuditta e Oloferne a sinistra). All'inizio del secolo, il proprietario era un grande cacciatore (*sala Africana*). Nella *sala dei Cavalieri*, soffitto dipinto (le 12 fatiche di Ercole). Ascia di osso intagliata utilizzata nelle miniere d'argento locali (a sinistra della porta). Nelle sale successive: bel mobilio, armi, incisioni ecc.
– Dopo la seconda galleria: il *salone d'Oro*, una sala monumentale con soffitto a cassettoni ottagonali e medaglioni dipinti. La *sala Blu* possiede bei rilievi policromi. Ai quattro angoli del soffitto sono raffigurati i quattro elementi: acqua, terra, aria e fuoco.
– Bellissimi *giardini rinascimentali*. Non perdete la visita della ***galleria Jana Zrzaveho***. Aperta da lunedì a venerdì dalle 9 alle 12 e dalle 13 alle 17, sabato dalle 9 alle 13, domenica dalle 9 alle 12 e dalle 13 alle 16. Esposizione di molte opere di Jan Zrzavý, grande pittore originario dell'altopiano ceco-moravo (1890-1977). Notate la serie di quadri sulla Bretagna. Questa regione francese era uno dei soggetti preferiti del pittore, che rimase colpito dalla luminosità particolare che sembra uscire dalla terra e dal mare. Diversi quadri anche su Venezia.

★ ***Museo Vysičiny Pobočka:*** nel recinto del castello, al primo piano. ☎ 96-29-18. Stessi orari di apertura del castello. Un piccolo museo interessante con tanti oggetti legati alla vita contadina del passato. Nella prima sala notate la strana scena con personaggi animati. Ricostruzione di interni di dimore locali.

★ Uscendo dal castello proseguite a destra. Dopo la chiesa, la porta della città conduce a un grande ***parco*** con uno stagno.

JIHLAVA (YIRRLAVA) PREF. TEL.: 066

Per gli amanti della musica è giunto il momento di togliersi il cappello: è qui che Gustav Mahler trascorse gli anni dell'infanzia prima di partire, all'età di 15 anni, per il conservatorio di Vienna. Alcune vestigia architettoniche testimoniano l'importanza della città nella regione durante il Medioevo e il Rinascimento. È possibile visitare la fabbrica di birra *Ježek*.

Indirizzi utili

ℹ ***Informační Centrum:*** Masarykovo náměstí 19. ☎ 730-80-34. Fax: 731-19-27. ● edbji@putnet.cz ● Nella piazza centrale. Aperto da lunedì a venerdì dalle 9 alle 17, sabato dalle 9 alle 12. Chiuso domenica. Informazioni turistiche, camere e alberghi. Pianta di orientamento sulla piazza, molto utile quando l'ufficio del turismo è chiuso.

■ ***Banca:*** sportello automatico alla posta.

Dove dormire

Prezzi medi

Hotel Gustav Mahler: Křížová 4. ☎ 732-05-01. Fax: 273-77. Fax: 731-09-99. A 100 m da piazza Masarykovo. Calcolate 1500 Kčs circa per una camera doppia. L'albergo si trova in un antico monastero. Camere austere ma impeccabili. Parcheggio chiuso.

Grand Hotel: Husova 1. ☎ 730-35-41. Fax: 731-01-99. 1800 Kčs per due persone. Centrale ma calmo. Albergo chic in stile Art nouveau. Le piccole camere sono confortevoli ma l'arredamento è decisamente troppo banale per un albergo 4 stelle.

Dove mangiare

Restaurace U Šedivémo Draka: Masarykovo náměstí 65. ☎ 255-96. Sulla piazza.

Ristorante del Grand Hotel: vedi «Dove dormire». Sala piacevole con una decorazione molto semplice per la categoria. Personale efficiente. Buona cucina senza grande fantasia. Assaggiate la specialità: il pollo alle mandorle (speziato). Prezzi onesti.

Restaurace Bohemia: Masarykovo náměstí 10. Potrete gustarvi piatti consistenti a prezzi economici. Di fianco, un club per i nottambuli.

Da vedere

★ ***Museo «Il giovane Mahler e Jihlava»:*** Kosmákova 9. ☎ 291-47. 50 m a sinistra, nella parte bassa della piazza. Visita dell'esposizione permanente dalle 9 alle 12 e dalle 13 alle 17. Chiuso lunedì. Da ottobre ad aprile, se telefonate prima (☎ 280-34) vengono ad aprirvi la porta. Appena arrivate, potete scegliere un pezzo di musica da ascoltare durante la visita: chiedete alla cassa. Il museo presenta i primi due decenni della vita di Gustav Mahler. La *casa della famiglia Mahler* si trova al n. 4 di Znojemská (la prima via a destra ritornando verso la piazza). Il musicista vi ha vissuto dalla nascita (nel 1860) fino al 1875.

★ ***Piazza centrale:*** sfigurata dalla costruzione di un orribile negozio sopra a un fast food, possiede comunque qualche bella costruzione tra cui il municipio e, di fianco, la *chiesa barocca di Sant'Ignazio*. Se volete, potete visitare i sotterranei della chiesa, ma sappiate che il tasso di radioattività è cinquanta volte superiore a quello normale.

★ ***Museo regionale (Vysočiny):*** Masarykovo náměstí 57/58. Aperto dalle 9 alle 17. Chiuso lunedì. Presentazione della storia della città e della fauna locale.

★ La ***porta Matky Boží*** e la ***chiesa di Santa Maria***, costruita nel XIII secolo, con un Cristo di legno molto kitsch.

★ ***Zoo:*** entrata a 30 Kčs. Per occupare il tempo dopo aver visto tutto il resto. Tigri di Sumatra e leopardi delle nevi.

➤ *NEI DINTORNI DI JIHLAVA*

★ ***Pelhřimov:*** sulla strada per Tábor attraverserete questa cittadina poco turistica che possiede comunque un certo fascino. Anche qui, bellissima piazza principale con dimore barocche colorate, frontoni e facciate con incisioni a graffito. Notate anche le due antiche porte della città del XV secolo. Dietro l'abside della chiesa, una pittoresca casa con un quadrante solare e un bel lucernario. La chiesa presenta un elegante campanile con cupola a bulbo, mentre gli arredi interni in stile rococò non sono particolarmente felici.
Potete anche visitare il *museo dei Record e delle Curiosità (Rekordů a Kuriozit)*, Jihlavská brána. ☎ (0366) 32-13-27. Aperto da maggio a settembre tutti i giorni dalle 9 alle 17. Un museo unico nell'Europa centrale con fotografie di manifestazioni bizzarre, esposizione di oggetti giganti o miniature.

★ ***Chiesa di San Giovanni Nepomuceno (Sv. Jana Nepomuckého)***, vicino a ***Žd'ár nad Sázavou:*** Na Zelené Hoře, su una collina situata a 2 km da Žd'ár nad Sázavou. ☎ 0616-220-97. A nord-est di Jihlava. Per andarci, passate dal centro di Žd'ár nad Sázavou. Meravigliosa chiesa barocca costruita su una pianta a stella a cinque bracci. Tutt'intorno, un piccolo cimitero con tombe tenute molto bene. Atmosfera pacifica e raccolta. Vale una rapida occhiata.

ZNOJMO

PREF. TEL.: 0624

Cittadina piacevole e commerciale al limite della frontiera austriaca, Znojmo possiede un sorprendente numero di belle chiese e un immenso monastero premostratense. Il sottosuolo è pieno di gallerie sotterranee (aperte alla visita) che collegano tra loro le cantine delle dimore borghesi.

Indirizzo utile

ℹ ***Ufficio del turismo:*** ai piedi della torre campanaria. Personale molto gentile ed efficiente.

Dove dormire. Dove mangiare

– Nel villaggio di Vranov, possibilità di alloggiare ***presso privati*** a prezzi molto interessanti (seguite i cartelli).

Hotel Družba: Pražská 100. ☎ 756-81. All'entrata di Znojmo. Un edificio moderno senza fascino, con camere abbastanza economiche per la categoria e un ristorante che propone una buona cucina. Magnifica cantina con soffitti a volta dove, nel fine settimana, si balla in compagnia di una clientela locale semplice e gioviale. Un locale sorprendente soprattutto in questa grigia periferia!

Hotel Dukla: Holanská 5. ☎ 22-73-20. Albergo grande e senza fascino ma non troppo caro.

Restaurace Napoleon: Horní náměstí 9. ☎ 24-27-60. Ristorante turistico al primo piano con due guardie napoleoniche che sorvegliano l'entrata. Tavoli anche sulla piazza. Prezzi più elevati rispetto alla media nazionale. Una vera fotografia della tavola bonapartista: pesce Wellington, miscuglio corso, cotoletta Koutouzov, pollo Waterloo, toast Sant'Elena... Vale la pena di andarci giusto per la trovata divertente: la raffinatezza non è ancora all'ordine del giorno. I filetti di luccioperca al vino bianco non sono niente male, ma abbiamo fatto molta fatica a mandare giù il contorno di fette d'arancia, kiwi e cavolo piccante...

Da vedere

★ **Torre campanaria:** molto elegante e aguzza, coperta dal verderame. Potete salirci dalle 9 alle 16.

★ **Rotonda di Santa Caterina:** costruzione romanica vicino ai resti del castello. Affreschi medievali in buono stato di conservazione.

★ **Chiesa della Santa Croce:** chiesa gotica rimaneggiata in stile barocco con affreschi di bella fattura.

➤ NEI DINTORNI DI ZNOJMO

★ **Castello di Vranov:** a ovest di Znojmo, vicino alla frontiera con l'Austria. ☎ 972-15. Aperto in aprile solo nel fine settimana dalle 9 alle 12 e dalle 13 alle 16, in maggio e giugno tutti i giorni, eccetto lunedì, dalle 9 alle 12 e dalle 13 alle 17, in luglio e agosto tutti i giorni dalle 9 alle 12 e dalle 13 alle 18, in settembre tutti i giorni, eccetto lunedì, dalle 9 alle 12 e dalle 13 alle 17, in ottobre solo nel fine settimana dalle 9 alle 12 e dalle 13 alle 16. Visita guidata in tedesco di un'ora circa; in estate, visite guidate in inglese.
Antica roccaforte medievale costruita su uno sperone roccioso che domina il villaggio nascosto in fondo alla valle. In seguito a un incendio, fu ricostruita in stile barocco nel XVIII secolo. Facciate molto colorate. All'entrata, deliziosa cappella che aggiunge una nota di romanticismo all'imponente complesso, in netto contrasto con l'austera torre quadrata. All'interno, grande sala degli antenati con un magnifico affresco del 1695. Notate anche la grande biblioteca dell'inizio del XIX secolo.

MIKULOV

PREF. TEL.: 0625

Antico e grazioso villaggio viticolo adagiato su una collina intorno al castello. Un'importante comunità ebraica (la più numerosa della Moravia) vi ha vissuto in tutta tranquillità per diversi secoli. Potete visitare il castello ma soprattutto lo straordinario cimitero ebraico con oltre 4000 tombe. La sinagoga, distrutta dai nazisti, è stata ricostruita. Un emozionante luogo di memoria.

Indirizzo utile

Ufficio del turismo: ☎ 51-22-00. Organizzano escursioni guidate.

Dove dormire. Dove mangiare

Hotel Rohaty Krokodyl: Husova 8. ☎ 51-06-92. Fax: 51-16-95. Per una camera doppia calcolate 1500 Kčs circa. Al ristorante, servizio continuo dalle 17 alle 22. Grigliate a 80 Kčs circa. In origine questa dimora storica con una cisterna medievale veniva utilizzata per i bagni rituali di una sinagoga. La casa ospitò Alphons Mucha nel 1935, mentre il rabbino Jehuda Löw, inventore del Golem, vi abitò nel XVI secolo. Buona accoglienza. Sala del ristorante e spazio esterno con un piccolo coccodrillo in un terrario.

Da vedere. Da fare

★ ***Castello e museo:*** accesso dalla via principale (che si incurva salendo) delimitata da bellissime dimore rinascimentali e barocche. A ovest, la parte più antica con le mura è stata costruita nel XIII secolo. La sistemazione attuale risale all'epoca barocca anche se il castello è stato restaurato nel 1945 in seguito a un incendio provocato dai nazisti. L'essenziale è esposto nel museo: alcuni pezzi di archeologia, una bella collezione di armi, evocazione della storia regionale e delle tradizioni folcloristiche. La parte più interessante concerne la viticoltura con l'esposizione del più grande tino da fermentazione dell'Europa centrale, con una capacità di 101 000 litri!

★ ***Quartiere ebraico:*** via Husova, che scende dalla collina, era l'arteria centrale del ghetto. Durante il Shabbat veniva chiusa con una grossa catena. L'ufficio del turismo distribuisce un dépliant con un percorso che permette di individuare le antiche case del ghetto. Ne restano solo 90 delle 317 che ospitavano in origine la comunità ebraica: i nazisti hanno lasciato il segno. La passeggiata non offre nulla di spettacolare e bisogna avere l'occhio esercitato per distinguere le case antiche da quelle più recenti. Si respira comunque un'atmosfera particolare, animata da improbabili fantasmi di un'epoca che appartiene definitivamente al passato.

– ***Sinagoga Husova***. Entrata: 8 Kčs. Dopo essere stata utilizzata come magazzino negli anni sessanta del Novecento, è stata ricostruita in modo identico sulla pianta barocca del 1719. Al centro, le colonne corinzie di marmo rappresentano il tempio di Salomone. Vetrine con l'illustrazione delle particolarità del culto come per esempio le piccole mani di metallo per seguire il testo della Torah (che non può essere toccata con le mani nude), i filatteri da mettere sul braccio sinistro o sul capo durante la preghiera, i bicchieri di cristallo del Shabbat… Al primo piano, la galleria riservata alle donne.

– ***Cimitero ebraico:*** da non perdere. Sul pendio della collina, in un parco. Il cancello è quasi sempre chiuso. Cercate di infilarvi insieme a un gruppo di visitatori oppure chiamate (non c'è il campanello) il vecchio guardiano al quale lascerete una piccola mancia prima di andarvene. Un luogo eccezionale e impressionante che sembra ancora abitato dal mormorio delle anime dei giacenti che fecero la prosperità della comunità ebraica. La disposizione delle 4000 tombe, tutte orientate verso sud, sembra essere il risultato di un sapiente disordine. Le più antiche risalgono al XV secolo mentre le più recenti portano la data del 1939. In fondo, un memoriale dedicato ai combattenti della prima guerra mondiale caduti per l'impero austro-ungarico, tra cui figurano molti ebrei.

LEDNICE-VALTICE

PREF. TEL.: 0627

Il complesso di Lednice-Valtice (9 km a est di Mikulov) è iscritto dal 1996 nella lista del patrimonio mondiale dell'UNESCO. Zona disseminata di vigneti, castelli, stagni e parchi. In estate è molto frequentata dai cechi che si dedicano con piacere alle gioie della bicicletta.

★ *IL CASTELLO DI LEDNICE*

Alla frontiera con l'Austria e la Repubblica Slovacca, a nord-ovest di Břeclav. Da non confondere con Janův Hrad, sulla stessa strada, 3 km prima del villaggio (rovine in aperta campagna). Aperto dalle 9 alle 12 e dalle 13 alle 17. Chiuso lunedì.
Del castello rinascimentale, riconvertito più tardi in stile barocco da Fischer von Erlach, non resta più molto. Lednice fu interamente ricostruito nel XIX secolo dalla famiglia Liechtenstein in perfetto stile neogotico Tudor. Il castello presenta quindi una curiosa architettura abbastanza ibrida con torrette, garitte di vedetta, guglie, pinnacoli. Notate anche le teste di cervo incassate in una facciata e la magnifica serra tropicale. Bel mobilio e interessanti sistemazioni interne. Molto legno scolpito: rivestimenti murali, soffitti, stipiti. Magnifica scala a chiocciola in stile gotico fiammeggiante, un autentico lavoro d'oreficeria, giganteschi ritratti degli antenati, oggetti di ferro battuto, quadretti e qualche piccola nota *cosy:* mobilio Biedermeier, tappezzerie cinesi e tanti poveri cervi imbalsamati un po' dappertutto.
Una parte del castello ospita un museo consacrato allo sviluppo dell'orticoltura, un'enoteca (degustazione e vendita di vini regionali) e un acquario. In fondo all'immenso parco all'inglese con stagni per il canottaggio, notate il minareto stile Jaipur.

★ *VALTICE*

Anche qui, castello di proprietà della famiglia Liechtenstein, che cerca di recuperare i beni confiscati dallo Stato nel 1945 per collaborazionismo con l'occupante. Il villaggio è molto carino. Un posto gradevole per fare una breve tappa.

Indirizzo utile

i ***Ufficio del turismo:*** all'entrata del castello a sinistra. ☎ 35-29-77. Fax: 35-29-78.

Dove dormire. Dove mangiare

🏠 🍴 ***Hotel Hubertus:*** in un'ala del castello. ☎ 35-25-37. Fax: 35-25-38. Camere doppie a 1000 Kčs circa con un look che rimanda agli anni settanta del Novecento, mobili semplici e comfort elementare.

Non corrisponde esattamente all'idea che ci si fa della vita in un castello, ma l'ambiente è molto gradevole. Il ristorante (con uno spazio anche all'aperto) propone una cucina onesta con specialità dello chef vagamente sorprendenti. Il tacchino è eccellente. Porzioni abbondanti. Calcolate 200 Kčs circa per un pasto. Visita delle cantine.

Penzion Onyx: Nejdecká 176. ☎ 34-00-68. Nel villaggio. Grande costruzione bianca e gialla con 13 camere moderne e luminose con doccia. Taverna-rosticceria con animazione folcloristica.

Da vedere

★ ***Castello:*** aperto da maggio ad agosto da martedì a venerdì dalle 8 alle 12 e dalle 13 alle 17, sabato e domenica dalle 9 alle 16; in settembre e ottobre, solo nel fine settimana dalle 9 alle 16. Visita guidata. Entrata: 30 Kčs. Uno dei più bei complessi della Repubblica Ceca, riconversione baroccheggiante eseguita da Fischer von Erlach e Domenico Martinelli di una struttura medievale già rimaneggiata nel Rinascimento. Notate, sulla facciata, gli stemmi della famiglia Liechtenstein ornati con il vello d'oro. Da vedere durante la visita: la hall dei marmi, il lavoro degli stuccatori, lo studio degli Specchi e la cappella.

BRNO

400 000 ab. PREF. TEL.: 05

A 230 km da Praga. Capitale della Moravia del Sud, importantissimo centro economico e scientifico del paese, conosciuto soprattutto per la celebre fiera internazionale e il gran premio di motociclismo a fine agosto. Brno non presenta un grande interesse architettonico, ma la città è molto attiva e grazie alla presenza dell'università propone una vita culturale e notturna particolarmente vivace. Tra i grandi personaggi che sono nati o hanno operato a Brno figurano il compositore Janáček, V. Kaplan (inventore della turbina idraulica) e J. Mendel (fondatore della genetica moderna).

Indirizzi e informazioni utili

***Ufficio del turismo** (B2):* Radnická 8. ☎ 42-21-10-90. Fax: 42-21-26-65. • www.kultura-brno.cz • Nell'ex palazzo del municipio. Aperto da lunedì a venerdi dalle 8 alle 18, sabato e domenica dalle 9 alle 17. Piantine. Informazioni su alberghi, camere e campeggi. L'ufficio non è molto attrezzato ma il personale è gentile.

✉ ***Posta principale** (B2):* all'angolo di Jánská e Poštovská, in centro. Aperto da lunedì a venerdì dalle 7 alle 18. Vicino alla stazione c'è un altro ufficio postale. Aperto anche sabato fino alle 14.

Trasporti

Numerosi pullman per Praga e Bratislava, almeno due partenze al giorno per Vienna. Treni diretti per Praga e Bratislava.

***Stazione ferroviaria** (B2):* Hlavní nádražní. ☎ 42-21-48-03. Distante dal centro storico.

Stazione dei pullman Zvonařka: a 10 min. a piedi dalla stazione ferroviaria. ☎ 43-21-77-33.

Dove dormire

Campeggi

⛺ ***Kemp Radka:*** Kníničky 139. ☎ 46-21-58-21. A nord-ovest del centro. Tram n. 1 in partenza dalla stazione. Scendete alla fermata Přístaviště (porto del lago) e camminate fino a Sokolské Koupaliště. Campeggio in riva a un lago.

⛺ ***Camping Obora:*** sullo stesso lago ma sull'altra riva, vicino alla diga. Un po' più lontano del precedente. Possibilità di alloggiare in bungalow.

Prezzi economici

– Informatevi presso l'ufficio del turismo sulle possibilità, in luglio e agosto, di alloggiare nei dormitori dei ***collegi*** della città. Attenzione: i prezzi aumentano durante le fiere (da febbraio ad aprile e in settembre e ottobre). Per conoscere esattamente le date: • info@bvv.cz •

Hostel Družba *(A1, **10**):* Kounicova 50. ☎ 41-32-12-17. Dalla stazione tram nn. 12 o 13. Riservato agli studenti durante l'anno scolastico, dal 10 luglio al 20 settembre accoglie i turisti di passaggio. 400 Kčs per persona.

Hostel Interservis: nel quartiere Komárov Lomená 48. ☎ 45-23-42-32. Fax: 45-23-31-65. • youth.hostel@iol.cz • 3 km a sud del centro. 150 Kčs per una notte in dormitorio, 265 Kčs in camera. Prendete i tram nn. 9 o 12 e scendete all'ultima fermata. Un ostello economico con 150 posti-letto, ma non bisogna essere troppo esigenti per il comfort.

Prezzi moderati

Hotel Avion *(A1, **11**):* Česká 20. ☎ 42-21-50-16 e 42-32-13-03. Fax: 42-21-40-55. Molto centrale, all'inizio di una via pedonale che arriva in piazza Svobody. Deve il suo nome alla facciata molto stretta e alla profondità dell'edificio (8 x 32 m). Secondo albergo di questo tipo, dopo un primo costruito in Francia. L'architetto Bohuslav Fuchs riuscì nel 1927 a risolvere il problema della costruzione di un edificio su una superficie molto stretta. Camere semplici con porte imbottite. Casinò e Irish Pub recentemente rinnovato. Buona accoglienza.

Prezzi medi

Hotel Slavia *(A1-2, **13**):* Solniční 15/17. ☎ 43-32-12-49 e 42-21-50-80. Fax: 42-21-17-69. Nello stesso quartiere dell'*Avion*. Calcolate 1100 Kčs per due. Corridoi immensi, camere spaziose con divano. I bagni sono deludenti (come capita troppo spesso) rispetto al livello dell'albergo.

Hotel Amphone *(B1, **12**):* Kpt Jaroše tř. 29. ☎ 45-21-17-83 e 57-31-28. Fax: 45-21-15-75. A partire da 1380 Kčs per una camera doppia. Molto calmo, in una via senza uscita vicina al centro storico (da 15 a 20 min. a piedi). Le camere semplici e molto piccole offrono un comfort minimo. Prima colazione-buffet onesta. Parcheggio a pagamento.

Più chic

Hotel International *(A2, **14**):* Husova 16. ☎ 42-12-22-11. Fax: 42-21-08-43. Vicino alla galleria Moravská. Scegliete una camera nella «categoria economica»: offrono lo stesso comfort (cambia

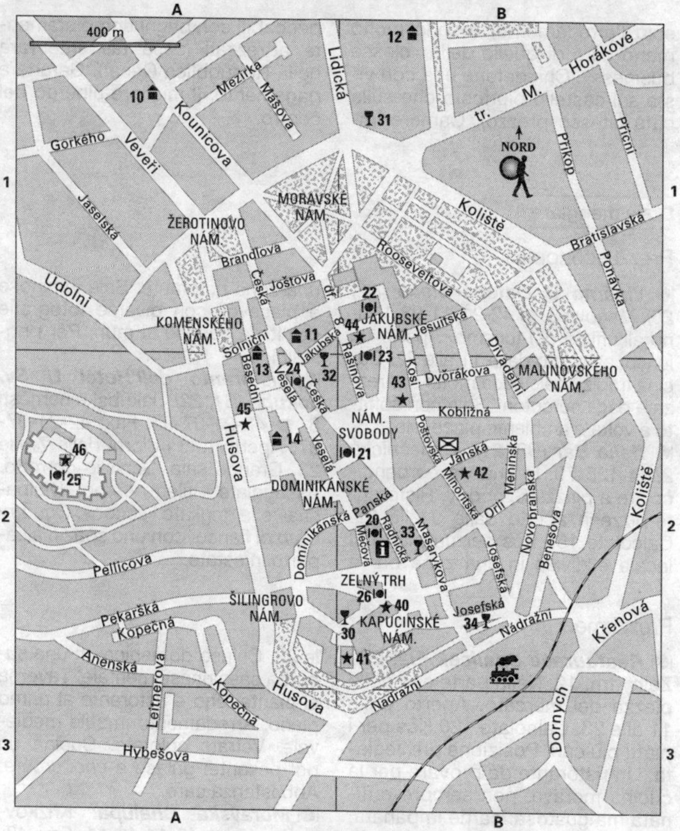

BRNO

■ Indirizzi utili

- Ufficio del turismo
- Posta principale
- Stazione ferroviaria

Dove dormire

- **10** Hostel Družba
- **11** Hotel Avion
- **12** Hotel Amphone
- **13** Hotel Slavia
- **14** Hotel International

Dove mangiare

- **20** Vinárna U Zlatého Meče
- **21** Italia Bar
- **22** Ristorante dell'Hotel U Sv. Jakuba
- **23** Cešny Medved
- **24** Stopkova Pleňska Pivnice
- **25** Hradní Vinárna Špilberk
- **26** Restaurace Špaliček

Dove bere qualcosa

- **11** Irish Pub Molly's
- **30** Veselá Husa
- **31** Caffè-ristorante Ludwig
- **32** Pegas
- **33** Caffè Fischer
- **34** Club 21 – Cleopatra Café

★ Da vedere

- **40** Museo di Moravia
- **41** Cattedrale dei Santi Pietro e Paolo
- **42** Chiesa di San Giovanni
- **43** Museo etnografico
- **44** Chiesa di San Giacomo
- **45** Moravská Galerie
- **46** Castello di Špilberk

solo l'arredamento) e sono molto meno care di quelle della «classe business». Chiedetene una con vista sul castello piuttosto che sulla città (stesso prezzo). Camere impeccabili con bagni completamente attrezzati (cosa talmente rara nella Repubblica Ceca!). Garage a pagamento. Il migliore albergo del centro.

Dove mangiare

Prezzi economici

|●| ***Vinárna U Zlatého Meče*** *(B2, **20**):* Mečová 3. ☎ 42-21-11-98. Vicino all'ufficio del turismo. Aperto da lunedì a sabato dalle 11 alle 22. Cucina tradizionale ceca molto apprezzata dagli autoctoni. Sala con soffitto a volta e ambiente piacevole.

|●| ***Italia Bar*** *(B2, **21**):* Zámečnická 2. ☎ 125-70. In una via perpendicolare a piazza Svobody. Ristorante-pizzeria aperto dalle 9 alle 22. Calcolate 150 Kčs per un piatto. Il locale è diviso in una zona bar e una zona ristorante. Sale luminose e piacevoli con diverse fotografie dell'Italia appese ai muri. Per i nostalgici!

|●| ***Ristorante dell'Hotel U Sv. Jakuba*** *(B1, **22**):* Jakubské náměstí 6. ☎ 42-21-07-95. Fax: 42-21-07-97. Aperto tutti i giorni dalle 7 alle 23. Grande sala. Servizio corretto. Assaggiate il filetto serbo «Djulbastia» e la grigliata «Jacob». *Country Club* di fianco, con uno spazio all'aperto in estate.

Prezzi medi

|●| ***Restaurace Špaliček*** *(B2, **26**):* Zelný trh. 12. Nella parte alta della piazza del mercato. Aperto dalle 11 alle 23. Calcolate 120 Kčs per i piatti più cari. Posizione privilegiata. Un ristorante da provare per la cucina morava, non sempre raffinata ma gustosa: carne impanata, insalate alla paprica e al formaggio gratuggiato di Olomouc. L'interno è banale ma l'esterno è veramente piacevole durante le serate estive.

|●| ***Stopkova Pleňska Pivnice*** *(A2, **24**):* Česká 5. ☎ 42-21-10-94. Nella grande via commerciale del centro. Aperto dalle 11 alle 15 e dalle 18 alle 23. Chiuso domenica. In una superba casa rinascimentale. Taverna al pianterreno e ristorante al primo piano. Arredamento in stile medievale. Vetrate colorate. Cucina un po' pesante: gulash e *choucroute*. Abbastanza caro.

|●| ***Moravská Chalupa:*** Křižkovského 47. ☎ 43-14-11-11. Fax: 43-21-20-02. Accessibile dalla stazione con il tram n. 1, direzione Bystrc; scendete alla fermata in piazza Mendel (Mendlovo náměstí) e prendete l'autobus n. 84 per una fermata. Aperto dalle 19 alle 24. Cucina morava tipica, spesso accompagnata da un'orchestra di cimbali.

Più caro

|●| ***Sapanel:*** ŠturLsova 35. ☎ 41-21-69-16. Aperto dalle 16 all'1 di notte. Chiuso domenica. Accessibile con i tram nn. 3 e 11, direzione Žabovřesky. Se ne avete abbastanza dei *knedlíkys* e dei *bramboráks*, ecco un locale da non perdere. Il ristorante è tenuto da un borgognone che serve solo e unicamente piatti francesi. Per cominciare: un pâté della casa, un piatto di cozze alla marinara o di lumache alla borgognona. Seguono i gamberi, la costata al pepe verde o il filetto alla tartara. Il tutto può essere accompagnato da un *gratin dauphinois* (patate al forno con panna e formaggio). Tutti piatti eccellenti che

potete degustare bevendo un bicchiere di vino naturalmente francese. Prezzi ragionevoli.

|●| ***Cešny Medved*** *(B1-2, **23**):* in centro, a destra della chiesa di San Giacomo. Calcolate 400 Kčs per un pasto completo. In estate, tavoli ombreggiati sul marciapiede. Atmosfera piuttosto intima ed elegante, sala con camino di pietra e divanetti alti ricoperti con un tessuto verde e rosso. Cucina franco-morava: molti piatti a base di pollo, selvaggina e carne in salsa, un po' di pesce e, perché no?, un piatto di fegatini di pollo o qualche coscia di rana.

|●| ***Hradní Vinárna Špilberk*** *(A2, **25**):* nel castello. ☎ 42-21-17-60. Aperto tutti i giorni a partire dalle 19. Un ambiente tipicamente moravo con musica folcloristica, dove potete degustare una buona cucina. La carta dei vini di Moravia è impressionante. Un po' caro per essere un ristorante ceco. Menu ridotto a mezzogiorno.

Dove bere qualcosa

🍸 ***Veselá Husa*** *(B2, **30**):* Zelný trh. 9. ☎ 42-21-16-30. Tra la piazza del mercato e la cattedrale, di fianco a un edificio rosso. Aperto da lunedì a giovedì dalle 11 alle 24, venerdì, sabato e domenica dalle 15 alle 24. *Hospoda* molto animata. Possibilità di mangiare qualcosa. Vini moravi e francesi.

🍸 ***Club 21 – Cleopatra Café*** *(B2, **34**):* Josefská 21. Luogo di ritrovo un po' chic per tutti quelli che amano farsi vedere. Per mangiare un gelato seduti all'aperto o per bere un cocktail nella sala interna bagnata da luci al neon blu, esercitandosi ai giochi d'azzardo.

🍸 ***Caffè-ristorante Ludwig*** *(B1, **31**):* Koliště 3. ☎ 42-21-34-82. A nord del centro storico, su un viale. Aperto da martedì a venerdì dalle 11 alle 23, sabato dalle 12 alle 23. Chiuso domenica e lunedì. Piacevole spazio esterno in estate, interno moderno.

🍸 ***Caffè Fischer*** *(B2, **33**):* Masarykova. Grande spazio high-tech con un piccolo spazio all'aperto. Funziona anche come agenzia viaggi e ufficio di cambio. I piatti del giorno sono scritti su una lavagna nera.

🍸 ***Pegas*** *(A1-2, **32**):* Jakubská 4. ☎ 42-21-01-04 e 42-21-43-14. Aperto tutti i giorni dalle 9 alle 24. Una delle birrerie più frequentate, probabilmente perché la birra è prodotta direttamente in loco. Abbastanza rumoroso e molto turistico.

🍸 ***Irish Pub Molly's*** *(A1, **11**):* Česká. Di fianco all'*Hotel Avion*. Un pub degno di questo nome con musica rock e Guinness.

Dove andare la sera

♪ ***Discoteca Boby La Grotta:*** Sportovní 2a. ☎ 727-23-30. Aperta tutti i giorni dalle 21 alle 4 del mattino. All'interno del *Boby Centrum*, un complesso che comprende anche un albergo, diversi ristoranti, negozi, casinò, squash ecc. Quando è stata aperta (dopo la caduta del muro di Berlino) la discoteca era sempre strapiena, ma oggi si ha l'impressione che la follia sia passata (almeno in settimana). Sala molto bella. Davanti alla pista c'è una parete con una trentina di monitor che diffondono immagini.

♪ ***Tabarin:*** Divadelnt 3. ☎ 42-21-28-14. Aperto dalle 21 alle 5 del mattino. Chiuso domenica. Bar-discoteca.

♪ ***Mersay:*** Minská 17. Vicino al cinema *Lucerna*. Tram nn. 3 o 11, stessa fermata che per l'*Hotel Družba*. Una delle discoteche più celebri.

– Vi segnaliamo un'altra discoteca nel quartiere Královo Pole (a nord del centro):

♪ ***Pitkin Club:*** Sobská 4. Prendete il tram n. 1 e scendete alla fermata Husitská.

Da vedere. Da fare

★ ***Centro storico di Brno:*** intorno a piazza Svobody e a via Vítězství (entrambe pedonali), molto animate durante il giorno. Al n. 15 di piazza Svobody, bei balconi rinascimentali e al n. 17 una sorprendente facciata ricoperta di decorazioni a graffito (uccelli, conigli…). Se si eccettua qualche nobile dimora antica, il centro storico di Brno è costituito in prevalenza da edifici del XIX secolo e manca di unità architettonica.

★ ***Antico municipio:*** Radnická 8. Di fianco all'ufficio del turismo. Aperto da aprile a settembre dalle 9 alle 17. Si accede al cortile attraverso uno splendido portico gotico. Alta torre del XV secolo con una torretta sbilenca che sembra sul punto di staccarsi dalla facciata. Nella hall d'entrata sarete accolti dal «dragone di Brno» (in realtà non è altro che un grosso coccodrillo proveniente dall'Amazzonia! Ma all'epoca deve aver fatto una certa impressione!).

★ ***Zelný trh.*** *(ex 25 Unora náměstí):* la piazza del mercato, giusto di fianco al municipio. Al centro, una strana fontana barocca con un grosso mucchio di rocce dal quale spunta la figura di Ercole in lotta con i mostri.

– Al n. 4, il celebre *teatro Reduta*, il più antico della città, dove Mozart si esibì nel 1767.

★ ***Convento dei Cappuccini:*** Kapucínské náměstí 5. Dopo il museo di Moravia, a due passi da Zelný trh. Aperto dalle 9 alle 12 e dalle 14 alle 16.30; domenica dalle 11 alle 11.45 e dalle 14 alle 16.30. Chiuso lunedì da ottobre ad aprile. Entrata: 30 Kčs. I cappuccini non venivano sepolti ma deposti sul terreno con la testa appoggiata a un mattone. L'aria particolare delle cantine seccava i corpi e li mummificava. Nel XVIII secolo alcuni notabili di Brno chiesero di essere inumati secondo questo procedimento. Oggi potete visitare le catacombe. In fondo, una ventina di monaci riposano da più di due secoli.

★ ***Museo di Moravia*** *(B2, **40**):* Zelný trh. 6. ☎ 42-32-12-05. Aperto dalle 9 alle 17. Chiuso domenica e lunedì. Sistemato nel palazzo Dietrichstein (1760), antica residenza dei vescovi di Olomouc. Il generale Koutousov vi passò qualche notte prima della battaglia di Austerlitz. Collezione mineralogica superba. In un altro edificio al n. 1 di via Muzejní potete visitare un'interessante sezione ornitologica e zoologica. Animali impagliati. Illuminazione giudiziosa, bella presentazione, fotografie, ricostruzione di ambienti naturali. Una cura pedagogica innegabile!

★ ***Cattedrale dei Santi Pietro e Paolo*** *(B2, **41**):* accesso da Šilingrovo náměstí. La cattedrale risale all'XI secolo ma ha subito numerose trasformazioni nel corso dei secoli. Grande eleganza e raffinatezza dei campanili, guglie armoniose. Interno di vaste dimensioni (la navata è lunga 65 m e alta 27 m). Superbo pulpito in marmo scolpito del XVI secolo e Vergine in pietra arenaria del XIV secolo. Solo il coro è rimasto gotico, tutto il resto è stato barocchizzato. Osservate i quattro pannelli a sinistra della Via Crucis dal simbolismo estremamente eloquente. Impossibile fare meglio nel rendere l'effetto drammatico! Un aneddoto storico: se sentite le campane della cattedrale suonare i 12 rintocchi di mezzogiorno, fate attenzione, sono probabilmente le 11. Perché mai questa anomalia? Per spiegarla bisogna risalire al 1645, quando la città era assediata dagli svedesi. Il generale Torstenson, esasperato da quell'assedio senza fine, fece sapere che avrebbe levato il campo dopo un ultimo attacco se la città non fosse stata definitivamente presa. Alle 11, mentre i soldati si preparavano ad assalire la città, una palla di cannone colpì la torre della cattedrale. Vedendo che le cose si mettevano male, il curato ebbe l'idea di suonare i dodici rintocchi di mezzogiorno. Uno stratagemma che trasse in inganno gli assalitori, i quali finirono per ritirarsi rispettando la promessa del loro generale. Ecco perché le campane di Brno suonano 12 rintocchi alle 11. Mica male, no? A sinistra della cattedrale, accesso a una terrazza panoramica con vista sulla città.

★ ***Chiesa di San Giovanni*** *(B2, **42**):* Minoritská (tra Orlí e Panská Janská). Chiesa gesuita con una bella facciata barocca. Interno con una sola navata. Volta a tutto sesto ricoperta da un immenso affresco. Decorazione rococò un po' carica; nove altari sovraccarichi di ori. Bella facciata in stile Secessione quasi di fronte.

★ ***Museo etnografico*** *(B2, **43**):* Kobližná e Běhounská. ☎ 42-21-11-61. Aperto dalle 9 alle 17. Chiuso lunedì. Ricco museo realizzato in un elegante edificio barocco. Al pianterreno: mostre d'arte straniera. Al secondo piano: armadi dipinti, ricostruzione di una casa contadina, architettura rurale morava, ricami, vestiti da festa tradizionali, oggetti di ferro battuto, strumenti musicali, ceramiche ecc.

★ ***Chiesa di San Giacomo*** *(B1, **44**):* Květná, una via a nord di piazza Svobody. Struttura archittonica di notevole leggerezza. Volte a stella molto alte appoggiate su raffinate colonne scanalate. Superbo pulpito scolpito con una scala di pietra. Stalli molto belli del XVII secolo. Banchi dei fedeli scolpiti. Gli organi con il crespo nero sembrano in lutto!

★ Risalendo via Panenská si costeggia il ***nuovo municipio*** installato in un antico convento (Dominikánské náměstí 1). All'interno, bel ***coro*** e ***sala dei Cavalieri*** decorata con affreschi.

★ ***Moravská Galerie*** *(A2, **45**):* aperta dalle 10 alle 18. Chiusa lunedì e martedì. La galleria occupa tre edifici diversi. I due principali sono:
– ***Umĕleckoprůmyslové muzeum*** *(museo delle Arti decorative):* Husova 14. ☎ 42-21-61-04. Nella via che separa la collina dello Špilberk dalla città vecchia. Al pianterreno, mostre temporanee (pittura, arti grafiche, fotografia). Al primo piano, esposizione di una collezione permanente sulle arti applicate. Presentazione cronologica di oggetti appartenenti ai settori classici di quest'arte: vetro, ceramica, tessile, oggetti di legno e di metallo. Selezione di bei mobili, armadi e scrivanie lavorati. In ogni sala un apparecchio fornisce un commento. Chiedete la versione in una lingua comprensibile.
– ***Pražakův palác:*** Husova 18. ☎ 42-21-57-53. Esposizione permanente d'arte moderna ceca. Periodo: dall'inizio del XX secolo fino al 1930. L'edificio ospita anche mostre temporanee molto interessanti.

★ ***Castello di Špilberk*** *(A2, **46**):* in macchina, prendete via Gorazdova. Parcheggio. Castello arroccato su una collina con una reputazione sinistra, forse più conosciuto con il nome tedesco di Spielberg. Prigione dei capi della rivolta del 1621 (che si concluse con la battaglia della Montagna Bianca) e poi, nel corso dei secoli, di tutti gli oppositori della monarchia austro-ungarica (cechi, carbonari italiani ecc.). Pietro Maroncelli e Silvio Pellico trascorsero qui lunghi anni, e il secondo iniziò proprio qui la stesura della sua opera *Le mie prigioni*. Il castello fu anche un atroce centro di tortura e detenzione della Gestapo (migliaia di cadaveri furono ritrovati nelle cantine). Possibilità di visitare le catacombe, utilizzate come prigione per i popolani. Aperto da maggio a settembre dalle 9 alle 18; ultime entrate un'ora prima della chiusura. Visita guidata. Vi consigliamo di vedere anche il museo, soprattutto per l'esposizione permanente «Dal Rinascimento al modernismo». Stessi orari di apertura del castello. Passeggiata piacevole nel parco.

– Per finire, i melomani potranno andare ad assistere a un'opera lirica al *teatro Janáček*.

➤ *NEI DINTORNI DI BRNO*

★ ***Castello di Pernštejn:*** una cinquantina di chilometri a nord-ovest di Brno. Vicino al villaggio di Nedvědice. ☎ (0505) 56-61-01. Aperto in maggio, giugno e settembre dalle 9 alle 16, in luglio e agosto dalle 9 alle 17. Solo visite guidate. Cominciato nel XIII secolo e modificato nel Rinascimento, il castello non subì ulteriori trasformazioni. Piuttosto compatto, presenta una fioritura di angoli e cantucci grazie alla torre sporgente. Bei portali di marmo e notevoli finestre a sbalzo. Bella sala dei Cavalieri. A 4 km, a Černín, ponte coperto di legno costruito nel 1718.

★ *SLAVKOV (AUSTERLITZ)*

«Vi basterà dire: "Ero alla battaglia di Austerlitz" per sentirvi rispondere: "Ecco un uomo coraggioso!"» Con queste parole Napoleone fece entrare il piccolo villaggio di Austerlitz nella leggenda. I fatti si svolsero il 2 dicembre 1805 e la battaglia fu chiamata «dei tre imperatori». Di fronte a Napoleone, lo zar Alessandro I e Francesco II d'Austria, con un'esercito molto più numeroso. Oggi il villaggio si chiama Slavkov e si trova a una ventina di chilometri a est di Brno. Prendete l'autostrada E462 fino all'uscita «Slavkov». Ogni anno, nel fine settimana che precede la data del 2 dicembre, 250 nostalgici ricostruiscono la celebre battaglia.

|●| ***Josefina Restaurant:*** Palackého náměstí 12. ☎ 44-22-07-00. Situato all'entrata del castello. Aperto tutti i giorni, eccetto lunedì, dalle 11 a mezzanotte. Al primo piano, troverete una grande sala tutta blu, bianca e rossa: il filone napoleonico declinato in tutte le salse nella ristorazione. Vi si svolgono banchetti commemorativi.

★ ***Castello:*** ☎ 05-94-16-85. ● www.austerlitz.cz ● Il castello è stato ricostruito alla fine del XVIII secolo a forma di U, in uno stile un po' austero a metà strada tra il barocco e il classico. Ospita due musei.

– ***Museo del castello:*** aperto in aprile e maggio, settembre e ottobre dalle 9 alle 16, in giugno, luglio e agosto dalle 9 alle 17. Chiuso lunedì. Entrata: 40 Kčs. La costruzione del castello, circondato da un vasto parco e fatto erigere dalla famiglia Kaunitz, iniziò alla fine del XVII secolo e si concluse nella seconda metà del XVIII secolo. Tra le principali attrazioni: la sala dei Fondatori con l'albero genealogico dei Kaunitz, il piccolo salone Dorato con il ritratto della moglie del fondatore del castello rappresentata come una dea (Diana cacciatrice), la sala degli Antenati (sul soffitto, affresco monumentale con gli dèi dell'Olimpo). Due locali meritano un'attenzione particolare: la storica sala dove il 6 dicembre 1805 venne firmato l'armistizio tra la Francia (Berthier) e la monarchia degli Asburgo, con un'acustica studiata per «fondere» i suoni e coprire le conversazioni private dei diplomatici; e la camera da letto della principessa che, secondo una leggenda,

avrebbe accolto Napoleone la notte successiva alla battaglia di Austerlitz (l'imperatore, comunque, non dormì nel letto che potete vedere, ma molto più probabilmente sulla branda da campo che si portava dietro dappertutto). Nel salottino per le signore notate il grazioso tavolo ovale intarsiato con motivi cinesi. Per finire, ammirate la cappella che si eleva stranamente attraverso tutti i piani, e la sala con mobili Boulle in ebano.
– ***Museo storico:*** nell'ala sinistra uscendo. Malgrado le spiegazioni siano in ceco, vi sono esposti numerosi documenti interessanti e ben presentati. Diverse vetrine permettono di ricostruire il contesto delle guerre napoleoniche: documenti, oggetti, stampe sulla Rivoluzione francese. Testo manoscritto della Dichiarazione dei diritti dell'uomo, lettere, processi verbali vari. Vita di Bonaparte, campagna d'Egitto. Grande cartina della battaglia di Austerlitz (35 000 morti). I cechi, grandi pacifisti, furono solo testimoni. Campagna di Russia ecc.

★ ***Collina di Žuráň:*** all'uscita di Bedřichovice, non distante dall'autostrada. Cartelli indicatori a partire da Kobylnice. Passate da Práce. È da questa collina, alta 287 m, che Napoleone diresse la battaglia di Austerlitz. Tabella d'orientamento della battaglia.

★ ***Monumento della Pace:*** da Brno prendete la strada 51 per Hodoninn e poi proseguite in direzione di Šlapanice. Da Slavkov, seguite la strada per Praga per 10 km. Aperto dalle 8.30 alle 17 (19 in luglio e agosto). Entrata: 25 Kčs. Costruito nel 1910. Sul posto potete visitare un'esposizione permanente intitolata *La battaglia dei tre imperatori*. Testi con spiegazioni in francese. Esposizione degli oggetti trovati sul campo di battaglia (sciabole, caschi, corazze, una pistola francese modello anno IX) e un facsimile del proclama di Napoleone ai soldati. Nella cripta della cappella attigua sono sepolti da 10 a 12 000 corpi. Visita rapida di quest'ultima.

★ IL CARSO MORAVO

A est di Blansko (a 30 km circa da Brno), una regione appassionante per gli amanti di grotte, voragini e gallerie sotterranee. Per la visita, ci sono diverse possibilità. Vi proponiamo un itinerario possibile a partire dal parcheggio di Propast Macocha.
– *Punto informativo:* Útulna U Macochy. ☎ (0506) 41-81-70. Prendete la telecabina che permette di scendere fino ai piedi delle grotte di Punkva.
– ***Punkevní jeskyně:*** aperte dalle 8.20 alle 15.50. Portate un maglione e cercate di arrivare presto per evitare la folla. Traversata delle grotte fino alla celebre *voragine di Machoda*, profonda 140 m. Giro in barca sul fiume sotterraneo fino al ritorno alla luce del sole. Uscendo, prendete il trenino (a pagamento) che vi deposita ai piedi dell'entrata della grotta Kateřinská. Potete anche fare il tragitto a piedi (il percorso è molto piacevole).
– ***Kateřinská jeskyně:*** aperta dalle 8.20 alle 16. Una cupola di dimensioni monumentali con un'eccellente acustica. Numerose stalattiti e stalagmiti. All'uscita, riprendete la telecabina (attenzione agli orari, vi consigliamo di consultarli bene all'andata).

|●| Potete fare una meritata pausa corroborante al ***ristorante dell'Hotel Skalni Mlýn:*** Spolecnost Pro Moravsky Kras. ☎ (0506) 41-81-13. Girate subito a sinistra all'uscita della grotta. Aperto dalle 7 alle 23. In estate alcuni tavolini sono disposti in un piacevole spazio all'aperto.

– Un altro itinerario: ***Balcarka jeskyně*** e ***Sloupsko-Šošůvské jeskyně***.

VERSO IL SUD E L'EST

In viaggio per Bratislava, invece di confluire sull'autostrada vi consigliamo di bighellonare attraverso la campagna e approfittare della vista di alcuni seducenti castelli, villaggi tipici ecc.

★ ***Castello (zámek) di Buchlovice:*** nel centro dell'omonimo villaggio, sulla E50, in direzione di Uh. Hradiště. ☎ (0632) 951-12. Aperto in aprile solo nel fine settimana dalle 9 alle 16, in maggio e giugno tutti i giorni (eccetto lunedì) dalle 9 alle 17, in luglio e agosto tutti i giorni dalle 9 alle 17, in settembre e ottobre solo nel fine settimana dalle 9 alle 16. Parco aperto da inizio maggio a fine settembre dalle 8 alle 20.
Costruito alla fine del XVII secolo, il castello assunse la forma di due grandi ville italiane edificate su livelli diversi. Prototipo delle lussuose residenze aristocratiche dell'epoca. È in ogni caso evidente lo sforzo del proprietario di compiacere la sua sposa veneziana. Superba prospettiva. Visita guidata degli appartamenti: 15 sale in stile barocco. Sala da pranzo su tonalità blu con soffitto a stucchi. Lampadari veneziani. Stufe barocche di maiolica in tutte le stanze. Scrittoi cinesi con intarsi di avorio. Particolarmente interessante l'immensa sala da pranzo a rotonda con un arredamento sofisticato. Soffitti affrescati.
Magnifiche maioliche nella sala del Cardinale. Porte dipinte.
– Intorno al castello, bel *parco* all'italiana con una parte all'inglese. In un romantico disordine, pavoni in libertà e magnifiche essenze scelte nel mondo intero per resistere ai rigidi inverni moravi.
– In cima alla collina potete visitare l'*Hrad Buchlov*, un forte del XIII secolo (la cui costruzione cominciò durante il regno di Ottocaro I). La visita (spiegazioni in ceco) è un po' lunga.

★ ***Museo del Villaggio moravo del Sud-Est (Vesnice Jihovýchodní Moravy múzeum):*** a ***Strážnice***. ☎ 0631-94-25-87. Sulla 55, a metà strada tra Uh. Hradiště e Břeclav. Attenzione, è indicato male. Nel centro di Strážnice girate in direzione di Bzenec (all'uscita di Strážnice, a sinistra dopo un ponte). Visite in maggio ogni ora dalle 8 alle 17, da giugno ad agosto ogni 30 min. dalle 8 alle 17, in settembre e ottobre ogni ora dalle 8 alle 17; bisogna arrivare almeno un'ora prima della chiusura. Chiuso lunedì.
In piena campagna, un gruppo di case contadine caratteristiche della regione, arredate con molta cura. Potete vedere anche diversi fienili, laboratori di fabbri, tessitori ecc. Apprezzerete soprattutto la parte dedicata alle regioni viticole della Moravia: case di viticoltori bianche e blu, cantine, materiale per la pressatura e la vinificazione.
– In giugno si svolgono alcune importanti *manifestazioni folcloristiche*.

🏨 ***Flag Hotel Strážnice:*** Předměstí. ☎ 0631-94-22-06. Fax: 0631-94-23-35. Nel centro del villaggio. Albergo moderno e confortevole nella categoria «Prezzi medi», ma per essere in campagna è piuttosto caro.

KROMĚŘÍŽ

PREF. TEL.: 0634

Pronunciate «Kromierich». 39 km a nord di Buchlovice, una piccola cittadina lontana dai flussi turistici, molto piacevole da visitare. Antica residenza estiva degli arcivescovi di Olomouc, la città fu creata da coloni tedeschi e successivamente distrutta dagli svedesi durante la guerra dei Trent'anni. Nel centro storico, numerose case barocche e rinascimentali e fontane.

Grande piazza con portici circondata da dimore pittoresche (in particolare, l'*Hotel Central*, la casa Art déco di fianco e, un po' più distante, quella con decorazioni a graffito). Non mancate di visitare il castello e il parco.

Indirizzo utile

🛈 *Ufficio del turismo:* Kovárská 3. ☎ 212-19. Aperto da lunedì a venerdì dalle 8 alle 18, sabato dalle 9 alle 13 e domenica dalle 9 alle 12. Buona documentazione. Terminale interattivo all'esterno.

Dove dormire. Dove mangiare

⌂ *Pensione Lilie:* Ztacená 67. ☎ 238-71. Ben situata, in centro. Camere doppie con doccia a 800 Kčs.

⌂ |●| *Restaurace Kavárna:* Velké náměstí, sulla piazza principale. ☎ 257-77. La sala del ristorante dell'*Hotel Bouček* (camere doppie molto confortevoli a 1500 Kčs) si prolunga sotto i portici. Cucina banale, economica e senza troppe pretese. Il servizio sorridente fa la differenza.

Da vedere

★ ***Castello:*** iscritto, insieme al parco, nella lista del patrimonio mondiale dell'UNESCO. ☎ (0634) 213-60. Aperto da aprile a ottobre dalle 9 alle 17. Chiuso lunedì e l'indomani dei giorni festivi. La visita guidata delle sale storiche dura 1 ora e mezzo. Prezzo: 40 Kčs. Calcolate un'ora in più per visitare la galleria di pittura; entrata: 20 Kčs. Per le sale storiche, chiedete la brochure in inglese; diversamente, la visita in ceco può rivelarsi piuttosto noiosa. Percorso da fare con le pattine.
Sala da biliardo e trofei di caccia, commemorazione dell'incontro tra lo zar Alessandro II e l'imperatore austriaco Francesco Giuseppe (ritratto di Sissi giovane). Tantissime armi hussite e svedesi. Grandiosa prospettiva sul parco dalla sala del Consiglio, galleria di ritratti dei vescovi di Olomouc (11 su 69: non c'era abbastanza spazio!). Sala delle udienze con una disposizione dei quadri piuttosto eteroclita; da notare, un magnifico *San Gerolamo* in meditazione davanti a un teschio.
Sala dei Congressi con un soffitto alto 16 m e le pareti ricoperte di stucchi. È qui che si tenne la seduta dei congressi dei popoli austriaci dopo la rivoluzione del 1848. Miloš Forman vi ha girato alcune scene del film *Amadeus*. Sala feudale di giustizia: soffitti affrescati pieni di cherubini paffuti che si dedicano alla glorificazione dei vescovi di Olomouc; effetti trompe-l'oeil piuttosto sorprendenti. Notate la piega sul tappeto che dovrebbe far sembrare maggiore la distanza tra il trono e i magistrati. Magnifica biblioteca con 88 000 volumi di cui 200 manoscritti e 169 incunaboli. Il globo terrestre e quello celeste sono stati donati da Luigi XIV. Tra i libri rari, una Bibbia dell'XI secolo e tra i libri «proibiti» una Bibbia di Lutero.
– *La galleria di pittura*, al secondo piano, conserva alcune belle collezioni d'arte del periodo che va dal XV al XVIII secolo. Da notare, tra i primitivi e i pittori rinascimentali, un magnifico *Martirio di Santa Caterina* di Lucas Cranach il Vecchio. Tra le opere del XVII secolo, un ritratto pieno di tenerezza di Carlo I d'Inghilterra in compagnia di Maria Enrichetta realizzato da Van Dyck; una *Rissa al villaggio* di Jan Bruegel (da un quadro del padre); una deliziosa *Fuga in Egitto* in ambiente alpestre di Joachim Patenier; alcune

tele di Quentin Metsys e un ritratto di Christian II di Danimarca. Tra gli italiani, un tragico *Apollo e Marsia* di Tiziano e un ciclo di quattro tele di Bassano sul tema del diluvio universale.
– Vicino al castello, splendido parco all'inglese (Podzámecká zahrada) di 60 ettari. Aperto dalle 7 alle 19.30 in estate. Fontane, fossati, alberi frondosi, pergole, voliere e gabbie con scimmie e rapaci insieme! Una passeggiata molto apprezzata dagli abitanti della regione.

★ ***Květná zahrada:*** alla periferia di Kroměříž. Bell'esempio di giardino all'italiana con un elegante padiglione ottogonale.

ZLÍN

PREF. TEL.: 067

80 km a est di Brno, Zlín (ex *Gottwaldov*) è la capitale della scarpa. La città fu fondata nel 1894 dall'industriale Tomáš Bǎtá. Ancora oggi è possibile immaginare l'impressione di città futurista che suscitò all'epoca. Realizzata dai migliori architetti cechi, con la collaborazione di Le Corbusier, la città presenta numerose case cubiche di mattoni rossi con un giardino privato, previste per ospitare due famiglie operaie. Anche se priva di fascino in sé, Zlín, chiusa in uno scrigno di foreste e spazi verdi, è una testimonianza delle preoccupazioni sociali ed ecologiche di questo industriale visionario.

Da vedere

★ ***Museo della Scarpa (Obuvnické muzeum):*** nella fabbrica di scarpe *Svit* (che sostituì il nome Bǎtá dopo la nazionalizzazione). ☎ 721-39-78. Aperto tutti i giorni, eccetto lunedì, dalle 10 alle 12 e dalle 13 alle 17. Chiuso in gennaio e nel fine settimana da novembre a marzo. Spiegazioni in ceco, ma potete procurarvi un opuscolo in una lingua più comprensibile (inglese, francese…). Documenti sulla città e la regione.
Una curiosità della visita: l'ufficio di Tomas Bǎtá costruito come una gabbia di ascensore per permettergli di muoversi facilmente da un piano all'altro dello stabilimento. Dalla sommità di questo «ufficio-ascensore», una vista panoramica della città permette di rendersi conto al meglio del progetto realizzato da Bǎtá.

– A NORD DELLA MORAVIA –

A nord, ma senza esagerare… Tutta la regione al confine con la Polonia (Ostrava e Cie) soffre degli stessi mali della Boemia del Nord (paesaggi industriali, inquinamento…).
Non saremo certo noi a incoraggiarvi a passare una notte a Ostrava, grande città industriale della regione, ex fiore all'occhiello del regime comunista, a meno che abbiate un debole particolare per gli orizzonti composti da discariche polverose, ciminiere con nuvole di fumo che si dirigono verso la vicina Slovacchia, torri di manovra delle miniere e altoforni spaventosi piantati nel cuore della città. Uno spettacolo veramente triste e deprimente. In più, a partire dalle 8 di sera il centro è praticamente deserto.

Ma non lontano da qui, dirigendovi verso i monti Beschidi a sud e Jesenik a nord, troverete una natura ridente e sana: un vero e proprio invito a passeggiare all'aria aperta.

OLOMOUC

PREF. TEL.: 068

Capitale della Moravia del Nord, la città possiede un centro storico con piacevoli piazze, fontane e vie commerciali pedonali. Sulla piazza principale (*Horní náměstí*) notate il bel municipio con un portale in stile rinascimentale, fiancheggiato da un orologio astronomico distrutto nel 1945. Durante la ricostruzione, i santi furono sostituiti da una sfilata di lavoratori rappresentativi del proletariato trionfante. Non perdetevi i dodici rintocchi di mezzogiorno che si alternano in modo divertente con le note stonate e patetiche del trombettiere. L'evocazione del regime passato sembra divertire la gente del posto ma probabilmente anche questo fa parte dell'umorismo particolare del popolo ceco. Profusione di chiese in tutti gli stili.
In piazza Dolní, vicino a piazza Horní e all'angolo di via Fayettova, notate la dimora aristocratica con una superba finestra d'angolo rinascimentale.
La città è circondata da parchi costruiti sul sito dell'antica roccaforte, ma i sobborghi industriali sono piuttosto tristi.

Indirizzi utili

🛈 ***Ufficio del turismo:*** Horní náměstí. ☎ 551-33-85. • www.olomouc ko.cz • Sotto i portici del municipio. Lunga lista di pensioni e camere. Chiedete l'itinerario con il giro delle fontane barocche. Un altro ufficio del turismo regionale (privato) si trova in un angolo della piazza. Attenzione, tutti i servizi sono a pagamento.

■ ***Banca:*** *sportello automatico* all'angolo tra Dolní náměstí e la piazza principale.

@ ***Internet Café:*** Oztružnická 332. Al primo piano. ☎ 523-00-09. Aperto dalle 9 alle 20; domenica dalle 13 alle 19.

Dove dormire

Prezzi economici

Città universitaria: Šmeralova 12. ☎ 522-38-41. Camere di studenti disponibili solo durante il periodo delle vacanze.

Prezzi medi

Hotel La Fayette: Alšova 8. ☎ e fax: 543-66-00 e 543-64-07. Un po' distante dal centro, in un quartiere tranquillo. Tra 1800 e 2500 Kčs per una camera doppia. L'albergo porta il nome del generale francese arrestato in quanto simpatizzante degli eserciti rivoluzionari e imprigionato a Olomouc dal 1794 al 1797. Propone 9 piacevoli camere rifatte con mobili in stile. Ogni camera è stata battezzata con il nome di un personaggio celebre. Parcheggio custodito. Prima colazione abbondante ma artificiale e di qualità mediocre. Ristorante con piatti dietetici.

Più chic

- ***Hotel Gemo:*** Pavelčákova 22. ☎ 522-20-65 e 552-21-15. Fax: 523-17-30. Calcolate da 2200 a 3000 Kčs per una camera doppia. In posizione centrale, l'albergo offre tutti i vantaggi di un 4 stelle. Graziose camere funzionali. Parcheggio custodito. Ristorante.

Dove mangiare

Sfortunatamente nel cuore della città vecchia ci sono ben pochi ristoranti di qualità.

Prezzi economici

- ***Caffè Caesar:*** Horní náměstí. ☎ 522-92-87. Nel municipio. Aperto da lunedì a sabato dalle 9 all'1 di notte, domenica a partire dalle 13. Tavoli all'esterno in uno spazio ai piedi dell'orologio, fino a mezzanotte, per sorseggiare qualcosa. Due sale con soffitto a volta, di cui una con pavimento lastricato. Cucina italiana con trenta pizze diverse. Molto frequentato. Un particolare divertente: sulla carta, i quadranti dell'orologio astronomico sono stati sostituiti dalle pizze.

Prezzi medi

- ***Moravská Restaurace:*** Horní náměstí 23. ☎ 522-28-68. Cucina aperta tutti i giorni dalle 11.30 alle 23. Calcolate almeno 350 Kčs per un pasto. Sala morava tradizionale, superbamente sistemata. Ambiente accogliente con personale in costume sorridente che ha il senso del servizio. Potrete scegliere tra piatti cechi tradizionali e specialità regionali. Carne affumicata e grigliate servite su taglieri. Dolci eccellenti. Il miglior rapporto qualità-prezzo della città.

Dove andare la sera

- ***Night Club Varna:*** Riegrova 6. ☎ 522-81-67. Aperto tutti i giorni dalle 21 alle 5 del mattino. Due sale con al centro una pista a gradinate per ballare. Luogo di incontro prediletto dai giovani del posto. Durante la giornata funziona anche come bar e ristorante.

Da vedere

★ ***Museo regionale di Storia naturale (Vlastivědné muzeum):*** Republiky náměstí 5. ☎ 522-27-41. Aperto dalle 10 alle 18 (17 in inverno). Chiuso lunedì. Sezioni archeologica, storica ed etnografica presentate in modo ammirevole. Culto dei santi, armi, oreficeria, pitture sotto vetro e, per gli amanti del genere, una sordida collezione di strumenti di tortura medievali con illustrazioni al limite del sopportabile. Mostre temporanee.

★ ***Museo delle Arti (Uměni muzeum):*** Denisova 47. ☎ 522-84-70. Aperto dalle 10 alle 18. Chiuso lunedì. Entrata: 15 Kčs; gratuito mercoledì. Museo piacevole. Pittura italiana dal XIV al XVIII secolo con predominanza di soggetti religiosi. Opere di Bassano, del Veronese e del Tintoretto. Ci è piaciuto molto il ritratto di papa Pio V di Scipione Pulzone che riflette tutta

la scaltrezza del personaggio. A rotazione sono esposte anche opere olandesi dal XVI al XVIII secolo.
Al secondo piano, arte del XIX e XX secolo. Interessante modellino di una casa concepita da Adolphe Loos e di una città immaginata da Hoffman, architetto della Secessione viennese. Divertente modellino del monumento all'esercito sovietico del 1945.
In alto, un campanile realizzato per offrire un ampio panorama sulla città.

★ ***Cattedrale di San Venceslao:*** guglie slanciate, ma l'interno non presenta nessun interesse. Mozart vi compose la sesta sinfonia.

★ ***Palazzo Přemyslovský:*** di fianco alla cattedrale. ☎ 523-09-15. Aperto dalle 9 alle 17. Chiuso lunedì. Resti di un antico palazzo romanico del XII secolo. Finestre finemente lavorate, resti di affreschi nel chiostro gotico.

★ In fondo a Ztracená, una via che sbocca nella parte alta della piazza principale, qualche negozio alternativo e divertente cerca non senza difficoltà di rallegrare il grigiore generale.

➤ *NEI DINTORNI DI OLOMOUC*

★ ***Castello di Šternberk:*** a 15 km da Olomouc. ☎ (0643) 41-26-71. Aperto dalle 8 alle 17; arrivate un'ora prima della chiusura. Visita guidata. Castello rinascimentale situato su una collina che domina l'omonima valle, vicino alla grande piazza. Nella cappella, resti di pitture murali gotiche. La famosa «Madonna» di fama internazionale è stata restaurata. Interni molto belli con superbe stufe provenienti dalla Svizzera. C'è anche un museo degli orologi: cronometri meccanici, orologi a pendolo, quadri musicali, calamai che indicano l'ora... Non perdetevi, nell'ultima sala, un armadio-pendola che indica l'ora di tutte le grandi città del mondo, che ha ispirato il grande orologio mondiale di Alexanderplatz a Berlino.

★ ***Castello di Bouzov:*** 31 km a ovest di Olomouc. ☎ (068) 544-62-01. Aperto in aprile e in ottobre dalle 9 alle 12 e dalle 12.30 alle 15, da maggio a settembre dalle 9 alle 12 e dalle 12.30 alle 16. Tre visite diverse: quella classica dura un'ora. Testi tradotti in diverse lingue disponibili all'entrata, ma bisogna lasciare una cauzione. Roccaforte dell'inizio del XIV secolo, in origine proprietà dei cavalieri dell'Ordine teutonico, il castello fu ricostruito negli anni dal 1895 al 1910. Doppia cinta muraria, esterna e interna. Vi si accede attraverso una porta molto bassa (attenzione alla testa!). Visita di vari ambienti: la sala da pranzo, la sala di caccia, la sala dei cavalieri dove si svolgevano gli eventi più solenni (ammissione nell'ordine, vestizione...), la sala delle sedute e la sala delle armi (scudi, cannoni, balestre, bersagli di legno ecc.).

★ ***Museo all'aperto di Rožnov:*** 70 km a est di Olomouc, verso la frontiera slovacca, la cittadina di Rožnov propone un interessante campione dell'architettura rurale regionale. ☎ (0651) 523-31. Uno dei parchi più visitati (circa 600 000 visitatori all'anno). È diviso in tre parti, ogni volta bisogna pagare un biglietto. Calcolate da 3 a 4 ore (andando velocemente) se volete vedere tutto.
La prima parte, *Dřevěné Městečko* (accessibile dalle 8 alle 18) comprende una decina di belle dimore e granai di legno dei secoli XVII e XVIII arredati e decorati molto bene. Numerosi laboratori di artigiani (sellaio, falegname ecc.), tra cui alcuni ancora in funzione. Di fianco, pittoreschi alveari di campagna. Superba chiesa con un campanile originale. Ricostruzione di un piccolo cimitero tutt'intorno. Emil Zatopek, leggendario campione di atletica, è sepolto qui.

Le altre parti del parco si estendono sulla collina che domina il villaggio. Solo visite guidate. Per cominciare, *Mlýnská dolina* (la «valle del Mulino»), aperta dalle 8 alle 18 (ultima partenza alle 17.30). Segheria, fucina, frantoio. Pittoresco mulino ad acqua. Danze folcloristiche durante il week-end. E infine, il *Valašská dědina*, accessibile dalle 9 alle 17.30 (ultima partenza alle 16). Durata: 90 min. Notevole architettura del villaggio valacco in uno degli angoli più belli del parco. Passeggiata istruttiva.

Vicino al museo ci sono due alberghi:

Hotel Eroplán: Horní paseky. ☎ (0651) 556-36. Fax: (0651) 572-17. All'incrocio della strada per Ostrava con quella per Horní Bečva. Albergo moderno e confortevole. Prezzi medi.

Hotel Relax: Lesní ul. 1689. ☎ (0651) 648-10-04. Fax: (0651) 64-81-06. • hotel-relax@applet.cz • Immenso edificio grigio. Camere molto semplici con un arredamento tipico del periodo comunista. Prezzi modici.

ŠTRAMBERK

A est di Nový Jičín, un grazioso villaggio sul pendio di una collina, ai piedi di un castello in rovina dove si respira un buon odore di legna bruciata. Parcheggio a pagamento sulla piazza centrale. Il villaggio è anche il centro della regione dei valacchi, una popolazione proveniente dalla Moldavia e dall'Ucraina, seminomade in passato, che resistette per molto tempo al cattolicesimo. I valacchi hanno conservato uno stile di vita essenzialmente rurale e un'architettura caratteristica di case di legno. Specialità del posto: «le orecchie di Štramberk», dolce di panpepato realizzato in memoria delle vittime dell'invasione mongola nel Medioevo.

Dove dormire. Dove mangiare

Hotel Šipka: sulla piazza principale. ☎ (0656) 85-21-81. Camere doppie a 1200 Kčs circa. Piatto del giorno a 55 Kčs. Facciata fiorita. Piatti di fritture alla moda morava.

Da vedere

★ ***Museo di Storia locale:*** sulla piazza. Aperto da lunedì a venerdì dalle 9 alle 12 e dalle 13 alle 17, nel week-end dalle 9 alle 17 senza interruzioni. Entrata: 10 Kčs. Commenti audio in inglese. La storia della regione a partire dal periodo neandertaliano (40 000 anni fa): gioielli celti, monete romane, storia del castello, incursioni turche, integrazione alla regione dei Sudeti nel 1939...

KOPŘIVNICE

Qualche chilometro a est di Štramberk, una cittadina industriale modello (secondo i criteri del vecchio regime) che ha organizzato tutta la sua esistenza intorno a una marca di prestigio dell'industria ceca: *Tatra*. Notate, di fianco al museo, le linee funzionali dell'*Hotel Tatra*, con uno slancio verticale che vuole simboleggiare l'elevazione verso un radioso avvenire. Per la cronaca, Kopřivnice è anche la città natale di Emil Zatopek, leggendario fondista soprannominato «la locomotiva».

Da vedere

★ ***Museo tecnico Tatra:*** museo moderno in pieno centro città, vicino a un convoglio ferroviario dal design futurista che faceva furore negli anni sessanta del Novecento. Aperto da maggio a fine settembre tutti i giorni, eccetto lunedì, dalle 9 alle 16 (17 da maggio a settembre). ● www.tatramuseum.cz ● Entrata: 50 Kčs.
I fanatici di automobili avranno di che esaltarsi: esposizione di tutti i modelli prodotti dal 1897 dalla celebre azienda ceca (in origine austro-ungarica), per molto tempo rivale della Škoda. Tra i pezzi più affascinanti, le limousine dalle linee aerodinamiche con uno strano alettone dorsale, le macchine preferite dalla nomenclatura comunista. Notate anche la splendida decapottabile bianca con interni rossi di pelle, offerta a Stalin per i suoi 70 anni. Su uno schermo potrete seguire l'epopea di Jiri Hanzelka e Miroslav Zigmund, i due ingegneri che percorsero migliaia di chilometri in Africa e nelle Ande per mettere alla prova la qualità e la resistenza del leggendario Tatraplan. Da vedere anche il camion fuoristrada *815*, vincitore della corsa Parigi-Dakar nel 1988. Ma rimarrete sopresi anche davanti all'incredibile prototipo di un veicolo da neve con sci ed elica d'aereo come propulsore. Un museo molto bello.
Al primo, una mostra consacrata a Emil Zatopek, eroe locale deceduto nel 2000, vincitore di quattro medaglie d'oro alle Olimpiadi di Londra e Helsinki.

SLOVACCHIA

Per la cartina della Slovacchia, vedi inserto a colori.

In passato, quando si pronunciava la parola «Cecoslovacchia» si poteva distinguere chiaramente il nome «Slovacchia». Eppure, dopo la separazione avvenuta il 1° gennaio 1993 l'espressione «Repubblica Slovacca» non evoca più granché. Con una superficie di circa 50 000 km^2, la Slovacchia è sei volte meno estesa dell'Italia e dieci volte meno popolata. Il paese, come le sue grandi città, è a misura d'uomo. Situata nel cuore dell'Europa, con un territorio per quattro quinti montuoso, la Slovacchia nasconde numerosi tesori che meritano di essere conosciuti meglio e offre superbe passeggiate attraverso una natura ancora selvaggia, in modo particolare nei celebri monti Tatra e nel Paradiso slovacco. Il territorio è disseminato di cartelli di legno con l'indicazione dei percorsi a piedi attraverso basse montagne verdeggianti.
Trovatasi al centro delle grandi correnti artistiche che hanno attraversato l'Europa centrale, la Slovacchia possiede magnifici castelli, chiese e palazzi in stile gotico e barocco, senza dimenticare le famose chiese di legno nell'est del paese, vere e proprie perle dell'architettura slovacca. Coscienti di tale potenziale turistico, le autorità hanno avviato da qualche anno un programma di ristrutturazione dei centri storici delle principali città. Anche se la maggior parte delle volte l'operazione è ben riuscita, bisogna ammettere che spesso si tratta di un rinnovamento solo di facciata. Nelle città ci sono moltissimi cortili e cantine carichi di storia che dovrete scoprire da soli: non esitate, durante il vostro soggiorno, a spingere le porte e a frugare con gli occhi un po' dappertutto, rispettando naturalmente gli abitanti...
Ai tempi del blocco comunista gli slovacchi avevano la reputazione di essere molto ospitali. Ebbene, le cose non sono cambiate: se mostrate un minimo di interesse nei loro confronti, faranno di tutto per indicarvi la strada e darvi una mano, non esitando a spiegarsi a gesti se necessario. Alcuni vi proporranno addirittura di salire in macchina con voi per accompagnarvi. Speriamo che duri!

Carta d'identità

- ***Capitale:*** Bratislava.
- ***Superficie:*** 49 016 km^2.
- ***Popolazione:*** 5 382 000 abitanti, 57% urbanizzati.
- ***Moneta:*** corona slovacca (Slk).
- ***Lingue:*** slovacco (ufficiale), ungherese, ceco, ucraino, ruteno, rom.
- ***Regime:*** democrazia parlamentare.
- ***Capo di Stato:*** Rudolf Schuster dal maggio 1999.
- ***Capo del governo:*** Mikuláš Dzurinda dal 30 ottobre 1998, riconfermato in seguito alle elezioni del 21-22 settembre 2002.
- ***Speranza di vita:*** 73 anni.
- ***PIL pro capite:*** 9 699 US$.

INFORMAZIONI GENERALI

Prima della partenza

INDIRIZZI UTILI

■ ***Ambasciata della Repubblica Slovacca:*** via dei Colli della Farnesina 144, 00194 Roma. ☎ 06-36-71-51/52. Fax: 06-36-71-52-65. • amb.slovacca@tin.it •
■ ***Consolato Generale della Repubblica Slovacca:*** piazza De Gasperi 41, 35121 Padova. ☎ 04-96-63-948. Fax: 04-98-76-39-81.
■ ***Ambasciata d'Italia a Bratislava:*** Červeňová 19, 800-00 Bratislava. ☎ (00421-2) 54-64-00-67/68/69. Fax: (00421-2) 54-41-32-02. • www.ambitaba.sk • amb@ambitaba.sk •

FORMALITÀ

– Per un soggiorno turistico sino a 3 mesi è sufficiente il *passaporto*, valido per almeno 6 mesi. Le strutture ricettive provvedono a denunciare il vostro arrivo alle autorità, ma se alloggiate presso amici o privati dovete registrare la vostra presenza presentandovi alla polizia entro 3 giorni dal vostro arrivo.

CARTA GIOVANI EURO<26

È una carta riservata ai giovani europei che hanno meno di 26 anni. È valida per un anno solare in 35 paesi europei e garantisce al possessore sconti, agevolazioni e servizi. I punti convenzionati in Italia e all'estero, oltre centomila, sono riconoscibili dall'adesivo EURO<26. Il marchio EURO<26 è costituito da un omino nero stilizzato che gioca con le stelle europee su sfondo color magenta.

Come ottenerla in Italia

La tessera costa 11 € ed è in vendita presso tutte le agenzie CTS (vedi «Come arrivare. Gli organismi di viaggio. CTS») e in qualche centro Informagiovani. Si può ottenere gratuitamente iscrivendosi al CTS (quota associativa 26 €).

Per saperne di più

– • www.euro26.org/ • (sito internazionale).
– ***Associazione Carta Giovani***, via Andrea Vesalio 6, 00161 Roma. ☎ 06-44-11-145. Fax: 06-44-11-14-01. • www.cartagiovani.it • euro26@cartagiovani.it •

CARTA INTERNAZIONALE DELLO STUDENTE (ISIC)

La carta ISIC (International Student Identity Card) è l'unica carta dello studente riconosciuta in tutto il mondo. È appoggiata e sostenuta dall'UNESCO. Consente di beneficiare dei vantaggi offerti dallo status di studente nel paese in cui ci si trova. Dà diritto a sconti su trasporti, musei, alloggi ecc. Consente inoltre di fruire della ISIC Emergency Help Line, servizio di assistenza telefonica multilingue disponibile 24 ore su 24. In caso di emergenza si può chiamare gratuitamente da qualsiasi telefono pubblico o privato: ☎ 0044-20-87-62-81-10. Con la ISIC card si può fruire inoltre del servizio ISIConnect che dà la possibilità di effettuare telefonate in tutto il mondo con tariffe agevolate, inviare e ricevere e-mail, fax e messaggi vocali e conservare copia di documenti importanti nella propria cassetta di sicurezza virtuale Telesafe (per esempio copia di documenti di identità o di viaggio, che si può scaricare in caso di smarrimento o furto degli originali).

Come ottenerla in Italia

La quota associativa per aderire all'ISIC Association e ritirare la ISIC card è di 10 € e può essere versata in Italia presso il CTS (Centro Turistico Studentesco). La ISIC card si può ottenere gratuitamente iscrivendosi al CTS (quota associativa 26 €). Per saperne di più vedi «Come arrivare. Gli organismi di viaggio. CTS».

Per saperne di più

Il sito Internet dell'International Student Travel Confederation vi fornirà ulteriori informazioni sui vantaggi della carta ISIC. • www.istc.org/ • (sito internazionale).

CARTA DEGLI OSTELLI DELLA GIOVENTÙ

Nella Repubblica Slovacca non esistono Ostelli della Gioventù in quanto tali, ma in alcune strutture ricettive è possibile ottenere sconti presentando la tessera *AIG* o la tessera internazionale dello studente. Non c'è limite d'età per soggiornare in un Ostello della Gioventù, ma è necessario avere la tessera. La tessera ***AIG*** costa 15,50 € ed è valida, dal 1° dicembre di ogni anno, per 14 mesi. Se volete aderire all'AIG sono a vostra disposizione numerosi centri in Italia. Potrete avere informazioni e fare la tessera in tutti gli Ostelli della Gioventù, anche al momento del vostro arrivo e nei centri *Informagiovani*, presenti in moltissime città italiane.
Con la tessera è inoltre possibile ottenere tutte le agevolazioni riservate ai soci a livello sia nazionale sia internazionale. Tra queste una delle più importanti è l'***AIG-Assistance***, che garantisce una copertura assicurativa per tutti i viaggi che vengono effettuati nel corso del periodo di iscrizione.
L'Associazione propone anche una carta familiare valida per le famiglie composte dai genitori con uno o più figli che abbiano meno di 18 anni. Occorre presentare un certificato di famiglia.
Per quanto riguarda le agevolazioni valide per i soci AIG all'estero, è possibile consultare l'elenco completo collegandosi al sito Internet: • www.iyhf.org •

■ La ***AIG*** (Associazione Italiana Alberghi per la Gioventù) ha sede a Roma, in via Cavour 44. ☎ 06-487-11-52. Fax: 06-488-04-92. • www.ostellionline.org • aig@uni.net •

– *In pratica:* l'*AIG* offre ai suoi soci la possibilità di prenotare direttamente dall'Italia gli Ostelli della Gioventù all'estero grazie al sistema informatizzato *International Booking Network* (*IBN*), che copre più di 30 paesi. Questo servizio (attivo in 8 centri in Italia) costa solo l'equivalente di 2-4 US $ e permette di effettuare la prenotazione per 9 persone massimo, anche con sei mesi di anticipo sulla data di arrivo e con pagamento diretto dell'intera cifra al momento della prenotazione. È possibile anche annullare la prenotazione (ed essere ovviamente, rimborsati) da qualsiasi terminale IBN nel mondo. Sfruttate questo vantaggio se sapete le date del vostro soggiorno perché spesso gli ostelli sono pieni. Presentando la vostra tessera AIG, potete effettuare una prenotazione IBN nei seguenti centri italiani:

– *Bergamo:* Nuovo Ostello di Bergamo, via Galileo Ferraris 1. ☎ 035-36-17-24. Fax: 035-36-17-24.
– *Bologna:* Comitato Regionale AIG, via dell'Unione 6/a. ☎ e fax: 051-22-49-13.
– *Catania:* Comitato Zonale AIG, via Andrea Costa 34/b. ☎ e fax: 095-53-98-53.
– *Firenze:* Comitato Regionale AIG, viale Augusto Righi 2/4. ☎ 055-60-03-15. Fax: 055-61-03-00.
– *Genova:* Comitato Regionale AIG, viale Salita Salvatore 1. ☎ e fax: 010-58-64-07.
– *Napoli:* Comitato Regionale AIG, salita della Grotta a Piedigrotta 23. ☎ 081-761-23-46. Fax: 081-761-23-91.
– *Palermo:* Comitato Regionale AIG, via Houel 5. ☎ e fax: 091-33-65-95.
– *Roma:* Sede Nazionale AIG, via Cavour 44. ☎ 06-487-11-52. Fax: 06-488-04-92.
– *Venezia:* Comitato Regionale AIG, calle Castelforte S. Rocco, San Polo. ☎ 041-520-44-14. Fax: 041-520-40-34. • vehostel@tin.it •

AVVERTENZE

Prima di partire consultate i seguenti siti: • www.viaggiaresicuri.mae.aci.it/ • www.esteri.it/servizi/consigli/index.htm • www.port.venice.it/sanimav/ • www.travelclinic.it • www.cdc.gov/travel/ • dove troverete un sunto degli ultimi avvenimenti nel paese, consigli generali per la sicurezza, le vaccinazioni necessarie e consigliate, informazioni sulle strutture sanitarie, i documenti d'ingresso, le disposizioni valutarie doganali, l'indirizzo di ambasciate e consolati, insomma tutto quello che serve per partire tranquilli. Per maggiori informazioni potete anche chiamare: ☎ 06-49-11-15, numero del Servizio Informazioni Viaggiatori per l'estero istituito dalla Presidenza del Consiglio dei Ministri-Dipartimento del Turismo insieme con il Ministero degli Affari esteri e l'Automobile Club Italiano.

Come arrivare

In automobile

Il motore a scoppio diventa sopportabile solo quando serve la causa del nomadismo. La macchina può essere un fantastico utensile d'evasione: consente di evitare le strade troppo battute, dà grande libertà e velocità di movimento; se poi è ben attrezzata offre tantissima autonomia (potrete dormire in macchina e anche cucinarvi qualcosa) e la possibilità di tirar su qualche autostoppista.
È evidente che i costi sono un po' più alti, ma provate a dividere la somma per il totale dei passeggeri e vedrete che i conti tornano. Naturalmente, quando arriverete in una grande città cercherete quanto prima possibile di fare a meno della vostra quattroruote.
Per raggiungere la Repubblica Slovacca, da Tarvisio entrate in Austria e imboccate la A2 che vi condurrà a Klagenfurt, Graz e Vienna e poi percorrete la A4 per Bratislava. Da Graz è anche possibile passare da Wiener Neustadt, Eisenstadt e Pandorf per raggiungere il confine slovacco. In tutto dovrete percorrere poco meno di 900 km.
Per progettare i vostri itinerari prima della partenza, consultate • www.viamichelin.it • oppure • www.kwmappe.kataweb.it •

Buono a sapersi

– Attenzione alla macchina! In Slovacchia esiste infatti un fiorente mercato nero con la Polonia e i ***furti*** di marche occidentali sono frequenti. Chiude-

te sempre il veicolo a chiave e di notte non esitate a lasciare la macchina nei parcheggi custoditi. Sappiate che anche di giorno la maggior parte dei parcheggi è a pagamento.
– Vi consigliamo di acquistare le ***cartine stradali*** *Eurocarte* (molto complete, segnalano in verde i siti panoramici più interessanti), oppure la *Carta Stradale Slovacchia* (scala 1:500 000) edita dal TCI o quelle dell'ex istituto cartografico dello stato socialista slovacco, il *Slovenská kartografia* di Bratislava (anche piante dei centri urbani).
– Le autostrade sono a pagamento e la «***vignette***» annuale costa 30,50 € circa.

In treno

Non ci sono collegamenti diretti tra l'Italia e la Slovacchia. Per andare a Bratislava è necessario cambiare treno a Vienna (partenze quotidiane tutto l'anno da Milano e Roma).

– *Call Center Trenitalia:* servizio informazioni su orari e prezzi, prenotazioni e vendita. ☎ 89-20-21 (0,05 € alla risposta e 0,022 € al minuto, da tutta Italia).

Per informazioni su orari e coincidenze dei treni europei, da cogliere navigando in Internet:
– *Sito Trenitalia:* • www.trenitalia.it • dove troverete informazioni sugli orari e i link con tutti i siti delle ferrovie di tutto il mondo;
– *Sito delle Deutsche Bahn* (ferrovie tedesche): • reiseauskunft.bahn.de/bin/query.exe/dn • orari di tutto il continente.

Carta Rail Plus è una carta valida per l'acquisto dei biglietti internazionali a prezzo ridotto (25%). Costa 45 € per gli adulti, e 25 € per i giovani fino a 26 anni e per i senior da 60 anni in poi.
InterRail è un pass destinato ai giovani fino a 26 anni, che garantisce libera circolazione nella seconda classe dei treni delle ferrovie aderenti alla comunità *InterRail,* limitatamente alle zone acquistate. Per la Slovacchia si può acquistare la zona D *InterRail* valida nell'area di Polonia, Repubblica Ceca, Slovacchia, Ungheria e Croazia. Per raggiungere quest'area si ha diritto a un biglietto scontato del 50% fino al confine dell'area stessa. Il pass per una zona ha validità di 22 giorni.
Euro Domino e *Euro Domino Junior* (da 12 a 26 anni) consentono di viaggiare liberamente con uno sconto (25%) sui treni delle ferrovie di un particolare paese di cui si acquista il tagliando.

In pullman

Non c'è solo l'aereo per viaggiare. A patto di avere tempo, si può anche viaggiare in pullman, anche se sa un po' di viaggio organizzato. Dovete ammettere che il pullman consuma meno benzina per passeggero/chilometro di quanto non consumi l'aereo e che in fondo è un modo di viaggiare in Europa da non disprezzare, se avete tempo e non pretendete troppo in tema di comfort.
I pullman europei non sono certo i lussuosi Greyhound americani dove si può perfino fare una doccia a bordo, ma in generale sono abbastanza attrezzati: aria condizionata, poltrone reclinabili; in alcuni paesi il comfort sarà un po' più aleatorio.
In linea di principio, una fermata ogni 3 o 4 ore vi permetterà di non arrivare con la barba lunga fino ai piedi. Non dimenticate che con un tragitto di 6 ore in aereo ci si sposta, in pullman si viaggia. E poi, in pullman la meta si fa veramente desiderare, in aereo vi piomba sulla testa senza avvertire e senza che siate preparati psicologicamente. Prevedete qualche cosa per

coprirvi perché di notte è facile che faccia freddo: un thermos da riempire con qualcosa di caldo, o di freddo, a ogni tappa (perché naturalmente non si ha mai sete nel momento in cui potremmo bere) e qualcosa di buono da leggere.
Infine, il pullman è un mezzo di trasporto molto dolce: va a cercare i viaggiatori nelle loro regioni, nelle loro città. Una volta che si è saliti a bordo ci si può completamente abbandonare perché si sa che si arriverà. E non è da disprezzare la possibilità di diventare amici dei compagni di viaggio.
In Italia l'unica organizzazione di autolinee regolari internazionali è:

EUROLINES
Leader europeo dei collegamenti internazionali in pullman, *Eurolines Italia* collega direttamente più di 70 città in nove nazioni europee, partendo da oltre 30 città italiane.
Per raggiungere la Slovacchia, *Eurolines* offre diverse possibilità: Milano-Bratislava via Klagenfurt-Vienna (1 volta alla settimana), Milano-Bratislava via Trento, Bolzano e Innsbruck (3 volte alla settimana) e Milano-Košice (1 volta alla settimana).

– *Internet:* • www.eurolines.it •
– *Firenze:* sede centrale di Eurolines Italia, via Mercadante2/b. ☎ 055-35-71-10. Fax: 055-35-05-65.
– *Aosta:* Savda, strada Ponte Suaz 6. ☎ 0165-36-12-44.
– *Bergamo:* Turisberg, via Camozzi 34-38. ☎ 035-35-62-61.
– *Bologna:* terminal bus, piazza XX Settembre 6. ☎ 051-24-21-50.
– *Brescia:* Brixia Viaggi, piazza della Vittoria 8/B. ☎ 030-28-93-240.
– *Firenze:* Ticket Point Lazzi, piazza Stazione 3/R. ☎ 055-21-51-55.
– *Genova:* Geotravels, piazza della Vittoria 30/R. ☎ 010-58-71-81.
– *La Spezia:* Abracadabra Viaggi, via Roma 69. ☎ 0187-75-18-72.
– *Mestre:* Aliante, viale Stazione 24. ☎ 041-92-67-00.
– *Milano:* Autostradale viaggi, piazza Freud (stazione Garibaldi). ☎ 02-72-00-13-04.
– *Napoli:* Sonesta Viaggi, via Vittorio Emanuele II 49-50. ☎ 081-55-25-388.
– *Padova:* Siamic Express di Sita Viaggi, piazzale Boschetti. ☎ 049-66-09-44.
– *Roma:* circonvallazione Nomentana 574. ☎ 06-44-04-009.
– *Roma:* Lazzi Express, via Tagliamento 27/B. ☎ 06-88-40-840.
– *Savona:* Ivaldi, Via Paleocapa 153/R. ☎ 019-82-05-19.
– *Savona:* Ziggurat, corso Italia 56/R. ☎ 019-82-86-66.
– *Siena:* Biglietteria Sena, sottopassaggio La Lizza – piazza Gramsci. ☎ 0577-24-79-34.
– *Torino:* Sadem Express, corso Siccardi 6. ☎ 011-53-89-67.
– *Venezia:* Atvo, piazzale Roma 479/M. ☎ 041-52-05-530.
– *Verona:* Brec Viaggi, via int. Acquamorta 60 (piazza Isolo 3). ☎ 045-59-44-88.

Eurolines offre anche Eurolines Pass, che dà la possibilità di viaggiare illimitatamente in Europa per 30 o 60 giorni. Sconti per giovani, anziani, gruppi e tariffe speciali in bassa stagione.

In aereo

✈ **ALITALIA** effettua voli plurigiornalieri fino a Praga, da dove dovrete prendere un volo in coincidenza per Bratislava.
Informazioni e prenotazioni:
– *Roma:* via Bissolati 11, 00187. ☎ 06-65-62-84-41.
– *Milano:* via Albricci 5, 20122. ☎ 02-24-99-27-00; piazzale Cadorna 14, 20123. ☎ 02-24-99-25-00.
Alitalia possiede inoltre i seguenti numeri:

– *Prenotazioni nazionali:* ☎ 8488-65-641 (da Roma o da cellulare: ☎ 06-65-641).
– *Prenotazioni internazionali:* ☎ 8488-65-642 (da Roma o da cellulare: ☎ 06-65-642).
– *Informazioni:* ☎ 8488-65-643 (da Roma o da cellulare: ☎ 06-65-643).
– *Internet:* • www.alitalia.it • (anche per prenotazioni on line).

✈ **SKY EUROPE AIRLINES** è una recente compagnia aerea low cost con sede a Bratislava. In Italia è rappresentata da *Omega International Tourism Service*, via Sondrio 3, Milano. ☎ 02-66-71-00-79. Fax: 02-66-71-00-94. È l'unica linea aerea diretta dall'Italia per Bratislava e Košice ed effettua voli giornalieri da Orio al Serio.
– *Internet:* • www.skyeurope.com •

Banche, cambio, valuta, carte di credito

La moneta slovacca

Dall'agosto del 1993 l'***unità monetaria*** è la *corona slovacca* (Slk). 1 Slk = 0,02 €. 1 € = 42 Slk (marzo 2003).

Cambio e traveller's cheque

Potete cambiare nelle banche da lunedì a venerdì (1% di commisione), negli uffici postali (2% di commissione), negli alberghi (commissioni talvolta elevate) e in alcuni grandi negozi. Come per la Repubblica Ceca, evitate gli *Exact Change* che possono prelevare fino al 15% di commissione. Ormai esistono numerosi uffici di cambio senza commissione.
Nessun problema per cambiare gli euro. Per i traveller's cheque, invece, ci sono ancora un po' di difficoltà.

Carte di credito

– Nelle grandi città troverete molti ***sportelli automatici*** *Eurocard MasterCard*, sempre più sportelli *Visa*, ma ancora pochi per l'*American Express*. Con questa carta di credito potete comunque fare prelievi presso tutti gli sportelli delle grandi banche.
– Per la ***carta Eurocard MasterCard***, in caso di smarrimento o di furto, chiamate in Italia il numero fornito dalla banca emittente.
– In caso di furto o grane per la ***carta American Express*** il cliente in difficoltà può chiamare la sede centrale italiana di Roma, con chiamata a carico del destinatario: ☎ 0039-06-72-900-347.
– Per la ***carta Visa***, nell'eventualità di furto, dalla Slovacchia fate una chiamata a carico del destinatario (tramite operatore) per contattare il call center negli Stati Uniti: ☎ (001) 410-581-9994, oppure dall'Italia ☎ 800-819-014.
– Per la carta ***Diners***, in caso di furto chiamate in Italia: ☎ 0039-06-35-75-591 (servizio attivo 24 ore su 24).
– Se la carta di credito appartiene al raggruppamento ***CartaSi***, in caso di furto o smarrimento, chiamate: dall'estero ☎ 0039-02-34-98-00-20; dall'Italia ☎ 800-15-16-16; dagli Stati Uniti ☎ 1-800-47-36-896. Attenzione: se la carta è abilitata anche al servizio Bancomat occorre chiamare l'ufficio blocchi specifico in Italia: ☎ 800-82-20-56.

SOS soldi

– ***Western Union Money Transfer:*** in caso di necessità urgente di contante (perdita o furto di banconote, biglietto aereo, traveller's cheque, carte di credito), potete risolvere i vostri problemi tramite il sistema mondiale *Western Union Money Transfer*. La condizione è che abbiate qualcuno che in Italia, o in qualsiasi altro paese, vada in un ufficio Western Union locale e versi denaro contante a vostro favore con accredito in qualsiasi altro ufficio Western Union del paese in cui vi trovate. L'accredito avviene immediatamente e il denaro può essere ritirato presso qualsiasi sportello Western Union. Quattro società finanziarie gestiscono il servizio Western Union in Italia: Angelo Costa spa, ☎ 800-22-00-55; Banca di Sassari spa, ☎ 800-60-16-22; Finint spa, ☎ 800-46-44-64; Omnia Finanziaria srl, ☎ 800-55-77-66. A Bratislava chiamate il ☎ (02) 83-07-90 .

Bevande

– La Slovacchia ha una forte tradizione vinicola, diversamente dai suoi vicini e, in modo particolare, dalla Repubblica Ceca, dove si registra un consumo superiore di ***birra***. Per questa bevanda, possiamo citare due marche: la *Topvar* e la *Zlatý Bažant*, più comunemente chiamata *Gold Fassl*.
– ***Vini:*** la regione vinicola dei Piccoli Carpazi, a nord di Bratislava, produce grandi vini di qualità eccellente. Da degustare nei numerosi *vináreňs: Veltlin*, *Tram'n* o *Silván*.
– Per quanto riguarda i ***superalcolici***, la *Slivovica* (liquore di prugna) e il liquore *Borovička* sono tipicamente slovacchi e vengono prodotti nelle zone di montagna.

Budget

Stessa situazione che nella Repubblica Ceca: gli alberghi sono cari, ancora di più per gli stranieri che per gli slovacchi. Per quanto riguarda il cibo, potrete cavarvela con meno.

Alberghi

Ecco un'indicazione generale dei prezzi per ogni categoria, calcolati per due persone.
– ***Prezzi economici:*** meno di 700 Slk (14 €).
– ***Prezzi moderati:*** da 800 a 1200 Slk (da 16 a 24 €).
– ***Prezzi medi:*** da 1300 a 1700 Slk (da 26 a 34 €).
– ***Più chic:*** da 2000 a 3000 Slk (da 40 a 60 €).
– ***Molto chic:*** oltre 3000 Slk (oltre 60 €).

Cibo

In Slovacchia per mangiare si spende grosso modo la metà che in Italia.
– Negli ***hostinecs*** o ***krčmas*** (trattorie) potete mangiare un gulash per 50-80 Slk (da 1 a 1,60 €).
– I ***vináreňs*** offrono una scelta di piatti più varia: per un menu si spende intorno a 300 Slk (6 €).
– Nei ***reštaurácias*** calcolate da 300 a 600 Slk (da 6 a 12 €) per un pasto completo.
Potete quindi prevedere un budget giornaliero per persona in funzione delle categorie:
– ***Prezzi economici:*** 300 Slk circa (6 €).
– ***Prezzi medi:*** da 400 a 700 Slk (da 8 a 14 €).
– ***Più chic:*** a partire da 800 Slk (14 €).

Clima

Occupata in gran parte dai Carpazi, la Slovacchia ha un clima continentale accentuato. Gennaio è il mese più fredd o (– 2 °C in media), mentre luglio e agosto sono i mesi più caldi (21 °C in media). Solo la regione di Bratislava è parzialmente risparmiata dal clima invernale rigido. Il sole splende da maggio a settembre, ma anche in questo periodo non mancano le precipitazioni.

Cucina

Considerazioni generali

– Alcuni locali aprono, altri chiudono. In ogni caso la qualità del servizio migliora anche se restano ancora molti progressi da fare. In Slovacchia si trovano alcuni meravigliosi ristorantini (*reštaurácias*) ed enoteche (*vináreňs*), per non parlare delle pasticcerie (*cukráreňs*). Per queste ultime vi consigliamo di imitare gli slovacchi, cioè di mettere 2 o 3 dolci alla volta nel piatto e di accompagnare il tutto con un tè alla *šipkový* (rosa canina).
– Nella maggior parte dei ristoranti il pane, i contorni e l'acqua sono conteggiati a parte. Alcuni ristoratori abusano di questa prassi (ben nota agli slovacchi ma molto meno evidente per gli stranieri) e vi spingono al consumo. Se dovesse succedervi, non esitate a lamentarvene: in alcuni casi vi rimborseranno. Evitate comunque di insistere troppo: in generale quando si visita un paese straniero si dovrebbe essere al corrente dei suoi usi e costumi...
– Il servizio è generalmente compreso, in caso contrario bisogna lasciare il 10% del conto circa, ma sappiate che ciò rappresenta per gli slovacchi una bella cifra.

Specialità culinarie

– La specialità del paese, che è anche il piatto nazionale probabilmente più consumato dagli slovacchi stessi, è il *bryndzové halušky*. Si tratta di gnocchi a base di patate, acqua, farina e formaggio di capra, talvolta conditi con un po' di pancetta affumicata.
– Un'altra specialità di largo consumo è la *zemiaková placka* (crêpe con patate). Nei ristoranti viene proposta anche ripiena di carne o alla paprica... Una vera delizia!
– È praticamente impossibile evitare il *cavolo*, impiegato anche nella preparazione degli *hot-dog*. Tra le specialità a base di cavolo, la famosa *kapustnica*, zuppa di cavolo con paprica e salsiccia affumicata. Gli slovacchi non usano (diversamente dagli italiani e ancor di più dai francesi) concludere il pasto con un pezzo di formaggio. Se per caso siete grandi sostenitori di questa prassi, vi consigliamo di assaggiare l'*oštiepok*, un delizioso formaggio affumicato.

Diritti umani

Dai giorni del vertice europeo di Laeken, svoltosi nel dicembre 2001, la Slovacchia sa di far parte dei paesi inclusi nelle previsioni di allargamento dell'Unione europea. Cosa assolutamente impensabile solo pochi anni fa: il regime di Mečiar, una scommessa economicamente dubbia e politicamente pericolosa (un nazional-populismo con forti tendenze razziste), costituiva già di per sé un ostacolo a qualsiasi forma di avvicinamento all'Unione europea. Dopo le elezioni legislative del settembre 1998, il nuovo

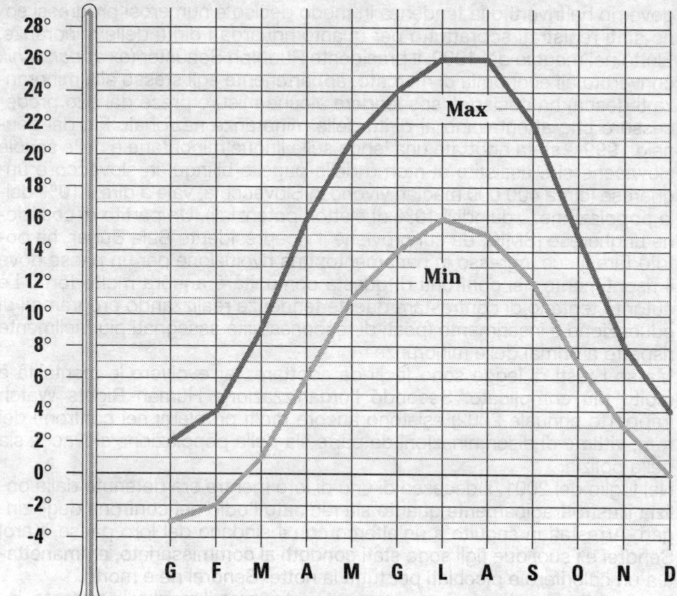

SLOVACCHIA (Bratislava):
Media delle temperature

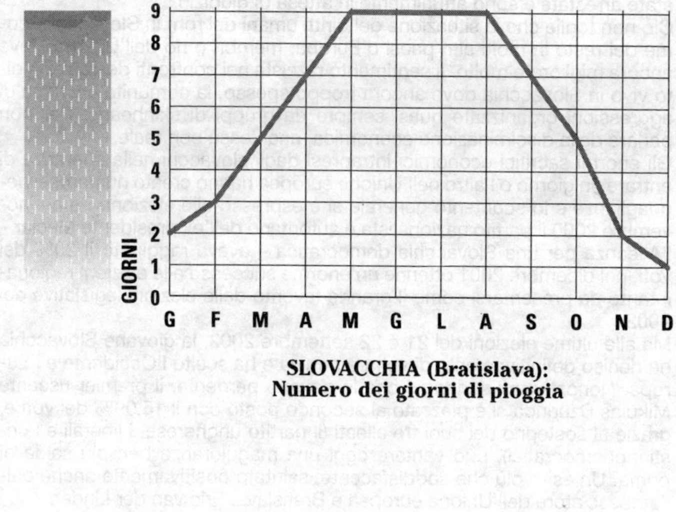

SLOVACCHIA (Bratislava):
Numero dei giorni di pioggia

governo ha invertito la tendenza in modo deciso e numerosi progressi sono stati registrati soprattutto per quanto riguarda i diritti delle minoranze. Eletto nel maggio del 1999, il presidente Rudolph Schuster (ex *apparatchik* convertito all'economia di mercato, appartenente egli stesso alla minoranza tedesca) ha deciso di sospendere alcune misure prese dal suo predecessore che attentavano ai diritti delle minoranze nazionali. Fin dal gennaio 1999 è stata adottata una legge sulle lingue minoritarie e nelle scuole slovacche si è assistito al ritorno delle pagelle bilingui in slovacco e ungherese (circa 400 000 magiari vivono in Slovacchia, vale a dire il 10% della popolazione... quindi il 10% di elettori potenziali). Un partito di coalizione ungherese (SMK), da cui proviene il vicepresidente Bela Bugar, ha potuto fare il suo ingresso in parlamento: una rivoluzione per un paese dove il risentimento nei confronti di questa comunità è ancora molto forte. Le autorità tentano di contrastare queste tendenze realizzando programmi di educazione e inserimento (posti di responsabilità assegnati più facilmente rispetto a prima) delle minoranze.

Ma se i testi di legge sono facili da adottare, far evolvere le mentalità è molto più complicato. Secondo l'organizzazione Human Rights Watch (rapporto annuale 2002) esistono ancora molti problemi nei confronti dei rom, vittime di discriminazioni da parte sia della popolazione slovacca sia della polizia.

Nel luglio del 2001, il decesso di uno di loro mentre era detenuto dalla polizia illustra tragicamente quanto sia radicato l'odio nei confronti degli zingari. Arrestati in seguito a un'alterco con il sindaco del loro paese, Karol Sendrei e i suoi due figli sono stati condotti al commissariato, ammanettati a un calorifero e picchiati per tutta la notte. Sendrei ne è morto.

La situazione evolve però progressivamente verso il meglio: in passato, infatti, un episodio di tale gravità sarebbe stato catalogato come un «incidente» tra tanti, oggi invece è stata avviata una procedura giudiziaria e sette persone (tra cui il sindaco, suo figlio e due ufficiali di polizia) sono state arrestate e sono attualmente in attesa di giudizio.

Ciò non toglie che la situazione dei diritti umani dei rom in Slovacchia, come del resto in molti altri paesi d'Europa, membri o no dell'Unione, deve ancora migliorare molto. Il sentimento razzista nei confronti dei rom è molto vivo in Slovacchia dove ancora troppo spesso, la comunità è vittima di aggressioni organizzate quasi sempre da gruppi di skinheads. Per non parlare della disciminazione economica, anch'essa ben reale.

Gli enormi sacrifici economici intrapresi dagli slovacchi nella speranza di entrare un giorno o l'altro nell'Unione europea hanno creato numerose ineguaglianze e lo scontento generale si è espresso alle elezioni. Se nel novembre 2000 il partito nazionalista e autoritario dell'ex presidente Mečiar – l'Alleanza per una Slovacchia democratica – aveva raggiunto il 20% dei voti, nel dicembre 2001 ottenne un'enorme successo alle elezioni regionali tanto da presentarsi come il grande favorito delle elezioni legislative del 2002.

Ma alle ultime elezioni del 21 e 22 settembre 2002, la giovane Slovacchia ha deciso definitivamente di voltare pagina e ha scelto l'Occidente e l'Europa. Nonostante i sondaggi che lo davano perdente, il premier uscente Mikulaš Dzurinda si è piazzato al secondo posto con il 15,09% dei voti e, grazie al sostegno dei suoi tre alleati (il partito ungherese, i liberali e i cristianodemocratici), può vantare oggi una maggioranza ben più salda di prima. Un esito più che soddisfacente, salutato positivamente anche dall'ambasciatore dell'Unione europea a Bratislava, Eric van der Linden.

Per finire, la Slovacchia dovrebbe fare grossi passi avanti anche in materia di diritti delle donne. La violenza domestica e pubblica nei confronti delle donne è aumentata in modo singolare negli ultimi anni. Secondo Magda Vasaryova, arrivata terza alle elezioni presidenziali del 1999, si tratta di un problema molto importante: «Non siamo in Polonia – spiega – ma la pres-

sione della Chiesa e la lotta contro l'aborto sono reali. Inoltre, gli slovacchi sono molto maschilisti: per loro le donne sono ancora solo oggetto sessuale, madri o cuoche» (quotidiano *Libération*, 6 e 7 novembre 1999).
Per saperne di più non esitate a contattare i seguenti organismi.

■ ***Amnesty International (sezione italiana):*** via G.B De Rossi 10, 00161 Roma. ☎ 06-449-01. Fax: 06-449-02-22. • www.amnesty.it • info@amnesty.it •
■ ***Federazione Internazionale dei Diritti dell'Uomo - Lega Italiana (FIDH):*** piazza d'Ara Coeli 12, 00186 Roma. ☎ 06-678-58-14. Fax: 06-699-42-224. • www.fidhlegaitaliana.org • info@fidhlegaitaliana.org •

Economia

Il 1993 non fu un anno facile per la neonata Repubblica Slovacca. La separazione dalla Repubblica Ceca bloccarono il processo di riconversione all'economia di mercato. Il livello di vita della popolazione restava accettabile, ma la politica restrittiva dei salari e l'aumento dei prezzi fecero diminuire i consumi personali. Nel 1997, per il quarto anno consecutivo, il tasso di crescita (6%) era il più elevato dei paesi postcomunisti dell'Europa centrale e l'inflazione (6% contro il 25% del 1993) raggiunse livelli davvero contenuti. Dopo un periodo di crisi economica e politica durante il governo Mečiar, il primo ministro Dzurinda ha tentato di dare un nuovo impulso alla Slovacchia adottando una politica liberale. Alla fine del 1999 si poteva constatare una riduzione del deficit e un tasso di disoccupazione destinato a stabilizzarsi intorno al 18% nel 2001. Certo, la situazione non era florida, ma alcuni segni incoraggianti di ripresa cominciavano a manifestarsi. Così, nonostante un tasso di inflazione intorno al 16% e una crescita dell'ordine del 2,8% prevista per il 2001, la Slovacchia è stata ammessa nel primo gruppo di candidati all'allargamento dell'Unione europea (allo stesso titolo dell'Ungheria e della Repubblica Ceca) e fin dal febbraio del 2000 ha avviato trattative in questo senso.
Infine, segno positivo per il paese, lo spettro di un ritorno al potere di Vladimir Mečiar (incarnazione di tutto ciò che l'Europa non vuole) è oggi definitivamente allontanato. Il risultato delle elezioni del settembre 2002 conferma la gran voglia degli slovacchi di entrare a far parte del club occidentale. Ma per fare l'ultimo grande passo prima dell'adesione all'Unione, prevista per il 2004, la Slovacchia ha ancora bisogno di massicci investimenti stranieri.

Feste e giorni festivi

Giorni festivi

– *1° gennaio:* 1° giorno dell'anno e giorno della nascita della Repubblica Slovacca.
– *6 gennaio:* Epifania.
– Venerdì santo, lunedì di Pasqua e l'indomani.
– *1° maggio:* festa del Lavoro.
– *8 maggio:* festa della Liberazione.
– *5 luglio:* giorno di Cirillo e Metodio, gli evangelizzatori.
– *29 agosto:* festa nazionale, giorno dell'insurrezione nazionale slovacca nel 1944.
– *1° settembre:* giorno della costituzione della Repubblica Slovacca.

– *15 settembre:* festa della Madonna dei Sette Dolori.
– *1° novembre:* Ognissanti.
– *24 dicembre:* Natale.
– *25 dicembre:* prima festa di Natale.
– *26 dicembre:* seconda festa di Natale.

Feste e manifestazioni

– *CONECO:* fiera internazionale a Bratislava, dall'11 al 14 maggio.
– *Festival pop rock:* a Bratislava, in giugno.
– *Discesa internazionale del Danubio:* ogni anno da fine giugno a fine agosto. Questa tradizione, che consiste nel discendere il corso del Danubio a bordo di imbarcazioni da turismo, risale al 1955. I primi navigatori percorrevano il tratto da Bratislava a Budapest. Oggi la partenza ha luogo a Ingolstadt, in Germania, e la discesa finisce a Silistre, in Bulgaria. Non si tratta di una competizione. Per due mesi i partecipanti fanno scalo e visitano le città lungo il fiume (arrivo a Bratislava una ventina di giorni dopo la partenza). Per maggiori informazioni, contattate il ☎ (07) 49-24-92-24. Fax: (07) 49-24-95-69.
– *Estate culturale:* a Bratislava, in luglio e agosto. Concerti di musica da camera all'aperto, jazz.
– *Festa della musica:* a Bratislava, in ottobre.

Lingua

Lo slovacco si distingue dal ceco per l'ortografia e il vocabolario. Alcune parole potranno comunque esservi utili. Come i loro vicini cechi e ungheresi, gli slovacchi conoscono meglio il tedesco dell'inglese.

Conversazione generale

Sì	*Áno*
No	*Nie*
Buongiorno	*Dobrý deň*
Buonasera	*Dobrý večer*
Arrivederci	*Dovidenia*
Per favore	*Prosím*
Grazie	*D'akujem*
Scusi	*Pardon*
Quanto?	*Kolko?*
Parla italiano?	*Hovoríte po talianski?*
Entrata	*Vchod*
Uscita	*Východ*
A sinistra	*Vľavo*
A destra	*Vpravo*
Aperto	*Otvorené*
Chiuso	*Zatvorené*

Numeri

1	*jeden*
2	*dva*
3	*tri*
4	*štyri*
5	*päť*
6	*šesť*
7	*sedem*

8 .... *osem*
9 .... *deväť*
10 .... *desať*
20 .... *dvadsať*
100 .... *sto*
1000 .... *tisíc*

Calendario

Lunedì .... *Pondelok*
Martedì .... *Uterok*
Mercoledì .... *Streda*
Giovedì .... *Stvrtok*
Venerdì .... *Piatok*
Sabato .... *Sobota*
Domenica .... *Nedeľa*
Oggi .... *Dnes*
Domani .... *Zajtra*
Ieri .... *Včera*
Mattina .... *Ráno*
Sera .... *Večer*

Toponimia

Piazza .... *Námestie*
Via .... *Ulica*
Lungofiume .... *Nábrežie*
Giardino, parco .... *Záhrada, park*
Chiesa .... *Kostol*
Castello .... *Zámok*
Roccaforte .... *Hrad*
Cartolina .... *Pohľadnica*
Francobollo .... *Známka*
Posta .... *Pošta*

Ristorazione

Ristorante .... *Reštaurácia*
Prima colazione .... *Raňajky*
Pranzo .... *Obed*
Cena .... *Večera*
Caffè .... *Kavieraň*
Latte .... *Mlieko*
Cioccolato .... *Kakao*
Tè .... *Čaj*
Burro .... *Maslo*
Pane .... *Chlieb*
Formaggio .... *Syr*
Uova .... *Vajce*
Acqua minerale .... *Minerálka*
Bottiglia .... *Fľaška*
Bicchiere .... *Pohár*
Il menu, per favore .... *Jedálny Ístok prosím*
Il conto, per favore .... *Zaplaťm*

Alloggio

Albergo .... *Hotel*
Una camera singola .... *Jednoposteľová izba*

Una camera doppia .... *Dvojposteľová izba*
Con bagno .... *S kúpeľňou*
Chiave .... *Kľuč*
Prenotazione .... *Rezervacia*
Completo .... *Žiadne voľné miesta*

Per saperne di più sulla lingua slovacca potete consultare il sito • www.travlang.com/languages •

Patrimonio naturale e culturale

Le grotte

A tutt'oggi, più di 4000 grotte sono state scoperte in Slovacchia. Alcune presentano caratteristiche uniche e sono quindi classificate e protette, o addirittura inserite nella lista del patrimonio naturale mondiale dell'UNESCO: tra queste ultime, le grotte di Domica, di Jasov e di Ochtinska (una grotta di aragonite unica in Europa). Alcune furono utilizzate come abitazioni 4000 anni a.C., altre invece sono ricoperte da uno strato perpetuo di ghiaccio. Solo 14 cavità sono accessibili al pubblico. Da notare, inoltre, che le condizioni climatiche favorevoli di alcune di queste cavità consentono soggiorni «speleoterapeutici» (!) per curare le malattie respiratorie e allergiche. E la claustrofobia?

Le sorgenti termali

Se ne contano un buon migliaio. Non stupisce, quindi, che il termalismo sia particolarmente sviluppato in Slovacchia, dove si trovano una ventina di stazioni e città termali propizie al riposo. L'acqua termale, con la quale vengono riempite anche le piscine, è utilizzata nella cura di moltissime malattie. Un vero piacere per i turisti, soprattutto in estate. Le stazioni termali nel nord del paese, come Bešeňová (vicino a Liptovský), Mikuláš o Vírbov (vicino a Kežmarok), sono più recenti e restano aperte tutto l'anno. Un posto da non perdere durante il vostro soggiorno: la grotta termale di Sklené Teplice, vicino a Banská Štiavnica.

I musei all'aperto

Chiamati *skansen* (in Slovacchia come nella Repubblica Ceca e in Polonia), dal nome dell'ecomuseo scandinavo che servì da modello per la loro realizzazione, questi musei presentano l'architettura, l'abbigliamento, le abitudini alimentari ma anche le tradizioni e gli usi e costumi dell'ambiente rurale. Si tratta di musei etnografici composti di edifici completi smontati, spostati e rimontati in modo identico in un parco chiuso. Quasi tutti presentano case, chiese e mulini. In estate ospitano numerose attività: presentazione dell'artigianato tradizionale e del folclore regionale, esposizione sui mestieri popolari ecc. In Slovacchia ce ne sono una decina. Tra i più apprezzati citiamo quelli di Martin, Zuberec, Bardejovské Kúpele, Humenné e Svidník.

Le chiese e i templi di legno

Rappresentano una delle caratteristiche culturali più affascinanti della Slovacchia. Le montagne dei Carpazi, generose di legname, hanno offerto la materia prima necessaria per lo sviluppo di un'architettura assolutamente tipica, impregnata dell'eredità romanica e bizantina. Gli edifici sacri più antichi risalgono al XV secolo. Le guerre e distruzioni varie hanno diradato l'incredibile concentrazione di circa 300 chiese di confessioni diverse (ma soprattutto cattoliche). Oggi ne restano solo 50 (per lo più ortodosse), concentrate nella regione del nord-est, vero e proprio gioiello del paese. Sussistono anche otto chiese evangeliche, dette articolari a causa degli «articoli», nome delle leggi emanate da Leopoldo I nel 1681, a norma delle quali la costruzione degli edifici di culto doveva avvenire non più all'interno dei paesi ma nei dintorni. Questi edifici possiedono la curiosa originalità di essere costruiti unicamente con il legno, senza l'uso di un solo chiodo, senza fondamenta né torri né campane. In alcune chiese di rito protestante vengono ancora oggi celebrate le funzioni.

Passeggiate

A piedi, in bicicletta, sull'acqua o a cavallo, la passeggiata è il modo più intimo e autentico per visitare la Slovacchia ed è anche una pratica turistica particolarmente sviluppata. Ecco perché i sentieri sono segnalati molto bene. Le segnalazioni in rosso seguono le creste di tutte le montagne accessibili, mentre quelle in giallo, blu e verde indicano i sentieri che attraversano le catene montuose e i circuiti turistici. Le cartine (ce n'è una nuova serie in scala 1/50 000) indicano non solo i sentieri per le escursioni a piedi e in bicicletta, ma anche i monumenti, i siti naturali e le possibilità di alloggio. Sono in vendita nei chioschi, nelle librerie, presso gli uffici del turismo e in alcune stazioni di servizio.

Popolazione

Con un po' più di 5,3 milioni di abitanti e una densità di 112 abitanti al km^2, la Slovacchia non è un paese molto popolato. La popolazione è composta per l'86% di slovacchi, mentre i cittadini di origine ungherese formano la minoranza numericamente più importante (9,67%), ben più di quella dei rom (1,67%). Eppure se si ascoltano i discorsi della gente, si ha l'impressione che siano loro all'origine di tutti i problemi. Una cosa è certa: quando si visita la Slovacchia si resta scioccati dalle bidonville presenti nelle periferie delle città. Retaggio del periodo comunista che ne ha fatto dei sedentari, i ghetti dei rom sono una vergogna. Assistere alla sedentarizzazione di una popolazione nomade, ridotta a vivere in gabbie da conigli, è uno spettacolo davvero penoso. I cechi, che rappresentano l'1,1% della popolazione, vivono principalmente vicino alla frontiera con il loro paese, nelle grandi città e nei centri industriali. Gli ucraini (1%) sono presenti nell'est del paese.
Per i fanatici di cifre, la popolazione attiva è di a 2 911 000 persone (cifre del 1998), di cui il 50% impiegate nel settore dei servizi e nel commercio, il 38% nell'industria, l'8,3% nell'agricoltura e il restante 3,7% in attività varie.

Ricettività

Campeggi

Ce ne sono molti e rappresentano la soluzione più economica. Si trovano spesso in montagna, vicino ai laghi e alle stazioni termali. Potete procurarvi la lista presso l'agenzia *Satour* (ex *Čedok*, l'agenzia statale della Cecoslovacchia). Quasi tutti propongono anche bungalow con camere a prezzi economici.

Ostelli della Gioventù, camere universitarie

– Gli ***Ostelli della Gioventù*** non esistono nella forma classica a cui siamo abituati. Ci sono soltanto normali alberghi che propongono piccoli sconti alle persone in possesso della tessera internazionale dello studente. Si chiamano *junior hostels* e se ne trovano in tutto il paese. Attenzione, non sempre costituiscono la soluzione più vantaggiosa. Alcuni alberghi a prezzi medi praticano talvolta tariffe più interessanti.
– I ***pensionati universitari*** restano la soluzione meno costosa, ma le camere sono disponibili solo due mesi in estate.

Alberghi

Ce ne sono tanti a prezzi molto interessanti e sarebbe un vero peccato ignorarli. Per informazioni e prenotazioni potete consultare il sito • www.itis.sk/hotelguide • Se prenotate presso un'agenzia *Satour* potrete beneficiare di uno sconto del 10% circa. Per questo, basta passare in un'agenzia al vostro arrivo oppure prenotare per telefono.

Camere presso privati

Questo tipo di sistemazione è ancora poco sviluppato. In ogni caso non esistono forme di gestione o prenotazione centralizzate. Nel corso del viaggio troverete molte pensioni (*penzions*) presso privati.

Storia

Dopo i Celti, furono le tribù slave degli Slovacchi a insediarsi nella regione, a partire dal IV secolo. Il cristianesimo si diffuse con successo. Nell'XI secolo la Slovacchia fu conquistata dagli ungheresi. Nel XVI secolo, con l'avanzata dei turchi nell'Europa centrale, Bratislava diventò capitale dello stato ungherese e sede dell'arcivescovo, primate di Ungheria. Tutti i sovrani furono incoronati a Bratislava fino al 1830. La Slovacchia restò sotto la dominazione ungherese fino al 1918, resistendo a tutti i tentativi di assimilazione.
Nel 1848, approfittando dell'ondata rivoluzionaria che dilagava in Europa, gli slovacchi chiesero a Kossuth, dirigente dell'insurrezione di Budapest, l'autonomia linguistica e politica. Invano. Gli slovacchi decisero allora di allearsi all'esercito imperiale e la rivolta magiara fu schiacciata. Qualche anno dopo, però, la lingua slovacca fu a sua volta vietata e le scuole furono chiuse. Fu l'inizio di un regime dittatoriale.
Nel 1918, dopo la sconfitta austro-ungarica, gli slovacchi si unirono ai cechi per formare la Cecoslovacchia. Nel 1938, dopo Monaco, sotto la pressione dei nazionalisti e del clero (la chiesa cattolica dirigeva di fatto la vita politica), la Slovacchia diventò autonoma ma perse le regioni ungheresi (annesse all'Ungheria).
Nel 1939 Jozef Tiso, dirigente politico e religioso, fu costretto da Hitler a proclamare l'indipendenza della Slovacchia, che si trasformò in uno stato iperclericale e fascista (i funzionari cechi furono espulsi e sostituiti da slovacchi). Nel 1943 fu creato il Consiglio nazionale slovacco che riuniva tutti coloro che lottavano contro il nazismo. Nell'agosto del 1944 un'insurrezione fu seguita da una terribile repressione nazista.
Dichiaratosi favorevole all'autonomia slovacca in occasione della definizione del programma di Košice nell'aprile del 1945, il Partito comunista ceco non tardò poi a opporvisi e a cercare di emarginare i dirigenti slovacchi (Husák fu addirittura incarcerato negli anni cinquanta prima di diventare l'artefice del dopo 1968!). Nel 1967 fu lo slovacco Alexander Dubček a provocare la caduta del burocrate stalinista Novotný.

Oggi

Gli avvenimenti precipitano a partire dal 1990. Il regime democratico insediatosi in seguito alla rivoluzione di Velluto permette infine agli slovacchi di esprimersi... ma molte delle loro rivendicazioni non sono apprezzate dai cechi.
Certo, non è facile riassumere in poche righe tutto l'entusiasmo, le contraddizioni e le frustrazioni di un popolo. Fatto sta che, sotto la «pressione storica» e per effetto delle robuste dosi dose di demagogia usate da alcuni responsabili politici slovacchi, la popolazione riesce a piegare il presidente Havel... Nel giugno del 1992, dopo le elezioni legislative federali, il movimento nazionale slovacco esce vincitore dalle urne. Il divorzio è radicale: la Cecoslovacchia non ha più ragione di esistere. Il parlamento di Bratislava proclama la sovranità piena e totale della Slovacchia, e il 1° gennaio 1993 nasce ufficialmente la Repubblica Slovacca. Ma la Slovacchia non ha ancora risolto tutti i suoi problemi: meno ricca della Repubblica Ceca (che non naviga comunque nell'oro...), dovrà lottare contro la disoccupazione e riuscire ad attirare i capitali stranieri.
Dopo le tensioni sociali e le accuse di corruzione e malversazione degli anni del governo di Vladimir Mečiar, una ventata di ottimismo investe il paese (e la comunità internazionale) con l'arrivo al governo del primo ministro Mikuláš Dzurinda nel 1998. La crisi economica viene a poco a poco controllata, ma la stabilità politica non sembra ancora garantita. All'inizio del 2000 il potente HZDS (Alleanza per una Slovacchia democratica), il partito dell'ex primo ministro Mečiar, raccoglie le firme per chiedere un referendum sulle elezioni legislative anticipate, petizione autorizzata dal presidente della repubblica.
Ma fortunatamente, smentendo i sondaggi che davano Mečiar vincente, alle elezioni del 2002 gli slovacchi scelgono di confermare la fiducia al premier uscente, Mikulaš Dzurinda, sicuramente più indicato per accompagnare il paese verso l'adesione all'Unione europea prevista per il 2004.
L'adesione alla NATO è un'altra importante questione all'ordine del giorno.

Telefono

– ***Slovacchia → Italia:*** componete 00 + 39 + il numero del destinatario.
– ***Italia → Slovacchia:*** 00 + 421 + prefisso della città (per esempio 2 per Bratislava, 55 per Košice). Il costo della chiamata è di 0,30 € al minuto più 0,26 € di addebito alla risposta; al tutto va aggiunta l'IVA.
– ***Comunicazioni interne:*** per chiamare all'interno della stessa città non c'è bisogno di comporre il prefisso, mentre per chiamare da una città all'altra bisogna comporre il prefisso della città preceduto dallo zero.
– Per semplificarvi la vita, prima di partire, potete acquistare diversi tipi di ***schede internazionali*** (negli uffici postali, nei negozi Telecom Italia, nelle edicole e tabaccherie, negli aeroporti, nelle stazioni ferroviarie e a bordo dei voli internazionali Alitalia) oppure una delle ***carte di credito telefoniche Telecom Italia*** (per informazioni in Italia: ☎ 800-156-156, numero gratuito).

• ***Time*** è la ***scheda telefonica internazionale*** di Telecom che consente di chiamare, da qualsiasi telefono e da qualsiasi stato collegato, digitando un codice segreto. È prepagata ed è in vendita in 3 tagli diversi (da 5, 10 e 25 €). Viene addebitato solo il tempo reale di conversazione, senza scatti alla risposta né costi minimi. Tariffe a prezzi vantaggiosi: per esempio telefonare in Europa e negli Stati Uniti costa 0,10 € al minuto. Per informazioni: ☎ 800-874-874 (numero gratuito).

- La ***New Columbus International Phone Card***, destinata a chi viaggia in Europa e in America del Nord, permette di telefonare da e verso ognuno dei paesi nei quali il servizio è attivo con un solo prezzo di 0,15 € al minuto (IVA compresa). È disponibile in due tagli da 5 e da 12 €. Per informazioni: ☎ 800-874-874 (numero gratuito).
- La carta di credito telefonica ***Call It*** si può usare da qualsiasi telefono (anche privato) e da qualsiasi paese collegato; ha un codice segreto di utilizzo. L'attivazione è gratuita e la tariffazione è a tempo e non a scatti. La spesa di traffico telefonico può essere addebitata nella bolletta o sulla carta di credito. Per utilizzarla in Italia occorre comporre ☎ 443; dall'estero dovrete selezionare il numero verde internazionale del paese nel quale vi trovate. Per informazioni: ☎ 800-156-156 (numero gratuito).

– Inoltre ricordate che potete telefonare da qualsiasi telefono a carico del destinatario tramite il servizio ***Italy Direct***. Questo servizio vi metterà in contatto con un operatore italiano che vi guiderà nell'operazione di chiamata. Dalla Slovacchia chiamate il ☎ 0800-00-39-00. Alla tariffa dovuta per i minuti di conversazione viene applicata una sovratassa di 4,95 €, se si è assistiti da un operatore, oppure di 0,30 € per ogni conversazione effettuata esclusivamente con l'assistenza automatica. Per informazioni in Italia chiamate da rete fissa Telecom il ☎ 4176.

Volontariato

Informazioni e link nel sito • www.aiuto.net/it2o.htm/ • (in italiano). Moltissime opportunità di volontariato anche nei siti: • www.idealist.org/ • (in inglese) e • www.cts.it/ • (in italiano).

– BRATISLAVA E DINTORNI –

BRATISLAVA

453 000 ab. PREF. TEL.: 02

Capitale della Repubblica Slovacca, secondo grande centro dell'ex Cecoslovacchia, Bratislava è anche la città più «mediterranea» dell'antica federazione, dove potrete apprezzare un clima mite e un'atmosfera in netto contrasto con il rigore delle città del Nord. Inoltre, Bratislava è situata al centro di una regione di vigneti e come tutti sanno il vino riscalda il cuore e invita alla convivialità. A parte il centro storico reso ai pedoni, la città non ha molto da offrire dal punto di vista architettonico, ma ospita numerosi musei interessanti (prevedete un po' di tempo per visitarli!). Il centro storico è stato ristrutturato: gli edifici pubblici e i bei palazzi dell'antico patriziato ungherese, che il regime totalitario aveva lasciato cadere in rovina, sono stati rimessi a nuovo. La città vecchia ha ritrovato così il suo antico fascino e vi si respira un'atmosfera «meridionale» tanto in estate quanto in inverno. Alcuni quartieri più recenti nascondono piccoli tesori e ospitano grandi parchi. Vi consigliamo di andare a spasso a nord della città vecchia e di lasciarvi guidare dall'intuizione. Come dappertutto in Slovacchia, la gente è molto accogliente. Per finire, sappiate che basta attraversare il Danubio per ritrovarsi, a scelta, in Austria (Vienna dista 67 km ed è raggiungibile in meno di un'ora) o in Ungheria (Budapest è un po' più lontana, a 192 km...).

Indirizzi e informazioni utili

Informazioni turistiche

🛈 ***Bratislava Information Service*** *(BIS; I, C2):* Klobučnícka ul. 2. ☎ 16-186 o 54-43-37-15. Fax: 54-43-27-08. • www.bratislava.sk/bis • Aperto tutti i giorni dalle 8 alle 17, sabato dalle 9 alle 14, chiuso domenica. Aperto in estate dalle 8 alle 18. Buona accoglienza. Il personale parla inglese e può prenotarvi una camera negli alberghi a prezzi economici. Buona documentazione. Potete anche ritirare la lista dei campeggi. Guide per la visita della città in tedesco e inglese.

Un altro ufficio della *BIS* si trova alla stazione ferroviaria.

Bratislava Hlavná Stanica *(II, A1):* a 2 km dal Danubio verso nord, tram nn. 1 (il più rapido), 2 o 3. Ufficio di cambio, sportello automatico *Visa* ed *Eurocard MasterCard*, deposito a gettone per i bagagli piccoli e deposito bagagli aperto dalle 6 alle 22, ufficio informazioni *BIS* aperto dalle 9 alle 14 e dalle 15 alle 17.30. Se pensate di visitare il paese con le ferrovie slovacche (*ZSR*) procuratevi l'indispensabile *Cestoný Poriadok* (60 Slk) con la carta ferroviaria e gli orari dei treni. • www.zsr.sk •

Stazione dei pullman *(II, C2):* su Mlynské nivy. Il deposito bagagli chiude alle 22 in settimana e alle 18 durante il week-end. Ci sono anche uno sportello bancario automatico, un'agenzia *Eurolines* aperta dalle 9 alle 17 e un ristorante aperto fino alle 21.

■ ***Agenzia viaggi Limba*** *(I, C3,* ***6****):* Medena 13. ☎ e fax: 54-41-86-01.

■ Indirizzi utili

- 🛈 Bratislava Information Service (BIS)
- ✉ Posta centrale
- **2** Satour
- **4** Agenzia di cambio
- **5** Agenzia di cambio dell'Hotel Forum
- **6** Agenzia viaggi Limba
- @ **7** Net Café
- @ **8** Internet Club
- @ **9** Internet Centrum Kenny

Dove dormire

- **10** Penzión Gremium
- **11** Hotel Kyjev
- **12** Botel Grácia
- **14** Hotel Danube
- **18** Studentsky Domov Nespara

Dove mangiare

- **40** Lahôdky Michaela
- **41** Non-stop Imbiss/Pivnica Kaviaren
- **42** Karmina
- **43** Prašná Bašta
- **44** Ristorante Lýra
- **45** Avent
- **46** Le Café français
- **47** Gastro Monika
- **48** U Litszta
- **49** Zlatá Fantazia
- **50** Harmónia
- **51** Červený Rak
- **52** Velkí Františkáni
- **53** K.G.B.

Dove bere qualcosa.
Dove andare la sera

- **10** Caffè Gremium
- **60** Caffè Verne
- **61** The 17s' Bar
- **62** UW Caffè
- **63** The Dubliner
- **64** Čierny Havran
- **65** Charlie's Pub
- **66** Galeria Caffè
- **67** Film Caffè
- **68** Circus Barok

★ Da vedere

- **70** Hrad (castello)
- **71** Porta Michalská
- **72** Antico palazzo municipale
- **73** Palazzo primaziale
- **74** Chiesa dei Francescani
- **75** Cattedrale di San Martino
- **76** Chiesa di Santa Elisabetta
- **77** Museo dei Mestieri d'arte
- **78** Museo dell'Orologio
- **79** Casa-museo di J.N. Hummel
- **80** Chiesa dei Trinitari
- **81** Museo nazionale slovacco
- **82** Galleria nazionale slovacca
- **83** Palazzo Reduta
- **84** Teatro nazionale slovacco

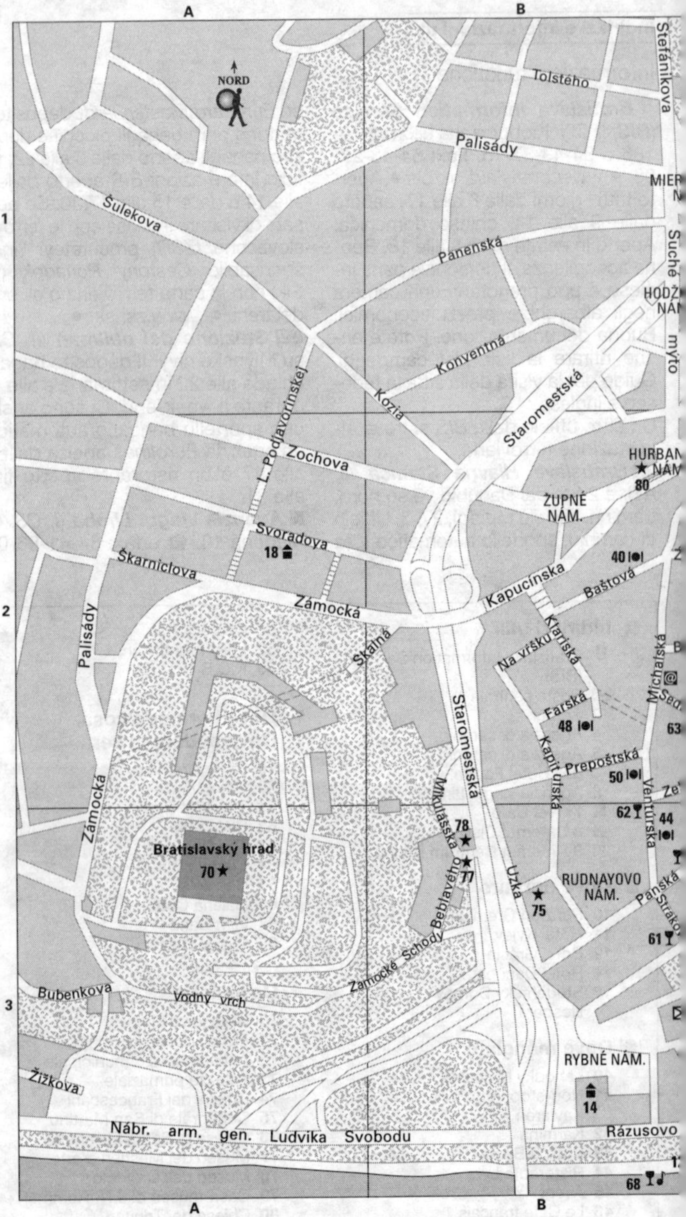
A
B
1
2
3
NORD
Tolstého
Štefánikova
Palisády
MIER
Šulekova
Suché
Panenská
HODŽ
NÁM
mýto
Konventná
Staromestská
Kozia
L. Podjavorinskej
Zochova
HURBAN
NÁM
80
ŽUPNÉ
NÁM.
Svoradova
18
Škarniclova
40
Kapucínska
Baštová
Zámocká
Palisády
Skalná
Klariská
Na vŕšku
Michalská
Staromestská
Farská
48
63
Kapitulská
Prepoštská
50
Mikulášska
Ventúrska
62
44
78
Zámocká
Bratislavský hrad
70
77
Beblavého
Úzka
75
RUDNAYOVO
NÁM.
Panská
Strakova
61
Zámocké Schody
Bubenkova
Vodný vrch
RYBNÉ NÁM.
Žižkova
14
Nábr. arm. gen. Ludvíka Svobodu
Rázusovo
68

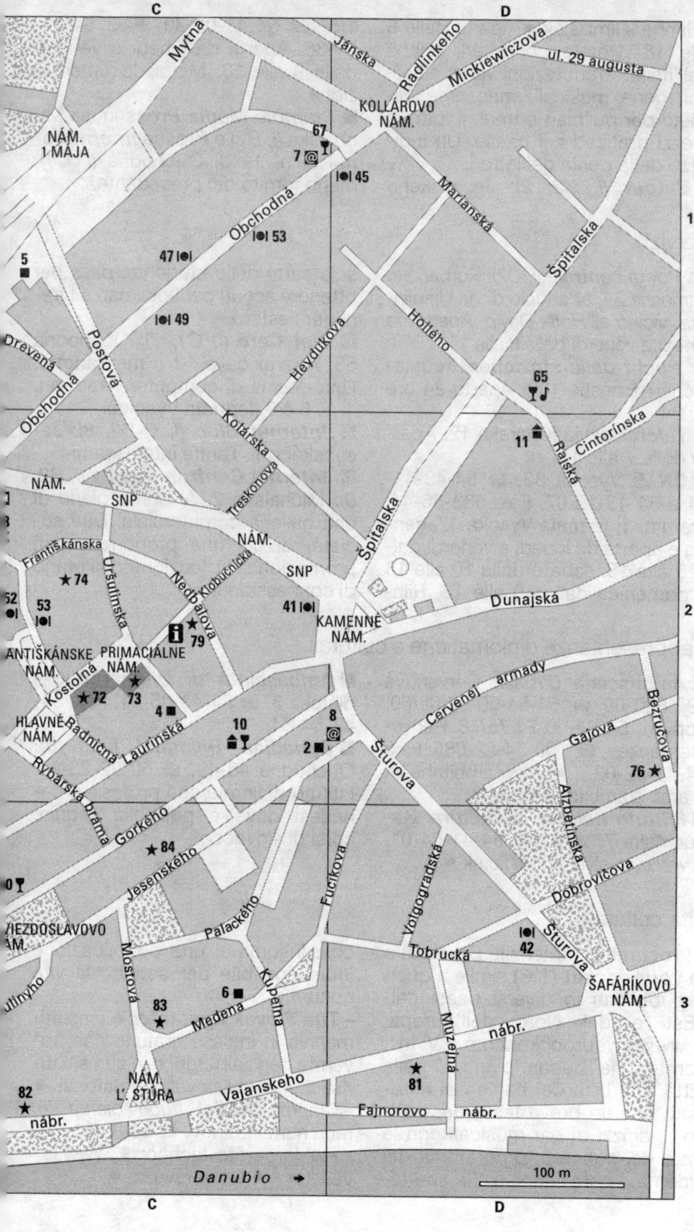

BRATISLAVA I – CENTRO

• limba@limba.sk • Aperto dalle 8 alle 18. Potete contattarli anche dall'Italia. Prenotazioni varie: alberghi, cene musicali, macchine, biglietti per pullman e treni, il tutto ai prezzi praticati nel paese. Un indirizzo della posta dei lettori.

■ ***Satour*** *(I, C2,* ***2****)*: Jesenského 1/5. ☎ 54-41-01-33. Fax: 54-41-01-36. Aperta da lunedì a venerdì dalle 9 alle 18. Molta documentazione.

■ ***Stampa: Média Press*** in via Michalská *(I, B2)* e ***Presse International*** al n. 11 di Obchodná *(I, C1)*, meno fornito del precedente.

Servizi

✉ ***Posta centrale*** *(I, C2)*: Hurbanovo námestie 34, all'angolo di via Uršulinska, vicino all'*Hotel Devin*. Aperto da lunedì a venerdì dalle 8 alle 14.

✉ ***Posta della stazione:*** Predstaničné námestie 102. Aperto 24 ore su 24.

■ ***Telefono:*** via Kolárska 12. Aperto dalle 7 alle 17.

■ ***CKM:*** Vysoká 32. ☎ 54-43-41-14 o 54-43-16-07. Fax: 533-56-44. Tram n. 1, fermata Vysoká. L'agenzia è aperta da lunedì a venerdì dalle 9 alle 18, sabato dalle 10 alle 18 e domenica dalle 10 alle 13. Rilascia carte dello studente, *pass* per ottenere sconti per i pullman e i treni per l'estero.

@ ***Net Café*** *(I, C1,* ***7****)*: Obchodná 53. Aperto dalle 12 a mezzanotte. Una decina di computer. Tram nn. 1, 5, 6 e 9 (fermata Vysoká).

@ ***Internet Club*** *(I, C-D2,* ***8****)*: Jesenského 7. Tariffe interessanti.

@ ***Internet Centrum Kenny*** *(I, B2,* ***9****)*: Michalská 2. Al primo piano di una galleria commerciale. Due società, di cui una propone sconti promozionali in funzione dell'orario di connessione.

Rappresentanze diplomatiche e culturali

■ ***Ambasciata d'Italia:*** Červeňová 19, 800-00. ☎ 54-64-00-67/68/69, oppure 54-64-00-74/75/76. Per emergenze ☎ 90-34-22-085. Fax: 54-41-32-02. • www.ambitaba.sk • amb@ambitaba.sk •

■ ***Istituto Italiano di Cultura:*** Kapucínska 7. ☎ e fax: 54-41-04-01. • www.iic.sk • info@iic.sk •

■ ***Ambasciata di Ungheria:*** Sedlárska 3. ☎ 54-43-05-41. Fax: 54-43-54-84.

■ ***Canadian Bilingual Institute:*** Obchodná 43-49. ☎ 52-92-23-84. Istituto di lingue con professori canadesi dove è possibile seguire corsi di slovacco.

Vita culturale

– Procuratevi il mensile ***Bratislava in your pocket*** (1 €) simile a quelli pubblicati in diversi paesi dell'Est e del Nord dell'Europa. • www.inyourpocket.com • Vi troverete una buona piantina della città e la lista dei bar e dei ristoranti con un breve testo descrittivo. Indirizzi di bar musicali con le date dei concerti, programma dei cinema, opere liriche e altri spettacoli. Insomma, una pubblicazione indispensabile per seguire la vita culturale.

– ***The Slovak Spectator*** è un settimanale in inglese gratuito che troverete negli alberghi e in altri siti turistici. • www.slovakspectator.sk •

– Cinema ***Nádej*** *(fuori pianta II)*, racá nam Hrdinov. ☎ 44-88-61-60.

– Per le serate techno: • www.rave.sk • e • www.rave.cz •

Urgenze mediche

■ ***Pronto soccorso:*** ☎ 155 o 16-555.

■ ***Pronto soccorso per adulti:*** Mýtna 5. ☎ 52-96-24-61.

■ ***Pronto soccorso per bambini:*** Bezručova 3. ☎ 43-33-86-45.

Cambio

Ci sono diversi punti di cambio ma vi consigliamo di chiedere prima il tasso di commissione applicato, che in alcuni *Exact Change* può raggiungere il 15%. Una cosa assurda, visto che è ormai possibile trovare diverse agenzie di cambio senza commissione.

■ Nel centro c'è un'***agenzia di cambio*** all'angolo di via Uršulinska e Laurinská *(I, C2, **4**)*.
■ ***Agenzia di cambio dell'Hotel Forum*** *(I, C1, **5**)*: Hodžovo námestie 2. Chiedono una commissione più elevata che alla posta centrale, ma è molto pratico perché resta aperto 24 ore su 24.
■ ***Agenzia della stazione:*** ufficio aperto tutti i giorni dalle 7.30 alle 18. Nessuna commissione.
✉ ***Posta centrale*** *(I, C2)*: cambio con il 2% di commissione.
■ ***Agenzia Satour:*** Jesenského 5. Cambio possibile. 2% di commissione.

Autonoleggio

■ ***Hotely Mladeze Slovakia:*** Pražská 11. ☎ 57-29-72-75.
■ ***Auto Danubius:*** Trnavská cesta 31. ☎ 44-37-25-02.
■ ***Europcar:*** nella hall dell'*Hotel Danube*, Rybné námestie 1. ☎ 59-34-08-41. Aperto tutti i giorni dalle 8 alle 20.
■ ***Hertz:*** nella hall dell'*Hotel Forum*, Hodžovo námestie. ☎ 59-34-81-55. Aperto tutti i giorni dalle 8 alle 20.

Trasporti urbani

Bratislava non ha ancora la metropolitana. Il progetto esiste sulla carta da più di 15 anni, in origine con materiale e tecnologia sovietici. Nel 1992 è stato fatto uno studio per la realizzazione di una metropolitana leggera (tram automatici), ma per il momento è tutto bloccato, soprattutto per ragioni economiche.
– Nell'attesa c'è una buona rete di ***tram***, ***autobus*** e ***filobus*** molto pratici anche se un po' lenti. Potete acquistare i biglietti alle macchinette automatiche delle fermate o nelle edicole. Per acquistare biglietti settima-

■ Indirizzi utili

Stazione ferroviaria
Stazione dei pullman

Dove dormire

10 Università Belojanis
11 Youth Hostel Bernolák
12 Hotel Astra
13 Hotel Sorea
14 Spirit Hotel
15 Hotel Sportkontakt
16 Camere da Eva Pieckova
17 Hotel Nivy
18 Hotel Turist
19 Hotel-Penzión Arcus
20 Hotel Junior

Dove mangiare

30 Lacinka Palacinkáreň
31 Ristorante Erato
32 Žilinská
33 Divný Janko
34 Hysteria Pub

Dove bere qualcosa

40 Stará Sladovňa

★ Da vedere. Dove andare la sera

50 Museo etnografico delle Minoranze
51 Slavín

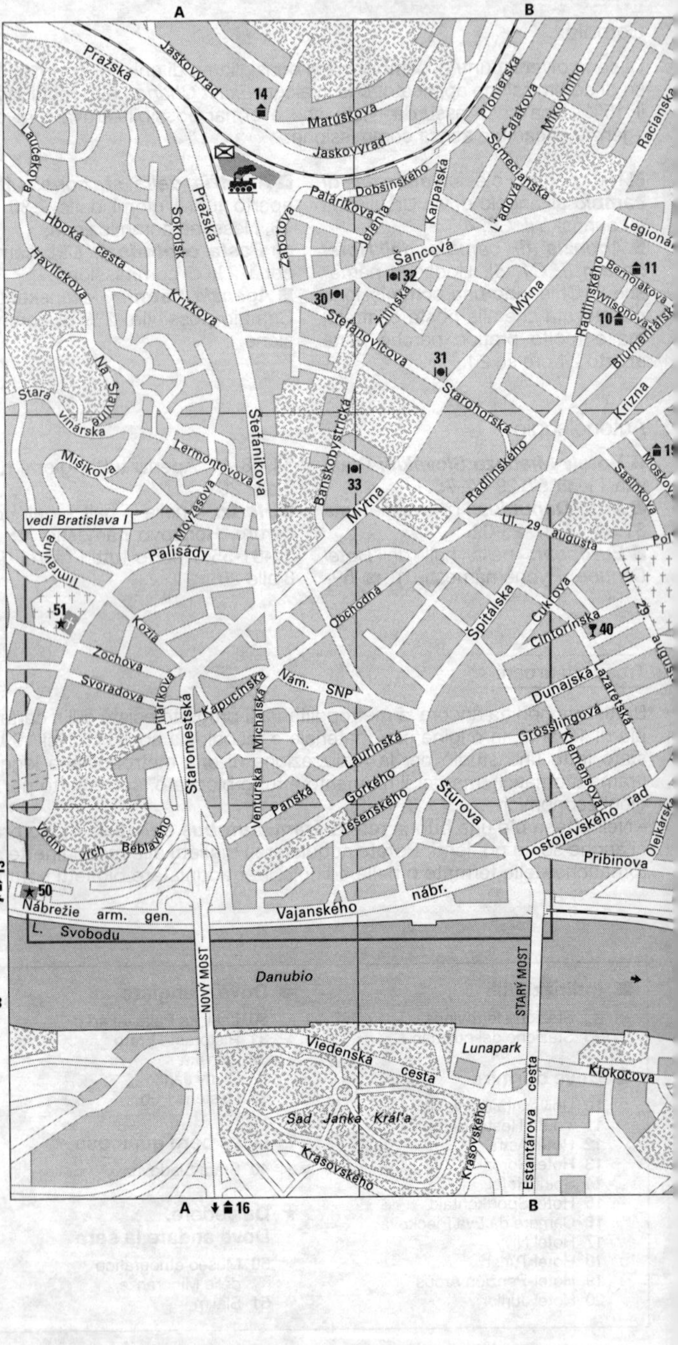
A
B
1
2
3
Pražská
Jaskovy rad
14
Matúškova
Jaskovy rad
Pionierska
Čajakova
Mikovíniho
Racianska
Laučekova
Sokolská
Pražská
Dobšinského
Palárikova
Smrečianska
Ľadová
Karpatská
Jelenia
Žabotova
Hboká cesta
Havlíčkova
Šancová
Legionárska
32
30
11
Bernolákova
Wilsonova
10
Blumentálska
Radlinského
Mýtna
Križkova
Štefanovičova
Žilinská
31
Staromestská
Na Slavíne
Stará vinárska
Staroborská
Krížna
Mišíkova
Lermontovova
Štefánikova
Banskobystrická
33
Mýtna
Radlinského
Moskovská
Sasinkova
Moyzesova
vedi Bratislava I
Timravina
Palisády
Ul. 29. augusta
Obchodná
Špitálska
Cukrová
Cintorínska
40
51
Kozia
Zochova
Svoradova
Pilárikova
Staromestská
Kapucínska
Michalská
Nám. SNP
Dunajská
Lazaretská
Grösslingová
Klemensova
Ventúrska
Panská
Laurinská
Gorkého
Jesenského
Štúrova
Dostojevského rad
Olejkárska
Pribinova
Vodný vrch
Beblavého
13
50
Nábrežie arm. gen. L. Svobodu
Vajanského nábr.
NOVÝ MOST
STARÝ MOST
Danubio
Viedenská cesta
Lunapark
Kločokova
Sad Janka Kráľa
Krasovského
Krasovského
Einsteinova
Estantárova cesta
A
16
B

BRATISLAVA II

nali o mensili: Štúrova 5. Aperto dalle 5.30 alle 21. Chiuso nel fine settimana.
Attenzione, come dappertutto in Slovacchia, bisogna timbrare un biglietto anche per i bagagli, e i controlli sono molto frequenti.
– Per quanto riguarda i ***taxi***, ce ne sono tanti e sono molto meno cari che in Europa occidentale. Sappiate, però, che i lavori attualmente in corso nel centro rallentano considerevolmente la circolazione. Per andare da un punto all'altro della città bisogna talvolta fare grandi deviazioni che contribuiscono a gonfiare il conto.
– Infine, sappiate che la città è a misura d'uomo e potrete tranquillamente circolare ***a piedi*** nel perimetro del centro.

Dove dormire

Per le informazioni generali vedi «Ricettività» nella parte introduttiva («Informazioni generali») sulla Slovacchia.

CAMPEGGIO

⩓ ***Autocamp Zlaté Piesky:*** Senecká cesta 2. ☎ e fax: 44-25-73-73. Prendete la direzione di Modra e poi di Senec. Tram nn. 4 e 2. Piacevolmente situato. Aperto dal 15 maggio al 15 settembre. Si tratta innanzitutto di una base per svaghi e passatempi, ideale per i bambini. 60 Slk per persona, 40 Slk per la tenda. Sconti del 15% per un soggiorno superiore a 5 giorni. Pagando un po' di più potete anche usufruire di uno chalet con la prima colazione.

DORMITORI E CAMERE UNIVERSITARIE

Università Belojanis *(II, B1, **10**):* Wilsonova 6. ☎ 52-49-77-35. Tram nn. 3, 5, 7 o 11, fermata Vazovova. A nord del centro, a 10 min. a piedi dalla città vecchia. Aperto in giugno, luglio e agosto. Per una notte dovete calcolare 150 Slk circa.

Youth Hostel Bernolák *(II, B1, **11**):* Bernolákova 1. ☎ 52-49-77-21, 22 o 23. Fax: 52-49-77-24. Di fianco alla precedente. Residenza universitaria aperta ai turisti da luglio a inizio settembre. Calcolate 260 Slk; sconti con la tessera degli ostelli. Piuttosto trascurato. Più caro e meno accogliente del *Belojanis*.

Studentsky Domov Nespara *(I, A2, **18**):* Svoradova 13. ☎ 54-41-53-86 (prima delle 16) e 54-41-19-08 (dopo le 16). Autobus nn. 203 e 207, fermata Partizánska. Aperto in estate. Calcolate 170 Slk con la tessera ISIC e 400 Slk senza. Piccola residenza universitaria in un quartiere tranquillo a due passi dal centro. Lenzuola fornite.

Camere da Eva Pieckova *(fuori pianta II da A3, **16**):* Wolkrova 23, sull'altra sponda del Danubio. ☎ 62-24-39-09. Autobus n. 81 dalla stazione ferroviaria, fermata Jungmanova. Calcolate 420 Slk per persona con la prima colazione. In un quartiere popolare, al settimo piano di un palazzo, la coppia «Piecka» affitta le camere dei figli che ormai frequentano l'università. Se può esservi utile, sappiate che Eva parla francese.

Edmund Šoš: Záborského 25. ☎ 44-45-79-51. Tram n. 2. Un anziano signore slovacco che spesso si aggira intorno alla stazione vi ospita a casa sua in cambio di una tariffa ragionevole. La casa è un filo decentrata ma facilmente accessibile con l'autobus o il tram a partire dalla stazione e dalla città vecchia.

ALBERGHI

Prezzi da economici a medi

Spirit Hotel *(II, A1, **14**):* Vančurova 1, dietro la stazione ferroviaria. ☎ 54-77-75-61. Fax: 54-77-78-17. Ecco uno degli alberghi più pittoreschi che ci sia capitato di vedere nella nostra breve carriera di routard. La casa è incredibilmente arredata con un'accozzaglia di oggetti colorati che fanno venire in mente Alice nel paese delle meraviglie. 9 camere molto design che sarebbero sicuramente piaciute a Andy Warhol. Calcolate da 700 a 1100 o 1400 Slk per una camera singola, doppia o tripla e un appartamento di un piano con terrazza a 3000 Slk. Ci sono anche un ristorante biologico aperto solo per la prima colazione e il pranzo, una sala di meditazione e un servizio Internet. Una specie di Ostello della Gioventù per artisti *new age*. Margareta, l'arredatrice, è alla reception e non potrete che apprezzare la sua gentilezza. Il posto è molto tranquillo e passarci una notte vi lascerà un bel ricordo.

Penzión Gremium *(I, C2, **10**):* Gorkého 11. ☎ 54-13-10-26 o 37. Fax: 54-43-06-53. Calcolate da 1300 a 1600 Slk. Nel cuore della città vecchia, una pensione recentemente rifatta che propone anche un bar e un ristorante dove sono esposte opere di giovani artisti polacchi. Camere piccole ma pulite e soprattutto vicinissime al centro di Bratislava. Docce, servizi igienici e TV.

Hotel Kyjev *(I, D2, **11**):* Rajská 2. ☎ 52-92-68-20. Fax: 52-92-20-41. • rezervacia@kyjev-hotel.sk • Calcolate da 2000 a 2450 Slk per una doppia o una tripla di seconda categoria. Considerato uno dei più cari della città, questo albergo propone anche – cosa che pochi sanno – camere a metà prezzo ai piani bassi, con TV ma senza telecomando! Se questo difetto è per voi insopportabile, vi consigliamo di scegliere un altro albergo, perché viene meno tutto l'interesse del rapporto qualità-prezzo. Camere moderne e confortevoli con *room service* di buona qualità.

Hotel Astra *(II, D2, **12**):* Prievozská 14a. Autobus nn. 208, 216 e 218. ☎ 53-43-82-22. Fax: 53-41-35-26. Calcolate 1000 Slk circa per una o due persone. Bagno e servizi igienici in comune per due camere. Grande albergo color terra battuta un po' decentrato, in prossimità di un grande asse stradale, ma comunque tranquillo. L'albergo dispone anche di un bar e di un ristorante cinese un po' chic.

Hotel Sorea *(fuori pianta II da A3, **13**):* Kráľovské Údolie 6. ☎ 54-41-44-42. Fax: 54-41-10-17. Calcolate 2000 Slk circa per una doppia senza la prima colazione. Parcheggio a pagamento. Bella camera con balcone, TV, vasca, radio... In un bel sito di fronte al Danubio, mal valorizzato dall'architettura, un grande albergo abbastanza pulito ma un po' decentrato. Bar e ristorante.

Seguono tre alberghi interessanti, un po' decentrati, ma che offrono un eccellente rapporto qualità-prezzo. Sono molto vicini tra loro. Per andarci prendete l'autobus n. 39 dalla città vecchia o il filobus n. 219 dalla stazione.

Hotel Sportkontakt *(II, D1, **15**):* Prešovská 38, una via a senso unico di fronte all'*Hotel Turist*. ☎ 44-45-45-71. Fax: 44-45-45-73. Una trentina di camere a 1200 Slk e tre appartamenti a 1800 Slk. Albergo recente ben attrezzato. Gli appartamenti hanno due stanze e un bagno con vasca, molto piacevole. Ristorante aperto fino alle 23. Lo chef Ladislav Milko ne approfitta per esporre i suoi quadri.

Hotel Nivy *(II, D1, **17**):* Líščie nivy 3. ☎ e fax: 55-41-03-89 o 90. Calcolate 1300 Slk circa per una doppia. Un grande edificio tipo *Seventies* che propone camere spaziose ben tenute con bagni pulitissimi e TV. Ciò detto, bisogna ammettere che i corridoi assomigliano a quelli di una prigione e che l'accoglienza è piuttosto freddina.

Hotel Turist *(II, D1, **18**):* Ondavská 5. ☎ 55-41-05-08 o 09. Fax: 55-57-31-80. Calcolate 1250 Slk circa senza la prima colazione e il parcheggio. Meno pulito e moderno dei precedenti. In questo albergo arredato nel più puro stile «formica» ritroverete l'atmosfera tipica dei paesi dell'Est degli anni cinquanta del Novecento. Ma l'accoglienza è molto professionale, la prima colazione propone un eccellente caffè e, se può esservi utile, il figlio del proprietario parla molto bene francese.

Chic

Hotel-Penzión Arcus *(II, B2, **19**):* Moskovská 5. Tram nn. 4 e 14, fermata Edborárske. ☎ 55-57-25-22. ☎ e fax: 55-57-67-50. A partire da 2200 Slk con la prima colazione. In centro, una superpensione con 13 camere a due passi dal pub *Charlies' Centrum*. Grandi camere moderne che assomigliano a miniappartamenti, tanto più che la cucina è a vostra disposizione. Non esitate se potete permettervelo, è veramente un posto di classe. Scegliete una camera sul retro. Parcheggio a pagamento.

Botel Grácia *(I, B3, **12**):* Rázusovo nábrežie. ☎ 54-43-21-32. Fax: 54-43-21-31. Una chiatta all'altezza dell'imbarcadero, a due passi dalla città vecchia. Calcolate 2400 Slk. Camere pulite, chiedetene una sul lato fiume. Il posto ideale per tutti quelli che hanno sempre sognato di passare una notte romantica cullati dalle acque del Danubio. Ristorante e bar a bordo.

Hotel Junior *(II, D1, **20**):* Drieňová 14. ☎ 43-33-80-00. Fax: 43-33-80-65. Calcolate 2500 Slk. Lontano dal centro e difficile da raggiungere, questo ex albergo per studenti è stato completamente rifatto. Oggi le camere sono più care che altrove, probabilmente a causa della presenza di un bar erotico «riservato ai gentlemen» con *slot machine*. Rivestite di legno chiaro, le camere sono in fin dei conti piuttosto banali. Di fatto, l'unica cosa che è rimasta dov'era è il lago vicino al quale si trova l'albergo. Se nonostante tutto decidete di passarci una notte, prendete una camera ai piani alti, almeno riuscirete ad attutire il rumore della strada misto a quello della discoteca dell'albergo.

Molto chic

Hotel Danube *(I, B3, **14**):* Rybné námestie 1. ☎ 59-34-00-00 o 59-34-08-33. Fax: 54-41-43-11. • danube@internet.sk • In pieno centro. Direzione franco-slovacca. Calcolate 8200 Slk circa. Buon albergo moderno, un po' impersonale ed eccessivamente caro.

Dove mangiare

Prezzi molto economici

Per mangiare qualcosa velocemente e spendendo poco troverete numerosi *buffet* o *lahôdky* che propongono piatti tipici della cucina slovacca e insalate. Molto spesso si mangia in piedi. Sappiate che in cambio di qualche corona in più potete accedere alla categoria superiore.

Lacinka Palacinkáreň *(II, A1, **30**):* Šancová 18. Aperto da lunedì a venerdì dalle 11 alle 20, sabato e domenica dalle 14 alle 21. Potete mangiare per meno di 50 Slk. Una piccola crêperie particolarmente apprezzata dagli autoctoni che propone 54 crêpe dolci e salate a prezzi molto economici. Un indirizzo veramente buono, tant'è vero che spesso bisogna fare la coda.

|●| ***Non-stop Imbiss*** *(I, C2, **41**):* Kamenné námestie. Aperto tutti i giorni dalle 8 alle 19 e dalle 20 alle 7 (dalle 19 alle 8 domenica). Impossibile non vederlo, il locale si trova sulla grande piazza di fronte all'albergo *Kyjev*, sul lato della città vecchia. Questo snack resta aperto tutta la notte ed è un posto ideale per mangiare qualcosa all'uscita dalla discoteca. Prezzi molto economici per hot-dog e sandwich caldi da degustare in piedi.

|●| ***Lahôdky Michaela*** *(I, B2, **40**):* Michalská 11, vicino all'omonima porta. Aperto in settimana dalle 8 alle 19, sabato dalle 9 alle 14. Chiuso domenica. Un *lahôdky* come se ne trovano ormai pochi in Slovacchia! Il locale è recente, pulito e dispone anche di tavolini per sedersi. Un buon indirizzo economico dove potete mangiare insalate, salumi, panini, yogurt, pasticcini, frutta...

|●| ***Karmina*** *(I, D3, **42**):* all'angolo di Tallerova e Šturova. Chiude alle 16. Se siete nel quartiere e il vostro stomaco comincia a brontolare, in questo locale, dal quale uscirete impregnati di un odore di cavolo, potete mangiucchiare qualcosa in piedi per una manciata di corone.

|●| ***Avent*** *(I, D1, **45**):* Obchodná 68. Tram nn. 5, 7 e 9, fermata Visoká. Nel seminterrato della galleria commerciale, seguite le indicazioni «Vegetarianska Pedálen». Aperto dalle 11.30 alle 15, chiuso sabato e domenica. Un self-service vegetariano, con porzioni abbondanti e poco onerose. Calcolate da 100 a 150 Slk per due per un buon pasto. I piatti non sono indicati ma il cuoco vi mostra le sue marmitte e c'è molta scelta oltre alle pizze e ai pasticcini. Atmosfera insipida da mensa di lavoratori.

|●| ***Žilinská*** *(II, B1, **32**):* via Blava, in fondo al mercato. La taverna dei commercianti e degli ubriaconi del quartiere, dove vi propongono una cucina locale (in particolare il pollo) per 160 Slk per due, birre comprese. Il locale è riservato agli avventurosi giramondo che non prestano attenzione all'atmosfera popolare e alle toilette non proprio linde. Piacevole spazio all'aperto quando fa bello, con davanti il mercato e le bancarelle di frutta. Attenzione comunque a certe proposte poco ortodosse che puzzano di truffa.

|●| ***Pivnica Kaviaren*** *(I, C2, **41**):* Viktorinova 2/BA. Aperto dalle 10 alle 6 del mattino, ed è proprio questo il suo punto di forza: il fatto che ci si può venire all'uscita dalla discoteca. Piatti a 60 Slk circa. Seguite il lungo corridoio per arrivare nella cantina trasformata in una locanda piena di festaioli. Si mangia bene, ma niente di più.

|●| ***Ristorante Erato*** *(II, B1, **31**):* Mýtna 1. Aperto fino alle 22. Impossibile non vederlo: è una specie di immensa piramide rovesciata. Servono specialità di selvaggina, qualche piatto di pesce e c'è anche una carta dei gelati. Piatti a meno di 100 Slk. Spazio esterno molto simpatico quando c'è il sole.

Prezzi economici

|●| ***Ristorante Lýra*** *(I, B3, **44**):* Ventúrska 4. ☎ 54-43-18-78 (presso il vicino *Ledjy expresso*). Nel cuore della vecchia Bratislava. Aperto tutti i giorni dalle 9 a mezzanotte; servizio di ristorazione fino alle 22. Piatti a partire da 50 Slk. Un bar-ristorante circondato da molti altri locali con diverse sale a volta e tavoli anche all'aperto. All'ora di pranzo è frequentato principalmente dalla gente del posto. Propongono piatti tipici abbondanti e a prezzi economici.

|●| ***Gastro Monika*** *(I, C1, **47**):* Obchodná 33. ☎ 52-93-26-79. Si mangia fino alle 21. Nel passaggio pedonale, dietro alla pizzeria *Bage-*

taria. Calcolate 170 Slk per due. Un angolino tranquillo per una cucina popolare slovacca a piccoli prezzi. Potete mangiare dentro o all'aperto sui tavolini da pic-nic. Veramente piacevole quando fa bello.

|●| ***Prašná Bašta*** *(I, C2,* ***43****):* Zámočná 11. ☎ 54-43-49-57. Vicino alla porta Michalská, in fondo a un passaggio pedonale. Aperto tutti i giorni dalle 11 alle 23. Calcolate da 500 a 600 Slk per due. Un ristorantino simpatico con una prima sala a volta molto intima dall'arredamento originale e un cortile ombreggiato piacevolissimo. La carta, con traduzione in inglese, è molto varia e i piatti sono deliziosi. Potete anche venirci solo per bere qualcosa seduti vicini alla fontana. Il proprietario è di primo acchito un po' rude, ma è simpatico e si prende cura dei suoi clienti, cosa che non succede molto spesso.

|●| ***Zlatá Fantazia*** *(I, C1,* ***49****):* Obchodná 36. Nel passaggio pedonale Trhovisko. ☎ 52-73-11-30. Aperto fino alle 23. Il ristorante è al primo piano, sopra un bar dove talvolta c'è un'orchestra che suona, le coppie ballano e gli uomini si reggono la testa appesantita... Pilanik, chef e cameriere, può tradurvi la carta. Assaggiate lo *zahorák*, una sorta di crêpe ripiena di crauti e prosciutto affumicato (90 Slk) o il *vyprážaná*, pollo impanato. Buona cucina servita in un ambiente piacevole dove i camerieri sfoggiano tanto di papillon. Buon rapporto qualità-prezzo.

|●| ***K.G.B.*** *(I, C1,* ***53****):* Obchodná 52. In una cantina, aperto fino all'1.30 di notte, venerdì fino alle 3.30 del mattino e domenica fino alle 23.30. Tra 200 e 240 Slk per due. Ci mancava solo questo! Il menu è un omaggio ai grandi nomi del comunismo (il *chili con carne* si chiama *che gevarova*!). Ma potete anche mangiare un *goulás* e alcuni piatti vegetariani. Il tutto con il busto di Lenin davanti, una strizzatina d'occhio alla storia visto che la bandiera americana sventola di fianco a quella dell'URSS. Stranamente non hanno pensato di mettere come colonna sonora di sottofondo una bella marcia militare! Riservato ai piccoli appetiti, perché ci si alza da tavola non proprio sazi, ma c'è anche la birra ed è sempre meglio di niente.

|●| ***Hysteria Pub*** *(II, C1,* ***34****):* Odbojárov, nello Zimmý Štadión. Per quelli che alloggiano nel quartiere. Da non confondere con l'*Hysteria Food* che chiude alle 20. Insistete un po' perché non è facilissimo da trovare. Atmosfera da pub frequentato dagli studenti e dagli abitanti del quartiere. Calcolate 200 Slk per due senza le bevande. Specialità messicane ma anche piatti locali, pesce, insalate o piatti vegetariani. Concerti di musica jazz e blues nel fine settimana.

Prezzi medi

|●| ***Divný Janko*** *(II, A-B2,* ***33****):* Jozefská 2. ☎ 54-43-04-18. Aperto da lunedì a venerdì dalle 10 alle 2 di notte, sabato e domenica dalle 11 alle 2. In fondo a una viuzza piena di fascino con case basse colorate. Diverse sale frequentate soprattutto dai locali. Calcolate da 400 a 500 Slk per due. Anche se ogni sala possiede un fascino particolare da discoteca notturna, vi raccomandiamo la cantina di vecchi mattoni, molto più accogliente. Il servizio *sui generis*, ma i piatti sono abbondanti e di buona qualità.

|●| ***Le Café français*** *(I, C2,* ***46****):* Sedlárska 7. ☎ 54-43-46-62. Nel Centro culturale francese. Aperto dalle 10 alle 21. In un ambiente essenziale potete degustare alcune specialità francesi a prezzi accessibili. La sala in fondo è più accogliente. I dolci sono superbi e serviti in porzioni abbondanti. Lo stesso si può dire del ***Caffè London***, Panská 17 *(I, C3)*.

|●| ***U Litszta*** *(I, B2,* ***48****):* Klariská 1. ☎ 54-41-25-40. Aperto tutti i giorni dalle 11 alle 23. Calcolate 300 Slk per un buon pasto. Una volta passata l'inquietudine che suscita la vi-

sta della facciata, si scopre un ristorante che propone una sala trasformata in grotta, buia e molto intima, oppure un grande e piacevole spazio all'aperto con vista sul castello. Prima di andarci, ripassate un po' di tedesco o slovacco: la carta è stata tradotta ma la barriera linguistica non migliora di certo la qualità dell'accoglienza...

Chic

Ⓘ ***Harmónia*** *(I, B2, **50**):* Ventúrska 11. ☎ 54-43-16-83. Aperto da lunedì a venerdì dalle 10 alle 22. Un ristorante abbastanza chic dove ve la caverete con un po' meno di 800 Slk per due. Bei piatti ben guarniti e una cucina raffinata. Piacevole spazio all'aperto e atmosfera ovattata nelle sale. Cucina slovacca con alcuni piatti divertenti. I camerieri sono simpatici e la carta è in inglese.

Ⓘ ***Červený Rak*** *(I, B2, **51**):* Michalská 26. ☎ 54-43-13-75. Aperto dalle 10 a mezzanotte. Stessi prezzi del precedente. Grande sala moderna con un arredamento sorprendente e un piccolo spazio all'aperto molto tranquillo, vicino a un giardinetto dove le coppie di innamorati si ritrovano sotto la torre della porta Michalská. Ristorante molto chic che propone una cucina raffinata, con prezzi in proporzione. Il servizio è piacevole (una vera rarità in Slovacchia!) e la carta è tradotta. Potete degustare una deliziosa insalata di squalo o il «gambero rosso» (tradotto così nel menu).

Ⓘ ***Velkí Františkáni*** *(I, C2, **52**):* Františkánske námestie 10. ☎ 54-43-30-73. Aperto tutti i giorni dalle 10 all'1 di notte. Uno dei ristoranti più conosciuti di Bratislava, soprattutto dai turisti. Pesce e piatti vegetariani a meno di 100 Slk. Un antico monastero francescano con cantine a volta di vecchi mattoni. Il servizio è un po' rilassato ma fanno del loro meglio per essere simpatici. Per gli amatori, il ristorante propone una bella carta di vini. Musica zigana a partire dalle 19.30 e buona atmosfera in tarda serata, quando i clienti si mettono a cantare e i musicisti salgono sui tavoli. Attenzione, il coperto e la musica fanno lievitare del 20% circa il prezzo di un pasto in sé già abbastanza caro (ma di buona qualità).

Ⓘ ***Mária Terézia*** *(II, A2):* Palisády 50. Aperto da lunedì a venerdì dalle 11.30 alle 15 e dalle 18 alle 23. Un ambiente lussuoso che rende omaggio a Maria Teresa, imperatrice d'Austria, regina di Boemia e di Ungheria nel XVIII secolo. Cucina raffinata. Abbastanza caro.

Dove bere qualcosa

Nel centro storico di Bratislava ci sono diversi bar. I giovani si ritrovano per bere qualcosa su Michalská ulica e Ventúrska ulica, che vengono chiamate la *Broadway slovacca* perché vi si concentrano numerosi locali. La maggior parte dei bar chiude abbastanza presto; quelli che restano aperti dopo mezzanotte si contano sulle dita di una mano. Molti si trovano in fondo a passaggi pedonali o nelle cantine: non esitate quindi a tendere l'orecchio e a spingere le porte per scoprirli. Al n. 55 di via Obchodná, l'insegna di un bar con un grappolo d'uva ricorda che questa via era il cuore di un antico villaggio di vignaioli. Una via molto popolare con negozi, bar e ristoranti dove si trova sempre da bere e da mangiare e ancora da bere, al punto che potrebbe essere battezzata la via della Sete. All'angolo di via Mariánska, un reperto dell'arte postcomunista che val bene una foto!

🍸 ***Viecha U Sedliaka*** *(I, C1):* Obchodná 15. *Vináreň* aperto fino alle 22, sabato fino alle 20. Locale specializzato nel vino, come i *krč mas* e gli *hostinecs* (piccole birrerie ed enoteche popolari). Stile slovacco puro e duro, vino alla spina e gente che parla come beve: vale a dire in modo franco. Potete anche fare uno spuntino oppure salire al primo piano per mangiare. Ideale per imparare le prime parole in slovacco.

🍸 ***Caffè Verne** (I, C3, **60**):* Hviezdoslavovo 18. Aperto fino a mezzanotte. Un bar sotterraneo con i tubi del riscaldamento sul soffitto e un arredamento superbo. Insomma, uno dei locali più romantici della città. Interni kitsch e barocchi ben sistemati. Potete anche mangiare un tiramisù. Clientela di studenti. Il posto ideale per bere un caffè a metà pomeriggio.

🍸 ***Galeria Caffè** (I, B3, **66**):* Pánska 237, di fronte al consolato inglese. Aperto dalle 9 a mezzanotte, sabato e domenica a partire dalle 16. Un locale di giovani artisti tipo «bar dell'Accademia». Esposizione e vendita di opere. Un posto ideale per conoscere l'ambiente artistico di Bratislava. Nello stesso genere: il ***Caffè Gremium** (I, C2, **10**):* Gorkého 11. Aperto fino a mezzanotte. Un'immensa sala che funziona anche come galleria di esposizione per giovani artisti (la vendita è aperta fino alle 18).

🍸 ***Film Caffè** (I, C1, **67**):* Obchodná 53. Chiude a mezzanotte, all'1 nel fine settimana. I cinefili saranno entusiasti: in questo bar dedicato alle star di Hollywood proiettano film ininterrottamente. Funziona anche come pizzeria.

🍸 ***The 17s' Bar** (I, B3, **61**):* Hviezdoslavovo námestie 17. Aperto fino alle 2 di notte, venerdì fino all'1, sabato dalle 16 alle 2 e domenica dalle 16 a mezzanotte. Se di giorno accoglie soprattutto i turisti che vengono a riposarsi ai suoi tavoli all'aperto, di sera il locale è affollato fino all'ora di chiusura. Un po' più caro degli altri, è il luogo di ritrovo di tutti i festaioli in prima serata. Una grande sala a volta con una piccola pista da ballo tra i tavoli di legno. Vi segnaliamo anche l'***Amsterdam*** (Prepoštská ulica, *I, B2*), aperto fino a tardi e frequentato da una clientela un po' meno chic.

🍸 ***UW Caffè** (I, B3, **62**):* palazzo Zichyho, Ventúrska 9. In fondo al passaggio pedonale a destra, scendete le scale e spingete la porta blindata. Aperto fino a mezzanotte, domenica fino all'1.30 di notte. Un bar divertente, gestito e frequentato da liceali, che ha reinventato lo spazio di un ex rifugio antiatomico. Atmosfera rilassata in una successione di sale dai toni pastello con musica techno di sottofondo. I non fumatori e i claustrofobici non apprezzeranno l'ambiente da bunker.

🍸 ***The Dubliner** (I, B2, **63**):* Sedlárska. Aperto da lunedì a sabato dalle 9 all'1 di notte, domenica dalle 11 a mezzanotte. Impossibile non vederlo. Nel cuore della città vecchia, il proprietario inglese vi accoglie in un grande pub irlandese verde e legno con un'immensa sala decorata come un interno provenzale. Abbastanza chic, è il luogo di ritrovo dei giovani benestanti all'uscita dall'ufficio per bere qualche pinta di birra fino a tardi o mangiare qualcosa (servizio fino alle 23 in punto). Anche se parlano inglese, il locale può essere un buon posto per cominciare la visita della città vecchia o per trascorrere una serata ben annaffiata.

🍸 ***Stará Sladovňa** (II, B2, **40**):* Cintorínska 32. Aperto tutti i giorni dalle 10 alle 23. Immensa birreria su due piani (la più grande di Bratislava). Al pianterreno, una grande sala certe sere molto animata. Zona ristorante a destra e zona bar a sinistra. Nel seminterrato: *slot machine*, biliardo e roulette elettronica. Al primo piano, qualche *slot machine* e un'immensa sala di bingo.

🍸 ♩ ***Čierny Havran** (I, B2, **64**):* Biela 6. Aperto da lunedì a venerdì dalle 10 alle 22, nel fine settimana dalle 15 alle 22. Vicino alla piazza dei Francescani. Piccola taverna intimista con vecchie pietre, legno scuro e un cortile interno aperto in estate. Di sera organizzano regolarmente concerti di musica rock, blues, country, folk e jazz.

🍸 ***Andy** (I, B1):* Beblavého. La viuzza che conduce al castello partendo dalla casa del Buon Pastore. Un locale tranquillo e discreto, un po' distante dall'animazione. Ai nn. 2 e 14 della stessa via ci sono anche un *ristorante* e un'*enoteca*.

Dove andare la sera

🍸 ♪ ***Charlie's Pub** (I, D1, **65**):* Špitálska 4. ☎ 52-92-51-39. Nel centro, di fronte all'*Hotel Kyjev*. Aperto da giovedì a sabato dalle 20 alle 4 del mattino, domenica fino alle 23. Entrata a pagamento le sere di concerto (gruppi americani, cechi e slovacchi). I barman sono giovani e simpatici e preparano diversi cocktail (provate il «Red Ruscherl» a base di *Red Bull* e lampone). Abbastanza frequentato nel fine settimana, atmosfera alla buona e musica molto piacevole.

🍸 ♪ ***Queen's Club:*** Nobelova 32. Il locale è un po' decentrato ma dovete assolutamente andarci. In taxi, calcolate 150 Slk a partire dal *Charlie's Pub*. Aperto da lunedì a venerdì dalle 18 alle 4 del mattino, fino alle 6 nel fine settimana. Da non perdere per nessuna ragione al mondo, ve lo ripetiamo! Il *Queen's Club* è affollato tutte le sere: la musica è buona e i ragazzi e le ragazze ballano tutta la notte sui tavoli in un'atmosfera eccezionale. Ci sono anche un piccolo spazio all'aperto più tranquillo dove potete mangiare qualcosa, e una sala rivestita di legno propizia alle conversazioni.

🍸 ♪ ***Circus Barok** (I, B3, **68**):* Rázusovo nábrezie 2. Aperto dalle 10 alle 4 del mattino. Sul lungofiume, vicino alla chiatta-albergo *Botel*. Un bar-discoteca sull'acqua. Nel seminterrato una piccola sala per ballare e al pianterreno un bar più aerato. Musica di tutti i generi, esclusa la techno. L'ultimo locale alla moda per le «pretty women».

🍸 ♪ ***Step's Pub** (I, B1):* Panenská 27. In centro. Aperto tutti i giorni dalle 19 alle 3 del mattino. Diverse sale in una cantina di mattoni con soffitti a volta per ballare o bere qualcosa. Le tariffe sono le stesse che negli altri bar. Buona musica, piuttosto techno.

🍸 ♪ ***Cassiope Club:*** Nobelova. Di fianco al *Queen's Club*. Aperto da venerdì a domenica dalle 21 alle 5 del mattino. Atmosfera meno scatenata che nel locale vicino. Musica techno a tutto volume per tutta la notte in una grande sala che corrisponde agli standard delle discoteche occidentali. Insomma, un'autentica discoteca con luci stroboscopiche... e tariffe in proporzione. Entrata a pagamento, spettacolo di strip-tease alcuni sabati.

Da vedere

★ ***Museo etnografico delle Minoranze** (**Múzeum mimoeurópskych kultúr**; II, A3, **50**):* Zižkova ul. 18. Sul lungofiume, sotto il castello, vicino al Museo archeologico. Aperto tutti i giorni, eccetto lunedì, dalle 9 alle 17. Una superba collezione di opere d'arte africane con un miscuglio di classico e moderno. Presentate molto bene, con in sottofondo una musica africana tradizionale, alcune sale sono assolutamente eccezionali. Impossibile restare insensibili davanti alle imponenti sculture di visi esposte nella penultima sala. Ma perché, vi chiederete, visitare un'esposizione d'arte africana a Bratislava? Beh, semplicemente perché è magnifica.

★ ***Hrad** (**castello**; I, A3, **70**):* accesso da Zámocká (e Mudroňova). Filobus nn. 213 e 217 (ma è facilmente raggiungibile a piedi). Aperto dalle 9 alle 20 da aprile a novembre; il resto dell'anno, dalle 9 alle 18. Chiuso lunedì. Caro lettore, finalmente un castello che non ci costringe a produrre descrizioni ditirambiche. Eh sì, l'edificio è imponente ma non è per niente bello! Bisogna dire che il poveretto bruciò nel 1811 e fu poi lasciato nel più totale abbandono per ben 150 anni prima di essere ristrutturato una trentina di anni fa. Del periodo rinascimentale conserva solo qualche vaga reminiscenza. Le sale interne, invece, sono piacevoli e ospitano un *museo*. Fondamenta della basilica della Grande Moravia di fianco. Per la cronaca, nel

1189 Federico I Barbarossa riunì i crociati in questo castello per preparare la terza spedizione contro i turchi. L'edificio offre una magnifica vista sul Danubio e le montagne, purtroppo rovinata dagli orribili quartieri-dormitorio e da una foresta di ciminiere sulla sinistra.

– ***Museo storico:*** a sinistra nel cortile, al terzo piano. Aperto da aprile a ottobre dalle 9 alle 17. La prima sala è occupata da... un bar. Nelle successive sono esposti alcuni pezzi molto belli, in particolare di intarsio. Certi oggetti non presentano un grande interesse, ma la visita illustra perfettamente l'evoluzione dell'arte slovacca. Splendidi mobili medievali, cassapanche scolpite policrome, arazzi di Bruxelles del XVI secolo con colori vivaci, bauli, secrétaire con intarsi d'argento, armadi con intarsi di avorio. Mobili in stile Impero e del XIX secolo, una camera da letto Art nouveau. Interessante collezione di armi. Balestre con intarsi di osso e avorio. Per terminare la visita, fatevi aprire la torre della Corona. Dopo un piccolo... esercizio ginnico, potrete ammirare una superba vista a 360° su Bratislava e i dintorni.

– ***Museo degli Strumenti antichi:*** in fondo al cortile, dietro al castello sulla destra. Seguite le indicazioni «Basta Luginsland». Aperto da aprile a ottobre tutti i giorni dalle 9 alle 17. Entrata a pagamento. Si tratta in realtà di riproduzioni di strumenti slovacchi, «per il futuro», come vi dirà l'anziano signore che fa da guida. Dal violino fino alla cornamusa utilizzata dai montanari per scambiare messaggi con gli abitanti della valle, tutti gli strumenti sono passati in rassegna. Una visita interessante ma niente di più.

★ ***Chiesa delle Clarisse (Klariská;*** *I, B2):* costeggia Kapitulská. Una visione da cartolina con la viuzza lastricata, le vecchie case e il castello sullo sfondo. Campanile originale a cinque facce in stile gotico fiammeggiante. Quando il curato si è suicidato le autorità religiose hanno deciso di sconsacrare la chiesa, che è stata trasformata in una sala da concerto specializzata nella musica da camera o di avanguardia.

★ ***Cattedrale di San Martino (Dóm sv. Martina;*** *I, B3,* ***75****):* la costruzione risale al XIV secolo. Dal 1563 al 1830 vi furono incoronati ben dieci re. Interno molto vasto. Notate le alte vetrate del coro. Bell'altare ligneo del XVII secolo (a sinistra). Notevole quadro con la rappresentazione dell'*Ultima Cena*. *Passione di Cristo* molto espressiva. Fonti battesimali di bronzo dell'inizio del XV secolo. Colossale statua di piombo che mostra san Martino mentre dona la metà del suo mantello a un mendicante.

★ Lungo la ***Staromestská*** (arteria a traffico veloce), notate le antiche mura restaurate. Al n. 35 di via Panská (che passa più in basso rispetto alla cattedrale), date un'occhiata alla pittoresca ***farmacia Salvatore*** con il bancone sorretto da leoni di pietra, gli scaffali di legno, il soffitto lavorato e i boccali antidiluviani. Un piccolo monumento, purtroppo chiuso alla visita, che vale veramente la pena di vedere per il colpo d'occhio, o anche solo per il bellissimo Cristo sopra l'entrata!

★ ***Museo dei Mestieri d'arte*** *(I, B3,* ***77****):* Beblavého 1. Sull'altro lato della cattedrale (usufruite del passaggio sotto l'autostrada: siamo affezionati ai nostri lettori!). Aperto dalle 10 alle 16.30; ultimo ingresso alle 16. Chiuso martedì. Visita raccomandata. Il museo occupa una superba dimora barocca del XVIII secolo e presenta un'interessante esposizione di oggetti d'arte insoliti e di grandissimo valore.

– *Al pianterreno:* armadi dipinti, oggetti d'oreficeria sacra, insegne e croci di ferro battuto, un incredibile secrétaire rinascimentale in legno d'ebano con intarsi di avorio e lapislazzuli, un reliquario in argento puro decorato di zaffiri (XVII secolo), paramenti sacri di cuoio dipinto, maioliche ceche e una superba maiolica italiana...

– *Al primo piano:* mobili antichi, oggetti di peltro, porcellane.
– *Al secondo piano:* gioielli, oggetti di vetro, arazzi «di spago» (tecnica interessante).
– *Il terzo piano* ospita mostre di artisti contemporanei.

★ ***Museo dell'Orologio*** *(I, B3,* ***78****):* di fronte al precedente (Židovská 1). Occupa la casa del Buon Pastore. Bell'edificio d'angolo in stile rococò, chiamato così a causa della statua che troneggia all'esterno. Aperto dalle 10 alle 16. Chiuso martedì. Un'interessante selezione di orologi, orologi da taschino e pendole. Su tre piani potrete ammirare oggetti di tutti gli stili e di tutte le epoche. Tra gli altri, alcune pendole-quadri che funzionano anche come carillon. Una pendola enumera i cicli della vita ogni quarto d'ora. Il terzo piano vale la pena di essere visto per il colpo d'occhio.

★ ***Accademia istropolitana*** *(I, B3):* Ventúrska 3. Edificio universitario medievale fondato nel 1464 dal re d'Ungheria Mattia Corvino, oggi sede della scuola d'Arte drammatica.

★ ***Palazzo Pálfy*** *(I, B3):* Ventúrska 10. Palazzo barocco con un portone decorato con bottini di guerra che ricorda uno dei primi proprietari di questa dimora, il maresciallo Leopold Pálfy. Per gli amanti di Mozart, una targa commemorativa rende omaggio al giovane Amadeus che suonò in questo palazzo all'età di sei anni. L'edificio ospita da qualche anno i locali dell'ambasciata d'Austria. Da non confondere con il museo.

★ ***Museo del palazzo Pálfy*** *(I, B3):* Panská 19. Aperto dalle 10 alle 17. Chiuso martedì. Vi è stato messo tutto quello che non entrava nel palazzo Mirbach (del quale parliamo più avanti): quadri del XX secolo, sculture gotiche, mostre temporanee. Molto interessante.

★ ***Porta Michalská (Michalská brána;*** *I, B2,* ***71****):* nel cuore del centro storico, vestigia delle antiche fortificazioni. Bel campanile con cupola a bulbo. Le due fessure sui lati della porta sono le tracce del ponte levatoio. Possibilità di salire sulla torre passando dal *museo delle Armi e delle Fortificazioni*, attraverso la porticciola sulla destra. Aperto tutti i giorni, eccetto lunedì, dalle 10 alle 17 (ultima visita alle 16.30). Sui cinque piani della torre il legno e la pietra si mescolano armoniosamente. Il museo è piuttosto geniale e presenta una collezione di armi della regione decorate con avorio e pietre preziose. Notate la superba spada con il fodero di lucertola! Dall'ultimo piano, vista sulla città a 360°. Ai piedi della torre, un piccolo giardino e gli antichi fossati.

★ ***Chiesa dei Trinitari*** *(I, B2,* ***80****):* Hurbanovo námestie, alla fine della via che parte dalla porta Michalská. Interessante soprattutto per l'immensa navata-cupola e per l'affresco in trompe-l'oeil, opera di un artista italiano. L'illusione è totale.

★ ***Museo della Farmacopea:*** Michalská 26. Subito dietro alla porta. Aperto dalle 10 alle 17 (ultima visita alle 16.30). Chiuso lunedì. In una vecchia bottega di farmacista (con l'insegna «Al Gambero Rosso»), un piccolo museo interessante con numerosi oggetti insoliti: libri di medicina, boccali multipli, cassetti di negozio, mortai per le preparazioni, strumenti di laboratorio, vecchie medicine ecc. Al primo piano: ricostruzione dell'interno di una farmacia.

★ ***Fontana Massimiliano*** *(I, C2):* Hlavné námestie. Sulla piazza centrale della città vecchia. Costruita nel 1572 in onore di Massimiliano di Asburgo, primo re incoronato a Bratislava. Viene anche chiamata fontana di Orlando in ricordo del celebre cavaliere. Bella creazione artistica che serviva anche come riserva d'acqua contro gli incendi e che oggi fa la felicità di tutti i fotografi.

★ ***Antico palazzo municipale** (Stará Radnica; I, C2, **72**):* tra le piazze Primaciálne e Františkánske. L'edificio civile più antico e più bello della città (1325), sede del municipio a partire dal 1421. Magnifico tetto policromo del XVI secolo e torre campanaria del 1734. All'interno, portici in stile rinascimentale. Ospita il fantastico Museo municipale.

★ ***Museo municipale (Mestské múzeum):*** Primaciálne námestie 1. ☎ 54-43-46-90. Installato nell'antico palazzo municipale, il museo è aperto dalle 10 alle 17. Chiusura delle casse alle 16.30. Chiuso lunedì. Non basatevi sull'impressione della prima sala: le altre 13 (!) valgono veramente la pena di essere viste. Collezioni importanti presentate in un ambiente magnifico. Tutta la storia della città, dalle origini ai giorni nostri. Esposizione delle scoperte archeologiche provenienti dagli scavi effettuati nella città. Statue della Vergine in legno policromo, bozzetti, manoscritti, oggetti di peltro, vecchie insegne, strumenti per pesare dei cambiatori d'oro (XVIII secolo), oreficeria sacra, bel mobilio. Insomma, tantissimi oggetti esposti in un ambiente superbo. Fate un giro anche nelle sontuose segrete che sono state restaurate molto bene.

★ ***Palazzo primaziale** (**Primaciálny palác**; I, C2, **73**):* Primaciálne námestie. Aperto dalle 10 alle 17; ultima visita alle 16.30. Chiuso lunedì. Costruzione in stile «classico» del XVIII secolo. Napoleone e l'imperatore d'Austria vi firmarono la pace di Pressburg (nome tedesco di Bratislava) dopo la battaglia di Austerlitz. Vi sono esposti arazzi e quadri romantici, in particolare un ritratto di Maria Teresa, celebre imperatrice d'Austria, regina di Boemia e di Ungheria, madre della regina Maria Antonietta.

★ ***Casa-museo di J.N. Hummel** (I, C2, **79**):* Klobučnícka 2. Di fianco al palazzo primaziale. Aperta dalle 10 alle 17. Chiusa lunedì. In fondo al cortile. Visita dell'adorabile casetta del grande compositore. Pianoforti, clavicembali, strumenti musicali, incisioni, partiture e tanti altri ricordi.

★ ***Chiesa dei Francescani** (I, C2, **74**):* Františkánske námestie, di fronte al palazzo Mirbach. Chiesa del XVIII secolo sovraccarica di marmi, dorature e fregi, abbastanza difficile da digerire per tutti quelli che non apprezzano in modo particolare lo stile rococò. Anche l'organo è in uno stile barocco molto pesante. In compenso, la *cappella funeraria di San Giovanni Evangelista* (XIII secolo) è adorabile. In uno stile classico senza dorature, l'altare è estremamente semplice. La chiesa ospita talvolta dei concerti.

★ ***Galleria d'arte del palazzo Mirbach** (I, C2):* Františkánske námestie 11. ☎ 533-15-56. Aperta dalle 10 alle 18. Chiusa lunedì. Magnifico palazzo rococò (1768) appartenuto a diversi proprietari tra cui il conte Karol Nyary (il suo stemma figura su una delle facciate dell'edificio). La sua principale attrazione consiste in 300 incisioni dei secoli XVII e XVIII con le cornici di legno originali esposte in una decina di sale. Il palazzo è considerato una delle meraviglie dello stile rococò di Bratislava. La terza sala è notevole per l'allegoria barocca del tempo dipinta sul soffitto.

★ ***Chiesa dei Frati della Misericordia** (I, C2):* SNP námestie. Chiesa neobarocca della fine del XVII-inizio XVIII secolo. Ospita anche un convento.

★ ***Museo del Vino*** *(I, C2):* Radničná 1. Aperto dalle 10 alle 17; ultima visita alle 16.30. Chiuso martedì. Interessante presentazione dei materiali e delle tecniche vinicole (antichi torchi per il vino ecc.). In estate, il museo ospita all'aperto una presentazione di rettili e piante. Il proprietario è un giovane slovacco che possiede 150 rettili circa di diverse specie e si vanta di essere l'unico, in Slovacchia, a saper prelevare il veleno dalle sacche di alcune specie dal morso letale.

★ ***Sinagoga*** *(I, C2):* Heydukova 11/13. Costruita all'inizio del XX secolo, presenta all'interno interessanti elementi orientali.

★ ***Museo nazionale slovacco (Slovenské národné múzeum****; I, D3,* ***81****):* Vajanského nábrežie 2. Aperto dalle 9 alle 17. Chiuso lunedì. Dipartimenti di zoologia, botanica, mineralogia, paleontologia ecc.

★ ***Galleria nazionale slovacca (Slovenská národná Galéria****; I, C3,* ***82****):* Rázusovo nábrežie 2. Sulle rive del Danubio. Aperta dalle 10 alle 18. Chiusa lunedì. Entrata a pagamento, niente sconti per studenti. In un edificio del XVIII secolo ben ristrutturato (peccato che ci sia quell'orribile passerella, tra l'altro sempre vuota). Importante sezione d'arte primitiva slovacca, così abbondante da non poterne più, riservata agli appassionati e ai dottorandi che preparano una tesi sulla rappresentazione della Vergine in tutte le salse da secoli e secoli. Talvolta ci sono mostre temporanee per cui vale la pena di pagare il biglietto. Procuratevi il programma *Slovenská Narodná Galéria* distribuito all'entrata. La galleria ha ospitato, per esempio, l'International Triennal of Naive Art e una mostra su Andy Warhol. Ci sono anche alcuni busti di Messerschmidt.

★ ***Palazzo Grassalkovich*** *(I, B1):* Hodžovo námestie 1. Palazzo barocco costruito nel 1760 per il conte Grassalkovich. Nel 1772 il musicista Joseph Haydn vi diresse un'orchestra. Completamente ristrutturato, oggi ospita la residenza presidenziale.

★ Per gli appassionati di musica e architettura del XIX secolo, segnaliamo due edifici da non perdere: il ***palazzo Reduta*** *(Mostová; I, C3,* ***83****)* che accoglie l'orchestra filarmonica slovacca e presenta una bella facciata neorococò (chiuso in luglio e agosto; durante questo periodo i concerti si svolgono nel cortile dell'antico palazzo municipale o in Hviezdoslavovo námestie o nella chiesa delle Clarisse); il ***Teatro nazionale slovacco (Slovenské národné divadlo****; I, C3,* ***84****):* Hviezdoslavovo námestie 1, in stile neorinascimentale. Il teatro è stato costruito dagli stessi architetti che realizzarono quello di Vienna.
– ***Fontana di Ganimede*** si erge davanti al teatro. Costruita nel 1888 da V. Tilgner che si ispirò all'antica leggenda di Ganimede, bel principe troiano rapito da un'aquila. Sulla stessa piazza, di fronte, notate la *statua di Pavol Országh* detto Hviezdoslav, celebre poeta slovacco.

★ ***Fontana delle Anatre*** *(I, D3):* Šafáŕikovo námestie. Adorabile fontana costruita nel 1914 che rappresenta un gruppo di bambini che giocano con le anatre.

★ ***Chiesa di Santa Elisabetta, la chiesa blu*** *(I, D2,* ***76****):* Bezručova. A est della città, dopo piazza Šafáŕikovo. Da non perdere: una chiesa interamente blu che fa pensare alla casa di Hansel e Gretel. In stile Secessione (Art nouveau), è stata costruita nel 1913 e presenta alcune decorazioni assolutamente originali (porta di alluminio, mosaici di piastrelle, grondaie di rame...).

★ ***Slavín*** *(II, A2,* ***51****):* cimitero e monumento dell'Armata Rossa. Impossibile non vederlo: è stato concepito per saltare all'occhio. Potete arrivarci in filobus (nn. 216 e 217), in macchina o a piedi prendendo via Palisády e seguendo le indicazioni «Slavín». Il monumento è stato costruito nel 1960 in occasione del quindicesimo anniversario della liberazione di Bratislava da parte dell'esercito sovietico. Vi sono sepolti 6845 soldati. A parte l'atmosfera abbastanza particolare, il sito offre un interessante panorama sulla città.

★ ***Torre della televisione:*** a nord di Bratislava, domina la città. Prendete l'autobus n. 37 e poi il n. 33 che attraversa la foresta. Proseguite a piedi (la teleferica sembra fuori servizio da molto tempo). Piacevole passeggiata nel verde. Nel fine settimana, molti abitanti di Bratislava vengono fin qui per fare il pic-nic. La torre non è accessibile al pubblico. Ristorante chic.

★ ***Mercato centrale (centrálne trhovisko):*** Miletičova. A est della città. Aperto da lunedì a venerdì dalle 6 alle 18, sabato dalle 6 alle 14. Chiuso domenica. Grande mercato popolare molto animato dove potete assaggiare il cavolo slovacco conservato in grandi botti di legno e bere un bicchiere di vino bianco in uno dei tanti baretti.

Da fare

➢ ***Crociera sul Danubio*** *(I, C-D3):* Fajnorovo 2, biglietteria di fronte al Museo nazionale slovacco *(I, D3, **81**)*. ☎ 52-96-35-18 o 52-93-22-26. Fax: 52-93-22-31. • www.lod.sk • passenger@spap.sk • La stagione va da fine aprile a fine settembre. Tariffa ridotta per i bambini da 6 a 15 anni. Escursione intorno a Bratislava (60 Slk per 1 adulto), Devín (100 Slk per 1 adulto andata e ritorno) o Gabčíkovo (300 Slk per 1 adulto) in 1 ora e mezzo. Per i più romantici, traghetti per Vienna (370 Slk per il biglietto di andata e ritorno) in 2 ore o Budapest (1050 Slk) in 4 ore. È possibile fare biglietti di sola andata. Raggiungere questa città navigando sul Danubio deve essere veramente fantastico, e passarci una notte, ancora più magico. Sull'altro lato della strada, l'agenzia *Blue Danube Tours* propone le stesse escursioni. Confrontate i prezzi e scriveteci le vostre impressioni...

Acquisti

🛍 ***Úľuu***, SNP námestie 12 o Michalská 4 o Obchodná 64. Negozio specializzato nell'artigianato slovacco. Per acquistare gli ultimi regalini prima di tornare, visto che comunque i prezzi sono più alti che nelle zone rurali. Oggetti di legno molto belli.

➤ *NEI DINTORNI DI BRATISLAVA*

★ ***Castello di Devín:*** una decina di chilometri a ovest di Bratislava. Per andarci: autobus n. 29; 2 partenze ogni ora circa sotto il ponte SNP. Potete anche andarci in traghetto (vedi sopra); tutti i giorni, eccetto lunedì, partenze alle 9 e alle 12.30; ritorno alle 11.30 e alle 15. Calcolate 1 ora e mezzo di traversata. Il castello è aperto da maggio a ottobre tutti i giorni, eccetto lunedì, dalle 10 alle 17; ultime entrate alle 16.30. Entrata e parcheggio a pagamento. Una visita da non perdere. Sono i resti di una fortezza dell'inizio della nostra era situata in una posizione strategica nel punto di confluenza del Danubio e della Morava. I Romani l'occuparono e in seguito appartenne a diversi grandi signori slavi. Fu distrutta da Napoleone. Un aneddoto: pare che davanti alla meraviglia espressa da François Mitterrand, allora presidente della Repubblica francese, le autorità slovacche gli abbiano suggerito di finanziare la ristrutturazione e la manutenzione dell'edificio distrutto dalla truppe napoleoniche. Proposta alla quale Mitterrand non reagì...

– Nell'arco, subito dopo la seconda porta a sinistra, un piccolo *museo archeologico* presenta la storia degli scavi e del restauro del castello insieme a qualche bellissimo oggetto rinvenuto sul posto. Questo sito, magnifico in sé, offre un panorama stupendo sull'ovest del paese, il Danubio, la Morava e i Piccoli Carpazi; quando fa bello, si riesce a vedere anche Bratislava. Si intuisce l'importanza strategica della fortezza arroccata a 202 m d'altitudine.

– Dietro, la *collina di Devín*, che pare sia stata colonizzata fin dal V millennio a.C.

– Nel villaggio, la *chiesa di Santa Croce* risalente al XIII e XV secolo. Aperta durante le funzioni, in tarda mattinata e alla fine del pomeriggio. Stile classico, soffitto a cassettoni.

★ ***Stupava:*** 15 km a nord di Bratislava. Nel villaggio, interessante *castello* rinascimentale distrutto durante la seconda guerra mondiale e recentemente trasformato in una casa di riposo per anziani. Per vederlo da vicino, entrate nel parco passando dal piccolo cancello a sinistra della piazza centrale.
Sempre nel villaggio, potete visitare un piccolo *museo* consacrato a *Ferdís Kostka*, celebre autore di ceramiche artistiche e d'uso.

★ ***Jur Pri Bratislave:*** a 15 km da Bratislava. Su una collina che domina il villaggio, quelli che hanno un po' di tempo a disposizione possono tentare di vedere il bell'altare maggiore rinascimentale della *chiesa di San Giorgio* (riconoscibile grazie al pittoresco campanile di legno del XVII secolo, giusto di fianco). La chiesa è quasi sempre chiusa: provate a chiedere la chiave al presbiterio, un po' più in basso (prendendo le scale dopo il cimitero).

★ ***Malacky:*** a una trentina di chilometri da Bratislava, dopo Stupava. Oltre al *castello* in stile barocco, potete dare un'occhiata anche alla *sinagoga* in stile orientale che stona alquanto con il paesaggio circostante.

★ ***Pezinok:*** un po' prima di Modra (20 km a nord-est di Bratislava sulla strada 502). Nel centro storico, andate a vedere la *chiesa gotica* bianca (con un campanile rosso). Superbo pulpito rinascimentale in marmo bianco. Pezinok e Modra sono due mete di villeggiatura per gli abitanti di Bratislava, mentre per noi rappresentano soprattutto un'interessante tappa per degustare il vino slovacco. Abbiamo assaggiato il Silvaner locale, *Silvańske Zelené* e il *Müller Thurgau* bianco. Per quanto riguarda i vini rossi, il vino novello si chiama *Svätovavrinecké* e il Lemberger *Frankovka modrá*. Vi diamo l'indirizzo così potete scriverci per dirci cosa ne pensate: *Vino Matyšak*, Holubyho 85, vicino alla chiesa di Pezinok. Un posto simpatico con vino alla spina al posto della birra. Se bere un bicchierino vi stimola l'appetito, andate a fare un giro al *Vináreň U Magistra*, considerato da alcuni il migliore ristorante della città. Ciò detto, tutti conoscono il ritornello «bere o guidare»... Pullman e treni ogni ora in partenza da Bratislava, anche per il castello di Červený Kameň. La strada Modra-Trnava è fiancheggiata da filoni di ciliegi, e se ci passate in giugno è un vero tripudio di colori.

★ ***Modra:*** case borghesi basse e vestigia di una torre delle antiche fortificazioni. La città è famosa per la produzione di una *maiolica* molto graziosa su toni blu, gialli e verdi. All'uscita del villaggio c'è un negozio specializzato. La casa dello scrittore Ľudovít Štúr ospita un piccolo *museo* che organizza mostre di artisti contemporanei, piuttosto inaccessibili per i neofiti e i non-slovaccofoni.

★ ***Il castello di Červený Kameň:*** sopra il villaggio di Častá, a nord-est di Modra e a 45 km circa da Bratislava. Aperto tutto l'anno dalle 9 alle 17 in estate e dalle 10 alle 15 in inverno. Chiuso lunedì. Visita guidata. Entrata: 120 Slk; sconti per bambini e studenti. Pullman diretti da Bratislava (partenze alle 6, 7 e 14; ritorno diretto alle 12 e alle 17). Su un picco roccioso dei Piccoli Carpazi, il «castello della Pietra Rossa» (Červený Kameň) è un edificio davvero notevole sia per il sito sia per la costruzione in sé, conservata in modo eccellente. Edificato alla metà del XIII secolo per il deposito e il carico delle merci conservate nelle immense cantine, ha subito in seguito numerose modifiche, in particolare quelle apportate dalla famiglia Pálfy, proprietaria dei luoghi fino alla seconda guerra mondiale. L'interno ospita quella che è probabilmente una delle più belle collezioni di mobili dei secoli XVIII e XIX esistenti in Slovacchia e una bellissima collezione di armi ornate di pietre preziose. La prima sala a sinistra, decorata come una grotta, è un delirio di colori e materiali.
All'entrata del parco del castello c'è un'esposizione di uccelli predatori. Alle 11.15, 14.15 e 16.15 potete assistere a una dimostrazione di volo di corvi, falchi e aquile che aggiunge un certo interesse alla visita. Ristorante all'entrata del parco.

★ ***Trnava:*** 40 km a nord-est di Bratislava. Seconda città della Slovacchia dell'ovest (75 000 abitanti), piena di fascino e di tesori da quando è stata restaurata. Un posto che merita una visita. Nel 1238 fu la prima ad acquisire i privilegi di città reale. Decisione presa da Bela, re d'Ungheria. A partire dal XVII secolo diventò un importante centro universitario, culturale e religioso. Grazie alle numerose chiese antiche (13 in tutto) fu soprannominata la «Roma slovacca»: è tutto dire.
– ***Chiesa universitaria:*** magnifica testimonianza del primo periodo barocco, è stata fondata nel 1635 insieme agli altri edifici universitari. All'interno, ricca decorazione di stucchi e un altare maggiore ornato da 27 sculture.
– ***Chiesa parrocchiale di San Nicola:*** costruita nel XIV secolo, rimaneggiata nel corso dei secoli successivi. Nel XVIII secolo vi fu aggiunta una cappella barocca centrale dove si trova il quadro (ritenuto miracoloso) *Alla Santa Vergine di Trnava*. Pitture murali del XV secolo. Non perdetevi l'interno della cattedrale. *Piazza San Nicola* è anch'essa superba. Potete intravvedere, nascosto dalle fronde degli alberi, il palazzo dell'arcivescovado, un edificio rinascimentale a due piani. Fate il giro della chiesa per andare a vedere le mura di cinta e le fortificazioni conservate abbastanza bene. Da qui potrete anche ammirare la zona est della città costruita nel più puro stile... «real socialista».
– ***Chiesa e convento delle Clarisse:*** edificio del XIII secolo, oggi sede del *museo della Slovacchia dell'Ovest*. Per andarci vi consigliamo di partire dalla cattedrale di San Nicola e proseguire lungo via del Capitolo (Kapitulská ulica) fiancheggiata da dimore borghesi rinascimentali piene di fascino.
– Sulla piazza centrale, Trojicné námestie (piazza della Trinità), si eleva l'orribile edificio della casa della Cultura (Kultúrny). Ma basta girarsi per vedere la torre di guardia in stile rinascimentale con il suo orologio solare.

★ ***Diga di Gabcikovo:*** 50 km a sud di Bratislava prendendo la E575. Orgoglio della nazione slovacca, che ha dovutto lottare con gli ecologisti ungheresi per ottenere l'autorizzazione a costruire questa diga destinata a evitare le frequenti inondazioni. Impressionanti la visione del fiume in tutta la sua grandezza e la differenza di livello tra le chiuse. Nell'edificio Povodie Dunaja è esposta un'interessante fotografia aerea della zona. A parte questo, non c'è nulla di speciale da vedere. È possibile fare un'escursione in barca da Bratislava, da metà maggio a fine settembre. Partenza alle 8, ritorno alle 16. Calcolate 300 Slk per 1 adulto e 190 Slk per i bambini. Informatevi sulle condizioni meteorologiche, ma l'escursione con meta Devín ci sembra più simpatica. I ciclisti, invece, potranno pedalare fino alla frontiera ungherese costeggiando le rive del Danubio. A Cunovo, alcuni siti sono stati attrezzati per la discesa del fiume in kayak.

Lasciare Bratislava

Per 40 Slk circa potete procurarvi il fascicolo tascabile con tutti gli orari di treni, aerei, pullman e traghetti per i tragitti sul territorio nazionale e i principali percorsi internazionali. Estremamente utile, questo libricino (non è facilissimo da trovare) si chiama *Odchody Liniek do Vrecka*. Attenzione, esiste anche in versione «lunga», più cara e nettamente meno pratica.

In treno

Hlavná stanica *(stazione centrale, II, A1):* Predstaničné námestie 1. A nord della città vecchia. Per andarci, tram nn. 13 o 1. Informazioni telefoniche: ☎ 0974-23-23-23 (dalle 7 alle 18) e 0974-32-32-32 (dalle 18 alle 22). Potete trovare tutti gli orari dei treni su *Cestovn ýporiadok Železnic* (60 Slk). • www.zsr.sk •

Treni internazionali

➢ ***Per Budapest:*** da 5 a 8 treni al giorno, dalle 5.30 alle 20.30 (215 km in 1 ora e mezzo).

➢ ***Per Bucarest:*** 2 treni diretti al giorno *via* ***Budapest***, alle 5.30 circa con arrivo alle 23 e alle 9 con arrivo alle 7 del mattino del giorno dopo. 1089 km.

➢ ***Per Salonicco*** (Grecia): cambio a ***Budapest*** (1 treno al giorno verso le 20, arrivo la mattina successiva). 1955 km.

➢ ***Per Praga e Brno:*** 6 treni al giorno circa, dalle 6.30 a mezzanotte, 400 km in 4 o 5 ore e mezzo. Coincidenze per *Berlino* e *Amburgo*.

➢ ***Per Vienna:*** una decina di treni al giorno, dalle 5 alle 20.30. Tragitto di 1 ora. 91 km passando da *Bruck*.

Treni nazionali

➢ ***Per Nitra:*** passate da *Leopoldov* (linea *Žilina*) e procedete in direzione di *Kozárovce*; scendete a *Lužianky*, poi proseguite in direzione *Nové Zámky*. Un centinaio di chilometri circa.

➢ ***Per Žilina (Poprad e Košice):*** più di una decina di treni al giorno, dalle 4 a mezzanotte. 445 km circa per Kosiče, in 6 ore. *Trnava* si trova sulla stessa linea a 46 km.

➢ ***Per Zvolen e Banská Štiavnica:*** bisogna passare da *Nové Zámky* (linea *Šturovo*) e poi prendere la linea 150. 230 km circa, 1 ora in espresso fino a *Nové Zámky* dalle 5.30 alle 20.30. Diversamente ci sono venti partenze circa. Da *Nové Zámky* a *Zvolen* (130 km), due treni diretti alle 5 e alle 19.30, gli altri con coincidenza a *Surany*.

In aereo

■ **ČSA** *(compagnia aerea ceca):* Štúrova 13. ☎ 54-41-12-05. Per raggiungere l'aeroporto: autobus n. 61 in partenza dalla stazione ferroviaria dalle 3 del mattino a mezzanotte.

In pullman

🚌 ***Stazione dei pullman (ČSAD; II, C2):*** Mlynské nivy 31. ☎ 55-57-13-12. A est della città vecchia. Per andarci: autobus nn. 215 e 220. Per il biglietto, calcolate 1 Slk circa al chilometro.

➢ ***Per Praga:*** una decina di pullman al giorno.
➢ ***Per Vienna e Budapest:*** uno o due pullman al giorno.
➢ ***Per Banská Štiavnica:*** 4 partenze giornaliere, dalle 11 alle 19.
➢ ***Per Banská Bystrica:*** una ventina di partenze al giorno, dalle 5 alle 20.
➢ ***Per Bardejov:*** 5 partenze, 3 nel tardo pomeriggio.
➢ ***Per Bojnice:*** 2 partenze al giorno (alla mattina presto, verso le 6 o le 7).
➢ ***Per il castello di Červený Kameň:*** pullman diretti alle 6, 7.30, 14, sulla linea Stefanova Jednota.
➢ ***Per Kremnica:*** 4 partenze al giorno, dalle 13 alle 19.
➢ ***Per Liptovský Mikuláš:*** 7 partenze al giorno, dalle 5 alle 20.
➢ ***Per Nitra:*** un pullman ogni quarto d'ora.
➢ ***Per Pezinok:*** partenze ogni mezz'ora, dalle 5 alle 23.
➢ ***Per Trvana:*** da 2 a 3 pullman all'ora, dalle 3 alle 20.
➢ ***Per Trenčín:*** una ventina di pullman al giorno, dalle 4 alle 20.

In traghetto

⛴ **Slovakoturist** *(aliscafi):* Panská 13. Potete acquistare i biglietti per *Vienna* (da 3 a 4 partenze settimanali) e *Budapest* (2 partenze al giorno). Vedi sopra «Da fare» dove ne parliamo in modo più dettagliato.

In macchina

Vedi sopra «Indirizzi e informazioni utili. Autonoleggio».

➢ ***Per Vienna:*** autostop, macchina o taxi. Pullman e treni al mattino presto. C'è solo un'ora di strada e la dogana si passa facilmente. Talvolta c'è un po' di coda, ma raramente è lunga. Visti i prezzi degli alberghi di Vienna, la soluzione migliore è dormire a Bratislava e andare a visitare Vienna in giornata, ma sappiate che nella città austriaca la vita è molto più cara...

– LA SLOVACCHIA CENTRALE –

NITRA — 90 000 ab. — PREF. TEL.: 037

Percorrendo l'asse stradale principale che conduce verso l'est, si passa per Nitra, a 80 km da Bratislava. La città è definita la «madre delle città slovacche» a causa del suo passato piuttosto tormentato. Le prime tracce di colonizzazione della regione risalgono al neolitico (30 000-25 000 anni a.C.). Nel XIII secolo la città entra in possesso dei vescovi e rimane fino al XVIII secolo unica sede arcivescovile della Slovacchia. Questo passato conferisce a Nitra la sua principale attrazione culturale a forte dominante religiosa. Se la città manca di atmosfera, i vecchi quartieri sono pieni di fascino. Siccome ci passerete sicuramente, concedetevi una sosta e raggiungete a piedi il castello che la domina.

Indirizzo utile

Ufficio regionale del turismo: Štefánikova 1. ☎ 741-09-06. Fax: 741-09-07. • nisys@nr.sanet.sk • www.nitra.sk • Aperto da lunedì a venerdì dalle 8 alle 18. Chiuso nel fine settimana, eccetto che in luglio e agosto (aperto sabato dalle 9 alle 19, domenica dalle 14 alle 19).

Dove dormire. Dove mangiare. Dove bere qualcosa

Autokemping ATC Jelenec: a Jelenec, sulla strada per Zvolen, a 2 km dal centro. ☎ 631-32-32 o 10-74-44. Aperto da maggio a fine settembre. 80 Slk per persona, 50 Slk per la tenda e 60 Slk per la macchina. Possibilità di affittare chalet (180 Slk per persona). Il campeggio è vicino a un lago (per i pescatori), alle rovine di un castello (per gli amanti dei vecchi ruderi), e a una foresta (per gli amanti delle passeggiate)...

Hotel Nitra: Slancikovej 1. Autobus nn. 2 o 12. ☎ 53-42-42. Camere a 2000 Slk con la prima colazione. Nel caso in cui foste costretti a passarci una notte, è uno degli alberghi più vicini al *centrum*. Materassi e mobili risalgono agli anni settanta del Novecento.

Lahôdky: Fasta 3. Si mangia in piedi.

Záhradná Pivareň: Farská 18. Aperto fino alle 23. Un pub dove potete anche mangiare un sandwich o un hamburger all'ombra di grandi alberi.

Piano Café: Farská 46. ☎ 772-16-51. Aperto da lunedì a giovedì fino alle 22, venerdì e sabato fino alle 23. Piccolo ristorante dove potete mangiare in un piacevole cortile o in una grande sala. Non è caro e l'atmosfera è giovane. Calcolate da 200 a 300 Slk per due. Potete andarci anche solo per bere qualcosa lontano dai turisti di via Štefánikova.

– Non distante nella stessa via (al n. 38) c'è una ***pasticceria*** dove potete degustare alcune specialità slovacche bevendo qualcosa. I prezzi particolarmente bassi permettono di fare assortimenti piuttosto simpatici.

Izba Starej Matere: Radlinského 8. ☎ 652-60-16. Aperto tutti i giorni dalle 10 alle 22. Una grande sala tipica e uno spazio all'aperto molto piacevole in estate dove servono una deliziosa cucina slovacca. Calcolate 400 Slk.

Da vedere

★ ***Nitrianské múzeum:*** Štefánikova 1. Sopra l'ufficio del turismo. Entrata a pagamento, riduzioni per studenti. Aperto da martedì a venerdì dalle 8 alle 11.30 e dalle 12 alle 17, sabato e domenica dalle 10 alle 17. Vi consigliamo vivamente di visitare questo piccolo museo, sistemato con i pochi mezzi a disposizione, dove sono esposti numerosi tesori. Consacrato alla storia regionale, presenta molte scoperte archeologiche della Slovacchia. Potrete ammirare in particolare la moneta risalente all'inizio della nostra era rinvenuta nella regione di Orava, un coltello scoperto nella regione del Danubio della stessa epoca, alcune superbe statuine bizantine d'avorio del IV secolo e, soprattutto, la famosa *Vergine di Moravany*. Questa scultura alta qualche centimentro e intagliata in un osso di mammut è uno degli oggetti più antichi ritrovati in Slovacchia. Senza braccia né gambe, la statuina emana un languore e una femminilità sconvolgenti. La visita termina con un'esposizione di grafica contemporanea molto meno interessante. Se avete un po' di fortuna e se mostrate un certo interesse, potrete visitare il museo in compagnia di Emília, un'anziana signora slovacca che vi racconterà una storia per ogni pezzo esposto, arrivando fino a mimare per farsi capire… Ah, la barriera della lingua!

★ ***Castello (Nitriansky hrad):*** impossibile non vederlo in quanto domina la città. Aperto tutti i giorni dalle 7 alle 18. Talvolta bisogna aspettare che arrivi un gruppo per poter entrare. Il castello comprende il palazzo episcopale, alcune fortificazioni (con la *torre Vazal*) e la cattedrale. Quest'ultima è composta da tre elementi giustapposti. Le due parti superiori sono in stile barocco, sovraccariche di marmi policromi. A destra, nella parte centrale, notate l'altare maggiore di marmo (1662) con la rappresentazione della deposizione di Cristo. Fatevi aprire la porta che si trova subito a destra per accedere alla parte più antica della cattedrale, appartenente a una basilica del XII secolo. Notate le due superbe reliquie (a destra e a sinistra) e un magnifico sigillo (a destra).

– Fuori, date un'occhiata alla pianura e notate in lontananza la piccola ***chiesa di Nitra Drážovce*** posta in cima a una collina sulla vostra destra.

★ ***Sinagoga:*** in una via perpendicolare a Štefánikova. Costruita nel 1911 in uno stile orientaleggiante. Tetti con cupole a bulbo di rame.

★ ***Chiesa, chiostro e liceo Piaristi:*** Piaristická. All'entrata della città bassa, sulla sinistra venendo da Bratislava. Notevole complesso barocco con due campanili. All'interno, decorazione rococò molto carica e un imponente altare di marmo e stucchi.

★ ***Teatro municipale:*** a destra, sulla via principale (Štúrova ulica) arrivando da Bratislava. Un edificio color ocra circondato da dimore borghesi a un piano.

★ ***Calvario:*** in lontananza sulle alture si eleva la cappella della Santa Croce. Potete raggiungerla a piedi seguendo il cammino delle quattordici cappelle corrispondenti alle «quattordici stazioni di Cristo sulla Via Crucis». Ai piedi della collina si trova la chiesa di Santa Maria.

➤ *NEI DINTORNI DI NITRA*

★ ***Kostolany Pod Tribečom:*** 24 km a nord-est di Nitra. Dirigetevi a sinistra all'entrata di *Neverdice* e proseguite fino in fondo alla valle. Passerete davanti alla graziosa stazione di *Ladice* e sulla sinistra noterete le rovine del castello. Possibilità di andarci in pullman da Nitra. Questo piccolo villaggio è un luogo di villeggiatura molto apprezzato dagli abitanti di Bratislava che vengono a passarci il fine settimana. È anche il punto di partenza di numerose passeggiate attraverso foreste ricche di funghi. Una di queste vi condurrà fino alle superbe rovine di un castello del XIII secolo (calcolate 1 ora per arrivarci). Su un'altura si eleva uno degli edifici religiosi più antichi della Slovacchia: una chiesetta preromanica rimaneggiata nel XIII secolo. Gita che consigliamo ai fanatici delle passeggiate o a quelli che hanno molto tempo a disposizione.

Lasciare Nitra

In treno

➢ ***Per Lužianky:*** partenze ogni ora dalle 4.30 alle 20.30. A 7 km. Coincidenze per *Prievidza* e *Kozárovce*.
➢ ***Per Banská Štiavnica:*** una decina di treni per *Šurany* (22 km); poi linea per *Zvolen*, fino a *Hronská Dubŗava* (109 km); da qui prendete la linea 154 (20 km, mezz'ora di tragitto; una decina di treni dalle 5 alle 21.30). Contate in tutto una giornata di treno.
La stazione dei pullman è di fianco alla stazione *ZSR*. Pullman per *Bratislava*, *Trnava*, *Komárno*, *Zvolen*.

BANSKÁ ŠTIAVNICA 11 000 ab. PREF. TEL.: 045

130 km a nord-est di Bratislava e a una trentina da Zvolen, questa città posata nello scrigno dei Veľká Fatra è uno dei piccoli gioielli slovacchi. Vi consigliamo, quindi, di non saltare la visita. A causa della sua posizione geografica (la città è addossata a una montagna in una valle stretta) è stata risparmiata (o meglio, dimenticata) dal regime comunista. Potete ammirare le immense dimore, segno della sua antica ricchezza. Importante città mineraria, fin dai secoli XII e XIII si cominciò a costruirvi una reta di laghi artificiali per produrre l'energia necessaria per alimentare le macchine di estrazione. Il rame, l'oro, l'argento e il ferro diventarono nel giro di poco tempo i pilastri del potere reale. Nel 1736 Banská Štiavnica divenne sede della prima accademia mineraria al mondo. Nel 1829 vi si estraeva il 75% della produzione europea d'oro e d'argento. Nel 1979 i monti di Štiavnické sono diventati zona protetta per la fauna e la flora. Per finire, dal 1992 la città è stata iscritta nella lista del patrimonio mondiale dell'UNESCO.
Banská Štiavnica non è molto grande, e quindi potete visitarla tranquillamente a piedi.

Indirizzi utili

🛈 ***Servizio informazioni*** *(A1):* Radničná námestie, di fianco alla chiesa di Santa Caterina. ☎ 691-18-59. • tik.bs@spark.sk • Piantine della città in vendita, lista degli alloggi, informazioni sugli orari degli autobus. Accoglienza giovane e simpatica.
@ ***Spark Internet*** *(A1):* Svátej Trojice námestie 3. Dietro il servizio informazioni, prendete la scala che sale. Aperto da lunedì a venerdì dalle 11 alle 19, sabato e domenica dalle 13 alle 18. Un club gestito dai giovani del villaggio, fanatici di giochi.
■ ***Gallerie:*** in città ci sono molte gallerie che espongono opere fotografiche.

Dove dormire

Campeggio

⛺ ***Camping ATC Počúvadlo*** *(fuori pianta da A2,* ***10****):* a 7 km da Banská Štiavnica, prendete la strada di Levice e seguite per 2,5 km la direzione *Hotel Topky*. Aperto in luglio e agosto, talvolta in giugno. Bella strada di campagna. Un piccolo campeggio in piena foresta vicino a un lago.

Prezzi da molto economici a economici

Ostello della Gioventù *(fuori pianta da B2, **11**):* Stredisko Vzdelávaria. ☎ 691-35-61. Vicino alle stazioni, lontano dal centro storico. L'unico interesse del posto risiede nel prezzo modico: calcolate 150 Slk per persona.

Penzión Subyt *(A2, **12**):* Sládkovičova 10. ☎ 691-25-09. Dopo il Servizio informazioni, prendete la via a sinistra. Su un'altura, una piccola pensione molto semplice ed economica. Calcolate 400 Slk per due.

Penzión Tomino *(B1, **13**):* Akademická 9. ☎ e fax: 692-13-07. Fax: 691-15-64. All'entrata del villaggio, di fianco a una pizzeria. Da 250 a 600 Slk. Una casa ristrutturata molto pulita con camere grandi e tranquille. Letti di buona qualità. La prima colazione, invece, lascia a desiderare. Piccolo bar e giardinetto.

Penzión Steingrube *(B1, **14**):* Akademická 15. ☎ 691-25-09. Calcolate un minimo di 600 Slk per due senza la prima colazione. Bagni in comune. Grandi camere all'antica dal comfort limitato ma con un'atmosfera piena di fascino. Il giardino di Zuzana è attiguo al giardino botanico (difficile trovare una posizione migliore!). L'edificio ha più di 300 anni ed emana un fascino rustico e vecchiotto un po' fuori dal tempo. Zuzana ha sempre il sorriso sulle labbra, probabilmente a forza di sentire il figlio e il marito suonare il pianoforte, la tromba o il violino a seconda dell'umore del momento.

Prezzi medi

Hotel Grand Matej *(B2, **15**):* Kammerhofská 3. ☎ 691-37-82. Fax: 692-12-94. Calcolate 1350 Slk per una doppia. L'albergo chic della città. Il proprietario, un fanatico di jazz che organizza concerti facendo venire talvolta i musicisti fin dagli Stati Uniti, possiede anche il ristorante *Matej* (come dubitarne?). Propone grandi camere pulite, piacevoli e confortevoli, talvolta un po' vecchiotte (TV e bagno), con una vista magnifica sulla città. Prima colazione abbondante ed eccellente (100 Slk). Sconti importanti in caso di soggiorno prolungato.

Dove mangiare. Dove bere qualcosa

Potraviny Lahôdky *(A1, **20**):* A. Kmefá, dopo il museo. Aperto dalle 7 alle 16, sabato fino alle 13. Un grande *lahôdky* tradizionale con *halušky* e crocchette di patate. Locale centrale veramente economico.

Reštaurácia Matej *(B1, **21**):* Akademická 4. Aperto tutti i giorni dalle 11 alle 23 (mezzanotte sabato). Questa antica pensione dispone di un piccolo spazio all'aperto con vista sul castello nuovo. Cucina un po' cara non proprio eccezionale. Calcolate 300 Slk per due. In compenso, potete venirci a bere qualcosa di sera. I tavoli fuori sono piacevoli.

Ristorante dell'Hotel Grand Matej *(B2, **15**):* Kammerhofská 3. Aperto tutti i giorni dalle 12 alle 22. Ristorante un po' chic, calcolate da 500 a 600 Slk per due. Lo chef propone piatti molto vari e raffinati, cosa piuttosto rara (o molto cara) in Slovacchia. Una cucina da non perdere per tutti gli amanti della gastronomia.

Alaška Discobar *(A1, **22**):* su Radničná námestie, sotto la pizzeria *Marina*. Decorazione da igloo e musica a volontà. Entrata gratuita. Atmosfera giovane e simpatica.

Da vedere

★ ***Museo delle Miniere a cielo aperto (Banské múzeum v prírode;***

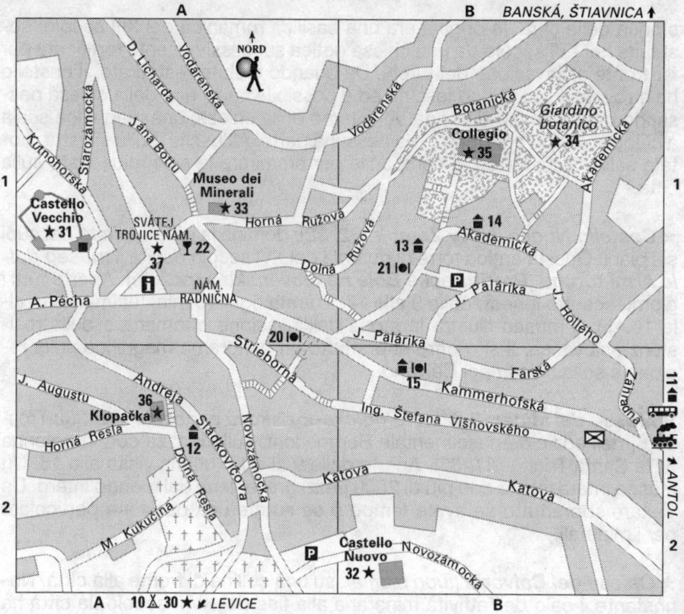

BANSKÁ ŠTIAVNICA

Indirizzi utili
- Servizio informazioni
- Posta centrale
- Stazione dei pullman
- Stazione ferroviaria

Dove dormire
- **10** Camping ATC Počúvadlo
- **11** Ostello della Gioventù
- **12** Penzión Subyt
- **13** Penzión Tomino
- **14** Penzión Steingrube
- **15** Hotel Grand Matej

Dove mangiare.
Dove bere qualcosa
- **15** Ristorante dell'Hotel Grand Matej
- **20** Potraviny Lahôdky
- **21** Reštaurácia Matej
- **22** Alaška Discobar

★ Da vedere
- **30** Museo delle Miniere a cielo aperto
- **31** Castello Vecchio
- **32** Castello Nuovo
- **33** Museo dei Minerali
- **34** Giardino botanico
- **35** Collegio
- **36** Klopačka
- **37** Piazza della Santa Trinità

*fuori pianta da A2, **30**):* all'uscita della città. Aperto tutti i giorni dalle 8 alle 17 da maggio a settembre, da martedì a venerdì dalle 8 alle 15 da ottobre a maggio. Visite di gruppo con almeno 15 persone. Si scende nella miniera muniti di caschi e torce elettriche. Lungo il percorso i pannelli spiegano in modo molto chiaro i diversi metodi di estrazione utilizzati nel corso dei secoli. Prevedete un po' di tempo, un buon paio di scarpe e un maglione.

★ ***Castello Vecchio (Starý Zámok;** A1, **31**):* aperto tutti i giorni, eccetto lunedì, dalle 9 alle 17. Visite ogni ora (l'ultima parte alle 16). La dominante storica della città. In origine era una basilica romanica del XIII secolo, sostituita nel XVI secolo da una chiesa gotica successivamente fortificata per far fronte all'invasione dei turchi. Da quando è stato restaurato, il castello ha ritrovato il suo antico fascino ed è possibile fare il giro della chiesa passando dal cammino di ronda. All'interno della chiesa, una magnifica scala a chiocciola che conduce... da nessuna parte. All'uscita, sulla sinistra, potete salire sulla torre del campanile per ammirare la splendida vista sulla città.

★ ***Castello Nuovo** (**Nový Zámok**; B2, **32**):* domina la città dall'alto dei suoi sei piani. Questa antica torre di guardia del XVI secolo ospita il ***museo delle Armi turche (Protiturecké Boje na Slovensku expozícia)***. Aperto tutti i giorni, eccetto lunedì, dalle 9 alle 17. Entrata ogni 45 min. (ultima visita alle 16.15). Il museo illustra la storia dell'invasione ottomana e della resistenza slovacca. Il sito offre soprattutto un panorama magnifico sulla regione e sulla chiesa del Calvario.

★ ***Museo dei Minerali (Mineralogicko-ložisková expozícia**; A1, **33**):* Trojice 6, nell'edificio rinascimentale Berggericht, sulla piazza con la colonna della Santa Trinità *(A1, **37**)*. Aperto dalle 9 alle 17, ultima visita alle 16. Un museo interessante con più di 2000 pezzi provenienti dal mondo intero. Da visitare soprattutto se avete tempo o se nutrite una passione particolare per i minerali.

★ ***Chiesa del Calvario** (fuori pianta):* su una collina di fronte alla città. Nonostante il calo dell'attività mineraria alla fine del XVIII secolo, la città ha continuato a costruire. In stile barocco, la chiesa del Calvario risale a questo periodo. Per raggiungerla bisogna seguire il cammino delle stazioni del Calvario che attraversa la foresta. L'edificio meriterebbe una ristrutturazione.

★ ***Giardino botanico (botanická záhrada**; B1, **34**):* nel giardino ci sono diversi edifici che ospitano istituti d'insegnamento superiore *(**35**)*, in particolare la famosa Scuola slovacca delle Miniere e dell'Industria, prima scuola di questo tipo fondata in Europa, inaugurata nel 1762. Il giardino è molto piacevole, ma è purtroppo tenuto male (per la felicità degli scoiattoli).

★ ***Klopačka** (A2, **36**):* aperto tutti i giorni, eccetto lunedì, dalle 9 alle 17 da maggio a settembre e dalle 8 alle 15 da ottobre ad aprile. Il «battente» (*klopačka*) della campana di questo edificio fungeva in passato da sveglia municipale: ogni 15 min. due pezzi di legno cozzavano l'uno contro l'altro per indicare l'ora ai minatori. Il *museo* presenta una raccolta di pezzi riguardanti il lavoro nelle miniere.

➤ *NEI DINTORNI DI BANSKÁ ŠTIAVNICA*

➢Possibilità di fare diverse ***passeggiate*** per raggiungere i ***laghi*** artificiali sopra a Banská Štiavnica, veri e propri laghi di montagna dove i giovani della regione vengono a fare il bagno.

★ ***Castello di Antol:*** a 6 km da Banská Štiavnica. Da maggio a settembre, aperto dalle 8.30 alle 16. Chiuso lunedì. Da ottobre ad aprile, aperto solo martedì e sabato dalle 8 alle 15. Sulla «linea Maginot» slovacca realizzata per segnalare a Banská Štiavnica l'arrivo degli Ottomani. In stile barocco neoclassico, il castello risale al XIV secolo e ha la particolarità di possedere un tetto di legno. Nelle gallerie potete notare numerose incisioni francesi, alcune particolarmente divertenti. Nel salone d'Oro, che merita pienamente il suo nome, messer Coburg ha piazzato le poltrone di Luigi XVI e Maria Antonietta acquistate a una vendita all'asta a Parigi. Tra le curiosità, una poltrona a S per le coppie di innamorati e una collezione di foto del tempo in cui la torre Eiffel era ancora la costruzione più alta esistente al mondo. Esposizione di mobili dei secoli XVIII e XIX. Qui tutto è dedicato alla cinegetica (l'arte della caccia). Il *parco* del castello con diverse cascate e un laghetto è molto piacevole. Ristorante simpatico che funziona anche come pensione, *Antolsky mlyn*, indicato a partire dal castello.

★ ***Sklené Teplice:*** una quindicina di chilometri a nord di Banská Štiavnica, Teplice è una delle più antiche città termali slovacche. Una piccola curiosità: la piscina d'acqua termale è scavata nella roccia. È qui che si trova la famosa grotta rappresentata su tutti i dépliant. Aperto in settimana dalle 14 alle 19, sabato e domenica dalle 9 alle 19. Entrata a pagamento (70 Slk) che comprende anche un massaggio e il bagno. L'acqua a 32 °C è rinomata per la cura delle malattie nervose. Normale: a questa temperatura anche lo stress fonde. Anicka (pronunciato «Anicika») con i suoi occhioni blu è assolutamente inflessibile: tutti nudi, massaggio e riposo obbligatorio dopo il bagno; se no, attenzione alle sculacciate. Un posto da non perdere per nessun motivo se vi trovate nei paraggi. Un'esperienza unica.

KREMNICA 8000 ab. PREF. TEL.: 045

Una trentina di chilometri a nord di Banská Štiavnica e a est di Zvolen, un altro importante centro minerario dove venivano estratti i minerali più preziosi, tra cui l'oro. La città si incaricò anche di lavorarli: nel 1328 furono coniate a Kremnica le prime monete, e la città fu per diversi secoli il principale centro di produzione di monete dell'Europa centrale. L'edificio che ospita la zecca non è aperto al pubblico, perchà vi si effettuano tuttora la colata dei metalli e la fabbricazione di insegne e medaglie. Della cinta muraria costruita nel XV secolo per proteggere Kremnica dagli attacchi dei turchi resta solo una porta. La città merita una visita per i numerosi edifici gotici e il fascino innegabile che sprigiona, ma non è il caso di restarci a lungo.

Indirizzo utile

ℹ ***Infocentrum:*** vicino alla porta della città vecchia. ☎ 674-28-56. • infokca@bb.telecom.sk • Aperto da lunedì a venerdì dalle 8 alle 17, sabato dalle 9 alle 14. Lista delle pensioni e delle camere (200 Slk per persona). Un campeggio (☎ 674-28-57) aperto da giugno a settembre. Festival folcloristico a inizio giugno.

Da vedere

★ ***Complesso fortificato:*** aperto tutti i giorni dalle 9 alle 12 e dalle 13 alle 17; ultima visita alle 16. Gruppo di edifici medievali circondato da un doppio sistema di fortificazioni che domina la piazza. La chiesa e le torri sono state costruite tra il XIII e il XV secolo. Nella chiesa di Santa Caterina potete ammirare una statua gotica originale della Vergine Maria. L'organo, composto da 3500 canne e fabbricato in totale simbiosi con lo spazio della chiesa, a detta degli specialisti e il migliore che si possa trovare in Slovacchia dal punto di vista dell'acustica. Secondo una leggenda, furono i pavoni di una giovane fanciulla a risvegliare con le loro grida le guardie addormentate quando i soldati turchi stavano per dare l'assalto al castello.

★ ***Museo della Zecca e della Medaglia (Múzeum minć a medaili):*** ai nn. 10/19 della piazza centrale. Riaperto dopo lavori di restauro nel 2002, il museo si trova in una casa gotica del XIV secolo e illustra la storia di Kremnica a partire dal XIV secolo. Ottima accoglienza. La visita può rivelarsi molto interessante se trovate un traduttore.

★ ***Colonna della peste:*** sulla piazza centrale. Imponente colonna barocca, opera degli scultori Stanetti e Vogerle. Nella parte inferiore potete vedere i santi protettori contro la peste e in cima un gruppo di sculture che rappresentano la Santa Trinità.

★ ***Museo dello Sci:*** sulla piazza centrale. Piccola esposizione sulla storia degli sport invernali. Stessi orari di apertura dell'Infocentrum.

★ La piazza è delimitata da numerose ***dimore gotiche***, in particolare il palazzo della Zecca, che possedeva una sala d'armi, e il municipio, ornato di un balcone e di sette finestre verticali. Nella parte bassa della piazza notate la chiesa dei Francescani attigua al monastero. In fondo alla piazza, ai piedi del castello, proseguite su Kutnohorská ulica: potrete vedere molte dimore basse non ancora rifatte e, salendo sulla vostra destra, accedere all'entrata nord del castello.

ZVOLEN

45 000 ab. PREF. TEL.: 045

Zvolen, cittadina situata sull'Hron, non possiede il fascino delle altre città della regione e, se non fosse per il castello, non meriterebbe una tappa. Bisogna dire però che è ben situata per visitare i dintorni, anche se gli alloggi sono leggermente più cari che a Banská Štiavnica. Se ci passate soltanto, vi consigliamo di fare una tappa di un'oretta per visitare l'esposizione di pittura e i magnifici interni del castello.

Indirizzi utili

🛈 ***Informazioni:*** SNP námestie 35. Aperto dalle 8 alle 16.30. Buona accoglienza, indirizzi degli alloggi in città.

@ ***Internet Pegas:*** SNP 38. Aperto dalle 10 alle 22, domenica dalle 12 alle 22.

Dove dormire

⌂ ***Penzión Na Námestie:*** SNP námestie 37. ☎ 542-91-29. Una decina di camere a 500 Slk circa per due. Bagni sul corridoio (maschi e femmine) e due appartamenti a 750 Slk. Casa un po' arretrata rispetto alla via principale, pulita e tranquilla anche se un po' vecchiotta.

Mestký Hotel: Trhová 4, nella via pedonale prima di *Copaline Baguette*. ☎ 532-51-80. Albergo recente, pulito ed economico con camere mansardate. 1000 Slk per una doppia, 1600 Slk per l'appartamento con letto matrimoniale e bagno con vasca, ideale per le coppie di innamorati.

Penzión Quatro: SNP námestie 32, sulla piazza, sopra a *Copaline Baguette*. ☎ e fax: 532-32-56. Nuovissimo e ben attrezzato (TV satellitare, telefono/fax). Belle camere a 1200 Slk per due senza la prima colazione. Per una volta ci sono degli asciugamani grandi... Ristorante al primo piano.

Dove mangiare. Dove bere qualcosa

Copaline Baguette: SNP námestie 2. Nella via principale. Aperto tutti i giorni dalle 6 in settimana (8 nel week-end) alle 22. Sandwich a scelta e qualche piatto caldo. Ideale per la prima colazione: *croissant* e *pain au chocolat* molto buoni. Piccola sala per degustare il tutto.

Bistro Betty: SNP 2, di fronte all'*Hotel Polana*. Aperto tutti i giorni fino alle 19. Un *lahôdky* con tavoli all'aperto sulla piazza.

Vinaren U Klučika: SNP 82/18, sotto il portico. Aperto dalle 10 alle 24. Bar-ristorante in una cantina piuttosto buia ma dove si mangia per poco in un ambiente da taverna. Calcolate meno di 200 Slk per due, birre comprese.

Ristorante dell'Hotel Polana: SNP 64/2. ☎ 532-50-60. Insieme a quello della pensione *Quatro* è considerato il migliore ristorante della città. Calcolate almeno 600 Slk per un buon pasto in coppia. I piccoli budget possono dimezzare il conto se si accontentano di una zuppa e di un piatto vegetariano. Sarebbe un vero peccato rinunciare all'ambiente e al servizio di questo ristorante. Atmosfera molto chic, un cameriere dietro a ogni tavolo, caviale e altre bontà del genere come antipasti.

Billard Club: SNP 25/39, in fondo alla via senza uscita. Tre grandi biliardi. Aperto dalle 10 alle 5 del mattino.

Bar-ristorante-discoteca U Alexa: SNP 36/51. Il locale chiude alle 3 del mattino.

Da vedere

★ **Castello:** aperto tutti i giorni, eccetto lunedì, dalle 10 alle 17 (16 domenica in estate). Risalente al Medioevo, il castello è stato ricostruito nel XVI secolo e rinnovato negli anni sessanta del Novecento. L'interno ospita la più vasta esposizione di pittura rinascimentale della Slovacchia. Spettacolo «luci e suoni» in estate.

★ **Terme di Sliač:** a una decina di chilometri da Zvolen, sulla E77. Aperte in settimana dalle 7 alle 11.30, nel week-end dalle 9 alle 14. 60 Slk per un bagno, un po' di più per il massaggio. Raccomandate per la cura delle malattie del cuore.

Manifestazione

– **Festival internazionale di Folclore:** a Detva, una trentina di chilometri a est di Zvolen, il secondo week-end di luglio.

BANSKÁ BYSTRICA 85 000 ab. PREF. TEL.: 048

20 km a nord di Zvolen e 70 km a sud-ovest di Liptovský Mikuláš, questa città possedeva le più grandi miniere d'argento e di rame del continente europeo, all'origine della prosperità del regno di Ungheria. La città ha conservato un centro storico di grande qualità architettonica. La piazza centrale è delimitata da magnifiche costruzioni, testimonianze di un passato molto ricco.
La città fu anche un importante centro di resistenza durante la seconda guerra mondiale e costituisce oggi una base piacevole per visitare i dintorni. È infatti situata nel punto di raccordo di tre catene montuose: i Bassi Tatra, i Grandi Tatra e i monti Metalliferi.

Indirizzo utile

i ***Kultúrne a Informačné Stredisko (KIS):*** Štefana Moyzesa námestie 26, nella parte alta della piazza centrale. ☎ 16-186 o 415-50-85. • www.isternet.sk/pkobb • Da giugno a settembre, aperto da lunedì a venerdì dalle 8 alle 19, sabato dalle 9 alle 13; da ottobre a maggio, da lunedì a venerdì dalle 9 alle 17. Lista degli alloggi.

Dove dormire

Presso privati

≘ ***Štefán Hr'bik:*** M. M. Hodžu 5. ☎ 415-31-19. In una villetta privata a due passi dal centro, Štefán propone piccole camere molto pulite con TV e un giardinetto fiorito a prezzi veramente economici. Un ottimo indirizzo, talmente eccezionale che la gente lo sa ed è quindi più prudente prenotare con un certo anticipo. Se è al completo, il *KIS* (vedi sopra) vi fornirà altri indirizzi in case private.

Prezzi da economici a medi

≘ ***Hotel Národný Dom:*** Národná ul. 11. ☎ 412-37-37. Fax: 412-57-86. In centro, vicino a Strátna Opéra e a una discoteca. 1100 Slk per una camera con i servizi igienici sul pianerottolo. L'albergo propone camere non molto accoglienti ma pulite e soprattutto molto economiche (non dimentichiamo che siamo in centro). Verificate bene i materassi: alcuni lasciano a desiderare; in questo caso, non esitate a chiedere un'altra camera.

Molto chic

≘ ***Hotel Arcade:*** SNP námestie 5. ☎ 430-21-11. Fax: 412-31-26. Impossibile trovare qualcosa di più centrale di questo albergo di lusso. Calcolate 2300 Slk per una doppia, prima colazione da pagare a parte. Albergo magnifico, moderno, in una vecchia dimora ristrutturata. Le camere sono veri e propri miniappartamenti decorati con gusto dove regna un'atmosfera felpata propizia al riposo. Insistete per avere una camera con vista sulla piazza.

LA SLOVACCHIA CENTRALE

Dove mangiare

Prezzi economici

Jedáleň U Mäsiarov: SNP námestie 17. Nella parte alta della piazza centrale. Aperto da lunedì a venerdì dalle 7 alle 18, sabato dalle 8 alle 14. Dietro a una superba facciata si nasconde un piccolo *lahôdky* tradizionale. Self-service. Possibilità di sedersi.

Più chic

U Komediantov: Horná Strieborná ul. 13. Abbastanza chic e molto piacevole. Potete degustare piatti di selvaggina della regione in una cantina ben sistemata oppure sotto una grande vetrata.

Dove bere qualcosa

Discount Bagatella: Národná ul. In centro, di fianco all'*Hotel Národný Dom*. Aperto tutti i giorni dalle 14 alle 22. Non si tratta di un bar, ma di un negozio che vende alcolici e tabacchi dove è possibile assaggiare qualcosa anche la sera tardi.

Pub 21: Dolná ul. Nella parte bassa della piazza centrale. Aperto da lunedì a giovedì dalle 11 alle 2 di notte, venerdì dalle 11 alle 4 del mattino, sabato dalle 15 alle 4 e domenica dalle 15 a mezzanotte. Un pub in stile inglese con delle automobili incastrate nei muri. I prezzi delle bevande sono più che abbordabili e la musica è buona.

Da vedere

★ **Museo della Slovacchia centrale (Stredoslovenské múzeum):** SNP námestie 4. Aperto tutti i giorni, eccetto sabato, dalle 8 alle 12 e dalle 13 alle 16. Allestito su due piani nella celebre casa Thurzo, sede dell'omonima società proprietaria delle miniere della regione, il museo ripercorre la storia locale dal Neolitico ai giorni nostri. Ci sono alcuni pezzi molto belli, in particolare una mucca scolpita in un osso risalente al Neolitico rinvenuta nella regione di Zvolen. Vale la pena di visitare l'edificio, anche solo per ammirarne gli interni. Fuori, la facciata presenta decorazioni a graffito. Questa tecnica consiste nell'applicare uno strato di malta bianca su un fondo colorato e nel grattarla poi via per far apparire il colore. Le decorazioni a graffito si ritrovano in molte altre città slovacche.

★ **Museo dell'Insurrezione slovacca:** Kapitulská 23. Aperto tutti i giorni, eccetto lunedì, dalle 9 alle 18. Un grande edificio moderno molto brutto, tipico esempio dello stile «real socialism», che dovrebbe evocare la forma di una nave. Intorno all'edificio sono esposti alcuni aerei e carri armati. All'interno, esposizione fotografica sull'impegno nazionalista slovacco dalla nascita della Cecoslavacchia fino ai giorni nostri.

★ **Piazza centrale:** delimitata da alcuni bellissimi edifici, tra cui spiccano il palazzo municipale, la cattedrale di San Francesco Saverio del XVII secolo e una torre del XVI secolo. Per finire, date un'occhiata al monumento all'Armata Rossa in marmo nero.

➤ *NEI DINTORNI DI BANSKÁ BYSTRICA*

★ ***Grotta Harmanecká (Harmanecká jaskyňa):*** qualche chilometro a nord-ovest della città. Dal 15 maggio al 15 settembre, visite guidate ogni ora dalle 10 alle 16; nella prima quindicina di maggio e dal 15 settembre al 31 ottobre, visite ogni giorno (eccetto lunedì) alle 10, 12 e 14.

★ ***Hronsek:*** 10 km a sud di Banská Bystrica, tra Zvolen e Vlkanová. Da non perdere. Un piccolo villaggio con un bel tempio protestante di legno. Per la costruzione non è stato utilizzato neppure un chiodo. Ancora oggi può accogliere fino a 1000 fedeli per la funzione. La torre campanaria, anch'essa completamente di legno, si trova di fronte. Fate un giro nel villaggio per vedere il *Kastel z Roku*, una bellissima casa barocca trasformata in scuola con un gigantesco nido di cicogna sul tetto.

★ ***Špania Dolina:*** bel villaggio sulle alture di Banská Bystrica. Si accede alla chiesa del XVI secolo tramite una grande scala di legno ai piedi della quale gruppi di anziane signore slovacche aspettano i rari turisti di passaggio ricamando. Nel villaggio, belle case tipiche ed eterogenee. Punto di partenza di numerose passeggiate a piedi.

★ ***Valle di Špania:*** lungo il percorso potrete ammirare alcuni graziosi villaggi conservati molto bene.

★ ***Staré Hory:*** 10 km a nord di Banská Bystrica. Un'altra chiesa barocca con fonti battesimali dorate e una decorazione sovraccarica.

★ ***Turecká*** è a pochi chilometri. Ogni anno, durante il primo week-end di giugno, vi si svolge un concorso di mangiatori di *bryndzové halusky*. Nel 2001, ben 140 iscritti hanno partecipato alle selezioni (3 litri in 6 min., il tutto trangugiato in 48 secondi: ecco il record da battere).

★ ***Donovaly:*** 25 km a nord di Banská Bystrica, sulla strada E77. Stazione di sci rinomata per gli impianti di risalita. La valle, superba, è purtroppo caduta nelle grinfie di speculatori immobiliari che non vanno molto per il sottile.

Lasciare Banská Bystrica

In treno

➢ ***Per Zvolen:*** un treno ogni ora dalle 4 alle 22. Calcolate 30 min. circa per coprire il tragitto di 21 km.
➢ ***Per Žilina:*** 3 treni diretti al giorno (alle 6, 13 e 17); altrimenti, coincidenza a *Vrútky* (75 km).
➢ ***Per il Paradiso slovacco:*** prendete la linea 172 fino a *Červená Skala*, (una decina di treni al giorno, con attesa a *Brezno*). Calcolate 3 ore circa per fare 86 km. Poi prendete la linea 173 fino a *Dedinky*, in pieno Paradiso slovacco. Il percorso è molto bello.
➢ ***Per Rožňava:*** come per il precedente, ma sulla linea 173; fermatevi a *Stratena* e prendete un pullman per *Rožňava*.

ŽILINA 97 500 ab. PRE. TEL.: 041

200 km a nord-est di Bratislava, Žilina è la prima città importante sulla strada dei monti Tatra, buon punto di partenza per le escursioni a piedi nei

Malá Fatra. È una delle più antiche città slovacche, popolata fin dal V e VI secolo dalle prime tribù slave. Grazie ai lavori di ristrutturazione la città vecchia, che presenta una pianta a scacchiera e ospita alcuni siti magnifici da visitare, ha ritrovato il suo antico fascino. Dalla piazza centrale con dimore borghesi in stile gotico, rinascimentale e barocco, partono le vie più importanti. È qui che i fiumi *Kysuca* e *Rajčianka* si gettano nel *Váh*, il fiume più lungo della Slovacchia. A *Bytča* è stata costruita una diga; l'acqua del bacino artificiale alimenta una centrale idroelettrica.

Indirizzi utili

■ ***CKM:*** Hodžová 208. ☎ 562-35-18. Informazioni sulle residenze universitarie e le camere. Rilasciano anche tessere dello studente.

■ ***Informazioni turistiche:*** ☎ 16-186.

■ ***Selinan Travel Agency:*** Burianova Medžerka 4. ☎ 562-07-89. Fax: 562-31-71. Aperta da lunedì a venerdì dalle 8 alle 18. L'agenzia funziona anche come ufficio del turismo. Forniscono buone informazioni su tutta la regione e parlano inglese e francese. Non fate caso all'accoglienza un po' freddina: passato il primo momento, vi danno consigli molto utili.

@ ***Internet Café:*** Janha Bottova 16. Piccola sala al primo piano di fianco a un bar con tavoli all'aperto.

@ ***Internet Café:*** Slottu 4, nella parte bassa di Fárske námestie. Aperto da lunedì a venerdì dalle 10 alle 23, fino a mezzanotte sabato.

Dove dormire

Campeggi

⩓ ***Autocamp Slnečné Skaly:*** sulla strada per Bojnice, a una ventina di chilometri da Žilina. ☎ e fax: 549-34-04. Aperto da maggio a settembre. Purtroppo è proprio sul ciglio della strada, ma l'ambiente è magnifico: un vasto prato accanto a una falesia. 45 Slk per persona, tenda e macchina. Bungalow attrezzati a 800 Slk e, originalità del posto, potete dormire anche in un *tepee* (280 Slk per 4 persone) e accendere un falò. Per sedurre i bambini, alcuni cavalli sono a loro disposizione in cambio di una manciata di corone.

⩓ ***Autocamp Varín:*** ☎ 569-24-10. Fax: 562-31-71. All'uscita di Varín, una decina di chilometri a est di Žilina. Piccolo campeggio familiare con un campo da tennis e una sauna a prezzi ragionevoli. Possibilità di alloggiare in bungalow non troppo cari. I prezzi diventano molto economici se siete in quattro. Una quindicina di pullman al giorno per Terchová e Žilina.

Prezzi economici

⌂ ***Residenze universitarie:*** *Vysokoškolské Internáty*, in via Vysokoškolakov. ☎ 565-25-15. Calcolate 200 Slk per persona. In via Hlinská, ☎ 723-39-14. L'ultima, un po' più cara, si trova in via Nemcnica, ☎ 511-06-71.

⌂ ***Hotel Polom:*** Hviezdoslavova 22, di fronte alla stazione *ZSR*. ☎ 562-11-51. Fax: 562-17-43. Calcolate da 530 a 1050 Slk per una camera doppia. In centro. Piccole camere non proprio fantastiche ma pulite, come del resto anche i bagni. Meno caro in settimana, l'albergo diventa veramente interessante se prendete una camera con servizi igienici sul pianerottolo (non è il massimo ma restano comunque praticabili).

Prezzi medi

GMK Centrum Penzión: Mariánske námestie 3. ☎ 562-66-02. Fax: 562-41-26. Sulla piazza principale. Calcolate 1000 Slk. Questa pensione non presenta nessun interesse particolare, a parte la posizione molto centrale e i prezzi ragionevoli. Camere pulite con TV. L'edificio ospita anche un ristorante, un bar e un *lahôdky*.

Chic

Astoria Hotel: Národná ul.. ☎ 562-47-11. Fax: 562-31-73. In centro. Calcolate da 2200 a 2800 Slk per gli appartamenti. Bellissimo albergo moderno di lusso. Camere tranquille con TV e vista sulla piazza A. Hlinku. Un posto bello, chic e caro.

Dove dormire nei dintorni

Penzión Irenka: a 15 km, nel villaggio di Strečno dove c'è il castello. ☎ e fax: 569-76-73. Graziose camere a 1000 Slk con la prima colazione. Un albergo nuovo e pulito. Chiedete una camera con vista sul fiume. Di sera potete anche cenare all'aperto. Non abbiamo trovato di meglio…

Dove mangiare

Prezzi economici

U Mešt'na: Farská ul. 27/2. Aperto da lunedì a venerdì dalle 7 alle 19, sabato dalle 8 alle 13. Un *lahôdky* tradizionale con una tipica atmosfera da mensa. Prezzi veramente economici.

Ludova Jedálen: Národná 7, di fianco all'*Astoria Hotel* andando verso la stazione. Aperto da lunedì a venerdì dalle 6.30 alle 18, sabato dalle 8 alle 14. Mensa popolare, pratica per una prima colazione alla slovacca (salsiccia, prosciutto, uova, tè…).

Prezzi medi

Denný Restaurant: Stúrova 12. Aperto da lunedì a venerdì dalle 9 alle 21.30, fino alle 20 sabato. Ristorante popolare con diversi ambienti: potete sostare al bar oppure accomodarvi nelle sale al primo piano. Buono ed economico. Calcolate meno di 100 Slk per persona. Tutto è tipico, dall'odore della cucina fino alla schiuma della birra sui baffi.

Na Bráne: Bottova ul. 10. Aperto fino alle 22. Chiuso domenica. Luogo di ritrovo della gente del posto dove si mangiano piatti locali a 150 Slk per persona. Le cameriere hanno il sorriso sulle labbra e c'è sempre tanta gente. Quando tutti i tavoli sono occupati, ci si siede insieme a chi è già accomodato.

Slovenská Jedáleň: Trnavská ul. 10. A due passi dal centro. Aperto da lunedì a venerdì dalle 9 alle 22, sabato dalle 11 alle 20, domenica dalle 12 alle 20. Un ristorantino con le pareti rivestite di pino bianco tipicamente slovacco. Piatti tradizionali economici.

Tosca Café-Restaurant: Štúrova ul. 2. Aperto da lunedì a giovedì dalle 10 alle 23, venerdì dalle 10 a mezzanotte, sabato dalle 16 alle 23. Tra 150 e 200 Slk per persona. C'è sempre un po' di gente. Il locale è un filo chic e non molto animato. Ma servono da mangiare fino a tardi (rispetto agli altri ristoranti) in una saletta di fianco al bar.

Più chic

Gastro Nóvum: Závodská cesta 2961. Considerato una delle migliori tavole di Žilina, questo ristorante slovacco propone piatti slovacchi serviti in un ambiente slovacco. Se l'accoglienza lascia talvolta a desiderare, bisogna dire che si mangia bene e i prezzi restano, nonostante tutto, molto ragionevoli.

Dove bere qualcosa

Emócia Gallery: Štefánikova ul. 2. Aperto da lunedì a giovedì dalle 10 alle 22, venerdì dalle 10 a mezzanotte. È il locale alla moda di Žilina, dove si ritrovano tutti i giovani artisti. L'arredamento è molto *in:* muri neri decorati con disegni di bambini, trofei di caccia e grandi fotografie artistiche. Non molto caro e originale rispetto a quello che si vede di solito in Slovacchia.

Méštán: Farská ul. Di fianco al *lahôdky* che porta lo stesso nome. Aperto da lunedì a giovedì dalle 11 alle 23, venerdì dalle 11 a mezzanotte, domenica dalle 17 a mezzanotte. Un altro buon indirizzo centrale: grande pub in una cantina di pietra, ambiente rock'n'roll.

Da vedere

★ **Castello di Budat'n:** aperto dalle 8 alle 16. Chiuso lunedì. All'entrata della città se arrivate da Trenčín, riconoscibile grazie al grosso torrione di un bianco immacolato. Edificio rinascimentale contaminato da elementi barocchi. Ospita il *Museo regionale* dove sono esposte opere di artigianato domestico e oggetti del mestiere dei calderai ambulanti (artigiani che si spostavano da una località all'altra offrendo i loro servigi di aggiustatori di vecchie pentole). Il pezzo storico più significativo è il *Libro di Žilina*, uno dei primi manoscritti in lingua slovacca risalente al 1378.

★ **Piazza Mariánske:** anticamente chiamata piazza del Mercato, presenta numerose dimore borghesi con arcate gotiche. Abbiamo contato ben 44 case e 106 arcate, ma potremmo esserci sbagliati… La piazza risale all'epoca della creazione della città, verso il 1300.

➤ *NEI DINTORNI DI ŽILINA*

★ **Castello di Strečno:** a 15 km da Žilina sulla strada per Martin. Aperto da maggio a ottobre dalle 9 alle 17 (18 da giugno a agosto). Entrata: 40 Slk. Una visita da non perdere. Su un sito di notevole bellezza che domina il fiume Váh, i resti parzialmente ricostruiti di una superba fortezza del XIV secolo. Il castello si sviluppò soprattutto a cavallo tra il XV e il XVI secolo, prima di essere distrutto dal fuoco su ordine di Leopoldo I nel 1698. Il 30 agosto 1944 alcuni soldati francesi evasi dai campi di prigionia tedeschi furono incaricati dall'organizzazione d'insurrezione nazionale slovacca (SNP) di bloccare, proprio all'altezza di questo castello, l'avanzata della Wehrmacht nella zona di Strečno. Di fronte al castello, monumento in memoria dei combattenti francesi caduti sul campo.

★ **Starhad:** a Strečno, sotto il castello, dalle 6 alle 20, è possibile imbarcare la macchina su un battello per raggiungere l'altra riva: in questo modo si

LA SLOVACCHIA CENTRALE

evita di ripassare da Žilina. Starhad era una roccaforte di guardia costruita sullo stesso modello del castello di Strečno. Oggi in rovina, non è (ancora?) stata ristrutturata ed è quindi meno interessante della sua sorella gemella. In compenso, potete raggiungerla a piedi godendovi bellissimi scorci sul fiume Váh. Calcolate 20 min.

★ ***Rajecká Lesná:*** 25 km a sud di Žilina in direzione di Čičmany. Questo piccolo villaggio propone (con apertura dalle 9 alle 12 e dalle 13 alle 18) un'attrazione insolita per non dire surreale: una riproduzione in legno del villaggio di Betlemme, larga 8,50 m e alta 3 m. In fondo al villaggio, un piccolo Calvario con una bella vista sulla regione e il villaggio, e una sorgente di acqua calda ricca di magnesio. Seguite i cartelli *Kalvária Liečivá voda*. Portatevi qualche bottiglia vuota. Possibilità di fare pic-nic.

★ ***Čičmany:*** a una quarantina di chilometri da Žilina, verso sud, sulla strada 64. Un villaggio ricostruito con più di un centinaio di case di legno tipiche. In estate le donne indossano i tradizionali costumi colorati e invitano i turisti a venire ad ammirare (e comprare) i loro ricami. A dire il vero, il tutto manca di spontaneità e d'interesse, tanto più che lungo la strada vi capiterà di visitare villaggi molto più autentici. Se ci tenete ad andarci, il posto può essere un buon punto di partenza per belle camminate. In inverno ci sono tre piste da sci.

– ***Ecomuseo:*** nel centro del villaggio. Aperto dalle 8 alle 16. Chiuso lunedì. Visita commentata in inglese, tedesco o slovacco. Museo etnografico che illustra la vita degli abitanti. Esposizione di utensili e mobili tradizionali.

Lasciare Žilina

In treno

➢ ***Per Bratislava:*** una ventina di treni dalle 2 alle 20.30. 203 km in tutto, 5 ore di tragitto. *Trenčín* è a 124 km sulla stessa linea.
➢ ***Per Kosiče:*** una ventina di treni dalle 2 di notte alle 20. 242 km, calcolate più o meno 3 ore di viaggio. Sulla stessa linea si trovano anche *Liptovský Mikuláš* (83 km) e *Poprad* (141 km).

In pullman

➢ ***Per Banská Bystrica:*** un pullman ogni ora dalle 5 alle 20.30.
➢ ***Per Bojnice:*** tre pullman dalle 7 alle 14.
➢ ***Per Cičmany:*** 5 partenze dalle 5 alle 19.
➢ ***Per Liptovský Mikuláš:*** una partenza ogni ora, l'ultima alle 21.
➢ ***Per Poprad:*** una decina di pullman al giorno, l'ultimo alle 16.20.
➢ ***Per Strečno:*** una decina di pullman dalle 6 alle 18.
➢ ***Per Terchova:*** una decina di pullman dalle 6 alle 22.

BOJNICE

PREF. TEL.: 046

★ ***Castello di Bojnice:*** alla periferia di Prievidza, 180 km a nord-est di Bratislava e 60 km a sud di Žilina. ☎ 543-06-33. • www.bojnice castle.sk • Possibilità di fare visite notturne animate da fantasmi... Aperto tutti i gior-

ni, eccetto lunedì, da maggio a ottobre dalle 8 alle 17, da novembre ad aprile dalle 9 alle 15.
Edificato nel XII secolo in stile gotico, il castello è stato ricostruito nel XVI secolo in stile rinascimentale. Nel XIX secolo la ricchissima famiglia Pálfy decise di modificarlo sul modello dei castelli della Loira. Circondato da fossati e mura rifatti, possiede 250 sale, un terzo delle quali visitabile. Le guide che vi accompagnano indossano costumi d'epoca. Potete ammirare una superba esposizione (nella quale abbiamo comunque rilevato alcuni anacronismi e incongruenze). Nella terza sala, il giardino d'inverno, entrando sulla sinistra notate il quadro più grande con Luigi XVI e Maria Antonietta, figlia di Maria Teresa, la potente imperatrice d'Austria. Un po' più lontano, ammirate il bel lampadario del salone orientale. Sul percorso vedrete anche alcuni magnifici tavoli con incastonate pietre preziose, una bellissima sala delle armi e la tomba dell'ultimo Pálfy con una pietra che pare pesi 7 tonnellate. Nella galleria sono esposte opere di grandi maestri del XVII e XVIII secolo. È sicuramente uno dei più bei castelli dell'Europa centrale, da non perdere.
– All'uscita si trova il *giardino zoologico* più antico e più grande della Slovacchia. Dimostrazioni di volo di uccelli predatori alle 10.30, 12, 13 e 14.30.

TRENČÍN

57 000 ab. PREF. TEL.: 032

Situata tra Bratislava (132 km) e Žilina (71 km), la città di Trenčín è dominata da un enorme castello fortificato. Gli archeologi sono risaliti fino al paleolitico, ma Trenčín è famosa soprattutto per una iscrizione romana dell'anno 179. Quando l'Impero romano si spostò verso il Danubio, furono costruiti diversi campi trincerati, e Trenčín era uno di questi, come testimonia l'iscrizione sulle mura del castello.
La città in sé non presenta un grande interesse ma può costituire una piacevole tappa lungo il viaggio di ritorno verso Bratislava, in particolare per i campeggiatori. Trenčin è anche sede della fabbrica *Ozeta*, il più grande produttore slovacco di capi di abbigliamento da donna e da uomo. Ciò spiega la presenza di numerosi negozi di abbigliamento.

Indirizzi utili

Informazioni: Štúrovo 10. ☎ e fax: 743-35-05 o 16-186. • www.trencin.sk • Aperto in estate tutti i giorni dalle 8 alle 18, sabato dalle 8 alle 13; in inverno, dalle 8 alle 17, chiuso nel fine settimana. Vi forniranno una cartina gratuita della città con indicati le pensioni e i ristoranti. Potete anche consultare una lista completa delle pensioni. Accoglienza simpatica.

@ ***Klub Internet:*** nello stesso edificio del cinema *Kino Hviezda*. Aperto dalle 10 alle 22.

Dove dormire

Campeggio

Autocamping ATC Na Ostrove: ☎ e fax: 743-40-13. Aperto dal 15 maggio al 15 settembre. Finalmente un campeggio in centro, vicino al Metský Stadión con i suoi grandi riflettori: impossibile non trovarlo. Ben situato vicino al fiume Váh in un posto verde e tranquillo anche se si sentono passare i treni. Chalet a 380 Slk per due per la prima notte, sanitari in comune. Diversamente, calcolate 70 Slk per la tenda e la macchina e 120 Slk per persona. Bella vista sul castello. Provate gli chalet: sono la migliore soluzione di alloggio del centro; almeno così siete all'aria aperta. Club di biliardo e piscina nel quartiere. Il campeggio propone anche diverse attività nautiche.

Prezzi economici

🏠 *Penzión Kerola:* Trojlôzkova izba. ☎ 652-59-20. Residenza universitaria aperta in estate. Calcolate 250 Slk per persona.

🏠 *Penzión Svorad:* piazza Palackého 4, a due passi dall'ufficio informazioni. ☎ e fax: 543-03-32. Idealmente situato nel centro e ben indicato. Calcolate 600 Slk circa per due. Grande edificio di proprietà della chiesa. Camere spaziose con bagni in comune con un'altra camera. Chiedetene una con vista sul castello. L'ambiente è un po' vecchiotto e fa ancora pensare a un internato, ma è il meno caro della città. Riservato ai non fumatori.

Prezzi medi

🏠 *Penzión Royal:* Vladimir Royal 19. ☎ 640-06-60. Fax: 640-06-61. Dal centro prendete la direzione di Bratislava e attraversate il ponte; l'albergo si trova nella prima via a destra dopo il *Pneu Servis*. A 5 min. a piedi dal centro. Camere graziose a 1200 Slk con la prima colazione inclusa. Purtroppo ci sono solo 9 camere: vi consigliamo quindi di prenotare (dovrete però parlare tedesco). Ristorante e parcheggio a disposizione. Alla fine della strada, bella vista sul castello.

Chic

🏠 *Hotel Tatra:* Štefánika 2. ☎ e fax: 650-62-13. All'entrata del centro, ai piedi delle mura. Un edificio dell'inizio del XX secolo che propone camere di lusso a 4300 Slk senza la prima colazione. Letto molto grande, veramente immenso, estremamente piacevole.

Dove mangiare

Prezzi economici

|●| *Lahôdky:* Stúrovo námestie 3. Aperto dalle 6 alle 18 in settimana, fino alle 12 sabato. Un locale tradizionale che non è ancora stato sostituito da un *McDonald's*. Perfetto per la prima colazione o per uno spuntino. Si mangia in piedi con la gente del posto e c'è sempre qualche scena di vita locale da osservare.

|●| *Lahôdky:* Hviezdoslavova 202. Aperto tutti i giorni dalle 8 alle 20. Maggiore scelta che negli altri locali e in più c'è anche un piccolo spazio all'aperto con tavoli.

|●| *Hostinec Plzenská:* galleria commerciale Fatima. Aperto dalle 9 alle 17. Il posto fa pensare a una taverna per ubriaconi. Potete mangiare il *bryndzové halušky* per soli 40 Slk. Chi offre di meglio? La *Borovička* è a parte...

Prezzi medi

|●| *Jedaleň:* Hviezdoslavova námestie, nell'edificio *Gastrocentrum pod Brezinou* (kenavo). Aperto dalle 11 alle 21, chiuso domenica. Una grande sala che assomiglia a un ristorante di stazione dove si mangia decentemente a prezzi economici. Calcolate da 100 a 150 Slk per persona. Inoltre, anche i vegetariani saranno soddisfatti.

|●| ***Ristorante Inn 33:*** Palackého 103/33, sulla piazza, non distante dall'*Hotel Tatra*. Aperto dalle 11 alle 24. Sala interna disposta intorno al bar oppure tavolini all'aperto in un cortile chiuso. Agli amanti di Dalí consigliamo di accomodarsi all'interno. Buona carta: provate il pesce «Mireille». Calcolate 120 Slk per persona.

|●| ***Ristorante Lanius:*** Mierove 20, nella via pedonale con la colonna della Santa Trinità. Aperto fino all'1 di notte in settimana, fino alle 3 del mattino venerdì e sabato per la zona bar. Calcolate da 120 a 150 Slk per persona. Vecchia dimora borghese con una piacevole sala con camino. Gli appassionati di scacchi troveranno facilmente un partner con cui giocare sulle scacchiere a disposizione.

Chic

|●| ***Ristorante dell'Hotel Tatra:*** considerato il migliore e il più caro, senza ombra di dubbio, della città. Ci sono due sale: da quella al primo piano è possibile vedere la famosa iscrizione romana, mentre nell'altra i pasti sono accompagnati da gruppi musicali tzigani tutti i venerdì, sabato e domenica sera. Calcolate da 250 a 300 Slk per persona.

Dove bere qualcosa

🍸 ***Caffè Sissi dell'Hotel Tatra:*** il caffè non è proprio regalato (20 Slk, senza il latte) ma per una volta potete fare uno strappo alla regola, soprattutto perché se non andate al ristorante dell'albergo è l'unico modo per vedere la famosa iscrizione romana. Per chi fosse interessato, si trova all'altezza della scala per salire al primo piano. L'ambiente è molto lussuoso ma... i fiori di plastica in un posto del genere sono veramente di cattivo gusto!

🍸 ***Harley Road Café:*** di fronte alla *Penzión Svorad*, su Palackhého. Chiude verso le 21. Ambiente con tondelli di legno, musica rock e atmosfera da motociclisti.

🍸 ***Billard Club:*** Hviezdoslavova, all'ultimo piano dell'edificio del *Gastrocentrum*. Aperto dalle 12 a mezzanotte, fino alle 2 venerdì e sabato. C'è anche uno spazio all'aperto.

🍸 ***Cleopatra Bar:*** Palackého 31. Bar notturno aperto dalle 21 alle 4 del mattino.

🍸 ♩ ***Fatima:*** sul sentiero lastricato che sale verso il castello. Ristorante-bar-discoteca aperto sabato fino alle 5 del mattino.

Da vedere

★ ***Castello:*** in centro. Aperto da maggio a inizio settembre dalle 9 alle 17.30, fino alle 16.30 in settembre. Da ottobre ad aprile fino alle 15.30. Visita guidata ogni mezz'ora, e siccome le sale sono piccole talvolta ci si ritrova accalcati davanti alla porticina. Entrata: 80 Slk; tariffa ridotta per bambini e studenti. Alcune tracce della presenza di legionari romani all'inizio della nostra era sono state ritrovate sulle mura del castello. La parte più antica del castello, la torre Matyas, risale all'XI secolo. La costruzione presenta alcune caratteristiche tipiche dei castelli bavaresi o austriaci. Nel XIII secolo i Tatari distrussero la città che rinacque grazie all'impegno del nobile Čák, in ciò imitato dal figlio Matyas di Trenčín, in seguito signore di quasi tutta l'attuale Slovacchia. Nel cortile del castello, a sinistra, si trova il leggendario «pozzo d'amore» dove il turco Omar scavò per tre anni per recuperare la sua bella Fatima. La visita del castello non è né originale né molto interessante.

★ ***Iscrizione romana:*** sulle mura del castello, visibile solo dall'*Hotel Tatra*. L'iscrizione, incisa nella pietra, risale al 179 d.C. ed è la più antica mai ritrovata nel paese. Testimonia la sconfitta inferta, qui a Laugaritio, alla tribù germanica dei Quadi dalla seconda legione sotto il comando di Marco Aurelio Commodo. All'epoca, la città faceva parte del sistema di fortificazioni romane con funzione «antibarbari», il Limes Romanus.

★ ***Visita del centrum:*** partendo dall'ufficio informazioni troverete l'antica sinagoga in stile neoromanico con elementi bizantini e orientali. Attualmente viene utilizzata come sala di esposizione per mostre temporanee. Su piazza Štúrovo, la fontana con i getti d'acqua a sorpresa incanterà tutti i bambini. Un po' più distante, su piazza Mierové, la colonna della Santa Trinità ricorda la terribile epidemia di peste che nel 1710 fece più di 1600 vittime.

➤ *NEI DINTORNI DI TRENČÍN*

★ ***Trenčianske Teplice:*** 12 km a nord di Trenčín. Accessibile con un trenino abbastanza simpatico. Città termale famosa in tutto il mondo per le sue sorgenti ricche di zolfo, particolarmente indicate per curare le malattie dell'apparato motorio e del sistema nervoso. C'è un bellissimo bagno turco del 1888, ma sfortunatamente è accessibile solo alle persone che seguono una cura, munite di ricetta medica. Ciò detto, gli amanti delle cose belle possono comunque dare un'occhiata. I massaggiatori non hanno mai cacciato via nessuno, ma forse i chilometri da percorrere sono troppi in cambio di qualche attimo di contemplazione. A inizio giugno c'è un festival di cinema che tra gli invitati d'onore ha già ricevuto Catherine Deneuve e Jean-Paul Belmondo. Il centro è molto piacevole per bere qualcosa o mangiare un gelato davanti agli alberi esotici e alle piante grasse.

★ ***Castello di Beckov:*** 20 km a sud di Trenčín, sulla riva sinistra del fiume Váh. Aperto da maggio a ottobre dalle 9 alle 18. Rovine che diventano interessanti solo durante il week-end del 14 luglio quando ospitano un festival di folclore con concerti nella chiesa. Ma anche in questa occasione niente fuochi d'artificio né balli popolari. Nel villaggio c'è anche un museo.

Lasciare Trenčín

In treno

La stazione si trova a meno di 1 chilometro dal centro.
➤ ***Per Bratislava:*** una ventina di treni dalle 4 alle 20.45. 124 km in 2 ore e mezzo con un treno rapido.
➤ ***Per Žilina:*** dalle 5.30 all'1.30 una ventina di treni. 321 km, tragitto di 4 ore e mezzo.
➤ ***Per Trenčianske Teplice:*** coincidenza a Trenčianska Teplá. Un treno ogni ora dalle 4.30 alle 22.
La stazione dei pullman si trova giusto di fronte. Pullman per *Bratislava*, *Žilina*, *Zvolen*.

I MALÁ FATRA

I MALÁ FATRA

A ovest della Slovacchia, i Malá Fatra (Piccoli Fatra) sono una piccola catena montuosa di media altitudine che risale fino agli Alti Tatra. Le cime più alte culminano a 1600-1700 m. Il paesaggio, attraversato da piccole stradine di campagna, ricco di boschi, torrenti e cascate, è magnifico e offre tantissime occasioni di passeggiate a piedi. A est di Žilina, sempre nei Malá Fatra, un parco nazionale di 200 km^2 introduce alla celebre valle di Vrátna. Molti turisti slovacchi e stranieri vengono a passarci le vacanze e il fine settimana, godendosi grandi passeggiate bucoliche in estate o lunghe giornate di sci in inverno.

Lungo la valle di Vrátna troverete sentieri segnalati fino al «villaggio» di ***Vrátna***, dove c'è una seggiovia generalmente in servizio durante il periodo estivo. Potete salire fino ai 1500 m del *colle di Snilovské Sedlo*. Da qui, in un'ora di cammino circa, potete raggiungere senza troppe difficoltà il *picco Chleb* (1645 m) e il *Veľký Fatranský Kriváň* (1700 m), le cime più alte dei Piccoli Fatra.

Si accede alla ***valle di Vrátna*** e al ***Parco nazionale dei Piccoli Fatra (Národný Park Malá Fatra)*** partendo da *Terchová*.

TERCHOVÁ – ŠTEFÁNOVA

PREF. TEL.: 041

All'uscita di Terchová, si trova una grande statua dedicata a Juraj Jánošík, Robin Hood slovacco nato in questa regione e diventato celebre in tutto il paese (in città c'è un piccolo museo dedicato a questo personaggio). Ma Terchová è anche il villaggio natale di František Kollár (1718-1783), il «Socrate» slovacco. Il villaggio attira molti turisti per gli spettacoli di musica e danze tradizionali delle montagne. Ogni anno a fine luglio si svolge il festival di *Jánošíkove dni*. Se siete nei paraggi, vale la pena di farci un giro.
All'entrata della valle, sulla sinistra, una strada conduce a *Štefánova*, piccolo villaggio molto più affascinante di Vrátna, punto di partenza di alcune bellissime passeggiate, in particolare quella detta di *Jánošík*.

Indirizzo utile

■ All'entrata del villaggio di Štefánova, sulla destra, si trova ***Slovakotour:*** ☎ 569-52-22. Tantissime informazioni sugli alloggi, le passeggiate e le precauzioni da prendere.

Dove dormire

⛺ ***Camping Nižné Kamence:*** all'entrata della valle, subito prima di Belá Nižné Kamence, in un sito immerso nel verde. ☎ 569-52-33. Aperto tutto l'anno. 50 Slk per persona, tenda e macchina. Campeggio ben ombreggiato in riva a un ruscello.

Camere presso privati: è la formula meno cara. All'ufficio informazioni all'entrata di Štefánova, a destra, Magdaléna, una donna molto simpatica che conosce la regione come le sue tasche, propone alcune camere presso privati. Ci sono molte pensioni e camere dove alloggiare: segnalateci i vostri migliori indirizzi.

Chata Vratná: Vratná, in fondo alla strada. ☎ 569-57-31. Fax: 569-57-39. Da 350 a 460 Slk per due secondo il periodo. Chalet superbo e molto accogliente in fondo alla valle e ai piedi delle piste. Camere tipiche di montagna e bagni puliti. Attenzione, mezza pensione obbligatoria.

Penzión Stárek: a Štefánova. ☎ 569-53-59. Il proprietario, dalla lunga capigliatura brizzolata, propone alcune camerette pulite e completamente rifatte. Calcolate 750 Slk per due. Gestisce anche un bar e un ristorante. Atmosfera rilassata.

Hotel Terchová: a Terchová. ☎ 539-31-09. Fax: 569-56-30. Bellissimo albergo di lusso, pulito e piacevole, con vista sull'entrata della valle. Camere per due a partire da 1000 Slk.

➤ NEI DINTORNI DI TERCHOVÁ – ŠTEFÁNOVA

★ ***Likava hrad:*** a nord di Ružomberok, una ventina di chilometri a ovest di Litpovský Mikuláš. Alla periferia di Ružomberok, in fondo a un sentiero sterrato. Un posto bellissimo dimenticato dalle guide turistiche. Magnifico castello in rovina in stile gotico del XIII secolo. L'accesso è ancora vietato per ragioni di sicurezza, ma potete avvicinarvi a piedi o in macchina e il panorama è splendido. Anche se non ve la sentite o se tenete troppo alla vostra macchina, vi consigliamo assolutamente di fare un salto ad ammirare il castello.

★ Verso Dolný Kubín, bella strada di montagna. A ***Zázrivá***, alcune vecchie abitazioni di legno. Dolný Kubín, invece, è una cittadina industriale senza fascino. All'uscita di ***Vyšný Kubín*** (verso Ružomberok), uno splendido maniero di legno con tetti e cupole ricoperte di lastre di pietra. A ***Istebné***, in fondo al villaggio sulla destra, una magnifica chiesa di legno. Se è chiusa, fatevi aprire da qualcuno al presbiterio. Una trentina di chilometri a nord-est di Dolný Kubín, a Tvrdošín, c'è una bellissima chiesa di legno del XV secolo, ricostruita alla fine del XVI secolo. Stessa cosa a ***Leštiny:*** grande chiesa di legno del XVII secolo con una notevole galleria tra la chiesa e il campanile. Entrata a pagamento.

★ ***Castello di Oravský Podzámok:*** 8 km a nord di Dolný Kubín. ☎ (043) 589-31-22. Aperto da maggio a ottobre tutti i giorni dalle 8.30 alle 17 (17.30 in luglio e agosto); solo su prenotazione il resto dell'anno. Una visita da non perdere: è probabilmente uno dei castelli più belli del paese. Costruito nel XIII secolo in tre parti, in cima a un potente picco roccioso che sembra fargli da basamento. La fortezza domina il fiume Orava da un'altezza di 106 m. La sua posizione strategica permetteva al proprietario di controllare la strada verso la Polonia, agli abitanti di difendersi dagli invasori... e a noi di goderci un magnifico panorama. All'interno, visita (in inglese) molto interessante. Il suo aspetto impressionante ispirò numerosi cineasti. Per informazione, è qui che nel 1921 fu girato il primo film su Dracula.

★ ***Oravská Polhara:*** vicino alla frontiera polacca, sperduto nell'Horná Orava. Prendete la direzione di Námestovo e proseguite per una ventina di chilometri fino alla fine.

⛺ ***Autocamp Stará Hora:*** tra Námestovo e Trstená, a Oravská Priehrada. ☎ e fax: (043) 552-22-23. Campeggio in riva al fiume. Bungalow a 330 Slk; calcolate 50 Slk per persona, tenda e macchina. Attività nautiche.

🏠 ***Penzión Biela Farma:*** in fondo al villaggio di Oravská Polhara. ☎ e fax: (043) 559-51-35. • www.trio@bielafarma.sk • La pensione è gestita da un francese. Calcolate 500 Slk per due persone, prima colazione esclusa. Un vero paradiso per gli appassionati della natura: un lago a 10 km per i bagnanti, i surfisti e gli amanti di kayak. Possibilità di fare alpinismo e passeggiate in montagna. Dopo tutte queste attività potete rilassarvi con una bella partita a biliardo.

★ Per quelli che si dirigono verso la strada più a nord della regione (da Čadca-Krásno a Námestovo), segnaliamo che lungo il percorso si trovano diversi ***musei all' aperto*** (per maggiori dettagli vedi sopra «Slovacchia. Informazioni generali. Patrimonio naturale e culturale»). Il ***Kysucké múzeum*** a ***Nová Bystrica-Výchylovka*** è aperto da maggio a ottobre dalle 9 alle 17.30. Chiuso lunedì. Sabato, rievocazione dei mestieri in costume. Possibilità di fare visite guidate in inglese. È uno dei più grandi *skansen* slovacchi, immerso in un ambiente superbo. I monti Beschidi, con il loro profilo dolcemente ondulato, si stendono lungo la frontiera polacca.

★ A ***Martin*** (più a sud) c'è un parco di 100 ettari che racchiude più di 80 edifici tradizionali (rappresentativi di 12 regioni slovacche) disposti intorno a una chiesa di legno del 1798. *Museo etnografico* con un'importante collezione di costumi folcloristici: aperto da martedì a domenica dalle 9 alle 17.30. Potete anche visitare il *museo Martin-Benka*, dove sono esposti quadri del XX secolo. Aperto da martedì a sabato dalle 9 alle 17; da maggio a settembre il museo è aperto anche domenica dalle 9 alle 13.

★ ***Vlkolnec:*** 5 km a sud di Ružomberok, sulla E77. Questo piccolo villaggio sperduto tra le montagne dei Veľká Fatra e ignorato dalla maggior parte delle guide turistiche, è un vero gioiello. *Vlko* significa lupo e gli abitanti del posto godevano fama di essere eccellenti cacciatori. Iscritto nella lista del patrimonio mondiale dell'UNESCO nel 1993, il villaggio è composto da una trentina di abitazioni tradizionali di legno (ce n'erano 50 prima della guerra), riunite intorno a una cappella anch'essa di legno.
La prima testimonianza relativa a questo villaggio fuori dal comune risale al 1376. A parte le abitazioni, ci sono solo un *bar* (aperto dalle 9 alle 17) e un piccolissimo *museo* sull'architettura tradizionale e sui costumi della regione (aperto dalle 9 alle 17). La visita è interessante e il prezzo d'entrata irrisorio. Panorama superbo e sito eccezionale. Amico lettore, è veramente una visita da non perdere, soprattutto perché è molto meno turistica di molti altri villaggi cosiddetti «tradizionali».

LIPTOVSKÝ MIKULÁŠ 35 000 ab. PREF. TEL.: 044

Questa città industriale non presenta un grande interesse né festaiolo né culturale, ma è comunque un buon punto di partenza per percorrere la regione e visitare le numerose valli. Insomma, una buona tappa prima di partire verso gli Alti Tatra. In estate, il lago attira molti turisti soprattutto per le numerose attività sportive offerte.

Indirizzo utile

🛈 ***Centro d'informazioni turistiche:*** Mieru námestie 1. ☎ (0849) 16-186 o 55-22-418. • www.liptovskymikulas.sk • Informatevi sulle date del festival folcloristico di Východná, tra Liptovský e Poprad.

Dove dormire

⛺ ***Autocamp di Liptovský Trnovec:*** 5 km a nord di Liptovský. All'entrata del villaggio, in riva al lago. ☎ 559-84-58. Aperto da metà giugno a fine agosto. Cottage per tre persone a 700 Slk; 90 Slk per persona e 60 Slk per la tenda e la macchina, 20 Slk in più per il camper. Attività nautiche e possibilità di fare parapendio sulle alture.

🏠 ***Hotel Lodenica:*** Janka Krála nábrežie 8. ☎ 552-23-49. Fax: 52-02-17. A due passi dal centro, all'entrata della città nella prima via a destra dopo la stazione di servizio *Shell*. L'albergo funziona come un ostello. Calcolate 220 Slk per persona. Piccole camere molto pulite con vista sul fiume Váh e a prezzi economici; docce e servizi igienici in comune. Nelle vicinanze, possibilità di fare kayak, campi da tennis e piscina. In estate l'albergo ospita colonie, e diventa quindi un po' rumoroso.

🏠 ***Hotel Kriváň:*** Stúrova 5. ☎ 552-24-14. Grande albergo un po' vecchiotto e molto centrale gestito da una squadra di persone molto rilassate. Una decina di camere di cui tre doppie a 530 Slk; qualche camera più economica con doccia e servizi igienici in comune. Le camere sono piccole ma pulite e l'accoglienza è veramente molto simpatica.

Dove mangiare

Liptovská Izbá: Osloboditeľov námestie 21. ☎ 551-48-53. Sulla piazza centrale. Aperto da lunedì a sabato dalle 10 alle 22, domenica dalle 12 alle 22. Riconosciuto come uno dei migliori indirizzi di Liptovský Mikuláš. Calcolate almeno 100 Slk per persona, bevanda compresa. Un ristorantino molto grazioso con sala interna rivestita di pino bianco, stile chalet. Servono una buona cucina slovacca tradizionale, ma bisogna dire che l'accoglienza è un po' fredda.

Da vedere

★ ***Múzeum Janka Krála:*** Osloboditeľov námestie 30. Ricostruzione di una camera di tortura.

➤ *NEI DINTORNI DI LIPTOVSKÝ MIKULÁŠ*

★ ***La piscina termale di Bešéňova:*** nel villaggio che porta lo stesso nome, tra Ružomberok e Liptovský Mikuláš. Diversi bacini all'aperto, di cui alcuni a una temperatura di 37 °C. Aperto tutto l'anno dalle 10 alle 21. Calcolate 80 Slk per persona, tariffe ridotte per bambini e parcheggio a pagamento. Massaggi, bar, ristorante... e scivoli acquatici: un posto ideale se viaggiate con i marmocchi. Potete arrivarci in treno. Da Bešéňova potete raggiungere Dolný Kubín facendo una bella strada che passa da Leštiny.

★ ***Múzeum di Bobrovnik:*** a ovest di Liptovský Mikuláš, in riva a un lago. Superate l'albergo omonimo e arrivate fino alla cappella, dove bisogna prendere il sentiero in salita. Il múzeum (☎ 332-46-89) e le capanne celtiche si trovano in un campo.

★ ***Kračany:*** a nord di Liptovský Mikuláš. Attraversate il villaggio e proseguite fino alla fine del sentiero; da qui seguite le indicazioni «Kracianska dolina». Una passeggiata di un'ora circa per arrivare fino a un mulino ad acqua. Possibilità di fare canyoning.

★ ***Zuberec-Brestová:*** a nord di Liptovský Mikuláš, 4 km dopo il villaggio di Zuberec. Aperto dalle 8 alle 16 (17 in luglio e agosto). Villaggio «ricostruito», sperduto in mezzo a una foresta di pini di 20 ettari percorsa da ruscelli. Gli interni delle case sono stati arredati con molta cura. Visitate la chiesa di legno del XV secolo decorata con affreschi rinascimentali.

★ ***Svätý Kríž:*** a sud-ovest di Liptovský Mikuláš. Villaggio conosciuto per la sua chiesa del XVIII secolo, uno dei più grandi edifici di legno di tutta l'Europa centrale (può accogliere fino a 6000 persone). In origine la chiesa si trovava a Paludza, un villaggio completamente coperto dall'acqua dopo la costruzione di una diga. Nel 1982 la chiesa fu smontata e trasferita a Svätý Kríž.

★ ***Grotta della Libertà (Jaskyňa Slobody):*** una decina di chilometri a sud di Liptovský Mikuláš, in direzione di Jasná. Aperta dalle 9 alle 16 da giugno a settembre; il resto dell'anno dalle 9.30 alle 14. Chiuso lunedì e da metà novembre a metà dicembre. Visite ogni ora; chiedete una visita guidata in inglese (più cara). Bisogna prevedere un'ora di tempo e attrezzarsi con un buon paio di scarpe e un maglione. Questa magnifica grotta dei Bassi Tatra è stata scoperta nel 1924. La parte visitabile è lunga 1600 m, ma la lunghezza totale della grotta è quattro volte maggiore! Numerose sale e passaggi con stalattiti e stalagmiti colorate (rosso, ocra, giallo, bianco). Uno spettacolo impressionante.

★ ***Grotta di ghiaccio di Belianska:*** stessi orari e stessi commenti che per la precedente. Questa grotta si trova qualche chilometro prima dell'altra. Difficile scegliere quale delle due visitare: vi consigliamo di prendere una monetina e di fare testa o croce.

★ ***Jasná:*** celebre stazione di sci per l'inverno e di camminate per l'estate, situata in fondo alla valle di Demänouská, nei Bassi Tatra. I sentieri sono segnalati molto bene e ci sono diversi alberghi di lusso, ma troverete anche alcuni simpatici chalet da affittare. Un posto molto turistico. Una ventina di pullman al giorno da Liptovský Mikuláš.

Ⓧ ***Autocamp*** all'entrata della valle.

– GLI ALTI TATRA –

Questa catena montuosa di tipo alpino (la più alta della Slovacchia) presenta dieci vette di più di 2600 m ma è lunga solo 26 km, motivo per cui è stata soprannominata «la più piccola catena d'alta montagna del mondo». Vi si trovano 1300 specie vegetali e una fauna molto ricca: cervi, caprioli, camosci, marmotte, cinghiali, volpi, tassi, linci, orsi e galli di brughiera. Non aspettatevi un ambiente selvaggio e intatto. La montagna in sé è selvaggia, ma per raggiungerla dovrete passare da tutte le stazioni di sci e i centri di vacanze che si concentrano in quei 26 km. Eh sì, la regione è magnifica, e quindi molto apprezzata e iperturistica!

Come arrivare

In macchina

➢ Se arrivate da ovest, lasciate la E50 in direzione di Pribylina (museo all'aperto) e Podbanské. Graziosa stradina di montagna. Accesso anche da Poprad.

In pullman

➢ Pullman regolari da Bratislava, Banská Bystrica e Starý Smokovec. Pullman frequenti da Prešov.

In treno

➢ Treno espresso Praga-Bratislava-Košice. Coincidenze a Poprad per Starý Smokovec. Potete anche fermarvi a Štrba e prendere il treno a cremagliera per Štrbské Pleso. Una linea ferroviaria collega tra loro le stazioni di Štrbské Pleso e Tatranská Lomnica.

POPRAD 56 000 ab. PREF. TEL.: 052

La città occupa una posizione strategica per visitare la regione ma non presenta grande interesse turistico. Punto di partenza del treno elettrico *TEZ* che fa servizio per le principali stazioni dei Tatra, Poprad è a solo qualche chilometro dai castelli di Kežmarok e Stará Ľubovná. Inoltre, la magnifica città di Levoča è a una ventina di chilometri, e quindi partendo da Poprad potete fare un bellissimo circuito ad anello senza dimenticare il Paradiso slovacco che si estende a sud. Insomma Poprad è un punto di passaggio quasi obbligato e, dopo tutto, la città è abbastanza piacevole con il centro riservato ai pedoni, le carrozzelle, i roller e i monopattini, per non parlare dei ristoranti e dei bar.

Indirizzi utili

ℹ ***Informazioni:*** Egidia 114. ☎ 772-17-00. Nella parte alta della piazza, aperto da lunedì a venerdì dalle 8 alle 19, sabato dalle 9 alle 13. Chiusura alle 17 in inverno. Accoglienza giovane e simpatica. Lista degli alloggi disponibili.

@ ***Old Chicago Internet:*** Egidia 3/5, nella parte bassa della piazza. Chiude alle 22. Una decina di computer e una sala speciale per giocare. Locale gestito da giovani.

@ ***Internet Café:*** nella parte alta della piazza, a destra, di fronte al parcheggio a pagamento. Aperto dalle 12 alle 23. Meno caro del precedente.

■ ***Cambio:*** Egidia 36. Aperto dalle 10 alle 18, sabato dalle 7 alle 12.30. Non applicano commissioni.

Dove dormire

Di fianco all'*Hotel Garni* c'è una residenza universitaria aperta solo in estate (Domov Mladezé). Da vedere sul posto.

Prezzi economici

Hotel Europa: di fronte alla stazione ferroviaria. ☎ 772-18-97. Uno degli alberghi meno cari della città. Calcolate 250 Slk per una persona, 350 Slk per due e 500 Slk per tre. Camere piccole con la moquette, nido ideale per gli acari. Insomma, un albergo per i piccoli budget abituati a questo genere di posti. Atmosfera da albergo di stazione.

Hotel Gerlach: di fianco al *Satel Hotel*. ☎ 772-19-45. Camere di seconda categoria a 400 Slk per due con doccia in comune, oppure camere un po' più gradevoli.

Prezzi medi

Hotel Garni: Karpatská 3 273/11. ☎ 776-38-77. Fax: 776-30-77. A 7 min. a piedi dal centro, vicino alle stazioni. A partire da 520 Slk per una doppia senza TV. L'ambiente fa pensare a una residenza universitaria, ma è pulito e l'accoglienza è simpatica. Snack-bar e ristorante.

Hotel Olympia: Partizánska 5 801. ☎ 776-57-55. Fax: 772-16-11. All'uscita della città, in direzione di Liptovský. Camera con mobili neri laccati a 800 Slk e appartamenti a 1100 Slk. Grande camera con vasca e salottino. Molto piacevole. Atmosfera giovane e sportiva, tipo tennis club. Ristorante.

Hotel Atrium: a Spišská Sobota, in direzione di Bardejov, a 5 min. in macchina e 20 min. a piedi dal centro. Sulla piazza della chiesa. ☎

776-95-22. Bella casa d'epoca trasformata in un albergo-ristorante. Camere di legno a 800 Slk con un grande bagno. Ambiente nuovo e pulito. Nel cortile sul retro, un giardinetto ideale per la prima colazione. Atmosfera riposante. Sulla piazza ci sono altre pensioni.

Dove mangiare. Dove bere qualcosa

|●| In piazza Egidia troverete diversi fast food; al n. 40 uno vegetariano che chiude alle 18, al n. 214 di via Majá una *bagetaria* (chiude alle 19) con insalate, sandwich e una sala per degustare il tutto tranquillamente. Pizze da asporto fino alle 21.30 al n. 58/38 di piazza Egidia.

|●| ***Slovenská reštaurácia:*** Majá 216, una via perpendicolare alla piazza. Superbo interno di legno con una piccola ruota ad acqua che produce un gradevole rumore di fondo, arredamento folcloristico e un camino con il fuoco spesso acceso. I piatti sono buoni e abbondanti: *bryndzové halušky* e *guláš* per gli affamati. Calcolate tra 150 e 200 Slk.

|●| ***Zvonica:*** sulla piazza centrale, dietro la chiesa. Chiusura alle 22. Diversi saloni interni pieni di fascino, come tante piccole alcove, e una bella zona esterna alberata. Stesse tariffe del precedente.

|●| ***Ristorante Galéria:*** Egidia 50/55. Piacevole spazio all'aperto sul retro, in un piccolo giardino. Piatti locali a 60 Slk circa.

Y ***Le Surprise*** aperto nel fine settimana e ***Aramis Club***, entrambi in centro.

Da vedere

★ ***Museo:*** nella parte alta di piazza Egidia, sullo stesso lato dell'ufficio informazioni. Chiuso lunedì. Non molto interessante.

★ ***Chiesa di San Giorgio:*** a Spišská Sobota, 2 km a nord di Poprad. Aperta dalle 9 alle 16; se per caso è chiusa chiedete della signora Dobrenková. La chiesa è molto interessante per le numerose pale d'altare. La navata è quella originale (1250) ma lo stile della chiesa è un miscuglio di romanico e gotico. Bellissimo altare maggiore con la rappresentazione di san Giorgio (1516) che lotta con il drago cattivo sotto lo sguardo ammirato del pastore; ancora un'opera magnifica di Paolo di Levoča. Date un'occhiata anche all'altare di Maria (1464) con il bambino che tiene un ciuccio e un uccello. Non dimenticate la tomba di Cristo e gli angeli che portano gli strumenti di tortura! La chiesa ospita talvolta concerti d'organo.

Acquisti

Vicino al ristorante *Tatra* c'è un negozio di souvenir che propone giochi di legno molto belli e oggetti dell'artigianato slovacco. Prezzi onesti. Ne troverete un altro al n. 158/2 di piazza Egidia. Pizzi e ricami per le signore, giochi per i bambini e buone bottiglie di vino per i signori.

Lasciare Poprad

In treno

Il treno elettrico ***TEZ*** fa servizio nelle stazioni di *Starý Smokovec* e *Štrbské Pleso*. Una ventina di treni dalle 4 del mattino alle 21.

➢ ***Per Stará Ľubovná:*** sulla linea di Plaveč, a 40 km. Una decina di treni dalle 4 del mattino alle 22. Kežmaroc è sulla stessa linea, a 14 km.
➢ ***Per Liptovský Mikuláš:*** sulla linea di Žilina-Košice, a 60 km. Un treno ogni ora.

In pullman

➢ ***Per Bardejov:*** solo tre pullman al giorno, di cui uno al mattino presto e uno verso mezzogiorno.
➢ ***Per Kežmaroc:*** un pullman ogni ora dalle 4 del mattino alle 19.
➢ ***Per Rožňava:*** 6 pullman dalle 7 alle 20.
➢ ***Per Ždiar:*** un pullman ogni ora dalle 5.30 alle 21.30.

ŠTRBSKÉ PLESO

PREF. TEL.: 052

La località sciistica ed escursionistica più elevata del paese (1355 m), ma anche un'importante stazione climatica per la cura delle malattie allergiche e respiratorie. Parcheggi immensi, divieti multipli, cartelli dappertutto... Un paesaggio cementificato, segnalato e indicato! Niente è lasciato al caso o all'improvvisazione. È molto chic e caro. Le infrastrutture, supersviluppate, attirano numerosi turisti. Risultato: i prezzi lievitano e la qualità dell'accoglienza precipita. La regione vorrebbe ospitare le Olimpiadi invernali del 2006: da qui ad allora dovranno fare cospicui sforzi per migliorare la qualità dell'accoglienza e smettere di attribuirsi 3 stelle se il servizio non è all'altezza... Passeggiate interessanti verso la *valle di Mengušovská* per raggiungere diversi laghi.
Fortunatamente, la montagna è magnifica. E in fondo è questo che conta!

Dove dormire. Dove mangiare

☗ Molti alberghi e ristoranti come il ***Panorama***. ☎ 449-21-11. Calcolate 1400 Slk per una camera doppia, prima colazione compresa. Architettura moderna con una vista unica sulla valle, naturalmente. Abbastanza chic. Potete pagare in valuta.

☗ L'***Hotel Patria*** si trova in riva a un bel lago (sotto al trampolino per il salto con gli sci). Chic e confortevole.

STARÝ SMOKOVEC

PREF. TEL.: 052

La «piccola capitale» degli Alti Tatra, anch'essa superturistica. Prendete la seggiovia che sale fino a *Hrebienok*, una piccola stazione sciistica accessibile anche a piedi in un'ora circa. Da qui partono i sentieri, in particolare quello che in 3 ore di marcia che conduce alla *valle Veľká Studená* (lungo il percorso, cascate del torrente Studený potok), fino allo *chalet Zbojnícka*, a 1960 m. Possibilità di proseguire fino alla frontiera polacca. Un'altra passeggiata simpatica è quella che porta allo *chalet Téryho*, a 2015 m. In inverno la strada da Hrebienok a Starý Smokovec si trasforma in una pista per le slitte. Attenzione, ci sono tre villaggi a distanza di un chilometro, Nový, Starý e Horný Smokovec.

Indirizzo utile

🛈 Nel *Tatranská Informačná Kancelária* c'è un ***ufficio del turismo***. ☎ 442-34-40. • www.tatry.sk • Aperto dalle 9 alle 16.30, sabato dalle 8 alle 13. Chiuso domenica. Informazioni sugli alberghi, le camere e le attività turistiche e sportive praticabili nei dintorni. Potete anche acquistare una cartina con i percorsi delle passeggiate, in particolare il celebre *sentiero Magistrála* che corre per più di 50 km lungo i fianchi delle montagne. Bel tratto (segnalato in rosso) da Hrebienok a Sliezský (verso ovest) e poi verso Štrbské Pleso.

Dove dormire

– Per alloggiare negli ***chalet*** che si incontrano sui percorsi delle escursioni chiedete informazioni all'ufficio del turismo.

Campeggi

⛺ ***Intercamp:*** a Tatranská Lomnica. ☎ e fax: 446-77-03. Un po' prima dell'*Eurocamp*, questo campeggio è più piccolo ma è altrettanto ben situato e molto più piacevole. Qui non sarete considerati solo come turisti che vogliono affittare un posto per la tenda! Ogni anno in giugno, durante un week-end, i *bikers* slovacchi e dei paesi vicini si riuniscono per un meeting molto simpatico.

⛺ ***Eurocamp:*** a Tatranská Lomnica. ☎ 446-77-41. Fax: 446-73-46. Grande campeggio senza un fascino particolare ma con una bella vista sugli Alti Tatra e il Paradiso slovacco. Dispone di tutte le infrastrutture (ristoranti, discoteche, piscine…). Possibilità di alloggiare in grandi bungalow impersonali.

⛺ ***Camp Jupela:*** a Stará Lesná, tra Smokovec e Valká. ☎ e fax: 446-74-93. Aperto dal 1° giugno al 15 settembre. 90 Slk per la tenda e la macchina, 10 corone in più per persona e 40 corone in più per un camper.

Prezzi economici

🏠 ***Junior Hostel:*** a Horný Smokovec. ☎ 442-26-61. Fax: 442-24-93. Camere pulite in un sito magnifico. Il posto è frequentato soprattutto da giovani, e i prezzi diventano molto interessanti se avete la carta internazionale dello studente. 300 Slk per persona.

🏠 ***Penzión Partizan:*** a Horný Smokovec. ☎ 442-21-61. Un buon indirizzo. Calcolate 250 Slk per persona.

Prezzi medi

🏠 ***Sport Hotel:*** a Horný Smokovec, un quartiere di Smokovec. ☎ 442-23-61. Fax: 442-27-19. Prezzi ragionevoli per la città, soprattutto in bassa stagione. Più caratteristico e più piacevole dell'indirizzo precedente. Grandi camere con balcone, pulite e gradevoli. Peccato che i servizi igienici e il bagno (o meglio, la vasca!) siano in comune.

Più chic

🏠 ***Hotel Grand:*** di fronte all'agenzia *Satour* a Starý Smokovec. ☎ 442-21-54. Fax: 442-21-57. L'albergo di lusso della città. Tre tariffe diverse in funzione del periodo, da 2000 a 2700 Slk. Edificio di un certo fascino dell'inizio del Novecento. Le camere sono spaziose e piacevoli, con una bella vista. Abbastanza caro. Avrete a disposizione anche piscina e sauna. Possibilità di noleggiare mountain bike.

Dove mangiare

|●| ***Fast Food Bistrot:*** sopra alla stazione dei pullman. Un posto dove potete mangiare per poco e fare una partita a biliardo.

|●| ***Ristorante Cukráreň:*** nello stesso edificio dell'ufficio informazioni. Aperto fino alle 22. Si mangia bene in due per 200 Slk. Ambienti diversi, tavoli di legno per bere una birra, divanetti per rilassarsi, spazio all'aperto per approfittare del sole, e computer per i più giovani.

|●| ***Ristorante Taverna:*** è in un certo senso la birreria del lussuoso ristorante dell'*Hotel Grand* (vedi «Dove dormire»). Aperto tutti i giorni dalle 12 alle 21. Propone una cucina tradizionale di qualità eccellente a prezzi relativamente ragionevoli. Un posto piacevole dove potete mangiare fuori o in una sala molto tranquilla. Resta uno dei ristoranti più simpatici di Starý Smokovec, anche se alla fine del servizio vi fanno chiaramente capire che è ora che ve ne andiate.

➤ *NEI DINTORNI DI STARÝ SMOKOVEC*

La regione conta numerosi gioielli sia per quanto riguarda i paesaggi sia per la ricchezza della flora e della fauna. Vi consigliamo di procurarvi la piccola guida del *Tatra National Park* di Milan Lučanský, disponibile in inglese o in tedesco in tutti gli uffici del turismo della regione. Per 1,50 € avrete a vostra disposizione la lista di tutto quello che c'è da vedere nei monti Tatra.

➢ ***Červený Kláštor:*** un'escursione di 9 km su una zattera lungo il Dunajec, senza emozioni forti ma in un ambiente magnifico. Informazioni: Ladislav Solár, a Podolnec, ☎ (052) 439-13-52; oppure sul posto, all'uscita di Červený Kláštor, sulla destra dirigendovi verso la Polonia. Prima partenza alle 9, ultima alle 16.30. La discesa dura 1 ora e mezzo circa. Attenzione, il biglietto per il ritorno costa tra un terzo e la metà in più di quello per l'andata!

★ ***Museo di Tatranská Lomnica:*** a meno di 10 km da Starý Smokovec. Aperto da lunedì a venerdì dalle 8 alle 12 e dalle 13 alle 16.30, sabato e domenica dalle 8 alle 12. Un museo sulla fauna e la flora della regione.

Lasciare Starý Smokovec

In treno

➢ ***Per Poprad:*** un treno ogni ora dalle 4.30 alle 23.
➢ ***Per Tatranská Lomnica:*** un treno ogni ora dalle 5 alle 20.
➢ ***Per Štrbské Pleso:*** partenze ogni ora dalle 5 alle 21.45.

In pullman

➢ ***Per Ždiar:*** dalle 5.30 alle 21.40, sulla linea per Lysá Potana.

ŽDIAR

PREF. TEL.: 0969

Dopo Tatranská Lomnica raggiungete la strada 67 (verso Javorina e la Polonia). Ždiar è un villaggio che merita una tappa per le sue vecchie case di legno. Se siete appassionati di fotografia, le foto che otterrete saranno vere e proprie cartoline. È l'unica località dei Tatra a essere nata prima della costruzione dei centri turistici e climatici degli Alti Tatra. Situato in una valle piena di fascino, il villaggio presenta un'architettura rurale omogenea molto pittoresca. Notate in particolare, all'entrata del villaggio, un gruppo di una decina di case di legno molto massicce (sulla sinistra salendo). Gli abitanti mantengono in vita alcuni usi e costumi tradizionali. Piste da sci e numerose possibilità di escursioni in estate. Proseguite fino al colle per godervi la magnifica vista sulla vallata.

🛈 ***Informazioni turistiche:*** ☎ 16-186.

Dove dormire. Dove mangiare

Ci sono molte ***camere presso privati*** e ***pensioni***. Potete scegliere di dormire in una vecchia casa del villaggio o in riva al fiume. Se scovate un posto da sogno mandateci l'indirizzo… *Drogheria* di fronte alla chiesa e un piccolo *buffet*.

Penzión Ždiar: è probabilmente la meno graziosa del villaggio, tipo pensione dell'epoca comunista, ma funziona come un albergo e possiede anche un ristorante e un bar. ☎ 981-38. Calcolate 600 Slk per una camera doppia.

Ristorante Ždiarský Dom: aperto tutti i giorni, eccetto sabato, dalle 9 alle 22. Lo spazio all'aperto offre una vista superba sui Tatra e il villaggio. Specialità locali servite in porzioni abbondanti, cosa che compensa i prezzi un po' elevati.

Da vedere

★ Un piccolo ***museo etnografico***, di fianco al ristorante *Ždiarský Dom*. Da maggio a ottobre, aperto da lunedì a venerdì dalle 10 alle 17, sabato e domenica dalle 9 alle 14; da novembre ad aprile, da lunedì a venerdì dalle 10 alle 16, chiuso nel fine settimana. Vendita di ricami.

➤ *NEI DINTORNI DI ŽDIAR*

★ ***Grotta di Belianská (Belianská jaskyňa):*** a ***Tatranská Kotlina***, andando verso Ždiar. ☎ (052) 446-73-75. Visite da giugno a metà settembre tutti i giorni dalle 9 alle 16 ogni ora; il resto dell'anno chiamate prima per informarvi. Più di un chilometro di percorso sotterraneo. Portate un maglione.

Lasciare Ždiar

In pullman

- ➢ ***Per Kežmarok:*** 8 partenze al giorno dalle 6 alle 19.
- ➢ ***Per Poprad:*** un pullman ogni ora fino alle 20.30.
- ➢ ***Per Starý Smokovec:*** partenze ogni ora.

KEŽMAROK

Un villaggio molto bello sulla strada di Poprad con molte dimore barocche e rinascimentali intorno alla piazza principale e nelle viuzze (notate le porte). Piccolo *museo*. Passeggiando per il villaggio potrete ammirare: una *chiesa evangelica* di legno costruita nel 1717 in stile barocco con pitture murali, pala d'altare e pulpito di J. Lerch; una *chiesa neobizantina* della fine del XIX secolo, un campanile rinascimentale con attico e decorazioni a graffito. Con un po' di fortuna potrete anche assistere a un'*esibizione storica di scherma* vicino alle mura della città.
Per lasciare il villaggio, imboccate una stradina molto carina che arriva fino a Jánovce. Da qui potete raggiungere Levoča, Prešov e Košice. Nella regione si trovano numerosi villaggi zigani.

★ ***Castello di Kežmarok:*** aperto da martedì a domenica dalle 9 alle 16.30; visite ogni mezz'ora. Una roccaforte del XIV e XV secolo costruita sul sito di un antico monastero. Nel cortile della chiesa notate, in particolare, la cappella in stile barocco primitivo.

➤ *NEI DINTORNI DI KEŽMAROK*

★ ***Vyšné Ružbachy:*** tra Kežmarok e Stará Ľubovná. Se avete un po' di tempo da perdere andate a vedere questo cratere pieno d'acqua dove non viene proprio voglia di fare il bagno, soprattutto perché ci sono tantissime costruzioni intorno. Il sito doveva essere molto bello ai tempi dei dinosauri. Chiedete del «Jaz Krater», nel villaggio di fronte al parcheggio a pagamento.

STARÁ ĽUBOVNÁ

Nel cuore di una zona boscosa attraversata da numerosi corsi d'acqua. A parte la piazza centrale molto provenzale e piena di fascino, il villaggio non è troppo interessante. Sulla strada per Bardejov, il castello merita una piccola deviazione e una breve sosta.

★ ***Ľubovniansky hrad:*** da maggio a settembre, aperto tutti i giorni dalle 9 alle 18; da ottobre ad aprile, aperto dalle 10 alle 15, chiuso domenica. Entrata: 40 Slk; possibilità di fare un biglietto comune valido anche per lo *skansen*; tariffe ridotte per i bambini. Un pullman parte dalla stazione (Pienstav Sidl zapad – Ľubovna hrad). Alla cassa documentazione anche in altre lingue. Visita piacevole grazie alle indicazioni. Un'altra bella fortezza del nord del paese, molto grande e ben restaurata. Castello gotico del XIII secolo che serviva per proteggere le strade commerciali verso la Polonia. All'interno, diverse sale d'esposizione. Il sito e il panorama sono magnifici.

★ ***Museo all'aperto:*** di fianco al castello. Aperto da lunedì a domenica dalle 9 alle 18; ultime entrate alle 17. Interessante *skansen* con un centinaio di dimore pittoresche della regione rappresentative di quattro gruppi etnici: slovacchi, polacchi, ruteni e ucraini. Ristorante nel parco del castello.

Lasciare Stará Ľubovná

In macchina

➢ ***Per Levoča:*** una bella strada attraversa la riserva naturale di Planiny passando per *Šambron*, *Torysa* e *Nižné Repaše*.

In pullman

➢ ***Per Bardejov:*** un pullman ogni ora dalle 5 alle 20.
➢ ***Per Prešov:*** una decina di partenze dalle 5 alle 19.
➢ ***Per Poprad:*** una ventina di pullman dalle 4 alle 19.

In treno

➢ ***Per Poprad:*** dieci treni circa dalle 4 alle 22. 44 km di tragitto.
➢ ***Per Plaveč:*** una decina di treni dalle 5 alle 23. 16 km di strada. Coincidenze per Prešov e Košice.

– LA SLOVACCHIA ORIENTALE –

Dopo la pausa-natura degli Alti Tatra e dei Malá Fatra, la regione a est della Slovacchia offre ancora magnifici paesaggi, più collinari, e alcune belle città appassionanti dal punto di vista culturale. La zona fino al confine con l'Ucraina racchiude la maggior parte delle chiese di legno della Slovacchia e l'eccezionale Paradiso slovacco.

LEVOČA

PREF. TEL.: 053

Tra Prešov e Poprad, questa splendida cittadina medievale ci ha guadagnato molto da quando è stata rinnovata. La piazza principale (*Mierove námestie*) è adorabile, circondata da piccole dimore borghesi piene di fascino e interrotta al centro dalla celebre ***chiesa di San Giacomo*** che accoglie la pala d'altare più alta del mondo. Se arrivate da Prešov, entrerete a Levoča passando dalla *porta di Košice*. È l'entrata più pittoresca (fermata dell'autobus). Da non perdere!

Indirizzo utile

ℹ ***Infocentrum:*** Majstra Pavla námestie 54. ☎ 16-188 o 451-37-63. • www.levoca.sk • Nella parte alta della piazza centrale. Aperto da lunedì a venerdì dalle 9 alle 17, sabato dalle 9.30 alle 14. Informazioni sulla città, gli alberghi e le camere.

Dove dormire

Campeggio

⛺ ***Camping Levocá Dolina:*** sulla strada per Zavada. ☎ 451-27-05. Fax: 451-36-89. Accesso in pullman con la linea per Zavada (3 pullman verso le 7, 13 e 15.45). Aperto tutto l'anno. 60 Slk per tenda, macchina, persona e camper. Accoglienza simpatica, ristorante e bar nel campeggio.

Prezzi economici

Penzión Šuňavský: Nová 59. ☎ 451-45-26. Una grande casa familiare pulita e molto piacevole. Le camere sono spaziose e potete anche approfittare del delizioso giardino appena spunta un raggio di sole.
Hotel Texon: Śdlisko Západ. ☎ 451-46-19. A ovest della città. Calcolate 400 Slk circa per due. L'albergo meno caro dei dintorni. Pulito.

Prezzi medi

Hotel Faix: Probstnerova cesta 22. ☎ 451-23-35. Fax: 451-35-54. A 5 min. a piedi dal centro. Calcolate da 600 a 800 Slk. Le camere senza doccia sono economiche. Ma le docce e i servizi igienici in comune lasciano talvolta a desiderare. L'albergo è abbastanza tranquillo nonostante si trovi sul ciglio di una strada. Possibilità di mangiare.
Hotel Barbakan: Košická 15. ☎ 451-43-10. Camere a 1300 Slk, prima colazione e parcheggio a pagamento. Camere dignitose di legno, con parquet e TV satellitare.

Chic

Hotel Satel: Majstra Pavla námestie 55. ☎ 451-29-43. Fax: 451-44-86. Calcolate 2000 Slk circa per due. Si tratta di uno degli alberghi più belli di tutta la Slovacchia, realizzato nell'antica dimora di un ricchissimo mercante di vini. Le camere sono spaziose e decisamente molto piacevoli. Cortile interno elegante. Il ristorante e il bar, invece, presentano un interesse molto limitato.

Dove mangiare. Dove bere qualcosa

Mliečné Lahódky: nella parte alta della piazza, sulla destra. Aperto da lunedì a sabato dalle 8 alle 12.30 e dalle 13 alle 18.30, domenica dalle 9 alle 18.30. Una pasticceria con una sala tutta rosa e bianca dove potete mangiare alcuni piatti locali e bere qualcosa a prezzi economici.
Ristorante vegetariano: Uholná 3, nella via perpendicolare all'Infocentrum. Aperto da lunedì a sabato dalle 10 alle 15.30. Buono ed economico.
Jedáleň Slovenka: Majstra Pavla námestie 62. ☎ 451-23-39. Sulla piazza centrale. Aperto da lunedì a venerdì dalle 7 alle 18, sabato e domenica dalle 8.30 alle 18. Eccellente ristorante, tra i meno cari (200 Slk per due) della città – dove, tra l'altro, non ce ne sono molti. Piccolo spazio all'aperto assai piacevole d'estate. Specialità slovacche di ottima qualità. In più, il servizio è davvero premuroso. Insomma, un buon indirizzo.
Kaviaren: Pavle 54. Aperto fino alle 23. Un locale con una buona atmosfera per bere una birra alla spina in compagnia della gioventù locale.

Da vedere

★ **_Chiesa di San Giacomo:_** aperta lunedì dalle 11 alle 16, da martedì a sabato dalle 8.30 alle 11.30 e dalle 13 alle 16, domenica dalle 13 alle 16.30; entrata ogni ora. Prezzo: 40 Slk; tariffe ridotte per studenti. Una visita da non

perdere soprattutto per l'immensa *pala d'altare* gotica, una delle più affascinanti che si conosca. Con i suoi 19 m, è probabilmente la più alta al mondo. Vero e proprio capolavoro di legno scolpito dorato realizzato da Pavol z Levoče (cioè Paolo di Levoča) tra il 1508 e il 1517. L'opera mostra scene di martirio. A sinistra, una decapitazione; a destra, un santo cotto nel suo sugo. Lo slancio verso l'alto creato dalla foresta di aghi cesellati che lo sormontano suscita l'impressione di un'irresistibile ascesa verso il cielo.
Ogni pilastro ha il suo trittico dove il rovescio è spesso bello quanto il diritto. Notate le superbe scene sul pilastro a sinistra. La tecnica scultorea è estremamente interessante da ogni punto di vista. A destra del coro un'altra grande pala d'altare che rappresenta il martirio di San Sebastiano. Di fronte, pulpito e tribuna d'onore abbondantemente decorati.

★ ***Antico palazzo municipale:*** di fianco alla chiesa. Aperto tutti i giorni, eccetto lunedì, dalle 8 alle 11.30 e dalle 12 alle 17. Edificio in stile gotico con elementi rinascimentali. Torre massiccia e corpo principale elegante, con doppia fila di arcate e bei lucernari. Il palazzo ospita un vasto museo molto interessante con una grande sala d'armi e la grandiosa sala del Conclave, una sorta di consiglio dei Saggi. Tra i vari pezzi, vi è esposto anche l'originale del 1550 dell'attuale stemma della città.
Fuori, una gabbia della vergogna della fine del XVI secolo dove venivano esposti al pubblico i ladri e i criminali.

★ ***Museo del Maestro Pavol:*** Majstra Pavla námestie 20. Sulla piazza centrale. Aperto tutti i giorni, escluso lunedì, dalle 9 alle 11 e dalle 11.30 alle 17. È la casa dello scultore della chiesa, il maestro Pavol. Vi si trovano alcune copie delle sue opere. La visita di questo piccolo museo permette di capire meglio la vita dell'artista ma non presenta un grande interesse. Un buon complemento della visita della chiesa di San Giacomo.

★ ***Museo regionale di Levoča:*** Majstra Pavla námestie 40. Aperto tutti i giorni dalle 9 alle 17. Il museo si trova nell'antica casa del cronista Gaspar Hain. Potete visitare alcune belle sale e ammirare qualche pezzo superbo, in particolare gli affreschi.

★ ***Casa Thurzo:*** Majstra Pavla námestie 7. Un altro edificio degno di nota: una splendida dimora rinascimentale e gotica color ocra e porpora con una facciata decorata a graffito. Notate anche le finestre dipinte e l'elegantissimo fregio merlato rinascimentale dell'attico. La famiglia Thurzo era molto ricca e possedeva altre tre dimore a Levoča.

★ ***Casa Mariássy:*** Majstra Pavla námestie 43. Questa antica casa di una famiglia dell'aristocrazia ungherese possiede una facciata magnifica, purtroppo molto rovinata. Non mancate di visitare il cortile interno anch'esso non ristrutturato ma conservato molto bene.

★ La piazza principale, è vero, è superba, ma non esitate a fare un giro anche nelle vie adiacenti che nascondono alcuni piccoli tesori. Un esempio: l'edificio del ***liceo*** in via Klástorská.

★ ***Chiesa delle Minoranze (kostol Minoritov):*** di fianco alla porta di Košice, una chiesetta barocca sovraccarica di decorazioni, ma con un interessante soffitto dipinto.

Lasciare Levoča

In pullman

➢ ***Per Poprad:*** un pullman ogni ora dalle 4 alle 22.

➢ ***Per Prešov:*** un pullman ogni ora dalle 4 alle 19.
➢ ***Per Spišské Podhradie:*** un pullman ogni ora dalle 4 alle 20.

SPIŠSKÉ PODHRADIE

Dal 1993 il ***castello (Spišský hrad)*** è iscritto nella lista del patrimonio mondiale dell'UNESCO. Una quindicina di chilometri a ovest di Levoča e una cinquantina a est di Prešov. Da Levoča prendete la strada di Košice fino a Spišské Podhradie. Se volete salirci a piedi, c'è un parcheggio nel centro del villaggio. Diversamente, uscite all'incrocio indicato dal cartello «Spišský Hrad» da dove restano solo pochi metri di salita. Aperto da inizio maggio a fine settembre tutti i giorni, eccetto lunedì, dalle 9 alle 18; ultimo ingresso alle 17.
Impossibile non vederlo. Su una collina alta 700 m, è il castello più grande di tutta l'Europa centrale. Nel XIII secolo resistette vittoriosamente all'invasione dei Tatari. Torrione di 22 m di diametro con muri di 4 m di spessore. Nel palazzo, notate le belle finestre romaniche a colonnette geminate. Immensa cinta muraria. Il castello bruciò nel 1780 e fu abbandonato. Grazie ai lavori di restauro intrapresi da qualche anno è ormai possibile visitarlo. Dalle mura si ha una vista panoramica superba. Una visita da non perdere.

★ Di fianco, nel villaggio di ***Spišská Kapitula***, su un'altura, la *chiesa di San Martino*, aperta alla visita da martedì a domenica dalle 10 alle 17.

PREŠOV

93 000 ab. PREF. TEL.: 051

Antica città una quarantina di chilometri a nord di Košice. Da vedere soprattutto per la piazza principale oblunga circondata da dimore rinascimentali e barocche con una pavimentazione di grossi ciottoli rotondi. Attenzione, il centro è chiuso alla circolazione automobilistica (multa garantita di 500 Slk).

Indirizzi utili

ℹ ***Mestské Informačné Centrum:*** Hlavná 67. ☎ 77-31-113. • pis@pis.sk • Aperto da lunedì a venerdì dalle 10 alle 18, sabato dalle 9 alle 13. Informazioni turistiche e sulle possibilità di alloggio: chiedete il libriccino *Prešov*. Computer e internet a disposizione.

■ ***Medico*** per bambini e adulti: ☎ 770-56-70. ***Ospedale:*** ☎ 773-21-21.

@ ***Internet Café Vadium:*** Plenska 4.

Dove dormire

Prezzi economici

⌂ ***Študentský Domov:*** Prešovskej Univerzity, 17 Novembra. ☎ 772-28-51. Alcune camere economiche in una residenza universitaria, ma il personale parla solo slovacco.

Penzión Sen: Vajanského 65. ☎ 773-31-70. Distante dal centro, verso il cimitero, ma su una via trafficata. Chiedete una camera doppia sul retro. Ci sono anche dormitori da 2-6 letti. Calcolate 300 Slk per persona, bagno in comune. Un posto pulito ma un po' vecchiotto, più indicato per i giovani che viaggiano con lo zaino. Dispone solo di 27 posti-letto, e quindi è sovente al completo.

Penzión Lineas: Budovatelská 14. ☎ 772-33-25. Fax: 777-23-06. Autobus nn. 2 e 9. Calcolate tra 400 e 550 Slk. Grande pensione pulita e ben tenuta. Doccia e servizi igienici in camera. Un buon indirizzo, soprattutto se viaggiate in coppia.

Prezzi medi

Hotel Atrium: Floriánova 4. ☎ 773-39-52. Fax: 773-39-15. Nella città vecchia. Un alberghetto grazioso e molto simpatico con solo 3 posti per il parcheggio davanti. Camera grande e pulita a 1100 Slk oppure un appartamento con letto matrimoniale un po' più caro. Prima colazione a pagamento. Un buon indirizzo.

Più chic

Hotel Dukla: di fianco al teatro, all'entrata del centro. ☎ 772-27-41. Un albergo a tre stelle molto apprezzato dalle donne e dagli uomini d'affari. La camera doppia costa 2210 Slk. Buone prestazioni. L'albergo ci è stato raccomandato da alcuni lettori.

Dove mangiare. Dove andare la sera

Fast-Food: Hlavná námestie 17. Di fianco alla pizzeria. Aperto tutti i giorni dalle 9.30 a mezzanotte. Un piccolo self-service molto frequentato dagli slovacchi. Propone insalate e piatti di patatine fritte. Locale economico e rapido, ideale per la prima colazione o per uno spuntino veloce.

Slovenská Reštaurácia: Hlavná 13. ☎ 772-48-27. Specialità slovacche servite in una sala tradizionale. Personale piacevole.

V Club: un bar che organizza serate di musica con DJ.

Da vedere

★ ***Chiesa di San Nicola:*** al centro della piazza. Elegante campanile provvisto di quattro piccole torrette, una galleria gotica e orologi. Interno interessante. Resti di affreschi sui pilastri. Massiccia tribuna d'organo scolpita. Bella pala d'altare. Sul lato sinistro, pulpito e tribuna d'onore riccamente decorati. Il coro è sbarrato da una trave decorata con un crocefisso. Di fianco, la *chiesa evangelica*.

★ ***Museo regionale:*** di fronte all'abside di San Nicola, in un bell'edificio di mattoni con decorazioni a graffito. Aperto da martedì a venerdì dalle 10 alle 17, sabato e domenica dalle 11 alle 15. Chiuso lunedì.

★ ***Museo del Vino:*** Florianova, sotto il portico, dopo l'ufficio informazioni. Aperto in settimana dalle 8 alle 19, sabato dalle 8 alle 12. Biglietto d'entrata abbastanza caro. Un museo riservato agli appassionati: tutti gli altri si fermeranno nella prima cantina, quella della degustazione (ma si aspettano che compriate qualche bottiglia).

Manifestazione

– ***Festival dei mestieri d'arte:*** in giugno.

Lasciare Prešov

In treno

➢ ***Per Bardejov:*** dalle 4 alle 20.30.
➢ ***Per Košice:*** dalle 4 alle 22.45.
➢ ***Per Plavec:*** dalle 5.30 alle 20.

In pullman

➢ ***Per Bardejov:*** un pullman ogni ora dalle 5 alle 19.
➢ ***Per Košice:*** un pullman ogni ora dalle 4 alle 22.
➢ ***Per Poprad:*** pullman frequenti dalle 5.30 alle 21.30.

BARDEJOV 33 000 ab. PREF. TEL.: 054

Cittadina medievale 40 km a nord di Prešov, una delle più pittoresche di tutta la Slovacchia. Le sue mura sono tra i sistemi di fortificazione urbana meglio conservati del paese. La cittadina merita una visita per la splendida piazza principale, le pale d'altare della cattedrale e i musei.

Un po' di storia

La storia della città è piuttosto interessante. La prima testimonianza risale al 1241, quando il principe di Ungheria vi passò di ritorno dal suo paese invaso dai Mongoli e dai Tatari. Le prime mura, bastioni e muraglie furono costruite nel 1352; solo qualche anno dopo Bardejov acquisì il rango di libera città regia, cosa che ne fece uno dei centri più importanti e più ricchi del paese. Poiché i mercanti di Bardejov potevano circolare liberamente attraverso tutta l'Ungheria, il commercio con la Polonia si sviluppò; i suoi tessuti e le sue tele erano considerati di grande qualità. La città acquistò alcuni vigneti nella regione di Tokay e la prosperità si manifestò attraverso lo sviluppo urbano e artistico, seguito dallo sviluppo del sistema scolastico e dalla fioritura culturale. Nel 1551 fu fondata la prima tipografia dove, quattro anni dopo, venne stampato il primo libro scritto per il popolo slovacco. La città era un centro di cultura di primo piano in Ungheria. Ma alla metà del XVII secolo il declino economico cominciò a manifestarsi, diversi incendi distrussero il centro, scoppiarono insurrezioni e la peste uccise più di 2000 abitanti. Per far fronte alla situazione Bardejov si vide costretta a fare prestiti e a vendere i suoi comuni. Insomma, la storia di una città come tante altre appartenenti alla civiltà europea, diventata oggi un'importante meta turistica. Nel 1986 Bardejov ha ricevuto la medaglia d'oro come città del patrimonio slovacco.

Indirizzo utile

ℹ ***Turisticko Informačné:*** Radničné námestie 21; nell'agenzia *Globtour*. ☎ 472-30-13. Aperto in settimana dalle 9 alle 12 e dalle 13 alle

18.30; in alta stagione, anche sabato e domenica dalle 9 alle 12 e dalle 13 alle 18.30. Accoglienza simpatica; vendita di cartine della Repubblica Slovacca e piantine della città a disposizione.

Dove dormire. Dove mangiare. Dove bere qualcosa

Sport Hotel: Kutuzovova 34. Fuori dal *centrum*, di fronte al fiume. ☎ 472-49-49. Fax: 472-82-08. Un piccolo albergo non molto caro che propone grandi camere pulite con doccia e servizi igienici. Calcolate 500 Slk per una doppia. Il posto è frequentato da molti giovani e vi si ritrova un'atmosfera tipica da *youth hostel*. Bar aperto in prima serata.

Penzión Semafor: Kellerova 13. ☎ 483-09-84. Grande casa con camere da affittare. Un posto da provare.

Hotel Satel Minéral: a Bardejovské Kúpele, a 6 km da Bardejov. ☎ 472-41-22. Fax: 472-41-24. Calcolate 1200 Slk per una camera doppia. Un grande albergo termale a prezzi onesti, tanto per cambiare un po'. Scegliete una camera con balcone all'ultimo piano (il quinto) per approfittare della vista sulle cime degli alberi e sul volo dei rapaci. Prima colazione buona.

U Zlatej Koruny: Radničné námestie 41. Aperto tutti i giorni fino alle 22. Il migliore ristorante della città ma, come succede spesso, il servizio non è eccezionale. Specialità slovacche, polacche e ungheresi. In serata il locale è frequentato da molti giovani che vengono giusto a bere qualcosa.

Roland Klub: Radničné námestie 12. Sulla piazza principale, in una cantina. Aperto da lunedì a giovedì dalle 10 alle 23, venerdì dalle 10 all'1 di notte, sabato dalle 14 all'1 e domenica dalle 13 alle 23. Il locale alla moda di Bardejov. I prezzi restano ragionevoli, anche se non sono particolarmente economici, e i piatti sono molto vari. Di sera il locale funziona anche come pub. Ambiente e atmosfera simpatici.

Da vedere

★ **_Piazza principale:_** su tre lati, un armonioso allineamento di belle dimore medievali e barocche di cui alcune presentano interessanti affreschi. In fondo, la cattedrale chiude meravigliosamente il perimetro. La piazza è pavimentata con grossi ciottoli rotondi. Al centro, l'antico palazzo municipale, primo edificio in stile rinascimentale costruito in Slovacchia. Scalinata laterale finemente scolpita. A sud della piazza, al n. 26, notate la casa borghese in stile gotico-rinascimentale con una pittura murale del 1760 circa che rappresenta l'incoronazione di Maria. Al n. 1 di via Rhody, una dimora ad aggetto con portici rinascimentali, unico edificio di questo tipo nella città. Andando a zonzo potrete notare alcuni resti delle fortificazioni, delle mura di cinta, del torrione, dei lampioni ecc.

★ **_Cattedrale:_** in stile gotico, presenta una pianta classica a tre navate. Molto alta. Vetrate lunghe. Bel rosone sul retro. Racchiude un numero considerevole di pale d'altare particolarmente notevoli e di una ricchezza incredibile! Quella dell'altare maggiore, naturalmente, con piccoli pannelli dipinti e sei statue policrome, ma soprattutto quella del transetto sinistro (più vicino al coro) con la rappresentazione di una sontuosa *Natività* di legno scolpito dorato. Quattro pannelli tra cui un *Massacro degli Innocenti* molto realistico e una drammatica *Fuga in Egitto* (notate il balletto agitato degli angeli e la bellezza dei drappeggi).
Altre pale propongono a loro volta un'interessante iconografia. Ma la più originale resta quella del portico d'entrata, dove stranamente l'artista ha

rappresentato il Cristo in croce a letto circondato da donne che lo rimboccanno in modo affettuoso! A destra del coro, ammirate la «deliziosa» scena di tortura (un seno strappato, l'altro bruciato!).
Per finire: battistero gotico con banchi scolpiti per i fedeli. Nella cappella di destra, bella pietra tombale di marmo dedicata a un cavaliere.

★ ***Ikony múzeum:*** all'angolo tra la piazza principale e ul. Rhodyho. Entrata su ul. Rhodyho. Aperto da lunedì a domenica dalle 8.30 alle 12 e dalle 12.30 alle 17. Collezione di oggetti artistici e storici, e di bellissime icone.

★ ***Museo regionale:*** nell'ex palazzo municipale. In bassa stagione, aperto dalle 9 alle 12 e dalle 12.30 alle 18; in alta stagione, dalle 8 alle 12 e dalle 12.30 alle 16. Collezione interessante. La città aveva diritto di spada e godeva quindi del potere di condannare a morte. Al primo piano, notate le impressionanti spade del boia con i ferri e le manette. Sempre al primo piano, i conoscitori del maestro Paolo di Levoča apprezzeranno in modo particolare il *Piccolo Calvario*, una scultura lignea realizzata nel 1520 ed esposta vicino agli strumenti del boia.

★ ***Via Crucis:*** a est della città, una Via Crucis delimitata da diverse cappelle e dal Calvario. La chiesa di Santa Croce (1870) possiede uno stile eclettico con disegni sulla facciata. Da vedere: le volte, dette prussiane.

Manifestazioni

– ***Festa del vino:*** in giugno, in un'atmosfera medievale. A fine maggio e il 17 giugno lo *skansen* ospita una festa tradizionale.
– ***Grande mercato*** l'ultimo week-end di agosto.

➤ *NEI DINTORNI DI BARDEJOV*

★ ***Bardejovské Kúpele:*** 6 km a nord di Bardejov, celebre città termale specializzata nella cura delle malattie dell'apparato digerente. Un posto privo di fascino e d'interesse che si distingue solo per la tranquillità quasi funebre che vi regna. Per andarci prendete gli autobus n. 2 o n. 7 davanti all'*Hotel Dukla* a Bardejov.
– ***Museo all'aperto di case rurali:*** si trova nel villaggio ma è indicato male. Per arrivarci dal parcheggio: costeggiate il colonnato frequentato dalle persone in cura fino al piccolo chiosco moderno per la musica; salite i gradini e seguite la via tra le case gialle, ocra e rosse fino all'entrata del parco. Aperto dalle 9 alle 12 e dalle 12.30 alle 17. Chiuso lunedì. La chiesa di campagna possiede una bella iconostasi dipinta. Una ventina di fattorie e fienili, macchine agricole, alveari, mobilio tradizionale. Notate gli strani tetti di paglia «a gradini». A qualche metro dall'entrata del parco non dimenticate di visitare il piccolo ***museo di Etnografia***. Stessi orari di apertura del parco. Esposizione di abiti della festa (superbi boleri ricamati) e di strumenti di lavoro dei mestieri tradizionali (calzolaio, viticoltore, cestaio ecc.). Documenti sulla storia della città.

SVIDŃIK

Cittadina a est di Bardejov dove si trova un altro interessante ***museo all'aperto dell'ambiente rurale ucraino (Svidńik skanzen)***. All'entrata della città sulla destra arrivando da Bardejov. Aperto da martedì a venerdì dalle

8.30 alle 16, sabato e domenica dalle 10 alle 16. Calcolate 1 ora per la visita. Continuano a costruire nuove abitazioni e ci sono diversi animali in libertà. Bella chiesa di legno con tre campanili.

★ Un po' più distante sulla sinistra, un aereo e un carro armato all'altezza del ***monumento commemorativo*** e del ***museo dell'Esercito sovietico*** installato in un edificio moderno ai piedi della collina. Aperto da martedì a venerdì dalle 8 alle 16, sabato e domenica dalle 10 alle 14. Più agiografico che pedagogico!

➤ NEI DINTORNI DI SVIDŃIK

➢ ***Circuito delle chiese di legno:*** se c'è una cosa da fare assolutamente in questa regione, è proprio il giro delle chiese. Sono molto belle soprattutto perché spesso si nascondono in mezzo alla vegetazione. Vecchie di diversi secoli, furono costruite dai contadini dei villaggi e hanno resistito al tempo, alle invasioni e addirittura al comunismo. Per immergervi completamente nella storia, dovete chiedere le chiavi (*klúč*) nelle case dei dintorni e penetrare all'interno di questi tesori di devozione, piccoli gioielli d'oro immersi in uno spazio naturale. Tutt'intorno non c'è traccia di cemento. Quasi tutte le chiese sono state dichiarate monumenti storici.
Purtroppo questa passeggiata è possibile solo in macchina. Da Svidńik prendete la E371. Prima tappa, ***Ladomirová:*** non molto bella da fuori, la chiesa dell'Arcangelo Michele (1742) è circondata da un cimitero storico con interessanti croci di legno, metallo e pietra. Segue ***Šemetkovce***. Ritornate indietro fino a ***Krajné Čierno***, situata in fondo a un piccolo villaggio pieno di fascino, sulla sinistra. Nascosta tra gli alberi, la chiesa si eleva di fianco a una magnifica fattoria di legno con un tetto di paglia e fango a gradini. Da vedere all'interno un'icona della fine del XVII secolo che rappresenta la deposizione. All'entrata del villaggio notate un altro tetto a cupole, di zinco, meno interessante.
Una chiesa tutta di legno si trova anche a ***Hunkovce***, sul lato sinistro della strada: la chiesa della morte della Vergine Maria. Le tre torrette sono sormontate da cupole a bulbo con croci ornamentali. A quelli che hanno un po' di tempo, consigliamo di passare a vedere la chiesa della Vergine Maria (1764) di ***Korejovce***, rappresentativa dell'architettura delle chiese di rito orientale a tre navate, simbolo della Santa Trinità. Di fianco, un campanile di legno con tre campane.
Ritornate indietro fino a ***Bodružal***. La chiesa (1658) di San Nicola domina il villaggio. L'area della chiesa è circondata da una tipica recinzione di legno. Da qui prendete il sentiero a sinistra fino a ***Prikra***. La chiesa è sulla sinistra, nascosta tra gli alberi. Chiedete la chiave nella casa davanti al ponte. L'esterno è stato recentemente ristrutturato. Piccolo villaggio pieno di fascino con qualche bella passeggiata da fare a piedi, come per esempio quella fino a Miroľa (1 ora e 20 min.); potete anche andare a fare un salto in Polonia: sull'altro lato della frontiera ci sono i monti Beschidi (vedi le pagine relative nella parte sulla Polonia). A ***Miroľa*** la chiesa della Difesa di Maria conserva graziosi arredi (1770).
Seconda possibilità: dopo Hunkovce, potete spingervi fino a ***Nižný Komárnik***. La chiesa della Difesa della Vergine Maria (1938) è una delle costruzioni più belle di questo genere; proseguite sulla strada fino al colle di Dukla.

★ ***Colle di Dukla:*** a nord, alla frontiera polacca. È qui che alla fine del 1944 si svolse una delle battaglie decisive della seconda guerra mondiale. 300 000 uomini da una parte e dall'altra vi si affrontarono per 97 giorni. Restano ancora le carcasse degli aerei, alcuni pezzi d'artiglieria, le mitragliatrici e altri resti della battaglia scatenata dai nazisti contro l'Armata Rossa.

★ ***Múzeum di Andy Warhol:*** a Medzilaborce, a 41 km da Svidník, alla frontiera polacca. Da Miroľa raggiungete la strada 575, poi la 559 passando da Miková e Malá Polona. Il museo è aperto dalle 9.30 alle 15.30; sfortunatamente quando ci siamo passati noi era chiuso. Potete anche andarci in treno, con la linea 191 Lupków-Michaľany. La famiglia del celebre artista di pop art (il cui vero nome era Andrej Warhoľa) era originaria di Miková. I suoi genitori emigrarono a Pittsburgh per fare fortuna.

★ ***Snina e la sua regione:*** a sud di Medzilaborce, la cittadina più a est del paese. Da vedere: la galleria Miro nel centro e le numerose chiese di legno nei dintorni. Gli amanti della natura potranno sgranchirsi le gambe sulle montagne di Bukovské vrchy (riserva naturale di Poloniny e Východné Karpaty).

KOŠICE 250 000 ab. PREF. TEL.: 055

Seconda città della Repubblica Slovacca, «capitale» della Slovacchia orientale. Crocevia tra l'Ungheria, la Polonia e l'Ucraina, Košice è una città piena di fascino e propizia alle lunghe passeggiate cittadine. La piazza centrale, con la celebre ***cattedrale di Santa Elisabetta*** al centro, è stata resa ai pedoni e ai ciclisti; solo alcuni tram la attraversano ogni tanto. Il quartiere pedonale si allarga, con grande gioia dei visitatori. In estate la città è piena di turisti che arrivano da ogni dove, e durante tutto l'anno non mancano le occasioni di incontrare studenti desiderosissimi di parlare con i turisti occidentali. In prima serata, i nottambuli si ritrovano sulla piazza centrale per discutere sulle panchine prima di affollare i piccoli bar delle gallerie commerciali. Per una foto ad effetto: il monumento ai caduti sovietici con la falce e il martello, in primo piano, e il simbolo americano del *McDonald's* sullo sfondo.

Un po' di storia

Košice fu un importante centro medievale e ottenne la carta delle libertà nel 1347. La città prosperò grazie al commercio internazionale del rame, del ferro, del vino e delle pellicce, e molti mercanti di Prussia, Olanda, Inghilterra e Polonia vi acquistarono delle dimore. Le case del centro, ricche di decorazioni, sono una testimonianza di questo periodo particolarmente prospero. Il sistema sotterraneo di canalizzazioni fu uno dei primi in Europa; la città ha recentemente ristrutturato una piacevolissima canalizzazione a cielo aperto sulla piazza principale. Košice conosce un nuovo sviluppo nel XIX secolo diventando un importante centro industriale. Nel 1860 viene costruita la prima ferrovia che collega Budapest e Vienna, e il centro si arricchisce di nuovi edifici come il teatro municipale, la ridotta, la chiesa evangelica e le caserme. Durante la seconda guerra mondiale diventa sede temporanea del presidente e del governo e resta un importante centro di resistenza contro i nazisti e i vari gerarchi locali. È qui che viene elaborato il famoso «programma di Košice» (5 aprile 1945) che stabilisce i futuri rapporti tra cechi e slovacchi all'interno del paese riunificato. La città è oggi un importante centro amministrativo e culturale, ed è per questo che viene chiamata la «capitale» della Slovacchia orientale.

Indirizzi utili

🛈 ***Mestské Informačné Centrum*** *(A2):* Hlavná 8. ☎ 625-88-88. • www.pangea.sk • Aperto da lunedì a venerdì dalle 8 alle 17, sabato dalle 9 alle 18; dal 15 giugno al 5 settembre, aperto anche domenica dalle 9 alle 13. Un buon servizio di informazioni turistiche sulla città e la regione. Lista delle pensioni. Due computer con accesso a Internet.

✉ ***Posta principale*** *(fuori pianta da A2):* Posťová 20.

■ ***Satour*** *(B2, **16**):* Rooseveltova 1. ☎ 662-38-47. Fax: 76-76-16. Al pianterreno dell'*Hotel Slovan*. Aperto da lunedì a venerdì dalle 9 alle 17.

■ ***CKM:*** Alžbetina II. Servizi turistici e alloggi.

■ ***ČSA:*** Južna Triedá 20. ☎ 76-24-90. Per confermare il volo di ritorno.

■ ***Cambio senza commissione:*** Hlavná 14. Aperto da lunedì a venerdì dalle 9 alle 17, sabato dalle 9 alle 12. Chiuso domenica.

@ ***Internet:*** Hlavná. Di fronte all'ufficio del turismo. Aperto dalle 9 alle 22. Un locale frequentato dagli stranieri con una dozzina di computer. Se è pieno di gente, provate al n. 32 di Kovácska.

Dove dormire

Campeggio

⛺ ***Autocamp*** *(fuori pianta da A3, **10**):* Salaš Barca. ☎ 623-33-97. Fax: 625-83-09. Accesso con i tram nn. 3, 6 o 9. In macchina, prendete la strada per Rožnava; alla rotonda dirigetevi verso Michalovce/Miskolc e proseguite per 1 km, il campeggio è sulla destra. Calcolate 480 Slk per una camera doppia e 1200 Slk per uno chalet da 2, 3 o 5 persone. Piccolo campeggio «familiare»: 60 Slk per la tenda e 70 Slk per persona. Il proprietario possiede anche il ristorante *Café Carpano*. Stretto tra l'aeroporto e un grande asse stradale, il campeggio offre comunque un po' di tranquillità. Ristorante sul posto.

■ Indirizzi utili
- 🛈 Mestské Informačné Centrum
- ✉ Posta centrale
- Stazione dei pullman
- Stazione ferroviaria

Dove dormire
- **10** Autocamp
- **11** Hotel Metropol
- **12** Hotel Akadémia
- **13** Hotel Hutnik
- **14** Penzión Atlantic
- **15** Hotel Centrum
- **16** Hotel Slovan
- **17** Penzión U Leva
- **18** Università Riaditelstro Sdaj

Dove mangiare
- **20** Reštaurácia Ajvega
- **21** Malá Fajka
- **22** Reštaurácia Sedliacky Dvor
- **23** Caffè Carpano
- **24** Zlatá Hus
- **25** Caravella
- **26** Mestská Piváreň Otvorená
- **27** U Starej Mami

Dove mangiare un gelato
- **30** Aida

Dove bere qualcosa.
Dove andare la sera
- **40** Music Pub Diesel
- **41** Bomba Club
- **42** Havana Club

★ Da vedere
- **50** Cattedrale di Santa Elisabetta
- **51** Galleria Júliusa Jakobyho
- **52** Museo delle Tecniche
- **53** Museo della Slovacchia orientale
- **54** Museo della Slovacchia orientale
- **55** Casa del Boia

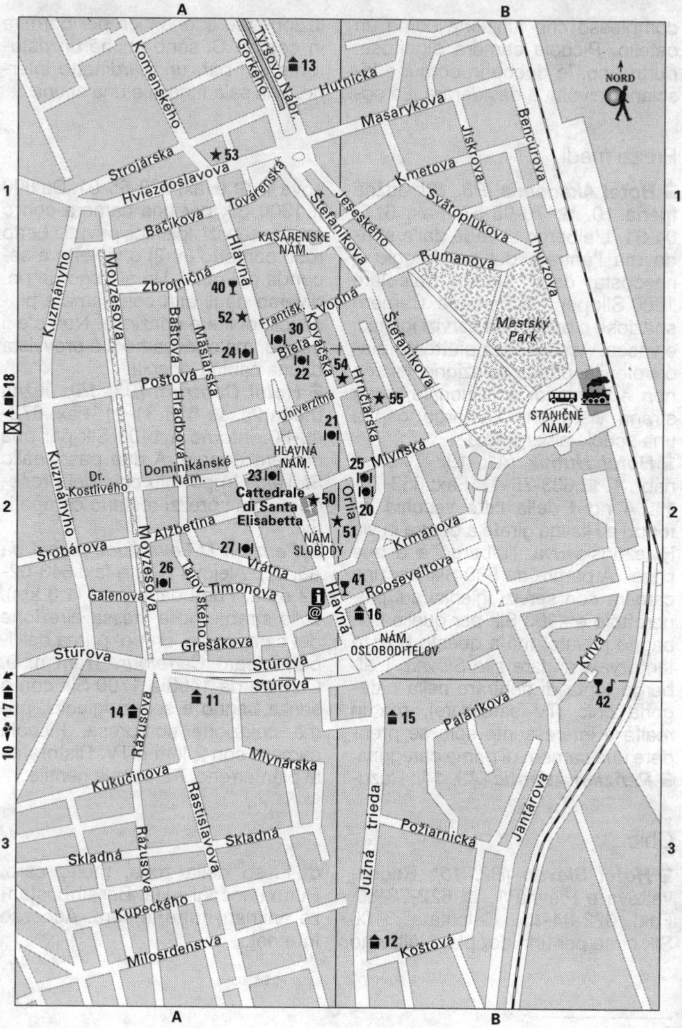

KOŠICE

Prezzi economici

Youth Hostel *(fuori pianta):* Podhradová 11. Autobus nn. 12 e 16. ☎ 633-34-37. Per gli studenti. Calcolate 120 Slk circa per persona.

Università Riaditelstro Sdaj *(fuori pianta da A2, **18**):* Medická 6, su via Ondaská, a 1 km circa dal centro. Autobus nn. 17 e 34. ☎ 643-38-73 o 74. Aperto solo in estate. 150 Slk circa per persona.

Hotel Metropol *(A3, **11**):* Stúrova 32. ☎ 625-59-48. Fax: 76-81-10. A due passi dal centro. Calcolate 300 Slk circa per persona. Un grande complesso che funziona come un ostello. Piccole camere dignitose; purtroppo, le docce in comune lasciano talvolta a desiderare. La soluzione più economica per dormire in centro. Ci sono anche un ristorante, un bar, un giardinetto interno, una sala fitness e una sauna.

Prezzi medi

Hotel Akadémia *(B3, **12**)*: Južná trieda 10. ☎ 76-05-57. Fax: 677-04-31. L'albergo si vede dalla strada ma l'entrata del parcheggio è nascosta dagli alberi. Calcolate 1500 Slk per due persone. Camere spaziose e pulite con servizi igienici e vasca. Accoglienza piuttosto piacevole; la prima colazione invece non è niente di eccezionale, cosa strana visto che l'albergo ospita una scuola alberghiera.

Hotel Hutnik *(A1, **13**)*: Tyršovo nábr. 1. ☎ 633-75-11. Fax: 633-74-11. A nord della città vecchia. In fondo a Hlavná girate a destra in via Hviezdoslavova; l'albergo è a due passi. A partire da 800 Slk per una camera con servizi igienici sul pianerottolo e 2300 Slk per quelle con bagno privato, ma a questo prezzo tanto vale andare allo *Slovan*. L'albergo tenta di rientrare nella categoria chic (TV satellitare), ma in realtà è interessante solo se prendete una camera di prima categoria.

Penzión Atlantic *(A3, **14**)*: Rázusova 1. ☎ e fax: 622-65-01. Da 800 a 1300 Slk per una camera con o senza servizi igienici privati. Letto rosa confetto (n. 2) o violetto a seconda dei gusti. Un albergo un po' diverso dagli altri con camere piacevoli, pulite e spaziose. Non c'è il bagno, ma ogni camera è provvista di una cabina-doccia.

Hotel Centrum *(B3, **15**)*: Južná trieda 2a. ☎ 678-31-01. Fax: 678-43-80. Intorno a 1400 Slk per una camera doppia. A due passi dallo *Slovan*. Un po' più chic dei precedenti, ma i prezzi restano competitivi.

Penzión U Leva *(fuori pianta da A3, **17**)*: Alejová 2. ☎ e fax: 643-02-32 o 33. Fuori dal centro (a 3 km), sulla strada, nella stessa direzione del campeggio, un po' prima dell'ipermercato *Carrefour*. Tram n. 9. Camere da 1400 a 1700 Slk con o senza bagno e servizi igienici, prima colazione compresa. Piccola camera con 2 letti e TV. Ristorante al pianterreno. Personale gentile.

Chic

Hotel Slovan *(B2, **16**)*: Rooseveltova e Hlavná 1. ☎ 622-73-80. Fax: 622-84-13. Calcolate 3100 Slk circa per una doppia. L'albergo di lusso della zona, molto caro. Buona accoglienza. Bar abbastanza animato tutte le sere. Accesso Internet.

Dove mangiare

Prezzi economici

Lungo Hlavná troverete diversi ***snack-bar***.

U Starej Mami *(A2, **27**)*: Bočná 9. Aperto dalle 8 alle 22. Un ristorante popolare molto frequentato a mezzogiorno. Due sale: nella prima il rumore delle conversazioni è piuttosto fastidioso all'ora dei pasti, l'altra è una classica sala di ristorante. Carta in slovacco: si è quindi costretti ad aver fiducia nella cameriera. *Tofu* ai funghi e alle patate con una birra per meno di 70 Slk per persona. Cucina piuttosto grassa e abbondante. Un locale tipico.

Reštaurácia Ajvega *(B2, **20**)*: Orlia 10. Aperto tutti i giorni dalle 11 alle 22. Potete cavarvela con meno di 200 Slk per due, bevande comprese. Ristorante messicano vegetariano che propone solo prodotti freschi. Una sala piacevole e tavoli fuori al fresco nelle serate estive. Piatti semplici, raffinati e gustosi serviti senza moderazione. E (per una volta) il servizio è piacevole. Vi consigliamo in particolare le «vitamin bombs» come antipasto o dessert – ma perché no? – anche a metà pomeriggio per ricaricarsi.

|●| ***Malá Fajka*** *(A2, **21**):* Kováčska 22. Aperto da lunedì a venerdì dalle 7 alle 21, sabato dalle 8 alle 22. Chiuso domenica. Un piccolo bistrot slovacco che propone ogni giorno piatti diversi. Una cucina ben servita e ben cucinata. Le cameriere, in più, sono simpatiche. Calcolate più o meno 200 Slk per due.

|●| ***Mestská Piváreň Otvorená*** *(A2, **26**):* Timonova 27, all'angolo di via Moyzesova. Aperto dalle 9 alle 4 del mattino (il servizio bar). In un seminterrato, un piccolo ristorante con una buona carta in slovacco. Calcolate meno di 200 Slk per due con la birra. Atmosfera da bar notturno con qualche gioco a disposizione, tra cui un black-jack.

|●| ***Reštaurácia Sedliacky Dvor*** *(A2, **22**):* Biela 3. Aperto tutti i giorni dalle 10 a mezzanotte. Un ristorante tipicamente slovacco con una grande scelta di piatti e molta gente all'ora di pranzo. Un po' più caro dei precedenti: calcolate 150 Slk per persona. Ambiente accogliente con due sale, una tipo cantina e l'altra un filo più elegante.

Prezzi medi

|●| ***Caffè Carpano*** *(A2, **23**):* Hlavná 42. Aperto tutti i giorni dalle 11 alle 22. Si mangia nel seminterrato o all'aperto quando fa bello. Cucina italiana e slovacca. Calcolate da 150 a 200 Slk per persona. Tre cantine con un certo fascino: una di vecchi mattoni abbastanza buia e intima per i fumatori, un'altra per i non fumatori e infine una grande sala luminosa. Le porzioni sono abbondanti (cosa frequente in Slovacchia) ma il ristorante, che ambisce a una certa eleganza e potrebbe essere simpatico, pecca per la cattiva qualità del servizio.

|●| ***Zlatá Hus*** *(A1-2, **24**):* Hlavná 78, sotto il portico. Piccola sala piuttosto elegante al primo piano. Aperto dalle 11 alle 22. Cucina eccellente. Calcolate da 200 a 300 Slk per persona. Locale ideale per una cena chic e romantica.

Più chic

|●| ***Caravella*** *(B2, **25**):* Orlia 4. Aperto dalle 11.30 alle 23. Più caro dei precedenti: bisogna calcolare come minimo 250 Slk per persona. Un ristorante specializzato nel pesce, di cui offre una grande varietà cucinata in diverse maniere. Si mangia nel seminterrato in un ambiente molto ben arredato come un peschereccio e con uno squisito odore di mare. Sfortunatamente la leggendaria rudezza dei marinai si manifesta in modo evidente fin dall'accoglienza.

Dove mangiare un gelato

🍦 ***Aida*** *(A1, **30**):* Hlavná 79. Grande salone da tè-caffè-gelati-pasticcini. Un locale spazioso frequentato da graziose ragazze del centro, nonne con i nipotini… e da noi, naturalmente. Tavoli all'aperto sulla piazza.

Dove bere qualcosa. Dove andare la sera

🍸 ***Music Pub Diesel*** *(A1, **40**):* Hlavná 92. Aperto da lunedì a giovedì dalle 12 a mezzanotte, venerdì dalle 12 all'1 di notte, sabato dalle

15 all'1 di notte, domenica dalle 15 a mezzanotte. Sarete accolti... da una corda da impiccagione. Dopodiché, però, tutto si svolge normalmente. Grande pub con bell'arredamento, buona musica e clientela mista. Come nei veri pub c'è il bersaglio per le freccette, un grande bar di legno e, naturalmente, la mitica *Guinness* che scorre a fiumi...

🍸 ***U Urbana:*** intorno alla torre Urbano, tavolini all'aperto con vista sulla fontana. Aperto tutti i giorni dalle 12 a mezzanotte. Un posto calmo e piacevole con prezzi equivalenti a quelli dei bar con gli ombrelloni pubblicitari che occupano la piazza.

🍸 ***Bomba Club** (B2, **41**):* Hlavná 5. ☎ 623-34-30. Aperto da lunedì a giovedì dalle 10 a mezzanotte, venerdì dalle 10 all'1, sabato dalle 11 a mezzanotte, domenica dalle 12 a mezzanotte. Spesso consigliato come ristorante, è in realtà un locale più indicato per bere qualcosa in un'atmosfera rilassata. Birra servita al litro. Servono anche alcuni piatti slovacchi o americani fino alle 23, ma è piuttosto caro.

🍸 ♩ ***Jazz Pub:*** Kováčska. Aperto da lunedì a giovedì dalle 12 a mezzanotte, venerdì dalle 12 alle 2 di notte, sabato dalle 16 alle 2, domenica dalle 16 a mezzanotte. A dispetto del nome, non è un pub e non si ascolta in modo particolare musica jazz. Resta una delle discoteche più frequentate per la pista, il piccolo spazio all'aperto, la buona musica e la posizione molto centrale. Non è caro, eccetto l'entrata, ma si può contrattare.

🍸 ♩ Se avete voglia di ballare potete provare anche l'***Havana Club** (B2-3, **42**):* Krivá 25. Non distante dal centro, dietro l'*Hotel Centrum*. Aperto da mercoledì a domenica dalle 20 alle 3.30 del mattino. Atmosfera da discoteca e clientela di studenti. Per la musica techno potete fare un salto al ***Plazz Club***.

Da vedere

★ ***Hlavná** (ex via Leninova):* questa strada è il cuore della città, restituito ai pedoni. Vi si trovano molti monumenti importanti e musei. Fiancheggiata da dimore e palazzi prestigiosi dei secoli XVIII e XIX. La ***chiesa dei Francescani (kostol Františkánov)*** possiede bei portali di pietra e merita una breve visita all'interno.

★ ***Cattedrale di Santa Elisabetta** (**Dóm sv. Alžbety**; A2, **50**):* costruita nel XIV secolo in stile gotico, è forse la chiesa più bella di tutta la Slovacchia. Sul lato del campanile, le facciate molto lavorate in stile gotico fiammeggiante, la nobile torre sormontata da un bel campanile a galleria e i tetti policromi formano un insieme davvero magnifico. Il portale nord possiede un superbo bassorilievo con la rappresentazione del Giudizio Universale e della vita di santa Elisabetta. All'interno, le dimensioni sono imponenti. Pulpito di pietra in stile gotico fiorito, grandissime pale d'altare ad ante contenenti 48 pitture, altare medievale. Sul lato sinistro si trova la cripta dove fu inumato Francesco Rákoci II, uno degli eroi della lotta per l'indipendenza nel XVIII secolo. Non perdete la bellissima Vergine assopita (a destra) e gli affreschi (a sinistra).

★ Di fianco alla cattedrale, si alza la ***torre Urbano*** (***Urbanova veža***) in stile gotico e rinascimentale. Esposizione di campane e pietre tombali.
Sull'altro lato del giardino ammirate la notevole architettura (XIX secolo) del ***teatro*** con i suoi giochi d'acqua.
Su Hlavná, a destra del teatro, la ***casa di Levoča***, superbo edificio del XV secolo. Ammirate il cortile a portici. Vicino, l'***antico palazzo municipale*** (oggi sede di una biblioteca) con un'elegante facciata neoclassica e rococò.

Un po' più in alto, su Hlavná, tra Adyho e Dostojevského, la ***chiesa dei Gesuiti*** e l'*antico convento*, prima sede dell'università di Slovacchia (nel 1657).

★ ***Galleria Júliusa Jakobyho*** *(A-B2,* ***51****):* Hlavná 27. Aperta dalle 10 alle 12 e dalle 12.30 alle 18; domenica dalle 10 alle 14. Chiusa lunedì. Il museo presenta un panorama abbastanza completo della pittura regionale.
Al primo piano potete ammirare alcune opere di Július Jakoby (*Circus*), Anton Jaszuch, Jury Collináry, Vojtech Borecký, De Nikolaj Fedkovoič, *Veronika Kimaková*. La galleria ospita anche mostre di arte contemporanea.

★ ***Museo delle Tecniche (Technické múzeum;*** *A1,* ***52****):* Hlavná 88. Aperto dalle 8 alle 17 (13 domenica). Insistete per farvi accompagnare. Senza guida, la visita si rivela nettamente meno interessante. Per i lettori che viaggiano con i bambini (ma anche senza), la visita di questo museo, tutt'altro che austero e molto ben realizzato, è particolarmente divertente. Su due piani, esposizione di tutte le tecniche (costruzione, strumenti di misura, elettricità, telecomunicazioni, ottica, microscopi, robot e tante altre cose) presentate in modo vivace e didattico, con tanto di foto e documenti antichi come supporto. Tra i pezzi interessanti, un gigantesco mantice da fucina del XVII secolo e una splendida porta di bronzo minuziosamente realizzata (al primo piano) per illustrare la lavorazione del metallo. Planetario.
Alla fine della visita passate nella hall per accedere al cortile sul retro. Una porticina conduce a un'esposizione particolarmente insolita: una perfetta ricostruzione sotterranea di una galleria di miniera con tutte le tecniche e i macchinari. Manca solo il grisù!

★ ***Museo della Slovacchia orientale*** *(A1,* ***53****):* Hviezdoslavova (e Maratónu Mieru námestie). A nord di Hlavná. Aperto dalle 10 alle 17. Chiuso lunedì. In un edificio del XIX secolo, un museo regionale che cerca di affrontare il maggior numero possibile di temi. Il pianterreno è dedicato alla pittura (tra le varie «croste», si riesce a scovare qualche opera interessante) e alla preistoria (presentazione gradevole, con modellini, fotografie ecc.). Al primo piano: preistoria (seguito) e periodo medievale (attrezzi, armi, manoscritti, statuaria religiosa, forzieri, libri antichi, mobilio e alcune sezioni sugli scrittori).

★ ***Museo della Slovacchia orientale (Východoslovenské múzeum;*** *A-B2,* ***54****):* Pri Miklušovej Väžnici 10. Nel prolungamento di Adyho (dà anche su Hrnčiarska). Aperto dalle 9 alle 17 (13 domenica). Chiuso lunedì. Se è chiuso rivolgetevi al n. 7 di Hrnčiarska (dove si trovano le gallerie geologica e zoologica). Per quelli che hanno molto tempo, un piccolo museo del folclore e dell'artigianato della regione, allestito in un bell'edificio del XVI secolo utilizzato per molto tempo come prigione. Manoscritti, blasoni, documenti vari, oggetti di uso domestico ecc. Visita delle sinistre celle.

★ ***Tesoro di Košice:*** aperto da martedì a sabato dalle 9 alle 17, domenica dalle 9 alle 13. Le antiche sale di tortura nel seminterrato del Východoslovanské múzeum ospitano un tesoro composto di 2920 monete per un peso totale di 12 kg che fu scoperto nel 1945 da alcuni operai che eseguivano dei lavori in una casa della piazza centrale. La maggior parte delle monete sono state coniate a Kremnica, le altre provengono dalla Transilvania e da altri paesi europei. Vedrete anche una collezione completa di monete slovacche, dalle origini al 1992.

★ ***Casa del Boia (Katova bašta;** B2, **55):*** Hrnčiarska 7. Aperto da martedì a sabato dalle 9 alle 17, domenica dalle 9 alle 13. Un interessante museo dedicato alla città e al mestiere del boia nell'antica casa del boia, successivamente trasformata in commissariato.

Festa

– ***Manifestazione folcloristica:*** a fine giugno.

➢ NEI DINTORNI DI KOŠICE

★ ***Herľany:*** 20 km a est di Košice. Per andarci: una decina di pullman al giorno, partenze dalla stazione centrale dei pullman. Una sorgente minerale sotto forma di un getto di acqua fredda alto 30 m che sgorga ogni 34 ore e dura 30 min. Informazioni sugli orari: ☎ (095) 16-186.

★ ***Jasov:*** a 25 km circa da Košice. Accessibile in treno con linea per Rožňava; cambio a Moldava nad Bodvou per Medzev.

– ***La grotta di Jasov:*** aperta in primavera e autunno dalle 9.30 alle 14 (visite con partenze ogni 90 min.); in estate dalle 9 alle 16 (partenze ogni ora). Chiusa lunedì. La visita di questa grotta nel cuore del Karpat slovacco dura 45 min. circa. Se non volete congelarvi, non dimenticate di portare un maglione di lana: la temperatura scende a – 8 °C!

– ***Monastero dei Premostratensi:*** aperto tutto l'anno dalle 9 alle 16. Da vedere: la biblioteca e il giardino alla francese con la meridiana. Dal monastero potete fare una passeggiata a piedi fino a un laghetto.

⛺ ***Autocamping di Jasov:*** di fronte al lago. ☎ 466-42-42. Aperto tutto l'anno. Bungalow per 3 persone a 500 Slk; 50 Slk a persona per il campeggio. Terreno piacevole circondato da una foresta. Ristorante.

Lasciare Košice

In treno

🚉 ***Stazione ferroviaria*** *(B2):* sul prolungamento di Gen. Mlynská, a est della città. Non distante dal centro a piedi. Informazioni: ☎ 613-20-68.

➢ *Express Košice-Bratislava-Praga*, *Alti Tatra* ecc.

➢ ***Per il ritorno a Bratislava:*** una decina di treni al giorno. Calcolate da 5 a 7 ore di viaggio. Due tragitti possibili: attraverso il sud della Slovacchia o passando dagli Alti Tatra. La durata è identica ma il secondo tragitto è molto più bello.

➢ ***Per Rožňava:*** più di 10 treni al giorno, dalle 4 alle 23. 71 km di tragitto, 1 ora.

In pullman

🚌 ***Stazione dei pullman (ČSAD;** B2):* Staničné námestie 9. ☎ 625-16-19. Di fianco alla stazione dei treni.

➢ 3 partenze al giorno per ***Cracovia*** (all'1 di notte, alle 6 e alle 16), stessa cosa per ***Budapest*** (alle 5, 7 e 18), 4 partenze per ***Praga*** (dalle 7 alle 22) e una sola per ***Bucarest*** (alle 15.30).

➢ ***Per Poprad:*** un pullman diretto verso le 19.
➢ ***Per Prešov:*** un pullman praticamente ogni ora dalle 4.30 alle 23.
➢ ***Per Žilina:*** due pullman verso le 11 e le 14.
➢ ***Per Zvolen:*** un pullman diretto verso le 16.

IL PARADISO SLOVACCO

A sud degli Alti Tatra, il Paradiso slovacco è tale soprattutto per i camminatori e per gli amanti della natura, con oltre 300 km di sentieri segnalati, di cui più di 100 si snodano attraverso terreni montuosi. Questo magnifico parco nazionale di 20 000 ettari ricoperto per il 90% da foreste è ignorato dai turisti stranieri ma non dagli slovacchi... In totale libertà e senza nessuna messa in scena ci si trova una fauna e una flora uniche in Europa. Orsi bruni, daini, lupi, aquile di montagna e cinghiali selvatici popolano ancora questi magnifici spazi verdi ricchi di torrenti e cascate, ideali per fare lunghe passeggiate che possono durare diversi giorni, a piedi oppure a cavallo. Numerosi campeggi e diverse possibilità di alloggio presso privati. Insomma, se avete un po' di tempo e se amate la natura, vi consigliamo di privilegiare questa regione rispetto a quella degli Alti Tatra, anche se le infrastrutture turistiche sono meno sviluppate.

ROŽŇAVA

20 000 ab. PREF. TEL.: 058

75 km a ovest di Košice e a sud di Poprad, Rožňava è un ottimo punto base per visitare il Paradiso slovacco. Antico centro minerario, la città possiede ancora una miniera in attività sulla strada per Poprad. A questo proposito c'è un interessante museo da visitare. Ma l'attrazione principale è sicuramente la visita delle grotte, piccoli gioielli di ghiaccio da degustare con maglione, calzettoni e giacca a vento. Il terreno carsico dà il nome alla regione: il Carso slovacco (*Slovanský Kras*).

Indirizzi e informazioni utili

ℹ ***Informačné Centrum:*** Banikov námestie, sulla piazza centrale. ☎ 732-81-01. Fax: 732-48-37. • www.roznava.sk • Documentazione sulle pensioni. Cartina interessante della regione con l'indicazione dei centri d'interesse turistico.

■ ***Agenzia Roven:*** Bétliarska cesta 4. ☎ 732-13-11. Fax: 732-10-86. • www.roven.sk • L'agenzia organizza gite di un giorno nella regione, in particolare visite nei luoghi di fabbricazione del *salaś* (formaggio di pecora, che si mangia fresco o tiepido), complete di degustazione. Da maggio a ottobre, prenotazione 3 o 4 giorni prima presso il signor Kováč. Possibilità di fare equitazione e visita delle grotte.

■ ***Autopozicovna:*** autonoleggio. ☎ e fax: 732-81-55. Calcolate 650 Slk al giorno, 3 giorni come minimo. 14 Slk al km.

@ ***Internet:*** tra l'*Hotel Kras* e la posta, di fronte al *múzeum*. Aperto dalle 14 alle 22.

■ ***Noleggio di biciclette:*** a Plešivec, presso la pensione *Skalná Ruža*, dalla signora Zuzana Tömölová.

– ***Festival:*** l'ultima domenica di agosto a *Rejdova*, un piccolo villaggio a nord. A *Vlachova*, la seconda domenica di luglio.

Dove dormire

Campeggio

⛺ Il ***campeggio*** più vicino si trova 5 km a est, sulla strada per Košice, a Krasnohorské Podhradie. ☎ 732-54-57. Fax: 732-23-45. Calcolate 50 Slk per persona.

Prezzi economici

🏠 ***Ubytovňa Pri Sou:*** Hviezdoslavova 5, la via perpendicolare al museo. ☎ 732-26-46. L'internato di un liceo, aperto tutto l'anno. 140 Slk per persona.

🏠 ***Università Akademika:*** Hronca 8. ☎ 732-14-81 o 734-56-25. Accoglienza di studenti da giugno a fine agosto. 150 Slk per persona. Ben situato in centro, in mezzo al verde.

🏠 ***Camere presso Jozef Gašparec:*** Rožnavská baňa 214, verso la stazione ferroviaria, nell'ultima via dopo il passaggio a livello, al cartello «Citroën», al n. 214. A 2 km dal centro. ☎ 734-14-88. Una grande casa. Calcolate 150 Slk per persona.

🏠 ***Camere presso privati:*** Ruzova 21, 19 o 27. Abbastanza difficile da trovare senza la cartina dell'ufficio del turismo. Dopo la stazione dei pullman, salite lungo la via fino all'officina *Renault:* è l'ultima via. Tre camere presso privati con prestazioni equivalenti. Calcolate da 200 a 250 Slk per persona.

Prezzi medi

🏠 ***Hotel Černý Orol:*** Banikov námestie 17. ☎ 732-81-86. Sulla piazza centrale, in una vecchia dimora ben ristrutturata. Una ventina di camere con TV a 1000 Slk, piccole ma decenti. Prima colazione a pagamento. Ristorante.

🏠 ***Hotel Kras:*** Šafárikova 53. ☎ 732-42-43. In centro, nella via principale. L'albergo non è proprio nuovo fiammante. Calcolate 1200 Slk per una camera doppia, ma bisogna dire che non li merita.

🏠 ***Vilka Kúpele:*** a 3 km dal centro, informazioni presso l'ufficio del turismo, prenotazione 3 giorni prima. ☎ 733-15-13. Una casa in aperta campagna di proprietà del comune che la usa per alloggiarvi gli ospiti ufficiali. Stesse tariffe dei precedenti.

Dove dormire nel Paradiso slovacco

🏠 ***Hotel Ruffini:*** vicino alla grotta di Dobšinská, a una quarantina di chilometri da Rožňava. ☎ 798-12-77. Poco dopo la grotta se arrivate da Rožňava. Accessibile in pullman con la linea di Poprad. Un albergo in piena campagna veramente economico. Calcolate 600 Slk per una doppia e 900 Slk se proprio desiderate l'appartamento con terrazzo. Ex albergo riservato agli apparatchik comunisti che venivano a caccia nelle foreste dei dintorni, oggi convertite in riserva naturale. Al pianterreno, salone comune con camino (utilizzato anche in estate se fa freschino) e bar. Per le passeggiate a piedi, Dedinky è a pochi chilometri. Possibilità di fare equitazione nella fattoria che si trova di fronte all'albergo (vedi oltre «Da fare»).

🏠 ***Ranc Pod Ostrov Skalov:*** un po' dopo l'indirizzo precedente, alla fermata del pullman Stratena Zrebcinec. ☎ 798-11-17. Il signor Fabian possiede un centro equestre e propone alcuni alloggi. Calcolate 150 Slk per persona. Sconti per le passeggiate a cavallo.

Dove mangiare

Prezzi economici

|●| ***Fast Food:*** in via Šafarikova, al primo piano. Aperto dalle 9 alle 17. Niente hamburger: questo piccolo self-service propone insalate e piatti del giorno a prezzi molto economici.

|●| ***Jednote Restaurant:*** di fronte alla stazione dei pullman, nel palazzo Jednota. Aperto da lunedì a venerdì dalle 7 alle 16. Una delle mense popolari del centro. Self-service con prezzi e piatti esposti. Economico. Calcolate da 50 a 80 Slk per persona.

Prezzi medi

|●| ***Ristorante Tri Ruže:*** Banikov námestie 32, a destra dell'ufficio del turismo. Aperto tutti i giorni fino alle 22. Il ristorante appartiene al municipio. Calcolate 200 Slk per due, bevande comprese. Non dimenticate di allungare il *brydzové halúsky* con un bicchiere di *Borovička* e di bere la pozione tutto d'un fiato, come vuole la tradizione slovacca. Niente tavoli all'aperto.

|●| ***Astrium Restaurant:*** nella parte alta della piazza a destra, Čičmianska ul. 30. Un ristorante di fascino, con piccolo spazio all'aperto (con solo tre tavoli). Calcolate 300 Slk. Menu del giorno a pranzo oppure carta in inglese che cambia un po' rispetto alle altre tavole: *tzatziki* e *aïoli*.

Dove bere qualcosa

🍸 ♪ ***Caffè Jazz:*** piazza Banikov, a sinistra dell'ufficio del turismo. Piccolo club dove si può ballare.

🍸 ***Club Royal:*** di fronte alla stazione dei pullman. Aperto da mercoledì a domenica dalle 20 alle 4 del mattino. Clientela giovane e atmosfera festosa.

Da vedere

★ ***Stráźna Veźa:*** la torre di piazza Banikov è alta 38 m e dovrete salire ben 1480 gradini per ammirare la vista sulla città. Entrata a pagamento. Vi consigliamo di salirci quando suonano le campane.

★ ***Múzeum:*** Šafarikova 31. ☎ 734-37-10. Entrata sul retro. Aperto dalle 8 alle 16 (chiusura dalle 12 alle 13 in bassa stagione). Sconti per studenti. Esposizione disordinata di oggetti della regione (giochi, borracce, legno, terracotte, ricami ecc.). Una visita interessante per gli etnologi che vogliono conoscere meglio le diverse popolazioni della zona. Calcolate un'ora circa per la visita.

★ ***Múzeum Banicke:*** Šafarikova, dopo il precedente. Stesso biglietto. Museo della metallurgia. Come vi abbiamo già detto, c'è ancora una miniera in attività che impiega 1000 persone. Gli amanti delle pietre noteranno il grazioso pezzo di *limonite*, ideale per ricavarci un collier per la signora. Da vedere: l'uniforme dei minatori, fieri di esserlo e di indossarla! Il clou della visita è la discesa in una galleria ricostruita con i differenti sistemi di estrazione. Compagni, il mestiere di minatore è veramente duro. Nella terza casa, esposizione di animali impagliati (rapaci, orsi...).

Da fare

– ***Speleologia:*** accompagnati da guide professioniste, come Jaroslav Stankovič (che parla inglese e tedesco). ☎ 734-34-26. • stankov@ke.psg.sk • Muniti dell'attrezzatura necessaria (che vi forniranno in loco) potrete visitare sei grotte recentemente aperte. Calcolate 200 Slk per i principianti, 50 corone in più per gli esperti (ovviamente il pecorso non è lo stesso). Da vedere: la più grande stalagmite al mondo (32 m) nella grotta di Krásnohorská Jaskyňa. Aperto dal 15 giugno al 15 settembre, gruppi di 4 persone come minimo, bambini a partire da 12 anni.

– ***Equitazione:*** nel Paradiso slovacco, dopo la grotta di Ghiaccio di Dobšinská, di fronte all'*Hotel Ruffini*. Signor Oravec: ☎ 798-11-51. Calcolate 150 Slk all'ora. Disponibili solo una dozzina di cavalli. *Ranc Pos Ostrov Skalow*, ☎ 798-11-17. Calcolate 200 Slk all'ora, gruppi di 4 persone come minimo, per una passeggiata nella foresta con guida. Una trentina di cavalli Quarterhorse. Possibilità di alloggiare sul posto (vedi sopra «Dove dormire nel Paradiso slovacco»).

➤ *NEI DINTORNI DI ROŽŇAVA*

★ ***Grotta di Domica:*** 30 km a sud-ovest di Rožňava. Aperta da febbraio a metà maggio dalle 9 alle 14, da metà maggio a metà settembre dalle 14 alle 16, da metà settembre a fine dicembre dalle 9 alle 14. Chiusa lunedì. Questa grotta, iscritta nella lista del patrimonio mondiale dell'UNESCO, è considerata una delle più belle del mondo. Lunga 22 km, si estende per 6 km in territorio slovacco e per altri 16 km in territorio ungherese. Vi sarebbero stati ritrovati oltre 45 000 cocci di terracotta risalenti a diverse migliaia di anni a.C.

★ ***Castello di Betliar:*** 6 km a nord di Rožňava. Aperto da maggio a novembre tutti i giorni, escluso lunedì, dalle 8 alle 16.30. Visite guidate in slovacco o in ungherese, ma è possibile ottenere una visita guidata in inglese o tedesco. Accessibile in treno. Questo castello costruito nel XVIII secolo dalla ricchissima famiglia ungherese Andrassi è un vero must. In 41 sale, e in un disordine solo apparente, sono esposti in gran numero ricordi di viaggi: un ritratto di Napoleone e un busto di Sissi, alcune mummie portate dall'Africa, splendidi lampadari veneziani... e una biblioteca con più di 15 000 volumi. I libri più voluminosi, che pesano diversi chili, illustrano la vita delle grandi famiglie ungheresi. Alcuni sono stati scritti o illustrati dai membri della famiglia Andrassi. Nel parco con grotte e cascate sono stati costruiti un padiglione cinese e un ponticello giapponese. Insomma, un'accozzaglia di oggetti sorprendente e appassionante. Da vedere.

★ ***Grotta di Ochtinská Aragonitová:*** a una ventina di chilometri da Rožňava, a 10 km da Stitnik, direzione Rochove, poi *Hotel Hradok*. ☎ 448-25-64. Chiuso da novembre a marzo. Da giugno ad agosto, visite dalle 9 alle 16. In bassa stagione, visite alle 9.30, 11, 12.30 e 14. Potete andare in treno fino a Stitnik, prendere un pullman e fare gli ultimi 2 km a piedi nella foresta. Calcolate 1 ora per la visita; per prepararvi vi consigliamo di fare qualche esercizio di stretching per i muscoli del coilo, visto che per tutto il tempo starete col naso all'insù. Esistono altre due manifestazioni dello stesso fenomeno in Argentina e in Messico. Una meraviglia della natura, con l'aragonite che forma fiori di cristallo sospesi al soffitto. Dal batuffolo di cotone al fiocco di neve: uno spettacolo da non perdere!

★ ***Dedinky*** *(793 m):* in direzione di Poprad, a 35 km da Rožňava. Questo piccolo villaggio molto tranquillo sulle rive di un grazioso laghetto è il principale punto di partenza delle camminate nel Paradiso slovacco. Potete arrivarci in treno, con la linea Červena Skala-Margecany, o in pullman. Sentiero segnalato per raggiungere a piedi la grotta di Ghiaccio (2 ore e mezzo di cammino). Il lago offre diverse attività: potete andare in barca, noleggiare un pedalò o semplicemente pescare. Possibilità di alloggio (camere presso privati, pensioni e campeggi).

Penzión Pastierňa: ☎ 798-11-75. Solo 3 camere a 500 Slk, servizi igienici sul pianerottolo. Ben indicato a partire dal villaggio.

Hotel Priehrada: ☎ 788-16-82. Bungalow a 500 Slk; le camere sono un po' più care ma offrono una vista sul lago (i servizi igienici sono sul pianerottolo).

Campeggio sul prato dell'albergo. 30 Slk per persona, tenda e macchina.

★ ***Biele Vody** (804 m):* dopo Dedinky, una piccola località da dove parte il canyon *Zejmarská roklina*. Andate fino all'*Hotel Geravy*, il sentiero comincia dopo 500 m sulla sinistra. Una bella passeggiata sportiva da fare in famiglia, ma con bambini di più di 10 anni. Sul percorso ci sono diverse scale bagnate da salire, le stesse che si vedono sul dépliant informativo. Calcolate 45 min. per la salita. Percorso a senso unico: si scende a piedi o in seggiovia a Dedinky/Priehrada. Per gli sportivi ci sono altri canyon un po' più difficili: tra i più belli segnaliamo il *Suchá Belá*, il *Velky Sokol* in partenza da Sokol, il *Sokolia Dolina* o il *Malý Kysel* e il *Prielom Hornadu*. I buoni camminatori possono fare il percorso da *Kláštorisko* a *Tomašovský* con un vasto panorama. Bella passeggiata di 8 ore anche tra Geravy (780 m) e Sokol (1000 m). Una buona cartina è indispensabile. Vi consigliamo, per esempio, la *Slovenský raj* n. 23 in scala 1/150 000.

★ ***Grotta di Ghiaccio di Dobšinská (Dobšinská ľadová jaskyňa):*** in direzione di Poprad, a una quarantina di chilometri da Rožňava. Fermata del pullman Rožňava-Poprad. Aperta da metà maggio a metà agosto dalle 9 alle 16; visite ogni 90 min. Chiusa lunedì, eccetto che in estate. Una delle più belle grotte slovacche, soprannominata la grotta di Ghiaccio a causa dei 145 000 m^3 di ghiaccio che contiene. La temperatura si mantiene a –2 °C tutto l'anno. Lo spessore del ghiaccio varia da 15 a 25 m. Inutile ricordarvi che è meglio portare un maglione pesante e mettersi un buon paio di scarpe.

Lasciare Rožňava

In treno

La stazione è a 2 km dal centro.
➢ ***Per Košice:*** a 71 km, una decina di treni al giorno dalle 4 alle 20.30.
➢ ***Per Zvolen:*** a 162 km, generalmente 5 treni diretti, dalle 6.30 a mezzanotte.
➢ ***Per Betliar:*** a 8 km. Il primo treno parte un po' prima delle 7, gli altri verso le 11, 14, 18 e 22.

In pullman

➢ ***Per Banská Bystrica:*** una decina di partenze dalle 4.30 alle 20.30.
➢ ***Per Bardejov:*** 3 pullman, uno molto presto verso le 4 del mattino, gli altri due a mezzogiorno e alle 16.
➢ ***Per Košice:*** pullman ogni ora dalle 4 alle 21.
➢ ***Per Nitra:*** una decina di pullman dalle 6 alle 23.
➢ ***Per Poprad:*** una decina di pullman dalle 5.30 alle 17.

INDICE ANALITICO

POLONIA

REPUBBLICA CECA

INDICE ANALITICO

SLOVACCHIA

INDICE DELLE CARTE E DELLE PIANTE